**Transkulturelle Literaturwissenschaft aus intersektionaler postkolonialer Perspektive**

Julia Dittmann

# Ent-Täuschung des *weißen* Blicks

DAS BUCH: Ein Handbuch für alle, die Rassismus in Filmen identifizieren und dekonstruieren wollen. Durch die Re-Lektüre des Ursprungstextes der feministischen Filmtheorie wird die Grammatik rassifizierter Repräsentation, die bislang vor allem von Schwarzen Theoretiker_innen in verschiedenen Einzelwerken erarbeitet wurde, zusammengeführt und systematisiert. Für diese Systematisierung liest Julia Dittmann den Ursprungstext der feministischen Filmtheorie *Visual Pleasure and Narrative Cinema* von Laura Mulvey mit einer spezifizierten Lesart des symbolischen Phallus nach Lacan und weitet Mulveys gendersensiblen Analyseansatz zu einer diversitätssensiblen Analysemöglichkeit von Filmtexten aus. Die entstehende, einfach handhabbare Analysematrix fokussiert rassismussensible Strategien für eine ideologiekritische Filmanalyse. Zur Entwicklung dieser Matrix wird die in okzidentale Mainstream-Spielfilme eingeschriebene Ideologie des Rassismus anhand der Blockbuster *Eine Weiße unter Kannibalen* (D 1921), *Geschichte einer Nonne* (USA 1959), *Jenseits von Afrika* (USA 1985) und *Die weiße Massai* (D 2005) offengelegt und inszenatorische Gegenstrategien anhand des Third Cinema-Klassikers *La Noire de...* (Kamerun/Fr 1966) aufgezeigt.

DIE AUTORIN: Julia Dittmann promovierte mit dem vorliegenden Werk in Medienwissenschaften an der Universität Bayreuth. Sie wurde als Doktorandin der Exzellenz-Graduiertenschule BIGSAS von Prof. Dr. Susan Arndt, Dr. Henriette Gunkel, Prof. Dr. Ivo Ritzer und Prof. Dr. Ute Fendler betreut. In Berlin studierte sie zuvor Filmwissenschaften (FU), Geschichte (TU) und Gender Studies (HU). Julia Dittmann lebt in Berlin und arbeitet neben ihrer wissenschaftlichen Tätigkeit als freischaffende Filmemacherin.

*Julia Dittmann*

# Ent-Täuschung des *weißen* Blicks

Rassismussensible Strategien
für eine ideologiekritische Filmanalyse

Reihe

Postcolonial Intersectionality and Transcultural Literary Studies

Transkulturelle Literaturwissenschaft
aus intersektionaler postkolonialer Perspektive

*Herausgegeben von Susan Arndt, Shirin Assa und Julia Dittmann*

Band 1

edition assemblage

Julia Dittmann
Ent-Täuschung des *weißen* Blicks
Rassismussensible Strategien für eine ideologiekritische Filmanalyse

Reihe *Postcolonial Intersectionality and Transcultural Literary Studies*
*Transkulturelle Literaturwissenschaft aus intersektionaler postkolonialer Perspektive*, Band 1
Herausgegeben von Susan Arndt, Shirin Assa und Julia Dittmann

Zugl.: Bayreuth, Univ., BIGSAS, Diss., 2017

1. Auflage | Dezember 2018 | ISBN 978-3-96042-044-6
© edition assemblage | Postfach 2746 | D-48014 Münster | edition-assemblage.de
Mitglied der Kooperation book:fair

Gestaltung, Satz, Umschlaggestaltung: Sönke Guttenberg (Umschlag unter Verwendung eines Standbildes aus dem Film *La noire de...* von Ousmane Sembène)

Druck: Digitaldruck Leibi | Burlafinger Str. 11 | 89233 Neu-Ulm
Printed in Germany 2018

# Inhaltsverzeichnis

| | |
|---|---|
| Vorwort zur Reihe | 9 |
| Danksagung | 17 |
| Prolog | 21 |
| **1. Einleitung** | **25** |
|   1.1 Herleitung des ideologiekritischen Forschungsansatzes | 31 |
|     1.1.1 Feministische Filmtheorie | 33 |
|     1.1.2 Kritische Weißseinsforschung | 39 |
|       1.1.2.1 Genese und Inhalte der *Critical Whiteness Theory* | 39 |
|       1.1.2.2 *Weißsein* als kritische Analysekategorie in Deutschland | 46 |
|   1.2 Struktur und Analysekorpus | 59 |
|   1.3 Schreibweisen und Besonderheiten der Arbeit | 70 |
| **2. Re-reading Laura Mulvey** | **75** |
|   2.1 Verifizierungsversuche und Auslassungen feministischer Filmtheorie am Filmbeispiel *Blonde Venus* | 77 |
|   2.2 *Weißsein* als symbolischer Phallus | 84 |
|     2.2.1 Psychoanalyse und Ideologiekritik | 89 |
|     2.2.2 Phalluskonstruktion mit Kritischer Weißseinsforschung | 94 |
|   2.3 Mulvey phallisch *weiß* gelesen | 108 |
|     2.3.1 Grammatik rassifizierter Repräsentation | 114 |
|       2.3.1.1 Rassialisierende Stereotype | 118 |
|       2.3.1.2 Koloniale Mystifizierungs- und Mythifizierungsstrategien | 129 |
|       2.3.1.3 Blickregime aus post_kolonialer Perspektive | 136 |
|     2.3.2 Individuelle Rezeptionsposition, Identifikation und Schaulust | 140 |
|   2.4 Strukturelle Herausforderungen bei der Analyse binärer Repräsentationssysteme | 148 |
| **3. Deduktives Analyseverfahren: Darstellung *weißer* Weiblichkeit im okzidentalen Mainstream-Spielfilm im Analyseraster der „phallisch *weiß*" gelesenen Mulvey'schen Theorie** | **155** |
|   3.1 Hollywood-Kompatibilitätsprüfung von Bedingungs- und Wirkungsrealität | 157 |
|     3.1.1 Wirkungsrealitäten | 157 |
|     3.1.2 Bedingungsrealitäten | 166 |
|   3.2 Genre-spezifizierende Analyse des Narrativs | 178 |
|     3.2.1 *Die weiße Massai* | 183 |
|     3.2.2 *Out of Africa* | 188 |
|     3.2.3 *The Nun's Story* | 194 |
|     3.2.4 *Eine Weiße unter Kannibalen (Fetisch)* | 201 |

3.3 Intersektionale Konstruktion des weiblichen Phallus zu Filmbeginn ... 207
   3.3.1 Carola: weltoffene „Multi-Kulti"-Touristin ... 208
   3.3.2 Karen: emanzipierte Adlige ... 212
   3.3.3 Gabby: christlich dienende Bürgerstochter ... 215
   3.3.4 Maria: unschuldige Jungfrau aus der kolonialaffinen Bourgeoisie ... 219

3.4 Die phallisch-*weiß* inszenierte weibliche Identifikationsfigur ... 222
   3.4.1 *Weiß* symbolisierter Emanzipationsprozess als Frau ... 225
   3.4.2 Mythos *weißen* Gutmenschentums ... 242
   3.4.3 *Weiße* Weiblichkeit als globalisiertes Schönheitsideal ... 262
   3.4.4 *Weiße* Gefühlswelten ... 265
   3.4.5 *Weiße* Sexualität ... 272
   3.4.6 Mythos (weiblich-)*weißer* Wahrheit ... 289
   3.4.7 *Weiße* Geschichtsverfälschung ... 300
   3.4.8 Konstruierte Held_innen *weißer* Kolonialkritik ... 313

3.5 Der phallische Blick: *weißes* Subjekt, Schwarzes Objekt ... 331
   3.5.1 Liebe auf den ersten Blick ... 332
      3.5.1.1 Blickachse *weiße* Frau – *weißer* Mann ... 333
      3.5.1.2 Blickachse *weiße* Frau – Schwarze Frau ... 334
      3.5.1.3 Blickachse *weiße* Frau – Schwarzer Mann ... 335
      3.5.1.4 Blickachse Schwarzer Mann – *weißer* Mann ... 341
      3.5.1.5 Blickachse Schwarzer Mann – Schwarze Frau ... 341
      3.5.1.6 Analysefazit ... 342
   3.5.2 Intertextueller Vergleich ... 344

3.6 Die Schwarze Filmfigur als von *Weißen* konstruiertes Symbol des Kastrationskomplexes ... 347
   3.6.1 Schwarz symbolisierte Entwicklungsblockade ... 348
   3.6.2 Dehumanisierung ... 372
   3.6.3 Infantilisierung ... 389
   3.6.4 Subalterne Sprachlosigkeit ... 406
   3.6.5 De- und Hypersexualisierung ... 418
   3.6.6 Mythos Schwarzer Gewalttätigkeit ... 441

3.7 Strategien zur Verdrängung der Kastrationsangst beim Anblick kastrierter Filmfiguren ... 451
   3.7.1 Fetischisierung der *weißen* Protagonistin ... 456
   3.7.2 Sadistische Abwertung der *weißen* Protagonistin ... 462
   3.7.3 Fetischisierung Schwarzer Filmfiguren ... 467
   3.7.4 Sadistische Abwertung Schwarzer Filmfiguren ... 478

4. Induktives Analyseverfahren: Darstellung *weißer* Weiblichkeit im Afrikanischen *Third Cinema* unter besonderer Berücksichtigung der Brechung phallisch-*weißer* Blickregime ... 491
   4.1 Inhalt und Struktur von *La noire de...* ... 493
   4.2 Einführung der Schwarzen Protagonistin ... 494
   4.3 Einführung der *weiß*-weiblichen Hauptfigur ... 499
   4.4 Dekonstruktion (weiblich-)*weißer* Hegemonialität ... 500
      4.4.1 Metadiegetische Rückeroberung des von der *weißen* Frau annektierten Schwarz-weiblichen Blicks ... 501
      4.4.2 Talking back ... 507
      4.4.3 Sadismus: Neubewertung von phallischer und kastrierter Positionierung auf der Machtachse *Rasse* ... 511
      4.4.4 (Weiblich-)Schwarzer Widerstand ... 514
      4.4.5 Konterkarierte Gefühlswelten ... 517
      4.4.6 Subjektgestärkte Schwarze Sexualität ... 520
   4.5 Metaphorische Erzählebene ... 521

5. Schlussbetrachtungen ... 523
   5.1 Anwendungsergebnisse des erweitert gelesenen Mulvey'schen Theorieansatzes ... 525
   5.2 Analysematrix mit Leitfragen für eine rassismussensible Filmanalyse ... 540
   5.3 Ausblick ... 553

Literaturliste ... 557
Anhang ... 589

# Vorwort zur Reihe *Transkulturelle Literaturwissenschaft aus intersektionaler postkolonialer Perspektive*

Literatur gefällt und vergnügt, bereichert und beschenkt – gesellschaftlich kodiert und doch auf individuelle Weise. Adorno fragt, ob es nicht barbarisch sei, nach/über Auschwitz ein Gedicht zu schreiben.[1] Doch letztlich gibt es nichts, was nicht der fiktionalen Imagination gehören könne. Nichts ist ihr je entgangen, alles Menschliche bekannt, ob vertraut oder unvertraut, geliebt oder gehasst, visionär oder barbarisch. Literatur kann verstehen oder auch nicht, Verständnis generieren oder verweigern. Literatur ist nicht nur *belle* und gefällig, sondern irritierend, verstörend, schockierend und aufrüttelnd. Im Kern geht es um Wissen: Literatur weiß und will wissen (lassen).

Die schier unendliche Freiheit ästhetisch geformter Gedanken enthebt literarische Welten nur scheinbar der Verantwortung für gesellschaftliche Realitäten. Umgekehrt sind es diverse Realitäten, die verantwortlich dafür sind, welche Textwelten poetisch erschaffen werden. Es ist die Gemengelage sozialer, kultureller und politischer Interaktionen, aus der die Fiktion ihre Geschichte und Geschichten spinnt. Literatur spiegelt also nicht gesellschaftliche Prozesse; sie lebt und prägt sie. Soziale Dynamiken werden nicht einfach nur repräsentiert, sondern auch gestaltet. Literatur erzählt Geschichte. Und deren Zukunft. Zukünfte. Literatur bildet Gesellschaft nicht ab. Sie erschafft sie durch ihre Erzählungen. Sie erinnert sich, um die Gegenwart neu zu denken – in sich verändernde Zukünfte hinein. Literatur erzählt von Menschen und ihren Gesellschaften, der Geschichte ihres Gewordenseins und der Zukunft ihres gegenwärtigen Handelns sowie von Macht und ihren sozialen Implikationen. Fiktionale Charaktere, ihre (Sprech)Handlungen, Konflikte und Visionen, entspringen dabei nicht einem Vakuum, sondern einem Koordinatensystem symbolischer Ordnungen um Alter, Nation, Religion, Geschlecht, Sexualität, Rasse, Ethnizität... Dieses tritt mit dem von Leser*innen in einen Polylog.

*La Mort de l'Auteur*, der Autor ist tot: Zum einen, weil Leseverständnisse den Imaginationen ihre eigentliche und doch fragile Bedeutung geben.[2] Keine Lektüre gleicht einer anderen, und immer sind es die (aktuellen) Positionen der Lesenden in symbolischen Ordnungen und Diskursen, die mehr als (nur) ein Wörtchen mitreden, was der Text (nicht) sagt und bewirkt. Interpretation ist frei; und machtvoll.

*La Mort de l'Auteur*, der Autor ist tot – zum anderen, weil Literatur im Diskurs lebt, und als Diskurs, so dass es keine Literatur jenseits des Diskurses gibt. Jedoch: kein*e Autor*in war jemals lediglich ein willenloser Spielball seiner oder ihrer Zeit. Nicht magischen Federn (wie in J.K. Rowlings *Harry Potter*) oder von Algorithmen gesteuerten Textgeneratoren verdanken wir unsere Literatur, sondern *agency*, Hand-

---

[1] Vgl. Kiedaisch 1995.
[2] Vgl. Barthes 1984, Foucault 1969.

lungsMacht. Wachsame Blicke und vom Bewusstsein gesteuerte Handlungen sind es, die in und durch Fiktionen symbolische Ordnungen und sie rahmende Diskurse sichten und besichtigen, verflechten und entflechten, verteidigen oder verurteilen. Jedes fiktionale Werk setzt seine eigenen Akzente, lotet Nuancen ebenso wie grundlegende Differenzen aus. Die Priorität des Fokussierten erhält dabei erst aus dem seine eigentliche Kontur, was ungesagt bleibt und verschwiegen wird.

Keiner dieser literarischen ErzählProzesse wäre je lokal und einstimmig gewesen. Literatur ist (in) Bewegung, schreibt Ottmar Ette,[3] und sie ist es, weil sie sich und die mit ihnen vernetzten gesellschaftlichen Prozesse in Bewegung hält. Literatur ist (in) Bewegung, weil sie sich treu bleibt, indem sie sich und diese verändert. Literatur ist aber auch (in) Bewegung, weil es den *homo migrans* gibt und mit ihm auch Ideen, Texte und Diskurse durch die *RaumZeit* wandern.

Migration bewegt Menschen und ihre Gesellschaften ebenso wie deren Lebens-Wissen, Erfahrungen und Sprachen. „Den ‚Homo migrans' gibt es, seit es den ‚Homo sapiens' gibt", schreibt Klaus Bade, „denn Wanderungen gehören zur Conditio humana wie Geburt, Fortpflanzung, Krankheit und Tod."[4] Das „goldene Zeitalter" einer homogenen Gesellschaft gab es ebenso wenig wie keine Globalisierung. Diese ist laut Ette ein andauernder Prozess, der seit der Frühen Neuzeit vier Beschleunigungsphasen durchlief.[5] Die digitale Revolution und „der Marsch" nach Europa, wie von David Wheatley imaginiert,[6] scheinen, so meine Hypothese, eine fünfte Beschleunigungsphase einzuleiten. Wir leben in einer global vernetzten Welt und diese globalen Vernetzungen sind in jeder Rundung dieses Globus' anzutreffen und wirken sich auf Selbstverständnisse von Nationen, Gesellschaften, Kulturen aus. Monokulturen gab es nie; Kulturen sind glokal: mit lokalen Spuren im globalen Kontext sowie globalem Design in lokalen Räumen. Doch wie genau lassen sich gesellschaftliche Ergebnisse um Migration, Globalisierung und Glokalisierung treffend bezeichnen? Interkulturell, multikulturell und transkulturell haben sich als Begriffe formiert, die diese Prozesse bezeichnen. Ähnlich und doch mit verschiedenen Schwerpunktsetzungen.

*Interkulturell* legt dabei den Schwerpunkt auf die Interaktion zwischen zwei Kulturen. Dabei tappt dieser Begriff aber in die Denkfalle, dass es tatsächlich möglich wäre, Kulturen hermetisch voneinander abzuriegeln. Chinesische Kultur hier und deutsche Kultur dort. So virulent kulturelle Unterschiede im Einzelnen und in Verzweigungen auch sein mögen, deutsche (Rein)Kultur als klar eingrenzbare *Das-ist-(nur)-typisch-Deutsch-Schublade* ist nicht zu haben. *Multikulturell* geht diesen Schritt, Kulturen in ihrer Wechselwirkung als Teile einer gemeinsamen Nation zu denken. Doch letztlich denkt auch multikulturell eher additiv an ein Nebeneinander von

---

[3] Vgl. Ette 2004: 238, Ette 2001.
[4] Bade 2002: 11.
[5] Vgl. Ette 2012: 7.
[6] Vgl. Wheatley 1980.

Kulturen im Sinne von „Parallelgesellschaften", also z.B. christlich deutschen, türkisch deutschen oder afrodeutschen ‚Kulturen'. An der Idee, Kultur sei abgrenzbar und definierbar, wie Container auf einem gemeinsamen Frachter, wird nicht gerüttelt.

Tatsächlich ist Kultur immer ein Babel von kollektiven und individuellen Identitäten, die in komplexen glokalen Aushandlungsprozessen rhizomische kulturelle Räume schaffen. *Transkulturalität* kommt dieser Dynamik am nächsten. Kultur wird hierbei im Plural gedacht und als per se polyphon. Das semantische Potenzial des Präfixes „trans_" öffnet zum einen die Möglichkeit, über Grenzen von Kulturen hinweg zu denken und die Formierung von etwas Neuem zu beschreiben, das sich grundsätzlich von der Summe reiner Addierungen von kulturellen Elementen unterscheidet. Zweitens offeriert das Konzept ‚*transkulturell*', die Möglichkeit, über Kultur hinaus zu denken. Dies schließt ein, den Wortstamm subversiv zu denken mit einer doppelten Denkbewegung, die wegführt von Kultur als Essentialisierung, hin zu Kultur als kritischer Wissenskategorie. Drittens schließlich agiert ‚transkulturell' als Hyperonym zu Kultur. Dabei markiert Transkulturalität die grenzüberwindende Mobilität von Kultur, die lokale und translokale Dynamiken über Grenzen von Räumen und Zeiten hinweg verschränkt und markiert dabei gegebene Interaktionen von Kultur und Gesellschaft.[7]

Es ist richtig, Transkulturalität bietet Ansätzen eines *myth of sameness*[8] Raum. Das Visionäre von globalen Wanderungen und Verschränkungen von Menschen, Kulturen, Texten und Imaginationen steht im Mittelpunkt, führt aber eben diese durch fehlende Aufmerksamkeit für Machtverhältnisse in eine Sackgasse. Analog dazu ist Kosmopolitanismus unter Kritik geraten, weil er globalpolitischen Machtkonstellationen und deren Geschichten, Gegenwarten und Zukünften zu wenig Bedeutung beimisst. In kritischer Intervention zu diesen Desiderata folgt unsere Konzeptualisierung von Transkulturalität Dipesh Chakrabartys *provincialising Europe*,[9] Shalina Randerias *entanglement*[10] und Konzepten von Hybridität von Homi Bhabha bis Kien Nghi Hà[11] im Allgemeinen, um globale (Literatur)Begegnungen und deren MachtKontexte zu identifizieren, zu dekonstruieren und zu resituieren.

## Transkulturalität und Literatur

Mit den Menschen wandern und verbinden sich ihre Geschichten, Religionen, Ideen, Wissenssysteme und Ästhetiken. Kaum etwas lebt die Leichtigkeit der Vision „Grenzenlosigkeit" so konsequent und schillernd aus wie die Literaturen der Welt. Poetiken und literarische Ideen fließen durch die Welt und treffen auf Künstler*innen, die in den Biblio-, Video- und Mediatheken der Welt beheimatet sind, was sich durch die

---

[7] Vgl. Hühn/Lerp/Petzold/Stock 2000.
[8] Vgl. hooks 1992: 167-168.
[9] Vgl. Chakrabarty 2000.
[10] Vgl. Randeria 1999: 87-96.
[11] Vgl. Bhabha 2002, Ha 2004, Ha 2005.

digitale Revolutionierung von Kommunikation, Wissenstransfer und fiktionaler Imagination nur noch verstärkt. Jenseits jeder Fantasie einer hermetisch abschließbaren Kultur erschaffen sich fiktionale Wortgeflechte, die nur als literarische Produkte verschränkter Geschichte(n), Nationen und Sprachen zu verstehen sind. Hierbei verzahnen sich Genres und Medien, Diskurse und Wissen, Imaginationen und Ästhetiken, um sich dabei beständig selbst neu zu erfinden. Die Kulturen der Welt begegnen sich, um sich irreversibel und unvorhersehbar zu vernetzen und zu verändern.

Wenn Literatur redet, dann kennt sie keine Grenzen. Translokal und überall, transtemporal und immer. Als Bewohnerin der *RaumZeit* lebt sie in konventionalisierten Fugen von Zeit und Raum ohne es zu versäumen, diese verlässlich aus den Angeln zu heben. Ihre Ideen, Poetiken und Figuren wohnen nicht nur in ihrem jeweiligen Herkunftstext, sie flanieren und migrieren, um sich in diversen Residenztexten auszuleben. Getragen von der Freiheit der fiktionalen Imagination emanzipieren sie sich von Dingen, die zum Muff der Welt beitragen, wie etwa geopolitisch mächtigen Grenzzäunen, die über Dazugehören oder Ausgrenzung entscheiden. Auch, dass Leser*innen (die Muttersprache) literarische(r) Ideen, Poetiken und Figuren nicht verstehen mögen, kann hier vernachlässigt werden. Das fraktale Babel der Literatur übersetzt sich selbst. Das *Nibelungenlied* muss sich nicht auf Deutschland oder den Schoß Richard Wagners begrenzen, das deutsche Epos umarmt sich ebenso beherzt etwa mit seinem malischen Geschwister-Epos *Sundjata*. Hier werden bekannte Kartographien nicht einfach nur überwunden, sie werden auf den Kopf gestellt. Das bedeutet aber weder, dass es Grenzen nicht gäbe, noch dass Literatur nicht selbst welche generieren würde, schon gar nicht, dass Grenzen nicht bedeutsam wären. Sie sind es und sind federführend dabei, wenn sich literarische Texte über ihre eigenen Grenzen hinaus in jeden anderen gegebenen oder künftigen Text hineinweben.

Die Literaturwissenschaft als ÜberLebensWissenschaft passt sich der Literatur (als Lebenswissen) an und nicht umgekehrt. Wie also soll die Literaturwissenschaft auf die transtextuelle Transkulturalität von Literatur reagieren?

Literaturwissenschaft ergründet kulturelle Prozesse und zwar, indem sie diese mit gesellschaftlichen, politischen und sozialen Prozessen zusammendenkt und eben dadurch zu einem komplexen Verständnis dieser Dynamiken beiträgt. Der „Tod des Autors" stellt den Diskurs als Fluss von Wissen durch die *RaumZeit*[12] in den Mittelpunkt und mit ihm die Macht der Interpretation. „All things are subject to interpretation: whichever interpretation prevails at a given time is a function of power and not truth." Diese Worte Friedrich Nietzsches stellt die Black British Autorin Bernardine Evaristo ihrem Roman *Blonde Roots* voran, der Maafa neu interpretiert.[13]

---

[12] Vgl. Jäger 2015.
[13] Evaristo 2008.

# Vorwort zur Reihe

Eben durch die Kraft der Interpretation wird Literaturwissenschaft zu einer ÜberLebensWissenschaft, die Wissen von (fiktionalen) Texten und ihrer Vergangenheit und Zukunft de/konstruiert. Literatur lebt im „politisch Unbewussten", wie Fredric Jameson es nennt,[14] bis federführende Diskurse sichtbar gemacht werden. Dies kann natürlich ein privates Lesen bewerkstelligen. Jedoch ist es Aufgabe der Literaturwissenschaft, dies zu systematisieren und professionalisieren; und zwar aufbauend auf linguistischen, theoretischen und methodischen Kompetenzen. Die globale Interaktion und Transtextualität von Literatur verlangen der Literaturwissenschaft ab, transkulturell über Grenzen von konventionalisierten *areas*, Nationen und Sprachen hinweg zu denken. Dazu bedarf es einer zukunftsträchtigen Terminologie. Das Konzept von „Weltliteratur" scheint hier insofern nicht tragfähig genug, als ihm konzeptuell bei Johann Wolfgang von Goethe, Erich Auerbach, Pascal Casanova und David Damrosch[15] eine Kanonisierung *weißer* nordamerikanischer und europäischer Mainstream-Literaturen innewohnt.

Ottmar Ettes „Literatur in Bewegung" setzt hier neue Akzente und zwar in konzeptueller Verwobenheit mit Gayatri Spivaks *planetarity*[16] und Édouard Glissants „poétique de la relation".[17] Die globale Präsenz und unvorhersehbare Diversität und polyphone Dialogizität von Literatur wird hier ebenso ernst genommen wie die Machtverhältnisse, die diese rahmen. Édouard Glissant betont:

> [L]es cultures du monde mises en contact de manière foudroyante et absolument consciente aujourd'hui les unes avec les autres se changent en s'échangeant à travers des heurts irrémissibles [...] Dans la rencontre de cultures du monde, il nous faut avoir la force imaginaire de concevoir toutes les cultures comme exerçant à la fois une action d'unité et de diversité libératrices.[18]

Für diese Imagination einer „d'unité-diversité" [„Einheit-in-der-Vielfalt"][19] findet der martiniquianische Schriftsteller und Literaturtheoretiker die Metapher des Rhizoms passend. Ein Rhizom vernetzt sich als Wurzelgeflecht und breitet sich in der Fläche aus, statt sich wie die Wurzel mit einer einzigen Stammlinie in die Tiefe zu graben. In der netzartigen Struktur von Rhizomen verströmt Literatur, um sich mit anderen Texten zu treffen, zu verweben.[20] Dazu schreibt Glissant weiter:

---

[14] Vgl. Jameson 1981.
[15] Vgl. Koch 2002, Auerbach 1967, Casanova 1999, Damrosch 2003.
[16] Vgl. Spivak 2003.
[17] Vgl. „Et il me semble que c'est seulement une poétique de la Relation, c'est-à-dire un imaginaire, qui nous permettra de ‚comprendre' ces phases et ces implications des situations des peuples dans le monde d'aujourd'hui [...]." (Glissant 1996: 24)
[18] Glissant 1996: 14, 71.
[19] Glissant 1996: 12, Glissant 2005: 8.
[20] Vgl. Glissant 2005 : 39, 43, 51.

[J]e rêve une nouvelle approche, une nouvelle appréciation de la littérature, de la littérature comme la découverte du monde, comme découverte de Tout-monde.²¹

Diese philologische Transformation beinhaltet mehr als nur eine Öffnung einzelner Literaturwissenschaften. Ausschlüsse zu vermeiden, ist nur das eine. Historisch gewachsene, diskursiv und strukturell verankerte Verschränkungen samt ihrer Hierarchien mitzudenken, gehört ebenfalls dazu.

Die Geschichte und Zukunft, Hybridität und Polyphonie, Diversität und Differenz der „Literatur in Bewegung" findet ein adäquates Gegenüber in dem, was Ottmar Ette Literaturwissenschaft „ohne festen Wohnsitz" nennt.²² Diese ist methodisch mit Wassern der Transkulturalität und Transtextualität gewaschen. In akademischer Polylogizität vernetzt sie sprachlich bzw. regional konturierte Bereiche literaturwissenschaftlicher Studien, wobei sie die Grenzen, Geschichten und Geopolitiken von Nationen und Sprachen zugleich mitdenkt und überwindet. Bekannte Ansätze und Themen, Gegenstände und Theorien, Strukturen und Kategorien, Konzepte und Terminologien werden verwendet, um sie zu wenden. Statt von beengenden und überholten philologischen Schubfächern wird literaturwissenschaftliches Denken dann von epistemologischen Notwendigkeiten geleitet, die allein durch divers aufgestellte Expertisen und sprachliche Kompetenzen begrenzt werden. Übersetzungen sind eigene Kunstwerke und doch können sie den empirischen Rahmen hierbei erweitern.²³

Einige mögen einwenden, dafür haben wir ja die Allgemeine und Vergleichende Literaturwissenschaft. In der Tat ist sie wie geschaffen für dieses Unterfangen. Allerdings ist sie dies häufig mehr theoretisch als praktisch. Denn im Kern steht (wie beim Konzept von „Weltliteratur") ein *weißer* und westlicher Kanon, der den Rest of Colour in den Area Studies gut aufgehoben sieht und die rhizomische Globalität von Literatur oft zu eindimensional betrachtet. In *Death of a Discipline* moniert die indisch-US-amerikanische Literaturwissenschaftlerin Gayatri Spivak diese Begrenztheit ihrer Heimatdisziplin wie auch jene der Area Studies und jeder One-Nation-One-Language-Only-Disziplin. „It is time, in globality, ... to put the history of Frankophony, Teutophony, Lusophony, Anglophony, Hispanophony also – not only (please mark the difference) – in a comparative focus."²⁴

Spivak zufolge sollte Komparatistik nicht allein der Allgemeinen und Vergleichenden Literaturwissenschat überlassen bleiben. Dabei geht es nicht um die Aufgabe regionalwissenschaftlicher Literaturwissenschaften, sondern um eine Intensivierung und Extensivierung ihrer Dialogizität, in deren Folge die Verglei-

---

[21] Glissant 1996: 91.
[22] Vgl. Ette 2004: 238.
[23] Vgl. Ette 2004: 88-92.
[24] Spivak 2003: 12.

Vorwort zur Reihe

chende Transkulturalität mit machtsensibler globaler Ausrichtung zur omnipräsenten Methode wird. Ob Komparatistik, Romanistik, Anglistik oder Afrikawissenschaft, sie alle müssen sich einem Paradigmenwechsel unterziehen, der die literaturwissenschaftlichen Fächer neu profiliert, strukturiert und klassifiziert.

Es ist richtig. Wir können Literaturen nachgerade nicht dadurch verstehen, dass wir sie in erdrückende Korsette pressen, die etwa durch Sprachen, Nationen oder Kontinentalgrenzen vorgegeben werden. Neue literaturwissenschaftliche Kreaturen und Farmer*innen sind gesucht; und Ettes visionäre TransAreas sind dabei wegbereitend.[25] Jedoch haben wir als Erben Babels auch gelernt, uns zu bescheiden und bei unseres Schusters Leisten – und so eben auch unseren Sprachkompetenzen, die (begrenzt) durch Übersetzungen ergänzt werden können – zu bleiben. Daher können wir letztlich wiederum nicht anders als komplexe globale Verschränkungen in kleine und handhabbare Mosaiksteinchen aufzusplitten, um sie in der gebotenen Komplexität des Mosaiks sehen und verstehen zu können.

Eine dieser neuen TransAreas, die hierbei wie Phoenix aus der Asche auferstehen können, ist die Transkulturelle Literaturwissenschaft. Die Transkulturelle Literaturwissenschaft ist eine transareale Literaturwissenschaft in Bewegung, die entlang von Ettes TransArea, Spivaks *planetarity* und Glissants "poétique de la relation" Literaturen der Peripherien in diverse Zentren rückt; und umgekehrt. Diese Verschränkung von Zentrum und Peripherie nihiliert Kategorien der binären Logik etwa von „The West" and „the Rest of Color". So hält die Transkulturelle Anglophonie etwa das Instrumentarium bereit, afrikanische Literaturen als getragen von komplexen Migrationsbewegungen und beheimatet in dynamischen afrikanischen Diasporas zu verstehen, die etwa zu Großbritannien und Deutschland gehören und mehrsprachig oder relexifiziert sein können.[26]

In unserer Konturierung der Transkulturellen Anglophonie kommen zwei weitere Aspekte hinzu: Zum einen wird an der Notwendigkeit von Sprachexpertisen festgehalten, jedoch darf das nicht heißen, Literaturen in enge Schubladen zu quetschen. „[I]l faudrait", schreibt Glissant, „que toutes ces langues s'entendent à travers l'espace, aux trois sens du terme entendre: qu'elles s'écoutent, qu'elles se comprennent et qu'elles s'accordent."[27] Hier bietet sich der Rahmen, multilinguale TransAreas wie Afrika als Kontinent oder Kamerun oder Indien als Länder ganzheitlicher zu betrachten, oder auch englischsprachige Texte deutscher, chinesischer oder palästinensischer Autor*innen im Kontext ihrer pluralen Gesellschaften zu verstehen. Zum anderen werden *weiße* westliche Literaturen im Sinne Dipesh Chakra-

---

[25] Vgl. Ette 2012.
[26] Zabus 1991.
[27] Glissant 1996: 91.

bartys provinzialisiert.[28] Das schließt ein, dass der sogenannte Kanon entlang kritischer Kategorien, etwa der intersektionalen Postkolonialität, neu gelesen wird.

Doch geht der epistemologische Reingewinn der Transkulturellen Literaturwissenschaft auch darüber hinaus, dass die empirischen Areas einfach nur planetarischer werden? Was kann ein transkultureller Blick auf Literaturen bringen? Eine Literaturwissenschaft, die über die globale Verschränkung von Literaturen der Welt spricht, spricht von globaler WissensRepräsentation im Kontext von Vermittlung und Verhandlung. Das Präfix „trans" insistiert nicht nur auf polydirektionale und rhizomische Literatur-Beziehungen. Zudem richtet er seinen Blick darauf, dass gesellschaftliche Diskurse und ihre Geschichten global verschränkt sind - nicht zuletzt getragen und geprägt von literarischen Fiktionen. Das Profil der Transkulturellen Literaturwissenschaft gestattet es, Literatur ganzheitlich als Fluss von repräsentiertem „ÜberLebensWissen" (Ette) durch diverse *RaumZeiten* (durch die *totalité-monde*, Glissants Welt-Ganzes, und Spivaks Planetarität) zu lesen.

Losgelöst von monolingualen bzw. mononationalen Sprachrastern, begleitet von ihrer komplementären Nähe zur Linguistik und beflügelt durch Verwandtschaften mit Begriffen wie Transnationalität, Translokalität und Transmigration kann die Transkulturelle Anglophonie den Blick unverstellter auf kulturelle, gesellschaftliche, soziologische und politische Gesamtzusammenhänge richten. Sie ist dabei im Dialog mit Ottmar Ettes Vision einer transarealen Literaturwissenschaft als Lebenswissenschaft, der sie sich verdankt.

Polyloge haben begonnen und diese Anfänge werden neue Polyloge suchen. Diese Buchreihe strebt danach, der globalen Zukunft von Literatur und Film als ÜberLebensWissen eine würdige LiteraturWissenSchaft an die Seite zu stellen – als Quelle von Inspiration, Wissen und Muse neuer gesellschaftlicher Begegnungen, die Grenzen diskutiert, um sie zu überwinden.

Julia Dittmanns ebenso klugem wie durchdringendem Buch „Ent-Täuschung des *weißen* Blicks" ist eine aufrufende Eröffnung dieser Buchreihe gelungen. Der Studie gelingt es aufzuzeigen, wie filmische Narrationen Rassismus durch die Jahrhunderte tragen. Die Macht der Blicke als Narration könnte kaum eindringlicher seziert werden. Dabei gelingt es der als Handbuch geeigneten Analyse zudem, der Macht der Ent-Täuschung des Rassismus zum Trotz, politische Visionen zu entwickeln, wie dieses Sehen Schritt für Schritt entziffert, dekolonisiert und verlernt werden kann. Als Mitherausgberin dieser Reihe freue ich mich auf die künftige WeiterArbeit an diesen Projekten mit Julia Dittmann sowie Shirin Assa.

*Susan Arndt im November 2018*

---

[28] Vgl. Chakrabarty 2000.

# Danksagung

Zum Gelingen dieser Arbeit haben viele Menschen durch ihre Unterstützung beigetragen. Bei ihnen allen möchte ich mich bedanken.

Mein erster Dank geht an die Graduiertenschule BIGSAS (Bayreuth International Graduate School of African Studies), die mich finanziell gefördert, inhaltlich bereichert und durch den Prozess des Forschens und Schreibens begleitet hat. Stellvertretend möchte ich mich beim BIGSAS-Vorsitzenden Prof. Dr. Dymitr Ibriszimow und bei der Geschäftsführerin Dr. Christine Scherer bedanken, die beide sehr viel Verständnis für meine Situation als Mutter zweier kleiner Kinder aufgebracht haben.

Ein ebenso großer Dank gebührt meiner Doktormutter Prof. Dr. Susan Arndt. Ich möchte mich bei ihr für die Aufnahme als Promovendin und für ihre permanente Unterstützung bedanken. Sehr bereichert haben mich ihr inhaltliches Feedback, ihre fundierten Kolloquien und der Einbezug in ihre Forschungszusammenhänge und rassismuskritischen Netzwerke. Bedanken möchte ich mich auch dafür, dass sie mich sowohl in die Lehre als auch in ihre wissenschaftspolitischen Aktivitäten eingebunden hat.

Großer Dank gilt zudem meinem Mentorinnen-Team bei BIGSAS: Prof. Dr. Ute Fendler und Dr. Henriette Gunkel. Beide haben wichtige Impulse innerhalb meiner Theorieentwicklung und für die Auswahl meiner Analysegrundlage gesetzt. Freundlicherweise hat Dr. Gunkel zusätzlich die Zweitbegutachtung meiner Arbeit übernommen.

Ebenso bedanke ich mich bei Prof. Dr. Ivo Ritzer, der sich bereit erklärt hat, meine Dissertation als Erstgutachter zu bewerten und der mir stets konstruktives Feedback und Hinweise auf einschlägige Literatur gegeben hat.

Ohne die kompetente und einfühlsame Beratung von Dr. Monika Klinkhammer im Rahmen des Coaching-Programms von BIGSAS und darüber hinaus hätte ich die Herausforderung der Kombination von wissenschaftlicher Qualifikation und Familie nicht bewältigen können. An dieser Stelle möchte ich auch ihr meinen herzlichen Dank aussprechen.

Eine große Stütze war mir zudem die außeruniversitäre, queer-feministische Promotionsgruppe *PromKoop*, in der Wissenschaftler_innen aus unterschiedlichen Forschungsbereichen einen solidarischen, wohlwollenden und offenen Austausch über alle Belange und Herausforderungen des Promotionsprozesses pflegen. Insbesondere Mechthild von Vacano gilt mein Dank für Ihre Beratung bei der Strukturfindung, aber auch allen anderen Promovierenden der Gruppe danke ich für ihr Gegenlesen, Feedback geben, Zuhören und für das vertrauensvolle Teilen eigener Erfahrungen. Zu ihnen gehören unter anderen Atlanta Ina Beyer, Ronja

Eberle, Karoline Georg, Ruth Hatlapa, Dr. Nadine Heymann, Dr. Jonathan Kohlrausch, Jana König und Sarah Schulz.

Mein Dank gilt außerdem Gerd Höhler, der die gesamte Arbeit in Rohfassung gelesen und wichtige Impulse für deren Überarbeitung gegeben hat. Zudem war er mir all die Jahre meiner Promotion ein großzügiger Gastgeber und lehrreicher Diskussionspartner. Ebenso wie Werner Neuhaus hat er mich schon zu Schulzeiten als Lehrer an herrschaftskritische Denkansätze herangeführt. Beiden sei dafür an dieser Stelle gedankt.

Für Gastfreundschaft und lebenspraktische Unterstützung bedanke ich mich zusätzlich bei Jutta und Manfred Popp.

Meiner Schwester, der Psychoanalytikerin Dipl.-Psych. Katja Dittmann, möchte ich ein großes Dankeschön für die Versorgung mit psychoanalytischer Fachliteratur und für das inhaltliche Gegenlesen einiger psychoanalytisch ausgerichteter Textstellen aussprechen. Ihre stetige – auch emotionale – Unterstützung und ihre kompetente Begleitung und Beratung haben mich sehr gestärkt.

Für das Korrekturlesen geht mein Dank an Edeltraud Dittrich, Stefanie Gras, Dr. Manfred Stinnes, Gisela Nagel, Dominique Tessner, Janne Braungardt, Susanne Perko, Patrick Müller und Mara Jerusalem. Sophia Hamaz danke ich dafür, dass sie während meines Promotionsprozesses immer wieder die von mir verfassten englischen Texte, Vorträge und Aufsätze korrekturgelesen und auch die englischen Textpassagen der Dissertation überprüft hat. Stéphane Flesch gilt mein Dank für die Korrektur der französischen Textpassagen.

Für die Konzeption von Satz und Gestaltung und für Hilfe bei deren Durchführung bedanke ich mich bei Sönke Guttenberg.

Für die freundliche und verlässliche verwaltungstechnische und organisatorische Betreuung danke ich den BIGSAS-Mitarbeiterinnen Martina Schuberth-Adam, Sabine Wagner, Anette Volk und Stefanie Jost sowie dem IT-Beauftragten Rainer Noack – Anette Volk insbesondere für die Hilfe bei der Erstellung der Formatierungsvorlage und für ihre kompetente Beratung während des gesamten Publikationsprozesses. Ein ebensolcher Dank gilt Mirjam Straßer, die Frau Volk bei dieser Tätigkeit zeitweilig vertreten hat.

Rose Kimani sei gedankt für die kompetente Leitung unserer BIGSAS-Workgroup *Media in Africa* und Yvette Ngum für deren Unterstützung.

Für den sehr guten Service danke ich zudem allen Mitarbeiter_innen des Pressearchivs an der Filmuniversität Babelsberg Konrad Wolf, des Bundesfilmarchivs und der Bibliothek und Verwaltung der Universität Bayreuth. Annelie Runge danke ich für die Zur-Verfügung-Stellung einer DVD ihres Dokumentarfilms *Ende einer Vorstellung* und Angelika Ramlow aus dem BERLINER ARSENAL – INSTITUT FÜR FILM UND VIDEOKUNST E.V. für wichtige Filmempfehlungen.

Zusätzlich bin ich meinem Freund Dipl.-Psych. Ari De Andrade, Psychotherapeut für Kinder und Jugendliche, in Dank verbunden. Er war der Erste, der mich mit dem Thema der Kritischen Weißseinsforschung konfrontiert und mich mit Dipl.-Psych. Ursula Wachendorfer in Kontakt gebracht hat. Ihr wiederum verdanke ich, da sie mich im Prozess des Verfassens meiner Magistra-Arbeit inhaltlich begleitet hat, sowohl wichtige Denkansätze, die in die Dissertation eingeflossen sind, als auch den Kontakt zu Prof. Dr. Arndt.

In diesem Zuge möchte ich mich auch bei Prof. Dr. Alexandra Schneider bedanken, die mich in einem ihrer Seminare an der Freien Universität Berlin mit dem Text „...und es werde Licht!" von Richard Dyer bekannt gemacht hat, der zur Initialzündung meines Forschungsinteresses im Hinblick auf die Kombination von feministischer Filmtheorie und Kritischer Weißseinsforschung wurde. Mein Dank geht an dieser Stelle auch an Dr. Martina Tißberger, die mich vor vielen Jahren dabei unterstützt hat, Kritische Weißseinsforschung mit der psychoanalytisch fundierten Filmtheorie zusammenzudenken, sowie an Dr. Grada Kilomba, Amy Evans, PD Dr. Gabriele Dietze und Juliane Strohschein für die Lehre in rassismuskritischer Forschung an der Humboldt-Universität zu Berlin im Fachbereich der Gender Studies.

Neben meiner Doktormutter Prof. Arndt danke ich Prof. Dr. Dagmar von Hoff für das Verfassen von Gutachten für Promotionsstipendien. Prof. Dr. Christina von Braun für ihre grundsätzliche Bereitschaft, mich als Promovendin zu betreuen.

Ein weiterer Faktor, der zum Gelingen dieser Dissertation in entscheidendem Maße beigetragen hat, war die umfassende Unterstützung durch meinen Lebenspartner Sönke Guttenberg, der die Care- und Reproduktionsarbeit hälftig mit mir geteilt hat. Für die Betreuung unserer Kinder bedanke ich mich darüber hinaus sehr herzlich bei meinen Familienangehörigen Monika Dittmann, Steffen Dittmann, Doris Dittmann, Karin Guttenberg, Maike Guttenberg, Katja Dittmann und Marian Kempkes sowie bei meiner Freundin Padma Brannolte und den Erzieher_innen der Kita *Wald und Wiesen e. V.* in Berlin.

Last but not least danke ich meinen Kindern Jonas und Rosa und allen meinen Freund_innen für ihr Verständnis und ihre Geduld und Dr. Ricarda de Haas und Dr. Grit Köppen für ihre freundschaftliche Begleitung als Mitpromovierende. Auch meinen Eltern Monika Dittmann und Steffen Dittmann bin ich in tiefer Dankbarkeit verbunden. Ohne ihre stets bestärkende Fürsorge, ihre Leidenschaft für kontroverse Diskussionen und ihr gesellschaftspolitisches Engagement wäre diese Dissertation womöglich nicht entstanden.

*Julia Dittmann im November 2018*

# Prolog

## *The Brainage*

### Rassismus, Wissen(schaft), Universität – Zur Eröffnung

a) Wissen schafft Grenzen schafft Definition
schafft Menschen schafft Denken schafft Mensch und Nation.
Wir haben Mikroskope! Wir... verbiegen Verborgenes zum Vorschein.
Wir lassen Tänzer singen, um ihr kulturelles Potential zu kalkulieren,
wir selektieren und klassifizieren in selektive Einheiten wie
klassisch und primitiv;
wir schlagen echte Menschen tot und fressen sie.

b) Wir trauen uns,
nackt und kopfüber von den Klippen zu springen,
komplette Lieder über Glieder und Titten zu singen,
wir reden ja auch gerne mal von strittigen Dingen,
doch „Ra...ssismus" ist nicht über die Lippen zu bringen.
Das ist die leidige Geschichte mit den bitteren Stimmen
die, – wenn man hinhört – beginnen wie Gewitter zu klingen.
Das ist der Punkt, wo alle denken „Boah, nicht schon wieder!"
und Raucher lieber draußen Filterkippen verglimmen.
Das Problem in die gesellschaftliche Mitte zu bringen?
Vielleicht mal aufhören immer alles mitzubestimmen?
Kippe ausmachen, Klappe halten, mal zuhören...
All das hat noch bis in das Gewissen zu dringen.

Wissen schafft
Wissen, wie das Wissen beginnt;
Wissen schafft Wissen,
wer das Wissen bestimmt;
wann der erste weiße Mensch,
wie, auf welchem Wanderweg,
wo zum allerersten Mal
seinen Namen in den Schnee gepisst,
die rote Flagge, grüne Flagge, das blaue Bouclier gehisst

Landkarte gezeichnet, Strandlage vermerkt
die Krankheiten verbreitet, die Landfrage geklärt
In vierundzwanzig Bänden alles klassifiziert
In vierundneunzig Ländern alle rassifiziert
In Subkategorien, Sub-subkategorien,
in Karos, Kästchen, Bestien und Barbaren
in messbaren Verfahren,
um Haut und Haar, Zahn und Nase,
Krümmung der Zunge im Wind bei vierzig Grad,
Wissenschaft,
trockene Schmetterlinge,

Es gibt nichts mehr zu entdecken und zu katalogisieren.
Es gibt keine Nadeln mehr zu pieksen, durch trockenen Panzer
seltener Insekten
Keine Abbildung A, kein Fundstück B keine komparative Methode C.
und ganz ehrlich, liebe Afrikanisten, Orientalisten,
Weltenbummler und Lehnstuhl-Ethnologen:
der Jamaica-Rum ist auch nicht mehr der gleiche.
der kleine exzentrische Knacks, der Zigarillo,
das cholerische Zucken der Hornbrille, das große Latinum
... ist alles irgendwie nicht mehr sexy. Es kann einfach nicht über
die Tatsache hinwegtäuschen,
dass kein zertifizierter Experte mehr über diese kleinen weiß-blauen
Fische weiß, als der Fischer, der sie fängt,
dass kein Linguist, härtere Sprüche kloppt, als Mama hinterm
Kochtopf, wenn die Stromrechnung ins Haus fliegt,
dass kein Ethnologe über meine kleine Schwester, über KEINE
kleine Schwester spricht, in
irgendeiner Weise,
in irgendeiner Sprache
im National Geographic
dass „die Tropen", „der Dschungel", „die dritte Welt", „das
Entwicklungsland", „Schwarzafrika"
Begriffe sind wie Striche am Lineal,
die grobe geographische Grenzen ziehen zwischen Terra Inkognita
und Terra Da-war-ich-schon.
es gibt keine Safari.
wie bitte?

es gibt keine Safari.
es gibt keinen Reggae und kein Holiday Inn; es gibt keine
Touristen; es gibt keinen Weltbürger.
Keine Träger, keine Kamele, keine Wasserstelle.
Ich verstehe, dass sie das verunsichert.
I tolerate confusion here.

Wissen schafft,
wahlloses Wissen und die wildesten Theorien über
olympische 200 Meter Hürden
samt Sprungkraft und Spannbreite, Schwanzlänge und
wo zur Hölle kriegt der Junge die goldenen Schuhe her,
mit denen er rennt, als wär die Polizei schon um die Ecke
Wissen schafft Wissen
Schafft Kanonenbootrhetorik
Schafft die besten feuchten Träume
Seit „Vom Winde verweht"

Wissen schafft Konsens
Wissen schafft Standards
Wissen schafft Wahrheit,
in der zwei Drittel der Menschheit
empirisch irrelevant am Kindertisch Wackelpudding essen,
während die Großen übers Geschäft reden.

c) Wissen schafft Widerstand
schafft echte Terroristen
schafft Menschen ohne Rang und Namen
ohne Lehrstuhl und Wimpel am Hut,
die kackendreist da stehn und sagen
was du kannst, kann ich auch
ein bisschen Wissen schafft Gelegenheit,
Gelegenheit macht Diebe
und – schwupps, hat keiner hingesehen
do we speak in different terms
do we speak in tongues that defy all classification
und – schwupps, hat keiner hingesehen –
are we the ones that call names and numbers now
we the real patriots of this country, we the Super-Europeans,

Super-Africans, Super-Asians,
the real scholars of the gaze are the ones that take history and
rose bushes
all artistic and sophisticated
we take childhood memories and unfinished conversations
we take all the anger, the frustration, the insanity out of
cobwebbed corners of suppression and denial
we sharpen their edges and place them under the tip of our tongue
Wissen schafft Waffen!
might stab you with a kiss, with a word, with a term of endearment
with a power point presentation – kill dead!
I speak, so you don't speak for me!
we refuse to be identified, classified, verified and filed under:
ix, üpsilon, zett

Anderes Wissen schaffen
Altes zu verlernen
das Aufgestellte einzureißen
in Stein gemeißeltes aufzubrechen
das Eingebrannte aufzureiben
(Winnetou mal außen vor;
„Kronzuckers Kosmos" kostet auch nicht die Welt;
aber Pipi und Tim und Struppi???)
wird mehr kosten,
als wir bereit sein werden
zu opfern.

[if you are listening, then you are the resistance!]
... und wir sind doch lernfähig.

*Philipp Khabo Köpsell* [1]

---

[1] Köpsell 2010, mit freundlicher Erlaubnis des Autors.

> Nichts wird einen Träumer daran hindern, sich eines Tages in aller Bescheidenheit zu entschließen, die Analyse eines Films (wieder) von vorne zu beginnen, um etwas noch nie Dagewesenes mitzuteilen. Doch es wäre vermessen, voraussagen zu wollen, ob aus diesem Anstoß ein neuer theoretischer Ansatz oder eine neue Form des Erzählens hervorgehen wird.
>
> *Raymond Bellour* [1]

# 1. Einleitung

Im Sommersemester 2005 fand ich im Vorlesungsverzeichnis des Instituts für Theaterwissenschaft an der Freien Universität Berlin unter der Rubrik „Seminar für Filmwissenschaft" eine Seminarankündigung mit dem Titel „Spektakel Frau". In diesem Seminar sollte die Behauptung der feministischen Filmtheorie hinterfragt werden, das kinematografische Dispositiv bestehe aus dem „Verhältnis von männlichem (Kamera)Blick und weiblicher Angeblicktheit (der Darstellerin)" und erfordere die „Unterwerfung des Weiblichen sowohl der Darstellerin wie der sich mit dieser identifizierenden Zuschauerin". Es wurde versprochen, diese Perspektive versuchsweise umzukehren: „Das Spektakel Frau", stand dort, „aus welchem der Film seine Faszination bezieht, soll hier in seiner ‚Choreographie des Begehrens' (Didi-Huberman), in der Verbindung von mimischem und gestischem Ausdruck der Darstellerin, von Inszenierung und filmsprachlicher ‚Pathosformel' nachgezeichnet werden. Welche Affektbewegung transportiert die Bewegung der Frau im Bewegungsbild?"

Als Interessierte an feministischer Filmtheorie lockte mich diese Seminarankündigung: Frau und Film. Weiblichkeit im Objektstatus wird zum aktiven Schaffensprozess der Frau als Filmschauspielerin und Rezipientin. Endlich den Subjektstatus entdecken! Dass ich dabei den Begriff der Frau unbewusst mit dem der *weißen* Frau gleichsetzte, fiel mir erst auf, als zwei im Seminar anwesende Kommiliton_innen aus dem interdisziplinär angelegten HU-Studiengang *Gender Studies* darauf hinwiesen, dass die Liste der weiblichen Darstellerinnen, über die ein Referatsthema zu vergeben war, ausschließlich aus *weißen* Frauen bestand.

Ich ertappte mich dabei, beim Nachdenken über das Thema zu keinem Zeitpunkt an die Darstellung Schwarzer Frauen gedacht zu haben. Und das, obwohl schon der Seminarankündigung zu entnehmen gewesen war, dass in Anlehnung an den Umgang des Kunsthistorikers Aby Warburg mit dem Nymphen-Begriff „die ‚Nymphen' des Films, angefangen mit Lilian Gish über Louise Brooks, Marlene Dietrich, Marilyn Monroe und die zeitgenössischen bis hin zu den digitalen Nym-

---

[1] Bellour 1999b: 22.

phen wie Lara Croft, in ihrer spezifischen Begehrensbewegung nachgezeichnet und in ihrer jeweiligen Verkörperung des Filmaffekts analysiert werden" sollten.

Für mich als *weiße* Frau schien der Begriff der Schauspielerin das *Weißsein* zu implizieren. Die Vorstellung von einer „Nymphe" schloss, so schien es, für mich ein potentielles Schwarzsein kategorisch aus. „Dass es so etwas geben könnte wie ‚Weißsein' und dass dieser Begriff etwas mit hegemonialen Bildern und realer Gewalt zu tun hat, ist im Bewusstsein solcher Menschen, die als Weiß konstruiert sind, in der Regel nicht vorhanden", schrieb die Theologin Eske Wollrad etwa zur gleichen Zeit,[2] und sie fügte hinzu:

> Eine Problematisierung der Normativität von Weißsein ist auch in der bundesdeutschen akademisch etablierten Frauen- und Geschlechterforschung kaum ein Thema, obwohl seit Jahren die Stimmen Schwarzer Feministinnen, die den Rassismus in dieser Forschungsrichtung kritisieren, unüberhörbar geworden sind.[3]

Auch ich selbst hatte diese Stimmen Schwarzer Feministinnen zu jenem Zeitpunkt bereits gehört, wohl aber nicht internalisiert. Meine fehlende Sensibilität für den Ausschluss Schwarz-weiblicher Schauspielerinnen und Protagonistinnen aus der Seminarliste der nymphenhaften Filmfiguren erscheint mir im Nachhinein besonders aus dem Grunde vollkommen unverständlich, als dass ich damals schon an mehreren Seminaren in meinem Nebenfach *Gender Studies* an der Humboldt-Universität zu Berlin teilgenommen hatte, in denen der Fokus auf der Kritik an rassistischen Gesellschaftsstrukturen und hegemonial-normativem *Weißsein* gelegen hatte. In diesen Seminaren hatten mir Schwarze Feminist_innen sowohl als Kommiliton_innen als auch als Dozent_innen die Augen zu öffnen versucht und mich – mit viel Geduld und auch impliziter und berechtigter Wut – mit meiner *weißen* Täter_innenschaft und Privilegierung konfrontiert. Umso deutlicher wurde mir, wie tief rassistische Perspektiven im *weiß* konstruierten Individuum und im kollektiven (Un-)Bewussten der okzidentalen Gesellschaft verankert liegen.

Während dieses filmwissenschaftlichen Seminars wurde mir auch bewusst, dass in keinem der in der deutschen Filmwissenschaft üblichen Handbücher zur Anleitung und Einführung in die Praxis der Filmanalyse grundlegende Hinweise für eine rassismussensible Analysetätigkeit gegeben wurden. Diese Beobachtung behält bis heute ihre Gültigkeit.[4] Und sie entspricht der Beschreibung von

---

[2] Wollrad 2005: 13.
[3] Ebd.
[4] Die Kommunikationswissenschaftlerin Martina Thiele bestätigt meine Einschätzung. Im Rahmen einer umfangreichen Meta-Analyse zum Forschungsfeld „Medien und Stereotype" diagnostiziert sie, dass die bis 2015 durchgeführte Medieninhaltsforschung aus Analysen bestehe, die rassialisierte Machtverhältnisse kaum in den Blick nähmen. Zudem bemängelt sie das Fehlen einer Verknüpfung von quantitativer und qualitativer Forschung (Thiele 2015: 195) und die Tatsache, dass erste „Ansätze einer theoretisch fundierten und empirisch ambitionierten Stereotypenforschung, die filmwissenschaftliche Studien einschließt", nicht fortgeführt worden seien (Thiele 2015: 394f.).

(deutschsprachiger) Wissenschaft wie sie der Schriftsteller und Spoken Word Künstler Philipp Khabo Köpsell etwa zur gleichen Zeit in dem Gedicht „The Brainage. Rassismus, Wissen(schaft), Universität" in lyrische Worte fasst: von Rassismus tief durchdrungen bleibt die Wissenschaft ihren rassistischen Einschreibungen und Fundamenten gegenüber weitestgehend unsensibel.[5]

Sichtbar wird diese Unsensibilität auch anhand der Tatsache, dass dem Vorwort eines 2012 erstmalig erschienenen *Studienhandbuchs zur Filmanalyse* ein Zitat des Filmemachers David Wark Griffith vorangestellt ist. Dieses Zitat lautet: „The task I'm trying to achieve is above all to make You see".[6] Die Autoren des Studienhandbuchs begründen die Auswahl dieses Zitats damit, dass David Wark Griffith einer der „Pioniere der Filmgeschichte" gewesen sei und dass das von ihnen herausgebrachte Studienhandbuch Filmrezipierenden die Augen öffnen solle:

> Filmanalyse als kleine ‚Schule des Sehens', ganz im Sinne des Goethe-Satzes, dass man ‚nur das sieht, was man weiß – auch das gehört zum Konzept dieser Einführung [in die Ästhetik und Dramaturgie des Spielfilms].[7]

Dabei übersehen die drei Autoren Beil, Kühnel und Neuhaus, dass David Wark Griffith mit seinen wichtigsten Filmwerken die Ideologie des Rassimus in das Sehen der Filmrezipierenden eingeschrieben hat. Sein Film *Birth of a Nation* trug nicht nur 1915 zur Wiederauferstehung des seit 1870 verbotenen Ku-Klux-Klans bei,[8] sondern dient noch heute der Rekrutierung neuer Klan-Mitglieder. Wie aber ist es möglich, ein als „Grundlagenbuch der Filmanalyse konzipiert[es]"[9] Standardwerk im 21. Jahrhundert mit den Worten eines Filmemachers beginnen zu lassen, der die Grammatik rassifizierter Repräsentation zu Beginn der Filmgeschichte in die Filmästhetik eingeschrieben hat? Wäre es heutzutage noch tragbar, möchte ich vergleichend fragen, einem Standardwerk der Filmanalyse ein Zitat von Veit Harlan voranzustellen? Ich möchte behaupten: Nein. Während die Ideologie des Nationalsozialismus in Deutschland längst offiziell geächtet ist, erfreut sich die Ideologie des Rassismus offensichtlich weiterhin einer kaum eingeschränkten Salonfähigkeit – und das, obwohl Rassismus, Kolonialismus und Nationalsozialismus auf das Engste miteinander verwoben sind.

Der Schriftsteller und Politiker Aimé Césaire wies 1950 in seinem kolonialkritischen Essay „Discours sur le colonialisme" darauf hin, dass der europäische

---

[5] Philipp Khabo Köpsell verfasste das Gedicht anlässlich einer Tagung, die Susan Arndt organisiert hatte, weil es an der Humboldt-Universität zu Berlin vor allem in den Fachbereichen der Afrikawissenschaft und der Gender Studies eklatante rassistische Vorfälle gegeben hatte. Khabo Köpsell war damals selbst Student der Afrikawissenschaften an der Humboldt-Universität.
[6] Beil/Kühnel/Neuhaus 2012: 7.
[7] Beil/Kühnel/Neuhaus 2012: 8.
[8] *Nordwest Zeitung Online* 2015.
[9] Beil/Kühnel/Neuhaus 2012: 7.

Kolonialismus im Sinne einer „Routinisierung der Gewalt"[10] in die rassistische Gewalt des Nationalsozialismus übergegangen sei.[11] In beiden Ausbeutungssystemen dominierte der Rassebegriff den gesellschaftlichen, wissenschaftlichen und künstlerischen Diskurs[12] und hatte damit über Jahrhunderte hinweg einen bis heute tiefgreifend wirksamen Einfluss auf die Hierarchisierung okzidentaler Gesellschaften und auf die Konstruktion von deren kulturellen Werken und Werten. Das, was heute in westlichen Ländern „Moderne" genannt und in hegemonialer Manier ausschließlich dem Okzident zugeschrieben wird, sollte daher, wie Sabine Broeck betont, nicht länger als eine sich durch Rechtsstaatlichkeit, Demokratie und universale Bürgerfreiheit auszeichnende Fortschrittsentwicklung stehen gelassen werden, die von der Zeit des Kolonialismus sowohl moralisch als auch epistemisch abzuspalten ist.[13]

Vielmehr ist mit Arndt und Broeck wahrzunehmen, dass die Fundamente dieser vorgeblich modernen Wohlstandsgesellschaft aus Verwüstung, Verschleppung, Rassengesetzgebung, Konzentrationslagern, genozidaler Vernichtung, kultureller Auslöschung und kolonialer Ausbeutung von Menschen bestehen, die von den sich selbst mit Kultur gleichsetzenden Gewalttäter_innen der Natur zugeordnet wurden, sowie ihrer Ressourcen.[14] „Was der Welt, insbesondere dem Westen, [aus Versklavungshandel und Plantagen-Sklaverei] als Gewinn erwuchs,", schreibt der kenianische Schriftsteller und Kulturwissenschaftler Ngugi wa Thiong'o, habe „bei der Erschaffung der modernen Welt eine immens wichtige Rolle" gespielt.[15] Gleichzeitig habe dies für Afrika und Afrikaner_innen Verlust bedeutet: „Verlust von Menschenleben, Macht, Ressourcen, den ökonomischen Verlust [...], an dem die Welt verdiente," und den Verlust seelischer Unversehrtheit.[16] Auch die Schriftstellerin Toni Morrison, deren Essay *Playing in the Dark* als einer der grundlegenden Texte für eine rassismuskritische Kultur- und Literaturwissenschaft zu betrachten ist,[17] weist darauf hin, dass die Menschenrechte ihren Ursprung in der „Hierarchie der Rassen"[18] fänden und dass die Aufklärung auf dem Prinzip der Sklaverei aufbaue. Denn nichts habe das Konzept der „Freiheit

---

[10] Kalter 2011: 142.
[11] Kalter 2011: 140-143. Vgl. Césaire 1955: 6ff.
[12] Vgl. Köpsell 2010: 8-12, Kelly 2016: 99.
[13] Broeck 2012: 169f.
[14] Arndt 2005a: 26, Broeck 2012: 170.
[15] Ngugi wa Thiong'o 2011: 100.
[16] Ebd.
[17] Junker/Roth 2010: 141, Kelly 2016: 108. Kelly weist hier darauf hin, dass durch Morrisons Essay ein Paradigmenwechsel im postmodernen Diskurs stattgefunden habe, „aufgrund dessen der weiße Blick vom Schwarzen Objekt auf das weiße Subjekt gelenkt werden konnte".
[18] Morrison 1994: 65.

Einleitung

derart ins Licht [gerückt] wie die Sklaverei – wenn [diese die Freiheit, J.D.] nicht überhaupt erst erschuf."[19]

Das Erkenntnisinteresse meiner Arbeit liegt aus all diesen Gründen in der Entwicklung einer intersektional fundierten Matrix rassismussensibler Strategien für eine ideologiekritische Filmanalyse. Ich verstehe dies als einen Beitrag zu der sich in jüngster Zeit in Deutschland formierenden post_kolonialen[20] Medientheorie, die sich nicht nur in der seit 2014 von der Medienwissenschaftlerin Ulrike Bergermann herausgegebenen Schriftenreihe *Post_koloniale Medienwissenschaft* niederschlägt,[21] sondern auch durch die von Bergermann und Nanna Heidenreich herausgegebene Anthologie *total: Universalismus und Partikularismus in post_kolonialer Medientheorie*[22] sowie durch Natasha A. Kellys Monografie *Afrokultur. „der raum zwischen gestern und morgen"*[23] entscheidend mitgeformt wird.

Es ist zu beachten, dass die seit der zweiten Hälfte der 1980er Jahre vor allem von Schwarzen Deutschen initiierte, geleistete und vorangetriebene Arbeit zur Etablierung eines post_kolonialen Diskurses in Deutschland[24] notwendige Voraussetzung für den Aufbau einer solchen deutschsprachigen post_kolonialen Medien-

---

[19] Ebd. Dazu detailliert das Unterkapitel *1.1.2 Kritische Weißseinsforschung* der vorliegenden Arbeit und dessen Unterkapitel.
[20] In Anlehnung an Ulrike Bergermann und Nana Heidenreich verwende ich das Wort „postkolonial" mit Unterstrich, um die noch anhaltende Kolonialität deutlich zu machen, die von der post_kolonialen Theorie untersucht und aufgedeckt wird. Denn von dieser wird Post_kolonialität nicht als ein danach verstanden, sondern als ein Fortdauern kolonialer Strukturen auch noch nach dem offiziellen Ende der Kolonien (Bergermann/Heidenreich 2015a: 11). Zu der Bedeutung des Präfixes „Post" vgl. Rodríguez 2003: 19.
[21] Vgl. Ritzer 2015: 360-362.
[22] Bergermann/Heidenreich 2015a.
[23] Kelly 2016.
[24] Kelly gibt einen umfangreichen Überblick über die in dieser Zeitspanne von Wissenschaftler_innen, Schriftsteller_innen, Herausgeber_innen, Verleger_innen und Aktivist_innen geleistete Arbeit. Namentlich zählt sie Katharina Oguntoye, Dagmar Schultz, May Ayim, Olumide Popoola, Peggy Piesche, Maisha Eggers, Fatima El-Tayeb, Grada Kilomba, Noah Sow, Mutlu Ergün (heute Ergün-Hamaz), Kien Nghi Ha, Nicola Lauré al-Samarai, Sheila Mysorekar, Eleonore Wiedenroth-Coulibaly, Susan Arndt, Nadja Ofuatey-Alazard, Adibeli Nduka-Agwu, Antje Lann Hornscheidt, Ursula Wachendorfer, Joshua Kwesi Akins und Joachim Zeller als Vorreiter_innen einer post_kolonialen Forschungslandschaft in Deutschland auf (Kelly 2016: 80-91). Ich möchte diese Aufzählung um Philipp Khabo Köpsell, Gabriele Dietze, Martina Tißberger, Isabell Lorey, Katharina Walgenbach, Anette Dietrich, Martha Mamozai, Malte Fuhrmann, Hito Steyerl, Encarnación Gutiérrez Rodríguez, María do Mar Castro Varela und Nikita Dhawan ergänzen (vgl. Dietrich 2007: 25), ohne die Liste damit als vollständig zu betrachten. Denn zu Recht warnt Peggy Piesche bezüglich einer solchen Auflistung vor der Unterschlagung von bereits früher datierten akademischen Arbeiten wie beispielsweise der Dissertation von Diana Bonnelamé von 1983 als auch vor der Unterschlagung der permanenten Dekonstruktion und Dekodierung der Alltagsmythen durch politische und emanzipatorische Kämpfe von Schwarzen Menschen und People of Color in Deutschland (Piesche 2005a: 14). Kelly weist zusätzlich darauf hin, dass es in den USA und in einigen afrikanischen Ländern eine längere Tradition post_kolonialer Forschungen zu von Deutschland beeinflussten Räumen gebe als in Deutschland selbst (Kelly 2016: 84).

wissenschaft war.[25] Zu dieser Etablierung hat auch das Engagement politisch-aktivistischer Organisationen wie beispielsweise *der braune mob e.V.*,[26] *Initiative Schwarzer Deutscher*,[27] *ADEFRA*[28] und *berlin-postkolonial*[29] sowie die Comedy-Performance *Edutainment Attacke!* der Schwarzen Aktivistin und Medienkritikerin Noah Sow und des Soziologen, Autors und Aktivisten of Color Mutlu Ergün-Hamaz beigetragen.[30]

Allerdings betont die Kommunikationswissenschaftlerin und Soziologin Natasha A. Kelly, dass der deutschsprachige post_koloniale Diskurs bisher primär die Ebene der Sprache erforscht habe,[31] so dass Untersuchungen zur visuellen Kolonialität Deutschlands nur vereinzelt und noch seltener aus Schwarzer Perspektive durchgeführt worden seien.[32] Kellys Buch ist, da es diesem Mangel entgegenwirkt, als ein wichtiger Beitrag zu post_kolonialen Perspektiven auf die deutschsprachige Medienwissenschaft zu werten. Auch ich werde, wenn auch aus *weißer* Perspektive, mit meinem Forschungsprojekt dazu beitragen, diese eklatante Forschungslücke mit Wissen aufzufüllen, da die Analyse visueller Kolonialität in okzidentalen und speziell deutschen Filmtexten Gegenstand der vorliegenden Forschungsarbeit ist.

Wichtige Forschungsergebnisse für die in den letzten Jahren im deutschsprachigen Raum entstehende post_koloniale Filmwissenschaft haben sowohl der Filmhistoriker Tobias Nagl mit seinem umfangreichen Werk *Die unheimliche Maschine. Rasse und Repräsentation im Weimarer Kino.* (2009) als auch die Kulturwissenschaftlerin Maja Figge mit ihrer Monografie *Deutschsein (wieder) herstellen. Weißsein und Männlichkeit im bundesdeutschen Kino der fünfziger Jahre.* (2015)[33] geliefert. Mit aufschlussreichen Aufsätzen zum deutschen Film und dessen Produktionskontexten bereichern zudem die Literatur- und Kulturwissenschaftlerin Peggy Piesche,[34] die Kommunikationswissenschaftlerin Patricia Birungi,[35] der Kameramann, Regisseur und Publizist Martin Baer[36] und der Schriftsteller und Literaturwissenschaftler Patrice Nganang[37] den bisherigen Kanon der deutschen Filmwissenschaft um rassismussensible Aspekte.

---

[25] Röggla hebt zudem hervor, dass die post_koloniale Theorie auch notwendiger Referenzrahmen für die Kritische Weißseinsforschung im deutschsprachigen Raum gewesen sei (Röggla 2012: 31f.).
[26] *Der braune Mob* (o.J.).
[27] *Initiative Schwarzer Deutscher* (o.J.). Vgl. Lauré al-Samarai 2011: 611-613, insbesondere 613.
[28] *ADEFRA – Schwarze Frauen in Deutschland* (o.J.).
[29] *berlin-postkolonial* (o.J.).
[30] Kelly 2016: 83.
[31] Kelly 2016: 87.
[32] Kelly 2016: 88.
[33] Figge 2015.
[34] Piesche beschäftigt sich als eine der wenigen mit Rassialisierungskonzepten in DEFA-Filmen (vgl. Piesche 2004).
[35] Birungi 2007.
[36] Baer 2006.
[37] Nganang 2006.

Im internationalen Kontext leistete der Filmwissenschaftler Richard Dyer einen entscheidenden Anstoß zur Entwicklung einer post_kolonialen Filmwissenschaft, die die hegemoniale Inszenierung von *Weißsein* kritisch hinterfragt. 1988 veröffentlichte er den Artikel *White* in der Zeitschrift Screen, 1997 publizierte er den Artikel *...und es werde Licht!* und die Monografie *White*. In diesen Publikationen weist Dyer auf die Omnipräsenz *weißer* Menschen in der Medienlandschaft hin, die mit dem Prozess einer fortschreitenden, systematischen Unsichtbarmachung von *Weißsein* einhergehe. Die Filmwelt leiste, so Dyer, einen entscheidenden Beitrag zum Fortbestand von *Weißsein* als unmarkierte Norm, weil das *Weißsein* so stark vom grundlegenden Produktionsmittel dieser Bilder abhänge: dem Licht. Obwohl die *weißen* Bilder des Lichts instabil und nicht fixiert seien, zerbröckelten sie nicht.[38]

Dyers Publikationen aus dem Jahr 1997 war allerdings die Arbeit der afroamerikanischen Literaturwissenschaftlerin bell hooks vorausgegangen, die 1992 mit ihrem Buch *Black looks* als eine der ersten im Rahmen einer Monografie auf rassifizierte Blickkonstellationen im Prozess der kinematografischen Rezeption aufmerksam gemacht hatte. Dyer konnte, um seine Theorien weiter zu entwickeln, zusätzlich sowohl auf die Anthologie *Black American Cinema*[39] aufbauen, die von dem aus Mali stammenden, US-amerikanischen Literaturwissenschaftler, Kulturtheoretiker und Filmemacher Manthia Diawara herausgegeben worden war, als auch auf die vierte Ausgabe der Zeitschrift *Screen* im Jahr 1988,[40] die ebenfalls wichtige Impulse für rassismuskritische Filmbetrachtungen gegeben hatte.

## 1.1 Herleitung des ideologiekritischen Forschungsansatzes

Da mein Erkenntnisinteresse, wie oben bereits erwähnt, in der Entwicklung einer intersektional fundierten Matrix rassismussensibler Strategien für eine ideologiekritische Filmanalyse liegt, baue ich auf die bereits kanonisierte Definition ideologiekritischer Filmanalyse auf. Gemäß dieser untersucht ein ideologiekritisches Analyseverfahren, inwieweit die Inszenierungsstrategien eines Films gesellschaftspolitische, institutionalisierte oder kulturell geformte Ideologien unterstützen, untergraben oder ihnen gegenüber indifferent sind. Unter die Kategorie der ideologiekritischen Filmanalyse werden bislang die strukturalistische und die marxistische Filmanalyse subsumiert.[41] Zu ergänzen ist eine rassismussensible Filmanalyse, die untersuchen soll, ob ein Filmwerk Rassismus identifiziert, anprangert und zu

---

[38] Dyer 1997a: 28.
[39] Diawara 1993.
[40] *Screen* Vol. 29 No. 4 (Winter 1988).
[41] Schaaf 1980: 99-103.

dessen Überwindung beiträgt oder ob der Film Rassismus reproduziert und damit emanzipatorischen Tendenzen entgegen wirkt.[42]

Denn Rassismus kann mit Susan Arndt als eine europäische, *weiße* Ideologie definiert werden, „die ‚Rassen' erfand, um die *weiße* ‚Rasse' mitsamt des Christentums als vermeintlich naturgegebene Norm zu positionieren" und *weiße* Vorherrschaft zu legitimieren. Dabei hat die Ideologie des Rassismus schon immer die drei Ebenen Biologie, Kultur und Religion verwoben. Biologische Unterschiede wurden und werden erfunden und als „naturgegeben" bedeutsam definiert, um sie dann mit Bedeutung zu füllen und anschließend mit mentalen, kulturellen, religiösen Hierarchien aufzuladen. Die so konstruierte Ideologie des Rassismus hat sich „ebenso facettenreich wie wirkmächtig in Glaubensgrundsätze, (Sprech)Handlungen, identitäre Muster"[43] und in okzidentale Filmtexte eingeschrieben. Dabei erzeugen die diversen Ausprägungen von Rassismus laut Arndt „spezifische Geschichten und komplexe hierarchische Beziehungsgefüge zwischen Weißen und den von ihnen jeweils als ‚anders' hergestellten Menschen und Gesellschaften."[44]

In der vorliegenden Arbeit wird Rassismus als die „Ideologie eines *weißen* Überlegenheitsanspruchs" gefasst, welcher durch eine „Verknüpfung von Vorurteil mit institutioneller Macht" wirkmächtig wird.[45] Dieser mit „*weißer* Suprematie" gleichzusetzende Rassismus ist, wie Noah Sow hervorhebt,

> keine persönliche oder politische ‚Einstellung', sondern ein institutionalisiertes System, in dem soziale, wirtschaftliche, politische und kulturelle Beziehungen für *weißen* Alleinherrschaftserhalt wirken. Rassismus ist ein globales Gruppenprivileg, das *weiße* Menschen und ihre Interessen konsequent bevorzugt.[46]

Susan Arndt weist darauf hin, dass Rassismus zu den gravierendsten historischen Hypotheken gehöre, mit denen sich die Welt im 21. Jahrhundert auseinanderzusetzen habe. Ein Ende der symbolischen Ordnung von „Rasse", die sich strukturell und diskursiv in Machthierarchien und Wissensarchive eingeschrieben habe, sei nur vor dem Hintergrund einer Revolutionierung globaler Machtverhältnisse zu erwarten.[47] Eine rassismusfokussierte Filmanalysemethode ist daher nicht nur als eine Bereicherung für den bestehenden Kanon ideologiekritischer Filmanalyseverfahren und als ein Beitrag zu einem Theorieansatz zu verstehen, der seit den 1980er Jahren Ideologietheorie mit Diskursanalyse verbindet.[48] Eine rassismus-

---

[42] Vgl. Schaaf 1980: 173 Fußnote 64. Schaaf definiert hier die marxistische Filmtheorie. An diese Definition lehne ich meine Definition einer rassismussensiblen Filmanalyse an.
[43] Arndt 2011a: 43.
[44] Arndt 2011a: 38.
[45] Fredrickson 2011: 209.
[46] Sow 2011a.
[47] Arndt 2011a: 43.
[48] Dietrich 2007: 40 Fußnote 25.

sensible Filmanalyse stärkt auch einer revolutionären Filmpraxis wie dem *Third Cinema* den Rücken, die dazu beitragen kann, globale Machtverhältnisse infrage zu stellen und real zu verändern.[49]

Zwar haben, wie oben ausgeführt, schon verschiedene Film-, Medien- und Kulturwissenschaftler_innen wichtige Texte zu der Inszenierung von *Weißsein* im okzidentalen Film hervorgebracht, doch sind diese vereinzelt vorliegenden Publikationen zum einen an wenigen Händen abzuzählen und zum anderen sind ihre Erkenntnisse noch nicht systematisiert in den filmwissenschaftlichen Kanon eingegangen. Mittels einer erweiterten Lesart des Artikels *Visual Pleasure and Narrative Cinema* von Laura Mulvey aus dem Jahr 1975 möchte ich diese seit langem ausstehende Systematisierung der bereits erarbeiteten Ansätze einer „Grammatik rassifizierter Repräsentation" durchführen. Dazu wird Mulveys ideologiekritischer Theorieansatz unter Einbezug der Kritischen Weißseinsforschung und mit einer spezifizierten Lesart des (symbolischen) Phallus nach Lacan von der Machtachse Geschlecht auf die Machtachse *Rasse* übertragen. Zum besseren Verständnis meines in Kapitel zwei zu vollziehenden Theorietransfers werden diese beiden zentralen Theorieansätze, Mulveys feministische Filmtheorie und die Kritische Weißseinsforschung, in den folgenden Unterkapiteln skizziert und kontextualisiert.

## 1.1.1 Feministische Filmtheorie

Dass die feministische Filmtheorie zur Entwicklung rassismussensibler Strategien für eine ideologiekritische Filmanalyse gewinnbringend herangezogen werden kann, liegt nicht nur daran, dass sie sich in ihrem Entstehungsprozess explizit „auf diejenigen methoden der filmanalyse [stützte], die in ideologiekritischer absicht entwickelt worden"[50] [sic] waren, sondern auch in dem Phänomen begründet, dass *Rasse* und Geschlecht zwei ähnlich aufgebaute Konstrukte sind, die beide aus der Entgegensetzung von Natur versus Kultur geboren sind, um Machtstrukturen zu installieren und aufrecht zu erhalten. Die enge Verknüpfung der Konstruktion von *Rasse* und Geschlecht führt auch der Filmwissenschaftler Tobias Nagl an:

> Theoretisch lässt sich ‚Rasse' unter Anlehnung an Teresa de Lauretis auch als Effekt einer modernen politischen ‚technology of race' verstehen. Wie Gender konkrete Individuen als ‚Männer' und ‚Frauen' interpelliert, so ruft Rasse Männer und Frauen als ‚Weiße' oder ‚Schwarze' an. Die Konstruktion von Rasse ist das *Produkt* und der *Prozess* ihrer Repräsentation, die somit wirkungsmächtige *reale*, soziale und subjektive Implikationen hat.[51]

---

[49] Vgl. Kapitel *4. Induktives Analyseverfahren: Darstellung weißer Weiblichkeit im Afrikanischen Third Cinema unter besonderer Berücksichtigung der Brechung phallisch-weißer Blickregime*.
[50] Koch 1977: 4f.
[51] Nagl 2009: 21f.

Darüber hinaus eignet sich die feministische Filmtheorie für rassismuskritische Forschungsansätze auch deshalb besonders gut, weil sie auf Erkenntnissen der Psychoanalyse gründet, deren Ziel es ist, verdrängte Gefühle und Erinnerungen aus der Tiefe der Psyche an die Oberfläche zu holen. Eine solche Herangehensweise ist notwendig, um Rassismus in Gänze sichtbar zu machen.

Denn genauso wie der kollektive Prozess der Transformation von Ideologien in die Lebenspraxis „überwiegend *unbewusst*" verläuft,[52] so ist „Ra...ssismus" wie Philipp Khabo Köpsell in dem als Vorwort dieser Arbeit vorangestellten Gedicht *The brainage* lyrisch beschreibt, in der heutigen okzidentalen Gesellschaft und Wissenschaftslandschaft „nicht über die Lippen zu bringen".[53] Dieses den Individuen und Institutionen von scheinbar unsichtbarer Hand auferlegte Schweigen deutet darauf hin, dass es sich bei Rassismus und dessen gewalttätigen Auswirkungen um einen verdrängten traumatischen Teil der okzidentalen Geschichte handelt. Der kenianische Schriftsteller und Kulturwissenschaftler Ngugi wa Thiong'o nennt „Versklavungshandel und Sklaverei [...] ein historisches Trauma, dessen Auswirkungen auf die afrikanische Psyche nie gründlich erforscht wurden."[54]

Die Wunden, die dieser traumatische Teil der okzidentalen Geschichte in mehrere Millionen Einzelschicksale und in die Historie ganzer Völker und Kontinente geschlagen hat, werden durch rassistische Filmtexte auch in den Nachfolgegenerationen und -gesellschaften aufgerissen und vertieft. Inspiriert von der bereits bestehenden Idee ideologiekritischer Filmanalyse halte ich es daher für unerlässlich, die in das okzidentale Unbewusste verdrängte Ideologie der Rassenkonstruktion mit einem kritischen Blick auch mittels psychoanalytisch beeinflusster filmwissenschaftlicher Verfahren in das „abendländische" Bewusstsein zurückzuholen.[55]

Die Anfänge der feministischen Filmtheorie waren Teil der Frauenbewegung und zielten nicht konkret auf die Entwicklung einer Theorie im Sinne einer wissenschaftlichen Disziplin ab. In den ersten beiden feministischen Filmzeitschriften – *Women and Film*, 1972 in Los Angeles gegründet, und *Frauen und Film*, 1974 in Berlin gegründet – ging es zunächst um die Auseinandersetzung mit dem herrschenden Kino, mit den Möglichkeiten für Frauenfilme und um die Reflexion des

---

[52] Hall 2012: 152.
[53] Köpsell 2010: 8.
[54] Ngugi wa Thiong'o 2011: 100.
[55] Der Begriff des Abendlandes steht in Deutschland in der Zeit nach dem Zweiten Weltkrieg (vor allem in den 1950er Jahren) für eine ideologische Haltung, die „Abendlandideologie", die sich durch einen verstärkten Rückbezug auf Christentum, kapitalistische Gesellschaftsformen und einen sozialpolitischen Paternalismus von dem deutschen Regime der NS-Zeit abzugrenzen versuchte. Auch wurde der Begriff des Abendlandes als Kampf- und Abgrenzungsbegriff beispielsweise gegenüber dem Islam verwendet. Ich nutze ihn dennoch, da er häufig auch als Synonym des Wortes „Okzident" benutzt wurde. Ich setze ihn, wenn ich ihn benutze, aber in Anführungsstriche, um seine ideologischen Implikationen zu markieren.

Schreibens über Filme.⁵⁶ Dennoch bildeten beide Zeitschriften zentrale Orte für die Entstehung und Diskussion feministischer Filmtheorie.⁵⁷

Der für die feministische Filmtheorie bahnbrechende Artikel *Visual Pleasure and Narrative Cinema* der Filmtheoretikerin Laura Mulvey erschien allerdings im Jahre 1975 in der (Film-)Zeitschrift *Screen*.⁵⁸ Mulvey baute in diesem Artikel auf die von Jean-Louis Baudry und Christian Metz erarbeitete psychoanalytische Filmtheorie auf, veränderte jedoch die angeblich „geschlechtsneutrale" Perspektive aller zuvor erarbeiteten Filmtheorien und untersuchte die Zuschauer_innenpositionen unter geschlechtsspezifischen Blickpunkten. Sie wollte herausfinden, wie das von der herrschenden Ordnung geprägte Unbewusste in dem hochentwickelten Repräsentationssystem Kino „Wahrnehmungsformen und die Lust am Schauen strukturiert".⁵⁹ Sie schlussfolgerte, dass der Besitz des Phallus notwendige Voraussetzung für das Erleben von Schaulust sei.⁶⁰

Mulveys Ansatz unterstützend rief die Filmkritikerin und spätere Filmwissenschaftlerin Gertrud Koch 1977 in dem – der Entwicklung einer feministischen Filmtheorie gewidmeten – Heft Nummer elf von *Frauen und Film* im deutschsprachigen Kontext dazu auf, nicht länger auf die „feministische Theorie im allgemeinen" zurückzugreifen, sondern auf Kenntnisse über das Medium Film selbst: auf die bis dahin diskutierte Filmtheorie. Nur so sei es möglich, latenten Sexismus zu entlarven, der sich über ästhetische Vermittlungsformen in den Filmtext einschleiche.⁶¹ Koch schrieb damals:

> die feministische filmkritik unterscheidet sich von der herrschenden filmkritik vor allem durch ihre parteinahme. Obwohl sie nicht im gegensatz zu ihr steht, unterscheidet sie sich auch von der antikapitalistischen, linken filmkritik noch dadurch, daß ihr erkenntnisinteresse und ihre wahrnehmungsperspektiven auf die kapitalistische gesellschaft durch die lage der frauen in dieser gesellschaft vermittelt ist.⁶²

Mulveys „Ursprungs-Artikel" der feministischen Filmtheorie wurde, wie die Literaturwissenschaftlerin und Anglistin Jane Gaines 1988 vermutet, schon im ersten Jahrzehnt nach seiner Veröffentlichung häufiger als jeder andere englischsprachige wissenschaftliche Aufsatz nachgedruckt.⁶³ Und auch heute noch beziehen sich einschlägige Theoretiker_innen – unter anderem Wissenschaftler_innen, die sich

---

⁵⁶ Klippel 2002: 168f.
⁵⁷ Während *Women and Film* bereits 1974 wieder eingestellt wurde, besteht *Frauen und Film* bis heute.
⁵⁸ Mulvey 1975.
⁵⁹ Mulvey 1994: 50.
⁶⁰ Dazu genauer Unterkapitel *2.1 Verifizierungsversuche und Auslassungen feministischer Filmtheorie am Filmbeispiel Blonde Venus* und *2.3 Mulvey phallisch weiß gelesen*.
⁶¹ Koch 1977: 3f.
⁶² Koch 1977: 4f.
⁶³ Gaines 1988: 14.

auf Erkenntnisse der Kritischen Weißseinsforschung und der post_kolonialen Theorie stützen – anerkennend auf Mulveys filmtheoretischen Ansatz, der, wie auch die Film- und Medienwissenschaftler Thomas Elsässer und Malte Hagener hervorheben, „zumindest von Mitte der 1970er bis Mitte der 1990er Jahre zahlreiche Debatten" dominierte.[64]

Die feministische Filmtheorie beschäftigte sich in diesen zwei Jahrzehnten ausgiebig mit der von Mulvey implizit aufgeworfenen Frage, warum Frauen überhaupt ins Kino gehen, wenn doch der dem Mann vorbehaltene Phallus notwendige Lesebrille für den filmischen Genuss sei. Verschiedene Feministische Filmtheoretikerinnen gaben verschiedenste theoretische Antworten auf diese Frage.[65] Sie stellten die These auf, dass weibliche Rezipierende eine masochistische Schaulust aus der Identifikation mit einer weiblichen Filmfigur zögen, die zum Objekt des männlichen Blicks werde. Sie spekulierten über die Möglichkeit lesbischen Begehrens und transsexueller Identifikation oder sie argumentierten, die Dunkelheit des Kinos biete Rezipientinnen die einmalige Chance, die den Frauen im Alltag verbotene Schaulust endlich ungezügelt auszuleben. Sie verlegten die Genese der Schaulust von der genitalen in die prägenitale Phase der Kindesentwicklung oder konzipierten sie sogar gänzlich losgelöst vom psychoanalytischen Erbe.[66]

Trotz all dieser bereits erfolgten Auseinandersetzungen mit Mulveys Artikel, die Mulveys theoretischen Ansatz zum Teil sogar verwarfen, möchte ich im Rahmen der von mir durchzuführenden Entwicklung einer rassismussensiblen Filmanalyse eine weitere Antwort auf die durch Mulveys Text aufgeworfene Frage nach dem Ursprung weiblicher Schaulust zu geben versuchen, indem ich Mulveys Artikel *Visual Pleasure and Narrative Cinema* mit einer um die Kategorie *Rasse* erweiterten Phallusdefinition neu lese: Was, wenn der von Freud und Lacan geformte Phallus[67] nicht nur aus der Kategorie Geschlecht besteht, sondern sich auch aus anderen Machtachsen wie zum Beispiel sexueller und religiöser Orientierung, Klasse, *Rasse* und körperlicher Befähigung zusammensetzt? Was, wenn der von

---

[64] Elsässer/Hagener 2011: 117. Auf Mulvey berufen sich beispielsweise auch Dyer (Dyer 1997a: 26) und Wollrad (Wollrad 2005: 160).

[65] Jane Gaines weist 1988 allerdings darauf hin, dass sie die Stimme der feministischen Filmtheorie bis zum Ende der 1970er Jahre immer als eine weibliche Stimme mit britischem Akzent wahrgenommen habe, deren Genderanalyse fast ausschließlich die Bedingungen von *weißen* und heterosexuellen Mittelklassefrauen beleuchtet habe (Gaines 1988: 13).

[66] Sehr gute Zusammenfassungen feministischer Filmtheorien bieten: Lippert 2002a, Klippel 2002: 168-185, Riecke 1998. Ein eher kurz umrissener, aktuellerer Überblick über den Stand der feministischen Filmtheorie ist zu finden unter: Lippert 2006: 221-235. Gottgetreu (1992) beleuchtet zentral den weiblichen Blick innerhalb der Entwicklung der feministischen Filmtheorie. Eine Zusammenstellung von Textauszügen aus verschiedenen feministischen Filmtheorien ist zu finden in Thornham 1999.

[67] Mulvey nutzte zur Theoretisierung des kinematografischen Blicks die Freud'sche und Lacan'sche Psychoanalyse. (Vgl. Kaplan 2008: 18).

Mulvey verwendete Phallusbegriff sich dann nicht auf das biologisch verstandene Geschlechtsteil des Mannes beschränken ließe? Und was, wenn weibliche Schaulust durch eine phallische Inszenierung weiblicher Identifikationsfiguren hervorgerufen wird, die unter anderem durch eine hegemoniale Inszenierung des *Weißseins* weiblicher Protagonistinnen erzielt wird?

Inwieweit hat beispielsweise die große Schaulust, die ich in meiner Kindheit bei der Rezeption der Pippi-Langstrumpf-Filme empfunden habe, etwas damit zu tun, dass ich als *weiß* konstruiertes, westdeutsches, bürgerlich sozialisiertes Mädchen in der Figur der unschlagbar starken, kindlichen Heldin eine auf meiner sozialen Positionierung aufbauende Identifikationsfigur gefunden hatte, die sich auf Kosten Schwarz konstruierter Filmfiguren ermächtigt? Schließlich wurde Pippi der Koffer voller Goldmünzen, der ihre große Macht zu einem entscheidenden Teil mitbegründet, von ihrem Vater mit auf den Weg gegeben, der sich laut Romanvorlage und Filmtext auf einer („Südsee"-)Insel namens Taka-Tuka[68] als [N.]-König[69] feiern lässt. So gesehen ist Pippis Vater eine Figur, mit der zumindest Kolonialismus, wenn nicht gar Sklaverei unkritisch repräsentiert oder sogar verherrlicht wird. Werden insbesondere solche Spielfilme zu von *weißen* Frauen hoch frequentierten Blockbustern, in denen der Glanz *weißer* Protagonistinnen durch die Konstruktion binärer Gegensätze zu nicht-*weißen* Filmfiguren und durch eine glorifizierende Darstellung weiblichen *Weißseins* entsteht?

Für die Beantwortung all dieser Fragen halte ich den Rückbezug auf Mulveys Theorieansatz für gewinnbringend. Vor 40 Jahren verfasst, sind die hier entwickelten Strategien zur Analyse von patriarchaler Macht und kinematografischer Rezeption bis heute tragend. Zwar ist Mulveys Theorieansatz selbst in keiner Weise sensibel für rassistische Diskurse und Macht, ganz im Gegenteil. Schon 1988 hat Manthia Diawara in seinem Aufsatz „Black Spectatorship: Problems of Identification and Resistance" auf die „color blindness" von Mulveys Theorieansatz hingewiesen, die er zugleich in dem gesamten von (*weißen*) Dekonstruktivist_innen und Feminist_innen damals geführten filmwissenschaftlichen Diskurs ausmachte.[70]

---

[68] Der Name Taka-Tuka ist angelehnt an die Hafenstadt Larantuka auf der indonesischen Insel Flores. Dieser Ort war im 16. und 17. Jahrhundert als Rohstoffquelle, Handelsplatz und Wohnort begehrtes Ziel für europäische – insbesondere portugiesische – Kolonialist_innen. So wurde Larantuka stark vom kolonialen Portugal geformt.

[69] Ich werde in meiner Arbeit das N.-Wort nicht ausschreiben. Auch alle Zitate, die dieses Wort beinhalten, werde ich dementsprechend bearbeiten. Siehe dazu auch Unterkapitel *1.3 Schreibweisen und Besonderheiten der Arbeit*.

[70] Dieser Artikel wurde 1986 auf Französisch, und 1988 und 1993 in englischer Sprache publiziert. Dazu Diawara 1993: 219: „This essay was originally written in French in 1986 for inclusion in a special issue of CinémAction entitled 'Le cinéma noir Americain.' It appeared in English for the first time in the *Screen* special issue, 'The Last 'Special' Issue on Race,' Vol. 29 No. 4 (Winter 1988)." Auf Englisch erschien der Artikel unter dem Titel „Black Spectatorship: Problems of Identification and Resistance".

> Since the midseventies much has been written on the subject of spectatorship. Early landmarks in the debate, such as articles like Christian Metz's on the Imaginary Signifier, Laura Mulvey's on Visual Pleasure and Narrative Cinema and Stephen Heath's on Difference, with their recourse to Freud and Lacan, tended to concentrate the argument around gendered spectatorship. More recently, debates have begun to focus on issues of sexuality as well as gender, yet with one or two exceptions, the prevailing approach has remained colorblind.[71]

Als Schwarz-männlicher Filmrezipient stellte Diawara Mulveys Behauptung infrage, dass der Besitz des Phallus eine männliche Schaulust garantiere. Mulvey argumentiere, schrieb er, dass das klassische Hollywoodkino für die Schaulust des männlichen Zuschauers gemacht sei. Als Schwarz-männlicher Zuschauer wolle er aber dagegenhalten, dass das vorherrschende Kino Schwarze Charaktere in erster Linie für die Schaulust *weißer* Rezipierender inszeniere – und zwar sowohl für männliche als auch für weibliche.[72]

Trotz dieser berechtigten Kritik an Mulveys fehlender rassismuskritischer Perspektive bietet ihr Analyseverfahren, so die These meiner Arbeit, die Möglichkeit, auf ideologiegesteuerte Blickinszenierungen des okzidentalen Mainstream-Spielfilms im Zusammenhang mit der Ideologie des Rassismus übertragen zu werden.[73] Den okzidentalen Blick zu identifizieren und zu analysieren, ist der Anspruch dieser Studie und zwar ausgehend von der These, dass *Weißsein* der *weißen* Zuschauerin bei der Rezeption okzidentaler Mainstream-Spielfilme als Schaulust erzeugender Phallus dienen kann.

Während Diawara aus einer Schwarzen post_kolonialen Lesart Mulveys ausschließlich *weiß* konzipierte, als solche aber unkenntlich gemachte Männlichkeitskonstruktion infrage stellte, lege ich den Fokus auf Mulveys rassismusunsensible Weiblichkeitskonstruktion und entwickle ein Verfahren, das eine herrschaftskritische Analyse okzidentaler Mainstream-Filmtexte unter Hinzuziehung der Kritischen Weißseinsforschung mit einem erweiterten Phallusbegriff vollzieht. Dabei werde ich den Phallusbegriff als komplexe Metapher lesen, die über Mulveys Genderzentrierung hinausgeht, und diese auf andere Machtachsen, insbesondere auf die von *Rasse*, ausweiten.[74] Den Phallusbegriff de- und rekonstruiere ich dabei unter Bezugnahme auf die post_kolonial argumentierenden Wissenschaftlerinnen Kalpana Seshadri-Crooks und Martina Tißberger, die die Wissenschaft der Psycho-

---

[71] Diawara 1988: 66.
[72] Diawara 1988: 70f.
[73] Schon Diawara betonte anlässlich der Zweitveröffentlichung seines (englischsprachigen) Artikels in dem von ihm herausgegebenen Buch „Black American cinema", dass die Nutzbarmachung feministischer Filmtheorie für sein damaliges Anliegen die richtige Wahl gewesen sei: „Clearly, I am glad I wrote [this article, J.D.] because it expressed my deeply felt sentiment about the representation of Blacks in the classical cinema. Feminist psychoanalytic theory was then the best instrument to articulate this sentiment." (Diawara 1993: 220)
[74] Vgl. Unterkapitel *2.2 Weißsein als symbolischer Phallus*.

analyse selbst einer Ent-Täuschung unterziehen, indem sie die unsichtbar gewordene Implementierung von *Weißsein* in der psychoanalytischen Theorie kenntlich machen.[75]

Mit dieser Bewegung greife ich Diawaras rassismussensible Kritik an Mulveys Theorieansatz und seine Ideen zur Erweiterung des filmwissenschaftlichen Denkens auf. Denn schon damals setzte Diawara wichtige Impulse zur Entwicklung rassismussensibler Strategien für eine dekonstruktivistische Filmanalyse, indem er dazu aufrief, die von Mulvey hervorgehobenen „Differenzen" auf verschiedene andere Machtachsen auszuweiten. Er benannte diesbezüglich die Machtachsen *Rasse* und sexuelle Orientierung.[76]

## 1.1.2 Kritische Weißseinsforschung

Da es in der vorliegenden Arbeit um die Entwicklung rassismussensibler Strategien für eine Filmanalysemethode im deutschsprachigen Forschungskontext und um die Dekonstruktion der Inszenierung von *Weißsein* in vier in Deutschland erfolgreich vermarkteten Spielfilmen geht, von denen zwei auch in Deutschland produziert wurden,[77] möchte ich im Folgenden nicht nur einen groben Überblick über die Entwicklung der *Critical Whiteness Theory*, sondern auch einen knappen Einblick in die wissenschaftliche Debatte zu deren Übertragung in den deutschsprachigen Raum geben.

### 1.1.2.1 Genese und Inhalte der *Critical Whiteness Theory*

Der Begriff des *Weißseins* wurde in der zweiten Hälfte des 20. Jahrhunderts als kritische Wissens- und Analysekategorie Teil eines akademisch anerkannten Kanons. Im US-amerikanischen Kontext der *Black-Power*-Bewegung und der *Black* und *Postcolonial Studies* zielte die Analysekategorie *Whiteness* seit den 1970er Jahren darauf ab, Herrschafts- und Machtverhältnisse im Kontext von Rassismus in Frage zu stellen und zu dekonstruieren. Sie ermöglichte neue epistemologische und methodische Zugriffe auf verschiedene Prozesse im gesellschaftspolitischen und kulturellen Bereich[78] und zog einen *Racial Turn* im Sinne eines „paradigmatischen Blickwechsels hin zu Weißsein als Subjekt von Rassialisierungsprozessen" nach sich.[79] Mit der Amerikanistin Gabriele Dietze ist dieses seit den 1990er Jahren im anlgoamerikanischen Raum als *Critical Whiteness Theory* benannte Analyseparadigma als eine „hegemonie(selbst)kritische Perspektive" zu verstehen, „die sich dekon-

---

[75] Ich beziehe mich dabei vor allem auf Seshadri-Crooks 2000 und Tißberger 2013.
[76] Diawara 1993: 212.
[77] Dazu genauer Unterkapitel *1.2 Struktur und Analysekorpus*.
[78] Arndt/Piesche 2011: 193.
[79] Arndt 2011c: 185.

struktiv auf die Produktionen einer Weißen/okzidentalen Norm über ein markiertes Anderes bezieht und die von einem strukturellen Rassismus ausgeht."[80]

Die Wurzeln der Analysekategorie *whiteness,* die im deutschsprachigen Diskurs inzwischen als *Weißsein* bezeichnet wird,[81] liegen jedoch Jahrhunderte zurück. Denn bereits zu Zeiten der europäischen und US-amerikanischen Versklavung sahen sich Menschen afrikanischer Herkunft gezwungen, *Weißsein* zu „studieren", da dieses „spezielle" Wissen über *Weiße* über Leben und Tod entscheiden konnte.[82] Dieses „spezielle" Wissen manifestierte sich in Alltagswissen wie auch in mündlichen und schriftlichen Erzählungen (v. a. Essays, Gedichte, Romane und Dramen seit Ende des 19. Jahrhunderts), den sogenannten *slave narratives.* Darin wurden die verschiedenen Konstruktionen von *Weißsein* mit den Erfahrungen von Afroamerikaner_innen, d. h. mit einer Schwarzen Perspektive auf die US-amerikanische Gesellschaft, in Verbindung gebracht.[83] Harriet Tubman,[84] Harriet Jacobs,[85] Frederick Douglass,[86] Luce Delanay[87] seien an dieser Stelle als einige wenige Beispiele für die Vielzahl an Autor_innen von *slave narratives* genannt.

Der Prozess der Erfindung von *Weißsein,* der spätestens seit Ende des 15. Jahrhunderts darauf angelegt war, Macht über außereuropäische Menschen, deren Lebensräume und Ressourcen zu erlangen und diese langfristig zu sichern, wird von der Theologin Eske Wollrad grob in zwei Phasen unterteilt, in denen das Schwarzsein, so Wollrad, als äußerster Gegensatz zum *Weißsein* konstruiert worden sei. Wollrad weist diesbezüglich auf eine im 16. und 17. Jahrhundert vorzufindende unstrukturierte Phase, und auf eine im 18. Jahrhundert beginnende strukturierte Phase hin. In der Letzteren seien die zuvor willkürlich geformten Rassekategorien wissenschaftlich untermauert worden.[88] Mit diesem Prozess sei die Erschaffung einer absoluten Dichotomie von natürlicher Überlegenheit versus natürlicher Minderwertigkeit einhergegangen.

---

[80] Dietze 2006: 239, vgl. Röggla 2012: 23f.
[81] In der deutschsprachigen Wissenschaftslandschaft gab es Anfang des 21. Jahrhunderts eine einschlägige Debatte darüber, ob diese Analysekategorie auf Deutschland übertragbar sei oder ob sie alleinig an den US-amerikanischen Gesellschaftskontext gebunden werden könne. Siehe dazu das folgende Unterkapitel *1.1.2.2 Weißsein als kritische Analysekategorie in Deutschland.*
[82] Vgl. Wollrad 2005: 32f., Walgenbach 2005a: 17, Dietrich 2007: 41, Röggla 2012: 26f.
[83] Wollrad 2005: 33.
[84] Harriet Tubman wurde mit dem Namen Araminta Ross 1822 geboren.
[85] Harriet Jacobs, am 13.2.1813 geboren, schrieb die autobiografische Erzählung *Incidents in the Life of a Slave Girl.*
[86] Frederick Douglass wurde im Februar 1818 geboren und schrieb mehrere autobiografische Erzählungen. Bestseller wurde sowohl sein erstes Buch *Narrative of the Life of Frederick Douglass, an American Slave* (1845) als auch sein zweites Buch *My Bondage and My Freedom* (1855).
[87] Luce Ann Delanay wurde 1830 geboren. Sie ist Autorin des Buches *From the Darkness Cometh the Light, or, Struggles for Freedom* (1891).
[88] Wollrad 2005: 61f.

Die Anglistin und Afrikawissenschaftlerin Susan Arndt weist darauf hin, dass sich Rassialisierungsmuster bereits in „„orientalistische[n] Ideologeme[n] von ‚Hautfarbe' und ‚Rasse'" finden ließen, die im klassischen Athen und Rom formuliert worden seien.[89] Und die Pädagogin Anette Dietrich hebt hervor, dass die binäre Opposition zwischen Schwarz und Weiß sowohl eine lange Tradition im Christentum aufweise, welches Heid_innen zur Zeit der Kreuzzüge als Schwarz darstellte,[90] als auch im abendländischen Komplexionsmodell verankert gewesen sei – einer Säftelehre, die Hautfarben zwischen dem 13. und 15. Jahrhundert allerdings nur in Bezug auf Heilungsmethoden und als Hinweis auf Körpereigenschaften bestimmte.[91]

Während in der Rassismusforschung umstritten ist, ob Vorformen des an körperlichen Phänomenen festgemachten Rassismus bereits in der Antike entstanden sind oder nicht,[92] gibt es eine Übereinstimmung in der Einschätzung, dass das Jahr 1492 bzw. der Beginn des europäischen Kolonialismus eine zentrale Bedeutung für den heute noch vorzufindenden Rassismus hat.[93] Denn die Eroberung und Unterwerfung des afrikanischen und amerikanischen Kontinents veränderten die Sichtweisen auf in den Körper eingeschriebene Konstruktionen von *Rasse* grundlegend.[94] Der Historiker George M. Fredrickson schreibt:

> Das Spanien des 16. und 17. Jahrhunderts ist deswegen von großer Bedeutung für die Geschichte des westlichen Rassismus, weil seine Einstellungen und Praktiken eine Art Übergang zwischen der religiösen Intoleranz des Mittelalters und dem naturalistischen Rassismus der Neuzeit bildeten.[95]

So nutzten die spanischen Conquistadores bei der Eroberung von Gebieten in Süd- und Mittelamerika Anfang des 16. Jahrhunderts das *Weißsein*, um die unterschiedlichen Interessenslagen innerhalb ihrer eigenen heterogenen Gruppe zu homogenisieren. Die Kategorie *Weißsein*, die damals noch nicht auf einem ausdifferenzierten theoretischen Fundament beruhte,[96] fungierte als kleinster gemeinsamer Nenner. *Weißsein* schien auch den Ärmsten unter ihnen als unverlierbarer Besitz sicher zu sein. Die Idee des *Weißseins* besänftigte die Konflikte innerhalb der Gruppe und übertrug das Konzept der Blutreinheit, welches im spanischen Mittel-

---

[89] Arndt 2005a: 25. Detaillierter: Arndt 2011d: 333f.
[90] Dietrich 2007: 151, Fredrickson 2011: 26.
[91] Dietrich 2007: 42, 149.
[92] Dietrich 2007: 138. Ich selbst werde mich in dieser Debatte an dieser Stelle nicht positionieren, da es für eine fundierte Positionierung weiterer Recherchen bedürfte, die den Rahmen dieser Arbeit sprengen würden.
[93] Dietrich 2007: 138 Fußnote 2.
[94] Dietrich 2007: 149f.
[95] Fredrickson 2011: 58.
[96] Wollrad 2005: 59.

alter an der christlichen Religion festgemacht wurde,[97] auf die spanischen Kolonien.[98] So diente *Weißsein* als Mittel zur Abgrenzung von den *First Nations*. Auch die Nachkommen aus einer Verbindung zwischen Kolonisierten und Kolonialist_innen konnten auf diese Weise wirksam aus der Gemeinschaft der Machthabenden ausgeschlossen werden.[99]

Dieser willkürliche Prozess der Konstruktion von *Weißsein* ging mit der Konstruktion eines Konzeptes von Schwarzsein einher, durch das die in Amerika lebenden *First Nations* zunächst zwar nicht farbspezifisch definiert, von vornherein aber mit Natur auf eine Stufe gestellt und Kultur entgegengesetzt wurden. So tauchten an körperliche Merkmale gebundene Wertigkeiten beispielsweise in den Berichten Christoph Kolumbus' zwar noch nicht auf,[100] doch übertrug der gewaltbereite Eroberer, der von vielen *weißen* Europäer_innen noch heute als (friedfertiger) „Entdecker" Süd- und Mittelamerikas diskursiv verortet wird, den seit der Antike in Europa virulenten Gegensatz von Kultur versus Natur bei seiner Ankunft auf dem amerikanischen Kontinent auf die Beschreibung der dort lebenden Menschen.

Mittels der dichotom angelegten Mythen des „edlen" und des „grausamen Wilden" sprachen die mittelalterlichen Kolonialist_innen den in den eroberten Gebieten ursprünglich lebenden Menschen den Status eines Subjekts ab, das, obwohl es anders ist als man selbst, dieselben Rechte hat.[101] Damit übertrugen sie zum einen europäische Imaginationen von Menschen, die „an den Rändern der bekannten Welt" lebten,[102] auf die Beschreibung der in Süd- und Mittelamerika lebenden Menschen und machten sich zum anderen zu deren Unterjochung Kategorien zu Nutze, die im Innern Europas bereits Verwendung fanden. Denn schon vor dem Kolonialismus waren innereuropäische Andere als „wild" und „barbarisch" stigmatisiert[103] und Menschen außerhalb der bekannten Welt als „monströse Rassen" oder „Wilde" imaginiert worden.[104]

Schon in der Antike symbolisierte der Begriff der Kultur, der vornehmlich griechischen/*weißen* Männern zugeschrieben wurde, Verstand und Überlegenheit, während der Begriff der Natur kontrastierend genutzt wurde, um alle, die der Kategorie hegemonialer *weißer* Männlichkeit nicht zugerechnet werden sollten (wie z. B. Frauen und Schwarze), als unterlegen und tiernah darzustellen. Diese Denktradition fortführend wertete auch Kolumbus in seinen Tagebuchaufzeichnungen

---

[97] Fredrickson 2011: 48ff., Wollrad 2005: 59.
[98] Dietrich 2007: 140f.
[99] Wollrad 2005: 59.
[100] Fredrickson 2011: 53, Dietrich 2007: 150, Wollrad 2005: 60.
[101] Wollrad 2005: 60f., Fredrickson 2011: 53.
[102] Fredrickson 2011: 52.
[103] Arndt 2011e: 619-623, Dietrich 2007: 141.
[104] Fredrickson 2011: 52.

die Nacktheit der angetroffenen Menschen als kulturelle Nacktheit. Er postulierte, sie seien Wesen ohne Bräuche, Riten und Religion.[105]

Aus diesen Konstruktionen zogen die nach Macht strebenden Kolonisator_innen schließlich auch die Legitimation der Versklavung der von ihnen als nicht-*weiß* konstruierten Menschen.[106] Dieser Versklavung fielen zunächst die *Native Americans* zum Opfer.[107] Erst nachdem ihre Ausbeutung Mitte des 16. Jahrhunderts unter anderem durch die christliche Kirche infrage gestellt worden war, verschleppten die imperialen Mächte Europas Afrikaner_innen nach Amerika.[108] Sie sollten, wie Fredrickson hervorhebt, „künftig die Arbeit auf den Plantagen und in den Bergwerken verrichten […], die bei den Indianern so viele Tote gefordert hatte."[109] Dieser als „transatlantischer Sklavenhandel" benannte Prozess,[110] der aus Gefangennahmen, Entführungen, Folterungen und Ermordung Schwarzer Menschen durch *Weiße* bestand,[111] ist ebenso wie die Besiedelung nichteuropäischer Territorien durch Europäer_innen Teil eines forcierten Globalisierungsprozesses, der zusammen mit der ab dem 18. Jahrhundert einsetzenden „strukturierten" bzw. „wissenschaftlich gestützten" Phase der Erfindung von Rassen zentrales Element für das Entstehen der „abendländischen Moderne" und des „modernen Westens" geworden ist.[112]

Um auch im Zeitalter der Aufklärung die Unterdrückung und Ausbeutung von Menschen anderer Herkunft rechtfertigen zu können, wurde seit dem 18. Jahrhundert im Geiste von Vernunft und Toleranz eine „Rassenhierarchie" durch europäische Philosoph_innen aufgestellt,[113] für deren Richtigkeit Naturwissenschaften und Anthropologie die notwendigen „objektiven Beweise" liefern sollten.[114] „Das wissenschaftliche Denken der Aufklärung", schreibt Fredrickson, „war eine Voraussetzung für die Entwicklung eines modernen, auf einer physischen

---

[105] Wollrad 2005: 60.
[106] Dietrich 2007: 148.
[107] Fredrickson 2011: 53f.
[108] Fredrickson 2011: 52ff. Die Irrationalität, mit der die Ausbeutung von *Native Americans* infrage gestellt, die von Afrikaner_innen aber hingenommen wurde, wird in Fredricksons Ausführungen deutlich.
[109] Fredrickson 2011: 54.
[110] Ofuatey-Alazard macht darauf aufmerksam, dass es sich bei der Benennung der Massendeportation von Afrikaner_innen durch den Begriff „Handel" um eine Euphemisierung und damit um eine semantische Verschleierung der von *Weißen* ausgeübten Gewalt und des damit verbundenen Rassismus handelt. (Ofuatey-Alazard 2011a: 106f.)
[111] Ofuatey-Alazard, 2011b: 136, Ofuatey-Alazard 2011a: 106.
[112] El-Tayeb 2004: 400.
[113] Wollrad 2005: 62. Vgl. Dietze 2005: 316: „‚Weiße Überlegenheit' wurde bis zum 18. Jahrhundert noch religiös legitimiert, z.B. mit der Vorstellung, Gott habe den dunkelhäutigen Sohn Noahs, Ham, zur Sklaverei verflucht. Im 19. Jahrhundert wurde diese Idee sozialdarwinistisch durch den sogenannten ‚wissenschaftlichen Rassismus' untermauert, die [sic!] die Weltherrschaft des weißen Mannes evolutionistisch als ‚Überleben des Tüchtigsten' deklarierte."
[114] Dietrich 2007: 150f.

Typologie basierenden Rassismus."[115] Nicht nur englische und französische Philosophen wie John Locke, Charles Montesquieu, George Leclerc de Buffon[116] und David Hume beteiligten sich an diesem Unterfangen. Auch der schwedische Naturforscher Carl von Linné[117] und berühmte deutsche Philosophen wie Georg Wilhelm Friedrich Hegel und Immanuel Kant engagierten sich in diesem Bereich.[118] Kant konstruierte in seinem Aufsatz „Von den verschiedenen Rassen der Menschen" aus dem Jahre 1775 die aus Europäer_innen bestehende „Weiße Rasse", die in seinem Konzept auf der höchsten Stufe der Rassenhierarchie stand, sowie die dieser „Weißen Rasse" untergeordneten Kategorien „Schwarze Rasse" und „Rote Rassen", die gemeinsam den Abschluss der Hierarchie bildeten.[119]

Solche aufklärerischen Epistemologien reichen strukturell und diskursiv weit bis in die Gegenwart hinein.[120] Denn neben seiner Funktion als Rechtfertigungsideologie für Kolonialismus und Sklaverei wurde das Rassemodell „zu einem Bestandteil der sich herausbildenden bürgerlichen Ordnung und einer ‚westlichen Identität', die sich gegen vormoderne unzivilisierte nicht-westliche Gesellschaften" abgrenzt.[121] So gründen beispielsweise auch heutige okzidentale Gesellschaftsformen noch auf einem im Zeitalter der europäischen Aufklärung entworfenen Gesellschaftsvertrag.[122] Dieser von der Erziehungswissenschaftlerin Maureen Maisha Eggers als Herrschaftsvertrag benannte Gesellschaftsvertrag, der sich durch konkrete gesellschaftliche Ausschlüsse konstituiert und nicht nur aus einem politischen und einem ethischen Teilvertrag besteht, sondern auch aus ausbeuterischen Verträgen wie z.B. dem „Sexual Contract" und dem „Racial Contract",[123] sichert Menschen, die als *weiß* konstruiert sind, im Okzident auch heute noch gesellschaftliche Machtpositionen und Privilegien.

Im Laufe der Fortschreibung der in der Zeit der Aufklärung entworfenen Rassetheorien schrieben sich Rassekonstruktionen sukzessive immer tiefer in den Körper ein. Hautfarbe wurde von rassialisierenden *weißen* Wissenschaftler_innen zunehmend mit anderen körperlichen Markern zusammengedacht, wie „etwa der Beschaffenheit des Haares, der Form von Nasen, Lippen, des Gesichtes, der Wangenknochen und des Schädels".[124] Gleichzeitig ist die Erzählung von der Überlegenheit von *Weißsein* einem Narrativ gewichen, in dem eben dieses *Weißsein*

---

[115] Fredrickson 2011: 77.
[116] Fredrickson 2011: 79f.
[117] Fredrickson 2011: 77.
[118] Arndt 2011f: S. 660f.
[119] Eggers 2005: 60. Dazu auch: Piesche 2005b: 30-39, Wollrad 2005: 62ff.
[120] Eggers 2005: 59.
[121] Dietrich 2007: 148.
[122] Eggers 2005: 59.
[123] Ebd.
[124] Arndt 2011d: 337f., vgl. Dyer 1997b: 43ff.

Einleitung

als „unmarkierter Markierer"[125] und als unsichtbar herrschende Normalität[126] gesichert wird. *Weißsein* wird allerdings durch andere Dominanzverhältnisse gebrochen oder verstärkt, so dass die durch unterschiedliche gesellschaftliche Praxen hergestellte Konstruktion von *Weißsein* nicht losgelöst von anderen sozialen und politischen Konstruktionen wie zum Beispiel religiöse und sexuelle Orientierung, Geschlecht, Klasse und Nation betrachtet werden kann.[127]

Schwierig bleibt eine abschließende Definition dessen, wer oder was unter den Begriff *Weißsein* zu fassen ist. Denn wenn auch die Zugehörigkeit zu der Gruppe der *Weißen* zumeist recht eindeutig auszumachen war, so ist *Weißsein* doch seit jeher eine Kategorie, die nur in Relation zu nicht-*weißen* Identitäten entsteht und innerhalb derer Abstufungen zu verzeichnen sind, durch die einige Menschen als *weißer* konstruiert wurden (und werden) als andere. Die Zuordnung zu den einzelnen Gruppen kann im Laufe der Zeit variieren. So galten beispielsweise Ir_innen und Juden/Jüd_innen in bestimmten Epochen als weniger *weiß* als Skandinavier_innen, Angeln und Teuton_innen[128] – und doch blieben die Ir_innen insofern Teil des *Weißseins*, als sie auf der Seite der Versklaver_innen und nicht der Versklavten standen. Juden/Jüd_innen hingegen wurden ebenfalls zu Opfern einer mordenden, rassistischen, auf dem Konstrukt von *Weißsein* basierenden Ideologie. Einigkeit herrscht allerdings darin, dass *Weißsein* zum einen ein historisch *gewordenes*, veränderliches Konstrukt ist und zum anderen eine gesellschaftliche Realität umschreibt,[129] in der „Weißsein den Besitz von gewissen Privilegien und deren Inanspruchnahme Machtausübung bedeutet".[130]

*Weißsein* lässt sich zusammenfassend als eine von sozialen, politischen, ökonomischen und kulturellen Strukturen konstruierte und reproduzierte gesellschaftliche Machtposition beschreiben – als ein „Ort relativer Privilegierung" (Wollrad), der bestimmte, mit Macht verknüpfte Identitäten, Weltanschauungen, Paradigmen und Perspektiven hervorbringt. Die von gewalttätiger und ausschließender Machtpraxis geprägte Konstruktionsgeschichte von *Weißsein* geht einher mit dem Entstehen der okzidentalen, vorgeblich „modernen" Gesellschaftsform.[131]

---

[125] Frankenberg 1997: 1, vgl. Sow 2011c: 190.
[126] Wachendorfer 2006: 57 (Titel).
[127] Wachendorfer 2006: 57 und 77 Fußnote 1. Dazu auch Walgenbach 2005a: 33 und 52ff., vgl. Arndt/Piesche 2011: 193, Arndt 2011c: 188.
[128] Dyer 1997b: 12, vgl. Tischleder 2001: 180, Wollrad 2005: 55, Röggla 2012: 15f., 66ff. Paul Mecheril macht darauf aufmerksam, dass der Gebrauch von Personengruppennamen zu mehr oder weniger subtilen Essentialisierungen führen könne (Mecheril 2011: 581f.). Daher möchte ich an dieser Stelle noch einmal explizit darauf hinweisen, dass auch diese Gruppennamen und Kategorisierungen von einer *weißen* Norm konstruiert wurden.
[129] Wollrad 2005: 37. So auch Walgenbach 2005a: 51.
[130] Wollrad 2005: 19, Walgenbach 2005a: 29ff., 43.
[131] Vgl. Arndt 2005a: 25-27, Arndt 2005b: 341.

Als Wegbereiter der Kritischen Weißseinsforschung, die dieses Konstrukt von *Weißsein* entschleiert, sind für das 20. Jahrhundert nicht nur Schwarze Bürgerrechtsaktivisten wie der Sozialwissenschaftler und Journalist W.E.B. Du Bois (1868-1963),[132] der Schriftsteller James Baldwin (1924-1987) und der Psychiater Frantz Fanon (1925-1961) zu nennen. Auch die Schwarze Frauenbewegung hat in entscheidendem Maße zur Kanonisierung der Kritischen Weißseinsforschung beigetragen.[133] Denn afroamerikanische Theoretikerinnen wiesen die *weiße* US-amerikanische Frauenbewegung in den 1970er Jahren auf deren implizite Rassismen hin, durch die *weiße*, bürgerliche Feministinnen ihre eigene Hegemonialität gegenüber Schwarzen Menschen herstellten.

Ein entscheidender Aspekt dieses von Schwarzen Frauen kritisierten hegemonialen Verhaltens *weißer* Feministinnen war, dass diese von Frauen sprachen, de facto aber nur *weiße* Frauen meinten[134] – was durch die Nichtmarkierung von *Weißsein* eben dieses nur noch verstärkte. Doch nicht nur nahmen *weiße* Feministinnen die Situation von Frauen of Colour nicht in den Blick. Viele vertraten zudem rassistische Positionen, die schon mit der Formulierung „Frauen seien die Sklaven der Welt" beginnen – eine Formulierung, die Sklaverei verharmlost – und mit paternalistischen Bevormundungen von Schwarzen Frauen enden (sei es im Kontext genitaler Beschneidung, des Kopftuchtragens oder der Witwenverbrennung).

Schwarze Aktivistinnen kritisierten sowohl diesen singulären Fokus der *weißen* Frauenbewegung auf *gender* als auch den des *Black Power Movement* auf *race*.[135] Sie betonten die enge Interaktion dieser beiden Konzepte. So wurden entscheidende Anstöße für die endgültige Etablierung der *Critical Whiteness Studies* in der angloamerikanischen Forschungslandschaft von Schwarzen Theoretikerinnen wie bell hooks und Toni Morrison gegeben, die in den frühen 1990er Jahren dafür plädierten, *Weißsein* als kritische kulturwissenschaftliche Analysekategorie zu nutzen.[136]

### 1.1.2.2 *Weißsein* als kritische Analysekategorie in Deutschland

Während Susan Arndt und Peggy Piesche im Jahre 2011 konstatierten, dass *Weißsein* sich nur zögerlich als kritische Wissenskategorie in der deutschen Wissenschafts- und Politiklandschaft etabliere,[137] löste die Frage, ob *Weißsein* als kritische

---

[132] Dietrich 2007: 40, Kelly 2016: 17-30.
[133] Vgl. Arndt 2011c: 188.
[134] Vgl. hooks 1994: 155.
[135] El-Tayeb 2004: 410.
[136] Arndt 2011c: 189, Röggla 2012: 29f.
[137] Arndt/Piesche 2011: 193. Zustimmend Röggla 2012: 43f. Ähnliches konstatiert Kelly 2016 bezogen auf die post_koloniale Theorie. Sie schreibt, „dass Postkolonialismus in Deutschland nur sehr langsam Fuß" fasse (Kelly 2016: 84).

Wissens- und Analysekategorie in Deutschland überhaupt Anwendung finden könne,[138] ein halbes Jahrzehnt zuvor noch eine akademische Debatte aus.

Die Amerikanistin Gabriele Dietze argumentierte damals, dass *Weißsein* die in Deutschland herrschenden Rassismen nicht vollständig beschreiben könne. Denn der größte Teil der in Deutschland lebenden Migrationsbevölkerung komme nicht aus den ehemaligen Kolonien. Aus diesem Grunde fehle eine Kontinuität von kolonialem und post_kolonialem Rassismus gegenüber derselben Personengruppe.[139] Zudem mobilisiere die Grundbinarität Schwarz-*weiß* in Deutschland weniger kulturell Unbewusstes als in Gesellschaften, in denen Schwarze Menschen versklavt worden seien, oder als in Ex-Kolonialgesellschaften, in denen eine Erinnerungs- und Schuldkontinuität mit dem Kolonialismus verbunden werde.[140]

Dietze war aus diesen Gründen der Meinung, dass eine Übertragung der *Critical Whiteness Theory* auf Deutschland einiger Differenzierungen und Theorieänderungen bedürfe und für Deutschland ein neues Paradigma der Hegemonie(selbst)kritik entwickelt werden müsse, welches in Anlehnung an die post_koloniale Theorie die Analysekategorie *Whiteness* für metaphorische Dimensionen über Farbe hinaus öffnen sollte.[141] Als erweiterte Kategorie einer Hegemonie(selbst)kritik schlug Dietze den Begriff des „Kritischen Okzidentalismus" vor, der geschlechtersensibel auch als „Feministischer kritischer Okzidentalismus" bezeichnet werden könne.[142] Denn während der Begriff „weiße Suprematie" die implizite und explizite Vorstellung einer in den Körper eingeschriebenen kulturellen Überlegenheit *weiß* konstruierter Menschen beschreibe, benenne „Okzidentalismus" die Hegemonie der (nord-)westlichen Hemisphäre und ein damit verbundenes, implizites Souveränitätsgefühl, das auch die sozioökonomischen und kulturellen Aspekte mit einbeziehe.[143]

Dietze argumentierte, dass der Begriff „Okzidentalismus" die passendere Beschreibung für die gegenwärtige Situation in einem Deutschland sei, das durch den Zusammenbruch des Ostblocks unter einer Identitätsleerstelle leide. Diese Leerstelle werde durch ein Neo-Orientalisches Phantasma gefüllt, das Oriental_innen als potenzielle Terrorist_innen konstruiere[144] und den Anlass der Diskriminierung – wieder einmal – in der Religion verorte.[145] Diese Erfindung eines „orientali-

---

[138] Vgl. Dietrich 2007: 43-49.
[139] Dietze 2006: 230.
[140] Dietze 2006: 231, 239. Vgl. Dietrich 2007: 45.
[141] Dietze 2006: 221, 231.
[142] Dietze 2006: 239. Vgl. Röggla 2012: 49ff.
[143] Dietze 2006: 316.
[144] Dietze 2006: 236.
[145] Dietze 2006: 235: „Es ist nicht mehr der Kommunismus, der ‚den Westen' ermöglicht, sondern das ‚Orientalische Andere' in Gestalt des Terroristen, Islamisten, Schurkenstaates, das ein zivilisationsüberlegenes christliches Abendland strahlen lässt."

schen (muslimischen) Anderen", welcher die Konstruktion des eigenen „westlichen" Selbst und die Ausgrenzung des nun markierten „Anderen" ermögliche, werde, so Dietze, durch Rhetoriken wie „Festung Europa", „Leitkultur" und „christliches Abendland" unterstützt.[146] Auch der feministische Diskurs konstruiere westliche Weiblichkeit durch die Abgrenzung zur Orientalin, die in den okzidentalen Gesellschaften als „traditionell" betrachtet werde – unterdrückt durch Zwangsheirat, Kopftuch und „Ehrenmord".[147]

Ebenso wenig mochte die Filmemacherin und Autorin Hito Steyerl die *Critical Whiteness Theory* undifferenziert auf Deutschland übertragen wissen. Steyerl bezeichnete das wiedervereinigte Deutschland als einen „medial vervielfältigten Palimpsest einer ebenso postkolonialen, postnationalsozialistischen, postsozialistischen wie von mehreren aufeinander folgenden Regimes von Migration, Emigration und Genozid gekennzeichneten Situation".[148] Eine simple Übertragung angloamerikanisch geprägter Konzepte von Post_kolonialität hielt sie aufgrund dieser mehrfach gebrochenen deutschen Geschichte beinahe für unmöglich.[149] Steyerl sah die Gefahr vor allem in der Nivellierung der verschiedenen deutschen Geschichtsepochen und der in ihnen entstandenen (rassistischen) Begrifflichkeiten. Ihrer Meinung nach beinhaltete eine reine Adaption der *Critical Whiteness Theory* die Gefahr, die Thematik auf eine Untersuchung enthistorisierter Phänomene der kulturellen Globalisierung zu reduzieren. Damit gehe das Risiko einer Relativierung der NS-Vernichtungslager[150] und der Enthistorisierung gegenwärtiger Konsequenzen in Bezug auf Migration und Minderheitenmanagement einher, welche zugunsten einer euphorischen Feier postmoderner Zeichentheorie übersehen oder gar verdrängt werden könnten.[151]

Eine größere Gruppe von Theoretiker_innen war jedoch der Meinung, dass trotz der von Dietze und Steyerl berechtigterweise vorgetragenen Argumente eine Übertragung der im angloamerikanischen Raum entwickelten *Critical Whiteness Theory* auf Deutschland durchaus möglich sei. Zu diesen Theoretiker_innen zählten unter anderen Peggy Piesche, Susan Arndt, Maureen Maisha Eggers und Eske Wollrad sowie die Soziologin und Erziehungswissenschaftlerin Katharina Walgenbach, die Historikerin Fatima El-Tayeb und die Psychologinnen Grada Kilomba

---

[146] Dietze 2006: 234, 236.
[147] Dietze 2006: 236f. Zustimmend Walgenbach 2005a: 43: „Dabei lässt sich die Relationalität von Whiteness nicht auf die binären Kategorien Schwarz/Weiß reduzieren, sie muss vielmehr als Beziehungsgefüge gedacht werden. [...] Diese Feststellung erscheint auch für den deutschen Kontext relevant, wo die Produktivität der Whiteness Studies zur Erklärung der Diskriminierung etwa von türkischen Migranten und Migrantinnen noch ein wichtiges Projekt der Zukunft sein könnte."
[148] Steyerl 2003: 39.
[149] Steyerl 2003: 49.
[150] Vgl. Dietrich 2007: 45.
[151] Steyerl 2003: 47.

und Ursula Wachendorfer. Sie veröffentlichten 2005 in dem Sammelband *Mythen, Masken, Subjekte: Kritische Weißseinsforschung in Deutschland* einschlägige Aufsätze, die die Einführung von Ansätzen der Kritischen Weißseinsforschung in die deutsche Forschungs- und Wissenslandschaft explizit befürworteten. Dabei verwiesen sie auf die Kontinuitäten von „Rasse"-Konstruktionen, die auch die deutschen (Macht-)Verhältnisse seit Jahrhunderten geprägt hätten[152] und plädierten dafür, „in der deutschsprachigen kritischen Weißseinsforschung mit den deutschen Begrifflichkeiten zu arbeiten".[153]

Im Folgenden soll ein grober Überblick über die Argumente dieser Forscher_innengruppe gegeben werden. Dabei rekurriere ich zugunsten der Beantwortung der Frage, welchen Stellenwert *Weißsein* trotz der von Dietze und Steyerl vorgebrachten Argumente im historischen Verlauf der deutschen Gesellschaftsentwicklung eingenommen hat und in der Gegenwart noch einnimmt, stellenweise zusätzlich auf Forschungserkenntnisse von (auch anderen) Geschichtswissenschaftler_innen. Ich werde den historischen Rahmen *weißer* deutscher Identitätsformation nachzeichnen, um, wie Katharina Walgenbach es formuliert, „der politischen Amnesie in Deutschland hinsichtlich diesen Teils seiner Geschichte entgegenzuwirken".[154] Zudem soll die Relevanz von *Weißsein* als herrschaftskritische Analysekategorie für den deutschen Forschungskontext deutlich gemacht werden.

Auch in Deutschland hat die „Unterscheidung und Bewertung der Menschen nach Hautfarbe, die durch eine scheinbar natürliche Ordnung qua Biologie und Genetik sozusagen vorgegeben sein soll",[155] eine lange Tradition, die weit vor dem offiziellen Eintritt des Deutschen Kaiserreichs in die Kolonialpolitik beginnt. Denn trotz der Tatsache, dass Deutschland aufgrund seiner späten Staatsbildung erst relativ spät als offizielle Kolonialmacht in Erscheinung trat,[156] beteiligten sich Hamburger und Brandenburger See- und Kaufleute spätestens seit Mitte des 17. Jahrhunderts aktiv an der Versklavung afrikanischer Menschen.[157] Ebenso waren deutsche Wissenschaftler_innen, Missionar_innen[158] oder Literat_innen lange vor dem offiziellen Kolonialmachtstatus Deutschlands in die europäischen Aktivitäten

---

[152] Vgl. Dietrich 2007: 46, Kelly 2016: 83.
[153] Eggers/Kilomba/Piesche/Arndt 2005: 12.
[154] Walgenbach 2005a: 268. Vgl. Kelly 2016: 90.
[155] Wachendorfer 2006: 57.
[156] Deutschland trat im Frühsommer 1884 offiziell in die Reihe der europäischen Kolonialmächte ein und verlor die erworbenen Kolonien schon im Laufe des Ersten Weltkrieges wieder. Vgl. Gründer 2004: 51, 127, 138, 153f., 169, 205 und Zimmerer 2013: 26f.
[157] Walgenbach 2005a: 71 Fußnote 46. Heyden 2002a: 15f.
[158] Speitkamp 2005: 91: „Die Anfänge der modernen Mission auch in den Gebieten der späteren deutschen Kolonien gehen auf das erste Drittel des 19. Jahrhunderts zurück, als eine neue Missionsbewegung einsetzte. [...] In diesem Geist entstanden in den 1820er Jahren die ersten deutschen Missionen, so die Berliner, die Rheinische, die Norddeutsche und die Leipziger Mission."

der Kolonisation involviert[159] oder sie strebten zumindest in ihren Tagträumen ein deutsches Kolonialreich an.[160]

Zudem gewann um 1800 ein Volksbegriff an Hegemonie, der nicht länger mit der gemeinsamen Sprache, sondern biologistisch begründet wurde.[161] Insbesondere nach der Niederlage Preußens gegen das napoleonische Frankreich 1806 orientierte sich die Inklusion ins Kollektiv des „deutschen Volkes" verstärkt an Kriterien wie „Blutsverwandtschaft" und „Abstammung".[162] Vorstellungen von „Stammesverwandtschaft" oder „Blutsbande" wurden herangezogen, um dem drohenden Zerfall des Reichs durch die Konstruktion eines „Volkes" zuvorzukommen.

So forcierte die Entwicklung des deutschen Staatsbürgerrechts alsbald die Privilegierung des „ius sanguinis"[163] gegenüber der zuvorigen Praxis des „ius soli".[164] In dem auf die feudalistische Tradition des Territorialprinzips verweisenden „ius soli" war der Bürger Eigentum des Königs gewesen, so dass sein Wohnsitz über das Treueverhältnis zum Monarchen entschied.[165] 1842 wurde in Preußen das „ius sanguinis" festgeschrieben, indem ein Gesetz erlassen wurde, welches jedes eheliche Kind eines (männlichen) Preußen automatisch zu einem preußischen Staatsbürger machte – auch, wenn es im Ausland zur Welt kam. 1871 erhielt dieses „ius sanguinis" mit der Formung des „Deutschen Reiches" durch die Übernahme des oben beschriebenen preußischen Gesetzes in das „Reichs- und Staatsangehörigkeitsgesetz" Gültigkeit auf nationaler Ebene.[166]

Im deutschen Kolonialrecht wurde das „ius sanguinis" dann noch einmal verengt.[167] Der Nachweis deutscher Abstammung reichte der deutschen Kolonialmacht nicht mehr aus. Die Idee der „Rassenreinheit" erhielt Einzug ins Gesetz.[168] So wurde von lokalen Kolonialbehörden in Deutsch-Südwestafrika 1905 das sogenannte „Mischehen-Verbot" erlassen. Damit war Deutschland laut Fredrickson „die einzige Kolonialmacht des frühen 20. Jahrhunderts, die Ehen zwischen Siedlern und Nichtweißen offiziell verbot".[169] Auslöser dafür waren fünfzig Ehen, die zwischen *weißen* deutschen Siedlern und afrikanischen Frauen geschlossen worden waren.[170] In diesen Ehen sahen *weiße* Kolonialist_innen eine Gefahr

---

[159] Zimmerer 2013: 25f.
[160] Walgenbach 2005a: 71, Speitkamp 2005: 15.
[161] Walgenbach 2005b: 380.
[162] Walgenbach 2005a: 166.
[163] Lat.: „Recht des Blutes".
[164] Lat.: „Recht des Bodens".
[165] Walgenbach 2005b: 380.
[166] Walgenbach 2005b: 381.
[167] Darauf in aktueller Debatte Bezug nehmend Mecheril 2011: 580f.
[168] Wollrad 2005: 79.
[169] Fredrickson 2011: 139, 154.
[170] El-Tayeb 2004: 403. Ausführlich dazu Mamozai 1989: 125-134.

Einleitung

für den Status von Deutschland als „Weißer Nation".[171] Darüber hinaus wurden die Nachkommen solcher Verbindungen als Störfaktor betrachtet, weil sie die zu Zwecken des *weißen* Machterhalts erfundene Behauptung, einander fremde „Rassen" seien inkompatibel, ad absurdum führten.[172]

Zwar wurde der 1912 gestellte Antrag auf Aufnahme des kolonialen „Mischehe-Verbots" ins Reichsgesetz vom Reichstag unter anderem mit der Begründung abgelehnt, dass der Rechtsbegriff des „Eingeborenen" zu diffus sei,[173] doch die Konstruktion von „Rasse" als ein gesellschaftliches Ordnungsprinzip, das „Reinheit" von „Unreinheit" zu unterscheiden vorgab, hatte sich konsolidiert. So forderten beispielsweise eugenische Diskurse jener Zeit die Kontrolle jeglichen Geschlechtsverkehrs nach „rassischen" Gesichtspunkten mit dem Ziel der „Reinhaltung der Rasse". Und anders als im britischen Empire gab es in den deutschen Kolonien keine Versuche, die Eliten der kolonisierten Länder in die eigene Gesellschaft bzw. in das koloniale Herrschaftssystem einzubeziehen. Stattdessen kodifizierten die kolonialen deutsch-südwestafrikanischen „Eingeborenen-Verordnungen" von 1906/07 den Slogan „weiße Köpfe, schwarze Hände", indem sie jegliche Form von Mobilität für Kolonisierte ausschlossen, die Existenz lokaler afrikanischer Eliten verhinderten und alle Afrikaner_innen zur „Dienstboten- und Arbeiterklasse" degradierten.[174]

Die direkteste Unterwerfung afrikanischer Menschen unter den Befehl von Vertreter_innen des deutschen Staates fand in den von den *weißen* Kolonialist_innen eingerichteten Konzentrationslagern statt, in denen diejenigen Nama und Herero inhaftiert wurden, die den an ihren Gemeinschaften von Deutschen verübten Genozid[175] zunächst überlebt hatten.[176] Sie wurden in zivilen und militärischen Projekten als Zwangsarbeiter_innen eingesetzt.[177] Hohe Arbeitsbelastung, unzureichende Ernährung, ein ungesundes Klima (z. B. im Konzentrationslager auf

---

[171] Zimmerer 2003a: 26f. Dazu auch Walgenbach 2005a: 79: „Für eine Kolonie wie Südwestafrika, in der sich nach den Kolonialkriegen die Vorstellung einer segregierten Gesellschaftsordnung politisch durchgesetzt hatte, war es offenbar undenkbar, dass Schwarze Individuen Weiße Privilegien besitzen sollten, beziehungsweise dass es Schwarze Deutsche geben könnte."
[172] El-Tayeb 2004: 403.
[173] Wollrad 2005: 80, Walgenbach 2005a: 81ff.
[174] Vgl. Mamozai 1990: 62f., Zimmerer 2003a: 34ff., Hillebrecht 2003: 130f., Walgenbach2005a: 76f., Zimmerer 2013: 28.
[175] Fredrickson 2011: 154. Vgl. Stoecker 2013: 452f.: Stoecker macht hier darauf aufmerksam, dass die deutsche Bundesregierung sich auch im 21. Jahrhundert noch weigert, die Verantwortung für diesen von Deutschen an Herero und Nama verübten Genozid zu übernehmen. Noch 2011 kam es diesbezüglich in Berlin zu einem diplomatischen Eklat zwischen einer namibischen Delegation und der Staatsministerin im Auswärtigen Amt Cornelia Pieper. Dazu auch Zimmerer 2013: 17-21.
[176] Mamozai 1989: 119-124. Martha Mamozai schildert hier anhand der Darstellung von Einzelfällen sehr eindrücklich, dass dieses Überleben an ein Wunder grenzte. Die Grausamkeit und Unerbittlichkeit der deutschen „Schutztruppen" machte selbst vor der größten Wehrlosigkeit keinen Halt.
[177] Gewald 2003: 116.

der Haifischinsel)[178] und fehlende Krankenpflege führten zu einer hohen Sterblichkeitsrate,[179] die von den deutschen Kolonialist_innen zum Teil begrüßt, zum Teil billigend in Kauf genommen wurde.[180] Viele Schädel der hier – zumindest durch Vernachlässigung – Ermordeten transportierte die deutsche Kolonialmacht zum Zwecke der Verifizierung okzidental erfundener „Rassetheorien" in anthropologische „Schädel-Sammlungen" nach Berlin. Erst 2011 wurde ein Teil von ihnen nach Namibia restituiert.[181] Sowohl der deutsche Historiker Jürgen Zimmerer als auch der US-amerikanische Historiker Georges M. Fredrickson bewertet diesen von Deutschen verübten Völkermord in Deutsch-Südwestafrika als Vorgeschichte des Holocausts.[182] Fredickson schreibt:

> Hitlers Sicht der Schwarzen als Untermenschen war keine Ausnahme. [...] die Geschichte des deutschen Kolonialismus [weist] darauf hin, daß zumindest manchen Deutschen bereits 1904 und 1905 ‚Endlösungen' für ‚Fragen' akzeptabel schienen, die durch angeblich nutzlose oder gefährliche ethnisch-rassische Gruppen aufgeworfen wurden.[183]

Doch noch bevor die Glorifizierung der *weißen* „nordischen Rasse" den systematisch und bürokratisch organisierten Massenmord an jüdischen Mitmenschen im Nationalsozialismus begleitete und begründete, wurden Schwarze Menschen in Deutschland der sogenannten „Schwarzen- Schmach-Kampagne" ausgesetzt,[184] die sich in der Anfangsphase der Weimarer Republik vor allem gegen afrikanische Soldaten innerhalb der französischen Rheinlandtruppen und die mit ihnen liierten *weißen* Frauen sowie deren gemeinsame Kinder richtete.[185] Denn das Bewusstsein, dass das deutsche Volk eine „Blutsgemeinschaft" sei, setzte sich trotz des Verlustes der Kolonien und erstmaliger Regierungsübernahme der Sozialdemokrat_innen auch nach dem Ende des Kaiserreichs fort. Schwarze Menschen wehrten sich unter anderem durch die Gründung des Vereins „Notbund gegen die Schwarze Schmach" gegen diese Diskriminierungen.[186]

Die „Schwarze Schmach-Kampagne" übertraf die Kampagnen gegen die im deutschen Kolonialgebiet geschlossenen Ehen zwischen *Weißen* und Schwarzen an Umfang und Intensität. Schwarze wurden als „Andere" stigmatisiert und – im Vergleich mit anderen „minderwertigen Rassen" – als besonders aggressiv charak-

---

[178] Erichsen 2003: 80-85.
[179] Zimmerer 2003b: 56f., Sow 2011b: 128f.
[180] Zeller 2003: 78.
[181] Stoecker 2013: 447ff.
[182] Zimmerer 2003b: 60, Zimmerer 2011. Zu dieser These von Zimmerer gibt es eine Historiker_innendebatte, die, grob zusammengefasst, nachzulesen ist bei: Geck/Rühling 2008: 40-43.
[183] Fredrickson 2011: 155.
[184] Sow 2011b: 130f.
[185] Mamozai 1989: 287f.
[186] Sow 2011b: 130.

terisiert. Ihnen wurde insbesondere eine aggressive, von unkontrollierten animalischen Trieben geleitete Sexualität zugeschrieben.[187] Mittels dieser Zuschreibungen legitimierten *weiße* Deutsche ihre aggressive Haltung gegenüber Schwarzen. Sie dienten sowohl zur Rechtfertigung der sexuellen Gewalt, die von *weißen* Männern an Schwarzen Frauen verübt wurde, als auch zur Unterstützung des Klischees vom bestialischen Schwarzen Vergewaltiger, das von *Weißen* immer wieder (re-)produziert wurde, um Vorurteile zu aktivieren und rassistische Maßnahmen zu rechtfertigen.[188]

Im Nationalsozialismus wurde die Reichs- und Staatsangehörigkeit dann gänzlich an einem noch stärker verengten „ius sanguinis" ausgerichtet. Ein sogenannter „Ariernachweis", der die biologische Abstammung bis in die dritte Generation zurückführte, war in der Zeit des Dritten Reiches notwendig, um „Volksgenosse" zu sein. Um SS-Mitglied zu werden, musste dieser Nachweis sogar bis 1648 erbracht werden.[189] Durch diesen Ahnennachweis zogen die Nationalsozialist_innen die Religionszugehörigkeit als Ersatz für das Konstrukt einer biologisch definierten „Rasse" heran, um die von ihnen beabsichtigte Diskriminierung zu legitimieren.[190] Sie machten sich dabei den in der deutschen Gesellschaft seit Jahrhunderten verankerten Glauben an das unveränderliche Anderssein jüdischer Menschen zunutze.[191]

Doch auch die zu Zeiten des Kolonialismus und der Aufklärung von *Weißen* sorgsam erfundenen Rassetheorien bildeten wichtige Fundamente für den „rassisti-

---

[187] Mamozai führt als einen der Auslöser dieser Schwarzen-Schmach-Kampagne die tatsächliche Vergewaltigung deutscher Frauen durch Soldaten an. In ihrem Buch *Schwarze Frau, weiße Herrin* schreibt sie auf Seite 287: „Deutschland hatte seinen kolonialen Besitz verloren und damit die deutschen Männer ihren Anspruch auf die kolonialisierten Frauen. Deutschland hatte aber auch den Weltkrieg von 1914 bis 1918 verloren. Die Sieger hatten sich damit – dem internationalen Männer-Kriegerkodex zufolge – das Recht auf deutsche Frauen erworben. Nun waren in den Reihen der Sieger auf französischer Seite aber viele Angehörige aus Frankreichs Kolonien zu finden, Afrikaner, Schwarze, die sich ihr Siegerrecht an deutschen Frauen nahmen." Mamozai ergänzt auf S. 291 desselben Buches: „Am 20. Mai 1920, als im Deutschen Reichstag jene ‚Rassenschande' zur Sprache kam, ergriff eine Abgeordnete der USPD, Luise Zietz, das Wort. Sie spricht nun endlich das aus, was in diesem Zusammenhang gesagt werden mußte, entlarvte die doppelte Moral der deutschen Männer und ihrer blinden Anhängerinnen, zerpflückte deren heuchlerische Kommentare. Dabei verurteilte natürlich auch Luise Zieth diese Verbrechen und ‚bestialischen Roheiten', aber eben nicht, weil sie von Farbigen begangen wurden, sondern sie klagte an, wo immer und von wem immer solche Verbrechen verübt werden."
[188] El-Tayeb 2004: 405f.
[189] Walgenbach 2005b: 386, El-Tayeb 2004: 405. Dazu folgendes bei Friedländer 2000: 214: „In seiner SS achtete Himmler mit pedantischer Genauigkeit auf Rassenreinheit. So erklärte er in einer Rede, die er am 22. Mai 1936 auf dem Brocken hielt: ‚Für dieses Jahr ist das Ziel bis zum 1. Oktober auf 1850 gesteckt, bis zum nächsten 1. April wird es auf 1750 gesteckt werden, bis wir bei der gesamten SS und dann bei jedem Bewerber innerhalb der nächsten 3 Jahre auf 1650 angekommen sind.' Himmler erklärte, weshalb er nicht die Absicht hatte, zeitlich noch weiter zurückzugehen: Für die Zeit vor 1648, dem Ende des Dreißigjährigen Krieges, gab es fast keine Kirchenbücher."
[190] Fredrickson 2011: 171.
[191] Fredrickson 2011: 169.

schen Antisemitismus"[192] der deutschen NS-Zeit. So schreibt Ursula Wachendorfer:

> Weiß-Sein war in Deutschland noch vor zwei Generationen während des Nationalsozialismus Bestandteil eines gesellschaftlich verordneten und privat gelebten „arischen" Superioritäts-Selbst-Bildes und ein Kriterium, das über die Zugehörigkeit zur sogenannten Volksgemeinschaft entschied. [...] Das Konzept des Weiß-Seins ist, wie wir wissen, jedoch keine Neuschöpfung des Nationalsozialismus. Es ist zentral für den kolonialen Diskurs.[193]

Diesem kolonialen Diskurs folgend, gründete beispielsweise der nationalsozialistische Ärztebund auf der Basis der vorgeblich wissenschaftlich fundierten „Rassenlehre" schon 1933 das „Aufklärungsamt für Bevölkerungspolitik und Rassenpflege", das im Mai 1934 in das „Rassenpolitische Amt der NSDAP" überführt wurde, welches dem Stellvertreter Hitlers, Rudolf Heß, unterstellt war.[194]

Die Nationalsozialist_innen machten es sich zum Ziel, die „wertvollsten Bestände an rassischen Urelementen" aus dem „deutschen Volk" zu sammeln und „zur beherrschenden Stellung emporzuführen", um so einen „deutschen Volkskörper" zu bilden, der der Vormachtstellung in dem angestrebten „Germanischen Reich Deutscher Nation" gerecht werden sollte. Diese „wertvollsten Bestände an rassischen Urelementen" wurden als „Arier"[195] definiert. Die Bezeichnung des „Ariers" wurde im Nationalsozialismus ebenso wie der Begriff des „Germanen" als Synonym zur Beschreibung von Menschen aus der sogenannten „nordischen Rasse" herangezogen. „Ariern" wurde nicht nur ein bestimmtes Äußeres wie hoher Wuchs, helle Haut, blonde Haare, blaue Augen, Langschädeligkeit und Schmalgesichtigkeit zugeschrieben, sondern auch ein spezifischer Charakter, der sich durch Mut, Härte und Entschlossenheit auszeichnete.[196]

Die Unterscheidung zwischen „Ariern" und „Semiten" wurde im Nationalsozialismus somit zur Primärdifferenz. Damit ging nicht nur die Glorifizierung der *weißen* „nordischen Rasse" und eine angestrebte Neuordnung von „Raum" auf Grundlage von „Rasse" einher,[197] sondern auch eine Politik rassistischer Segregation und tödlicher Selektion, die unter dem euphemistischen und Gewalt verschweigenden Begriff der „Rassenpflege" subsumiert wurde.[198] Hitler und Rosenberg stützten sich in dieser „Rassenpolitik" explizit auf Gobineau und Chamberlain, die zwei der Begründer des wissenschaftlichen Rassismus waren,[199] und zogen

---

[192] Fredrickson 2011: 201.
[193] Wachendorfer 2006: 59.
[194] Straßner 1987: 150.
[195] Das Wort „Arier" stammt aus dem Sanskrit und trägt die Bedeutung „der Edle".
[196] Walgenbach 2005b: 384.
[197] Zimmerer 2013: 30f.
[198] Walgenbach 2005b: 384.
[199] Räthzel 2004: 248.

Einleitung

sozialdarwinistische Deutungsmuster hinzu.[200] Während Joseph-Arthur Comte de Gobineau (1816-1882) prophezeit hatte, die „Rassenmischung" werde den Untergang der „arischen Rasse" und damit der menschlichen Zivilisation verursachen, hatte Richard Wagners Schwiegersohn Houston Stewart Chamberlain (1855-1927) behauptet, „Arier" seien in der europäischen Kultur das rassisch und kulturell überlegene Element, Juden und Jüdinnen hingegen eine „Bastardrasse", die sich in der alexandrinischen Diaspora mit Schwarzen vermischt hätte.[201]

Auf die Tatsache, dass der Status des „Arisch-Seins" von den Nationalsozialist_innen nicht nur in der allgemein bekannten Abgrenzung zum „Jüdisch-Sein", sondern auch in Abgrenzung zum Schwarzsein konstruiert wurde, verweisen verschiedenste Quellen.[202] Adolf Hitler selbst schrieb beispielsweise 1925 in seinem Buch „Mein Kampf":

> Von Zeit zu Zeit wird in illustrierten Blättern dem deutschen Spießer vor Augen geführt, daß da oder dort zum erstenmal ein [N.] Advokat, Lehrer, gar Pastor, ja Heldentenor oder dergleichen geworden ist. Während das blödseelige Bürgertum eine solche Wunderdressur staunend zur Kenntnis nimmt, voll von Respekt für dieses fabelhafte Resultat heutiger Erziehungskunst, versteht der Jude sehr schlau, daraus einen neuen Beweis für die Richtigkeit seiner den Völkern einzutrichternden Theorie von der Gleichheit der Menschen zu konstruieren. Es dämmert dieser verkommenen bürgerlichen Welt nicht auf, daß es sich hier wahrhaftig um eine Sünde an jeder Vernunft handelt; dass es ein verbrecherischer Wahnwitz ist, einen geborenen Halbaffen so lange zu dressieren, bis man glaubt, aus ihm einen Advokaten gemacht zu haben [...].[203]

So wurde eingebürgerten Afrikaner_innen aus den ehemaligen Kolonien schon 1933 die deutsche Staatsbürgerschaft aberkannt und Schwarze Arbeitnehmer_innen verloren in einer ersten Welle von Kündigungen ihren Arbeitsplatz.[204] In diesem Kontext greift auch der Paragraf 13 des bereits im September 1933 verabschiedeten „Reichserbhofgesetzes". Dieser Paragraf regelte, dass nur diejenigen „Bauer" werden konnten, deren Vorfahren nicht nur kein „jüdisches", sondern auch kein „farbiges Blut" zugeschrieben wurde.[205] Und ein Runderlass des NS-Innenministers über das „Verbot von Rassenmischehen" vom 26. November 1935 betonte die „Gefahren für das deutsche Blut" bei „Eheschließung von deutschblütigen Personen mit Zigeunern, [N.] oder ihren Bastarden".[206] Die Intensität des gesellschaftlichen Strebens nach *Weißsein* im Nationalsozialismus

---

[200] Walgenbach 2005b: 384.
[201] Räthzel 2004: 248.
[202] Auch Fredrickson hebt hervor, dass sich der Rassismus der NS-Zeit nicht nur gegen Juden, sondern gegen alle „Nicht-Arier" gerichtet habe (Fredrickson 2011: 172).
[203] Zitiert nach Ortmeyer 1996: 22f.
[204] Sow 2011b: 130.
[205] Kundrus 2003: 114.
[206] Ortmeyer 1996: 25.

bezeugt nicht zuletzt auch die Praxis der pronatalen Politik zur „Züchtung eines Herrenvolkes". Diese wurde federführend von Heinrich Himmler, Reichsführer der SS, mit seiner Heirats- und Familienpolitik für die SS und der Einrichtung des Vereins „Lebensborn e.V." im Jahr 1935 vorangetrieben.[207]

Neben Juden, Jüdinnen und Schwarzen galten Sinti und Roma, Russ_innen, Pol_innen und einige andere Osteuropäer_innen im Nationalsozialismus als „rassisch minderwertig". Auch in Bezug auf geistig und körperlich behinderte, homosexuell orientierte, alkoholsüchtige und als „asozial" eingestufte Menschen, beharrten die Nationalsozialist_innen auf der Vorstellung, diese würden das „Erbgut" der „arischen Rasse" schwächen. Als Folge dieser Vorstellung wurden die von der Gesellschaft als solche konstruierten Menschen von *weißen* Deutschen zwangssterilisiert und systematisch ermordet[208] – unter ihnen Afrodeutsche, die auch in der Zeit des Nationalsozialismus als „besonders triebstark" galten.[209] So führten *weiße* Deutsche ab 1937 geheime Sterilisierungen von über 500 Rheinlandkindern und anderen Schwarzen Personen durch[210] und verschleppten Schwarze Menschen sowohl zur Zwangsarbeit als auch in Konzentrationslager. Zudem erließ der deutsche Staat Gesetze, die Schwarzen sowohl den Schulbesuch als auch „das Auftreten in der Öffentlichkeit" untersagte.[211]

Obwohl die UNESCO dem Rassebegriff aufgrund des von Deutschen verübten Genozids nach dem Zweiten Weltkrieg die wissenschaftliche Legitimation entzog,[212] existiert der strukturelle Rassismus auch im heutigen Deutschland noch fort, da er „ein Teil gesellschaftlicher Norm(al)vorstellungen (geworden)" ist.[213] Er tritt allerdings eher als differenzieller bzw. kultureller Rassismus in Erscheinung und wird zumeist als „Fremden-" bzw. „Ausländerfeindlichkeit" bezeichnet.[214] Um die unfassbare Brutalität, die sich in der Shoah niedergeschlagen hat, nicht auf die aktuelle politische Situation in Deutschland zu übertragen, wurde der Begriff „Rassismus" nach dem zweiten Weltkrieg zumeist durch diese beiden Begriffe ersetzt.[215] So ist der Rassismusbegriff im hegemonialen *weißen* Diskurs der Bundesrepublik Deutschland über Jahrzehnte hinweg fast ausschließlich der nationalsozia-

---

[207] Walgenbach 2005b: 385. Vgl. Straßner 1987: 151.
[208] Walgenbach 2005b: 385.
[209] El-Tayeb 2004: 406, Wollrad 2005: 143f., Steyerl 2003: 52, Anmerkung 1.
[210] Sow 2011b: 130, Fredrickson 2011: 173.
[211] Sow 2011b: 130.
[212] Fredrickson 2011: 176, Nagl 2009: 18, Röggla 2012: 17.
[213] Kelly 2016: 102.
[214] Räthzel 2004: 249f. Dietze 2006: 235: „Hier ist das Feld, in dem die kulturalistischen und differentialistischen Neorassismen entstehen, die man hierzulande beharrlich ‚Ausländerfeindlichkeit' nennt, obwohl ein Gros der Diskriminierten mittlerweile Inländer sind." Zu den problembehafteten Ebenen des Wortes „Ausländerfeindlichkeit" siehe Röggla 2012: 10f.
[215] Dietrich 2007: 44.

Einleitung 57

listischen „Rassepolitik" zugeordnet worden.[216] Umso wichtiger erscheint die Forderung der Herausgeber_innen der Antologie *Mythen, Masken und Subjekte*, die Begriffe „Rasse" und „Rassismus" in Deutschland ganz bewusst auch auf die aktuelle Situation anzuwenden.[217] Nur so können die Auswirkungen dieser Begriffe auf die deutsche Geschichte und Gesellschaft sowie die bis heute wirkmächtigen rassistischen Glaubenssätze und Praxen analysiert, durchgearbeitet und nachhaltig aufgelöst werden.

Auch der Historiker Winfried Speitkamp konstatiert, dass die Kolonialzeit in der Zeit nach dem zweiten Weltkrieg aus dem „deutschen Gedächtnis weitestgehend ausgelöscht" wurde. Allerdings unterscheidet Speitkamp zwischen der Erinnerungskultur von BRD und DDR. Während die Deutsche Demokratische Republik sich von der deutschen Kolonialgeschichte, die als Teil der Vorgeschichte des Faschismus betrachtet wurde, offiziell distanziert und die sichtbaren Zeichen des Kolonialismus beseitigt habe, seien in der Bundesrepublik sowohl koloniale Denkmäler als auch koloniale Straßennamen weitestgehend erhalten geblieben.[218] So ist Deutschland – unter anderem wegen der Dominanz der BRD im so genannten Wiedervereinigungsprozess – auch im 21. Jahrhundert noch geprägt von dem im *weißen* Diskurs verankerten Identitätsbegriff, der traditionell biologistisch und implizit an Vorstellungen von „Rasse" orientiert ist. Kelly schreibt:

> Mit dem aus eurozentrischer Perspektive imaginären Ende des Kolonialismus finden diskriminierende und rassifizierende Stereotypisierungen und Prototypisierungen jedoch keineswegs das Ende ihrer Wirksamkeit, sondern befähigen die Kognition der linguistischen und visuellen Ent_Wahrnehmungen und sie befördern diese verinnerlichten Beobachtungsmodi bis in die gesamtdeutsche Gegenwart, was die These einer andauernden kognitiven Kolonialität untermauert.[219]

Ebenso wie Schwarze „Besatzungskinder" und ihre *weißen* Mütter im Nachkriegs-Deutschland noch stigmatisiert und als Subjekte „ent_wahrgenommen" wurden,[220] so wird „Deutschsein" auch im 21. Jahrhundert noch implizit mit *Weißsein* und „Christlich-Sein" gleichgesetzt.[221] Diese Tatsache bestätigt unter anderem ein von der deutschen Bundesregierung im August 2008 verteilter Flyer, der anlässlich eines Tages der offenen Tür die eingeladene deutsche Bevölkerung als ausschließlich *weiß* darstellt.[222]

---

[216] Ebd. Vgl. Arndt 2011a: 37 und Speitkamp 2013: 417.
[217] Eggers/Kilomba/Piesche/Arndt 2005: 12f. Vgl. Thiele 2015: 80f., 197. Thiele führt hier als weitere Verfechter_innen der Nennung dieser Begrifflichkeiten Winker und Degele sowie Ute Osterkamp an.
[218] Speitkamp 2013: 416f.
[219] Kelly 2016: 169.
[220] El-Tayeb 2004: 406.
[221] Ebd.
[222] Der Flyer ist im Anhang meiner Arbeit zu sehen.

Rassismus richtet sich auch noch im 21. Jahrhundert „nicht grundsätzlich gegen Menschen anderer Staatsbürgerschaft, sondern gegen Menschen, die nach rassistischen Kriterien als Andere definiert werden": nicht gegen *weiße* EU-BürgerInnen oder *weiße* SüdafrikanerInnen, „sondern z. B. gegen Schwarze Deutsche, die nach dem deutschen Selbstverständnis als weiße Nation noch immer nicht denkbar sind und meist als ‚Ausländer' angesehen werden".[223] Auch heute noch werden Schwarze Deutsche „von dem gesellschaftlichen Mainstream als zu weit abweichend und folglich nicht legitim zugehörig wahrgenommen und behandelt".[224] Laut Angabe der Amadeu-Antonio-Stiftung wurden von 1989 bis 2011 in Deutschland 143 Menschen aus rassistischen und rechtsextremistischen Motiven ermordet.[225] Eine internationale Studie an der Universität Bielefeld zu *Gruppenbezogener Menschenfeindlichkeit in Europa* von 2009 verdeutlicht, dass auch im 21. Jahrhundert fast ein Drittel aller befragten *weißen* Europäer_innen von einer „natürlichen Hierarchie" zwischen Schwarzen und *Weißen* ausgeht.[226]

Durch all die hier aufgezeigten kolonialen Kontinuitäten in Deutschland begründet sich meiner Meinung nach nicht nur die Berechtigung, sondern die Notwendigkeit, die Kritische Weißseinsforschung aus dem angloamerikanischen Raum auf Deutschland zu übertragen. Sowohl durch Theorie als auch durch grausamste Praxis haben sich Zeichen und Bilder *weißer* Superiorität und Schwarzer Minderwertigkeit in den deutschsprachigen Diskurs eingeschrieben und im deutschen kollektiven (Un-)Bewussten verankert. Gleichzeitig bleiben die Subjekte dieser rassistischen Diskursivität in Deutschland bislang weitestgehend unmarkiert.[227] Während die „weiße *Rasse*" im frühen „Rassendiskurs" noch als solche benannt wurde, ist, wie Dyer beschreibt, der Begriff „weiß" vor allem in intellektuellen und politischen Diskussionen nach dem Zweiten Weltkrieg zunehmend fallen gelassen worden. Im Diskurs seien *weiße* Menschen auf diese Weise unsichtbar geworden – allerdings nur, um in der hegemonialen w*eißen* Kultur zur menschlichen Norm schlechthin zu werden. Daher würden nur noch Nicht-*Weiße* als einer Rasse zugehörig markiert.[228] Diese Beobachtung trifft auch auf die deutsche Gesellschaft des 21. Jahrhunderts noch zu.[229]

Im Gegensatz zur US-amerikanischen Bevölkerungsstruktur geht, wie Fatima El-Tayeb schreibt, die Existenz einer Schwarzen europäischen Bevölkerung und, wie ich hinzufüge, die einer Schwarzen deutschen Bevölkerung nicht vornehmlich

---

[223] Dietrich 2007: 46.
[224] Mecheril 2011: 580.
[225] Vgl. Ofuatey-Alazard 2011b: 148.
[226] Ofuatey-Alazard 2011b: 136.
[227] Vgl. Dietrich 2007: 43f.
[228] Dyer 1997a: 17, Dyer 1997b: 3.
[229] Wachendorfer 2006.

auf eine gewaltsame Massenumsiedlung und die damit verbundenen spezifischen Gruppenerfahrungen zurück.[230] Ebenso kann, wie Gabriele Dietze hervorhebt, die *Critical Whiteness Theory* sicherlich nicht alle Formen der im gegenwärtigen Deutschland vorhandenen Rassismen beschreiben. Auch ist es nicht möglich, mit ihrer alleinigen Hilfe eine Erklärung für den von Hito Steyerl als Gegenargument eingebrachten Tatbestand des Holocaust zu geben.

Dennoch erscheint mir eine Anwendung der *Critical Whiteness Theory* auf Deutschland sinnvoll – sowohl im Zusammenhang mit der Analyse der deutschen Spielfilme *Eine Weiße unter Kannibalen (Fetisch)* und *Die weiße Massai* als auch unter rezeptionstheoretischen Gesichtspunkten und im Hinblick auf die zu entwickelnden rassismussensiblen Strategien für eine deutschsprachige Filmanalyse. Denn wie ich in diesem Unterkapitel aufgezeigt habe, sind auch die deutschen (Macht-)Verhältnisse seit Jahrhunderten durch koloniale Kontinuitäten von Rassekonstruktionen geprägt, die sich unter anderem aus der Grundbinarität von Schwarz und *Weiß* speisen. Daher ist Dietzes Einschätzung, die Grundbinarität Schwarz-*weiß* mobilisiere in Deutschland weniger kulturell Unbewusstes als im angloamerikanischen Raum, zu widersprechen – auch, wenn dieses Unbewusste in Teilbereichen sicherlich anders geformt ist.

Durch die von mir mittels Anwendung der Kritischen Weißseinsforschung anvisierte Konzentration auf die Subjekte der Herstellungsprozesse von *weißer* Suprematie wird Mulveys Aufforderung Folge geleistet, die „Befriedigung und die immer neue Bestätigung des [*weißen*, J.D.] Ego, wie sie die bisherige Filmgeschichte kennzeichnen," zu destruieren.[231] Dies wirkt der gegenwärtigen Ausbreitung neonazistischer und rechtsradikaler Gesinnung entgegen und lässt den Prozess der Dekolonisierung in einem ganzheitlichen Sinne weiter voranschreiten.

## 1.2 Struktur und Analysekorpus

Die Struktur des vorliegenden Buches baut sich entlang der leitenden These meines filmanalytischen Forschungsprojekts auf. Diese These lautet: Eine in okzidentalen Blockbustern vorzufindende hegemoniale Inszenierung von *Weißsein* dient der Evokation von Schaulust, die nur diejenigen Zuschauenden empfinden können, die sich mit den *weißen* Protagonist_innen zu identifizieren imstande bzw. willig sind. Die als Fazit entstehende Analysematrix soll Filmlesenden Instrumente an die Hand geben, mittels derer rassistische Strukturen, die sich im Laufe von fünf Jahrhunderten in die Tiefe des kollektiven und individuellen Unbewussten gegraben haben, in kinematografischen Werken identifiziert und analysiert werden können.

---

[230] El-Tayeb 2004: 401.
[231] Mulvey 1994: 51.

In Kapitel zwei ist daher zunächst zu prüfen, inwiefern der von Mulvey als Schaulustgarant bestimmte (symbolische) Phallus durch die Machtachse *Weißsein* theoretisch (mit)geformt werden kann. *Weißsein* wird dabei ganz im Sinne der *Kritischen Weißseinsforschung* ausschließlich als ein gesellschaftliches Konstrukt fernab essentialistischer Zuschreibungen theoretisiert. Ebenso wie es bei Butler kein prädiskursives Geschlecht gibt, gibt es in der Kritischen Weißseinsforschung keinerlei prädiskursiv geformte rassifizierende Merkmale. Zudem skizziert Kapitel zwei bereits erarbeitete Ansätze einer „Grammatik rassifizierter Repräsentation".

Mit dieser um die Machtachse *Rasse* erweiterten Phallusdefinition werde ich in Kapitel drei ein deduktives Analyseverfahren durchführen, welches die in Kapitel zwei entwickelte Möglichkeit einer rassismussensiblen Lesart des Mulvey'schen Theorieansatzes anhand von vier okzidentalen Spielfilmen überprüfen soll. Die für die zu erstellende Analysematrix relevanten Ergebnisse werden in Kapitel vier durch ein induktives Analyseverfahren ergänzt. Die für diese Analyseverfahren erarbeiteten Leitfragen orientieren sich an dem in Kapitel zwei durchgeführten Theorietransfer.

Zudem halte ich mich an Kortes Filmanalysemodell, welches als die vier sich gegenseitig beeinflussenden Dimensionen der Filmanalyse die Filmrealität,[232] die Bedingungsrealität,[233] die Bezugsrealität[234] und die Wirkungsrealität[235] zugrunde legt.[236] In meiner Arbeit wird der Schwerpunkt auf der von der Mulvey'schen Theorie fokussierten wirkungs- bzw. rezeptionsorientierten Dimension liegen, die allerdings stark mit der Analyse der Filmrealität verwoben ist. Die Bezugsrealität wird eher am Rande in meine Analysekapitel einfließen. Besondere Beachtung

---

[232] Filmrealität: „Ermittlung aller am Film selbst feststellbaren Daten, Informationen, Aussagen (immanente Bestandsaufnahme), also Inhalt, formale und technische Daten, Einsatz filmischer Mittel, inhaltlicher und formaler Aufbau des Films, handelnde Personen, Handlungsorte, Handlungshöhepunkte, Informationslenkung und Spannungsdramaturgie etc." (Korte 1999: 21)

[233] Bedingungsrealität: „Ermittlung der Kontextfaktoren, die die Produktion, die inhaltliche und formale Gestaltung des Films beeinflusst haben, also Aufarbeitung der historisch-gesellschaftlichen Situation zur Entstehungszeit des Films, Stand der Filmtechnik, der filmischen Gestaltung, Stellung des Films im Vergleich zur zeitgenössischen Filmproduktion (formal und inhaltlich), Bezüge zu anderen inhaltlich oder intentional ähnlichen Filmen, den weiteren Arbeiten des Regisseurs, seines Teams, der Produktionsfirma. Ggf. Bezug zur literarischen Vorlage etc.: Warum wird dieser Inhalt, in dieser historischen Situation, in dieser Form filmisch aktualisiert?" (Korte 1999: 21)

[234] Bezugsrealität: „Erarbeitung der inhaltlichen, historischen Problematik, die im Film thematisiert wird: In welchem Verhältnis steht die filmische Darstellung zur realen Bedeutung des gemeinten Problems, zu den zugrundeliegenden (historischen) Ereignissen?" (Korte 1999: 22)

[235] Laut Korte besteht die Untersuchung der Wirkungsrealität aus Beobachtungen von „Publikumsstruktur, Publikumspräferenzen einschließlich Einsatzorte, Laufzeiten des Films, Intentionen der Hersteller etc. Aufarbeitung der Rezeptionsdokumente zur Entstehungszeit des Films (zeitgenössische Rezeption), ggf. der Rezeptionsgeschichte und der entsprechenden heutigen Daten" (Korte 1999: 22).

[236] Korte 1999: 21f.

findet sie in den Unterkapiteln *3.4.6 Mythos (weiblich-)weißer Wahrheit* und *3.4.7 Weiße Geschichtsverfälschung*. Doch auch in diesen Unterkapiteln untersuche ich weniger die mit der Bezugsrealität verbundenen Besonderheiten der jeweiligen Filmepoche oder den jeweiligen Stand der Filmtechnik. Ebenso wird die – formale und inhaltliche – Stellung der Filme im Vergleich zu anderen zeitgenössischen Filmproduktionen zugunsten eines diachronen Vergleichs der Textstrukturen vernachlässigt. Einen Bezug zur literarischen Vorlage werde ich nicht oder nur am Rande herstellen.[237]

Denn im Mittelpunkt meiner in Kapitel drei durchzuführenden deduktiven Analyse steht die Frage, inwiefern die in der erweitert gelesenen Mulvey'schen Theorie aufgezeigten Inszenierungsstrategien in den diachron ausgesuchten Filmen nachzuweisen sind. Auf welche Weise könnte ein in den jeweiligen Filmtext eingeschriebenes hegemoniales *Weißsein* bei der Genese weiblicher Schaulust als (symbolischer) Phallus der *weißen* Filmrezipientin wirksam werden und durch welche Inszenierungsstrategien tragen Schwarze Filmfiguren möglicherweise zur phallischen Inszenierung der *weißen* Protagonistin bei? Daraus leitet sich die weiterführende Frage ab, inwieweit die von *weißen* Interessen dominierte (okzidentale) Filmindustrie[238] durch die gesamte Filmgeschichte hindurch die Möglichkeit nutzt, Rassialisierungsmuster in Filmtexte einzuschreiben und damit rassistische Ideologien zu reproduzieren und gesellschaftlich immer wieder neu zu etablieren.[239]

Aufgrund dieser Fragestellungen werden vier diachron zur okzidentalen Filmgeschichte ausgewählte Spielfilme Gegenstand der in Kapitel drei durchzuführenden Analyse sein, in denen jeweils eine *weiße* Protagonistin als Europäerin auf dem afrikanischen Kontinent der (post_)kolonialen Ära verortet ist. Denn *Weißsein* entsteht, wie oben bereits ausgeführt und von Richard Dyer explizit hervorgehoben, vor allem durch die binäre Konstruktion zu Schwarzsein. Dyer schreibt: „As already noted, white is virtually unthinkable except in opposition to black. This has been as true of skin as of hue white."[240] Diese Binarität tritt am deutlichsten zutage, wenn sowohl Schwarze als auch *weiße* Filmfiguren im Filmtext vorhanden sind und der europäische mit dem afrikanischen Kontinent kontrastiert wird.

Diese Voraussetzungen erfüllen die Spielfilme *Die weiße Massai* (D 2005, R: Hermine Huntgeburth), *Out of Africa* (USA 1985, R: Sydney Pollack), *The Nun's Story* (USA 1959, R: Fred Zinnemann) und *Eine Weiße unter Kannibalen (Fetisch)* (D

---

[237] Vgl. Korte 1999: 21.
[238] Vgl. Tischleder 2001: 118.
[239] Vgl. Hall 2012: 150. Diese Problemstellung wird aktuell durch öffentliche Debatten vermehrt in das Bewusstsein von Filmemacher_innen und Produzierenden gehoben. Das zeigt beispielsweise die Diskussion um den „predominantly white cast" in Tim Burtons Film „Miss Peregrine's Home for Peculiar Children" aus dem Jahr 2016. Vgl. Butler/Izadi 2016.
[240] Dyer 1997b: 51.

1921, R: Hans Schomburgk). Im Zentrum aller vier Filmerzählungen steht eine *weiße* Europäerin, die im Laufe der Filmhandlung vom europäischen Kontinent in ein „Afrika" reist, das als filmische Metonymie für *weiße* afrikanistische Fantasien vom Kontinent fungiert. Alle vier Protagonistinnen verbringen dort eine gewisse Lebenszeit und kehren schließlich in ihr europäisches Herkunftsland zurück. Durch die auch in diesen Filmen vorzufindende Repräsentation sowohl *weißer* als auch Schwarzer Filmfiguren kann die in der Mulvey'schen Theorie hervorgehobene dichotome Darstellung von kastrierter und phallischer Filmfigur für meine Lesart des Mulvey'schen Theorieansatzes fruchtbar gemacht und anschaulich herausgearbeitet werden.

Bei einer solchen Filmauswahl besteht allerdings die Gefahr, rassistisch binäres Denken zugunsten eigener Erkenntnisprozesse zu wiederholen. Dyer schreibt:

> If I continue to see whiteness only in texts in which there are also non-white people am I not reproducing the relegation of non-white people to the function of enabling me to understand myself? Do I not do analytically what the texts themselves do?[241]

Diese Fragen sind mehr als berechtigt und es ist sicherlich richtig, dass *Weißsein* als Produkt von Kolonialismus und Imperialismus jederzeit in allen (Film-)Texten konstruiert wird – eben auch in solchen, in denen *weiße* Figuren nicht explizit Schwarzen gegenübergestellt werden.[242] Andererseits stehen wir insbesondere in Deutschland noch am Anfang einer systematischen Herangehensweise an rassismussensible Filmanalysen. Von daher spricht vieles dafür, auf Filme zu rekurrieren, in denen *Weiße* in Schwarze Räume eindringen. Während die bisherige post_koloniale Medienforschung ihren Fokus vor allem auf den Schwarzen Körper und Raum gerichtet hat, werde ich mich auf den *weißen* Körper und *weiße* Fantasien konzentrieren und eben dadurch neue Perspektiven eröffnen. Gerade, um *weiße* Schaulust zu analysieren, ist die Penetration Schwarzer Räume eine tragende und sprechende Raumprojektionsfläche, die es ermöglicht, die Analysethesen und methodischen Grundlagen zur weiteren Erforschung von *Weißsein* (und Schaulust) im Film auszuarbeiten. Aus diesem Grunde habe ich mich trotz Dyers berechtigtem Zweifel für Filmtexte entschieden, die Rassialisierungsmuster kontrastierend inszenieren.

Ein zweiter Grund, warum ich mich für Spielfilme mit der oben beschriebenen narrativen Struktur entschieden habe, ist der, dass der Film *Die weiße Massai* gemäß statistischer Erhebungen einen ausgesprochen hohen Anteil an weiblichen Zuschauerinnen verzeichnen konnte:[243] 70 Prozent der in Deutschland registrier-

---

[241] Dyer 1997b: 13.
[242] Ebd.
[243] Beigel 2006.

ten Besucher_innen waren „weiblich".²⁴⁴ Und selbst in Konkurrenz mit internationalen Filmproduktionen stand der Film im Zeitraum von 2002 bis 2006 deutschlandweit an dritter Stelle derjenigen Kassenschlager, die besonders gerne von Frauen besucht wurden.²⁴⁵ Es ist daher davon auszugehen, dass *Die weiße Massai* speziell bei weiblichen Rezipierenden eine große Schaulust evoziert.

Wodurch aber entsteht diese große – von Mulvey als generell unmöglich dargestellte²⁴⁶ – weibliche Schaulust bei der Rezeption des Films? Ist sie allein dem Umstand geschuldet, dass der Film *Die weiße Massai* dem von Frauen offensichtlich besonders begehrten Genre des Melodrams zu entsprechen scheint?²⁴⁷ Oder gibt es Hinweise darauf, dass eine phallisch-hegemoniale Inszenierung weiblichen *Weißseins* eine besonders lustbringende Identifizierung *weißer* Rezipientinnen mit der Protagonistin des Films hervorruft?

Zwar weist die mir vorliegende Statistik zur Publikumsstruktur des Films *Die weiße Massai* keine Differenzierungen nach Markierungen durch Rassifizierungsprozesse auf,²⁴⁸ obwohl die FFA-Statistik laut eigener Angabe die „Top 50-Filmtitel des Jahres 2005 nach soziodemografischen sowie kino- und filmspezifischen Informationen" ausgewertet hat,²⁴⁹ doch ist aufgrund der deutschen Bevölkerungsstruktur anzunehmen, dass ein Großteil der in Deutschland verzeichneten weiblichen Kinozuschauerinnen aus *weißen* Frauen bestand, was es erlaubt, von einer *weißen* Schaulust zu sprechen.²⁵⁰

So lässt sich anhand dieses Films meine These, dass eine hegemoniale Inszenierung von (weiblichem) *Weißsein* den schaulusterzeugenden Phallus (weiblich-)*weißer* Filmrezipierender mitkonstruiert, besonders gut überprüfen. Da ich diese Arbeitshypothese im Rahmen meiner Dissertation durch die Untersuchungen weiterer okzidentaler Spielfilme, die ich gemäß der erweiterten Mulvey'schen

---

244 Beigel 2006: 5. Zusätzlich herangezogen: *Zukunft Kino Marketing GmbH* 2007. Diese zweite Statistik zeigt, dass nur der Film *Mona Lisas Lächeln* mit 71 Prozent einen noch höheren prozentualen Frauenanteil verbuchen konnte, während der Film *Der Teufel trägt Prada* in den fünf untersuchten Jahren insgesamt zwar 800.000 Besucher_innen mehr aufwies als *Die weiße Massai*, jedoch denselben prozentualen Anteil an weiblichen Rezipierenden hatte. Das Problem, dass ein hoher prozentualer Frauenanteil nicht gleichbedeutend ist mit einer hohen Besucherinnenzahl, wird von der Studie leider nicht in ausreichendem Umfang berücksichtigt. So ist beispielsweise die Gesamtzahl der Zuschauerinnen des Films *Mona Lisas Lächeln*, der mit einem Anteil von 71 Prozent weiblicher Rezipierender an erster Stelle der von Frauen besonders beliebten Filme steht, kleiner als die der weiblichen Besucherinnen des mit 70 Prozent an dritter Stelle stehenden Films *Die weiße Massai*.
245 *Zukunft Kino Marketing GmbH* 2007.
246 Dazu genauer in (Unter-)Kapitel 2., 2.1 und 2.3.
247 Siehe hierzu in der vorliegenden Arbeit das Kapitel *3.2 Genre-spezifizierende Analyse des Narrativs*.
248 Am unteren Rand fast jeder Seite ist lediglich vermerkt, dass „ausländische Kinobesucher sowie Personen, die ständig auf Reisen sind oder deren Bewegungsfreiheit vorübergehend eingeschränkt ist, [...] im Panel nicht berücksichtigt [werden]" (Beigel 2006: 4-25).
249 So lautet auch der Titel der von Beigel ausgearbeiteten Statistik.
250 Die Untersuchung des Besucher_innenverhaltens im Hinblick auf die Kategorien von *Rasse* ist eine noch ausstehende, von mir im Rahmen meiner Arbeit jedoch nicht zu leistende Aufgabe.

Theorie dekodieren werde, erhärten möchte, ohne dabei empirische Untersuchungen hinsichtlich des Rezipierendenverhaltens durchzuführen, habe ich mich dafür entschieden, drei fiktionale Filmtexte als Analysegegenstand hinzuzuziehen, die der narrativen Struktur dieses bei *weißen* Frauen besonders beliebten Spielfilms ähneln.

Ein weiteres Argument, das die von mir getroffene Filmauswahl von zwei deutschen und zwei US-amerikanischen Blockbustern begründet, ist, dass die Gesellschaften beider Produktionsländer deutlich durch Rassekonstruktionen geprägt sind. Während Schwarze Menschen in den USA jahrhundertelang von *Weißen* versklavt und per Gesetz diskriminiert wurden, hat Deutschland in den Zeiten von Kolonialismus und Nationalsozialismus durch das Gesetz legitimierte, rassistisch motivierte Massaker an Millionen von Menschen verübt, die zu diesem Zweck als nicht-*weiß* oder nicht-arisch konstruiert wurden.[251] Es ist zu vermuten, dass die daraus resultierenden gesellschaftlichen Hierarchisierungen auch in den von diesen Ländern produzierten Mainstream-Filmtexten wiederzufinden sind.

Darüber hinaus wird diese Filmauswahl dem von mir angestrebten diachronen Vergleich okzidentaler Filme gerecht. Denn der Produktionszeitraum der vier ausgewählten Filme erstreckt sich mit dem aus sechs Akten bestehenden, schwarz-weißen Stummfilm *Eine Weiße unter Kannibalen (Fetisch)* aus dem Jahre 1921 von der frühen Zeit der okzidentalen Filmgeschichte bis hin zum zeitgenössischen Film, der von dem Farbfilm *Die weiße Massai* aus dem Jahre 2005 repräsentiert wird. Zwischen den einzelnen Filmproduktionen liegen jeweils große Zeitspannen: zwischen dem ersten und zweiten achtunddreißig Jahre, zwischen dem zweiten und dritten sechsundzwanzig und zwischen dem dritten und vierten zwanzig Jahre.

Der Film *Eine Weiße unter Kannibalen (Fetisch)* ist zusätzlich deshalb Teil meiner Analysegrundlage, weil er explizit im Kontext kolonialer Gesinnung finanziert und produziert wurde und zudem in seinem Titel einen psychoanalytischen Begriff trägt, der zentraler Bestandteil des Mulvey'schen Ursprungstextes der feministischen Filmtheorie ist: Fetisch. Eine der weiblichen Schaulust besonders gerecht werdende Filmstruktur könnte zudem vermutet werden, weil die den Film finanzierende Übersee-Film AG auch von dem Frauenbund der Deutschen Kolonialgesellschaft mitgegründet und -finanziert wurde.[252]

Schon der Filmwissenschaftler Tobias Nagl hat sich eingehend mit der „visuellen und narrativen Ökonomie"[253] dieses Films in Bezug auf „implizite und explizite Annahmen über das ‚Primitive' und Rassische, das Historische und Ethnografische"[254] beschäftigt. Nagl hat jedoch nicht, wie ich es tun werde, den Film auf die potentielle Evokation (weiblich-)*weißer* Schaulust hin untersucht. Seine sehr reich-

---

[251] Vgl. Unterkapitel *1.1.2.2 Weißsein als kritische Analysekategorie in Deutschland*.
[252] Siehe dazu genauer die Darlegung der Bedingungsrealität in Kapitel *3. Deduktives Analyseverfahren*.
[253] Nagl 2009: 239.
[254] Ebd.

Einleitung

haltigen Recherchen und seine – sich zum Teil ebenfalls auf psychoanalytische Erkenntnisse stützenden – Analysen werden wichtige Bezugspunkte meiner Beschäftigung mit diesem Film bilden.

Neben der Ähnlichkeit der narrativen Struktur müssen die Filme jedoch, um Mulveys Theorie auf meine Fragestellung übertragen zu können, zusätzlich mit dem Filmtextkorpus vergleichbar sein, den Mulvey zum Gegenstand ihrer Theoriebildung gemacht hat. Mulvey ordnete die von ihr untersuchten Filme dem „hochentwickelten Hollywood-Kino"[255] zu und grenzte das „alternative Kino" aus ihrer Analyse explizit aus.[256] Sie beschrieb also weder die Mechanismen eines Avantgarde-Films noch die von Filmen anderer Kulturkreise. Vielmehr wollte sie herausfinden, wie „der *gängige Kinofilm* [Hervorhebung J.D.] das Erotische in die Sprache der herrschenden patriarchalischen Ordnung" codiert hatte.[257]

So habe ich, indem ich ausschließlich gut besuchte Kinofilme zum Analysegegenstand der vorliegenden Arbeit nehme, der Wirkungsrealität aller vier Filme bereits bei der Filmauswahl große Beachtung geschenkt. Dies war notwendig, weil der Aufstieg zu Klassenschlagern auf eine breit gestreute Schaulust hindeutet. Und nur, wenn Schaulust generiert wird, können Filme Aufschluss darüber geben, wodurch diese entsteht.

Durch eine genre-spezifizierende Analyse des Narrativs wird die Prüfung, ob die Filme unter das von Mulvey untersuchte Schema eines Mainstream-/ Hollywood-Films zu subsumieren sind, insofern fortgeführt, als dass es herauszufinden gilt, ob die Filme auch bezüglich des Genres in die Kategorie eines – von Mulvey kritisierten – Mainstream-Films passen. Denn ein Charakteristikum des Mainstream- oder Hollywoodfilms ist, dass er einem normierten Filmgenre entspricht. Zusätzlich gibt die Genre-Überprüfung erste Hinweise auf geschlechtsspezifische Inszenierungsmuster und die Analyse des Narrativs eine inhaltliche Orientierung und einen groben Überblick über den Aufbau des jeweiligen Films.

Erst dann werden die vier Filmtexte auf Inszenierungsstrategien untersucht, die *Weißsein* potentiell glorifizieren. Die konkreten, an Mulveys Theorieansatz angelehnten Fragen lauten hier: Gibt es in den vier okzidentalen Spielfilmen jeweils eine „aktiv handelnde" weibliche Hauptfigur, die ein Ich-Ideal verkörpert, mit welchem *weiß*-weibliche Rezipientinnen sich lustvoll identifizieren können? Falls ja, inwieweit trägt die Kategorie *Weißsein* zur Entstehung dieses Ich-Ideals bei? Inwieweit formt *Weißsein* einen Teil des laut Mulvey für die Schaulust unerlässlichen Phallus, in dessen Besitz die aktiv handelnde weibliche Filmfigur sein müsste? Auf

---

[255] Mulvey 1994: 51.
[256] Mulvey 1994: 50.
[257] Mulvey 1994: 51.

welche Weise wird dieses von *Weißsein* (mit-)geformte Ich-Ideal auf den verschiedenen Filmebenen durch Narration, Montage, Bild- und Tonspur konstruiert?

Daran anschließend wird eine Analyse der von Mulvey ins Zentrum ihrer Theorie gestellten Blickregime durchgeführt, die die Filmtexte im Hinblick auf die Frage untersucht, inwieweit eine phallisch positionierte, aktiv handelnde weiblich-*weiße* Filmfigur, die die Rezipierenden aufgrund der von ihr repräsentierten Ich-Ideale zur Identifikation einlädt, einen „kontrollierenden, subjektgestärkten Blick" auf mindestens eine als Objekt dienende, kastrierte Schwarze Filmfigur richtet.

Der nächste Fragenkomplex untersucht, inwieweit Schwarze Filmfiguren als im Mulvey'schen Sinne kastrierte Filmfiguren inszeniert sind, um eine möglicherweise zur phallischen Positionierung beitragende Glorifizierung von *Weißsein* zu unterstützen. Oder anders ausgedrückt: Welche von *Weißen* konstruierten Formen von *Blackness* wurden für die filmischen Inszenierungen herangezogen, um hegemoniales *Weißsein* kinematografisch zu konstruieren?[258]

Zum Abschluss von Kapitel drei ist zu prüfen, inwiefern die kastrierten Schwarzen Filmfiguren im Mulvey'schen Sinne narrativ fetischisiert und/oder sadistisch bestraft werden, um der möglichen Eintrübung *weißer* Schaulust vorzubeugen, die bei den auf dieser Machtachse phallisch konstruierten Zuschauenden durch eine beim Anblick kastrierter Filmfiguren aufkommende Kastrationsangst hervorgerufen werden könnte. Fraglich ist an dieser Stelle auch, inwiefern die von Mulvey aufgedeckten Strategien von Fetischisierung und Abwertung bezogen auf die *weiße* Protagonistin trotz deren phallischer Positionierung angewendet werden, um die potentielle Eintrübung männlicher Schaulust zu verhindern.

Sowohl im Zuge der in Kapitel zwei vorzunehmenden Theorie-Herleitung als auch im Rahmen der in Kapitel drei zu vollziehenden deduktiven Analysetätigkeit muss ein besonderes Augenmerk auf die in die psychoanalytische Theorie eingeschriebenen rassistischen Denkmuster gelegt werden, wegen derer die Psychologin Martina Tißberger zu Recht eine dekonstruktive Lesart der Psychoanalyse einfordert. In diesem Kontext sind rassistische Begriffe wie „der dunkle Kontinent", „Primitivität", „Fetisch" und „Urhorde" an den Stellen, an denen sie auftauchen, konsequent als solche zu markieren. Sie werden daher immer in Anführungszeichen gesetzt.

Außerdem werde ich die vier Spielfilme unter dem Aspekt der Intertextualität betrachten und diachrone Vergleiche ziehen.[259] Im Zentrum steht dabei folgende

---

[258] Walgenbach 2005a: 22: „Die Norm braucht [...] das ,Andere', um sich selbst zu definieren. Das Weiße Selbst ist somit unmittelbar in die Unterwerfung des Anderen eingeschrieben. Autonomie ist in diesem Kontext nicht Freiheit in Bezug auf die Anderen, sondern Freiheit durch die Unterwerfung des Anderen." Vgl. Rommelspacher 1998: 14ff.

[259] Dazu Rose 2001: 149: „Iconography [...], like discourse analysis, depends on intertextuality for its interpretive power." Zu Intertextualität und Stereotypisierung siehe Schaffer 2008: 67f.

Einleitung

von Hall formulierte Fragestellung: „Hat sich das Repertoire der Repräsentation von ‚Differenz' und ‚Andersheit' verändert oder sind in der heutigen Gesellschaft nach wie vor Elemente aus früheren Epochen lebendig?"[260] Gleichzeitig ist zu analysieren, inwiefern der eine Film etwas ausdrückt, was der andere nicht sagt. Inwiefern beziehen sie sich in ihren Aussagen aufeinander?[261] Sicher ist, dass sich alle vier Filme im Rahmen eines Repräsentationsregimes bewegen, in dem sich rassialisierende Repräsentationspraktiken und -figuren wiederholen.[262]

In Kapitel vier werde ich, um Erkenntnisse aus einer herrschaftskritischen Filmpraxis zu gewinnen, auf das kolonialkritische *Third Cinema* zurückgreifen, das als eine politisch motivierte Gegennarrative zum Hollywood-Film hilft, den Konstruktionscharakter der Kategorien *Rasse* und Klasse bewusst zu machen und den Terror offenzulegen, dem Menschen ausgesetzt sind, die als nicht-*weiß* konstruiert werden. Es handelt sich bei diesem Terror um physische und psychische Gewalttaten, die nicht nur von *weißen* Individuen ausgehen, sondern als Kontroll- und Machtinstanz auch strukturell in den gesellschaftlichen Institutionen und in der Kultur- und Wissensproduktion verankert sind.[263] Erklärtes Ziel des *Third Cinema* ist es, die Zuschauenden durch die Zerstörung herrschaftslegitimierender Filmsprache von passivisierenden Zuschauer_innenmodi zu lösen, die sie zu bloßen Konsument_innen einer kapitalistisch-imperialistischen Ideologie degradieren. Sie sollen stattdessen zum aktiven Kampf gegen (post_)koloniale Machtstrukturen mobilisiert werden.

In diesem induktiv angelegten Filmanalyseteil fokussiere ich im Rahmen der von mir angestrebten kontrapunktischen Lektüre nach Edward Said den im wissenschaftlichen Kanon als Klassiker des *Third Cinema* gehandelten Spielfilm *La Noire de...* des senegalesischen Filmemachers und Schriftstellers Ousmane Sembène. Dieser Film weist, genau wie die von mir ausgewählten okzidentalen Spielfilme, eine *weiße* Protagonistin auf, die zum Teil auf dem afrikanischen und zu einem anderen Teil auf dem europäischen Kontinent verortet ist. Doch dient er der Darstellung einer derjenigen Geschichten, die in den okzidentalen Filmtexten gemeinhin ausgespart bleiben, und stärkt auf diese Weise die Möglichkeit einer

---

[260] Hall 2004b: 108.
[261] Vgl. Metelmann 2012: 35.
[262] Hall 2004b: 115: „Diese Anhäufung und Veränderung von Bedeutungen über verschiedene Texte hinweg wird Inter-Textualität genannt und das gesamte Repertoire an Bildern und visuellen Effekten, durch das ‚Differenz' in einem beliebigen historischen Moment repräsentiert wird, wird als Repräsentationsregime bezeichnet."
[263] Vgl. Wollrad 2005: 13f. und Rodríguez 2004: 242f.: „Das Wissen um die Welt bildet sich nach Spivak nicht in einem herrschaftsfreien Raum heraus. Wissensproduktionen seien in Westeuropa im Zusammenhang des Kolonialismus entstanden. Kolonialismus bildet ein Wissenssystem, das sich auf symbolische diskursive und performative Weise zusammen setzt."

kontrapunktischen, polyphonen (Filmtext-)Lektüre. Diese erfordert laut Literaturtheoretiker Edward Said, Mitbegründer der *Postcolonial Studies*,

> awareness both of the metropolitan history that is narrated and of those other histories against which (and together with which) the dominating discourse acts.[264]

So sollen innerhalb eines induktiven Analyseverfahrens die Strategien untersucht werden, die dieser *Third Cinema*-Spielfilm nutzt, um die in okzidentalen Spielfilmen möglicherweise übliche hegemoniale Darstellung der *weißen* Frau zu dekonstruieren, phallisch-*weiße* Blickregime zu brechen und den (weiblich-)*weißen* Blick zu enttäuschen.

Ich habe mich vor allem deshalb für das Werk von Ousmane Sembène entschieden, weil Sembène in all seinen Filmen versucht hat, koloniale Mythen und die machtvollen hegemonialen Effekte aufzudecken, die, wie ich in Kapitel drei zeigen werde, durch die *First Cinema*-Industrie von den kolonialen und kapitalistischen Ländern produziert und verbreitet werden.[265] Als einer der berühmtesten Vertreter des *Third Cinema*[266] bevorzugte er das Medium des bewegten Bildes, weil ihm Film als direktestes und klarstes Mittel erschien, um einem – aus okzidentaler Perspektive auch weniger geschulten – Publikum die Art und Geschichte ihrer eigenen Ausbeutung zu erklären.[267] Sembène schreibt selbst:

> I think cinema is needed throughout Africa, because we are lagging behind in the knowledge of our own history. I think we need to create a culture that is our own. I think that images are very fascinating and very important to that end. But right now, cinema is only in the hands of filmmakers because most of our leaders are afraid of cinema. Europeans are very smart in that matter – every night they are colonizing our minds, and they are imposing on us their own model of society and ways of doing it. And many of our men dress in English

---

[264] Said 1993: 51.
[265] Vgl. Koh/Ekotto 2009: 3.
[266] Ankündigungstext von *AfricAvenir* für den 2015 erschienenen Dokumentarfilm über den „Vater des Afrikanischen Kinos": „Dokumentarfilm ‚Sembène!' 28./29.10.15 (Berlin-Premiere), 20h/19h, HHK & CFB: 1952 fing der einfache senegalesische Dockarbeiter Ousmane Sembène an, einen unmöglichen Traum zu träumen: Erzähler für ein neues Afrika werden. Die Dokumentation SEMBENE! erzählt die unglaubliche und wahre Geschichte des „Vaters des Afrikanischen Kinos", dem autodidaktischen Schriftsteller und Filmemacher, der, gegen enorme Widerstände, 50 Jahre lang dafür kämpfte, afrikanische Geschichten für ein afrikanisches Publikum zu produzieren. SEMBENE! ist aus der Perspektive des Mannes erzählt, der ihn am besten kennt, sein Kollege und Biograph Samba Gadjigo, der seltenes Archiv- und über 100 Stunden Exklusivmaterial verwendet, um ein echtes Epos des realen Lebens zu schaffen. SEMBENE! folgt einem einfachen Mann, der sich in einen unerschrockenen Verteidiger und Sprecher für die Marginalisierten verwandelt und damit zu einem Helden für Millionen wird." (*AfricAvenir* 2015.)
[267] Koh/Ekotto 2009: 4, Lohmeier 2013: 17ff. Sembène war, bevor er anfing Filme zu drehen, vor allem Schriftsteller. Er ist auch wegen der hohen Analphabetenquote im Senegal zum Filmemachen übergegangen.

suits, with British ties. Our first ladies are called the duty-free ladies and they use only European perfumes and only wear labels.[268]

Sembènes von mir als Untersuchungsgrundlage ausgewählter Film *La Noire de...* nimmt speziell die hegemonial-kolonial getriggerte Fantasie des *Weißwerdens* – oder mit Fanon gesprochen: das Streben nach Laktifizierung – in den Fokus und zeigt die verhängnisvollen Konsequenzen dieses von vielen Afrikaner_innen geglaubten Mythos anhand des Schicksals einer als Dienstmädchen in Frankreich arbeitenden Senegalesischen Frau auf,[269] die immer wieder in Kontrast zu ihrer *weißen* Arbeitgeberin inszeniert und als dem maskulinen Blick ihres *weiß*-männlichen Arbeitgebers ausgeliefert dargestellt wird.

Im Resümee (Kapitel fünf) werde ich meine gewonnenen Erkenntnisse zusammenfassend darlegen und eine Analysematrix für eine ideologiekritische Filmanalyse anbieten, deren Fokus auf der Machtachse *Rasse* liegt.

Durch dieses Forschungsdesign konzentriere ich mich ganz bewusst auf die Subjekte der Herstellungsprozesse von *weißer* Suprematie. Denn nur, wenn sich das Erkenntnisinteresse vom rassialisierten Objekt ab- und dem rassialisierenden Subjekt zuwendet, können die Mechanismen rassialisierender Herrschaftsprozesse wirksam identifiziert und analysiert werden.[270] Gleichzeitig entsteht ein intersektional angelegtes Analyseverfahren,[271] das im Rahmen der Nutzbarmachung feministischer Filmtheorie einen gendersensiblen Blick auf die zur Identifikation einladenden Inszenierungsstrategien wirft, die in Verbindung mit der Ideologie des Sexismus stehen, und durch eine im Rahmen der Mulvey'schen Theorie angewandte Erweiterung der Phallusdefinition sowie durch die induktive Untersuchung des Films *La Noire de...* eine kolonial- und rassismuskritische Perspektive auf – auch okzidentale – Filmwerke eröffnet. Einzelne Stränge der von Homi K. Bhabha problematisierten Heterogenität radikaler Kritik können dadurch in einem Analyseverfahren zusammengeführt werden.[272]

---

[268] *The Guardian* 2005. Vgl. Koh/Ekotto 2009: 4f., Fußnote 2.
[269] Koh/Ekotto 2009: 3.
[270] Vgl. Arndt 2011c: 188f.
[271] Guter Überblick zu Intersektionalitätskonzepten bei Thiele 2015: 79-84.
[272] Bhabha 1989: 118: „[... The] heterogeneous emergence (not origin) of radical critique [...] makes us aware that our political referents and priorities – the people, the community, class struggle, anti-racism, gender difference, the assertion of an anti-imperialist, black or third perspective – are not 'there' in some primordial, naturalistic sense. Nor do they reflect a unitary or homogeneous political object. They 'make sense' as they come to be constructed in the discourses of feminism or Marxism or the Third Cinema or whatever, whose objects of priority – class or sexuality or 'the new ethnicity' (Stuart Hall) – are always in historical and philosophical tension, or cross-reference with other objectives."

## 1.3 Schreibweisen und Besonderheiten der Arbeit

Was die Schreibweise meiner Arbeit betrifft, so werde ich, um den Konstruktionscharakter der Kategorie *Rasse* zu markieren, sowohl das Wort *Rasse* als auch die Worte *weiß*, *Weiße_r* und *Weißsein*[273] immer dann kursiv schreiben, wenn es sich um deren Verwendung im Sinne einer sozialen Positionierung bzw. einer kritischen Analysekategorie handelt.[274] Dem wäre entgegenzusetzen, dass dann auch die Begrifflichkeiten anderer Kategorien wie z.B. die von Geschlecht in einem solchen Fall kursiv gesetzt werden müssten, um auch deren Konstruktionscharakter kenntlich zu machen. Dieser Argumentation würde ich folgen, wenn die Kategorie *Rasse* nicht eine Kategorie wäre, die als solche im Bewusstsein *weißer* Deutscher noch zu wenig verankert ist, als dass die Konstruktion rassialisierender Adjektive und Nomen ausreichend bewusst wäre. Daher reicht es meiner Meinung nach für einen deutschen Rezeptionskontext nicht aus, lediglich am Beginn der Arbeit auf den Konstruktionscharakter rassialisierender Begrifflichkeiten hinzuweisen.[275] Vielmehr halte ich es für sinnvoll und notwendig, die mit *Weißsein* verbundenen Begriffe immer wieder zu markieren, um wiederholend darauf aufmerksam zu machen, dass sie fern von biologistischen, essentialistischen Inhalten zu denken sind.

Ich habe mich dafür entschieden, den Begriff „Rasse" in Anlehnung an die Herausgeber_innen des Buchs *Mythen, Masken und Subjekte* im deutschen Sprachkontext zu verwenden, weil, wie Arndt betont, „eine Konstruktion nur über das Benennen des Entnannten dekonstruiert werden kann".[276] Die Nutzung des englischen Begriffs wäre im deutschen Kontext daher ähnlich unproduktiv wie ein Ausweichen auf Ersatzbegriffe wie beispielsweise „Ethnie".[277] Wird der Begriff „Rasse" als biologistische Kategorie verhandelt, so setze ich ihn in Anführungszeichen.[278]

Die Nomen „Schwarzsein" und „Schwarze_r" sowie das Adjektiv „schwarz" werde ich, um die widerständige und ermächtigende Wirkung des Großgeschriebenen in die realpolitische Ebene der Dekolonisierung hineinzutragen, groß, nicht aber kursiv schreiben. Ich lehne mich damit an die Schreibweise anderer Wissenschaftler_innen der Kritischen Weißseinsforschung und post_kolonialer Medien-

---

[273] Für einen sehr knappen Überblick zur Diskussion der Übersetzung von Whiteness ins Deutsche siehe Röggla 2012: 42f.
[274] Vgl. Eggers/Kilomba/Piesche/Arndt 2005: 13. Arndt 2011c: 186.
[275] Anders Dietrich 2007: 47.
[276] Arndt 2011c: 186f. Vgl. Kelly 2016: 15 und Guillaumin 2016: 87-101, insbesondere 92: „Wenn das Wort ‚Rasse' aus diesem oder jenem Grund mittlerweile schwierig (oder fast unmöglich) zu verwenden ist, so ist doch das Wahrnehmungsfeld, an das es appelliert, das, was es bezeichnet, in keiner Weise überlebt, der Sinn ist in keiner Weise beseitigt."
[277] Arndt 2011c: 186. Auf Seite 187 begründet Arndt auch aus historischer Perspektive, warum ein Ausweichen auf den englischen Begriff im deutschsprachigen Kontext kontraproduktiv wäre.
[278] Arndt 2011c: 186f.

theorie in Deutschland und an konkrete Forderungen nach Markierung von Schwarzen Aktivist_innen an.[279] Denn die Bezeichnungen „Schwarze" und „Afrodeutsche" sind als sozialpolitische Begriffe zu betrachten, die „auf komplexe Prozesse der kritischen Selbstpositionierung" hinweisen.[280] Was den stehenden Ausdruck „Kritische Weißseinsforschung" angeht, so werden beide Worte des Begriffs groß geschrieben, der Begriff selbst nicht in Anführungsstriche gesetzt.

Das N.-Wort, das ich wegen seiner diskriminierenden Bedeutung auch hier nicht ausschreiben möchte, wird in der vorliegenden Arbeit im Deutschen nie in voller Diktion genannt, sondern selbst in Zitaten durch [N.] abgekürzt.[281] Allerdings wird es in den zitierten Auszügen aus Fanons französischen Texten ausgeschrieben, da auf diese Weise zum einen Fanon die Definitionsmacht über seine eigenen Texte behält und zum anderen deutlicher aufgezeigt werden kann, was und wie Fanon kritisiert.

Zudem nutze ich zugunsten einer spezifizierenden Beschreibung stereotyp inszenierter Filmfiguren und Lebensräume, die afrikanisch dargestellt werden sollen, nicht das Adverb und Adjektiv „afrikanisch", sondern greife stattdessen auf Morrisons Begriff „afrikanistisch" zurück. Durch diesen Begriff soll der rassistische Gehalt der „afrikanischen" Inszenierung markiert und in Anlehnung an Morrison bewusst gemacht werden, dass es sich um *weiße* Imaginationen von Afrika und Afrikaner_innen handelt.[282] Ich möchte an dieser Stelle jedoch explizit darauf hinweisen, dass „afrikanistisch" in der von mir genutzten Verwendung nicht im Kontrast zu dem Adjektiv „Schwarz" steht. Auch Schwarze Filmfiguren können stereotyp inszeniert sein, müssen es aber nicht.

An den Stellen, an denen ich die Reinszenierung der im *weißen* Diskurs verankerten stereotypen Vorstellung des angsteinflößenden, weil gewalttätig, aggressiv und triebgesteuert imaginierten männlichen Afrikaners aufzeigen und markieren möchte, nutze ich zudem den im *weißen* Diskurs feststehenden Begriff des „schwarzen Mannes", den ich in Anführungszeichen setze, um auf die rassistische

---

[279] Kelly 2016: 7 Fußnote 2, 9 Fußnote 5. Vgl. die Beiträge von Piesche, Eggers und Arndt in dem Buch „Mythen, Masken und Subjekte. Kritische Weißseinsforschung in Deutschland" (Eggers/Kilomba/Piesche/Arndt (Hrsg.) 2005).
[280] Röggla 2012: 65f., Kelly 2016: 79, 82. Auf Seite 111f. weist Kelly darauf hin, dass diese Selbstbenennungen in der *weißen* deutschen Medienlandschaft ent_erwähnt, also von *weißen* deutschen Medienschaffenden nicht übernommen werden.
[281] Zu der rassistischen Bedeutung und Wirkung des N.-Wortes siehe Kelly 2016: 164. Zu der 2012/2013 geführten Debatte bezüglich der von rassismusbewussten Deutschen geforderten Ersetzung des N.-Wortes durch diskriminierungsfreie Benennungen in der Kinderliteratur siehe Zimmerer 2013: 22-24.
[282] Morrison nutzt den Begriff „afrikanistisch" allerdings nicht nur bezogen auf Figuren, die auf dem afrikanischen Kontinent imaginiert werden, sondern generell für alle stereotyp inszenierten Schwarzen Figuren, die einer *weißen* Imagination entsprungen sind. In diesem Hinblick unterscheidet sich meine Verwendung des Wortes „afrikanistisch" von der Morrisons.

Konstruktion dieses Begriffs aufmerksam zu machen, und dessen Wort „Schwarz" ich klein statt groß schreibe, da es nicht im Zusammenhang mit einer Ermächtigung Schwarzer Menschen genutzt wird, sondern im Zusammenhang mit deren Abwertung.

Prinzipiell bin ich bemüht, rassistische Terminologien zu vermeiden, um die Gewalt des Rassismus nicht zu reproduzieren. Da ich aber rassistische Begriffe wie beispielsweise „Zivilisation" oder „Wildnis" verwenden muss, um sie analysieren zu können, werde ich sie brechen, indem ich sie in Anführungszeichen setze. So können ihre rassialisierenden, rassistischen Konnotationen ins Bewusstsein gerufen werden. Denn diese Worte stammen aus dem *weißen* Wissensarchiv und aus dessen Geschichte, People of Colour als „Andere" zu konstruieren, um deren Ausbeutung, Kolonisierung, Versklavung rhetorisch zu euphemisieren. Dazu schreibt Mariam Popal, Politik-, Literatur- und Filmwissenschaftlerin mit Schwerpunkt Mitteloststudien, sehr treffend:

> Die Bedeutungen des Wortpaares [‚zivilisiert' und ‚wild'] wurden im Deutschen bisher von *weißen* Erzählenden festgelegt. In der europäischen *weißen* Erzähltradition aber stehen die Wörter für bestimmte Zustände, welche *weiße* Hegemonialdiskurse widerspiegeln.[283]

Ich bin mir durchaus der Tatsache bewusst, dass ich diese Hegemonialdiskurse reproduzieren könnte, wenn ich die Begriffe nutze. Ich denke aber, dass ich sie, in Anführungszeichen gesetzt, in bestimmten Kontexten nutzen muss, um darauf aufmerksam zu machen, wie stark ein bestimmter Filmtext rassistisch imaginiert. Dieser Rassismus soll benannt, nicht entfremdet werden – in weiten Teilen geht das jedoch auch ohne Aufrufung rassistischer Vokabeln.

Zur noch deutlicheren Markierung rassistischer Begriffe wählen einige rassismuskritische Theoretiker_innen und Autor_innen eine Schreibweise, innerhalb derer rassistische Begriffe durchgestrichen werden.[284] Diese Markierung macht gleichzeitig die politische Positionierung der Schreibenden sichtbar, die besagt, dass diese Begriffe nicht haltbar sind und aus dem aktiven Wortschatz gestrichen werden sollten. Ich selbst habe mich, obwohl ich eine solche Schreibweise für eine gute Strategie halte, gegen diese Markierungsart entschieden, da die große Anzahl von Worten, die in meiner Arbeit dann durchgestrichen erschienen, den Lesefluss in starkem Maße beeinträchtigen würde. Zusätzlich war es schwierig zu entscheiden, in welchen Kontexten das jeweilige Wort durchgestrichen werden muss. Denn zum einen halte ich es für nicht sinnvoll, rassistische Begriffe auch in Zitaten in dieser Form zu markieren, zum anderen sind rassistische Konnotationen nicht selten vom Kontext abhängig. So müsste ein und dasselbe Wort einmal durchge-

---

[283] Popal 2011: 678.
[284] Vgl. Mecheril 2011.

strichen werden, ein anderes Mal nicht. Zu häufig war mir eine diesbezügliche Entscheidung nicht möglich.

Da ideologiekritische Filmanalyseverfahren unbedingt die subjektiven Aneignungsmuster beachten sollten, die Rezeptionskontexte „aufgrund individueller Prägungen (Alter, Geschlecht, Bildungsgrade, mediales (Vor-)Wissen etc.) strukturieren",[285] möchte ich meiner Arbeit zusätzlich vorausschicken, dass ich alle Filme aus der Perspektive einer *weißen*, bürgerlich sozialisierten, (west-)deutschen Frau analysieren werde. Diese Bewusstmachung meiner gesellschaftlichen Positionierung ist wichtig, weil *weiße* und Schwarze Lesarten von Filmtexten nicht identisch, sondern durch Schwarze und *weiße* Erfahrungen bestimmt sind.[286]

Hinzu kommt, dass ich mich als *weiß* konstruierte (West-)Deutsche entscheiden kann, ob ich mich mit Kritischer Weißseinsforschung beschäftigen möchte oder nicht.[287] Ich kann auch ohne eine Auseinandersetzung mit diesem Themenbereich erfolgreich, psychisch stabil und unbehelligt in der Dominanzgesellschaft existieren und durch ein filmwissenschaftliches Studium schreiten.[288] Diese Wahl haben im Okzident lebende afrodiasporische Menschen so nicht, weil sie immer und überall mit den negativen Konsequenzen der Diskriminierung konfrontiert werden, die rassialisierende Konstruktionen hervorrufen.[289] Obwohl *Rasse* nur konstruiert ist, kann das Eingeordnet-Werden in diese Kategorie fatale Auswirkungen haben. So schreibt Collette Guillaumin: „*Race* does not exist. But it does kill people."[290]

Gleichzeitig konstruiere ich mich in dem Moment, in dem ich mich als *Weiße* mit dem *Weißsein* kritisch auseinandersetze, als „gute *Weiße*". Menschen hingegen, die als *Schwarz* konstruiert werden, wird eine Beschäftigung mit dem Thema als Betroffenheits'literatur' zugeschrieben. Ich kann also sogar noch aus der selbstkritischen Beschäftigung mit Kritischer Weißseinsforschung einen narzisstischen Gewinn ziehen, den ich nur aufgrund von Konstruktionen um *Rasse* erzielen kann.

Da unklar ist, ob von einer Dekolonisierung des *weißen* Blicks gesprochen werden kann oder ob der Begriff der Dekolonisierung nicht grundsätzlich einen Moment der Ermächtigung einschließen und daher das *Empowering* von Schwarz

---

[285] Formanek/Gerstmann 2011: 73.
[286] Vgl. Mohanty 2006: 5.
[287] Vgl. Sow 2011c: 190f. Sow listet hier eine Reihe von Privilegien auf, die ich als *weiße* Deutsche automatisch besitze.
[288] Vgl. Wachendorfer 2006: 60-62.
[289] Vgl. Sow 2017, Arndt/Ofuatey-Alazard 2011: 13, Dietrich 2007: 47, Wachendorfer 2005 und 2006.
[290] Guillaumin 1995: 107. Auch Stuart Hall spricht von einem „Rassismus ohne ‚Rassen'" (Hall 2016: 172). Diesen Ausdruck hat Hall mit Étienne Balibar zu einem Theorieansatz innerhalb der Sozialwissenschaften ausgebaut. Dieser besagt: „‚Rasse' existiert nicht, aber Rassismus kann in sozialen Praxen produziert werden. Das ist m. E. Kennzeichen für den ideologischen Diskurs." (Hall 2016: 172f.)

konstruierten Menschen notwendiger Bestandteil einer dekolonisierenden Praxis sein muss, habe ich mich entschieden, im Rahmen der vorliegenden Arbeit statt von einer Dekolonisierung des *weißen* Blicks von der Ent-Täuschung oder Dekonstruktion des *weißen* Blicks zu sprechen.

Zwischen die männliche und weibliche Form von Substantiven setze ich einen Unterstrich, wenn ich mehrere Menschen unterschiedlicher sozialer und biologischer Geschlechter mit einem Sammelbegriff benenne. So soll der existierenden Vielgeschlechtlichkeit der Menschheit Rechnung getragen werden.[291]

Bei der Angabe der von mir herangezogenen Filmkritiken, die in Form von Zeitungs- und Zeitschriftenartikeln erschienen sind, fehlen häufig die Seitenangaben. Dies ist auf die Tatsche zurückzuführen, dass die *Filmuniversität Babelsberg Konrad Wolf*, in deren sehr gut sortiertem Archiv ich viele Filmkritiken gefunden habe, die Seitenangaben bei der Archivierung der Artikel nicht gelistet hat.

Die Analyseteile zu dem Film *Die weiße Massai* werden inhaltlich eng angelehnt sein an die Analyse des Films, die ich in meiner Magistra-Arbeit durchgeführt habe.[292] Aus rechtlichen Gründen ist es mir leider nicht möglich, Screenshots des Films *Eine Weiße unter Kannibalen (Fetisch)* in meine Forschungsarbeit zu integrieren.

---

[291] Vgl. Löchel 2008, Kelly 2016: 8 Fußnote 4.
[292] Dittmann 2008.

## 2. Re-reading Laura Mulvey

Der Philosoph Louis Althusser betrachtet die Reproduktion von sich selbst verkennenden vorbestimmten Subjekten als wesentlich für die Wirkmacht von Ideologie. Um zu erklären, auf welche Weise Ideologie das Subjekt so konstituiert und positioniert, dass es selbst glaubt, es handele autonom, obwohl es dem herrschenden System unterworfen ist, bezieht Althusser die Psychoanalyse in sein Theoriegebäude ein. Schlussfolgernd weist er darauf hin, dass es die „ideologischen Staatsapparate" seien, die den Individuen einer Gesellschaft Sinnangebote offerieren, welche diese zunächst freiwillig in ihr Imaginäres einbauen, um die eigenen Lebensverhältnisse daran dann fortwährend abzugleichen. Das Kino kann als einer dieser ideologischen Staatsapparate betrachtet werden.[1]

An ein solches Verständnis von Ideologieproduktion angelehnt, betrachtet auch die marxistisch-psychoanalytische *Screen Theory*, der Mulveys feministischer Theorieansatz zuzuordnen ist, das Kino als eine ideologische Anordnung, die auf ein ideales absolutes Subjekt ausgerichtet ist.[2] Das filmische Spektakel gilt in diesem Kontext als Erschaffer der Rezipierenden, nicht andersherum. Die Grundlage für diese Theorie legte der französische (Film-)Theoretiker Jean-Louis Baudry in seinem Essay *Ideological Effects*, in dem er die Beziehung zwischen Kamera und schauendem Subjekt als die Stelle der ideologischen Produktion darstellte und den Zuschauenden einen zentralen und illusionären Platz im kinematografischen Arrangement zuwies. Er verstand das Kino als Unterstützer und Instrument von Ideologie, als einen Apparatus, der ideologische Effekte zielbewusst herstellt, die für die Aufrechterhaltung der dominanten Ideologie notwendig sind. Dabei fühle sich das rezipierende Subjekt wie die Quelle von Bedeutung, obwohl es tatsächlich deren Ergebnis sei.[3]

Das heißt, dass das Individuum von dem Narrativ auf dem Bildschirm sowohl kreiert als auch subjektiviert wird, dieser Prozess aber verschleiert bleibt.

---

[1] Althusser 2016: 54f. Althusser zählt hier als Institutionen, die als ideologische Staatsapparate betrachtet werden können, folgende auf: den religiösen, den schulischen, den familialen, den juristischen, den kulturellen und den politischen ISA sowie den ISA der Interessenverbände und den der Information (Presse, Radio, Fernsehen usw.). Das Kino ist sowohl den ideologischen Staatsapparaten der Information als auch denen der Kultur zuzurechnen.
[2] Ihren Namen erhielt die *Screen Theory* wegen ihrer Verbindung mit der britischen Filmzeitschrift *Screen*, in der zentrale Texte der sich entwickelnden *Screen Theory* publiziert wurden (Stam/Burgoyne/Flitterman-Lewis 1992: 22). Inhaltlich beruht die *Screen Theory* auf einem französischen Theoriediskurs aus den 1970er Jahren, der unter anderem in den Zeitschriften *Cinéthique*, *Cahier du Cinéma* und *Tel Quel* geführt wurde (Stam/Burgoyne/Flitterman-Lewis 1992: 153). Die Ursprünge der *Screen Theory* können zurückgeführt werden auf die Essays „Le Stade de miroir comme formation de la fonction du jeu" des Psychoanalytikers Jacques Lacan und „La Suture: Éléments de la logique du signifiant" des Psychoanalytikers Jacques-Allain Miller.
[3] Stam/Burgoyne/Flitterman-Lewis 1992: 145.

Ebenso wie Althusser die besondere Wirkweise von Ideologie in dem Verbergen der Mittel sieht, durch die Ideologie produziert wird, ist es in der Konzeption der *Screen Theory* das versteckte Agieren der Kamera als bild- und sinnproduzierendes Instrument, das der ideologiestärkenden Funktion des Films zugrunde liegt. Denn für „Jean-Louis Comolli und Jean-Louis Baudry, die Gründerväter der Apparatus-Theorien, basiert die ideologische Illusionierung im Kino, der ‚Realitätseffekt', auf der Unsichtbarkeit des Kino-Apparats in der Rezeption – unterstützt durch eine spezifische Subjektposition, die als Effekt des Codes der filmischen Zentralperspektive herausgestellt wurde".[4] Dadurch, dass das filmische Zeichensystem vorgibt, kein solches zu sein, versucht es zu vermitteln, dass die kinematografischen Codes natürliche seien.

Der so konzipierte (kinematografische) Apparatus besteht aus einer Gesamtheit interdependenter Vorgänge, deren Zusammenwirken die Kinorezeption ausmacht. Dazu zählen die technischen Grundlagen von Filmproduktion und -rezeption (wie beispielsweise Kamera, Licht, Projektor), die Umstände der Filmprojektion (wie die helle Leinwand, der dunkle Kinosaal, die Unbeweglichkeit der sitzenden Zuschauer_innen), der Filmtext selbst, der eine Realitätsillusion vermittelt, und die „mentale Maschine" des rezipierenden Individuums, die sowohl aus bewussten, als auch un- und vorbewussten Wahrnehmungsprozessen besteht.[5]

Als einen dieser vier Bestandteile des ideologischen Apparatus werde ich im ersten Teil dieses Kapitels die „mentale Maschine" der Rezipierenden fokussieren und eine theoretische Grundlage schaffen, um Rezeptionsprozesse auf die (Re-)Produktion der Ideologie des Rassismus hin untersuchen zu können.[6] Dies geschieht, indem ich die in Mulveys Theorieansatz enthaltene geschlechtersensible Ideologiekritik auf ihre Übertragbarkeit auf die Ideologie des Rassismus hin überprüfe. Dazu wird zunächst anhand des Films *Blonde Venus* aus dem Jahr 1932 aufgezeigt, wie stark die Fundamente der auf der Apparatus-Theorie aufbauenden feministischen Filmtheorie von Auslassungen bezüglich der Wahrnehmung rassistischer Codes geprägt sind. Anschließend wird eine Herleitung von *Weißsein* als (mit-)formender Teil des symbolischen Phallus nach Lacan vorgenommen. Dieser Herleitung wird die Auseinandersetzung mit der umstrittenen Kompatibilität von Psychoanalyse und Ideologiekritik immanent sein.

Wie Bergermann betont, ist nicht nur die Kritische Weißseinsforschung von zentraler Bedeutung für eine post_koloniale Medienwissenschaft, sondern auch Filmanalysen, die unter Hinzuziehung post_kolonialer Theorien durchgeführt werden.[7] Einen zweiten Bestandteil des ideologischen Apparatus Kino, den

---

[4] Merschmann/Dirkopf 2011.
[5] Stam/Burgoyne/Flitterman-Lewis 1992: 143.
[6] Zur Ideologie des Rassismus siehe Unterkapitel *1.1 Herleitung des ideologiekritischen Forschungsansatzes*.
[7] Bergermann 2012: 271f.

Filmtext selbst, beleuchtend, werden daher im zweiten Teil dieses Kapitels diejenigen Texte post_kolonialer Theorie hinzugezogen, die Repräsentation als einen ideologiestärkenden Vorgang verstehen und Stereotypisierung sowie Mystifizierung und Mythifizierung als ideologiestiftende Inszenierungspraktiken betrachten. Sie sollen das Entziffern des in Filmtexten verankerten – potentiell phallischen – Zeichens *Weißsein* erleichtern und helfen, die Frage zu beantworten, welche rassialisierenden Zeichen und Strategien in Filmtexten verwendet werden, um das rezipierende Individuum entlang der Ideologie des Rassismus zu subjektivieren.

## 2.1 Verifizierungsversuche und Auslassungen feministischer Filmtheorie am Filmbeispiel *Blonde Venus*

Ein von zwölf barbeinigen und aneinander geketteten, schwarz geschminkten[8] und mit Federröckchen kostümierten Frauen auf die im Dschungel-Dekor verzierte Bühne geführter Gorilla verwandelt sich in das Bildnis einer blonden, *weißen* Frau. Aus dem Affenkostüm schlüpft – wie ein Schmetterling aus dem Kokon – die *weiß*-weibliche Protagonistin. Sie trägt ihrem ausschließlich *weißen*, vor allem männlichen Publikum den eigens für diese Shownummer komponierten *Hot-Vodoo-Song* vor, in dem sie vorgibt, durch den „afrikanischen Rhythmus" hypnotisiert und „zur Sklavin" gemacht worden zu sein. Der „heiße Vodoo", der ein „Tanz der Sünde" sei, „schlimmer als Gin" und „schwarz wie Schlamm", habe ihr jegliche Unterscheidungsmöglichkeit zwischen „gut und schlecht" geraubt. So sei sie bereit, einem „Höhlenmenschen" in dessen „Höhle zu folgen".[9]

Schweigende oder beeindruckt stotternde Schwarze Barkeeper bedienen während dieser Shownummer die *weißen* Zuschauenden, und ein loyal lächelnder Schwarzer Dirigent leitet mit fröhlich-beschwingten Bewegungen – in Frack und mit geglättetem Haar – die instrumentale Begleitung der vom *weiß*-weiblichen Gesang dominierten Bühnendarbietung.

---

[8] Dass es sich um schwarz geschminkte *weiße* Darstellerinnen handelt, ist im Filmbild nicht eindeutig zu erkennen. Ich habe diese Information Kaplans Text entnommen (Kaplan 1997: 70: „The stage act shows how the white woman dominates the black women (white women in black face)."). Diese „black-face-Darstellung" verweist auf die Minstrel-Show-Tradition, bei der *weiße* Darsteller_innen Schwarze Menschen stereotypisiert inszenier(t)en. Dabei wurden Schwarze häufig als ständig fröhliche, singende, naive Sklaven dargestellt. Diese Darstellung dient zum einen der Abwertung Schwarzer Menschen, zum anderen der vordergründigen Verhinderung einer substantiellen Aufarbeitung der von *Weißen* gewalttätig durchgesetzten Versklavung Schwarzer, weil indirekt der Legitimierung der Sklaverei. Dass diese Darstellungen auch in der heutigen okzidentalen Musikindustrie immer noch reproduziert werden, betont der Politikwissenschaftler Joshua Kwesi Aikins (Aikins 2005: 287).

[9] Alle hier angeführten Zitate entstammen dem *Hot-Vodoo-Song*-Text bzw. den deutschen DVD-Untertiteln desselben.

Die filmtheoretische Auseinandersetzung mit dieser 6-minütigen Filmsequenz[10] aus dem 1932 uraufgeführten US-amerikanischen Spielfilm *Blonde Venus* von Josef von Sternberg lässt den Schluss zu, dass dieser Film mit seiner Hauptdarstellerin Marlene Dietrich zum einen eine besonders große Schaulust bei *weißen* Zuschauerinnen hervorruft, und dass zum anderen rassistische Weiblichkeitskonstruktionen, die koloniale Ikonen tradieren und reproduzieren, selbst in der Diskussion der ideologiekritisch angelegten feministischen Filmtheorie der 1970er und 80er Jahre kaum wahrgenommen wurden.[11] Viele (*weiße*) feministische Filmtheoretikerinnen bezogen sich in jener Zeit auf Sternbergs Filme mit Marlene Dietrich in der Hauptrolle – entweder, um die von ihnen bei der Rezeption dieser Filme ausgemachte weibliche Schaulust zu ergründen, oder um ihre Theorien zu weiblicher Schaulust daran zu verifizieren. Die meisten von ihnen ließen rassialisierende Inszenierungsstrategien dabei außer Acht.[12]

Schon Laura Mulvey, die Begründerin der feministischen Filmtheorie, zog Sternbergs Werk 1975 in ihrem Artikel *Visual Pleasure and Narrative Cinema*[13] heran, um Teile ihrer Theorie zu entwickeln und nachvollziehbar zu machen. Die Lust am Schauen entstehe, so Mulvey, zum einen aus der durch die Filmrezeption wiederbelebten Erfahrung frühkindlicher Skopophilie und zum anderen aus der Spiegelung in den im Lacan'schen Spiegelmoment (fehl-)erkannten Ich-Idealen.[14] Da diese Schaulust in einer patriarchalen Gesellschaft aber in aktiv/männlich und passiv/weiblich eingeteilt werde, diene die Frau im kinematografischen Rezeptionsprozess lediglich als passives Material für den aktiven Blick des Mannes. Eine Schaulust könne die sich per se mit der kastriert-weiblichen Filmfigur identifizierende Filmrezipientin daher nicht erleben.

Obwohl sich Mulvey nicht explizit auf die *Hot-Vodoo-Song*-Shownummer bezog, ist diese eine der einschlägigen Filmsequenzen in Sternbergs Werk, anhand derer Mulveys Überlegungen verifiziert werden können. Vor allem ihre Beobachtung, dass das als Blickobjekt dienende fetischisierte Showgirl die Vereinigung der beiden männlichen Blicke von Protagonist und Filmrezipient ermögliche,[15] wird in dieser Filmsequenz, in der eine *weiß*-männliche Filmfigur einen aktiven Blick an die auf der Bühne stehende *weiße* Protagonistin heftet, in besonderer Klarheit deutlich. Mulvey schreibt:

---

[10] Die Sequenz umfasst die Filmminuten 0:22:07-0:28:05.
[11] Vgl. Kaplan 2008: 22: "In hindsight, a significant gap in early cine-psychoanalytic theories is that critics tended to assume an apparently monolithic 'woman' who was really a white Western woman and neglected the specificity of minority and other marginalized women. These theories, then, operated not only upon a heterosexual bias but also a Eurocentric one."
[12] Vgl. Unterkapitel *1.1.1 Feministische Filmtheorie*.
[13] Mulvey 1975.
[14] Mulvey 1994: 53f.
[15] Mulvey 1994: 56.

> Traditionsgemäß war die Zurschaustellung der Frau auf zwei Ebenen von Bedeutung: Sie war erotisches Objekt für den Betrachter im Zuschauerraum, wobei die Spannung zwischen den Blicken auf beiden Seiten der Leinwand wechselte. Das Showgirl als Filmfigur macht es möglich, die beiden Blicke zu vereinen, praktisch ohne offensichtliche Brüche in der Diegese. Tritt eine Frau in einer Handlung als Schauspielerin auf, wird auch hier der Blick des Zuschauers mit dem des männlichen Charakters im Film kombiniert, ohne die Wahrscheinlichkeit der Handlung zu beschädigen. Für einen Augenblick versetzt die sexuelle Ausstrahlung der auftretenden Frau den Film in ein Niemandsland außerhalb seiner eignen Zeit und seines Raumes."[16]

Dass Mulvey in diesem Zusammenhang die Erwähnung der *Hot-Vodoo-Song*-Filmsequenz gänzlich ausspart, deutet, mit Kelly gesprochen, zumindest auf ein Ent-Sehen der visuellen Kolonialität hin. Anstatt den Rassismus aufzuzeigen, lässt Mulvey die rassistische Sequenz unbenannt und den Rassismus unmarkiert.

In den folgenden fünfzehn Jahren bezogen sich zahlreiche weitere feministische Filmtheoretiker_innen auf Sternbergs Werk, um die durch Mulveys Artikel implizit aufgeworfene Frage zu beantworten, warum Frauen überhaupt ins Kino gehen, wenn doch, wie Mulvey in ihrem Artikel behauptete, nur männliche Phallusträger in der Lage seien, kinematografische Schaulust zu empfinden.[17] Die rassistischen Elemente der *Hot-Vodoo-Song*-Filmsequenz fanden in diesen Publikationen ebenso wenig Erwähnung wie in Mulveys Abhandlung. Selbst Theoretiker_innen, die sich in diesem Diskurs explizit auf die *Hot-Vodoo-Song*-Filmsequenz bezogen, ignorierten die gewaltgetränkten rassistischen Elemente der Sternberg'schen Inszenierung konsequent. So sieht beispielsweise die Literatur-, Film- und Medienwissenschaftlerin Gaylyn Studlar 1985 in der Sequenz vor allem eine „Fülle an oralen Bildern"[18] und schreibt:

> Helens verführerischer „Hot-Vodoo"-Song wird von riesigen afrikanischen Masken mit spitz gezähnten Mündern gespalten: in das drohende Tier (den Gorilla), das durch ein verängstigtes Publikum streicht, und in die Frau als lustvolles Schauspiel.[19]

Studlar leitet daraus ab, dass die Dietrich-Heldin in den Sternberg-Filmen die „Autorität der präödipalen Mutter [ausübe, J.D.], mit deren Blick das Kind zum ersten Mal Liebe und Macht" erlebe.[20] Auf diese Weise erzeuge die weibliche Protagonistin eine masochistische Schaulust, die auch weibliche Rezipierende empfinden könnten.

---

[16] Mulvey 1994: 56.
[17] Dazu etwas genauer Unterkapitel *1.1.1 Feministische Filmtheorie*.
[18] Studlar 1985: 20.
[19] Ebd.
[20] Studlar 1985: 35.

Studlar ignoriert dabei die von mir eingangs beschriebene Binarität der Inszenierung,[21] innerhalb derer die Schwarzen Filmfiguren und der Gorilla die Hegemonialität der *weißen* Protagonistin konstituieren.[22] Mehr noch: Studlar entpersonalisiert die Schwarzen Frauen, indem sie sie lediglich als „riesige afrikanische Masken mit spitz gezähnten Mündern"[23] wahrnimmt. Zudem verschweigt Studlar die auch in dieser Filmsequenz verankerten christlich-binären Konstruktionen, die entscheidend zur Rassialisierung der Filmfiguren beitragen und die in der letzten Strophe des *Hot-Vodoo-Songs* noch einmal explizit zu Tage treten:

> These drums bring out
> The devil inside me.
> I need some great big angel to guide me.
> Hot Vodoo, gets me wild.
> Oh, fireman, save this child.
> I'm going to blazes,
> I want to be bad.

Die metaphorisch für Afrikaner_innen stehenden Trommeln locken, so wird hier vermittelt, den Teufel aus der so gottesnah inszenierten *weiß*-weiblichen Protagonistin hervor. Sie machen sie „wild" und wecken in ihr das den Afrikaner_innen vorgeblich eigene Verlangen, böse zu sein.[24] Die von Marlene Dietrich dargestellte *weiße* Frau ruft um Hilfe. Nur durch die Führung großer Engel, die als Sinnbild christlicher Moral und okzidentaler Wertvorstellung auf sie herniederfahren,[25] könnte sie noch vor den afrikanistisch imaginierten Afrikaner_innen gerettet werden, die durch die ihnen zugeschriebene animalische Triebhaftigkeit[26] den der *weißen* Frau eigenen Trieb außer Kontrolle geraten lassen.

Durch die visuellen und auditiven Inszenierungsstrategien dieser Filmsequenz wird Menschen afrikanischer Herkunft Intelligenz, Rationalität, Entwicklungsfähigkeit und Kultur – mit Hilfe der Blutmetapher auch genetisch – abgesprochen.[27] Der okzidentale kinematografische Diskurs warnt davor, das vorgeblich „saubere Blut" *weiß* imaginierter Subjekte mit „schwarzem Schlamm" zu „vermischen" – respektive fordert dazu auf, dies nur zu tun, um einen Rausch der Sinne zu erfahren. Die dualistische Inszenierung Schwarzer und *weißer* Menschen trägt in entscheidendem Maße zur Konstruktion einer hegemonial konzipierten *weißen Rasse* und eines *weiß*-weiblichen Ich-Ideals bei.

---

[21] Zur Binarität rassialisierender Zeichen in Filmtexten siehe tiefergehend Unterkapitel *2.3.1 Grammatik rassifizierter Repräsentation* der vorliegenden Arbeit – inklusive seiner Unterkapitel.
[22] Zum Bild des Gorillas vgl. Unterkapitel *3.6.2 Dehumanisierung*.
[23] Studlar 1985: 20.
[24] Vgl. Unterkapitel *3.6.6 Mythos Schwarzer Gewalttätigkeit*.
[25] Vgl. Unterkapitel *3.4.2 Mythos weißen Gutmenschentums*.
[26] Vgl. Unterkapitel *3.6.5 De- und Hypersexualisierung*.
[27] Vgl. Unterkapitel *3.6.1 Schwarz symbolisierte Entwicklungsblockade*.

Die feministischen Filmtheoretikerinnen Gertrud Koch und Julia Lesage schrieben von der „Faszination"[28] und einer „gewissen Macht",[29] die in den Sternberg-Filmen von Stars wie Marlene Dietrich und Greta Garbo auf die weiblichen Rezipierenden ausgehen. Was aber, wenn diese „Faszination" und „Macht" – anders als Koch, Lesage und Studlar behaupten – möglicherweise nicht (nur) einer wiedererzeugten frühkindlichen „Diffusion der Geschlechtswahrnehmung",[30] dem weiblichen Verlangen nach „einem phantasmatischen Wiederaufleben der Beziehung zur machtvollen präödipalen Mutter",[31] einem lesbischen Begehren[32] oder der bisexuellen Triebkomponente der weiblichen Psyche[33] entspringt, sondern wenn diese Faszination und Macht vor allem der Inszenierung einer hegemonialen *weißen* Weiblichkeit geschuldet ist, in der sich die *weiße* Zuschauerin spiegeln kann?

Da sich Mulvey bei der Begründung ihrer These auf die Theorien der Freud'schen und Lacan'schen Psychoanalyse stützt, möchte ich, indem ich ihren Text mit einer spezifizierten Lesart des Phallus neu interpretiere,[34] eine weitere, bisher noch nicht gegebene Antwort auf die implizit aufgeworfene Frage nach der weiblichen Schaulust geben. Diese gründet auf der Annahme, dass der Phallus, an dem Mulvey ihre Theorie hochranken lässt, nicht ausschließlich vom männlichen Genital geformt wird, sondern als symbolischer Phallus à la Lacan seine Existenz auch einer durch Rassekonstruktionen gebildeten Machtachse verdankt.

Diese These findet Fundamente in Auszügen des späteren feministischen Filmdiskurses, innerhalb dessen die Sequenz des *Hot-Vodoo-Songs* dank unzähliger zuvor erschienener Publikationen von Schwarzen Theoretiker_innen und post_kolonial forschenden People of Color wie W.E.B. Dubois, Frantz Fanon, Homi K. Bhaba, Stuart Hall, bell hooks und Manthia Diawara schließlich doch noch mit rassisierenden Repräsentationspraktiken in Verbindung gebracht wurde. So wies die Film- und Medienwissenschaftlerin Mary Ann Doane Anfang der 1990er Jahre darauf hin, dass die *weiß*-weibliche Protagonistin dieser Filmsequenz nur durch die Inszenierung eines zu ihrer Entstehung benötigten Schwarz konstruierten Kontrapunktes als *weiß*-weibliche Vordergrundfigur erscheine.[35] Und 1997 schrieb die Anglistin und Komparatistin E. Ann Kaplan von einem der Sequenz immanenten imperialistischen Blick der *weißen* Frau auf Schwarze Charaktere.[36]

---

[28] Koch 1980: 18.
[29] Citron/Lesage/Mayne/Rich/Taylor 1999: 119. Thornham 1999: 110. Julia Lesage auch zitiert in: Studlar 1985: 33.
[30] Koch 1980: 18.
[31] Klippel 2002: 173. Vgl. Studlar 1985: 35.
[32] Citron/Lesage/Mayne/Rich/Taylor 1999: 119. Julia Lesage auch zitiert in: Studlar 1985: 33.
[33] Koch 1980: 17f.
[34] Vgl. Tißberger 2013: 311.
[35] Doane 1991: 214f.
[36] Kaplan 1997: 72-74.

Dieser imperialistische Blick generiert, so meine These, die Schaulust der sich mit der *weißen* Hauptdarstellerin identifizierenden Rezipierenden. Denn die *weiße* Protagonistin Helen Jones symbolisiert nach dem Abstreifen des Gorilla-Kostüms nicht nur, wie Kaplan schrieb, den – bei Kaplan und Mulvey eher Freudianisch konzipierten – Phallus für den *weißen* Mann, sondern auch den durch verschiedene Machtachsen geformten und in diesem Fall von *Whiteness* dominierten symbolischen Phallus nach Lacan oder, mit Kalpana Seshadri-Crooks gesprochen, den *master signifier Whiteness*[37] für die sich in der Leinwand Spiegelnden.[38]

Die Spiegelung im *Weißsein* der *weiß*-weiblichen Filmfigur, die in Großaufnahmen und schillernd im Lichte der Erleuchtung aus der primitiven Affenexistenz als Ganzkörperphallus emporschießt,[39] dessen Eichel sich in der blonden, die afrikanistische Frisur der Schwarz-weiblichen Filmfiguren persiflierenden und gleichzeitig der *weißen* Frau einen Heiligenschein[40] verleihenden Perücke wiederfindet, ermächtigt die sich identifizierenden Rezipierenden in ihrem subjektiven Empfinden und ermöglicht ihnen eine lustvolle Rezeption des filmisch Erzählten.

*Blonde Venus*, Filmminute 0:25:08-0:27:21.

Auf das Bedienen dieser Schaulust arbeitet auch die hierarchisierende Binarität der *Hot-Vodoo-Song*-Sequenz hin, innerhalb derer sich die individualisierte und sprachbegabte *weiße* Frau vom *weißen* Publikum bewundern lässt, während die primitiv kostümierten afrikanistisch inszenierten Frauenfiguren vollkommen entindividuali-

---

[37] Seshadri-Crooks 2000: 20. Für Seshadri-Crooks ist *Weißsein* der *master signifier* im Symbolsystem der „Rassendifferenz".
[38] Siehe dazu genauer Unterkapitel 2.2.2 *Phalluskonstruktion mit Kritischer Weißseinsforschung*.
[39] Gemeint ist an dieser Stelle der von Mulvey als Symbol beschriebene reale Phallus nach Lacan.
[40] Vgl. Dyer 1997a: 16-28. Der Filmwissenschaftler Richard Dyer weist in diesem Artikel auf die christliche Symbolik als ein mögliches Mittel für die hegemoniale Inszenierung von *Weißsein* hin.

siert in einem tiernahen, sprachlosen Zustand verharren und mit Federröckchen, Jagdschildern und Speeren der unbewältigten Natur des Dschungel-Dekors verhaftet bleiben.[41]

Durch die Kette, die die Schwarz-weiblichen Filmfiguren halten, um den Gorilla auf die Bühne zu führen, und die gleichzeitig Assoziationen eines potentiellen Gefesselt-Seins der Haltenden selbst evoziert, werden die afrikanistisch konstruierten Hintergrundfiguren nicht nur mit dem Wesen des Affen in enge Verbindung gebracht, sondern auch in die Position von Sklavinnen versetzt, die realiter von Menschen europäischer Herkunft als Schwarz konstruiert wurden, um im Geiste der Aufklärung unter dem Deckmantel der Legalität gefangen genommen, verdinglicht, gedemütigt, ausgebeutet, gefoltert und getötet zu werden.[42]

*Blonde Venus*, Filmminute 0:22:20-0:24:46.

Der Text des *Hot-Vodoo-Songs* dient dazu, diese von *weiß* konstruierten Menschen ausgeübte Gewalt an afrikanischen Menschen trotz des Zu-Sehen-Gebens von Symbolen, die mit der europäischen Versklavung afrikanischer Menschen konno-

---

[41] Die Tatsache, dass sie ebenfalls glitzernde Tops tragen, die „Zivilisation" und „Kultur" symbolisieren, kann als Fetischisierungsstrategie interpretiert werden. Siehe dazu Unterkapitel *2.3 Mulvey phallisch weiß gelesen* und *3.7.3 Fetischisierung Schwarzer Filmfiguren*.
[42] Arndt 2005a: 26, Broeck 2012: 169f.

tiert sind, zu verschleiern und historische Wahrheiten zu verdrehen,[43] indem er die ausgeübte Brutalität nicht den europäischen Kolonialist_innen, sondern Menschen afrikanischer Herkunft zuschreibt und behauptet, nicht die Schwarze, sondern die *weiße* Frau werde versklavt – und zwar durch den „afrikanischen Rhythmus", der hier als Sinnbild für den als hypersexualisiert stereotypisierten Schwarzen Mann zu verstehen ist.[44]

Durch diese Verdrängung *weißer* Gewaltakte und durch die abwertende Inszenierung Schwarzer Menschen, die bis hin zur grundsätzlichen Infragestellung ihres Menschseins reicht, entsteht das glamouröse Bild *weiß*-weiblicher Superiorität.[45] Affe, Afrika, Primitivität, Triebhaftigkeit, Schwarze Frau und Vodoo-Glaube bilden in dieser Filmsequenz das Andere, von dem sich die *weiße* Frau zu ihrer eigenen Entstehung absetzen muss.[46] Zusätzlich dienen die in der Sequenz auftretenden Schwarz-männlichen Filmfiguren dazu, der rassistischen Shownummer ihre Richtigkeit zu bescheinigen. Denn auch Schwarze selbst, so soll suggeriert werden, bewerten die Shownummer positiv.

Wenn die Hauptfaszination am bewegten Bild tatsächlich, wie Mulvey behauptet, in dem Lacan'schen Spiegelmoment liegen sollte, der das eigene Ich als perfekt, als größer und vollendeter erscheinen lässt, als es realiter ist, könnte die *weiße* Filmrezipientin durchaus eine Schaulust aus dieser überhöhten Darstellung des weiblichen *Weißseins* ziehen. Denn der Film *Blonde Venus* feiert in der Figur Helens die von *weißen* Mythen und zugunsten *weißer* Machtinteressen konstruierte Überlegenheit einer okzidental erfundenen *weißen Rasse*.

## 2.2 *Weißsein* als symbolischer Phallus

Der Philosoph Gilles Deleuze hat im Rahmen seiner Forschungen zum Affektbild darauf hingewiesen, dass Sternberg vor allem „weiß in weiß" inszeniert. Er ist der Meinung, das „Genie Sternbergs" liege in „der Realisierung jener glänzenden Formulierung Goethes", dass der „zufällig undurchsichtige Zustand des reinen Durchsichtigen Weiß" genannt werden könne. „Denn", so Deleuze, „das Weiß ist für Sternberg zunächst das, was dem Leuchtenden Raum gibt. In diesen Raum schreibt sich die Großaufnahme eines Gesichts ein, die das Licht reflektiert." Sternberg kenne sich „im Umgang mit Leinen, Tüll, Musselin und Spitzen hervorragend aus", und er erschöpfe auf diese Weise „alle Ressourcen eines Weiß auf Weiß".[47]

---

[43] Vgl. Unterkapitel *3.4.7 Weiße Geschichtsverfälschung*.
[44] Vgl. Unterkapitel *3.6.5 De- und Hypersexualisierung*.
[45] Vgl. Doane 1991: 214f.
[46] Dazu genauer in Kapitel *2.3.1 Grammatik rassifizierter Repräsentation* inklusive dessen Unterkapitel.
[47] Deleuze 1990: 130ff.

Laut Deleuze bildet sich der – Schaulust evozierende – Affekt in Sternbergs Werk aus zwei Elementen: „der entschlossenen Qualifizierung eines weißen Raumes, aber auch der intensiven Potentialisierung dessen, was sich dort abspielen wird." In diesem Raum kann alles „geschehen: ein Messer zerschneidet das Netz, ein rotglühendes Eisen brennt Löcher in den Schleier, eine Faust durchschlägt den Wandschirm aus Papier." Oder – ich ergänze – ein mit einem Gorilla auf eine Ebene gestellter Schwarz konstruierter Mensch durchkreuzt den *weißen* Raum. Deleuze betont, dass „der weiße Raum um so unsicherer und offener für mögliche Einflüsse von außen" sei, „je geschlossener und beschränkter" er dargestellt werde.[48]

Während Deleuze Sternbergs „Spiel mit dem Weiß" völlig losgelöst von einem möglicherweise hegemonialen *weißen* Blick betrachtet, benennt der Filmwissenschaftler Richard Dyer 1988 als einer der Ersten das *Weißsein* als eine kinematografische Norm.[49] Dyer bezeichnet die modernen Medien als 'Lichttechnologien", bei deren Entwicklung der *weiße* Körper und das *weiße* Gesicht als Norm galten.[50] Er markiert damit den dargestellten *weißen* Körper und macht auf diese Weise die unsichtbare Machtposition *weißer* Hegemonie bewusst. Bezüglich der Inszenierung *weißer* Hegemonialität misst Dyer der Symbolik des Christentums große Bedeutung bei, welche einen Dualismus von hell-dunkel, Geist-Körper, Leib-Seele, gut-schlecht produziere, gleichzeitig aber in der Figur Christi die Möglichkeit verberge, dass die Seele zu Fleisch, Gott zu Mensch werde.

Betrachtet man den Film *Die Blonde Venus* im Raster von Dyers Forschungsergebnissen, so wird schnell deutlich, wie stark die binär organisierte, rassialisierende Inszenierung sowohl des Showgirls als auch der von Koch hervorgehobenen Mutterfigur auf der von Dyer angeführten christlichen Mythologie beruht. Während die in der *Hot-Vodoo-Song*-Sequenz von zwölf weiblichen „Aposteln" auf die Bühne geführte *weiße* Protagonistin beinahe Jesus gleich inszeniert ist (nicht aus Gott, aus dem Affen wird hier Mensch – oder zumindest menschähnliche Frau), orientiert sich die Erscheinung der *weißen* Hauptdarstellerin in denjenigen Filmsequenzen, in denen sie ihren Sohn zu Bett bringt, sehr deutlich an dem Bild der Jungfrau Maria.

„Das Interessante an diesem Film", schreibt Koch, „ist die Koppelung der androgynen Maskierung mit der Mutterrolle, so dass dem Rezipienten ein direktes Identifikationsset mit der Kinderrolle angeboten wird." Damit führt Koch die durch diesen Film evozierte weibliche Schaulust vor allem auf die mehrfach statt-

---

[48] Ebd.
[49] Dyer 1988. In derselben Ausgabe der Zeitschrift *Screen*, in der Dyer seinen Artikel *White* veröffentlichte, bezog Jane Gaines als eine der allerersten *weißen* Filmtheoretikerinnen die Analysekategorie *Race* in ihre Überlegungen zur feministischen Filmtheorie mit ein (Gaines 1988).
[50] Dyer 1997a: 18.

findende „Verwandlung Marlene Dietrichs vom im Smoking auftretenden Showstar zur Wiegenlieder singenden Mutter am Kinderbett" zurück.[51]

Marlene Dietrich als „Blonde Venus" im Smoking. *Blonde Venus*, Filmminute 1:15:06-1:17:40.

Diese Verwandlung rufe, so Koch, emotionale Elemente der Kindheit wach, „die bestimmt sind durch das kognitiv noch nicht zusammengebrachte, mangelhafte Wissen von der Geschlechtsrollen-Teilung und der daraus resultierenden Schaulust als Folge auch der permanenten Irritationen vor den Geschlechtsausprägungen." Weibliche wie männliche Schaulust ließe sich daher aus dieser „frühkindlichen Ambivalenz" erklären, die von androgynen Imagines weiblicher Filmstars ausgingen.[52]

Diese überzeugende Erklärung zur Genese weiblicher Schaulust kann dazu beitragen, binäres Denken in der Analyse von Geschlechterbeziehungen zu überwinden und damit der Ideologie des Sexismus erfolgreich entgegenzuwirken. Dennoch ist auch Kochs Erklärungsansatz von Auslassungen in Bezug auf die im Filmtext implementierte Ideologie des Rassismus gekennzeichnet. Denn dass sowohl die von Koch beschriebene „androgyne Maskierung" der *weißen* Protagonistin als auch die Mutter-Imagines durch gewalttätige und Hegemonie stiftende Konstruktionen von *Rasse* entstehen, bei deren Inszenierung die Farbe Weiß eine nicht unerhebliche Rolle spielt, wird von Gertrud Koch außer Acht gelassen. Zur Illustration dieser durch *Weißsein* hervorgerufenen christlich getränkten Rassekonstruktionen sei die erste Filmsequenz herausgegriffen, in der die „Wiegenlieder singende Mutter am Kinderbett"[53] zu-sehen-gegeben wird.[54]

Die heteronormative Inszenierung der dreiköpfigen Familie erinnert während der hier dargestellten Erzählung der Gute-Nacht-Geschichte an das seit Jahrhunderten überlieferte Krippenbild, in dem das neugeborene Jesuskind, von der Mutter Gottes und Josef umrahmt, in die Futterkrippe gebettet ist.

---

[51] Koch 1980: 19.
[52] Ebd.
[53] Koch 1980: 18.
[54] *Blonde Venus*, Filmminute 0:08:39-0:12:03.

Das *weiße* Kind sitzt weiß gekleidet – in der Mitte des Bildes zentriert – in seinem weiß bezogenen Bettchen, die weiß gekleidete, hell gepuderte Mutter dicht daneben, ganz dem Kinde zugewandt. Der Vater steht auf der anderen Seite des Bettchens und schaut liebevoll und behütend auf „seine" Frau und das Kind herab. Die Mutter und das Kind sind voll ausgeleuchtet und tragen keinerlei Schatten im Gesicht. Beide werden sowohl frontal wie auch von oben beleuchtet. Das blonde Haar beider spiegelt das „nördliche Licht"[55] so wider, dass es erscheint, als umrahme ein Heiligenschein das jeweilige Haupt. Sowohl die Mutter als auch das Kind werden auf diese Weise zu einer göttlichen Lichtquelle.

*Blonde Venus*, Filmminute 0:09:10-0:12:05.

Der Vater hingegen erhält keine frontale, sondern lediglich seitliche Beleuchtung und eine kleinere Lichtquelle von oben. Er trägt daher immer einen Schatten auf der einen Seite seines Gesichts. Seine dunklen Haare werden nur am Scheitel aufgehellt und verschmelzen am Rand seines Kopfes mit dem dunklen Hintergrund. Das graue Jackett und die schwarze Krawatte lassen ihn zusätzlich weniger leuchten als die gänzlich weiß gekleidete Mutter und das ebenso gekleidete Kind. Sein Blick und seine Aufmerksamkeit streben zu „seiner" Frau, zu der Quelle göttlichen Lichts.

Damit entspricht diese Einstellung gänzlich Dyers Beschreibung geschlechtsspezifischer Inszenierungsstrategien. Denn in den meisten Filmdarstellungen *weißer* Heterosexualität seien, so Dyer, „weiße Männer weniger weiß als weiße Frauen".[56]

---

[55] Dyer 1997a: 24. Laut Dyer wird das Filmlicht sehr häufig von oben auf die zu filmende Szene geleuchtet. So wird gut gesetztes Licht in Hollywood auch „Nordlicht" genannt. Dyer entschlüsselt dieses „Nordlicht" als eurozentrisch und hegemonial. Siehe dazu genauer Unterkapitel *2.3.1.1 Rassialisierende Stereotype*.
[56] Dyer 1997a: 25

Der sich nach Licht sehnende *weiße* Mann werde gewöhnlich so platziert, dass er in die sich im Licht befindende Frau einzudringen scheine. Die dunkle Gestalt seines Körpers richte sich in dem Licht der *weißen* Frau auf.[57] Diese Lichtinszenierung erscheine, so Dyer, zunächst insofern unverständlich, als dass sich *weiße* Männer gemeinhin an die Spitze der geistigen *Erleuchtung* denken.[58] Doch dürften sie, eben weil sie die universale Entsprechung der hegemonialen *weißen* Kultur verkörperten, auf keinen Fall mit einer bestimmten Position identifiziert werden können. Nur so bleibe der universelle Charakter erhalten, der auch innerhalb des Moments der Reproduktion eine zentrale Bedeutung für das Projekt der *weißen* „Rassenidentität" einnehme. Aus diesem Grunde befänden sich *weiß*-männliche Filmfiguren gemeinhin weder völlig im Licht noch ganz im Dunkeln.[59]

Eine zweite Begründung für diese Lichtinszenierung findet Dyer in dem überlieferten christlichen Mysterium, dass Gott durch Jesus Mensch geworden sei. Dyer schlussfolgert, dass, obwohl die Figur Jesu Christi spätestens seit der Renaissance als Nicht-Jude und damit als *weiße* Gestalt dargestellt werde, der *weiße* Mann trotz allen Übermuts nicht behaupten könne, der Fleisch gewordene Gott zu sein. Dahingegen dürfe die *weiße* Frau jedoch bestrebt sein, dem Ideal der Jungfrau Maria zu entsprechen, die sich durch die Helligkeit des Heiligen Geistes verwandeln konnte, ohne dabei göttlich zu werden.

In der oben angeführten Sequenz des Films *Blonde Venus* verstärkt die von den Elternfiguren erzählte Gute-Nacht-Geschichte die visuell implementierte Begierde des *weißen* Mannes. Sie unterstreicht sein Verlangen, das von der *weiß*-weiblichen Filmfigur verkörperte „göttliche Licht" in Besitz zu nehmen, und sein Bemühen, die im Licht erstrahlende „Mutter Gottes" zu erobern. Denn durch die Gute-Nacht-Geschichte wird das zu Filmbeginn visualisierte Narrativ des gegenseitigen Kennenlernens und Verliebens auf verbaler Ebene reproduziert, das den nymphenhaft im Wasser schwimmenden, entblößten weiblichen Körper zum passiven Objekt, zum Bild für den begehrenden Blick des *weißen* Mannes und zum Startpunkt für dessen Aktivität und seine letztendlich geglückten Eroberungsversuche werden lässt.[60] Das in diese Bilder „idealer Heterosexualität" eingeflochtene *Weißsein* trägt laut Dyer in entscheidendem Maße dazu bei, dass *Weißsein* auch medial als (unmarkierte) Norm fortbesteht.[61] Dyers These bestätigend erscheinen Mutter und Kind zur Abrundung des heterosexuellen Begehrensnarrativs – mit Elfen bestückter weißer Spieluhr – eingebettet in eine Umgebung von purem Weiß. Oder, nach Deleuze: Sie sind Teil eines Weiß auf Weiß.

---

[57] Dyer 1997a: 24f.
[58] Dyer 1997a: 26.
[59] Ebd.
[60] *Blonde Venus*, Filmminute 0:01:05-0:05:02 (hier insbesondere 0:03:35-0:04:00).
[61] Dyer 1997a: 28.

 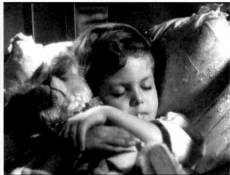

*Blonde Venus*, Filmminute 0:11:36-0:12:04.

Dieses Weiß, das Sternbergs Werk dominiert und sowohl das Christentum als auch „Zivilisation" symbolisiert,[62] könnte (mit-)formender Teil des (symbolischen) Phallus sein, der in der Mulvey'schen Theorie bei der Filmrezeption als Schaulust erzeugende Lesebrille wirksam wird. Diesen symbolischen Phallus hat Mulvey allerdings an keiner Stelle ihres Artikels als solchen explizit benannt oder genauer definiert. Ihrer Theorie zufolge bleibt der – nicht weiter spezifizierte – „Phallus" dem männlichen Geschlecht vorbehalten und wird auf diese Weise stärker an das biologisch gedachte männliche Geschlechtsteil gekoppelt als es Lacans Theorie eigentlich einfordert.

Durch ein erweitertes oder, besser, spezifiziertes Verständnis der Lacan'schen Phallusdefinition werde ich im Folgenden die Möglichkeit einer rassismussensiblen Lesart von Mulveys feministischem Filmtheorieansatz aufzeigen.

### 2.2.1 Psychoanalyse und Ideologiekritik

Die Anwendung der Psychoanalyse, wie Mulvey sie in ihren Theorieansatz einbezieht, wurde als Instrument einer ideologiekritischen Erkenntnistheorie nicht nur innerhalb der feministischen Filmtheorie, sondern auch in der Diskussion post_kolonialer Theorie und Kritischer Weißseinsforschung immer wieder hinterfragt. So argumentierte Gertrud Koch schon 1977 gegen die „Ablehnung der Psychoanalyse als patriarchalischer, frauenfeindlicher Theorie", wie sie von vielen feministisch ausgerichteten Akademikerinnen artikuliert worden war.[63] Sie verteidigte damit (indirekt) den theoretischen Ansatz Laura Mulveys, die den Phallus ins Zentrum der kinematografischen Schaulust gestellt hatte.

---

[62] Das entspricht der von Kelly dargestellten binären Farbmetaphysik, in der Schwarz das Böse, Unterentwickelte und Minderwertige symbolisiert und Weiß für gut, fortschrittlich und überlegen steht (Kelly 2016: 126).
[63] Koch 1977: 5.

Koch betonte, „dass gerade für die Ideologiekritik des Sexismus die Psychoanalyse wichtig" sei, „weil mit ihrer Hilfe tiefenpsychologische Mechanismen der Sexualunterdrückung aufgezeigt werden" könnten.[64] Dieser Einschätzung pflichtet Laura Mulvey noch 2004 in einem von ihr vorgenommenen Rückblick auf die von ihr selbst entwickelte Filmtheorie bei. Ihrer Meinung nach gibt die psychoanalytische Theorie Feminist_innen auch im 21. Jahrhundert noch theoretische Instrumentarien an die Hand, die hilfreich sind, um patriarchale Mythen, Narrationen, Ikonografien und Repräsentationen zu entschlüsseln, die sich in „endloser Zirkulation" in die Populärkultur einschreiben.[65]

Kritik an der Anwendung der Psychoanalyse als ideologiekritisches Analysewerkzeug wurde früh auch in der rassismuskritischen Forschung geäußert.[66] Stellte Jane Gaines Ende der 1980er Jahre fest, dass eine auf einem psychoanalytischen Konzept geschlechtlicher Differenz basierende Theorie von Filmtext und Publikum ungeeignet sei, mit rassifizierter Differenz umzugehen,[67] so forderte bell hooks in den frühen 1990er Jahren die grundsätzliche Infragestellung der Psychoanalyse als Analyseparadigma des Films, weil der Korpus feministischer Filmtheorie durch ihren „ahistorischen psychoanalytischen Rahmen" eine Verneinung der Realität sei, dass Geschlecht und Sexualität vielleicht nicht die ersten und einzigen Anzeiger von Differenz sind.[68]

Für den *Third World Film* wurde die sich auf die Psychoanalyse stützende okzidentale Filmtheorie mit dem Hinweis abgelehnt, dass die Konzeption der Zuschauenden und deren Beziehung zum Filmtext mit einer Familienmatrix begründet werde, die so in den Ländern des globalen Südens nicht vorhanden sei. Denn die Psychoanalyse beschreibe weder die Kultur, noch die familiären Beziehungsstrukturen der sogenannten „Dritten Welt".[69] Nicht das Paradigma von Ödipuskomplex und ödipaler Bewältigung stünden daher im Zentrum primärer rhetorischer Strategien zur Konfliktlösung in der „Dritten Welt", sondern vielmehr die Annäherung an soziale und politische Konfliktlagen.[70]

---

[64] Koch 1977: 6.
[65] Mulvey 2004: 21.
[66] Vgl. Rose 2001: 106: „Many black feminists reject psychoanalysis as a colonizing theory that simply erases race as an analytical and political category."
[67] Gaines 1988: 12.
[68] hooks 1992: 124.
[69] Der Begriff der „Dritten Welt" ist in kolonialer Tradition von okzidentalen Gesellschaften erfunden worden. Durch diesen Begriff wird *weiße* Hegemonialität fortgeschrieben, solange er nicht in einem Akt der Selbstermächtigung von den Benannten selbst neu besetzt wird (siehe Unterkapitel *4. Induktives Analyseverfahren: Darstellung weißer Weiblichkeit im Afrikanischen Third Cinema unter besonderer Berücksichtigung der Brechung phallisch-weißer Blickregime*).
[70] Gabriel 1989a: 39.

Mit einem ähnlichen Argument hatte schon Frantz Fanon, Psychiater und Mitbegründer der post_kolonialen Theorie,[71] die Anwendung der in Europa entwickelten psychoanalytischen Konzepte auf Schwarze Individuen außereuropäischer und diasporischer Gesellschaften in Frage gestellt und behauptet, dass der Ödipuskomplex weit davon entfernt sei, ein Schwarzer Komplex zu sein – eine Behauptung, die mit Skepsis zu betrachten ist, weil sie familiäre Strukturen Schwarzer Menschen konkreter gesellschaftlicher Kontexte enthebt. Dennoch sei sie an dieser Stelle zitiert:

> [...] neither Freud nor Adler nor even the cosmic Jung took the black man into consideration in the course of his research. And each was perfectly right. We too often tend to forget that neurosis is not a basic component of human reality. Whether you like it or not the Oedipus complex is far from being a black complex. It could be argued, as Malinowski does argue, that the matriarchal regime is the only reason for its absence. But apart from wondering whether the anthropologists, steeped in their civilization's complexes, have not done their best to find copies in the people they study, it would be fairly easy for us to demonstrate that in the French Antilles ninetyseven percent of families are incapable of producing a single oedipal neurosis. And we have only to congratulate ourselves for that.[72]

Trotz dieser von ihm selbst geäußerten Kritik an der Psychoanalyse nahm Fanon das Lacan'sche Spiegelstadium bereits 1952 als Ausgangspunkt seiner Analyse von Rassismus.[73] Fanon war es, der vorschlug, dass eine entgegengesetzte, andere Lektüre von Lacan's Other/Anderem für das Verständnis der kolonialen Umstände vielleicht sogar relevanter sei als die Marx'sche Lektüre der Master-Slave-Dialektik.[74] Fanon begriff rassistisches Stereotypisieren und rassistische Gewalt als eine Weigerung des *weißen* „Anderen", der Schwarzen Person die zur Subjektkonstituierung notwendige Anerkennung vom „Platz des Anderen" aus zukommen zu lassen.[75]

---

[71] Kalter 2011: 247.
[72] Fanon 2008: 130. Ähnlich Gaines 1988: 12f.: „The danger is that when we use a psychoanalytic model to explain black family relations, we force an erroneous universalisation and inadvertently reaffirm white middle-class norms."
[73] Fanon 2015a: 157, Fußnote 1. Tißberger 2013: 59, Fußnote 20. Hook 2005: 483: "Not only does Fanon bring politics into psychology, he also, manages the reverse, bringing psychology into politics. He does this by analysing racism through a series of psychoanalytic conceptualizations that usefully dramatize the logic and workings of colonial power. [...] Freud, Jung, Adler, Lacan, Mannoni, are each utilized."
[74] Bhabha 1989: 124.
[75] Hall 1997: 238. Vgl.: Lippert 1994: 100: "Frantz Fanons Arbeiten [...] stellen einen der wenigen Versuche dar, die Psychoanalyse für die Untersuchung und Anprangerung des rassistischen Verhältnisses zwischen Kolonisator und Kolonisierten heranzuziehen. Schon der kritische Psychologe Fanon von 1952 ging in seiner Promotion davon aus, daß die Kolonialisierung die Subjektivität der Kolonisierten zerstört. Wie kein zweiter hat er die Auswirkungen einer zivilisatorischen Katastrophe, wie sie der Kolonialismus darstellt, auf den Einzelnen reflektiert."

Darauf aufbauend zieht auch Stuart Hall die psychoanalytische Theorie als eines von vier Erklärungsmodellen heran, um das Phänomen rassistisch markierter Differenz zu erforschen.[76] Denn seiner Meinung nach muss eine Ideologietheorie, „was frühere marxistische Theorien nicht taten, eine Theorie der Subjekte und der Subjektivität entwickeln. Sie muss die Anerkennung des Selbst im ideologischen Diskurs berücksichtigen, auch das, was Subjekte sich im Diskurs zu erkennen erlauben".[77] Dazu stützt er sich sowohl auf Freuds Theorie des Ödipuskomplexes, als auch auf den von Jacques Lacan herausgearbeiteten Spiegelmoment, sowie auf Melanie Kleins Theorie von Introjektion und Projektion. Das gemeinsame Element dieser Denkgebäude spiegelt sich nach Hall in der Rolle wider, die das_der_die „Andere" bei der Entwicklung des Subjekts spielt:

> Our subjectivities, they argue, depend on our unconscious relations with significant others. [...] The psychoanalytic perspective assumes that there is no such thing as a given, stable inner core to „the self" or to identity.[78]

Und Homi K. Bhabha konstatiert in seinem Artikel *The Other Question...*, dass Kolonialismus sowohl als Diskurs und Form der Macht, als auch als „Identifizierungsprozess im Zusammenhang mit kolonialen Positionen von Macht und Widerstand"[79] zu betrachten sei – als Prozess der „Subjektivierung" also. Die Konstituierung dieses kolonialen Subjekts könne, so die Politikwissenschaftlerin und Sozialanthropologin Brigitte Kossek, nicht allein auf der diskursiven Ebene abgehandelt werden, sondern müsse zusätzlich mit Hilfe der Psychoanalyse erklärt werden.[80]

Um zu verstehen, auf welche Weise die Individuen einer Gesellschaft die Ideologie des Rassismus als Subjekte verinnerlichen, halte auch ich es für notwendig, die Wissenschaft der Psychoanalyse als Expert_innenfeld der Subjektgenese in rassismuskritische Erkenntnisprozesse einzubeziehen. Auch ich folge „Fanon's call for a psychoanalysis of racism".[81] Eine solche „Psychoanalyse des Rassismus" soll, so die Kulturwissenschaftlerinnen Claire Pajaczkowska und Lola Young, sowohl Negrophobie dekonstruieren als auch zu einer Stärkung und feierlichen Würdigung autonomer Schwarzer Kultur beitragen.[82] Dabei darf allerdings nicht übersehen werden, dass die psychoanalytische Theorie genau wie die meisten anderen okzidentalen Wissenschaftsfelder das Erbe des Kolonialismus in sich trägt. Nur indem man die Psychoanalyse in einer dekonstruktivistischen Lesart sowohl als (seismo-

---

[76] Hall 1997: 237f.
[77] Hall 2004a: 55.
[78] Hall 1997: 238.
[79] Kossek 2012: 52.
[80] Kossek 2012: 53.
[81] Pajaczkowska/Young 1999: 198.
[82] Ebd.

grafischen) Anzeiger männlicher Hegemonie als auch als eine Verschriftlichung des im kollektiven Unbewussten der okzidentalen Gesellschaft liegenden Rassismus liest, der sich über Jahrhunderte im Unbewussten des okzidental vergesellschaftlichten *weißen* Subjekts verfestigt hat, kann die psychoanalytische Theorie die Fundamente rassistischer Gesellschaftsstrukturen freilegen und die Funktionsweise der von Althusser identifizierten „ideologischen Staatsapparate" auch in Bezug auf die Ideologie des Rassismus erklären. Denn mit dieser Lesart ist die Psychoanalyse, wie die Psychologin Martina Tißberger hervorhebt, nicht nur ein wichtiges Analyseinstrument für die „Ideologiekritik des Sexismus", sondern auch für die „Ideologiekritik des Rassismus". Tißberger schreibt:

> Freuds Psychoanalyse mit all ihren Weiterentwicklungen, inklusive der lacanianischen Psychoanalyse und der Neopsychoanalyse, ist deshalb für das Verständnis von Rassismus und Sexismus so bedeutsam, weil sie in unvergleichlicher Weise den Zeitgeist ihrer Entstehungsgeschichte, also die diskursiven Zusammenhänge von Kolonialismus, Antisemitismus, Rassismus, Geschlechterverhältnissen und Sexualität in ihre Subjekt- und Kulturtheorie eingearbeitet haben und diese bis heute – kaum ihres Sexismus und Rassismus bereinigt – wissenschaftliche Gültigkeit bewahrt hat.[83]

Aufgrund dieser bis heute aufrechterhaltenen wissenschaftlichen Gültigkeit sexistischer und rassistischer Einschreibungen in die psychoanalytische Theorie ermögliche, so Tißberger, eine dekonstruktive, post_koloniale Lesart der Psychoanalyse das Verständnis davon, „wie die Geschichte in die Gegenwart der (post)kolonialen Subjektivität eingearbeitet – und verdrängt, also unbewusst – wurde."[84] Die Psychoanalyse kann also durchaus, wenn sie dekonstruktivistisch gelesen und in dieser Lesart angewandt wird, tiefgehende Aussagen über diskriminierende Strukturen auf unterschiedlichsten Machtachsen treffen und behilflich sein, Interdependenzen zwischen Individuum, Gesellschaft und Macht in einer neuen Form zu denken.[85]

Darüber hinaus gibt es zwischen Lacan'scher Psychoanalyse und der rassismuskritischen post_kolonialen Theorie eine Kongruenz im Verständnis von Zeitlichkeit. Denn die Zeitstruktur der Lacan'schen Psychoanalyse ist die Vorzukunft und das psychoanalytische Verfahren eine „Zeitreise, die das Subjekt der Zukunft in die Vergangenheit unternimmt – mit dem Ziel der Integration der unbewussten Vergangenheit in den laufenden Prozess seines Werdens".[86] Ebenso wie Lacans Forderung weniger lautet, „sich der Geschichte zu erinnern als sie noch einmal zu schreiben",[87] hat sich die post_koloniale Theorie die „rückblickende

---

[83] Tißberger 2013: 311.
[84] Ebd.
[85] Kossek 2012: 53. Vgl. Rose 2001: 106.
[86] Kossek 2012: 59.
[87] Lacan 1990: 22.

Neuschreibung der (verdrängten) Geschichte des Kolonialismus"[88] zum Ziel gesetzt. So verstand schon Bhabha 1983 das Wort „Post" als ein „Darüber Hinaus", nicht als ein zeitliches „Danach".[89] „Die Zeit der Vorzukunft," schreibt Brigitte Kossek, „könnte als Herausforderung der postkolonialen Kulturwissenschaft verstanden werden, Verantwortung für nichtrepräsentierte Geschichte in der Gegenwart für die Zukunft zu übernehmen."[90] Zudem lasse sich die post_koloniale Theorie insbesondere mit der von der Psychoanalyse vorgenommenen radikalen Zurückweisung „der in der westlichen Kultur vorherrschenden Vorstellung eines autonomen, rationalen, sich selbst bewussten und um eine Essenz herum artikulierten Subjekts" gut in Einklang bringen.[91]

Aus all diesen Gründen hat die von der Freud'schen und Lacan'schen Psychoanalyse vorgenommene Veranschaulichung der sprachlichen und gesellschaftlichen Bedingungen von Subjektivität durchaus das Potenzial, die Ideologie des Rassismus – auch im Rezeptionsprozess von Filmtexten – identifizierbar zu machen. Zur Entschlüsselung rezeptionsbedingter Inhalation rassialisierender Zeichen eignet sich die – auch von Mulvey angewandte – psychoanalytische Filmtheorie deshalb besonders gut, weil die Praxis der Repräsentation, „besonders, wenn sie mit ‚Differenz' arbeitet, im Betrachter oder in der Betrachterin tief sitzende Gefühle, Geisteshaltungen, Ängste und Befürchtungen" auslöst, „für die es keine einfachen, dem Alltagsverstand problemlos zugänglichen Erklärungen gibt."[92]

So ist die von der Dekonstruktion gerahmte Anwendung psychoanalytischer Theorie, wie sie von Martina Tißberger,[93] Seshadri-Crooks[94] und Isabell Lorey[95] vertreten wird, in einem ideologiekritischen Analyseverfahren, das die Rezeption okzidentaler Filme durch okzidental sozialisierte Zuschauende erforscht, als ausgesprochen gewinnbringend einzustufen. Dieses Verständnis der Psychoanalyse bildet den Kontext der im nächsten Unterkapitel zu leistenden Herleitung eines um *Rasse* erweiterten Verständnisses der Lacan'schen Phallusdefinition.

## 2.2.2 Phalluskonstruktion mit Kritischer Weißseinsforschung

Während Freud als Begründer der Psychoanalyse die Begriffe „Penis" und „Phallus" weitestgehend synonym verwendet und damit gemeinhin, dem griechischen Wortursprung *phallós* entsprechend, das (erigierte) männliche Geschlechtsorgan

---

[88] Kossek 2012: 59.
[89] Ebd.
[90] Kossek 2012: 60.
[91] Kossek 2012: 53.
[92] Hall 2004b: 109.
[93] Tißberger 2013.
[94] Seshadri-Crooks 2000.
[95] Lorey 2006.

meint,⁹⁶ fächert Lacan die Begrifflichkeit des Phallus entlang der Dreiteilung seines geistigen Universums⁹⁷ in den realen, imaginären und symbolischen Phallus auf.⁹⁸ Der reale Phallus, gleichzusetzen mit dem Penis, bezeichnet das biologische Organ des männlich kategorisierten Körpers.⁹⁹ Der imaginäre Phallus ist in Lacans Theorie ein imaginäres Objekt: das „Bild vom Penis" – die Vorstellung eines Teilobjekts, das durch die Kastration vom Körper abgetrennt werden kann. Im symbolischen Phallus erkennt Lacan, der, aufbauend auf der strukturalen Linguistik Ferdinand de Saussures,¹⁰⁰ „das Unbewusste [...] wie eine Sprache strukturiert" sieht,¹⁰¹ einen Signifikanten in der Signifikantenkette des im Unbewussten angesiedelten Triebgeschehens, der das (verbotene) Begehren symbolisiert.

Lacan zieht den Terminus „Phallus" üblicherweise dem Terminus „Penis" vor, um hervorzuheben, dass der Gegenstand der Psychoanalyse nicht das männliche Genital in seiner biologischen Wirklichkeit ist, sondern die Rolle, die dieses Organ in der Vorstellungswelt spielt. Lacan nutzt daher den Terminus „Penis" zumeist für das biologische Organ und den Begriff des „Phallus" nur für die imaginären und symbolischen Funktionen dieses Organs.¹⁰² Für Lacan fungiert der symbolische Phallus als ein „Signifikant der Signifikanten",¹⁰³ als ein „Zeichenmacher" der symbolischen Ordnung¹⁰⁴ und als Instanz des Bedeutung-Schaffens,¹⁰⁵ die sich selbst jeglicher Bedeutung entzieht. Lacan selbst schreibt:

> Der Phallus ist ein Signifikant, ein Signifikant, dessen Funktion in der intrasubjektiven Ökonomie der Analyse vielleicht den Schleier hebt von der Funktion, die er in den Mysterien hatte. Denn es ist der Signifikant, der bestimmt ist, die Signifikatswirkungen in ihrer Gesamtheit zu bezeichnen, soweit der Signifikant diese konditioniert durch seine Gegenwart als Signifikant.¹⁰⁶

---

[96] Beispielsweise Freud 1999f: 294f. Die einzige Ausnahme bildet die von Freud dem Mädchen zugeschriebene Hoffnung, vom Vater ein Kind zu bekommen, welches in der unbewussten Phantasie des Mädchens angeblich den Penis des Vaters repräsentiert. Diese Hoffnung bildet sich laut Freud aus, nachdem das Mädchen registriert hat, dass der eigentliche Wunsch, vom Vater mit einem Penis ausgestattet zu werden, keine Erfüllung finden kann (Freud 1999g: 22f., vgl. Rhode-Dachser 1991: 310). Wie der Linguist und Psychoanalytiker Dylan Evans hervorhebt, löst sich in der Freud'schen Theorie die Bedeutung des Phallus an dieser Stelle von dem rein biologisch gedachten Penis. Der Penis bzw. Phallus wird hier – wegbereitend für die Lacan'sche Psychoanalyse – zu einem bloßen Bedeutungsträger für etwas, das auch von einem Kind repräsentiert werden kann (Evans 2002: 224). Zu den Begriffen „Penis" und „Phallus" siehe auch Rose 2001: 107f.
[97] Z. B. Lacan 2003a: 33, 41.
[98] Vgl. Widmer 1997: 17.
[99] Evans 2002: 224.
[100] Vgl. Pagel 1991: 88f.
[101] Lacan 1987a: 26. Vgl. von Braun 1989: 166.
[102] Evans 2002: 223f. Zu Lacans Phallusbegriff auch von Braun 1989: 168.
[103] Widmer 1997: 21.
[104] Widmer 1997: 72.
[105] Widmer 1997: 21.
[106] Lacan 1991a: 126.

Damit etabliert sich der Phallus in der Lacan'schen Theorie als ein Zeichen des Begehrens, das nicht per se mit dem realen Penis des Mannes in Verbindung steht. Denn als Signifikant weist der Phallus keinen festgelegten Inhalt auf. Lacan schreibt über den symbolischen Phallus, er könne beanspruchen, „der Signifikant zu sein, der kein Signifikat hat".[107] Das Signifikat des Signifikanten Phallus entstehe vielmehr, so die feministisch argumentierende Philosophin und Komparatistin Elisabeth Grosz, erst in konkreten Kontexten und im Zusammenhang mit anderen Signifikanten.[108]

Entziffert man den symbolischen Phallus gemäß der Lacan'schen Theorie und analog zu Grosz und zu der Psychologin Gerda Pagel als bloßes „Herrschaftssymbol",[109] so kann er gleichzeitig als ein Signifikant für Macht gelesen werden – als ein Bedeutungsträger für die Vorstellung und das Begehren eines Zugangs zur Macht, der in unterschiedlichsten Formen auftritt. Denn der Besitz des Phallus, so Grosz, verschaffe immer einen Zugang zu jenen sozialen Kategorien und gesellschaftlichen Positionen, die mit Macht ausgestattet sind.[110] So wie im heutigen Patriarchat der Penis als symbolischer Phallus dazu diene, die weibliche Hälfte der Bevölkerung vom Zugang zur Macht fernzuhalten, so hätten im antiken Griechenland die Familieninsignien dazu gedient, eine Klasse von der anderen zu unterscheiden und die Sklav_innen vom Zugang zu einem Familiennamen und damit zur Macht auszuschließen.[111] Lacan selbst schrieb:

> The Phallus is not a question of a form or of an image, or of a phantasy, but rather a signifier, the signifier of desire. In Greek antiquity, the phallus is not represented by an organ but as an insignia.[112]

In einem solchen Sinne kann auch *Weißsein* als ein symbolischer Phallus gewertet werden. Denn der symbolische Phallus, der keinen festgelegten Inhalt, kein festgelegtes Signifikat aufweist, kann in unterschiedlichen soziopolitischen Strukturen die Form vieler unterschiedlicher Objekte und körperlicher Organe annehmen: sei es die Form des Kindes,[113] des weiblichen Körpers, die des Penis[114] oder – ich ergänze – die Form *weiß* konzeptionalisierter Körpereinschreibungen. *Weißsein* ist, wie in der Einleitung ausführlich dargelegt,[115] „ein politisches Konstrukt, das die Position

---

[107] Lacan 1991b: 88.
[108] Grosz 1990: 125f., vgl. Evans 2002: 224.
[109] Pagel 1991: 99.
[110] Grosz 1990: 121.
[111] Ebd.
[112] Lacan zitiert nach Grosz 1990: 121.
[113] Dazu schreibt Lacan: „Es geht darum, daß das Kind den Phallus als Signifikanten auf sich nimmt, und zwar auf eine Weise, die ihn zum Instrument der symbolischen Ordnung der Tauschvorgänge macht, insofern er der Bildung der Linien voransteht." (Lacan 2003b: 236)
[114] Grosz 1990: 125; Evans 2002: 224.
[115] Vgl. Unterkapitel *1.1.2 Kritische Weißseinsforschung* mitsamt dessen beiden Unterkapiteln.

von Personen innerhalb eines Herrschaftsgefüges markiert."[116] *Weißsein* fungiert, genau wie der von Elisabeth Grosz beschriebene phallische Signifikant, als Hauptsignifikant – als „signifier of signifiers" – für die Verteilung von Macht, Autorität und verschiedenen Sprecher_innenpositionen in einer hierarchisch organisierten Gesellschaft,[117] in der, wie Susan Arndt betont,

> Neonazis, Apartheid-IdeologInnen und der Ku Klux Klan nur die Spitze des Eisberges sind und Rassismus aus der Mitte der Gesellschaft kommt. Denn seine Gewalt und Macht verdankt der *weiße* Koloss seiner Masse und Tiefe, seinem Fundament dem Weißsein, in dem Weiße (und eben auch die ‚Gutmenschen') – forciert durch die Aufklärung – diskursiv und strukturell [...] gefangen sind.[118]

Diese Tiefe, in der *Weißsein* als Machtsymbol innerhalb der okzidentalen Gesellschaftsform verankert liegt, muss dem immer noch anhaltenden Prozess der Erfindung der „*weißen* Rasse" zugerechnet werden.[119] *Weißsein* kann aus dieser Entstehungsgeschichte heraus ohne weiteres als ein Machtsymbol innerhalb der „abendländischen Moderne" und als globale Währung von Macht betrachtet werden. Dieses Machtsymbol liegt durch die lange Dauer seines Bestehens tief im kollektiven (Un-)Bewussten verankert und gräbt sich im Laufe des individuellen Subjektwerdungsprozesses in die Psyche eines jeden Mitglieds der auf Kolonialismus gründenden okzidentalen Gesellschaft ein.

Diesen Mechanismus beschreibt die Anglistin Kalpana Seshadri-Crooks aus einer psychoanalytischen Perspektive.[120] Die Subjektwerdung eines jeden okzidentalen Individuums orientiere sich unter anderem an dem – vom Gesetz des *Weißseins* installierten – Hauptsignifikanten *Weißsein* (*master signifier Whiteness*), der ein das Individuum übersteigender Signifikant in der Ökonomie sprachlicher Differenz und Bedeutung sei. Vor dem Hintergrund des Lacan'schen Theoriegebäudes liest Seshadri-Crooks *Weißsein* als den im Symbolsystem der „Rassendifferenz" wirksam werdenden *master signifier*,[121] der alle Mitglieder der Gesellschaft gleichermaßen aufgrund der Logik von Rasse subjektiviert. Sie schreibt:

> the discourse of race and so-called racial identity is necessarily a function of language that situates the subject as raced within an economy of linguistic difference and meaning. [...] What we introject as race is a signifier, a certain structure of signification [...]. To be a raced subject is to be subjected to the signifier Whiteness. The law of Whiteness establishes race as a 'neutral' description of human difference. [...] the signifier Whiteness installs a system of racial difference that is unconsciously assimilated by all raced subjects as a factor of language, and thus

---

[116] Wollrad 2005: 90.
[117] Vgl. Grosz 1990: 125f.
[118] Arndt 2005b: 349.
[119] Vgl. Unterkapitel *1.1.2 Kritische Weißseinsforschung* inklusive dessen Unterkapitel.
[120] Seshadri-Crooks 2000: 2.
[121] Seshadri-Crooks 2000: 20.

as „natural". In other words, Whiteness, as the inaugural term of difference, is the primary signifier of the symbolic order of race. In this sense, Whiteness is the transindividual aspect of the unconscious which subjects us all 'equally' to the logic of race."[122]

Gemäß Seshadri-Crooks funktionieren rassialisierende Differenzierungen also nur durch eine permanente, unbewusste Bezugnahme auf diesen Hauptsignifikanten.[123] Was wir als Rasse introjezieren, sei ein Signifikant, eine bestimmte Struktur von Bedeutung. Ein rassifiziertes Subjekt zu sein, heiße, durch den Signifikanten *Weißsein* subjektiviert zu sein. Das Gesetz des *Weißseins*, das *Rasse* als eine neutrale Beschreibung menschlicher Differenz etabliere, installiere durch den Signifikanten *Weißsein* ein System rassischer Differenz, das im Rahmen des – die Identität des Subjekts bestimmenden – Sprach- und Zeichensystems unbewusst von allen rassifizierten Subjekten als Sprachfaktor und damit als „natürlich" assimiliert, integriert, aufgenommen werde.[124]

Diese Subjekt bildende Unterwerfung unter den Signifikanten *Weißsein* macht Seshadri-Crooks an dem Moment fest, den Lacan und Freud gleichermaßen als Ödipuskomplex bezeichnen. In der Lacan'schen Theorie beschränkt sich der Ödipuskomplex jedoch nicht auf eine bestimmte ontogenetische Entwicklungsstufe wie z. B. die phallische Phase bei Freud.[125] Vielmehr stellt der Ödipuskomplex bei Lacan eine Struktur dar, die von Anfang an das Sein des Subjekts bestimmt.[126] Zu Lacans Subjektbildungstheorie schreibt der Psychoanalytiker Peter Widmer:

> Was jedes Subjekt zuerst in seinem Leben antrifft, sind Signifikanten. Es hört Stimmen, die es unterscheiden lernt, und die anfänglich ohne jeglichen Sinn sind; diese Stimmen sind verschieden nach Lautstärke, Tonhöhe, Klangfarbe, Rhythmen. Sein Schreien, später sein Lallen stellen ebenfalls Signifikanten dar, die darauf schließen lassen, daß es schon etwas gehört hat und dieses Gehörte in seinem Gedächtnis aufbewahrt hat. Aus diesen Signifikanten werden sich im Zuge dessen, daß sich das Subjekt selber zur Frage wird, daß es seine Offenheit nicht schließen kann, daß es sich im Außen objektiviert, Signifikate herausschälen. Im Begreifen-Wollen der Welt erfährt es von den andern, daß diese oder jene Kombination von Lauten den oder jenen Effekt hervorruft.[127]

Jedes Subjekt ist also von Anfang an eingegliedert in ein intersubjektives Sprach- bzw. Symbolsystem, dessen Gesetzmäßigkeiten es zwar nicht kennt, die in ihm jedoch durch das Leben und Erleben mit Anderen zur Wirkung kommen.[128]

---

[122] Seshadri-Crooks 2000: 24f.
[123] Seshadri-Crooks 2000: 20, 36.
[124] Seshadri-Crooks 2000: 24f.
[125] Freud 1999f: 297.
[126] Pagel 1991: 103, 106.
[127] Widmer 1997: 42.
[128] Lacan 1991a: 124. Vgl. Pagel 1991: 103.

Darüber hinaus weicht Lacan insofern von der Freud'schen Konzeption des Ödipuskomplexes ab, als dass er den Ödipuskomplex zwar ebenso wie Freud als den zentralen Komplex im Unbewussten betrachtet,[129] das Subjekt aber immer die Mutter begehrt und immer den Vater als Rivalen hat, unabhängig davon, ob das Subjekt männlich oder weiblich ist.[130] Dabei unterteilt Lacan den Ödipuskomplex in drei Phasen. Die erste Phase wird vom imaginären Dreieck Mutter-Kind-(imaginärer) Phallus charakterisiert. Der imaginäre Phallus kann an dieser Stelle als ein imaginäres Objekt definiert werden, welches die Mutter noch mehr begehrt als ihr eigenes Kind.[131] Lacan schreibt:

> Wenn das Begehren der Mutter der Phallus *ist*, will das Kind, um es zu befriedigen, Phallus sein.[132]

Schon in dieser ersten Phase des Ödipuskomplexes wird dem Kind nach den ersten fehlgeschlagenen Versuchen, selbst Phallus zu sein, bewusst, dass sowohl es selbst als auch die Mutter durch einen Mangel gekennzeichnet ist. Der Mangel der Mutter liegt darin begründet, dass sie als unvollständig erachtet wird; sonst würde sie den Phallus nicht begehren. Der Mangel des Subjekts liegt in der Unfähigkeit, das Begehren der Mutter vollständig zu befriedigen.[133]

Die zweite Phase des Ödipuskomplexes kennzeichnet bei Lacan die Präsenz des imaginären Vaters, der innerhalb des von der Mutter geführten Diskurses eine Barriere zwischen Mutter und Subjekt errichtet. Dieser imaginäre Vater verwehrt der Mutter den Zugang zum phallischen Objekt und dem Subjekt den Zugang zur – phallisch imaginierten – Mutter. Diese Blockade des Zugangs zueinander entsteht allerdings nicht durch reale Handlungen des realen Vaters, sondern allein dadurch, dass die Mutter dem Gesetz des imaginären Vaters in Worten und Taten Respekt zollt. Schon dadurch sieht das Subjekt im Vater den Rivalen im Kampf um das Begehren der Mutter.[134]

Die Präsenz dieses imaginären Vaters und die Wirkungskraft seines im Sprachsystem verankerten Gesetzes begründet Lacan mit dem von Freud beschriebenen Mord am patriarchalen Urvater, der am Anfang aller Gesellschaft steht und der von seinen mit ihm konkurrierenden Söhnen umgebracht wurde.[135] Nach Freud schufen die Söhne alsdann wegen des dabei entstandenen Schuldgefühls und wegen neu aufkommender Konkurrenz untereinander zwei fundamentale Tabus: Totemismus und Exogamie. Das Totem als Symbol des toten Vaters

---

[129] Grosz 1990: 117.
[130] Evans 2002: 207, Pagel 1991: 100f.
[131] Evans 2002: 208.
[132] Lacan 1991a: 129.
[133] Evans 2002: 208. Vgl. von Braun 1989: 168.
[134] Evans 2002: 209.
[135] Laplanche/Pontalis 1973: 355.

garantiere, so Feud, dass keiner den anderen töten dürfe; die Exogamie verbiete den Inzest. Diese (psychische) Situation eines „nachträglichen Gehorsams" gegenüber dem Vater ist laut Freud einflussreicher als jener wirkliche Vater es gewesen ist.[136] Der „nachträgliche Gehorsam" liegt im Gesetz des imaginären Vaters innerhalb des Sprach- und Symbolsystems verankert und wird auch durch den mütterlichen Diskurs fortwährend transportiert. Das kindliche Subjekt kann also der Phallus nicht sein, da es in seinem Streben danach in Konflikt mit dem imaginären Vater gerät, welcher laut Lacan die symbolische und sprachliche Ordnung repräsentiert – jenes Gesetz,[137] das „im Namen des (Ur-)Vaters" ausgesprochen wird und das das Inzesttabu enthält.

Zur Intervention des realen Vaters kommt es in der Lacan'schen Theorie erst in der dritten Phase des Ödipuskomplexes. In diesem Entwicklungsstadium zeige der reale Vater, so Lacan, dass er den realen Phallus besitze und ihn weder eintausche noch hergebe. Damit erlöse er das kindliche Subjekt von der unmöglichen und Furcht einflößenden Pflicht, Phallus zu *sein*, weil es begreife, dass der reale Vater den Phallus *habe* und immer gewinnen werde. Dadurch werde dem Subjekt die Identifikation mit dem Vater und der Eintritt in die symbolische Ordnung ermöglicht.[138]

Die Tatsache, dass das Begehren der Mutter in der Lacan'schen Konstruktion des Ödipuskomplexes auf den imaginären Phallus gerichtet ist, setzt den Phallus mit dem Mangel gleich. Denn diesen imaginären Phallus wird sie nie besitzen können, und auch das Kind, welches sie als symbolischen Ersatz für diese Leerstelle zur Welt gebracht hat, wird das mütterliche Begehren nie ganz befriedigen können – auch dann nicht, wenn es versucht, Phallus zu sein. Der Phallus ist daher in der Sprache des Unbewussten das „Symbol für den Mangel" schlechthin – „für den Mangel, der sich in immer neuer Gestalt in jenen Objekten ‚klein a' verkörpert, die das menschliche Begehren auf seiner Suche nach libidinöser Erfüllung umkreist."[139]

Dass es nun gerade der Phallus und nicht etwa die Mutterbrust ist, dem die Rolle des Signifikanten zugeschrieben wird, der den Mangel und das Begehren des Anderen bezeichnet, mag wohl daran liegen, dass Lacan den Ödipuskomplex – ebenso wie Freud – als den zentralen Komplex im menschlichen Unbewussten betrachtet. Für Lacan ist der Phallus „am auffallendsten von alledem, was man in der Realität antrifft"[140] und was um die Beziehung der Geschlechtsverhältnisse

---

[136] Pagel 1991: 102f.
[137] Pagel 1991: 104: „Die allgemeine Geltung der symbolischen Ordnung nennt Lacan auch ‚das Gesetz'."
[138] Evans 2002: 209.
[139] Pagel 1991: 110.
[140] Lacan 1991a: 128.

kreist.[141] Er ist „kraft seiner Turgeszenz das Bild des Lebensflusses [...], soweit dieser in die [...] Zeugung eingeht."[142]

Dagegen könnte argumentiert werden, dass es die Mutterbrust ist, die das Kind sowohl nach Freud als auch nach Lacan zu einer ersten Mangelerfahrung leitet und damit als Mangel signifizierender (Haupt-)Signifikant wirksam werden müsste. Denn die nahrungs- und lustspendende Mutterbrust, die dem Kind zum ersten (Lust-)Objekt wird und von ihm zunächst als zum eigenen Körper gehörig, weil mit ihm symbiotisch verschmolzen erlebt wird, verwandelt sich im Laufe der ganz frühen Kindesentwicklung in ein (Lust-)Objekt, das sich als widerständig, weil zur Mutter gehörig erweist. Die Brust bleibt dem Kind als Teil seiner selbst versagt und geht ihm auch noch als ein Objekt verloren, das sich durch Nahrung einverleiben lässt. Durch diesen fundamentalen Verlust erlebt das Kind das begehrte Objekt, die Mutterbrust, erstmalig als auf der Seite der Anderen, nämlich bei der Mutter.[143] Auf diese Weise wird das Begehren der Mutterbrust zu einem allerersten Begehren des bzw. der Anderen. Lacan leitet aus diesen Dynamiken ab, dass keine lustvolle Nahrung je dem Trieb genügen würde, „es sei denn, sie umkreise das ewig fehlende Objekt".[144]

Dennoch erhebt Lacan nicht die Mutterbrust, sondern den Phallus zum „Symbol für den Mangel", zum „Signifikanten des Begehrens des Anderen". Gleichzeitig aber reduziert er den Phallus als Zeichen des Mangels und Begehrens nicht auf den realen Phallus. Vielmehr verortet er den Triebbegriff weit entfernt von allen biologischen Ursprüngen.[145] So beschränkt Lacan auch den für die Mulvey'sche Theorie bedeutsamen Kastrationskomplex nicht auf das *eine* naturgegebene Objekt Penis. Der Kastrationskomplex drückt sich in der Lacan'schen Theorie stattdessen in einem sozialen Beziehungsgefüge aus, in dem der Wunsch nach dem Phallus mit einem gesellschaftlichen Verbot korreliert, welches beide Geschlechter betrifft.[146] Die ödipale Struktur zeigt sich hier als Dialektik von libidinösem Wunsch und Gesetz, die nur in der Dialektik von Sprache und Begehren möglich ist.[147] Für Lacan ist der Trieb, dessen Drängen sich nur am Ort des Anderen (ent-)äußern kann, immer schon sprachlich und symbolisch vermittelt. Der symbolische Phallus ist für ihn nichts als ein Signifikant, der in der Sprache des Unbewussten das (verbotene) Begehren symbolisiert. Er ist der „Gipfel des Symbolischen".[148]

---

[141] Ebd. Vgl. Pagel 1991: 108.
[142] Lacan 1991a: 128.
[143] Pagel 1991: 90.
[144] Lacan 1987b: 188.
[145] Pagel 1991: 80.
[146] Pagel 1991: 99.
[147] Pagel 1991: 108.
[148] Lacan 1991a: 128.

Allerdings weist Peter Widmer berechtigterweise darauf hin, dass der von Lacan theoretisierte symbolische Phallus trotz dessen angeblicher Bedeutungslosigkeit gemeinhin mit dem männlichen Geschlecht in Verbindung gebracht werde. Widmer schreibt:

> Jeder weiß, daß mit Phallus gemeinhin das männliche Geschlecht gemeint ist. Der Phallus wird in diesem Sinne zum Symbol geschlechtlicher Potenz, ihres An- und Abschwellens.[149]

Äquivalent zu Widmers Einschätzung argumentiert auch Elisabeth Grosz in ihrer feministischen Einführung zu Jaques Lacan, dass der phallische Signifikant kein neutraler Signifikant sein könne, der beide Geschlechter symmetrisch konstruiert, da er von Lacan privilegiert und dichotom angewendet werde. Die beiden Geschlechter, so Grosz, seien nicht zufälligerweise und nicht mit zufälligen Konsequenzen mit der positiven und negativen Bedeutung des Phallus belegt. Vielmehr sei diese Anordnung von den bereits existenten Strukturen der patriarchalen Macht motiviert und die Auswirkungen dieser Aufteilung garantierten die Reproduktion dieser besonderen Form sozialer Organisation.[150] Grosz schreibt:

> In spite of Lacan's claims, the phallus is not a ‚neutral' term functioning equally for both sexes, positioning them both in the symbolic order. As the word suggests, it is a term privileging masculinity, or rather, the penis. The valorization of the penis and the relegation of female sexual organs to the castrated category are effects of a socio-political system that also enables the phallus to function as the 'signifier of signifiers' [sic], giving the child access to a (sexual) identity and speaking position within culture. Its position as a threshold signifier is symptomatic of the assumed patriarchal context in Freud's and Lacan's work.[151]

Aus einer ähnlichen Denkrichtung heraus betonte auch die Philosophin und Philologin Judith Butler 1997, dass der an das männliche Geschlechtsorgan geheftete symbolische Phallus nicht losgelöst vom realen Phallus, dem Penis, gedacht werden könne. Da „der Phallus den Penis zu seiner eigenen Konstitution benötigt," schrieb sie, „schließt die Identität des Phallus den Penis ein, das heißt, zwischen ihnen besteht eine Identitätsbeziehung."[152]

Grosz stellt Lacans Konstruktion des symbolischen Phallus auch insofern infrage, als dass es im Saussure'schen Zeichenmodell, auf welches sich Lacan beziehe, keine privilegierten Zeichen gebe, sondern nur Zeichen, die dadurch Bedeutung gewännen, dass sie sich von anderen unterschieden. Jedes Zeichen sei, so Grosz, durch den Unterschied zu allen anderen Zeichen definiert.[153] Saussure

---

[149] Widmer 1997: 73.
[150] Grosz 1990: 124.
[151] Grosz 1990: 122.
[152] Butler 1997: 124.
[153] Grosz 1990: 124. Bestätigend Widmer 1997: 37f. und Geier 2003: 40f.

beschreibe die Beziehung zwischen Bedeutungsträger und Bedeutung als eine relativ motivierte – motiviert durch die bereits bestehende Struktur der Sprache.[154] Darin besitze der Begriff des Phallus eine symbolische Funktion, die den Penis als das fühlbare Zeichen einer privilegierten Männlichkeit beinhalte.[155] Für Elisabeth Grosz fungiert der Phallus aus diesem Grunde als Signifikant für die Vorstellung eines Zugangs zu Macht und Identität („self-definition") oder des Ausschlusses von denselben. Diese Lesart begründet die zu Beginn dieses Unterkapitels bereits dargelegte Ausweitung des Phallusbegriffs auf die Machtachse *Rasse*, in der *Weißsein* als Machtsymbol fungiert.

Ähnlich und doch anders theoretisiert Seshadri-Crooks das *Weißsein*. Auf Lacans Theorie der Subjektbildung aufbauend betrachtet sie den Hauptsignifikanten *Weißsein* als einen „arglistigen Signifikanten",[156] der sich während der Subjektgenese, die sich im Ödipuskomplex vollzieht, an die Stelle des – nach Freud und Lacan – Subjekt bildenden Signifikanten Phallus[157] schleicht, um dort – anders als der in der Lacan'schen Logik körperlich neutral wirkende Signifikant Phallus – phobische körperliche Merkmale wie Haare, Hautfarbe und Knochenbau (in Lacan'scher Theorie als „Objekte klein a" beschrieben) hervorzubringen:

> By focusing on moments of racial anxiety, we can discern that such affect is usually produced in relation to the subject's encounter with the historicity of Whiteness. The major consequence of such anxiety is the production of an object: the marks on the body that appear as pre-discursive. Racial visibility, I contend, is related to an unconscious anxiety about the historicity of Whiteness. This anxiety is the inevitable result of being subjected to the fraudulent signifier (Whiteness) which promises everything while disavowing its symbolic origins. These relations among historicity, the signifier, and anxiety are not necessarily causal.[158]

---

[154] Dazu Geier 2003: 39: „Die Zeichenrelation hängt nicht von der freien Wahl der sprechenden Person ab. Man kann nicht einfach ‚Mutter' sagen, wenn man die Schwester bezeichnen will, oder ‚Ochs', wenn es um den Vater geht. Es handelt sich bei eingespielten Zeichenrelationen um kollektiv anerkannte Beziehungen, die von Generation zu Generation überliefert werden und sich sprachgeschichtlich stabilisiert haben. Durch die sprachlich geregelte Zuordnung von Signifikanten und Signifikaten kommt eine arbiträre *Ordnung* ins Spiel, die einen doppelten Effekt bewirkt und der Sprache einen unschätzbaren Wert verleiht. Gäbe es zum Beispiel die Verbindung des signifikanten Lautbildes ‚Mutter' mit dem entsprechenden Signifikat nicht, so wäre unser Denken und Vorstellen völlig diffus, wie eine Nebelwolke ohne feste Gestalt; und auch die Masse der lautlichen Äußerungen bestände dann nur aus amorphen Geräuschen, die wir nicht als sprachliche Formen verstehen könnten. ‚Nichts ist bestimmt, ehe die Sprache in Erscheinung tritt' (Saussure). Erst durch die Sprache wird das gedankliche Chaos strukturiert und die Lautäußerung zur artikulierten Zeichengestalt."

[155] Grosz 1990: 122f.

[156] Seshadri-Crooks 2000: 21. Hier benennt sie *Weißsein* ausdrücklich als einen „fraudulent signifier".

[157] Vgl. Tißberger 2013: 126ff. Tißberger beschreibt an dieser Stelle den Phallus als einen privilegierten Signifikanten, durch den die sexuelle Differenz zum Primat aller Subjekt-bildenden Differenzen in der Psychoanalyse wird. Gleichzeitig legt sie dar, dass sich der Phallus sehr wohl auch in körperlichen Merkmalen sexueller Differenz ausdrücke.

[158] Seshadri-Crooks 2000: 21.

Während der Phallus nach Seshadri-Crooks als Hauptsignifikant der subjektkonstituierenden sexuellen Differenz wirksam wird, der alteroreferenziell, ahistorisch und machtfrei sei und keine diskursiv erzeugten körperlichen Merkmale hervorbringe, fülle *Whiteness* die Leerstelle, durch die der Phallus ein eigentlich unbestimmtes Begehren produziere, mit dem Versprechen, dem Subjekt Ganzheit und Sein zu schenken. Denn ein Subjekt ohne Mangel, so Tißberger zu Seshadri-Crooks, entspreche der allmächtigen Position einer „masculine jouissance [...] who is characterized by his fullness, his ability to know no lack, or prohibition of his desire".[159]

Seshadri-Crooks legt in ihrem Buch allerdings weder plausibel dar, warum „es Whiteness als Signifikant gelingt, als Phallus zu wirken",[160] noch warum „nicht jedes andere Machtverhältnis einen ‚Gesandten' schicken könnte, der sich, als Phallus ‚verkleidet', in die angeblich machtfreie, subjektkonstituierende Leerstelle einschleicht".[161] Darüber hinaus bleibt Seshadri-Crooks' Behauptung fragwürdig, die besagt, der Phallus, der die Subjekt bestimmende sexuelle Differenz inauguriere, bringe keine diskursiv erzeugten körperlichen Merkmale hervor, während dies bei der rassialisierten Differenz sehr wohl der Fall sei.

Auch wenn Seshadri-Crooks' Definition von *Weißsein* als Hauptsignifikant (*master signifier*) in vielerlei Hinsicht der von mir verfochtenen Definition von *Weißsein* als Phallus(anteil) ähnelt, so bedarf es meiner Meinung nach nicht – wie Seshadri-Crooks behauptet – zweier symbolischer Ordnungssysteme, um *Whiteness* als Hauptsignifikanten in der symbolischen Ordnung unterzubringen. Denn ebenso wie der Penis kann auch *Weißsein* als symbolischer Phallus, als „signifier of signifiers", fungieren, der die Subjekte innerhalb einer hierarchischen Sozialstruktur in den unterschiedlichen gesellschaftlichen Positionen verortet.[162] Seshadri-Crooks schreibt:

> For the subject of race, Whiteness represents complete mastery, self-sufficiency, and the *jouissance* of Oneness. [...] Racial difference [...] has no other reason to be but power, [...] [it] offers the prestige of being better and superior; it is the promise of being more human, more full, less lacking.[163]

*Weißsein* kann daher – ebenso wie der Penis – als symbolischer Phallus fungieren, der – nach Lacan – als Hauptsignifikant eines sprachlichen Ordnungssystems Differenz möglich macht, selbst aber ausgeschlossen bleibt aus dem Spiel der Bedeutungen, das er unterhält.[164]

---

[159] Tißberger 2013: 67. Vgl. Seshadri-Crooks 2000: 76.
[160] Tißberger 2013: 71.
[161] Tißberger 2013: 70.
[162] Grosz 1990: 121.
[163] Seshadri-Crooks 2000: 7.
[164] Seshadri-Crooks 2000: 58.

Anders als Seshadri-Crooks, die einzelne Differenzsysteme voneinander abgrenzt, um *Weißsein* als *master signifier* dem rassifizierenden Symbolsystem zuzuordnen und den Phallus als *master signifier* ausschließlich dem Symbolsystem der Geschlechterdifferenz zu überlassen, verstehe ich die einzelnen Differenzsysteme als interdependent. Der symbolische Phallus fungiert bei mir daher als ein verwandlungsfreudiger und -fähiger *master signifier* eines einzigen Sprach- und Symbolsystems, das aus verschiedenen, ineinandergreifenden und in sich jeweils hierarchisch angeordneten Differenzmodellen wie z.B. Klasse, *Rasse*, Gender, religiöse und sexuelle Orientierung besteht.

Jane Gaines betonte denselben Sachverhalt, als sie 1988 darauf hinwies, dass Schwarze Feministinnen die von ihnen im Alltag erfahrene Unterdrückung als eine „interlocking" (sich ineinander verschränkende) Synthese der Diskriminierungsachsen von *Race*, *Class* und *Gender* beschreiben würden.[165] Gaines bezog sich damit auf die Veröffentlichung „A Black Feminist Statement" des 1974 gegründeten *Combahee River Collective* – ein Bündnis von Schwarzen Frauen und *Women of color*, deren theoretisches und politisches Engagement 1977 zur verschriftlichten Kritik an einem additiv gedachten Modell von Unterdrückung führte, dem eine Hierarchie von Differenzkategorien immanent ist. Das Bündnis ging stattdessen „von einem System von simultan operierenden und ineinandergreifenden Vektoren von Herrschaft aus".[166]

Das bedeutet, dass der phallische Signifikant, der den Zugang zur Macht als Herrschaftssymbol reguliert, intersektional zu denken ist. Denn jedes geschlechtlich konstruierte Wesen ist gleichzeitig klassifiziert und rassifiziert und wird immer auch entlang der Differenzsysteme religiöser und sexueller Orientierungen, körperlicher Befähigung, Alter etc. in der Gesellschaft verortet. „Die Verortung von Weißsein", schreiben Peggy Piesche und Susan Arndt, „als zentrale, Macht und Privilegien garantierende ‚soziopolitische Währung' geht einher mit der Einbeziehung seiner Verschränkungen mit anderen gesellschaftlichen Machtachsen und Strukturkategorien, die ihrerseits wieder historisch eingebettet und kollektiv tradiert werden."[167] Auf den Phallus übertragen kann geschlussfolgert werden, dass dieser ebenso aus einem Konglomerat verschiedener – visuell mehr oder weniger wahrnehmbarer – Differenzkonstruktionen geformt wird.[168]

---

[165] Gaines 1988: 16.
[166] Rodríguez 2011: 89.
[167] Arndt/Piesche 2011: 193.
[168] Heteronormativität ist in diesem intersektional gedachten Setting eine der wichtigsten Grundlagen rassialisierter Mythen und Konstruktionen.

Auch die Psychologin Martina Tißberger betrachtet den Phallus nicht nur als Symbol von Männlichkeit, sondern auch als eines von *Weißsein*:[169]

> Der Phallus, den Freud kreierte und den er selbst begehrte, ist nicht nur männlich, sondern vor allem weiß.[170]

Tißberger behauptet, dass die rassische Differenz, die sie an dem von Freud selbst erlebten Antisemitismus festmacht,[171] der sexuellen Differenz in der Genealogie der Psychoanalyse vorgelagert sei.[172] Angelehnt an den Germanisten und Historiker Sander Gilman und an den Religionsphilosophen Daniel Boyarin argumentiert Tißberger, dass Freud als „weißer Mann *und* Jude"[173] seine eigene konflikthafte soziale Position und den Begriff der Beschneidung, der inzwischen von der Binarität der Begriffe Phallus und Kastration verdeckt werde, hätte emanzipieren können. Beides habe er stattdessen jedoch in die sexuelle Differenz verschoben, deren Ursprung er am Vatermord und Inzesttabu in der Urhorde festmache.[174] Weiter hebt sie hervor, dass Freud „in Abwehr der Feminisierung von Juden durch den Antisemitismus die Juden zu den eigentlich überlegenen, maskulinen Männern schreibt und dabei Antisemitismus gegen Sexismus eintauscht. Aus der Differenz von Beschneidung und Nicht-Beschneidung wird die von Phallus Haben/Sein."[175] Sie unterstellt der Freud'schen Phallustheorie, dass sie dazu diene, den Schmerz der rassialisierten, antisemitischen Diskriminierung und der damit einhergehenden gesellschaftlichen Ausgrenzung zu verdrängen, indem der durch das männliche Geschlechtsteil verkörperte Phallus an die Stelle des fehlenden *Weißseins* gesetzt werde.[176]

Da der Freud'sche Phallus laut Tißberger den Schmerz verdecken soll, den das erneute Durchleben des Traumas rassischer Diskriminierung mit sich bringen

---

[169] Tißberger 2013: 152.
[170] Tißberger 2013: 345.
[171] Tißberger 2013: 287: „Die Juden stellten zu Freuds Schaffenszeit quasi die Kolonisierten innerhalb Europas dar (Boyarin, Brickman, McClintock, Gilman) und waren als solche ebenso abjekte Subjekte wie die Schwarzen in den Kolonien – eine soziopolitische Realität, die aus der Psychoanalyse Freuds nahezu ausgeschlossen wurde, die sie aber, wie Boyarin verdeutlicht, zugleich angetrieben hat."
[172] Tißberger 2013: 329: „In der Genealogie der Psychoanalyse Freuds, deren Anfang Kristeva in ihre Abjektionstheorie hineinverlängert, muss Afrika als Primitivität – sein Signifikant Whiteness – gleich einem Vorhang zur Seite geschoben werden, damit das griechische Familiendrama des Ödipus mit seinem Signifikanten Phallus aufgeführt werden kann."
[173] Tißberger 2013: 275.
[174] Ebd.
[175] Tißberger 2013: 276.
[176] Tißberger 2013: 296: „Freuds Theorien der Subjektivität, die alle um den Phallus zentriert sind – der Ödipuskomplex, die Kastrationsangst und der Penisneid – stellen, so Boyarins Argument, eine ausgeprägte Abwehr gegen die Feminisierung jüdischer Männer dar (S. 229). [...] Jegliche Differenz auf den Phallus zu beziehen und sich damit Zugang zur androzentrischen und eurozentrischen Dominanzkultur zu verschaffen, heißt, diese Differenz auszulöschen, statt sie zu emanzipieren." Zur männlichen Kastrationsangst beispielsweise Freud 1999c: 178f. und Freud 1999g: 21.

würde, bezeichnet Tißberger den Phallusbegriff als „Fetisch der Psychoanalyse".[177] Sie schreibt:

> Unfähig, die traumatisierende Realität der Differenz zu begreifen, kreiert der Fetischist in Freuds Psychoanalyse einen Ersatz; er leugnet Differenz, indem er sie durch eine ungefährliche Alternative ersetzt. Beim Blick in den Spiegel ‚sieht' Freud den beschnittenen Juden – eine ‚unheimliche Erscheinung', die er verdrängt. Freud ‚skotomisiert' jedoch nicht die Wahrnehmung der Beschneidung, [...] sondern rettet seine Illusion und schützt sich damit vor der Kastrationsdrohung, indem er einen Fetisch bildet: die Primitivität. [...] In seiner Theorie wird aus dem ‚unheimlichen Anblick' des beschnittenen Genitals der Blick auf ‚das mangelnde Genital der Frau' mit ihrer ‚primitiven' Klitoris – Rudiment einer Ganzheit, des Penis/Phallus.[178]

Und:

> Die antisemitische Differenz mit ihrem Signifikanten ‚Beschneidung' wird über die kolonialrassistische Differenz mit dem Signifikanten Primitivität in die sexuelle Differenz mit dem ‚Herrensignifikanten Phallus' verschoben.[179]

Tißberger liest den Phallus – zumindest an dieser Stelle – jedoch, genau wie Freud, synonym mit dem männlichen Organ, dem Penis. Indem sie behauptet, Freuds peniszentrierte Phallustheorien seien an die Stelle des (fehlenden) *Weißseins* gesetzt worden, setzt sie *Weißsein* mit dem realen, nicht aber mit dem symbolischen Phallus nach Lacan gleich.

Ich möchte daher gegen Tißberger argumentieren, dass Freud nicht durch die angebliche Verschiebung der „Beschneidung" einen Fetisch produziert hat, sondern dass die sich im Beschnitten-Sein visualisierende religiöse Orientierung eine weitere Machtachse bildet, die den – von mir intersektional gedachten – phallischen „Herrensignifikanten" mitformt. Ein nicht beschnittener Penis und *Weißsein* sind körperliche Markierungen, die in Freuds Erfahrungshorizont Begehren auslösten, weil sie im christlich-*weißen* Patriarchat den Zugang zu Macht und Ganzsein versprachen. Sie sind visuelle, am Körper festzumachende Ausformungen des phallischen Signifikanten – „Objekte klein a".[180] Freuds Beschnitten-Sein als Symbol jüdischen Glaubens, auf das Tißberger so vehement hinweist, mag allerdings tatsächlich dazu geführt haben, dass Freud dem biologisch gedachten männlichen Organ eine so zentrale Stelle in seiner Theorie hat zukommen lassen. Hier wäre Tißberger zu folgen, die davon ausgeht, dass Freud den Schmerz der antisemitischen Diskriminierung durch eine Überbewertung des männlichen Genitals verdrängt und in seine Theorie verschoben haben könnte. Denn, wie oben bereits

---

[177] Tißberger 2013: 89.
[178] Tißberger 2013: 346.
[179] Tißberger 2013: 352.
[180] Den Phallus kann niemand besitzen, wohl aber „Objekte klein a".

ausgeführt, steht der Penis des Mannes – nicht ein abstrahiert konstruierter Phallus – im Zentrum der Freud'schen Psychoanalyse; Ödipuskomplex, Kastrationsangst und Fetischbildung eingeschlossen.

*Whiteness* kann aus den oben dargelegten Gründen im Rahmen der Lacan'schen Theorie als Teil eines sich aus verschiedenen Machtachsen zusammensetzenden (symbolischen) Phallus wirksam werden. Anhand dieses Phallus vollzieht sich die Subjektbildung eines jeden rassifizierten, unter okzidentalem Einfluss stehenden Individuums – sei es *weiß* oder Schwarz konstruiert. Der von Lacan theoretisierte Phallus, dessen Besitz einen Zugang zu Macht, Autorität und unterschiedlichen Sprecher_innenpositionen innerhalb einer hierarchisch organisierten Gesellschaft ermöglicht, ist intersektional zu denken. In dem Herrschaftssymbol *Whiteness* liegt eine der vielen möglichen Ausformungen eines solchen Machtzugangs. „White is a Metaphor for Power", schreibt der afroamerikanische Schriftsteller James Baldwin schon vor 1986 in einem unabgeschlossenen dreißigseitigen Manuskript, welches der Regisseur Raoul Peck zur Grundlage seines Dokumentarfilms *I am not your Negro* gemacht hat.[181]

Der von Mulvey als Voraussetzung für Schaulust ausgewiesene Phallus kann demnach, wird er nach dem Lacan'schen Konzept als symbolischer Phallus verstanden, als ein aus verschiedenen Machtachsen zusammengesetztes und von *Weißsein* dominiertes Machtsymbol auch von *weiß*-weiblichen Filmfiguren verkörpert sowie von *weiß*-weiblichen Filmrezipierenden besessen werden.

## 2.3 Mulvey phallisch *weiß* gelesen

Um die von mir hergeleitete rassismussensible Lesart des Phallus in die Mulvey'sche Theorie einzuarbeiten und die auf diese Weise erweiterte Theorie auf die Analyse okzidentaler Mainstream-Spielfilme anwenden zu können, möchte ich in diesem Unterkapitel zum einen dezidiert auf die Details der geschlechtersensiblen Mulvey'schen Theorie eingehen, die den vom Filmtext gelenkten Blick der Rezipierenden zum Dreh- und Angelpunkt der kinematografischen Schaulustgenerierung macht. Zum anderen möchte ich Leitfragen für eine Analyseschablone entwickeln, mit Hilfe derer ich die Filme in Kapitel drei lesen kann.

Laut Mulvey ist es „die Position des Blickes, die das Kino definiert". Die „Möglichkeit, ihn zu variieren und sichtbar zu machen" unterscheidet das Kino grundlegend von theatralen Bühnensituationen.[182] Von den drei verschiedenen Arten von Blicken, deren Zusammenwirken das Kino zu einem Ideologie produzierenden Apparatus werden lässt – der Blick der Kamera, der des Publikums und

---

[181] *I am not your Negro* (2016). Zitat stammt aus den letzten 15 Minuten des 93-minütigen Dokumentarfilms.
[182] Mulvey 1994: 63f.

der, den die Filmfiguren innerhalb der Leinwandillusion untereinander austauschen –, ist es laut Mulvey der Blick der Filmfiguren, der im konventionellen Spielfilm dominiert und die anderen beiden, sich vereinenden Blickarten unsichtbar macht, um dem fiktionalen Drama Realität, Überzeugungskraft und Wahrheit zu verleihen.[183] Die „materielle Existenz des Aufzeichnungsprozesses und das kritische Lesen durch den Zuschauer" müsse zugunsten der Illusion von Welten und Objekten, „die auf den Maßstab des Verlangens zugeschnitten sind",[184] durch den durch die Kamera erzeugten Figurenblick unterdrückt werden. Dieser Figurenblick erschaffe in Kooperation mit Montage und Narration eine illusionäre Kontrolle von Zeit- und Raumdimensionen:

> Die Kamera wird zu einem Mechanismus, der die Illusion des Renaissance-Raumes herstellt, fließende Bewegungen, die dem menschlichen Auge angepaßt sind, eine Ideologie der Repräsentation, die mit der Wahrnehmung des Subjekts zu tun hat; der Blick der Kamera wird unterdrückt, um eine Welt zu schaffen, in der der Stellvertreter des Zuschauers überzeugend handeln kann.[185]

Der so erzeugte illusionäre Raum lässt Ideologie sich unbemerkt einschreiben. Anhand der am „Verlangen" oder Begehren ausgerichteten Schaulust, die die psychoanalytische Filmtheorie von den psychoanalytischen Konzepten der Skopophilie und des Spiegelmoments ableitet und auf die Rezeptionssituation im Kino überträgt,[186] zeigt Mulvey die Implementierung der Ideologie des Sexismus auf. Sie weist darauf hin, dass die Lust am Schauen, die Freud als einen von den erogenen Zonen unabhängigen frühkindlichen (Sexual-)Trieb betrachtet, den das Kind befriedige, indem es eine andere Person durch seinen aktiven Blick zum Objekt sexueller Stimulation mache,[187] im späteren Leben in einer patriarchalen Gesellschaft in aktiv/männlich und passiv/weiblich aufgeteilt sei.[188]

Aufgrund dieser Blickaufteilung, so Mulvey, diene die Frau auch im kinematografischen Rezeptionsprozess ausschließlich als passives Material für den aktiven männlichen Blick[189] durch das kinematografische „Schlüsselloch".[190]

---

[183] Mulvey 1994: 64. Vgl. dazu Unterkapitel *3.4.6 Mythos (weiblich)-weißer Wahrheit*.
[184] Mulvey 1994: 64.
[185] Mulvey 1994: 64f.
[186] Mulvey 1994: 54.
[187] Mulvey 1994: 51.
[188] Mulvey 1994: 55.
[189] Mulvey 1994: 63.
[190] So wie die Skopophilie laut Freud u. a. in den voyeuristischen Aktivitäten von Kindern zu erkennen sei, die durch ein Schlüsselloch gucken, um mit diesem Blick das Private und Verbotene zu entdecken, vermittelten, so Mulvey, die kinematografischen Vorführbedingungen und Erzählkonventionen dem Kinopublikum die Illusion voyeuristischer Distanziertheit und des Einblicks in eine private Welt. Denn der Film präsentiere eine „hermetisch abgeschlossene Welt, die sich magisch entrollt, ohne die Anwesenheit der Zuschauer zu beachten", und der „extreme Konstrast zwischen der Dunkelheit des Zuschauerraums und der Helligkeit der wechselnden Licht- und Schattenmuster" befördere „die Illusion voyeuristischer Distanziertheit" (Mulvey 1994: 52).

Während sich ein männlicher Rezipient mit dem männlichen Protagonisten identifizieren und seinen eigenen Blick mit dem aktiven Blick seines Stellvertreters auf der Leinwand verschmelzen lassen könne, werde die Frau zum bloßen Objekt der männlichen Schaulust degradiert.[191] Somit sei die weibliche Rezipientin dazu verdammt, gemeinsam mit der weiblichen Filmfigur auf das Bild des Mannes reduziert zu sein.[192]

Liest man die Mulvey'sche Theorie vor dem Hintergrund post_kolonialer Theorie, so kann die Annahme einer blickgesteuerten Implementierung der Ideologie des Sexismus durchaus auf die Ideologie des Rassismus übertragen werden. Denn nicht nur Mulveys Theorieansatz betrachtet den aktiven Blick als Standpunkt des Subjektes und das Angeblickt-Sein als den des Objektes. Auch in der Kritischen Weißseinsforschung wird eine solche Blickkonstellation immer wieder als Subjekt-Objekt-konstituierend beschrieben.[193] Diese Parallelität deutet darauf hin, dass die bei der Filmrezeption entstehende Schaulust in einer (post-)kolonial-patriarchalen Gesellschaft nicht nur aus der von Mulvey in okzidentalen Mainstream-Filmtexten erkannten Entgegensetzung von aktiv/männlich und passiv/weiblich geboren wird, sondern zusätzlich durch eine Inszenierung, die aktiv/*weiß* und passiv/nicht-*weiß* kontrastiert.

Betrachtet man also, was Laura Mulvey über das Entstehen der Schaulust schreibt, mit der Schablone eines intersektional konzipierten Phallus- und Fetischbegriffs, so ist davon auszugehen, dass nicht nur „die Frau [...] in der patriarchalen Kultur als Signifikant für das männliche Andere" steht,[194] sondern auch eine als nicht-*weiß* kategorisierte Filmfigur in einer imperialistischen und von kolonialen Kontinuitäten gekennzeichneten Gesellschaft zu einem Signifikanten für das dem *Weißsein* entgegengesetzte „Andere" wird. Denn unter dieser Prämisse benötigt der Phallozentrismus ebenso wie er „auf das Bild der kastrierten Frau angewiesen ist, um seiner Welt Ordnung und Sinn zu verleihen",[195] das Bild eines „kastrierten" Schwarzen Menschen, um im Kontext des Regiments von *Weißsein* die *weiße* Exis-

---

[191] Dass Mulveys These, nur männliche Rezipierende könnten sich mit dem Blick der männlichen Hauptfigur identifizieren, von mehreren Theoretiker_innen in den letzten dreißig Jahren bereits kritisch hinterfragt und zum Teil auch theoretisch widerlegt worden ist, habe ich bereits in Unterkapitel *2.1 Verifizierungsversuche und Auslassungen feministischer Filmtheorie am Filmbeispiel Blonde Venus* aufgezeigt.

[192] Dieser Annahme ist die Behauptung immanent, dass Rezipierende sich nur mit der auf der Machtachse Geschlecht gleich positionierten Filmfigur identifizieren können. Diese Annahme wurde von anderen feministischen Filmtheoretiker_innen bereits ad absurdum geführt (vgl. Unterkapitel *1.1.1 Feministische Filmtheorie* und *2.1 Verifizierungsversuche und Auslassungen feministischer Filmtheorie am Filmbeispiel Blonde Venus*). Dennoch halte ich eine Identifikationsbereitschaft via gleicher Positionierung auf den (verschiedenen) Machtachsen für möglich (dazu *2.3.2 Individuelle Rezeptionsposition, Identifikation und Schaulust*).

[193] Vgl. Unterkapitel *2.3.1.3 Blickregime aus post_kolonialer Perspektive*.

[194] Mulvey 1994: 49.

[195] Mulvey 1994: 48.

tenz als hegemoniale Instanz zu erschaffen und zu legitimieren, in der sich die (*weißen*) Rezipierenden lustvoll spiegeln können.

Die Analysefragen, die in diesem Zusammenhang in Kapitel drei zu beantworten sein werden, lauten: Welche rassialisierenden Machtachsen werden durch die Blickkonstellationen der unterschiedlichen Filmfiguren hergestellt? Wer wird zum Subjekt des Blicks, wer zum Objekt? Inwieweit werden die Subjekte des Blicks – visuell, auditiv oder narrativ – mit „Kultur" und „Zivilisation" in Verbindung gebracht, die Objekte des Blicks mit „Natur" und „Primitivität"?

Die oben erwähnte Spiegelung in einem *weißen* Ich-Ideal ist Teil der zweiten Komponente der von Mulvey theoretisierten schaulustgenerierenden Rezeptionsposition: die Identifikation mit dem Bild. Diese Identifikation mit dem Bild wird psychoanalytisch als ein narzisstisches Moment der Skopophilie verstanden und ist in dem von Jaques Lacan beschriebenen Spiegelmoment zu finden, in dem das Kind sein Spiegelbild in einem Entwicklungsstadium anschaut, in dem seine physischen Bedürfnisse seinen motorischen Fähigkeiten voraus sind. Dabei erkennt das Kind sein Spiegelbild als vollkommener als das, was ihm seine Körpererfahrung vermittelt. Im Prozess dieses „Falsch-Erkennens" wird der im Spiegel zu sehende Körper als ein ideales Ich projiziert, das vom Kind als Ich-Ideal wieder introjiziert wird. Dadurch wird die künftige Identifikation mit Anderen möglich gemacht. Gleichzeitig findet eine erste Artikulation von „Ich" statt, die mit Subjektivitätskonstruktionen in enger Verbindung steht.[196]

Mulvey überträgt auch dieses psychoanalytische Phänomen auf den Rezeptionsvorgang im Lichtspielhaus, indem sie die Ähnlichkeit zwischen Spiegel und Leinwand hervorhebt. Sowohl im Spiegel als auch auf der Leinwand werde – zumindest in der Konvention des gängigen Kinofilms – eine Einrahmung der menschlichen Gestalt und ihrer Umgebung vorgenommen, die bei den Rezipierenden neben dem Wunsch zu betrachten eine Faszination von Wiedererkennen und Ähnlichkeit entstehen lasse.[197] Der männliche Rezipient erlange durch die Spiegelung in einer auf der Leinwand zu sehenden mächtigen männlichen Filmfigur und durch die Verschmelzung seines eigenen Blicks mit der aktiven Macht des dieser Filmfigur zugeordneten erotischen (kontrollierenden) Blicks ein Omnipotenzgefühl.[198] Der Zuschauer könne sich mit den glanzvollen Eigenschaften seines Spiegelbildes identifizieren und innerhalb der Diegese zur Kontrolle über die Frau und in ihren Besitz gelangen.[199] Das Kino habe sich daher der Projektion von Ich-Idealen verschrieben, mit denen sich die Zuschauenden libidinös zu identifizieren

---

[196] Mulvey 1994: 53.
[197] Ebd.
[198] Mulvey 1994: 57.
[199] Mulvey 1994: 58.

imstande seien.²⁰⁰ Diese werde nicht zuletzt durch die Installation des Starsystems produziert.

Im Kontext post_kolonialer Theoriebildung ist davon auszugehen, dass dieses von Mulvey hervorgehobene Omnipotenzgefühl der sich mit einer Filmfigur identifizierenden Rezipierenden nicht nur durch die Inszenierung von Männlichkeit, sondern auch durch die von *Weißsein* hervorgerufen wird. Um diese These zu überprüfen, muss in der deduktiven Filmanalyse nach einer *weißen* Filmfigur gesucht werden, die sich als ein Spiegelbild eignet, das ein Ich-Ideal verkörpert und *weiße* Rezipierende zur lustbringenden Identifikation einlädt. Diese *weiße* Filmfigur muss, äquivalent zu Mulveys Theorie, eine „kontrollierende Hauptfigur" sein, um die herum der Film strukturiert ist.²⁰¹ Es ist für meine Untersuchungen zudem unerlässlich, dass sie weiblich ist. Denn um herauszufinden, inwieweit *Weißsein* eine phallische Positionierung von Filmfiguren generiert, muss ausgeschlossen werden können, dass diese Positionierung aufgrund eines hauptsächlich geschlechtlich konstruierten Phallus zustande kommt.²⁰²

Diese *weiß*-weibliche Hauptfigur sollte, Mulvey folgend, als eine „Repräsentant[in] der Macht" auftreten, die „aktiv die Handlung vorantreibt, Ereignisse initiiert" und die „Phantasie des Films [kontrolliert]".²⁰³ Nicht nur der männliche Rezipient würde sich dann mit einem Ich-Ideal identifizieren können, das von einer männlichen Figur repräsentiert wird, sondern auch *weiße* Zuschauer_innen wären in der Lage, sich lustvoll in dem auf *weißer* Hegemonialität basierenden Idealbild einer *weißen* Hauptfigur zu spiegeln und den eigenen Blick an ihre Stellvertreter_innenfigur auf der (post_)kolonialen Leinwand zu heften.

Folgende Fragen sind im Zusammenhang mit dem durch den Phallusanteil *Weißsein* möglicherweise perfektionierten Ich-Ideal bei der Analyse der Filmtexte in Kapitel drei zu beachten: Wie genau wird den *weißen* Filmfiguren ein phallisches *Weißsein* zugeschrieben? Durch welche weiteren Machtachsen wird der Phallus der Protagonistinnen mitgeformt? Innerhalb dieses intersektionalen Forschungsansatzes werde ich, da es in meiner Arbeit um die Entwicklung rassismussensibler Analysestrategien geht, den Fokus zwar auf die Dekonstruktion der Machtachse *Rasse* richten, doch kann diese nicht losgelöst von anderen Machtachsen wie beispielsweise Geschlecht und Klasse sowie sexuelle und religiöse Orientierung gedacht werden.

Es bedürfte zusätzlich, Mulvey parallelisierend, einer Fetischisierung und/oder Abwertung der zum Objekt werdenden Schwarzen Filmfigur, um die auf diese Weise gewonnene *weiße* Lust am Schauen nicht wieder zu verlieren. Denn

---

[200] Mulvey 1994: 54.
[201] Mulvey 1994: 57.
[202] Vgl. Unterkapitel *1.2 Struktur und Analysekorpus*.
[203] Mulvey 1994: 56.

Schwarze Filmfiguren symbolisieren nach der hier zugrunde gelegten, in Unterkapitel 2.2.2 hergeleiteten Phallusdefinition im Kontext der (post-)kolonialen Gesellschaftsordnung die von Mulvey theoretisierte Kastrationsdrohung. Diese Kastrationsdrohung geht in der Mulvey'schen Theorie von der – von Mulvey als kastriert bezeichneten – weiblichen Filmfigur aus, weil diese durch die Abwesenheit des Penis den Mangel an männlicher Macht symbolisiere.[204] Das Bild der Frau rufe daher die allgegenwärtige Kastrationsdrohung wach, die die männliche Lust am Schauen zu zerstören imstande sei. Um diese Schaulust dennoch aufrechtzuerhalten, gibt es laut Mulvey zwei kinematografische Strategien.[205] Die erste besteht aus der Fetischisierung der weiblichen Filmfigur, bei der der Körper der Frau im Film entweder als (Ganzkörper-)Phallus[206] inszeniert oder aber in Einzelteile zerlegt und fragmentiert dargestellt werde. So vermittle das weibliche Abbild eher ein Gefühl der Bestätigung als der Gefahr. Diese Strategie gehe mit der Verdrängung der Kastrationsangst einher.[207]

Eine andere, zweite, Strategie sei ein innerhalb der Narration stattfindender sadistischer Umgang mit der weiblichen Filmfigur, der in der Bestrafung derselben zu finden sei.[208] Diese Strategie sei mit einem erneuten Durchleben des Traumas verbunden, welches bei dem Versuch entstehe, das Geheimnis der Frau zu lüften.[209] Die mit dem Sadismus in Verbindung stehende Abwertung der Frau bilde ein Gegengewicht zu diesem Trauma.[210] Der Sadismus eigne sich gut, Teil des filmischen Narrativs zu sein, da er, genau wie der konventionelle Film, eine Story und einen Kampf über Willen und Stärke mit Sieg und Niederlage, Anfang und Ende benötige.[211]

Es sind also in die Analyseschablone nicht nur die Fragen zu integrieren, durch welche konkreten Inszenierungsstrategien hegemoniales *Weißsein* kinematografisch geformt wird und wodurch Schwarze Filmfiguren ebenso wie weiblich-*weiße* Filmfiguren als kastriert dargestellt werden. Vielmehr muss zusätzlich erforscht werden, auf welche Weise Schwarze Filmfiguren ebenso wie *weibliche* im Laufe der Filmhandlung fetischisiert oder sadistisch bestraft bzw. abgewertet werden, um *weiße* Schaulust aufrechtzuerhalten.

---

[204] Mulvey 1994: 58.
[205] Vgl. Elsässer/Hagener 2011: 121. Sie schreiben zu diesem Aspekt von Mulveys Theorie: „Für den Film gibt es nun zwei Möglichkeiten, diese Gefahr der Kastrationsdrohung abzuwehren: Fetischismus oder Sadismus."
[206] Gemeint ist hier der Phallusbegriff wie Mulvey ihn anwendet. Genau genommen handelt es sich daher um eine Inszenierung der weiblichen Darstellerin in Penisform.
[207] Mulvey 1994: 58.
[208] Ebd.
[209] Damit ist das „Geheimnis" gemeint, dass die Frau „in Wirklichkeit" kastriert ist.
[210] Mulvey 1994: 58.
[211] Mulvey 1994: 59. Vgl. Unterkapitel *3.7.2 Sadistische Abwertung der weißen Protagonistin* und *3.7.4 Sadistische Abwertung Schwarzer Filmfiguren.*

Wenn sich die Kastration der weiblichen Filmfigur im fehlenden Penis ausdrückt, woran macht sich dann die Kastration der Schwarzen Filmfigur fest? Und was erscheint, wenn statt des „Geheimnisses der Frau" das „Geheimnis der Schwarzen Filmfigur" gelüftet wird? Welches Trauma müssen die Rezipierenden dabei erneut durchleben? Und durch welche Form von sadistischer Bestrafung wird dazu ein Gegengewicht geschaffen? Wie wird der Sadismus, dem Schwarze Filmfiguren möglicherweise ausgeliefert sind, in das narrative Element der Filmtexte eingeschrieben? Oder durch welche Form von Fetischisierung wird das mit der Kastrationsdrohung verknüpfte „Geheimnis der Schwarzen Filmfigur" stattdessen verdrängt? Gibt es bei der Fetischisierung Schwarzer Filmfiguren Unterschiede zwischen weiblichen und männlichen Figuren?

Mit einer solchen Lesart der Mulvey'schen Theorie könnte sowohl der Gefahr einer den okzidentalen Sehgewohnheiten und Gesellschaftsstrukturen immanenten Leseunwilligkeit gegenüber rassisierenden Filmelementen als auch der von Diawara kritisierten „color blindness" der feministischen Filmtheorie effektiv entgegengewirkt und der *weiße* Blick ent-täuscht werden.

Antworten auf die in diesem Unterkapitel aufgeworfenen Fragen werden in Kapitel drei mithilfe einer Analyseschablone gesucht, deren Leitfragen aus diesem Unterkapitel hervorgegangen sind.[212] Um die Identifizierung der in die Filmtexte implementierten Zeichen rassialisierender Differenz und damit die Entschlüsselung der Einladungen zu erleichtern, die der jeweilige Filmtext an Rezipierende ausspricht, werde ich, bevor ich mich an die Analyse der ausgewählten okzidentalen Spielfilme begebe, auf post_koloniale Texte zugreifen, die rassialisierende Repräsentationspraktiken bereits thematisieren und „einige Grundbilder in der ‚Grammatik der Rasse'"[213] aufzeigen.

### 2.3.1 Grammatik rassifizierter Repräsentation

Bei der Analyse der Repräsentation handelt es sich um die Analyse desjenigen Teils des ideologischen Apparatus Kino, der die Ideologie des Rassismus durch den Filmtext selbst transportiert und durch den die Einladungen an die Rezipierenden ausgesprochen werden, die wiederum in der „mentalen Maschine" des Individuums verarbeitet werden. Wie genau könnte in diesem Teil des ideologischen Apparatus das von Mulvey als Schaulust erzeugende Instanz theoretisierte IchIdeal aufgrund *weißer* Hegemonialität entstehen? Welche rassialisierenden Strategien und Zeichen könnten in den Filmtext eingeschrieben werden, um *weiße* Schaulust zu evozieren?

---

[212] Die Analyseschablone ist zu finden unter *3. Deduktives Analyseverfahren: Darstellung weißer Weiblichkeit im okzidentalen Mainstream-Spielfilm im Analyseraster der „phallisch weiß" gelesenen Mulvey'schen Theorie*.
[213] Hall 2012: 160.

Kelly geht noch 2016 von einer andauernden – auch visuellen – Kolonialität in Deutschland aus, „die mit und durch die Wissenschaft und Gesellschaft getragen wird und gleichsam auf die Wissenschaft und Gesellschaft (zurück-)wirkt, sodass inkludierende und exkludierende Machtstrukturen aufrechterhalten und durch die Medien (weiter-)transportiert werden".[214] Damit kommt Kelly Althussers Beschreibung ideologischer Staatsapparate nahe. Dementsprechend kann die Repräsentationsforschung mit Hall und in Einklang mit weiteren Vertreter_innen der kritischen *Cultural Studies* als Ideologieforschung oder, in marxistischer Ausdrucksweise, Ideologiekritik betrachtet werden.[215]

Kelly unterteilt die sich in kolonialisierten Kommunikationsprozessen niederschlagende Kolonialität in der von ihr durchgeführten Repräsentationsforschung in drei Beobachtungsebenen mit jeweils spezifischen Ent_Wahrnehmungsstrategien: die sprachliche, die visuelle und die kognitive Ebene.[216] Innerhalb der sprachlichen Kolonialität nennt Kelly in Bezug auf *weiße* Sprachhandlungen das „Entnennen",[217] durch das *weiße* Machtpositionen und Privilegierungen nicht benannt und dadurch *weiße* Normpositionen unsichtbar gemacht werden, und das „Ent_Erwähnen", das Schwarze Selbstbenennungen nicht erwähnt und Schwarze als rassifizierte Objekte festschreibt.

Im Bereich der visuellen Kolonialität spricht sie von einem „Entsehen", durch das *weiße* Personen nicht gesehen, sondern als universal „entsehen" werden, und durch das eine Selbstdarstellung als *weiß* fehlt und *weiß* nur durch die Inszenierung von Schwarzen hergestellt wird. Zur visuellen Kolonialität zählt Kelly zusätzlich das „Ent_Visualisieren", das den Schwarzen Blick in der aktiven Bildhandlung inexistent macht. Dieser kann dennoch aus post_kolonialer Perspektive als *counter gaze* und Widerstandshandlung verhandelt werden.[218] Beide Strategien des Ent_Visualisierens gehen bei Kelly auf die Metapher des Schleiers zurück, die W. E. B. Du Bois theoretisiert hat. Der Schleier verbildlicht die durch Rassismus provozierte Trübung sowohl des *weißen* Blicks auf Schwarze als auch des Schwarzen Blicks auf sich selbst und auf *Weiße*.[219]

Kelly lässt dem visuellen Kolonialdiskurs im Rahmen eines *iconic turn*, der die Wendung weg von der Sprache hin zum Bild ermöglicht, ebenso große analytische Aufmerksamkeit zukommen wie der sprachlichen Ebene.[220] Sie weist aber gleichzeitig darauf hin, dass „Bilder nicht wie Texte ‚gelesen', sondern ‚gesehen' oder

---

[214] Kelly 2016: 77.
[215] Thiele 2015: 75.
[216] Kelly 2016: 105.
[217] Auch Barthes benutzt den Begriff der Ent-nennung im Zusammenhang mit dem Mythos. Er benutzt den Ausdruck der „bürgerlichen Ent-nennung" (Barthes 1970: 138).
[218] Kelly 2016: 120.
[219] Ebd.
[220] Kelly 2016: 117.

‚geschaut' und auf andere Art und Weise im persönlichen wie kollektiven Gedächtnis ‚gespeichert' werden und ebenso eine andere Wirkung haben. [...] Fakt ist," schreibt Kelly, „dass das Sammeln und Präsentieren von Bildern noch immer ganz erheblich zum Akt der Vereinnahmung Afrikas durch die *weißen* Europäer_innen gehört."[221]

Dieses Sammeln von Bildern eignet sich unter anderem deshalb so gut als Akt der Vereinnahmung Schwarzer Lebenswelten durch *Weiße*, weil die fotografischen Medien von vornherein auf den *weißen* Menschen ausgerichtet waren und, wie Dyer hervorhebt, seit ihrer Entstehung eine zentrale Rolle in der Bestimmung von „Rasse" spielten – einschließlich der Bestimmung des *Weißseins*.[222] Diese Instrumentalisierung der Fotografie, aus der sich das Medium Film entwickelt hat, bot sich unter anderem deshalb an, weil sie ebenso wie andere Lichttechnologien Anfang des 19. Jahrhunderts entstand – zu einem Zeitpunkt also, als sich die sogenannte wissenschaftliche Fundierung der „Rassetheorien" auf ihrem Höhepunkt befand.

So verwundert es nicht, dass bei der historischen Entwicklung der fotografischen Medien, die als Lichttechnologien auf dem Phänomen der Lichtdurchlässigkeit gründen,[223] der *weiße* Mensch, der Europide, als Norm gesetzt worden ist. Bei der Ausarbeitung von Farbfotomaterial sei beispielsweise, so Dyer, der „ideale Rosaton der *weißen* Frau" als Maßstab gesetzt worden.[224] Und noch heute gelte das *weiße* Gesicht in den Standardbüchern der Fotografie als Norm. Alle Ratschläge für Lichtsetzung und Belichtungseinstellungen seien auf *weiße* Körper und Gesichter ausgerichtet. Nicht-*weiße* Menschen würden in diese Ausführungen höchstens als Problem erzeugende Abweichungen der Norm einbezogen.[225] Wegen dieses ausschließlichen Bestrebens, die ideelle Vorstellung eines *weißen* Menschen visuell zu (re-)präsentieren, blieb laut Dyer die Tatsache lange unberücksichtigt, dass verschiedene Hautfarben Licht unterschiedlich reflektieren.

Dass Visualität und *weiße* Hegemonialität eng miteinander verknüpft sind, darauf weist nicht nur Dyer hin, sondern auch die Medienwissenschaftlerinnen Bergermann und Heidenreich. Ihrer Meinung nach beschreiben

> die vielzitierten post_kolonialen Figuren der *double consciousness* oder auch des Schleiers (Du Bois, Fanon, Bhabha, Gilroy) [...] das Verhältnis von Kolonisierten und Kolonisierern als visuell bestimmtes. Nicht nur scheinen Bilder eine univer-

---

[221] Kelly 2016: 118.
[222] Dyer 1997a: 18.
[223] Das fotografische Bild wird durch die chemische Reaktion von Filmmaterial auf das von einem Gegenstand reflektierte Licht hervorgerufen. Das Licht, das auf die Objekte projiziert wird – sei es „natürliches" Licht oder Kunstlicht –, beeinflusst die im Bild zu sehende Reflektion (Dyer 1997a: 23).
[224] Dyer 1997a: 19.
[225] Ebd.

sale Sprache zu versprechen; Visualität ist eine zentrale Analysekategorie für post_koloniales Denken und Politik, und sie scheint nah an menschlichen Universalismen zu liegen. So verbreitet, dass es universell (natürlich) erscheint, ist das perspektivische Bild, das aber eine Geschichte und d.h. auch: eine lange Globalisierungsgeschichte hat (aus der *Islamic science*).[226]

In diesem Kontext ist auch zu beachten, dass das Licht bei der Erzeugung dieses „universell natürlich" erscheinenden fotografischen Bildes das Motiv auf einem Untergrund sichtbar macht, der zumeist weiß ist und am Ende in unterschiedlichem Ausmaß durch das Bild hindurchscheint – sei es weißes Fotopapier, sei es eine weiße Leinwand.[227] Auch dadurch werde die Farbe Weiß bei der Verwendung von Lichttechnologien privilegiert.

Bezogen auf die kognitive Kolonialität spricht Kelly von einem „Entäußern", das sie als „eine re_konstruierende Handlung" beschreibt, „bei der das Eigene (Subjekt) über das Andere (Objekt) konstruiert wird". Dieses geschieht zum einen durch Stereotypisierung, bei der „*Weiß*sein (als das Eigene) über die Stereotypisierung des Schwarzen (als das Fremde) prototypisiert" wird,[228] zum anderen durch eine Ent_Fremdung, bei dem sich Schwarzsein (als das Eigene) durch fremde *weiße* Vorstellung von sich selbst „entzweit".[229] Zur kognitiven Ebene gehört in Kellys Konzept aber auch das „Ent_Innern", im Zuge dessen *weiße* Darstellung von Geschichte(n) durch gesellschaftliches Verschweigen sozialisiert und Schwarze Geschichte(n) ent_historisiert werden.[230]

Alle drei Ebenen sind auch in Bezug auf die von mir durchzuführenden Filmanalysen interessant. Auf einige der von Kelly angeführten Ent_wahrnehmungsstrategien werde ich im Laufe der Analyse okzidentaler Mainstream-Filme in Kapitel drei zurückkommen. An dieser Stelle möchte ich die Strategie der Stereotypisierung fokussieren und diese mit Strategien der Mystifizierung und Mythenbildung in Verbindung bringen, da Stereotypisierung, Mystifizierungen und Mythenbildung aus post_kolonialer Sicht zentrale Funktionsweisen innerhalb der Produktion rassistischer Medienstrukturen einnehmen.[231] Zusätzlich werde ich auf post_koloniale Perspektiven eingehen, die die Herrschaft des Blickes analysieren, da der vom ideologischen Apparatus Kino (unmerklich) gelenkte Blick laut Mulvey eines der zentralen Instrumentarien darstellt, um eine ideologisch getränkte Schaulust zu erzeugen.

---

[226] Bergermann/Heidenreich 2015b: 13f.
[227] Dyer 1997a: 23.
[228] Kelly 2016: 105.
[229] Ebd.
[230] Vgl. Unterkapitel *3.4.7 Weiße Geschichtsverfälschung*.
[231] Vgl. Thiele 2015: 82. Thiele betont hier, dass Winker und Degele Stereotypen auf der Ebene der symbolischen Repräsentation ganz generell eine besonders große Bedeutung beimessen.

## 2.3.1.1 Rassialisierende Stereotype

Die Kommunikationswissenschaftlerin Martina Thiele hat die deutschsprachige Stereotypenforschung in vier Phasen unterteilt: die Nullphase (1945-1965), die Startphase (1966-1974), die Phase der Ausdifferenzierung (1975-1989) und die Phase der (De-)Konstruktion und Transformation (1990 bis heute). Thiele stellt heraus, dass diese unterschiedlichen Phasen durch Paradigmenwechsel und „turns" gekennzeichnet sind, betont aber auch, dass die Phasen nicht unbedingt in einem zeitlich linearen Ablauf zu verstehen sind, sondern intra- und interdisziplinäre Parallelentwicklungen einschließen.[232] Ihre Stereotypendefinition lautet wie folgt:

> Ein spezifisches Stereotyp oder eine *Stereotypart* kann definiert werden als kognitive Struktur, die sozial geteiltes Wissen enthält über die angeblich charakteristischen Merkmale und Verhaltensweisen zuvor kategorisierter Personen(-gruppen) und Objekte.[233]

„Die ideologiekritische Variante" der Stereotypendefinition ist laut Thiele, „dass Stereotype Ausdruck eines ‚von oben' und ‚durch die Medien' induzierten falschen Bewusstseins sind".[234] So werden Stereotype und Vorurteil in der marxistischen Theorie als Herrschaftsmittel und als Instrumente zur Machtstabilisierung der herrschenden Klasse betrachtet.[235] Dazu passt, dass der Medienkritiker Walter Lippmann das Kennzeichen einer perfekten Stereotype darin zu erkennen glaubt, dass die Stereotype „dem Gebrauch der Vernunft vorausgeht; sie ist eine Form der Wahrnehmung und drängt den Gegebenheiten, die unsere Sinne aufnehmen, gewisse Merkmale auf, bevor diese Gegebenheiten den Verstand erreichen."[236]

Dies verwundert wenig, wenn man mit Sander Gilman davon ausgeht, dass die Fundamente des Stereotyps intrasubjektiv in einer sehr frühen Entwicklungsphase angelegt werden, in der jedes Kind die Wahrnehmung von sich selbst in einem ganz „normalen" Prozess in „gute" und „schlechte" Anteile zerlegt. Die guten Anteile, die dem Kind die noch frühere Phase spiegeln, in der die Welt in der kindlichen Wahrnehmung noch gänzlich unter der eigenen Kontrolle gewesen ist, sind frei von Angst. Die „schlechten" Anteile, die die Unfähigkeit anzeigen, die Umwelt zu kontrollieren, hingegen sind mit Ängsten verbunden.[237]

---

[232] Thiele 2015: 386. Auf Seite 384 führt Thiele diese Phasen etwas detaillierter und in Verbindung mit einzelnen historischen Epochen und der jeweils dazugehörigen Institutsgeschichte der Kommunikationswissenschaft seit 1914 auf.
[233] Thiele 2015: 84.
[234] Thiele 2015: 388.
[235] Thiele 2015: 73.
[236] Lippmann 1964: 74, vgl. Chow 2015: 73.
[237] Gilman 1985: 17.

In der weiteren frühkindlichen Entwicklung wird nach Gilman nicht nur das Selbst, sondern auch die Welt in „gute" und „schlechte" Bestandteile bzw. Objekte aufgeteilt. Das Individuum entfernt sich innerlich von den „schlechten" Anteilen des Selbst, indem es diese auf Objekte der Welt projiziert. Neben dieser Aufteilung der Welt in das „gute" Selbst und das „schlechte" Objekt, wird auch die Objektwelt noch in „gute" und „schlechte" Objekte aufgeteilt.[238] Und so sind die Aufteilung der Objektwelt und die Wahrnehmung des „Anderen", obwohl diese Vorgänge außerhalb des Selbst zu geschehen scheinen, in Wahrheit nur die Spiegelung innerer Prozesse.[239]

Gilman weist darauf hin, dass die Objektwelt auf Bilder reduziert ist. Diese Bilder können sich allerdings durch die Interaktion des Subjekts mit der Realität, auf der die Bilder basieren, jederzeit verändern. Im besten Falle ist das Subjekt fähig, das Bild vom „Anderen" mit ambivalenten Inhalten zu füllen, so dass der „Andere" mal als „gut", mal als „schlecht" wahrgenommen wird.[240] In Zeiten, in denen Zweifel aufkommen, die internalisierte Welt kontrollieren zu können, werden Ängste wach, die dem frühen Prozess der Entwicklung eines jeden Individuums entstammen. Diese aufkommende Angst wird auf den „Anderen" projiziert und damit die Angst vor dem Kontrollverlust externalisiert.

In diesem Prozess wird der „Andere" nach Gilman stereotypisiert; d.h. mit einem Set von Zeichen ausgestattet, das den subjektiv empfundenen Kontrollverlust widerspiegelt: das „schlechte" Selbst mit seinen unterdrückten sadistischen Impulsen wird zum „schlechten" Anderen. Das „gute" Selbst wird in dem „guten" Objekt zur Antithese des fehlerhaften Selbst. Das „schlechte" Andere erhält die negativen Stereotype, das „gute" Andere die positiven. Die negativen Stereotype verkörpern die Angst, selbst in deren Besitz zu gelangen, die positiven verkörpern die eigene Angst, diese niemals erreichen zu können. Gilman schreibt:

> Stereotypes arise when self-integration is threatened. They are therefore part of our way of dealing with the instabilities of our perception of the world.[241]

Gilman betrachtet das Stereotypisieren als einen fundamentalen Prozess eines jeden Individuums, ohne welchen dieses in der Welt nicht funktionieren könnte.[242] Die Erschaffung von Stereotypen ist für ihn eine Begleiterscheinung jenes Prozesses, durch den jeder Mensch zum Individuum wird.[243] Allerdings unterscheidet

---

[238] Ebd.
[239] Gilman 1985: 18.
[240] Gilman 1985: 19.
[241] Gilman 1985: 18.
[242] Gilman 1985: 16.
[243] Gilman 1985: 17.

Gilman zwischen einem „pathological stereotyping and the stereotyping all of us need to do to preserve our illusion of control over the self and the world".[244]

Von diesem Stereotypenverständnis Gilmans grenzt sich Hall, Begründer und Hauptvertreter der *Cultural Studies*, ab. Den als unvermeidlich geltenden kognitiven Prozess, den Gilman als Stereotypisierung beschreibt, bezeichnet Hall nicht als Stereotypisierung, sondern wertneutral als Typisierung, Klassifizierung oder Kategorisierung.[245] Den Stereotypen schreibt Hall hingegen drei zentrale, negativ konnotierte Charakteristika zu: Während Stereotype erstens leicht einprägsame und weithin anerkannte Eigenschaften einer Person reduzieren, essentialisieren, naturalisieren und eine daraus abgeleitete „Differenz" fixieren,[246] sorgen sie zweitens für eine „Praxis der ‚Schließung' und des Ausschlusses", indem sie symbolisch Grenzen festschreiben und „alles aus[schließen], was nicht dazugehört".[247] Drittens trete, so Hall, „Stereotypisierung vor allem dort in Erscheinung, wo es große Ungleichheiten in der Machtverteilung" gebe.[248] Diese Macht sei „gewöhnlich gegen die untergeordnete oder ausgeschlossene Gruppe gerichtet"[249] und drücke sich unter anderem in konstruierten binären Gegensätzen wie Wir/Sie aus.[250] Hall zitiert den Philosophen Derrida, wenn er darauf aufmerksam macht, dass diese binären Gegensätze nicht als friedlich koexistent zu verstehen seien, sondern als gewaltförmige Hierarchie, in der einer der beiden Begriffe über den anderen regiere.[251]

---

[244] Gilman 1985: 18.
[245] Vgl. Thiele 2015: 391. Diese Abgrenzung nimmt Rey Chow in ihrem Artikel „Ideo-Grafien" nicht vor. Vielmehr betrachtet sie, Frederic Jameson folgend, Stereotypisierungen als „fundamentale[n] Bestandteil der Repräsentation einer Gruppe durch eine andere" (Chow 2015: 76). Hall fasst diesen Vorgang als Typisierung.
[246] Hall 2004b: 143f.: „Stereotype erfassen die wenigen ‚einfachen, anschaulichen, leicht einprägsamen, leicht zu erfassenden und weithin anerkannten' Eigenschaften einer Person, reduzieren die gesamte Person auf diese Eigenschaften, *übertreiben* und *vereinfachen* sie, und *schreiben* sie ohne Wechsel oder Entwicklung für die Ewigkeit *fest*. Der erste Punkt ist also: Stereotypisierung *reduziert, essentialisiert, naturalisiert und fixiert* ‚Differenz'."
[247] Hall 2004b: 144. Hier auch: „Die feministische Theoretikerin Julia Kristeva nennt solche ausgestoßenen oder ausgeschlossenen Gruppen ‚abjected' (aus dem Lateinischen, wörtlich ‚hinausgeworfen') (Kristeva 1982)."
[248] Hall 2004b: 144f. Vgl. Memmi 2016: 148. Memmi schreibt zwar nicht von Stereotypen, geht aber auch davon aus, dass die Differenzen zwischen Kolonisator und Kolonisiertem zur Verstetigung kolonialer Machtverhältnisse hervorgehoben, gesteigert und verabsolutiert werden müssen.
[249] Hall 2004b: 144f. Dazu auch Hall 2004b: 147: „Macht operiert immer unter Bedingungen ungleicher Beziehungen. Gramsci hätte natürlich betont: ‚zwischen Klassen', während Foucault immer die Identifikation eines bestimmten Subjektes oder einer Subjekt-Gruppe als die Quelle von Macht verweigerte. Für ihn operiert Macht auf einer lokalen, taktischen Ebene. Dies sind wichtige Unterschiede zwischen diesen beiden Macht-Theoretikern. Dennoch gibt es auch einige wichtige Ähnlichkeiten. Für Gramsci wie für Foucault beinhaltet Macht auch Wissen, Repräsentation, Ideen, kulturelle Führung und Autorität, genauso wie ökonomische und physische Zwänge."
[250] Hall 2004b: 144f.
[251] Hall 2004b: 118, 144f.

Bezogen auf medial verankerte ethnische oder, besser, rassialisierende Stererotype[252] geht Thiele davon aus, dass diese erst seit den 1990er Jahren als solche erforscht werden.[253] Thiele betrachtet (de-)konstruktivistische Forschungsansätze als besonders geeignet für die Erforschung des Zusammenwirkens von Medien und Stereotypen, da sie „den Prozess der Kategorisierung, der dem der Stereotypisierung vorausgeht, hinterfragen, und die Stereotype als soziale Konstrukte begreifen, an deren Konstruktion Medien unmittelbar beteiligt sind."[254]

Für mein Erkenntnisinteresse ist diesbezüglich der post_koloniale Forschungsansatz Stuart Halls besonders aufschlussreich – nicht zuletzt deshalb, weil er, Althusser folgend, die Medien ebenfalls als einen ideologischen Apparat begreift.[255] „In der modernen Gesellschaft", schreibt Hall, „sind die verschiedenen Medien besonders wichtige Orte der Produktion, Reproduktion und Transformation von Ideologien".[256] Ein zweiter Grund, der Halls Theorie für meinen auf Mulvey basierenden Forschungsansatz so fruchtbar erscheinen lässt, ist der, dass auch Hall das Wirken potenziell stereotypisierter Bilderwelten auf Rezipierende mithilfe psychoanalytischer Theorien zu entschlüsseln versucht. Geht man mit Gilman davon aus, dass das Stereotypisieren im Unbewussten angelegt wird, so erscheint eine solche psychoanalytisch fundierte Herangehensweise an die Analyse der Stereotype umso wichtiger.

Hall hebt die Stereotypisierung als zentralen Prozess der signifizierenden Praxis in der Repräsentation rassischer Differenz hervor.[257] In seinem einschlägigen Artikel *The Spectacle of the ‚Other'* fragt er sich, welche typischen Formen und Praktiken angewandt werden, um in der Alltagskultur „Differenz" zu repräsentieren und woher diese populären Formen und Stereotype kommen.[258] In diesem Kontext versteht Hall Macht weniger als ökonomische Ausbeutung oder physischen Zwang, sondern vielmehr in einem kulturellen oder symbolischen Sinn. Er bezieht sich vor allem auf die Ausübung symbolischer Macht durch Praktiken der Repräsentation; auf die Macht also, jemanden oder etwas innerhalb eines bestimmten Repräsentationsregimes auf eine bestimmte Art und Weise zu repräsentieren und dadurch ritualisierte Ausschlüsse vornehmen zu können. Stereotypisierung ist für

---

[252] Dazu Thiele 2015: 83. Zu rassischen Stereotypen schreibt Thiele hier: „Ehtnische/‚rassische' Stereotype sind eng verbunden mit räumlichen Stereotypen und fanden im Zuge der im 19. Jahrhundert aufkommenden biologistischen Deutungen besondere Verbreitung, z.B. werden ‚die Zigeuner', ‚die Indianer', ‚die Schwarzen', ‚die Weißen' mit wertenden Eigenschaften in Verbindung gebracht."
[253] Vgl. Thiele 2015: 198. Zu rassialisierender Stereotypisierung siehe auch Schaffer 2008: 60-71, zu Stereotype und Ambivalenz siehe Castro Varela/Dhawan 2005: 85-88.
[254] Thiele 2015: 395.
[255] Hall 2012: 153.
[256] Hall 2012: 155.
[257] Hall 2004b: 143.
[258] Hall 1997: 225. Vgl. Thiele 2015: 74f.

Hall ein wesentlicher Bestandteil dieser symbolischen Gewalt, die keinen direkten physischen Zwang ausübt.[259] Und genau in dieser Verbindung zwischen Repräsentation, Differenz und Macht, die der Stereotypenbildung immanent ist, besteht die ideologische Funktion von Stereotypen.[260]

Diese Ideologiefunktion erfährt Verstärkung in der Tatsache, dass Repräsentation nach Hall zur gleichen Zeit auf zwei verschiedenen Ebenen arbeitet, nämlich auf einer bewussten und offensichtlichen Ebene und auf einer unbewussten und unterdrückten Ebene. Dadurch, dass die erste, bewusste Ebene laut Hall oft als ‚Tarnung' dient, indem sie an die Stelle der zweiten tieferliegenden Ebene im Unbewussten tritt, wird die ideologische Manipulation des Bewusstseins zusätzlich verschleiert. Hall schreibt:

> The conscious attitude amongst whites – that ‚Blacks are not proper men, they are just simple children' – may be a ‚cover', or a cover-up, for a deeper, more troubling fantasy – that ‚Blacks are really super-men, better endowed than whites, and sexually insatiable'.[261]

So spaltet die binäre Struktur des Stereotyps Schwarze in zwei extreme Gegenteile auf, zwischen denen Schwarze nach Hall gezwungen sind, endlos hin und her zu pendeln. Es sind „gegensätzliche, polarisierte, binäre Extreme wie gut/schlecht, zivilisiert/primitiv, hässlich/übermäßig attraktiv, abstoßend-weil-anders/anziehend-weil-fremd-und-exotisch".[262] In der Repräsentation werden Schwarze nicht selten sogar als beides zur gleichen Zeit dargestellt:

> Thus blacks are both ‚childlike' *and* ‚oversexed', just as black youth are ‚Sambo simpletons' and/or ‚wily, dangerous savages'; and older men both ‚barbarians' and/or ‚noble savages' – Uncle Toms.[263]

Häufig ist also das, was durch die Repräsentationspraxis visualisiert wird, nur die halbe Geschichte, deren andere Hälfte, wie oben ausgeführt, in einer tieferen Bedeutungsebene verborgen bleibt. Diese „andere Hälfte" bleibt ungesagt, wird aber imaginiert und impliziert das, was nicht gezeigt werden kann. Eine weitere ideologiestärkende Bewusstseinsirritation entsteht dadurch, dass sich Stereotype laut Hall sowohl auf Vorstellungen in der Fantasie beziehen, als auch auf „das, was als ‚wirklich' wahrgenommen wird".[264] Denn dadurch verschwimmen Realität und

---

[259] Hall 2004b: 145f. Vgl. Hall 2004b: 151: „Wir haben auch argumentiert, dass es sich hierbei um einen besonderen Typus von Macht handelt – eine hegemonische und diskursive Form der Macht, die genauso durch Kultur, die Produktion von Wissen, Bildersprache und Repräsentation wirkt, wie durch andere Mittel. Außerdem ist sie kreisförmig: sie involviert sowohl die ‚Subjekte' der Macht als auch jene, die ihr ‚unterworfen' sind."
[260] Vgl. Thiele 2015: 74.
[261] Hall 1997: 263.
[262] Hall 2004b: 112. Vgl. Unterkapitel *3.6.5 De- und Hypersexualisierung*.
[263] Hall 1997: 263. Deutsche Übersetzung Hall 2004b: 150.
[264] Hall 1997: 263, Hall 2004b: 150.

Imagination zu einem Imaginären, das als „real" erscheint. Die filmwissenschaftlich und post_kolonial orientierte Kulturkritikerin Rey Chow schreibt, dass Stereotype

> imstande sind, Realitäten zu erzeugen, die es gar nicht gibt. Die Fantasiefigur des Juden, des Japs und des illegal eingewanderten Hispanos haben alle erhebliche politische Folgen gehabt, angefangen von Deportation und Inhaftierung bis hin zum Völkermord und ethnischen Säuberungen. Entgegen dem Vorwurf, sie seien falsche Repräsentationen, haben Stereotype sich also als effektive, realistische politische Waffen erwiesen, die in der Lage sind, Überzeugungskraft, Engagement und Handlungen zu generieren.[265]

Im Zusammenhang mit der Frage, wie die Fantasien Ausdruck finden, die hinter den rassisierten Repräsentationen liegen und nicht offen gezeigt werden können, führt Hall die auch in Mulveys Theorie zentrale Repräsentationspraktik der Fetischisierung an. Seiner Meinung nach ist der Fetischismus ein wichtiger Aspekt der Stereotypisierung, der sowohl auf deren Grundlage in Fantasie und Projektion hinweist als auch auf ihre Effekte von Spaltung und Ambivalenz.[266] Da der Phallus nicht repräsentiert werden könne, weil er verboten und tabu sei, würden die Emotionen, die „auf machtvolle Weise mit dem Phallus assoziiert sind", auf andere Körperteile oder andere Objekte übertragen, die den Phallus ersetzen. Zu diesen Emotionen gehören nach Hall die sexuelle Energie, das Begehren und das Gefühl der Gefahr.[267]

Diese im Fetischismus zu findende „Ersetzung einer gefährlichen und mächtigen, jedoch verbotenen Kraft durch ein ‚Objekt'", beinhaltet sowohl Verschiebung,[268] als auch Verleugnung.[269] Dazu schreibt Hall, sowohl das marxistische als auch das psychoanalytische Konzept von Fetischismus erklärend:

> In Marx' Konzept des ‚Warenfetischismus' wurde die lebendige Arbeit des Arbeiters übertragen und verschwindet in den Dingen – den Waren, die die Arbeiter produzieren, jedoch zurückkaufen müssen, als ob sie jemand anderem gehörten. In der Psychoanalyse wird Fetischismus' als ein Ersatz für den ‚abwesenden' Phallus beschrieben – wenn der sexuelle Trieb auf einen anderen Teil des Körpers verlagert wird. Der Ersatz wird erotisiert, mit sexueller Energie, Macht und Begierde ausgestattet, die in dem Objekt, auf die sie in Wirklichkeit gerichtet sind, keinen Ausdruck finden können."[270]

Daraus schlussfolgernd betrachtet Hall den Fetischismus als eine Repräsentationsstrategie, die es möglich macht, beides gleichzeitig zu haben: „das tabuisierte,

---

[265] Chow 2015: 81.
[266] Hall 1997: 264, Hall 2004b: 151.
[267] Hall 2004b: 154f.
[268] Ebd.
[269] Hall 2004b: 155.
[270] Hall 2004b: 154f.

gefährliche und verbotene Objekt des Vergnügens und des Begehrens gleichzeitig zu repräsentieren und doch nicht zu repräsentieren. Er verschafft uns, was Mercer ein ‚Alibi' nennt, und was wir weiter oben eine ‚Tarnung' genannt haben."[271] Hall schreibt, Said zitierend:

> In ‚Orientalismus' hat Said bemerkt, dass die ‚allgemeine Idee dessen, wer oder was ein ‚Orientale' sei, ... nach einer detaillierten Logik' entstanden ist, die nicht – wie er betont – ‚einfach aus der empirischen Realität abgeleitet wurde, sondern aus einem Arsenal von Begehren, Repressionen, Aufwendungen und Projektionen.'[272]

Obwohl und gerade weil, wie beispielsweise Derrida betont, Bedeutung niemals vollständig festgeschrieben werden kann, strengen sich alle enorm an, so Hall, um Bedeutung zu fixieren. Auf genau diese Fixierung zielen die Strategien des Stereotypisierens ab, und sie können, wie Hall feststellt, dabei oft für eine bestimmte Zeit einen beträchtlichen Erfolg verbuchen.[273]

Hall zählt als Praxis der Stereotypisierung in seinem einschlägigen Artikel die Infantilisierung Schwarzer Menschen[274] und die Reduzierung Schwarzer auf „Faulheit, Gutgläubigkeit, geistloses ‚Cooning', also dumm-blöde Tricksereien" auf.[275] Daraus entstehen zentrale Stereotype wie das der „guten [N.]", die ihren *weißen* „Herr_innen" stets treu ergeben dienen und niemals aufbegehren, das Stereotyp des „Coons", der ein Augen rollender, verrückter Nichtsnutz ist, das der „tragischen Mulattin", die zwar sexuell attraktiv ist, aber immer ein tragisches Ende erfährt, das der „Mammy", der Prototyp der Schwarzen, asexuellen, dicken Hausbediensteten, die mit äußerster Hingabe und großer Unterwürfigkeit den Haushalt von *Weißen* pflegt, und das Stereotyp des „Bad Bucks", der „wilde", gewalttätige Aufbegehrer, der hyperpotent und in seinem Begehren „*weißen* Fleisches" nicht zu halten ist.[276]

In ähnlicher Weise benennt Marlon Riggs schon 1986 in seinem essayistischen Dokumentarfilm *Ethnic Notions* fünf Stereotype von Schwarzen Menschen, die seiner Meinung nach bis Mitte des 20. Jahrhunderts die prominentesten Darstellungen von Afroamerikaner_innen im Alltag der USA gewesen sind: Mummy, Sambo, Pickaninny, Coon, Uncle.[277] Diese, so Riggs, hätten mehr Schaden verursacht als jeder Lynchmob, da sie wegen der von ihnen evozierten indirekten Verletzung bis in die heutige Zeit Wunden schlagen würden, die weit schwieriger zu

---

[271] Hall 2004b: 156.
[272] Hall 1997: 264, Hall 2004b: 151.
[273] Hall 2004b: 158.
[274] Hall 1997: 262, Hall 2004b: 149f.
[275] Hall 1997: 245, Hall 2004b: 131.
[276] Hall 1997: 251, Hall 2004b: 134f.
[277] *Ethnic Notions*, Filmminute 0:01:25-0:01:40.

heilen seien als die physischen:[278] Riggs nennt sie die Urgroßeltern vieler moderner Bilder von Schwarzen[279] und stellt heraus, dass Hollywood, das bereits 1927 zur größten Unterhaltungsbranche Amerikas aufgestiegen war, auf diesen Stereotypen aufbaute und sie zu Teilen sogar eins zu eins übernommen hat.[280] Diese rassialisierenden Stereotype, die Schwarze lächerlich machen und sie als häßlich,[281] wild[282] oder als glücklich dienend darstellen,[283] sind also der kinematografischen Visualität eingeschrieben.

Auch Barbara Christian von der UC Berkeley hebt hervor, dass sich all diese stereotypisierten, binären Bilder, die Rassekonstruktionen (re-)produzieren, unter anderem durch US-amerikanische Mainstream-Spielfilme in der Psyche fast all ihrer Studierenden, *weiß* oder Schwarz, festgeschrieben hätten. „It's a real indication that one of the best ways of maintaining a system of oppression has to do with the psychological control of people", sagt sie.[284] Damit diese psychologische Kontrolle von Menschen funktioniert, muss das „rassistische Stereotyp in seiner Ambivalenz von Identität und Differenz – wie der Freud'sche Fetisch – beständig wiederholt werden".[285] Diesem Ziel scheint sich, wie ich der in Kapitel drei durchzuführenden Filmanalyse als Hypothese voranstelle, auch die Spielfilmindustrie verschrieben zu haben. Denn Schwarze Filmfiguren werden, wie Manthia Diawara im Jahr der Uraufführung von Riggs Film schreibt, im zeitgenössischen Hollywoodkino anscheinend nur eingesetzt, um *weiße* Charaktere als Autoritätspersonen erscheinen zu lassen.[286]

Auch Richard Dyer hebt hervor, dass *Weiße* auf der Ebene der Repräsentation für die Konstruktion ihrer transzendentalen Überlegenheit von Nicht-*Weißen* abhängig bleiben. Nur durch diese Kontrastierung könne das *weiße* Selbstverständnis entstehen, das sich materiell in so vielen imperialen und post-imperialen, physischen und häuslichen Arbeitsbedingungen niederschlage.[287] Auch deshalb gebe es im Mainstream-Kino keinen „Dschungelkönig" afrikanischer Herkunft

---

[278] *Ethnic Notions*, Filmminute 0:54:30-0:55:02. Ich möchte hinzufügen, dass ich persönlich diese Gewalttaten ungern hierarchisiert lese, da beide von ungeheuerlicher Grausamkeit sind. Ich gehe aber davon aus, dass Riggs durch diese Hierarchisierung die Gewalttätigkeit der stereotypen Bildreproduktion hervorheben möchte.
[279] *Ethnic Notions*, Filmminute 0:54:30-0:55:02.
[280] *Ethnic Notions*, Filmminute 0:38:35.
[281] *Ethnic Notions*, Filmminute 0:43:38.
[282] *Ethnic Notions*, Filmminute 0:45:24.
[283] *Ethnic Notions*, Filmminute 0:47:36.
[284] *Ethnic Notions*, Filmminute 0:53:58-0:54:30.
[285] Nagl 2009: 242, Fußnote 53. Vgl. Bhabha 1994: 74f. und Thiele 2015: 76.
[286] Diawara 1993: 215.
[287] Dyer 1997b: 24: „At the level of representation, whites remain, for all their transcending superiority, dependent on non-whites for their sense of self, just as they are materially in so many imperial and post-imperial, physical and domestic labour circumstances."

und keinen wirklich prominenten nicht-*weißen* Muskelstar.[288] Denn der trainierte Körper sei ein anzustrebendes Ideal *weißer* Männlichkeit, das vage Assoziationen an griechische Götter und den „Übermenschen" entstehen lasse.[289]

Der Schwarze Mensch hingegen symbolisiert, wie schon Fanon konstatierte, in der okzidentalen Gesellschaft ebenso wie die Farbe Schwarz die dunkle Seite der Seele und alles Übel der Welt:

> En Europe, le nègre a une fonction : celle de représenter les sentiments inférieurs, les mauvais penchants, le côte obscur de l'âme. Dans l'inconscient collectif de l'*homo occidentalis*, le nègre, ou, si l'on préfère, la couleur noire, symbolise le mal, le péché, la misère, la mort, la guerre, la famine. Tous les oiseaux de proie sont noirs.[290]

Farblich schwarz werde in *weißen* Kultursymboliken auch das „Wildsein" dargestellt, so Popal ergänzend. Sie schreibt zudem:

> 'Wildnis' wiederum signifiziert in kolonialen Diskursen und Vorstellungen Stummsein, Nicht-sprechen-Können, Unterlegenheit und gleichzeitig Gefahr und Bedrohlichkeit. Die Kennzeichnung 'wild' steht für Unmündigkeit, damit Wildnis der Autorität der Zivilisation unterstellt werden kann.[291]

Diese symbolische Kastration Schwarzer Menschen in binär organisierten Imaginationen Schwarzer und *weißer* Räume deutet auch die Politologin Ina Kerner an:

> Der ,Rest' [der Welt] wird in diesem Szenario zum Anderen Europas stilisiert, mit all jenem assoziiert, was Europa von sich weist, was nicht zu sein es beansprucht: rückständig, unterentwickelt, unzivilisiert etc. Damit wird die Konstruktion eines Bildes des Rests der Welt, in dem dieser als Gegenbild des Westens erscheint, zu einem wichtigen Element der Konstruktion des westlichen Selbstbildes. Diese Abhängigkeit von seinem Gegenbild wird jedoch vom westlichen Selbstverständnis in der Regel verleugnet.[292]

Ebenso betont Hall die sich um den „Gegensatz zwischen ,Zivilisation' (weiß) und ,Wildheit' (schwarz)" gruppierenden Binaritäten des rassisierenden Diskurses:

> There are the rich distinctions which cluster around the supposed link, on the one hand, between the white 'races' and intellectual development – refinement, learning and knowledge, a belief in reason, the presence of developed institutions, formal government and law, and a 'civilized restraint' in their emotional, sexual and civil life, all of which are associated with 'Culture' and on the other

---

[288] Dyer 1997b: 148.
[289] Dyer 1997b: 151.
[290] Fanon 2015a: 185. Englische Übersetzung (Fanon 2008: 167): „In Europe the black man has a function: to represent shameful feelings, base instincts, and the dark side of the soul. In the collective unconscious of *Homo occidentalis* the black man – or, if you prefer, the color black – symbolizes evil, sin, wretchedness, death, war and famine. Every bird of prey is black."
[291] Popal 2011: 678.
[292] Kerner 2012: 65f.

hand, the link between the black 'races' and whatever is a lack of 'civilized refinement' in sexual and social life, a reliance on custom and ritual, and the lack of developed civil institutions, all of which are linked to 'Nature'.[293]

Die Inszenierung dieser binär konstruierten Raum- und Kulturvorstellung schlägt sich, wie anhand der *Hot-Vodoo-Song*-Sequenz des Films *Blonde Venus* bereits beispielhaft aufgezeigt, in Filmkulissen okzidentaler Spielfilme nieder und bildet häufig die Grundlage der erzählten Geschichte. Auch Beleuchtung und Belichtung unterstützen die rassialisierende Binarität der kinematografischen Repräsentation. Zudem tragen Sie dazu bei, dass die Repräsentation von Schwarzen ausgelassen, oder, um es mit Kelly zu sagen, ent-visualisiert wird.[294] Diese *Auslassung* stellt, wie Nagl hervorhebt, „eine der am weitesten verbreiteten Taktiken der rassischen Stereotypisierung dar, weil ihre Funktionsweise so schwer nachzuweisen ist. Ihr Ergebnis ist Abwesenheit".[295] Auslassungen können sich, so Nagl, sowohl auf die soziale Realität etwa von Schwarzen Lehrer_innen, Professor_innen oder Diplomat_innen beziehen, die nicht erscheint, oder durch die Besetzung der einzelnen Rollen und eine unterschiedliche visuelle Hervorhebung der einzelnen Filmfiguren entstehen. Snead, auf den sich Nagl bezieht, schreibt dazu:

> The repetition of black absence from locations of autonomy and importance creates the presence of the idea that blacks belong in a position of obscurity and dependence.[296]

Beleuchtungs- und Belichtungsnormen tragen zugleich zu einem wichtigen Aspekt *weißer* Identität in der filmischen Repräsentation bei: zu dem Lichtfunken über dem *weißen* Haupt. Um diesen „Lichtfunken über dem *weißen* Haupt" zu erzeugen, wird, wie Dyer betont, das Licht beim Dreh fast immer von oben auf die zu filmende Szene gerichtet. Dieser Gewohnheit entsprechend wird „gut gesetztes" Licht in Hollywood auch „Nordlicht" genannt[297] – ein Begriff, den Dyer als eurozentrisch und hegemonial entschlüsselt. Denn in der eurozentrischen Geografie befinde sich der Norden oben, der Süden unten.[298] Das Licht von oben, das erst im Laufe des

---

[293] Hall 1997: 243.
[294] Kelly 2016: 105.
[295] Nagl 2009: 17f.
[296] Snead 1994: 5f.
[297] Dyer 1997a: 24.
[298] Ebd. An dieser Stelle möchte ich auf die von Strohschein in ihre Magisterarbeit eingearbeitete Weltkarte verweisen. Diese steht aus eurozentrischer Sicht „Kopf" und stellt gleichzeitig den australischen Kontinent von der rechten Bildhälfte auf die linke verschoben dar (Strohschein 2007: V des Anhangs). Diese Darstellung zwingt *weiße* Europäer_innen, sich im globalen Kontext neu zu verorten. Dazu schreibt Strohschein auf Seite 43: „Eurozentrismus ist ein politisches und kulturelles Regime im Spannungsverhältnis zwischen kolonialer Vergangenheit und Gegenwart, in dessen Aufrechterhaltung Medien eine unersetzliche Rolle spielen. [...] Das Beispiel der Weltkarte zeigt Eurozentrismus als Fiktion und Phantasie, alles sehen zu können und selbst im Zentrum zu sein."

19. Jahrhunderts zunächst im Theater, dann in der Fotografie und schließlich im Film Anwendung fand, ist für Dyer „das Licht aus dem Land des weißen Menschenschlags", welches *weiße* Darsteller_innen besser reflektieren als andere, und welches so hervorragend zu dem als *weiß* konstruierten Charakter passt[299] – nicht zuletzt auch deshalb, weil Licht, das von oben kommt, mit dem religiösen Begriff des Himmels in Verbindung gebracht wird. Was das himmlische und das nördliche Licht vereint, ist die Vorstellung vom *weißen* Menschen als geistiges und metaphysisches Wesen, das in dem vom Licht durchschienenen Körper manifest wird. Der Schwarze Körper hingegen fängt laut Dyer das Licht von oben ab, so dass er, anders als der *weiße* Körper, das Licht nicht auszustrahlen oder darin eingetaucht zu sein scheint. Seine Präsenz bleibt dadurch physisch und materiell.

In der okzidentalen Filmindustrie dient, wie Dyer betont, der Einsatz, das Vorhandensein und die Darstellung von Licht, das für die ästhetische Wirkung des Films von so großer Bedeutung ist, vornehmlich der ideellen Vorstellung eines *weißen* Menschen, der privilegiert konstruiert wird.[300] Diese Tatsache und die ihr immanente Binarität wird auch darin deutlich, dass in fast allen Filmen die Beleuchtung einer Szene ausschließlich auf die *weißen* Darsteller_innen abgestimmt wird.[301] Dies geschieht auch und vor allem, wenn *weiße* und Schwarze Darsteller_innen gemeinsam in einer Kadrierung platziert werden. Da sich in der fotografischen Praxis die Aufnahme Schwarzer Haut von *weißer* durch einen Blendengrad von zwei unterscheide, sacke in einem solchen Fall, so Dyer, zumeist der Schwarze Mensch gegenüber dem *Weißen* in eine annähernde Unsichtbarkeit ab.[302] Denn obwohl der Blendenunterschied ohne weiteres durch eine entsprechend differenzierte Beleuchtung ausgeglichen werden könne,[303] scheine eine solch ausgeklügelte Beleuchtungsstrategie in der Praxis der zusätzlichen Mühe nicht wert zu sein – oder sogar der beabsichtigten Wirkung zu widersprechen. Denn der *weiße* Mensch solle, so Dyer, aus ideologischen Gründen im Bild sichtbarer erscheinen als der nicht-*weiße* Mensch. Dyer begründet dies mit der Macht erhaltenden Absicht, das *weiße* Subjekt in der filmischen Repräsentation mit Attributen der Subjektivität auszustatten und insbesondere mit Vernunft, da diese Attribute für die westliche Kultur von existenzieller Bedeutung seien.[304]

---

[299] Filmschaffende übernahmen diese Art der Oberbeleuchtung aus der Theaterpraxis und der Fotografie und entwickelten sie weiter. Es ist demnach nicht, wie man annehmen könnte, die herkömmliche, archaische und natürliche Art und Weise, Licht darzustellen, nur weil auch die Sonne von oben herunterscheint. (Dyer 1997a: 24)
[300] Dyer 1997a: 18.
[301] Diese Abstimmung findet statt, indem die Beleuchtung auf die Haut eines Europiden, d.h. auf einen Hautspiegelungsgrad von 36 Prozent, ausgerichtet wird.
[302] Dyer 1997a: 22.
[303] Ebd.
[304] Dyer 1997a: 21.

Bei der Entschlüsselung rassialisierender Bedeutungen kommt im Zusammenhang mit einer Filmanalyse erschwerend hinzu, dass in einem Kinofilm verschiedene Bedeutungsebenen zusammenwirken – nämlich die von Sprache und Schrift, die der Bilder und die von Musik und Geräuschen. Wenn schon ein einzelnes Foto „mehrere recht unterschiedliche, manchmal diametral entgegengesetzte potentielle Bedeutungen"[305] in sich trägt und schon bei diesem einen Bild niemals von einer wahren, endgültig festgeschriebenen Bedeutung ausgegangen werden kann, so erhöht sich die Schwierigkeit, Bedeutungen zu entschlüsseln, wenn mehrere Diskurse – wie z.B. „der Diskurs der Sprache und der Diskurs der Fotografie" – zur Bedeutungsproduktion beitragen.[306]

### 2.3.1.2 Koloniale Mystifizierungs- und Mythifizierungsstrategien

Indem Chow hervorhebt, dass Stereotype als Herrschaftsinstrument politischer Regime dienen, weil sie eine „mythische Ordnung" schaffen, verbindet Chow die Strategien von Stereotypisierung und Mythisierung als Instrumente zur Herstellung einer (semiologischen) Ordnung innerhalb imperialistischer und rassistischer Gesellschaften. Sie schreibt:

> Jeder, der auch nur die geringste Erfahrung mit den Abläufen von politischen Regimen hat, weiß, dass der Gebrauch von Stereotypen, insbesondere Rassenstereotypen, eine übliche Strategie ist, um eine mythische Ordnung zu schaffen, auf die man sich in Kriegszeiten, aus Gründen des Imperialismus, der nationalen Verteidigung oder des Protektionismus verlassen kann.[307]

Auch Stuart Hall zieht neben der Rassialisierungsstrategie der Stereotypisierung die von Roland Barthes stark gemachte Mythenbildung als Teil ideologischer Repräsentationssysteme zur Erklärung der medialen „Grammatik von *Rasse*" heran.[308] Neben der Tatsache, dass sich der Titel seines Aufsatzes *Spectacle of the ‚Other'* auf Barthes Schrift *Mythen des Alltags* zu beziehen scheint,[309] führt Hall Barthes Begriff des Mythos explizit als ein Erklärungsmodell für die Vielfalt an Bedeutungen, die ein Bild beinhalten kann. Er schreibt:

> Das Bild trägt viele Bedeutungen, die alle gleich plausibel sind. Es ist wichtig zu betonen, dass dieses Bild ein Ereignis zeigt (‚Denotation'), und eine ‚Botschaft' oder Bedeutung (‚Konnotation') – Barthes würde es eine ‚Meta-Botschaft' oder

---

[305] Hall 2004b: 110.
[306] Hall 2004b: 111.
[307] Chow 2015: 81.
[308] Hall 2004a: 50, Hall 2004b: 109f. In Halls Text sind Mythen nicht eindeutig abzugrenzen von Stereotypen.
[309] Vgl. dazu Barthes 1970: 142f.: „Wie den [N.] oder den Russen assimilieren? Hier gibt es nur eine Rettung: den Exotismus. *Der Andere wird* zum reinen Objekt, *zum Spectaculum*, zum Kasperle. An diese Grenzen der Menschheit verwiesen, stellt er für das Zuhause keine Gefahr mehr dar." [Hervorhebung durch Markierung von mir, J.D.]

einen ‚Mythos' nennen – bezüglich ‚Rasse', Hautfarbe, oder ‚Andersheit' transportiert. Wir können nicht anders, als Bilder dieser Art als Aussagen nicht nur über Menschen oder Ereignisse, sondern auch über ihre ‚Andersheit', ihre ‚Differenz', zu lesen.[310]

Für Barthes ist der Zweck der Mythen, denen er einen imperativen und interpellatorischen Charakter zuschreibt,[311] die Welt unbeweglich zu machen[312] und den Menschen der bürgerlichen Gesellschaft in eine „falsche Natur" zu tauchen.[313] Barthes lehnt sich damit an Marx' Ideologieverständnis an, welches davon ausgeht, dass „fast die ganze Ideologie sich entweder auf eine verdrehte Auffassung [der] Geschichte [des Menschen] oder auf eine gänzliche Abstraktion von ihr reduziert."[314] Barthes schreibt:

> Die bürgerliche Ideologie verwandelt unablässig die Produkte der Geschichte in essentielle Typen. Wie der Tintenfisch seine Tinte ausstößt, um sich zu schützen, hört sie nicht auf, die ständige Herstellung der Welt zu verbergen, sie als Objekt endlosen Besitzens zu fixieren, ihr Haben zu inventarisieren, sie einzubalsamieren, in das Wirkliche eine reinigende Essenz zu injizieren, die seine Umwandlung, seine Flucht in andere Existenzformen aufhalten soll."[315]

Um zu erklären, was der bürgerlichen Ideologie als „Tinte" dient, die diese Verfälschung der Geschichte zugleich produziert und verschleiert, um also darzulegen, durch welche Mittel die herrschende Klasse die Unterdrückten zu kontrollieren imstande ist, zieht Barthes den Mythos heran. Diesen ordnet er weniger der Linguistik, sondern vielmehr einer „Wissenschaft [zu], die über die Linguistik hinausgeht; er gehört in die *Semiologie*."[316] Barthes geht von Saussures semiologischem Konstrukt von Signifikant und Signifikat, von Bedeutendem und Bedeutetem, aus und ergänzt diese beiden Elemente um den Mythos, der „die assoziative Gesamtheit der ersten beiden Termini ist" und eine weitere Bedeutung erschafft.[317]

Im Barthesschen Mythos sind also „zwei semiologische Systeme enthalten [...]: ein linguistisches System, die Sprache (oder die ihr gleichgestellten Darstellungs-

---

[310] Hall 2004b: 112. Vgl. Barthes 1970: 90-94.
[311] Barthes 1970: 106.
[312] Barthes 1970: 147: „So wird an jedem Tag und überall der Mensch durch die Mythen angehalten, von ihnen auf den unbeweglichen Prototyp verwiesen, der an seiner Statt lebt und ihn gleich einem ungeheuren Parasiten zum Ersticken bringt, seiner Tätigkeit enge Grenzen vorzeichnet, innerhalb derer es ihm erlaubt ist zu leiden, ohne die Welt zu verändern. [...] Denn die Natur, in die man sie unter dem Vorwand, sie ewig zu machen, einsperrt, ist nur eine Gewohnheit."
[313] Barthes 1970: 148.
[314] Marx/Engels 1978: 18.
[315] Barthes 1970: 146f.
[316] Barthes 1964: 88.
[317] Barthes 1970: 90f. Barthes nennt den Mythos auch „Zeichen".

weisen)" wie beispielsweise die „Photographie, Gemälde, Plakat, Ritus, Objekt"[318] und der Film,[319] das Barthes *Objektsprache* nennt, und der Mythos selbst, den Barthes als *Metasprache* bezeichnet, „weil er eine zweite Sprache darstellt, in der man von der ersten spricht."[320] Im Mythos verschränken sich nach Barthes also ein primäres und ein sekundäres semiologisches System; der Mythos baut „auf einer semiologischen Kette [auf], die bereits vor ihm existiert".[321] Barthes parallelisiert sein eigenes Mythosverständnis mit dem Freud'schen Verständnis des Traumes, der „ebensowenig das offenkundig Gegebene wie der latente Gehalt" sei, sondern „vielmehr die funktionale Verknüpfung beider".[322] Dennoch betont er, es bedürfe „durchaus nicht eines Unbewußten, um den Mythos zu erklären".[323] Um diese Definition des Mythos an Beispielen zu exemplifizieren, den Zusammenhang von Bedeutendem, Bedeuteten und Zeichen aufzuzeigen und damit die Produktion und Wirkweise einer mythischen Aussage zu verdeutlichen, führt Barthes bereits 1957 Bilder der Rassifizierung als „Mythos des Alltags" an. Er schreibt:

> Auf dem Titelbild [der *Paris-Match*] erweist ein junger [N.] in französischer Uniform den militärischen Gruß, den Blick erhoben und auf eine Falte der Trikolore gerichtet. Das ist der *Sinn* des Bildes. Aber ob naiv oder nicht, ich erkenne sehr wohl, was es mir bedeuten soll: daß Frankreich ein großes Imperium ist, daß alle seine Söhne, ohne Unterschied der Hautfarbe, treu unter seiner Fahne dienen und daß es kein besseres Argument gegen die Widersacher eines angeblichen Kolonialismus gibt als den Eifer dieses jungen [N.], seinen angeblichen Unterdrückern zu dienen.[324]

Barthes sieht im Mythos die Möglichkeit, ein Objekt als naturalisiert herzustellen und von seiner Geschichte zu befreien. Dies geschehe, indem „man jede beschmutzende Spur des Ursprungs oder einer Wahl" aus den Objekten verschwinden lasse.[325] So wie die Welt „in die Sprache als eine dialektische Beziehung von

---

[318] Barthes 1970: 92f. Vgl. Barthes 1964: 87: „Man verstehe also hier von nun an unter *Ausdrucksweise, Sprache, Diskurs, Aussage* usw. jede bedeutungsvolle Einheit oder Synthese, sei sie verbaler oder visueller Art. Eine Photographie ist für uns auf die gleiche Art und Weise Aussage wie ein Zeitungsartikel, die Objekte selbst können Aussage werden, wenn sie etwas bedeuten."
[319] Barthes 1964: 86f.: „Der geschriebene Diskurs, der Sport, aber auch die Photographie, der Film, die Reportage, Schauspiele und Reklame, all das kann Träger der mythischen Aussage sein. Der Mythos kann nicht durch sein Objekt und nicht durch seine Materie definiert werden, denn jede beliebige Materie kann willkürlich mit Bedeutung ausgestattet werden."
[320] Barthes 1970: 93.
[321] Barthes 1970: 92.
[322] Ebd.
[323] Barthes 1970: 102.
[324] Barthes 1970: 95. Vgl. dazu meine Ausführungen zu der Inszenierung des Schwarzen Dirigenten in der *Hot-Voodoo-Song*-Shownummer (Kapitel *2.1 Verifizierungsversuche und Auslassungen feministischer Filmtheorie am Filmbeispiel Blonde Venus*).
[325] Barthes 1970: 141.

Tätigkeiten, von menschlichen Akten" eintrete, so trete sie „aus dem Mythos hervor als ein harmonisches Bild von Essenzen".[326]

Das „[eigentliche] Prinzip des Mythos" sei also, dass er „Geschichte in Natur" verwandele[327] und das „Reale" entleere.[328] Durch diese Naturalisierung der Geschichte überführe der Mythos die „Komplexität der menschlichen Handlungen" in eine „Einfachheit der Essenzen", indem er jegliche Dialektik unterdrücke und „eine Welt ohne Widersprüche" erschaffe. Er begründe auf diese Weise „eine glückliche Klarheit", weil die „Dinge [...] den Eindruck [machen], als bedeuteten sie von ganz allein."[329] Durch diesen Wirkmechanismus des Mythos werden politische Verhältnisse sowohl verschleiert als auch entpolitisiert. Um das Phänomen an einem Beispiel zu erklären, bezieht sich Barthes erneut auf das rassialisierende Bild des Schwarzen Soldaten, der die französische Fahne ehrerbietend anblickt:

> [Der] Mythos ist eine entpolitisierte Aussage. [...] Im Falle des [N.]soldaten zum Beispiel wird gewiß nicht die französische Imperialität entfernt (ganz im Gegenteil, gerade sie soll ja gegenwärtig gemacht werden), entfernt wird die geschichtliche, bedingte, kurz die hergestellte Eigenschaft des Kolonialismus. Der Mythos leugnet nicht die Dinge, seine Funktion besteht im Gegenteil darin, von ihnen zu sprechen. Er reinigt sie nur einfach, er macht sie unschuldig, er gründet sie als Natur und Ewigkeit, er gibt ihnen eine Klarheit, die nicht die der Erklärung ist, sondern die der Feststellung. Wenn ich die französische Imperialität feststelle, ohne sie zu erklären, so bedarf es nur eines Geringen, damit ich sie auch natürlich und selbstverständlich finde, und dann bin ich beruhigt.[330]

„Naturalisierung" ist also, wie Stuart Hall es fasst, „eine Strategie der Repräsentation, die dazu da ist, ‚Differenz' festzuschreiben, und sie so für immer zu sichern".[331] Doch nicht nur Hall, auch James Snead lässt diese von Barthes herausgestellte Eigenschaft des Mythos zu einem Teil der eigenen Stereotypendefinition werden. Snead subsumiert die Naturalisierung unter der Markierung, die er als eine von drei rassialisierenden Strategien medialer Repräsentation anführt, und hebt hervor, die Markierung unterstütze die Visualisierung der Differenz als scheinbar „naturgegebene".[332]

Ausgehend von Barthes und angeregt durch Bhabhas Aufforderung zu einem Perspektivwechsel weg von der binären Klassifikation positiver und negativer Bilder hin zu einer rhetorischen Analyse des Repräsentationsprozesses, versucht

---

[326] Barthes 1970: 130.
[327] Barthes 1970: 113.
[328] Barthes 1970: 131.
[329] Barthes 1970: 131f.
[330] Ebd. Weitere detaillierte Erklärungen des Mythoskonzeptes anhand der Geschichte des die Fahne grüßenden Schwarzen Soldaten auf Seiten 96, 103, 105, 107f., 111.
[331] Hall 2004b: 130.
[332] Snead 1994: 5. Vgl. Nagl 2009: 17.

James Snead bei der analytischen Betrachtung von Filmwerken, „„schwarze Stereotype nicht in Motivgruppen einzuteilen, sondern die *Codes* zu bestimmen, die Schwarzen und schwarzer Haut jegliche historische Referenz verweigerten und auf eine ‚almost metaphysical stasis' reduzierten".[333] Snead filtert bei seinen Forschungen drei mögliche und häufig angewandte Verfahren heraus: die Mythisierung, die Markierung und die – unter 2.3.1.1 bereits thematisierte – Auslassung.[334]

Durch die Mythisierung werde, so Snead, die Repräsentation von Schwarzen an ein kulturelles Wissensarchiv rückgebunden, das dazu verhelfe, Geschichte durch Ideologie zu ersetzen und die Rezipierenden „on the level of their racial allegiance, social backround, and self-image" anzusprechen.[335] Der Markierung bedürfe es, um im Prozess permanenter Wiederholung Bedeutung und Zuordnung von Schwarzsein immer wieder festzuschreiben.[336] Denn genau wie nicht für alle Zeiten unmissverständlich klar ist, wer zu der Gruppe der *Weißen* gehört, unterliegt die Zugehörigkeit zur Gruppe der Schwarzen historischen Wandlungsprozessen. Aus diesem Grund werde die Farbe Schwarz, so Snead, in der Repräsentation wiederholend überdeterminiert und immer wieder markiert, um, so scheine es, die Betrachtenden dazu zu zwingen, die Differenz dieses Bildes vom Bild des *Weißseins* wahrzunehmen. Damit bindet Snead auch Barthes Feststellung in sein Konzept ein, „daß es keine Beständigkeit in den mythischen Begriffen gibt: sie können sich bilden, können verderben, sich auflösen und gänzlich verschwinden."[337]

Sowohl Hall als auch Snead grenzen die Begriffe von Stereotyp und Mythos nicht konsequent voneinander ab. Es ist demnach zu vermuten, dass rassifizierende Stereotypisierung und Mythifizierung bei der Herstellung rassialisierter Zeichensysteme ineinander greifen und dass die Konstruktion binärer Gegensätze sowohl der Stereotypisierung als auch der Mythenbildung immanent sind. Hinzu kommt der Begriff der Mystifizierung, den der Soziologe Albert Memmi in die Diskussion einbringt.

Memmi entdeckt in der Mystifizierung das Instrument für die Internalisierung und weitestgehende Übernahme der Ideologie der herrschenden Klasse durch die Beherrschten.[338] Er bezieht sich dabei implizit auf Marx, der den Begriff der Mystifikation im Sinne einer nicht zu durchschauenden Verdrehung dessen benutzte, was prozesshaft vor sich geht oder was praktisch getan wird, um im Dienste der Interessen einer sozioökonomischen Klasse eine andere Klasse auszubeu-

---

[333] Nagl 2009: 17.
[334] Nagl 2009: 17f.
[335] Snead 1994: 4. Vgl. Nagl 2009: 17. Siehe auch Unterkapitel *2.3.1.1 Rassialisierende Stereotype*.
[336] Vgl. Chow 2015: 80: Auch Chow beschreibt hier als ein Charakteristikum von Stereotypen die „Unverfrorenheit ihres mechanistischen Charakters und der Häufigkeit ihrer Wiederholungen".
[337] Barthes 1970: 100f.
[338] Memmi 2016: 160.

ten.³³⁹ Die Verwirrung der Ausgebeuteten entstehe, so Marx, indem die Formen der Ausbeutung als Formen der Wohltätigkeit ausgegeben würden. Die Ausgebeuteten seien dadurch so sehr getäuscht, dass sie sich mit den sie Unterdrückenden identifizierten oder für ihre (ihnen selbst verschleierte) Ausbeutung dankbar seien. Aus diesem Grunde würden sie sich bei dem bloßen Gedanken an Widerstand oder Rebellion bereits schlecht oder verrückt vorkommen. Memmi überträgt diesen Machtmechanismus vom Handeln der bürgerlichen Klasse auf das Handeln der hegemonial konstruierten *weißen Rasse*. Er schreibt:

> Genau wie die Bourgeoisie ein Bild des Proletariats entwirft, beschwört die Existenz des Kolonisators ein Bild des Kolonisierten und setzt es durch: Alibis, ohne die das Verhalten des Kolonisators – und des Bourgeois – sowie deren ganzes Dasein empörend erscheinen müßten. Aber wir enthüllen die Mystifizierung gerade darum, weil sie alles etwas zu perfekt eingerichtet hat.³⁴⁰

Diese Strategie der Mystifizierung, durch die Alibis für die Unterdrückung von Menschen erfunden werden, aufgrund derer die Beherrschten selbst ihre eigene Unterdrückung tolerieren, sorge, so Memmi, unter anderem für die relative Stabilität von Gesellschaften.³⁴¹ Somit zielt auch die von Memmi eingebrachte Strategie der Mystifizierung auf eine Erklärung des marxistischen Ideologieverständnisses ab, welches von Hall infrage gestellt wird, wenn er – zu Recht – konstatiert, dass es schwierig sei, irgendjemandem ein „falsches Bewusstsein" zu unterstellen:

> Ich bin nicht der Meinung, daß der Rassismus der untergeordneten Klassen eine Form falschen Bewußtseins ist. Er ist ebenso authentisch wie jede andere Form sozialen Bewußtseins. Ich lehne die Theorie des falschen Bewußtseins insgesamt ab, und zwar aus einem ganz einfachen Grund: Ich habe noch nie jemanden sagen hören: ‚Ich habe ein falsches Bewußtsein.' Man hört nur: ‚Ich begreife die Dinge, die andern haben ein falsches Bewußtsein.' Das falsche Bewußtsein ist so

---

³³⁹ Beispielsweise Marx/Engels 1978: 7 (Karl Marx, Thesen über Feuerbach, These 8): „Alles gesellschaftliche Leben ist wesentlich praktisch. Alle Mysterien, welche die Theorie zum Mystizismus verleiten, finden ihre rationale Lösung in der menschlichen Praxis und im Begreifen dieser Praxis." Marx 1962: 85f.: „Der mystische Charakter der Ware entspringt [...] nicht aus ihrem Gebrauchswert. [...] Das Geheimnisvolle der Warenform besteht [...] einfach darin, daß sie den Menschen die gesellschaftlichen Charaktere ihrer eignen Arbeit als gegenständliche Charaktere der Arbeitsprodukte selbst, als gesellschaftliche Natureigenschaft dieser Dinge zurückspiegelt, daher auch das gesellschaftliche Verhältnis der Produzenten zur Gesamtheit als ein außer ihnen existierendes gesellschaftliches Verhältnis von Gegenständen." Marx 1962: 90: „Aller Mystizismus der Warenwelt, all der Zauber und Spuk, welcher Arbeitsprodukte auf Grundlage der Warenproduktion umnebelt, verschwindet daher sofort, sobald wir zu andren Produktionsformen flüchten." Marx 1962: 94: „Die Gestalt des gesellschaftlichen Lebensprozesses, d.h. des materiellen Produktionsprozesses, streift nur ihren mystischen Nebelschleier ab, sobald sie als Produkt frei vergesellschafteter Menschen unter deren bewußter, planmäßiger Kontrolle steht."
³⁴⁰ Memmi 2016: 152.
³⁴¹ Memmi 2016: 161.

etwas Ähnliches wie Werbung und Pornographie: ‚Ich bin dafür unempfänglich, aber die anderen fallen darauf rein.'[342]

Begreift man dieses „falsche Bewusstsein" jedoch mit Memmi insofern als falsch, als dass es Menschen, die unterdrückt werden, dazu verleitet, die eigene Unterdrückung als gerechtfertigt zu erachten oder gar als positiv zu empfinden, und geht man zusätzlich davon aus, dass einem „richtigen Bewusstsein" der Anspruch von Emanzipation und Gleichberechtigung aller Menschen immanent sein sollte, so kann das von Ideologien gelenkte Bewusstsein sehr wohl als falsch bezeichnet werden. Denn es hilft, Unterdrückung aufrechtzuerhalten und die Leidtragenden an einer Bewusstwerdung dieses Zustandes zu hindern.

Als Beispiele von Mystifizierungsstrategien führt Memmi die Erfindung der Charakterzüge von Faulheit,[343] Schwäche, Undankbarkeit und widernatürlicher Rückständigkeit an, die dem Kolonisierten von den Kolonisator_innen zugeschrieben werden.[344] Durch diese Mystifizierungsstrategien werde der Kolonisierte, der nur das Recht darauf habe, „in einem anonymen Kollektiv zu ertrinken",[345] entmenschlicht[346] und seiner Freiheit beraubt.[347] Dieses mystifizierende und entwürdigende Bild gewinne, so Memmi, durch seine Verbreitung eine gewisse Realität und werde so zu einem Bestandteil des wirklichen Porträts des Kolonisierten.

Kaplan, die von einer Semiotik des imperialen Blicks ausgeht,[348] nutzt für die Auflistung rassialisierender Zeichensysteme, die sich in Hollywoodbildern von Jahrzehnt zu Jahrzehnt wiederfinden lassen,[349] weder den Begriff der Stereotypisierung, noch den der Mythisierung oder Mystifizierung. Dennoch ähneln die von ihr benannten Beispiele denen von Hall und Memmi. So zählt sie die sowohl infantilisierende Darstellung von Minderheiten auf, durch die diese als hilflos, gefangen in einem „primitiven" Entwicklungsstadium und als Kinder in einem erwachsenen Körper repräsentiert würden, „stupid in [their, J.D.] ability to understand",[350] als auch die Animalisierung von Minderheiten, die eine vorgebliche Ähnlichkeit afrikanischer Menschen mit Tieren herstellt. Laut Kaplan setzt diese kinematografische Animalisierung Schwarze Filmfiguren wiederholt mit Natur gleich und stellt sie in einen Bild- und Sinnzusammenhang mit Affen.[351] Außerdem macht Kaplan in Hollywoodfilmen eine Sexualisierung von rassialisierten Minderheiten aus, die

---

[342] Hall 2016: 178.
[343] Memmi 2016: 152.
[344] Memmi 2016: 155. Vgl. Unterkapitel *3.6.1 Schwarz symbolisierte Entwicklungsblockade*.
[345] Memmi 2016: 158.
[346] Memmi 2016: 156ff.
[347] Memmi 2016: 158. Vgl. Unterkapitel *3.6.2 Dehumanisierung*.
[348] Kaplan 1997: 79.
[349] Kaplan 1997: 80.
[350] Kaplan 1997: 82. Vgl. Unterkapitel *3.6.3 Infantilisierung*.
[351] Vgl. Unterkapitel *3.6.2 Dehumanisierung*.

diese als lüstern und triebgesteuert darstelle.³⁵² Gleichzeitig würden Schwarze Filmfiguren herabgewürdigt, indem ihnen unterstellt werde, sie könnten nicht richtig von falsch unterscheiden.³⁵³ In diesem Zuge inszeniere man sie als unmoralisch, wenn nicht gar als teuflisch. Und auch die Religion indigener Völker werde in okzidentalen Filmtexten immer wieder lächerlich gemacht.³⁵⁴

Auf Barthes, Hall und Memmi aufbauend und in Anlehnung an Susan Arndt gehe ich in der vorliegenden Arbeit, die vor allem die repräsentierte Ideologie des Rassismus „entschleiern"³⁵⁵ und „ent-täuschen" soll, von *weißen* Mythen aus: von dem Mythos *weißer* Überlegenheit und allen anderen Mythen, die mit diesem verknüpft sind. Denn „die ausschließlich Weiße Repräsentation ermöglicht die Illusion einer rein Weißen Herkunft, einer Weißen Nation und eines rein Weißen Europa" sowie einer „rein Weißen Kulturgeschichte".³⁵⁶ Barthes betont allerdings, man müsse sich, wolle man den Mythos freilegen, von der gesamten Gesellschaft entfernen, wenn man – wie er selbst – voraussetze, dass der Mythos die gesamte Gesellschaft befalle.³⁵⁷ Da ich diese geforderte Entfernung nur in sehr begrenztem Umfang für mich deklarieren kann, besteht das Risiko, dass mir das Freilegen rassialisierter Mythen lediglich in einem ähnlich begrenzten Ausmaß gelingen wird.

### 2.3.1.3 Blickregime aus post_kolonialer Perspektive

Wie bereits in Kapitel *2.3 Mulvey phallisch weiß gelesen* erwähnt, wird die in der Blickkonstellation liegende Machtverteilung von der post_kolonialen Theorie ähnlich wie von Mulvey thematisiert. Äquivalent zu Mulveys Theorieansatz, der den aktiven Blick als Standpunkt des Subjekts und das Angeblickt-Sein als den des Objekts ausweist, beschreibt die post_koloniale Theorie diese Blickkonstellation im Hinblick auf die Machtachse *Rasse* immer wieder als Subjekt-Objekt-konstituierend. So führt beispielsweise bell hooks die Blickkonstellationen, in denen *Weiße* die Herrschaft des Blicks inne haben und Schwarze in den passiven Objektstatus gedrängt werden, der ihnen einen aktiven Blick verbietet, auf die Zeiten zurück, in denen afrikanische und afrodiasporische Menschen als Sklav_innen von – sich selbst als *weiß* konstruierenden – okzidentalen Gewalttäter_innen gefangen genommen, unterdrückt, gefoltert, getötet und entmenschlicht worden sind. Sie schreibt:

---

³⁵² Vgl. Unterkapitel *3.6.5 De- und Hypersexualisierung*.
³⁵³ Kaplan 1997: 80. Siehe zur fehlenden Unterscheidung von richtig und falsch auch meine Ausführungen zu der rassialisierenden Inszenierung der *Hot-Vodoo-Song*-Filmsequenz in dem Film *Blonde Venus* (Kapitel 2.1 und 2.2).
³⁵⁴ Kaplan 1997: 82.
³⁵⁵ Den Begriff der „Entschleierung" nutzt Barthes (Barthes 1970: 148).
³⁵⁶ Röggla 2012: 59.
³⁵⁷ Barthes 1970: 148f.

> Black slaves, and later manumitted servants, could be brutally punished for looking, for appearing to observe the whites they were serving, as only a subject can observe, or see.[358]

Diese Kontrolle des Schwarzen Blicks durch *weiße* Menschen, so hooks weiter, habe zur Installation und Aufrechterhaltung der *weißen* Terrorherrschaft gedient. Denn durch die Degradierung von Schwarzen Menschen zum Objekt und durch den Raub des „Schwarzen Blicks" hätten die sich Ermächtigenden gehofft, Schwarze an der Wahrnehmung der Wirklichkeit hindern zu können. Diese Entsubjektivierung Schwarzer Menschen habe sich später dahingehend gesteigert dass Schwarze gänzlich in das Feld des Nicht-Sichtbaren gedrängt worden seien, indem

> Schwarze für die meisten Weißen einfach unsichtbar waren, bis auf ein Händepaar, das Getränke auf einem silbernen Tablett anbot. Auf die mechanischen Abläufe leibhaftiger physischer Arbeit reduziert, lernten Schwarze vor Weißen so zu erscheinen, als wären sie Zombies. Sie übten sich in der Gewohnheit, den Blick gesenkt zu halten, damit sie nicht anmaßend wirkten. Ein direkter Blick war die Bestätigung ihrer Subjektivität und Ebenbürtigkeit. Sicherheit lag im Vortäuschen von Unsichtbarkeit.[359]

In der Tradition der Kolonialfotografie, die schon – den in Kapitel drei zu analysierenden – Filmaufnahmen des Regisseurs Hans Schomburgk vorausging, dient die Blickanordnung auch im Medium Film als Werkzeug zur Aufrechterhaltung *weißer* Suprematie. Der hinter der Kamera agierende *weiße* Blick kontrolliert den abzulichtenden Ausschnitt an „*(weißer)* Wahrheit",[360] für deren Darstellung Schwarze Menschen vor der Kamera instrumentalisiert werden. Das Ausmaß der mit solchen kinematografischen Aufzeichnungsprozessen verbundenen *weißen* Gewalt wird in den Ausführungen Schomburgks deutlich, der von der Jagd zum Filmen übergegangen war. Schomburgk schreibt über seine in Afrika „erbeuteten" Filmaufnahmen:

> ‚Lebt wohl, ihr freien Kinder der Steppe, wir haben euch alle erbeutet. Wenn nach Jahren eure Gebeine auf der flimmernden Steppe bleichen, zieht ihr in Europa auf der flimmernden Leinwand am Auge des Beschauers vorbei in all eurer Kraft und Schönheit.' – Während vor Jahren in Ostafrika auf das kurze ‚Halt' mir die Büchse gereicht wurde und bald darauf ein freies Naturkind unter der Kugel sein Leben lassen musste, tritt jetzt die Kamera in Tätigkeit, um blutlos ihre Jagdbeute einzuheimsen. [...] Und wie das Wild, so erbeuten wir auch die Wilden, die [N.], in ihren Sitten und Gebräuchen, ihren Spielen und Tänzen. Die uralten Industrien, die von der fortschreitenden Zivilisation hinweggefegt werden, retten wir im Film für die Nachwelt. [...] In Ewigkeit werden die Pole unverän-

---

[358] hooks 1992: 168. Vgl. Rose 2001: 131: „As Jane Gaines (1988) points out, at a certain historical period in the USA, [...] black men were hung for looking at white women."
[359] hooks 1994: 207f.
[360] Vgl. Unterkapitel *3.4.6 Mythos (weiblich-)weißer Wahrheit*.

dert bestehen. – Vergessen sind aber die Sitten und Gebräuche der afrikanischen Eingeborenen, die nicht im Film erhalten sind. – Die blutlose Eroberung Afrikas, das ist das Verdienst der kinematographischen Forschungsreisenden.[361]

Dieser kriegsähnlichen Beschreibung von Schomburgks Dreharbeiten in Afrika entspricht die Übertragung von Jagd-, Kriegs- und Kolonialbegriffen auf die Praxis der Filmwelt. So wird beispielsweise der Begriff „shot", „Schuss", sowohl der aktiven Nutzung des Gewehrs als auch der der Kamera zugeordnet. Auch der in der Filmbranche heute noch übliche Ausdruck „best boy" könnte auf ein koloniales Setting zurückzuführen sein. Denn im Zuge der dem Machterhalt dienenden Infantilisierung Schwarzer Männer war der Begriff „boy" die übliche Bezeichnung für afrikanische Männer, die den *weißen* Kolonialist_innen – auch bei deren Filmaufnahmen in kolonisierten Ländern – dienen mussten. Bezogen auf den US-amerikanischen Kontext schreibt Hall zu dem Begriff „boy" Folgendes:

> Während der Zeit der Sklaverei übte der Sklavenhalter seine Autorität über den schwarzen männlichen Sklaven aus, indem er ihn aller Attribute der Verantwortung, der väterlichen und familialen Autorität beraubte, und ihn wie ein Kind behandelte. Diese Infantilisierung ist eine verbreitete Repräsentationsstrategie sowohl für Männer als auch für Frauen. Und erst in jüngster Zeit haben viele Weiße aus den Südstaaten der USA aufgehört, erwachsene schwarze Männer ‚Boy!' zu nennen, während in Südafrika diese Praxis nach wie vor anhält.[362]

Fotografie und Kinematografie wurden nicht nur zeitgleich mit der Psychoanalyse, sondern auch zeitgleich mit der Kolonialzeit erfunden, so dass zu untersuchen ist, „wie der Film unter den Bedingungen der kolonialen Aggression Blicke und Blickrichtungen organisiert hat".[363] „Wenn wir Angst haben," schreibt die Schriftstellerin Susan Sontag, „schießen wir. Sind wir aber nostalgisch gestimmt, machen wir ein Foto."[364] Damit beschreibt sie die ambivalenten Impulse, denen die von *Weißen* ausgeübten Kolonialgewalttaten entspringen, ähnlich und gleichzeitig anders. Es ist allerdings fragwürdig, ob das Fotografieren von Opfern des Kolonialismus beschönigend als Nostalgie oder nicht doch vielmehr als eine eigene Form von Gewalttat ausgewiesen werden sollte. So theoretisiert Hall beispielsweise das „weiße Auge" als den Standpunkt von Sieger_innen, welcher die gesamte Geschichtsschreibung und Kultur eurozentrisch kodiert. Hall meint:

> [...] noch etwas ist wichtig: Das ‚abwesende', aber alles beherrschende ‚weiße Auge', der ungenannte Standort, von dem aus all diese ‚Beobachtungen' gemacht werden und von dem aus sie allein einen Sinn ergeben. Es ist die Geschichte der Sklaverei und der Eroberung, geschrieben, betrachtet, dargestellt und fotografiert

---

[361] Schomburgk 1928: 267-269.
[362] Hall 2004b: 149.
[363] Kreimeier 1997: 47. Dazu auch Hedinger 2009.
[364] Sontag 1980: 21.

von den Siegern. Sie kann von keinem anderen Standpunkt aus gelesen und mit Sinn versehen werden. Das ‚weiße Auge' befindet sich stets außerhalb des Rahmens – aber es sieht und ordnet alles, was darin ist.[365]

Aus all diesen Gründen ist es naheliegend, dass im Kino nicht nur, wie von Mulvey hervorgehoben, eine weibliche Filmfigur zum passiven Material eines aktiv männlichen Blicks wird, sondern auch eine Schwarz konstruierte Filmfigur als Objekt des Blicks eines *weiß* konstruierten Subjekts dem Entstehen *weißer* – und eben auch weiblicher – Schaulust dienlich ist. Denn die Macht *weißer* Hauptfiguren könnte auf diese Weise mit der aktiven Macht des erotischen (kontrollierenden) Blicks verschmelzen. Auch *weiß*-weibliche Rezipierende kämen dadurch in den Besitz eines symbolischen Phallus, der ihnen das Erleben von Schaulust möglich macht.

Wie in der *Hot-Vodoo-Song*-Sequenz würde die Handlung dann nicht nur, wie von Mulvey aufgezeigt, ins Stocken geraten, um die *weiß*-weibliche Protagonistin als Bild für den Mann bereit zu stellen, sondern auch, um koloniale Bilder zu vermitteln, die Schwarze Menschen zum Objekt des *weißen* Blicks machen. „Wir lassen Tänzer singen, um ihr kulturelles Potential zu kalkulieren", schreibt Philipp Khabo Köpsell in seinem Gedicht *The Brainage*.[366] So dient auch die *Hot-Vodoo-Song*-Shownummer nicht nur dazu, die *weiße* Frau zum Objekt des männlichen Blicks zu machen, sondern auch dazu, rassistische Stereotype zu reproduzieren und in das (Un-)Bewusste okzidentaler Subjektkonstruktionen, Identitäten und kollektiver Selbstverständnisse einfließen zu lassen.[367]

Diese Shownummer setzt rassistisch konstruierte Schwarze Filmfiguren dem aktiv rassisierenden Blick von *weißen* Rezipierenden aus und verdeutlicht, dass die Erfindung einer mit Natur gleichgesetzten Schwarzen Primitivität als ausgeschlossenes, konstitutives Anderes für das Entstehen einer *weißen* „zivilisierten" Subjektivität ebenso fundamental ist wie die als Natur der Kultur entgegengesetzte Weiblichkeit für das Entstehen männlicher Subjektivität.[368] In die Analyseschablone ist daher die Suche nach Schwarzen Filmfiguren einzufügen, die zum passiven Objekt eines aktiven *weißen* (Figuren-)Blicks werden.[369] Während Gilman aufzeigt, dass der Schwarze Mann im homosexuellen Kontext zum lustbringenden Objekt des *weißen*

---

[365] Hall 2012: 159.
[366] Khabo Köpsell 2010.
[367] Auch die in Abenteuerfilme häufig integrierten Tänze afrikanistisch imaginierter Filmfiguren lassen die Handlung stagnieren und die Schwarzen Filmfiguren zum Bild der sich selbst als *weiß* und „zivilisiert" konstruierenden Filmrezipient_innen werden (vgl. Unterkapitel *3.2 Genrespezifizierende Analyse des Narrativs*).
[368] Tißberger 2013: 345.
[369] Im Englischen wird dieser aktive Blick als *gaze* beschrieben, das weniger zielgerichtete Gucken *look* genannt. (Kaplan 1997: 62: „the gaze may be distinguished from ‚looking' as noted in the Preface.") Analyseschablone in Unterkapitel *3. Deduktives Analyseverfahren: Darstellung weißer Weiblichkeit im okzidentalen Mainstream-Spielfilm im Analyseraster der „phallisch weiß" gelesenen Mulvey'schen Theorie*.

Blicks wird,[370] werde ich dieses Phänomen im heterosexuellen Kontext untersuchen: Inwieweit wird der Schwarze Mann in den von mir ausgewählten okzidentalen Spielfilmen zum (schau-)lustbringenden Objekt des *weiß*-weiblichen Blicks?

### 2.3.2 Individuelle Rezeptionsposition, Identifikation und Schaulust

Die Subjektposition, die innerhalb der Apparatustheorie theoretisiert wird, ist als eine besondere Konzeption der Zuschauenden zu verstehen, die sich sowohl von den Modellen eines Massenpublikums unterscheidet, wie sie empirische oder soziologische Theorieansätze verwenden, als auch von dem Modell bewusst wahrnehmender, zielgerichteter Rezipierender wie ihn die Ansätze der Formalist_innen verstehen. Denn die psychoanalytisch fundierte Filmtheorie geht davon aus, dass die rezipierende Person durch eine Zirkulation des Begehrens entsteht.[371] „Psychoanalytic film theory sees the viewer not as a person, a flesh-and-blood individual, but as an artificial construct, produced and activated by the cinematic apparatus", schreiben die Filmwissenschaftler_innen Stam, Burgoyne und Flitterman-Lewis.[372]

Da auch Mulveys Theorieansatz dieser Apparatus-Theorie zuzurechnen ist, unternimmt Diawara, wenn er sich mit Mulveys Schaulust-Konzeption auseinandersetzt, keine empirischen Untersuchungen anhand von Reaktionen einzelner Filmrezipierender, sondern analysiert die Filmstrukturen im Hinblick auf rassialisierte Einladungen, die der Filmtext ausspricht.[373] Dabei zeigt Diawara unter anderem einige Inszenierungsstrategien auf, durch die die Rezipierenden der beiden US-amerikanischen Mainstream-Filme *Birth of a Nation* und *The color purple* zur Identifikation mit den *weißen* Filmfiguren eingeladen werden. Er schlussfolgert, dass aus den in die Filmtexte eingeschriebenen Zeichen eine problematische Rezeptionssituation für Schwarz(-männliche) Rezipierende resultiere, in der eine Identifikation mit dem kinematografisch erzeugten Bild von Schwarzen Charakteren kaum möglich sei.[374] Ziel müsse es daher sein, herauszufinden, welche Einblicke diese spezielle Konstellation von Zuschauenden und Filmfiguren zur Analyse von Hollywoodfilmen beitragen könne.[375]

Da die Apparatus-Theorie die Rezipierenden also in einem psychoanalytisch abstrahierten Subjektsinne denkt und nicht als Menschen „aus Fleisch und Blut", werde auch ich zur Überprüfung der von mir aufgestellten These die Rezeptionspositionen nicht anhand empirischer Forschungen zu verifizieren versuchen, sondern den Fokus auf die Einladungen legen, die der Filmtext ausspricht. Meine

---

[370] Gilman 1997: 286f.
[371] Stam/Burgoyne/Flitterman-Lewis 1992: 146f.
[372] Stam/Burgoyne/Flitterman-Lewis 1992: 147.
[373] Diawara 1988 und 1993.
[374] Diawara 1993: 215. Zu "Cross-Racial Identification" siehe Harris 1992: 87-89.
[375] Diawara 1993: 212.

These lautet, dass (insbesondere *weiße*) Schaulust aus einer phallisch-*weißen* Positionierung der Filmfiguren und einer spezifischen Lenkung des Blicks der Rezipierenden durch die in den Filmtext eingeschriebenen Blickregime entsteht.

Wie ich heute, so griff auch Diawara damals Mulveys Artikel *Visual Pleasure and Narrative Cinema* auf und untersuchte anhand der darin ausgebreiteten Theorie die Filmtextstrukturen aus der ihm eigenen Gesellschafts- und Rezeptionspositionierung heraus. Während ich die Filmtexte als *weiße* Frau lese, argumentierte Diawara „from the specificity and limitations of my own position as a Black male spectator".[376] Und so wie ich Mulveys implizite Behauptung der Unmöglichkeit weiblicher Schaulust bezweifle, so stellte Diawara in seinem damaligen Zeitschriftenbeitrag die von Mulvey scheinbar gegebene Garantie einer männlichen Schaulust infrage.[377] Und obwohl es sich in Mulveys Theorie um die Schaulust von imaginären oder abstrahiert konzipierten Subjekten handelt, überträgt Diawara seine Erkenntnisse dennoch auf „Menschen aus Fleisch und Blut". Denn seine Schlussfolgerung ist, dass die dominante Lesart der von ihm untersuchten Filmtexte Schwarze Rezipierende dazu nötige, sich mit rassistisch konstruierten Schwarzen Charakteren zu identifizieren.[378] Auf diese Weise werde dem afroamerikanischen Publikum die Möglichkeit verweigert, sich mit Schwarzen Figuren als „credible or plausible personalities" zu identifizieren. Schwarze Rezipierende würden dadurch – ungeachtet ihres Geschlechts oder ihrer sexuellen Orientierung – daran gehindert, „to enjoy the pleasures which are at least available to the White male heterosexual spectator positioned as the subject of the films' discourse."[379]

Dieser Einschätzung pflichtet Stuart Hall bei, wenn er den populären Kinofilm als einen Ort beschreibt, der Schwarze aufgrund ihrer Repräsentation „der Möglichkeit des Berühmtseins, des heroischen Charismas, des Glanzes und des Vergnügens der Identifikation" beraube.[380] Hall schreibt:

> [...] the 'mythic' life and culture of the American cinema [...] is where the collective fantasies of popular life are worked out, and the exclusion of blacks from its confines made them precisely, peculiar, different, placed them 'outside the picture'. It deprived them of the celebrity status, heroic charisma, the glamour and pleasure of identification accorded to the white heroes of film noir, the old private eye, crime and police thrillers, the 'romances' of urban low-life and the ghetto.[381]

---

[376] Ebd.
[377] Siehe Unterkapitel *1.1.1 Feministische Filmtheorie*.
[378] Diawara 1993: 213.
[379] Diawara 1993: 216.
[380] Hall 2004b: 160.
[381] Hall 1997: 271.

Was die Identifikation der Rezipierenden mit solchen von Hall angeführten *weißen* Helden betrifft, so stellt Diawara bezogen auf Tarzan-Filme heraus, dass diese als Filme des „Blaxploitation Genre"[382] sowohl *weiße* als auch Schwarze Rezipierende zur Identifikation mit dem *weißen* Helden einladen würden.[383] Und er zeigt auf, dass sich auch *Weiße* mit Schwarzen Filmfiguren identifizieren können, wenn letztere als Ich-Ideale inszeniert sind, die den Kinokonventionen entsprechen. Hall schreibt bezogen auf die US-amerikanischen Filme aus den 1970er Jahren, die Schwarze als Resultat der Bürgerrechtsbewegung in einer Art Gegennarrative als Helden darstellten, dass diese Filme, indem sie auch bei *Weißen* Schaulust evozierten, zu Kassenschlagern wurden:

> These films carried through one counter-strategy with considerable single-mindedness – reversing the evaluation of popular stereotypes. And they proved that this strategy could secure box-office success and audience identification. Black audiences loved them because they cast black actors in glamorous and 'heroic' as well as 'bad' roles; white audiences took to them because they contained all the elements of the popular cinematic genres.[384]

Fanon hingegen macht eine „transkulturelle" bzw. die Grenzen von Rassekonstruktionen überschreitende Identifikationsmöglichkeit speziell von der Wirkungsrealität abhängig – insbesondere von der „Publikumsstruktur"[385] und den „Einsatzorten".[386] Er konstatiert, dass sich ein Schwarzer Zuschauer auf den Antillen bei der Rezeption von Tarzan-Filmen gemeinhin problemlos auch mit den *weißen* Filmfiguren identifizieren könne, sich in Europa aber in einem von *weißen* Rezipient_innen dominierten Kinosaal nicht gegen die ihm gesellschaftlich aufgezwungene Identifikation mit der Schwarzen Filmfigur zur Wehr zu setzen vermöge:

> Assister à la projection d'un film de Tarzan aux Antilles et en Europe. Aux Antilles, le jeune Noir s'identifie *de facto* à Tarzan contre les nègres. Dans une salle d'Europe, la chose est beaucoup plus difficile, car l'assistance, qui est blanche, l'apparente automatiquement aux sauvages de l'écran. Cette expérience est décisive. Le nègre sent qu'on n'est pas noir impunément. Un documentaire sur l'Afrique, projeté dans une ville française et à Fort-de-France, provoque des réactions analogues. Mieux: nous affirmons que les Boschimans et les Zoulous déclenchent davantage l'hilarité des jeunes Antillais. Il serait intéressant de montrer

---

[382] Diawara 1993: 213.
[383] Diawara 1993: 212.
[384] Hall 1997: 271f. An anderer Stelle schreibt Hall über die Filme der Gegenrevolution mit Schwarzen Protagonist_innen: „Diese Filme führten eine Gegenstrategie mit bemerkenswerter Zielstrebigkeit aus – die Umkehrung der Bewertung alltagskultureller Stereotypen. Und sie bewiesen, dass diese Strategie den Erfolg als Kassenschlager und die Identifikation des Publikums sichern konnte. Das schwarze Publikum liebte sie, weil sie schwarze Schauspieler in glänzende und heroische genauso wie in ‚böse' Rollen brachten; das weiße Publikum nahm sie an, weil sie alle Elemente des populären Kinogenre enthielten." (Hall 2004b:160f.)
[385] Korte 1999: 22.
[386] Ebd.

que dans ce cas cette exagération réactionnelle laisse deviner un soupçon de reconnaissance. En France, le Noir qui voit ce documentaire est littéralement pétrifié. Là il n'y a plus de fuite : il est à la fois Antillais, Boschiman et Zoulou.[387]

Diese Beeinflussung der Identifikationsprozesse durch die Wirkungsrealität erklärt Fanon letztendlich durch einen Rekurs auf die filmische Bezugsrealität. Er führt als Beispiel an, dass ein Schwarzer Schuljunge, der auf den Antillen immer wieder *Our ancestors the Gauls* habe rezitieren müssen, sich selbst zunächst verständlicherweise automatisch mit dem Abenteurer, dem „zivilisierenden" Kolonialisten und dem *weißen* Mann identifiziere, der den „Wilden" Wahrheit bringe – „a lily-white truth". Ein solcher Identifikationsprozess trage dazu bei, dass das Schwarze Kind die Haltung des *weißen* Mannes übernehme. So sei es Tatsache, dass sich ein Antillaner selbst nicht als Schwarzer Afrikaner, sondern als Antillaner definiere. Der Schwarze lebt für ihn in Afrika. Im subjektiven Empfinden und intellektuell verhalte sich der Antillaner daher wie ein *weißer* Mann. Dass er Schwarz sei, erfahre er erst, wenn er nach Europa komme. Denn wenn er Europäer_innen das N.-Wort aussprechen höre, dann wisse er sofort, dass damit sowohl er selbst als auch der Senegalese gemeint sei.[388]

Teshome H. Gabriel weist darauf hin, dass nicht nur Rezeptionsmuster, sondern auch die Vorliebe für spezielle Rezeptionsbedingungen je nach kultureller und sozialer Umgebung variieren. Während beispielsweise US-Amerikaner_innen und Europäer_innen schon die afrikanischen Vorführbedingungen nicht wertschätzten, weil Afrikaner_innen während der Filmrezeption zu sprechen pflegten, beschwere sich andersherum das afrikanische Publikum über die sehr strengen Stille-Regeln in amerikanischen Kinos.[389] Nicht nur aus diesem Grund ist die ideale Zuschauer_innenschaft laut Gabriel immer in dem Land vorhanden, in dem ein Spielfilm produziert wurde, sondern auch deshalb, weil die kulturellen Bezüge, Kodierungen und Symbole hier am besten entschlüsselt werden könnten. Filme aus einer dem Publikum fremden Kultur unterlägen der Gefahr, so Gabriel, missverstanden und fehlinterpretiert zu werden. So sei es beispielsweise für ein westliches Publikum schwierig, die radikale soziale Aussage von *Third Cinema*-Filmen zu entziffern, da

---

[387] Fanon 2015a: 150 Fußnote 1. Englische Übersetzung (Fanon 2008: 131 Fußnote 15): „Attend the showing of a Tarzan film in the Antilles and in Europe. In the Antilles the young black man identifies himself de facto with Tarzan versus the Blacks. In a movie house in Europe things are not so clear-cut, for the white moviegoers automatically place him among the savages on the screen. This experiment is conclusive. The black man senses he cannot get away with being black. A documentary film on Africa shown in a French town and in Fort-de-France causes similar reactions. I will even go so far as to say that the Bushmen and the Zulus trigger much more hilarity from the young Antilleans. It would be worthwhile demonstrating that this exaggerated response betrays a hint of recognition. In France the black man who watches this documentary is literally petrified. Here there is no escape: he is at once Antillean, Bushman, and Zulu."
[388] Fanon 2015a: 145f. (frz.), Fanon 2008: 126f. (engl.).
[389] Gabriel 1989a: 39.

*Third Cinema* zum einen Widerstand gegen die konventionellen Strukturen von Mainstream-Filmen leiste und zum anderen den westlichen Rezipierenden ihre Stellung als privilegierte „Decoder" und ultimative Interpretierende entziehe.[390]

Fanons (1952) und Diawaras (1986) Rezeptionsbeschreibungen aus dezidiert Schwarz-männlicher Sicht ergänzend, nimmt bell hooks, ihrer eigenen gesellschaftlichen Positionierung entsprechend, eine zusätzliche Differenzierung zwischen Schwarz-männlicher und Schwarz-weiblicher Blickposition vor. Ihrer Meinung nach tendieren Schwarze Männer ebenso wie *weiße* Männer dazu, Frauen zum Objekt zu machen. Diese Differenz wirke sich auf alle Blickkonstellationen aus:

> This gendered relation to looking made the experience of the black male spectator radically different from that of the black female spectator. Major early black male independent filmmakers represented black women in their films as objects of male gaze. Whether looking through the camera or as spectators watching films, whether mainstream cinema or „race" movies such as those made by Oscar Micheaux, the black male gaze had a different scope from that of the black female.[391]

Da also, so hooks, selbst Schwarz-männliche, rassismuskritische Filmemacher Frauen häufig zum Objekt degradierten, müssten sich Schwarze Frauen sowohl von deren phallozentrischem Blick als auch von dem *weißer* Weiblichkeit distanzieren. Generell enthalte die entsubjektivierte Darstellung Schwarz-weiblicher Filmfiguren Schwarzen Zuschauerinnen ein Identifikationsangebot vor. So müsse der Schwarz-weibliche Blick als oppositionelle Praxis vor dem Hintergrund eines Widerstandsbewusstseins gefasst werden.[392] Infolgedessen liege die visuelle „Freude" für kritische Schwarz-weibliche Rezipierende bei der Rezeption konventioneller Filme alleinig in der Lust des Hinterfragens – im „looking against the grain":[393]

> The extend to which black women feel devalued, objectified, dehumanized in this society determines the scope and texture of their looking relations. Those black women whose identities were constructed in resistance, by practices that oppose the dominant order, were most inclined to develop an oppositional gaze.[394]

Die Erkundung genau dieses widerständigen Blicks ist eines von Diawaras Zielen. Er betont, dass er speziell als ein im US-amerikanischen Kontext lebender afrikanischer Filmwissenschaftler an der Art und Weise interessiert sei, wie afroamerikani-

---

[390] Gabriel 1989a: 38f. Zum *Third Cinema* mehr in Kapitel *4. Induktives Analyseverfahren: Darstellung weißer Weiblichkeit im Afrikanischen Third Cinema unter besonderer Berücksichtigung der Brechung phallischweißer Blickregime.*
[391] hooks 1992: 118.
[392] hooks 1992: 116ff., Klippel 2002: 118.
[393] hooks 1992: 126.
[394] hooks 1992: 127.

sche Zuschauende zu bestimmten Zeiten möglicherweise eine besondere Lesart von Filmen entwickelten, die er als „resisting spectatorship" beschreibt.[395]

Räume Schwarzer Agency liegen, so hooks, sowohl im Hinterfragen des Blicks als auch im Zurückschauen oder besser: im Zurückstarren und in der Entwicklung eines kritischen oppositionellen Blicks.[396] So habe sich vor allem in der Anfangszeit visueller Massenmedien ein widerständiger, rebellischer Schwarzer Blick in der Tätigkeit der Film- und Fernsehrezeption entwickeln können. Denn den meisten Schwarzen Zuschauenden sei dabei bewusst gewesen oder geworden, dass die Massenmedien ein System von Wissen und Macht seien, das *weiße* Suprematie aufrechterhalte.[397] Gleichzeitig habe sich die Möglichkeit eröffnet, *weiße* Darsteller_innen auf dem Bildschirm ungehindert anzustarren und damit das Durchbrechen des Blicktabus zur alltäglichen Gewohnheit werden zu lassen.

Natasha A. Kelly zeigt einige Möglichkeiten auf, wie sich ein *counter gaze* beim Lesen von Fotografien auswirken kann.[398] Als ein Beispiel interpretiert sie das Lächeln und den direkt in die Kamera zielenden Blick einer Schwarzen Person, die in einer diskriminierenden Position abgelichtet ist, als ein widerständiges Handeln.[399] Bezogen auf die von ihr vorgenommenen Bildinterpretationen schreibt Kelly:

> Denn wenngleich die Bildbetrachter_innen, für die diese Bilder ursprünglich re_produziert wurden, primär zum *weißen*, männlichen Bürgertum des Kolonialsystems zählen, ist zu berücksichtigen, dass ich aus meiner sozialen Positionierung als Schwarze Frau in Deutschland die vorgelegten Bilder aus postkolonialer Perspektive analysiere, weshalb auch meine eigene soziale Realität Teil des Rahmens wird. D.h. zum einen, dass meine Ergebnisse sich nicht notwendiger Weise mit denen meiner Leser_innenschaft decken müssen, und zum anderen, dass sie nicht mit der Intention der Bildre_produzent_innen übereinstimmen müssen (oder gar können), da jede Bildrezeption unabgeschlossen ist und über die Zeit neue Rezeptionsweisen hervorgebracht hat. So auch eine postkoloniale Lesart, die einen Bedeutungswandel des Materials ankündigt und ihre Umdeutung ermöglicht.[400]

Allerdings weist bell hooks darauf hin, dass viele Schwarz konstruierte Menschen in ihrer Wahrnehmung so tiefgehend kolonisiert seien, dass der zur gesellschaftlichen Norm erhobene *weiße* Blick auch von ihnen übernommen worden sei:

---

[395] Diawara 1993: 212.
[396] Hooks 1992: 116f.
[397] Hooks 1992: 117.
[398] Kelly 2016: 128-150.
[399] Kelly 2016: 133. Äquivalent könnte auch das Lächeln des Schwarzen Dirigenten in der *Hot-Vodoo-Song*-Sequenz als *counter gaze* gelesen werden.
[400] Kelly 2016: 127.

> Many black women do not ‚see diffently' precisely because their perceptions of
> reality are so profoundly colonized, shaped by dominant ways of knowing.[401]

Im Laufe der individuellen psychosozialen Entwicklung kann eine am eigenen Leib erfahrene Abwertung vom Opfer also durchaus dahingehend internalisiert werden, dass eine Identifikation mit dem Aggressor möglich wird.[402] Dies entspricht bezüglich des Verhaltens von Rezipierenden auch der Einschätzung Kortes und der Soziologinnen Katja Gerstmann und Nina Formanek. „Subjektive Aneignungsmuster aufgrund individueller Prägungen (Alter, Geschlecht, Bildungsgrade, mediales (Vor-)Wissen etc.)", schreiben Formanek und Gerstmann, „strukturieren Rezeptionskontexte auch bei Forschungsarbeiten, die nicht ausdrücklich auf Wirkungsanalysen konzentriert sind."[403] Je nach eigener psychosexueller Entwicklung tendiert das eine Individuum beispielsweise eher zu einer masochistischen Identifikation, ein anderes eher zur Identifikation mit einer aktiv handelnden Figur.

So differenziert auch Diawara die Filmrezipierenden nicht nur nach einer ihnen gesellschaftlich zugeschriebenen rassialisierten Positionierung, sondern zusätzlich nach dem individuellen Potential, gegen die gesellschaftliche Norm denken, lesen und handeln zu können. Er entlarvt die vorgebliche Auswechselbarkeit der Begriffe „Schwarzer Zuschauer" und „widerständiger Zuschauer" als eine heuristische Devise, um herauszustellen, dass, ebenso wie sich einige Schwarze durchaus mit den Hollywood-Repräsentationen von Schwarzen identifizierten, einige *weiße* Rezipient_innen die rassialisierenden Darstellungen des Mainstream-Kinos kritisch hinterfragten.[404] In diesem Kontext hebt Diawara auch den Gegensatz zwischen der rhetorischen Kraft der Geschichte und dem Widerstand eines afroamerikanischen Filmrezipienten in Bezug auf die Darstellung US-amerikanischer Geschichte hervor.[405]

Kaplan betont in Bezug auf *weiße* feministische Zuschauerinnen, dass diese bei einem Film wie *Black Narcissus*, der ebenso wie der Film *The Nun's Story* eine *weiße* Nonne auf dem afrikanischen Kontinent inszeniert, in eine gespaltene Rezeptionsposition gerieten. Zum einen sei es für sie beinahe unmöglich, sich nicht mit der *weißen* Nonne zu identifizieren und deren *condescending gaze* zu teilen, zum anderen hätten sie als *weiße* Feminist_innen gelernt, den imperialen Blick zu kritisieren und die Stereotype zu verdammen, durch die indigene Völker in der von *weißen* Interessen dominierten Kultur repräsentiert würden. Da weibliche Zuschauerinnen

---

[401] hooks 1992: 128.
[402] Martha Mamozai führt im weitesten Sinne ein solches Beispiel von internalisiertem Rassismus an. Sie schreibt: „‚Mir deitsche Buwe müsse z'sammenhalte!' sagte ein Schwarzer im Ersten Weltkrieg in Brasilien, und ein anderer, als vom ‚neuen', dem faschistischen Deutschland die Rede war: ‚Mir sein wohl schwarze [N.], aber mir ham Hitlerblut!'" (Mamozai 1989: 20)
[403] Formanek/Gerstmann 2011: 73.
[404] Diawara 1993: 211.
[405] Diawara 1993: 213.

bereits darin geübt seien, multiple Rezeptionspositionen zu besetzen, sei anzunehmen, dass feministische Rezipientinnen sich zwar mit der Protagonistin identifizierten, sich dann aber der Machthierarchien bewusst würden, in die Frauen eingebunden seien.[406]

Bezug nehmend auf die zu Beginn von Kapitel zwei dargelegten Auslassungen *weißer* Feministinnen bei der Rezeption von Filmtexten, deren Inszenierungsstrategien auf rassistischen Grundannahmen beruhen, stelle ich Kaplans Annahme jedoch in Frage. Vielmehr bin ich der Meinung, dass feministische *weiße* Filmrezipient_innen bis heute in der Wahrnehmung rassialisierter Botschaften vom Diskurs geblendet sind und sich der Machtachse *Rasse* noch weitaus stärker bewusst werden müssen.[407] Denn vollständig zustimmen kann ich Kaplan, wenn sie schreibt, dass alle Rezipierenden der Schuss-Gegenschuss-Montage der filmischen Narration von *Black Narcissus* unhinterfragt folgen und dadurch die Unterlegenheit des afrikanistisch inszenierten Volkes als gesichert erachten – zumindest solange sie den Film schauen ohne ein Bewusstsein für den im Filmtext verankerten imperialistischen Blick zu haben.[408]

Zusammenfassend kann festgehalten werden, dass im Vorhinein niemals hundertprozentig festzulegen ist, welche Rezipierenden sich mit welchen Filmfiguren auf welche Art identifizieren. In jedem Rezeptionsprozess kommt es auf die den Rezipierenden eigene Sozialisation und Weltanschauung, auf das kritische Potential des individuellen Denkens, aber auch auf die Bezugs- und Wirkungsrealität des Films an.[409] Durch die von mir vorgeschlagene Lesart des Mulvey'schen Theorieansatzes kann jedoch herausgefunden werden, welche gesellschaftspolitisch relevanten Identitätskonstruktionen kinematografisch erzeugt und fortgeschrieben werden, und welche wie konstruierten Filmfiguren zur Identifikation einladen.

So kann durch die von mir vorzunehmende Repräsentationsanalyse, da es sich hier nicht um empirische Untersuchungen an Rezipierenden handelt, auch nach Abschluss dieser Arbeit nicht hundertprozentig festgelegt werden, wer diese vom Filmtext ausgesprochenen Einladungen schlussendlich annimmt oder ablehnt. Es wird zwar untersucht, wie ein Film „gesellschaftliche Realitäten [produziert und reproduziert], wie er sie (um)[deutet], parodiert oder kritisiert",[410] und auf welche Weise *Weißsein* zur Genese von Schaulust beitragen könnte. Auch ist anzunehmen, dass die durch phallische Figureninszenierung erzeugten Ich-Ideale, die in den Repräsentationskreislauf geschickt werden, dort zirkulieren und sich in die Subjekte bei deren Subjektwerdung innerhalb von Bedeutungsketten einschreiben. Doch

---

[406] Kaplan 1997: 82f.
[407] Auch ich selbst verstehe mich als eine solche feministische *weiße* Filmrezipientin.
[408] Kaplan 1997: 83.
[409] Vgl. de Lauretis 1987: 142f.
[410] Formanek/Gerstmann 2011: 212.

diese Erkenntnisse lassen nur Vermutungen darüber anstellen, wer sich letztendlich tatsächlich mit der phallischen Figur identifizieren und dadurch Schaulust erleben wird. Alles ist möglich. Die individuelle Identifikationsbereitschaft hängt von vielen Faktoren ab: In welcher Rezeptionssituation befindet sich die rezipierende Person? Inhaliert sie ideologisch gefärbte Inhalte unkritisch oder ist sie in ideologiekritischer Rezeption geübt? Kann Schaulust gegebenenfalls auch durch die Strategie des Gegenlesens oder mithilfe eines widerständigen Blicks entstehen?

Zentral erscheint die Frage, welche verschiedenen Machtachsen in welcher Kombination den Phallus der Identifikationsfigur bilden. Denn nach Mulvey würden sich diejenigen Zuschauenden mit der phallischen Filmfigur identifizieren, deren Machtachsen ähnlich kombiniert und aufgebaut sind wie die der als Identifikationsfigur angelegten Filmfigur. Vielleicht aber reicht es auch aus, wenn nur eine der Machtachsen mit dem eigenen Erfahrungshorizont des rezipierenden Individuums übereinstimmt.

## 2.4 Strukturelle Herausforderungen bei der Analyse binärer Repräsentationssysteme

Die kritische Stereotypenforschung, die zentraler Bestandteil der in dieser Arbeit durchzuführenden Filmanalysen sein wird, steht vor dem epistemologischen Problem, genau das voraussetzen und möglicherweise reproduzieren zu müssen, was sie im Grunde kritisieren oder gar dekonstruieren möchte.[411] Dieses Dilemma beschreibt die Stereotypenforscherin Martina Thiele wie folgt:

> [Die] Auseinandersetzung mit Stereotypen und konkret der Sprechakt, das Benennen und auch das Visualisieren von Stereotypinhalten führen zu ihrer Fortschreibung und Festschreibung. Sie bleiben ‚in der Welt' und sorgen mit ihrem immanenten Aufforderungscharakter dafür, sich dem Stereotyp anzupassen, selbst noch im Akt des Sich-Widersetzens.[412]

Thiele geht davon aus, dass die kategorialen Bipolaritäten und das damit verbundene binäre Denken, welches rassistischen, sexistischen und anderen Stereotypisierungen immanent ist, in einer empirisch orientierten kritischen Stereotypenforschung bestehen bleibt – zum Leidwesen derjenigen Forschenden, die dieses Denken auflösen möchten und die Rey Chow leicht diffamierend die „politisch Korrekten" nennt.[413] Auch Chow weist darauf hin, dass diese „politisch Korrekten" bei ihrem Angriff auf die Stereotype zumeist dem Paradoxon in die Falle gingen, dass man, um Stereotype überhaupt kritisieren zu können, auf stereotype

---

[411] Vgl. Thiele 2015: 390f.
[412] Thiele 2015: 392.
[413] Chow 2015: 79.

Einstellungen und Annahmen selbst zurückgreifen müsse.[414] Als ein Beispiel dieses Paradoxons führt Thiele die Erforschung der Kategorie Geschlecht an, die sich kaum oder gar nicht erforschen lasse, ohne die „dichotome und biologisch hergeleitete Geschlechterdifferenz implizit zu reproduzieren".[415]

Sogar Derrida schaffe es nicht wirklich, so Chow bezogen auf dessen Text *Grammatologie*, das „Stereotyp des Stereotyps" zu dekonstruieren, welches das Stereotyp immer als „schlecht, grob vereinfachend [und] blödsinnig" darstelle. Denn sobald man dieses stereotypisierte Stereotyp als ein Stück Wahrheit angreife, räche es sich, „indem es das Sprechen zur Nachahmung"[416] zwinge:

> Es scheint, dass Derridas Schritt, kulturübergreifend zu lesen, wie das Vorgehen von vielen anderen ein Moment impliziert, bei dem die Repräsentation wissentlich oder unwissentlich schablonenhaft wird, ein Moment bei dem das Andere in ein recyceltes Klischee verwandelt wird.[417]

Schon die aus post_kolonialer und feministischer Perspektive forschende Literaturwissenschaftlerin Gayatri Spivak, die Derridas *Grammatologie* übersetzt hatte, wies laut Chow darauf hin, dass dieser Text den Osten als „essentialistischen, unveränderlichen Zustand" konserviere.[418] Spivak habe damit, so Chow, in dieselbe Richtung der Kritik gewiesen wie John DeFrancis, der betonte, Derrida habe „dem Osten imaginierte, fantastische, Eigenschaften" zugeschrieben „ohne auf seine konkrete Realität einzugehen."[419]

Derridas Schrift *Grammatologie* eine Schlüsselstelle in der zeitgenössischen Theorie zuweisend und Derrida als zeitgenössischen Theoretiker beschreibend, dessen Werk den Erkenntnisprozess innerhalb der Geisteswissenschaften in den letzten dreißig Jahren so fundamental geändert habe wie kaum ein anderes, zieht Chow die Schlussfolgerung, dass diese auch von Derrida vorgenommene „Vereinfachung und Verfälschung des Anderen im Grunde genommen [...] ein grundlegender Bestandteil der Mechanismen kulturübergreifender, transethnischer Repräsentation" zu sein scheine,[420] der selbst in den „subversivsten und radikalsten Umschreibungen von Kultur" reproduziert werde.[421]

Es erscheint utopisch, dieses Paradoxon innerhalb einer von nur einer Person durchgeführten Forschungsarbeit aufzulösen. Umso mehr, als die zu erwartenden Ergebnisse der in Kapitel drei durchzuführenden deduktiven Filmanalyse durch

---

[414] Ebd.
[415] Thiele 2015: 390f.
[416] Chow 2015: 80.
[417] Chow 2015: 85.
[418] Chow 2015: 84.
[419] Ebd.
[420] Chow 2015: 90.
[421] Chow 2015: 89.

die Fokussierung auf eine ursprünglich rein *weiß* gedachte Version feministischer Filmtheorie trotz deren Erweiterung um post_koloniale und rassismussensible Theorien auf den Rahmen des okzidentalen Kanons und auf die Tradition eines eurozentrischen Wissen(schafts-)verständnisses begrenzt bleibt.[422] Denn dadurch wird das binäre Denken, auf dem die rassialisierend konstruierte Welt fußt, in den Analysen in gewisser Weise re_produziert. Diesbezüglich schreibt der zu den post_kolonialen Theoretiker_innen zählende Historiker Dipesh Chakrabarty:

> [...] just as the phenomenon of orientalism does not disappear simply because some of us have now attained a critical awareness of it, similarly a certain version of ‚Europe', reified and celebrated in the phenomenal world of everyday relationships of power as the scene of the birth of the modern, continues to dominate the discourse of history. Analysis does not make it go away.[423]

Dieses Dilemma kann sogar in Bezug auf die post_koloniale Theorie selbst problematisiert werden. Denn post_koloniale Analysen ermöglichen es zwar, die universalisierten und unmarkierten kolonialen Macht- und Wissensstrukturen im heutigen Deutschland sichtbar zu machen und das Universelle als partikular zu identifizieren.[424] Doch die Forschungsperspektive einer europäisch verwurzelten Person bleibt dabei, wie Kelly hervorhebt, „im westlichen Kanon gefangen und daher an Denk- und Handlungsanweisungen gebunden, die mit der eurozentrischen Wissen(schafts-)tradition verwurzelt sind".[425]

Die von post_kolonialen Wissenschaftler_innen aufgeworfene Frage, ob eine Überwindung der eurozentrischen „Moderne" überhaupt möglich sei, wenn jegliche Theorie ausschließlich dem globalen Norden zugeordnet werde und okzidentale Theoretiker_innen im Kontext von Wissensre_produktionsprozessen in den Genuss von Privilegien kämen, die Menschen aus dem globalen Süden nicht zugänglich seien,[426] weist auf einen immer noch zentralen Schwachpunkt post_kolonialer Theorieansätze hin. Solange das Repräsentationsregime ausschließlich westliche Wissensre_produzent_innen als Forschende mit einem universellen Bewusstsein konstruiere, und nichtwestliches Wissen als partikular verhandelt werde, sei, so Kelly, die Abkehr vom eurozentrisch-binären Denken kaum möglich.[427]

So fordern Wissensre_produzent_innen aus dem globalen Süden, da ihre eigenen Positionen im okzidentalen Wissen(schafts-)system gemeinhin ent_wahrgenommen würden, immer wieder die Erweiterung des westlichen Wissenska-

---

[422] Vgl. Kelly 2016: 91.
[423] Chakrabarty 1992: 2.
[424] Bergermann/Heidenreich 2015a: 17: „Insbesondere in Deutschland entstanden mit Kants Kosmopolitanismus, Hegels Weltgeist oder Marx' Geschichtsverständnis universal gemeinte Narrative."
[425] Kelly 2016: 91.
[426] Ebd.
[427] Kelly 2016: 92f.

nons.[428] Als ein Beispiel dafür kann Senghors und Césaires Initiative angeführt werden, die *Négritude* ins Leben zu rufen, um das ‚französische Universale' auszuhebeln. Auch der im globalen Norden verortete Walter Mignolo verlangt die Dekolonisierung des Denkens durch ein *Delinking*, durch eine Entkoppelung nichtwestlichen Denkens von europäischen Theoriegebäuden. Dahingegen argumentiert Chakrabarty, dass Europa als ein ‚Bestandteil von jedermanns Erbe' nicht ohne weiteres willentlich von einem außereuropäischen Wissensarchiv abzutrennen sei, und auch Achille Mbembe spricht sich gegen einen Afropolitismus aus.[429]

Der dem kolonialen System immanente Universalismus kann laut Kelly genau genommen nur durch die Dekolonisierung des Post_kolonialismus überwunden werden.[430] Solange dies nicht geschehe, bewege sich die universalisierte Wissens(re)produktion ausschließlich im Rahmen westlicher Wissenschaften, die „das Subjekt des Westens und gleichsam den Westen als Subjekt haltbar machen, indem die Geschichte(n) von Europa als Subjekt – und demnach Südamerika und auch Afrika als Objekte – ideologisiert wird/werden."[431] Dem könnte das Argument des Historikers Sebastian Conrad entgegengesetzt werden, dass, obwohl viele nichtwestliche Theorien und Geschichtsmodelle durchaus westliche Ideen enthielten, diese Einbindung westlicher Erkenntnisprozesse nicht gleichzusetzen sei mit einer Unterwerfung unter westliches Denken. Denn eine solche Ansicht negiere den durchaus bestehenden Anpassungsdruck, der eine aktive Antwort des globalen Südens auf wirtschaftlich-politische oder kulturelle Konzepte und globale Problemlagen fordere.[432] Doch genau dieser Anpassungsdruck verdeutlicht das immer noch bestehende und auf Kolonialität gründende Machtverhältnis, in dem der globale Norden die hegemoniale Position innehat.

So erscheint es naheliegend, sich Thieles Aussage anzuschließen, dass der Wunsch, die Infragestellung und (De-)konstruktion sozialer Kategorien möge das Potential haben, Stereotypisierungen zuwiderzulaufen, per se als nicht realisierbar erscheint.[433] Gleichzeitig schreibt Thiele jedoch von der Hoffnung auf einen Stereotypenwandel durch die beispielsweise von Stuart Hall vorgenommenen Versuche, den bestehenden Repräsentationsregimes durch „Umkehrungen" etwas entgegenzusetzen.[434] Zur Beantwortung der Frage, ob es möglich sei, „ein domi-

---

[428] Kelly 2016: 91.
[429] Vgl. Bergermann/Heidenreich 2015a: 19f.
[430] Kelly 2016: 91: „Denn entgegen dem eurozentrischen Mythos, die Abschaffung der kolonialen Administrationen führe zur Dekolonialisierung der Welt, belegen Forscher_innen des globalen Südens, [...] dass die Welt noch immer durch dieselbe kolonialisierte Machtmatrix strukturiert ist, wenngleich der Kolonialismus als Herrschaftsform nicht mehr existiert."
[431] Kelly 2016: 91.
[432] Conrad 2013.
[433] Thiele 2015: 391.
[434] Thiele 2015: 392.

nantes Repräsentationsregime herauszufordern, anzufechten oder zu verändern", sucht Hall nach Gegenstrategien, „die ein solches Untergraben des Repräsentationsprozesses initiieren könnten".[435] Zu diesem Zweck stellt er in seinem Artikel *The Spectacle of the ‚Other'* drei der vielen Transkodierungsstrategien vor, die in den USA der 1960er und 70er Jahre aufgrund der erfolgreich verlaufenen Bürgerrechtsbewegung zur Anwendung kamen.[436] Doch Hall findet auch innerhalb dieser Transkodierungsausführungen nicht wirklich einen Ausweg aus binärem Denken. Er kommt vielmehr zu dem Schluss, dass die Komplexität und Ambivalenz, die der Repräsentation immanent sind, die Demontage eines rassisierten Repräsentationsregimes ungemein erschweren und die Garantiegabe auf eine erfolgreiche Eliminierung binärer Strukturen verunmöglichen.[437]

Daraus bleibt für die vorliegende Arbeit zu schlussfolgern, dass zumindest innerhalb der von mir anvisierten deduktiven Analyse okzidentaler Spielfilme rassialisierende Binaritäten zwar aufgezeigt und bewusst gemacht werden können, keinesfalls aber ausgemerzt und schlimmstenfalls sogar reproduziert werden. Dennoch birgt die Offenlegung der kinematografischen Kodierung nicht nur die Gefahr einer Re_produktion binärer Strukturen. Vielmehr ist die Bewusstmachung der dichotomen Inszenierung rassialisierender Topoi als ein erster Schritt in Richtung Veränderung von Repräsentationssystemen zu betrachten. Ohne diesen ersten Schritt können nur schwerlich weitere folgen. Ein Erkenntnisprozess, der gänzlich jenseits von rassialisierenden Binaritäten zu verorten ist, kann bei der Analyse okzidentaler Mainstream-Spielfilme möglicherweise noch nicht geleistet werden, denn das über Jahrhunderte gewachsene System des Rassismus bildet auch im System der Repräsentation wirkmächtige Machtstrukturen und Wissensarchive.[438]

Eine wirkliche Chance, rassialisierende Binaritäten gänzlich hinter sich zu lassen, gelingt gemäß dieser Ausführungen wenn überhaupt, dann offensichtlich nur durch die Rezeption von Gegennarrativen wie sie beispielsweise das *Third Cinema* produziert, oder, besser noch, durch die Analyse gänzlich hybridisierter Filmtexte. Denn es ist zu vermuten, dass auch das *Third Cinema* auf rassialisierenden Binaritäten aufbaut, um diese zu kritisieren und ad absurdum zu führen. Im Rahmen der vorliegenden Forschungsarbeit wäre diesbezüglich in Kapitel vier zu prüfen, welche Transkodierungsstrategien Sembènes Film *La Noire de...* nutzt, und inwieweit es mittels dieser gelingt, binäres Denken auszuhebeln.

Im Bewusstsein all dieser Schwierigkeiten betrachtet auch Martina Thiele die akademische Beschäftigung mit den Funktionen von Stereotypen als „vermintes

---

[435] Hall 2004b: 158.
[436] Hall 2004b: 158-162.
[437] Ebd.
[438] Arndt/Piesche 2011: 192.

und zugleich unbedingt zu betretendes Forschungsfeld". Vermint ist es laut Thiele, „weil es in der Tradition funktionalistischer Forschung nicht selten zu einer Verwechselung von Ursache und Wirkung kommt und behauptete Funktionen von Stereotypen letztlich zur Legitimierung ihres Vorhandenseins benutzt werden können".[439] Dennoch sollte es ihrer Meinung nach unbedingt betreten werden, „weil eine (ideologie-)kritische Auseinandersetzung mit den Funktionen von Stereotypen bislang nur von wenigen AutorInnen und auch nur ansatzweise geleistet worden" sei.[440]

So folge ich in meiner Forschungsarbeit Thieles Empfehlung, für eine (ideologie-)kritische Auseinandersetzung mit der Funktion von Stereotypen an bestehende (ideologie-)kritische Theoriebestände anzubinden und mithilfe der *Cultural Studies*, *Gender Studies*, *Postcolonial Studies* und der Kritischen Weißseinsforschung die durch die Medien erzeugten Machtstrukturen in Frage zu stellen.[441] Denn die ideologiekritisch ausgerichtete feministische Filmtheorie Laura Mulveys, die durch ein spezifiziertes, auf alle Machtachsen ausgerichtetes Phallusverständnis und durch die Hinzunahme post_kolonialer Theorieansätze zu einem Instrument für die Dekodierung rassialisierter Repräsentationsstrategien erweitertet wurde, kann meines Erachtens der Forderung Kritischer Weißseinsforscher_innen gerecht werden, „biologistische Konstruktionen und darauf aufbauende binäre Oppositionen (einschließlich ihrer Auswirkung auf gesellschaftliche Prozesse und Hegemonien) zu identifizieren und in Frage zu stellen sowie das diesbezüglich transportierte Wissen mit Hilfe postkolonialer Theorieansätze zu dekonstruieren und kritisch zu ergänzen."[442] Für die kritische Ergänzung bedarf es allerdings der in Kapitel vier geleisteten Hinzuziehung filmischer Gegen- oder Post_narrative.

---

[439] Thiele 2015: 391.
[440] Ebd.
[441] Ebd.
[442] Arndt 2011c: 186.

## 3. Deduktives Analyseverfahren: Darstellung *weißer* Weiblichkeit im okzidentalen Mainstream-Spielfilm im Analyseraster der „phallisch *weiß*" gelesenen Mulvey'schen Theorie

„Man sagt, dass durch Analysieren Vergnügen oder Schönheit zerstört werde. Genau dies habe ich mir vorgenommen", schreibt Laura Mulvey in ihrem Artikel *Visual Pleasure and Narrative Cinema*.[1] Mulveys Vorhaben folgend möchte ich in diesem Kapitel „der geschickten und befriedigenden Manipulation der visuellen Lust" durch okzidentale Mainstream-Filme entgegenwirken, indem ich deren „unterdrückerische Formen"[2] im Rahmen einer ideologiekritischen Filmanalyse offenlege. Aufbauend auf den Theorieteil werde ich innerhalb eines deduktiven Analyseverfahrens untersuchen, inwiefern die okzidentale Spielfilmindustrie eine rassisierende Inszenierung von Weiblichkeit nutzt, um Schaulust zu erzeugen.

Der Fokus dieser deduktiven Filmanalyse wird auf den zentralen Punkten des von mir erweitert gelesenen Mulvey'schen Theorieansatzes liegen, den ich ausgehend von Kapitel 2.3 in eine Analyseschablone mit folgenden Analyseleitfragen umgewandelt habe: Welche Inszenierungsstrategien werden genutzt
1. zur Erzeugung eines phallisch-*weißen* Ich-Ideals, das Blick und Handlung lenkt?
2. zur Erzeugung eines symbolisch kastrierten Schwarzen Blickobjekts?
3. zur Verdrängung der Kastrationsangst beim Anblick kastrierter Filmfiguren
    a) mit dem Ziel der Fetischisierung der *weißen* Protagonistin?
    b) mit dem Ziel der Fetischisierung Schwarz-kastrierter Filmfiguren?
    c) mit dem Ziel sadistischer Abwertung der *weißen* Protagonistin und *weißer* Figuren, die Schwarze Figuren unterstützen?
    d) mit dem Ziel sadistischer Abwertung Schwarz-kastrierter Filmfiguren?

Diesen Analyseleitfragen entsprechend untersuche ich erstens, inwieweit die jeweilige Protagonistin ein *weißes* Ich-Ideal verkörpert (Unterkapitel 3.3 und 3.4). Dabei geht es vor allem um die Suche nach dem von *Weißsein* geformten Phallusanteil. Da Phalluskonstruktionen laut Mulvey mit Blickregimen einhergehen, soll auch ein Augenmerk auf die Blickachsen der Filmfiguren gelegt werden: Wird möglicherweise der phallische Blick eines *weiß*-weiblichen Subjekts auf ein Schwarzes Objekt gerichtet (Unterkapitel 3.5)? Zweitens werde ich herausarbeiten, wie eine kastrierende Darstellung Schwarzer Filmfiguren für die Entstehung hegemonialen *Weißseins* genutzt wird (Unterkapitel 3.5 und 3.6). Und viertens wird analy-

---
[1] Mulvey 1994: 51.
[2] Ebd.

siert, auf welche Weise Schwarze Filmfiguren narrativ fetischisiert und/oder abgewertet werden, um die Schaulust derjenigen Filmrezipierenden, die sich mit den *weißen* Protagonist_innen identifizieren, nicht durch eine vom Schwarzen Objekt möglicherweise ausgehende Kastrationsdrohung zu beeinträchtigen (Unterkapitel 3.7.3 und 3.7.4). In diesem Zuge muss auch geprüft werden, inwieweit die Strategien von Fetischisierung und/oder (sadistischer) Abwertung zusätzlich in Bezug auf die im *Gender*-Bereich vorliegende Kastration der Protagonistin angewandt werden, um potentiell aufkommenden Kastrationsängsten männlicher Rezipienten vorzubeugen (Unterkapitel 3.7.1 und 3.7.2).

Bestandteil dieser Untersuchungskomplexe werden folgende Fragen sein: Welche Ich-Ideal-verkörpernden Eigenschaften vereinen die *weiß*-weiblichen Identifikationsfiguren der vier ausgewählten Filme? Welche binären Konstruktionen werden herangezogen, um *Weißsein* hegemonial zu inszenieren? Inwiefern fördert die Beleuchtung phallische und kastrierte Positionierungen von Filmfiguren? Was tragen die von der Kamera vorgenommenen Kadrierungen und die Tonebene dazu bei? Welche Filmfigur schaut welche wie lange aus welcher Perspektive an? Wer spricht wieviel und was? Welche Sadismen werden wann in die Narration eingeflochten, um die Schaulust phallisch positionierter Rezipient_innen nicht zu (zer-)stören? Auf welche Art und Weise werden kastrierte Filmfiguren zum gleichen Zweck fetischisiert dargestellt?

Wie in der Einleitung bereits ausführlich dargelegt, liegen diesem deduktiven Analyseverfahren vier okzidentale Spielfilme zugrunde: *Die Weiße Massai* (D 2005, R: Hermine Huntgeburth), *Out of Africa* (USA 1985, R: Sydney Pollack), *The Nun's Story* (USA 1959, R: Fred Zinnemann) und *Eine Weiße unter Kannibalen (Fetisch)* (D 1921, R: Hans Schomburgk).[3] Um die Filmtexte mit der um einen erweiterten Phallusbegriff ergänzten Mulvey'schen Theorie deduktiv untersuchen zu können, müssen sie in das Raster eines Mainstream-Spielfilms einzuordnen sein. Denn es war ausschließlich der narrative Hollywoodfilm, auf den sich Laura Mulvey in ihrem Artikel *Visual Pleasure and Narrative Cinema* bezog. An diesem „hochentwickelte[n] Repräsentationssystem"[4] wollte sie zeigen, dass „der gängige Kinofilm das Erotische in die Sprache der herrschenden patriarchalischen Ordnung" codierte.[5] Vor Beginn meiner Analyse möchte ich deshalb sowohl anhand der Wirkungs- und Bedingungsrealität (Unterkapitel 3.1) als auch in Bezug auf die Genre-Einordnung (Unterkapitel 3.2) überprüfen, ob die von mir in Betracht gezogenen okzidentalen Spielfilme den wichtigsten Eigenschaften bzw. den formalen Kriterien eines Hollywoodfilms (oder zumindest eines Mainstream-Films) gerecht werden.

---

[3] Vgl. Unterkapitel *1.2 Struktur und Analysekorpus*.
[4] Mulvey 1994: 50.
[5] Mulvey 1994: 51.

## 3.1 Hollywood-Kompatibilitätsprüfung von Bedingungs- und Wirkungsrealität

Während die beiden deutschen Filmproduktionen hinsichtlich ihrer Wirkungs- und Bedingungsrealität unbedingt einer eingehenden Prüfung zu unterziehen sind, bedarf es diesbezüglich bei den beiden US-amerikanischen Spielfilmen eigentlich keiner weitergehenden Prüfung, da es sich eindeutig um Hollywoodproduktionen handelt. Einige interessante Informationen sollen dennoch in meine Ausführungen einfließen. Denn die Untersuchung der Wirkungsrealität gibt zusätzliche Hinweise auf die Intensität der von den Filmen erzeugten Schaulust und die Analyse der Bedingungsrealität deckt auf, inwiefern rassistische Ideologie und Praxis den Rahmen für die jeweilige Filmproduktion gebildet haben.

In allen Epochen der Geschichte Hollywoods prägen, obwohl der Hollywoodfilm seit den 1970er Jahren verschiedene Phasen der Erneuerung durchschritten hat, bestimmte Charakteristika nicht nur den frühen, sondern auch den heutigen US-amerikanischen Blockbuster. Neben der Tatsache, dass Hollywoodfilme gemeinhin normierten Filmgenres entsprechen und die Hauptrollen zumeist mit Stars besetzt werden, die das jeweilige Genre bedienen, ist und bleibt eines der Hauptmerkmale eines Hollywoodfilms, dass er mit viel Geld für ein Massenpublikum produziert wird – und zwar zumeist von großen Produktionsfirmen aus der US-amerikanischen Filmindustrie. Und fast immer dominieren *weiße* Perspektiven und Interessen die Filmproduktion.[6] Hollywood kann daher mit bell hooks als ein System von Wissen und Macht bezeichnet werden, das die *weiße* Suprematie zu reproduzieren und aufrechtzuerhalten versucht, indem, so hooks' These, die Repräsentation Schwarzer Menschen negiert wird.[7]

### 3.1.1 Wirkungsrealitäten

Was das Hollywoodsche Charakteristikum des zu erreichenden „Massenpublikums" und damit die Wirkungsrealität der von mir ausgewählten Spielfilme betrifft, so habe ich bereits in meiner Einleitung unter *1.2 Struktur und Analysekorpus* hervorgehoben, dass alle vier okzidentalen Spielfilme von mir als Forschungsgegenstand auch deshalb herangezogen wurden, weil sie durch die hohen Zuschauer_innenzahlen, die sie verzeichnen konnten, zu sogenannten Kassenschlagern bzw. Blockbustern geworden sind. Diese Behauptung habe ich an angegebener Stelle für den Film *Die weiße Massai* – zumindest was den besonders hohen Anteil an weiblichen Zuschauenden angeht – bereits eingehender belegt. Für die anderen

---

[6] Tischleder 2001: 118.
[7] hooks 1992: 117.

drei Filme und die Gesamtbesucher_innenzahl des Films *Die weiße Massai* möchte ich dies an dieser Stelle, soweit nach Quellenlage möglich, nachholen.

*Die weiße Massai* kann wegen der erzielten großen Zuschauer_innenzahl ohne weiteres als – zumindest deutscher – Blockbuster gewertet werden. Mit 2.156.934 Kinobesucher_innen wurde der Film gemäß der von der FFA aufgestellten „deutschen Filmhitliste 2005" zu dem in Deutschland bestbesuchten deutschen Kinofilm des Jahres.[8] Die Menge an gezählten Besucher_innen weist einen signifikanten Abstand zu der des zweitbestbesuchten Kinofilms der deutschen Filmhitliste auf.[9] Und trotz des späten Kinostarts am 15. September war *Die weiße Massai* der einzige deutsche Kinofilm, der 2005 mehr als zwei Millionen Besucher_innen in die deutschen Lichtspielhäuser lockte.

Sogar im Vergleich mit der internationalen Kinofilmpalette, die 2005 in Deutschland vorgeführt wurde, steht *Die weiße Massai* noch an neunter Stelle der Filmhitliste[10] und ist innerhalb der ersten dreizehn Ränge der einzige Film, der nicht von US-amerikanischen Firmen produziert wurde.[11] Damit kann der Film in seiner Wirkungsrealität durchaus mit einem Hollywoodfilm verglichen werden. Hinzu kommt, dass der dieser Filmhandlung zugrundeliegende Roman von Caroline Link jahrelang auf den oberen Plätzen der deutschsprachigen Bestsellerlisten zu finden war. Selbst noch im April 2006, gute sieben Jahre nach der Erstveröffentlichung des Buches und ein halbes Jahr nach dem deutschen Kinostart des darauf aufbauenden Films, steht das Taschenbuch auf Platz 10 der Bestsellerliste der TV-Zeitschrift Gong.[12]

Was den Hollywoodfilm *Out of Africa* betrifft, der in Deutschland im März 1986, also ein viertel Jahr nach Beginn der amerikanischen Kinoauswertung anlief,[13] so wird auch in der deutschsprachigen Presse der außergewöhnlich große Besucher_innenandrang immer wieder betont. Schon Anfang 1986 wird berichtet, dass „das amerikanische Publikum seit Weihnachten Schlange" stehe.[14] Ähnlich sei es in Deutschland zugegangen. Schon bei der Deutschlandpremiere auf der Berlinale,[15] wo der Film „im offiziellen Wettbewerbsprogramm, aber außer Konkur-

---

[8] FFA Filmförderungsanstalt (o. J./b).
[9] An zweiter Stelle folgt der im Februar desselben Jahres gestartete Kinderfilm „Die wilden Kerle 2", der mit 1.579.812 Zuschauenden trotz der sieben Monate längeren Laufzeit knapp 600.000 Zuschauende weniger anzog.
[10] Der Film *Die weiße Massai* erreichte allerdings nur ein knappes Drittel der Zuschauer_innenzahl, die der an erster Stelle stehende US-amerikanische Blockbuster „Harry Potter und der Feuerkelch" für sich verbuchen konnte.
[11] Vgl. Beigel 2006 und FFA Filmförderungsanstalt (o. J./a).
[12] Maurer 2010: 79ff.
[13] *Der Spiegel* 1986: 226.
[14] Uthmann, v. 1986. Knorr 1986: „[…] der Film ‚Out of Africa' […] fand sofort Zuspruch beim Publikum der USA und der europäischen Länder."
[15] *Der Spiegel* 1986: 226.

renz" gezeigt wurde, musste „wegen der großen Nachfrage eine zusätzliche Sondervorstellung angesetzt" werden. Zumindest eine dieser Vorstellungen fand im „ausverkauften 1200 Plätze fassenden Zoo-Palast" statt.[16] Schon dort erhielt der Film „stürmischen Beifall" und versprach dem berichtenden Journalisten „ein Renner an der Kinokasse zu werden".[17] Diese Einschätzung als richtig ausweisend, schreibt der *Rheinische Merkur* kurz nach dem deutschen Kinostart:

> Wer in diesen Tagen in Bonn, Köln und anderswo Sydney Pollacks Epos ‚Jenseits von Afrika' sehen will, macht plötzlich längst vergessene Erfahrungen. Lange Schlangen vor den Lichtspielhäusern, atemberaubendes Gedränge im Foyer und immer wieder die Leuchtschrift ‚Ausverkauft' über der Kasse.[18]

Ähnlich berichten auch andere Zeitungsartikel. *Die Woche* schreibt nur wenige Tage später, dass der Film „im Regensburger GLORIA-Kino [...] seit Wochen der große Kassenfüller" sei.[19] So sehe man im Kino „selbst Damen und Herren (im besten Alter), die man ansonsten in derlei profaner Umgebung vergeblich" suche.[20] Die *Frankfurter Allgemeine Zeitung* bezeichnet den Film als „Kassenmagnet",[21] die *Oberhessische Presse* spricht von einem „restlos ausverkauften Kammer-Filmkunsttheater" in Marburg,[22] und die in Hamburg herausgegebene Zeitung *Die Welt* schreibt etwa zwei Wochen nach Kinostart, „diesmal" seien es „nur etwa 300 Menschen, die um 19.15 Uhr nach der 16 Uhr-Vorstellung aus dem Streit's Kino ins Freie strömen. Die Abendvorstellungen des 565 Besucher fassenden Hauses sind dagegen immer voll besetzt. Die Kartennachfrage hält unvermindert an". Jetzt spiele daher, „um den Andrang zu befriedigen, das Grindel den Film mit, und das Ufa zeigt das Original".[23] Auch ein Lübecker Kinobetreiber wird zitiert, der behauptet, „einen solchen Ansturm auf die Kinokarten" hätte er „noch nie erlebt". Die ihn interviewende Person bestätigt, dass „schon Stunden vor Öffnung der Kasse [...] Menschentrauben vor der Tür" stünden.[24] Auf diese Weise spielte der Film bereits in den ersten acht Wochen seiner internationalen Kinoauswertung 60 Millionen Dollar ein – das Doppelte dessen, was seine Produktion gekostet hatte.[25] „In einer Zeit, in der angeblich nur Verrohung und martialische Action den Kinobesucherschwund aufzuhalten vermögen,", schreibt der Journalist Wolfram Knorr, „lässt

---

[16] *Aachener Volkszeitung* 1986. Vgl. Kächler 1986: Laut Kächler spielte der Film bei allen Vorführungen „auf der Berlinale vor ausverkauften Sälen".
[17] *Aachener Volkszeitung* 1986.
[18] Wilmes 1986.
[19] Hein 1986.
[20] Hein 1986.
[21] Klessmann 1986.
[22] Badouin 1986.
[23] *Die Welt* 1986.
[24] *Lübecker Nachrichten* 1986.
[25] Fründt 1986b.

ein Film die Kassen klingen, der ausgerechnet auf das simple Hau-den-Lukas-Rezept verzichtet und sich als bewegendes, opulentes Epos empfiehlt, das konsequent auf Gefühle setzt."[26]

Im Jahr 1987, in dem *Out of Africa* in der DDR anlief, berichtet auch die Ostberliner Zeitschrift *Filmspiegel* von geduldigem Warten der Schaulustbegierigen „in der deutschen Hauptstadt": „Zwei lange Schlangen vor einem großen Kino, tagaus, tagein, wochenlang. Die Leute stehen an, nicht nach irgendeiner Wurstsorte, neuen Jeans, Stiefelchen, nein, sie stehen nach Kinokarten an!"[27] Ebenfalls 1987 schreibt die Ost-Berliner Zeitung *Wochenpost* von „Schlangen an der Kasse, das heißt Medien- und Mundpropaganda" und auch davon, „dass das bei Filmschluß stets übereilige Publikum diesmal, Beifall spendend, sitzen blieb, als das Licht nach 150 Kinominuten (!) aufflammte. [...] Die Schweigeminute, der Beifall [...]. Hier hat ein Film den Zuschauer ins Herz getroffen".[28]

Von dieser emotionalen Ergriffenheit des Publikums, die ein Anzeiger erlebter Schaulust sein könnte, ist in vielen Zeitungsartikeln die Rede. So wird berichtet, das Publikum sei „hingerissen und am Ende zu Tränen gerührt" gewesen,[29] die jüngeren Kinobesucher_innen verließen den Kinosaal zwar „beeindruckt, aber gelassener, nicht aufgewühlt, wie so viele, die sich tatsächlich die Augen reiben und ganz still geworden sind".[30] Der Film, der „die Kunst der zarten Andeutung" beherrsche, drücke „nicht plump auf die Tränendrüse [...], und doch schnieft auch mancher männliche Zuschauer zum traurigen Schluß hörbar ins Taschentuch. Ein Film also, der berührt, ohne rührselig zu sein, der so tief wirkt, weil sich das wahre Drama gar nicht auf der Leinwand, sondern in der Phantasie des Publikums abspielt".[31] Auch die Sozialistische Volkszeitung berichtet, dass „viele feuchte Augen im Publikum" zu sehen gewesen seien.[32] Laut der Filmkritiker_innen Beier und Witte hat sich „durch die hohe künstlerische Sensibilität [...] wieder etwas auf die Leinwände geschlichen, was viele schon vor Jahren für tot erklärt haben: Das Gefühl."[33]

Dass es sich bei dieser gefühligen Schaulust, die der Film offensichtlich bei vielen Zuschauenden erfolgreich evoziert und die von dem Titel „Gefühlssturm der üppigen Schauwerte" eines sich auf diesen Film beziehenden Zeitungsartikels in interessanter Weise beschrieben wird,[34] um eine vornehmlich *weiße* oder zumin-

---

[26] Knorr 1986.
[27] Hanisch 1987.
[28] Rehahn 1987.
[29] Klessmann 1986.
[30] *Die Welt* 1986.
[31] Wilmes 1986.
[32] Trowe 1986.
[33] Beier/Witte 1986.
[34] Seidel 1986.

dest *okzidentale* Schaulust zu handeln scheint, benennen nur die allerwenigsten Journalist_innen. Ein kurzer Artikel im *Volksblatt* erwähnt, den in Kenia gedrehten Film besuchten „in Nairobi entgegen ersten Erwartungen vornehmlich weiße Einwohner der Hauptstadt oder amerikanische Touristen. Das Interesse der Afrikaner dagegen ist eher gering".[35] Auch die *Rhein-Zeitung* in Koblenz und das *Volksblatt* in Berlin geben an, „daß der Film tatsächlich belanglos für den durchschnittlichen Afrikaner" sei,[36] und der Journalist Michael Hanisch schreibt:

> Ich verstehe sehr gut, daß Afrikaner über diesen Film gar nicht so begeistert sind wie die Amerikaner und Europäer. Und keine Tränen können mich das beim Betrachten des Films vergessen lassen.[37]

Ergänzend zu diesem ersten Hinweis auf die Evokation besonders großer *weißer* Schaulust, ist zu erwähnen, dass das US-amerikanische Werk des *weiß*-männlichen Regisseurs, während es bei kenianischen Intellektuellen und Regierenden Empörung hervorrief,[38] bei ausgewählten Mitgliedern des okzidentalen Publikums, bei „elitären Kritikern",[39] eine so große Faszination hervorrief, dass sie es mit hohen Auszeichnungen belohnten. 1986 konnte der Film *Out of Africa* die „Rekordzahl von elf Oscar-Nominierungen"[40] und sechs Golden Globe-Nominierungen verzeichnen und gewann am Ende sieben Oscars[41] und drei Golden Globes. Darunter waren jeweils die am meisten begehrten Trophäen für den „Besten Film des Jahres 1985". Den Oscar erhielt Sydney Pollack auch für die beste Regie-Leistung.[42] In den Zeitungen wird von einem „wahren Oscar-Regen"[43] berichtet und in Betonung der Märchenhaftigkeit dieser Fülle an Auszeichnungen von „Sieben auf einen Streich!"[44] geschrieben. Schon nur die Nominierung für die verschiedenen Oscars erwirkt zusammen mit der Kinoauswertung, dass das „speziell aus Anlaß der Verfilmung neuherausgegebene Buch" *Out of Africa* von Tania Blixen bis März 1986 von 600 000 Menschen gekauft worden ist und zu dieser Zeit an erster Stelle der Bestsellerlisten für Sachbücher steht.[45] „Was wirklich gut ist, ist die Zeit zwischen der Nominierung und der Verleihung – das hilft auch finanziell", sagt

---

[35] *Volksblatt* 1986. So auch *Volksstimme* 1986.
[36] Meinert 1986a, *Volksblatt* 1986.
[37] Hanisch 1987.
[38] Meroth 1986, Hein 1986, Meinert 1986a und 1986b, Klessmann 1986. Auf diese Kritiken werde ich auch im Rahmen der Filmanalyse genauer eingehen.
[39] Blum 1986b.
[40] Hanck 1986. Vgl. Kächler 1986, Badouin 1986, Blum 1986b.
[41] Hanisch 1987, Klessmann 1986.
[42] Wilmes 1986, Hein 1986, Blum 1986b.
[43] Wilmes 1986.
[44] Hein 1986.
[45] von Berg 1986.

Sydney Pollack in einem Interview und fügt erstaunlicherweise hinzu, es sei dann nicht mehr wichtig, ob man den Oscar schlussendlich wirklich erhalte oder nicht.[46]

Dass der Film insbesondere bei Frauen auf große Begeisterung stößt, findet ebenfalls vorsichtige Erwähnung. So berichtet ein Journalist, er habe „selten [...] beim Verlassen des Kinos derart viele feuchte bis nasse Augen bei der Weiblichkeit zwischen 14 und (geschätzten) 64 wie bei ‚Jenseits von Afrika'"[47] gesehen. Eine – dem Namen nach – weibliche Journalistin beteuert, der Film treffe „ungeheuer exakt den Erzählton der Blixen", der „folglich sehr weiblich" anmute und „ein einfühlsames Frauenporträt" erschaffe. Dieses sei ein „hinreißende[s] Stück epischen Kinos, wie wir es alle so nötig haben".[48] Eine andere Autorin umschreibt die genossene Schaulust mit Worten, die Hingabe und Begehren verheißen:

> Es rauschen nicht wenige Tränen provozierende, das Sentimentale berührende Szenen und vor Idylle überquellende Bilder durch diesen Film, aber das Rauschen ist schön und suggestiv, so daß man sich widerstandslos hineinziehen läßt in den Sog postkartengleicher Filmfotos [...].[49]

Von diesem Sog müssen weibliche Zuschauende in ihrer Schaulust so sehr befriedigt worden sein, dass „1986 Damen in geflochtenen Sandalen und mit Tropenhelmen in bundesdeutschen Fußgängerzonen auf Safari" gingen und sich mit Moskitonetzen „vor den in Berlin so weit verbreiteten Parasiten" schützten.[50]

Ein männlicher Journalist der DDR-Filmzeitschrift *Filmspiegel* erzählt, dass eine seiner Kolleginnen „den Film von Sydney Pollack bereits fünfmal gesehen" habe. „In dieser von Schicksalsschlägen gebeutelten Frau", so seine Erklärung, „finden sich wahrscheinlich viele, viele Frauen wieder". Frauen seien deshalb „auch wohl der überwiegende Teil des Publikums".[51] Bei der Suche nach einer Antwort auf die Frage, warum ihn selbst „der Film nicht allzu sehr rührt – im Gegensatz zu den vielen Millionen Zuschauern in der ganzen Welt", kommt dieser Journalist zu dem Schluss, dass ihm „vor allem die Identifikationsfigur" fehle. Denn für ihn sei „sowohl der degenerierte, mitunter liebenswert-selbstironische Baron als auch der schöne blonde Sonnyboy, der Märchenprinz (ein Amerikaner, ganz so wie sich Amerikaner gern selbst sehen möchten), sehr fremd".[52]

Dahingegen verteidigt ein anderer Rezipient den Film in einem Leserbrief gegen den kritischen Presseartikel des Journalisten Gehler in der Ost-Berliner Zeitung *Sonntag* mit folgenden Worten:

---

[46] Fründt 1986b.
[47] Hein 1986.
[48] Blum 1986a.
[49] Jagst 1987.
[50] Kilzer 1999.
[51] Hanisch 1987.
[52] Ebd.

> Ich gehöre auch zu denen, die laut Gehler ihren kritischen Verstand an der Garderobe abgaben. Beeindruckt von den elf Oscars, fasziniert von Robert Redford und Maryl Streep, eingefangen von den Landschafts- und Flugaufnahmen David Watkins, betört von der Ohrwurmmusik John Barrys, bin ich mit den vielen Dreißig- bis Sechzigjährigen, die ich sonst fast nie im Kino sehe, der Pseudoattraktion dieses Filmes aufgesessen. [...] Aber kann man so frontal wie Gehler gegen diese Publikumsabstimmung angehen? [...] Kann man eine solch große Zuschauergruppe in diesem Maße für inkompetent erklären?[53]

Eine ideologiekritische Gegenfrage wäre: Was, wenn die Schaulust der *weißen* Massen unmerklich von der Ideologie des Rassismus genährt und gelenkt wäre? Während Ngugi wa Thiongo schon den Roman Tania Blixens, die dem Film als Vorlage diente, aus rassismuskritischer Sicht als eines der gefährlichsten Bücher einstufte, die je über Afrika geschrieben wurden,[54] wies der damalige kenianische Staatspräsident Daniel Arap Moi die Demütigungen ab, die der Filmtext Afrikaner_innen spüren lasse:

> Es ist nicht der Wunsch der Kenianer, dauernd an die Demütigungen der kolonialen Herrschaft erinnert zu werden. Wir finden das nicht unterhaltsam. Die Zeiten, da Afrika als dunkler, von Wilden bewohnter Kontinent angesehen wurde, sind lange vorbei.[55]

Die *Weekly Review* schreibt mit Blick auf die Szenen über das koloniale Leben in Kenia, dass die Schwarzen in dem Film als „Tölpel" dargestellt, „Kenia als bloße Kulisse einer Liebesgeschichte mißbraucht, und die koloniale Vergangenheit kritiklos verherrlicht" werden würde.[56] Kritisiert wird auch, dass „alle traditionellen Stereotypen über den ‚noblen Wilden'" auftauchten und der Darstellung der Afrikaner_innen kaum Beachtung geschenkt worden sei.[57] Mehr noch: die Darstellung der „Afrikaner als minderwertige Wesen" mache dieselben „zur Zielscheibe des Spotts".[58]

Obwohl – oder gerade weil – der Film bei dem kenianischen Publikum eher auf Desinteresse und bei kenianischen Intellektuellen und Regierenden „nur wenige Tage nach der Verleihung von sieben Oscars" auf „unerwartet scharfe Kritik" gestoßen ist,[59] bleibt unstritig, dass der Film *Out of Africa* das Hollywoodmerkmal erfüllt, für ein (*weißes*) Massenpublikum produziert und von einem solchen auch rezipiert worden zu sein.

---

[53] Hochmuth 1987.
[54] Klein 1986.
[55] Meroth 1986, Klessmann 1986, van Steen 1987. Vgl. *Der Tagesspiegel* 1986.
[56] Zitiert nach Meinert 1986b.
[57] Zitiert nach *Volksblatt* 1986. Vgl. Meinert 1986a und 1986b.
[58] Zitiert nach Meinert 1986a und 1986b.
[59] Meinert 1986a.

Was *The Nun's Story* betrifft, so wurde der Film, neben der Tatsache, dass der *weiße* Hollywoodstar Audrey Hepburn für diese Rolle verschiedene Auszeichnungen als beste (Haupt-)Darstellerin erhielt,[60] für „sieben Oscarnominierungen in den Kategorien bester Film, Drehbuchadaption, Farb-Kamera, Musik, Regie, Schnitt und Ton"[61] vorgeschlagen, erhielt davon am Ende jedoch keinen. In der Filmhitliste des Jahres 1959 steht *The Nun's Story* für die Vorführungen in US-amerikanischen Lichtspielhäusern an fünfter Stelle, für die Vorführungen in deutschen Kinos im Jahre 1959/60 an vierter Stelle. In den USA erzielte der Film Einnahmen von rund sechs Millionen US-Dollar,[62] für Deutschland liegen mir weder Zuschauer_innenzahlen noch Einspielergebnisse vor.

Die deutschsprachigen Zeitungen und Zeitschriften berichten sowohl quantitativ als auch qualitativ weitaus weniger enthusiastisch über diesen Film als über den knapp dreißig Jahre später gedrehten Film *Out of Africa*, allerdings immer noch überwiegend wertschätzend. Der *Rheinische Merkur* schreibt, dass *Geschichte einer Nonne* ein Film sei, „der die Massen gewinnen will und offenbar auch gewinnt".[63] So habe Anfang Dezember 1959 „die Besucherzahl des Films [...] die Schlagkräftigkeit des Filmes [...] bereits bewiesen".[64] Der Film erhielte, wie ein anderer Artikel zu berichten weiß, „großen Zuspruch besonders bei den Jugendlichen."[65]

Ebenso deutet die Anmerkung, dass der Film in München in einem „Prunkkino eines Verleihs [läuft], der in dem Ruf steht, noch nie fehldisponiert zu haben",[66] darauf hin, dass dieser Hollywoodfilm auch in der deutschen Kinoauswertung auf ein Massenpublikum ausgerichtet war. Eine andere Zeitung aus Recklinghausen berichtet, der Film habe, „wo immer er aufgeführt wurde, große, zum Teil begeisterte Zustimmung gefunden". Allerdings wird in diesem Beitrag zugleich ein ambivalentes und von Nationalität abhängiges Publikumsverhalten angemerkt: während der Film „in Holland weitgehend Ablehnung findet, [wird er] in Deutschland sogar von kirchlichen Stellen empfohlen".[67]

Ein anderer Artikel behauptet hingegen, dass der Film „die Leute auf der ganzen Welt" begeistere.[68] Diese Begeisterung wird in den Presseberichten hin und wieder auch als emotionale Ergriffenheit dargestellt. So beispielsweise in einem Artikel, der mutmaßt, es hätte „zu Beginn des epischen, schönfarbenen Fred-

---

[60] 1959: New York Film Critics Circle Award (Beste Hauptdarstellerin); 1960: British Film Academy Award (Beste britische Darstellerin); 1960: David di Donatello (Beste ausländische Darstellerin).
[61] Thain/Stresau 1993: 222f.
[62] Vielhaber 2012: 195, 216.
[63] Bittermann 1959.
[64] Zwirtes 1959.
[65] Uwe 1959.
[66] Bittermann 1959.
[67] Stindt 1960.
[68] BZ 1959.

Zinneman-Films im Parkett nicht so viele Tränen um das belgische Mädchen Gabrielle gegeben, hinter dessen zarter Gestalt sich die Türen eines Klosters scheinbar unerbittlich schließen", wenn von vornherein klar gewesen wäre, dass die Protagonistin diesem Kloster am Ende wieder entkomme.[69] Und eine andere Zeitung hebt sogar eine spezifisch weibliche Schaulust hervor, wenn sie schreibt, der Film visualisiere „eine namentlich Frauen ansprechende, schlichte und rührende Erzählung".[70]

Den Film *Eine Weiße unter Kannibalen (Fetisch)* präsentierte man 1921 in den Werbeanzeigen zur Kinoauswertung als „den größten deutschen Afrikafilm".[71] Inwieweit diese Einschätzung vom Publikum geteilt wurde, ist aufgrund der lang zurückliegenden Uraufführung schwierig zu sagen. Denn über seine Wirkungsrealität, d.h. über die tatsächlichen Publikumszahlen und die durch den Film evozierte Schaulust, ist mit den mir zur Verfügung stehenden Mitteln knappe hundert Jahre später nur noch wenig Genaues herauszufinden. Rezeptionsstatistiken zu diesem Film sind mir nicht bekannt, und Kritiker_innen äußerten sich in verschiedensten Detailfragen ausgesprochen unterschiedlich.[72]

Es ist aber festzustellen, dass nach der Uraufführung im November 1921 zahlreiche Kritiken zu dem Film in der deutschen Presselandschaft erschienen. So berichteten unter anderen die *Deutsche Lichtspiel-Zeitung,*[73] *Der Film,*[74] *Film und Presse,*[75] *Der Kinematograph,*[76] *Der Deutsche Film in Wort und Bild,*[77] der *Film-Kurier,*[78] *B.Z. am Mittag,*[79] die *Berliner-Börsenzeitung,*[80] die *Deutsche Zeitung*[81] und die *Berliner Volks-Zeitung*[82] ausführlich über diesen Film.[83] Es ist also davon auszugehen, dass er in der Dominanzkultur weite Verbreitung fand und einen dementsprechend großen Publikumszulauf erfuhr. Auch die Bedingungsrealität dieser deutschen Produktion lässt vermuten, dass der Film den Werbeanzeigen entsprechend erfolgreich ausgewertet wurde. Denn er wurde im Verleih der zu dem Zeitpunkt noch

---

[69] *Telegraf* 1959.
[70] *7-Uhr-Blatt* 1959.
[71] Nagl 2009: 297.
[72] Nagl 2009: 305.
[73] *Deutsche Lichtspiel-Zeitung* 1921.
[74] *Der Film* 1921.
[75] *Film und Presse* 1921.
[76] *Der Kinematograph* 1921.
[77] Effler 1921.
[78] *Film-Kurier* 1921.
[79] *B.Z. am Mittag* 1921.
[80] Olimsky 1921.
[81] *Deutsche Zeitung* 1921.
[82] *Berliner Volks-Zeitung* 1921.
[83] Vgl. Nagl 2009: 305-307.

recht jungen, später relativ erfolgreichen Produktions- und Verleihfirma *Terra*[84] in die Kinos gebracht.[85] Diese warb für den Film mit „über 600m afrikanische[n] Originalaufnahmen" und dem „größte[n] bisher in Deutschland gezeigte[n] Fabrikbrand" sowie mit einem „Riesenbrand eines [N.]dorfs".[86]

Alle vier Spielfilme sind in Bezug auf ihre Wirkungsrealität als Mainstream-Filme einzustufen, die in die Kategorie der von Mulvey untersuchten Filmwerke passen. Zumindest *Die weiße Massai* und *Out of Africa* scheinen laut Statistiken und Filmbesprechungen zusätzlich speziell bei weiblichen Rezipierenden eine besonders große Schaulust zu evozieren. Und dass es sich bei dem erreichten Massenpublikum um ein vornehmlich *weißes* gehandelt haben mag, ist zumindest für den Film *Out of Africa* durch Zeitungsartikel belegt.

### 3.1.2 Bedingungsrealitäten

Wie wichtig die Analyse der Bedingungsrealität nicht nur für die Prüfung einer Hollywood-Kompatibilität, sondern für eine rassismuskritische Filmanalyse generell ist, zeigt, was die Anglistin und Literaturwissenschaftlerin Rita Dandridge zu Steven Spielberg als Regisseur des (Hollywood-)Films *The Color Purple* schreibt:

> Spielbergs credentials for producing *The Color Purple* are minimal. He is not a Southerner. He has no background in the black experience, and he seems to know little about feminism.[87]

---

[84] Die Terra Film AG wurde in den 1930er Jahren zu einer der größten deutschen Filmproduktionsgesellschaften und war ausschlaggebend dafür, dass die der Terra Film AG nahestehende Kolonialbank der Übersee-Film AG bei der Beschaffung des Aktienkapitals unter die Arme griff (Nagl 2009: 234). Allerdings fand 1930 auch ein Besitzerwechsel statt. Die Schweizer Familie Scotoni kaufte die inzwischen zum drittgrößten deutschen Filmkonzern gewordene *Terra Film* für 1,2 Millionen Reichsmark (Kamber 1991). Ihre Blütezeit erlebte die Terra Film AG unter dem Nationalsozialismus. Auf der Webseite der *Freunde Historischer Wertpapiere* ist diesbezüglich zu lesen: „Ralph Scotoni (der 1933 Mitglied der NSdAP wurde) produzierte 40 von nationalsozialistem [sic!] Gedankengut geprägte Filme (u.a. 1934 Wilhelm Tell), die aber alle kaum die Produktionskosten einspielten. Deshalb verkaufte Scotoni 1935 an die I.G. Farben, die übrigens auch die UFA beherrschte. Im Zuge der Gleichschaltung des Filmwesens 1937 in die Terra-Filmkunst GmbH umgewandelt; produziert wurde fortan in den Tempelhofer Studios der Ufa-Filmkunst GmbH. Die noch heute bekanntesten Terra-Filme dieser Ära sind ‚Jud Süß' (1940) sowie ‚Quax, der Bruchpilot' und ‚Die Feuerzangenbowle' mit dem unvergessenen Heinz Rühmann (1944)." (*Freunde Historischer Wertpapiere* (o.J.). Vgl. Kamber 1991 und Hochscherf 2012) Auch andere Propagandafilme wie *Die Reiter von Deutsch-Ostafrika* (1934), *Kameraden auf See* (1938), und *Fronttheater* (1942) wurden von der Terra Film AG hergestellt (vgl. Filmportal.de (o.J./a) und Filmportal.de (o.J./b)). Hier sind also Kontinuitäten in den filmischen Produktionsapparaten von der Kolonialzeit zum Nationalsozialismus zu verzeichnen.

[85] Nagl 2009: 236.

[86] Nagl 2009: 297. Der Brand des Dorfes der „Awemba" ist der von mir gesichteten Archivkopie nicht immanent.

[87] Dandridge 1986: 28.

## Deduktives Analyseverfahren

Indem Dandridge feststellt, dass dem Regisseur sowohl ein feministisches als auch ein rassismussensibles Bewusstsein fehle, spricht sie Spielberg die Hauptkompetenzen ab, die ihrer Meinung nach für die Verfilmung von Walkers Stoff notwendig gewesen wären. Dieser von Dandridge vermutete Mangel an einem gesellschaftskritischen Bewusstsein spiegelt sich offensichtlich im Filmwerk wider. Denn Diawara macht in dessen Textstruktur „many racial stereotypes"[88] ausfindig.

Um so interessanter erscheint die Beantwortung der von Korte unter der Abhandlung der Bedingungsrealitäten aufgelisteten Frage, warum „dieser Inhalt, in dieser historischen Situation, in dieser Form filmisch aktualisiert" wird.[89] Wieso wird Alice Walkers Roman *The Color Purple*, der auf einer grundlegenden Rassismus- und Sexismuskritik basiert, von einem in diesen Bereichen scheinbar wenig sensibilisierten männlich-*weißen* Regisseur verfilmt? Und warum steuert die Gesellschaft die dafür erforderlichen immensen Fördermittel bei? Sollte der Film tatsächlich Rassismus und Sexismus kritisieren oder nicht vielmehr *Weißsein* in einer ganz subtilen Form als Machtachse aufrechterhalten?

Was den Film *Eine Weiße unter Kannibalen (Fetisch)* betrifft, so ist dieser ganz offensichtlich, den Konventionen des Hollywoodkinos entsprechend, aus *weißen* Perspektiven und für *weiße* Interessen produziert worden. Denn zu seiner Produktionszeit wurde offen kommuniziert, dass er kolonialrevisionistischen Zielen dienen sollte. Zwar ist es in Bezug auf die Bedingungsrealität schwierig, genauere Details aus Originalquellen zu erfahren,[90] der Filmwissenschaftler Tobias Nagl hat diesbezüglich jedoch weitreichende Recherchen angestellt, die er in seinem Buch *Die unheimliche Maschine* präsentiert und auf die ich mich im Folgenden schwerpunktmäßig beziehen werde.

Demnach ist der aus sechs Akten bestehende Stummfilm im kolonialen Gesinnungsumfeld entstanden. Er war die zweite Produktion der Übersee-Film AG, die offiziell als „koloniale Filmgesellschaft" galt.[91] Diese hatte der Regisseur des Films, Hans Schomburgk, 1919 als Übersee-Film GmbH gegründet und im

---

[88] Diawara 1993: 214.
[89] Korte 1999: 21.
[90] Im Bundesfilmarchiv ist neben der 16mm-Filmkopie sowie einer Abtastung derselben auf VHS-Kassette und – seit kurzem auch – auf DVD nur noch eine kleine archivierte Zensur- bzw. Zulassungskarte der Film-Prüfstelle Berlin vom 1. November 1921 zu finden. Darauf ist zu den Produktionsbedingungen nichts vermerkt.
[91] Nagl 2009: 232. Allerdings bestand die Aktiengesellschaft nur für einen relativ kurzen Zeitraum. Schon 1927 wurde sie vom Amtsgericht Berlin-Mitte wieder gelöscht (vgl. Nagl 2009: 237). Einen Überblick über die Filme, die vor den 20er Jahren im kolonialen Gesinnungsumfeld Deutschlands produziert worden waren, gibt der Film- und Theaterwissenschaftler Wolfgang Fuhrmann: „Ein bisher unbekanntes Kapitel der Filmgeschichte ist das der Kolonialkinematographie im deutschen Kaiserreich. Wurde Berlin mit der wachsenden Popularität des Films schnell zur Filmhauptstadt des Reiches erklärt, so war die Stadt daneben Dreh- und Angelpunkt einer, wenn auch kleinen, kolonialen Filmkultur." (Fuhrmann 2002: 184)

Februar 1921 durch die Umwandlung in eine „von weiten kolonialen und großkapitalistischen Kreisen getragene Aktiengesellschaft"[92] auf eine ökonomisch gefestigtere Basis gestellt.

Zu den Gründer_innen der Aktiengesellschaft zählten neben Schomburgk unter anderen die Deutsche Kolonialgesellschaft (DKG), der 1906/07 gegründete DKG-Frauenbund, der Kolonialkriegerdank, der Kolonialverein der Südwestafrikaner und der Verein ehemaliger Kameraden der Afrikanischen Schutztruppen,[93] von denen der DKG-Präsident Seitz und der Vorstand der Südwest-Afrikaner Giesler im Aufsichtsrat der Übersee-Film AG saßen – vervollständigt durch Erich Morawsky als Vertreter der zur damaligen Zeit an Einfluss noch gewinnenden Terra-Film-A.G.[94] Der Vorstand der Aktiengesellschaft bestand aus Schomburgk selbst und aus Johann Heinrich Häuser, mit dem Schomburgk schon die Übersee-Film GmbH geleitet hatte und der zuvor Vizedirektor der Deutsch-Asiatischen Bank gewesen war.[95]

Mit der Gründung dieser Übersee-Film AG hatte man sich zum Ziel gesetzt, „mit den Mitteln des ‚Publikumsfilms' für den ‚kolonialen Gedanken' zu werben".[96] Schomburgk selbst hatte in einem Exposé für die DKG über die Zielsetzungen der Übersee-Film Aktien-Gesellschaft Folgendes geschrieben:

> Die Übersee-Film A.-G. macht es sich zur Aufgabe, Filme herzustellen, die den kolonialen Gedanken im deutschen Volke wachhalten und fördern. Erstklassige Filme von den besten deutschen Kolonialschriftstellern verfaßt, sollen im In- und Auslande für den Wiedererwerb unserer Kolonien eintreten und als stumme, aber desto eindringlichere Ankläger gegen den Raub unserer Kolonien auftreten. [Sie] [...] werden auch im Auslande einen weit größeren Erfolg erzielen, wie es je das geschriebene Wort vermag.[97]

Diesen kolonialrevisionistischen Interessen Schomburgks ist die (Re-)produktion von Rassismus und das Aufrechterhalten von *Weißsein* als Hegemonialität konstruierende Kategorie der Machtachse *Rasse* immanent. Und in diesem Geiste entstand der von mir analysierte Film *Eine Weiße unter Kannibalen (Fetisch)*, der „die Forderung nach einer Verbindung von [einem Schaulust evozierenden, J.D.] Publikumsfilm und kolonialer Thematik direkt umzusetzen" suchte.[98] Es war ein Remake von Schomburgks 1914 in Großbritannien uraufgeführtem Film *The white godess of the Wangora*, dessen Drehbuch nach Angabe der Schauspielerin Meg Gehrts auf einem

---

[92] Nagl 2009: 235.
[93] Nagl 2009: 234.
[94] Nagl 2009: 235.
[95] Ebd.
[96] Nagl 2009: 307.
[97] Schomburgk, Hans: Entwurf Übersee-Film Aktien-Gesellschaft, BAB R 8023/329 Bl. 141-143. Zitiert nach Nagl 2009: 232.
[98] Nagl 2009: 236.

Szenarium des Londoner Journalisten L. Dalton basiert hatte. Dieser Film, der schon in seinem Titel das *Weißsein* explizit mit der Vorstellung von Göttlichkeit in Verbindung bringt, kam 1916/17 unter dem Titel *Die weiße Göttin der Wangora* (alias *Die Fetischgöttin der Wangora*) dann auch in die deutschen Kinos. Die von Gehrts beschriebene Handlung dieses verschollenen zweiaktigen Films ähnelt in verblüffender Weise der von *Eine Weiße unter Kannibalen (Fetisch)*. Das Motiv der *weißen* Göttin oder der *weißen* Königin findet in beiden Filmen Verwendung.[99]

Dass das Aufrechterhalten der Ideologie von Rassismus und *weißer* Suprematie sowohl Ziel des Films *Eine Weiße unter Kannibalen (Fetisch)* als auch im Sinne der deutschen Gesellschaft und derer ideologischen Staatsapparate gewesen ist, lässt sich nicht nur aus dem starken Einfluss der Kreise, die die Produktionsfirma der Übersee-Film AG mitbegründeten, sondern auch aus der genaueren Betrachtung der Karriere Hans Schomburgks schlussfolgern. Schon bei der Gründung der Aktiengesellschaft war es Schomburgks erklärtes Ziel, „ethisch und künstlerisch hochstehende deutsche Kolonialfilme mit unauffälliger aber geschickt eingeflochtener [kolonialaffiner, J.D.] Propaganda" herzustellen.[100] Damit benennt er die Wirkweise ideologischer Illusionierung im Kino offen und macht die der ideologischen Beeinflussung immanente Täuschung des Publikums durch die subtile und unbemerkte Implementierung kolonialaffiner und damit auch rassistischer Propaganda explizit zum Ziel seiner Filmproduktionen. Schomburgk war zu jener Zeit, wie Tobias Nagl hervorhebt,

> ein durch seine publizistische Tätigkeit bereits gut eingeführter Markenname. Er repräsentierte eine im imperialistischen Zeitalter Jungenträume anregende Abenteurerfigur, deren Tradition im Englischen unter dem Schlagwort vom ‚Great White Hunter' beschrieben wird: Großwildjäger, Naturforscher, der unerschrocken in ‚jungfräulich'-unberührtes Gebiet vordringt, Schriftsteller und – als diese Identitäten schon anachronistisch zu werden drohten – Filmmacher, der zwar das Gewehr gegen die Kamera eingetauscht hatte, aber Herr über Tier, Mensch und Land blieb.[101]

Obwohl *Eine Weiße unter Kannibalen (Fetisch)* für Schomburgk der letzte Spielfilm war, den er als Regisseur in die Kinos brachte, findet die filmhistorische Kontinuität von den Ausläufern der Kolonialzeit über den Nationalsozialismus bis hin zu den beiden deutschen Nachkriegsstaaten in seiner Person ebenso ihren Ausdruck wie in der Verleih- und Produktionsfirma *Terra*.[102] Denn danach widmete er sich als „Afrikakenner" afrikanischen Dokumentar- und kolonialpropagandistischen

---

[99] Nagl 2009: 284f.
[100] Nagl 2009: 232, Schomburgks „Entwurf Übersee-Film Aktien-Gesellschaft" zitierend.
[101] Nagl 2009: 239.
[102] Vgl. Unterkapitel *3.1.1 Wirkungsrealitäten*.

Kulturfilmen, kolonialen Vorträgen, der Jagd und der Schriftstellerei.[103] Auch Ende der zwanziger Jahre noch trat Schomburgk „„als wirkungsvoller Vorkämpfer für koloniale Ideen zu Gunsten des Volksganzen' auf Propagandaveranstaltungen kolonialer Verbände" auf,[104] und sein 1932 uraufgeführter Film *Das letzte Paradies* wurde auch im „Dritten Reich" mehrfach wieder aufgeführt. Noch 1936 erhielt er von der Deutschen Kolonialheimat den Auftrag, den Film *Die Wildnis stirbt* fertigzustellen, der die ehemaligen Kolonialbestrebungen und -erfolge Deutschlands feierte.[105] Dass Schomburgk 1940 von den Nationalsozialist_innen ein Rede- und Filmverbot erhielt, war ausschließlich dem Umstand geschuldet, dass er seine jüdische Großmutter verschwiegen hatte.[106]

Und genau wie die deutschsprachigen Filmwissenschaftler_innen, die bei den auf Rassekonstruktionen basierenden Diskriminierungen im „Dritten Reich" aktiv mitgemischt hatten,[107] konnte Schomburgk nach dem Ende des nationalsozialistischen Regimes seine frühere Tätigkeit in Deutschland fortsetzen.[108] Während seine Bücher in der DDR in Millionenauflage verlegt wurden, ehrte die BRD den Publizisten und Filmemacher 1956 sogar mit der Verleihung des Bundesverdienstkreuzes,[109] welches für besondere Leistungen auf politischem, wirtschaftlichem, kulturellem, geistigem oder ehrenamtlichem Gebiet vergeben wird.

Doch nicht nur, was die Produktionskreise und den Regisseur betrifft, kann *Eine Weiße unter Kannibalen (Fetisch)* als Mainstream-kompatibel beschrieben werden, auch die für Hollywood typische Starbesetzung wurde in diesem Filmwerk erfüllt. Denn dem Genre des Abenteuerfilms gerecht werdend, besetzte Schomburgk die Rolle der *weißen* Protagonistin mit der Schauspielerin Meg Gehrts, die zum damaligen Zeitpunkt, wie die *Deutsche Zeitung* im November 1921 schrieb, „schon aus anderen Abenteurer-Filmen" bekannt war.[110] Gehrts wurde damals schon als alte „Afrikanerin" und als „die erste Kinoschauspielerin im Innern Afrikas, die erste weiße Frau, die unsere einstige schöne Kolonie Togo von Süd nach Nord durchquerte"[111] mit einem Starimage belegt und verehrt. Immer wieder betonte auch sie selbst, dass sie die „„erste weiße Frau' sei, ,die zu diesen primitiven Völkern' gekommen sei."[112]

---

[103] Nagl 2009: 307.
[104] Nagl 2009: 237, *Dresdner Neue Presse* vom 8. Mai 1927 zitierend.
[105] Nagl 2009: 238.
[106] Ebd.: Dieses Film- und Redeverbot war eventuell für Schomburgks spätere Widerstandstätigkeit mit zeitweiliger Inhaftierung in einem Konzentrationslager verantwortlich. Vgl. Waz 1997: 107.
[107] Hickethier 1991: 41f.
[108] Nagl 2009: 238.
[109] Waz 1997: 96, Nagl 2009: 238, *Spandauer Volksblatt* 1967.
[110] *Deutsche Zeitung* 1921.
[111] Schomburgk 1928: 266.
[112] Nagl 2009: 280.

Die Menschen, die bei den Außenaufnahmen des Films diese „primitiven Völker" darstellen sollten, wurden hingegen nicht nach einem Starsystem besetzt. Sie waren entweder Laiendarsteller_innen, die in Rüdersdorf, Hamburg und in der Nordsee bei Cuxhaven die von *Weißen* in Szene gesetzten rassistischen Konstruktionen verkörperten,[113] oder, da die Spielfilmsequenzen mit Dokumentarfilmaufnahmen aus Afrika kombiniert wurden, Afrikaner_innen, die unter der Kontrolle der Kolonialmacht Zwangsarbeiten verrichteten. Letzteres wird aber nicht als Akt *weißer* Gewalt dargestellt, sondern wie ein mehr oder weniger naturgegebener Zustand beschrieben. So bezeichnet auch der *Film-Kurier* vom 3. November 1921 die geleistete Zwangsarbeit der dokumentarisch gefilmten Afrikaner_innen lediglich als Handlung des Steine-Tragens und schreibt jegliche Form von Gewalttätigkeit ausschließlich den afrikanistisch konstruierten Filmfiguren zu:

> Gottseidank: diese Kannibalen fressen keine Menschen! Sie tragen entweder Steine, d.h. wenn sie im richtigen Afrika wohnen und mit der Handlung nichts zu tun haben – oder sie betreten den Kriegspfad gegen die Bleichgesichter, d.h. wenn sie sich in Rüdersdorf entfalten und dort die Handlung verdolmetschen.[114]

Ähnlich verhielt es sich bei der Rollenbesetzung im Produktionsprozess des Films *Die weiße Massai*. Um die Sehgewohnheiten der Rezipierenden zu bedienen, werden die Hauptrollen, dem Hollywood'schen Starsystem entsprechend, von deutschen Starschauspieler_innen gespielt. Vor allem Nina Hoss, die die *weiße* Protagonistin Carola verkörpert, galt damals als große Nachwuchsschauspielerin.[115] Mit Katja Flint und Janek Rieke sind auch die *weißen* Nebenrollen relativ prominent besetzt.

Bei der Besetzung der Schwarzen Hauptrolle hingegen scheint der Bekanntheitsgrad weniger entscheidend gewesen zu sein. Denn für die Rolle des Lemalian hoffte man zunächst, einen Schwarzen Laiendarsteller unter „Samburu-Kriegern" zu finden. Erst nachdem das *weiße* Filmteam unter circa 150 gecasteten „Kriegern" niemanden gefunden hatte, ließ man von diesem Plan ab, weil, wie der Produzent Günter Rohrbach erklärte, man immer das Gefühl gehabt habe, den Massai-Männern nicht vermitteln zu können, was auf sie zukomme.[116] Dieses „Gefühl", das durchaus als rassistische Konstruktion zu entlarven sein könnte,[117] ließ die

---

[113] Nagl 2009: 297. Baer 2006: 151: Baer berichtet von einem „Afrikanerdorf" an einem Kalksee bei Berlin, das Schomburgk dort erbauen ließ, „um in den Kulissen der Filmstadt Woltersdorf bei Berlin neue deutsche Afrika-Filme zu drehen". Baer bezieht sich hier auf das Buch „Als Woltersdorf noch Hollywood war" von Gerald Ramm aus dem Jahre 1996.
[114] Zitiert nach Nagl 2009: 306.
[115] Vgl. *Prisma* (o. J.), Kötter 2000.
[116] Knoben 2005.
[117] Dazu müssten die Interaktionen zwischen *weißen* Filmemacher_innen und gecasteten afrikanischen Männern genauer betrachtet werden. Gut möglich, dass es sich weniger um die vom Zeitungsartikel vermittelte Verständnislosigkeit im Sinne fehlender Auffassungsgabe handelte, als vielmehr um eine Verweigerung gegenüber der Darstellung rassistischer Strukturen und kolonialer Stereotype.

Filmemacher_innen schließlich auf den in Paris lebenden und als französischer Hip-Hopper bekannt gewordenen Jacky Ido zurückgreifen, der, 1977 in Burkina Faso geboren, mit dem Film *Die weiße Massai* schauspielerisch debütierte.[118]

Alle Statist_innen und alle Darsteller_innen der – zumeist namenlosen – afrikanischen Nebenrollen sind in der okzidentalen Film- und Fernsehlandschaft gänzlich unbekannt. Und ganz wie in den frühen Spielfilmen Schomburgks, der sich rühmte, als einer der ersten Filmemacher Spielfilme in Afrika gedreht zu haben, kamen mit den Samburu-Laiendarsteller_innen „von der Zivilisation [scheinbar, J.D.] ‚unberührte Stämme' [...] als Komparsen zum Einsatz".[119] Schon Anfang des 20. Jahrhunderts hatte Schomburgk aus der Sicht des Filmemachers in rassistischer Manier geschrieben:

> Hemmungen, wie sie der Europäer vor dem Filmapparat hat, sind [dem Eingeborenen, J.D.] unbekannt. Kinder und Tiere, die keine Hemmungen kennen, sind immer die besten Schauspieler. Zu ihnen gesellt sich der von der Zivilisation unberührte [N.].[120]

Obwohl das Filmteam, wie Nina Hoss im Zusatzmaterial der DVD berichtet und wie auch dem Abspann zu entnehmen ist, zur Hälfte aus *weißen* Europäer_innen und zur anderen Hälfte aus Schwarzen Afrikaner_innen bestand, besetzten ausschließlich *weiße* Filmschaffende die Schlüsselpositionen am Set. Roman- und Drehbuchautor_innen, Produzent_innen, Regisseurin, Kameramann, Filmkomponist und Cutterin waren *Weiße*, die zum Zeitpunkt der Produktion in der deutschsprachigen Filmwelt einen hohen Bekanntheitsgrad genossen. Sie können im Kontext der damaligen *weißen* Filmindustrie als erfolgreich bezeichnet werden. Mit Ausnahme der Cutterin waren sie alle durch die Beteiligung an Produktionen anderer deutscher Kassenschlager zuvor bereits mit mindestens einem wichtigen Filmpreis ausgezeichnet worden. So hatte beispielsweise der Schweizer Filmkomponist Niki Reiser, der zu den herausragendsten Filmkomponisten des deutschsprachigen Raumes gezählt wird und der den Film *Die weiße Massai* durch seine Filmmusik zu einem entscheidenden Teil mitprägte, schon für Caroline Links Film *Nirgendwo in Afrika* die Filmmusik komponiert und dafür einige Zeit in Nairobi afrikanische Musik studiert.[121] Diesem ebenfalls von Constantin Film produzierten und mit Hilfe des FilmFörderFonds Bayern (FFF) finanzierten Film war 2002 ein Auslands-Oscar verliehen worden.

Die Kenianer_innen hingegen setzten die in den Schlüsselpositionen entwickelten *weißen* Ideen und Konzepte lediglich als Beleuchter_innen, Schneider_innen

---

[118] Kühn 2005.
[119] Nagl 2009: 280.
[120] Schomburgk 1938: 246. Vgl. Nagl 2009: 278 und Unterkapitel *3.6.3 Infantilisierung*.
[121] Reiser 2009.

Deduktives Analyseverfahren 173

und Setbauer_innen um und unterstützten die Dreharbeiten durch Dienstleistungen aller Art wie z. B. durch Dolmetscher- und Chauffeurdienste oder als Caterer. Auch existierte laut Abspann die Position der „Samburu Consultants", welche die *weißen* Filmemacher_innen offensichtlich beraten sollten. Diese Arbeitsaufteilung entspricht tradierten kolonialen Strukturen. Schon Anfang des 20. Jahrhunderts hatte sich der Regisseur Hans Schomburgk in dieser kolonialen Tradition „bei seinen Jagd- und Film-Expeditionen [...] auf den guten Willen einheimischer Übersetzer, Träger und lokaler Herrscher" gestützt.[122]

Auch in Bezug auf die anderen Faktoren der Bedingungsrealität erfüllt der Film *Die weiße Massai* alle an einen Hollywoodfilm gestellten Anforderungen. Denn obwohl er als ein in Deutschland produzierter Film ebenso wie der Film *Eine Weiße unter Kannibalen (Fetisch)* offensichtlich keine Hollywoodproduktion ist, wurde er mit *Constantin Film* von einer der einflussreichsten deutschen Filmproduktions- und -verleihfirmen hergestellt.[123] Wie in Hollywood üblich, vereinigte *Constantin Film* Produktion und Verleih in vielen Fällen in einer Hand und übernahm auch die sehr erfolgreiche Distribution des von ihr produzierten Spielfilms *Die weiße Massai*. Günter Rohrbach, der als *(weißer)* Produzent für den Film zuständig war, hatte bereits gute 20 Jahre lang Erfahrungen in Spitzenpositionen der deutschen Film- und Fernsehwelt gesammelt und in dieser Zeit als freischaffender Produzent die Verantwortung für Filme von Weltruf getragen – unter ihnen internationale Erfolgsproduktionen wie *Das Boot* und *Die unendliche Geschichte*.[124]

Was die Produktionskosten betrifft, so sind, wie der Filmrezensent Andreas Kilb in der *Frankfurter Allgemeinen Zeitung* feststellt, die sieben Millionen Euro, die der Film *Die weiße Massai* kostete,[125] für deutsche Verhältnisse zwar eine gewaltige Summe, im internationalen Vergleich aber ein „läppischer" Betrag. So konnte zwar an Originalschauplätzen gedreht werden,[126] doch der Kulissenbau fiel offensichtlich relativ bescheiden aus, weil dem Film nach Kilbs Einschätzung „das wichtigste Kunstmittel Hollywoods fehlt: das Geld."[127] Aus diesem Grunde wurde laut Kilb nur ein „mittelgroßes Hüttendorf"[128] errichtet.

---

[122] Nagl 2009: 240.
[123] Was die Fragen von Produktionskosten und die der Strukturen des Drehteams betrifft, die zur Einordnung eines Hollywoodfilms auch noch beantwortet werden sollten, so werde ich sie unter dem Unterkapitel *3.1.2 Bedingungsrealitäten* näher beleuchten.
[124] *Kino.de* (o. J). Hier wird auch folgende Information gegeben: Günter Rohrbach war achtzehn Jahre Redakteur beim WDR, fünfzehn Jahre lang Geschäftsführer der Bavaria Film GmbH und von 1992 bis 1998 Vorsitzender des Bundesverbandes Deutscher Filmproduzenten. Außerdem war er Ehrenpräsident der Deutschen Filmakademie und als Lehrbeauftragter und Honorarprofessor tätig.
[125] Kilb 2005.
[126] Koll 2005.
[127] Kilb 2005.
[128] Ebd.

Dieser Einschätzung ist hinzuzufügen, dass die in den Film geflossenen Gelder im Vergleich zu Hollywoodproduktionen vielleicht gering erscheinen, dass sie für deutsche Verhältnisse aber reichhaltig gewesen sein müssen. Denn als Fördergeld-Institutionen werden im Abspann der FilmFernsehFonds Bayern (FFF),[129] der Bayerische BankenFonds (BBF),[130] die Filmförderungsanstalt (FFA)[131] und die Filmförderung Hamburg angeführt.[132] Während die Filmförderung Hamburg, der FFF und die FFA staatliche Förderstellen sind,[133] handelt es sich beim BBF um Fördergelder aus der privaten Bankwirtschaft. Diese privaten Fördergelder werden nur dann vergeben, wenn der FilmFernsehFonds Bayern (FFF) eine Förderempfehlung ausspricht und das zu fördernde Filmprojekt einen besonderen wirtschaftlichen Erfolg zu versprechen vermag.[134] Es ist daher zu vermuten, dass der Film *Die weiße Massai* von vornherein für ein Massenpublikum konzipiert wurde. So verwundert es nicht, wenn die Filmrezensentin Daniela Sannwald im Tagesspiegel schreibt, „dass es bei der Verfilmung von Corinne Hofmanns Roman galt, ein prospektives Millionenpublikum nicht zu verprellen, indem man ihm Bilder vorsetzt, die die bereits in den Köpfen existierenden stören."[135]

Aus diesen Ausführungen ist zu schlussfolgern, dass die Produktionsbedingungen und Rezeptionserfolge des Films *Die weiße Massai* denen eines Hollywoodfilms ähneln. Es sind die *weißen* Perspektiven der in den Schlüsselpositionen tätigen *weißen* Filmschaffenden, die die Produktion des Films in ästhetischer, technischer und finanzieller Hinsicht dominierten. Denn dieser deutsche Blockbuster wurde nicht nur unter der Leitung einer der einflussreichsten deutschen Produktions- und Verleihfirmen mit relativ viel Geld für ein Massenpublikum hergestellt, sondern das Produktionsteam orientierte sich bei der Besetzung der *weißen* Filmrollen auch am *weißen* (deutschen) „Starsystem". Darüber hinaus wurden Schwarze Menschen, sobald sie sich den *weißen* – in kolonialer Tradition stehenden – filmindustriellen

---

[129] FFF Bayern (o.J./b): „Zu den Gesellschaftern [des FilmFernsehFonds Bayern] gehören der Freistaat Bayern, die Bayerische Landeszentrale für neue Medien (BLM), der Bayerischer Rundfunk [sic], ZDF und die privaten Fernsehanbieter ProSiebenSat.1 und RTL."

[130] FFF Bayern (o.J./a): Der Bayerische Bankenfond (BBF) wurde im Jahr 2000 gegründet und sollte als ergänzendes Finanzierungsinstrument für den FilmFernsehFond Bayern (FFF) dienen. Der BBF besteht aus der Kooperation von vier einflussreichen Geldinstituten: die *Bayerische Landesbank*, die *LfA Förderbank Bayern*, das *Bankhaus Donner & Reuschel* und die *UniCredit Bank AG*.

[131] FFA (o.J./c).

[132] FFHSH (o.J.). Die von der Hansestadt Hamburg gewährleistete Filmförderung Hamburg ist seit dem 11. Juli 2007 in die Filmförderung Hamburg Schleswig-Holstein GmbH (FFHSH) eingegangen (vgl. FFHH (o.J)).

[133] Bis auf die Gelder von den beiden privaten Fernsehanbietern ProSiebenSat.1 und RTL, die Gesellschafter im FFF sind, kommen alle Fördergelder, die von diesen Institutionen verteilt werden, aus staatlicher Hand.

[134] FFF Bayern (o.J./a).

[135] Sannwald 2005.

# Deduktives Analyseverfahren 175

Interessen nicht unterordneten, als unzivilisiert stigmatisiert[136] und durch einen Darsteller ersetzt, der sich dem *weißen* Team unhinterfragt als Werkzeug von dessen okzidentalen Ideen zur Verfügung stellte. Am wenigsten Hollywood-kompatibel erscheint bei dieser Filmproduktion, dass die Regiearbeit dieses Blockbusters von einer Frau durchgeführt wurde.

Bis hierher können die beiden deutschen Filme bezüglich ihrer Wirkungs- und Bedingungsrealität also durchaus mit Hollywoodfilmen verglichen werden. Da es sich bei den beiden US-amerikanischen Blockbustern eindeutig um Hollywoodproduktionen handelt, bedarf es, um die Überprüfung von Mulveys auf Mainstream-Spielfilme zugeschnittene ideologiekritische Theorie anhand dieser zu legitimieren, keiner weitergehenden Untersuchung. Dennoch möchte ich einige Details der Bedingungsrealitäten auch dieser beiden Filme anführen, die für eine rassismuskritische Filmanalyse von Relevanz sind.

Um den finanziellen Aufwand des deutschen Films *Die weiße Massai* innerhalb von Hollywood-Dimensionen einordnen zu können, sei zunächst hervorgehoben, dass der Film *Out of Africa* 30 Millionen Dollar gekostet hat,[137] also ca. 64 Millionen D-Mark.[138] Er war damit rein nominal etwa viermal, mit Inflationsberücksichtigung von 1985 bis 2005 etwa sechs- bis siebenmal so teuer wie *Die weiße Massai*. Dazu Sydney Pollack selbst:

> Mich hätte auch niemand gefeuert, wenn der Film am Ende 35 Millionen gekostet hätte. Doch ich hätte mich geschämt, wenn es noch mehr geworden wäre. Mein ursprüngliches Budget war 28.700.000 Dollar. Ich drehte zwei Wochen länger als geplant, mit einem 200-Mann-Team in Afrika, mit Stars wie Redford und der Streep... da ist man im Nu 1,3 Millionen über dem Budget. Ich bin mir durchaus bewußt, daß man allein mit diesen 1,3 Millionen in Europa oft zwei ganze Filme dreht."[139]

Dass Schwarze und *Weiße* die Rollen und Funktionen am Set mit ähnlich ungleicher Machtverteilung ausfüllten wie beim Dreh des Films *Die weiße Massai*, wird durch mehrere Details deutlich. So sind alle Schlüsselpositionen im Stab auch bei dieser Filmproduktion von *Weißen* besetzt: Regisseur, Drehbuchautor, Kameramann, Hauptdarsteller_innen, um nur die wichtigsten zu nennen. Auch diejenigen,

---

[136] Siehe dazu z. B. die von mir sinngemäß wiedergegebene Äußerung Günter Rohrbachs bezüglich des Castings von Samburu-Kriegern.
[137] 30 Millionen Dollar Produktionskosten nennen die meisten deutschsprachigen Zeitungsartikel (z. B. Schober 1986, Meinert 1986a, Klessmann 1986, Fründt 1986b). Abweichend davon schreibt Doris H. Gray von 25 Millionen Dollar (Gray 1985). Dies mag jedoch daran liegen, dass sie ihren Artikel bereits während des noch laufenden Produktionsprozesses schrieb und die zuvor veranschlagten Kosten im Laufe der Dreharbeiten überzogen wurden. Auch Peter Meroth und Stefan Klein weichen von der 30-Millionen-Angabe ab und schreiben einvernehmlich von 29 Millionen Dollar (Meroth 1986, Klein 1986). Warum sie dies tun, kann an dieser Stelle nicht geklärt werden.
[138] *Der Tagesspiegel* 1986.
[139] Fründt 1986b.

die die Texte schrieben, welche dem Drehbuch zugrunde liegen, werden nicht als Schwarze gelesen: Tania Blixen, Judith Thurmann, Errol Trzebinski.

Der Journalist Peter Meroth berichtet, dass die Darsteller_innen der Kikuyus „in den Armenvierteln Nairobis rekrutiert" worden seien, wohingegen die Berufe der europäischen Komparsen für die Szene mit dem Lager von Kriegsfreiwilligen „einen Einblick in die Tätigkeit der ausländischen Oberschicht" gestatteten: „Missionare, Großwildjäger, Marketingberater, Meeresbiologen, Profigolfspieler, sogenannte Globetrotter, ein Gynäkologe und sogar ein Goldschmuggler".[140] Das an sich mag zwar ein bloßer Anzeiger dafür sein, dass der Reichtum in Kenia zu jener Zeit nach geografischer Herkunft und im Einklang mit einer rassialisierenden Praxis verteilt war. Doch die unterschiedliche Bezahlung dieser Komparsen, die schon während des Drehs in Kenia für „erheblichen Ärger" gesorgt hat, macht die fehlende Gleichberechtigung auch innerhalb der Filmproduktion deutlich:

> Während Europäer mit 80 Mark am Tag entlohnt werden, müssen sich Kenianer mit 14 bis 50 Mark Tagesgage zufriedengeben. Kenias Tageszeitungen klagen die Regierung an, die Drehgenehmigung für solch ein ‚koloniales und rassistisches Machwerk' gegeben zu haben. Patricia Johnson, Promotions Direktor der Universal Studios von Los Angeles, dazu: ‚Für Afrikaner sind 50 Mark am Tag doch viel Geld und nicht weniger, als sie sonst auch meist verdienen.' Die Kontroverse spitzte sich jedoch derart zu, daß sich die Produzenten aus Los Angeles entschlossen, alle Darsteller gleichermaßen zu entlohnen.[141]

In dieser Darstellung bleibt unklar, ob die Bezahlung entlang aktueller Herkünfte und Wohnsitze oder entlang rassialisierender Merkmale unterschieden wurde, etwas genauer fasst es Peer Meinert, der hervorhebt, dass „Schwarzen Statisten [...] nur die Hälfte der Tagesgage ihrer weißen Kollegen gezahlt" worden sei.[142] In eine ähnliche Richtung weist Peter Meroth, wenn er schreibt, auch „die Filmproduzenten wollten von den kolonialen Klassenstrukturen profitieren und versuchten, die 7250 Afrikaner und Asiaten der Komparserie mit der Hälfte der Gage abzuspeisen, die den 2100 Europäern gezahlt wurde".[143] Diese unterschiedliche Bezahlung erfolgte, obwohl die Armut in manchen Bezirken Kenias so groß war, dass „die dürftigen strohgedeckten Lehmhütten, Filmbauten für das Kikuju-Dorf, [...] noch während der Dreharbeiten von obdachlosen Kenianern bezogen" wurden.[144]

---

[140] Meroth 1986.
[141] Gray 1985. Dieselben Zahlen bezüglich der Statist_innenhonorare liefert Knorr. Er schreibt allerdings von Franken statt von Mark (Knorr 1986).
[142] Meinert 1986a und 1986b.
[143] Meroth 1986. Dieselben Zahlen geben Lars-Olav Beier und Doris Witte an (Beier/Witte 1986). Doris Gray schreibt hingegen von 400 Komparsen europäischer Herkunft und 2000 Kenianer_innen, die den Film als Statist_innen bereicherten (Gray 1985). Dem Grund dieser unterschiedlichen Angaben nachzugehen, ist an dieser Stelle nicht zu leisten.
[144] Meroth 1986.

Bezüglich der Bedingungsrealität des Films *The Nun's Story* sei an dieser Stelle lediglich angemerkt, dass die US-amerikanische Schauspielerin Audrey Hepburn, die die Protagonistin Gabrielle beziehungsweise Sister Luke spielt, zum damaligen Zeitpunkt laut *B.Z.* „die teuerste [Schauspielerin] der Welt (2,5 Millionen Mark pro Film)" war.[145] Das Starimage der Darstellerin hat man sich demnach aus guten Gründen viel Kosten lassen. Dazu schreibt der Journalist Karl Sabel:

> Die Nonne ist nicht irgendeine von vielen, sie ist zugleich Audrey Hepburn. Die wir lieben. An die uns Erinnerungen von herber Süße, kindhafter Mädchenweise binden. Film aber ist Assoziation, Gedankenverbindung, und das Phänomen ‚Audrey' löst, sobald das Bild erscheint, die Erinnerungen. An viele schöne Audreybilder. Sie ist eine Nonne, jedoch zuerst ist sie Audrey Hepburn – wer vermag im Lauf der Geschichte beide noch zu trennen? Der Star verzaubert uns.[146]

Auch der Journalist Bartsch vermutet, Audrey Hepburn habe die „Rolle der Nonne ursprünglich vielleicht wegen ihrer Anziehungskraft beim Publikum übertragen bekommen", aber, so Bartsch, die von ihr in diesem Film dargestellte „Konzentration über die religiöse Innigkeit weit hinaus bis zum sichtbar gewordenen Kampf mit sich selber" rechtfertige die Besetzung.[147] Dieser Meinung pflichteten wohl auch die meisten anderen – zumindest US-amerikanischen – Filmkritiker_innen bei, denn Audrey Hepburn wurde mit ihrer Rolle in dem Film *The Nun's Story* „nach einer Umfrage unter amerikanischen Filmkritikern zu [sic] ‚besten Schauspielerin des Jahres'" 1959 erklärt.[148] Karl Sabel bezeichnet den Film als einen „Starfilm": „Der Star betört uns mehr als sein Schicksal uns ergriffen macht. [...] die Spielerin fasziniert, das ist es."[149] An dieser Stelle verschränken sich Bedingungs- und Wirkungsrealität. Weitere Details zur Bedingungsrealität werden in den Unterkapiteln von Kapitel drei in die Analyse eingebaut.

Damit sind alle vier Spielfilme auch bezogen auf ihre Bedingungsrealität mit Hollywood-Produktionen zu vergleichen oder zumindest ganz eindeutig dem Mainstream-Spielfilm zuzuordnen. Eine ausführliche Prüfung einer Entsprechung der Hollywood'schen Genre-Norm werde ich in dem direkt folgenden Unterkapitel *3.2 Genre-spezifizierende Analyse des Narrativs* für alle vier Spielfilme durchführen. Für die beiden deutschen Filmproduktionen ist diese Untersuchung Voraussetzung für die Heranziehung der Filme als Untersuchungsgrundlage. Sie eignet sich aber auch, um für alle vier Filme erste Hinweise auf kinematografische Inszenierungskonzepte zugunsten Gender-spezifischer Schaulust zu erlangen.

---

[145] *BZ* 1958.
[146] Sabel 1960.
[147] Bartsch 1959.
[148] *Hamburger Abendblatt* 1959. Hier wird auch berichtet, dass der Film ebenfalls als „bestphotographierter Film ausgezeichnet worden" ist.
[149] Sabel 1960.

## 3.2 Genre-spezifizierende Analyse des Narrativs

Die Genre-spezifizierende Analyse des Narrativs dient zum einen der Überprüfung einer Hollywood-Kompatibilität der beiden deutschen von mir ausgewählten Spielfilme, da Hollywoodfilme gemeinhin einem genormten Filmgenre entsprechen. Zum anderen kann das Genre erste Hinweise auf geschlechtsspezifische Schaulüste geben und die Analyse des Narrativs einen groben Ein- und Überblick über die jeweiligen Filminhalte eröffnen. Aus diesen Gründen wird die Genre-Überprüfung für alle vier ausgewählten Spielfilme durchgeführt.

Alle vier Filmhandlungen ranken sich um das Schicksal einer freiwillig oder unfreiwillig nach Afrika reisenden *weißen* Frau aus der Mittel- oder gar Oberschicht okzidentaler Gesellschaften, die sich aus der – Frauen gemeinhin zugeschriebenen – Passivität befreit und ihr eigenes Leben zielbewusst und mutig in die eigene Hand nimmt. Allen vier Narrationen ist zudem das Motiv einer Liebesgeschichte immanent. Aus diesen Gründen stehen, was die Genre-Einordnung betrifft, für alle vier Spielfilme zwei mögliche Filmgattungen zur Auswahl: zum einen das von weiblichen Rezipient_innen besonders beliebte Genre des Melodrams, zum anderen das des gewöhnlich von Männern bevorzugten Abenteuerfilms.[1] Dieser geschlechtsspezifische Faktor bei der Genre-Wahl deutet darauf hin, dass die Filmfiguren des Melodrams vor allem Frauen und die Helden der Abenteuerfilme vor allem Männer zur Identifikation einladen.

Was das Melodram anbelangt, so hebt der Literatur- und Medienwissenschaftler Thomas Koebner als Charakteristikum dieser Filmgattung hervor, dass der Kampf um eine „innig gefühlte", gleichzeitig aber „gefährdete oder gar verbotene Liebe" im Mittelpunkt der Narration stehe.[2] Zwar fänden sich die – zumeist heterosexuell orientierten – Liebenden fast immer, sie müssten aber erkennen, dass sie, obwohl sie sich nicht voneinander lösen wollten, nicht zueinander passten. Daraus entstehe Kummer und Leid, und in der Mehrheit der Filme komme es zu schmerzhaften Missverständnissen, durch die das intime Vertrauen zwischen den Liebenden beschädigt werde. In Folge fände ein Abschied für immer statt, so dass „auf der Leinwand und davor Tränen fließen wie's Bächlein auf der Wiesen."[3]

---

[1] Wie Anette Kaufmann ausführt, existiert gemäß diverser Untersuchungen über das Rezeptionsverhalten von Männern und Frauen ein geschlechtsspezifischer Faktor bei der Genre-Wahl. Während Liebesfilme bei Frauen an erster Stelle der Beliebtheitsskala stehen, schmücken sie bei Männern den letzten Rang. Die größte männliche Zustimmung erhielten Kriegs-, Abenteuer- und ‚Handlungsfilme', ohne dass diese jedoch bei Frauen auf ähnlich starke Ablehnung stießen wie im umgekehrten Fall der Liebesfilm (Kaufmann 2007: 45).
[2] Koebner 2007: 9.
[3] Ebd.

# Deduktives Analyseverfahren

Der von der Filmwissenschaftlerin Anette Kaufmann ausgearbeitete „romantische Baukasten", der Standardsituationen des (okzidentalen) Liebesfilms systematisiert,[4] schlägt ebenfalls klare Ablaufstrukturen des Melodrams vor: BEGINN, KENNENLERNEN, KÖRPERLICHE INTIMITÄT, IRRITATION/ZERWÜRFNIS, ENDE („HAPPY" oder „UNHAPPY") sind demnach die groben Phasen einer melodramatischen Erzählung.[5] Die einzelnen Phasen werden bei Kaufmann noch einmal in verschiedene Untermöglichkeiten aufgeteilt, auf die ich bei der Einordnung der einzelnen Filme genauer eingehen werde. Kaufmann hebt zudem hervor, dass es in den wenigsten Melodramen zu einer transrassialisierten Liebesbeziehung komme.

Was den Abenteuerroman betrifft, so wird er in der Fachliteratur so selbstverständlich mit männlichen Protagonisten konnotiert, dass der Medienwissenschaftler Hans Jürgen Wulff in seinem 22-seitigen Versuch, die Eigenschaften des Abenteuerfilms herauszuarbeiten,[6] diese Tatsache gar nicht erst erwähnenswert zu finden scheint. Er schreibt:

> Abenteuergeschichten sind zentriert auf den Helden. Seine Entscheidungsfreude, die Souveränität, mit der er handelt (oder zu handeln lernt), seine Fähigkeit, die Gefahr zu meistern: Es ist das Hohelied der Handlungskraft, das im Abenteuerlichen gesungen wird.[7]

Dieses Hohelied auf die „Handlungskraft" des – gemeinhin *weißen* – Mannes[8] wird in den vier von mir ausgewählten Filmen zum Hohelied auf die aktiv handelnde *weiße* Frau. In diesen Filmen ist es jeweils eine *weiße* Protagonistin, die, weil ein „Objekt der Begierde" als Belohnung winkt,[9] in ein strapaziöses Abenteuer aufbricht.[10] Im Gegensatz zu meiner Filmauswahl, die zu 100 Prozent auf Filmtexte mit weiblichen Abenteuerheldinnen rekurriert, weist der von Traber und Wulff zusammengestellte Sammelband zum Filmgenre des Abenteuerfilms bei 64 angeführten Abenteuerfilmen und 7 zusätzlichen Motiv- und Stoffkomplexen nur drei Filme bzw. Filmreihen mit einer (*weißen*) Frau im Zentrum der Handlung auf.

Der Charakter der weiblichen Abenteurerin könnte ebenso wie der von den üblicherweise männlichen Protagonisten zu großen Teilen durch Aktionales und Athletisches geprägt sein.[11] Denn der erste Sinn des Abenteuers liege, so Wulff,

---

[4] Kaufmann 2007: 102. Hier ist eine ausgesprochen übersichtliche Skizze des romantischen Baukastens dargestellt.
[5] Die Elemente aus Kaufmanns romantischem Baukasten schreibe ich, um sie als solche identifizierbar zu machen, in der gesamten Arbeit in Kapitälchen.
[6] Wulff 2004: 9-30.
[7] Wulff 2004: 20.
[8] Dazu Schneider 2004: 315: „Im herkömmlichen Abenteuerfilm [...] werden die Helden üblicherweise durch Männer verkörpert."
[9] Wulff 2004: 13.
[10] Wulff 2004: 21.
[11] Wulff 2004: 16.

„im Handeln selbst" und „im Erlebnis des Augenblicks".[12] Das Innenleben der Filmfiguren spiele daher eine eher nebensächliche Rolle, und auch die Beziehungen der Filmfiguren untereinander seien einfach und überschaubar strukturiert. Außerdem besetze ein „besonderer physiognomischer, athletisch geprägter Darstellertypus [...] das Terrain der Abenteuerdarsteller [...]."[13]

Wulff meint, der Versuch, das Genre des – seiner Meinung nach unter „ausfransenden Rändern" leidenden – Abenteuerfilms einzugrenzen, sei ein schwieriges Unterfangen.[14] Dennoch bringt er dessen narratives Schema in eine einfache und klare Struktur: Ausfahrt von Zuhause, Abenteuer in der Fremde und Rückkehr nach Hause.[15] Dabei ist der Reiseabenteurer laut Wulff gemeinhin kein Rebell, sondern ein Repräsentant der herrschenden Ordnung, der aus seinem subjektivem Erleben heraus nicht politisch handelt – sogar dann nicht, wenn sein eigenes Umfeld durch ein politischen Kräftefeld geprägt ist und sein eigenes Tun letztlich darin begründet liegt. Um den Abenteurer in das strapaziöse Abenteuer zu locken, bedürfe es vielmehr anderer Wünsche und Motive,[16] und diesbezüglich seien Sühne, Rache, eine Prinzessin oder ein Schatz die wichtigsten Zielobjekte.[17] Es könne sich aber auch um ein magisches Objekt handeln, das dem Helden zu einer Machtposition verhelfen oder dem Wohle der Menschheit dienen solle.[18]

Die Begegnung mit der „Fremde" und den „Fremden" werde, so Wulff, in fast allen Abenteuerfilmen als Höhepunkte und Bruchstellen des Abenteuerlichen wirksam.[19] Dass dieses Charakteristikum des Abenteuerfilms sehr häufig in Verbindung mit Kolonialismus steht, scheint für Hans J. Wulff eine nicht weiter kritikwürdige Normalität darzustellen. Er schreibt:

> Im Kernbereich des Genres stößt man immer wieder auf Kolonialistisches. Die Eroberung und Kontrolle der Welt sind Rahmenbestimmungen des Helden, denen er kaum zu entgehen vermag. Manchmal sieht man die Karten und die weißen Flecken, die ‚unbekannten Regionen'. Neue Gebiete sollen erschlossen oder gar erobert werden; Aufständische gilt es zu befrieden; der Gegenmacht soll Schaden zugefügt werden.[20]

Dass Wulff nicht nur die Inszenierung von mit Rassismus verbundenen kolonialen Symbolen und Topoi nicht kritisiert, sondern rassistische Stereotype stellenweise

---

[12] Wulff 2004: 15f.
[13] Wulff 2004: 15f.
[14] Wulff legt dar, dass der Abenteuerfilm unter „ausfransenden Rändern" leide, „weil manche Genres auf ähnlichen Fundamenten beruhen" (Wulff 2004: 10).
[15] Wulff 2004: 13.
[16] Wulff 2004: 21.
[17] Wulff 2004: 14.
[18] Ebd.
[19] Wulff 2004: 24.
[20] Wulff 2004: 23f.

noch selbst reproduziert, wird an dem Punkt deutlich, an dem er das Wort *Eingeborenentanz* nicht – z.B. durch Setzung von Anführungszeichen – als koloniale Wortschöpfung markiert und viele binär angelegte, koloniale Stereotype unkommentiert zum Einsatz bringt. Denn er beschreibt die im Abenteuerfilm gewöhnliche Darstellung des „Fremden" folgendermaßen:

> Das Rund der Tipis mitten in der Prärie, der Kral in der Steppe, ein Baumhüttendorf im Dschungel: und die darin lebenden ‚Wilden', angetan mit seltsamem Körperschmuck, abenteuerlichen Kopfbedeckungen, fast nackt, aber oft reich bemalt. Fremdheit drückt sich gern als fremder Tanz oder als fremdes Ritual aus [...]. Wenn ein Mädchen oder ein alter Großwildjäger [...] einen Eingeborenentanz mittanzen, zeigen sie damit, in welchem Maße sie naturalisiert, mit den Buschmännern oder Watussi vertraut sind.[21]

Durch diese unhinterfragte Reproduktion kolonialer Stereotype füllt Wulff den filmwissenschaftlichen Sprachgebrauch weiter mit rassistischen Inhalten bzw. bestätigt er die bereits bestehenden rassistischen Implikationen der hauptsächlich von *Weißen* entworfenen wissenschaftlichen Disziplin der Filmwissenschaft. Allerdings macht er zumindest deutlich, dass die in Abenteuerfilmen häufig zu findenden weiten Landschaftstotalen die Unendlichkeit der Natur ebenso akzentuieren sollen wie die Abwesenheit der „Zivilisation".[22] Dabei lässt er jedoch Zivilisation unkommentiert als Gegensatz zur Natur stehen und trägt damit zur kolonialen und rassistischen Dichotomiebildung bei.

Rassimusbewusster fasst dies Toni Morrison. Sie beschreibt den (US-amerikanischen) Abenteuerroman als „eine Erkundung der aus den Schatten europäischer Kultur importierten Angst".[23] Da dieser Abenteuerroman, wie ich behaupten möchte, die Grundlage von – zumindest US-amerikanischen – Abenteuerfilmen bildet, ist anzunehmen, dass auch der US-amerikanische Abenteuerfilm der Erkundung dieser Angst vor dem Ausgeschlossensein, vor der Machtlosigkeit, vor der Einsamkeit in einer unbewältigbar erscheinenden Natur sowie der erfolgreichen Durchschreitung der damit verbundenen Angst vor der Abwesenheit der sogenannten „Zivilisation" dient. Oder kurz gefasst: der Erkundung der Angst vor dem Terror der menschlichen Freiheit, welche gleichzeitig als höchstes Gut postuliert wird.[24]

Morrison vergleicht den Abenteuerroman sogar explizit mit einer „breiten historischen Leinwand", die für das junge Amerika sowohl „die Natur als Stoff, ein

---

[21] Wulff 2004: 24.
[22] Wulff 2004: 23.
[23] Morrison 1994: 63.
[24] Morrison 1993: 37: „Americans' fear of being outcast, of failing, of powerlessness; their fear of boundarylessness, of nature unbridled and crouched for attack; their fear of the absence of so-called civilization; their fear of loneliness, of aggression both external and internal. In short, the terror of human freedom – the thing they coveted most of all."

Symbolsystem [und] als Thematik die Suche nach Selbstwertgefühl und Selbstbestätigung" anbot als auch die Gelegenheit eröffnete, „in der Phantasie die Angst zu besiegen und tiefe Unsicherheiten zu beschwichtigen".[25] Sie macht deutlich, dass sich für dieses Spiel der Fantasie die in Amerika ansässige Schwarze Bevölkerung als Projektionsfläche für die dunklen Seiten der *weißen* Individualität hervorragend geeignet habe,[26] und stellt den US-amerikanischen Abenteuerroman in einen engen Zusammenhang mit der Geschichte der Sklaverei. Auf ähnliche Mechanismen können auch europäische Abenteuererzählungen zurückgreifen, denn es gibt laut Morrison in Europa einen ähnlich instrumentalisierten „Afrikanismus mit einem Gegenstück in der Kolonialliteratur".[27] Dies mag daher kommen, dass sich Europa und der „Rest der Welt" in der jahrhundertelangen Tradition des Kolonialismus „nicht als Gleiche, sondern als Eroberer und zu Erobernde" begegneten.[28]

Morrisons Aussage bestätigend, weist Stuart Hall darauf hin, dass „die männlich beherrschte Welt imperialer Abenteuer" Ende des 19. Jahrhunderts eine große Präsenz in der britischen Massenliteratur aufwies. „In dieser Zeit wurde die Vorstellung von Abenteuer gleichbedeutend mit der Demonstration moralischer, sozialer und physischer Herrschaft des Kolonisators über den Kolonisierten", schreibt Hall.[29] So sei der in der Abenteuerliteratur verankerte Rassismus sowohl allgegenwärtig als auch dermaßen unbewusst gewesen, dass es kaum möglich gewesen sei, ihn zu fassen. Dieser Begriff von „Abenteuer" sei dann zu einer der Hauptkategorien moderner Unterhaltung geworden und habe Einzug erhalten „in die Kriminal- und Spionageliteratur, in die Kinderbücher, die großen Hollywood-‚Schinken' und Comics".[30]

Wie wichtig die Konstruktion von Raum und Landschaft für die kinematografische Konstruktion der phallischen Filmfigur ist, beschreibt auch Mulvey:

> Im Gegensatz zu der Frau als Abbild verlangt die aktive männliche Figur (das Ich-Ideal des Identifikationsprozesses) einen dreidimensionalen Raum, entsprechend dem des Wiedererkennens vor dem Spiegel, insofern, als das entfremdete Selbst seine eigene Repräsentation dieser imaginären Existenz internalisierte. Sie ist eine Gestalt in einer Landschaft. Der Film hat hier die Funktion, so genau wie möglich die ‚natürlichen' Bedingungen menschlicher Wahrnehmung zu reproduzieren. Kameratechnische Möglichkeiten (besonders am Beispiel der Tiefenschärfe zu exemplifizieren) und Kamerabewegung (bestimmt durch die Aktion des Protagonisten), kombiniert mit unsichtbarem Schnitt (den der Realismus erfordert), tragen dazu bei, die Grenzen des Leinwandraumes zu sprengen. Der

---

[25] Morrison 1994: 63f.
[26] Morrison 1993: 37ff.
[27] Morrison 1994: 65.
[28] Kerner 2012: 65f.
[29] Hall 2012: 159.
[30] Ebd.

männliche Protagonist hat die Bühne zur freien Verfügung, eine Bühne von räumlicher Illusion, in der er den Blick artikuliert und Schöpfer der Handlung ist.[31]

Diese Bühne des gemeinhin männlich-*weißen* Abenteuerhelden entsteht in okzidentalen Abenteuerfilmen aus der hierarchischen Entgegensetzung zweier Räume, innerhalb derer dem Westen in (post_)kolonialer Manier Überlegenheit, dem „Rest der Welt" Unterlegenheit zugeschrieben wird.[32] Welche Auswirkungen diese Inszenierungsstrategien auf die Rezeptionsprozesse Schwarzer Zuschauender haben, beschreibt Hall. Seiner Meinung nach ist das populäre Kinogenre

> der Ort, an dem kollektive Fantasien des populären Lebens ausgearbeitet werden, und der Ausschluss der Schwarzen daraus machte sie gerade seltsam, anders, platzierte sie ‚außerhalb des Bildes'. Er *beraubte sie* der Möglichkeit des Berühmtseins, des heroischen Charismas, des Glanzes und *des Vergnügens der Identifikation* [Hervorhebungen J.D.], die den weißen Helden des Film Noir, der alten Privatdetektiv-, Kriminal- und Polizeithriller, der ‚Romanzen' der städtischen Unterklassen und des Ghettos zukamen.[33]

Was das Genre des Abenteuerfilms angeht, so setzt Wulff, der ebenso wie Morrison eine Parallele zwischen Film und Literatur zieht, den Abenteuerfilm auch noch in eine enge Beziehung zum Entwicklungsroman. Laut Wulff ist der Abenteuerfilm von Durchgängen und Transitionen, von neuen Lebensabschnitten und veränderten Identitätsentwürfen geprägt, die im „Felde des Handelns" erprobt werden.[34] Fraglich bleibt allerdings, wer genau sich in diesen Filmen entwickelt.

### 3.2.1 Genre-spezifizierende Analyse des Narrativs *Die weiße Massai*

Der Spielfilm *Die weiße Massai* basiert auf dem 1998 erschienenen gleichnamigen autobiografischen Roman der Schweizerin Corinne Hofmann, der innerhalb kürzester Zeit weltweit zu einem Bestseller avancierte.[35] Der Film visualisiert die sich in Kenia ereignende Liebesgeschichte zwischen einer *weißen* Touristin und der afrikanistisch konstruierten Hauptfigur eines Schwarzen „Samburu-Kriegers".[36] Im

---

[31] Mulvey 1994: 57.
[32] Kerner 2012: 65f.
[33] Hall 2004b: 160.
[34] Wulff 2004: 21.
[35] Kühn 2005, Kilb 2005.
[36] „Die Samburu sind ein Nebenstamm der Massai", schreibt Martina Knoben in ihrer Filmrezension in der Süddeutschen Zeitung vom 16.09.2005. Knobens Begriffsverwendung von „Stamm" steht allerdings in kolonialer Tradition (vgl. Arndt 2004: 213-218). Daher sollten die Samburu eher als eine afrikanische Gemeinschaft bezeichnet werden, die in naher Verbindung mit der Gemeinschaft der Massai steht, oder den Vorschlägen Arndts gefolgt werden. Arndt schlägt vor, statt „Stamm" die Begriffe „Kultur" oder „Gesellschaft" zu verwenden oder aber all diese Zusatzbeschreibungen wegzulassen und lediglich von – in diesem Falle – Massai zu sprechen, so wie auch Schott_innen einfach als Schott_innen bezeichnet würden (Arndt 2004: 218).

Zentrum dieser Liebesgeschichte steht die versuchte Überwindung der in (post_)kolonialen Gesellschaften verankerten und in Mainstream-Melodramen selten überschrittenen „Rassenschranken".[37]

Der 126-minütige[38] Farbfilm besteht ausschließlich aus einer (intra-)diegetischen Handlungsebene. Es gibt keinen meta- oder extradiegetischen Erzählraum.[39] In dieser (Intra-)Diegese verliebt sich die *weiße* Schweizerin Carola während eines zweiwöchigen Kenia-Urlaubs, den sie mit ihrem *weißen* Liebespartner Stefan verbringt, „auf den ersten Blick"[40] in den als Schwarzen „Samburu-Krieger" inszenierten Lemalian. Um mit ihm in seinem kenianischen Heimatdorf leben zu können, verlässt Carola die bestehende Liebesbeziehung zu Stefan und löst ihre Boutique in der Schweiz auf. Sie heiratet Lemalian und bekommt mit ihm ein Kind. Nach mehreren Jahren des Zusammenlebens scheitert ihre Ehe jedoch an dessen unkontrollierbarer Gewalttätigkeit. Am Ende kehrt Carola mit ihrer gemeinsamen Tochter Sarai in die Schweiz zurück.

Der Film kann in vier 30-minütige Handlungsblöcke eingeteilt werden.[41] Im ersten Viertel lernen sich die beiden Protagonist_innen – ganz so wie in Kaufmanns melodramatischem Baukasten angeführt – kennen. Es gibt eine erste zufällige BEGEGNUNG[42] auf einer Fähre und kurz darauf ein ebenso zufälliges WIEDERSEHEN auf einem Marktplatz, bei dem Carola mit Lemalian in einer unsanften ERSTEN BERÜHRUNG versehentlich zusammenprallt, bevor Lemalian das Touristenpärchen vor kleinkriminellen afrikanistisch inszenierten Nebenfiguren schützt. Zusätzlich weist der Schwarze Protagonist den beiden *Weißen* durch eine Fahrt in einem Kleinbus den Weg zum Hotel. Während dieser Fahrt kommt es zu einer ERSTEN sinnlichen BERÜHRUNG der beiden sich Verliebenden. Noch am selben Abend verbringen Carola und Lemalian einen SCHÖNEN ABEND[43] in einer Disko mit der Entwicklung zarter Intimität beim gemeinsamen TANZ.

Gleichzeitig wird Carola als „aufgeklärte" und emanzipierte Abenteurerin eingeführt. Denn am folgenden Morgen lässt sie ihren – berechtigterweise eifer-

---

[37] Vgl. Kaufmann 2007: 63f., 75-78.
[38] Bei der Zeitangabe beziehe ich mich auf die DVD-Fassung, die, da der Film hier mit 25 Bildern pro Sekunde läuft, kürzer ist als die Kinofassung, die mit 24 Bildern pro Sekunde gezeigt wird. In den Filmrezensionen der Zeitungen wird die Länge des Films *Die weiße Massai* gemeinhin mit 131 Minuten angegeben. Vgl. Weber 2005, Koll 2005, Kühn 2005.
[39] Die einzige Stelle, an der ein extradiegetischer Raum in Andeutung zu erkennen ist, liegt auf der Tonebene der Anfangssequenz. Hier wird durch die Worte „es hat lange gedauert..." vermittelt, dass die Protagonistin auf ihre eigene Vergangenheit zurückblickt.
[40] Zu der „Liebe auf den ersten Blick" detaillierter in Kapitel *3.5 Der phallische Blick: weißes Subjekt, Schwarzes Objekt*.
[41] Die Filmhandlung dauert 120 Minuten. Die letzten sechs Filmminuten bestehen aus dem Abspann.
[42] Auch in diesem Kapitel schreibe ich all die Begriffe, die Kaufmanns romantischem Baukasten entnommen sind, in Kapitälchen.
[43] Kaufmann schreibt an dieser Stelle von einem „schönen Tag".

süchtigen – *weißen* Freund allein zurückfliegen und macht sich per Bus auf die Suche nach Lemalian. Sie ist bereit, ihr Zuhause und die eigene, über Jahrzehnte aufgebaute Identität hinter sich zu lassen, um, „Rassenschranken" überwindend, in die „Fremde" einzutauchen. Sie handelt dabei, Wulffs Ausführungen zum Abenteuerfilm entsprechend, weniger aus politischem Antrieb,[44] sondern vielmehr, weil Lemalian als sexuell attraktiv inszenierter Schwarzer Mann sowohl die „Prinzessin" ist, die sie „erobern" will, als auch das „magische Objekt" ihrer Begierde.[45] Den Ausführungen Wulffs entsprechend, der beschreibt, dass das im Abenteuerfilm lockende „magische Objekt" der Heldenfigur zu Macht verhelfen könne,[46] hievt die Filmfigur Lemalian die *weiße* Heldin in eine potente gesellschaftliche Position. Ganz im Sinne meiner These gelangt die *weiß*-weibliche Filmfigur nur in Kontrast zu seinem Schwarzsein in den Besitz ihres phallischen *Weißseins*.

Die tagelange abenteuerliche Suche der *weißen* Protagonistin und ihre Bereitschaft, sich von dem aktiven Mann finden zu lassen, führt zu einem geduldigen Warten bei Elisabeth, einer anderen *weißen* Frau, die auf dem afrikanistisch inszenierten Kontinent lebt. Nachdem Lemalian endlich an Elisabeths Hütte erschienen ist, kommt es zu den dem Baukasten Kaufmanns zu entnehmenden romantischen Elementen von VERFÜHRUNG, KUSS und LIEBESSZENE – jedoch in leicht veränderter Reihenfolge, da Lemalian als „wilder schwarzer Mann" inszeniert ist, der den Sexualakt wortlos, ohne Vorspiel und a tergo vollzieht. Auch wenn sich durch diesen ersten Beischlaf bereits andeutet, dass die beiden Liebenden vielleicht „nicht zueinander passen",[47] ist es, so scheint es, der Beginn einer „innig gefühlten",[48] allerdings gesellschaftlich „verbotenen" oder zumindest tabuisierten Liebe[49] zwischen den beiden rassisch konstruierten Filmfiguren.

Im zweiten Viertel des Films ist Carolas Ankunft in Lemalians Heimatdorf zu sehen, das aus höhlenartigen, kugeligen, niedrigen Lehmhütten besteht, die weder mit fließend Wasser noch mit Strom ausgestattet sind. Wir entdecken das von Wulff bereits als Standardbestandteil des Abenteuerfilms beschriebene „Rund der Tipis [...] im Dschungel: und die darin lebenden ‚Wilden', angetan mit seltsamem Körperschmuck, abenteuerlichen Kopfbedeckungen, fast nackt, aber oft reich bemalt."[50] Dieses Setting eröffnet der *weißen* Protagonistin sogleich die wichtige „Mission", das „primitive Dasein" ihrer Gastgeber_innen zu „zivilisieren". So kauft die sich „im Felde des Handelns"[51] erprobende *weiße* Frau, direkt nachdem

---

[44] Wulff 2004: 21.
[45] Wulff 2004: 14.
[46] Ebd.
[47] Koebner 2007: 9.
[48] Ebd.
[49] Ebd.
[50] Wulff 2004: 24.
[51] Wulff 2004: 21.

sie sich bei dem benachbarten *weißen* Pater Bernardo vorgestellt, eine heftige Malaria-Krankheit überwunden und sich in der Einwanderungsbehörde gemeldet hat, ein Kraftfahrzeug und versucht, den afrikanistisch imaginierten Protagonisten sowohl das Autofahren als auch – innerhalb einer zweiten Beischlaf-Szene – das sexuelle Vorspiel zu lehren.

Auf diese Weise erfährt nicht nur die abenteuerliche, sondern auch die melodramatische Seite der Narration im zweiten Filmviertel eine Fortführung: Die beiden Liebenden sind einander weiterhin inniglich zugewandt. Und in einer der zweiten bald folgenden dritten Sexszene kommt die *weiße* Protagonistin – dank ihrer Eigeninitiative – sogar noch in den Genuss des von Kaufmann für den Liebesfilm aufgelisteten typischen ORGASMUS. Gleichzeitig entstehen im zweiten Filmviertel die ersten MISSVERSTÄNDNISSE zwischen den Liebenden, die zu MEINUNGSVERSCHIEDENHEITEN und STREITIGKEITEN führen: Lemalian ist eifersüchtig auf einen Bankangestellten, bei dem Carola freundlich lächelnd Geld abhebt.

Im dritten Viertel transformiert sich die *weiße* Touristin in eine einsatzbereite, gutmütige und ehrenamtlich agierende „Entwicklungshelferin", die ihren Lebensmittelpunkt aus Europa nach Afrika verlegt. Sie reist in die Schweiz, um ihre Boutique endgültig aufzulösen, und geht damit die von Kaufmann für das Melodram als typisch angeführte TRENNUNG AUF ZEIT ein. Nach ihrer Rückkehr heiratet sie – entgegen aller Einwände anderer *weißer* Filmfiguren und damit scheinbar als „Antirassistin" – ihre große Liebe Lemalian: Die HOCHZEIT VON MR. & MRS. RIGHT findet genau zur Hälfte der Filmzeit im Rahmen eines großen Tanz-Rituals statt. Dadurch dass die *weiße* Protagonistin diesen – von Wulff als Standardmerkmal des Abenteuerfilms angeführten – „Eingeborenentanz mittanz[t]", wird gezeigt, „in welchem Maße sie naturalisiert, mit den Buschmännern [...] vertraut" ist.[52] Die christliche Religion hinter sich lassend, schreitet sie in ihren neuen Lebensabschnitt der Ehe, baut sich durch die Eröffnung eines Lebensmittelladens in Lemalians Dorf zielgerichtet eine eigene Existenz auf und wird von Lemalian schwanger.

Trotz dieser freudigen Ereignisse nehmen die IRRITATIONEN und ZERWÜRFNISSE zwischen den Liebenden im dritten Filmviertel zu: Carola ist erschüttert, weil Lemalian der lebensbedrohlichen Beschneidung eines 15-jährigen Mädchens zustimmt und einer in Lebensgefahr schwebenden Gebärenden mit dem Argument, diese sei verhext, seine Hilfe verweigert. Auch kämpft die *weiße* Protagonistin immer häufiger gegen die – als völlig irrational dargestellte – Eifersucht des Schwarzen Protagonisten und gegen seine ökonomische Unfähigkeit an.

---

[52] Wulff 2004: 24.

Deduktives Analyseverfahren 187

Allerdings passiert erst im letzten Viertel des Films, was sich schon lange angebahnt hat: aus dem „edlen Wilden" Lemalian wird der gewalttätige „Kannibale",[53] den Carola nicht mehr unter Kontrolle zu bringen vermag. Bis dahin hat sie immer wieder versucht, die Hindernisse zu überwinden, die ihrer Liebe zu Lemalian im Weg standen. Sie verließ ihren damaligen Lebensgefährten, wechselte den Kontinent, „erzog" Lemalian vom „wilden Triebtäter" zu einem „einfühlsamen Sexualpartner", und hat ihm unablässig seine irrationalen und machohaften Verhaltensweisen vergeben, die ihm, so will es die Erzählung zeigen, aus „rassischen" Gründen eigen zu sein scheinen und aufgrund derer es zu Missverständnissen und zu Gewalttätigkeiten gegen die „gänzlich unschuldige" *weiße* Protagonistin kam. Doch jetzt steigert sich Lemalians als völlig irrational dargestellte Eifersucht ins Krankhafte und es erfolgt die DEMASKIERUNG des afrikanistisch konstruierten Protagonisten: Er ist offensichtlich „zivilisationsunfähig".

So kehrt die Abenteurerin schließlich, um sich selbst und die gemeinsame Tochter Sarai vor Lemalians rasender Eifersucht und seiner nicht zu bändigenden Gewalt zu retten, in ihre alte Heimat zurück – ein Abschied für immer, der sowohl dem Abenteuergenre als auch dem unglücklichen Ende eines Melodrams gerecht wird. Am Ende stehen TRENNUNG und VERZICHT. Dass dabei die Tränen weder im Kinosaal noch auf der Leinwand „fließen wie's Bächlein auf der Wiesen",[54] muss wohl an der – hier inszenierten – Gefährlichkeit des Schwarzen Mannes liegen, dem die zur Identifikation einladende gute *weiße* Frauenfigur, nur in letzter Sekunde noch lebend entkommen konnte. Sie ist die einzige Filmfigur, der, weil als *weiße* Charaktere offensichtlich gefühlsbegabt, an dieser Stelle einige Tränen über das Gesicht rinnen. Die unterschiedliche kulturelle Herkunft, die in diesem Film durch rassische Zuschreibungen essentialisiert wird, ist, so die Moral von der Geschichte, nicht zu überwinden. Lemalian hat sich am Ende selbst zuzuschreiben, dass er, von Frau und Kind verlassen, allein zurückbleibt.

Die *weiße* Protagonistin Carola handelt während des gesamten Films als Repräsentantin des okzidental-kapitalistischen, *weißen* Gesellschaftssystems. Weder versteht sie sich als politische Kämpferin, noch ist es ihr Reiseziel, politische Verhältnisse zu verändern. Ihr einziges Motiv, ins Abenteuer zu starten, ist die sexuelle Attraktion, die der Schwarz-männliche Körper auf sie ausübt. Der Film wird demnach sowohl den Charakteristika des Abenteuerfilms als auch denen des Melodrams gerecht und kann beiden Filmgenres zugeordnet werden.

---

[53] Siehe dazu Kapitel *3.6.6 Mythos Schwarzer Gewalttätigkeit*.
[54] Koebner 2007: 9.

## 3.2.2 Genre-spezifizierende Analyse des Narrativs *Out of Africa*

Der zweieinhalbstündige Spielfilm[55] *Out of Africa* basiert auf Episoden aus dem autobiografischen Roman Karen Blixens, der im Jahre 1937 mit dem Titel *Out of Africa/Den afrikanske Farm* unter dem Pseudonym Isak Dinesen veröffentlicht wurde. Die Erzählposition ist ebenso wie in dem Film *Die weiße Massai* eine autodiegetische, da die Protagonistin Karen Blixen ihre Geschichte selbst erzählt. Der Film zeigt offensichtlich den Vorgang des Verfassens der dem Film selbst als Grundlage dienenden Autobiografie.

Die Filmhandlung illustriert die Geschichte der wohlhabenden *weißen* Dänin Karen Blixen, die im Jahr 1913 mit ihrem adligen, aber verarmten Freund Bror von Blixen-Finecke nach Kenia ausreist, um diesen dort zu heiraten und mittels des von ihr in die Ehe eingebrachten Geldes gemeinsam eine Plantage aufzubauen.[56] Die Ehe der beiden scheitert wegen chronischer Untreue des Mannes, der auf Bitten der Protagonistin die gemeinsame „Farm" schließlich verlässt. Die Plantagenbesitzerin geht daraufhin eine sinnliche Liebesbeziehung zu dem *weißen* Frauenversteher und Afrikakenner Denys Finch Hatton ein. Jedoch droht auch diese Beziehung an der Unvereinbarkeit unterschiedlicher Nähe- und Distanzbedürfnisse zu scheitern und ihr Ende wird durch den Unfalltod von Denys endgültig besiegelt. Wegen eines die gesamte Ernte vernichtenden Brandes auf der Plantage in den finanziellen Ruin getrieben, kehrt die *weiße* Protagonistin am Ende allein nach Dänemark zurück – nicht jedoch, ohne den für sie arbeitenden Kikuyus ein Stück Land als Existenzgrundlage gesichert zu haben.

Der Filmtext besteht zum einen aus einer in Dänemark spielenden Rahmenhandlung, die eine extradiegetische Erzählebene bildet und die gealterte Protagonistin als sich Erinnernde darstellt, zum anderen aus der hauptsächlich in Kenia verorteten (Intra-)Diegese, die die erinnerte Geschichte der *weißen* Dänin in chronologischer Abfolge kinematografisch erlebbar macht. Zudem durchzieht eine mit Allmacht ausgestattete (*weiß-*)weibliche Off-Stimme, die der weiblichen Hauptfigur zugeordnet wird und diese in eine phallische Position versetzt,[57] den Film wie ein *weißer*, okzidental gesponnener Faden. Sie eröffnet den Film in Kombination mit – laut Kaufmann das Melodram charakterisierenden – visuellen FLASHBACKS als

---

[55] Die Filmhandlung dauert bis Filmminute 2:31:35. Dann folgt der Abspann bis Filmminute 2:34:16.

[56] Diese Plantage wird im gesamten Film jedoch durchgehend ausschließlich als „Farm" bezeichnet. Dazu mehr in Kapitel *3.4.6 Mythos (weiblich-)weißer Wahrheit*.

[57] Dazu Silverman 1988: 30: „Like the phallus, the speaking subject is a symbolic figuration which always exceeds the individuals defined by it. That is particularly evident in the case of classic cinema, where enunciation is as much an effect of the ideological and technological apparatus as of any human intervention. Indeed, as I have already noted, the theoreticians of suture refer to classic cinema's enunciating agency not as the director but as the 'Absent One'. The speaking subject – and so by implication the phallus – is here equivalent to this unseen enunciator, and to the attributes (transcendental vision, hearing, and speech) by which it is defined."

Prolog und beendet den Film in Zusammenhang mit mehreren eingeblendeten Schrifttafeln als Epilog.[58] Zusätzlich kommentieren diese Voice-Over-Monologe der gealterten Schriftstellerin die Ereignisse im Laufe des Films noch fünfmal.[59]

Obwohl das weibliche Voice-Over auf der auditiven Ebene durchgehend der in Dänemark spielenden Extradiegese zugerechnet werden muss,[60] verweilt die Handlung während der Präsenz der Off-Stimme visuell fast immer auf der intradiegetischen Ebene in Kenia – sogar dann, wenn die Protagonistin im Off-Text von ihrem längeren Dänemarkaufenthalt erzählt. Die einzige Ausnahme bildet der Beginn des Films, bei dem die Bilder der schreibenden Frau in Dänemark und die Rückblenden in die kenianische Landschaft ineinander geschnitten sind. Nur hier liegt die Off-Stimme über Bildern, die die Erzählende tatsächlich schreibend an ihrem in Dänemark stehenden Sekretär zeigen; in allen anderen Voice-Over-Passagen ist die Protagonistin nur auditiv als Schreibende wahrnehmbar.

Der Film kann grob in drei Teile eingeteilt werden. Im ersten, einstündigen Teil wird die *weiße* Protagonistin vor allem als Abenteurerin aufgebaut,[61] im zweiten, ebenso langen Teil als melodramatisch Liebende.[62] Im dritten Teil, der eine halbe Stunde Filmzeit umfasst,[63] endet sowohl die Abenteuer- als auch die Liebesgeschichte unglücklich.

In der ersten Stunde Filmzeit startet die potente *weiße* Protagonistin gleich zweimal in ein großes Abenteuer: das erste Mal, als sie, als einzige Frau mit Gewehr ausgestattet, Bror auf einer Jagdgesellschaft im winterlich verschneiten Dänemark dazu bewegt, durch eine Heirat mit ihr eine „Win-win-Gemeinschaft" zu bilden und sich mittels des Kaufs einer „Farm" in Kenia eine – beide ermächtigende – neue Existenz aufzubauen; das zweite Mal, als sie ohne Unterstützung eines *weißen* Mannes die inzwischen erworbene Kaffeeplantage verlässt, um ihren Ehemann mit notwendigem Kriegsmaterial und Lebensmitteln zu versorgen. Dieser befindet sich mit militärischen Truppen in der kenianischen Natur, die als eine „selbst" von *weißen* Männern gefürchtete „Wildnis" inszeniert ist.

---

[58] *Out of Africa*, Prolog in Filmminute 0:00:00-0:02:10; Epilog in Filmminute 2:30:27-2:31:35.
[59] Die weibliche Off-Stimme kommt siebenmal im Filmtext vor (Filmminute 0:00:46-0:02:10, 0:39:06-0:39:47, 0:54:50-0:55:14, 1:00:40-1:02:04, 1:46:24-1:47:28, 2:26:25-2:27:33, 2:30:28-2:31:33). Dadurch, dass der Film mit einem solchen Off-Monolog beginnt und auch endet, teilt die weibliche Off-Stimme den Filmtext in 6 Akte ein. Diese Struktur entspricht der des Films *Eine Weiße unter Kannibalen*, der ebenfalls sechs Akte aufweist.
[60] Die Off-Stimme spricht die ersten sieben Male im Präteritum, dann zweimal im Präsens. Allerdings ist die sprachliche Gegenwart beim letzten Einsatz der Off-Stimme mit dem Vorlesen eines Briefes kombiniert, der wiederum die Geschehnisse in der Vergangenheit beschreibt: den Fortgang der Geschichte in Afrika seit Karens Abreise.
[61] *Out of Africa*, Filmminute 0:02:10-1:02:06.
[62] *Out of Africa*, Filmminute 1:02:06-2:02:20.
[63] *Out of Africa*, Filmminute 2:02:20-2:31:35.

Diese Konstruktion der weiblichen Filmfigur rüttelt an den Stereotypen des von männlichen Protagonisten dominierten Abenteuergenres. Die „Frau erweist sich hier mitnichten als hilflos, als störendes Hindernis auf dem Weg des männlichen Abenteurers, sondern sie ist es, die den waghalsigen Plan entwirft [...]."[64] Sie ist es, deren „Entscheidungsfreude"[65] und „Souveränität"[66] den Fortgang der Geschichte bestimmen. Und auch ihre „Handlungskraft"[67] entspringt, äquivalent zu Wulffs Ausführungen bezüglich des männlichen Abenteurers, keiner politischen Motivation.[68] Vielmehr startet Karen Blixen in das „strapaziöse Abenteuer",[69] weil sie in der Möglichkeit, Eigentümerin einer – als „Farm" getarnten – Plantage zu sein, einen „Schatz"[70] erkennt, der sie sowohl ökonomisch als auch statusmäßig zu erhöhen verspricht. Die dafür notwendige Heirat mit dem (adligen und heterosexuell orientierten) Mann kann sie wiederum nur durch das auch ihm gemachte Versprechen dieses sie selbst lockenden ökonomisch verstandenen „Schatzes" erwirken.

So tritt in diesem ersten Filmteil auch das Element des Kolonialismus besonders offensichtlich in Erscheinung,[71] das laut Wulff als ein weiteres Charakteristikum für den Abenteuerfilm zu betrachten ist. Die *weiße* Protagonistin verdankt ihre phallische Positionierung spätestens seit der dritten Filmsequenz vor allem dem gesellschaftlichen Status, der ihr als Kolonialistin zuteil wird. Sie übt Macht über die ihr untergebenen, afrikanistisch imaginierten Filmfiguren aus und ist in Kontrast zu diesen inszeniert, die als „primitive" und zu „zivilisierende" „Eingeborene" dargestellt werden.[72]

Bezogen auf die Charakteristika des Melodrams wird der erste Filmteil vor allem durch Karens Hochzeit mit MR. WRONG geprägt. Denn bis auf die Tatsache, dass Bror die Initialzündung der *weiß*-weiblichen Abenteuerreise ermöglicht, dient seine Filmfigur nach der Hochzeit durchgehend der Schwächung der *weißen* Protagonistin. Das respektlose Verhalten der Filmfigur Brors bringt die *weiße* Protago-

---

[64] Hartmann 2004: 230f. Die (Abenteuer-)Reise von Dänemark zu der Plantage in Kenia nimmt gute 15 Filmminuten ein, das Ankommen der *weißen* Protagonistin in ihrer Wahlheimat knappe 20 Filmminuten. Einen Großteil der abenteuerlichen Situationen, in denen sie weite afrikanistisch inszenierte Landschaften durchquert oder sich die Autorität der ihr untergebenen afrikanistisch konstruierten Filmfiguren erarbeitet, bewältigt sie ohne Bror, der entweder schon vorausgereist ist oder sich aber auf der Jagd und im Krieg befindet.
[65] Wulff 2004: 20.
[66] Ebd.
[67] Ebd.
[68] Vgl. Wulff 2004: 21.
[69] Ebd.
[70] Wulff 2004: 14.
[71] Wulff 2004: 23f.
[72] Vgl. Wulff 2004: 24.

# Deduktives Analyseverfahren

nistin nicht nur immer wieder in finanzielle[73] und emotionale Krisen, sondern auch gleich zweimal in Lebensgefahr: einmal, als er sie kurz nach ihrer Ankunft auf der kenianischen Plantage für Tage allein lässt und sie – aufgrund mangelnder Kenntnis der notwendigen Verhaltensweisen in der „Wildnis" – beinahe von einer Löwin angegriffen wird. Denys rettet sie. Das andere Mal, weil er sie mit anderen Frauen betrügt und Karen dadurch lebensgefährlich an Syphilis erkrankt. Die *weiße* Protagonistin überwindet die Krankheit, indem sie den afrikanistisch inszenierten Kontinent für einige Zeit verlässt und in der okzidentalen Heimat neue Kräfte sammelt,[74] doch kann sie danach keine Kinder mehr bekommen.

Daher muss sie in der melodramatischen Liebesgeschichte des zweiten Filmteils von einem Mann erhöh(r)t werden, der den Konventionen der okzidentalen Gesellschaft nicht zu entsprechen versucht und keine Familie gründen möchte. Die ersten Etappen dieser Liebesgeschichte zwischen Karen und dem „*weißen* Wilden" Denys Finch Hatton werden bereits im ersten Filmteil durchschritten. Es sind die den Beginn des Melodrams kennzeichnenden Baukastenelemente von BEGEGNUNG, WIEDERSEHEN und Verleben eines SCHÖNEN TAGES.

Gleich in der dritten Filmsequenz trifft Karen, während sie per Zug durch afrikanistisch konstruierte Weiten zu ihrem HOCHZEITSFEST MIT MR. WRONG reist, in der Filmfigur des vorgeblichen Kolonialkritikers und Afrikaliebhabers Denys Finch Hatton auf MR. RIGHT. Dieser lädt in Begleitung eines Massai auf freier Strecke Elfenbein auf einen der Waggons ihres Zuges. Sie spiegelnd, erteilt er ihr hier die erste Lektion in Sachen Kolonialkritik, in deren Bereich er sich im Laufe der Filmhandlung zu ihrem Lehrmeister entwickelt. Er verhilft ihr vorgeblich dazu, ihr hegemoniales (Kolonial-)Verhalten zu reflektieren und zu verändern. Er vermittelt ihr, so will der Film glaubhaft machen, die Fähigkeit zu Hegemonie-Selbstkritik.

Dass der ebenfalls als „Frauenversteher" inszenierte Denys die *weiße* Protagonistin in ihrem Kampf um „Sieg und Niederlage"[75] im *weißen* Patriarchat unterstützt und die kastrierte, weil weibliche Filmfigur Karens damit fetischisiert, wird schon bei dem ersten *Wiedersehen* der beiden Filmfiguren deutlich. Denys, der in Begleitung seines Freundes Cole Berkeley zu ihrer „Farm" gekommen war, um ihr Coles Geschenke zu bringen, sucht und findet die auf der „Farm" nicht anzutreffende Karen in freier „Wildbahn". Unbewaffnet steht sie einer sich langsam auf sie zubewegenden Löwin gegenüber. Denys erklärt ihr ganz ruhig, wie sie sich verhal-

---

[73] Nicht nur Brors eigenmächtige (Fehl-)Entscheidung, eine Kaffeefarm aufzubauen, schadet Karen ökonomisch, sondern auch die Scheidung, die Bror einreicht, sobald er sich von einer anderen Ehe mehr finanzielle Vorteile verspricht. Dass er grundsätzlich nicht bereit ist, sich am Aufbau der Farm zu beteiligen, betont er in Filmminute 0:53:16-0:54:08.
[74] *Out of Africa*, Filmminute 1:00:00-1:02:06.
[75] Mulvey 1994: 59.

ten muss, um nicht angegriffen und tödlich verletzt zu werden, und rettet Karen damit das Leben.

Daraus resultiert gleich der von Kaufmann unter der Rubrik des Kennenlernens als Baukastenelement der romantischen Liebesgeschichte angeführte SCHÖNE TAG, den die beiden sich später Liebenden miteinander verbringen: Denys bleibt mit seinem Freund Cole zum Abendessen. Die beiden interessieren sich für Karens Plantage und versinken nach dem Essen bei Kerzenschein- und Kaminfeuerromantik in eine von ihr sinnlich erzählte Geschichte. Als Dankeschön und Anerkennung ihrer Leistung übergibt Denys Karen vor seiner Abreise in einer ERSTEN BERÜHRUNG zärtlich[76] das erste seiner vielen sie ermächtigenden RICHTIGEN GESCHENKE: einen goldenen Stift, der sie zum Schreiben ermutigen soll. Auch das zweite RICHTIGE GESCHENK übergibt er ihr bereits im ersten Filmteil. Es ist ein Kompass, der sie auf ihrer Abenteuerreise durch die afrikanistisch imaginierte „Wildnis" zu ihrem Mann Bror leiten und ihr symbolisch Orientierung auf ihrem – die Gendernormen sprengenden – Lebensweg geben soll. Anders als Cole, der Karen das Abenteuer wegen der damit verbundenen zu großen Gefahr auszureden versucht, stärkt der Frauenversteher Denys die *weiße* Abenteurerin in ihrem Emanzipationsprozess, indem er ihr Hilfe zur Selbsthilfe zur Verfügung stellt.

Denys' drittes RICHTIGES GESCHENK ist ein Flug über die Weiten der afrikanistisch imaginierten – menschenleeren – Landschaft, der der *weißen* Protagonistin nach eigenen Angaben einen Blick durch „Gottes Augen" verschafft. Die Beschenkte selbst bezeichnet dieses Geschenk, das zwar im Prolog bereits eingeführt, aber erst im zweiten Teil des Films tatsächlich „übergeben" wird, als „incredible". Es illustriert das Erblühen der im ersten Filmteil sensibel angelegten melodramatischen Liebesgeschichte zwischen der *weißen* Abenteurerin und MR. RIGHT.

Dieses Erblühen der zuvor verbotenen,[77] weil nebenehelichen Liebesbeziehung geht einher mit dem Niedergang der im ersten Filmteil geschlossenen Ehe mit MR. WRONG. Bror holt Karen nach ihrer Syphilis-Heilung zwar fürsorglich am Bahnhof ab, missbraucht ihr Vertrauen jedoch erneut: Während eines Silvesterfestes schläft er mit einer anderen Frau. Auf demselben Fest kommt es wenige Minuten nach Beginn des zweiten Filmteils zu einer ERSTEN sinnlichen BERÜHRUNG zwischen den späteren Geliebten Denys und Karen,[78] die sich im gemeinsamen

---

[76] Im Prolog ist zu sehen, wie sich bei der Übergabe des Stiftes die Zeigefinger von Denys und Karen sinnlich und verführerisch berühren. In der Intradiegese ist dies nicht zu erkennen. Da sieht es eher wie eine Übergabe ohne Berührung aus.
[77] Vgl. Koebner 2007: 9.
[78] Nimmt man die Bilder des Prologs hinzu, so hätte die erste sinnliche Berührung zwischen den beiden bei der Übergabe des Stiftes stattgefunden. Folgt man jedoch nur der intradiegetischen Darstellung, so wäre die Umarmung zum Tanz auf dem Silvesterfest die erste sinnliche Berührung zwischen Karen und Denys. Die erste Berührung überhaupt findet in Filmminute 0:29:04 statt. Hier geben sich Denys und Karen vor Karens Abreise nach Dänemark zum Abschied die Hand.

## Deduktives Analyseverfahren

TANZ entwickelt[79] und zum ERSTEN KUSS zwischen der *weißen* Protagonistin Karen und Denys Finch Hatton führt.[80] Der Großteil des zweiten, ebenfalls einstündigen Filmteils besteht sodann aus VERFÜHRUNG,[81] einem etwa 20 Filmminuten langen VORSPIEL[82] und drei angedeuteten, leidenschaftlich-sinnlichen BEISCHLAFSZENEN mit gut zu imaginierenden Orgasmen der vom *weißen* Liebhaber gekonnt verwöhnten *weißen* Frau.[83]

Dazwischen kommt es immer wieder zu TRENNUNGEN AUF ZEIT, die vor allem Denys' Freiheitsdrang zuzuschreiben sind. Karen nutzt Denys' Abwesenheit, um sich in abenteuerlicher Manier weiterhin als Frau zu emanzipieren: Sie führt ihre „Farm", bemüht sich, ihren Schwarzen Untergebenen, die der afrikanistisch imaginierten Gemeinschaft der Kikuyus angehören, okzidentale Gewohnheiten nahezubringen, und verhandelt, die Rechte „ihrer" Kikuyus vorgeblich wahrend, gute Kreditkonditionen mit einer Bank. Denys' Unwille, sich von einer anderen Person kontrollieren zu lassen, führt jedoch am Ende des zweiten Filmteils zu ersten größeren Enttäuschungen und ZERWÜRFNISSEN zwischen den beiden sich „innig" Liebenden.[84] Sie scheinen nicht zueinander zu passen, weil Karens Besitzstreben Denys' Freiheitsdrang entgegen steht. Doch sie können wegen der großen Liebe zueinander und wegen der miteinander geteilten Faszination an dem abenteuerlichen, afrikanistisch inszenierten Kenia, das ihnen große Freiheiten von okzidentalen Mainstream-Normen bietet, auch nicht voneinander lassen.[85]

Der dritte Filmteil wird mit dem Bruch eines von Karen zu Beginn des Films selbst angelegten Staudamms auf ihrer „Farm" eröffnet. Diesmal versucht sie ihn aber nicht zu reparieren. Denn Karen hat, so soll die Sequenz metaphorisch vermitteln, endlich verinnerlicht, was Denys ihr fortwährend beizubringen versucht hat: sie ist bereit loszulassen.[86] In den folgenden Sequenzen zerbricht dann auch noch alles andere. Erst kommt es zur Trennung von Denys, dann vernichtet ein

---

[79] Der Tanz beginnt in Filmminute 1:10:58 ziemlich schroff, indem Denys Karen harsch am Arm fasst und aus einer handgreiflichen Auseinandersetzung mit einem Mann auf die Tanzfläche zieht, der offen rassistische Äußerungen von sich gegeben hat. Die Härte und verbale Auseinandersetzung zwischen den beiden Tanzenden verwandelt sich im Laufe des Tanzes allmählich in Weichheit und Sinnlichkeit. Der Tanz endet in Filmminute 1:12:17 mit dem Jahreswechsel.
[80] Den ersten Kuss in Filmminute 1:12:53 initiiert Denys, den zweiten, direkt nachgesetzten, Karen (Filmminute 1:13:00).
[81] *Out of Africa*, Filmminute 1:16:35-1:17:48: Denys wartet mit spielendem Grammophon vor Karens Haus auf die *weiße* Protagonistin und überzeugt sie, mit auf die Safari zu kommen, die als symbolisches Vorspiel für den ersten Liebesakt in die Filmhandlung eingeflochten ist.
[82] *Out of Africa*, Filmminute 1:17:49-1:36:17. Filmminute 1:36:17-1:37:23 zeigt dann, wie er sie auszieht und der Liebesakt beginnt.
[83] *Out of Africa*, Filmminute 1:36:09-1:36:56, Filmminute 1:39:52-1:41:00 und Filmminute 1:51:10-1:51:32.
[84] Koebner 2007: 9.
[85] Vgl. ebd.
[86] *Out of Africa*, Filmminute 2:02:20-2:02:39.

Großbrand auf der Plantage die materielle Existenzgrundlage der *weißen* Abenteurerin in Afrika. Mit dem Unfalltod von MR. RIGHT, der kurz vor seinem Flugzeugabsturz vielleicht doch noch zu einer VERSÖHNUNG bereit gewesen wäre,[87] löst sich nach der bankrotten Abenteurerin nun auch noch die Figur der Liebhaberin auf. Mit seiner BEERDIGUNG auf einem Plateau in Kenia, auf dem die Liebenden gesessen hatten, ist die Liebesgeschichte definitiv beendet. Karen zieht ohne ihr Hab und Gut zurück nach Dänemark.

Das UNGLÜCKLICHE (UNHAPPY) ENDE der Liebesgeschichte und die für das Abenteuergenre typische Rückkehr in die Heimat der Abenteuerheldin lässt diesmal die Tränen tatsächlich wie Bäche oder gar Flüsse über die Gesichter der Rezipierenden rinnen[88] – umso mehr, als dass die *weiße* Protagonistin ziemlich gefasst bereit ist, Denys in seine von ihm so sehr ersehnte „Freiheit" zu entlassen. Auf dem afrikanistisch imaginierten Kontinent bleibt sein Grab und, so hofft die *weiße* Protagonistin, die in das afrikanistisch konzipierte kollektive Gedächtnis und die afrikanistisch inszenierte Landschaft Kenias eingeschriebenen poetischen Erinnerungen an die als gut gezeichnete *weiße* Kolonialistin. *Out of Africa* entspricht damit, so ist zu schlussfolgern, sowohl dem Genre des Abenteuerfilms als auch dem des Melodrams.

### 3.2.3 Genre-spezifizierende Analyse des Narrativs *The Nun's Story*

Der knapp zweieinhalb stündige Spielfilm[89] *The Nun's Story* aus dem Jahre 1959 besteht ausschließlich aus einer (intra-)diegetischen Erzählebene. Die Geschichte, die auf dem gleichnamige Roman von Kathryn Hulme basiert, wird chronologisch wiedergegeben, Rückblenden oder zeitliche Vorausdeutungen[90] gibt es nicht. Die Erzählposition ist heterodiegetisch. Der Erzählstrang folgt durchgehend der *weißen* Protagonistin. Anders als in den beiden zuerst beschriebenen Spielfilmen ist die Handlung dieses Films zu einem größeren Teil in Europa und zu einem kleineren auf dem afrikanistisch imaginierten Kontinent verortet.[91]

Der Farbfilm erzählt die in den 1930er Jahren spielende Geschichte einer jungen belgischen Arzttochter, die allen Luxus ihres großbürgerlichen Elternhauses hinter sich lässt, um in einen katholischen Orden einzutreten. Sie verfolgt damit das Ziel, als medizinisch ausgebildete Nonne im kongolesischen Gesundheitswesen tätig zu werden. Kurz vor Ausbruch des zweiten Weltkrieges kehrt sie auf

---

[87] *Out of Africa*, Filmminute 2:16:00: Denys: „Du hast es mir verdorben, weißt Du?" Karen: „Was?" Denys: „Das Alleinsein."
[88] Vgl. Koebner 2007: 9.
[89] Die exakte Filmlänge beträgt 2 Stunden 25 Minuten.
[90] So nennt es Werner Faulstich (Faulstich 2008: 83).
[91] Die beiden anderen Filme spielen fast ausschließlich auf dem afrikanistisch inszenierten Kontinent und nur zu einem sehr geringen Teil in Europa.

Deduktives Analyseverfahren                                                              195

Anweisung der Ordensleitung und gegen ihren eigenen Willen aus dem Kongo nach Belgien zurück, wo sie unter anderem wegen des Kriegsausbruchs bleiben muss. Der Film, dessen Haupterzählstrang das permanente innere Ringen der *weißen* Protagonistin mit dem vom Konvent geforderten Gehorsam zeigt, endet mit dem Ordensaustritt der weiblichen Hauptfigur, der letztendlich durch den klandestinen Widerstandskampf ihres jüngeren Bruders und die Ermordung ihres Vaters im Kriegsgeschehen motiviert ist. Das Filmende lässt offen, ob sie ihren Bruder im Widerstand gegen die deutsche Besatzungsmacht unterstützen[92] oder zu dem Arzt im Kongo zurückkehren wird, der sie wertgeschätzt und auf beruflicher und privater Ebene umworben hat.[93]

Der Film kann in drei Handlungsphasen eingeteilt werden. Die erste Stunde des Films[94] zeigt den Abschied der jungen Bürgerstochter von ihrem Elternhaus und die vielen Hürden, die sie innerhalb des Ordens nehmen muss, bis ihr Traum von einem Leben im Kongo Wirklichkeit wird. Sie tauscht in dieser Handlungsphase die Liebe zu ihrem Vater gegen die „Ehe mit Gott" ein. Die zweite Stunde des Films[95] beschreibt das Leben der *weißen* Protagonistin als Krankenschwester in einem kongolesischen Krankenhaus, in dem sie ihr großes medizinisches Talent selbstlos unter Beweis stellt. Die letzte knapp halbstündige Handlungsphase des Films[96] erzählt von dem inneren Konflikt der *weißen* Nonne während der Besetzung Belgiens durch die Deutschen und von ihrem Austritt aus dem Orden.

Gleich zu Filmbeginn wird die Protagonistin Gabby als eine abenteueraffine Frau mit starkem eigenen Willen, großer „Entscheidungsfreude"[97] und nicht zu bremsender „Handlungskraft"[98] in die Filmhandlung eingeführt. Gabby ist entschieden, ihren Traum vom Leben im Kongo auf dem Weg durch den Orden Realität werden zu lassen. Und so beginnt für die *weiße* Frau mit dem Ordenseintritt ein ausgesprochen „strapaziöses Abenteuer",[99] welches vor allem darin liegt, sich den strikten Regeln unterzuordnen.

---

[92] *The Nun's Story*, Filmminute 2:17:35-2:17:53: Krankenschwester Lisa: "Is it certain that you are leaving?" Sister Luke: "I've asked." Lisa: "What happens now?" Luke: "I have no idea." Lisa: "Here's an address. The underground needs nurses." Sister Luke nimmt die auf einen Zettel geschriebene Adresse entgegen.
[93] Der ihr vorgesetzte Arzt wirbt indirekt darum, dass sie aus dem Orden austreten und zu ihm zurückkehren möge, falls der Orden sie in Belgien halten wolle. *The Nun's Story*, Filmminute 1:54:20: Dr. Fortunati: "Supposing they keep you indefinitely in Belgium. You seem so sure in your religious strength, but I'm not. Once in the motherhouse, the walls, the discipline, the silence... [...] if they keep you indefinitely, will the strength be enough?" Sister Luke: "Yes."
[94] *The Nun's Story*, Filmminute 0:00:03-1:05:00.
[95] *The Nun's Story*, Filmminuten 1:05:00-1:57:20.
[96] *The Nun's Story*, Filmminuten 1:57:20-2:25:10.
[97] Wulff 2004: 20.
[98] Ebd.
[99] Wulff 2004: 21.

Das Ziel, mit dem die *weiße* Protagonistin ins Abenteuer aufbricht, ist weder Sühne oder Rache, noch eine Prinzessin oder ein Schatz.[100] Vielmehr handelt es sich um ein abstrahiertes „magisches Objekt", das der Heldin „zu einer Machtposition verhelfen oder dem Wohle der Menschheit dienen soll".[101] Dieses „magische Objekt" stellt im vorliegenden Film ihr religiös-humanistisches Engagement dar, welches sie in dem von *Weißen* geführten kongolesischen Krankenhaus entfalten kann. Hier wird die *weiße* Frau unter dem Vorwand, sie diene dem Wohle der Menschheit, auf Kosten afrikanistisch inszenierter Filmfiguren erhöht. Sie geht, wie von Wulff als typisch für den Abenteuerfilm beschrieben, als Repräsentantin der herrschenden Ordnung dorthin, nicht als Revolutionärin. Denn sie vertritt als katholische, *weiße* Nonne aus Belgien sowohl die den Kongo einst gewalttätig einnehmende belgische Kolonialmacht als auch die christliche Missionstätigkeit, die die Kolonisierung des afrikanischen Kontinents – vorgeblich in friedlicher Absicht – entscheidend mit vorangetrieben hat.[102] So ist ein weiteres, von Wulff angeführtes, typisches Element des Abenteuerfilms auch in diesem Film ganz unverhüllt wiederzufinden: das Kolonialistische.[103] Die Begegnung mit der „Fremde" und den „Fremden" bildet auch hier den Höhepunkt des *weiß*-weiblichen Abenteuers – einen Höhepunkt, den die Protagonistin, anders als eine ihrer *weißen* Ordensschwestern, lebend übersteht.[104] Damit weist der Film wichtige Charakteristika eines Abenteuerfilms auf.

Der für das Abenteuergenre typische Abschied von zu Hause[105] ist in diesem Fall potentiell ein Abschied für immer, da sich alle Nonnen in dem von Gabby aufgesuchten Konvent von ihrer eigenen Geschichte gänzlich lossagen und den Kontakt zu Freund_innen und Familie komplett abbrechen müssen. Dieser Abschied vollzieht sich im vorliegenden Film sukzessive und geht einher mit der melodramatischen Komponente des Films.

Denn auf ihrer Suche nach der von ihr „innig gefühlten" Liebe[106] zu Gott schlägt die Protagonistin zunächst den Weg über den Orden ein, der mit ihrer Liebe zu weltlichen Männern wie ihrem Verlobten, ihrem Bruder, und vor allem ihrem Vater Dr. van der Mal, aber auch dem ihr später im Kongo vorgesetzten *weißen* Arzt Dr. Fortunati konkurriert. Diese Konkurrenz wird zum Leitmotiv dieses ungewöhnlichen Melodrams. Denn für die Protagonistin ist immer wieder unklar, in welchen Menschen und Institutionen sich Gott im irdischen Leben

---

[100] Vgl. Wulff 2004: 14.
[101] Wulff 2004: 21. Vgl. Unterkapitel *3.2 Genre-spezifizierende Analyse des Narrativs*.
[102] Vgl. van der Heyden 2002b und Trüper 2002.
[103] Wulff 2004: 23f.
[104] Vgl. Wulff 2004: 24.
[105] Vgl. Wulff 2004: 13.
[106] Koebner 2007: 9.

manifestiert. Wie kann sie dem von ihr geliebten christlichen Gott(vater) ganz nah kommen? Mit ihrer Entscheidung für den Orden ist ihre Liebe zu Gott von vornherein „gefährdet".[107] Denn die vom Vater klar benannte Herausforderung des Gehorsams, den der Orden von der – mit einem starken Willen ausgestatteten – Protagonistin fordert, erscheint deren Gerechtigkeitssinn und Empathie gegenüber hilfsbedürftigen Menschen immer wieder diametral entgegengesetzt.

Auf die spirituelle Liebesgeschichte zwischen Gabby und Gott kann sogar das von Kaufmann ausgearbeitete Baukastensystem des Melodrams angewendet werden – wobei das Segment der körperlichen Intimität naturgegebenermaßen nur in einer sehr abstrahierten Form befriedigt werden kann. Auch sind alle drei Untersegmente von BEGEGNUNG, WIEDERSEHEN und (ERSTEM) DATE, in die Kaufmanns Baukastensystem den Beginn der Liebesgeschichte aufteilt, in dem Film nicht eindeutig dargestellt. Vielmehr scheint es zur ersten Begegnung mit Gott bzw. Gottes Wort schon vor dem Beginn der Filmhandlung gekommen zu sein. Denn die *weiße* Protagonistin hat am Anfang des Films die Stimmen weiblich-christlicher Autoritäten bereits verinnerlicht.[108]

So setzt die Liebesgeschichte bereits mit dem KENNENLERNEN ein. In Filmminute 0:11:02 kommt es zu dem SCHÖNEN TAG ihres Eintritts in den Orden, an dem sie freudestrahlend Abschied von ihrer Familie nimmt. Die Abschiedstrauer, die auf den Gesichtern der „Verlassenen" liegt, kann Gabby nicht erwidern. Zu groß erscheint die Freude auf die intensivere Begegnung mit Gott, durch die sie den Armen helfen will. Das BEZIEHUNGS-SPIEL zwischen den beiden „Liebenden" beginnt. Dem ersten Schritt in die Räume des Ordens folgen fünf Tage Schweigen, in denen die Neuankömmlinge in permanenter Konversation mit Gott stehen und einen engeren Kontakt zu ihm aufnehmen sollen. Erst dann werden sie offiziell als „postulants" aufgenommen.[109] Das KENNENLERNEN wird auf diese Weise intensiviert und unterstützt.

Der dann folgende sechsmonatige Alltag als „postulant" vertieft den schon eingangs vom Vater hervorgerufenen Verdacht, dass der Orden die *weiße* Frau möglicherweise zu der Erkenntnis führen werde, dass die beiden „Liebenden"

---

[107] Koebner 2007: 9.
[108] In Filmminute 0:02:38-0:03:18 rezitiert eine weibliche, mit Allmacht ausgestattete Off-Stimme drei unterschiedliche, offensichtlich im Rahmen von Begegnungen mit der katholischen Religion aufgenommene und wichtig gewordene Leitsätze, die der Bibel entnommen oder aber Ansagen einer anderen Nonne sein könnten (vgl. Unterkapitel *3.3.3 Gabby: christlich dienende Bürgerstochter*). Der mit ihren eigenen inneren Werten offensichtlich übereinstimmende Inhalt dieser Sätze fördert den Entschluss der *weißen* Protagonistin, die in diesen Sätzen liegende Begegnung mit Gott durch ein genaueres *Kennenlernen* auszubauen.
[109] Eine Nonne spricht in Filmminute 0:16:25-16:46 folgende Sätze zu den Neuankömmlingen: „Dear children, you will have five days of instruction and preparation before you are formally admitted as postulants by the Superior General. We constantly drive toward perfection by inner silence. The ultimate goal of this silence is to make possible constant conversation with god."

eventuell nicht zueinander passen.[110] Denn Gabby hat Schwierigkeiten, ihre eigene Lebendigkeit und den ihr eigenen, ausgeprägten Gerechtigkeitssinn stark genug zurückzunehmen, um den starren Regeln des Ordens gerecht zu werden: Sie läuft zu laut und ausgelassen,[111] sie verlässt nicht umgehend die von ihr umsorgte Kranke, wenn sie von der Ordensleitung gerufen wird,[112] sie hat Schwierigkeiten, der Forderung der Ordensleitung nachzukommen, sich ihrer – durchweg als gut dargestellten – menschlichen Regungen wegen zu beschuldigen.[113]

Dennoch kommt es zu einer abstrahierten KÖRPERLICHEN INTIMITÄT zwischen Gabby und Gott, die in dem wie eine HOCHZEIT erscheinenden Aufnahmeritual zu finden ist, in dem die Postulantinnen zu Novizinnen werden und Gabby den Namen Sister Luke erhält.[114] Dieses Ritual kann als eine abstrahierte LIEBESSZENE einer Hochzeitsnacht gedeutet werden, die metaphorisch eine ENTJUNGFERUNG, einen (ERSTEN) KUSS und durch die aufspielende Filmmusik sogar einen symbolischen ORGASMUS beinhaltet.[115] Dass dies jedoch die HOCHZEIT MIT MR. WRONG war, der sich als Orden in teuflischer Manier zwischen die gute *weiße* Frau und den von ihr so sehr geliebten MR. RIGHT, den guten christlichen Gott, drängelt, zeigt der Fortgang der Geschichte. Denn „verheiratet" beginnen bald schon erste tiefschürfende IRRITATIONEN und ZERWÜRFNISSE, die, so scheint es, durch mehrere Antagonisten Gottes hervorgerufen werden. Sie stellen die Liebe zwischen Gott und Sister Luke, die Gott fälschlicherweise im Orden verkörpert glaubt, immer wieder auf die Probe.[116]

Zwei dieser Herausforderungen finden noch in dem ersten Filmteil statt. So wird von der *weißen* Protagonistin, die als ausgesprochen kompetente Wissenschaftlerin dargestellt wird, verlangt, sie solle die Prüfung an der Tropenschule, die ihr den Weg in den Kongo ebnen würde, nicht bestehen, um einer mit ihr konkurrierenden, fachlich aber viel weniger kompetenten Schwester den Weg in den Kongo nicht zu verbauen. Dieses Opfer wird ihr als Prüfung durch eine leitende Ordensfrau abverlangt. Sie soll „humility", Demut, üben.[117]

Das zweite tiefgreifende ZERWÜRFNIS des ersten Filmteils ist in der Tatsache zu finden, dass die *weiße* Protagonistin, obwohl – oder weil – sie, anders als von ihr verlangt, von 80 Prüflingen als viertbeste abgeschnitten hat, vom Orden nicht in den Kongo, sondern für eine weitere Prüfung ihrer „Demut" in das Krankenschwesterteam im „mental sanatorium" in der Nähe von Brüssel geschickt wird.

---

[110] Vgl. Koebner 2007: 9.
[111] *The Nun's Story*, Filmminute 0:18:20-0:18:45.
[112] *The Nun's Story*, Filmminute 0:22:26-0:23:18.
[113] *The Nun's Story*, Filmminute 0:23:20-0:24:40.
[114] *The Nun's Story*, Filmminute 0:26:49-0:34:12.
[115] Genauere Ausführungen dazu in Kapitel *3.4.5 Weiße Sexualität*.
[116] Hierzu genauer in Unterkapitel *3.7.2 Sadistische Abwertung der weißen Protagonistin*.
[117] Vgl. Unterkapitel *3.7.2 Sadistische Abwertung der weißen Protagonistin*.

# Deduktives Analyseverfahren 199

Auch im zweiten, im Kongo spielenden Filmteil, wird die potente *weiße* Abenteurerin wiederholend herausgefordert. Nachdem sie einem *weißen* Priester als – im Notfall einspringende, unausgebildete – Chirurgin wie durch ein Wunder das Leben gerettet und sich in der Hilfe für afrikanistisch imaginierte Filmfiguren selbstlos aufgerieben hat, erkrankt sie plötzlich lebensgefährlich an Tuberkulose. Als sie geheilt ist, muss sie miterleben, wie ein abergläubisch dargestellter afrikanistisch konstruierter Mann eine ihrer *weißen* Ordensschwestern brutal mit einem Stock erschlägt. Beide „Prüfungen" stellen ihre Liebe zu Gott in Frage. Doch durch ihren starken christlichen Glauben kann die *weiße* Protagonistin dem afrikanistisch inszenierten Mörder – und den laut Filmtext offenbar kollektiv schuldig gewordenen Schwarzen Filmfiguren – mühelos vergeben und aufgrund ihrer dabei entstehenden großen Vorbildfunktion sogar einige von ihnen zum christlichen Glauben bekehren.

Die von der Ordensleitung angeordnete Rückkehr nach Belgien, die explizit gegen den Willen der Protagonistin stattfindet, ist nicht die „Rückkehr der Abenteurerin nach Hause". Vielmehr handelt es sich um ein weiteres Ringen zwischen der Heldin und dem Orden. Doch diesmal widersetzt sich die *weiße* Nonne den Anweisungen des Ordens und BETRÜGT die sich in die Liebesbeziehung zu Gott drängelnde katholische Institution, nicht aber Gott selbst: „Dear Lord, forgive me. I cannot obey anymore. What I do from now on is between you and me alone."[118] Entgegen der Anweisung, sich als Nonne im Krieg nicht zu positionieren,[119] unterstützt sie ihren jüngeren Bruder HEIMLICH im Widerstand gegen die deutsche Besatzungsmacht. Es ist der Beginn ihrer Kapitulation im Ringen mit der Macht des Ordens und der Gewisswerdung ihrer Ahnung, dass Gott und der Orden nicht identisch sind.

Die Ermordung ihres Vaters im Kriegsgeschehen[120] ist dann der letzte Auslöser für ihre Entscheidung, sich offen an dem Kampf gegen die Deutschen zu beteiligen und sich von MR. WRONG zu trennen: Sie tritt aus dem Orden aus. Damit hat sie sowohl zu ihrer inneren Stimme als auch zu ihrer Verbindung zu

---

[118] *The Nun's Story*, Filmminute 2:08:38-2:08:46.
[119] *The Nun's Story*, Filmminute 2:04:17-2:04:33. Eine leitende Ordensschwester im „Mutterhaus" kündigt an dieser Filmstelle an, dass der Krieg ausgebrochen ist und fügt hinzu: „Our work must go on as if nothing has happened. It will be your responsibility to set the example of courage and calm and to retain in your hearts the spirit of charity for all, even the enemies of our country." In Filmminute 2:05:42-2:05:58 sagt erneut eine leitende Nonne des Ordens/Krankenhauses: „The sisters are urged not to take sides, and not to participate in any activity against the forces of occupation, so that the orderly life of community is not disturbed and so that our hospital work may go on without confusion."
[120] *The Nun's Story*, Filmminute 2:09:51-2:09:59: Aus dem Brief ihres Bruders erfährt die *weiße* Protagonistin: „Father was killed a week ago on the road between Givet and Fumet. He was tending refugees when the Germans machine-gunned them."

Gott zurückgefunden.[121] Und sie entscheidet sich, da sie sich offensichtlich entscheiden muss, Gott nicht länger als Nonne, sondern in ihrer Arbeit als Krankenschwester zu dienen – so, wie ihre männlichen, sie immer ermächtigenden ärztlichen Vorbilder Gott ebenfalls durch medizinische Tätigkeiten dien(t)en.

Das erklärt auch, warum die für das Melodram so typischen Tränen nur bei dem schmerzlichen Abschied der Protagonistin von ihrem Vater fließen, der im Kriegsgeschehen als praktizierender Arzt durch Deutsche umgekommen ist,[122] und nicht bei ihrem Austritt aus dem Orden. Die melodramatische Liebesgeschichte findet also ein HAPPY END durch die nun ungestörte Versöhnung Gabbys mit Gott.

Mit dem Austritt aus dem Orden kehrt die Abenteurerin endlich „nach Hause", zu ihrem Herzensgefühl, zurück. Die Frage, wie sich Gottes Liebe im irdischen Leben manifestiert, hat sie für sich selbst beantwortet: Gott zeigt sich eher in dem Leben einer sich der Medizin verschreibenden Krankenschwester als im religiösen Leben einer Nonne.[123] So kündigt sie die vom Orden geschlossene „Ehe mit Gott", indem sie den Ring, bei dessen Erhalt sie „ewige Treue zu Gott" geschworen hat, von ihrer Hand abstreift und neben dem Kreuz auf dem Tisch im Orden liegen lässt. Dann geht sie ihren eigenen Weg, der sie, so ist zu ahnen, dann doch noch in die Arme eines *weißen*, couragierten Mannes führen wird, in dessen Handeln sich Gottes Liebe ausdrückt.

Ein leichter Bruch mit dem Genre des Abenteuerfilms könnte darin zu sehen sein, dass die Protagonistin zwar als Repräsentantin der herrschenden Ordnung[124]

---

[121] *The Nun's Story*, Filmminute 2:15:08-2:15:39. Sister Luke äußert sich folgendermaßen: „At times my conscience asks, 'Which has priority? It or the holy rule?' When the bell calls me to chapel, I often have to sacrifice what might be the decisive moment in a spiritual talk with a patient. I'm late every day for chapel or refectory or both. When I have night duty I break the grand silence because I can no longer cut short a talk with a patient who seems to need me. Mother, why must gods helper be struck dumb by five bells in the very hours when men in trouble want to talk about their souls?" Reverend Mother antwortet in Filmminute 2:15:39-2:15:50: „You entered the convent to be a nun, not to be a nurse. The religious life must be more important to you than your love of medicine."

[122] In Filmminute 2:10:06 setzt eine dramatische und melancholische Musik ein, die den inneren Schmerz der Protagonistin und ihre verzweifelte Trauer laut werden lässt. In Filmminute 2:10:36 verstummt die Musik und die männliche Off-Stimme der afrikanistisch inszenierten Filmfigur setzt ein, die die Protagonistin nach dem Mord an ihrer Ordensschwester zum Christentum bekehren konnte. Der Dialog zwischen Ilunga und Sister Luke wird damit in einem auditiven Flashback wiederholt. Ilunga: "If such a death happened with us, Mama Luke, we would tie the murderer up and cut his body for fish bait." Off-Stimme Sister Luke: "But we would not. We have been taught to forgive." Wieder setzt die Musik ein. Derweil geht die Protagonistin verzweifelt durch den Raum und gibt ihrer Verzweiflung schließlich weinend Stimme: „Oh, Father! Father! Father!" Durch den auditiven Flashback werden Sister Lukes negativ konnotierten Gefühle von Wut und Trauer sowie ihre aggressionsgeladenen Rachegelüste der afrikanistisch konstruierten Figur und damit dem Schwarzen Raum zugeordnet.

[123] *The Nun's Story*, Filmminute 2:14:05-2:16:09.

[124] Vgl. Wulff 2004: 21.

*Deduktives Analyseverfahren* 201

in die Geschichte eintritt, am Ende ihren Platz aber als Rebellierende im (ausgesprochen friedlichen, gar heiligen) Ungehorsam gegenüber den Ordensstrukturen und im Widerstand gegen die deutsche Invasion findet.[125] Sie verlässt damit ein Stück weit die für das Abenteuergenre typische Protagonist_innenposition. Allerdings rebelliert sie zwar gegen die Regeln des Ordens, nicht aber gegen die des belgischen Staates. Sie bleibt damit in gewisser Weise der herrschenden Ordnung des post_kolonialen Nationalstaates treu. Dass sie den Kolonialismus nicht als verwerflich anprangert, sondern ihre (post_)koloniale Präsenz im Kongo auch als Rebellin noch als den größten aller Wünsche mit sich trägt, vertieft den Rassismus im okzidentalen Denken. Denn durch diese Inszenierung wird den Rezipierenden vermittelt, dass nicht nur die afrikanistischen Filmfiguren selbst, sondern auch eine *weiße* Rebellin in der *weißen*, imperialen Mission in Afrika keinerlei Vergehen, Übel oder Grund zum Widerstand sehen. Damit wird der Kolonialismus auf einer subtilen Ebene doppelt bestätigt.

Der Film *The Nun's Story* wird damit sowohl den Anforderungen eines Abenteuerfilms als auch denen eines Melodrams weitestgehend gerecht.

### 3.2.4 Genre-spezifizierende Analyse des Narrativs *Eine Weiße unter Kannibalen (Fetisch)*

Der schwarz-weiße Stummfilm *Eine Weiße unter Kannibalen (Fetisch)* aus dem Jahre 1921 von Hans Schomburgk ist formal in sechs Akte unterteilt und besteht im Gegensatz zu den anderen drei Spielfilmen, deren Narration und Kamera ausschließlich die *weiße* Protagonistin verfolgen, aus Parallelmontagen, die die Geschichte als eine aus drei Erzählsträngen zusammengesetzte Handlung präsentieren. Die einzelnen Stränge haften an drei *weißen* Protagonist_innen: dem Fabrikbesitzer Stüven, seiner Tochter Maria und Fred Holm, dem Freund des Hauses, der laut Vorspann „Bezirksamtmann einer Inner-Afrikanischen Kolonie" ist.[126]

Je nach Lesart handelt es sich um die (intra-)diegetische, nur eine Rückblende beinhaltende Handlung einer unfreiwilligen Abenteuerreise eines *weißen* Mädchens namens Maria von Deutschland nach Afrika und – 15 Jahre später – wieder zurück oder aber um die Kombination einer extradiegetischen Erzählebene, die eine sich erinnernde Analysepatientin zeigt, mit einer (intra-)diegetischen Erzählebene, die die oben bereits benannte Abenteuerreise der *weißen* Protagonistin metaphorisch

---

[125] In Filmminute 2:06:12 beginnt Sister Luke entgegen der Ordensregeln eine ihr untergeordnete Nonne im Widerstandskampf gegen die Deutsche Besatzung zu unterstützen. In Filmminute 2:09:05-2:09:33 öffnet sie einen an sie gerichteten Brief ohne ihn nach Vorschrift einer ihrer Vorgesetzten zuvor zu zeigen. Die Nonne, die im Widerstand tätig ist und ihr den Brief aushändigt, fordert sie auf, dies nicht zu tun. So handelt Sister Luke für sich selbst und als Vorgesetzte nun mit bewusster Entscheidung entgegen der strikten Ordensregeln.
[126] Schriftzug im Vorspann des Films *Eine Weiße unter Kannibalen (Fetisch)*, Filmminute 0:00:35-0:00:42.

als die Verarbeitung des Ödipuskomplexes in einem psychoanalytischen Setting darstellt. Mit der ersten Lesart analysiere ich den Filmtext in diesem Unterkapitel. Die zweite böte sich nicht zuletzt auch deshalb an, weil der Stummfilm in einem Zeitraum entstand, in dem Sigmund Freud seine ersten Texte zu den von ihm betriebenen psychoanalytischen Studien veröffentlichte. Da sie jedoch mit der Mulvey'schen Theorie nur indirekt verknüpft ist, werde ich sie im Folgenden nicht weiter ausführen.

Was die Genre-Einordnung betrifft, so bedient der Film eindeutiger das Genre des Abenteuerfilms als das des Melodrams. Während es nicht ganz leicht ist, die von Anette Kaufmann angeführten Elemente des romantischen Baukastens und die von Koebner aufgezeigten typischen Elemente des Melodrams ausfindig zu machen,[127] ist das Format des Abenteuerfilms unschwer zu erkennen.

Als zentrale Heldenfigur fungiert auch in diesem Abenteuerfilm die *weiße* Protagonistin. Sie ist es, die „von zu Hause ausfährt", ein Abenteuer „in der Fremde" durchlebt und am Ende „nach Hause zurückkehrt".[128] Allerdings entspringt ihre „Ausfahrt von zu Hause",[129] anders als in den drei anderen von mir untersuchten okzidentalen Filmen, weniger ihrem eigenen Antrieb. Denn es ist ihr Vater, der sie als kleines Mädchen mit hinauszieht in die „weite Welt", in das Abenteuer, das sie aufgrund des Mordes an ihrer elterlichen Begleitperson schließlich alleine bewältigen muss.

Der erste der sechs Akte[130] spielt noch in Deutschland und stellt die drei *weißen* Protagonist_innen des Films vor, an die die drei Handlungsstränge geknüpft sind. Der „Bezirksamtmann einer Inner-Afrikanischen Kolonie" Fred Holm stattet hier dem verwitweten Fabrikanten Stüven und seiner etwa fünfjährigen Tochter Maria einen freundschaftlichen Besuch in deren Villa ab und führt das *Weißsein* vor allem durch seinen kolonialen Habitus als positiven Bezugspunkt der drei Protagonist_innen in die Handlung ein. Er kündigt an, am folgenden Tag wieder nach Afrika aufzubrechen. Sowohl Holm als auch Vater Stüven werden in diesem Akt als phallische Filmfiguren eingeführt, deren Phallus sich aus einer gutbürgerlichen Positionierung (*class*), der patriarchalen Macht als Mann (*gender*) und dem *Weißsein* (*race*) zusammensetzt.[131]

---

[127] Da es weder zu einer sexuellen Vereinigung der beiden sich am Ende wohl Liebenden kommt, noch zu einer Hochzeit oder zu Irritationen und Zerwürfnissen kann nicht davon gesprochen werden, dass die „innig gefühlte Liebe" gefährdet gewesen sei oder die beiden sich Liebenden nicht zueinander passten. Eine für das Melodram typische Trennung gab es zwar, die aber fand statt, als die *weiße* Protagonistin noch ein Kind und der *weiße* Mann lediglich ein Freund ihres Vaters war.
[128] Vgl. Wulff 2004: 13.
[129] Wulff 2004: 20.
[130] *Eine Weiße unter Kannibalen (Fetisch)*, Filmminute 0:00:00-0:12:23.
[131] Die anfängliche Positionierung der *weißen* Protagonistin thematisiere ich eingehend in Unterkapitel *3.3.4 Maria: unschuldige Jungfrau aus der kolonialaffinen Bourgeoisie*.

Deduktives Analyseverfahren 203

Bereits im Laufe des ersten Aktes wird die bürgerlich-*weiß*-männliche Filmfigur Stüvens jedoch sukzessive entmachtet. Die Entmachtung findet vor allem durch den Einsatz einer als kriminell inszenierten proletarischen jungen Frau statt, einer *femme fatale*,[132] die Stüven von der Straße aufgelesen hat und mit der er eine kurze Liebesaffaire begonnen und wieder beendet zu haben scheint. In Komplizenschaft mit ihrem ebenfalls proletarisch inszenierten ehemaligen Liebhaber bringt die hinausgeworfene Geliebte den *weiß*-bürgerlichen Mann nicht nur durch Diebstahl seines Modells um eine von ihm gemachte Erfindung, sondern sie reißt auch noch das gesamte Geld an sich, das der geschundene Bürgerliche sodann durch einen Versicherungsbetrug mittels Brandstiftung in seiner eigenen Fabrik zur Sicherung seiner Existenz zu beschaffen versucht.

Das gute Bürgertum wird hier dem bösen Proletariat gegenübergestellt, der bourgeoise Teil des Phallus auf der moralischen Ebene gestärkt, auf der ökonomischen Ebene gleichzeitig geschwächt. Diese Schwächung betrifft auch den von *Gender* geprägten Teil des der männlich-*weißen* Filmfigur verliehenen Phallus. Denn „auf den ersten Blick erkennen wir in solchen Diebstählen ‚phallische' Objekte, die dem Vater oder seinen Substituten gegen ihren Willen geraubt werden", schreibt die Psychoanalytikerin Joyce McDougall über die Kleptomanie von Frauen. „Die Patientinnen konnten spontan sehr gut realisieren, daß sie sich dem zwanghaften Raub ‚eines Penis' hingaben; zugleich triumphierten sie über ihren Vater oder den Detektiv, deren im Raub implizierte Kastration sie bewunderten."[133] Nagl spricht in Bezug auf den bestohlenen Stüven von einer in seiner Figur sichtbar werdenden „geschwächten Männlichkeit".[134]

Existentiell bedroht, beschließt der ruinierte Fabrikant in Akt zwei,[135] dem Vorbild seines Freundes Fred Holm zu folgen und sein Glück, statt in Deutschland, auf dem afrikanistisch imaginierten Kontinent zu suchen. Der Grund, warum die *weiße* Protagonistin ins Abenteuer aufbricht, ist nur dann ein „Objekt der Begierde", wenn wir ihre Hauptmotivation in der Bindung zu ihrem Vater sehen, der sie auffordert, mit ihm zu kommen. Andere Motivationen für den weiblichen Aufbruch ins Abenteuer sind nicht zu erkennen.

Sicher ist aber, dass Maria, dem normierten Abenteuerfilm entsprechend, aus ihrem subjektiven Erleben heraus nicht politisch handelt und dass sie als Repräsentantin der herrschenden Ordnung nach Afrika kommt – wenn auch in einer ausgesprochen hilflosen Position. Denn während der Überfahrt setzen die kleinkriminellen proletarischen Seeleute des Schoners, auf dem Stüven mit seiner Tochter nach Afrika zu fahren versucht, den bourgeoisen Stüven mitsamt seiner Tochter in

---

[132] Nagl 2009: 303.
[133] McDougall 1981: 276.
[134] Nagl 2009: 302 und 303.
[135] *Eine Weiße unter Kannibalen (Fetisch)*, Filmminute 0:12:24-0:24:38.

einem kleinen Boot auf dem Meer aus und erschießen ihn dann aus einiger Entfernung, weil er einen Mord an Bord beobachtet hat, den sie vertuschen wollen.

Mit dem Tod dieser bis hierher zur Identifikation einladenden, die Handlung vorantreibenden väterlichen Hauptfigur geht der Haupthandlungsstrang auf die *weiße* Tochter über, die sukzessive zur Identifikationsfigur der Zuschauenden wird. Das Mädchen treibt allein auf dem Meer, bis es schließlich von einem afrikanistisch inszenierten Mann in der Nähe des Strandes entdeckt und zu seiner Gemeinschaft gebracht wird. Dort wird Maria alsbald als *weißer* Fetisch verehrt. Derweil geht Fred Holm – wie eine der Sequenzen des zweiten Aktes zeigt – seiner Arbeit als „Bezirksamtmann" in einem nicht weiter spezifizierten Land Afrikas nach.

Ab jetzt nimmt die für den Abenteuerfilm typische Begegnung der *weißen* Protagonistin mit der „Fremde" und den „Fremden" einen großen Raum ein. Diese Begegnung wird auch in diesem Film als Höhepunkt und Bruchstelle des Abenteuerlichen wirksam. In der Figur Fred Holms und dem mit ihm verbundenen Erzählstrang wird der Kolonialismus weiterhin deutlich in die Erzählung hineingetragen. So sind „die Eroberung und Kontrolle der Welt" Holms Rahmenbestimmungen – nicht aber die der *weißen* Protagonistin. Sie ist eher das Mädchen, das einen „Eingeborenentanz mittanzt" und dadurch zeigt, in welchem Maße sie naturalisiert und mit den „Awemba" vertraut ist. Sie ist auch diejenige, die mitten im Rund der Tipis mit den darin lebenden „Wilden" wohnt, die angetan sind mit seltsamem Körperschmuck, abenteuerlichen Kopfbedeckungen, fast nackt, aber oft reich bemalt.

Der dritte Akt[136] stellt sowohl die *weiße* Protagonistin als auch Fred Holm fünfzehn Jahre später auf dem afrikanistisch inszenierten Kontinent dar. Während Holm weiterhin als kolonialer Bezirksamtmann die (Zwangs-)Arbeit afrikanistisch imaginierter Filmfiguren kontrolliert, wird Maria als inzwischen erwachsene Frau immer noch als *weißer* Fetisch verehrt – nun unter dem Namen „Faida, die Lilie".[137] Ihre Macht ist inzwischen so groß, dass sich zum einen alle Mitglieder der afrikanistisch inszenierten Gemeinschaft auf den Boden legen, wenn sie an ihnen vorbeischreitet, und dass sie zum anderen auf Augenhöhe mit dem Oberhaupt der Gemeinschaft kommunizieren kann. Ihre Macht reicht allerdings nicht aus, um die auf ihre Initiative hin gefangen genommenen Schwarzen Sklavenjäger vor der Hinrichtung durch die „Kannibalen" zu bewahren. Auch sie selbst ist den „Awemba" ausgeliefert, die sie zwar als Fetisch verehren, sie aber dennoch bewachen und, so wird es dargestellt, über ihr Schicksal entscheiden.[138] Sie gibt sich den „Awemba"

---

[136] *Eine Weiße unter Kannibalen (Fetisch)*, Filmminute 0:24:39-0:29:51.
[137] Siehe Vorspann von *Eine Weiße unter Kannibalen (Fetisch)*, Filmminute 0:00:45-0:00:53.
[138] Dass die *weiße* Protagonistin unfreiwillig bei den „Awemba" lebt, wird beispielsweise durch den Wächter vor ihrer Hütte deutlich (Filmminute 0:25:55-0:26:37). Auch die Schrifttafel „Die Flucht der weißen Lilie", die gegen Ende des dritten Aktes erscheint (Filmminute 0:29:34), deutet darauf hin, dass Faida aus einer Gefangenschaft flieht.

## Deduktives Analyseverfahren

brav und folgsam hin und wird erst in der Mitte des vierten Aktes zur aktiv und mutig Handelnden.[139]

Denn im vierten Akt[140] gerät Holm als Repräsentant der herrschenden Ordnung auf einer kleinen „Expedition" durch die „Wildnis" in die „Fänge" der „Awemba". Die durch diese Gefangenschaft herbeigeführte (Wieder-)Begegnung der *weißen* Protagonistin mit der *weiß*-männlichen Filmfigur Holm bringt bei keiner der beiden Hauptfiguren ein Wiedererkennen mit sich. Holm erkennt sie nicht, da das Mädchen inzwischen zur jungen Frau geworden ist, Faida erkennt Holm nicht, da jegliche Erinnerung an ihr früheres Leben als Maria ausgelöscht zu sein scheint. Doch die Begegnung löst ein sexuelles Begehren auf Seiten der *weißen* Frau aus, die sich entschließt, dem in die Krise geratenen männlichen Abenteuerhelden zur Flucht zu verhelfen. Sie beweist „Entscheidungsfreude",[141] handelt mit großer „Souveränität"[142] und schafft es, „die Gefahr zu meistern".[143] Während sich dadurch die phallische Positionierung der *weißen* Heldin verstärkt, verkleinert Holms Hilfsbedürftigkeit seinen Heldenstatus drastisch und weist ebenso wie die Filmfigur Stüvens auf ein „in die Krise geratenes Konzept weißer Männlichkeit" hin.[144] So wird das „Hohelied [der *weiß*-weiblichen, J.D.] Handlungskraft"[145] genau genommen erst in dem Moment angestimmt, in dem die *weiß*-männliche Filmfigur Holm nach fünfzehn Jahren wieder in das Leben der *weißen* Protagonistin tritt.

In dem nun folgenden Akt fünf[146] wird die „verwilderte" Faida bei dem mehrtägigen Versuch, den „Kannibalen" zusammen mit dem befreiten Mann zu entkommen, sowohl von Fred Holm als auch von verschiedenen anderen *weißen* Filmfiguren in verschiedenen *weißen* Räumen sukzessive „resozialisiert", wenn nicht gar „rehumanisiert".[147] Gleichzeitig gibt sie den in der afrikanistisch konstruierten Gemeinschaft gewonnenen Phallus sukzessive an den *weißen* Mann zurück – bis hin zu dem Punkt, dass sie körperlich zusammenbricht und nur noch durch die physische und mentale Kraft des sie tragenden *weißen* Mannes gerettet werden kann.

In Akt sechs[148] reist die *weiße* Protagonistin gemeinsam mit ihrem *weißen* Begleiter Fred Holm zurück in ihr deutsches Elternhaus und gliedert sich, ihre eigene *weiß*-weibliche, heterosexuell orientierte und bürgerliche Identität als Maria wiederfindend, erneut in die okzidentale Gesellschaft ein. Diese Rückkehr findet aber erst

---

[139] *Eine Weiße unter Kannibalen (Fetisch)*, ab Filmminute 0:33:40 (insbesondere bis 0:37:42).
[140] *Eine Weiße unter Kannibalen (Fetisch)*, Filmminute 0:29:52-0:38:07.
[141] Wulff 2004: 20.
[142] Ebd.
[143] Ebd.
[144] Nagl 2009: 302 und 303.
[145] Wulff 2004: 20.
[146] *Eine Weiße unter Kannibalen (Fetisch)*, Filmminute 0:38:08-0:44:04.
[147] Zur Verknüpfung von „Verwilderung" bzw. „Wildsein" mit fehlender Menschlichkeit siehe genauer Unterkapitel *3.6.2 Dehumanisierung*.
[148] *Eine Weiße unter Kannibalen (Fetisch)*, Filmminute 0:44:05-0:54:46.

statt, nachdem Faida durch die *weiße*, mit ihr um Freds Liebe konkurrierende Gouverneurstochter Vera vor einem Mordanschlag gerettet worden ist, die deren Schwarze Bedienstete verübt hatte, um ihrer Arbeitgeberin zum Liebesgewinn zu verhelfen. Auch den afrikanistisch imaginierten „Fetischmann", der sie großzog, tötet sie vor ihrer Rückkehr noch, um das Leben der *weiß*-männlichen Hauptfigur zu retten. Damit hilft sie dem in die Krise geratenen männlichen „Helden" Holm schon zum zweiten Mal in einer lebensgefährlichen Situation.[149] Die afrikanistisch konstruierte Gemeinschaft der „Awemba" betrauert den Verlust ihres *weißen* Fetischs so sehr, dass sie beschließt, ihr eigenes Dorf niederzubrennen und ihr Glück an einem anderen Ort zu suchen – ungeachtet der Tatsache, dass der zu ihrer Gemeinschaft gehörende „Fetischmann" von dieser Frau ermordet wurde.

Dem Genre des Abenteuerfilms kann der Film nach dieser Prüfung eindeutig zugeordnet werden. Schwieriger wird es, wenn man ihn als Melodram zu analysieren versucht. Denn die „innig gefühlte" Liebe der Protagonistin gilt eher ihrem Vater als Fred Holm, der zwar im Filmtext seine Liebe zu ihr bekennt, sie jedoch nicht (explizit) ihre zu ihm. Dennoch könnte man verschiedene Elemente wiederfinden: Im ersten Akt, gleich zu Filmbeginn, wird die große Liebe zwischen den beiden deutlich – allerdings handelt es sich hier um die platonische Liebe zwischen einem Kind und einem erwachsenen Mann oder um eine Liebe, die wegen des großen Altersunterschiedes nicht gelebt werden kann und darf. Es folgt die für das Genre des Meldodrams typische TRENNUNG DER BEIDEN LIEBENDEN, bevor es beim Wiedersehen fünfzehn Jahre später zu einer auf seiner Hautfarbe basierenden Faszination der *weißen* Frau am *weißen* Mann kommt, aus der heraus sie ihn zu retten versucht. Eine eindeutig erkennbare sexuelle Berührung gibt es allerdings an keiner Stelle des Films. Vielmehr kümmert Fred Holm sich in väterlicher Fürsorge liebevoll um Faida und bildet eine Art Vaterersatz.

Dies führt mich erneut zu der zweiten möglichen Lesart des Films, die im Filmtext eine metaphorische Inszenierung einer psychoanalytischen Reise der *weißen* Frau durch den Ödipuskomplex bilden könnte.[150] Denn dass die Tränen am Ende nur in Erinnerung an den ermordeten Vater fließen, könnte darauf hindeuten, dass das eigentliche Liebespaar des Films Vater und Tochter gewesen sind. Sie haben sich sichtbar „innig geliebt" und wurden durch den Tod – auch im metaphorischen Sinne – tragisch getrennt. In diesem Setting nähme Fred Holm die Rolle des Psychoanalytikers ein.

---

[149] Einmal befreit die *weiße* Frau den *weißen* kolonialen Bezirksamtmann aus der Gefangenschaft der „Awemba" (Filmminute 0:33:20-0:37:44), das zweite Mal rettet sie ihm das Leben, indem sie den „Fetischmann" erdolcht, der soeben im Begriff ist, Fred Holm zu erwürgen (Filmminute 0:49:00-0:49:35).

[150] Zum abstrahiert inszenierten Ödipuskomplex siehe Unterkapitel *3.4.1 Weiß symbolisierter Emanzipationsprozess als Frau, 3.6.3 Infantilisierung, 3.7.4 Sadistische Abwertung Schwarzer Filmfiguren.*

## 3.3 Intersektionale Konstruktion des weiblichen Phallus zu Filmbeginn

Wie die Analyse des Narrativs der einzelnen Filme und die Prüfung von deren Bedingungs- und Wirkungsrealität ergeben haben, bietet sich in allen vier von mir ausgewählten okzidentalen Blockbustern eine nach dem Starsystem besetzte *weiße* Protagonistin als phallisch-*weiße* Identifikationsfigur an. Alle vier Protagonistinnen sind entsprechend Mulveys Theorie die Filmfiguren, die die Ereignisse initiieren und die Handlung aktiv vorantreiben.[1] Auch werden alle vier Geschichten aus der Perspektive der *weißen* Protagonistin erzählt, die auf diese Weise kontrolliert, was Mulvey ausschließlich der Filmfigur zuordnet, die im Besitz des Phallus ist: die Fantasie des Films.[2]

Um diese Annahme zu erhärten, möchte ich in den jeweiligen Anfangssequenzen der zu untersuchenden Filme zusätzlich die intersektionale Konstruktion des Phallus analysieren, der der *weißen* Protagonistin verliehen wird. Denn im Zuge des strukturalistischen Interpretationsansatzes betrachtet Faulstich die Frage danach, wie Held, Heldin, Haupt- und Nebenfiguren eingeführt und charakterisiert werden, als zentral.[3] Da die Hauptfigur laut Faulstich als „Wahrnehmungs- und Bedeutungszentrum" des Films fungiert, dient schon ihr erster Auftritt dazu, „die notwendige Glaubwürdigkeit und zugleich Attraktivität zu erzeugen."[4] In die Untersuchung der Anfangssequenz möchte ich die Frage einbeziehen, inwieweit die vier *weißen* Protagonistinnen – der phallischen Filmfigur in Mulveys Theorieansatz entsprechend – zu „Träger[innen] des Blickes" der Zuschauenden werden.[5]

Alle Anfangssequenzen der von mir ausgewählten okzidentalen Spielfilme präsentieren direkt die *weiße* Protagonistin des jeweiligen Films und wirken, betrachtet man sie aus der Perspektive der okzidentalen Dominanzkultur, zunächst unauffällig: Eine junge Touristin liegt am Strand und sonnt sich; eine ältere Dame erinnert sich schreibend an ihr zurückliegendes Leben; eine junge Bürgerstochter packt nach einem Spaziergang durch ihre Heimatstadt einen Koffer; ein kleines Mädchen spielt in einem mondän ausgestatteten Zimmer mit ihren Puppen. Dass jedoch in jeder dieser Anfangssequenzen der jeweiligen Protagonistin bereits ein intersektional konstruierter Phallus verliehen wird, kann bei genauerer Analyse nicht übersehen werden. Dieser könnte sich unter anderem aus Körperstereoty-

---

[1] Mulvey 1994: 56.
[2] Ebd.
[3] Faulstich 1995: 18.
[4] Vgl. Faulstich 2008: 99.
[5] Mulvey 1994: 56.

pen,[6] religiösen,[7] geschlechtlichen und sexuellen Stereotypen[8] sowie aus ökonomischen bzw. Klassenstereotypen[9] zusammensetzen.[10] Die zentrale Analyse-Frage dieses Kapitels lautet daher: Aus welchen Machtachsen wird der Phallus der jeweiligen *weißen* Protagonistin gleich zu Filmbeginn geformt?

### 3.3.1 Carola: weltoffene „Multi-Kulti"-Touristin

Als erste (Sub-)Sequenz des Films *Die weiße Massai* betrachte ich die ersten vier Einstellungen des Filmprologs, der von einer weiblichen Off-Stimme zusammengehalten wird.[11] Der intersektional konstruierte Phallus wird in dieser (Sub-)Sequenz vor allem durch die Inszenierung hegemonialen *Weißseins* geformt. Ihm sind aber auch Spuren von Bürgerlichkeit und körperlicher Befähigung als Teilkomponenten immanent. Der weibliche Phallusmangel auf der Machtachse Geschlecht wird durch die inszenierten Blickregime in fetischisierender Manier verschleiert.[12] Carolas hegemoniale Inszenierung als phallisch-*weiße* Identifikationsfigur vollzieht sich in dieser ersten Filmsequenz vor allem dadurch, dass die *weiße* Protagonistin konsequent in einem *weißen* Raum verortet wird,[13] der vor allem durch den Kontrast zu einem Schwarz imaginierten Raum entsteht.

Auf der Bildebene wird der Film mit einer achtsekündigen, aufsichtigen Seitfahrt über eine – fast schon blendend – weiße Sandfläche eröffnet. Die Kamera fährt dabei in Großaufnahme von rechts nach links über eine in den Sand gedrückte Fußspur, fängt ein Stück Alge ein, und endet schließlich auf Carolas Gesicht.

---

[6] Thiele 2015: 84: „Körperstereotype: Physische Eigenschaften wie Größe, Gewicht, Behaarung, Pigmentierung etc., auch der äußerlich erkennbare Gesundheitszustand und das Alter werden mit positiven und negativen Wertungen verbunden."
[7] Thiele 2015: 83: „Religiöse Stereotype [...] sind aufgrund der geographischen Ausbreitung von Religionen eng verbunden mit nationalen und ethnischen Stereotypen. Hier werden Angehörigen von Religionen, Konfessionen und religiösen Gruppierungen, „Anders"- und Nicht-Gläubigen spezifische Charakteristika und Verhaltensweisen unterstellt."
[8] Thiele 2015: 83: „Geschlechtliche und sexuelle Stereotype [...] basieren auf dem gesellschaftlich überwiegend akzeptierten Prinzip der Zweigeschlechtlichkeit, der Unterscheidung zwischen männlich und weiblich. Bestimmte äußere Merkmale und Verhaltensweisen gelten demnach als ‚weiblich' oder ‚männlich'. Eng verbunden mit geschlechtlichen Stereotypen sind Stereotype, die die sexuelle Orientierung betreffen. Homosexualität,, sexuelle ‚Enthaltsamkeit' oder ‚Zügellosigkeit' erscheinen in einer heteronormativen Gesellschaft als ‚das andere, ungewöhnliche' und werden daher besonders häufig stereotypisiert, bevorzugt in satirischen Texten, Witzen und Karikaturen."
[9] Thiele 2015: 84: „Ökonomische und Klassenstereotype: Ausgehend von unterschiedlichen Besitzverhältnissen und Interessenslagen lassen sich gesellschaftliche Klassen und Schichten identifizieren – und die ihnen zugerechneten Personen stereotypisieren."
[10] Zur Stereotypenkonstruktion siehe Unterkapitel *2.3.1.1 Rassialisierende Stereotype*.
[11] Die ersten vier Filmeinstellungen umfassen Filmminute 0:00:19-0:00:56.
[12] Vgl. Unterkapitel *3.7.1 Fetischisierung der weißen Protagonistin*.
[13] Zu dem Begriff des „*weißen* Raums" siehe auch Wachendorfer 2005: 531.

# Deduktives Analyseverfahren

Der Kameraschwenk verläuft von rechts nach links. Daher sind auch die Screenshots so zu lesen.

Carolas Augen sind geschlossen, der Mund bewegungslos, ihre Gesichtszüge entspannt. Sie liegt auf einem rosaroten Badehandtuch im Sand. Dabei verkörpert die hellblonde, blauäugige, schmalgesichtige und hellhäutige Schauspielerin Nina Hoss, die die Figur Carolas darstellt, ein Schönheitsideal, das in enger Verbindung mit dem Konzept von *Whiteness* steht.[14] Das helle Rosarot des Strandtuchs, auf dem Carola liegt, unterstützt den mit *Whiteness*-Konzepten eng verbundenen idealen Rosaton der Haut der *weißen* Frau, der laut Dyer bei der Entwicklung des Farbfilmmaterials als Richtwert galt.[15]

Genau in dem Moment, in dem die Kamera den sandigen Fußabdruck aus der Kadrierung entlässt, beginnt eine „mit Unsichtbarkeit und Allmacht"[16] ausgestattete weibliche Off-Stimme in der Ich-Form zu sprechen. Es wirkt, als mache die Off-Stimme Carolas Gedanken hörbar. Sie begleitet die Seitfahrt bis zu deren Ende auditiv:

> Man sagt, die Massai sterben, wenn man sie in ein Gefängnis sperrt. Sie können sich nicht vorstellen, dass sich dieser Zustand irgendwann einmal ändert. Sie leben weder in der Zukunft noch in der Vergangenheit. Sie leben nur im Jetzt. Es hat lange gedauert, bis ich das verstanden habe. Zu lange.

Bei dem Wort „Zukunft" heben sich Carolas Augenlider und sie beginnt, in die Sonne zu blinzeln. Hieran schließt sich die zweite (und letzte) Filmeinstellung der

---

[14] Vgl. Unterkapitel *3.4.3 Weiße Weiblichkeit als globalisiertes Schönheitsideal*.
[15] Dyer 1997a: 19f. Vgl. Unterkapitel *2.3.1 Grammatik rassifizierter Repräsentation*.
[16] Lippert 2002b: 59.

ersten Filmsequenz an. Sie stellt Carolas beim Blinzeln gewonnene visuelle Wahrnehmung als Subjektive dar.

Carolas subjektiver Blick gleitet 9 Sekunden lang in Form eines Kameraschwenks vom gleißenden Licht der Sonne über das klare Blau des Himmels in das Weiß voluminös geformter Wolken und ruht am Ende auf dem Grün einer Palmengruppe, die – Carolas Kopfbewegung entsprechend – verkehrt herum aufgenommen ist: Die Welt der *weißen* Frau steht Kopf!

Der *weiße* Raum, der Carola zugeordnet wird, entsteht durch das Zusammenspiel von weißem Sand, weiß gleißendem Sonnenlicht und weißen Wolken.[17] „‚Zivilisiert' ist farblich *weiß* symbolisiert", schreibt Mariam Popal, „– und *weiß* steht für Reinheit, Unschuld und Schönheit."[18] Gleichzeitig konnotiert das als hoch stehende Sonne Kenias getarnte „Nordlicht" die *weiße* Protagonistin mit geistiger Potenz und allgemeiner Überlegenheit.[19] Durch eine solche Naturalisierung des über Carolas *weißem* Haupt entstehenden Lichtfunken erscheint dieser als „naturgegeben". Seine im okzidentalen Kino beliebte lichttechnische und inhaltlich relevante Konstruktion wird auf diese Weise verschleiert.

Die in den Sand gedrückte Fußspur weist – *Weißsein* kontrastierend und konstituierend – den Weg aus diesem *weißen* Raum in die von Kolonialgesellschaften als mystisch und dunkel beschriebene Welt des vom Okzident Unerforschten. Denn das oben zitierte Voice Over stellt, indem es dem Bild der Fußspur direkt folgt, eine Verbindung zwischen der Fußspur und den afrikanistisch konstruierten Massai her. Das Geheimnisvolle des imaginierten Schwarzen Raumes wird durch einen lang gezogenen, mystisch klingenden Ton verstärkt, der von Anfang an über den Bildern liegt.

---

[17] Vgl. Unterkapitel *3.4.2 Mythos weißen Gutmenschentums* und *3.4.5 Weiße Sexualität*.
[18] Popal 2011.
[19] Dyer 1997a: 24. Vgl. Unterkapitel *2.3.1.1 Rassialisierende Stereotype*.

Auch der Schwarze Raum formt sich durch die Kombination von Bild- und Tonebene. Das Bild der Fußspur in einem sandigen, von Palmbäumen bewachsenen Boden erweckt Assoziationen an den Roman Robinson Crusoe, in dem ein *weißer* Schiffbrüchiger auf einer einsamen Insel eine Fußspur entdeckt, die ein erster Hinweis auf ein „Kannibalengelage" ist.[20] Zusätzlich erinnert die in den Sand gedrückte Fußspur an andere Narrative aus dem kolonialen Wissensarchiv, in denen europäische „Forscher_innen" ausziehen, um die afrikanistisch imaginierte Bevölkerung zu „ergründen" und ihr in kolonialer Diktion Bezeichnungen wie „Urbevölkerung", „Naturvolk", „Eingeborene" oder „einheimische Stämme" aufzuerlegen.[21] Die am Ende gesammelten Erkenntnisse sind, wie die Tonspur bezeugt, eindeutig: Aufgrund der ihnen vorgeblich fehlenden Abstraktionsfähigkeit[22] sterben die Massai, wenn man sie in ein Gefängnis sperrt.[23]

Dahingegen evoziert die Koppelung von Carolas subjektivem Blick mit dem im selben Moment auf der Tonebene liegenden Wort „Zukunft" die Assoziation einer aus purem Licht bestehenden Zukunftsvision. In ihre Zukunft blinzelnd, kann sie die in Form einer Fußspur in den Sand gedrückten Zeichen entziffern, folgt ihnen und entkommt, wie im späteren Verlauf der Handlung zu erfahren ist, mithilfe einer dadurch gefundenen Liebe zu einer afrikanistisch konstruierten Filmfigur vorübergehend dem Gefängnis des *weißen* Patriarchats. Anders als bei den „Schwarzen Massai" bewirkt ihr Eingesperrtwerden nicht den Tod, sondern Lebendigkeit. Die *weiße* Frau und vor allem die *weiße* Feministin[24] wird durch ihre Gefangenschaft zu einer aktiven, mutigen, als Subjekt konstruierten „*weißen* Massai", die ihr Schicksal selbst in die Hand nimmt und sich zu befreien beginnt – obwohl ihre Welt dabei zunächst Kopf steht.

Dadurch, dass von ihr in der ersten Filmeinstellung ausschließlich das Gesicht zu sehen ist und sich der ihr eigene Blick als Subjektive in der zweiten Filmeinstellung direkt anschließt, wird die *weiße* Protagonistin als ein eigenständiges und (weit)blickendes – *weißes* – Subjekt in die Filmhandlung eingeführt, welches, wie Mulvey bezüglich der phallisch konstruierten Filmfigur schreibt, mit der „aktiven Macht des [auch] erotischen Blickes"[25] ausgestattet ist. Sie wird zur Trägerin des Blicks der Filmrezipierenden, indem sich ihr Blick in der Subjektiven mit dem der Rezipient_innen vereint. Die *weiß*-weibliche Filmfigur wird damit von

---

[20] Vgl. Unterkapitel *3.6.6 Mythos Schwarzer Gewalttätigkeit*.
[21] Vgl. Köpsell 2010: 9f.
[22] Vgl. Unterkapitel *3.6.1 Schwarz symbolisierte Entwicklungsblockade, 3.6.3 Infantilisierung* und *3.6.4 Subalterne Sprachlosigkeit*.
[23] Vgl. Beginn von Kapitel *3. Deduktives Analyseverfahren: Darstellung weißer Weiblichkeit im okzidentalen Mainstream-Spielfilm im Analyseraster der „phallisch weiß" gelesenen Mulvey'schen Theorie*.
[24] Vgl. Unterkapitel *3.4.1 Weiß symbolisierter Emanzipationsprozess als Frau*.
[25] Mulvey 1994: 57. Zum erotischen Blick genauer in Kapitel *3.5 Der phallische Blick: weißes Subjekt, Schwarzes Objekt* (inkl. Unterkapitel).

dem von Mulvey beschriebenen Fluch erlöst, auf das „Bild des Mannes"[26] reduziert zu sein. Sie wird nicht, wie viele andere Frauenfiguren der okzidentalen Filmgeschichte, durch die Zurschaustellung ihres womöglich (halb-)nackt abgelichteten weiblichen Körpers ausschließlich zum Objekt degradiert, sondern durch die visuelle Fokussierung von Kopf und Subjektive auch als denkendes, willensbegabtes Subjekt konstruiert. Die *weiße* Frau hat „ihren eigenen Kopf".

### 3.3.2 Karen: emanzipierte Adlige

Auch in der ersten, aus dreizehn Einstellungen bestehenden Filmsequenz des Films *Out of Africa* wird der Phallus der *weiß*-weiblichen Identifikationsfigur zu großen Teilen durch den Kontrast zu einem afrikanistisch imaginierten Raum geformt. So wird Kenia durch die Abwesenheit afrikanis(tis)cher Filmfiguren auf der intradiegetischen Erzählebene in zehn Einstellungen als ein (noch) nicht besiedelter, zur Eroberung einladender Raum konstruiert; auf der extradiegetischen Ebene führen drei Einstellungen die *weiße* Erzählerin und Protagonistin in die Handlung ein.

Intra- und extradiegetische Erzähleinheiten sind dabei ineinander verschachtelt montiert und ab der vierten Einstellung zusätzlich durch ein weibliches, in der Ich-Form sprechendes Voice-Over verbunden. Diese Montage erweckt den Anschein als gäben die von Afrika gezeigten Bilder die Innenperspektive der *weißen* Frau wider – zunächst in Form eines Traums, dann als bewusst hervorgerufene, dem eigenen Schreibprozess dienende Erinnerung. Dieser innere Blick auf die Handlung lässt die *weiße* Protagonistin zur Trägerin des Blicks der Zuschauenden werden – und das, obwohl von den 13 Einstellungen der ersten Filmsequenz nur eine einzige kameratechnisch eindeutig als Subjektive zu werten ist.

Das *weiß*-weibliche Subjekt wird erst in der dritten Einstellung zu sehen gegeben – und zwar in Form eines sich in einem gänzlich weiß bezogenen Bett hin- und herwälzenden, stöhnenden Frauenkopfes.

Erste Einstellung, Filmminute 0:00:20-0:00:35.    Dritte Einstellung, Filmminute 0:00:38-0:00:40.

---

[26] Mulvey 1994: 55: „Die Frau als Bild, der Mann als Träger des Blicks".

Wie in dem Film *Die weiße Massai* wird die Protagonistin durch die Großaufnahme ihres Kopfes in erster Linie als eigenständig denkendes, mit Rationalität ausgestattetes Subjekt in die Handlung eingeführt. Und obwohl beide Anfangssequenzen ganz deutlich Assoziationen halbnackter Frauenkörper hervorrufen – die eine, weil sie eine sich im Bikini sonnende Frau am Strand zeigt, die andere, weil sie eine in ein Nachthemd gehüllte ältere Dame träumend in ihrem Bett darstellt –, wird auch die *weiß*-weibliche Hauptfigur aus *Out of Africa* nicht als Objekt des männlichen Blicks in die Handlung eingeführt.

Vielmehr richtet auch sie ihren aktiven Blick auf ihre Umgebung und fokussiert dabei sogar den in der afrikanistisch inszenierten Landschaft stehenden männlich-*weißen* Helden, der von Kilomba als typisches Element der Repräsentation Afrikas identifiziert wurde.[27] In keiner Einstellung der ersten Filmsequenz wird sie zum Objekt einer männlichen Subjektive. Allerdings nehmen ihre eigenen Subjektiven viel weniger Raum ein als die der Protagonistin in der Anfangssequenz von dem Film *Die weiße Massai*. Während in den ersten beiden Einstellungen von *Die weiße Massai* mehr als die Hälfte der Zeit eine Subjektive von Carola darstellt (von 17 Sekunden sind 9 Sekunden eine weiblich-*weiße* Subjektive), lässt sich innerhalb der 118 Sekunden langen ersten Sequenz von *Out of Africa* lediglich eine einzige Subjektive von Karen finden, die nur 3 Sekunden dauert. Ihr Blick wird durch das weibliche Voice Over, das die gesamte Sequenz dominiert und der *weißen* Protagonistin die Macht der Sprache verleiht,[28] zu einer verinnerlichten Subjektiven. Sie ist es, die mit der Macht des Erzählens ausgestattet ist. Die Stimme des männlichen Protagonisten ist in dieser ersten Sequenz überhaupt nicht zu hören.

Diese Kombination von Blickregime und Sprachgewalt fetischisiert die *weiße* Protagonistin auf der Machtachse Geschlecht ebenso wie die vom Voice Over getätigte Feststellung, Karen habe nicht deshalb über all die Anderen geschrieben, weil sie ihn weniger geliebt hätte, sondern weil die Anderen einfacher und klarer gewesen seien.[29] In Zusammenhang mit den Aufnahmen des durchwühlten Bettes lässt dieser Satz die sexuellen Handlungen der *weißen* Frau durch die hohe Quantität verschiedener Sexualpartner gemäß stereotypen Rollenvorstellungen denen des Mannes ähnlich erscheinen. Auch die Einstellung der Übergabe des goldenen

---

[27] Kilomba 2010: 75, Fußnote 25.
[28] Zur Macht der Sprache schreibt Christina von Braun: „Auf diese Weise tritt das ‚eine' Geschlecht, das den Logos verkörpert, an die Stelle Gottes. Der Mann, der – mithilfe der Sprache – die schöpferischen Kräfte der Frau vereinnahmt hat, verfügt nunmehr über parthenogenetische Fähigkeiten. Er wird omnipotent, wie der Gott, an den er vorher ‚projektiv' geglaubt hatte." (von Braun 1989: 164) In dem vorliegenden Filmbeispiel wird das *weiß*-weibliche Subjekt auf Kosten der verstummten Schwarzen Filmfiguren zu einem solch omnipotenten, den Logos verkörpernden Sprachträger. Vgl. als Kontrapunkt das Unterkapitel *3.6.4 Subalterne Sprachlosigkeit*.
[29] Originaltext: „I've written about all the others, not because I loved him less but because they were clearer, easier."

Stiftes, in der von der *weißen* Frau ausschließlich die im Detail aufgenommene Hand zu sehen ist, die den goldenen Stift und den damit verbundenen Auftrag des *weißen* Mannes entgegennimmt, dient der Verschleierung des Mangels des realen Phallus. Denn die „genitalfreie" Teildarstellung des weiblichen Körpers weist – insbesondere in Verbindung mit dem phallischen Stift – auf die von Mulvey thematisierte Fetischisierung der weiblichen Filmfigur hin.[30]

Die Schaulust wird in diesem Filmbeginn aber nicht nur durch die Verschleierung des Penismangels aufrecht erhalten, sondern durch einen sich intersektional zusammensetzenden Phallus überhaupt erst produziert. Der Phallus der *weißen* Protagonistin entsteht, wie eingangs bereits geschrieben, vor allem aufgrund einer phallischen Positionierung auf der Machtachse *Rasse*, die in der klar aufgemachten Binarität „afrikanistisch konstruierte Wildnis" versus „*weiße* Zivilisation" zu finden ist. Während Afrika in diesen ersten Einstellungen als nebulös (nebelig) und menschen- bzw. zivilisationsleer dargestellt und ausschließlich durch wilde Tiere repräsentiert wird, sind die *weißen* Filmfiguren immer wieder in Zusammenhang mit Symbolen der „Zivilisation" abgebildet: sei es der goldfarbene Stift als Symbol von Schrift, Sprache, Kultur, Geschichte und Reichtum, sei es die Musik Mozarts als Symbol okzidentaler musikalischer Schaffenskraft, seien es Flugzeug und Grammophon als technische Errungenschaften einer *weißen* Evolution. Auch werden die beiden ProtagonistInnen schon während der ersten Filmsequenz auffällig häufig in weißen Räumen dargestellt: in weißen Wolken, weißen Betten, weißer Kleidung und weißer Schneelandschaft.[31] Die *weißen* Hauptfiguren erscheinen durch diese Inszenierung in Weiß sauber, fein und ordentlich. Und daher: rein, unschuldig und schön. Kurz gesagt: „zivilisiert".

Zusätzlich wird der symbolische Phallus der *weißen* Protagonistin durch eine hegemoniale Positionierung auf den Machtachsen der religiösen und sexuellen Orientierung sowie auf der Machtachse Klasse geformt. Während der Flug über die afrikanistische Landschaft sowohl in Bezugnahme auf die christliche Mythologie die biblische Schöpfungsgeschichte in Szene setzt als auch auf großen Reich-

---

[30] Dazu genauer in Unterkapitel *3.7.1 Fetischisierung der weißen Protagonistin*.
[31] Vgl. Unterkapitel *3.4 Die phallisch-weiß inszenierte weibliche Identifikationsfigur*.

tum hindeutet,[32] schreiben alle Aufnahmen des Miteinanders von *weißer* Frau und *weißem* Mann den beiden Filmfiguren Heteronormativität zu. Dass der Phallus durch den Adelsstatus, den die *weiße* Protagonistin mittels Heirat erwirbt, und durch ihre (groß-)bürgerliche Herkunft mitgeformt wird, die sie mit ökonomischer Macht ausstattet, wird allerdings in der Anfangssequenz ansonsten nur durch die Einrichtung ihres Zimmers angedeutet. Explizit ausgeführt wird dies in der zweiten Filmsequenz, auf die ich in dem Unterkapitel *3.4.1 Weiß symbolisierter Emanzipationsprozess als Frau* ausführlicher eingehen werde.

### 3.3.3 Gabby: christlich dienende Bürgerstochter

Die erste Sequenz des Films *The Nun's Story*, der linear innerhalb einer (Intra-)Diegese erzählt wird und weder meta-, noch extradiegetische Elemente aufweist, besteht aus 33 Einstellungen und umfasst 6 Filmminuten. Wie in den Filmen *Die weiße Massai* und *Out of Africa* wird die *weiße* Frau als ein Subjekt mit „eigenem Kopf" in die Handlung eingeführt. Diesmal zeigt bereits die erste Filmeinstellung das Gesicht der Protagonistin: Wie ein – gewöhnlich männlicher – Held taucht sie in einer untersichtigen Aufnahme am Horizont auf. Zunächst erscheint ihr Gesicht mit einem nach unten gerichteten, aber aktiv wahrnehmenden Blick, danach ihr Oberkörper, der in ein graues Damenjackett gehüllt ist. Unter dem zugeknöpften Jackett wird am Ausschnitt der weiße Kragen eines bis zum Hals zugeknöpften Hemdes sichtbar, der von einer hellen Damenkrawatte umschlungen ist. Diese Kostümierung verleiht der *weißen* Protagonistin einen Anstrich okzidental geprägter Männlichkeit und erinnert an die androgyne Inszenierung Marlene Dietrichs in dem Film *Die blonde Venus*. Diese Androgynität trägt zur fetischisierenden Verschleierung des Phallus-Mangels auf der Machtachse Geschlecht bei.

Zusätzlich bekräftigt die Tonebene den Held_innenstatus der zu Beginn untersichtig aufgenommenen *weißen* Protagonistin. Denn noch im Schwarzbild leiten zwei Schläge einer Kirchenglocke die Erzählung ein, und kurz bevor das Bild mit der hinter der Mauer erscheinenden Frau zu sehen ist, setzt ein mit Paukenschlägen beginnendes orchestrales Epos-Aufspiel ein, welches den Auftritt der Frau mit energisch gespielten Streichinstrumenten unterstützt. Die *weiße* Frau hat, so vermittelt die Tonebene, nicht nur die von den Glockenschlägen symbolisierte institutionalisierte Macht der christlichen Kirche hinter sich, sondern die ihr hier verliehene Autorität gründet sich auch auf ihrer Teilhabe an der von den Streichern symbolisierten okzidentalen Dominanzkultur.[33] Der Phallus der *weißen* Protagonistin formt sich dementsprechend vor allem aus der ökonomischen Kraft ihrer großbürgerli-

---

[32] Dazu genauer Unterkapitel *3.4.5 Weiße Sexualität*.
[33] Ich beziehe mich hier auf den von Birgit Rommelspacher geprägten Begriff der Dominanzkultur.

chen Herkunft, ihrer christlichen und heterosexuellen Orientierung sowie aus ihrem *Weißsein*.

Indem das Bild in den folgenden fünf Einstellungen den Blick auf eine europäisch wirkende, bürgerliche Kleinstadt öffnet, wird die Protagonistin auf den Machtachsen Klasse und religiöse Orientierung phallisch positioniert. Die bürgerliche Kleinstadt symbolisiert die Bourgeoisie ebenso wie die in den späteren Einstellungen sichtbar werdende Inneneinrichtung ihres Zimmers sowie des Wohnzimmers ihres Elternhauses. Auch die Tatsache, dass sie am Ende der Sequenz von einem Chauffeur ins Kloster gefahren wird, verdeutlicht ihre Zugehörigkeit zu einer oberen Klasse. Die im Stadtbild und als Spiegelungen auf der Wasseroberfläche eines Kanals sichtbar werdenden Kirchengebäude mit den dazugehörigen christlichen Kreuzen positionieren sie auf der Machtachse der religiösen Orientierung ebenso phallisch wie der in ihrem Zimmer stehende Koffer mit schwarzem Kleidungsstück und einer darauf liegenden, an einem schwarzen Kreuz befestigten hellen Jesusfigur.

Alle Wasserspiegelungen zusammen nehmen ca. anderthalb Minuten Filmzeit ein und lassen ausreichend Zeit, um Bürgerlichkeit und Christentum zu inhalieren und sie als Rezeptionsschablonen gleich zu Filmbeginn über die Geschichte zu legen. Dass diese Wasserspiegelungen mögliche Subjektiven der Protagonistin darstellen, mithilfe derer der Blick der Rezipierenden mit dem der weiblichen Hauptfigur verschmilzt, wird erst in der nächsten Einstellung deutlich. Hier steht die Frauenfigur am Fenster ihres Zimmers und schaut auf den Kanal.

Diese von den Blickregimen ausgesprochene Einladung zur Identifikation mit der weiblichen Filmfigur wird durch eine weibliche Off-Stimme verstärkt, die über den beiden Wasserspiegelungseinstellungen einsetzt. Ebenso wie in den Filmen *Die weiße Massai* und *Out of Africa* spricht diese „mit Allmacht ausgestattete" weibliche Off-Stimme die ersten auditiv zu vernehmenden Worte des Films. Zwar stellt sich heraus, dass diese weibliche Stimme, anders als in den beiden anderen Filmen, nicht die der Protagonistin selbst ist, sondern die einer weiblichen Autoritätsperson, deren Worte die *weiß*-weibliche Protagonistin internalisiert zu haben scheint. Doch gerade diese Internalisierung weist darauf hin, dass es die innere Welt der *weiß*-weiblichen Hauptfigur ist, aus der heraus die Geschichte wiedergegeben, die Geschehnisse erzählt und die Fantasie des Films kontrolliert werden. Das weibliche Voice Over macht das Innere der *weißen* Frau wahrnehmbar und legt ihre Handlungsmotive offen. Es verdeutlicht die subjektive *weiß*-weibliche Erzählposition, aus der heraus die Protagonistin ins Abenteuer startet:

> He that shall lose his life for me shall find it.
> If thou wilt be perfect, go sell what thou hast and give to the poor and come follow me.
>
> Each sister shall understand that on entering the convent, she has made the sacrifice of her life to God.[34]

Die Off-Stimme verbindet die visuelle Dominanz christlicher Signifikanten[35] mit der – offensichtlich christlich geprägten – Innenperspektive der *weiß*-weiblichen Protagonistin und macht deutlich, dass die Kamera in jeder bisherigen Einstellung der inneren oder äußeren Bewegung der *weiß*-weiblichen Protagonistin gefolgt ist. Die *weiß*-weibliche Filmfigur wird damit zu der von Mulvey identifizierten filmischen Identifikationsfigur, deren Handeln, Fühlen und Denken Bild und Ton lenkt – auch, wenn diese Protagonistin, anders als die Protagonistinnen der Filme *Die weiße Massai* und *Out of Africa*, zu keinem Zeitpunkt als Ich-Erzählerin auftritt.

Die phallischen oder kastrierten Positionierungen der Filmfiguren sind in dieser Subsequenz ausgesprochen deutlich am Blickregime auszumachen. So lassen die insgesamt fünf Subjektiven der *weißen* Protagonistin diese zur Trägerin des Blicks und zur Erzählerin der Geschichte werden.[36] Niemals jedoch wird ihr Vater Objekt einer ihrer Subjektiven – auch, wenn er gegen Ende der Filmsequenz von der Kamera aufsichtig eingefangen wird. Demgegenüber fängt der dem Vater zugeordnete Blick gleich zweimal das Antlitz der Tochter aus einer subjektiv gehaltenen Kameraposition ein. Der *weiß*-bürgerliche Mann erhält in diesen Subjektiven die Kontrolle über die *weiß*-bürgerliche Frau, die durch die Blickkonstellation – entsprechend Mulveys Theorie – zum Bild des Mannes herabgestuft wird. Dieser Machtverteilung entspricht auch, dass die ersten im On gesprochenen Worte vom *weißen* Mann gesprochen werden. Allerdings sind die männlichen Subjektiven untersichtig gefilmt. Diese Untersichtigkeit unterstreicht die Held_innenposition der *weißen* Protagonistin.

Anders als in den beiden anderen Filmen dienen in dieser Anfangssequenz nicht Aufnahmen einer afrikanistisch inszenierten Landschaft dazu, die *weiße* Frau

---

[34] Die Off-Stimme beginnt in Filmminute 0:02:38.
[35] In den ersten drei Filmminuten nehmen Kirchengebäude und christliche Kreuze in fast allen Einstellungen eine zentrale Position ein.
[36] Gabby schaut auf die Spiegelungen der Wasseroberfläche, auf den Tisch mit den Gegenständen, die sie hinter sich lässt, und auf ihre kleine Schwester.

als überlegenen Gutmenschen darzustellen,³⁷ sondern das Bild eines afrikanistisch konstruierten Kindes.³⁸ Folgen wir der von mir um eine intersektionale Phallusdefinition erweiterten Mulvey'schen Theorie, so wird die *weiße* Frau an dieser Stelle dadurch zu einem mächtigen Subjekt, dass sie ihren Blick auf ein Schwarz konstruiertes Objekt richtet.³⁹ Demgemäß positioniert die Subjektive der Protagonistin auf das an ihrer Zimmerwand hängende Foto, das eine *weiße* Nonne zeigt, auf deren Schoß ein afrikanistisch inszeniertes Kind sitzt, die *weiß*-weibliche Hauptfigur auf der Machtachse *Rasse* phallisch.

Doch nicht nur dieses Photo kündigt die Entwicklung an, die die *weiße* Frau auf Kosten Schwarz konstruierter Filmfiguren im Fortgang der Handlung durchlaufen wird. Je näher Gabby der Abreise kommt, deren letztendliches Ziel auf dem Foto zu sehen gegeben wird, desto mehr verliert sie schon in dieser Anfangssequenz an Unterordnung unter den *weißen* Mann und gewinnt an Autonomie. Die offensichtlich heterosexuell orientierte Protagonistin verlässt ihren Verlobten⁴⁰ und befreit sich allmählich aus der Unterordnung unter die Autorität ihres Vaters, mit dem sie seelisch tief verbunden zu sein scheint.⁴¹ Während sie ihren Blick in seiner Anwesenheit zu Beginn immer gesenkt hält, schaut der Vater am Ende der Sequenz zu seiner Tochter auf, die zum einen das männliche Heldenbild des stereotypen Abenteurers verkörpert, der mutig in noch „unerforschte Gebiete" aufbricht, zum anderen das Bild der christlichen Heldin, die den Ärmsten dieser Welt zur Hilfe eilt.

Der goldene Stift, den sie eigentlich mit all ihren anderen Reichtümern im Elternhaus zurücklassen wollte und dann doch wieder an sich genommen hat, wirkt

---

[37] Vgl. Unterkapitel *3.4.2 Mythos weißen Gutmenschentums*.
[38] Vgl. Unterkapitel *3.6.3 Infantilisierung*.
[39] Vgl. Kapitel *3.5 Der phallische Blick: weißes Subjekt, Schwarzes Objekt*.
[40] Dies wird deutlich, indem sie einen Ring von ihrem Finger streift, den sie auf ein Blatt Papier mit der Aufschrift „Please return to Jean" legt. Auf diesem Blatt steht zudem ein silberner, herzförmiger Bilderrahmen mit einer Schwarz-Weiß-Fotografie eines Männergesichts.
[41] In Kombination mit der Tatsache, dass Gabby ihren Geschwistern gegenüber ein mütterliches Verhalten an den Tag legt und die Mutter nicht in Erscheinung tritt, könnte dies ein erster Hinweis darauf sein, dass der Film Elemente eines ödipalen Dramas aufweist und dadurch Schaulust generiert. Vgl. Unterkapitel *3.4.1 Weiß symbolisierter Emanzipationsprozess als Frau*.

wie ein Staffelstab, den sie – in intertextueller Lesart – an die *weiße* Protagonistin aus *Out of Africa* übergibt. Denn in beiden Filmanfangssequenzen wird ein goldener Stift als Geschenk von einem die *weiße* Frau verehrenden *weißen* Mann in die Erzählung eingeführt. Dieser Stift ist, wie ich bereits unter der Analyse der Anfangssequenz von *Out of Africa* beschrieben habe, eine Allegorie auf die Übergabe von okzidentalem Wissen und Definitionsmacht des *weißen* Mannes an die *weiße* Frau. Er verkörpert Reichtum, Bildung, Geschichtsmächtigkeit und verleiht der *weißen* Frau die phallische Macht, einen die (globale) Dominanzgesellschaft formenden Platz einzunehmen.

### 3.3.4 Maria: unschuldige Jungfrau aus der kolonialaffinen Bourgeoisie

Obwohl die *weiße* Protagonistin in dem Film *Eine Weiße unter Kannibalen (Fetisch)* – im Gegensatz zu den anderen drei Spielfilmen – in vielen Filmsequenzen nicht zu sehen gegeben wird, eröffnet sie den Film visuell. Ihr Bild dominiert die gesamte erste Filmsequenz, in der die drei Protagonist_innen eingeführt und charakterisiert werden. Schon nach den ersten fünf Sekunden der ersten Einstellung wird sie mit einem *Jump cut* in das zunächst menschenleere Bild eines Zimmers „hineingebeamt", in dessen Raummitte weiß gekleidete Puppen auf weißen Stühlen an einem weißen, mit weißem Porzellan gedeckten Tisch sitzen. Nun sitzt ein weiß gekleidetes Mädchen von ungefähr fünf Jahren inmitten dieser Puppengesellschaft und beschäftigt sich damit, eine der vielen Puppen zum Sitzen zu bringen. Diese Puppe trägt die gleiche große weiße Schleife im Haar wie die kindliche Protagonistin selbst. Als das Mädchen schließlich von der Puppe ablässt, sitzt es ähnlich regungslos wie die Puppen in der Bildmitte und schaut fröhlich lächelnd aus einem weißen, knielangen Hängekleidchen in Richtung Kamera. Ganz in weiß gekleidet, verkörpert sie in ihrer kindlichen, fröhlichen und unbeschwerten Art Reinheit und Unschuld. Der *weiß*-weiblichen Hauptfigur werden diese beiden „glanzvollen Eigenschaften"[42] gleich zu Filmbeginn als *weiße* Tugenden zugeschrieben.

Gestärkt werden diese *weißen* Tugenden durch eine hegemoniale Positionierung der *weißen* Protagonistin auf der Machtachse Klasse. Nicht nur ihre gutbürgerliche Kleidung, sondern auch die Möblierung des Raumes, in dem sie sich befindet, sowie Habitus und Gestus der beiden anderen Filmfiguren, die sich in dieser Filmsequenz auf die noch kindliche Protagonistin beziehen, versetzen das *weiße* Mädchen in eine klassenspezifisch hegemoniale Position. So ist Maria in Bezug auf *Rasse* und Klasse zwar superior inszeniert, in Bezug auf Alter und Geschlecht jedoch inferior dargestellt. Während die Männer durch ihre Handlungsmacht die Geschichte vorantreiben, lässt die Präsenz der *weißen* Protagonistin die Handlung à

---

[42] Mulvey 1994: 57.

la Mulvey eher still stehen. Dem entspricht, dass die *weiße* Protagonistin in dieser Sequenz nicht redet. Während die Männer sich unterhalten – einmal „spricht"[43] Stüven, zweimal Holm –, schweigt das kleine Mädchen.

Dieser Positionierung entsprechen die Blickregime. Denn die Protagonistin wird visuell – anders als in den drei anderen Filmen – nicht mit ihrem („eigenen") Kopf in die Handlung eingeführt, sondern mit ihrem gesamten Köper. Ihr Körper wird eher zum Bild für den Blick des *weißen* Mannes, als dass die Protagonistin die Macht des aktiven Blickes inne hat. Ihr wird in dieser Subsequenz keine Subjektive zugeteilt. Allerdings auch keiner anderen Filmfigur. Das mag nicht zuletzt auch daran liegen, dass der gesamte Film sehr wenig mit Subjektiven arbeitet. Seine hauptsächlich in festen Einstellungen aufgenommenen Bilder wirken eher wie Tableaus und Bühnenbilder. Dies könnte der frühen Produktionszeit des Films geschuldet sein. Denn die Kinematografie steckte damals noch in den Kinderschuhen und orientierte sich hinsichtlich Bildaufbau, Schauspiel und Szenografie noch stark am Theater.

Dass zur Entstehung des intersektional angelegten (symbolischen) Phallus der *weiß*-weiblichen Hauptfigur neben der hegemonialen Positionierung auf der Machtachse Klasse in logischer Fortführung der oben dargestellten Zuschreibung rassisierender Tugendhaftigkeit vor allem ihre phallische Positionierung auf der Machtachse *Rasse* beiträgt, ist nicht zu übersehen. Am deutlichsten wird die hegemoniale Konstruktion von *Weißsein* durch die Puppe produziert, die (vor allem von der kurzen Lockenfrisur her zu urteilen) wohl einen afrikanischen Menschen darstellen soll.[44] Sie wird dem kleinen Mädchen vom „Freund des Hauses" als Geschenk mitgebracht. Im Zusammenhang mit dieser Puppe wird Schwarze Männlichkeit sexualisiert, verdinglicht und *weißer* Männlichkeit untergeordnet, indem Holm sagt: „Wenn ich aus Afrika zurückkomme, bringe ich Dir einen richtigen schwarzen Mann mit." Diese Worte stehen in der Jahrhunderte alten Tradition des okzidentalen Sklavenhandels, in der *weiß* konstruierte Menschen Afrikaner_innen als Schwarz konstruierten, um sie zur Ware degradieren, entführen, ausbeuten und töten zu können.[45]

Gleichzeitig verstärkt der von Holm „gesprochene" Satz die Konstruktion des *Weißseins* der *weißen* Protagonist_innen und formt den rassisierenden Teil des der *weiß*-weiblichen Filmfigur zugeschriebenen, klassenspezifisch bereits definierten Phallus. Denn die Tatsache, über andere Menschen entscheiden zu können, ist ein Zeichen von Macht. Zwar besitzt die *weiße* Protagonistin die Verfügungsgewalt

---

[43] Da es sich um einen Stummfilm handelt, drückt sich das Sprechen vor allem durch eingebaute Texttafeln aus.
[44] Die Farbe der „(Puppen-)Haut" ist schwer zu beurteilen, da der Film in Schwarz-Weiß gedreht ist. Daher wird sie vor allem durch die bald folgende Schrifttafel als „afrikanisch" definiert.
[45] Vgl. Kapitel *1.1.2 Kritische Weißseinsforschung* inklusive seiner Unterkapitel.

über afrikanistisch imaginierte Männer nicht selbst, sie könnte zu dieser jedoch über ihre sozialen Beziehungen gelangen. Zusätzlich wird sie dadurch ermächtigt, dass sie als Mutter der afrikanistisch modellierten Puppe inszeniert ist.[46]

Die Gewalttätigkeit der Worte Holms wird im Filmtext dadurch verschleiert, dass seine männlich-*weiße* Filmfigur durch Fremdcharakterisierung als Gutmensch eingeführt wird. Die Liebe, die das Mädchen dem schenkenden Mann entgegenbringt, und die Freude, die das Geschenk dem Kind bereitet, machen aus ihm eine liebenswürdige Figur. Der *weiß*-weiblichen Filmfigur wird an dieser Stelle die Definitionsmacht verliehen. In ihrer kindlichen Unschuld und in der „Reinheit ihrer Seele" bescheinigt sie den *weiß*-männlichen Filmfiguren Friedfertigkeit, Freundlichkeit, Großherzigkeit, Gutmütigkeit.[47]

Die Reaktion der Vaterfigur auf Fred Holms gewalttätigen Vorschlag wird den Rezipierenden wiederum in einer Schrifttafel vermittelt: „Dann ist sie schon eine große Dame und wird wohl lieber einen weißen Mann haben wollen." Solange eine *weiße* Frau Kind ist, kann sie, so die Aussage der beiden Schrifttafeln, einen Schwarzen Mann als „Spielzeug" nutzen. Wenn sie erwachsen ist, muss zugunsten einer rein *weiß* konzipierten Fortpflanzung jedoch ein *weißer* Mann an ihrer Seite stehen.[48] Mit dieser Aussage wird Schwarze Männlichkeit erneut dehumanisiert und der Wert der *weißen* Frau über dem des Schwarzen Mannes angesiedelt. Andererseits wird auch die *weiß*-weibliche Protagonistin durch diese Aussage sexualisiert und sie selbst auf die Ebene des Kindes gestellt, das nicht als gleichberechtigte Diskussionsperson wahrgenommen wird. Sie bleibt als Frau außerhalb der Kommunikation, die zwischen den Männern abläuft. Sie kann nicht mitreden, über ihr eigenes Leben nicht mitbestimmen und ist eher das niedliche Bild für die *weiß*-männlichen Filmfiguren – eher Objekt als Subjekt.

Auf Rassekonstruktionen weisen auch zwei auf der Fensterbank stehende Tierfiguren hin: ein schwarzer Elefant, der eine koloniale Begeisterung des Bürgerhauses erahnen lässt, steht als pars pro toto für den Schwarz konstruierten Kontinent Afrika; eine *weiße* Eule, die im *weißen* Diskurs für Intelligenz und Weisheit steht, wird – auch durch die gewählte Farbgebung – dem *Weißsein* zugeordnet. Die Kolonialaffinität der beiden *weiß*-männlichen Filmfiguren wird zudem durch die Schrifttafel deutlich, in der zu lesen steht, was Holm beim Abschied zu Stüven sagt: „Morgen schon fährt mein Dampfer nach Afrika." Dieser Satz zeigt an, dass Holm einer *weißen* Elite angehört, die Zugang zum afrikanischen Raum hat. Dieser Zugang dient okzidentalen Menschen sowohl in der kolonialen als auch in der post_kolonialen Ära zur eigenen Ermächtigung.

---

[46] Die hegemoniale Inszenierung der *weißen* Frau als Mutter wird in Unterkapitel *3.4.2 Mythos weißen Gutmenschentums* näher erläutert.
[47] Vgl. Unterkapitel *3.4.7 Weiße Geschichtsverfälschung*.
[48] Vgl. Unterkapitel *3.6.5 De- und Hypersexualisierung*.

## 3.4 Die phallisch-*weiß* inszenierte weibliche Identifikationsfigur

Die Analyse der Phalluskonstruktion in den Anfangssequenzen der vier zu untersuchenden okzidentalen Filme hat ergeben, dass sich der Phallus der Protagonistinnen in allen vier Filmen gleich zu Filmbeginn zu einem Großteil aus der hegemonialen Inszenierung von *Weißsein* formt.[49] Es ist demnach anzunehmen, dass die von Laura Mulvey angeführten glanzvollen Eigenschaften einer zur Identifikation einladenden Filmfigur bei den von mir ausgesuchten *weiß*-weiblichen Hauptfiguren auch oder vor allem in ihrem weiblichen *Weißsein* zu finden sind, die die Protagonistinnen als „Repräsentant[innen] der Macht" hervortreten lässt.[50]

Diese auf *Weißsein* basierende hegemoniale Inszenierung weiblicher Filmfiguren hat, wie die Auswahl der von mir untersuchten Filme deutlich macht, in der okzidentalen Filmgeschichte eine lange Tradition. Denn schon 1921 wird mit der Filmfigur Maria ein *weißes*, die *weiße* Rezipientin potentiell zur Identifikation einladendes Mädchen, deren *Weißsein* „eine Art ‚visuelles Kapital'" darstellt,[51] in einem deutschen „Blockbuster" als ein von afrikanistisch imaginierten „Kannibal_innen"[52] angebeteter *weißer* Fetisch inszeniert.[53] Diese Anbetung verschafft sowohl der kindlichen als auch der herangewachsenen *weißen* Protagonistin des Films in zweifacher Hinsicht eine „phallische Position",[54] durch die nach Mulvey bei den sich mit ihr identifizierenden Zuschauenden Schaulust entsteht: Zum einen, indem Schwarze Filmfiguren durch die Anbetung eines Fetischs als „primitiv" konstruiert werden,[55] zum anderen, indem die *weiße* Frau aufgrund ihres *Weißseins* als „Fetisch", „Göttin" oder „Königin" verehrt und damit in eine hegemoniale Gesellschaftsposition gehievt wird.

Wie der Filmwissenschaftler Tobias Nagl hervorhebt, hat diese „Anbetung des weißen Fetischs in EINE WEISSE UNTER KANNIBALEN [...] eine mehrfach normierende Funktion, die sowohl rassisch wie kulturell und geschlechtlich kodiert ist. Die Präsenz [der *weiß*-weiblichen Filmfigur, J.D.] Marias/Faidas fungiert [...] als narrativer und visueller Verstärker für die Markierung rassischer Differenz."[56] Dass ihr *Weißsein* nicht nur in der Anfangssequenz als visuelles Kapital dient, wird in

---

[49] Auch in der *Hot-Vodoo*-Filmsequenz, die in Unterkapitel *2.1 Verifizierungsversuche und Auslassungen feministischer Filmtheorie am Filmbeispiel Blonde Venus* analysiert wurde, formt sich der Phallus der Protagonistin zu einem Großteil auf Machtachse *Rasse*.
[50] Mulvey 1994: 56.
[51] Nagl 2009: 300.
[52] Zur kritischen Betrachtung des Wortes „Kannibalismus" siehe Unterkapitel *3.6.6 Mythos Schwarzer Gewalttätigkeit*.
[53] Zum Fetischbegriff siehe genauer Unterkapitel *3.7 Strategien zur Verdrängung der Kastrationsangst beim Anblick kastrierter Filmfiguren*.
[54] Nagl 2009: 303.
[55] Vgl. Unterkapitel *3.6.1 Schwarz symbolisierte Entwicklungsblockade*.
[56] Nagl 2009: 300.

# Deduktives Analyseverfahren

vielen weiteren Filmsequenzen deutlich, von denen eine Marias Ankunft in der afrikanistisch imaginierten Gemeinschaft der „Awemba" zeigt. Hier trägt sie „ein sauberes, strahlend weißes Kleid, das sie ikonografisch wie ein [sic] Engel von ihren späteren [afrikanistisch konstruierten, J.D.] Anhängern abhebt."[57] Dieses „alle Umgebenden in den Bann schlagende Weißsein"[58] weiche auch dann nicht von ihr, so Nagl, als sie in eher primitiv konstruierter Kleidung unter den „Awemba" lebt. Dann nämlich streichen mehrfach Schwarze Hände voller Begehren über ihre *weiße* Haut und immer wieder wird ihr *Weißsein* durch die in Schrifttafeln niedergelegten Äußerungen einzelner Mitglieder der afrikanistisch konstruierten Gemeinschaft positiv hervorgehoben und explizit als begehrenswert bewertet.

Erstaunlich ähnlich wird die *weiße* Protagonistin 84 Jahre später in dem Film *Die weiße Massai* in Szene gesetzt. In der sehr zentralen Hochzeitssequenz lässt ihr *Weißsein* in binärer und symbolischer Konstruktion „die Errungenschaften der westlichen Zivilisation strahlend"[59] vor dem „dunkle[n] diffuse[n] Hintergrund" aufleuchten,[60] den entindividualisierte, afrikanistisch inszenierte „Samburufrauen" in nächtlicher Kulisse bilden. Dass diese den Film durchziehende Binarität der Darstellung von Schwarzsein und *Weißsein* vom Produzenten des Films ganz gezielt verfolgt wurde, belegt folgendes Zitat aus einem Zeitungsartikel der Süddeutschen Zeitung:

> Blond und Schwarz, das macht sich später gut auf der Leinwand. Das ergibt einen tollen Kontrast, wenn Carolas lange, helle Haare auf dem dunklen Körper von Lemalian ruhen nach dem ersten Sex. Die weibliche Hauptfigur sollte blond sein, hat Produzent Günter Rohrbach im Interview erzählt, genau dieses Kontrastes wegen.[61]

Diesen Kontrast zwischen Weiß und Schwarz hat auch der Regisseur des Films *Out of Africa* ganz bewusst in Szene gesetzt. Explizit benennt er diese Inszenierungsstrategie in Bezug auf die Darstellung von Räumen und Landschaft. Er erzählt im DVD-Zusatzmaterial, dass er seinen Film sowohl mit Afrika als auch mit einer weißen Schneelandschaft hat beginnen lassen, um den engen *weißen*, verschneiten Raum gleich zu Filmbeginn mit der Weite des afrikanischen Kontinents zu kontrastieren:

> After a lot of work, we were finally able to figure out a way to open in Africa... and still have Denmark. [...] *I always thought Denmark was necessary* and we always wanted it there in order to set up the strange circumstances of her ending up in

---

[57] Nagl 2009: 300.
[58] Nagl 2009: 300f.
[59] Glombitza 2005.
[60] Ebd.
[61] Knoben 2005.

Africa and also *the contrast from that white, snowy, small place into this vast continent that she was going.*[62] [Hervorhebungen von mir, J. D.]

Diese kontrastierende Darstellung sowohl afrikanistisch imaginierter und okzidentaler Filmräume als auch Schwarzer und *weißer* Filmfiguren funktioniert in allen vier Filmen unter Zuhilfenahme binärer Oppositionen, die Rassismus und rassistische Stereotype konstruieren und reproduzieren. Diese Oppositionskonstruktionen sind schwer voneinander trennbar und zum Teil sogar in sich widersprüchlich. Gleichzeitig spielen sie mit der Gegenüberstellung von phallisch und kastriert. Mariam Popal schreibt dazu passend:

> ‚Zivilisiert' und ‚wild' sind zwei Seiten desselben Zeichens. Sie können nicht getrennt voneinander gedacht werden, da sie in einem binären und dichotomen Verhältnis zueinander stehen, das implizit einen Kampf – oder vielleicht besser – einen Angriff zum Ausdruck bringt und diesen rechtfertigt. [...] ‚Zivilisiert' steht für Weißsein; und ‚Wildheit' für alle Attribute und Zuschreibungen, von denen sich Weißsein getrennt denkt, um Überlegenheit repräsentieren zu können.[63]

So starten alle vier Protagonistinnen in mehr oder weniger stark markierten *weißen* Räumen und steigen dann als *weiße* Heldinnen mutig in die dazu in Kontrast stehende afrikanistisch imaginierte Welt „hinab". Zwei Filme eröffnen explizit in Europa, einer intradiegetisch in Afrika, extradiegetisch in Dänemark und nur einer ganz entschieden auf dem afrikanistisch inszenierten „dunklen Kontinent". Letzterer bebildert jedoch zunächst ebenfalls nur die *weiße* Tourist_innenwelt. Dass die so konzipierten filmischen Räume eine rassialisierende Symbolik in sich tragen, kann nicht zuletzt auch in Anlehnung an Fanons Verwendung des Wortes „Schnee" geschlussfolgert werden. Fanon beschreibt Schnee als im kollektiven Unbewussten verankertes Symbol von Reinheit und Moral:

> Dans L'inconscient collectif [...] nègre [est] celui qui est immoral. Si dans ma vie je me comporte en homme moral, je ne suis point un nègre. D'où, en Martinique, l'habitude de dire d'un mauvais Blanc qu'il a une âme de nègre. La couleur n'est rien, je ne la vois même pas, je ne connais qu'une chose, c'est la pureté de ma conscience et la blancheur de mon âme. ‹ Moi, blanc comme neige ›, disait l'autre.[64]

---

[62] *Out of Africa*, Zusatzmaterial auf DVD 1: „Feature commentary with director Sydney Pollack", Filmminute 0:00:04-0:01:08. Auch wenn, wie Pollack hervorhebt, die ersten Filmeinstellungen den afrikanischen Kontinent zeigen, so beginnt der Film narrativ in Dänemark. Denn wie ich in Kapitel *3.2.2 Genre-spezifizierende Analyse des Narrativs Out of Africa* gezeigt habe, sind diese Afrika-Bilder Traum- und Erinnerungsbilder der sich in Dänemark befindenden Protagonistin.
[63] Popal 2011.
[64] Fanon 2015a: 186. Engl. Übersetzung (Fanon 2008: 169): „In the collective unconscious [...] he who is immoral is black. If I behave like a man with morals, I am not black. Hence the saying in Martinique that a wicked white man has the soul of a nigger. Color is nothing; I don't even see it. The only thing I know is the purity of my conscience and the whiteness of my soul. 'Me white as snow,' as the saying goes."

Dass die kinematografische Darstellung von *Weißsein* nicht nur Aussagen über die Postitionierung auf der Machtachse *Rasse*, sondern auch über die auf den Machtachsen Klasse und Geschlecht trifft, hebt Dyer hervor. So seien in der Repräsentation nicht nur *weiße* Männer dunkler dargestellt als *weiße* Frauen, sondern auch die Arbeiterklasse und Bauern dunkler als *weiße* Mittelklasse und Aristokratie. Der *weiße* muskulöse Körper des Helden sei dunkler als der von einem Oberklasse-Mann, aber heller als der von nicht-*weiß* konstruierten Filmfiguren. Je *weißer* die *weiße* Frau inszeniert wird, desto erstrebenswerter ist demnach das Ich-Ideal, das sie verkörpert. Dyer schreibt:

> Gender differentiation is crossed with that of class: lower-class women may be darker than upper-class men; to be a lady is to be as white as it gets.[65]

So wie Morrison nachzuweisen versucht, dass das Ziel der (die kulturelle Identität formenden) amerikanischen Literatur gewesen sei, einen *weiß* konstruierten neuen Amerikaner zu erschaffen, der männlich gedacht wird,[66] so möchte ich nachweisen, dass die okzidentale Filmproduktion darauf abzielt, okzidentale Subjekte als ausschließlich *weiß* zu konstruieren und *weiße* Frauen in dieses kolonial-patriarchale Gesellschaftskonzept einzubinden. Denn in allen vier von mir ausgewählten Filmen bietet sich eine *weiße* Protagonistin als phallisch-*weiße* Identifikationsfigur an. Jede von ihnen ist eine Hauptfigur des Films, die die „Ereignisse initiiert", die „Handlung aktiv vorantreibt" und die „Phantasie des Films kontrolliert".[67]

In diesem Kapitel (3.4) ist daher zu überprüfen, durch welche „glanzvollen Eigenschaften" die *weißen* und insbesondere *weiß*-weiblichen Hauptfiguren der von mir ausgewählten Spielfilme als Identifikationsfiguren konstruiert werden. Durch welche Inszenierungsstrategien werden sie zu Filmfiguren, die die Rezipierenden zur Identifikation einladen? Für meine These ist wichtig, dass diese glanzvollen Eigenschaften im *Weißsein* zu finden sind und die Protagonist_innen aufgrund ihres *Weißseins* als „Repräsentant[innen] der Macht" hervortreten.[68] Auf welche Weise wird die Konstruktion von *Weißsein* genutzt, um die Protagonist_innen der Filme in die zur Identifikation einladende Subjektposition zu versetzen?

### 3.4.1 *Weiß* symbolisierter Emanzipationsprozess als Frau

Teil eines – von Mulvey als Subjekt beschriebenen – „intelligenzbegabten", handlungsmächtigen Individuums ist die (lebenslange) Ausbildung einer eigenen Persönlichkeit, die die *weißen* Protagonistinnen in den vier von mir ausgewählten Filmen offensichtlich durchlaufen. Sie alle werden als *weiße* Charaktere differenziert

---

[65] Dyer 1997b: 57.
[66] Morrison 1994: 66.
[67] Mulvey 1994: 56. Vgl. Unterkapitel *3.2 Genre-spezifische Analyse des Narrativs*.
[68] Ebd.

gezeichnet, besitzen Namen und eigene Geschichten. Sie kämpfen für private oder berufliche Ziele, folgen ihren eigenen Weltanschauungen und leben an den unterschiedlichsten Orten dieser Welt.[69] Schon die Amerikanistin und Medienwissenschaftlerin Bärbel Tischleder betont, „daß Individualität und Beweglichkeit ein weißes Privileg darstellen, während *blackness* in erster Linie der Akzentuierung und Konturierung weißer Lebenswelten dient."[70] So zeigen alle vier Filme auch die von Wulff als typisch für den Abenteuerfilm beschriebene große Nähe zum Entwicklungsroman. Denn in allen wird das Leben der *weißen* Protagonistin geprägt von „Durchgängen und Transitionen, von neuen Lebensabschnitten und von veränderten Identitätsentwürfen, die im ‚Felde des Handelns' erprobt" werden.[71]

Die Entwicklungsfähigkeit aller vier Protagonistinnen zeichnet sich vor allem durch einen von ihnen vollzogenen Ausbruch aus den Konventionen der – die Macht des weiblichen Individuums beschränkenden – okzidentalen Gesellschaft aus. Alle vier rebellieren im Laufe der Handlung mehr oder weniger bewusst und zielgerichtet gegen die ihnen in der okzidentalen Gesellschaft zugeschriebene klassisch-weibliche Geschlechterrolle und legen Charakterzüge an den Tag, die gemeinhin Männern vorbehalten sind. Sie werden zu Abenteurerinnen und Führungsfiguren, lösen sich komplett aus ihrem sozialen Umfeld und tauchen mutig in eine gänzlich andere (Erfahrungs-)Welt ein, die sie durch ihr Dasein verändern. Dieser Emanzipationsprozess der *weißen* Frau, der in allen vier Filmen abgebildet wird, ist als eine spezifische Form *weißer* Entwicklungsfähigkeit zu werten.

Auffällig ist, dass dem Ausbruch aus gesellschaftlichen Konventionen in allen vier okzidentalen Spielfilmen die physische Absenz phallisch-väterlicher Macht vorausgeht. Erst nachdem die Väter (zum Teil nur symbolisch) gestorben sind und die Protagonistinnen sich aus der väterlich-phallischen Macht befreien mussten oder konnten, erlangen die weiblichen Hauptfiguren selbst phallische Kräfte. Dieser Figurenkonstellation sind Parallelen zum Ödipusmythos immanent, so dass sich der Emanzipationsprozess der Protagonistinnen entlang der psychoanalytischen Schablone des (weiblichen) Ödipuskomplexes zu entrollen scheint. Denn die ödipale Entwicklung ist, wie der Psychoanalytiker Mertens betont, „nicht mit dem sechsten Lebensjahr zu Ende und im Hinblick auf die weibliche Entwicklung sprechen viele Anzeichen dafür, daß der Höhepunkt des Ödipuskomplexes erst in der Adoleszenz erfolgt."[72]

So starten Maria und Gabby, deren Väter zu Filmbeginn noch präsent sind, relativ gesellschaftskonform in die Handlung und suchen erst im Laufe des jeweiligen Films Wege, um der ihnen zugeschriebenen und von ihnen angenommenen

---

[69] Vgl. Wachendorfer 2001: 93.
[70] Tischleder 2001: 138.
[71] Wulff 2004: 21.
[72] Mertens 1996: 114. Vgl. Mertens 1994: 153.

(Gender-)Rolle zu entkommen. Beide Protagonistinnen zeigen am Anfang der Handlung eine extrem starke Bindung an die jeweilige *weiße* Vaterfigur, die in dem einen Fall als großbürgerlicher Industrieller, in dem anderen als bildungsbürgerlicher, gut situierter Arzt phallisch inszeniert ist. Wie im Prozess des Ödipuskomplexes entfernen sich beide Protagonistinnen im Laufe der Filmhandlung immer weiter von diesem potenten Vater, mit dem sie zu Handlungsbeginn offensichtlich in ödipaler Nähe stehen.

Besonders deutlich wird der mit dem Emanzipationsprozess einhergehende weibliche Ödipuskomplex, der von C.G. Jung und anderen Psychoanalytiker_innen auch Elektrakomplex genannt wird,[73] in dem Film *Eine Weiße unter Kannibalen (Fetisch)* als Transition von der Kindheit ins Erwachsenenalter in Szene gesetzt. Im Gegensatz zu den bereits als willensstark und aktiv handelnd – zumindest adoleszent – eingeführten *weiß*-weiblichen Protagonistinnen der anderen drei okzidentalen Spielfilme verharrt die Filmfigur Maria zu Beginn des Films in dem passiven Zustand kindlicher Abhängigkeit – wenn auch ihre verstorbene Mutter imitierend und in der Beziehung zu ihrem Vater deren Platz einnehmend. Maria tritt die Reise in das Abenteuer nicht aus eigenem Antrieb an, wird während der Meeresüberfahrt immer wieder als ausgesprochen hilflos und abhängig vom Vater inszeniert, lässt sich auch von der afrikanistisch inszenierten Gemeinschaft nur passiv als Fetisch verehren, erlangt innerhalb der Handlung dann aber – parallel zum Sich-Entfernen von der väterlichen Filmfigur – immer mehr Autarkie und Handlungsmacht, die in der Flucht aus der Gemeinschaft der „Kannibalen" und der Befreiung des *weiß*-männlichen Gefangenen gipfelt[74] und dann offensichtlich wieder abnimmt, weil sie sich, nachdem das Über-Ich sich ausgebildet und sie sich in die okzidentale Gesellschaft re-integriert hat, erneut in das okzidentale weibliche Rollenmodell hineinzubegeben scheint.

Auch die Protagonistin des Films *The Nun's Story* emanzipiert sich von patriarchalen Strukturen: zunächst in der Identität Gabbys von ihrem Vater, und dann als Sister Luke von der Institution der katholischen Kirche, die im Filmtext als autoritär strukturiert und an Machtinteressen orientiert dargestellt wird. Gabby hat offensichtlich ihren „eigenen Kopf". Mit der Auflösung ihrer Verlobung verweigert sie schon in der ersten Filmsequenz die weiblich-bürgerliche Geschlechterrolle innerhalb einer Kleinfamilie und kämpft stattdessen durch die gesamte Filmhandlung dafür, ihre Talente beruflich umsetzen zu können. Sie wird von vornherein als widerspenstig gegenüber jeglicher Unterordnung charakterisiert. So sagt die sie

---

[73] Die Bezeichnung des Elektrakomplexes wurde von Freud stets als unzutreffend zurückgewiesen.
[74] Anders als die von den Protagonistinnen Karen und Carola beschriebenen, afrikanistisch imaginierten Filmfiguren wird die *weiße* Frau aktiv und befreit sich selbst aus dem Gefängnis der „Awemba". Sie stirbt nicht, wenn sie gefangen wird.

fremdcharakterisierende Vaterfigur schon in der siebten Filmminute beim Abschied vor den Pforten des Ordens zu ihr:

> Gabby, I can see you poor, I can see you chaste, but I cannot see you, a strong-willed girl, obedient to those bells.[75]

Die vom Vater hervorgehobene Willensstärke Gabbys trägt in entscheidendem Maße zu ihrer emanzipatorischen Entwicklungsfähigkeit bei. Mithilfe der medizinischen Ausbildung, die sie im Orden durchläuft, möchte sie jener phallischen Positionierung nahe kommen, in welcher sich die *weiß*-männlichen Hauptfiguren befinden, die die *weiße* Protagonistin als „Götter in Weiß" verehrt. So wird der weibliche Emanzipationsprozess Gabbys kinematografisch insbesondere dadurch hergestellt, dass sie sich die ganze Zeit über fortbildet, medizinische Examina besteht, und sich im Ordensalltag auch gegen sadistische Charakterzüge der ihr übergeordneten Ordensschwestern beweist, um in den Besitz des Mikroskops zu gelangen. „Es ist die Geschichte des Eintritts eines jungen Mädchens ins Kloster und des Austritts einer reifen Frau nach sechzehn Schwesternjahren", schreibt die Frankfurter Rundschau im November 1959.[76]

Das Mikroskop dient in diesem Narrativ als Phallusersatz[77] und bebildert das Ziel der emanzipatorischen Entwicklung der *weißen* Frau. Die Protagonistin erklimmt Stufe für Stufe die Ordenshierarchien und wird für den Kongo als medizinische Assistentin am Mikroskop ausgebildet. Im Kongo verleiht ihr das Mikroskop, obwohl nur Phallusersatz, phallische weibliche Macht, weil in Afrika laut Filmtext „*weiße* Händepaare" fehlen.[78] Noch als ihr zur Genesung von Tuberkulose absolute Ruhe verschrieben wird, versteckt sie das Mikroskop unter ihrem Bett.

Das Mikroskop fungiert zudem als positiv dargestelltes Wahrzeichen des Kolonialismus. Es steht im Filmtext für „Zivilisation", *weiße* Superiorität und *weißes* „Gutmenschentum". Verschleiert bleibt, was Khabo Köpsell in seinem Gedicht *The Brainage* offenlegt: dass das Mikroskop im Laufe der Kolonialgeschichte als Werkzeug gewalttätiger Rassifizierungsprozesse diente.

> Wissen schafft Grenzen schafft Definition
> Schafft Menschen schafft Denken schafft Mensch und Nation.
> Wir haben Mikroskope! Wir... verbiegen Verborgenes zum Vorschein.
> [...]
> wir selektieren und klassifizieren in selektive Einheiten wie
> klassisch und primitiv[79]

---

[75] *The Nun's Story*, Filmminute 0:06:21-0:06:34.
[76] Bartsch 1959.
[77] Vgl. Unterkapitel *3.7.1 Fetischisierung der weißen Protagonistin*.
[78] *The Nun's Story*, Filmminute 1:11:23-1:11:33.
[79] Köpsell 2010: 8.

Diese von *Weißen* vorgenommenen Rassifizierungen und Klassifikationen dienten dem Ziel, unter dem Vorwand von Wissenschaft eine Hierarchie zu erschaffen, die eine gewalttätige Unterwerfung Schwarzer Menschen durch *Weiße* zu legitimieren versucht.[80]

Betrachtet man das Mikroskop in einer abstrahierten Form als „Kind", das der Vater seiner Tochter geschenkt hat, so führt es zurück zum weiblichen Ödipuskomplex. Von allen für den Abenteuerfilm so typischen Transitionen scheint dessen Bewältigung für die beiden *weißen* Heldinnen der Filme *Eine Weiße unter Kannibalen (Fetisch)* und *The Nun's Story* die zentralste zu sein. Die erfolgreiche Bewältigung des weiblichen Ödipuskomplexes symbolisiert und provoziert ihren Weg weiblicher Emanzipation.

In den beiden anderen Filmen ist die Vaterfigur hingegen von vornherein abwesend. Die jeweilige Protagonistin scheint den Ödipuskomplex zu Filmbeginn bereits überwunden und sich symbolisch von der Vaterfigur gelöst zu haben. Dementsprechend „emanzipiert" starten diese beiden Protagonistinnen in die Handlung.

Das Narrativ des Films *Die weiße Massai*, das über das Schicksal von Carolas Vater keine Auskünfte erteilt, ihre Herkunftsfamilie aber als eine vaterlose zeigt, beginnt, anders als die der anderen Filme, nicht in Europa, sondern gleich in Afrika. Die *weiße* Protagonistin hat, so ist diesem Filmbeginn zu entnehmen, schon einen Schritt aus der okzidentalen Gesellschaft herausgetan. Dennoch ist sie in Begleitung eines *weißen* Mannes, der als Stellvertreter ihres Vaters ihr Liebesobjekt und ihre Kontrollinstanz zu sein versucht. Auch bewegt sie sich als *weiße* Touristin in Kenia zunächst in weitestgehend normierten touristischen Bahnen. Sie ist aber stark genug, sich von ihrem Liebespartner zu trennen, alle Sicherheiten aufzugeben und sich in der Weite eines afrikanistisch in Szene gesetzten Kenias auf die Suche nach Befriedigung ihrer sexuellen Begierde zu machen.

Symbolisch befreit sich die *weiße* Protagonistin damit nicht nur vom *weißen* Patriarchat, in dem sie dem *weißen* Mann untergeordnet ist, sondern zugleich auch sexuell. „Was Thailand für die sexhungrigen Herren der Schöpfung, ist Kenia für die reife Frau", kommentiert das ZDF-Kultur-Magazin Aspekte den Film *Die weiße Massai* und erkennt die „Emanzipation" Carolas vor allem in der Nachahmung des männlichen Sextourismus.[81] Ihre „Emanzipation" hin zum männlichen Habitus findet also auch (und vor allem) auf der sexuellen Ebene auf Kosten afrikanistisch inszenierter Filmfiguren statt.[82] Dabei durchschreitet sie „im Felde des Handelns"

---

[80] Vgl. dazu Unterkapitel *2.2 Weißsein als symbolischer Phallus*.
[81] ZDF-Kultur-TV-Magzin *Aspekte* vom 18. Juli 2008. Dazu ausführlicher Unterkapitel *3.6.5 De- und Hypersexualisierung*.
[82] Vgl. Unterkapitel *3.4.5 Weiße Sexualität, 3.5 Der phallische Blick: weißes Subjekt, Schwarzes Objekt* und *3.6.5 De- und Hypersexualisierung*.

tiefe Erkenntnisprozesse, die laut Filmtext am Ende „belegen", dass der als „gemeingefährlich" inszenierte Schwarze Mann doch nicht „zähmbar" ist.[83] Die *weiße* Protagonistin muss sich, nachdem sie sich auf Kosten der Schwarz-männlichen Filmfigur ermächtigt hat, laut Filmtext eingestehen, dass das *weiße* Patriarchat ihre weiblichen Rechte weniger beschneidet als das Schwarze.

Während in dem Film *Die weiße Massai* bezüglich des Verbleibs des Vaters keine weiteren Angaben gemacht werden, erfährt das Publikum des Films *Out of Africa* in Filmminute 1:24:16-1:24:52, dass sich der Vater der Protagonistin Karen für den Freitod entschieden hat, als Karen zehn Jahre alt war. Es verwundert nicht, dass sie die Protagonistin ist, die sich zu Filmbeginn bereits am meisten aus der ihr gesellschaftlich zugewiesenen Geschlechterrolle gelöst zu haben scheint.

Schon in der zweiten Filmsequenz wird sie als eine erwachsene Frau in die Handlung eingeführt, die den zu ihrer Zeit üblichen Gender-Klischees nicht entspricht: Sie ist – im Gegensatz zu allen anderen anwesenden Frauenfiguren, die nur als Gesellschaftsdamen fungieren – eine aktiv schießende *weiße* Schützin in einer dänischen Jagdgesellschaft Anfang des 20. Jahrhunderts, die zielstrebig und zweckorientiert ihren Ausbruch aus der sie entmachtenden *weiß*-weiblichen Geschlechterrolle plant. Sie wird als eine außergewöhnliche Frau gezeichnet, die nicht nur gewaltbereiter zu sein scheint als andere Frauen der dänischen Gesellschaft, sondern sogar gewalttätiger als der *weiße* Held, der in der ersten Filmsequenz in der afrikanistisch inszenierten Landschaft zu sehen gewesen ist.[84] Denn im Gegensatz zu ihm nutzt sie ihr Gewehr, um auf Tiere zu schießen.

Darüber hinaus erscheint sie auch symbolisch bewaffnet – bereit, sich gegen erlittenes Leid zu wehren und den frauenfeindlichen Normen der dänischen Gesellschaft den Kampf anzusagen. Dass sie nicht gewillt ist, sich diesen Normen zu unterwerfen, wird im Laufe dieser zweiten Filmsequenz sehr deutlich. So erscheint die Protagonistin hier, als sie zu ahnen beginnt, dass ihr Geliebter Hans sie nicht heiraten will und ein Heiratsversprechen nur gemacht hat, um sie zum sexuellen Kontakt mit ihm zu bewegen, zunächst zwar sichtlich emotional berührt und wie ein Opfer männlicher Gewalt,[85] doch stellt der Bruder ihres Geliebten, ihr guter Freund Bror, Karens Emotionalität gleich wieder in Frage, indem er auch ihr eine gewisse Form von Berechnung und Rationalität unterstellt:

> Tanne. Come on. It's not as though you loved him. You'd like to be a baroness, that's all.[86]

---

[83] Andere *weiße* Hauptfiguren, die sich entwickeln könnten, gibt es nicht (außer vielleicht Pater Bernado).
[84] Vgl. Unterkapitel *3.3.2 Karen: emanzipierte Adlige*.
[85] *Out of Africa*, Filmminute 0:02:44-0:02:50: Karen kämpft mit den Tränen.
[86] *Out of Africa*, Filmminute 0:02:46.

Dass er damit nicht ganz falsch liegt, zeigen die darauf folgenden Handlungen der *weißen* Protagonistin.[87] Zuerst „schießt" sie mit einem gezielten Schuss auf einen fliegenden Fasan symbolisch den Mann „ab", der ihre Pläne zu durchkreuzen versucht und sie für seine eigenen Interessen benutzt hat.[88]

*Out of Africa*, Filmminute 0:03:03-0:03:06.

Der stellvertretend für ihn getötete Fasan fällt entmachtet vom Himmel. Danach verliert sie sich nicht in Romantik und Liebeskummer, sondern umgeht aktiv und sehr rational die Schmach und Machtlosigkeit, als „alte Jungfer" sitzen gelassen zu werden: Sie macht ihrem besten Freund, dem Zwillingsbruder ihres Liebhabers einen Heiratsantrag, weil dieser ihr ebenfalls den Titel einer Baroness verleihen kann. Zusätzlich zu der Tatsache, dass sie entgegen aller Geschlechternormen in Liebesangelegenheiten eher rational als emotional agiert, ist dies eine Handlung, die für eine Frau in der damaligen Zeit nicht die Norm war. Denn gemeinhin hatte der Mann – wenn häufig auch unausgesprochen – die Machtposition der Entscheidung inne, mit wem er sich vermählen wollte.

Der bezüglich der Heirat geführte Dialog zwischen Karen und Bror zeigt Karen auch insofern als „mächtige" und emanzipierte Filmfigur, als dass er sie als Frau darstellt, die bereits „sexuelle Erfahrungen" mit anderen Männern gesammelt hat – eine Tatsache, die sie auf der Machtachse der sexuellen Orientierung nicht unterlegen sein lässt und die darauf hinweist, dass sie sich nicht von nur einem Mann abhängig macht. Sie nimmt sich, worauf sie Lust hat. Durch diese Macht scheint sie dem *weißen* Mann Angst zu machen und lässt ihn zunächst vor dem Heiratsangebot zurückschrecken.

Karen kann Bror letztendlich jedoch von einer durch die Heirat möglich werdenden „*Win-win*-Gemeinschaft" überzeugen, deren Zweck es sein soll, die nach

---

[87] *Out of Africa*, ab Filmminute 0:03:27.
[88] *Out of Africa*, Filmminute 0:03:03-0:03:06: In einer Nahaufnahme von Karens Gesicht ist zunächst kurz zu sehen, wie sie Brors Bestätigung, dass sein Bruder Hans sie bezüglich seines Heiratsversprechens tatsächlich belogen hat, emotional verarbeitet. Dann zielt sie mit ihrem Gewehr auf einen auffliegenden Fasan. Bror feuert sie an: „Pretend it's Hans!". Sie drückt ab, der getötete Fasan fällt vom Himmel.

den gesellschaftlichen Normen gescheiterten Kreaturen, wieder zu ermächtigen: ihm, der als verarmter Adliger so machtlos geworden sei, dass er selbst für die „Verführung von Dienstmädchen" nicht mehr attraktiv genug sei, würde die Teilhabe an ihrem Reichtum wieder zu einem angenehmen Leben verhelfen; sie, die als unverheiratete bürgerliche Frau[89] in der männlich dominierten Gesellschaft keine Reputation und keinen Handlungsspielraum habe, erhielte durch die Heirat mit ihm und durch den hinzugewonnenen Adelstitel wieder gesellschaftliche (Handlungs-)Macht.

Dass der hier angestrebte Adelstitel zugleich zu einer Verstärkung des phallischen *Weißseins* der Protagonistin beiträgt, wird durch Susan Arndts rassismuskritische Ausführungen zu der stehenden Wendung „blaues Blut" deutlich:

> ‚blaues Blut'. Mit dieser Begriffskombination wurden und werden gemeinhin Personen bezeichnet, die einer adligen Familie entstammen. In diesem Idiom sind Vorstellungen von Klasse (Stand) und ‚Rasse' verknüpft, denen zufolge sich die ‚Sichtbarkeit' einer ‚edlen Abstammung' an unter der Haut bläulich hervorschimmernden Venen ‚zeigt'. Dies gilt selbstverständlich nur für Weiße, wobei sich ergänzend das Privileg in den Körper einschreibt, keine körperliche Arbeit (im Freien) leisten zu müssen. Folglich waren Adelige im eigentlichen wie im übertragenen Sinne noch *weißer* als andere Weiße.[90]

Zu dieser beabsichtigten Verstärkung ihrer Macht durch den Erhalt eines Adelstitels kommt Karens Plan, sich in einem anderen Teil der Welt zu ermächtigen – in einem Teil der Welt, der sie als *weiße* Frau nicht auf die Position der Unterdrückten festschreibt. Sie erwägt diesbezüglich Amerika, Ceylon und Australien.[91] Schließlich aber wählt das angehende Brautpaar den afrikanischen Kontinent und hier speziell das Land Kenia als Ort des Neuanfangs und der Selbstermächtigung.[92]

Dass Karen die den Männern zugeordnete Aktivität der den Frauen auferlegten Passivität von vornherein bevorzugt und anstrebt, wird durch den von Karen später gesprochenen Off-Text noch einmal explizit hervorgehoben:

> It's an odd feeling, farewell. There is some envy in it. Men go off to be tested for courage. And if we're tested at all it's for patience... for doing without... perhaps for how well we can endure loneliness. But I had always known that. It didn't require a war. I said goodbye to Bror. Denys left without a word, which was quite proper.[93]

---

[89] Blixen war als reale Person Nachfahrin einer „alteingesessenen Gutsbesitzer- und Offiziersfamilie" (Zenk 1992).
[90] Arndt 2011h.
[91] *Out of Africa*, Filmminute 0:03:08-0:03:19: Bror: „Where would you go?" Karen: „Anywhere. America. Ceylon. I would even go to Australia.... well, perhaps not Australia. But I have got to be away from here."
[92] Dies wird spätestens ab Filmsequenz drei deutlich (*Out of Africa*, Filmminute 0:04:17).
[93] *Out of Africa*, Filmminute 0:39:05-0:39:43.

Karen setzt ihre hier ausgesprochenen Sehnsüchte nach Aktivität als *weiße* Protagonistin im Laufe der Filmhandlung beherzt um. Als „emanzipierte" Frau versucht sie sich mit stringent zunehmendem Erfolg in der Maskerade *weißer* Männlichkeit und gelangt damit sukzessive in den Besitz phallischer Eigenschaften. Dass es ihr tatsächlich gelingt, sich immer weiter von weiblicher Passivität und Schwäche zu befreien, an Macht zu gewinnen, sich als Frau zu emanzipieren und zeitweise sogar zur Heroin zu werden, liegt vor allem an dem inszenierten Kontrast ihres *Weißseins* zum Schwarzsein der ihr Untergebenen und des afrikanistischen Kontinents.

Eine hierfür einschlägige Filmsequenz zeigt, wie Karen ihrem sich im Krieg befindlichen *weißen* Ehemann Bror Nahrungsmittel und Paraffin liefert. Die Sequenz dauert ca. zehn Minuten und beginnt in Filmminute 0:41:55 mit einem Dialog zwischen Karen und einem Captain, der Brors Bitte um Nachschub an Karen übermittelt. Schon in dieser ersten Subsequenz wird die *weiße* Frau sowohl in Abgrenzung zu dem ihr unterstellten *weißen* Arbeitnehmer als auch durch die für die *weiß*-weibliche Hegemonialität notwendige Kontrastierung zum Schwarzen Kontinent phallisch inszeniert.[94]

Ab Filmminute 0:43:02 taucht Karen, jegliche Form von „Zivilisation" und den „Schutz des *weißen* Mannes" hinter sich lassend, dann tief in die afrikanistisch konstruierte Landschaft Kenias ab und beweist ihren Mut durch das Bezwingen der „dunklen Gefahren". Von den knapp neun Minuten Filmzeit, in der Baronin von Blixen den Treck durch die „Wildnis" führt, spielt die Handlung während der Hälfte der Zeit, knapp viereinhalb Minuten, bei Nachtaufnahmen. Die Dunkelheit lässt die kenianische Landschaft, die der Treck durchquert, immer wieder als gefährlich erscheinen. Dieser visuell vermittelte Eindruck von Gefahr wird durch die Narration – die dem Treck begegnenden „wilden" Tiere und „wilden" Menschen – und durch die Tonspur unterstützt.[95]

---

[94] Vgl. Unterkapitel *3.6.2 Dehumanisierung*.
[95] Blas- und Streichinstrumente spielen bombastisch orchestral auf, wenn die berittene *weiße* Heroin den Treck in einer Supertotalen durch die karge Landschaft führt (beispielsweise ab Filmminute 0:43:50). Helle Blasinstrumente produzieren mit Unterstützung heller Streicher in die Länge gezogene, leise Töne, die Spannung und Gefahr verheißen, während der Treck auf der visuellen Ebene gegen die Kräfte einer kaum zu bewältigenden Natur ankämpft (*Out of Africa*, ab Filmminute 0:44:15). Immer lauter werdende Rassel- und Trommelgeräusche inszenieren eine auf den Treck zulaufende Gruppe von Massai als (Lebens-)Bedrohung (*Out of Africa*, Filmminute 0:47:47-0:48:57), indem der Filmkomponist seinen eigenen Angaben zufolge „strange flute sounds" und „strange wind sounds" in die Trommelmusik mischt (*Out of Africa*, Zusatzmaterial DVD 2: „Song of Africa", Filmminute 0:14:43-0:14:58). Als der Treck von hungrigen Löwen angegriffen wird (*Out of Africa*, Filmminute 0:48:56-0:51:10), liegen auf der Tonspur während des gesamten Kampfes ausschließlich das Stimmengewirr der Schwarzen Filmfiguren, Karens mehrfaches Rufen „Get away!", das angstbesetzte Muhen der Ochsen und das Fauchen der Löwen. Durch das Fehlen von dramatisierender Musik vermittelt die Tonspur ein „Afrika pur", das ganz „authentisch" lebensgefährlich wirkt. Das komplizierte Zeichensystem der Sprache trägt nur die *weiße* Frau in die Dunkelheit des Kontinents. Sie ist die einzige, die klare Worte spricht.

Die Filmsequenz kommt damit Dyers Beschreibung der „jungle adventure story" nahe – allerdings mit dem Unterschied, dass es eine *weiße* Frau ist, die diesen „Nervenkitzel" verursacht. Dyer schreibt:

> The difficulty of the terrain, its unfamiliarity and its dangers (savage beasts, precipitous mountain passes, tumultuous rivers, thick jungle) provide the opportunity for the exercise of the white spirit, indomitable, organised. The native people may have some specialised knowledge useful to the whites, but otherwise are either serviceable to carry things or else one more aspect of the land's perils. All this is the familiar basis for the thrills of the jungle adventure story.[96]

Dass die Schwarzen Filmfiguren in dieser Sequenz nicht nur dazu dienen, Gefahr zu verkörpern, sondern auch, wie von Dyer generalisierend festgestellt, um die *weiße* Heldin durch niedrige Dienste zu unterstützen, ist deutlich wahrzunehmen. So werden die Schwarzen Filmfiguren hauptsächlich als entpersonalisierte Ochsenantreiber_innen und Lastenträger_innen zu sehen gegeben. Sie alle laufen hinter der berittenen *weißen* Protagonistin her und lassen sich von ihr durch ihre eigene Heimat führen, als würden sie sich dort schlechter auskennen als die *weiße* Dänin. Der Protagonistin hingegen wird mittels der Inszenierung ihres hegemonialen *Weißseins* ein Wissen zugeschrieben, das Schwarze laut Filmtext nicht besitzen. Schwarze bedürfen, so die Figurenkonstellation, der Führung – und sei es der Führung einer im *weißen* Patriarchat mit Schwäche assoziierten *weißen* Frau. Diese wird dadurch nicht nur als phallische Abenteurerin inszeniert, sondern auch als eine von Gott gesandte Märtyrerin, die die Schwarzen Filmfiguren, Moses gleich, aus dem „dunklen Raum" hinausführt in die *weiße* Welt der „Zivilisation".[97]

Wie der Filmkomponist John Barry selbst betont, wurde die Musik in dieser Sequenz gegenläufig zur Abnahme von Karens Kräften komponiert, um den Aufbau eines „inner spirit" zu vermitteln, den die Reise bei der Protagonistin bewirkt hat.[98] So unterstreicht die Filmmusik durch ihr kontinuierliches Anschwellen das innere Wachstum und den Emanzipationsprozess der *weißen* Protagonistin. Während die Bilder die Anstrengung und Erschöpfung der *weiß*-weiblichen Filmfigur zum Höhepunkt treiben, betont die Tonspur Karens Erfolg, ihren persönlichen Reifeprozess und die Befreiung aus der Abhängigkeit vom *weißen* Mann. Musste sich die vom Manne verlassene Protagonistin zu Beginn dieser Sequenz noch passiv in weiblicher Geduld üben – wenn auch schon als tatkräftige Leiterin ihrer „Farm" –, reitet sie am Ende als aktive Heroin in das Kriegscamp ein.

---

[96] Dyer 1997b: 157.
[97] Vgl. Unterkapitel *3.4.2 Mythos weißen Gutmenschentums*.
[98] *Out of Africa*, Zusatzmaterial DVD 2: „Song of Africa", ab Filmminute 0:15:51.

# Deduktives Analyseverfahren

*Out of Africa*, Filmminute 0:52:31-0:52:59.

Dabei wird sie als Einzige erhöht auf dem Rücken eines Pferdes zu sehen gegeben. Die subjektive Kamera schwenkt, Karens Suche nach ihrem Mann Bror bebildernd, aus der Vogelperspektive über die Männermenge. Als die Heroin Bror ausmacht, lässt er sie, statt ihren Triumph zu bejubeln, an der Starre seines Gesichtsausdrucks abprallen. Das einzige, was er über die Lippen bringt, ist: „You've changed your hair." Durch diese Bemerkung und durch die ineinandergeschnittenen aufsichtigen Aufnahmen des Mannes mit den untersichtigen Aufnahmen der Frau markiert der Filmtext die erfolgreiche Emanzipation der *weißen* Protagonistin, die ihr heldinnenhaftes Potential vor allem im kolonialen Raum zu entfalten vermag. Das von Kolonialbestrebungen unterworfene afrikanistisch imaginierte Kenia dient der *weißen* Frau als abenteuerliche Möglichkeit, einen Phallus zu bilden.

Karens Entwicklung hin zum *weiß*-männlichen Habitus ist so überzeugend, dass sie selbst die *weiß*-männliche Kolonialgesellschaft, die ihr zunächst jeglichen Respekt verweigert, so weit bringt, dass sie am Ende zu einem Glas in deren Club eingeladen wird, aus dem sie zu Filmbeginn mit den Worten „Memsahibs must not be here" vertrieben worden war.[99] „Aus der behütet aufgewachsenen höheren Tochter ist eine reife, selbstbewußte Frau geworden, die ihr Glücksbedürfnis nicht mehr verstaubten Konventionen opfert", schreibt der Filmkritiker Trowe. Er bezeichnet den Film ausdrücklich als „filmischen Entwicklungsroman".[100]

Karens Angleichung an einen *weiß*-männlichen Habitus wird auch anhand ihrer sich sukzessive verändernden Kostümierung deutlich. Trägt sie zu Beginn des Films ausschließlich weiße Spitzennachthemden und lange, elegante Kleider und Röcke (wenn auch letztere zumeist kombiniert mit einer Damenkrawatte), so wird sie in Filmminute 0:25:00 erstmalig in einer Hose gezeigt, die Teil eines – wenn auch weiblichen – Safari-Looks ist.[101]

---

[99] *Out of Africa*, Filmminute 0:10:01-0:10:32.
[100] Trowe 1986.
[101] Mit diesem Äußeren entspricht sie der medialen Inszenierung von Meg Gehrts als „erste Schauspielerin im Innern Afrikas" (vgl. Nagl 2009: 280). Auf dem Titelbild einer Zeitschriftenausgabe von *Literatur, Kunst und Kino* aus dem Jahre 1919 erscheint „Gehrts in Reiterhose, Krawatte und Stiefel mit einer burschikos unter den Arm geklemmten Reitpeitsche." (ebd., Fußnote 160). *Out of Africa* spielt auch in der Zeit, in die das beschriebene Photo Meg Gehrts fällt.

*Out of Africa*, Filmminute 0:07:07-0:08:24.   *Out of Africa*, Filmminute 0:19:58-0:20:47.

*Out of Africa*, Filmminute 0:21:36-0:23:54.   *Out of Africa*, Filmminute 0:24:26-0:24:27.

*Out of Africa*, Filmminute 0:25:00-0:28:37 (links) und 1:53:57-1:54:19 (rechts).

In Filmminute 1:53:58 schließlich wird sie erstmalig auch noch mit kurz geschnittenen Haaren zu sehen gegeben. Karen ist nun – äußerlich und metaphorisch – selbst der handlungsmächtige „*(weiße)* Mann" geworden, von dem sie zuvor geliebt und anerkannt werden wollte. Diesen Eindruck beschreibt auch E. Ann Kaplan:

> Blixen [is in some sense an image of a] strong and brave white [woman]. [She ends] up without men (Finch-Hatten ... is killed in an airplane crash), and [she is not] afraid to undertake exploits usually reserved for men.[102]

So wie Karen brechen alle vier Protagonistinnen im Laufe der jeweiligen Filmhandlung aus der Konvention der weiblichen Geschlechterrolle in der okzidentalen Gesellschaft aus. Indem sie die Männerrolle einnehmen, frönen sie in gewisser

---

[102] Kaplan 1997: 91.

Weise dem Rebellentum, doch treten sie im kolonialen Kontext – dem Genre des Abenteuerfilms entsprechend – als Repräsentantinnen der Macht in Erscheinung.[103] Ganz entgegengesetzt zum „schwachen Geschlecht" zeichnen sich alle vier *weißen* Abenteuerheldinnen im Laufe ihres Emanzipationsprozesses immer wieder durch ausgesprochen große (Tat-)Kraft aus. Einige ihrer Taten grenzen gar an Wunder. Damit entsprechen die vier Abenteuerheldinnen dem männlichen Ich-Ideal aus Mulveys Theorie, mit dem phallisch positionierte Rezipierende sich nach Mulvey lustvoll zu identifizieren imstande sind. Mulvey schreibt:

> Die glanzvollen Eigenschaften des männlichen Filmstars sind folglich nicht die des erotischen Objekts des Blicks, sondern die des perfekten, vollständigeren, mächtigeren idealen Ich, die in dem ursprünglichen Augenblick des Wiedererkennens vor dem Spiegel erlebt wurden. Der Figur in der Geschichte gelingt es besser, Dinge geschehen zu lassen, die Ereignisse zu kontrollieren, als dem Zuschauer, so wie das Bild im Spiegel die motorischen Fähigkeiten besser kontrollieren konnte.[104]

Mit diesen glanzvollen Eigenschaften versehen, stehen alle vier Protagonistinnen am Ende der jeweiligen Filmhandlung scheinbar auf eigenen Beinen. Sie sind ermächtigt, weil augenscheinlich befreit von phallisch-männlicher Macht und gestärkt von ihrer afrikanistisch konstruierten Abenteuerreise: Carola zieht mit dem Phallussymbol Kind und ohne Mann zurück in ihre Schweizer Heimat, Karen reist, ebenfalls männerlos, mit dem Phallussymbol des goldenen Stifts zurück nach Dänemark. Gabby schreitet ganz allein, nur mit einem kleinen Koffer in der Hand aus dem Orden in die ihr offen stehende Welt und zeigt, wie der Filmkritiker Bartsch 1959 schreibt, „daß eine Frau ‚den Schleier' nicht mehr unbedingt für alle Zeit nimmt, sondern daß es eben einen ‚Austritt' aus dem Kloster gibt, der so unzeremoniell verläuft wie der Austritt aus einer Religionsgemeinschaft oder die Exmatrikulation".[105] Nur Maria/Faida wird bei der Rückkehr in ihr Elternhaus von einem Mann begleitet. Als Stellvertreter_innen der verstorbenen Eltern dienen hier die Haushälterin, die bereits vor Marias Abreise den Mutterersatz bildete, und Fred Holm, dessen Filmfigur sowohl als Geliebter als auch als Psychoanalytiker und Vaterersatz gelesen werden kann. Doch auch Maria nimmt in diesem Setting ihrer Kindheit nach dem erfolgreichen Bestehen der Abenteuerreise eine ermächtigte Position ein. Sie wird zur Besitzerin ihres Elternhauses und damit auch gleichzeitig zur Arbeitgeberin der darin lebenden Haushälterin; möglicherweise auch zur Ehefrau des sie begleitenden Mannes.

Woher aber nehmen die weiblichen Hauptfiguren ihre männlich konnotierte Macht und Entscheidungsfreude, ihren unkonventionellen Weg zu gehen? Liegt es

---

[103] Vgl. Unterkapitel *3.2 Genre-spezifizierende Analyse des Narrativs*.
[104] Mulvey 1994: 57.
[105] Bartsch 1959.

möglicherweise am Fehlen einer ihre Macht beschneidenden Kraft? Gibt es einen Zusammenhang mit der von vornherein präsenten Absenz der phallischen Vaterfigur bzw. mit dem erfolgreichen Durchschreiten des Ödipuskomplexes? Können die *weiß*-weiblichen Hauptfiguren durch die (symbolische) Loslösung von der Vaterfigur ihre phallische Macht umsetzen und aufbauen?

Sicher ist, dass sich alle vier Protagonistinnen durch ihre Reise in den „dunklen Kontinent" ermächtigen, der in der psychoanalytischen Theorie als Metapher für weibliche Sexualität steht. Während dieser Reise, die gleichzeitig den Weg von Kindheit über Adoleszenz zum Erwachsenenalter und einen Reifeprozess hin zu einem entwickelten Stadium symbolisiert, werden die *weißen* Protagonistinnen durch den von ihnen auf Kosten Schwarzer Filmfiguren durchlaufenen Emanzipationsprozess Sinnbild für Entwicklungsfreude und -fähigkeit. Ähnlich wie in der psychoanalytischen Theorie werden „die vielen Entwicklungsschritte, die während der präödipalen Entwicklung anfallen", und „die Bewältigung der verschiedenen ödipalen Konflikte [..., die] in aller Regel beim Jungen wie auch beim Mädchen eine gelungene ödipale Triangulierung" voraussetzt,[106] mit rassialisierenden Bildern beschrieben.

Es ist also davon auszugehen, dass Schaulust auch aus dem filmischen Durchleben eines auf kolonialen Tropen beruhenden Ödipuskomplexes entsteht, dessen Subjekt *weiß* konzipiert ist. Dies ist eine Lesart, die bereits Diawara im Rahmen seiner rassismuskritischen Lektüre okzidentaler Mainstream-Filmtexte als generelle Dekodierungsmöglichkeit angedacht hat. Er schreibt:

> In discussing the structure of myths, A. J. Griemas argues that at the basis of every story is a confrontation between *desire* and *law*. The Oedipus myth provides a point of reference for certain theories of spectatorship which argue that each story fascinates the spectator to the extent that it retells the primordial Oedipus narrative, with its confrontation of desire and patriarchal order.[107]

Der versagende und handlungseinschränkende Aspekt des durch die erfolgreiche Bewältigung des ödipalen Settings entstehenden Über-Ichs führt in die Nähe des von Mulvey herangezogenen Ich-Ideals, welches Freud als eine Partialstruktur beschreibt, die „die Funktion eines Vorbilds und eines Richters hat".[108] Es ist ein

---

[106] Mertens 1996: 113.
[107] Diawara 1988: 72.
[108] Während Lacan das Ich-Ideal sich vor allem im Spiegelstadium entwickeln sieht, ist dies bei Freud ein aus der Bewältigung des Ödipuskomplexes entstehendes Phänomen. „Da sowohl das Ich-Ideal als auch das Über-Ich handlungsanleitende und -regulierende Funktionen aufweisen, ist die Trennung, von den Funktionen her gesehen, nur analytisch zu rechtfertigen", schreibt Mertens. „Während das Ich-Ideal mehr die Vorbildfunktion verkörpert und seine Vorläufer in dem [sic] omnipotenten und grandiosen Selbstrepräsentanzen der kindlichen Erfahrungswelt hat, wird der Ausdruck Über-Ich zur Kennzeichnung der Verbotsfunktionen verwendet." (Mertens 1981: 119)

Über-Ich, das mit dem Gewissen und der Moral gleichzusetzen ist,[109] welche Fanon als ausschließlich *weiß* konstruiert entlarvt. Er schreibt:

> La conscience morale implique une sorte de scission, une rupture de la conscience, avec une partie claire qui s'oppose à la partie sombre. Pour qu'il y ait morale, il faut que disparaisse de la conscience le noir, l'obscur, le nègre.[110]

(*Weiß*-weibliche) Rezipierende können, so ist anzunehmen, beim Durchleben eines weiblichen Ödipuskomplexes auf der Leinwand schon durch die Identifikation mit der *weißen* Protagonistin, die sich von der als kastriert geltenden Mutter und damit auch von ihrer eigenen symbolischen Kastration wegbewegt und sich zum phallischen Vater hinwendet, eine Schaulust erleben. Denn was liegt näher, fragt der Psychoanalytiker Mertens, als „sich dem Vater mit aller Kraft zuzuwenden, ihm, den das Mädchen als Verkörperung von Privilegien und Autonomie betrachtet und von dem es nun eine Befreiung von seinem ‚minderwertigen Schicksal' als heranwachsende Frau erwartet?"[111]

Doch erst durch die Trennung vom Vater ist es der *weißen* Protagonistin und den sich mit ihr identifizierenden (*weißen*) Rezipierenden möglich, die väterlich-phallische Macht zu übernehmen, der sie sonst untergeordnet bleiben würden. Erst der Tod der Vaterfigur symbolisiert die erfolgreiche Bewältigung des weiblichen Ödipuskomplexes. Der eigene Vater bzw. dessen phallische Macht kann nun im eigenen (*weiß* konzipierten) Über-Ich verinnerlicht werden, so dass das daraus entstehende *weiße* Subjekt sich als „Einzelwesen in die [okzidental-patriarchal-*weiße*] Kulturgemeinschaft"[112] einzureihen und in dieser eine (machtvolle) Position einzunehmen vermag.

Wie aber gehen die sich mit der *weißen* Protagonistin identifizierenden Rezipierenden mit der Aufrechterhaltung der *weiß*-weiblichen Unterordnung unter *weiß*-männliche Macht um? Denn die vier von mir ausgewählten okzidentalen Spielfilme entlassen ihre Abenteuerheldinnen mitnichten aus der Unterordnung unter den *weißen* Mann. Die auf den ersten Blick aus ihrer weiblichen Rolle befrei-

---

[109] Mertens 1981: 126: „Im günstigsten Fall weist ein autonomes Über-Ich sehr klare vorbewußte und bewußte Vorstellungen von moralischen Handlungsprinzipien auf." Das Subjekt, das den Ödipuskomplex erfolgreich durchlaufen hat, gilt nach Freud als „reife" Persönlichkeit. Nur durch die in der Bewältigung des Ödipuskomplexes stattfindende Triebsublimation entsteht laut Freud Entwicklung, Fortschritt und Kultur. So sind für Freud Menschen mit Über-Ich entwickelt, Menschen ohne Über-Ich nicht. Dieses Konzept wird in der *weißen* Imagination und Psychoanalyse auch auf Gesellschaften übertragen. Tißberger nennt dieses der Psychoanalyse immanente Konzept ein „rassistisch codiertes Modell von Entwicklung", in dem „Reife oder Mündigkeit [...] an ihrer Entfernung zu Primitivität gemessen" werden. (Tißberger 2013: 19)
[110] Fanon 2015a: 187. Engl. Übersetzung Fanon 2008: 170: „Moral consciousness implies a kind of split, a fracture of consciousness between a dark and a light side. Moral standards require the black, the dark, and the black man to be eliminated from this consciousness."
[111] Mertens 1996: 38f.
[112] Mertens 1996: 24.

ten, im kolonialen Setting verorteten *weißen* Heroinnen erscheinen bei genauerem Hinschauen als vom *weißen* Manne abhängig. Denn solange männlich-*weiße* Filmfiguren anwesend sind, unterstehen alle vier Protagonistinnen jeweils mindestens einer solchen Filmfigur, die der *weißen* Protagonistin in ihrer gesellschaftlichen Positionierung überlegen und zum Teil sogar als „gottesnah" inszeniert ist.[113]

Dies entspricht der von Katharina Walgenbach festgestellten historischen Faktenlage, dass es „innerhalb der komplexen Matrix von Geschlechterverhältnissen [...] im kolonialen Kontext [...] zu diversen Verschiebungen" gekommen sei, bei denen die Privilegien *weißer* Männer jedoch immer unangetastet geblieben seien. So schlussfolgert Walgenbach, dass die „deutschen Kolonien [...] keine Foren der Frauenbefreiung, sondern Orte der Unterdrückung des Anderen" waren.[114] Die Soziologin Martha Mamozai beschreibt dieses Phänomen wie folgt:

> Für die Frauen fallen dann ansehnliche Brosamen ab vom reichen Tisch des deutschen Mannes. Sie werden nämlich ebenfalls bedeutend und anerkannt – als die Trägerinnen der deutschen Kultur schlechthin. Sie können materiell von der Unterwerfung anderer Völker profitieren. Selbst die ärmste weiße Frau ist noch ‚jemand' gegenüber den Nicht-Weißen. Diese Verinnerlichung der eigenen Unterdrückung bei gleichzeitiger (und meist nur scheinbarer) Teilhabe an der Macht führt zu grotesken Verhältnissen: die unterdrückten Frauen verteidigen die Welt der Männer, die unterjochten Völker ihre Eroberer.[115]

Diese Brosamen, die die *weiße* Frau vom *weißen* Manne erhält, wenn sie sich an der Unterwerfung nicht-*weiß* konstruierter Menschen beteiligt, erklären die weibliche Bereitschaft zu Unterordnung und Mittäterinnenschaft. Mamozai, die sich als eine der ersten Wissenschaftler_innen mit der Rolle der *weißen* Frau im Zeitalter des Kolonialismus beschäftigte, stellte diese Unterordnung der *weißen* Frau unter die „Führungskraft des [*weißen*, J.D.] Mannes" als von den Frauen verinnerlichte Selbstverständlichkeit heraus. Sie schrieb:

> Vielleicht liegt schon hier einer der Schlüssel, mit dem das Problem des Rassismus deutscher Frauen (und von Frauen überhaupt) erschlossen werden kann: Die eigene Unterordnung unter die ‚Führungskraft des Mannes' ist derart verin-

---

[113] *The Nun's Story*, Filmminute 2:01:51: Fremdcharakterisierung der *weiß*-männlichen Filmfigur Dr. Fortunati durch die *weiß*-weibliche Protagonistin: „I think always he's very close to god in those unearthly hours when he operates." Ähnlich wird der *weiße* Protagonist Denys von der *weißen* Protagonistin Karen in dem Film *Out of Africa* positioniert: er ermöglicht ihr durch den Flug über die afrikanistisch inszenierte Landschaft einen Blick durch „Gottes Auge" (siehe Unterkapitel 3.3.2 *Karen: emanzipierte Adlige*). Sister Luke ist sowohl dem Priester Father Andre als auch anderen männlichen Geistlichen untergeben, die bereits qua Funktion als Priester gottesnah positioniert sind.
[114] Walgenbach 2005a: 183.
[115] Mamozai 1989: 20.

nerlicht, daß daneben akzeptiert werden kann, ja ‚natürlich' erscheint, wenn auch andere, ja wenn ganze Völker eben dieser Führungskraft unterstellt werden.[116]

*Weiß*-weibliche Machtzuwächse zu Ungunsten Schwarzer Filmfiguren sind zwar auch in Anwesenheit *weiß*-männlicher Filmfiguren zu erkennen, doch nur dort, wo die Protagonistinnen sich ganz vom *weißen* Mann distanzieren können, erleben sie wirkliche Freiheit. So zeigen die Film-Enden, dass sich die *weiße* Protagonistin von der Unterordnung unter den *weiß*-bürgerlichen Mann nur befreien kann, indem alle männlichen Filmfiguren absent sind. Nur, weil zwei der Protagonistinnen in den Schoß ihrer (scheinbar ledigen) Mütter zurückkehren und eine in eine gänzlich offene Freiheit entlassen wird, kann die phallische Macht, die die *weißen* Frauen durch ihre Reise in den „dunklen Kontinent" errungen haben, als bleibend imaginiert werden. Maria hingegen, die bei der Rückkehr auf den europäischen Kontinent von einem *weißen* Mann begleitet wird, droht in die normierte Frauenrolle zurückzugleiten, die mit Passivität und Abhängigkeit assoziiert wird. So schreibt schon Nagl über das Filmende, Maria sei „eine passive Braut, die ‚lieber einen *weißen* Mann haben' will, statt in der Gender- und Rassengrenzen überschreitenden Anbetung durch schwarze Männer gefangen zu sein".[117] Phallisch können *weiße* Frauen scheinbar nur in einem Schwarzen oder ausschließlich weiblichen Raum sein und bleiben.

Der aufrechterhaltenen Unterordnung der *weißen* Frau unter den *weiß*-bürgerlichen Mann entsprechend entwickeln sich in den von mir ausgewählten Filmtexten im Gegensatz zu (fast) allen Schwarzen Filmfiguren nicht nur die *weißen* Protagonistinnen, sondern auch viele der *weiß*-männlichen Filmfiguren.[118] Ein besonders einschlägiges Beispiel ist hierfür Denys, der sich als „*weißer* (edler) Wilder" im Gegensatz zu Lemalian, dem „Schwarzen (grausamen) Wilden",[119] am Ende sogar zähmen lassen würde, käme nicht der ihn ereilende Tod dazwischen. *Weiße* sind – im Gegensatz zu Schwarzen –, so die im kinematografischen Diskurs des Okzidents verankerte Botschaft, entwicklungsfähig und können sich auf die Welt und die Bedürfnisse ihres Gegenübers zu bewegen. So wie die *weiße* „Farmbesitzerin" Karen am Ende von ihrem Besitzdenken loslassen kann, so kann sich der *weiße* Mann darauf einlassen, dass Liebe auch Verbindlichkeit bedeutet. Hinzu kommt, dass nicht nur das *weiße* Individuum als entwicklungsfähig inszeniert ist, sondern dass auch die *weiße* Gesellschaft an sich mit Kultur gleichgesetzt und im Gegensatz zu einem „unterentwickelten Afrika" als „entwickelt" dargestellt wird.[120]

---

[116] Ebd.
[117] Nagl 2009: 303.
[118] Siehe dazu ausführlich Unterkapitel *3.6.1 Schwarz symbolisierte Entwicklungsblockade*.
[119] Hierzu Unterkapitel *2.2 Weißsein als symbolischer Phallus* und *3.6.6 Mythos Schwarzer Gewalttätigkeit*.
[120] Dazu mache ich nähere Ausführungen in den Kapiteln *3.6.1 Schwarz symbolisierte Entwicklungsblockade* und *3.6.3 Infantilisierung*.

Die in den Filmtexten subtil aufrechterhaltene Unterordnung unter den *weiß*-*bürgerlichen* Mann, dessen intratextuelle Funktion es unter anderem ist, die auf der Machtachse Geschlecht kastrierte *weiße* Protagonistin entweder zu fetischisieren oder sadistisch abzuwerten,[121] ist notwendig, so meine These, um die Schaulust der sich am Rezeptionsprozess beteiligenden (*weiß*-)männlichen Rezipierenden nicht zu beeinträchtigen.

### 3.4.2 Mythos *weißen* Gutmenschentums

In ihrem sowohl autobiografischen als auch filmhistorisch interessanten Dokumentarfilm *Ende einer Vorstellung* aus dem Jahre 1987 vergleicht die katholisch sozialisierte, westdeutsche Filmemacherin Annelie Runge die Bilder der *weißen* Frau in der katholischen Kirche mit denen des Films. In dem von ihr selbst eingesprochenen Off-Text sagt sie über ihre Zeit als junge *weiße* Filmrezipientin im Deutschland der 1950er Jahre:

> Wenn ich amerikanische Filme sah, dann dachte ich immer über die Schauspielerinnen: ‚So bin ich nicht.' ‚So auch nicht.' ‚Und so noch viel weniger.' Aber alle Schauspielerinnen, die ich mochte, hatten etwas Gemeinsames. Welcher Nationalität sie auch waren.[122]

Es folgt eine lange Sprechpause. Auf der Bildebene werden in dieser Sprechpause zunächst Bilder von Schauspielerinnen aus verschiedenen Blockbustern, dann ein Filmausschnitt und schließlich kirchliche Skulpturen der Mutter Gottes und von Jesus zu sehen gegeben. (Auf der folgenden Seite sind einige Screenshots dieser Subsequenz zusammengestellt, die allerdings nicht in der im Film verwandten Reihenfolge angeordnet sind.) Der Off-Text geht weiter:

> Irgendwann begann ich den Vergleich zu ziehen zwischen dem, was ich im Film sah und dem, was meine Realität war. Ich erlag den Riten der katholischen Kirche und denen des Kinos gleichermaßen und meine damit, dass die Regisseure den Pfarrern viel abgeguckt haben müssen. Oder anders ausgedrückt: dass die Kirche in der Art ihrer Darstellung nach außen die Phantasie beflügelte.[123]

Annelie Runge stieß auf eine große Ähnlichkeit vieler *weiß*-weiblicher Mainstream-Filmfiguren mit der christlichen Ikonografie der Jungfrau Maria – unter ihnen befindet sich auch Sister Luke aus dem Film *The Nun's Story*.[124]

---

[121] Dazu genauer in Unterkapitel *3.7.1 Fetischisierung der weißen Protagonistin* und *3.7.2 Sadistische Abwertung der weißen Protagonistin*.
[122] *Ende einer Vorstellung*, Filmminute 0:54:40-0:55:03.
[123] *Ende einer Vorstellung*, Filmminute 0:56:29-0:57:03.
[124] Annelie Runge schreibt zu diesen Filmbildern in einer privaten Email im Mai 2016, „daß alle diese bekannten Schauspielerinnen Huren und Nonnen spielten, Ingrid Bergmann und Greta Garbo durften je eine Heldin und eine Spionin sein..."

# Deduktives Analyseverfahren 243

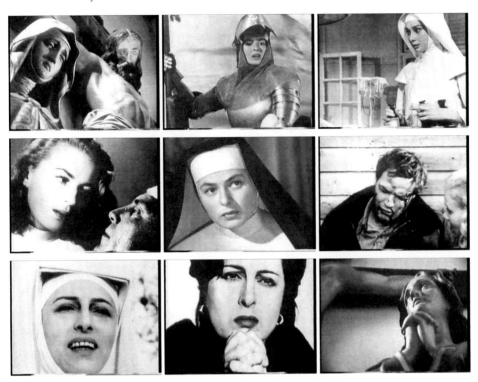

*Ende einer Vorstellung*, Filmminute 0:55:03-0:57:02.

Gilles Deleuze schreibt, als würde er die von Annelie Runge getätigte Aussage bestätigen:

> Gewiß, seit seinen Anfängen hatte das Kino ein besonderes Verhältnis zum Glauben. Es gibt eine Katholizität des Kinos. [...] Gibt es nicht auch im Katholizismus die große Inszenierung? Ist nicht auch das Kino ein Kult, der sich über Kathedralen verbreitet, wie Elie Faure sagte? Das Kino scheint als Ganzes unter die Formel Nietzsches zu fallen: ‚worin wir noch fromm sind'.[125]

Die von Deleuze und Runge angeführte „Katholizität des Kinos" spielt eine zentrale Rolle bei der Produktion *weiß*-weiblichen Gutmenschentums, welches in entscheidendem Maße zu der phallischen Inszenierung *weißer* Filmfiguren beiträgt. Denn das Gutmenschentum ist Teil des *weißen* und insbesondere *weiß*-weiblichen Ich-Ideals, das zur Identifikation einlädt. Es wird in den von mir untersuchten okzidentalen Filmtexten auf unterschiedliche Weise produziert: zum einen durch die von Runge und Dyer aufgezeigte marienähnliche Inszenierung *weiß*-weiblicher Hauptfiguren, zum anderen durch den in die Narration eingeschriebenen Mythos *weiß*-weiblicher Nächstenliebe und drittens durch die im Kino übliche Lichtsetzung, die *weiße* Weiblichkeit mit Göttlichkeit in Verbindung setzt.

---

[125] Deleuze 1989: 14.

Insbesondere in dem Film *The Nun's Story* stehen sowohl die marienähnliche Inszenierung als auch der in die Narration eingeschriebene Mythos *weiß*-weiblicher Nächstenliebe im Zentrum der kinematografischen Inszenierung.

*The Nun's Story*, Filmminute 1:04:35-1:04:57 (links) und 1:05:55-1:06:17 (rechts).

Neben der Tatsache, dass die *weiße* Protagonistin fast durchgehend als christliche Nonne dargestellt wird und dem Marienbild in Habitus, Gestus und Kostümierung sehr nahe kommt,[126] wird sie mit Madonnenfiguren in eine Kadrierung und damit in Sinnzusammenhang gesetzt (Screenshot oben links). Zudem startet die *weiße* Protagonistin bereits mit dem vorgeblich selbstlosen Ziel in ihr Abenteuer, Afrikaner_innen medizinische Hilfe zukommen zu lassen. Als sie auf dem Schiff nach Afrika reist (oben rechts), betet sie zu Gott: „Please god, let me do some good."[127]

Dieses vermeintliche Streben der *weißen* Frau, der Welt Gutes zu tun, wird schon in der ersten Filmsequenz vermittelt, in der die Subjektive der *weißen* Protagonistin auf das in ihrem Zimmer hängende Foto einer *weißen* Nonne fällt, die ein weiß gekleidetes afrikanistisch inszeniertes Kind auf ihrem Schoß hält. Die Protagonistin, die mit dem Ziel des „selbstlosen" Helfens in den Orden der katholischen Glaubensgemeinschaft eintritt, lässt dafür allen Reichtum hinter sich, begibt sich in eine Gemeinschaft, in der Menschen leben, die ihr schichtmäßig unterlegen sind,[128] und durchschreitet für die Realisierung ihrer Visionen dort einen langen Weg der Selbstkasteiung.

---

[126] Zur genauen Zeitangabe und detaillierteren Ausführung der marienähnlichen Inszenierung der *weißen* Protagonistin Gabby/Sister Luke siehe Unterkapitel *3.4.3 Weiße Weiblichkeit als globalisiertes Schönheitsideal*.
[127] *The Nun's Story*, Filmminute 1:06:13-1:06:16.
[128] *The Nun's Story*, Filmminute 0:07:50-0:08:19: Gabbys Vater trifft einen Patienten im Orden, den er einmal operiert hat und der ebenfalls seine Tochter zum Ordenseintritt begleitet. Sister Luke nimmt für ihren Traum, Menschen in Afrika zu helfen, so die Textaussage, sogar diesen sozialen Abstieg innerhalb der okzidentalen Gesellschaft in Kauf.

Der ausgesprochen redundant erscheinende und sich sehr in die Länge ziehende Leidensweg der *weißen* Protagonistin Gabby, den sie durch die Institution der *weiß*-patriarchalen Macht der katholischen Kirche beschreiten muss, um ihr „selbstloses" Ziel zu erreichen, erinnert an den im Kreuzweg dargestellten Leidensweg, den Jesus laut christlicher Mythologie angetreten ist, um die Menschheit von ihren Sünden zu befreien. Ihm wurde zum Spott eine Dornenkrone aufgesetzt, das Kreuz, an das er genagelt wurde, musste er einen Kilometer lang selbst tragen. Mehrfach brach er dabei unter der Last des Kreuzes zusammen, stand aber immer wieder auf, ließ sich ans Kreuz nageln, die Lippen mit Essig befeuchten und litt, bevor er durch den Tod erlöst wurde und im Lichte Gottes wieder auferstehen konnte, unter höllischen Qualen. Diesem christlichen Mythos nacheifernd tritt die *weiße* Protagonistin Gabby in Filmminute 0:10:30 in den Orden ein und kämpft sich während eines Drittels der überlangen Filmhandlung, fünfzig Filmminuten lang, an den Prüfungen ab, die der Orden ihr stellt bzw. die einige der ihr vorgesetzten (sadistischen) Ordensschwestern ihr abverlangen.

Als die *weiße* Nonne es endlich geschafft hat, durch alle Prüfungen und Instanzen hindurchzukommen und den von ihr ersehnten Kongo zu erreichen, betreibt sie das Helfen bis zur Selbstaufgabe,[129] Über-Erschöpfung und eigenen Erkrankung an Tuberkulose – eine Krankheit, die sie in Lebensgefahr bringt. Sie beginnt ihren dortigen Aufenthalt mit einem Rundgang durch ein Krankenhaus, in dem nur afrikanistisch konstruierte Hilfsbedürftige behandelt werden. Diese Sequenz dient der Inszenierung der Errungenschaften, die die *Weißen* dem afrikanistisch imaginierten Kontinent und seinen Menschen zu bringen vorgeben. Hier werden sechs Filmminuten lang Bilder vom Mythos des *weißen* Gutmenschentums aneinandergeschnitten, die *Weiße* gern von sich verbreitet wissen: *Weiße*, christliche oder medizinisch ausgebildete Helfer_innen bekehren die „ungläubigen Schwarzen", errichten Geburtsstationen, Schulen[130] und Einrichtungen zur Baby-Vor-

---

[129] In Filmminute 1:36:39 sagt Dr. Fortunati zu Sister Luke beispielsweise: „You comfort your patiens by listening to their troubles. Who listens to yours?"

[130] *The Nun's Story*, Filmminute 1:14:45-1:15:45: Diese Subsequenz, die die Schule zeigt, beginnt mit einer Totalen, die zwei Jugendliche darstellt, die unter Palmen auf dem staubigen Boden sitzen und mit Schlägern auf ausgehöhlte Baumstämme schlagen. Dahinter rennen Kinder fröhlich in die Richtung, in die kurz darauf auch die Kamera mit einem Schwenk folgt. Eine weiß gekleidete Nonne empfängt die Kinder liebevoll an einer kleinen überdachten Hütte ohne Wände und versucht, die in Massen anlaufenden Kinder in geordneten Bahnen durch den Eingang in das hüttenähnliche Schulgebäude zu lenken. Sister Luke und die sie führende Nonne treten hinzu. *Weiß*-weibliche Subjektive auf die mit dem Rücken zur *weißen* Frau in Reihen sitzenden Kinder, die sich erheben, um die *weißen* Nonnen im Chor zu grüßen. Sie sprechen eine nicht untertitelte afrikanische Sprache. Schließlich folgen alle Kinder der Armbewegung einer Nonne, die zum Sitzen auffordert. Dann sind die Kinder beim Lernen und Rezitieren zu sehen. Die *weißen* Nonnen sprechen in dieser Subsequenz fließend die Sprache der afrikanistisch konstruierten Filmfiguren. Bildung wird hier ganz deutlich als eine Errungenschaft von *Weißen* dargestellt.

und -Fürsorge, vor denen afrikanistisch inszenierte Mütter mit ihren Kleinkindern auf dem Arm in langen Warteschlangen für *weiße* Hilfe anstehen.[131]

*The Nun's Story*, Filmminute 1:15:44-1:16:06

Die Kamera schwenkt an dieser Menschenschlange entlang und endet auf einer an einem kleinen Tisch sitzenden, gänzlich weiß gekleideten *weißen* Nonne. Neben ihr auf dem Tisch steht eine Waage, in der ein nacktes Schwarzes Baby liegt. Die afrikanistisch konstruierten Mütter kommen, so vermittelt das Bild der langen Warteschlangen, in Scharen, um sich von den als weise und potent inszenierten *weißen* Nonnen helfen zu lassen. Direkt im Anschluss sind Schwarze Kinder- und Mutterfiguren zu sehen, die von *weißen* Nonnen zur Reinheit erzogen werden:

*The Nun's Story*, Filmminute 1:16:16-1:16:36.

In halbtotaler Einstellung sitzen zunächst fünf Schwarze Kleinkinder auf weißen Emailletöpfchen nebeneinander in Reih und Glied.[132] Daran schließt sich die Großaufnahme eines Babys an, das, von *weißen* Händen gehalten, in einer weißen

---

[131] Eine solche, auf die Behandlung von *Weißen* wartende Menschenschlange ist noch einmal zu sehen, wenn Sister Luke die Lepra-Station besucht (*The Nun's Story*, Filmminute 1:33:37).
[132] Screenshot siehe Unterkapitel *3.6.3 Infantilisierung*, Seite 393.

# Deduktives Analyseverfahren

Emailleschüssel gebadet wird.[133] Afrikanistisch-weibliche Filmfiguren wohnen diesem Baderitual mit glücklichen Gesichtern aufmerksam bei (Screenshots vorherige Seite unten). Die Präsenz dieser Gesichter verwandelt das Paradox, dass Schwarze Mütter von kinderlosen *weißen* Nonnen darüber aufgeklärt werden, wie Babys zu waschen sind, in eine ersehnte Hilfestellung.[134] Dass diese (paradoxe) Hilfeleistung das erklärte Ziel der *weißen* Filmfiguren ist, erklärt die Nonne, die Sister Luke über das Krankenhausgelände führt, explizit:

> Sister is teaching the mothers how to wash their children.

Kongolesische Mütter werden durch diese Inszenierungsstrategie als hilfsbedürftig, unwissend und unhygienisch konstruiert, *weiße* Nonnen kontrastierend dazu als Gutmenschen, die sich liebevoll um die verwahrlosten, afrikanistisch imaginierten Kinder kümmern. Die *weiße* Protagonistin wird damit erneut in eine hegemoniale Position gesetzt.

Diese der *weißen* Frau zugeschriebene mütterliche Hilfsbereitschaft wird noch einmal unterstrichen, als die beiden *weißen* Nonnen in einen Saal mit Wöchnerinnen eintreten. Schwester Luke tritt an eines der Betten heran und betrachtet eine glücklich lächelnde afrikanistisch inszenierte Mutter in mütterlicher Fürsorge aus der Nähe. Letztere liegt – anders als die im Außen auf staubigem Erdreich wartenden halbnackt inszenierten Schwarzen Filmfiguren – mit weißem Nachthemd zufrieden in einem weiß bezogenen Bett, neben ihr ein friedlich schlafendes Neugeborenes.

*The Nun's Story*, Filmminute 1:14:12-1:14:42.

---

[133] *The Nun's Story*, Filmminute 1:16:07-1:16:20. Der Gebrauch von Emailletöpfchen wird hier als okzidentale Errungenschaft inszeniert, die Sauberkeit, Gesundheit, Disziplin, Erfolg und ein langes Leben verspricht. Die Darstellung dient aber auch der Infantilisierung des afrikanistisch inszenierten Kontinents und seiner Bewohner_innen (vgl. Unterkapitel *3.6.3 Infantilisierung*).

[134] *The Nun's Story*, Filmminute 1:11:12-1:17:40.

Das Glück, das Mutter und Kind in dieser Inszenierung verkörpern, wird der Potenz der *weiß*-weiblichen Hilfsbereitschaft zugeschrieben. Diese Potenz drückt sich ebenso im installierten Blickregime aus: Während die *weiße* Protagonistin untersichtig zu sehen gegeben wird, fängt die Kamera die afrikanistisch inszenierte Filmfigur als Subjektive der Nonne aufsichtig ein.

Auch an anderen Stellen der Filmsequenz der Krankenhausbegehung wird die phallische Positionierung der Protagonistin durch den Einbau *weiß*-weiblicher Subjektiven gestärkt.[135] Diese Subjektiven ermächtigen die *weiße* Protagonistin, laden zur Identifikation ein und leiten den Blick der sich mit ihr identifizierenden Rezipierenden. Diesem *weiß*-weiblichen Blick werden auffällig oft Schwarze Filmfiguren als (hilfsbedürftige) Objekte ausgeliefert.[136] Gleichzeitig sind die *weißen* Subjektiven narrativ nicht als Voyeurismus in den Filmtext eingebettet, sondern durch die vorgenommene Inszenierung von „Nächstenliebe" motiviert. Denn die filmtextimmanent gegebene Begründung für die einzelnen Subjektiven liegt in dieser Subsequenz darin, dass sich die neu angereiste Nonne mit dem medizinischen Versorgungssystem im Kongo vertraut machen möchte, um anschließend helfen zu können.[137] Dass sie ihre Hilfe mit einem liebevollen und freudigen Lächeln anbietet, verdeutlichen die Einstellungen, die keine Subjektiven darstellen. Durch dieses Lächeln wird die Illusion *weiß*-weiblichen Gutmenschentums verstärkt.

Dieses Bild der unermüdlich helfenden *weißen* Frau wird auch in den Filmen *Out of Africa* und *Die weiße Massai* stark gemacht. In dem Film *Out of Africa* bemüht sich die *weiße*, als friedliebend dargestellte Protagonistin Karen fortwährend um das Wohl der auf ihrer „Farm" arbeitenden, afrikanistisch inszenierten „Kikuyus".[138] Sie sorgt sich um das entzündete, verletzte Bein des „Kikuyu"-Jungen Kamante und versucht, ihn mit liebevoller Überzeugungsarbeit und Belohnungsversprechungen dazu zu bringen, dass er sich in einem Krankenhaus behandeln lässt.[139] Sie nimmt den geheilten Jungen in ihr Hauspersonal auf, bringt ihm das Kochen

---

[135] Subjektiven der *weißen* Protagonistin Sister Luke: Filmminute 1:12:27 (Fetischkette um Hals einer Schwarz-männlichen Filmfigur); Filmminute 1:14:04 (Schwenk: Protagonistin schaut in den Raum der Wöchnerinnen); 1:14:09, 1:14:30 und 1:14:39 (Nahaufnahmen Wöchnerin mit Baby); 1:15:13 und 1:15:25 (Blick in das hüttenähnliche Schulgebäude).

[136] Vgl. Unterkapitel *3.5 Der phallische Blick: weißes Subjekt, Schwarzes Objekt*.

[137] Die Kamera fängt hier viele Schwarze Filmfiguren in Nah- und Großaufnahmen oder Situationen mit vielen afrikanistisch konstruierten Filmfiguren in Totalen ein. Es wirkt, als schaue die Kamera sich all dies aus der Perspektive der diese Situationen durchschreitenden *weißen* Protagonistin an, die ja gerade erst angekommen ist und all diese Eindrücke zum ersten Mal wahrnimmt. Mit ihr erkunden die in den Kinosesseln sitzenden Rezipierenden den afrikanistisch konstruierten und im Rahmen der kinematografisch erzeugten Realitätsillusion als „Afrika" ausgegebenen Kontinent.

[138] Wie in Unterkapitel *3.4.7 Weiße Geschichtsverfälschung* genauer dargelegt, wird ihre „Farm" im gesamten Film nicht einmal als „Plantage" bezeichnet, um, wie ich unterstelle, alles negativ Konnotierte nicht zulassen zu müssen und verdrängen zu können.

[139] *Out of Africa*, Filmminute 0:22:50-0:23:44, 0:34:48-00:35:38, 1:03:54-01:04:13.

bei und entlohnt ihn „sogar noch" für seine Dienste.[140] Für alle anderen afrikanistisch inszenierten Kinder ihrer „Farm" hat Karen immer eine kleine Leckerei in der Kleidungstasche. Als besonders gute und vorgeblich selbstlose Tat gründet sie für sie sogar eine Schule[141] und setzt sich dafür ein, dass das Oberhaupt der afrikanistisch imaginierten „Kikuyu"-Gemeinschaft die Kinder am Unterricht teilnehmen lässt.[142]

Auch das so typische Bild der Schlange stehenden afrikanistisch konstruierten Hilfsbedürftigen, die sich von *weißen* Filmfiguren medizinische Versorgung versprechen, wird bedient: Karen wird als Heilerin oder Krankenschwester inszeniert, die den vor ihrem Haus Wartenden unter Zuhilfenahme ihrer Hausapotheke zur Genesung verhilft. Und das, obwohl sie medizinisch gar nicht ausgebildet ist.[143]

*Out of Africa*, Filmminute 0:34:49-0:35:41.

Dieser befremdlichen Tatsache entspricht die von der Historikerin Lora Wildenthal wiedergegebene Aussage eines europäischen Arztes, der zur späten Kolonialzeit zum Besten gab, dass die Krankenpflege mehr noch als Wissen und Erfahrung, eine starke Frau mit einem mutigen Herzen und einer liebevollen Haltung brauche. Wildenthal schreibt:

> Advocates of 'female nursing' (*weibliche Krankenpflege*) never tired of asserting that femininity was itself the main qualification of a nurse.[144]

In ähnlicher Weise wird das Gutmenschentum der *weißen* Protagonistin in dem Film *Die weiße Massai* zur Schau gestellt, wenn Carola die in Lebensgefahr schwebende Entbindende ins Krankenhaus fährt oder sich gegen die gesundheitsgefährdende Beschneidung von jungen Frauen ausspricht.

---

[140] *Out of Africa*, Filmminute 1:37:50-1:39:03. Vgl. Unterkapitel *3.6.3 Infantilisierung*.
[141] *Out of Africa*, Filmminute 1:10:40-1:12:15, 1:14:37-1:14:47.
[142] *Out of Africa*, Filmminute 1:09:00-1:09:30.
[143] *Out of Africa*, Filmminute 1:47:10-1:47:14: Diese lange Warteschlange sagt indirekt auch aus, dass Karens heilsamer und unterstützender Umgang mit Kamante von den Schwarzen Filmfiguren für so überzeugend gehalten wird, dass sie bei ihr medizinische Hilfe suchen. Das *Weißsein* der Protagonistin scheint ihr die notwendige Kompetenz zu verleihen.
[144] Wildenthal 2001: 14.

Zudem wird auch in diesem Film das Glück von Mutter und neugeborenem Kind einer rein *weiß* konzipierten Hilfsbereitschaft und Kompetenz zugeschrieben, ohne die möglicherweise weder die *weiße* Protagonistin noch ihr Kind die Geburt überlebt hätten.

*Die weiße Massai*, Filmminute 1:38:28-1:38:42.

Zwar wird die aufsichtige Subjektive auf Mutter und Kind zunächst dem afrikanistisch inszenierten Vater zugeordnet, doch verschmilzt dieser alsbald in kindlicher Position mit der mütterlich inszenierten *weißen* Protagonistin.

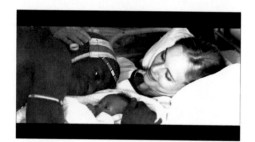

*Die weiße Massai*, Filmminute 1:38:42-1:39:10.

Diese Figurenanordnung verweist auf die in den Filmtext implementierte hierarchische Anordnung von *weißer* Frau und Schwarzem Mann.[145] Während die *weiße* Protagonistin unter Lebensgefahr das Kind zur Welt gebracht hat, bestand der Beitrag des Schwarzen Protagonisten darin, sich diesmal nicht geweigert zu haben, eine unter Geburtskomplikationen leidende Frau in ein Verkehrsmittel zu heben, das zugleich als Sinnbild von „Zivilisation" fungiert. Hier ist es das Flugzeug, in der Subsequenz, in der Carola eine Schwarze Gebärende rettet, Carolas Auto.

Dass die *weiß*-weiblichen „Gutmensch"-Charaktere den Hilfsgesuchen Schwarzer Filmfiguren in mütterlicher Fürsorge nachkommen, verdeutlicht nicht nur der Film *Die weiße Massai*, sondern auch die Filme *The Nun's Story* und *Out of*

---

[145] Vgl. Unterkapitel *3.6.3 Infantilisierung*.

*Africa* durch Bilder, die die jeweilige *weiße* Protagonistin mit einem afrikanistisch inszenierten Kleinkind auf dem Arm zu sehen geben.[146]

*The Nun's Story* (1959), Filmminute 1:16:34-1:17:11.

*Out of Africa* (1985), Filmminute 2:07:58-2:08:03.   *Die weiße Massai* (2005), Filmmin. 1:56:31-1:57:57.

Dyer betont, dass die Form der Elternschaft, insbesondere der Mutterschaft in den vom Okzident beeinflussten Kulturkreisen ebenso fundamental vom Christentum geprägt sei wie die gelebte Sexualität. Auch der große Wert, der dem Leiden und der Schuld beigemessen werde, sei auf das Christentum zurückzuführen. Denn das christliche Denken und Fühlen sei konstitutiv für das Bewusstsein sowohl Europas als auch der europäischen (Ex-)Kolonien (insbesondere der USA).[147]

Wie subtil die *weiße* Protagonistin durch die Nachahmung christlicher Ikonografie in Mütterlichkeit und Gutmenschentum gestärkt wird, ist an der Subsequenz des Films *Out of Africa* zu erkennen, in der Karen die Löwen besiegt.[148] Die Dornen, die Farah der *weißen* Abenteuerheldin nach dem Kampf aus Karens heller, blutig gekratzter Haut entfernt, konnotieren die *weiße* Protagonistin sowohl mit der Jungfrau Maria, die sexuell rein empfangen kann und das Kind Gottes gebiert, als auch mit Moses, der das Volk Israel aus der Hand der Ägypter befreit und hinführt

---

[146] *The Nun's Story*, Filmminute 1:15:45-1:16:06.
[147] Dyer 1997b: 15, 17.
[148] *Out of Africa*, Filmminute 0:48:56-0:51:10. Vgl. *3.4.1 Weiß symbolisierter Emanzipationsprozess als Frau*.

in ein weiträumiges Land, in dem Milch und Honig fließen.¹⁴⁹ Denn der Dornbusch, der seine Dornen in Karens Haut hinterlassen hat, ist ein in der altchristlichen Kunst häufig anzutreffendes Motiv. Zahlreiche Gemälde des Mittelalters zeigen Moses *vor* einem brennenden Dornbusch oder Maria mit dem Jesuskind auf ihrem Arm im Zuge der – speziell im 15. Jahrhundert – gesteigerten Marienverehrung *im* Dornbusch.¹⁵⁰ Eines dieser Gemälde stammt von Nicolas Froment:

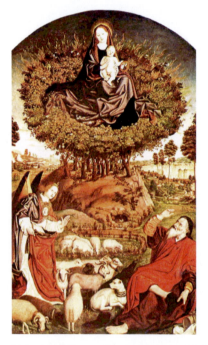

Links: Gemälde von Nicolas Froment: Maria im brennenden Dornbusch (1476, Teil eines Triptychons). Rechts: *Out of Africa*, Filmminute 0:51:30-0:51:53.

Karens Körperhaltung im Zeltinneren ähnelt der Körperhaltung Marias auf dem von Froment gemalten Triptychon: Beide Frauen werden sitzend dargestellt, beide halten den Kopf leicht nach vorn rechts gebeugt. Die Augenlider beider Frauen sind – im Film zumindest zeitweise – geschlossen. Die Helligkeit ihrer Haut wird in beiden Darstellungen besonders betont. Froment lässt Marias Gesicht in einem tatsächlichen Weiß erstrahlen und umrahmt es zudem auf der einen Seite mit einem dunklen Himmel, auf der anderen Seite mit Marias schwarzem Gewand; im Film verstärkt nicht nur die Lichtsetzung, sondern auch der Gegensatz zu Karens dunklem Haar und zur Präsenz der Schwarzen Filmfigur Farah die Helligkeit von Karens Gesicht. Die *weiße* Protagonistin wird durch diese Inszenierung zugleich

---

¹⁴⁹ Die Bibel, Altes Testament (2. Mose 3:17 bzw. *Exodus 3,1ff.).
¹⁵⁰ Hartmann (o. J.): „Dornbusch, brennender".

zum Objekt des Blicks der Rezipierenden. Madonnengleich wird Karen zu sehen gegeben, ohne den Blick, der sie trifft, zu erwidern. Sie verkörpert damit das Ideal *weiß*-weiblicher Schönheit in einer christlich geprägten, patriarchalen Welt.[151]

Dass die in den beiden (Kunst-)Werken dargestellten Männer – einmal Josef, das andere Mal Farah – das *weiß*-weibliche Blickobjekt trotz dessen hingebungsvoller Körperhaltung nicht sexuell zu begehren scheinen, mag daran liegen, dass die Jungfrau Maria „Eigentum Gottes" ist und der irdischen Sexualität nicht zur Verfügung steht. Denn dass hier „Gott" seine Hand im Spiel hat, weiß auch Farah: „God is happy, Msabu. He plays with us." Farahs fürsorglicher und zärtlicher Umgang mit der *weißen* Heroin soll erneut zeigen, dass er ihre *weiße* Herrschaft gut heißt.[152] Er handelt laut Filmtext nicht aus sexueller Erregung, sondern aus „ergebener Dienerschaft".[153]

Gleichzeitig liegt in dieser Subsequenz der Vergleich der *weißen* Protagonistin mit Moses nahe. Denn Karen ist diejenige, die die von ihr geführten afrikanistisch inszenierten Männer gegen die Gefahren des „dunklen Kontinents" verteidigt und den von ihnen geformten „Treck" in ähnlicher Weise anführt wie Moses das Volk der Israeliten. Ihre Filmfigur trägt als Europäerin die „Zivilisation" in den afrikanistisch imaginierten Raum und leitet die Schwarzen Filmfiguren symbolisch in ein Land, „in dem Milch und Honig fließen": in das Camp der *weiß*-männlichen Filmfiguren, das als pars pro toto für die „zivilisierten Sitten" des Okzidents steht. So endet die Sequenz, in die die Subsequenz eingebettet ist, mit einer Subjektive der auf das Kriegscamp ihres Mannes zureitenden Karen, die aus der Vogelperspektive auf eine große Menge sie wort-, weil fassungslos anstarrender *weißer* Männer blickt. Die Menge teilt sich, um Karen passieren zu lassen – ganz so wie das sich teilende Meer, durch das Moses das von ihm zu rettende Volk führt.

*Out of Africa*, Filmminute 0:51:53-0:52:24.

---

[151] Vgl. Dokumentarfilm *Ende einer Vorstellung* und das Unterkapitel *3.4.3 Weiße Weiblichkeit als globalisiertes Schönheitsideal* der vorliegenden Arbeit.
[152] Vgl. Unterkapitel *3.7.1 Fetischisierung der weißen Protagonistin*.
[153] Vgl. Unterkapitel *3.6.5 De- und Hypersexualisierung*.

Dass es eine göttliche Stimme ist, die der *weißen* Hauptfigur – aus dem Dornbusch sprechend – diesen Auftrag erteilt, lassen nicht nur Farahs Worte erahnen, sondern auch die Ähnlichkeit der filmischen Inszenierung der oben besprochenen Subsequenz mit einem Gemälde, das dieses christliche Motiv auf Leinwand bannt.

Links: Gemälde von Jean-Baptiste van Loo: „Moses vor dem brennenden Dornbusch" (1714).
Rechts: *Out of Africa*, Filmminute 0:48:58-0:49:02.

Das 1714 von Jean-Baptiste van Loo angefertigte Gemälde „Moses vor dem brennenden Dornbusch" zeigt einen *weißen*, in karger Landschaft knienden Menschen, der durch drei ihn umgebende weiße Schafe und durch einen langen, auf dem Boden liegenden Stock als Hirte zu erkennen ist. Die von ihm gehüteten Schafe sind metaphorisch als „Schafe Gottes" zu lesen. Sein blau-weißes Gewand ist so leger um ihn geschwungen, dass es, ähnlich wie bei Karen, den Blick freigibt auf seine *weiße* Schulterpartie, die allerdings, anders als bei Karen,[154] nicht blutig zerkratzt ist.

Mit der linken Hand zieht er sich als Zeichen der Ehrfurcht vor dem „Heiligen Land" seinen linken Schuh aus, die rechte streckt er gen Himmel und bildet auf diese Weise mit seinem ganzen Körper eine weiße Diagonale von unten rechts nach oben links mit dem dort erscheinenden Gott, der als alter *weißer* Mann mit weißen Haaren und rauschendem weißen Bart dargestellt ist und dessen linke Hand den Zeigefinger in Richtung Moses streckt. Die beiden werden durch den aufsteigenden weißen Rauch des brennenden Dornbuschs visuell und damit auch kognitiv miteinander verbunden. Der Rest des Himmels ist dunkel und geht in die ebenfalls dunkel gehaltenen Baum- und Buschkronen über.

Viele dieser Bildelemente sind auch in der Subsequenz der nächtlichen Kampfszene mit den Löwen enthalten: Karen befindet sich, beige gekleidet, in einer ähnlich kargen Landschaft wie sie van Loo zeichnete. Statt von Schafen ist

---

[154] Vgl. dazu Screenshot in Unterkapitel *3.4.1 Weiß symbolisierter Emanzipationsprozess als Frau*.

Karen von einer Ochsenherde und von Schwarzen Filmfiguren umgeben, die herdenähnlich inszeniert werden.[155] Die filmische Parallele zum aufsteigenden weißen Rauch auf dem Gemälde ist der im Kampf aufwirbelnde Staub, der durch die Beleuchtung des Sets ebenfalls weißlich erscheint.

*Out of Africa*, Filmminute 0:50:11-0:50:31.

Der Dornbusch hat in beiden (Kunst-)Werken eine Lichtquelle aufzuweisen: was auf dem Gemälde als Feuer zu sehen ist, das im Dornbusch brennt, ohne ihn zu verzehren, wird im Film durch künstliche Lichtsetzung erzeugt, die suggeriert, dass zwei an Bäumen hängende Petroleumlampen den Busch im Dunkel der Nacht erleuchten. Zusätzlich erhält der Dornbusch im Film durch Nah- und Detailaufnahmen einen zentralen Stellenwert.[156] Karen befindet sich zuweilen, der Mutter Gottes gleich, *im* Dornbusch, zuweilen aber auch wie Moses *vor* dem Dornbusch. Am Ende der Subsequenz kniet sie sogar (neben dem verendenden Ochsen) wie der Hirte auf Loos Gemälde, in der Hand statt des Hirtenstabes die Peitsche. Die Beleuchtung verbindet Karen mit dem Göttlichen, da nur Karen und der Dornbusch im Dunkel der Nacht mit Lichtquellen versehen sind.

Auffällig erscheint, dass Karens Kleidung zwar hell, aber während des Kampfes dunkler ist als die Kleidung der meisten hier sichtbaren Schwarzen Filmfiguren, deren Gewänder und Hemden zum Großteil ein reines Weiß aufweisen.

*Out of Africa*, Filmminute 0:50:31-0:51:28.

---

[155] Vgl. Unterkapitel *3.6.2 Dehumanisierung*.
[156] *Out of Africa*, Filmminute 0:50:21-0:50:27.

Das könnte, nach Dyers Theorie, darauf hinweisen, dass Karen durch ihr mutiges Verhalten an dieser Stelle die in okzidentalen Filmen etwas dunkler gehaltene männlich konnotierte, phallische Rolle übernimmt und die afrikanistisch konstruierten Filmfiguren in der heller gehaltenen, nach Mulvey „kastrierten", weiblich konnotierten Geschlechterrolle gezeigt werden.

Diese Interpretation der Kostümierung wird durch Karens Bereitschaft erhärtet, im Kampf gegen die bösen Gewalten, die in dieser Subsequenz von den Löwen repräsentiert werden, ihr Leben zu riskieren. Der Anblick ihrer von Dornen zerfurchten Haut[157] weckt Assoziationen, die sie zu einem weiblichen Jesus werden lassen. Auch Jesus, der durch sein Märtyrium die Menschheit von Sünde und Tod befreit hat, hat die Schmerzen einer Dornenkrone ertragen, die auf seiner Haut blutige Spuren hinterließ. Die *weiße* Frau wird unter anderem durch diese subtil wirkende, der christlichen Ikonografie nachempfundenen Inszenierung überzeugend als „zivilisiert" und friedliebend dargestellt. Die Konstruktion der *weißen* Protagonistin als Gutmensch schreibt sich auf diese Weise effektiv und unbemerkt in das (Un-)Bewusste der Rezipierenden ein.

Eine ähnlich androgyne Verankerung in christlicher Mythologie erfährt die *weiße* Protagonistin Maria aus dem Film *Eine Weiße unter Kannibalen (Fetisch)*. Den Namen der Mutter Gottes tragend, wird sie als Kind allein in einem Boot vor der afrikanistisch imaginierten Küste treibend von einer Schwarz-männlichen Filmfigur gefunden und aufgenommen.[158] In diesem Moment trägt sie „ein sauberes, strahlend weißes Kleid, das sie ikonografisch wie ein [sic] Engel von ihren späteren Anhängern abhebt."[159] Diese Inszenierung weckt sowohl christlich als auch psychoanalytisch konnotierte Assoziationen, die nicht nur durch Namensgebung und engelsgleiche Darstellung entstehen, sondern auch, weil laut Mythologie sowohl Moses als auch Ödipus als Baby in einem Binsenkörbchen auf einer Wasserfläche ausgesetzt, gefunden und von Zieheltern aufgezogen wurden. Zu dem Bild des weiblichen Engels schreibt Dyer:

> The angelically glowing white woman is an extreme representation, precisely because it is an idealisation. [...] The white woman as angel was in these contexts both the symbol of white virtuousness and the last word in the claim that what made whites special as a race was their non-physical, spiritual, indeed ethereal qualities. It held up an image of what white women should be, could be, essentially were, an image that had attractions and drawbacks for actual white people. [...] The ideal itself [...] accorded white women a position of moral superiority.[160]

---

[157] Vgl. Unterkapitel *3.4.1 Weiß symbolisierter Emanzipationsprozess als Frau*.
[158] Vgl. Nagl 2009: 299.
[159] Nagl 2009: 300.
[160] Dyer 1997b: 127, 130.

Diese mit einer engelhaften Inszenierung in Verbindung stehende moralische Überlegenheit und körperlose Gottesnähe färbt sogar auf Audrey Hepburn als Darstellerin von Sister Luke ab. Sei es, dass Hepburn „ein stiller, ernsthafter Engel" genannt wird,[161] sei es, dass der Filmkritiker Sabel in ihrer Figur eine „schier körperlose Seele" erkennt, hervorhebend, „welcher Reiz des Körperhaften" dennoch von ihr ausgeht.[162] Noch post mortem erklärte der Pastor, der sie getraut und ihren Sohn getauft hatte, sie sei „ein Engel im biblischen Sinne"[163] gewesen, andere „intime Freunde" konstatierten, Gott habe nun „einen wunderschönen Engel mehr"[164] und es handele sich um die „Heimkehr einer wahren Heiligen".[165]

Um *weiß*-weibliche Filmfiguren vom Physischen zu befreien und sie damit in Gottesnähe zu setzen, wird ihnen laut Dyer häufig zusätzlich mittels spezieller Beleuchtungstechniken ein sie mit Licht umgebender Heiligenschein verliehen. Sydney Pollack, der Regisseur des Films *Out of Africa*, beschreibt explizit, wie wichtig ihm dieses aus dem Hintergrund kommende, gleißende Licht, das entscheidend zu der von Dyer angeführten Heiligenscheinwirkung beiträgt,[166] für die Inszenierung seiner *weißen* Protagonist_innen gewesen ist – allerdings sowohl für die männlichen als auch für die weiblichen. Im Zusatzmaterial der DVD erklärt er:

> As I watch this now, I'm very aware of the backlight which, I think, audiences in general aren't. But it's a terrible cheat. You essentially have to shoot pretty much the same direction when you are supposedly shooting 180 degrees in the opposite direction as you would be when two people look at each other. We literally shot every single shot with the light behind the people. It was the only way to get a soft flesh tone in this, kind of, terribly harsh light.[167]

*Out of Africa*, Filmminute 1:43:47-1:45:28.

---

[161] Bittermann 1959.
[162] Sabel 1960.
[163] Thain/Stresau 1993: 201.
[164] Thain/Stresau 1993: 201f.
[165] Thain/Stresau 1993: 202.
[166] Dyer 1997a: 20f.
[167] Out of Africa, Zusatzmaterial DVD 1: „Feature commentary with director Sydney Pollack", Filmminute 1:43:40-1:44:26.

Pollack erwähnt zwar den Aspekt des durch diese Lichtnutzung entstehenden Heiligenscheineffekts nicht, spricht an dieser Stelle aber explizit von einer durch die Lichtinszenierung vorgenommenen Täuschung des Publikums, die das Publikum seiner Meinung nach normalerweise nicht bemerkt. Die von Pollack beschriebene Inszenierungsstrategie wird im Anschluss an seine Aussage circa eine Minute lang an einer Subsequenz beispielhaft aufgezeigt (siehe Screenshots vorherige Seite).

Dass eine solche Reproduktion christlicher Lichtsymbolik und Ikonografie die *weiße* Frau nicht nur als göttlich verbunden, transzendent und geistig überlegen erscheinen lässt und im Sinne ihrer angeblichen Superiorität über Schwarze Menschen dar- und herstellt,[168] sondern *Weißsein* in großem Maße auch mit *weißem* Gutmenschentum in Verbindung bringt, scheint auf der Hand zu liegen. „Le péché est nègre comme la vertu est blanche", schreibt Fanon.[169]

*Die weiße Massai*, Filmminute 1:04:31-1:04:55.

Der Mythos *weißen* Gutmenschentums, den die *weißen* Heldinnen verkörpern, wird in allen vier Filmen zusätzlich durch die Konstruktion *weißer* Nebenfiguren gestärkt, die dazu beitragen, Tugend und Moral, wie von Fanon konstatiert, als rein *weiß* zu charakterisieren. Denn auch diese Nebenfiguren erzeugen die Realitätsillusion, *Weiße* seien jederzeit zu helfen, zu vergeben und sich märtyrerhaft aufzuopfern bereit.

So steigt beispielsweise Fred Holm in dem Film *Eine Weiße unter Kannibalen (Fetisch)* von seinem Pferd, um in „christlicher Nächstenliebe" die Not eines am Wegesrand sitzenden bettelnden Menschen zu lindern – eine, so soll es scheinen, dem *Weißen* genuin eigene Hilfsbereitschaft, die der als „Bettler" verkleidete afrikanistisch imaginierte „Fetischmann" auszunutzen weiß: Als „Dank" fesselt Letzterer den „hilfsbereiten Edelmann" und lässt ihn als Fraß für die Tiere liegen.[170] Auch der Fabrikbesitzer Stüven charakterisiert sich selbst als Gutmenschen, wenn er zu

---

[168] Fanon 2008: 166: „The archetype of inferior values is represented by the black man."
[169] Fanon 2015a: 135. Engl. Übersetzung (Fanon 2008: 118): „Sin is black as virtue is white."
[170] *Eine Weiße unter Kannibalen (Fetisch)*, Filmminute 0:46:11-0:46:55. Vgl. Unterkapitel *3.6.6 Mythos Schwarzer Gewalttätigkeit*.

der ihn beklauenden ehemaligen Geliebten sagt: „Ist das der Dank, daß ich Dich von der Straße auflas?"[171]

Dass diese Hilfsbereitschaft *weißer* Filmfiguren bis zum Märtyrertum reicht, verkörpern vor allem die *weißen* Nebenfiguren des Films *The Nun's Story*, die bereit sind, für die von ihnen angestrebte „Rettung" der afrikanistisch inszenierten Filmfiguren ihr eigenes Leben zu opfern. Eine dieser Nebenfiguren ist der Missionar Father Vermeulen, den Sister Luke kennenlernt, nachdem sie als medizinisch übermäßig talentierte Krankenschwester mangels Arzt in Eigenregie einen *weißen* Priester operiert und ihm dadurch sowohl Bein als auch Leben erhalten hat.[172] Durch diese gelungene Notoperation in ihrer Potenz als *weiße* Frau gestärkt, fährt die Protagonistin im Auftrag Doktor Fortunatis alsdann furchtlos in ein Lepra-Gebiet und lernt dort den *weißen* Missionar kennen, der sein eigenes Leben für die Heilung afrikanistisch inszenierter Lepra-Kranker hingibt. Durch die Unterstützung der Kranken ist er selbst an Lepra erkrankt. Dieser Gefahr war er sich, wie er selbst angibt, zu Beginn seiner „Mission" durchaus bewusst.[173]

Dass ihm seine selbstlose Aufopferung als genuin *weiße* Eigenschaft zugeschrieben wird, vermittelt die von ihm wiedergegebene Erzählung, die schildert, wie unempathisch die gleichzeitig zu sehen gegebenen Schwarzen Filmfiguren mit Lepra-Kranken umzugehen pflegen.[174] Der „*weiße* Heilige der Lepra-Siedlung", wie ihn der Filmtext nennt,[175] ist für die *weiße* Protagonistin ebenso wie Doktor Fortunati und ihr eigener Vater ein Vorbild *weißen* Gutmenschentums, das in unmittelbarer Nähe zur Göttlichkeit steht. Über Doktor Fortunati sagt Sister Luke explizit:

> I admire him deeply for his skill and selflessness when there is a life to be saved.
> I think always he is very close to god in those unearthly hours when he operates.[176]

Nicht nur Father Vermeulen, auch Gabbys Vater opfert am Ende des Films sein eigenes Leben für den Versuch, das Leben anderer Menschen zu retten – ganz nach dem Vorbild Jesu Christi.

Ähnlich aufopferungsvoll ist die Filmfigur von Sister Lukes *weißer* Ordensschwester konstruiert, die von dem afrikanistisch inszenierten Mann ermordet wird. Sie ist bereit, ihr Leben zu geben, um die Schwarz-männliche Filmfigur Ilunga von einem (filmtextimmanent) als falsch bewerteten Glauben zu erlösen. Denn in der Subsequenz, die der Mordsequenz vorausgeht, verbalisiert sie ihre

---

[171] *Eine Weiße unter Kannibalen (Fetisch)*, Filmminute: 0:12:15-0:12:21.
[172] *The Nun's Story*, Filmminute 1:27:00-1:29:30.
[173] Diese Information ist dem Dialog mit Sister Luke in Filmminute 1:33:56-1:34:54 zu entnehmen.
[174] *The Nun's Story*, Filmminute 1:30:09-1:35:09. Vgl. Unterkapitel *3.6.6 Mythos Schwarzer Gewalttätigkeit*.
[175] *The Nun's Story*, Filmminute 1:30:05: Father Vermeulen wird hier als „white saint of the leper colony" benannt.
[176] *The Nun's Story*, Filmminute 2:01:46-2:01:55.

diesbezügliche Opferbereitschaft explizit: „I would give anything if I could convert him."[177] Dass sie, wenn auch unfreiwillig, sogar ihr eigenes Leben für dieses Ziel hergibt, lässt sie Jesus gleich werden.

Die tatsächliche Bekehrung Ilungas gelingt der ermordeten Ordensschwester allerdings nicht allein durch ihren eigenen Tod, sondern bedarf noch der Mithilfe der engelsgleich inszenierten *weißen* Protagonistin, die in ihrer christlichen Vergebungsmoral so beeindruckend ist, dass sie Ilunga damit zum „richtigen Glauben", dem Christentum, bekehrt: Sister Luke vergibt dem Mörder ihrer *weißen* Ordensschwester in ähnlich grenzenloser Gutmütigkeit wie die *weiße* Gouverneurstochter in dem Film *Eine Weiße unter Kannibalen (Fetisch)* ihrer vergifteten Liebeskonkurrentin verzeiht, wenn sie ihr ein Gegengift verabreicht.[178] Dieser Mythos übergroßer (weiblich-)*weißer* Vergebungsbereitschaft wird durch den Dialog naturalisiert, der sich entspannt, nachdem Sister Luke ohne Hass auf die Schwarze Nebenfigur Ilunga zugekommen ist, um nach dem Motiv des Mörders zu fragen:

> Ilunga: "You are not angry with us?"
> Sister Luke: "There is no place in our hearts for anger."
> Ilunga: "But this killing, Mama Luke!"
> Sister Luke: "Not even then. [...] We have been taught to forgive."[179]

Während die Frage Ilungas vermittelt, dass mit dem afrikanistisch inszenierten Mörder zugleich alle Schwarzen Filmfiguren schuldig geworden seien, verstärkt die Antwort der *weißen* Protagonistin diesen Eindruck und weitet das der Protagonistin zugeordnete Gutmenschentum, welches die Schwarze Filmfigur den Dialog vor Bewunderung sprachlos enden lässt, auf *weiße* Christ_innen im Allgemeinen aus.

Dieser Darstellung *weißen* Gutmenschentums entsprechend, töten *weiße* Filmfiguren in allen vier untersuchten okzidentalen Spielfilmen, wenn überhaupt, dann ausschließlich aus Notwehr. Fred Holm beispielsweise muss für seine Flucht aus der lebensbedrohlichen Situation eine ihn bewachende afrikanistisch inszenierte Filmfigur würgen, die zunächst tot zu Boden zu fallen scheint, später jedoch wieder erwacht, weil es sich offensichtlich nur um eine Ohnmacht gehandelt hat.[180] Und wenn die *weiße* Protagonistin Maria den afrikanistisch konstruierten „Fetischmann" ersticht, so tut sie dies laut Filmtext nur, um das Leben der *weiß*-männlichen Hauptfigur zu retten. Hätte die *weiße* Frau ihn nicht getötet, hätte er den *weißen* Mann umgebracht. Indem der Schwarze („Fetisch"-)Mann als „mordlustiger

---

[177] *The Nun's Story*, Filmminute 1:47:21-1:47:26.
[178] Nagl 2009: 299.
[179] *The Nun's Story*, Filmminute 1:49:54-1:50:20.
[180] *Eine Weiße unter Kannibalen (Fetisch)*, Filmminute 0:35:05-0:35:26 (Würgen) und Filmminute 0:35:57-0:36:25 (Erwachen. Dabei zeigen die ihn beim Erwachen umgebenden afrikanistisch konstruierten Filmfiguren an seinem Gesundheitszustand wenig Interesse. Vielmehr erregt sie das Verschwinden des *weißen* Gefangenen, für das der am Boden Liegende noch beschimpft wird.)

Kannibale" und damit als gemeingefährlich inszeniert ist, wird der von der *weißen* Protagonistin ausgeführte Mord vom Filmtext als legitim, weil rational begründbar bewertet. Anhand dieses Beispiels wird deutlich, wie sehr die Konstruktion von Schwarzen als „gewalttätige Kannibalen" zur Produktion *weißen* Gutmenschentums herangezogen wird.

Nur die *weiße* Nebenfigur des Kapitäns sorgt in dem Film *Eine Weiße unter Kannibalen (Fetisch)* aus Böswilligkeit für die Ermordung von Marias Vater – allerdings führt der Kapitän den Mord nicht eigenhändig aus, sondern beauftragt damit die asiatisch konstruierte Filmfigur des „Bösewichts", welche den Kapitän zur Ermordung des *weißen* Mannes überhaupt erst überredet hat. Alle anderen *weißen* Filmfiguren der vier untersuchten okzidentalen Spielfilme handeln, wie oben dargelegt, wenn sie morden, lediglich, um das Leben *weißer* Filmfiguren zu retten.

Durch eine marienähnliche und engelsgleiche Inszenierung der *weißen* Protagonistinnen, durch christliche (Licht-)Ikonografie und durch den von *weißen* Haupt- und Nebenfiguren in die Narration getragenen Mythos *weißer* Nächstenliebe, Friedfertigkeit, Hilfs- und Vergebungsbereitschaft werden die *weißen* Heldinnen in die Nähe von Göttlichkeit gestellt. Diese mit der christlichen Symbolik und dem Gutmenschentum in Zusammenhang stehende Gottesnähe *weißer* Filmfiguren, welche, wie für Hepburn dargelegt, sogar auf die Darsteller_innen übergehen kann, benennt auch Annelie Runge, wenn sie über das Bild eines aufgeschlagenen, brennenden Buches, das auf der einen Seite Marlon Brando, auf der anderen Greta Garbo zu sehen gibt,[181] folgenden Off-Text legt:

> ‚Du sollst keine fremden Götter neben mir haben.', sagte im Religionsunterricht der Pfarrer. Ich aber hatte welche und gab sie für ihn auf. Ich verbrannte die fremden Götter, die ich so sehr liebte, um sie dann um so heftiger in meinem Herzen zu tragen.[182]

Diese von Runge angeführte göttliche Verehrung der Schauspielstars ergänzt die von okzidentalen Mainstream-Spielfilmtexten ausgesprochene Einladung zur Identifikation mit den von diesen Stars verkörperten und mit Göttlichkeit in Verbindung gesetzten *weißen* Protagonist_innen.

---

[181] Die beiden SchauspielerInnen, deren Bilder hier verbrannt werden, sind: Marlon Brando (sein Foto ist – nach Angabe von Regisseurin Runge im Mai 2016 – nicht aus einem Film, sondern aus einem Life-Journal) und Greta Garbo (ihr Foto ist nach Runges Angabe das Cover von „Ninotschka" – der Film in dem sie eine russische Spionin spielt).
[182] *Ende einer Vorstellung*, Filmminute 1:01:46-1:02:41.

### 3.4.3 *Weiße* Weiblichkeit als globalisiertes Schönheitsideal

Die Jungfrau Maria dient nicht nur als Sinnbild *weiß*-weiblichen Gutmenschentums, sondern wird von der Theologin Eske Wollrad auch als *weiß*-weibliches Schönheitsideal einer kolonial und christlich geprägten Welt angeführt, das, „gestärkt durch Globalisierungsprozesse und einen aggressiven Kapitalismus, der im Weltmaßstab Schönheit feilbietet", inzwischen einen „Triumphzug durch alle Länder der Welt angetreten" habe.[183] Dieses der Jungfrau Maria als *Weißeste* aller *weißen* Frauen[184] nacheifernde Schönheitsideal sei, so Wollrad, als mit dem Konzept von *Weißsein* eng verflochten zu betrachten, da es hierbei um „schlanke Gliedmaßen, helle Haut, glatte Haare, blaue Augen und eine schmale Nase"[185] gehe. Susan Arndt hebt ergänzend hervor, dass Blauäugigkeit als Marker von *Weißsein* fungiere und mit moralischer Überlegenheit und tugendhafter Reinheit in Verbindung stehe:

> Blauäugigkeit fungiert [...] als Marker von Weißsein, dessen metonymischer Klimax das Arisch-Sein ist. Trotz seiner unterschwelligen Konnotation, eine unterstellte Naivität oder Gutgläubigkeit ins Lächerliche zu ziehen, sind der sprichwörtlichen ‚Blauäugigkeit' eine prinzipielle Unschuld und eine dadurch bedingte Arglosigkeit eingeschrieben. Vor dem Hintergrund rassentheoretischer Konzepte sind diese Eigenschaften nicht losgelöst von einer moralischen Überlegenheit und tugendhaften Reinheit zu denken, die Weißen über eine solche Begriffsverwendung metaphorisch bescheinigt wird.[186]

Der nicht zuletzt durch massive Medienkampagnen geschürte Wunsch nach *Weißsein*, den Fanon als ein Streben nach Laktifizierung beschreibt, schaffe, so Wollrad, ständig wachsende Märkte, deren Produkte seine Erfüllung versprächen.[187]

Es erscheint daher nicht verwunderlich, dass auch die *weiß*-weiblichen Hauptrollen der vier von mir ausgewählten okzidentalen Blockbuster diesem Schönheitsideal entsprechend besetzt sind.[188] Am *weißesten* von allen Protagonistinnen erscheint Carola: sie ist nicht nur hellhäutig und blauäugig, sondern zusätzlich blond.[189] Die drei anderen Protagonistinnen haben dunkles Haar, doch trägt Maria, diese Dunkelheit ausgleichend, eine große weiße Schleife auf dem Kopf und Sister Luke den Großteil der Handlung die marienähnliche Kopfbedeckung einer Nonne,

---

[183] Wollrad 2005: 148.
[184] Wollrad 2005: 149.
[185] Wollrad 2005: 147f.
[186] Arndt 2011g.
[187] Wollrad 2005: 156.
[188] Vgl. Unterkapitel *3.3.1 Carola: weltoffene „Multi-Kulti"-Touristin*.
[189] Vgl. ebd. Über das Blond und insbesondere Weißblond weiblicher Filmstars schreibt ausführlich Krützen 2007: 15-66.

# Deduktives Analyseverfahren 263

die zeitweise sogar weiß ist.[190] Während Marias bzw. Faidas Augenfarbe wegen des Schwarz-*Weiß*-Filmmaterials nur schwerlich auszumachen ist, hat Karen genau wie Carola blaue Augen, Sister Luke allerdings ist braunäugig. Intertextuell betrachtet könnte in diesen unterschiedlichen Augen- und Haarfarben der Protagonistinnen die Möglichkeit liegen, die vorgeblich größere Variationsbreite von Haar- und Augenfarbe von *Weißen* zu nutzen, um *weißen* Filmfiguren große geistige und psychische Differenzierungsmöglichkeit zuzuschreiben. Diesbezüglich schreibt Richard Dyer:

> I once heard such hair and eye colour variations used to argue for the greater diversity of white people; they can also function to show that some white people are demonstrably whiter than others. This is most obviously carried in the notion that two specific variants, blond hair and blue eyes, are uniquely white [...].[191]

Dyers Einschätzung entsprechend wird Hepburns Gesicht in den Zeitungsartikeln immer wieder als besonders eindrücklich hervorgehoben. So sei „das zierliche Ebenmaß ihrer Züge [...] vieler Nuancen fähig, ihre Augen haben die Strahlkraft jener kritischen Intelligenz, die sie aus der Schar der übrigen Novizinnen sofort sondert".[192] Die Schauspielerin bringe eine „angeborene, großäugige Lieblichkeit von Natur aus" mit,[193] und ihr „strenges Nonnengesicht" schaue von der gleichen Leinwand herab wie zuvor die heißblütige Marilyn Monroe.[194]

Dass das züchtige Ordenskleid Hepburns Schönheit keinen Abbruch tue, bescheinigt der Journalist Heinz Linnerz, der Audrey Hepburn als „schöne Nonne" beschreibt. So gelte das „Interesse des Zuschauers im Verlauf der Handlung immer weniger dem um seine Berufung ringenden Menschen und desto mehr der auch im Ordenskleid noch attraktiven Erscheinung (des Hollywood-Stars)".[195] Ihr Antlitz sei, so andere Journalist_innen, von „glühender Verhaltenheit, von flammendem Ausdrucksreichtum",[196] und Hepburn gebühre „der Preis für das lieblichste Lächeln".[197]

Dass aber weder Hepburns zartes Antlitz, noch ihre frommen Bewegungen „von Natur aus" gegeben sind, sondern, im Gegenteil, durch harte Disziplin errungen wurden, weiß die *Fernsehwoche* zu berichten:

> Für die Rollen der Novizen und Nonnen hatte Zinnemann Hunderte von Frauen aus zwei Dutzend Ländern ausgewählt. Nicht nur Schauspielerinnen wie die

---

[190] Von den 145 Minuten gesamter Filmlänge wird die *weiße* Protagonistin circa 125 Minuten lang mit religiös motiviertem Kopftuch zu sehen gegeben.
[191] Dyer 1997a: 44.
[192] *Frankfurter Allgemeine* 1959.
[193] *Telegraf* 1959.
[194] Windelboth 1959.
[195] Linnerz 1960.
[196] *Der Kurier* 1959.
[197] *7-Uhr-Blatt* 1959.

Deutsche Eva Kotthaus zum Beispiel, sondern auch viele Laien, besonders echte Prinzessinnen und Gräfinnen – wegen ‚ihres hoheitsvollen Benehmens und ihrer leichten Anpassungsfähigkeit für Nonnen-Rollen'. In wochenlangen Kursen lernten sie, sich als Ordensschwestern zu benehmen. Auch außerhalb der Dreharbeiten durften sie weder Make up benutzen, noch sich der Sonne aussetzen, damit ihre Haut ‚nonnenhaft' blaß blieb.[198]

Durch dieses Zitat wird deutlich, dass „der erfreuliche Anblick der Hepburn unter dem Nonnenhäubchen" nicht zuletzt durch das überzeichnete *Weißsein* ihrer Haut entstand, das dem wochenlangen Entzug von Sonnenlicht geschuldet ist.[199] Das „reine, schöne Gesicht der Audrey Hepburn unter der strengen Haube wird die Zuschauer berühren", schloss die *B.Z.* bereits als sich der Film noch in der Produktion befand.[200]

Der Schönheitsglanz der *weißen* Frau entsteht zusätzlich durch die Kostümierung der Darstellerinnen in *weißer* Kleidung. Dyer weist darauf hin, dass sich diesbezüglich die Inszenierung von Hochzeitssequenzen besonders anbiete, die gleichzeitig weibliche Heterosexualität zur Norm erheben könne. Er schreibt:

> White clothing can also give that glow, no more so than in bridal wear. Weddings are the priviledged moment of heterosexuality, that is (racial) reproduction, and also of women, since they are glorified on what is seen as their day. The ubiquity of white as the colour for wedding dresses was really only fixed as a convention from the mid-nineteenth century (cf. Ginsburg 1981, Mc Bride-Mellinger 1993). The wedding dress, especially the veil and the use of lace (industrially produced from the late eighteenth century) all facilitate a radiant look."[201]

In drei der vier von mir untersuchten Filme bildet eine Hochzeitssequenz eine zentrale Filmsequenz.

*Out of Africa*, Filmminunte 0:10:59-0:14:40.   *Die weiße Massai*, Filmminute 1:06:24-1:09:46.

---

[198] *Fernsehwoche* 1976. So auch Hübner 1959.
[199] *Der Kurier/Der Tag* 1965.
[200] *BZ* 1958.
[201] Dyer 1997b: 124.

In *Out of Africa* ist es Karens Heirat mit Bror,[202] in dem Film *Die weiße Massai* Carolas Heirat mit Lemalian.[203] In dem Film *The Nun's Story* ist es die Heirat von Sister Luke mit Gott, die sie zur „Himmelsbraut" macht.[204] In *Eine weiße unter Kannibalen (Fetisch)* wird die *weiße* Kleidung, die der *weißen* Protagonistin den Glanz *weißer* Schönheit verleiht, auch ohne Hochzeitsfest in Szene gesetzt. Denn als kleines Mädchen ist die Protagonistin Maria durchgängig weiß gekleidet, und selbst als Faida bei den „Awemba" bleibt ihre Kleidung vornehmlich weiß – wenn auch etwas weniger glänzend.

Das von den vier Protagonistinnen verkörperte Schönheitsideal ist ein Schönheitsideal, wie es die Deutschen auch aus der Zeit des Nationalsozialismus kennen und das der *weißen* Filmrezipientin im Falle einer Identifikation mit der *weißen* Protagonistin ein zur Schaulust beitragendes Omnipotenzgefühl verspricht – auch und vor allem, „weil [die *weiß*-weibliche Schönheit] Aussicht auf Zugangsmöglichkeiten zu Räumen der Macht, Respektabilität und moralischer Integrität sowie zur Institution der Weißen Mutterschaft birgt".[205] Da der Zugang zu diesen machtgehaltigen Räumen im (globalisierten) Patriarchat vom (*weißen*) Mann kontrolliert wird, muss die zum Tauschobjekt verdinglichte Frau, um seine Anerkennung zu erlangen, einer mit *Weißsein* eng verknüpften Schönheitsnorm entsprechen, die den Wert der Frau als Ware in einer – inzwischen globalisierten – warentauschenden Gesellschaft bestimmt.[206]

Aus diesem Grunde dienen die glanzvollen Eigenschaften, mit denen die *weiß*-weibliche Hauptfigur ausgestattet wird, nicht nur der Errichtung eines Ich-Ideals, das den sich mit ihr identifizierenden Rezipierenden und vor allem der *weiß*-weiblichen Filmrezipientin zu einem Machtgefühl verhelfen soll, sondern auch dazu, aus der Protagonistin ein attraktives Objekt für den Blick des sich an der Füllung der Kinokassen beteiligenden männlichen Filmrezipienten zu machen und die Frau trotz selbstermächtigender Tendenzen unter der Kontrolle des *weißen* Mannes zu halten.

### 3.4.4 *Weiße* Gefühlswelten

Einen weiteren entscheidenden Beitrag zur Identifikation der Rezipierenden mit den *weiß*-weiblichen Hauptfiguren leistet das große Spektrum der den *weiß*-

---

[202] *Out of Africa*, Filmminunte 0:10:59-0:14:40.
[203] *Die weiße Massai*, Filmminute 1:06:24-1:09:46. Bevor das Hochzeitsfest von Carola und Lemalian beginnt, benennt Pater Bernado, der Carola beim Ankleiden antrifft, die Farbe Weiß explizit als Symbol für Reinheit und Unschuld, fügt allerdings hinzu, dass diese Farbe in der Gemeinschaft der „Samburus" eine zweite Bedeutung besitze: Unheil. (*Die weiße Massai*, Filmminute 1:06:05-1:06:12).
[204] *Telegraf* 1959. Vgl. Unterkapitel *3.4.5 Weiße Sexualität*.
[205] Wollrad 2005: 149.
[206] Vgl. Koch 1989: 139f.

weiblichen Protagonistinnen zugeordneten Gefühlsäußerungen. So schreibt die Film- und Medienwissenschaftlerin Claudia Preschl in ihrem Aufsatz *Geschlechterverhältnisse im Blickfeld von Liebe und Begehren*:

> Im Kino führen diverse persönliche Erfahrungen nicht zuletzt zu verschiedenen Lesarten und bestimmen darüber hinaus, wie und mit wem oder was ich mich identifiziere. Denn das ‚Publikum' ist grundsätzlich vielschichtig und fähig, sich phantasievoll und mannigfaltig zu identifizieren. Wobei ich mit ‚identifizieren' nicht nur eine tiefenpsychologische Dimension meine, sondern auch eine, die an der Oberfläche haftet. Eine, die quasi in einer körperlichen, gestischen Nachahmung (Nervosität, Angst- bzw. Lustschweiß…) passiert, eben auch daran liegt, dass wir physisch im Kinosaal anwesend sind.[207]

Diese Ausführungen erinnern an Vivian Sobchaks Theorie des „cinästhetischen Körpers". Sobchak wendet sich damit von einer semantisch-narratologischen Filmhermeneutik ab und stellt die leiblich-somatische Existenz und Verstehbarkeit von Film ins Zentrum ihres Konzeptes.[208] Der Medienwissenschaftler und Regisseur Lothar Mikos betrachtet „Emotion und Kognition" bei der Filmrezeption als eine Einheit. Seiner Meinung nach treten Emotion und Kognition „simultan auf und sind auf unterschiedliche Weise miteinander verflochten".[209]

Untersucht man den Film *Die weiße Massai* unter diesen Prämissen, so ist festzustellen, dass die Emotionen der *weißen* Protagonistin den Rezipierenden als zur Identifikation einladende „Gefühlsvorlage" dienen. Im ersten Viertel des Films bewertet und durchlebt das Publikum die jeweilige Filmsituation vor allem anhand von Carolas durch Nah- und Großaufnahmen differenziert dargestellten, wenn auch noch recht verhaltenen, weil unter der Kontrolle des *weißen* Mannes stehenden Gesichtsausdrücken – seien die Situationen Angst oder Unsicherheit auslösend, Romantik getränkt, Glück oder Besorgnis verheißend, erschreckend, sexuell erregend oder liebestrunken. Carolas Gesicht ist durchgehend sehr gut ausgeleuchtet, so dass sich sowohl ihr Gemütszustand als auch ihre Gedankengänge auf ihrem „*weißen* Antlitz" widerzuspiegeln scheinen.

Erst nachdem sich die *weiße* Protagonistin von ihrem *weiß*-bürgerlichen Freund verabschiedet hat, verwandeln sich Carolas dezent gehaltenen, hauptsächlich mimisch dargestellten Gefühlsäußerungen in große Gefühlsausbrüche, deren Auslöser fast durchgehend die Schwarze Hauptfigur Lemalian ist. So lässt der von Carola offensichtlich als Übergriff erlebte erste sexuelle Kontakt der beiden die *weiße* Frau in Filmminute 26 erstmalig in Tränen ausbrechen.

---

[207] Preschl 1995: 133.
[208] Voss 2006: 80.
[209] Mikos 1994: 74.

# Deduktives Analyseverfahren

Während die Rezipierenden – nicht nur in dieser Sequenz – eingeladen werden, sich von Carolas Gefühlswelten emotional mitnehmen zu lassen,[210] stellt der Film das Vorhandensein von Gefühlen bei dem Schwarzen Protagonisten grundsätzlich in Frage. Einen expliziten Ausdruck findet dieses Phänomen in den der *weiß*-weiblichen Hauptfigur in den Mund gelegten Worten:

> Ich weiß ja nicht mal, ob Lemalian dasselbe für mich empfindet, was ich für ihn empfinde. Ob er überhaupt irgendetwas empfindet.[211]

Diese dem Schwarzen Mann auf der Tonebene unterstellte Abwesenheit von Gefühlen wird auf der visuellen Ebene unterstützt: Lemalian wird häufig selbst in dramatischsten Situationen mit einem neutral wirkenden Gesichtsausdruck dargestellt. Es scheint, als lasse er sich von Ereignissen, die um ihn herum stattfinden, emotional kaum berühren. Wenn sein Gesicht Gefühlszustände zum Ausdruck bringt, dann bleiben sie auf zwei holzschnittartige Stereotype beschränkt: auf das des „guten Wilden", der glücklich lächelnd zu dienen bereit ist, und auf das des „bösen Wilden", der, weil er wegen nicht zu zügelnder Wut die Kontrolle über seinen Geist und Körper verliert, gemeingefährlich und gewalttätig ist.[212] Seine Wut wird durchgehend als irrational, unbegründet und dem Wahnsinn nahe dargestellt, während die Ursachen für Carolas Gefühlslagen immer nachvollziehbar sind.

Diese dichotome Zuteilung der Gefühlswelten hat zur Konsequenz, dass die Filmfigur Lemalians aufgrund ihrer kaum dargestellten oder nur grob geschnitzten Innerlichkeit die Zuschauenden weniger zur Identifikation einlädt als die Figur der mit differenzierten Emotionen ausgestatteten *weißen* Protagonistin. Diese Inszenierung der Schwarz-männlichen Gefühlsunfähigkeit reproduziert rassistische Mythen des *weißen* Diskurses, die beispielsweise der *weiße* Publizist J. H. Van Evrie vor bereits mehr als 150 Jahren niedergeschrieben hat:

> Was ist gleichermaßen so charmant und so bezeichnend für innere Reinheit und Unschuld wie das Erröten jungfräulicher Bescheidenheit? [...] Kann jemand so etwas in einem schwarzen Gesicht für möglich halten? Dass diese plötzlichen und verblüffenden Farbwechsel, welche die moralischen Ansichten und die erhöhte Natur der weißen Frau widerspiegeln, einer [N.] möglich sein sollten?[213]

---

[210] Am Ende des Films fließen Carolas Tränen wie das „Bächlein auf der Wiesen" bei dem für das Melodram charakteristischen „Abschied für immer" (*Die weiße Massai*, Filmminute 1:58:47-1:59:01; vgl. Unterkapitel *3.2 Genre-spezifizierende Analyse des Narrativs*). Diese Tränen vermitteln eine Ambivalenzfähigkeit der *weißen* Frau: Sie kann sowohl die Erleichterung empfinden, sich und ihr Kind „gerettet" zu haben, als auch die Trauer um die Liebe zu Lemalian zulassen, die sie hinter sich lassen muss, um sich und ihr Kind in Sicherheit zu bringen. Die *weiße* Abenteuerheldin trägt nicht nur Wut in sich, sondern ist auch von einer großen Liebesfähigkeit gezeichnet.
[211] *Die weiße Massai*, Filmminute 0:22:33-0:22:44.
[212] Vgl. das Unterkapitel *3.6.6 Mythos Schwarzer Gewalttätigkeit*.
[213] Zitat aus einer Schrift des Publizisten J. H. Van Evrie aus dem Jahre 1863 (zitiert nach Wollrad 2005: 149).

Diese im Erröten erkannte „erhöhte Natur der weißen Frau" entspricht in dem Film *Die weiße Massai* der durch die Zuschreibung differenzierter Gefühlslagen zustande kommenden hegemonialen Inszenierung der *weißen* Frau. Die Schwarzmännliche Filmfigur erhält ihre Existenzberechtigung ausschließlich dadurch, dass sie als „Geburtshelfer" für die – die *weiße* Frau erhöhenden – Gefühle der *weißen* Protagonistin fungiert. Denn obwohl Lemalian selbst keinen Zugang zu einer breiteren Gefühlspalette zu haben scheint, dient er immer wieder als Auslöser für die wirklich großen Gefühlsausbrüche der *weißen* Protagonistin.

Auch dieses Phänomen bestätigt die Kompatibilität der von mir in diesem Kapitel angewandten Schwarz-*weiß*-Parallelisierung zu der in Mulveys Theorie vorzufindenden männlich-weiblich-Kontrastierung. Denn Mulvey betont in ihrem Text *Visual Pleasure and Narrative Cinema*, dass die symbolisch kastrierte Filmfigur im Grunde bedeutungslos sei und nur dazu diene, der Filmfigur, die im Besitz des symbolischen Phallus ist, Handlungsmotive und Gefühlsauslöser zu offerieren.[214]

Zusätzlich wird die Innenwelt der *weißen* Protagonistin durch den Einsatz diegetischer und non-diegetischer Musik dargestellt, untermalt und auditiv geformt. So mischen sich abendländische Geigen- und Klaviertöne in die Tonspur, wenn Carola guter Stimmung ist;[215] Rhythmen und Gesänge des afrikanistisch imaginierten Kontinents untermalen die Handlung, sobald sich Carola befreit und lebendig fühlt. Denn ein Stereotyp, das dem afrikanistisch imaginierten Kontinent im *weißen* Diskurs anhaftet, ist die Vorstellung, dass das dortige Leben im Gegensatz zur emotionalen Starre okzidentaler Gesellschaften von Lebensfreude und Naturverbundenheit geprägt ist.[216] Die Musik verstummt gänzlich,[217] wenn Carola Trauer[218]

---

[214] Mulvey 1994: 55. Ich habe hier die von Mulvey verwendeten Begriffe von „männlich" und „weiblich" übersetzt mit „symbolisch kastriert" und „im Besitz des symbolischen Phallus", um die von mir vorgenommene Erweiterung der Mulvey'schen These nachvollziehbar anwenden zu können.

[215] Beispielsweise *Die weiße Massai*, Filmminute 0:38:16-0:40:33: Liebliche Innerlichkeit Carolas, Zärtlichkeit und Liebe werden bei der Waschung im Erdloch und dem sich anschließenden einfühlsamen Sex in der Lehmhütte durch Geige und Klavier vertont. Filmminute 1:38:33-1:39:33: Carola hält ihre frisch geborene Tochter Sarai im Arm. Sarai wird im Dorf aufgenommen.

[216] Beispielsweise *Die weiße Massai*, Filmminute 0:14:49-0:17:36: Die Musik unterstreicht hier Carolas Freiheitsgefühl bei der ersten Fahrt nach Maralal, die sie ohne den *weißen* Mann an ihrer Seite unternimmt. Die Dynamik der Musik erinnert in der Kombination mit den Bildern an einen Road-Movie. Auch Filmminute 0:27:57-0:30:02: Carola wandert mit Lemalian und anderen als „Massai" inszenierten Filmfiguren durch die afrikanistisch imaginierte Landschaft zu Lemalians Dorf.

[217] Insbesondere bei diesem Film, der von der Musik fast ununterbrochen getragen wird, erscheint diese Stille unendlich „laut".

[218] Zum Beispiel *Die weiße Massai*, Filmminute 0:26:08-0:27:11: Nach dem ersten Sex mit Lemalian ist Carola geschockt. Sie weint. Auf der Tonebene sind lediglich die Geräusche der Nacht zu vernehmen. Keinerlei Musik.

Deduktives Analyseverfahren 269

oder Wut empfindet[219] oder wenn sie einer Gefahr ausgesetzt ist.[220] Sobald die *weiße* Heldin unter Anspannung steht, weil sie Held_innentaten vollbringt, unterstützt ein ganzes Orchester aus Streichinstrumenten ihre Gefühlslage.[221]

Dass die Filmmusik tatsächlich einen entscheidenden Anteil an der dargestellten Innerlichkeit der *weiß*-weiblichen Hauptfigur hat, die zum tragenden Gefühl der Rezipierenden wird, bestätigt die Aussage des Filmkomponisten John Barry, der die Filmmusik zu dem Film *Out of Africa* komponiert hat:

> I think the opening shot of the train and the shot of Meryl in the back of the train... [...] To have that shot with her, with so much expression, joy and love was a springboard. I had that heart to spring off and then once it opened up to the rest of the train journey it was playing the beauty of the country, *through her insight* [Hervorhebung J.D.].[222]

Barry hat nach eigener Aussage die musikalische Vertonung von Filmsequenzen an das innere Erleben der *weißen* Protagonistin angelehnt. Die von ihm, Pollack und Streep als „paradiesisch" benannte kenianische Landschaft wurde in der filmischen Inszenierung und der darin eingebetteten Filmmusik ausschließlich durch das *weiße* Auge und mittels einer *weißen* Gefühlswelt als solche wahrgenommen und dargestellt. Die Musik beschreibt auch in diesem Film die Gefühlslage der *weißen* Heldin. Durch ihre musikalisch bebilderten Emotionen wird die Wahrnehmung der Zuschauenden, ihr Urteilsvermögen und ihre Bewertungen in eine *weiß*-hegemoniale Richtung gelenkt. Diese Einschätzung unterstreicht der folgende Ausschnitt einer Filmkritik zu diesem Film:

> Ein Gefühlssturm wird entfacht, der so lange anschwillt, bis die Erregung der Figuren sich dem Zuschauer gleichsam körperlich mitteilt. Beinahe hinterrücks überfallen kommt er sich vor, wenn ihn der Strom der eigenen inneren Regungen mitreißt. In einem Gespräch meinte Pollack, diese hochgradige Gespanntheit entstehe, weil der Film ein Gefühl des Verlierens, ein Gefühl des Verlorenseins ausdrücke: ‚man sieht etwas, aber eigentlich wirkt etwas ganz anderes: der Rhythmus. Der zieht einen unbewußt mit. Der Rhythmus ist wie ein Geruch, den man wahrnimmt, aber nicht bemerkt. Der packt einen von hinten'.[223]

Die durch einen unmerklich installierten Rhythmus erschaffene Gefühlsebene trägt demnach zur Produktion eines durch die Ideologie Rassismus geprägten Bewusst-

---

[219] *Die weiße Massai*, Filmminute 1:40:00-1:40:43: Hier ist Carola wütend, weil Lemalian dem „Mini-Chief" Schutzgeld für den Laden zahlt. Sie fordert es zurück. Dabei gibt es keine Musikuntermalung.
[220] Zum Beispiel *Die weiße Massai*, Filmminuten 0:56:43-0:59:11: Carola ist in Gefahr, weil Lemalian versucht, das Auto zu fahren, in dem Carola sitzt, und sie ist wütend, nachdem er das Auto gegen den Baum gelenkt hat.
[221] *Die weiße Massai*, Filmminute 1:16:06-1:18:51: Carola fährt eine in Lebensgefahr schwebende Gebärende mit ihrem Geländewagen in die Klinik.
[222] *Out of Africa*, Zusatzmaterial DVD 2: „Song of Africa", Filmminute 0:01:00-0:01:39.
[223] Seidel 1986.

seins der Rezipierenden bei. Unmerklich wird dieser rhythmusgeleitete „Gefühlssturm" sowohl auf der Ton- als auch auf der Bildebene hervorgerufen, der die Rezipierenden dazu verleitet, sich mit den *weißen* Filmfiguren zu identifizieren. Diese Mechanismen des Ideologie (re-)produzierenden Apparatus Kino bleiben, wie Pollack unumwunden zugibt, verdeckt und bewirken dadurch rassialisierende Identifikationsprozesse. Dies nur zum Teil markierend schreiben *weiße* Filmkritiker:

> Großes Kino jedoch bedarf primär, was des Kinos ist: der Gemütsbewegung, des Appells an die Emotionen – und der Film ‚Jenseits von Afrika' erfüllt diese Forderung in reichem Maße.[224]

> Der Film zeigt uns, wie paradiesisch es noch vor sechzig Jahren in seligen Kolonialtagen zugehen konnte, als die Schwarzen lieb und fleißig arbeiteten, die weiße Herrschaft edel und romantisch empfand.[225]

In dem Stummfilm *Eine Weiße unter Kannibalen (Fetisch)* werden Gefühle – zumindest filmtextimmanent – ohne musikalische Unterstützung in besonders theatralischer Form dargestellt. So, wie die Tableau-ähnlichen Kadrierungen noch sehr an den Blick auf eine Bühne erinnern und zum Teil auch den zur damaligen Zeit gängigen Passepartout-umrahmten fotografischen Portraits nachgeahmt zu sein scheinen, so ist die schauspielerische Darstellung deutlich vom Theater geprägt. Gefühlsäußerungen werden daher für das heutige Filmrezipient_innen-Auge ungewöhnlich expressiv ausgedrückt.

Nichtsdestotrotz stehen auch in diesem Film die Gefühle der *weißen* Protagonistin im Zentrum der Erzählung. Sie leiten zu großen Teilen das empathische Miterleben der Filmrezipierenden. Mit ihr durchschreitet das Publikum die gesamte Gefühlspalette. So ist es die *weiße* Protagonistin, die zu Filmbeginn als kleines Mädchen Gefühle wie Lebensfreude, Liebe, Dankbarkeit und Angst am authentischsten zum Ausdruck bringt. Solange sie als erwachsene Frau bei den als „Awemba" inszenierten afrikanistisch inszenierten Filmfiguren lebt, wird sie eher gefühlsneutral dargestellt, was möglicherweise ihre „Verwilderung" unterstreichen soll. Denn fast entgegengesetzt zu der Inszenierung in *Die weiße Massai* werden ihre großen Gefühle erst durch die Begegnung mit dem *weißen* Mann wieder zum Leben erweckt. Ohne dass sie ihn wiedererkennt, versetzt sein Anblick die *weiße* Protagonistin zunächst in ungläubiges Erstaunen und dann in eine Erregung, die Assoziationen sexuellen Begehrens aufkommen lässt.

Es folgen Mut, Angst und Erschöpfung Faidas auf der Flucht der beiden *weißen* Filmfiguren vor den „Awemba". Und eine große, sich in körperlichen Haltungen äußernde Unsicherheit bei der Reintegration in die als „Kultur" dargestellte okzidentale Gesellschaft. Besonders expressiv erscheinen die Gefühlsregungen der

---

[224] Ebd.
[225] Klessmann 1986.

# Deduktives Analyseverfahren

*weißen* Protagonistin am Ende des Films: Während sie sich erinnert, bewegt sie sich tranceartig durch die Räumlichkeiten ihres Elternhauses und findet beim Anblick ihrer Puppen zu der großen Freude zurück, die sie in ihrer Kindheit erlebt hat. Voller Liebe umarmt sie sie. Als sie sich an den Tod ihres Vaters erinnert, trauert sie – und mit ihr die beiden anderen *weißen* Filmfiguren: die Haushälterin und Fred Holm. Der Haushälterin fließen in Großaufnahme sogar die Tränen.

Gefühle sind in diesem Film nicht nur mit *Rasse*-, sondern auch sehr deutlich mit Gender-Konstruktionen verknüpft. Während die weiblichen Filmfiguren vornehmlich fühlen, handeln die männlichen. Allerdings sind Letztere einem „in die Krise geratenen Konzept weißer Männlichkeit"[226] ausgeliefert und darin immer wieder auch – für heutige Verhältnisse ungewohnt – gefühlsdurchlässig. So führt im ersten Filmdrittel zu weiten Teilen das Gefühlsleben des Vaters durch die Handlung. Im Zentrum stehen dabei die Verzweiflung ob seiner ökonomischen Krise und die – als eher unmännlich geltende – (Für-)Sorge, die er seiner Tochter zukommen lässt. Ebenso wird die Gefühlswelt auch dem Manne zugeordnet, wenn sich die Verzweiflung und Angst Fred Holms in der Gefangenschaft der „Awemba" im Angesicht der *weißen* Protagonistin deutlich in seinem Körper ausdrückt.

*Weiße* Filmfiguren werden in allen vier untersuchten Spielfilmen als gefühlsbegabte Subjekte dargestellt, die unterschiedlichste Emotionslagen verkörpern. Die Schwarzen hingegen werden vornehmlich als gefühlsarm inszeniert. Wenn sie Gefühle zeigen, dann hauptsächlich Aggression.[227] Sie verkörpern fast ausschließlich Gefahr und dienen damit als Geburtshelfer für die Gefühlswelt der *weißen* Protagonistinnen. Es geht sogar soweit, dass die afrikanistischen Filmfiguren und der afrikanistisch imaginierte Raum genutzt werden, um das *weiße* Gefühlsleben zu bebildern. Metaphorisch stehen sie dann für die innere Welt der Frau. So schreibt die *Westdeutsche Allgemeine* über den Film *Geschichte einer Nonne* zu der Filmsequenz, die in „einer Missionsstation in Afrika" spielt,[228] folgendes:

> Die Kluft zwischen der eigenen seelisch-geistigen Situation der Schwester und der ungebundenen Wildheit rings umher wird immer spürbarer – bis die Krisis des inneren Zwiespalts in einem völligen körperlichen Zusammenbruch der Nonne ihren Höhepunkt findet.[229]

Die Filmfigur Dr. Fortunati könnte als Unterstützer dieses „wilden" Teils des *weißen* Innenlebens der Protagonistin fungieren, denn „der zweifelnden Schwester stellt Zinnemann den zynischen, glaubenslosen Dr. Fortunati [...] gegenüber, quasi ein advocatus diaboli".[230] Durch seine Figur werde „das Mädchen mit zynisch

---

[226] Nagl 2009: 302.
[227] Vgl. Unterkapitel *3.6.6 Mythos Schwarzer Gewalttätigkeit*.
[228] *Westdeutsche Allgemeine* 1965.
[229] Ebd.
[230] *Mannheimer Morgen* 1960.

stachelnden Bemerkungen auf ihre wahre Berufung aufmerksam [gemacht], wenn sie es auch nicht wahrhaben will."[231] Hier werde, so *Der Kurier* in rassistischem Sprachduktus, „der Seelenkampf sichtbar", in dem „die afrikanischen Landschafts- und Eingeborenenszenen [...] von wahrhaft tropischer Schönheit" seien.[232] Dieser mittels afrikanistisch konstruierter Filmelemente visualisierte *weiße* „Seelenkampf" trägt dazu bei, dass durch die Hervorhebung der *weiß*-weiblichen Gefühls- und Seelenwelt in allen vier *weißen* Protagonistinnen „das ‚menschliche Antlitz zum seelischen Spiegel' geworden ist",[233] in dem sich eine – wohl vornehmlich *weiße* und insbesondere *weiß*-weibliche – Auswahl von Rezipierenden (schau-)lustgewinnend wiederzuerkennen glauben kann.

### 3.4.5 *Weiße* Sexualität

Ein gelbes Leichtflugzeug steigt in luftige Höhen, überfliegt weite, menschenleere Landschaften, wird Teil eines aufflatternden rosaroten Flamingo-Schwarms, taucht wohlig ein in weiße Wolken. Ein zärtlicher *weißer* Liebhaber steuert den Liebesflug. Von ihm lässt sich die *weiße* Geliebte staunend, lächelnd, mit geöffneten und geschlossenen Augen in von ihr bisher ungekannte Höhen tragen. Das Weiß der Wolken fließt alsbald über in die Bewegungen *weißer* Haut: Sein Körper bedeckt den ihren sanft, ihre Blicke ruhen ineinander, seine Lippen flüstern, die ihren beinahe berührend, Worte, die das Wohlgefühl noch lange halten wollen: „Don't move." Die ihn Empfangende, Umschlingende, Liebende zerfließt unter ihm. Ganz leicht windet sie sich, haucht ergeben: „I want to move." „Don't move." Seine wispernden Lippen gehen auf die ihren nieder und vereinen sich mit ihr in einem wolkig weichen, unaufhörlich erscheinenden Kuss.[234]

Die Filmkritikerin Rosemarie Rehahn bezeichnet diese Liebesszene aus dem Film *Out of Africa* als außergewöhnlich erotisch. Sie schreibt:

> Auf der Leinwand findet weltenfern vom filmüblichen Sexgerangel eine der erotischsten Liebesszenen statt. ‚Beweg Dich nicht', sagt Denys über der Geliebten – es soll dauern, ihr Einssein. Er spricht leise, fast kühl, als könne schon eine Schwingung der Stimme den unwiederholbaren Augenblick des Davor zerstören, diese tiefste Nähe zum andern.[235]

Während die Darstellung von Sexualität in den Filmen *Eine Weiße unter Kannibalen (Fetisch)* und *The Nun's Story* gänzlich ausgeklammert wird, stellt der Film *Out of Africa weiße* Sexualität in sinnlichen Andeutungen dar. Diese erotische Sinnlichkeit

---

[231] *Der Kurier* 1959.
[232] Ebd.
[233] Gehler 1987.
[234] *Out of Africa*, Filmminute 1:48:00-1:51:32.
[235] Rehahn 1987.

steht immer mit der Liebesgeschichte der beiden *weißen* Protagonist_innen in Verbindung. Sie lässt die *weiße* Liebe durch das gegenseitige sexuelle Begehren so sehr erglühen, dass Filmkritiker_innen betonen, diese Liebesgeschichte zwischen Karen und Denys gehöre „wohl zu den schönsten, ergreifendsten ihrer Art auf der Leinwand".[236] „Ein großer Film," schreibt Lars-Oliver Beier, „einer [sic] der schönsten Liebesgeschichten des Kinos der achtziger Jahre".[237] Andere nennen sie eine der schönsten Liebesgeschichten „in der 100jährigen Filmgeschichte überhaupt".[238] Dieser Liebesgeschichte könne man sich, so das eigentlich kritisch rezipierende *Thüringer Tageblatt*, aufgrund ihrer aufwendigen und kunstvollen Inszenierung „vor exotischer afrikanischer Landschaftskulisse" trotz der zu großen Menge an „leicht konsumierbaren Hollywood-Klischee[s]" nicht ganz entziehen.[239] Diesen Bewertungen setzt Ngugi wa Thiong'o entgegen, Kenia werde in diesem Film als „erotisches Traumland" dargestellt, in dem die „Weißen als junge Götter und die einheimischen Diener als ‚Tölpel'" erscheinen.[240]

Die einführend beschriebene Liebesszene aus dem Film *Out of Africa* setzt die Schöpfungsgeschichte in Szene, in der Adam und Eva durch die beiden *weißen* Hauptfiguren verkörpert werden.[241] Ebenso wie „der Geist Gottes" im Bibeltext „auf dem Wasser" schwebt,[242] nachdem Gott Himmel und Erde erschaffen hat, so überfliegen Denys und Karen große Wasserflächen. Ihr Flug über die Weiten Afrikas, macht den Blick frei auf alles, über das die von Gott nach seinem Abbild geschaffenen Menschen herrschen sollen:

> über die Fische im Meer und über die Vögel unter dem Himmel und über das Vieh und über die ganze Erde und über alles Gewürm, das auf Erden kriecht.[243]

Sie überfliegen Flüsse, Seen und Wasserfälle, eine von menschlichem Einfluss unberührt erscheinende Natur, bewaldete Gebiete und karge Landschaften, laufende Tierherden, deren Größe selbst aus dem Flugzeug bis zum Horizont reicht. Sie fliegen inmitten eines rosaroten Flamingoschwarms und sind immer von Gottes Licht begleitet. Die Landschaft bleibt menschenleer. So tun die beiden Menschen, die Gott als „einen Mann und ein Weib" erschuf,[244] in der sich an den Flug direkt anschließenden Liebesszene, wozu Gott ihnen den Auftrag erteilt:

---

[236] Knöfler 1987.
[237] Beier 1986.
[238] *Sächsische Zeitung* 1996.
[239] *Thüringer Tagesblatt* 1987.
[240] Zitiert nach *Frankfurter Allgemeine Zeitung* 1986.
[241] Schöpfungsgeschichte aus dem Buch Genesis der Bibel (Psalm 1,1-2,4a). Vgl. Unterkapitel *3.3.2 Karen: emanzipierte Adlige*.
[242] Bibel, Buch Genesis, 1,2.
[243] Bibel, Buch Genesis, 1,26.
[244] Bibel, Buch Genesis, 1,27.

Seid fruchtbar und mehret euch und füllt die Erde und macht sie Euch untertan.²⁴⁵

Diese visuelle Verbindung der fliegenden *weißen* ProtagonistInnen mit christlicher Religiosität wird, wie der Kommentar des Regisseurs zu dieser Flugsequenz bestätigt, durch die Filmmusik verstärkt. Denn Sydney Pollack äußert sich im Zusatzmaterial diesbezüglich folgendermaßen:

> We had a wonderful helicopter pilot and a helicopter cameraman from London who came down and did all of the chase sequences following the plane and got this extraordinarily beautiful footage. When I got into the editing room and began to edit it there were a lot of different ways I could have gone with the sequence. I could've made it a joyous kind of sequence because it seems like it could be. But I heard a piece of music from a picture called *The Last Valley*. It was a piece of music that John Barry had written and *it was quite religious in the feeling of it* [Hervorhebung von mir, J.D.]. And we edited this whole sequence to that piece of music. So then, John Barry was again obliged to find something that had the similar feeling. He did an extraordinary job using the male voices, the low men's voices here.²⁴⁶

Die sexuelle Erregung der Filmfiguren wird in dieser aus Flug und Liebesakt zusammengesetzten Subsequenz sanft aufgebaut und metaphorisch dargestellt durch einen – nur durch die technischen Errungenschaften okzidentaler „Kultur" ermöglichten – Flug über die Weiten der afrikanistisch imaginierten Landschaft in einem technischen Gefährt. Die sexuelle Spannung zwischen den beiden sich im Flug befindenden *weißen* Filmfiguren wird unendlich lang gehalten und entlädt sich in dieser Filmsequenz lediglich in der Vorstellung des Publikums.

Der sexuelle Trieb kann, so vermittelt diese Liebessequenz, bei *Weißen* unter Kontrolle gehalten und sublimiert werden. Durch die Triebsublimation entsteht, als Produkt okzidentaler „Kultur", das Leichtflugzeug, in dem die Liebenden davonschweben. Nach einem Schnitt vom Außen ins Innen zeigt die im Liebesakt von einer Nah- zu einer Großaufnahme heranfahrende Kamera vor allem die Gesichter der sich in einem weiß bezogenen Bett Begehrenden. Die durch die groß herangeholten Köpfe repräsentierten Bereiche von Geist, Sinnlichkeit und intellektueller Verführung spielen in der Sexualität zweier *weißer* Menschen offensichtlich eine größere Rolle als der den tierischen Trieb anheizende, auf reine Körperlichkeit bezogene Schlüsselreiz, der, wie ich später genauer darlegen werde, in den von mir analysierten okzidentalen Spielfilmen kontrastierend vornehmlich Schwarzen Filmfiguren zugeschrieben wird.²⁴⁷

---

²⁴⁵ Bibel, Buch Genesis, 1,28.
²⁴⁶ *Out of Africa*, Zusatzmaterial DVD 1: „Feature commentary with director Sydney Pollack", Filmminute 01:48:09-01:49:10.
²⁴⁷ Unterkapitel *3.6.5 De- und Hypersexualisierung*.

Deduktives Analyseverfahren                                                                 275

Eine „zivilisierte", durchgehend heterosexuell genormte Sexualität hingegen wird in allen vier Filmen, wenn überhaupt dargestellt, dann ausschließlich *weißen* Filmfiguren zugeordnet. Um das Überleben der *weißen Rasse* zu sichern, müssen, wie Dyer hervorhebt, *weiße* Menschen Sex haben – auch, wenn sexuelles Begehren und das Ausleben von Sexualität nicht sehr gut in die Konstruktion von einem christlich geprägten *Weißsein* hineinpasse.[248] „The very thing that makes us white", erläutert Dyer das problematische Verhältnis von Enthaltsamkeit und *weißer* Identität, deren Ideal in der sexuellen Askese liege, „endangers the reproduction of our whiteness."[249] Dieser Problematik wird die Darstellung *weißer* Sexualität insbesondere in dem Film *The Nun's Story* gerecht. Denn die Figur der Nonne entspricht dem von Dyer hervorgehobenen Ideal der jungfräulichen Mutter Maria in besonderem Maße. Sie hat keine Sexualität, sondern empfängt als „Braut Christi" (Göttlichkeit) unbefleckt.

Die von Kaufmann als Baustein des Melodrams aufgelistete KÖRPERLICHE INTIMITÄT[250] der *weißen* Protagonistin erfährt daher in diesem Film einen Höhepunkt an Abstraktion. Es ist – wie bei der Jungfrau Maria – eine Sexualität, die in dem wie eine HOCHZEIT erscheinenden Aufnahmeritual der Postulantinnen als Novizinnen jenseits des Körpers ausgelebt wird.[251]

Wie eine Braut betritt die Protagonistin gemeinsam mit den anderen Postulantinnen den hohen sakralen Raum der Ordenskathedrale.[252] Sie trägt, wie alle anderen auch, ein weißes (Braut-)Kleid und einen langen weißen Schleier, der mit einem weißen Blumenkranz auf ihrem Kopf befestigt ist. Wie bei „einer Hochzeit in Weiß" begleitet die Liebe ihres Vaters die Tochter zum „Altar". Gemeinsam mit

---

[248] Dyer 1997b: 26.
[249] Dyer 1997b: 27.
[250] Vgl. Unterkapitel *3.2 Genre-spezifizierende Analyse des Narrativs* und Unterkapitel *3.2.3 The Nun's Story*.
[251] *The Nun's Story*, Filmminute 0:26:49-0:34:12.
[252] *The Nun's Story*, Filmminute 0:27:00.

ihren drei Geschwistern steht er im Publikum und beobachtet die Zeremonie – allerdings durch ein eisernes Gitter von dem rituellen Vorgang getrennt, da die Nonnen jegliche Erinnerung und jeglichen Kontakt zu ihrem weltlichen Leben hinter sich lassen müssen.[253] Dennoch wird er metaphorisch zum „Trauzeugen" seiner Tochter.

Nachdem jede der Novizinnen ihr „Ja-Wort" gegeben hat,[254] beginnt ein Ritual, das Assoziationen an eine LIEBESSZENE in der Hochzeitsnacht wach ruft.[255] Es werden weiße, sorgsam gebügelte und gefaltete „Laken" an die baldigen Novizinnen verteilt. Jede Einzelne nimmt das ihr in die Arme gelegte Laken entgegen, indem sie es mit einem (ERSTEN) KUSS bedeckt.[256] Dann werden die dem Ritual hingegebenen Postulantinnen mit folgenden von einer männlichen Autoritätsperson gesprochenen Worten aus dem Kirchenschiff in die Sakristei geschickt:

---

[253] Zusätzlich hält das Gitter den Vater symbolisch davon ab, seine eigene Tochter zu heiraten, die, weil ihre Mutter gestorben ist, beinahe den ehelichen Platz an seiner Seite eingenommen zu haben scheint.

[254] *The Nun's Story*, Filmminute 0:28:20-0:28:25. Der Dialog, innerhalb dessen das Ja-Wort fällt, beginnt in Filmminute 0:27:40 und endet bei Filmminute 0:28:32. In seiner Gesamtheit lautet er:
*Priester/Bischof:* "What do you ask my daughters?"
*Nonnen zusammen in Singsang:* "We ask for the mercy of god and for the favour to be received into this congregation. We offer our lord our liberty, our memory and our will and we ask only for His love and His holy grace."
*Priester/Bischof:* "Are you firmly resolved to despise the honours, riches and all the vain pleasure of this world, in order to prepare for a closer union with god?"
*Nonnen in gemeinsamem Singsang:* "We are resolved, Monsignor."
*Priester/Bischof:* "Do you make this request of your own free will?"
*Nonnen einzeln, nacheinander, jede:* „Yes."
*Priester/Bischof:* "May the lord who has begun this bring it to perfection."
*Nonnen gemeinsam:* "Amen."

[255] *The Nun's Story*, Filmminute 0:28:25-0:32:18.

[256] *The Nun's Story*, Filmminute 0:29:21-0:30:05.

Deduktives Analyseverfahren

Go, my children, divest yourselves of the vanity of this world and receive *for your bodies* the habit of humility.[257] [Hervorhebung von mir, J.D.]

Es wirkt, als würde die Braut nach dem erfolgten Hochzeitsfest in ihre Privaträume geleitet, um sich mit dem dort bereits auf sie wartenden Ehemann zur Hochzeitsnacht zu vereinen.

Die auf schwarzen Samtkissen liegenden weißen Laken, die die angehenden Novizinnen auf ihren Händen tragen, wecken plötzlich die Assoziation von Bettlaken, die während der Hochzeitsnacht zum Beweis der Jungfräulichkeit der Braut mit Blut zu beflecken sind. So entsteht die Idee einer ins Abstrakte gehobenen LIEBESSZENE zwischen der *weißen* Protagonistin und dem von ihr verehrten Gott, die der von Anette Kaufmann als für das Melodram typisch angeführten LIEBESSZENE mit einem DAVOR, dem AKT und einem DANACH entspricht.[258]

Der (Liebes-)AKT besteht aus einer metaphorischen Kastration der *weiß*-weiblichen Protagonistin: Nicht das „Jungfernhäutchen", sondern die langen, zu einem dicken Zopf geflochtenen dunkelbraunen Haare werden ihr durchschnitten. Statt ihrer wird eine eng anliegende weiße Haube über den Kopf der *weißen* Frau gezogen, die das helle Gesicht weiß umrahmt und den Kopf mitsamt der Hals-, Schulter- und Nackenpartie weiß bedeckt. Mit diesem Vorgang wird die *weiße* Frau zum einen zwar ihres sexuellen Schlüsselreizes beraubt, der in ihren langen Haaren zu finden war, zum anderen aber durch die weiße Haube noch *weißer* und heiliger dargestellt als bereits zuvor.[259]

---

[257] *The Nun's Story*, Filmminute 0:30:13.
[258] Kaufmann 2007: 102.
[259] Dieser Akt des Haare-Abschneidens (vgl. Unterkapitel *3.7.4 Sadistische Abwertung Schwarzer Filmfiguren*) und des Nonnenhaube-Aufsetzens beinhaltet sowohl einen Aspekt der Abwertung/Bestrafung als auch einen der Fetischisierung. Beide Strategien dienen der Aufrechterhaltung männlicher Schaulust (vgl. Kapitel 3.7 inklusive seiner vier Unterkapitel). Die Nonnenhaube stärkt zudem den Phallus *Weißsein* der Protagonistin, die das Publikum zur Identifikation einlädt.

Über diese Haube wird dann das Laken gelegt, das sich nun als Nonnenkopftuch entpuppt.

Diese sehr haptische, in vielen Detail- und Großaufnahmen gefilmte Subsequenz wirkt wie die „Entjungferung" in der Hochzeitsnacht und evoziert eine intensive KÖRPERLICHE INTIMITÄT.[260] Sehr deutliche Scherengräusche, für die die non-diegetische Filmmusik gleich an zwei Stellen vollständig verstummt, begleiten diese kastrierende und gleichzeitig erhöhende „LIEBESSZENE". Das kastrierte *weiß-weibliche* Gesicht der Protagonistin spiegelt sich zunächst in dem Tablett, das gebracht wurde, um ihre Haare wegzutragen. Doch dieses „Bild der Eitelkeit"[261] verschwindet hinter ihrem auf die Spiegelung geworfenen abgeschnittenen Zopf. Beim Umlegen der weißen Haube spielt die non-diegetische Musik orchestral auf, als wäre dies der Höhepunkt der Handlung – der ORGASMUS.

DANACH werden die Novizinnen mit kirchlicher Orgelmusik zurück in das Kirchenschiff geführt. Sie zeigen dem sich erhebenden Publikum ihre weißen, „unbefleckten Laken",[262] die sie als Nonnenhauben auf den Köpfen tragen und die bezeugen, dass „heilige" Frauen nicht nur unbefleckt empfangen, sondern auch unbefleckt entjungfert werden.

---

[260] Das Wort „Körper" wird auch vom Priester/Bischof zuvor explizit ausgesprochen.
[261] Der Priester/Bischof sagte zuvor explizit: „divest yourselves of the vanity of this world".
[262] Mutter Maria symbolisiert nicht nur eine „unbefleckte Empfängnis", sondern auch eine „unbefleckte Entjungferung".

Der *weiß*-männliche Würdenträger der Katholischen Kirche verleiht der *weißen* Protagonistin alsdann einen neuen Namen und damit auch gleich eine neue Identität: „Gabrielle van der Mal will be known as Sister Luke."[263] Der LIEBESAKT zwischen der *weißen* Frau und Gott ist jetzt abgeschlossen.[264] Die *weißen* Novizinnen sind durch den Schein einer Kerze, die nun jede in der Hand hält, im metaphorischen Sinne göttlich erleuchtet. Dieser Sequenz entsprechend, entsagt die *weiße* Protagonistin jeglicher weltlichen Liebesverbindung und damit auch jeglicher Sexualität. Dass der Kult der Jungfräulichkeit, der in dieser Sequenz hervorgehoben wird, konstitutiv ist für die Inszenierung hegemonialen *Weißseins*, betont Dyer:

> The cult of virginity expressed an idea of unsullied femininity (not dirtied by sex), which was held to be visible in the woman's appearance. It could be intensified by the cult of fasting (common still among young women, if seldom now for strictly religious reasons), which makes the person look paler and signifies lack of corporeal engagement with the world, the body not dirtied by having had matter stuffed into it. Marina Warner suggests a further dimension of this in the image of Mary. Virginity was important for the Fathers of the Church not only because it signified absence of knowledge of sex but because it meant that the body was pristine and whole, as God had made it.[265]

Karen hingegen wird knapp 30 Jahre später in dem Film *Out of Africa* als eine sexuell befreite, selbstbewusste *weiße* Frau inszeniert, die sich ihre Sexualpartner mehr oder weniger selbst aussucht. Das zeigen nicht nur die erste und die zweite Filmsequenz,[266] sondern auch die Tatsache, dass sich Karen am Ende Denys als Traummann aussucht. *Out of Africa* stellt unterschiedliche Zivilisationsgrade *weißer* Sexualität dar. Karens Ehemann Bror, der sie immer wieder mit anderen Frauen betrügt, ist Sinnbild für matchohaftes, unsensibles und rücksichtsloses sexuelles

---

[263] *The Nun's Story*, Filmminute 0:34:07-0:34:12.
[264] Gänzlich abgeschlossen wird diese Hochzeit aber erst ein Jahr später durch das Überstreifen des Rings innerhalb einer weiteren kirchlichen Zeremonie (*The Nun's Story*, Filmminute 1:04:20). Jetzt ist die *weiße* Protagonistin keine Novizin mehr.
[265] Dyer 1997b: 77.
[266] Vgl. Unterkapitel *3.4.1 Weiß symbolisierter Emanzipationsprozess als Frau*.

Verhalten des *weißen* Mannes gegenüber der Frau. Denys, der die eingangs beschriebene Liebesszene führt, symbolisiert als vorgeblich sexuell einfühlsamer Frauenversteher die höchste Stufe „zivilisierter" Sexualität.

Das besonders Betörende an seinem männlich-*weißen* Charakter mag für die weibliche Rezipientin der 1980er Jahre in der Tatsache liegen, dass er Karen – zumindest auf den ersten Blick und vorgeblich anders als andere Männer – nicht (nur) als sexuelles Objekt, sondern (auch) als gleichberechtigtes, mit Intellekt, Kreativität und Mut ausgestattetes Subjekt begehrt. Dass dieser *weiße* Liebhaber, der die im Genderbereich kastrierte Filmfigur durch sein Handeln zu ermächtigen versucht, am Ende stirbt, erscheint, folgt man Mulveys Logik, nicht weiter überraschend.[267]

Während Bror die Frau trotz bereits vollzogener Trennung als seinen Besitz, als Ware, ansieht, die zwischen Männern getauscht werden kann, und von einem anderen Mann, der sexuell mit ihr zu verkehren gedenkt, um Erlaubnis gefragt werden möchte (egal, mit wie vielen anderen Frauen er intim wird), stellt Denys heraus, dass die Einzige, die in diesem Fall gefragt werden muss, die von ihm als mündig anerkannte Frau selbst ist:

> Bror zu Denys, als er ihn frühstückend auf Karens Veranda antrifft: „You might have asked, Denys."
>
> Denys, kurz und knapp: „I did. (Pause) She said yes."[268]

Auch die Form, wie Denys seine Sexualität lebt, scheint den in den 80er Jahren im Rahmen der weiblichen Emanzipationsbewegung zunehmend aufkommenden Ansprüchen gerecht zu werden: Der Mann hat die sexuellen Bedürfnisse der Frau zu beachten und zu befriedigen. Dabei wurde zu jener Zeit der Ruf nach einem ausgiebigen „Vorspiel" laut, das die weibliche Sexualpartnerin stimulieren soll. Denys weiß diese, von emanzipierten Frauen geforderte Form der Sexualität mit allen Raffinessen zu bedienen.

Im gesamten Film gibt es drei – zum Teil sehr ausgiebige – Sequenzen, in denen Denys und Karen beim Verschmelzen im bzw. kurz vor dem Geschlechtsverkehr dargestellt werden.[269] Dem ersten und dritten Koitus geht jeweils ein intensives sexuelles Vorspiel voraus, dem allerersten Kuss eine Diskussion, in der Denys sich mit Karen intellektuell und auf einer tiefen Ebene ihrer Persönlichkeit auseinandersetzt.[270] Mit dem zweiten Koitus, dem kein Vorspiel, sondern eine längere Zeit seiner Abwesenheit vorausgeht, beweist Denys, dass er aber auch ein „richtiger" Mann sein kann, der mit starken sexuellen Trieben ausgestattet ist und die

---

[267] Siehe dazu Unterkapitel *3.7.2 Sadistische Bestrafung der weißen Protagonistin*.
[268] *Out of Africa*, Filmminute 1:52:48.
[269] *Out of Africa*, Filmminute 01:35:46-01:36:55, 01:39:51-01:41:00, 01:51:10-01:51:32.
[270] *Out of Africa*, Filmminute 01:10:37-01:13:03.

Frau seiner Wahl – zärtlich und verführerisch, aber bestimmt – „nehmen" kann.[271] Die Lust der beiden auf intellektuelle und kulturelle Auseinandersetzung wird in diesem Fall *nach* dem Koitus befriedigt.

Das deutlich längste Vorspiel findet vor dem ersten Koitus statt. Es nimmt 20 Filmminuten ein, also etwa ein Siebtel des gesamten Films, und beginnt in Filmminute 01:16:11 mit einer Verführung zu diesem Vorspiel, also mit einer „Verführung zur Verführung": Denys lädt Karen auf romantische Weise ein, ihn auf eine Safari zu begleiten.[272] Nachdem sie dem Klischee weiblicher Kommunikation entsprechend „nein" gesagt und „ja" gemeint hat, entführt er sie in eine afrikanistisch inszenierte Natur, die metaphorisch für die Welt der noch nicht gelebten Sexualität zwischen den beiden steht. Diese gilt es – äquivalent zu der kolonialen Vorstellung von afrikanistischen Landschaften[273] – zu „erobern" und zu „erforschen".

Über lange Zeit macht Finch Hatton auf dieser Safari keine sexuellen Annäherungsversuche. Die erotische Anziehung zwischen den *weißen* Filmfiguren wird körperlos gelebt, bis sie sich das erste Mal nach circa neun Filmminuten Safari berühren, als Denys Karen am Fluss die Haare wäscht. Weißer Schaum umrandet ihr helles Gesicht.

*Out of Africa*, Filmminute 1:25:09-1:25:58.

---

[271] *Out of Africa*, Filmminute 01:39:51-01:41:00.
[272] *Out of Africa*, Filmminute 01:16:36-01:17:44.
[273] Vgl. Unterkapitel *3.4.6 Mythos (weiblich-)weißer Wahrheit*.

Zunächst verschmelzen die beiden auf einer intellektuellen Ebene, indem sie über das von ihm gleichzeitig rezitierte Gedicht und übersprungene Verse diskutieren, dann aber lässt sich Karen in eine tiefe Sinnlichkeit hineinfallen und legt ihren Kopf vertrauensvoll in seinen Händen ab.[274] Sie schließt die Augen, während sie sich dem Genuss hingibt, und wird zum blicklosen Objekt des mit dem Blick des männlichen Protagonisten verschmelzenden Blicks der Rezipierenden (siehe Screenshots vorherige Seite unten).

Leise stöhnt sie, als Denys über ihren in seine Hand zurückgelehnten Kopf Wasser gießt, um den weißen Schaum aus ihrem Haar zu entfernen. Denys wirkt zunächst noch sachlich, lächelt sie aber sinnlich an, nachdem er sich – metaphorisch gesprochen – über ihr ergossen hat; befriedigt, weil er sie befriedigen konnte. Auf diese Weise hinterlässt zum einen der Schaum die Assoziation von „Säften der Lust", zum anderen wird die okzidentale Farbsymbolik genutzt, um die *weißen* Filmfiguren mit positiven Eigenschaften in Verbindung zu setzen.[275]

Auch der Filmkritiker Michael Althen deutet die physische Handlung der Haarwäsche als metaphorisch dargestellte Sexualität. Er schreibt in der *Frankfurter Allgemeinen Zeitung*:

> „Natürlich kann man nicht über diesen Film sprechen, ohne an jene [...] Szene zu denken, die zu den schönsten Liebesszenen überhaupt zählt: wenn Redford Streep die Haare wäscht. Im Rückblick scheint das so schlüssig, aber das muss man erst mal hinbekommen, daraus die großen Gefühle zu destillieren. Und Pollack gelingt es sogar, dabei ganz ohne Kuss auszukommen. Er shampooniert sie einfach, irgendwo an einem Flussufer auf Safari, und dann nimmt er einen Krug und spült ihr sanft den Schaum aus dem Haar. Und man weiß kaum wie, aber diese einfache Geste bringt auch die Emotionen zum Fließen. Wahrscheinlich gelingt es deshalb, weil man die beiden in dieser Szene nie zusammen sieht, sondern nur, wie sie sich hingebungsvoll ihren Empfindungen überlässt – und mit ihrem nassen Haar so nackt aussieht wie nie –, und wie er sich über sie beugt, eine überstrahlte Silhouette vor glühendem Himmel, ein Idealbild, eine Traumfigur, schon im Moment selbst eigentlich nur noch eine Erinnerung an einen Moment, der nie wiederkommt."[276]

Althen spricht hier nicht nur den vom Hintergrund- bzw. Gegenlicht erzeugten Heiligenschein des *weißen* Protagonisten an, der aus dem *weißen* Mann ein Idealbild werden lässt,[277] sondern betont auch die geschickte Darstellung von Sexualität, die, statt ins Genitale oder auch nur Orale abzugleiten, im Geistigen und Unschuldigen verankert bleibt. Während Denys in dieser Sequenz sein sexuelles Begehren noch nicht einmal explizit verbalisiert, macht er der *weißen* Frau in der darauf folgenden

---

[274] *Out of Africa*, ab Filmminute 01:25:37.
[275] Vgl. Unterkapitel *3.3.2 Karen: emanzipierte Adlige*.
[276] Althen 2008.
[277] Vgl. Unterkapitel *3.4.2 Mythos weißen Gutmenschentums*.

Subsequenz, beim nächsten gemeinsamen Abendessen in der afrikanistisch inszenierten „Wildnis", zumindest deutliche sexuelle Avancen.

> Karen: "Do you really prefer them [the animals, J.D.] to people?"
>
> Denys: "Sometimes. They don't do anything half-heartedly. Everything is for the first time. Hunting, working, mating. It's only man that does it badly. It's only man that tires of going through it. Who says: 'See here. I know how you feel about me and you know how I feel about you. We understand each other, so let's lie down and get on with it.'"

Hier könnte das Vorspiel beendet sein und der Koitus beginnen. Doch die sexuelle Spannung wird weiter in die Länge gezogen.[278] Statt den Sexualtrieb – wie die Tiere in Denys' Erzählung – auszuleben, begeben sich die *weißen* Protagonist_innen auf eine emotionale Ebene, auf der Karen sich Denys gegenüber vertraulich öffnet. Ihre Seelen berühren sich zärtlich. Damit wird die *weiße* Sexualität wiederum von Körperlichkeit befreit und sowohl mit Kultur gleich- als auch der triebhaften Natur entgegengesetzt.

Dem gleichen Ziel dient die nächste Subsequenz, in der die beiden, Schulter an Schulter, in Konfrontation mit einem Löwenpaar eine lebensgefährliche Situation erfolgreich bewältigen. Indem sie die Löwin, er den Löwen erschießt, töten sie symbolisch den jeweils eigenen animalischen Trieb. Ihre mit Naturhaftigkeit verbundene Sexualität verwandelt sich nach dem Tod der Tiere in eine „kulturbeflissene" erotische Anziehung: Nach einem ersten gleichberechtigten Blick der beiden zueinander, wird die *weiße* Protagonistin wieder zum Objekt des Blicks des *weißen* Mannes, der anerkennend sein Halstuch abbindet, um damit das Blut einer kleinen Wunde an der Lippe der *weißen* Frau zärtlich abzuwischen. Sie lässt dies zunächst passiv und überrascht mit sich geschehen, öffnet dann den Mund sogar ein wenig und signalisiert damit ihre Bereitschaft, sich erotisch berühren und ihn „einzulassen".

Doch auch dann entlädt sich die erotische Spannung noch nicht. Wieder mündet sie in eine Subsequenz, in der der Trieb in einer mit Kultur gleichgesetzten Kulisse durch „kultivierte Handlungen" sublimiert wird: Während sich die *weiße* Protagonistin nach diesem Abenteuer, bei dem sie „ihren Mann gestanden" hat, in ihrem Zelt der Pflege und Reinheit ihres Körpers in einer Waschzeremonie hingibt, bereitet der *weiße* Mann mit Sinn für Romantik das Abendessen vor, zu dem er sie einlädt, indem er ihr fürsorglich ein Glas Wasser ins Zelt bringt. Wieder ist der Tisch unter dem Sternenzelt mit einer weißen Tischdecke und edlem Geschirr gedeckt. Sogar ein kleiner Blumenstrauß ziert die Tischmitte. Denys setzt das Grammophon in Gang. Zarte klassische Musik begleitet die Handlung ab jetzt

---

[278] *Out of Africa*, Filmminute 01:26:07-01:26:41.

diegetisch. Das Lagerfeuer brennt, Denys schiebt den Stuhl heran, als Karen sich an den Tisch setzt, und öffnet eine Flasche Wein.

*Out of Africa*, Filmminute 1:33:29-1:36:57.

Die hier benutzte weiße Tischdecke bebildert nicht nur den hohen „Zivilisationsgrad" der *weißen* Filmfiguren, sondern zaubert durch das von ihr zurückgeworfene Licht zusätzlich ein Leuchten auf die *weißen* Gesichter. Letzteres bestätigend berichtet der Regisseur Sydney Pollack:

> Eine andere Sache, die [der Kameramann, J.D.] David Watkin machte, und die mir sehr gefiel, war der Gebrauch der weißen Tischdecken bei vielen Essensszenen, die wir drehten, und davon gab es einige. Es gab den Leuten, die am Tisch saßen, so dachte ich, ein sehr schönes Leuchten.[279]

Zusätzlich ermöglicht die helle Farbe der Tischdecke dem Kameramann, belichtungstechnisch sowohl auf die *weißen* Gesichter als auch auf die Tischdecke adäquat einzugehen. Auf diese Weise sind die *weißen* Filmfiguren und der sie charakterisierende *weiße* Raum gut sichtbar, während die Schwarzen Filmfiguren schon wegen der Belichtung mit der Nacht verschmelzen.[280]

So wird das „Zivilisierte" der in dieser Szene dargestellten *weißen* Sexualität durch das afrikanistisch konstruierte Setting im Bildhintergrund unterstrichen. Denn dort hocken Safari-Begleiter ohne Stühle um ein Lagerfeuer, über dem ein

---

[279] *Out of Africa*, Zusatzmaterial auf DVD 1: „Feature commentary with director Sydney Pollack", Filmminute 1:38:23-1:38:50 (deutsche Untertitelung): Regisseur Sydney Pollack spricht über verschiedene Aspekte der Filmproduktion und seiner Regieführung. Zu belichtungstechnischen Inszenierungsstragien auch Dyer 1997b: 97: Dyer berichtet analog und doch entgegengesetzt zu Pollack von den Dreharbeiten zu dem Film *The Color Purple*, bei denen fotografische Probleme aufgetaucht seien, weil es plötzlich darum ging, ein Team von vornehmlich Schwarzen Schauspieler_innen abzulichten. Dieses Problem habe der Kameramann Allen Daviau gelöst, indem er die Inneneinrichtung und Set-Dekorationen dunkler habe anfertigen lassen als gemeinhin üblich.

[280] Vgl. Dyer 1997b: 89-103: Dyer hebt in dem Unterkapitel „Lighting for whiteness" hervor, dass das Filmmaterial in Abstimmung auf *weiße* Haut entwickelt wurde, so dass eine gute Ablichtung Schwarzer Haut schnell auf Hindernisse stößt. Probleme gibt es auch, wenn Schwarze und *weiße* Gesichter in einer Kadrierung abgelichtet werden sollen, da die Belichtung nur auf einen der beiden Farbtöne abgestimmt werden kann. Es bedarf in einem solchen Fall einer besonderen Beleuchtung der beiden Gesichter.

Holzgestell als Kochgelegenheit angebracht ist. Sie rühren in nicht sichtbaren Töpfen, die auf dem Boden zu stehen scheinen. Weder ein Tisch, noch Geschirr ist auszumachen.[281] Dass eine solche Bildeinteilung der Darstellung *weißer* Superiorität dient, betont auch Stuart Hall:

> Die Annahme lässiger Überlegenheit strukturiert jedes Bild – sogar die Anordnung im Bildfeld: im Vordergrund das koloniale Leben (Tea-Time auf der Plantage), im Hintergrund die eingeborenen Träger.[282]

*Out of Africa*, Filmminute 1:33:29-1:36:57.

Denys prostet Karen zu, die beiden tanzen zu zärtlicher Musik, Karen wirkt in ihre Gefühlswelt versunken, leicht abwesend und eher passiv, während Denys das Feuer am Brennen hält und ihr erneut zuprostet, diesmal mit dem Trinkspruch, den die Rezipierenden aus dem Club der *weiß*-männlichen Kolonialisten kennen, die jeder Frau den Zutritt verwehren. Denys aber spricht ihn zärtlich aus und meint damit Karen: „To rose-lipt maidens".[283]

Dann setzt er den Impuls für ihr übliches Spiel: Er gibt den Anfang einer Geschichte vor, die sie weitererzählen soll. Allerdings ist es ihre Geschichte, die er zu beginnen scheint: „There was a very young girl from Denmark who took passage on a steamer bound for Suez...". Karen führt mit einem passiv verführerischen, leicht traurig wirkenden Gesicht fort: „There was a storm off Morocco and she was washed ashore onto a beach. Onto a white beach. (Kleine Pause, Blicke) Onto a beach so white..." Sie bricht ihre Geschichte ab, wendet ihren Blick nach unten, steht auf, berührt Denys mit ihrer Hand an seiner Schulter und geht ins Zelt.

Die *weiße* Frau, passiv an den Strand gespült, hilflos und verführerisch dort liegend, lädt den *weißen* Mann durch diese Bewegung ebenso zum „Eindringen" ein wie der afrikanistisch inszenierte weiße Strand des im Kolonialismus als dunkel imaginierten Kontinents die *weißen* Kolonialist_innen. Dieses Bild wiederholt sich,

---

[281] Vgl. Unterkapitel *3.6.1 Schwarz symbolisierte Entwicklungsblockade*.
[282] Hall 2012: 159.
[283] Deutsche Übersetzung aus den deutschen Untertiteln der DVD *Out of Africa*: „Auf Rosenlippenmädchen!"

wenn das Liebespaar später mit dem Flugzeug auf weißem Strand landet. Wieder können Assoziationen aufkommen, die den *weißen* Frauenkörper mit dem „dunklen Kontinent" parallelisieren. Die von Karen fortgeführte Geschichte stellt zudem einen intertextuellen Bezug zu der Sequenz des Films *Eine Weiße unter Kannibalen (Fetisch)* her, in der Maria als kleines Mädchen in einem Boot an einen afrikanistisch inszenierten weißen Strand gespült wird, von dem aus sie in den Armen einer Schwarz-männlichen Filmfigur metaphorisch in „ihren dunklen Kontinent" abtaucht.

So deutet auch Denys die Geste, mit der Karen die Erzählung abschließt, als eine Einladung, ihr ins Zelt zu folgen. Er wird aktiv, folgt ihrem stillen Ruf. Im Zelt wird sie wieder zum Objekt seines Blickes, der mit dem der Zuschauenden verschmilzt. Zu sehen ist in einer Nahaufnahme nur ihr Gesicht. Sie schaut ihn erwartungsvoll und ergeben an, in Sinnlichkeit versunken. Er berührt ihre verwundete Lippe mit dem Finger und fragt sehr leise und zärtlich: „Will that hurt?" Karen, erotisiert, flüstert: „No". Dann lässt sie sich in seinen Kuss hinabsinken. Erregt haucht sie: „If you say anything now, I'll believe it." Sie küssen sich wieder, alles weitere bleibt der Fantasie der Zuschauenden überlassen. Unzweifelhaft aber ist, dass sich ein Liebesakt, ein Koitus, anschließt – angedeutet auch durch die Worte von Denys: „Will it hurt?". Die körperliche Aktivität des sexuellen Aktes wird visuell nicht dargestellt. *Weiße* Sexualität wird auf diese Weise all des Physischen und Naturhaften beraubt, das den Phallus *Weißsein* beschneiden würde.

Hinzu kommt, dass, obwohl Denys in der gesamten Sequenz als einfühlsamer Frauenversteher inszeniert ist, die vorgeblich sexuell befreite *weiße* Protagonistin nicht aus der für ihre Geschlechterrolle vorbestimmten Passivitität entlassen wird. Sie bleibt Objekt der Begierde des aktiv handelnden und blickenden *weißen* Mannes. Diese Inszenierungsstrategie verquickt sich mit der Bedingungsrealität des Films. Denn Streep erzählt im Zusatzmaterial der DVD, dass sie als Darstellerin der *weiß*-weiblichen Hauptrolle von Pollack nur ausgewählt wurde, weil sie sich bei einem Treffen mit ihm sexualisiert gekleidet hat und damit der Anforderung gerecht geworden ist, sich als sexualisiertes Objekt einem männlichen Subjekt feilzubieten:

> Sydney wanted a sensual quality to her [Isak Dinesen/Karen Blixen] that would go with the landscape, as he saw it, of Africa. He didn't think that I was sexy enough to play Isak Dinesen, that sexpot! But, you know, it's a movie and I understood that. But I went for the meeting. I finally wrangled a meeting. And I went pathetically, in a very low-cut blouse with a push-up bra. I'm very ashamed to say it, but I did. And it worked. That's the really sad part.[284]

---

[284] *Out of Africa*, Zusatzmaterial DVD 2: „Song of Africa", Filmminute 0:29:12-0:29:53.

Dieses von Streep selbst als „traurig" bezeichnete Rollenmuster, das die Frau immer wieder in die Objektposition des männlichen Blicks zwingt, wird also nicht nur in der Inszenierung bedient, sondern wirkt sich auch auf die Produktionsebene des Films aus. Die Art allerdings, wie der Regisseur denselben Casting-Prozess beschreibt, zeigt auf, dass er sich dieser Wirkmechanismen nicht im geringsten bewusst ist:

> For a long time I was struggling with who could play this role of Karen Blixen. Who could go through all of the maturation... who could go through all of the various emotional crises that she went through... who would be the perfect one to represent her. I didn't know Meryl personally. I knew her work and loved her work... but did not know her personally. I went through, obviously, a long list in my head of... well... That's not true. I would say a short list in my head because there aren't that many people... of actresses that I thought might be possible to play it. And then I met Meryl. She came to see me at a hotel. *The first time I really looked at her and got this sense of who she really was rather than the sense of her as an actress that I had seen in so many other roles I knew that she was absolutely right for this.*[285] [Hervorhebung von mir, J.D.]

Pollack gibt vor, das persönliche Treffen mit Meryl Streep habe ihn aufgrund ihrer inneren Werte davon überzeugt, dass sie die richtige Besetzung für die weibliche Hauptrolle sei. In Wirklichkeit aber erkennt er erst, „wer sie wirklich ist", als sie mit tiefem Ausschnitt vor ihm sitzt.

Dass Blixen von Kaplan trotz dieser Objektivierung als Filmfigur, die sich bereits beim Casting durch den Regisseur niederschlägt, als „starke Frau" wahrgenommen und beschrieben wird, mag an der Erhöhung der *weiß*-weiblichen Protagonistin durch den Phallus *Weißsein* liegen. Denn in der gesamten Sequenz wird die gelebte Sexualität als eine *weiße* dargestellt, die nur der „Zivilisation" zugeordnet wird. Dieses – der als elaboriert dargestellten Sexualität immanente – *Weißsein* bleibt allerdings unausgesprochen. Nur zwischen den Zeilen und in der weißen Gaze sowie den weißen Wolken-, Tisch- und Bettdecken, die die Sexszenen des Films umhüllen, ist sie aufspürbar.

Noch deutlicher wird der imaginierte hohe Grad an „Zivilisation" *weißer* Sexualität durch den inter- und intratextuellen Kontrast *weißer* zu Schwarzer Sexualität. Letztere wurde in dem Film *Die weiße Massai* in der von mir ausgewählten Filmreihe erstmalig explizit dargestellt.[286] Denn in diesem Film nimmt sich die *weiß*-weibliche Protagonistin noch mehr sexuelle Freiheit als in den drei Filmen zuvor: Sie wagt den Sexualakt mit einem als „wild lebend" inszenierten Schwarzen

---

[285] *Out of Africa*, Zusatzmaterial DVD 1: „Feature commentary with director Sydney Pollack", Filmminute 0:11:16-0:12:27.
[286] Vgl. Unterkapitel *3.6.5 De- und Hypersexualisierung* und *3.4.1 Weiß symbolisierter Emanzipitionsprozess als Frau*.

Mann, dem vom Filmtext große sexuelle Potenz zugeschrieben wird – eine Vorstellung, die, wie in der Einleitung dargelegt, in Deutschland noch in der Nachkriegszeit zu einer kaum hinterfragten Stereotypenbildung beitrug.

Dass der Film damit tatsächlich den Nerv der Zeit trifft und die *weiße* Frau dort abholt, wo sie in ihrer emanzipatorischen Bewegung angekommen ist, kann unter Berücksichtigung weiterer Filme, die um die Jahrtausendwende in die Kinos kamen, vermutet werden. Zu diesen Filmen zählt der Dokumentarfilm *Baby I will make you sweat* von Birgit Hein aus dem Jahre 1995, der die autobiografische Geschichte der zweiundfünfzigjährigen, *weißen* Regisseurin erzählt, die während einer Reise nach Jamaica auf Kosten eines Schwarzen Lovers sowohl gegen den Frust des Älterwerdens ankämpft als auch ihre Bedürfnisse nach Zärtlichkeit befriedigt.[287] Ebenso greift der Spielfilm *In den Süden*, im Original *Vers le sud*, diese Thematik des Sextourismus *weißer* Frauen auf, der im September desselben Jahres in die Kinos kam wie der Film *Die weiße Massai* (2005). Sieben Jahre später erschien der von Ulrich Seidl gedrehte Spielfilm *Paradies: Liebe* mit einem ähnlichen Sujet.

Damit werden die im epochalen Mainstream der jeweiligen Filmproduktionsjahre fließenden Bilder *weißer* Weiblichkeitsideale in allen vier von mir untersuchten Filmtexten bedient. Während *Eine Weiße unter Kannibalen (Fetisch)* die Darstellung weiblich-*weißer* Sexualität gänzlich ausspart und die Protagonistin des Films *The Nun's Story* die in den 1950er Jahren an die okzidentale Frau gestellte Anforderung, möglichst keusch zu sein, in perfekter Form erfüllt, folgt der Film *Out of Africa* der in den 1980er Jahren vorherrschenden Moralvorstellung, dass „gute Mädchen in den Himmel kommen, böse überall hin". Im 21. Jahrtausend dann darf die multikulturell orientierte Protagonistin sogar ausziehen, um Schwarzen Männern beizubringen, was die emanzipierte *weiße* Frau den *weißen* Frauenversteher schon längst gelehrt hat – und um in männlich-*weißem* Habitus nachzuahmen, was der *weiße* Mann als selbstermächtigenden Unterdrückungsmechanismus bereits bis zur Perfektion getrieben hat: den Sextourismus. Dyers Aussage, dass die Inszenierung von Sexualität mit dem Konzept von *Weißsein* per se kaum zusammengehe, ist

---

[287] Vgl. Brauerhoch 1997. Brauerhoch schreibt: „*Baby I will make you sweat* konfrontiert mit einem Begehren, das gesellschaftlich tabuisiert ist [gemeint ist die sexuelle Bedürftigkeit alternder Weiblichkeit, J.D.] und verbindet es mit zwei weiteren Tabuisierungen: der Liebe zu einer anderen Hautfarbe und der Liebe mit jüngeren Männern." (Brauerhoch 1997: 164) „Genauso wenig, wie die gesellschaftlichen Mißstände im eigenen Land im Umgang mit weiblicher Sexualität explizit zur Sprache kommen, werden die gesellschaftlichen Mißstände von vereinzelt großem Reichtum und verbreitet großer Armut im besuchten Land nicht thematisiert. Auch die prekären Machtverschiebungen, die beim Wechsel der Szenarien in der Konfrontation von bemittelter weißer Frau mit unbemitteltem schwarzen Mann entstehen, finden keine Reflexion, genausowenig wie das Gefühl den schwarzen Frauen gegenüber irgendwelche Beachtung erfährt. Objekt der Begierde und des Interesses sind ausschließlich die schwarzen Männer, womit der Film automatisch skandalös wird." (ebd.: 167) „Der zum Objekt gemachte Mann vergeht sich am äußeren Instrumentarium seiner Verobjektivierung, der Kamera der Filmemacherin." (ebd. : 169)

Deduktives Analyseverfahren

damit infrage zu stellen. Denn die *weiße* Filmindustrie wird offensichtlich der Tatsache gerecht, dass das Ideal *weiß*-weiblicher Sexualität in unterschiedlichen Epochen variiert.

3.4.6 Mythos (weiblich-)*weißer* Wahrheit

Bestandteil eines *weißen* Ich-Ideals ist der *weiße* Mythos, dass *weiße* Menschen – im Gegensatz zu dem „geschichtslosen Schwarzen Kontinent" und den darauf lebenden Schwarzen Menschen und zu Tieren – eine Geschichte besitzen, die für die Evolutions- und Weltgeschichte relevant ist. Diese Geschichte ist nicht nur die kollektive Geschichte einzelner Nationen oder gar des gesamten Okzidents, sondern auch die Geschichte einzelner *weißer* Individuen.

Allen *weiß*-weiblichen Hauptfiguren der vier von mir analysierten okzidentalen Spielfilme wird eine solche Historie zugeschrieben. Sie alle lassen ihre eigene Geschichte Revue passieren, verschriftlichen sie oder ringen, wie Sister Luke, mit der schier unmöglich erscheinenden Aufgabe, diese eigene Geschichte auf Geheiß einer höheren Autorität aus ihrem Gedächtnis zu verbannen. Zu tief scheint die Historie in den *weißen* Geist und Körper eingeschrieben zu sein, zu sehr ihm eigen. Und selbst, wenn die eigene Geschichte, wie bei Maria/Faida, durch den Aufenthalt auf dem „geschichtslosen Kontinent" in Vergessenheit gerät, kommt sie bei der Berührung mit der „Zivilisation" wieder ins *weiß*-weibliche Bewusstsein. „*Weiß* sein" ist gleich „Geschichte haben".

Wie genau aber wird die von den *weiß*-weiblichen Filmfiguren erinnerte Geschichte filmisch dargestellt? Korte führt die „Bezugsrealität", durch die untersucht werden soll, „in welchem Verhältnis [...] die filmische Darstellung zur realen Bedeutung des gemeinten Problems, den zugrundeliegenden (historischen) Ereignissen" steht,[288] als eine von vier Dimensionen der Filmanalyse an. Es ist vor allem innerhalb einer ideologiekritisch orientierten filmanalytischen Arbeit daher eine zentrale Aufgabe, die Geschichtsdarstellung des Films mit der historisch überlieferten „Realität" abzugleichen. Bei einer rassismussensiblen Filmanalyse steht diesbezüglich insbesondere die filmische Darstellung der europäischen Kolonialgeschichte im Zentrum der Untersuchung.

Alle vier Filme legitimieren das (post-)koloniale System, indem sie auf historische Ereignisse rekurrieren, diese aber zugunsten *weißer* Machtinteressen umschreiben. Wie das von James Snead herausgearbeitete Verfahren der Mythisierung, das dazu beiträgt, Schwarzen und schwarzer Haut jegliche historische Referenz in ihrer Repräsentation zu verweigern,[289] basiert die von mir aufgezeigte Inszenierungsstrategie „auf der Ersetzung von Geschichte durch Ideologie". Für

---

[288] Korte 1999: 22.
[289] Vgl. Unterkapitel *2.3.1.2 Koloniale Mystifizierungs- und Mythifizierungsstrategien*.

den ungestörten Identifikationsprozess und vor allem für die Internalisierung der in den Filmtext eingeschriebenen Ideologie ist es dabei wichtig, dass die Rezipierenden diese ideologiegetränkte Geschichte für wahr halten. Das Fundament der dazu benötigten Realitätsillusion bildet das Medium selbst. Denn Visualität spielt eine zentrale Rolle in Wahrheits- und Wissensdiskursen. Diesbezüglich schreibt der Medienwissenschaftler Klaus Kreimeier:

> Meine These ist, daß aus dem Umgang mit einer avancierten Technik der optischen Industrie und der Fetischisierung eines im Zuge der Entwicklung der Naturwissenschaften durchgesetzten Präzisionsbegriffs der moderne Diskurs über mediale Authentizität entstanden ist. In diesem Diskurs hat das ‚Authentische' stets eine stillschweigend vorausgesetzte wissenschaftliche und somit verifizierbare Grundlage. Das Ideal der ‚wissenschaftlichen Objektivität' hat Anteil an den Fiktionsbildungen, die mit dem Begriff der Authentizität zusammenhängen. Authentisch ist demnach eine Fotografie, weil sie den Gegenstand vor der Kamera auf der Grundlage eines physikalischen Prozesses ‚naturgetreu' abbildet.[290]

Evidenz sei, so die Kunsthistorikerinnen Sigrid Schade und Silke Wenk, seit jeher mit sehen, lat. videre, eng verknüpft gewesen. Man wisse etwas mit Sicherheit, weil man es selbst gesehen habe.[291] So sei beispielsweise der Aufstieg der analogen Fotografie als Erzeuger von (Pseudo-)Indizien mit der Herstellung von Wissen im „frühkapitalistischen und auf kolonialer Ausbeutung gründenden"[292] Wirtschafts- und Gesellschaftssystem des westlichen Europas eng verknüpft gewesen. Und auch im heutigen digitalen Zeitalter dienten Fotografien wieder als „Medien der Versicherung".[293] „Sichtbarkeit als produktive Macht des (scheinbar) Faktischen ist ein zentraler Faktor politischer Repräsentation",[294] schreiben die beiden Professorinnen der Kultur- und Medienwissenschaften. Und weiter:

> Sichtbarkeitspolitiken sind mithin niemals neutral [...]. Ihre Funktion lässt sich mit der Naturalisierung der gesellschaftlichen Verteilung von Macht(positionen) und universalisierten Wertsetzungen in Verbindung bringen.[295]

Um den Identifikationsprozess der Zuschauenden so wenig wie möglich durch potentiell aufkommende Zweifel zu stören, wird der schon von der Visualität gestützte Wahrheitsgehalt dieser von *weißer* Ideologie getränkten Geschichten intratextuell zusätzlich explizit bestätigt. So betonen insbesondere die Filme *Die weiße Massai* und *Out of Africa* im Filmtext selbst noch einmal explizit, historischen Wahrheiten zu entsprechen. Beide Werke geben ausdrücklich an, dass es sich bei

---

[290] Kreimeier 1997: 48.
[291] Schade/Wenk 2011: 98.
[292] Schade/Wenk 2011: 102.
[293] Schade/Wenk 2011: 103. Dazu auch Kelly 2016: 123f.
[294] Schade/Wenk 2011: 104.
[295] Schade/Wenk 2011: 105.

Deduktives Analyseverfahren

den von ihnen erzählten Geschichten um die Verfilmung einer „wahren Begebenheit" handele.

In dem Film *Die weiße Massai* wird diese Aussage bereits in der zweiten Filmminute getroffen. Hier ist im Untertitel zu lesen: „nach einer wahren Begebenheit".[296] Damit erscheint die aus einer subjektiv-*weißen* Perspektive erzählte Geschichte gleich zu Filmbeginn zu einem gewissen Teil als „objektiv wahr". Diese vorgebliche „objektive Wahrheit" wird am Schluss des Films zusätzlich durch einen auktorialen Erzähler bestätigt,[297] der in Form einer Schrifttafel im letzten Filmbild erscheint. Über einer aufsichtig gedrehten Supertotalen, in der ein Bus im Staub einer unendlich langen afrikanistisch in Szene gesetzten Straße davonrollt – die *weiße* Protagonistin und ihr Kind vor dem gewalttätigen Schwarzen Kindsvater rettend –, erscheint der Satz „Carola Lehmann lebt seither mit ihrer Tochter in der Schweiz."[298]

Diese Koppelung der durch die Schrift ganz explizit zu Tage tretenden auktorialen Erzählhaltung mit der aufsichtigen Supertotalen schafft die Präsenz einer allwissenden, gottesgleichen Macht, die die „reale Existenz" der durch die Handlung führenden *weiß*-weiblichen Filmfigur bezeugt. Unabhängig von dieser bis dahin in der Ich-Form sprechenden *weißen* Protagonistin bestätigt die gottesgleiche Autorität nicht nur die „Wahrheit" der von der *weißen* Frau erlebten und erzählten Geschichte, sondern auch die Richtigkeit aller in den Filmtext eingewobenen rassistischen Implikationen, die dadurch, dass sie angeblich „wahr" sind, nicht als rassistische Ideologie rezipiert, sondern als „natürliche Gegebenheiten" wahrgenommen werden, die den Kolonialismus legitimieren. Dies entspricht der von Barthes im Zusammenhang mit dem Mythos theoretisierten „Naturalisierung", durch die die Differenz laut Hall festgeschrieben und „für immer gesichert" wird.[299]

Diesem Ziel der Naturalisierung von Rassismus und Kolonialismus dient auch der Hinweis in dem Film *Die weiße Massai*, dass die verfilmte Geschichte eine in audiovisuelle Formen gefasste autobiografische Erzählung sei. Direkt nach den Namen von Regisseurin, Produzent und Drehbuchautor erscheint an vierter Stelle des Abspanns über dem Bild des immer noch davonfahrenden Busses der Schriftzug: „Nach dem autobiografischen Buch von Corinne Hofmann". Die zutiefst erschütternde Geschichte der am Ende als Opfer davonfahrenden *weißen* Frau ist demnach, so wird durch diesen Schriftzug suggeriert, nicht frei erfunden, sondern

---

[296] *Die weiße Massai*, Filmminute 0:01:07-0:01:10.
[297] Ich nutze dies als stehenden Begriff. Eigentlich könnte es sich, da die Worte nur geschrieben und nicht gesprochen sind, auch um eine auktoriale Erzählerin handeln.
[298] *Die weiße Massai*, Filmminute 1:59:21.
[299] Vgl. Unterkapitel *2.3.1.2 Koloniale Mystifizierungs- und Mythifizierungsstrategien*.

ihre „natürliche, realistische und wahrhaftige Existenz" lediglich in filmische Formen gefasst.

Auch in dem Film *Out of Africa* wird bereits in einer Schrifttafel des Vorspanns erwähnt, dass der Film auf Schriften der Schriftstellerin Isak Dinesen beruhe. Gleichzeitig werden weitere Bücher anderer Autor_innen genannt, auf denen die verfilmte Geschichte basieren soll. In Filmminute 0:06:57 ist über der Supertotalen einer kargen Landschaft, durch die ein Zug fährt, zu lesen:

> Based upon the following: 'Out of Africa' and other writings by Isak Dinesen, 'Isak Dinesen: The life of a story teller' by Judith Thurman, 'Silence will speak' by Errol Trzebinski.

Diese Angaben erinnern an Quellenangaben einer wissenschaftlichen Arbeit, welche ja bekanntlich nach objektivierter Wahrheit sucht. Sie sollen bezeugen, dass die Geschichte gut recherchiert und „wahr" ist. Dass diese Wahrheit auch oder gerade wenn sie von Wissen(schaft) produziert wurde, nicht selten rassistische Mythen festschreibt, hebt Köpsell hervor:

> Wissen schafft Konsens
> Wissen schafft Standards
> Wissen schafft Wahrheit,
> in der zwei Drittel der Menschheit
> empirisch irrelevant am Kindertisch Wackelpudding essen,
> während die Großen übers Geschäft reden.[300]

In dem Film *Out of Africa* kommt allerdings nur in verschlüsselter Form zum Ausdruck, dass es sich bei der von Isak Dinesen in Romanform gebrachten Geschichte ebenfalls um eine *weiß*-weibliche (Auto-)Biografie handelt. Am Filmende erklären zwei über dem Bild von Finch Hattons Grab liegende und zum Abspann überleitende Schrifttafeln, dass Karen Blixen ihre ersten Erzählungen 1934 unter dem Namen Isak Dinesen veröffentlicht habe und dass sie nie mehr nach Afrika zurückgekehrt sei.[301] Damit wird die verfilmte Erzählung mitsamt ihrer Protagonistin in die Realität überführt. Denn der Satz „She never returns to Africa." ruft „ins Gedächtnis", so die Journalistin Felicitas Knöfler in der Zeitung *Tribüne*, „daß hier soeben eine wahre Lebensgeschichte nachempfunden wurde – die Geschichte der Dänin Karen Blixen-Finecke", die die „Jahre von 1914 bis 1931 [...] als Farmerin in Kenia verbracht" hat.[302] Es handelt sich also, so liest auch Knöfler den Filmtext, um eine offensichtlich der Wahrheit entsprechende Biografie einer *weißen* Frau.

---

[300] Köpsell 2010: 10f.
[301] *Out of Africa*, Filmminute 2:31:24-2:31:34: Erste Schrifttafel: „Karen Blixen published her first stories in 1934 under the name Isak Dinesen". Zweite Schrifttafel: „She never returned to Africa."
[302] Knöfler 1987.

Diese konstruierte Realitätsnähe wird am Ende des sich abrollenden Abspanns, zweieinhalb Filmminuten später, noch einmal bestärkt. Dort steht geschrieben:

> The characters portrayed in this motion are based upon actual persons now deceased. The events depicted are from the lives of those persons. Although some of those events have been fictionalized for dramatic purposes. Any resemblance to actual persons or events other than those portrayed and depicted herein is purely coincidental.[303]

Der Filmtext selbst bezeugt an dieser Stelle noch einmal ganz dezidiert den Wahrheitsgehalt der zu sehen gegebenen Erzählung und bestätigt sogar die Authentizität aller dargestellten Filmcharaktere – mit der kleinen, nur am Rande erwähnten Einschränkung, dass einige Ereignisse aus deren Leben der Dramaturgie zuliebe fiktionalisiert worden seien.

Was den Film *Eine Weiße unter Kannibalen (Fetisch)* betifft, so äußerte Schomburgk in einem Interview, das in der Illustrierten Filmwoche 44 aus dem Jahr 1921 veröffentlicht worden ist, der Film basiere auf einer wahren Geschichte. Diese sei ihm selbst auf einer Reise erzählt worden.[304] Diese explizite Authentizitätsbekundung ist zwar nicht filmtextimmanent vorhanden, sie sollte jedoch im Rahmen von Intertextualität in Betracht gezogen werden. Denn die die Kinoauswertung begleitenden Texte, formen ebenfalls das Bewusstsein der den Film Rezipierenden.

Ähnlich verhält es sich mit dem Film *The Nun's Story*. Der gleichnamige Roman der Autorin Kathryn Hulme, der als Vorlage für das Drehbuch diente,[305] wird als authentisch, weil biografisch, gehandelt. Angeblich schildert die Autorin die realen „Erlebnisse einer ehemaligen Ordensschwester, die ihr nach dem Krieg in einem deutschen Vertriebenenlager als Krankenschwester begegnete".[306] Diese Informationen sind allerdings dem Filmtext ebenfalls nicht als explizite Äußerungen immanent.

Zur Realitätsillusion, die der Film *Out of Africa* erzeugt, kommt hinzu, dass der Film einen „dokumentarischen" Kamerastil verwendet. Auf diesen Umstand weist unter anderem die von den Filmkritikern Bader und Witte getätigte Behauptung hin, dass man „den meisterhaften Aufnahmen der afrikanischen Urlandschaft, den Total-Einstellungen endloser Steppe angefüllt mit riesigen Tierherden" anmerke, dass die Herkunft des Kameramanns der Dokumentarfilm sei.[307]

In dem Film *Eine Weiße unter Kannibalen (Fetisch)* verleiht der Einbau von dokumentarischen Filmaufnahmen, die Schomburgk nach eigenen Angaben in Afrika

---

[303] *Out of Africa*, Filmminute 2:34:02-2:34:11.
[304] Nagl 2009: 299.
[305] Bartsch 1959.
[306] Linnerz 1960.
[307] Badouin 1986.

gedreht hat, dem fiktionalen Film auf ähnliche Weise Authentizität. Zum damaligen Kinostart warben Anzeigen mit „über 600 m afrikanische[n] Originalaufnahmen" des „Afrikaforschers Hans Schomburgk"[308] für den Besuch einer Filmvorführung, und auch eine der filmimmanenten Texttafeln beruft sich gleich zu Filmbeginn auf eine mit wissenschaftlicher Objektivitätssuche verbundene Herangehensweise des Filmemachers, indem sie verkündet: „Regie: Afrikaforscher Hans Schomburgk".[309]

Doch ebenso wenig wie der sich selbst zum „Afrikaforscher" erklärende Filmemacher Hans Schomburgk[310] und wie *weiße* Wissenschaftler_innen, die ihren Titel tatsächlich durch akademische Abschlüsse an okzidentalen Instituten erlangt haben, werfen sogenannte dokumentarische Filmaufnahmen einen neutralen, objektiven Blick auf die afrikanische Realität – auch, wenn der Fotografie vor allem im Zeitalter des Kolonialismus diesbezüglich große Authentizität zugeschrieben und ihr Bildinhalt nicht selten mit der Realität gleichgesetzt wurde.[311]

Die Anordnung von Objekten und Bildausschnitten wird sowohl in der Fotografie als auch bei Filmaufnahmen immer durch die subjektive Sicht des Fotografierenden bzw. des Filmenden ausgewählt.[312] In dieser Sehanordnung sind, wie die Kulturwissenschaftlerin, Gender-Theoretikerin und Filmemacherin Christina von Braun hervorhebt, Parallelen zum anthropologischen Blick auf das Andere zu erkennen: Aus einem unsichtbaren Zentrum heraus wird das Objekt fixiert und die übliche reziproke Blickanordnung durch einen einseitigen Blick ersetzt.[313] Dabei entsteht im Kontext okzidentaler Afrikabilder und -filme ein hierarchisches Verhältnis zwischen blickendem *weißen* Subjekt und angeblicktem – oder ignoriertem – Schwarzen Objekt.[314] Kelly nennt diesen Vorgang, der den Schwarzen Blick in der aktiven Bildhandlung inexistent macht, wie in Kapitel 2.3.1 beschrieben, „Ent_Visualisieren". Dieses Ent_Visualisieren betrachtet sie als eine der grundlegenden Strategien visueller Kolonialität.

So bilden auch Schomburgks dokumentarische Aufnahmen, die er unter der Rubrik „Originalaufnahmen" als „Wahrheit" zu verkaufen sucht, die „Realität" vor allem aus einer *weißen* Perspektive ab, die lediglich vorgibt, Objektivität zu schaffen.[315] Der *weiße* Regisseur und Kameramann entscheidet hinter der Kamera über

---

[308] Nagl 2009: 297.
[309] *Eine Weiße unter Kannibalen (Fetisch)*, Filmminute 0:00:22-0:00:26.
[310] Nagl 2009: 230.
[311] Walgenbach 2005a: 27.
[312] Vgl. Unterkapitel *2.3 Mulvey phallisch weiß gelesen*.
[313] von Braun 1994: 80-84.
[314] Strohschein 2007: 61f. und Unterkapitel *3.5 Der phallische Blick: weißes Subjekt, Schwarzes Objekt*.
[315] Nagl 2009: 289. Nagl weist hier darauf hin, dass Schomburgk mit diesem semidokumentarischen Verfahren, in dem er afrikanische Originalaufnahmen zur Authentifizierung in neu entstandene Spielfilmaufnahmen montierte, zum Vorreiter des Semidokumentarfilms wurde, wie er auch in den 1930er und 1940er Jahren in Filmen wie Trader Horn und in der Tarzan-Serie zu finden war.

## Deduktives Analyseverfahren

den Ausschnitt an „Wahrheit", der kadriert und vermittelt werden soll, während Schwarze Menschen vor der Kamera instrumentalisiert werden, um die gewünschte „*weiße* Wahrheit" zu verkörpern. *Weiße* Menschen sind Subjekte des (Kamera-)Blickes, Afrikaner_innen und afrodiasporische Menschen wurden im Laufe der okzidentalen Filmgeschichte immer wieder als unmündige Objekte und als Werkzeuge des *weißen* Schaffens missbraucht.[316]

Darüber hinaus bleibt nur sehr unscharf abgegrenzt, welche Aufnahmen aus Schomburgks Spielfilm tatsächlich – zumindest in dokumentarischer Absicht – in Afrika gedreht wurden. Es ist an vielen Stellen schwierig auszumachen, welche Szenen von Schomburgk inszeniert worden sind und welche Situationen er in Afrika vorfand. Dadurch wird allen Aufnahmen, die den afrikanistisch imaginierten Kontinent repräsentieren, ein gewisser Wahrheitsgehalt zugeschrieben.

Auch in den Kritiken zu dem Film *The Nun's Story* heben Journalist_innen und Filmbegutacher_innen immer wieder hervor, die „unverfälschte und untendenziöse Darstellung der klösterlichen Lebensordnungen [trage] dokumentarhafte Züge".[317] Die Filmbegutachtungskommission im Westsektor Berlins schreibt, der Film bestehe aus Bildern „von beinahe dokumentarischem Rang".[318] Es sei ein Film, so andere Kritiker_innen, von „reportagemäßige[r] Offenheit",[319] der „das Ritual dokumentarisch, dezent, distanziert" wiedergebe[320] und „ohne Effekthascherei",[321] „ohne Sensationshascherei, mit Respekt und realistischer Detailtreue gemacht" sei;[322] ein Film auch, „der das Dokumentarische, das ‚Allgemeingültige'" suche und der eine „überzeugende Dokumentation der echten geistlichen Gefangennahme" leiste.[323] Er informiere, so ein anderer Journalist, „über das Klosterleben, die Pflichten und die Aufgaben der Nonnen sachlich und unpathetisch".[324]

Tatsächlich hatte Fred Zinneman den Film nach Zeitungsangaben „detailliert inszeniert" und selten war bis dahin gestattet worden, „so intern am klösterlichen Leben und seinen Riten teilzunehmen".[325] Eine dieser „realitätsnahen" Inszenierung gemäße Wirkung bestätigt der Journalist Hübner dem Film:

Das Neue, das Bewegende, das Anziehende und das für den Fremdling der katholischen Ordenswelt Interessante an diesem Film ist die Sicht von innen her.

---

[316] Vgl. Baer 2006: 152f. Baer schreibt an dieser Stelle über den missbräuchlichen Umgang mit Schwarzen Komparsen zur Zeit des deutschen Nationalsozialismus.
[317] Pertsch 1959: 2.
[318] Ebd. Allerdings fügt die Kommission – ebenfalls auf Seite 2 – hinzu: „Die Szenen am Kongo sind nicht frei von herkömmlichen Klischees."
[319] *Süddeutsche Zeitung* 1959.
[320] *Der Kurier* 1959. Vgl. *Die Welt* 1959.
[321] Trowe 1986.
[322] *Fernsehwoche* 1976.
[323] Mahlke 1959.
[324] Bartsch 1959.
[325] *Telegraf* 1959.

Im Gegensatz zu üblichen Spielhandlungen mit Kirche und Liturgie als feierlicher oder pomphafter Einlage sind hier der Kult und die Regel dramatischer Partner. Soweit ist das Spiel zu glaubwürdiger Wirklichkeit geworden, daß man in der Mutter der Ordensgemeinschaft, wie sie Edith Evans würdig spielt, kaum noch eine Schauspielerin ahnt. Abgesehen von den Randfiguren und dem Arzt am Kongo, der durch Peter Finch pralle Lebensnähe hat, darf nur die Hauptdarstellerin das Drinnen und das Draußen verkörpern, was der Hepburn nahezu bruchlos gelingt.[326]

Zur Realitätsillusion des Films tragen, folgt man den Aussagen dieses Artikelauszugs, also nicht nur ein dokumentarischer Kamerastil und die Annahme bei, die kinematografische Narration basiere auf einer „wahren Begebenheit", sondern auch eine Realitätsnähe des darstellenden Spiels sowie von Kulisse, Ausstattung und Kostüm. Um die Realitätsnähe dieser Filmelemente haben sich auch die Filmemacher_innen des Films *Out of Africa* laut Printmedien ausgesprochen stark bemüht. Die Saarbrücker Zeitung schreibt:

> Mit dem Hollywood-üblichen Aufwand ließ Sydney Pollack die Kaffeefarm inklusive Hunderten von Kaffeepflanzen rekonstruieren. Von Bekannten und aus Museen lieh er Tania Blixens Originalmöbel zusammen und trimmte ganze Massai-Stämme auf den Look der 30er Jahre.[327]

So sei, wie auch andere Zeitungen und Zeitschriften berichten, nicht nur von Hunderten von Bauarbeiter_innen, Zimmerleuten und Maler_innen „eine Kopie der Innenstadt von Nairobi" aufgebaut worden,[328] wie sie Anfang des 20. Jahrhunderts „mit ihren Eukalyptusalleen und den hölzernen Prachtbauten im Kolonialbarock"[329] ausgesehen habe, und ein vorhandenes Farmhaus sei so renoviert worden, dass es Blixens ehemaligem kenianischen Wohnhaus entsprach. Man habe sich auch bemüht, die Original-Möbel von Tania Blixen wieder ausfindig zu machen,[330] die sie von 1913 bis 1931 besessen hatte. „Auf der Suche nach möglichst authentischen Requisiten", schreibt Meroth, „hatte Pollack ganz Kenia nach Gegenständen durchkämmen lassen, die einst Tania Blixen gehörten".[331]

Ihre Schlafzimmermöbel wurden gefunden: Bett, Garderobe, Anziehtisch,[332] Sessel und ein hölzernes Kästchen.[333] Andere Einrichtungsgegenstände, „die soweit wie möglich den von Tania Blixen veröffentlichten Fotos glichen", wurden in Europa erstanden. Auch habe man eine von Menschen zu ziehende Rikscha im

---

[326] Hübner 1959.
[327] *Saarbrücker Zeitung* 1985.
[328] Beier/Witte 1986.
[329] Meroth 1986.
[330] Beier/Witte 1986, Meroth 1986.
[331] Meroth 1986.
[332] Beier/Witte 1986.
[333] Meroth 1986.

Stile derer gefunden, wie sie zur Zeit von Blixens Ankunft in Kenia zum „normalen Straßenbild" gehört habe, von der aber „heutzutage in ganz Nairobi nur noch ein einziges altes Exemplar" existiere. Daher habe man dieses eine Exemplar gut zwanzigmal nachgebaut.

Um die Dampflokomotive nachzuempfinden, mit der Tania Blixen nach Nairobi kam, verwandte man einen Eisenbahnzug, den man in einem kenianischen Museum gefunden hatte, deren Kessel aber so defekt war, dass „man eine moderne Diesellock als Waggon tarnte, die dann den ganzen Zug in Fahrt brachte" – was mit einem großen finanziellen und technischen Aufwand verbunden war. Auch stellte der Universitätslektor George Mathu, der über den Kikuju-Häupling Kinanjui forschte, der Produktion „einen Stock und eine elfenbeinerne Schnupftabakdose zur Verfügung, die einst dem Häuptling gehörten". Schmuck und Kostüme der Kikuju-Darstellenden wurden nach Originalen angefertigt – zum Teil in London, zu einem anderen vor Ort in Kenia.[334] Um die notwendige Präsenz wilder Tiere zu gewährleisten, die für die Realitätsillusion in dieselbe Kadrierung wie die *weißen* Protagonist_innen gesetzt werden sollten, „wurden die Löwen für den Film aus Kalifornien eingeflogen. Sie wurden alle von Menschen aufgezogen und hätten wohl in der Wildnis keine einzige Woche überlebt".[335]

Der Journalist Meroth berichtet zusätzlich, dass der Text für die afrikanischen Lieder, „mit denen die Filmszenen von der Farmarbeit unterlegt sind, von Professor George Senoga-Zahke, dem Komponisten der Nationalhymne des unabhängigen Kenia, auf ausgedehnten Reisen durch das Land erst mühsam zusammengetragen werden" mussten, obwohl die britische Kolonialherrschaft in Kenia bereits 1963 beendet gewesen sei.[336] Die Betonung dieses Sachverhalts soll offensichtlich aufzeigen, dass die Afrikaner_innen sich gute zwanzig Jahre lang nicht um die „Rückeroberung" ihrer kulturellen Wurzeln gekümmert hätten, und dass sie dies auch dann nur getan hätten, weil ein *weißer* Filmregisseur authentisches afrikanisches Liedgut in seinen Filmtext einschreiben wollte. Diese Aussage schreibt den Afrikaner_innen Passivität zu. Wenn, wie hier, nicht weiter ausgeführt wird, welche – sicherlich nachvollziehbaren und überaus verständlichen – Gründe dieses Verhalten der Kenianer_innen hatte, ist eine solche Aussage aus rassismuskritischer Perspektive fragwürdig.

Mit all dieser realitätsnahen Ausstattung gibt sich der Film den Anschein, die Kolonialzeit in Afrika historischen Erkenntnissen entsprechend wahrheitsgetreu wiederzugeben. Dass sich der Film zusätzlich an historischen Ereignissen entlanghangelt, verstärkt die von ihm erzeugte Realitätsillusion. So werden in Filmminute

---

[334] Beier/Witte 1986.
[335] Ebd.
[336] Meroth 1986.

0:04:28 als Schriftzug über das Bild des durch die karge afrikanistisch inszenierte Landschaft fahrenden Zuges die Worte „Kenya, East Africa 1913" eingeblendet, die fast zeitgleich mit dem zweiten Einsatz der Off-Stimme der alten Frau einsetzt:

> I had a farm in Africa. I had a farm in Africa at the foot of the Ngong Hills. I had a farm in Africa.[337]

Das Zusammenspiel von eingeblendeter Schrift und einsetzender weiblicher Off-Stimme lässt das Erzählte objektiv erscheinen bzw. verortet die von der Frau beschriebene subjektiv erlebte Handlung in der Weltgeschichte. Die Schrift steht für die offizielle Geschichtsschreibung, die Orte und Zeiten miteinander verknüpft und dort stattfindende Geschichte(n) – vorgeblich „wahrheitsgetreu" und „objektiv" – festhält.

Diese Verortung der von der *weißen* Protagonistin erzählten Geschichte in der Weltgeschichte findet auch an anderen Stellen des Films statt. Der deutlichste Geschichtsbezug liegt in dem Einbezug des Ersten Weltkriegs. So wird beispielsweise in Filmminute 0:35:50 deutlich, dass in Europa der erste Weltkrieg ausgebrochen ist; die *weißen* Kolonialist_innen in Kenia fragen sich, ob er auch das afrikanische Land, in dem sie leben, erreichen werde. In Filmminute 1:05:59 gibt es in Kenia eine große Siegesfeier, bei der „Victory"-Banner in der Stadt hängen und Schwarze sowie *weiße* Soldaten in einer Art Militärparade stolz durch die Stadt marschieren. Ein großes Feuerwerk bekräftigt die Freude über den errungenen Sieg. Dass dieses Freudenfest kurz nach Kriegsende im November 1918 stattfindet, darauf deuten die Wünsche für ein schönes Weihnachtsfest hin, die Karen Denys zum Abschied mit auf den Weg gibt.[338] Und auf dem folgenden Silvesterfest zum Jahreswechsel 1918/19 geben sich Denys und Karen den ersten Kuss. Ein den Festsaal schmückendes Banner verkündet „New Year 1919".[339]

Diese auf Historie aufbauende Inszenierung vermittelt sich auch dem Filmkritiker Trowe, der feststellt, es gebe in dem Film *Out of Africa* „ein in jedem Detail" spürbares Bemühen um „historische Genauigkeit".[340] Dieser Bescheinigung historischer Genauigkeit ist die Bescheinigung von „Wahrhaftigkeit" immanent. Auch Narration und Figureninszenierung scheinen damit der Realität zu entsprechen. So betont der Filmkritiker Hartmut Wilmes explizit, es handele sich bei dem Filminhalt um „die authentische Geschichte der dänischen Autorin Karen Blixen (1885-1962)".[341]

---

[337] *Out of Africa*, Filmminute 0:04:18-0:04:38.
[338] *Out of Africa*, Filmminute 1:08:30: „Have a good christmas."
[339] *Out of Africa*, Filmminute 1:12:20.
[340] Trowe 1986.
[341] Wilmes 1986.

Was die kinematografischen Inszenierungsstrategien zur Realitätserzeugung betrifft, so kommt bei dem Film *Out of Africa* hinzu, dass durch die Verschachtelung von intra- und extradiegetischer Erzählebene bereits in der Anfangssequenz die Innen- und Außenperspektive miteinander verschwimmen. Denn die Kamera nimmt in den nicht als Subjektiven aufgenommenen Einstellungen gleichzeitig eine durch Distanz angeblich objektivierte Erzählposition ein.[342] Durch diese fließenden Übergänge von Innen- und Außenperspektive wird dem Film eine besonders große Autorität und Glaubhaftigkeit in der afrikanistischen Darstellung Kenias verliehen. Denn, so die Wirkmacht der Inszenierung, nicht nur die Außenperspektive einer angeblich objektiv aufnehmenden Kamera, sondern auch eine auf vorgeblich „real" gesammelten Erfahrungen beruhende individualisierte Innenperspektive bezeugt die Richtigkeit des präsentierten Afrikabildes.[343]

Auch der Film *The Nun's Story* lässt die verfilmte Geschichte durch die auditive und visuelle Verknüpfung subjektiv erscheinender Perspektiven der *weißen* Protagonistin mit Aufnahmen des afrikanistisch inszenierten Kontinents, die als „objektiv" gelten, als besonders authentisch erscheinen. Diese Realitätsillusion wird durch die Einbindung realer Geschichtsdaten, durch eine den historischen Ereignissen gemäße Ausstattung sowie eine den Ordensritualen adäquate Inszenierung verstärkt. Das kinematografische Ergebnis wirkt so real, daß Audrey Hepburn dermaßen stark mit ihrer Rolle identifiziert wurde, „daß sie [...] eine Zeitungsmeldung, sie sei zum Katholizismus übergetreten", dementieren musste.[344] Auch diese aus *weiß*-weiblicher Perspektive erzählte (Welt-)Geschichte, die sich eng an die Geschichte der christlichen Religion anlehnt, erscheint auf diese Weise als „universelle Wahrheit".

Bei allen vier von mir untersuchten und als Wahrheit postulierten filmischen Repräsentationen handelt es sich jedoch nicht um die Darstellung „universeller Wahrheit", sondern um die (Re-)Produktion geschichtsverfälschender *weißer* „Wahrheiten", die *weißen* Menschen die Vorherrschaft sichern sowie ihre Machtpositionen festigen sollen. Köpsell fasst dieses Phänomen lyrisch wie folgt:

the real scholars of the gaze are the ones that take history and
rose bushes
all artistic and sophisticated
we take childhood memories and unfinished conversations
we take all the anger, the frustration, the insanity out of
cobwebbed corners of suppression and denial

---

[342] Vgl. Hickethier 2007: 126.
[343] Dazu ergänzend Unterkapitel *3.4.6 Mythos (weiblich-)weißer Wahrheit*.
[344] BZ 1959.

we sharpen their edges and place them under the tip of our tongue
Wissen schafft Waffen![345]

Durch diese geschichtsverfälschenden „Wahrheitsbekundungen" wird der symbolische Phallus *Weißsein*, den, wie ich in anderen Unterkapiteln zeige, die *weißen* Protagonist_innen aufgrund der hegemonialen Inszenierung ihres *Weißseins* besitzen, nicht nur, wie Köpsell betont, zu einer Waffe, sondern er wird gewissermaßen auch essenzialisiert: Die im Film konstruierte Superiorität der *weißen* Filmfiguren basiere nicht, so wird durch die Authentizitätsbehauptungen und die Evidenz der Bilder suggeriert, auf rassistisch konstruierter Repräsentation, sondern auf naturgegebener Überlegenheit.

Diese Inszenierung, die ein wohliges, zur Identifikation einladendes Omnipotenzgefühl erzeugt, lädt die Rezipierenden dazu ein, *Weißsein* als unverlierbaren Besitz zu begreifen. Der inszenierte Mythos *weißer* Wahrheit adressiert vor allem *weiße* Zuschauer_innen auf der Ebene ihrer rassialisierten Allianzen, ihres sozialen Hintergrunds und ihres *weißen* Selbstbildes.[346] Die starke Installation von Wahrheitsschein dient zusätzlich dazu, die in allen untersuchten okzidentalen Filmtexten zu findende und im nächsten Unterkapitel aufgezeigte Geschichtsverfälschung unauffällig und glaubwürdig vornehmen zu können.

### 3.4.7 *Weiße* Geschichtsverfälschung

Für den Film *The Nun's Story* hat „stud. theol." Klaus Zwirtes in einem Zeitungsartikel aus dem Jahr 1959 hervorgehoben, der Film nutze die verfälschende Darstellung eines allzu strengen Klosterlebens, um Kontraste herzustellen und das Publikum zur Identifikation mit der diesem System ausgelieferten Protagonistin einzuladen. „In jedem Zuschauer", schreibt er, „muß doch bei diesem Film eine Abneigung gegen das Klosterleben oder zumindest ein falscher Eindruck entstehen."[347] Mit keinem Wort erwähnt er die verfälschende Wirkung des inszenierten Kontrasts der *weißen* Ordensschwester zum Schwarz konstruierten Raum und den darin verorteten afrikanistisch inszenierten Filmfiguren. Doch es ist, wie ich behaupte, vor allem dieser verfälschende Schwarz-*weiß*-Kontrast, der die Rezipierenden zum Sympathisieren mit der weiblichen Hauptfigur verleitet, die durch das ihr eingeschriebene *Weißsein* idealisiert wird.

Die Realitätsillusion, die *The Nun's Story* erzeugt, ist offensichtlich so groß, dass kirchliche Zeitschriften und Würdenträger 1959 in eine öffentliche Diskussion über die zentrale Botschaft des Films einstiegen, ob eine Nonne auch gegen ihre

---

[345] Köpsell 2010: 11.
[346] Vgl. Nagl 2009: 17 und Kapitel *3.6 Die Schwarze Filmfigur als von Weißen konstruiertes Symbol des Kastrationskomplexes*.
[347] Zwirtes 1959.

## Deduktives Analyseverfahren 301

eigenen Überzeugungen und humanistische Ziele handeln müsse, falls eine der Ordensautoritäten anderes anordne. Immer wieder wurde in Zeitungs- und Zeitschriftenartikeln das Argument angebracht, es gäbe im klösterlichen Leben ebenso wie im gesamtchristlichen Dasein das Gesetz der „Epikie". Dieses verlange, „daß ein gottgeweihter Mensch im Ordensleben imstande sein muß, die äußeren Vorschriften um des Gebotes der Liebe willen zu übertreten".[348]

Die fehlende Beachtung dieses Gesetzes betrachtet Karl Stindt, Direktor der *Genossenschaft der Schwestern von der Göttlichen Vorsehung in Münster (Friedrichsburg)*, von allen im Filmtext vorhandenen „Verfälschungen der Wahrheit" als die wichtigste.[349] Weitere, „nicht unwichtige Verfälschungen" erkennt er in der Tatsache, dass „der Vater von Schwester Lucas nicht durch die Deutschen getötet worden [sei], da er während der Besetzung in England war. Der letzte Anlaß ihres Austritts ist also erfunden worden." Auch sei „der unsinnige Ratschlag einer Oberin an Schwester Luca, sich aus asketischen Gründen durchs Examen fallenzulassen, [...] nie erteilt worden".[350] Woran aber gleicht Stindt die Einordnung als Wahrheit oder Lüge ab? Entweder wohl an der vorgeblich „wahren" Geschichte, die dem Roman *The Nun's Story* von Kathryn Hulme als Vorlage gedient haben soll, oder aber an dem Roman selbst.

In ähnlicher Weise analysiert der Journalist Siegfried Schober den Wahrheitsgehalt des Films *Out of Africa*. Die Verfälschungen, die dieser Film vornimmt, arbeitet Schober anhand eines Vergleichs zwischen Romanvorlage, Blixens Biografie und Film heraus. Er schreibt:

> Natürlich sagt man oft bei einem Film, dessen Helden nach literarischen Figuren oder realen Menschen gestaltet sind, daß sie im Roman oder in Wirklichkeit ganz anders gewesen seien. Nur, bei dem Film ‚Jenseits von Afrika' sprechen die Abweichungen Bände.[351]

So verwandele der Film absurderweise die eigentlich radikal-feministische Blixen, die das Ideal der „freien Liebe" verfochten habe, in eine Frau, die „beinahe darum bettelt, daß Denys, ihr Geliebter, sie heiratet". Anders als im Film habe sie mit Liebhaber Denys und Ehemann Bror „die meiste Zeit gleichzeitig" auf der Farm gelebt,[352] sei gegenüber „delikaten Orgien zu dritt [...] nicht abgeneigt" gewesen[353] und habe mit den beiden eine „menage à trois" gebildet, „bei der Champagner floß und Drogen probiert wurden. Nichts von alledem im Film."[354] Schober erklärt sich

---

[348] Stindt 1960.
[349] Ebd.
[350] Ebd.
[351] Schober 1986.
[352] Ebd.
[353] Knorr 1986.
[354] Schober 1986.

diese Entscheidung gegen eine „authentische, gewagte Fassung" von Blixens Lebensgeschichte unter anderem damit, dass man den „prüden Robert Redford als Zugpferd" habe gewinnen wollen.[355]

Ebenso zahm wie von der Liebe handele der Film, so Schober, von der Jagd. Während der Film vorgebe, Karen und Denys würden nur aus Notwehr auf Löwen schießen, habe die „wahre Baronesse Blixen [...] in Afrika [...] nicht umsonst den Beinamen ‚Lioness'" getragen. Sie sei gerne auf der Jagd gewesen, betont Schober, und einmal, „als sie und Denys zwei am Wegrand lagernde Löwen kurzerhand geschossen hatten, flog ihr Herz ‚himmelhoch'."[356] Karen und Denys wurden angeblich auch von Hemingway, der beide persönlich gekannt haben soll, als „die besten weissen Jäger ihrer Zeit" bewundert, „weil sie so treffsicher zu ballern verstanden".[357] Dahingegen seien sie im Film inszeniert, „als wären sie von Grzimek persönlich erzogen worden".[358] Mit der kinematografischen Darstellung eines friedliebenden Liebespaares, so der Autor des *Zeit*-Artikels, hätten die Filmemacher „auf die Empfindlichkeit des heutigen Publikums Rücksicht" genommen. Auch sei typisch, „daß der Film die intellektuelle Tania Blixen völlig ignoriert. Man sieht sie als becircende Märchentante, aber nie schreibt sie auf der Farm, nie gibt sie einen wirklich bemerkenswerten Satz von sich, der Film vermittelt keine Spur von ihrem Genie".[359]

Auch vermeide der Film jegliche Form wirklichen Leidens. „Der Film lügt da unerträglich," schreibt Schober, „weil er, obwohl die Syphilis ausgiebig vorkommt, doch letztendlich alles tut, um Krankheit, Hinfälligkeit, Leiden und Tragik auszugrenzen". In „Wahrheit" aber sei es so gewesen, dass Karen sich noch im hohen Alter „vor Schmerzen oft auf dem Fußboden" gekrümmt habe. Zudem habe sie in Afrika zum Schluss an Magersucht und Depression gelitten[360] und sogar einen Selbstmordversuch unternommen:[361] „aus Liebeskummer verließ sie manchmal vierzehn Tage lang nicht das Bett".[362]

Für eine rassismuskritische Filmanalyse ist jedoch noch einschlägiger, was Schober nicht erwähnt: dass auch die Szene der Romanvorlage im Film ausgelassen wird, in der von dem afrikanischen „Diener" Kitosch berichtet wird, der von seinem *weißen* „Kolonialherrn" zu Tode gepeitscht wurde,[363] weil er dessen Pferd

---

[355] Ebd.
[356] Ebd.
[357] Knorr 1986.
[358] Ebd.
[359] Schober 1986.
[360] Ebd.
[361] Knorr 1986.
[362] Schober 1986.
[363] Klein 1986.

befehlswidrig geritten statt am Zügel geführt hatte.³⁶⁴ So wird, wie der Filmkritiker Klein hervorhebt, „die so bittere Erfahrung der Schwarzen mit der Vorherrschaft der Weißen von Pollack mit einem angenehmen, das Gewissen schonenden Weichzeichner gefilmt" und die Kolonialgesellschaft zwar als „dekadent dargestellt, aber eben nicht als das, was sie vor allem war – eine Ansammlung von rücksichtslosen und auch grausamen Ausbeutern, die den Afrikanern unendlich viel Leid zugefügt haben".³⁶⁵

Es ist kein Geheimnis, dass der sogar von Blixen erwähnte Mord an dem von *Weißen* versklavten Afrikaner „Kitosch" kein Einzelfall war. Denn sich selbst als *weiß* konstruierende Menschen – und eben auch *weiße* Frauen – haben unzähligen afrikanischen Menschen im Zuge von Kolonialismus und Sklaverei ein kaum vorstellbares Maß an Gewalt angetan – angefangen bei Landraub, Gefangennahme und Entführung über alltäglich praktizierte Folter und Vergewaltigung bis hin zum Mord.

Um aufzuzeigen, dass die von Blixen beschriebene und von ihr in der Bewertung des Mordes an „Kitosch" verbal selbst ausgeübte *weiße* Gewalt gegen Afrikaner_innen³⁶⁶ in der Bezugsrealität des Films kein Einzelfall war, möchte ich meinen weiteren Ausführungen ein ausführliches Zitat der Soziologin Martha Mamozai voranstellen, die in ihrem Buch „Komplizinnen" über das *weiße*, deutsche FarmerInnen-Ehepaar Cramer, das Anfang des 20. Jahrhunderts nach Südafrika ausgewandert war, Folgendes schrieb:

> Die Cramers fühlten sich bedroht. Angeblich wollte die einheimische Dienerschaft die Familie Cramer und ihr Vieh vergiften. [...] Außerdem kam es ständig zu Viehdiebstählen. Um diese Vorfälle ‚aufzuklären', prügelte Cramer bestialisch mit dem Schambock, der Nilpferdpeitsche, drauf los. Die Opfer waren – von wenigen Ausnahmen abgesehen – hauptsächlich Frauen. Einige von ihnen waren schwanger. Zu der Schwere der Verletzungen an einigen der Misshandelten führte der Sachverständige des Prozesses, Dr. Holländer, in der ersten Verhandlung am 12. September 1912 folgendes aus:

> ‚Die Konturu hat meiner Ansicht nach eine Fehlgeburt gehabt... ob sie auf das Prügeln zurückzuführen ist, kann ich nicht mit Bestimmtheit sagen... Unmöglich ist es jedenfalls nicht, dass durch die seelische Wirkung des Prügelns die Fehlgeburt veranlasst wurde... Maria hatte auch im Gesicht Striemen wie von Stockschlägen. Bei ihren großen Verletzungen hatte sie starkes Wundfieber gehabt und längere Zeit in Lebensgefahr geschwebt. Gegenwärtig übertreibt das Weib – das bei seinem Erscheinen im Gerichtssaal sich stöhnend und ächzend auf den Boden gelegt hatte – zweifellos. Der große Hautdefekt, der durch Nebeneinanderfallen mehrerer Hiebe verursacht wurde, hat sich nicht beseitigen lassen... Die

---

³⁶⁴ Klessmann 1986.
³⁶⁵ Klein 1986.
³⁶⁶ Dazu genauer in Unterkapitel *3.6.1 Schwarz symbolisierte Entwicklungsblockade*.

> Amalia hatte einen 20 x 12 cm großen Hautdefekt, aber bei ihrer Jugend eine bessere Heilhaut; sie ist wieder hergestellt und dürfte keine nachteiligen Folgen davontragen... Die Auma hatte einen 20 x 18 cm großen Hautdefekt mit Fliegenmaden und brandiger Haut an den Rändern, ebenso kleinere Hautdefekte auf der Schulter und an den Brüsten. Sie war hinfällig und ist gestorben. Ein Zusammenhang zwischen den Hieben und dem Tod ist nicht nachzuweisen...'.[367]

Dass die *weiße* Frau bei diesen zum Teil tödlich endenden Misshandlungen von Schwarzen Menschen realiter keinesfalls den Platz einer Kolonialkritikerin eingenommen hat, geht aus Mamozais Ausführungen ebenfalls explizit hervor. Sie schreibt weiter:

> Frau Cramer, die ‚gnädige Frau', hat kein Wort des Mitleids für die geschundenen Opfer. Im Gegenteil. Sie assistiert dem Schläger, ihrem Mann. Zerschneidet den Frauen die Kleider, damit er besser zuschlagen kann. Keine Spur von Bedauern, kein Empfinden für das Unrecht. Aber Ada Cramer geht noch weiter. Noch im selben Jahr verfasst und veröffentlicht sie ihre Verteidigungsschrift, und darin sagt sie: ‚Wäre ich ein Mann gewesen, hätte ich die ganzen Weiber über den Haufen geschossen.'[368]

Die *weiße* Frau assistiert ihrem gewalttätigen Ehemann und feuert ihn in seiner Grausamkeit sogar noch an. Auch die Schauspielerin Meg Gehrts handelt bei ihren Afrika-Aufenthalten nicht wie eine wirkliche Kritikerin der auf Rassismus beruhenden und von *weißer* Brutalität getränkten kolonialen Machtverhältnisse. Statt die Gewaltexzesse *weiß*-männlicher Kolonialisten konsequent zu unterbinden, bittet sie – unter anderen auch ihren Gewalt ausübenden Ehemann, den Regisseur Schomburgk[369] – lediglich um Milde und um ein „gerechtes Maß" an Strafe.[370]

Diese real ausgeübte Gewalt *weißer* Kolonialist_innen findet in den von mir zu untersuchenden, als „wahr" ausgegebenen Spielfilmen[371] keinerlei Entsprechung. „Diese Seiten zu verfilmen", schreibt der Filmkritiker Klessmann bezogen auf den Film *Out of Africa*, „hätte freilich die edle Afrika-Idylle zerstört, und es sollte doch alles so schön harmonisch zugehen und völkerverbindend."[372] Um dem Publikum „Greueltaten wie die von Tania Blixen geschilderte Auspeitschung eines schwarzen Dieners, der einer läppischen Verfehlung wegen sterben muß," zu ersparen,[373] wird die Peitsche, die im Mamozai-Zitat deutlich als Werkzeug kolonialer Gewalt benannt wird, den gesamten Film hindurch vornehmlich den afrikanistisch imaginier-

---

[367] Mamozai 1990: 63f.
[368] Mamozai 1990: 65f.
[369] Vgl. Unterkapitel *3.6.2 Dehumanisierung*.
[370] Vgl. Nagl 2009: 247.
[371] Vgl. Unterkapitel *3.4.6 Mythos (weiblich-)weißer Wahrheit*.
[372] Klessmann 1986.
[373] Meroth 1986.

Deduktives Analyseverfahren 305

ten Ochsentreiber_innen in die Hände gegeben.³⁷⁴ Dadurch wird in *Out of Africa* eine subtile Verschiebung der Gewalt europäischer Kolonialgeschichte von den Täter_innen auf die Opfer erzeugt.

*Out of Africa*, Filmminute 0:43:51-0:45:08.

Das im Hintergrund immer wieder zu hörende Peitschenschnalzen wird beispielsweise in der Sequenz, in der die Protagonistin den Treck zu ihrem Ehemann führt, durch die Bild- und Tongestaltung ausschließlich den Schwarzen Filmfiguren zugeordnet. Auch in den zahlreichen Totalen und Supertotalen sind die vielen Peitschen, deren Schnalzen auf der Tonspur deutlich im Vordergrund liegt, in den Händen der Schwarzen Charaktere auszumachen. Die *weiße* Protagonistin hingegen reitet „unschuldig" auf ihrem Pferd voran. Diese Bilder verkehren und verharmlosen die in Mamozais zuvor zitiertem Textauszug angeführte Gewalt der *Weißen* während der europäischen Kolonialzeit in Afrika. Denn die Peitschen, mit denen nicht nur Ochsen, sondern vor allem auch Afrikaner_innen ausgepeitscht wurden, wurden bekanntlich von *weißen* Kolonialist_innen geführt.

Dieser filmisch konstruierte Kontrast zwischen den mit der Peitsche schlagenden Schwarzen Filmfiguren³⁷⁵ und der unschuldigen *weißen* Protagonistin wird in Filmminute 01:16:03-01:16:11 noch einmal bekräftigt. Belknap gibt hier den afrikanistisch konstruierten Arbeiter_innen der Farm streng und laut rufend Anweisung, mit dem Verladen des geernteten und verpackten Kaffees fortzufahren. Daraufhin treiben zwei Schwarze Nebenfiguren zwei Ochsen mit Peitschen an. Karen steht zufällig dabei, weil sie mit Belknap über die fallenden Kaffeepreise reden will. Sie ist von der Behandlung der Ochsen durch die afrikanistisch dargestellten Charaktere entsetzt und wendet sich hilfesuchend an die *weiß*-männliche Filmfigur:

Do they always have to whip them so?

---

³⁷⁴ In der Subsequenz, in der Karen die den Treck angreifenden Löwen bekämpft, wird zwar auch die *weiße* Protagonistin Peitsche schwingend gezeigt, doch hält sie die Peitsche nur, um das Leben ihrer Tiere und der ihr anvertrauten afrikanistisch inszenierten Filmfiguren gegen den Angriff der Löwen zu verteidigen. Sie handelt aus Notwehr (*Out of Africa*, Filmminute 0:50:10-0:51:29).
³⁷⁵ Vgl. Unterkapitel *3.6.6 Mythos Schwarzer Gewalttätigkeit*.

Damit werden die Schwarzen Filmfiguren als gewalttätig dargestellt, die *weiße* Frau hingegen als friedliebend und friedlich.

*Out of Africa*, Filmminute 1:15:57-1:16:11. Die Peitschenhiebe kommen durch die Tonspur noch deutlicher zum Vorschein als im Bild.

Mehr noch: Die *weiße* Protagonistin wird in dem Film als eine Arbeitgeberin konstruiert, der es vor allem darum geht, fair und ehrlich mit den Afrikaner_innen umzugehen. Sie sagt zu der als „Häuptling"[376] der „Kikuyus" titulierten Filmfigur, als sie sich dieser vorstellt und noch einmal darum bittet, dass die „Kikuyus" für sie arbeiten dürfen:

> And I look forward to our dealings. Your Kikuyu are good workers. *And I look forward to dealing with them honestly and fairly.*[377] [Hervorhebung von mir, J.D.]

Der Film vermittelt dadurch den Eindruck, Afrikaner_innen seien zur Kolonialzeit Dienstleister_innen gewesen, die auf freiwilliger Basis eine Art „Arbeitsvertrag" mit den friedliebenden Kolonialist_innen abgeschlossen hätten.[378] Dass es sich in der Realität um Ausbeutungsverhältnisse gehandelt hat, verschleiert diese Inszenierung. Zu den Ausbeutungsverhältnissen in den deutschen Kolonialgebieten schreibt Martha Mamozai in ihrem Buch *Schwarze Frau, weiße Herrin*:

> In allen deutschen Kolonien war Zwangsarbeit für die einheimische Bevölkerung die Regel. Die deutsche Kolonialverwaltung fand vielerlei Mittel und Wege, sie durchzusetzen; oft genug auf dem ‚sauberen' Verwaltungsweg. So wurden zum

---

[376] Das Wort „Häuptling" markiere ich durch die Anführungszeichen als rassistisch. Wie Arndt hervorhebt, ist der Terminus „Häuptling" ein kolonialistischer Neologismus, „der sich – nicht zuletzt durch anthropologische Forschungen und deren Vermittlung – als generalisierende Ersetzung für die Vielzahl von Selbstbezeichnungen für Herrscher_innen in von Europa kolonisierten Räumen etablierte und diese im Sinne einer Verhältnisbestimmung aus westlicher Sicht als ‚geringer', nicht ernst zu nehmen, weniger bedeutsam und keineswegs gleichberechtigt mit europäischen/westlichen Machthaber_innen verortet." (Arndt 2011b: 123)
[377] *Out of Africa*, Filmminute 0:21:38-0:21:52.
[378] Ähnlich *Out of Africa*, Filmminute 0:21:03-0:21:10: Belknap: „That depends on Kinanjui. He's the chief of the Kikuyu. Got a deal with him to get help."

Beispiel am 18. August 1907 im kolonialen Südwestafrika Verordnungen erlassen, die unter anderem auch die folgenden Maßnahmen beinhalteten: Von diesem Tag an galt für die afrikanische Bevölkerung das Verbot von Landerwerb und Viehhaltung, die Einführung von Paßgesetzen und einer ‚geregelten' Kontraktarbeit. Diese ‚Eingeborenenverordnungen' waren die Keimzelle der Apartheid. Die Afrikaner wurden in Gettos in der Nähe der Wohn- und Arbeitsstätten der Weißen angesiedelt, Paß- und Meldepflicht hoben ihre Freizügigkeit auf. Das Verbot von Landerwerb und Viehhaltung beraubte sie ihrer eigenständigen traditionellen Existenzgrundlage. Sie mußten so zu Lohnsklaven für die Weißen werden.[379]

Dass auch die Arbeit auf Plantagen und Farmen im kolonisierten Afrika Anfang des 20. Jahrhunderts häufig per Zwangsarbeit geregelt wurde, hebt Mamozai für die deutschen Kolonien wiederum explizit hervor:

Teil der Strategie, das Problem des vorherrschenden, überall spürbaren Arbeitskräftemangels zu lösen, war der Einsatz von Kriegsgefangenen. Kriegsgefangene wurden Bergwerksgesellschaften, Plantagen und Farmen als Arbeitskräfte zugewiesen und außerdem für öffentliche Arbeiten eingesetzt. Der Anteil von Frauen und Kindern unter ihnen war hoch.[380]

Das filmtextimmanente Verschweigen der realen Arbeitsbedingungen Schwarzer Menschen zur Kolonialzeit und die damit zusammenhängende Verdrehung der Kolonialgeschichte werden in *Out of Africa* nicht nur durch die verfälschende Figurenzuordnung des Folterwerkzeugs der *Weißen* erzeugt, sondern auf einer ähnlich subtilen Ebene auch dadurch, dass die von Karen betriebene Kaffeeplantage im Filmtext konsequent ausschließlich als „Farm" bezeichnet wird.

Obwohl die im Laufe der Filmhandlung auftauchenden Bilder der von Karen erworbenen „Farm" Assoziationen einer Plantage wecken, wird das Wort „plantation" während des gesamten Films nicht ein einziges Mal ausgesprochen. Auch dadurch soll offensichtlich die Gewalt verschwiegen werden, die der Anwesenheit *weißer* Menschen auf dem afrikanischen Kontinent zu jener Zeit zumeist immanent war. Denn dass die Rolle, die *weiße* Europäer_innen auf Plantagen gespielt haben,

---

[379] Mamozai 1989: 63. Vgl. Hillebrecht 2003: 130f. Kenia, das Land, in dem der Film spielt, stand von 1885 bis 1898 zu Teilen unter deutschem „Protektorat". 1898 übergab Deutschland allerdings seine dortigen „Schutzgebiete" an die Briten, so dass sie offizieller Teil des britischen Kolonialreichs wurden. Die britische Kolonialmacht ging jedoch nicht weniger brutal gegen die afrikanische Bevölkerung vor als die deutsche Kolonialmacht. So schreibt die *Süddeutsche Zeitung* im Jahr 2011: „Vier Kenianer, drei Männer und eine Frau, haben die britische Regierung vor dem Londoner High Court auf Schadenersatz verklagt, weil sie während des Mau-Mau-Aufstandes gegen die britische Kolonialverwaltung interniert, misshandelt und gefoltert worden seien. Während dieser Revolte, die letztlich in Kenias Unabhängigkeit mündete, hatten die Briten zwischen 1952 und 1961 Hunderttausende Menschen in Straflager gepfercht. Mindestens 90.000 Kenianer wurden nach Erkenntnissen der kenianischen Menschenrechtsvereinigung hingerichtet, gefoltert oder verstümmelt. Eines der Opfer: der kenianische Großvater des heutigen US-Präsidenten Barack Obama." (Koydl 2011).

[380] Mamozai 1989: 63. Vgl. Hillebrecht 2003: 130f.

nicht nur mit glorreichen, zur Identifikation einladenden Eigenschaften verknüpft ist, ist eine – zumindest unbewusst – weit verbreitete Erkenntnis.

Plantagen wurden sehr häufig durch versklavte afrikanische Zwangsarbeiter_innen bewirtschaftet. Versklavungshandel und Plantagen-Sklaverei spielten, wie bereits in der Einleitung erwähnt, bei der Erschaffung der modernen Welt in der Realität eine immens wichtige Rolle. Durch die im Filmtext genutzte Wortwahl wird darauf hingearbeitet, die *weiße* Protagonistin von dieser negativen Assoziation zu befreien und sie stattdessen als Gutmenschen zu inszenieren.[381] Grada Kilomba weist darauf hin, dass das Wort „Plantage", das auch heute noch traumatische Erinnerungen wachrufe, ein Schwarzes Subjekt sofort in ein koloniales Setting versetze:

> as in a plantation scenario, one is imprisoned as the subordinate and exotic ‚Other'. Unexpectedly, the past comes to coincide with the present, and the present is experienced as if one were in that agonizing past.[382]

Um diese dem Wort „Plantage" immanente *weiße* Gewalt zu verschweigen und die mit dem Wort verknüpften Assoziationen zu unterdrücken, wird das Wort „Plantage" in dem Spielfilm *Out of Africa* eliminiert. *Weiße* Täter_innenschaft wird damit negiert.

Die geschichtsverfälschende Wirkung des Films *Out of Africa* ansprechend stellte der Journalist Stefan Klein dem Regisseur Sydney Pollack die folgende Frage, auf die der Regisseur die hier ebenfalls zitierte Antwort gab:

> Ihr Film spielt im kolonialen Afrika zu Beginn des Jahrhunderts. Die gesellschaftlichen Verhältnisse werden dabei jedoch relativ unkritisch dargestellt. Weshalb haben Sie das Politische in ‚Jenseits von Afrika' ausgespart?
>
> Das ist ein Vorwurf, den man dem Film machen kann. Allerdings ging es mir eben darum, die Welt der Tania Blixen authentisch darzustellen. Und da muß man einfach berücksichtigen, daß in dieser Zeit dieses Ausbeutungssystem tatsächlich nicht als ungerecht empfunden wurde.[383]

Dieses Argument Pollacks lassen afrikanische Kritiker_innen des Film jedoch nicht gelten. „Für eine solche Interpretation unserer Geschichte (wie in dem Film)", entgegnen sie, „braucht man 1986 eine bessere Entschuldigung. [...] ‚Jenseits von Afrika' zeigt uns ganz ohne Zweifel, daß wir sehr bald einen kenianischen Film (über die Kolonialzeit) herausbringen müssen."[384] So wie der Film inszeniert ist,

---

[381] Vgl. Unterkapitel *3.4.2 Mythos weißen Gutmenschentums*.
[382] Kilomba 2010: 13.
[383] Oßwald 1986. Kächler (1986) zitiert Pollack folgendermaßen: „Die Geschichte spielte nun einmal vor 70 Jahren, und ich wollte Afrika die Würde belassen, die es damals ausstrahlte. Seitenhiebe oder Verweise auf die Gegenwart wären mehr als unpassend gewesen."
[384] Meinert 1986a.

werden rassistische Stereotype unmarkiert reproduziert und die Ideologie des Rassismus aufrechterhalten.

Mehr noch: Dadurch, dass die Geschichte eben nicht so dargestellt wird, wie sie zur Kolonialzeit stattgefunden hat und die Sicht von Afrikaner_innen auf ihre eigene Geschichte gänzlich außer Acht gelassen wird, trägt die verfälschende Geschichtsdarstellung zur Schaulust *weißer* Rezipierender in entscheidendem Maße bei. Denn diese können sich so mit den *weißen* Protagonist_innen ungebrochen identifizieren und sich lustvoll in ihnen spiegeln.

Umso passender erscheinen die von Schober gewählten Überschriften seines Artikels: „Eine schöne Lüge" und „Märchen, die sich als harte Reportagen ausgeben"[385] oder auch Althens Feststellung, dass Pollack es schaffe, „das tausend Mal Gesehene und Millionen Mal Empfundene ein letztes Mal so zusammenzubringen, dass man auf all die schönen Lügen hereinfällt, mit denen Hollywood die Welt erobert hat".[386] Bodo Fründt ergänzt, Pollack vertraue „stets auf seine Bilder, die immer ein wenig mehr vermitteln als jede Analyse".[387] Und Schober schreibt in seinem Artikel:

> Pollacks aufwendiger Film ‚Jenseits von Afrika' ist wunderbarer Kitsch und ein Modellfall für die Entstehung von Kitsch, für seine lügenhafte Funktion, deren Zauber man bei diesem Film leicht erliegt.[388]

Ich möchte ergänzen, dass das, was Schober lügenhafte Funktion nennt, auch als die Verschleierung der in den Filmtext implementierten Ideologie des Rassismus bezeichnet werden kann. Schon Barthes schrieb, dass „keinerlei Antipathie zwischen dem Realismus und dem Mythos" herrsche. Vielmehr sei bekannt, „wie oft unsere ‚realistische' Literatur mythisch ist [...] und wie sehr unsere ‚arealistische' Literatur wenigstens das Verdienst hat, es wenig zu sein. Es wäre natürlich klug," so schlussfolgert Barthes, „den Realismus des Schriftstellers als ein ideologisches Problem zu definieren."[389] Bei dem Umgang mit dem Realismus des Films ist ein ähnliches Verfahren zu empfehlen.

Denn in allen vier von mir analysierten okzidentalen Spielfilmen entsteht durch die Vermischung der verfälschten historischen Begebenheiten mit dem emotional einbindenden individuellen Schicksal der jeweiligen *weißen* Protagonistin die Möglichkeit einer positiven Identifikation der Rezipierenden mit den Akteur_innen von Kolonialismus, Imperialismus und rassistischer Gewaltherrschaft[390], indem *weiße* (Post_)Kolonialist_innen als friedvolle Gutmenschen und

---

[385] Schober 1986.
[386] Althen 2008.
[387] Fründt 1986a.
[388] Schober 1986.
[389] Barthes 1970: 123.
[390] Vgl. Faulstich 2008: 173.

afrikanistisch konstruierte Filmfiguren als Gewalttäter_innen inszeniert werden.[391] Auf diese Weise wird die *weiße* Gewalt negiert, verfälscht und verschleiert, die Europäer_innen Afrikaner_innen realiter angetan haben und immer noch antun.[392] Dazu passt Kellys Statement, dass die Aufarbeitung der Kolonialgeschichte nicht stattfinden könne, solange die deutsche Kolonialgeschichte ausschließlich von *Weißen* und zumeist in einer Art beschrieben werde, die *weiße* Gewalt verleugnet. Kelly schreibt:

> Die Tatsache, dass das Gedächtnis soziale Gruppen konstruiert bzw. die Bedingungen für die Konstruktion liefert und durch diese konstruktivistische Leistung eine soziale Funktion erhält, bedeutet, dass Täter_innen erst zu Täter_innen werden, wenn sie sich der Opfer und der Tat erinnern. Da deutsche Kolonialgeschichte(n) bislang ausschließlich aus der Perspektive der *weißen* ‚Erober_innen' erzählt wird/werden, die sich ihrer Untaten und Verbrechen gegen die Menschlichkeit nicht bewusst sind (oder werden wollen), sondern den Kolonialismus noch immer glorifizieren und Kolonialverbrecher_innen rühmen, gibt es folglich keine Täter_innen und so auch keine Tat und/oder Opfer.[393]

Die vorgetäuschte Omnipotenz *weiß*(-weiblicher) Wahrheit[394] macht Glauben, dass alle filmtextimmanenten Verfälschungen der historischen Faktenlage entsprächen. Dadurch wird die *weiße* Brutalität der Kolonialzeit noch mehr verdrängt, als wenn sie gar nicht beschrieben würde. Oder, um es mit Kellys Worten zu sagen:

> Die „Erinnerung an den Kolonialismus [wird...] aktiv ausgeblendet; nicht weil sie in Vergessenheit geraten ist, sondern vielmehr, weil sie ‚blockiert' wird. Die Folge davon ist, dass koloniale Machtverhältnisse sowie die koloniale Konstruktion von Bild- und Sprachre_produktionen ungebrochen bis in die Gegenwart fortwirken.[395]

Ebenso wie Karen erinnern sich auch die *weißen* Protagonistinnen der anderen drei Filme vordergründig nur an ihre eigene, private, mikrokosmische Geschichte. Die mit ihrer eigenen Geschichte verknüpfte Geschichte des Kolonialismus wird dabei lediglich zu einer „Hintergrundgeschichte", in der historische Fakten verdreht und das imperiale Gebaren der *weißen* Europäer_innen in Afrika höchstens Nebenfiguren zugeschrieben wird.[396] Dieses „neue, geschönte Afrika-Bild", so der Filmkriti-

---

[391] Vgl. Unterkapitel *3.4.2 Mythos weißen Gutmenschentums* und *3.6.6 Mythos Schwarzer Gewalttätigkeit*.
[392] Ähnliches beschreibt Lynda Dyson in Bezug auf den Film *The Piano*. Sie schreibt: „In this article I will argue that *The Piano* (Jane Campion, 1993) re-presents the story of colonization in New Zealand as a narrative of reconciliation. In doing so, the film addresses the concerns of the dominant white majority there, providing a textual palliative for postcolonial anxieties generated by the contemporary struggles over the nation's past." (Dyson 1995: 267)
[393] Kelly 2016: 171.
[394] Vgl. Unterkapitel *3.4.6 Mythos (weiblich-)weißer Wahrheit*.
[395] Kelly 2016: 172.
[396] Vgl. Unterkapitel *3.4.8 Konstruierte Held_innen weißer Kolonialkritik*.

ker Meroth über *Out of Africa*, „kommt an. Seit Wochen sind die Kinos ausverkauft, stehen die Zuschauer um Karten Schlange."[397]

Deutlich wird eine solche ideologieverzerrte Inszenierung hin zur Darstellung *weißer* Friedfertigkeit auch in dem Film *The Nun's Story*. Indem Sister Luke ausschließlich als *weiße* Lebensretterin im Kongo inszeniert ist, wird die Kolonialgeschichte zum Schweigen gebracht, wenn nicht gar in ihr Gegenteil verkehrt. Denn nicht aufgezeigt wird, dass die katholische Kirche Vorreiterin kolonialistischer Bestrebungen und Bewegungen gewesen ist.[398] Statt dessen dient die Darstellung afrikanistisch konstruierter Räume und Filmfiguren, die als Implementierung des „Spektakels des Anderen" zu werten sind,[399] auch in diesem Film der Produktion Schaulust evozierender Effekte. Doch keine der von mir rezipierten Filmkritiken der 1950er und 60er Jahre stellt diese geschichtsverfälschende (Re-)Präsentation in Frage. Stattdessen wird die Kongo-Sequenz immer wieder als Argument für ein Plus des Films angeführt. Es wirkt, als steigere diese Einlage des Afrika-Aufenthalts der *weißen* Protagonistin die Schaulust der Filmkritiker_innen, weil dieser Filmteil „die Einbeziehung bunten afrikanischen Lebens" in die Einöde des Klosteralltags erlaube.[400] So verharre der Farbfilm „wie hernach – sehr schön – der zweite, in Afrika spielende Teil demonstriert", „mit Lust" an der „bunten Oberfläche des Lebens".[401]

Immer wieder wird die „bunte Welt eines Missionskrankenhauses im Belgisch-Kongo" betont.[402] „Ein sehr sehenswerter Film (Prädikat: besonders wertvoll)," schreibt die Frankfurter Allgemeine, „weil er farbenprächtige Aufnahmen (Technicolor) aus dem Kongo enthält, von einem Eingeborenenkrankenhaus, und selbst eine zaghafte Szene aus einer Leprakolonie."[403] Während der Journalist Kranz den „Urwaldszenen, im Kongo photographiert", zusammen mit den Aufnahmen von Rom und den belgischen Städten die Funktion zuschrieb, „die wahre Geschichte aller Theatralik zu entkleiden", d.h. ihre Realitätsillusion zu verstärken,[404] bewertete die Zeitung *der Telegraf* Sister Lukes Zeit im Kongo als ihre schönsten Jahre und verknüpfte diese Bemerkung mit folgender Filmempfehlung:

---

[397] Meroth 1986.
[398] Vgl. *Le malentendu colonial* (Dokumentarfilm von Jean-Marie Téno, 2004), Speitkamp 2005: 94f., Heyden 2002b, Trüper 2002. Dazu auch Regel 1997: 66: „Das Afrika-Bild ist in Deutschland ganz entscheidend auch von einem in Vergessenheit geratenen Genre bestimmt worden: dem Missionsfilm beider Konfessionen. Man sah ihn bei kirchlichen Veranstaltungen, in Gemeindesälen und Schulen, kaum im Lichtspieltheater."
[399] Vgl. Unterkapitel *2.3.1 Grammatik rassifizierter Repräsentation, 2.3.1.1 Rassialisierte Stereotype* und *2.3.1.2 Koloniale Mystifizierungs- und Mythifizierungsstrategien*.
[400] Hübner 1959.
[401] *Der Kurier* 1959.
[402] *Süddeutsche Zeitung* 1959.
[403] *Frankurter Allgemeine* 1959.
[404] Kranz 1959.

Fügt man den bunten, tropischen Glanz der schönsten Jahre der jungen Schwester Lukas als Empfehlung hinzu für den Film, wird ersichtlich, daß er beileibe kein Feiertagsschmaus, sondern eine alltägliche, wenn auch delikate, Filmkost ist, die man nachdenklich und stets gefesselt zu sich nimmt.[405]

In allen mir vorliegenden Zeitungsartikeln macht Elisabeth Mahlke die einzige kritische Anmerkung zu der in Afrika spielenden Sequenz des Films. Allerdings nicht, weil sie die Darstellung der afrikanistisch inszenierten Welt ideologiekritisch hinterfragt, sondern eher, weil, wie sie in rassistischer Diktion behauptet, dieser Teil des Films die Dramaturgie negativ beeinflusse, da er die konsequente Inszenierung der Strenge des klösterlichen Lebens „in der läppischen und banalen Berieselung des Bildes mit [N.]konterfeis aller Arten und Sorten" verlaufen lasse.[406]

Mahlke identifiziert zwar die filmtextimmanente Gleichsetzung des „Schwarzen" mit dem „Bösen" und weist darauf hin, dass der Regisseur den „bösen Jahrmarkt des Lebens, den das Buch, leider, im Schwarzen Erdteil stattfinden läßt", als „willkommene Gelegenheit zu buntester Kulturfilmfarbigkeit" nutze und damit „in die ärgste, weil nicht mehr von innen, sondern ganz und gar von außen und mit den äußerlichsten Mitteln herbeigeführte Konfliktansammlung" abrutsche. Doch kritisiert sie die Gleichsetzung des „Schwarzen" mit dem „Bösen" nicht explizit.

Auch in dem Film *Eine Weiße unter Kannibalen (Fetisch)* findet eine Geschichtsverdrehung mittels binärer Zuschreibungen statt. Bezeichnend ist, dass in diesem Film ausschließlich Schwarze Filmfiguren als „Sklavenjäger_innen" dargestellt und in diesem Zusammenhang als „böse" markiert werden. Kriminell handelnde *weiße* Kolonialist_innen kommen in dem Film nicht vor. Der *weiße* Protagonist Fred Holm beaufsichtigt zwar in Ketten liegende afrikanistisch inszenierte Zwangsarbeiter_innen, doch wird diese Tätigkeit keineswegs als gewalttätig oder kriminell markiert, sondern vielmehr als „Normalität" präsentiert.

Der Filmwissenschaftler Tobias Nagl geht sogar noch weiter und sieht die *weiße* Protagonistin Faida in dem „dem alten kolonialen Topos der ‚innerafrikanischen Sklaverei' gewidmeten Nebenstrang" als Abolitionistin inszeniert,[407] die durch ein instinktives Unrechtsbewusstsein aktiv dazu beiträgt, dass die von den afrikanistisch konstruierten „Haussa-Sklavenjäger_innen" gefangengenommenen Schwarzen Frauenfiguren befreit werden. Dadurch werde die *weiße* Frau „historisch auf Seiten der Kultur und Zivilisation" positioniert.[408] Zusätzlich werde sie moralisch dadurch erhöht, dass sie sich anschließend während des Femegerichts für das Leben der Sklavenjäger einsetze.[409]

---

[405] *Telegraf* 1959.
[406] Mahlke 1959.
[407] Nagl 2009: 301.
[408] Ebd.
[409] Ebd.

Mit dieser Inszenierung, die Halbwahrheiten transportiert, wird suggeriert, dass sich *weiße* Menschen um das Wohl von Afrikaner_innen bemühen, während Schwarze „ihresgleichen" versklaven und töten. Die mit dem kolonialen Sklavenhandel einhergehende Gewalttätigkeit *weißer* Europäer_innen wird auf diese Weise verdrängt und geleugnet. Denn eine solche Inszenierung dient dazu, „unterschiedliche zeitliche Kontexte sowie gesellschaftliche Ursachen und Beweggründe gleichzusetzen, um so von der historischen Verantwortung der Europäer_innen abzulenken und sie stattdessen an die Afrikaner_innen zu übertragen."[410] Dies sei eine, so die Diplomjournalistin und politische Aktivistin Nadja Ofuatey-Alazard, „perfide Verkehrung der tatsächlichen Macht- und Herrschaftsverhältnisse".[411] Der Heldinnenstatus der *weißen* Protagonistin wird in dem Film *Eine Weiße unter Kannibalen (Fetisch)* also nicht nur durch eine der *weißen* Frau zugeschriebene Unschuld erschaffen, sondern zusätzlich durch die Behauptung gestärkt, diese würde sich aktiv gegen die Versklavung Schwarzer Menschen einsetzen.

Im nächsten Unterkapitel werde ich daher untersuchen, inwieweit eine Konstruktion der (vornehmlich weiblich-)*weißen* Identifikationsfiguren als Rassismus- oder Kolonialkritiker_innen auch in den anderen drei okzidentalen Spielfilmen zur Erhöhung der Identifikationsbereitschaft der Rezipierenden genutzt wird.

### 3.4.8 Konstruierte Held_innen *weißer* Kolonialkritik

In allen vier Filmen werden die *weißen* Protagonistinnen in mehr oder weniger subtiler Weise als Kolonialkritikerinnen inszeniert. Während die Filmfigur Faida als Abolitionistin interpretiert werden kann,[412] ist Sister Luke entgegen der Konvention bereit, afrikanistisch inszenierte, hilfsbedürftige Filmfiguren in das von kolonialen Strukturen geprägte und von *Weißen* geleitete Krankenhaussystem des Kongos zu integrieren. Wird Karen als Interessenvertreterin der bei ihr arbeitenden „Kikuyus" inszeniert, zu deren Gunsten sie gegen die Ungerechtigkeiten des in Kenia installierten Kolonialregimes ankämpft, so überschreitet Carola das unsichtbar gewordene, fortwährend existente Tabu einer transrassialisierten Liebesbeziehung, welches rassistischen Normen okzidentaler Gesellschaften geschuldet ist.

Ein Teil der Inszenierungsstrategie, die genutzt wird, um die *weißen* Protagonistinnen als Kolonialkritikerinnen erscheinen zu lassen, beruht auf der Inszenierungspraxis, explizite und implizite Rassismen in eine Beziehung zu setzen, die das Bewusstsein der Rezipierenden zu täuschen versteht. Während einigen *weißen* Nebenfiguren ein expliziter Rassismus zugeschrieben wird, dem die zur Identifikation einladenden *weißen* Protagonistinnen entschieden widersprechen, wird auf

---

[410] Ofuatey-Alazard 2011a: 105.
[411] Ebd.
[412] Vgl. Unterkapitel *3.4.7 Weiße Geschichtsverfälschung*.

einer sehr viel subtileren Ebene ein von diesen Identifikationsfiguren stabilisierter impliziter Rassismus als nicht anzufechtende Norm in den Filmtext eingewoben.

Den von *weißen* Nebenfiguren verbalisierten oder durch Handlungen repräsentierten[413] „expliziten Rassismus" verstehe ich in Anlehnung an Stuart Hall als die Verbalisierung und Verbreitung „offen rassistischer Politik oder Sichtweisen".[414] Den „expliziten Rassismus" grenzt Hall von einem „impliziten Rassismus" ab. Diesen beschreibt er in Abgrenzung vom expliziten Rassismus als

> scheinbar naturalisierte Repräsentation von Ereignissen im Zusammenhang mit ‚Rasse' – ob in Form von ‚Tatsachen' oder ‚Fiktion' –, in die rassistische Prämissen und Behauptungen als ein Satz unhinterfragter Vorannahmen eingehen. Diese ermögliche die Formulierung rassistischer Aussagen, ohne dass die rassistischen Behauptungen, die ihnen zugrunde liegen, je ins Bewusstsein drängen.[415]

Die kinematografische Kombination von offen widersprochenen expliziten Rassismen mit unbemerkt installierten impliziten Rassismen verankert rassistisches Denken umso subtiler im Bewusstsein der Rezipierenden, als dass nur die Kolonialkritik, nämlich das Handeln der Identifikationsfiguren gegen den expliziten Rassismus, sichtbar gemacht wird. Hall schreibt:

> Aber der implizite Rassismus ist verbreiteter – und in vieler Hinsicht heimtückischer, denn er ist weitgehend unsichtbar, sogar für die, die die Welt in seinen Begriffen formulieren.[416]

Dieses Zusammenspiel von implizitem und explizitem Rassismus kann sehr gut anhand der Dynamik zwischen der *weiß*-männlichen Filmfigur Denys Finch Hatton und seinem afrikanistisch konstruierten „Freund und Helfer" Kanuthia aufgezeigt werden. Finch Hatton wird immer wieder als Kolonialkritiker und *weißer* „Ureinwohner" Afrikas inszeniert, so dass er als Filmfigur auf einer dem Bewusstsein leicht zugänglichen Ebene als Sinnbild *weißer* Hegemonie(selbst)kritik fungiert. Das, was er über Afrikaner_innen zu berichten weiß, erscheint den Rezipierenden als ein auf Erfahrung basierendes und kolonialkritisches Wissen, er selbst als natürliche Autorität, die die „Wahrheit" Afrikas kennt.

Während Karen sich zu Beginn der Filmhandlung wenig kritisch mit den kolonialen Verhältnissen auseinandergesetzt hat und das afrikanistisch inszenierte Land mitsamt der in ihm verorteten afrikanistisch konstruierten Filmfiguren als ihren Besitz betrachtet, den sie europäisch zu prägen versucht, wird Finch Hatton

---

[413] Ein von den *weißen* Held_innen getätigter Widerspruch gegen explizite Rassismen muss nicht auf einer verbalen Ebene inszeniert werden, sondern kann auch durch offen rassistische Strukturen dargestellt werden, gegen die die *weißen* Held_innen durch ihr Handeln vorgehen oder zumindest vorzugehen versuchen.
[414] Hall 2012: 156.
[415] Ebd.
[416] Hall 2012: 157.

# Deduktives Analyseverfahren

auf einer der Filmtext-Ebenen inszeniert, als verteidige er die Würde von Land und Leuten. Das wird bereits in der ersten Begegnung Karens mit Denys Finch Hatton ab Filmminute 0:07:07 deutlich. Karens *weiß*-weibliches Europäisch-Sein wird hier vor allem im Kontrast zu Finch Hattons Verwurzelt-Sein in Afrika inszeniert.

*Out of Africa*, Filmminute 0:07:06-0:08:23.

Während sie in einem weißen Rüschennachthemd in einem eigenen, luxuriös ausgestatteten Schlafwagen reist und die auf dem Gepäck mitreisenden Afrikaner_innen ungeschickt – und der Behandlung von Tieren gleich[417] – mit einem „Shoo! Shoo!" von den Kisten zu vertreiben versucht, in denen sich ihr Porzellan befindet, bewegt sich Finch Hatton mit seinem afrikanistisch konstruierten „Begleiter" per pedes durch die „Wildnis". Denys weiß, welchen Zug er anhalten muss, um sein Elfenbein an die richtige Adresse zu schicken, bewertet Karens „Shoo!" mit Befremden, und übersetzt ihr Anliegen, nachdem er verstanden hat, was sie mit ihrem „Shoo!" hatte ausdrücken wollen, souverän in die Sprache der afrikanistisch inszenierten Filmfiguren. Sofort entfernen sich diese respektvoll von den Porzellankisten.[418]

Durch Handlung, Wortwahl, Gestik, Mimik und Tonfall ironisiert Finch Hatton bei dieser ersten Begegnung mit Karen die Haltung *weißer* Kolonialist_innen, die ohne jegliche Erfahrung nach Afrika kommen und sich als „Herrenmenschen" aufspielen. Dabei macht er deutlich, dass die Werte, die Karen aus der gehobenen Schicht in Europa mitbringt, in dem der „Zivilisation" entgegengesetzten, weil afrikanistisch inszenierten Kenia keine Rolle spielen. So scheint ihm die von Karen angestrebte industrielle Vermarktungsform für Milch nicht adäquat zu sein, und die Tatsache, dass Karen ihr gesamtes europäisches Mobiliar und Geschirr – metaphorisch für ihre eurozentrische Haltung – nach Afrika transportieren lässt, entlockt ihm lediglich ein Lächeln.

Dadurch, dass Finch Hatton offensichtlich eine afrikanische Sprache erlernt hat, entfernt er sich zudem von der allgemein üblichen Haltung der Kolonia-

---

[417] Vgl. Unterkapitel *3.6.2 Dehumanisierung*.
[418] *Out of Africa*, Filmminute 0:07:07-0:08:23.

list_innen, alle anderen müssten die den Kolonialist_innen eigene Sprache sprechen. Er nimmt auf diese Weise eine hegemoniekritische Haltung ein und wird von Anbeginn des Films als mit dem afrikanistisch inszenierten Kontinent verwachsen dargestellt. Schon in den von der Off-Stimme durchzogenen Filmeinstellungen des Prologs steht er ganz allein in der afrikanistisch imaginierten „Wildnis" und ist „Freund" der „wilden Tiere". Während der ersten Begegnung mit Karen kann er dann, anders als die *weiße* Protagonistin, mit den Schwarzen Filmfiguren, die als „wilde Menschen" konstruiert sind, kommunizieren und scheint mit „deren Welt" verbunden zu sein. Diese Inszenierung des *weißen* Mannes parallelisiert Denys' Filmfigur mit der von Tarzan, zu der Dyer schreibt:

> The Tarzan films are clearly rooted in colonialism, but with a twist. Very many involve a journey of white people from without into Africa. [...] But Tarzan is already in the jungle. [...] [He] is identified with the jungle. He is at one with the animals.[419]

Ebenso wie der mit den Tieren eins gewordene Tarzan, der als Freund der „guten Eingeborenen" den „Dschungel" sehr häufig gegen *Weiße* verteidigt, die dort Schätze suchen oder Tiere töten und gefangen nehmen, um sich an ihnen zu bereichern,[420] ist Denys darum bemüht, respektvoll mit der afrikanistisch inszenierten Natur umzugehen, mit der die meisten Schwarzen Figuren im Filmtext gleichgesetzt werden.[421] Wie Tarzan „he defends native people against whites whose actions would destroy their way of life".[422] Doch ist er allen Schwarzen Filmfiguren physisch, mental und moralisch immer überlegen. In seiner Figur verschmelzen koloniale Macht und die Nähe zur Natur.[423] Er ist der *weiße* „König des Dschungels".[424]

Durch diese Inszenierung kann seine Filmfigur auf subtile Weise dafür genutzt werden, rassistische Vorurteile zu zementieren und einen impliziten Rassismus in die Filmtexte zu implementieren. Denn dass die Darstellung der Interaktion Finch Hattons mit den afrikanistisch imaginierten Filmfiguren gleichzeitig rassistische Vorurteile reproduziert und Schwarze Filmfiguren immer wieder „entmenschlicht", bleibt – mal mehr, mal weniger subtil – zwischen den Zeilen und Bildern hängen und gräbt sich so als eine nicht umzuwerfende „Wahrheit" ins (Un-)Bewusste der Rezipierenden. Dies wird insbesondere in seinem Umgang mit seinem Begleiter Kanuthia deutlich.

---

[419] Dyer 1997b: 157.
[420] Ebd.
[421] Vgl. Unterkapitel *3.6.1 Schwarz symbolisierte Entwicklungsblockade* und *3.6.2 Dehumanisierung*.
[422] Dyer 1997b: 157.
[423] Vgl. ebd.
[424] Vgl. Dyer 1997b: 158.

Deduktives Analyseverfahren

Die Art, wie Denys in angeblich wohlwollendster Absicht über seinen „treuesten", afrikanistisch inszenierten „Begleiter" Kanuthia redet und wie das Verhältnis zwischen den beiden Männern dargestellt wird, lässt Zweifel daran aufkommen, dass es sich bei Kanuthia um ein (gleichberechtigtes) menschliches Wesen handelt. Zum ersten Mal sind die beiden gemeinsam in der oben bereits erwähnten Subsequenz zu sehen, in der sie das Elfenbein auf Karens Zug laden.[425] Schon hier bewegt sich Kanuthia immer einige Schritte hinter Denys und scheint ihm ehrerbietend zu dienen.

*Out of Africa*, Filmminute 0:07:06-0:08:23.

Kanuthia redet kein Wort, hält seinen Blick gesenkt, schaut weder die *weiße* Frau noch den *weißen* Mann an und verhält sich, als sei er als Individuum nicht existent oder als nehme er nichts anderes wahr als die Erfüllung seiner Pflicht. Als Person verschwindet er gänzlich aus der Aufmerksamkeit der *weißen* Filmfiguren und damit auch aus der der Rezipierenden. In vorauseilendem Gehorsam klettert er, ohne dass Denys ihm dazu Anweisungen geben müsste, auf den Zug, um von seinem *weißen* „Herrn", der über die gesamte Zeit mit seiner Aufmerksamkeit ausschließlich bei der *weißen* Frau ist, das Elfenbein entgegenzunehmen.

Zum zweiten Mal tritt Kanuthia in Filmminute 0:27:03 in Erscheinung. Etwa 30 Filmsekunden lang steht er im Bildhintergrund, während die drei *weißen* ProtagonistInnen Karen, Denys und Berkeley im Bildvordergrund charmante Konversation betreiben (siehe Screenshot nächste Seite, oben). Kanuthia hält phallisch und archaisch einen Speer vertikal vor seinem halbnackten Körper. Er bewegt sich nicht und spricht nicht. Er verhält sich ähnlich starr wie die Säule des Hauses, neben der er platziert ist, und verschwindet dadurch erneut als Person aus der bewussten Wahrnehmung der Rezipierenden. So fällt es auch nicht weiter auf, dass Kanuthia im Laufe der Subsequenz durch eine Veränderung der Kameraposition physisch ganz hinter der Säule verschwindet.

---

[425] *Out of Africa*, Filmminute 0:07:06-0:08:23.

*Out of Africa*, Filmminute 0:26:56-0:28:00.

Kanuthia kommt erst wieder ins Bild, als die drei *Weißen* wenige Filmsekunden später einen Spaziergang über Karens Kaffeeplantage machen.[426] Auch hier bleibt Kanuthia immer in ergebener Distanz zu den *weißen* Filmfiguren. Im Ton ist ausschließlich die Konversation der *Weißen* zu hören, Kanuthia schweigt eisern. Selbst seine Bewegungen bleiben unhörbar. Die süßliche Instrumentalmusik, die unter dieser Subsequenz liegt, vermittelt den Eindruck, als sei alles in bester Ordnung. Hinweise auf koloniale Ausbeutung des hier zu sehen gegebenen afrikanistisch konstruierten Mannes gibt es im Filmtext nicht.

Zunächst wartet Kanuthia geduldig, bis die *weißen* Kolonialist_innen einen Teich umrundet haben. Dann folgt er ihnen in einigen Metern Entfernung. Während die vier in einer Supertotalen ein frisch gepflügtes Feld überqueren, auf dem noch keine Pflanzen zu sehen sind, berichtet Karen über das Feld:

„Every time I turn my back it wants to go wild."

*Out of Africa*, Filmminute 0:28:01-0:28:09 (links) und 0:28:09-0:28:17.

Denys erwidert in der nächsten Einstellung, in der die drei *Weißen* in einer bewegten Nahaufnahme nebeneinander hergehen:

„It will go wild."

---

[426] *Out of Africa*, Filmminute 0:28:00.

Deduktives Analyseverfahren 319

Kanuthia folgt dabei den *Weißen* im Hintergrund weiterhin schweigend.

*Out of Africa*, Filmminute 0:28:18-0:28:38.

In derselben Einstellung noch wendet Karen ihren Kopf zu Kanuthia um.

*Out of Africa*, Filmminute 0:28:22-0:28:24.

Sein halbnackter Körper ist dem Blick („gaze" im Kontrast zum „look") der *weißen* Protagonistin ausgesetzt, der mit dem der Kamera und damit auch dem der Rezipierenden verschmilzt. Das Bild von Kanuthias Körper verbindet sich in der Kognition der Rezipierenden mit den fast gleichzeitig gesprochenen Worten.

Durch diese nahe Aufeinanderfolge der gesprochenen Worte und des Bildes des afrikanistisch inszenierten Schwarzen Mannes, zu dem sich die *weiße* Protagonistin umblickt, verankert sich in der Kognition der Rezipierenden nicht nur die Aussage, dass das Feld „verwildert", sobald die *weiße* Frau ihm „den Rücken zudreht", sondern auch und vor allem die Botschaft, dass der Schwarze Mann ständiger Kontrolle durch die *Weißen* bedarf, um nicht erneut zu „verwildern". Auf diese Weise legitimiert der Filmtext die von *weißen* Kolonialist_innen realiter ausgeübte Gewalt und Kontrolle gegenüber afrikanischen und insbesondere kenianischen Menschen.[427]

---

[427] *Out of Africa*, Filmminute 0:28:14-0:28:22.

Im Folgenden wird über den Schwarzen Mann gesprochen als wäre er nicht anwesend:

> Karen "Your man..."
> Denys: "Kanuthia."
> Karen: "He's not Kikuyu."
> Denys: "No."
> Karen: "Shall I see that he's given supper?"
> Denys: "Don't do anything for him. Thank you, Baroness."[428]

Während Karen über den Schwarzen Mann spricht, als sei er im Besitz von Denys – sie verwendet ein Possessivpronomen („*your* man") –, ist der „Kolonialkritiker" und „Afrikafreund" Denys immerhin schon so „weit", diesem Wesen einen Namen zu geben. Doch auch er redet *über* Kanuthia und nicht *mit* Kanuthia. Dieser Wortwechsel zwischen den beiden *weißen* ProtagonistInnen erinnert an den Umgang mit einem Haustier[429] – ähnlich wie: „Soll ich Ihrem Hund Wasser bringen lassen?" „Nein danke, Baroness. Er ist ein genügsames Wesen." Der Filmtext markiert diesen Umgang jedoch an keiner Stelle als rassistisch, sondern stellt ihn durchgehend als angemessen dar. Gleichzeitig ist Kanuthia, obwohl der Filmtext vorgibt, Denys sei mit ihm freundschaftlich verbunden, so unwichtig, dass sein Tod nur zwei kurze Sätze wert ist:

> Karen: "Where is Kanuthia?"
> Denys: "He's dead."[430]

Karen macht ein betroffenes Gesicht und schweigt, Bror kommt hinzu, das Thema wird gewechselt. Es gibt im gesamten Film keine weiteren Nachfragen oder Erklärungen zu Kanuthias Tod. Er taucht in der Filmhandlung nur noch zweimal auf – das eine Mal als Erinnerung im Gespräch zwischen Denys und Karen beim europäisch gedeckten Abendbrottisch in „freier Wildbahn":

> Denys: "It's about the tents... when I'm out with Kanuthia... used to be... we didn't use them."
>
> Karen: "I remember him. There was something..."
>
> Denys: "Masai. He was half Masai. That's what you remember about him. They're like nobody else. (...) They're the only ones out here that don't care about us and that is what will finish them."
>
> Karen: "What did the two of you ever find to talk about?"
>
> Denys: "Nothing."[431]

---

[428] *Out of Africa*, Filmminute 0:28:23-0:28:38.
[429] Vgl. Unterkapitel *3.6.2 Dehumanisierung*.
[430] *Out of Africa*, Filmminute 1:08:07-1:08:13.
[431] *Out of Africa*, Filmminute 1:20:14-1:21:20.

Deduktives Analyseverfahren 321

Obwohl Denys Kanuthias Sprache erlernt hat, finden die beiden zu keinem gemeinsamen Gesprächsstoff. Es muss, weil Finch Hatton im Zusammensein mit *Weißen* gekonnte Konversation betreibt, an Kanuthia liegen. Seiner Filmfigur fehlt offensichtlich die für Menschen spezifische Eigenschaft, verbal kommunizieren zu können.[432]

Darüber hinaus scheint Karen in diesem Gespräch darüber verwundert zu sein, dass sie sich überhaupt an einen afrikanischen Menschen erinnern kann. Denys begründet ihr Erinnerungsvermögen damit, dass Kanuthia einen „Rasseanteil" der Massai in sich getragen habe, nicht damit, dass er als Individuum eine besondere Persönlichkeit oder gar eine besondere Beziehung zu ihm oder Karen gehabt habe. Dieses Denken und Sprechen in diskriminierenden, Schwarze Menschen objektivierenden „Rassediskursen" ist auch bei dem Regisseur selbst zu finden. Immer wieder essentialisiert er im Zusatzmaterial der DVD den „afrikanischen Charakter" und schreibt Afrikaner_innen bestimmte Eigenschaften und Äußerlichkeiten zu, als vermesse er selbst noch in ethnologischer Manier die Schädelform afrikanischer Menschen. So hebt Pollack bezüglich des Darstellers der Filmfigur Farah Aden, Malick Bowens, hervor, dass dessen Eignung für die Rolle in seiner spezifischen Knochenstruktur gelegen habe:

> Farah Aden, the real manservant who was really her closest friend in Africa was a Somali. They're very elegant people, extremely tall with great bone structures, very high cheekbones and quite a kind of, almost an arrogance, I would say. I could not find a Somali actor to play this role but was lucky enough to find Malick Bowens who is from Mali, to do it. He was an actor playing with Peter Brook in Paris. He looked, in bone structure, close enough that I could make use of him.[433]

Ähnlich rassialisierend ist Kanuthia inszeniert, als er das nächste und letzte Mal als „Erscheinung" am Grab von Denys Finch Hatton auftritt.[434] Die durch die kinematografische Realitätsillusion evozierte Aussage des Filmtextes lautet: Denys' afrikanistisch konstruierter Begleiter ist, weil der *weiße* Mann so gut zu ihm gewesen ist, Denys treu bis in den Tod. Die Beziehung zwischen den beiden Filmfiguren wird damit als echte Freundschaft dargestellt, die auf beidseitiger Freiwilligkeit beruht. Die Gewalt, die dem kolonialen Herr-Diener- oder besser Herr-Sklave-Verhältnis in der Bezugsrealität immanent ist, und die Abwertung, die die afrikanis-

---

[432] Vgl. Unterkapitel *3.6.2 Dehumanisierung* und *3.6.4 Subalterne Sprachlosigkeit*.
[433] *Out of Africa*, Zusatzmaterial DVD 1: „Feature commentary with director Sydney Pollack", Filmminute 0:48:57-0:49:51. Vgl. Zusatzmaterial DVD 1: „Feature commentary with director Sydney Pollack", Filmminute 1:22:45-1:23:08 (Zitat siehe Unterkapitel *3.6.1 Schwarz symbolisierte Entwicklungsblockade*).
[434] *Out of Africa*, Filmminute 2:22:59-2:23:13.

tisch konstruierte Filmfigur intratextuell in der Beziehung mit dem *weißen* Helden erfahren hat, werden damit übertüncht.

Auf diese Weise implementiert die Darstellung der Beziehung zwischen Kanuthia und Denys den von Hall beschriebenen, medial verankerten impliziten Rassismus. Denn während Denys Finch Hatton auf der Bewusstseinsebene als Kolonialkritiker, Afrikafreund und liberaler Denker inszeniert ist, liegen in der Tiefe seiner Beziehung zu Kanuthia und damit im Untergrund des Filmtextes rassistische Strukturen verborgen, die, wie Hall betont, Rassismus am Leben erhalten. Der zur Produktionszeit des Films als liberal geltende kolonialkritische Anstrich des *weiß*-männlichen Protagonisten sorgt für die Bereitschaft der Rezipierenden, sich mit Denys zu identifizieren und dabei den in den Filmtext implementierten impliziten Rassismus unhinterfragt zu internalisieren. Hall schreibt:

> Wollen wir in dem langwierigen Stellungskrieg an Boden gewinnen, dann muss nicht nur das ‚Mittelfeld' Gegenstand des Kampfes werden, sondern das liberale Bewusstsein selbst. Denn der ‚liberale Konsens' ist der Dreh- und Angelpunkt dessen, was ich den ‚impliziten Rassismus' nenne. Er ist es, der den aktiven und organisierten Rassismus aufrechterhält.[435]

Dieser „liberale Konsens", den die Filmfigur Finch Hattons vordergründig verkörpert, entsteht nicht zuletzt dadurch, dass die expliziten Rassismen, denen er widerspricht, Karen zugeschrieben werden. Denn Denys erscheint hauptsächlich deshalb als Rassismus- und Kolonialkritiker, weil er Karens kolonialer Haltung kontinuierlich widerspricht. Diese Haltung wird insbesondere zu Beginn des Films deutlich ausgestellt: Neben Karens kolonialaffinem Verhalten in der bereits beschriebenen Zugsequenz streift die *weiße* Protagonistin kurz nach ihrer Ankunft auf der Farm einem ihrer Schwarzen Bediensteten symbolisch weiße Handschuhe über[436] und installiert eine Kuckucksuhr auf dem Kaminsims, die metaphorisch für die „Einführung von Zeit" steht.[437] Auch das Stauen des Flusses, das Karen gegen die Einwände Farahs vornimmt,[438] um „ihr" Land zu „kultivieren", ist unter kolonialem Gebaren zu subsumieren.

> Karen: "If you put a dam here to stop the water then I can make a pond here. Do you know how to make a pond?"
> Farah: "Msabu, this water must go home to Mombasa."
> Karen: "It can go home after we make a pond."

---

[435] Hall 2012: 169.
[436] *Out of Africa*, Filmminute 0:23:55-0:24:15.
[437] *Out of Africa*, Filmminute 0:23:55-0:24:15. Vgl. Unterkapitel *3.6.1 Schwarz symbolisierte Entwicklungsblockade* und *3.6.3 Infantilisierung*.
[438] Die Tatsache, dass Farah am Ende Recht behält (*Out of Africa*, Filmminute 2:01:28-2:02:00), ist allerdings konstitutiv für den hier dargestellten expliziten Rassismus, der der *weißen* Protagonistin zugeschrieben wird.

Farah: "Msabu, this water lives at Mombasa."
(kleine Pause) Karen: "Come, then!"[439]

Doch die der *weißen* Frau vom Filmtext zugeschriebene Entwicklungsfähigkeit[440] führt dazu, dass auch Karen im Laufe der Handlung zur Kolonialkritikerin wird. Diese Entwicklung stellt der Filmtext zum einen dadurch dar, dass Karen zunehmend als menschlich handelnde Gutsbesitzerin gezeichnet wird, zum anderen, indem ihre Filmfigur expliziten Rassismen immer häufiger widerspricht.

*Out of Africa*, Filmminute 0:39:36-0:39:43.

Als Beispiel für ersteres kann Karens entstehende Bereitschaft angeführt werden, gemeinsam mit den afrikanistisch konstruierten Filmfiguren physisch anstrengende Arbeit zu verrichten.[441] Dieses vom Filmtext produzierte Bild einer *weißen* Frau, die durch ihr Handeln die auf kolonialrassistischen Fundamenten beruhende Hierarchie infrage stellt, hebt auch die Filmwissenschaftlerin E. Ann Kaplan als positive Charaktereigenschaft der *weißen* Protagonistin hervor, wenn sie schreibt:

> Blixen is not too proud to kneel down in the earth with her workers in the planting season.[442]
>
> Blixen is quite different from the spoiled, bored and arrogant European crowd in Africa – often brutal to the local people and exploitative in numerous ways.[443]

Der sich im Laufe der Filmhandlung vergrößernde Eindruck, Karen sei eine sich von den „bösen Kolonialist_innen" unterscheidende „gute Europäerin", die koloniales Gebaren infrage stellt, wird intratextuell verstärkt, wenn Karen gegen Ende des Films darum kämpft, dass die Kikuyus ihr Land behalten. „Angesichts

---

[439] *Out of Africa*, Filmminute 0:24:26-0:24:46.
[440] Vgl. Unterkapitel *3.4.1 Weiß symbolisierter Emanzipationsprozess als Frau*.
[441] *Out of Africa*, Filmminute 0:39:35-0:39:43, 1:15:02-1:15:56 und 2:05:43-2:06:02.
[442] Kaplan 1997: 91 (Bildunterschrift).
[443] Kaplan 1997: 89.

eines penetranten britischen Kolonialismus", schreibt der Filmkritiker Kächler, „entwickelt sie ein starkes Engagement für die Schwarzen und tritt selbstbewußt dafür ein, den Eingeborenen das Land zurückzugeben, das ihnen gehört".[444] In diesem Teil des Films werden die expliziten Rassismen, denen Karen entgegentritt, zum einen dem *weiß*-männlichen Bankangestellten, zum anderen dem *weißen* Gouverneur zugeschrieben. So sitzt Karen in Filmminute 01:53:55-01:54:19 als Kreditnehmerin im Büro einer Kreditanstalt:

> Bankangestellter: "How many acres under cultivation?"
> Karen: "Five hundred."
> Bankangestellter: "The rest of it's wild?"
> Karen: "The Kikuyu live there."
> Bankangestellter: "Why don't you move them off?"
> Karen: "Because they live there."
> Bankangestellter: "We'll take it over should you default."

In geschickter Wendung wird an dieser Stelle der *weiß*-weiblichen Filmfigur ein post_kolonial-liberaler Standpunkt in den Mund gelegt, der zum Produktionszeitpunkt des Films für den okzidentalen Diskurs ungewöhnlich fortschrittlich war: Karen weigert sich, den ihr von der *weiß*-männlichen Filmfigur aufgezwungenen binären Gegensatz von „wild" und „zivilisiert" aufzugreifen. Sie weigert sich zu sagen, dass das Land, auf dem die „Kikuyus" wohnen, „wild" sei, und zollt damit den Schwarzen Menschen Respekt. Sie stellt sie, anders als die den impliziten Rassismus transportierenden Filmbilder, nicht der „Zivilisation" gegenüber. Koloniales Denken und expliziter Rassismus wird dadurch an dieser Stelle alleinig dem Bankangestellten zugeschrieben und damit als Böses sowohl von der *weißen* Protagonistin als auch von den sich mit ihr identifizierenden *weißen* Rezipierenden abgespalten. Was in der bewussten Wahrnehmung bleibt, ist der Eindruck, dass Karen – und mit ihr die *weißen* Rezipierenden – als „Schutzpatronin" der ihr „anvertrauten" Kikuyus und als Kolonialkritikerin handelt.

Auch erscheint sie vor dem neu ernannten Gouverneur und weist in kolonialkritischer Manier darauf hin, dass das Land, welches man den Kikuyus wegnehmen wolle, im Grunde genommen ihnen gehöre und dass es ihnen von *weißen* Kolonialist_innen gestohlen worden sei: „This land was theirs, you see. We took it and now they've nowhere else to go."[445] Da der Gouverneur sich ziert, ihr sein Wort darauf zu geben, dass die Kikuyus das Land behalten können, solidarisiert sie sich mit dessen Frau. Dadurch wird *weiße* Weiblichkeit erneut zu einem Bedeutungsträger von Friedfertigkeit, Mut und Kolonialkritik. Als sich Karen vom Gouverneurs-Ehepaar abwendet, hakt sie sich solidarisch bei dem hinzugekom-

---

[444] Kächler 1986.
[445] *Out of Africa*, Filmminute 2:09:40-2:10:22.

menen Denys ein. Zu zweit verlassen sie den *weißen* Raum – hinter ihnen eine Vielzahl unkritischer *weißer* Kolonialist_innen, die ihnen nachschauen. Durch die Solidarität des *weißen* Kolonialkritikers und die solidarische Unterstützung der *weißen* Frau des Gouverneurs wird die Autorität der *weißen* Protagonistin gestärkt. Gemeinsam kämpfen die drei gegen koloniale Ungerechtigkeiten an.

Die Rezipierenden werden eingeladen, sich mit diesen drei kolonialkritischen „Outsider"-Filmfiguren zu identifizieren. Dadurch kann die „böse" Kolonialmacht vom eigenen Selbst der sich identifizierenden Rezipierenden abgespalten werden. Den Rezipierenden wird vermittelt: „Die guten *Weißen*" sorgen dafür, dass Afrikaner_innen ein Stück Land besitzen, auf dem sie leben können. Diese Interpretation wird auch durch den Filmkritiker Michael Hanisch gestützt, der in der Zeitschrift *Filmspiegel* (22/87) betont, all das spiele

> in einer Kolonie, wo die Schwarzen die Koffer tragen, kochen, schuften und vor den Segnungen europäischer Technik staunend wie Kinder stehen und die Weißen allzuoft abends ihren kühlen Sekt aus gutgeschliffenen Gläsern schlürfen. Ein halbes Dutzend Rassisten tritt in dem Film am Rande wohl auf, aber sie werden von der Mehrheit der Weißen sofort zurechtgewiesen und die Welt ist schnell wieder in Ordnung.[446]

*Weiße* Identifikationsfiguren werden also dadurch zu Kolonial- und Rassismuskritiker_innen stilisiert, dass sie dem expliziten Rassismus entgegentreten, der „einem halben Dutzend" anderer *weißer* Filmfiguren zugeschrieben wird, welche „am Rande" des Films auftreten.[447] Der von Hall benannte implizite Rassismus ist dann unter anderem in der von Hanisch angeführten stereotypengerechten Rollenverteilung zwischen Schwarzen und *weißen* Filmfiguren zu finden, die ich in den Unterkapiteln 3.4, 3.5 und 3.6 detailliert aufzeige.

Ein anderes Beispiel für einen expliziten Rassismus, dem Karen widerspricht, ist in der Sequenz zu finden, die das Silvesterfest des Jahres 1918 zeigt.[448] Hier ohrfeigt Karen einen *weiß*-männlichen Kolonialisten dafür, dass er die von ihr aufgebaute Schule für die Kinder der „Kikuyus" als sinnlos bezeichnet und die afrikanistisch konstruierten Filmfiguren mit dem Satz „Wogs can't even count their goats." diffamiert.

---

[446] Hanisch 1987.
[447] Ähnliches bemerkt Lynda Dyson bezogen auf den Film *The Piano*, über dessen beide *weiß*-männlichen Hauptfiguren sie schreibt: „While Baines's hut is surrounded by trees, Stewart's is set in a muddy clearing amongst burnt stumps. He complains to Baines: ‚What do they [the Maoris] want the land for? They don't cultivate it, burn it back. How do they even know it's theirs?' Through this primitivist inversion, Stewart is increasingly shown to represent the ‚bad' colonial Other and stands for all that is negative in the white colonizer. He is greedy for land, sexually repressed – the Maori continually refer to him as ‚old Dry Balls' – and violent. His relationship to the land is one of brutality and exploitation and this is mirrored in his tratment of Ada." (Dyson 1995: 271f.)
[448] *Out of Africa*, Filmminute 1:10:37-1:12:15.

Diese Filmstelle hebt allerdings gleichzeitig hervor, dass Denys Karen in der „Kolonial- und Rassismuskritik" immer noch weit überlegen ist. Denn er stellt ihre Schule nicht wie der geohrfeigte Kolonialist deshalb infrage, weil er den Schwarzen Filmfiguren Primitivität und Dummheit unterstellt, sondern weil er auf deren Selbstbestimmung beharrt und ihre Kultur – anders als Karen – als gleichwertig respektiert. Damit kritisiert er – und mit ihm scheinbar auch der Film – Karens eurozentrisches Weltbild, dessen Wertigkeiten und das dazugehörige Besitzdenken. Hier ein Auszug aus dem von den beiden diesbezüglich geführten Dialog:

Denys: "They have their own stories, that is not written down."

Karen: "Why would you rather keep them ignorant?"

Denys: "They are not ignorant. I just don't think they should be turned into little Englishmen. You do like to change things, don't you?"

Karen: "For the better, I hope. I want my Kikuyu to learn to read."

Denys: "My Kikuyu. My Limoges. My farm. It's an awful lot to own, isn't it?"

Karen: "I've paid a price for everything I own."

Denys: "What is it exactly that's yours? We're not owners here, Karen. We are just passing through."[449]

Die kenianische Zeitung *Weekly Review* bezieht genau zu dieser Filmstelle Position aus afrikanischer Perspektive. Klein zitiert die Reaktion der Zeitung auf den Satz „I just don't think they should be turned into little Englishmen." folgendermaßen: „Für ein westlich-liberales Publikum ist das eine unglaublich positive Bemerkung, aber für Afrikaner heute ist das nur irrelevant und selbstgerecht." Klein fügt in seinem Artikel hinzu: „Doch was wiegt solche Kritik schon gegenüber sieben Oscars?"[450]

Karen wird, indem sie sich im Laufe der Filmhandlung von Finch Hattons kolonialkritischem Wissen erreichen lässt und sukzessive ihr eigenes Handeln hinterfragt, als wachsende Kolonialkritikerin inszeniert, die schließlich bereit ist, von allen „Besitztümern" loszulassen und sich die eigenen Fehler einzugestehen. So gewährt sie dem aufgestauten Wasser nach einiger Zeit wieder seinen freien Lauf und kommentiert diese Entscheidung mit der Bezugnahme auf Farahs frühe Einwände: „Let it go. This water lives in Mombasa anyway."[451] Außerdem befreit sie Juma gegen Filmende von den weißen Handschuhen, die sie ihm zu Filmbeginn übergestülpt hat: „This wasn't a very good idea."[452] Und, nachdem ihr bewusst

---

[449] Der gesamte Dialog beginnt in Filmminute 1:11:09.
[450] Klein 1986.
[451] *Out of Africa*, Filmminute 2:01:47-2:01:58.
[452] *Out of Africa*, Filmminute 2:15:15-2:15:25.

geworden ist, dass ihre Farm eigentlich auf Kikuyu-Land steht,[453] gibt sie Denys gegenüber zu: „You were right, you know. The farm never did belong to me."[454] Bevor sie endgültig nach Europa zurückgeht, verkauft oder verschenkt sie – auch symbolisch – ihr gesamtes Mobiliar und Porzellan.[455]

Der dieser Inszenierung implizite Rassismus besteht darin, dass Schwarze Filmfiguren passive Objekte oder Besitzgegenstände bleiben, die nur deshalb Freiheit erfahren, weil die *weiße* Frau sie gnädigerweise aus ihrem eigenen Besitztum entlässt. Damit entsteht gewissenmaßen eine Essentialisierung der den Schwarzen intratextuell zugeschriebenen Entwicklungsblockaden.[456] Denn obwohl sich die *weiße* Protagonistin mütterlich und unermüdlich um die Entwicklung der ihr anvertrauten afrikanistisch imaginierten Filmfiguren bemüht, lassen sich weder der afrikanistisch imaginierte Raum noch die afrikanistischen Filmfiguren „zähmen" und „zivilisieren". Ähnlich verhält es sich in dem Film *Die weiße Massai*.[457]

Allerdings wird Carola im Gegensatz zu Karen kein expliziter Rassismus zugeschrieben. Vielmehr ist die *weiße* Protagonistin bereits zu Filmbeginn entrüstet, als der Schwarze Türsteher ihres Hotels den beiden von ihr eingeladenen Schwarzen Filmfiguren in einem rassistischen Akt den Zutritt verwehrt.[458] Dadurch wird der *weißen* Protagonistin ein rassismuskritisches Bewusstsein zugeschrieben, während der Schwarze Protagonist durch seine gelassene und verständnisvolle Reaktion das rassistische System legitimiert,[459] das hier in perfider Manier von einer anderen Schwarzen Filmfigur verkörpert wird und somit nur sehr indirekt mit *Weißsein* in Verbindung steht. Doch Carola lässt sich nicht beschwichtigen und nicht täuschen. Sie entreißt ihrem *weißen* Lebensabschnittspartner den Geldschein, mit dem er den Schwarzen Mann alternativ abzuspeisen gedenkt und bedankt sich stattdessen mit einem gemeinsamen Disko-Besuch.[460] Damit tritt sie dem an dieser Stelle subtil inszenierten expliziten Rassismus entgegen.

Diese rassismuskritische Haltung nimmt Carola auch bei ihrem Besuch in ihrer Heimat, der Schweiz, ein. Während ihre Mutter auf die Ankündigung von Carolas bevorstehender Hochzeit in einer vom Filmtext als kolonialrassistisch markierten Ausdrucksweise mit den Worten „Doch nicht im Busch!" reagiert,[461] tritt die *weiße* Protagonistin dem der Mutterfigur zugeordneten expliziten Rassismus

---

[453] *Out of Africa*, Filmminute 2:08:33: Sie sagt einem der Kolonialverwalter, das Land gehöre den „Kikuyus".
[454] *Out of Africa*, Filmminute 2:18:40-2:18:49.
[455] *Out of Africa*, Filmminute 2:19:11.
[456] Vgl. Unterkapitel *3.6.1 Schwarz symbolisierte Entwicklungsblockade*.
[457] Vgl. Unterkapitel *3.6.6 Mythos Schwarzer Gewalttätigkeit*.
[458] *Die weiße Massai*, Filmminute 0:07:24-0:07:38.
[459] Vgl. Unterkapitel *2.1 Verifizierungsversuche und Auslassungen feministischer Filmtheorie am Filmbeispiel Blonde Venus*.
[460] *Die weiße Massai*, Filmminute 0:07:52.
[461] *Die weiße Massai*, Filmminute 1:02:02.

entschieden entgegen, indem sie dem Schwarzen Menschen einen Namen gibt und an der geplanten Hochzeit selbstbewusst festhält: „Doch, Mama, ich werde Lemalian heiraten. Im Busch."

Auch in dem Film *The Nun's Story* werden einigen Filmfiguren explizite Rassismen zugeschrieben, um diese von der *weiß*-weiblichen Identifikationsfigur zugunsten der Konstruktion einer *weißen* Kolonialkritikerin kontinuierlich ad absurdum führen zu lassen. So zum Beispiel, wenn Dr. Fortunati, nachdem ein afrikanistisch konstruierter Arzthelfer ein medizinisches Instrument während einer Operation hat fallen lassen, Sister Luke in gereiztem Ton auffordert, die Schwarzen in ihren Hilfstätigkeiten zu schulen, und Sister Luke diese Aufgabe nicht nur bei lieblicher non-diegetischer Musikuntermalung ausführt, sondern die ihr zur Schulung anvertrauten afrikanistisch konstruierten Pfleger das Erlernte direkt an den Patient_innen ausprobieren lässt. Denn durch diese Handlung, so die subtile Botschaft des Filmtextes, stellt die *weiße* Protagonistin *weiße*, auf kolonialen Gedanken- und Lebenswelten beruhende Gewohnheiten in Frage. Um Sister Lukes Handeln deutlich als kolonialkritisch zu markieren, wird einer ihr übergeordneten Ordensschwester folgender Kommentar in den Mund gelegt:

> I had a telephone call from the bishop last night. He read your name in the paper, and heard your name on the drums, about making some innovations here. He asked me what I knew about it.[462]

Allerdings bleiben in *The Nun's Story* einige explizite Rassismen auch unkommentiert stehen. So zum Beispiel, wenn ein von Sister Luke umsorgter *weißer* Patient die ihn mitbetreuenden afrikanistisch konstruierten Krankenpfleger in herabwürdigender Manier als „Boys" bezeichnet und über sie spricht als seien sie nicht anwesend.[463]

In dem Film *Eine Weiße unter Kannibalen (Fetisch)* fehlt der Kommentar gänzlich, der einen den *weißen* Filmfiguren zugeschriebenen expliziten Rassismus als falsch bewerten würde. Dies geschieht zum Beispiel, wenn Fred Holm in der allerersten Filmsequenz ankündigt, er bringe dem kleinen *weißen* Mädchen das nächste Mal einen Schwarzen Mann mit und Vater Stüven entgegnet, sie brauche wohl eher einen *weißen*,[464] oder wenn afrikanistisch konstruierte Filmfiguren in Ketten repräsentiert werden, als sei dies eine Selbstverständlichkeit.[465] Auch stellt die *weiße* Protagonistin den „Beruf" ihres *weißen* Bekannten Fred Holm keineswegs in Frage, obwohl dieser wirtschaftlich und statusmäßig davon profitiert, koloniale Zwangsarbeit zu kontrollieren.

---

[462] *The Nun's Story*, Filmminute 1:24:24.
[463] *The Nun's Story*, Filmminute 1:23:53-1:24:14.
[464] *Eine Weiße unter Kannibalen (Fetisch)*, Filmminute 0:01:50-0:02:17.
[465] *Eine Weiße unter Kannibalen (Fetisch)*, Filmminute 0:24:42-0:25:50.

Ein solch expliziter Rassismus, der unwidersprochen repräsentiert wird, macht Rassismus salonfähig. Dazu schreibt Hall:

> Die bloße Tatsache, dass solche Dinge [...] offen ausgesprochen und verteidigt werden können, genügt, um ihre öffentliche Äußerung zu legitimieren und erhöht die öffentliche Toleranzschwelle gegenüber dem Rassismus.[466]

Dieser explizite Rassismus, der diskriminierendes Denken und Handeln legitimiert, wird meiner Analyse zufolge je nach Stand der zum Zeitpunkt der jeweiligen Filmproduktion bereits erfolgten gesellschaftlichen Auseinandersetzung mit Kolonialismus und Rassismus mehr oder weniger unkommentiert in Szene gesetzt. Während es 1921 offensichtlich noch keiner Verschleierung kolonialer Gewalt bedurfte, um ein *weißes* Publikum nicht zu verschrecken, scheint die Illegitimität der Versklavung von Menschen 1959 bereits so sehr gesellschaftlicher Konsens geworden zu sein, dass die Schwarzen Filmfiguren in den Filmen *The Nun's Story* und *Out of Africa* inszeniert wurden, als arbeiteten sie auf freiwilliger Basis für die *Weißen*. Auch sind die beiden Filme im Gegensatz zu dem Film *Eine Weiße unter Kannibalen (Fetisch)* von einer gänzlichen Absenz physischer *weißer* Gewalt gegen Schwarze gekennzeichnet. Dennoch ist auch in ihnen die auf Unterdrückung basierende Rassentrennung, mit der eine rassialisierte gesellschaftliche Positionierung der Filmfiguren einhergeht, deutlich sichtbar. Erst in dem von mir untersuchten Spielfilm aus dem 21. Jahrhundert werden die afrikanistisch inszenierten Filmfiguren als weitestgehend gleichberechtigt lebend dargestellt. Sowohl die Unterdrückung durch *weiße* Kolonisator_innen als auch die „Rassentrennung" scheint überwunden und die Liebe zwischen Schwarz und *weiß* ist möglich.

So passt sich die im Laufe der Filmgeschichte an Deutlichkeit zunehmende Inszenierung von *weißen* Protagonist_innen als Kolonialkritiker_innen, die durch einen immer größer werdenden intratextuellen Widerstand der Protagonist_innen gegen explizite Rassismen entsteht, an den kollektiven Bewusstseinsstand der okzidentalen Gesellschaft an. Während Faida/Maria explizitem Rassismus *weißer* Filmfiguren überhaupt nicht entgegentritt, widerspricht Sister Luke den kolonialen Gesellschaftsstrukturen im Kongo zwar nicht auf einer verbalen Ebene, bemüht sich aber, die afrikanistisch konstruierten Filmfiguren statusmäßig zu erhöhen, indem sie sie fachlich schult. Der *weißen* Protagonistin Karen, die die auf Rassekonstruktionen basierenden Ungerechtigkeiten des Kolonialsystems aktiv angeht, werden dann schon deutlich kolonialkritische Äußerungen in den Mund gelegt, die klarstellen, dass den Schwarzen Filmfiguren ihr Land von *weißen* Kolonialist_innen gestohlen wurde. Carola überschreitet schließlich *Rasse*grenzen auch auf emotiona-

---

[466] Hall 2012: 157.

ler Ebene und identifiziert Rassismus, ebenso wie zum Teil schon Karen, sehr feinsinnig bereits im sprachlichen Bereich.

Diese explizit inszenierte Kolonialkritik dient sowohl der Verschleierung der in die Filmtexte implementierten impliziten Rassismen, die die Ideologie des Rassismus auch im 21. Jahrhundert noch tradieren,[467] als auch der Verfälschung okzidentaler Kolonialgeschichte.[468] Zum einen wird den (weiblich-)*weißen* Filmfiguren dadurch eine sie als Subjekt konstituierende Historie zugeschrieben, zum anderen wird ihnen darin ein Platz eingeräumt, der der historischen Realität nicht entspricht und der Verdrängung *weißer* Täter_innenschaft Vorschub leistet.

---

[467] Vgl. Kapitel 3.4, 3.5 und 3.6.
[468] Vgl. Unterkapitel *3.4.7 Weiße Geschichtsverfälschung*.

## 3.5 Der phallische Blick: *weißes* Subjekt, Schwarzes Objekt

Das von hooks beobachtete Phänomen, dass Schwarze Menschen im Laufe der Kolonialgeschichte für *weiße* Menschen so unsichtbar wurden, dass sie nur noch als ein Händepaar wahrgenommen wurden, welches Getränke auf einem silbernen Tablett reicht,[1] fand Widerhall im kinematografischen Produktionsprozess. Vor allem der Film *Out of Africa* bebildert das facettenreich: Hier sind Schwarze Filmfiguren fast durchgängig als Dienende inszeniert, die ihren Blick dem der *weißen* Protagonistin Karen und dem anderer *weißer* Filmfiguren unterordnen. Gleichzeitig werden afrikanistisch konstruierte Nebenfiguren und der Schwarze (Film-)Raum zum Schaulust evozierenden Objekt für den *weißen* Blick. Dies bestätigend schreibt der Filmkritiker Schober über *Out of Africa*:

> Die Zuschauer dürfen in allerprächtigsten Dekors schwelgen, Unmengen schöner schwarzer Statisten bewundern, denen teilweise, damit sie noch hübscher aussehen, makellose Gummiohren verpaßt wurden.[2]

Die Tatsache, dass *weiße* Menschen im Kino als Subjekte des Blicks inszeniert werden, während Schwarze Filmfiguren angeblickte und unmündige Objekte sind,[3] ist jedoch nicht nur Filmen immanent, deren Narration in der Kolonialzeit angesiedelt ist.[4] Vielmehr kann die Inszenierung solch rassialisierter Blickregime auch für solche Mainstream-Spielfilme als eine gängige Produktionspraxis nachgewiesen werden, deren Handlung im 21. Jahrhundert verortet ist. Diese Behauptung soll die im Folgenden angestellte Analyse von Blickkonstellationen einer ausgewählten Subsequenz des 2005 uraufgeführten Films *Die weiße Massai* exemplarisch überprüfen. In dieser Subsequenz, die die erste Begegnung der *weißen* Protagonistin mit dem Schwarzen Mann zu sehen gibt, passiert, was die *weiße* Protagonistin später selbst noch einmal wie folgt beschreibt:

> Als ich Lemalian das erste Mal gesehen habe, da hab ich gedacht: das is' es. Dafür ist das Leben da. Ich versteh es selbst nicht. Hab sowas auch noch nicht erlebt.[5]

---

[1] hooks 1994: 207f. Dazu auch Kelly 2016: 122. Vgl. Unterkapitel *2.3.1.3 Blickregime aus post_kolonialer Perspektive*.
[2] Schober 1989.
[3] Vgl. Unterkapitel *2.3 Mulvey phallisch weiß gelesen* und *2.3.1.3 Blickregime aus post_kolonialer Perspektive*.
[4] Vgl. Nagl 2009: 250f.: „Der Akt des Filmens, selbst Ausdruck einer emphatischen westlichen Technikbegeisterung zu Beginn des Jahrhunderts, glich einer in globale Machtverhältnisse eingebundenen, kulturellen und sexuellen Penetration, die erzielten Aufnahmen ähnelten einer Beute." Und Nagl 2009: 272: „In Schomburgks Filmästhetik löste das Bild die Beute ab, weil die Kamera zweierlei Vorteile besitzt. Ihre Arbeit vollzieht sich unblutig, und sie kann das Leben realistischer als jedes noch so kunstvoll ausgestopfte Tier abbilden. Sie überwindet Zeit und Raum und ist darin noch dem Referenten überlegen. Kurz: Sie erlaubte die ‚*blutlose Eroberung Afrikas*' [...]."
[5] *Die weiße Massai*, Filmminute 0:22:11-0:22:26.

Diese transrassialisiert inszenierte „Liebe auf den ersten Blick" ist für die Analyse rassialisierender Blickkonstellationen deshalb besonders geeignet, weil der Blick ihr zentrales Moment ist und mittels dieses Blicks das Machtverhältnis zwischen zwei Filmfiguren ausgehandelt wird, die beide – wenn auch auf unterschiedlichen Machtachsen – sowohl kastriert als auch phallisch positioniert sind und als Protagonist_innen rein formal eine gleichrangige Position in der Narration bekleiden. Denn das Besondere an Lemalian ist, dass er, anders als alle anderen Schwarzen Filmfiguren der von mir untersuchten okzidentalen Spielfilme, als Hauptfigur konzipiert ist.

### 3.5.1 Liebe auf den ersten Blick

Die von mir ausgewählte 59-sekündige Subsequenz zeigt das *weiße* Tourist_innenpaar zu Beginn des Films auf einer (Auto-)Fähre in Kenia.[6] Wie die in der Ich-Form sprechende weibliche Off-Stimme bereits verraten hat, sind Carola und Stefan seit zwei Jahren ein Liebespaar, und die *weiße* Protagonistin hegt keinerlei Zweifel daran, dass dies auch „immer so weitergehen" werde.[7] An diesem letzten Tag ihres zweiwöchigen Kenia-Urlaubs fahren die beiden nach Mombasa. Carola wäre nach eigener Aussage lieber in der Sonne am Strand geblieben, aber Stefan hatte auf diese Tagestour „bestanden".

Die Subsequenz zeigt, wie Carolas Blick erstmalig auf den von Lemalian trifft. Die diesen Vorgang rahmende physische Handlung besteht aus dem Vorgang des Fotografierens: Stefan bittet Carola, ihm die Kamera zu geben; Carola sucht sie, findet sie und gibt sie ihm; Stefan fotografiert seine Freundin, überprüft das zustande gekommene Foto und packt die Kamera wieder in ihre Schutztasche. Alle im On gesprochenen Worte lauten:

> Stefan: „Gibst du mir mal die Kamera?"
>
> Stefan: „Carola, da ist'n Massai!"
> Carola: „Was?"
> Stefan wiederholt: „Ein Massai!"
>
> Stefan: „Carola!"

Um in Analogie zur Mulvey'schen Theorie herauszufinden, inwieweit Carola in dieser Subsequenz im Verhältnis zu Lemalian als Subjekt des Blickes und damit als phallisch-*weiße* Identifikationsfigur und Lemalian als Objekt des Blickes und damit als kastriert-Schwarze Filmfigur inszeniert wird, bedarf es der Beachtung aller gesellschaftlichen Machtachsen. Bezüglich des Arrangements der verschiedenen Blickdynamiken sind aus diesem Grunde die Machtachsen der *weißen* Frau zum

---

[6] *Die weiße Massai*, Filmminute 0:01:57-0:02:56.
[7] Dies wird durch die weibliche Off-Stimme in Filmminute 0:01:13-0:01:26 zu hören gegeben.

*Deduktives Analyseverfahren*

*weißen* Mann, zur Schwarzen Frau und zum Schwarzen Mann und die Machtachsen des Schwarzen Mannes zur *weißen* Frau, zum *weißen* Mann und zur Schwarzen Frau genauer zu betrachten.

Dabei gehe ich insofern über Mulvey hinaus, als dass ich nicht allein die Analyse der visuellen Ebene des Blicks fokussiere, sondern die auditive und narrative Ebene gleichermaßen in meine Betrachtungen einfließen lasse und die Deutung derjenigen Elemente von Figurenzeichnung und Filmkulisse hinzuziehe, durch welche Geschlechts- und Rassekonstruktionen produziert werden. Denn die zur Identifikation einladenden Blickregime entstehen wie alle kinematografisch erzeugten Bedeutungen immer in einem Zusammenspiel dieser verschiedenen Filmebenen.

### 3.5.1.1 Blickachse *weiße* Frau – *weißer* Mann

Die *weiß*-männliche Filmfigur gelangt durch die ersten im On gesprochenen Worte des Films in den Besitz der Fotokamera, die den *weißen* Mann zum Herren des entstehenden Bildes macht. Der als Frage formulierte Imperativ „Gibst du mir mal die Kamera?", mit dem er sich an Carola wendet, weist die *weiße* Frau als seine Untergebene aus. Sie gibt ihm den Fotoapparat, den sie – dienend – für ihn getragen hat, und verstärkt damit die Macht des männlich-*weißen* Blicks, an den sie sich gleichzeitig ausliefert.

Darüber hinaus ist es der Blick des *weißen* Mannes, der den Massai „entdeckt". Erst nachdem Stefan Carola auf seine „Entdeckung" aufmerksam gemacht hat, wird auch Carola zur „aktiv Blickenden". Auf diese Weise lenkt der Blick des *weißen* Mannes den der *weißen* Frau. Ähnliches wiederholt sich, als Stefan Carola ruft, damit sie ihren Blick in die von ihm gehaltene Fotokamera richte, durch die er auf sie schaut. Carola wendet sich sofort von dem Objekt ihres momentanen visuellen Interesses ab, um Stefans Bitte folge zu leisten. Dieses Machtgefälle in der von den Filmmacher_innen arrangierten Blickkonstellation zwischen *weißem* Mann und *weißer* Frau wird dadurch unterstrichen, dass Stefan bestimmt hat, wie das *weiße* Liebespaar den letzten Ferientag verbringt und dass er aktiv zu benennen weiß, was Carola anscheinend selbst in ihren passiven Wortschatz nicht einordnen kann: das „fremde" Schwarze Objekt. Stefan stellt fest: „Carola, da ist'n Massai!" Carola entgegnet: „Was?" Stefan wiederholt: „Ein Massai!" Die *weiße* Frau wird damit als als weniger gebildet dargestellt als der *weiße* Mann.

Hinzu kommt, dass Carola durch das einzige isoliert wahrnehmbare Geräusch dieser Subsequenz, das Klicken des Auslösers der Fotokamera, als passives Objekt des *weiß*-männlichen Blicks in den Filmtext eingeschrieben wird. Indem Stefan Carola fotografiert, reißt er sie aus dem von ihr im Laufe der Subsequenz erreichten Subjektstatus einer „aktiv Blickenden" heraus und drängt sie zurück in den ihr vom *weißen* Patriarchat zugewiesenen Objektstatus. Die sehr subtile Heranfahrt der Filmkamera an Carolas Gesicht in der dieser Einstellung vorausgehenden Großaufnahme könnte das Fokussieren der Fotokamera darstellen. Dadurch findet eine Parallelisierung von produktionsbezogener Film- und intradiegetischer Fotoebene statt. Hinter beiden Kameras befinden sich *weiße* Männer, die die *weiße* Frau zum Objekt ihres Blickes machen.

In der Machtachse zum *weißen* Mann befindet sich die *weiße* Protagonistin somit eindeutig in der unterlegenen Blickposition. Die *weiße* Frau wird, wann immer der *weiße* Mann es will, zum passiven Objekt seines machtvollen, „aktiven Blickes".

### 3.5.1.2 Blickachse *weiße* Frau – Schwarze Frau

Carolas Subjektstatus als „aktiv Blickende" wird in der ersten Amerikanischen der vorliegenden Subsequenz vor allem durch die Entsubjektivierung der fünf sie umgebenden Schwarzen Frauen hergestellt, die nicht als Blickende präsent sind und die selbst als Anzublickende so wenig imstande sind, die Aufmerksamkeit der Rezipient_innen auf sich zu ziehen, dass der Fehler in der Continuity kaum auffällt, der die Schwarzen Frauen, obwohl eine kontinuierliche Handlung der *weißen* Filmfiguren beschrieben wird, unzulässig in ihren Positionen springen lässt.

Der Blick auf ihre Körper wird durch die weite Kleidung unmöglich gemacht und ihre Augen gewähren dem Publikum wegen der gesenkten Kopfhaltung der Schwarzen Frauen keinen Einblick in das Innere. Ihre Persönlichkeiten verschwinden hinter der stereotypen Maskerade der asexuellen, korpulenten Schwarzen Mammy[8] und der im Glauben gefangenen Muslimin. Ihre Präsenz löst sich in der Masse des Schwarzen Kollektivs auf.

---

[8] Vgl. Lippert 2002b: 128ff.

Carola hingegen befindet sich, leicht erhöht, im Zentrum des Bildes. Durch ihre helle, lockere und trotzdem körperbetonte Kleidung wird ihr europäisch-alternative Individualität, lebendige Sexualität, Erleuchtung und Schönheit auf den Leib geschrieben. Das Machtgefälle zwischen *weißer* und Schwarzer Weiblichkeit wird darüber hinaus durch die gegensätzliche Gestaltung der Frisuren konstruiert. Denn Carolas frei wehendes Haar dient nicht nur der Akzentuierung von Carolas Blick. Es ist vielmehr zugleich ein Symbol für die Freiheit, die Carola – zumindest im Vergleich zu den sie umgebenden Schwarzen Frauen – als „befreiter", „emanzipierter" *weißer* Frau zugeschrieben wird. Während die Frauen des „afrikanischen Kulturkreises" und der muslimischen Religion, so die Aussage der Bildkomposition, ihre Haare als sexuellen Schlüsselreiz durch Kopftücher und Zöpfe vor den triebhaften Blicken ihnen fremder Männer verbergen müssen, trägt die vorgeblich selbstbestimmte *weiße* Frau sie als Zeichen sexueller Potenz offen sichtbar. Gleichzeitig fungiert Carolas sonnengleich strahlendes Haar als Heiligenschein und konnotiert Carola mit jungfräulicher Unschuld – wenn auch vielleicht nicht in sexueller, so doch in moralischer Hinsicht. In der Schwarzen Frau verschmelzen *Blackness* und Orientalismus zu einer Kontrastfolie weiblicher *Whiteness*, die die Subjektivität der *weißen* Frau herstellt. Nicht umsonst ist Carola in keiner Einstellung dieser Subsequenz ohne sie zu sehen. Immer ist zumindest der gebändigte Haarschopf einer der fünf Schwarzen Frauen im Bildhintergrund als starr in die Luft ragender Zopf vorhanden. Die *weiße* Frau erscheint am Ende erhöht im Vergleich zu der Schwarzen Frau, welche als Gefangene des Schwarzen Patriarchats gezeigt und von der Filmkamera in den passiven Objektstatus gedrängt wird.

Carola nimmt in der Machtachse zur Schwarzen Frau damit die überlegene Blickposition ein. Die vom „aktiven Blick" ausgeschlossene Schwarze Frau und ihre Degradierung zu einem entsubjektivierten und vom Schwarzen Patriarchat gefangen gehaltenen Objekt verhelfen Carola zu ihrem erhöhten Status eines machtvoll und frei blickenden *weiß*-weiblichen Subjekts.

### 3.5.1.3 Blickachse *weiße* Frau – Schwarzer Mann

Innerhalb der Blickkonstellation zwischen der *weißen* Frau und dem Schwarzen Mann kommt es in der von mir ausgewählten Subsequenz zu einem Aufeinandertreffen zweier in der Dominanzgesellschaft „verbotener" Blicke. Denn da sowohl die *weiße* Frau als auch der Schwarze Mann in der globalisierten, warentauschenden Gesellschaft als Ware gehandelt werden, ist beiden der „aktive Blick" untersagt,[9] der sie zu einem begehrenden Subjekt werden ließe.

---

[9] Vgl. Koch 1980: 19; Dies. 1989: 141ff.

Carola wird in dieser Subsequenz früher als Lemalian als „aktiv Blickende" dargestellt. Sie schaut Lemalian schon an, als er ihren Blick noch gar nicht wahrgenommen hat. Ihr steigendes Interesse an dem „fremden" Schwarzen Mann wird durch das Heranspringen ihres Blickes an das Bild seines Körpers ausgedrückt. Während Lemalian durch Carolas Subjektive zunächst in der Totalen, dann in einer Amerikanischen und schließlich in zwei Nahaufnahmen zu sehen ist, wird Carola in gleich bleibender Großaufnahme gezeigt. Sie, die die Position, aus der heraus sie schaut, nicht verändert, hat als *weiß*-weibliches, blickendes Subjekt die Macht zu entscheiden, welchen Ausschnitt aus dem von ihr Gesehenen sie näher an sich heranholt und wie nah sie dem Schwarzen Mann sein will bzw. wie nah er ihr sein soll.

Darüber hinaus gleitet Carola, ganz wie Mulvey es im Zusammenhang mit dem Blick der phallischen Filmfigur beschreibt, beim Anblick Lemalians in ihre eigene Vorstellungswelt ab. Sie projiziert ihre Phantasie auf die Schwarze „Gestalt, die dementsprechend geformt wird."[10] Dieser Eindruck wird durch die Darstellung von Carolas entgleitenden Gesichtszügen hervorgerufen und durch die Tongestaltung unterstützt. In der ersten Großaufnahme von Carolas *weißem* Gesicht beginnen ihre Augen – nach einer gewissen Zeit der Suchbewegung – zu leuchten und ihr Blick schweift in die Ferne. Nachdem sie also gefunden und verstanden hat, worauf Stefan sie aufmerksam machen wollte, ist sie so fasziniert vom Anblick des als Krieger inszenierten Schwarzen Mannes, dass sie ganz in das Bild seines Körpers hinabgleitet. Zu Beginn der nächsten Großaufnahme steht ihr unbewegter Mund leicht offen, ihre Augen schauen immer noch starr und leuchtend in die Ferne. Es scheint, als habe Carola wegen ihres erregten Erstaunens angesichts der sexuellen Attraktivität des Schwarzen Mannes und wegen des damit einhergehenden Abtauchens in ihre (erotische) Phantasiewelt die Kontrolle über ihre Gesichtszüge verloren.

Dieser Eindruck wird durch die Tongestaltung verstärkt. Genau zu dem Zeitpunkt, an dem der „Schwarze Massai" zum ersten Mal in Carolas subjektiver Totalen zu sehen ist, bleibt die Melodie der vorwärts treibenden, non-diegetischen Musik, die die Filmhandlung schon seit der fünften Filmeinstellung begleitet und daher seit mehr als einer Minute zu hören ist, auf einem ihrer dunklen Töne „hängen". Gleichzeitig bricht der durch die Perkussionsinstrumente erzeugte Rhythmus der Musik ab. Durch diesen plötzlichen Abbruch scheint das Pulsieren des weltlichen Lebens aufzuhören. Die Wahrnehmung und die Gedanken der Protagonistin scheinen in die Tiefe des dunklen Tones wie unter eine Wasseroberfläche abzutauchen. Noch sind die Geräusche von Carolas menschlicher Umwelt, d.h. die

---

[10] Mulvey 1994: 55: „Der bestimmende männliche Blick projiziert seine Phantasie auf die weibliche Gestalt, die dementsprechend geformt wird."

Stimmen ihrer afrikanistischen Mitreisenden, unter dem dunklen Ton wahrnehmbar. Doch auch sie verschwinden kurze Zeit später hinter der non-diegetischen Geigenmelodie, die einsetzt, als Carola Lemalians Bild zum ersten Mal näher an sich heranholt, und die durch ihre Lieblichkeit ein Liebesgefühl evoziert. Analog zu Mulveys Beobachtungen versetzt die sexuelle Ausstrahlung der symbolisch kastrierten Filmfigur „den Film für einen Augenblick in ein Niemandsland außerhalb seiner eigenen Zeit und seines Raumes".[11]

Dass das durch die Geigenmelodie aufwallende, die Außenwelt fernhaltende Liebesgefühl dem Inneren von Carola zugeordnet wird, obwohl weitere vier Sekunden lang das Bild des „aktiv blickenden" Lemalian zu sehen ist, liegt nicht nur daran, dass die Melodie noch einsetzt, bevor Lemalian Carola überhaupt erblickt hat, sondern auch an der Auswahl des die Melodie intonierenden Musikinstruments. Denn die Klänge der Geige werden gemeinhin mit der abendländischen Kultur in Verbindung gebracht und deshalb an dieser Stelle Carola zugeschrieben. Für den Rest der Subsequenz bleiben nur noch die – das Unbewusste symbolisierenden[12] – Wellen des Wassers unter der non-diegetischen Musik hörbar. Carolas auditive Wahrnehmung koppelt sich auf diese Weise zunehmend von ihrer Realität ab. Mit ihr tauchen die Filmrezipient_innen in die Welt ihrer Träume, Phantasien und Sehnsüchte hinab.

Und doch kommt es zu einem Machtgerangel zwischen den beiden „verbotenen Blicken". Schon die Tatsache, dass die für Carola und Lemalian jeweils zur Verfügung stehende Summe an Zeit bei den abwechselnden Einstellungen ungefähr gleich lang ist, vermittelt eine Balance der Machtverteilung. Als die Blicke durch Lemalians zufällige Kopfbewegung aufeinandertreffen, scheint es zudem, als fühle sich Carola vom Schwarzen Mann bei dem ihr „verbotenen" „aktiven Blicken" ertappt und als müsse sie ihre Gefühle und Phantasien vor ihm verstecken. Aufgeschreckt durch den sie treffenden Blick lösen sich Carolas Pupillen aus der selbstvergessenen Starre und Carola senkt für den Bruchteil einer Sekunde ihren Blick. Einen kurzen Augenblick lang wirkt es, als könne Carola dem sie treffenden männlichen Blick nicht standhalten. Dass sie sich schneller fängt, als die Sehgewohnheiten es vermuten lassen, liegt wohl daran, dass es sich bei dem sie anblickenden Mann nicht um einen *weißen*, sondern um einen Schwarzen handelt, dessen Blick auf eine *weiße* Frau mindestens ebenso verboten ist wie der der *weißen* Frau auf ihn.

Carola schließt entschlossen ihren Mund und hebt ihren Blick erneut, um dem Blick des Schwarzen Mannes in offensiver Geradlinigkeit zu begegnen. Sie

---

[11] Mulvey 1994: 56. Siehe dazu auch Unterkapitel *2.1 Verifizierungsversuche und Auslassungen feministischer Filmtheorie am Filmbeispiel Blonde Venus*.
[12] Jung 1957: 108. Hier postuliert Jung, dass das Unbewusste „häufig durch Wald sowohl als Wasser ausgedrückt wird."

bleibt dadurch „aktiv blickendes" Subjekt anstatt sich in die von ihr gewohnte Rolle des angeblickten Objekts zurückzuziehen. Analog zur Mulvey'schen Theorie wäre zu sagen: Der Blick derjenigen Filmfigur, die im Besitz des Phallus *Whiteness* ist, ruht (weiterhin) auf der symbolisch kastrierten Filmfigur, die das Verlangen der *weißen* Protagonistin bezeichnet.[13] Doch auch Lemalian hält dem Blick der *weißen* Frau stand, welcher es in den folgenden Einstellungen nicht immer leicht fällt, dem Blick des „Schwarzen Kriegers" zu begegnen.

Carolas Unsicherheit ist unter anderem in der Übersprungshandlung zu erkennen, mit der sie ihre vom Wind gepackten Haare mehrfach hinter ihren Ohren zu befestigen versucht. Diese Bezähmung ihrer für ihre Sexualität stehenden wilden Haarpracht kann als Metapher für Carolas Versuch verstanden werden, ihre frei gewordenen (Sexual-)Triebe wieder unter Kontrolle zu bringen. Zudem neigt sie in der dritten Großaufnahme schüchtern ihren Kopf zur Seite, lächelt vorsichtig und schaut verlegen zu Lemalian. Der stolze, klare Blick des Schwarzen Kriegers, der Carola in das Triebgeschehen ihrer psychischen Unterwelt hinabgezogen hat, scheint sie in ihrem Subjektstatus ins Wanken zu bringen.

Dennoch kann Carola ihren Subjektstatus in der Machtachse zum Schwarzen Mann aufrecht erhalten. Sie ist es, die durch ihren Blick über Nähe und Distanz zwischen *weißer* Frau und Schwarzem Mann entscheidet und die ihre *weiße* Phantasie auf die Schwarze Gestalt projiziert. Auch die Verbindung des durch die liebliche Geigenmelodie aufwallenden Liebesgefühls mit der Gefühlswelt von Carola verhilft der *weißen* Blickenden zu ihrem Subjektstatus.

Die Tatsache, dass Lemalian in dieser Subsequenz ausschließlich in Carolas Subjektive zu sehen ist, deutet darauf hin, dass er zum Objekt des Blickes der *weißen* Frau wird. Obwohl auch er schaut, zeigen die Einstellungen der Subsequenz seinen Blick nicht als Subjektive.

Darüber hinaus wird Lemalians Körper feminisiert und zur Schau gestellt: Ihn schmücken Ohrringe, Armreifen und Halsketten; das Tuch, das um seine Hüfte geschwungen ist, erinnert an einen Rock und seine langen Haare fließen ihm den nackten Rücken hinunter. Seine Brustwarzen sind deutlich sichtbar und seine locker aufeinander liegenden sinnlichen Lippen erinnern an das weibliche Geschlecht, welches in der patriarchalen Welt immer wieder als Einladung zum Eindringen konstruiert wird. Er wird zum – halbnackten – Sexualobjekt der *weißen* Protagonistin, indem er die „exhibitionistische Rolle"[14] zugewiesen bekommt, von der Laura Mulvey in Verbindung mit der symbolisch kastrierten Filmfigur spricht.

---

[13] Vgl. Mulvey 1994: 55: „Der Blick ruht auf [der Frau als Sexualobjekt], jedenfalls für das männliche Verlangen, das sie bezeichnet."
[14] Ebd.

## Deduktives Analyseverfahren

Sein Körper wird „gleichzeitig angesehen und zur Schau gestellt", seine „Erscheinung ist auf starke visuelle und erotische Ausstrahlung zugeschnitten". Er konnotiert das pure „Angesehen-werden-Wollen".[15] Dadurch, dass er sich fast immer in der Bildmitte befindet und beinahe bewegungslos an das Schiffsgeländer gelehnt steht, das ihn einem Käfig gleich umrandet, wird seine exhibitionierte Position unterstrichen. Diese Darstellung erinnert an die Ausstellung von Tieren im Zoo[16] und an die Zurschaustellung afrikanischer Menschen in den europäischen Kolonialausstellungen Ende des 19., Anfang des 20. Jahrhunderts, in denen Afrikaner_innen den Blicken *weißer* Menschen ausgesetzt wurden.

Lemalian wird jedoch nicht nur feminisiert, sondern auch exotisiert und mit der Natur gleichgesetzt. In seiner Darstellung entspricht er der ideellen Vorstellung eines starken, naturverbundenen Mannes. Durch die Bildkompositionen wird ihm Primitivität und Naturhaftigkeit zugeschrieben. Besonders deutlich ist das in der dichotomen Bildaufteilung der subjektiven Totalen zu erkennen. Der mit „Natur" konnotierte Bildhintergrund wird den angeblickten Schwarzen Männern zugeordnet, die linke Bildhälfte symbolisiert zusammen mit dem Bildvordergrund die im okzidentalen Diskurs als höherwertig betrachtete „Kultur", die mit dem Blick der *weißen* Frau verbunden ist. Die Schwarzen Männer, die sich in der rechten Bildhälfte befinden, sind von der Weite der sich hinter ihnen erstreckenden Landschaft nur durch das relativ filigrane Geländer der Fähre getrennt. Das – in jeder Einstellung – hinter ihnen gleitende Holzboot erscheint nicht nur wegen seiner Bauart „primitiv", sondern auch wegen der „Natürlichkeit" der Baumaterialien. Zudem sind die beiden Massai-Männer, anders als alle anderen Reisenden, nicht „zivilisiert" gekleidet. Sie stehen halb nackt und vereinzelt – also nicht „vergesellschaftet" – in der „Zivilisation" herum, in der sie als „Fremde" erscheinen.

---

[15] Ebd.
[16] Interessanterweise betitelt Heike Kühn ihre Rezension des von mir analysierten Films mit der plakativen Aufforderung „Gehen Sie in den Zoo". In ihrem Artikel bringt sie den Zoobesuch als Alternativvorschlag für den Besuch des – ihrer Meinung nach – schlechten Kinofilms „Die weiße Massai" (Kühn 2005).

Den Bildvordergrund und die linke Bildhälfte hingegen prägen Stromleitungen, Neonlampen und Metallteile des Fährschiffs, deren Entstehen im okzidentalen Diskurs auf eine durch Triebsublimation entstehende „kulturelle" Entwicklung der *Weißen* zurückgeführt wird. Der hohe Metallmast, der sich zwischen den *weißen* Reisenden und den Schwarzen Männern zu befinden scheint, mag als Metapher für die „Zivilisation" stehen, die Carola und Lemalian als ein kaum zu überwindender Graben voneinander trennt. Die Bildaufteilung verstärkt auf diese Weise die Hierarchie der Blickanordnung.

Die Tongestaltung unterstreicht diese Konnotationen. Die non-diegetische Musik, die unter der gesamten Subsequenz liegt, vertont nicht nur die Gefühle der *weißen* Protagonistin, sondern ist auch wie ein Gespräch zwischen den beiden „Liebenden" gestaltet, das die „Stimmen" von Lemalian und Carola in Form von Tönen unterschiedlicher Musikinstrumente abwechselnd „sprechen" lässt. Das Bild von Carola wird häufig von der Geigenmelodie oder der monoton gestrichenen Geigensaite begleitet, das Bild von Lemalian wird in der ersten Nahaufnahme durch ein gezupftes Saiteninstrument vervollständigt, das eine Harfe sein könnte. Die zweite Nahaufnahme von Lemalian ist mit einem Muezzin-Gesang unterlegt, der sowohl der non-diegetischen wie auch der diegetischen Tonebene zugeordnet werden kann. Carola wird auf diese Weise wieder mit dem der abendländischen „Kultur" zugeschriebenen Instrument in Zusammenhang gebracht. Lemalian wird die archaische Harfe zugeordnet, die eines der ältesten Musikinstrumente der Menschheit ist und deren Töne durch das Zupfen mit den bloßen Händen erzeugt werden. Die Harfe ist außerdem ein Symbol von mythischer Unterwelt und Unbewusstem. So tauchen in der Zusammenstellung von Harfenmusik und dem Bild von Lemalians sexualisiertem Schwarzen Männerkörper die Ödipussage und das in der Sprache des Unbewussten situierte verbotene sexuelle Begehren aus den Wellen der Leidenschaft auf, die das Filmbild sanft bewegen. Im Muezzin-Gesang mischen sich erneut *Blackness* und Orientalismus zu einer – das *weiße* Subjekt konstruierenden – Kontrastfolie. Es ist kein Zufall, dass der erste Kontakt zwischen Carola und Lemalian aus einem musikalisch begleiteten Blickkontakt besteht und nicht aus einem verbalen Austausch. Denn, so das gängige Stereotyp, die Musik ist das Ausdrucksmittel des natur- und körperverbundenen Afrikaners, der die vergeistigte Sprache der *Weißen* nicht spricht.[17]

Die Zurschaustellung von Lemalians feminisierten, naturalisierten und exotisierten Körper geht mit einem Stillstand der Rahmenhandlung einher, die in dieser Subsequenz aus dem Vorgang des Fotografierens besteht. Diese Rahmenhandlung nimmt insgesamt nur circa 15 Sekunden der 59-sekündigen Subsequenz in Anspruch. Den Rest der Zeit gleitet Carola durch den Anblick des Schwarz-männ-

---

[17] Vgl. Unterkapitel *3.6.4 Subalterne Sprachlosigkeit*.

# Deduktives Analyseverfahren

lichen Körpers in die Welt ihrer erotischen Phantasien ab. Auf diese Weise verzögert das Bild des Schwarzen Mannes die Handlung an mehreren Stellen, so dass Lemalian die von Mulvey der kastrierten Filmfigur zugeordnete Rolle übernimmt. Denn laut Mulvey ist die Präsenz der kastrierten Filmfigur

> ein unverzichtbares Element der Zurschaustellung im normalen narrativen Film, obwohl ihre visuelle Präsenz der Entwicklung des Handlungsstrangs zuwider läuft [und] den Handlungsfluß in Momenten erotischer Kontemplation gefrieren läßt.[18]

Lemalian wird daher in dieser Subsequenz trotz der Darstellung seines intensiven Blickes, statt zum Subjekt des Blickes, zum sexualisierten Objekt der blickenden *weißen* Frau. Der Schwarze Mann wird durch die filmische Darstellung dem afrikanischen Kontinent ähnlich als ein zur Eroberung auffordendes Objekt inszeniert. Lemalians „aktiver" Blick dient in dieser Subsequenz ausschließlich der Entfaltung von Carolas Gefühlswelt. Indem er sie anschaut, durchschreitet sie den mit Ambivalenzen gespickten weiblichen Emanzipationsprozess, die Heimlichkeit des ihr verbotenen „aktiven Blickes" hinter sich zu lassen und offen zu der Subjektposition einer begehrenden, blickenden Frau zu stehen.

### 3.5.1.4 Blickachse Schwarzer Mann – *weißer* Mann

In der Machtachse zum *weißen* Mann wird der Schwarze Mann in dieser Subsequenz noch eindeutiger zum Objekt des *weißen* Blicks als in der Machtachse zur *weißen* Frau. Denn Lemalian wendet seinen Blick in der vorletzten Einstellung nur deshalb von Carola ab, weil der hegemoniale Blick des *weißen* Mannes ihn getroffen hat, der ihm den Blick auf die – als Eigentum des *weißen* Mannes konstruierte – *weiße* Frau diskursiv verbietet. Nicht nur die *weiße* Frau, sondern auch der Schwarze Mann befindet sich in der durch die Blickanordnung dargestellten Machtachse zum *weißen* Mann in der niedrigeren Position.

### 3.5.1.5 Blickachse Schwarzer Mann – Schwarze Frau

Die Schwarz-weiblichen Filmfiguren werden weder als Inhaberinnen des Blicks noch als angeblickte Objekte hervorgehoben. Im Fokus von Lemalians Blick stehen die *weißen* Filmfiguren, insbesondere die *weiße* Frau. Schwarze Weiblichkeit verschwindet im Bildhintergrund. Die Schwarze Frau erscheint in der Machtachse zum Schwarzen Mann inexistent oder zumindest bedeutungslos.

---

[18] Mulvey 1994: 55. Bei Mulvey ist diese kastrierte Filmfigur allerdings immer die Frau.

### 3.5.1.6 Analysefazit

Im Kontext der erweiterten Mulvey'schen Filmtheorie und unter Beachtung aller in dieser Filmsequenz dargestellten Machtachsen ist festzuhalten, dass die *weiß*-weibliche Identifikationsfigur sowohl durch den Blickkontakt mit dem feminisierten, exotisierten und zur Schau gestellten Schwarzen Mann als auch durch die inszenierte Degradierung der Schwarzen Frau in den phallischen Status eines machtvoll und frei blickenden *weiß*-weiblichen Subjekts gelangt. Lemalian wird trotz des in dieser Subsequenz stattfindenden „Machtgerangels" zwischen den beiden diskursiv „unterdrückten" Blicken von *weiß*-weiblicher und Schwarz-männlicher Filmfigur zu dem von der *weißen* Frau angeblickten Schwarzen Objekt.

Was die Blickregime betrifft, so wird die Schwarz-männliche Filmfigur in der Machtachse zur *weiß*-weiblichen Protagonistin ebenso zu einem symbolisch kastrierten Objekt wie die *weiß*-weibliche Filmfigur in der Machtachse zur *weiß*-männlichen Filmfigur. Beide werden jeweils dem Blick einer Filmfigur ausgesetzt, welche in zumindest einer Machtachse im Besitz des symbolischen Phallus ist.

Während die *weiß*-männliche Nebenfigur Stefan in dieser Subsequenz an keiner Stelle zu einem angeblickten Objekt wird und durchgängig ein selbstbestimmt und aktiv blickendes Subjekt bleibt, gelangt die *weiß*-weibliche Hauptfigur Carola durch das Aufeinandertreffen unterschiedlicher gesellschaftlicher Machtachsen in einen janusköpfigen Status. Sie nimmt in der Machtachse zum *weißen* Mann zwar durchgängig die (Blick-)Position des kastrierten und zur (Foto-)Schau (aus-)gestellten Objekts ein, in der Machtachse zur Schwarz-männlichen Filmfigur aber übernimmt sie zumeist die Position eines – mit dem phallischen Blick ausgestatteten – Subjekts. Auf diese Weise wird das Konstrukt *weißer* Weiblichkeit zu einer Kombination aus Superiorität, die dem Mythos der Überlegenheit von *Weißsein* entspringt, und Subordination, die der im Patriarchat üblichen kulturellen Degradierung von Weiblichkeit zuzuschreiben ist.[19]

Diese in der Blickanordnung angelegten Hierarchisierungen werden durch die den Filmfiguren zugeschriebenen Sprecher_innenpositionen verstärkt. Während die *weiß*-männliche Filmfigur vier auffordernde Sätze an die *weiße* Protagonistin richtet, von denen alle vier in inhaltlicher Verbindung mit der *weiß*-männlichen Herrschaft über den Blick stehen, formuliert die *weiß*-weibliche Filmfigur nur einen einzigen Satz. Es ist eine aus einem einzigen Wort bestehende Frage: „Was?". Die Stimme des Schwarz-männlichen Protagonisten verliert sich ebenso wie die Stimmen, Körper und Blicke der Schwarz-weiblichen Filmfiguren im Gewirr des Schwarzen Kollektivs. Lemalians Stimme ist daher keinem sprechenden Subjekt

---

[19] Vgl. Walgenbach 1998: 4.

zuzuordnen. Den subalternen Schwarzen Filmfiguren wird das Sprechen in dieser Subsequenz nicht gewährt. Sogar die Schwarz-männliche Hauptfigur bleibt stumm.

Auch die Kostümierung unterstreicht diese Machtkonstellation. Während die in einer Hose reisende Carola okzidental-männlich konnotierte Kleidung trägt, lehnt sich Lemalians Äußeres an die Maskerade alltäglich inszenierter Weiblichkeit an.[20] Der Schwarze Mann rutscht durch diese Kostümierung in der Pyramide patriarchaler Macht, in welcher Männlichkeit höher bewertet wird als Weiblichkeit, in die unterlegene Position.

In eine ähnliche Richtung weist die in den Einstellungen dieser Subsequenz anzutreffende Bildkomposition, die den Schwarzen Mann vor allem mit der ihn umgebenden Natur in Verbindung bringt. Denn die im *weißen* Patriarchat gemeinhin der *weißen* Frau zugeschriebene „Naturhaftigkeit" wird in dem durch Binarismen gestärkten Machtgefüge des *weißen* Patriarchats der höherwertig gedachten „Kultur" gegenübergestellt, die vorgeblich nicht die *weiße* Frau, sondern der *weiße* Mann verkörpert. Durch den in dieser Subsequenz inszenierten Gegensatz der – mit den sicht- und hörbaren „zivilisatorischen Errungenschaften" in Zusammenhang gebrachten – *weißen* Frau zum „naturverhafteten" Schwarzen Mann wird die *weiße* Protagonistin zur Repräsentantin (*weißer*) „Kultur".

Diese Natur-Kultur-Binarität wird durch die diegetische und non-diegetische Musik der Subsequenz unterstrichen, die neben der Tatsache, dass sie vor allem die Gefühlswelt der *weißen* Protagonistin fühlbar werden lässt, wie ein Gespräch der beiden „Liebenden" erscheint, welches Lemalians und Carolas „Stimmen" in Form unterschiedlicher Musikinstrumente abwechselnd „sprechen" lässt, und den beiden Filmfiguren durch die unterschiedliche Zuordnung von mit speziellen Kulturkreisen konnotierten Musikinstrumenten bestimmte Eigenschaften und Gesellschaftspositionen zuschreibt.

Durch diese Inszenierungsstrategien gelangt der Schwarze Mann in genau die Position, die Mulvey für die *weiße* Frau benennt. Bezogen auf den Beginn der Filme *Nur Engel haben Flügel* und *To Have and Have Not* schreibt sie:

> der [jeweilige, J.D.] Film beginnt mit der Frau als Objekt des kombinierten Blicks von Zuschauer und allen männlichen Protagonisten im Film. Sie ist isoliert, glamourös, ein Schaustück, sexualisiert. Im Verlauf der Handlung verliebt sie sich in den männlichen Helden und wird sein Besitz, womit sie ihre äußeren glamourösen Eigenschaften verliert, ihre generalisierte Sexualität, die Showgirl-Konnotationen; ihr Erotizismus ist dem männlichen Star unterworfen. Durch Identifikationsmittel, durch Partizipation an seiner Macht kann auch der Zuschauer sie, indirekt, besitzen.[21]

---

[20] Vgl. Doane 1994.
[21] Mulvey 1994: 58.

Äquivalent dazu gelangen die Rezipierenden des Films *Die weiße Massai* durch die Identifikation mit der *weißen* Protagonistin zur Macht über die afrikanistisch inszenierte Filmfigur Lemalians, die sich im Laufe der Handlung in die *weiße* Heldin verliebt und zu ihrem Besitz wird.

Noch kürzer könnte das Analyseergebnis der untersuchten Subsequenz des Filmes *Die weiße Massai* folgendermaßen formuliert werden: Die „aktiven" Blicke der beiden *weißen* Filmfiguren, durch die sie sich den Schwarzen Mann zum Untertan machen, dienen als (post_)koloniale Waffe. Während Stefans Blick das zu kolonisierende Objekt „entdeckt", dient Carolas Blick der „Eroberung" und „Kultivierung" der von vornherein symbolisch kastrierten Schwarz-männlichen Filmfigur.[22] Schon im Jahre 2005 merkte der Filmkritiker Gerald Koll bezüglich der in diesem Film vorgenommenen Inszenierung von Blickkonstellationen kritisch und mit poetischer Treffsicherheit an:

> Wohlgefällig eingebettet in der Wiege des Humanismus, richtet sich der weiße Blick auf die afrikanischen Blüten des Patriarchats. [...] Die Überheblichkeit des Blicks macht aus dem Gast die Kriegerin in weißer Mission – das Baby nimmt sie als Beute mit.[23]

Die *weiße* Protagonistin wird also durch die inszenierten Blickkonstellationen zur „Kriegerin in weißer Mission"[24]. Sie nimmt am Ende des Films das mit Lemalian gezeugte Baby „als Beute mit"[25] – wohlwissend, dass ihr dieses Kind bei ihrer Rückkehr in das *weiße* Patriarchat als imaginierter Phallusersatz dienlich sein wird. Die sich mit der *weißen* Protagonistin identifizierenden Filmrezipierenden können so eine Schaulust aus der erhöhten Position der *weißen* Protagonistin ziehen.

### 3.5.2 Intertextueller Vergleich

Was die *weißen* Protagonistinnen der zwei Spielfilme betrifft, die 1958 und 1985 uraufgeführt wurden, so bleiben sie wie Carola dem *weiß*-männlichen Blick zwar untergeordnet, können sich aber ebenfalls durch den hegemonialen Blick auf Schwarze Filmfiguren – zumindest zeit- und teilweise – in eine phallische Blickposition erheben. So ist beispielsweise in dem Film *The Nun's Story* schon in der ersten Filmsequenz eine *weiß*-weibliche Subjektive auf ein Foto zu sehen, auf dem ein afrikanistisch konstruiertes Kind abgelichtet ist. Und sobald Gabby im Kongo ankommt, lässt sie, während sie als *weiße* Nonne über ein Krankenhausgelände schreitet, Schwarze Filmfiguren durch zahlreiche Subjektiven zu Objekten ihres

---

[22] Über die Rollenverteilung in der deutschen Kolonialzeit schreibt Walgenbach in ihrem Buch *Die weiße Frau als Trägerin deutscher Kultur* auf S. 119: „Der deutsche Mann erobert die Kolonien militärisch und wirtschaftlich – die deutsche Frau erhält die kolonisierten Territorien kulturell deutsch."
[23] Koll 2005.
[24] Ebd.
[25] Ebd.

Blicks werden. Es sind Objekte ihres Begehrens, als Heilerin tätig zu werden.[26] Die Anzahl der *weiß*-weiblichen Subjektiven nimmt immer dann ab, wenn Sister Luke in Anwesenheit des *weißen* Arztes oder ihres Vaters (re)agiert.

Da es sich bei den Schwarzen Filmfiguren, die zum Objekt von Sister Lukes Blick werden, immer um Nebenfiguren handelt, gibt es kein „Blickgerangel", das dem der beiden Hauptfiguren Carola und Lemalian auch nur nahe käme. Die Blickregime scheinen der Figurenkonstellation immanent zu sein. Die *weiße* Hauptfigur ist per se phallisches Subjekt des Blicks, die Schwarze Nebenfigur, die ihren eigenen Blick dem der Hauptfigur unterordnet, angeblicktes kastriertes Objekt.

Eine kleine Ausnahme ist allerdings in der Subsequenz der Christmette zu finden. Hier blickt die Schwarz-männliche Filmfigur Ilunga die *weiße* Protagonistin aus eigenem Antrieb offensiv an und wird innerhalb eines sehr viel kleineren „Blickgerangels" bald schon zum Objekt des *weiß*-weiblichen Blicks, der ebenso wie bei Carola als sexuelles Begehren gelesen werden kann.[27] Während in den von Schulze beschriebenen mittelalterlichen Kupferstichen[28] die „Kannibalin" zumeist als außereuropäische weibliche Figur auftritt, die einen europäischen männlichen Eroberer – auch in sexueller Hinsicht – „verspeist", „verspeist" an dieser Stelle die christlich-*weiße* Missionarin einen sich im „Zähmungsprozess" befindlichen „Kannibalen" mit ihrem Blick.[29]

In dem Film *Out of Africa* erkennt die Filmwissenschaftlerin Kaplan trotz der auch von ihr wahrgenommenen Unterordnung des Schwarzen Blicks eine durch die Blickkonstellationen ausgedrückte Individualisierung des Schwarzen Dienenden Farah und eine sich im Blick manifestierende liebevolle Beziehung zwischen ihm und der ihm übergeordneten *weißen* Protagonistin. Kaplan schreibt:

> Blixen's main servant is individualized to some degree. The main inter-racial looking relation is between Blixen and this 'majordomo', Farah [...]. Farah's dignity is carefully presented by the camera. He says little, but his kindly look at Blixen suggests genuine caring for her. She, in turn, shows genuine fondness without sexual tension. That is perhaps the most extraordinary effect of all: the subaltern here does look, is not punished, and does not seek to appropriate what he sees. It is a unique inter-racial series of looks, although the hierarchical structure underlying the relationship is never questioned.[30]

Dieser Darstellung halte ich entgegen, dass es bei Farahs liebevollem Blick weniger darum geht, die Würde der Schwarzen Nebenfigur zu präsentieren, sondern

---

[26] Vgl. Unterkapitel *3.4.2 Mythos weißen Gutmenschentums*.
[27] *The Nun's Story*, Filmminute 1:51:57-1:52:12. Siehe auch Unterkapitel *3.6.5 De- und Hypersexualisierung*.
[28] Schulze 2012.
[29] Vgl. Unterkapitel *3.6.6 Mythos Schwarzer Gewalttätigkeit*.
[30] Kaplan 1997: 89.

vielmehr darum, die *weiße* Filmfigur zu erhöhen und ihre Taten gutzuheißen.[31] Anders als Lemalian richtet Farah zu keinem Zeitpunkt einen starken, selbstbewussten, begehrenden „gaze" auf die *weiße* Protagonistin,[32] sondern drückt mit seinem vorsichtigen, zärtlichen „look" durchgängig lediglich seine Unterordnung und Bewunderung aus.[33] Farah guckt, wenn es ihm erlaubt wird, Karen unterwürfig an, darf aber nicht schauen oder starren, wie es ihm beliebt. Daher ist die Behauptung, er sei zu einem gewissen Teil individualisiert dargestellt, zu hinterfragen.

Etwas anders verhält es sich in dem Film *Eine Weiße unter Kannibalen (Fetisch)*. Denn solange die *weiße* Protagonistin noch Kind ist, wird sie immer wieder Objekt des Blick sowohl *weißer* als auch Schwarzer Männerfiguren. Allerdings werden die sehr raren „reinen" Subjektiven nur dem *weißen* Mann zugeordnet. Sobald die *weiße* Abenteurerin erwachsen geworden ist, wird auch sie zur aktiv Blickenden. Ihre Filmfigur richtet nicht nur verschiedene Subjektiven auf Schwarze Filmfiguren,[34] sondern sogar ausgiebige Subjektiven auf den *weißen* Mann.[35]

Ebenso wie die in diesem Kapitel analysierte Subsequenz des Films *Die weiße Massai* sind alle drei anderen okzidentalen Spielfilme von der (beinahe) kompletten Absenz des Schwarz-weiblichen Blicks geprägt. Durch diesen Teil des Analyseergebnisses könnte man hooks Beobachtung bestätigt sehen, dass der (okzidentale) Spielfilm der Schwarzen Filmrezipientin aufgrund der – von mir oben noch einmal aufgezeigten – entsubjektivierten Darstellung Schwarz-weiblicher Filmfiguren ein Identifikationsangebot vorenthalte, so dass bei der Rezeption konventioneller Filme, die visuelle „Freude" für eine kritische Schwarze Zuschauerinnenschaft alleinig in der Lust des Hinterfragens liege – im „looking against the grain".[36] Zumindest wenn man mit Mulvey davon ausgeht, dass sich die Rezipierenden mit den Filmfiguren identifizieren, die auf den dargestellten Machtachsen ähnlich positioniert sind, wird hooks Feststellung mit dieser Sequenzanalyse theoretisch untermauert.

---

[31] Vgl. Unterkapitel *3.4.2 Mythos weißen Gutmenschentums* und *3.7.1 Fetischisierung der weißen Protagonistin*.
[32] Vgl. Unterkapitel *3.6.5 De- und Hypersexualisierung*.
[33] Mit der Unterscheidung zwischen „gaze" und „look" lehne ich mich an die Theorie Kaplans an. Kaplan 1997: xviii: „In this book, I would like to distinguish 'gaze' from 'look' as a strategy for opening up space for process in looking, for what I am calling, following Jane Gaines, 'the looking *relation.*' [...] The gaze is active: the subject bearing the gaze is not interested in the object per se, but consumed with his (sic) own anxieties, which are inevitably intermixed with desire. [...] The gaze, finally, for me connotes an active subject versus a passive object."
[34] *Eine Weiße unter Kannibalen (Fetisch)*, Filmminute 0:26:16-0:26:20 und 0:39:16-0:39:19.
[35] *Eine Weiße unter Kannibalen (Fetisch)*, Filmminute 0:33:07-0:33:16 und 0:49:14-0:49:20.
[36] hooks 1992: 126f. Vgl. Unterkapitel *2.3.2 Individuelle Rezeptionsposition, Identifikation und Schaulust*.

## 3.6 Die Schwarze Filmfigur als von *Weißen* konstruiertes Symbol des Kastrationskomplexes

Werden Filmtexte mit der von mir um eine intersektionale Phallusdefinition erweiterten, an den Mulvey'schen Ansatz angelehnten Theorie gelesen, so kann an die Stelle der – den Kastrationskomplex symbolisierenden – (*weiß-*)weiblichen Filmfigur auch eine Schwarze Filmfigur rücken. Denn Schwarze symbolisieren im kollektiven Unbewussten der okzidentalen Gesellschaft[1] den Mangel an Macht, den die Machthabenden konstruieren, um ihre eigene Macht zu konstituieren und aufrechtzuerhalten. „Noch immer", schreibt Toni Morrison, „läßt sich viel unrechtmäßiger Gewinn damit raffen, daß man gierige Machtübergriffe mit Rückschlüssen auf Minderwertigkeit und mit dem Aufstellen von Rangunterschieden rationalisiert."[2] Auch der 1986 verstorbene James Baldwin wies auf die symbolische Kastration Schwarzer Menschen innerhalb der *weißen* Gesellschaft hin:

> What white people have to do is try and find out in their own hearts why it was necessary to have a ‚nigger' in the first place, because I'm not a nigger, I'm a man. But if you think I'm a nigger, it means you need him. [...] for a Negro there is no difference between the North and South – it's just the difference in the way they castrate you, but the fact of the castration is the American fact...[3]

Manthia Diawara schlug bereits 1986 vor, die feministische Filmtheorie zu nutzen, um die in zeitgenössischen Hollywoodfilmen vorgenommene Inszenierung von Schwarzen Menschen als kastrierte Filmfiguren offenzulegen. Er schrieb:

> It seems to me that the reinscription of the image of the 'castrated' Black male in [...] contemporary Hollywood films can be illuminated by a perspective similar to that advanced by feminist criticism.[4]

Diawaras Vorschlag folgend, werde ich in diesem Kapitel untersuchen, inwiefern Schwarze Filmfiguren in den vier von mir ausgewählten okzidentalen Filmen als kastrierte Filmfiguren im Mulvey'schen Sinne fungieren. So wie Toni Morrison in ihrem Buch „Playing in the Dark" versuchte, „durch das Betrachten des literarischen ‚Schwarzseins' die Natur – wenn nicht gar die Ursache – des literarischen ‚Weißseins' zu entdecken",[5] so versuche ich in diesem Kapitel zu zeigen, wie sehr der Schwarze Körper auch in Mainstream-Filmtexten durch eine „schattenlose Teilhaberschaft an dem dominierenden kulturellen Körper"[6] für rassialisierte

---

[1] Fanon 2008: 167.
[2] Morrison 1994: 94.
[3] *I am not your Negro* 2016. Das Zitat entstammt den letzten 15 Minuten dieses Films.
[4] Diawara 1993: 214.
[5] Morrison 1994: 30.
[6] Morrison 1994: 31.

Hegemonialitätskonstruktionen *weißer* Filmfiguren sowie *weißer* Film-, Gesellschafts- und Geschichtsräume herangezogen wird.

Insbesondere die Frage der Auswirkung der als kastriert in die Narration eingeflochtenen Schwarzen Filmfiguren auf die Erscheinung der *weißen* Protagonistin ist an dieser Stelle interessant. Denn eine *weiße* Frau schöpft „aus dem uneingeschränkt zur Verfügung und zu Diensten stehenden Leben afrikanistischer anderer [sic] Identität für sich", schreibt Morrison.[7] „Die gewaltige Wirkung […], die Rasse auf das Erzählen – und auf die Erzählstrategie – hat",[8] verleiht sowohl der *weiß*-weiblichen Roman- als auch – ich ergänze und stelle diese Behauptung als Hypothese der Prüfung anheim – der *weiß*-weiblichen Filmfigur eine „rücksichtslose, ungeschmälerte Macht".[9] Dieses (Melo-)„Drama grenzenloser Macht" entsteht in den von mir zu analysierenden Spielfilmen möglicherweise vor allem deshalb,[10] weil die *weiße* Protagonistin „dank der infantilisierten afrikanistischen Population, die ihr zur Verfügung steht", „außerhalb der üblichen Anforderungen eines erwachsenen Frauenlebens verharren" kann.[11] Auch Kelly geht von einem Zusammenhang zwischen der Generierung *weißer* Schaulust und der herabwürdigenden Darstellung Schwarzer Filmfiguren aus:

> Afrikaner_innen werden in Bildre_produktionen intentional bestialisiert, stigmatisiert und depersonalisiert, um die Schau- und Sensationslust sowie die erotischen Fantasien des weißen Publikums zu bedienen.[12]

In den nun folgenden Unterkapiteln von Kapitel 3.6 ist daher zu untersuchen, wie genau die Kastration Schwarzer Filmfiguren dar- und hergestellt wird.

### 3.6.1 Schwarz symbolisierte Entwicklungsblockade

Während *Weißsein* in dem dualistisch organisierten Weltbild der „abendländischen Moderne" für Fortschritt steht, repräsentiert Schwarzsein Unterentwicklung und Stagnation.[13] Diese den Schwarzen zugeschriebene Stagnation manifestiert sich in okzidentalen Filmtexten sowohl auf der Mikro- als auch auf der Makroebene.

Auf der Mikroebene ist die inszenierte Schwarze Entwicklungsblockade an der fehlenden Entwicklung Schwarzer Filmfiguren festzumachen. Die wenigen afrikanistisch konstruierten Charaktere, die überhaupt individualisiert dargestellt werden, durchlaufen so gut wie keine Figurenentwicklung. Als flache Charaktere[14]

---

[7] Morrison 1994: 49.
[8] Ebd.
[9] Ebd.
[10] Morrison 1994: 50.
[11] Ebd.
[12] Kelly 2016: 131.
[13] Wachendorfer 2001: 90. Vgl. Wollrad 2005: 60f.
[14] Faulstich 2008: 101.

erscheinen sie immer zeit- und klassenlos. Sollten sie sich doch entwickeln, so tun sie dies nur dann, wenn sie den Lehren und Aufforderungen der *weißen* Protagonist_innen folgen. Verweigern sie diese Gefolgschaft, so erfahren sie eine Rückentwicklung in die ihnen im *weißen* Diskurs zugeschriebene „angeborene Primitivität".

Auf der Makroebene wird der afrikanistisch imaginierte Kontinent sowohl durch die Inszenierung des Raumes als auch durch die der darin lebenden Menschen als Symbol von Unterentwicklung und Rückständigkeit inszeniert und damit der Kastration anheimgegeben. So werden afrikanistisch konstruierte Gemeinschaften immer wieder als „Urhorde" imaginiert und als „Ursprung der Menschheit" in Szene gesetzt. Diese den Schwarzen Filmfiguren zugeschriebene „primitive Gesellschaftsform" zeichnet sich in den untersuchten Filmen durch Nacktheit, Tanz, Naturverbundenheit, einfache Lebensbedingungen, Klassenlosigkeit und Fetisch-Glauben (hierunter auch die den Schwarzen Figuren zugeschriebenen übersinnlichen Kräfte) aus. Ich werde diese Thesen im Folgenden anhand der vier von mir analysierten okzidentalen Spielfilme genauer belegen.

Von den Hunderten Schwarzer Filmfiguren, die in allen vier Filmen zu sehen sind, durchschreiten nur drei einen individuellen Entwicklungsprozess: die Hauptfigur Lemalian aus dem Film *Die weiße Massai* sowie die Nebenfiguren Kamante aus dem Film *Out of Africa* und Ilunga aus dem Film *The Nun's Story*.

Kamante verdankt seine Entwicklung, die sich weniger in psychischen, als vielmehr in physischen Veränderungen manifestiert, ausschließlich der Gutherzigkeit[15] und der strengen Hand[16] der *weißen* Protagonistin. Von einem kranken Schwarzen Kind in spärlicher Kleidung verwandelt er sich in einen gesunden und wohlgekleideten jungen Mann, weil er, so die Botschaft des Filmtextes, den Ratschlägen der *weißen* Plantagenbesitzerin folgt.

Während Kamante unterstellt wird, er öffne sich der „Zivilisation" nur, um monetär davon zu profitieren, wird der „Entwicklungsauslöser" bei der Filmfigur Ilunga im moralischen Bereich verortet. Das gutherzige Handeln der *weißen* Protagonistin, die nach der Ermordung ihrer Ordensschwester dem afrikanistisch imaginierten Mörder vergeben kann,[17] überzeugt Ilunga von der vom Filmtext behaupteten Überlegenheit der christlichen Religion.

Lemalian ist aus allen vier Filmen die einzige Schwarze Filmfigur, die die Position eines Protagonisten einnimmt und der aus diesem Grunde ein „round character"[18] zuzuschreiben ist. Er durchläuft als eine solche mehrdimensionale

---

[15] Vgl. Unterkapitel *3.4.2 Mythos weißen Gutmenschentums*.
[16] Vgl. Unterkapitel *3.6.4 Subalterne Sprachlosigkeit*.
[17] Siehe dazu genauer Unterkapitel *3.6.6 Mythos Schwarzer Gewalttätigkeit*.
[18] Faulstich 2008: 101.

Filmfigur, die „am Ende nicht mehr die [ist], die sie noch am Anfang war",[19] sowohl eine innere als auch eine äußere Entwicklung. Dennoch verkörpert Lemalian weniger den Helden als vielmehr den Anti-Helden,[20] denn er endet als Versager:[21] Von dem freundlichen Tourismusführer und Tänzer wird er zu einem gewalttätigen Liebhaber. Er verrennt sich zunehmend in den negativen Eigenschaften, die der Film Schwarzen Menschen zuschreibt. Obwohl eine *weiße* Frau sich ihm liebevoll zuwendet, nutzt er diese Chance zur „*Weißwerdung*" nicht.

Es wird deutlich, dass, unabhängig davon, ob die Schwarzen Filmfiguren als „flache" oder „runde" Charaktere inszeniert werden, deren Figurenentwicklung ausschließlich der Aufwertung der jeweiligen *weißen* Protagonistin dient. Zumindest für den Film *Out of Africa* gibt der Regisseur Sydney Pollack dies unumwunden zu. Im Zusatzmaterial der DVD erzählt er, dass die Schwarzen Filmfiguren ganz bewusst in einer Art „Hintergrundgeschichte" vor allem der Entwicklung der Geschichte und Charaktere der *weißen* Protagonist_innen und der Konflikte zwischen den *weißen* Kolonialist_innen dienen sollten.[22] Auf der Suche nach einer leitenden Idee, die Vordergrund- und Hintergrundgeschichte zusammenhalten könne, sei er zusammen mit seinem Drehbuchautor nach zweijähriger Suche auf das Leitmotiv „Besitztum" gestoßen.

> ...we finally settled on possession. Freedom versus obligation. [...] The idea of possession seemed to be organic, both to the foreground story and all of Karens relationships, and this background story of colonialism. I think it helped knit together her relationships with the Africans as well as with her husband and her lover.[23]

Pollack setzt das Leitmotiv „Besitztum" in seinem Film dann so um, dass die *weißen* Filmfiguren aktiv um Besitz ringen, streiten und kämpfen, die Schwarzen Filmfiguren hingegen von den *Weißen* lediglich „besessen" werden. Dabei benennt er als Hintergrundgeschichte die des Kolonialismus und tut, als hätte diese nichts mit der Vordergrundgeschichte der *weißen* Protagonistin zu tun, deren Besitzstreben alle narrativen Fäden zusammenhält. Pollack erklärt:

> She was trying to imprint in some way herself onto Africa. Moving the water, bringing her china. She kept attempting to make Europe out of Africa. It also gave Finch Hatton a clear conflict with her. It provided anchor points for a sort

---

[19] Ebd.
[20] Faulstich 2008: 97.
[21] Faulstich 2008: 101.
[22] Ähnliches schreibt Dyson über den Film *The Piano*: „This romantic melodrama is set in a landscape where ‚natives' provide the backdrop for the emotional drama of the principal white characters. The Maori are located on the margins of the film as the repositories of an authentic, unchanging and simple way of life: they play ‚nature' to the white characters' ‚culture'." (Dyson 1995: 268)
[23] *Out of Africa*, Zusatzmaterial DVD 1: „Feature commentary with director Sydney Pollack", Filmminute 0:20:19-0:21:46.

of shape to the story because near the end of the film she begins to let go of these possessions one by one.[24]

Die Schwarze Bevölkerung dient also ausschließlich der Entfaltung und Auflösung von Konflikten zwischen *weißen* Filmfiguren und muss auch in diesem Film „als Gegenpol zur Freiheit" herhalten. Wie Toni Morrison es für die US-amerikanische Literatur beschreibt, so wird auch hier „der Individualismus [...] in den Vordergrund gerückt [...], während sein Hintergrund gleichbleibende, erzwungene Abhängigkeit ist."[25]

Diesen Hintergrund, vor dem die von den *weißen* Filmfiguren vorangetriebene Handlung spielt, bildet die von mir als Makroebene definierte afrikanistisch geformte Kulisse, deren Präsenz die gesamtgesellschaftliche Entwicklungsblockade, die dem afrikanischen Kontinent im *weißen* Diskurs zugeschrieben wird, kinematografisch immer wieder (re-)produziert. Zu dieser Kulisse gehören sowohl die entindividualisierten Schwarzen Filmfiguren als auch rückständige, afrikanistisch imaginierte Gesellschaftsstrukturen und Lebensbedingungen. Als Kulissen-Grundierung dient in allen vier Filmen die Darstellung der afrikanistisch inszenierten Landschaft als menschenleerer Raum.

Dass eine solche Landschafts-Darstellung koloniale Wurzeln hat, hebt Juliane Strohschein hervor. Laut Strohschein bildet ein Großteil der während der Kolonialzeit entstandenen und heute im Deutschen Historischen Museum Berlin oder dem digitalisierten Bildarchiv der Deutschen Kolonialgesellschaft in Frankfurt am Main archivierten Fotografien und Postkarten afrikanische Landschaften als menschenleere Räume ab. Eine solche auf den ersten Blick „objektiv" und „neutral" wirkende Darstellung müsse, so Strohschein, bei genauerer Betrachtung als Beitrag zur kolonialpolitischen Legitimation für die Eroberung eines als herrenlos inszenierten Landes verstanden werden,[26] das erscheinen soll, als werde es von niemandem besessen und als müsse es von daher von *Weißen* besiedelt und „zivilisiert" werden.[27]

Äquivalent zu Strohscheins Beschreibung ist Afrika in allen vier von mir untersuchten Filmen in regelmäßigen Abständen als ein Kontinent zu sehen, der (noch) nicht von Menschen bewohnt und daher der Besiedelung und Eroberung durch *Weiße* anheimgestellt ist.[28]

---

[24] *Out of Africa*, Zusatzmaterial DVD 1: „Feature commentary with director Sydney Pollack", Filmminute 0:21:54-0:22:26.
[25] Morrison 1994: 94.
[26] Strohschein 2007: 61.
[27] Strohschein 2007: 62.
[28] Vgl. Wulff 2004: 23. Wulff schreibt hier, den Bezug zur Kolonialzeit bestätigend, dass die Landschaftsfotografie des Abenteuerfilms auf der Geschichte der Landschaftsdarstellung seit dem 18. Jahrhundert gründet, in die auch die Illustrationen, Landschaftsaufnahmen und Postkarten eingeflossen sind, die dem europäischen Publikum die Kolonien zeigten.

*The Nun's Story*, Filmminute 1:06:35-1:06:38.

*Die weiße Massai*, Filmminute 0:28:22-0:29:26.   *Out of Africa*, Filmminute 1:48:29-1:51:10.

In dem Film *Die weiße Massai* erscheinen solche „zivilisationsleeren", zur Eroberung einladenden Landschaftstotalen zum ersten Mal in den Filmminuten 0:14:55-0:17:18.

*Die weiße Massai*, Filmminute 0:14:55-0:16:30.

Hier reist die *weiße* Abenteurerin auf der Suche nach Lemalian per Bus von Nairobi nach Maralal. Die (Super-)Totalen dieser Filmsequenz lassen den Blick der Filmrezipierenden bei Tag und bei Nacht über die Weite einer kargen Landschaft gleiten. Außer dem Bus, in dem Carola sitzt, gibt es in der gesamten Filmsequenz keine Anzeichen von „Zivilisation", die der Landschaft innerhalb des Zeichensystems

Deduktives Analyseverfahren

der okzidentalen Gesellschaft Geschichte verleihen oder zeitliche, geografische und historische Anhaltspunkte offerieren würden.[29]

Die durch die weiten Landschaftstotalen heraufbeschworene Konnotationen von Carolas Reise mit den Reisen *weißer* „Entdecker_innen und Zivilisator_innen" der Kolonialzeit wird durch den in dieser Sequenz von der weiblichen Off-Stimme gesprochenen Text verstärkt, der gleichzeitig mit einer Nahaufnahme von der im Bus sitzenden Carola einsetzt:

> Der Bus brauchte 13 Stunden. Über Maralal stand nichts im Reiseführer. Für Touristen gab es dort nichts zu sehen. Eigentlich gefiel es mir, an einen Ort zu fahren, von dem kaum jemand wusste, dass es ihn überhaupt gab.[30]

Die *weiße* Protagonistin kann hier exakt benennen, was die afrikanistisch inszenierte Landschaft und die darin lebenden Menschen in der *weißen* Imagination nur in der groben Einteilung von Tag und Nacht kennen: die Zeit.[31] Der Ort, an den sie sich begibt, existiert in Carolas zur allgemeinen Wahrheit erhobenen (post-)kolonial-eurozentrischen Wahrnehmung nicht.[32] Über ihn steht „nichts im Reiseführer", weil es dort „nichts zu sehen" gibt, was für *weiße*, an „Kultur" interessierte Menschen relevant sein könnte. Wenn die *weiße* Protagonistin behauptet, dass „kaum jemand" weiß, dass es den Ort überhaupt gibt, dann wird deutlich, dass mit diesem „jemand" ausschließlich *weiße* Menschen gemeint sein können, und dass die Existenz afrikanischer Menschen gänzlich ausgeblendet wird. Denn Carolas Aussage ignoriert die Tatsache, dass der Bus, in dem sie selbst sitzt, fast vollständig besetzt ist – und zwar mit afrikanistisch konstruierten Filmfiguren, die von der Existenz des Zielortes selbstredend wissen.

*Die weiße Massai*, Filmminute 0:15:09-0:16:13.

---

[29] Sehr ähnlich ist Carolas Busfahrt in Filmminute 1:03:22-1:03:56 inszeniert. Zum Teil besteht sie aus gleich kadrierten Einstellungen. Eine dritte Busfahrt-Sequenz durch die weite, menschenleere, afrikanistisch konstruierte Landschaft beendet den Film (*Die weiße Massai*, Filmminute 1:58:12-2:01:21).
[30] *Die weiße Massai*, Filmminute 0:15:10-0:15:24.
[31] Vgl. die Installation der Kuckucksuhr in dem Film *Out of Africa*, die ebenfalls der Betonung dieser konstruierten Unterschiedlichkeit in der Zeitwahrnehmung dient (Unterkapitel *3.6.3 Infantilisierung*).
[32] Vgl. Unterkapitel *3.4.6 Mythos (weiblich-)weißer Wahrheit*.

Mehr noch: direkt im Anschluss an die Worte „von dem kaum jemand wusste" folgt die Nahaufnahme einer afrikanistisch konstruierten Frau, die neben Carola sitzt (Screenshot vorherige Seite, unten rechts). Die Worte „dass es ihn überhaupt gab" liegen genau auf dieser Nahaufnahme. Die visualisierte Existenz der Schwarzen Frau wird durch die dem Bild vorangestellten und zugeordneten Sätze als belanglos konstruiert – und damit auch die Existenz aller anderen im Bus reisenden Schwarzen Filmfiguren.

Eine solche Darstellung kann als eine diskursive Parallelbewegung zum *weißen* Diskurs der Kolonialzeit betrachtet werden, der die kolonialen *weißen* Eroberer als „Entdecker" ganzer Kontinente feierte – ungeachtet der Tatsache, dass diese Kontinente schon seit Jahrtausenden von Menschen bewohnt gewesen waren und daher nicht erst „entdeckt" werden mussten.

Diese kolonialen Denkgebäude wiederholend, lassen alle vier okzidentalen Filmtexte die *weiße* Protagonistin den menschenleer inszenierten Schwarzen Raum mit einem Gefährt penetrieren, das Sinnbild von Industrialisierung und *weißem* „Entwicklungsgeist" ist: Während Carola immer wieder über lange Strecken mit dem Bus oder dem eigenen Auto durch die karge Landschaft reist,[33] kreisen Karen und Denys im Flugzeug über der „unberührten Natur".

*Die weiße Massai*, Filmminute 0:16:26-0:17:33.   *Out of Africa*, Filmminute 1:48:27-1:51:09.

Karen und Sister Luke werden ausgiebig zu sehen gegeben, wie sie die Weite des afrikanistisch inszenierten Kontinents mit dem Zug durchqueren.[34] Maria und Sister Luke erreichen Afrika mit einem Schiff.[35] Durch diese Inszenierung einer Penetrierung der unberührten afrikanistischen Natur mit „Zivilisation" verheißenden Gefährten entsteht die für den Mythos *weißer* „Entwicklungsfähigkeit" notwendige Konstruktion eines „unterentwickelten" Afrikas.

---

[33] Fahrten mit dem Bus in dem Film *Die weiße Massai* in Filmminute 0:15:00-0:17:18, 1:03:22-1:03:56 und 1:58:12-2:01:21. Fahrten mit eigenem Auto: 0:55:30-0:59:37. Geflogen wird sie ins Krankenhaus in Filmminute 1:36:22-1:37:33 (allerdings ohne besondere Betonung der menschenleeren afrikanistisch imaginierten Landschaft).

[34] *The Nun's Story*, Filmminute 1:06:38-1:07:48; *Out of Africa*, Filmminute 0:04:29-0:07:14.

[35] *The Nun's Story*, Filmminute 1:04:58-1:06:38.

Deduktives Analyseverfahren                                                                 355

*The Nuns Story*, Filmminute 1:06:38.

*Out of Africa*, Filmminute 0:04:29-0:07:14.

*The Nuns Story*, Filmminute 1:04:58-1:06:38.

Dass diese Darstellung eines menschenleeren afrikanistischen Raumes nichts als eine gezielte Inszenierungsstrategie okzidentaler Filmemacher_innen ist, verdeutlichen die Erzählungen über die Bedingungsrealität des Films *Out of Africa*. Denn wie der Filmkritiker Meroth betont, musste das Aufnahmeteam schon 1985 erst „tausende von Kilometern" reisen, „um Bilder einer unzerstörten Landschaft filmen zu können", welche im Film als „monumentale Kulisse" einer *weißen* „Lebens- und Liebesgeschichte" dient.[36]

Tauchen dann doch afrikanistisch konstruierte Filmfiguren in der Weite des vorgeblich leeren Kontinents auf, so werden sie in den von mir untersuchten Filmen bis ins 21. Jahrhundert hinein fast durchgängig halbnackt oder gar gänzlich unbekleidet ins Bild gesetzt. Auch diese Inszenierungsstrategie steht in einer langen *weißen* Denktradition. Denn schon Christoph Kolumbus hatte die Nacktheit der Menschen, auf die er bei seiner Ankunft auf dem ihm unbekannten Kontinent gestoßen war, in seinen Tagebuchaufzeichnungen mit einer kulturellen Nacktheit

---

[36] Meroth 1986.

gleichgesetzt. Für ihn waren die *Native Americans* Wesen ohne Riten, Bräuche und Religion.[37]

*The Nun's Story*, Filmminute 1:30:54-1:32:39.

*Die weiße Massai*, Filmminute 0:29:26-0:31:32.

*Out of Africa*, Filmminute 0:47:47-0:48:53.

Auch die kinematografische Zurschaustellung indigener Nacktheit stigmatisiert die entindividualisierten afrikanistisch konstruierten Filmfiguren als kulturell nackt und weist ihnen damit eine kastrierte Position innerhalb der Narration zu. Sie werden per se als „Wilde" präsentiert, die mit den Errungenschaften der „Zivilisation" noch nicht in Berührung gekommen sind, geschweige denn diese mit vorangetrieben hätten. Auf diese Weise wird Afrika nicht nur als ein rückständiger Kontinent dargestellt, auf dem die „Zivilisation" die langsamsten Fortschritte macht,[38] sondern auch als hilfsbedürftig und schutzlos. Denn ein nackter Körper ist, wie Dyer betont, ein verletzlicher Körper, dem der Schutz vor den Elementen und soziales Prestige fehlt. Kleidung dient nicht zuletzt als Anzeiger von Status und Klasse.[39]

---

[37] Ihre Hautfarbe erwähnte er damals nur am Rande. Er schrieb, dass sie den Bewohnern der Kanarischen Inseln gleichen würden, „die weder eine schwarze noch eine weiße Hautfarbe haben. (Tagebucheintrag vom 11.10.1492)." (Wollrad 2005: 60)
[38] *Ethnic Notions*, Filmminute 0:45:24.
[39] Dyer 1997b: 146: „A naked body is a vulnerable body. This is so in the most fundamental sense – the bare body has not protection from the elements – but also in a social sense. Clothes are bearers of prestige, notably of wealth, status and class: to be without them is to lose prestige."

Diese Idee kultureller Nacktheit erklärt, warum „die Zurschaustellung indigener Nacktheit schnell zu einer der generischen Konventionen des ethnografischen Kulturfilms"[40] wurde und warum die Kino-Zensur-Regelung die Nacktheit auf der Leinwand für nicht-*weiße* Filmfiguren im ethnografischen Film schon zu Beginn des 20. Jahrhunderts erlaubte, obwohl die Darstellung nackter *weißer* – insbesondere weiblicher – Körper noch bis mindestens Mitte des 20. Jahrhunderts als pornografisch galt.[41]

In dem frühesten und dem spätesten der vier Filme fließen (Halb-)Nacktheit und Tanz ineinander über.[42] Die Bilder von trommelnden und mit Speeren bewaffneten tanzenden Schwarzen unterstreichen die durch die Nacktheit bereits evozierte Gleichsetzung des afrikanistisch repräsentierten Kontinents mit „Wildnis" und „Rückständigkeit".[43]

---

[40] Nagl 2009: 250.

[41] Nagl 2009: 250: „Ein Grund für dieses Amüsement [der deutschen Rezipierenden, J.D.] lag sicherlich in der Nacktheit der Darstellerinnen, denn die ‚Pigri-Buschmädchen tanzten mit entblößtem und weißgefärbtem Oberkörper.' Die Darstellung des nackten weiblichen Körpers hätte bei weißen Frauen in der ersten Hälfte des 20. Jahrhunderts als pornografisch gegolten: Die Abbildung von Meg Gehrts nackten Brüsten etwa wäre sicher nicht nur von ihr als Affront wahrgenommen worden."
In den von mir untersuchten Filmen werden allerdings hauptsächlich Schwarze Männer nackt dargestellt – eventuell, um die Schaulust der heterosexuell orientierten Filmrezipientinnen zu erhöhen. Die Darstellung barbusiger Schwarzer Frauen ist dahingegen in den von mir ausgewählten Spielfilmen ausgesprochen selten zu finden. So werden lediglich in dem Film Out of Africa in Filmminute 0:09:38-0:09:40 vier barbusige Frauen deutlich zu sehen gegeben, die das Bild einmal relativ kurz passieren. Sie schreiten über einen öffentlichen Platz, über den auch Tanne/Karen in einer von einer Schwarz-männlichen Filmfigur gezogenen Rikscha fährt. Nicht klar auszumachen sind Frauenfiguren unter den gänzlich nackt dargestellten Schwarzen Filmfiguren in dem Film *Eine Weiße unter Kannibalen (Fetisch)* (Nacktdarstellungen vor allem in Filmminute 0:24:50-0:25:50).

[42] In dem Film *Eine Weiße unter Kannibalen (Fetisch)* tanzen nur die als „wild lebend" inszenierten Schwarzen Filmfiguren der afrikanistisch inszenierten Gemeinschaft der „Awemba". Sie tanzen bei der Ankunft Marias in ihrem Dorf (Filmminute 0:21:53-0:22:03), bei Marias Einführung als *weißer* Fetisch (Filmminute 0:24:17-0:24:29) und während des Femegerichts (0:28:53-0:29:33). Alle kolonisierten Schwarzen arbeiten ununterbrochen oder erhalten Nahrung. Tanzen tun sie nicht. In dem Film *Die weiße Massai* tanzt Lemalian individualisiert einen Liebestanz mit Carola. Im Hintergrund tanzen mehrere Schwarze Filmfiguren in okzidentaler Kleidung (0:09:00-0:09:40). Eine zentrale Tanzsequenz findet bei der Hochzeitszeremonie statt, während derer halbnackt und afrikanistisch inszenierte Filmfiguren als tanzende Masse zu sehen gegeben werden (1:07:54-1:09:47).
In den Filmen *The Nun's Story* und *Out of Africa* werden keine tanzenden Schwarzen Filmfiguren zu sehen gegeben. Das mag daran liegen, dass in diesen Filmen fast alle Schwarzen Filmfiguren bereits in einem von *Weißen* stark dominierten Raum angesiedelt sind. (Lediglich bei Ankunft Sister Lukes im Kongo wirkt der Auflauf der afrikanistisch imaginierten Masse – vor allem aufgrund der Tongestaltung – ein bisschen wie ein Willkommenstanz. Denn die Subsequenz ist mit einem Lied mit Klatschrhythmus unterlegt, und die sich versammelnden afrikanistisch inszenierten Filmfiguren, die bei der Einfahrt des Zuges zum Teil auch neben diesem herlaufen, sind in großer Bewegung zu sehen.)

[43] *Ethnic Notions*, Filmminute 0:45:24.

*Die weiße Massai*, Filmminute 1:07:54-1:09:46.

Denn durch den Tanz wird der indigene Mensch auf seinen Körper reduziert und in seine Bewegung die mit „Unzivilisiertheit" verbundene Ausdrucksform einer Bevölkerung projiziert, der es an Rationalität fehlt.[44] Die tanzende Schwarze Filmfigur steht als pars pro toto für ihre gesamte Lebenswelt und für den Entwurf einer „primitiven Kultur".[45] Dieser repräsentierten „Primitivität" ist allerdings, wie Stuart Hall hervorhebt, eine große Ambivalenz immanent. Hall schreibt:

> Was man bei all diesen Bildern feststellt, ist ihre tiefe Ambivalenz – die doppelte Vision des weißen Auges, durch das sie betrachtet werden. Der primitive Adel des alternden Stammesangehörigen oder Häuptlings und die rhythmische Anmut der Eingeborenen enthalten sowohl die Sehnsucht des Zivilisierten nach einer für immer verlorengegangenen Unschuld als auch die Gefahr der Zivilisation, überrannt oder unterwandert zu werden durch die Rückkehr der Barbarei, die ‚auszubrechen' droht. Gute wie böse Seiten sind beides Aspekte eines Primitivismus. In diesen Bildern wird Primitivismus definiert durch die solchen Menschen anhaftende Naturnähe.[46]

Riggs erweitert die Figur des natur- und körperverbundenen, tanzenden Schwarzen im US-amerikanischen Kontext um das Portrait des „Happy Sambo", der in kindlicher Zufriedenheit von den einfachen Freuden des Essens, Tanzens und Singens erfüllt ist. Dies sei das Bild eines zahmen, fügsamen, gutmütigen Schwarzen Menschen, der durch sein Lächeln sein Einverständnis mit seiner den *Weißen* untergeordneten gesellschaftlichen Position erklärt. Dieses Bild entstand nach Riggs bereits zu Beginn des 19. Jahrhunderts und schrieb sich im 20. Jahrhundert als klassisches Stereotyp in okzidentale Filmtexte ein.[47]

Diesem von Riggs für den US-amerikanischen Kontext angeführten Bild entgegengesetzt tanzen die afrikanistisch konstruierten Filmfiguren in den von mir

---

[44] Tobing Rony 1996: 65: With „dance [...] of indigenious peoples [...] an iconography is formed: the native [...] is identified with the body. Dances by indigenous peoples were projected as wild, 'savage', frenzied movements by people lacking rationality: an image which became a popular stereotype in commercial film."
[45] Vgl. Nagl 2009: 250.
[46] Hall 2012: 161.
[47] *Ethnic Notions*, Filmminute 0:04:50-0:06:15.

analysierten Filmen nur, wenn sie vorgeblich noch nicht mit der *weißen* Kolonialmacht in Berührung gekommen sind. So gibt es weder in *Out of Africa* noch in *The Nun's Story* die Aufführung eines – für das Genre des Abenteuerfilms eigentlich charakteristischen – „Eingeborenentanzes".[48] Denn die afrikanistisch imaginierten Gemeinschaften, mit denen die *weißen* Protagonistinnen dieser Filme in ihrem Filmalltag in Kontakt stehen, sind im Filmtext bereits vollständig in einer von *Weißen* dominierten Umgebung aufgegangen – sei es, weil sie für die *weiße* Plantagenbesitzerin arbeiten, sei es, weil sie von einem *weißen* Orden missioniert werden.

In dem Film *Eine Weiße unter Kannibalen (Fetisch)* hingegen wird dieser Logik entsprechend zwischen zwei Gruppen Schwarzer Filmfiguren unterschieden. Diejenigen, die von Fred Holm bei der kolonialen (Zwangs-)Arbeit kontrolliert werden, tanzen nicht, die Gemeinschaft der „Awemba" aber, in der Maria als Faida lebt und die als noch nicht kolonisiert inszeniert ist, tanzt. So auch Lemalians vorgeblich noch selbstbestimmte Gemeinschaft der „Massai" in dem Film *Die weiße Massai*.

Der Tanz nimmt in diesen Filmen also eine scheinbar entgegengesetzte Funktion zu der von Riggs angeführten Funktion im Narrativ der US-amerikanischen Gesellschaft ein. Während Riggs aufzeigt, dass die Schwarzen Filmfiguren, die in den USA bei *Weißen* in Diensten stehen, durch den Tanz ihr Einverständnis mit dieser sie kastrierenden Positionierung erklären, wird in den von mir analysierten Filmen gerade das Fehlen des („Eingeborenen"-)Tanzes genutzt, um aufzuzeigen, dass die afrikanistisch konstruierten Filmfiguren, die in unmittelbarer räumlicher Nähe zu *Weißen* leben, so weit „gezähmt" und „zivilisiert" sind, dass sie dieser „primitiven" nonverbalen Ausdrucksweise nicht mehr bedürfen. In beiden Fällen symbolisiert der Tanz „Primitivität", die der den Tanz ausführenden Schwarzen Filmfigur zugeschrieben wird. Im US-amerikanischen Kontext jedoch zeigt der Tanz, dass die vorgeblich einfach gestrickten Schwarzen mit ihrer untergeordneten Position zufrieden sind und weiterhin glücklich leben. Im afrikanistisch konstruierten Filmraum zeigt gerade der Nicht-Tanz, dass die „guten" *weißen* Filmfiguren die Schwarzen Filmfiguren von der „Primitivität" befreit und ihnen zu einer Entwicklung Richtung „Zivilisation" verholfen haben.

Die einzige Ausnahme bilden die Schwarzen Filmfiguren, die in dem Film *Die weiße Massai* im Disco-Hintergrund tanzen. Sie tragen okzidentale Kleidung und befinden sich in Mombasa – einer afrikanischen Großstadt, die schon im 11. Jahrhundert durch Elfenbein- und Sklav_innenhandel zu einer wichtigen ostafrikanischen Handelsmetropole wurde. Diese Schwarzen Filmfiguren scheinen schon so weit „zivilisiert" oder anders ausgedrückt: unterjocht und vereinnahmt worden zu sein, dass sie wieder tanzen dürfen – und zwar in einer vorgeblich „zivilisierten"

---

[48] Wulff 2004: 24.

Art und Weise. Der traditionell gekleidete, halbnackt inszenierte Lemalian erscheint in dieser Sequenz als Wanderer zwischen den beiden entgegengesetzt konstruierten Welten von „afrikanischer Tradition" und „europäischer Moderne". Diese beiden Welten werden, wie ich in den Unterkapiteln 3.7.3 und 3.7.4 genauer darlege, narrativ sowohl für die Fetischisierung als auch für die sadistische Abwertung des Schwarzen Protagonisten Lemalian instrumentalisiert.

Der weiter oben bereits angedeutete Zusammenhang von Nacktheit und Klassenlosigkeit wird durch andere Inszenierungsstrategien verstärkt. Denn in allen vier Filmen werden Schwarze Gesellschaften als klassenlos dargestellt. Unter den Schwarzen Filmfiguren gibt es keine Binnendifferenzierung nach Klasse und Nation und damit wenig menschliche Kodierung. Zwar gibt es soziale Hierarchien wie z.B. die mit Macht verbundenen, stereotyp dargestellten Positionen von „Häuptling" und „Fetischmann" in dem Film *Eine Weiße unter Kannibalen (Fetisch)*, die des „Häuptlings" in *Out of Africa* oder die des starken männlichen „Kriegers", seiner „weisen Mutter" und des „korrupten Mini-Chiefs" in dem Film *Die weiße Massai*. Doch verschweigen alle von mir untersuchten okzidentalen Mainstream-Filme sowohl die Existenz von Klassen in Afrika als auch jegliche Kollaboration der herrschenden Klassen Afrikas mit *weißen* Imperialist_innen und Neokolonialist_innen. Und das, obwohl die Handlungen der Filme von Anfang des 20. Jahrhunderts über die 1950er Jahre bis hin ins 21. Jahrhundert reichen und Kwame Nkrumah schon in den 1960er Jahren ein ausführliches Buch über die Klassen in Afrika geschrieben hat.[49] Darin fordert Nkrumah, dass die reaktionäre Bourgeoisie als Kollaboratorin des *weißen* Systems entlarvt werden muss. Er schreibt:

> In Africa, the internal enemy – the reactionary bourgeoisie – must be exposed as exploiters and parasites, and as collaborators with imperialists and neocolonialist domination and exploitation.[50]

Dieser Forderung kommen die von mir untersuchten Filme nicht nach. Wenn sie Schwarze Filmfiguren überhaupt als mit Macht ausgestattet darstellen, dann höchstens als korrupte, böse Schwarze, nicht aber als Agenten der *weißen* (post-)kolonialen Herrschaft. Dieser Beobachtung einer repräsentierten Schwarzen Klassenlosigkeit entsprechend schreibt auch die Filmwissenschaftlerin Renate Lippert 1994:

> Bis heute verfolgt die filmische Repräsentation von Schwarzen im Hollywoodkino eine doppelte Strategie: soziale Ungleichheit wird an ihnen zwar offensicht-

---

[49] Nkrumah 2006.
[50] Nkrukmah 2006: 84f. Dieser Forderung kommt beispielsweise der im Geiste des *Third Cinema* gedrehte Film „Clando" von Jean-Marie Téno nach.

lich, scheinbar demokratische Tendenzen des Films lassen aber soziale Klassen als unbedeutend erscheinen.[51]

Auch Toni Morrison bemängelt, dass im Zuge rassialisierender Repräsentation die Klassenfrage nicht gestellt werde. Sie schreibt:

> Noch immer wird viel nationaler Trost daraus gezogen, daß man die Träume von demokratischer Gleichheit aller weiterträumt, was dadurch ermöglicht wird, daß man Klassenkonflikte, Wut und Ohnmacht bei der Darstellung von Rasse unter den Teppich kehrt.[52]

Eine klassenlose Gesellschaft steht im okzidentalen Wissensarchiv für eine weniger entwickelte Wirtschafts- und Gesellschaftsform. Denn alle okzidentalen Gesellschafts- und Wirtschaftstheorien – seien sie marxistischen oder kapitalistischen Ursprungs – betrachten die mit dem Aufkommen von Klassen verbundene Industriegesellschaft in einer als linear theoretisierten Entwicklung von Gesellschaften und Wirtschaftssystemen als eine Fortentwicklung der klassenlosen „Urgesellschaft". Diese Unterentwicklung wird in den Filmtexten evoziert, wenn Schwarze Filmfiguren als zu „zivilisierende" Wesen in die filmischen Landschaften „eingebaut" werden.

*Die weiße Massai*, Filmminute 0:16:30-0:17:32.

Durch ihr tatenloses Verweilen in der Landschaft wird ihnen eine „fehlende Arbeitsmoral" zugeschrieben. Diese Zuschreibung nutzte der *weiße* Diskurs schon in der späten Kolonialzeit, um jeglichen Schwarzen Widerstand gegen die Unterdrückung durch *Weiße* im Keim zu ersticken und um die Kontrolle und Ausbeutung der Kolonisierten zu legitimieren.[53]

Im gleichen Zug wird den Schwarzen Filmfiguren in den vier untersuchten Filmen jegliche Form von Geschichte abgesprochen. Sie kennen, wie sowohl der Film *Out of Africa* als auch der Film *Die weiße Massai* konstatiert, kein Gestern und

---

[51] Lippert 1994: 99.
[52] Morrison 1994: 94.
[53] Vgl. Seitz 1991: 165ff.

kein Morgen, sie leben nur im Hier und Jetzt.⁵⁴ Dieser Konstruktion dient auch die Aussage der um das – vom Orden angeordnete – Vergessen ringenden Nonne Sister Luke bei ihrer Abfahrt nach Afrika. Beim Ablegen des Schiffes, mit dem sie von Europa nach Afrika übersetzt, spricht ihre Stimme aus dem Off:

> It will be so much easier in the Congo to remember I'm nothing. There will be no worldy associations in the bush station. In the jungle.⁵⁵

Dass der Schwarze Kontinent und die auf ihm lebenden Menschen vermeintlich von allen weltlichen Errungenschaften, von jeglicher Entwicklung und von einer Historiografie komplett abgeschnitten sind, vermitteln zusätzlich Bilder rückständiger Wohn- und Lebensformen. Sie tragen zu der auf der Makroebene installierten Kastration Schwarzer Filmfiguren im Mulvey'schen Sinne bei. In allen vier Filmen besitzen die afrikanistischen Gemeinschaften weder fließend Wasser noch Gas oder Strom. Immer wieder verschmelzen sie mit der „Natur" und werden damit der (okzidentalen) „Kultur" entgegengesetzt.

So sitzen in dem Film *The Nun's Story* die auf Hilfe wartenden Schwarzen Patient_innen in Massen vor dem von *Weißen* betriebenen Krankenhaus auf dem staubigen Erdboden. Sie kochen auf kleinen Feuern, tragen Wasser in Eimern zur Kochstelle und zermahlen Lebensmittel in hölzernen Schalen.⁵⁶

*The Nun's Story*, Filmminute 1:11:32-1:13:52.

Auf ähnlich staubigen Plätzen leben die afrikanistisch konstruierten Filmfiguren der anderen drei Filme, und die in allen vier Filmen vorkommenden strohgedeckten Lehmhütten repräsentieren ein rückständiges, entwicklungsblockiertes Afrika.

---

⁵⁴ Vgl. Unterkapitel *3.3.1 Carola: weltoffene „Multi-Kulti"-Touristin*.
⁵⁵ *The Nun's Story*, Filmminute 1:04:59.
⁵⁶ *The Nun's Story*, Filmminute 1:11:32-1:12:01 und 1:12:39-1:13:17.

Deduktives Analyseverfahren 363

*Out of Africa*, Filmminute 0:21:35-0:23:55.

*Die weiße Massai*, Filmminute 1:09:08-1:10:10.

*The Nun's Story*, Filmminute 1:32:36-1:34:44.

Auch von einer auf Gewaltenteilung und Abstraktionsvermögen aufbauenden, „modernen" Gesellschaftsform sind die Schwarzen Filmfiguren, wie vor allem der Film *Die weiße Massai* hervorhebt, weit entfernt. Nicht nur, dass ein (monetäres) Währungssystem für Lemalian ganz offensichtlich zu abstrakt zu sein scheint, als dass er seine „archaischen Gewohnheiten", die er in einer Tauschgesellschaft gesammelt hat, ablegen könnte,[57] auch die Rückständigkeit afrikanistischer Gerichtsbarkeit wird in Filmminute 1:43:21-1:45:05 und durch die Darstellung des „Femegerichts" in dem Film *Eine Weiße unter Kannibalen (Fetisch)* hervorgehoben.

*Die weiße Massai*, Filmminute 1:43:22-1:45:05.

---

[57] Vgl. Unterkapitel *3.7.4 Sadistische Abwertung Schwarzer Filmfiguren*.

Diese Rückständigkeit der Gerichtsbarkeit wird durch eine behauptete Willkür korrupter afrikanistisch imaginierter Autoritäten ergänzt, deren Personifikation in der Filmfigur des „Mini-Chiefs" in *Die weiße Massai* zu finden ist. Implizit beinhalten diese Stereotype die Behauptung, das „moderne" Gesellschaftssystem des Okzidents sei objektiv gerecht, sachlich neutral und frei von Korruption.

Moderne-Inkompatibilität wird dem Schwarzen Protagonisten zusätzlich durch das ihm zugeschriebene Fehlen einer wertschätzenden Haltung gegenüber Frauen zugeordnet. Lemalians patriarchale Haltung ist in den Augen einer okzidental sozialisierten, *weißen* Filmrezipientin des 21. Jahrhunderts wahrscheinlich das größte Vergehen der Schwarz-männlichen Filmfigur. Denn die *weiße* Rezipientin wird kaum zulassen können, dass der Schwarze Mann mit der im Okzident vorgeblich schon grundlegend durchgesetzten Frauenemanzipation nichts anzufangen weiß: Lemalian kann weder Carolas ökonomische Überlegenheit[58] akzeptieren, noch die Tatsache, dass das gemeinsame Kind nicht den Nachnamen des Vaters, sondern den der Mutter trägt.[59] Er entführt sein eigenes Kind[60] und greift trotz Carolas Flehen nicht bei dem im Okzident als Menschenrechtsverletzung eingestuften Beschneidungsritual eines afrikanistisch imaginierten Mädchens ein.[61] Die Inszenierung all dieser Situationen betont die frauenfeindliche Haltung der Schwarz-männlichen Filmfigur und konstruiert deren Verhaftung in traditionellen Rollenmustern und Riten.

Diawara weist auf eine ähnliche Inszenierungsstrategie in dem Film *The Color Purple* hin, der dem Schwarzen Mann ebenfalls Sexismus durch die Darstellung von Beschneidungsritualen zuschreibt, deren Opfer Frauen sind:

> The Black man's place of origin, Africa, it is implied, is the source of his essential evil and cruelty. By intercutting violent shots of ritualistic scarring and other initiation ceremonies with shots of Celie and Mister, the film might be read as suggesting that sexism is fundamental to Black male and female relationships and that its locus is Africa. For the resisting spectator, the problem with this interpretation is that such juxtapositions might equally be read by a White male spectator as not only exonerating the White man from sexism, but more importantly, calling for the punishment of the Black man as the inevitable resolution to the conflict.[62]

Eine solche Konstruktion Schwarz-männlicher Rückständigkeit, die mit Sexismus und Brutalität[63] verknüpft ist, verführt die Rezipierenden also nicht nur zur Identi-

---

[58] *Die weiße Massai*, Filmminute 1:45:05-1:46:36.
[59] *Die weiße Massai*, Filmminute 1:55:04-1:58:10.
[60] *Die weiße Massai*, Filmminute 1:48:43-1:49:36.
[61] *Die weiße Massai*, Filmminute 1:09:47-1:11:36.
[62] Diawara 1993: 218f.
[63] Dazu genauer in Unterkapitel *3.6.6 Mythos Schwarzer Gewalttätigkeit*.

fikation mit den *weißen* Ich-idealisierten Filmfiguren, sondern darüber hinaus zu einer Sehnsucht nach der Bestrafung des Schwarzen Mannes.[64]

Mit dem inszenierten Fehlen aller durch die Rationalität erreichten weltlichen und gesellschaftlichen Errungenschaften auf dem afrikanistisch inszenierten Kontinent geht die kinematografische Zuordnung von Fetischobjekten und Aberglauben einher. So wie Lemalian die Geburtsschwierigkeit einer Frau für ein Anzeichen von „Verhexung" hält,[65] so behält der *weiße* Priester seinen Bart vorgeblich nur, um Schwarze Menschen zum christlichen Glauben zu bekehren. Denn diese müssen sich, so die Aussage des Filmtextes, aufgrund ihrer fehlenden Rationalität offensichtlich an konkreten Bildern festhalten. Father Andre berichtet:

> The barber's been itching to cut that beard for years, but the natives have a picture of God with a beard, so priests have to wear beards here. [...] No beard, no converts.[66]

Der Film *Eine Weiße unter Kannibalen (Fetisch)* schreibt dieses den Schwarzen zugeschriebene Stereotyp des Fetischglaubens[67] schon im Filmtitel fest und nimmt damit den Inhalt des Films vorweg. Denn die afrikanistisch imaginierte Gemeinschaft der „Awemba" verehrt die *weiße* Protagonistin in diesem Film als Fetisch. Dass sich der Regisseur Hans Schomburgk textimmanent sowohl über diese Verehrung der *weißen* Frau als auch über den Fetischglauben insgesamt lustig macht, lässt sich schon durch sein Verhalten gegenüber Afrikaner_innen erahnen. So schreibt Tobias Nagl über Schomburgk Folgendes:

> Wie unzählige andere westliche Reisende wusste Schomburgk sich auf seinen Filmjagden tatsächlich erfolgreich als mit westlicher Technik ausgestatteter ‚weißer Fetischmann' zu inszenieren. Immer wieder berichtet er amüsiert in seinen Reiseberichten, wie er die ‚Eingeborenen' mit Tricks überlistete, indem er etwa mithilfe eines Spielzeug-Zauberkastens und eines Grammofons seine Macht über deren ‚Fetischglauben' demonstrierte.[68]

Dieses Sich-Lustig-Machen über die den Afrikaner_innen zugeschriebenen Rituale und Glaubenskonstruktionen findet sich auch in *Eine Weiße unter Kannibalen (Fetisch)* wieder. Denn in Filmminute 0:22:56-0:23:25 stellt Schomburgk diesen „Fetischglauben" der „Awemba" bloß: Er lässt die Figur des „Häuptlings" einen Schluck aus einem kleinen hölzernen Faß trinken, das die *weiße* Protagonistin bei ihrem Auffinden bei sich trug. Der „Häuptling" fühlt daraufhin eine Verbesserung seiner Stimmungslage und führt diese nicht auf den von ihm (vermutlich) aufgenomme-

---

[64] Hierzu genauer Unterkapitel *3.7.4 Sadistische Abwertung Schwarzer Filmfiguren*.
[65] *Die weiße Massai*, Filmminute 1:15:47-1:17:41.
[66] *The Nun's Story*, Filmminute 1:13:17-1:13:54.
[67] Dunzendorfer 2011: 637. Vgl. die genauere Auseinandersetzung mit dem Fetischbegriff in Unterkapitel *3.7 Strategien zur Verdrängung der Kastrationsangst beim Anblick kastrierter Filmfiguren*.
[68] Nagl 2009: 251.

nen Alkohol zurück, sondern auf die Anwesenheit des *weißen* Mädchens.[69] Er stellt fest: „Der böse Geist ist aus mir heraus gefahren." Daraufhin wird das *weiße* Mädchen Maria als „Faida, die Lilie" auf Weisung des „Häuptlings" zum Fetisch der „Awemba" erhoben.

In dem Film *The Nun's Story* dient die „Fetischkette" als zentrales Element des den Afrikaner_innen zugeschriebenen Fetischglaubens und der Entwicklung der Narration. Bei einer der ersten Begegnungen der *weißen* Protagonistin mit (männlich-)Schwarzen Filmfiguren im Kongo, die offensichtlich Handlangerarbeiten für den Krankenhausbetrieb verrichten, erklärt die *weiße* Ordensschwester der Neuankommenden:

> Only one generation ago, their fathers were savages in the forest. We couldn't run the hospital without them. You'll notice, we haven't converted them all yet. Some still wear the witch doctor's fetish around their necks.[70]

Die Fetischkette um den Hals der zu diesen Worten schweigenden Schwarzen Filmfiguren wird hier explizit als ein Symbol von Rückständigkeit, „Wildheit" und Entwicklungsverweigerung eingeführt, das nur von selbstlosen *Weißen* entzaubert und durch eine „zivilisierte" Religion ersetzt werden kann. So auch bei Ilunga:

*The Nun's Story*, Filmminute 1:47:07-1:47:16.   *The Nun's Story*, Filmminute 1:52:03-1:52:09.

Denn die Fetischkette wird zum Hauptanzeiger seiner Figurenentwicklung. Als Zeichen seiner religiösen Bekehrung entfernt Ilunga die Fetischkette von seiner Brust,[71] nachdem er Zeuge eines von einem Kongolesen ausgeübten Mordes an einer *weißen* Ordensschwester geworden ist. Indirekt wird die Fetischkette vom Filmtext zusätzlich zur Begründung dieses Mordes herangezogen, da auch der Mörder eine solche Kette trägt und aus „abergläubischem" Motiv handelt.[72]

---

[69] Siehe dazu auch Unterkapitel *3.6.6 Mythos Schwarzer Gewalttätigkeit*.
[70] *The Nun's Story*, Filmminute 1:12:07-1:12:28. Vgl. Unterkapitel *3.6.6 Mythos Schwarzer Gewalttätigkeit*.
[71] *The Nun's Story*, Filmminute 1:52:03-1:52:09.
[72] Siehe dazu genauer das Unterkapitel *3.6.6 Mythos Schwarzer Gewalttätigkeit*.

Deduktives Analyseverfahren 367

In dem Film *Die weiße Massai* wird die afrikanistisch inszenierte Entwicklungsblockade eher am „Aberglauben" als an Fetischobjekten festgemacht. Denn die von Lemalian durchgeführten Opferrituale[73] bedienen weniger den Glauben an einen Fetisch, als vielmehr den Glauben an nicht-christliche Götter, deren Anbetung im Okzident als Symbol „primitiver Religionsausübung" gilt.

Zusammen mit dem „Aberglauben" werden den Schwarzen Filmfiguren immer wieder auch übersinnliche Kräfte zugeschrieben. So wie die Mutter Lemalians durch eine Berührung von Carolas Oberarm voraussagen kann, dass Carola ein Baby bekommen wird,[74] so kann Karens Bediensteter Farah Aden voraussehen, dass Denys mit seinem Flugzeug abstürzen und zu Tode kommen wird. Dazu sagt der Regisseur Sydney Pollack:

> I wanted you to know that she knew *that Denys was killed in some kind of mystical African way*. And so we tried to do it really with the way we ended the music with this odd echoed overhang. We are told that Farah knew it or sensed it anyway. And whatever one thinks about this particular kind of mysticism, ESP, whatever you want to call it... it was written about it at the time. I don't know that one can believe it but the historical references are that Farah knew. It's also been written in the biographies that the reason Beryl Markham did not fly with him to Tsavo is that her African servant told her not to go, that she would die if she went. When I was doing research on all of this I came across this phenomenon a lot. *This sense that the Africans have of premonition*, if you will. One can accept it or not accept it as the case may be... but *it seemed a valid thing to use for purposes of theatricality of the story* [Hervorhebungen in diesem Zitat alle von mir, J.D.]."[75]

Dass Pollack mit dieser Zuschreibung von „Vorahnung", „übersinnlicher Wahrnehmung" und „Mystizismus" in einer Traditionslinie mit der Schriftstellerin Blixen steht, deren Leben er zu verfilmen vorgibt, und dass dieser Zuschreibung eine ungeheure Brutalität immanent ist, zeigt was Blixen über den Tod des – im Film unerwähnt bleibenden – von *Weißen* zu Tode geprügelten, versklavten Afrikaners Kitosch[76] schreibt. Ngugi wa Thiongo nimmt darauf Bezug und kommentiert Blixens Schreiben folgendermaßen:

> Zwar deutet die Art und Weise, in der Blixen Kitoschs Geschichte erzählt, vor allem in der Deutlichkeit der Einzelheiten darauf hin, dass der Fall sie verstörte, doch gelangt sie, die als Isak Dinesen schreibt, nicht etwa dahin, dieses Zerrbild der Gerechtigkeit anzuprangern. Vielmehr erkennt Blixen im Tod des Eingeborenen ‚eine ganz eigene Schönheit'. Im Willen zu sterben ist ‚die sich entziehende Endlichkeit des Wilden verkörpert, der sich in der Stunde der Not eines Zufluchtsorts im Irgendwo bewusst ist; der geht, wenn es ihm gefällt; das ist etwas,

---

[73] Dazu genauer Unterkapitel *3.6.6 Mythos Schwarzer Gewalttätigkeit*.
[74] *Die weiße Massai*, Filmminute 1:05:37-1:05:48.
[75] *Out of Africa*, Zusatzmaterial DVD 1: „Feature commentary with director Sydney Pollack", Filmminute 2:19:09-2:20:54.
[76] Vgl. Unterkapitel *3.4.7 Weiße Geschichtsverfälschung*.

dessen wir nie habhaft werden können'. Tod aufgrund von Folter wird zu einer Manifestation von Schönheit. Dergestalt ist das Wesen des Wilden, ein Mysterium, das der vernunftbestimmte Geist nur bestaunen kann.[77]

Zu diesem dem „Wilden" zugeordneten Mystizismus, der von Blixen benutzt wird, um den Tod Kitoschs nicht als Mord, sondern als frei gewähltes Sterben zu verharmlosen, schreibt Dyer, der die den Schwarzen von *Weißen* zugeordneten Spiritualität (spirituality) und Seele (soul) von dem *weißen* Geist (spirit) abgrenzt, Folgendes:

> It is not the case that non-white peoples were always assumed not to have souls. Indeed, many whites [...] have considered that blacks were more spiritual and had, as later generations would say, more soul. It is not spirituality or soul that is held to distinguish whites, but what we might call 'spirit': get up and go, aspiration, awareness of the highest reaches of intellectual comprehension and aesthetic refinement. Above all, the white spirit could both master and transcend the white body, while the non-white soul was a prey to the promptings and fallibilities of the body.[78]

Schwarze Spiritualität bleibt im *weißen* Diskurs dem *weißen* Geist von daher untergeordnet und mit Rückständigkeit assoziiert. Solche Entwicklungsblockaden werden Schwarzen Filmfiguren allerdings nicht nur subtil, sondern auch explizit zugeschrieben. In dem Film *The Nun's Story* beispielsweise stellt die *weiße* Ordensschwester, die Sister Luke durch die Station der Wöchnerinnen in dem von *weißen* Christ_innen aufgebauten Krankenhaus führt,[79] fest:

> We're only beginning to persuade them to come to the hospital to have their babies. Not all of them trust us yet. Many of them still prefer to deliver themselves in the bush. They scoop out a hole and that's it.[80]

Wie gefährlich die Verweigerung der von *Weißen* angebotenen Geburt im Krankenhaus ist, vermittelt in intertextuellem Bezug der Film *Die weiße Massai*: Die Afrikanerin, die sich nicht rechtzeitig im Krankenhaus einfindet, verliert das Leben ihres ungeborenen Kindes und kann ihr eigenes nur retten, weil die *weiße* Protagonistin sie per Auto dann doch noch in die Klinik transportiert. Die dadurch konstruierte Schwarze Unterentwicklung dient dem Ausbau des filmischen Spannungsbogens. Denn das Schicksal, das die Schwarz-weibliche Filmfigur unter der Geburt ereilt hat, könnte wenige Filmminuten später die gebärende *weiße* Protagonistin selbst treffen. So droht Carola zu sterben, als sie, in der einfachen Hütte

---

[77] Ngugi wa Thiongo 2016: 16.
[78] Dyer 1997b: 23.
[79] Vgl. Unterkapitel *3.4.2 Mythos weißen Gutmenschentums*.
[80] *The Nun's Story*, Filmminute 1:13:55-1:14:42. Hier auch Parallele zu Unterkapitel *3.6.2 Dehumanisierung*. Denn gemeinhin sind es Tiere, die sich in die wilde Natur zurückziehen, Löcher buddeln und dort dann allein gebären.

ihrer afrikanistisch inszenierten Schwiegermutter liegend, zunächst dem Rat der Schwarzen Massai-Frauen folgt, die die Geburt begleiten. Auch hier kommt wieder der Schwarze Aberglaube ins Spiel. Denn die Schwarzen Frauenfiguren versuchen, die auftretenden Komplikationen der Geburt durch die Gabe von Naturheilmitteln und Getränken zu bewältigen. Bei den Rezipierenden schwingt die Befürchtung mit, die *weiße* Protagonistin könnte wegen der zu erahnenden Geburtskomplikationen von den Schwarzen Filmfiguren für verhext erklärt und aufgegeben werden. Gerettet wird sie am Ende tatsächlich von der *weiß*-männlichen Filmfigur Pater Bernado, der sie bezeichnenderweise mit einem Flugzeug ins Krankenhaus transportieren lässt.

Andere Stellen, an denen Schwarzen Filmfiguren Entwicklungsblockaden explizit zugeschrieben werden, sind in dem Film *Out of Africa* zu finden. Ich möchte zwei Beispiele herausgreifen, bei denen dies durch physische Handlungen Schwarzer Filmfiguren dargestellt wird. Das erste Beispiel ist in Kamantes Weigerung zu finden, Eiweiß, wie von der *weißen* Protagonistin vorgeschlagen, statt mit einer Gabel mithilfe eines mechanischen Mixers zu Eischnee zu schlagen.[81]

*Out of Africa*, Filmminute 1:37:50-1:38:13.

Während die – wohl nicht zufällig weiße – Eiweißschüssel von Schwarzen Händen gehalten wird, solange das Eiweiß mit einer Gabel bearbeitet wird, ist sie bei der „Technikvorführung" in Verbindung mit *weißen* Händen abgebildet. So verkörpert die *weiße* Protagonistin „Kultur" und Technik, während die Schwarz-männliche Filmfigur sich dem Entwicklungspotential verschließt. Dadurch wird Kamante als ebenso unkultiviert und rückständig dargestellt, wie die *weiße* Kolonialistin Clara Bockmann laut Walgenbach ihre Schwarze Bedienstete in der kolonialen Realität beschreibt:

> Clara Brockmann berichtet beispielsweise in *Kolonie und Heimat*, wie sie eine Hererofrau in ihren Dienst nahm. Diese sei zunächst ‚total unkultiviert' gewesen, kannte weder eine europäische Wohnung noch deutsche Kost und verstand die Sprache ihrer neuen Dienstherrin nicht. Brockmann versah ihre Angestellte mit

---

[81] *Out of Africa*, Filmminute 01:37:48-01:38:14.

‚gesitteter Kleidung' und brachte ihr ‚mit grosser Geduld' die Tätigkeiten eines europäischen Haushalts bei.[82]

Dieses koloniale Denken und Handeln wird durch den Filmtext keineswegs als rassistisch markiert oder in Frage gestellt, sondern – im Gegenteil – als richtig bestätigt und reproduziert. Wie der Filmkritiker Meinert feststellt, sei Kamante im Buch als „Meister-Koch" dargestellt worden, im Film werde er hingegen „als Dummkopf abgekanzelt, der beim Dinner die Speisenfolge verwechselt."[83] Dass aber auch Blixens Meister-Koch-Darstellung rassistische Stereotype enthält, lässt Meinert unerwähnt. Dies hingegen betont der Journalist Stefan Klein, wenn er Blixens Beschreibung von Kamante folgendermaßen zitiert:

> Kamante besaß in der Küche, der Welt des Kulinarischen, alle Kennzeichen des Genies. Es gab für mich nichts Rätselhafteres als diesen natürlichen Instinkt eines Wilden für unsere Feinschmeckerkünste. Ich gewann eine ganz neue Vorstellung von unserer Zivilisation. Schließlich war sie also doch gewissermaßen göttlich und von der Vorsehung gewollt.[84]

Meinert kritisiert, Kamantes Figur sei eine derjenigen „afrikanischen Charaktere", die „im Film [...] geradezu ins Gegenteil verkehrt worden" seien.[85] Er verkennt aber, dass Film- und Romanbeschreibung nur zwei Seiten derselben rassistischen Medaille darstellen.

Die zweite von mir als Beispiel herangezogene Schwarze Filmfigur, der in dem Film *Out of Africa* durch die ihr zugeteilten physischen (Nicht-)Handlungen explizit eine Entwicklungsblockade unterstellt wird, ist Juma. Karen streift ihm zu Filmbeginn als Symbol für ihren Versuch, europäische Werte und Sitten in Afrika zu installieren, *weiße* Handschuhe über.

*Out of Africa*, Filmminute 0:23:55-0:24:15.

Nicht nur, dass der Bedienstete auf die ihm aufgezwungenen Handschuhe mit größtmöglicher Unbeholfenheit reagiert, indem er die Hände sofort passiv herun-

---

[82] Walgenbach 2005a: 174f.
[83] Meinert 1986a und 1986b.
[84] Klein 1986.
[85] Meinert 1986a.

## Deduktives Analyseverfahren

terhängen lässt,[86] er lernt auch innerhalb mehrerer Tage oder gar Wochen offensichtlich nicht, mit den Handschuhen umzugehen. Um diese Entwicklungsblockade zu betonen, zeigt die Kamera in Großaufnahme, wie dem Bediensteten sehr viel später noch beim Servieren die Weinflasche aus den weiß umhüllten Händen gleitet – ein Missgeschick, das durch Karens strengen Blick negativ bewertet wird.[87] Verstärkt wird diese inszenierte Entwicklungsblockade des afrikanistisch konstruierten Bediensteten durch den Kontrast zum Lernverhalten des *weißen* Protagonisten, der innerhalb eines Tages das Fliegen erlernt.[88]

Da den Schwarzen Filmfiguren, so der Filmtext, die „Zivilisation" immer fremd bleiben wird – selbst wenn sich Juma gegen Filmende mit den Handschuhen arrangiert zu haben scheint –, zieht Karen dem Bediensteten die weißen Handschuhe mit den Worten „Juma. This wasn't a very good idea." schließlich wieder aus.

*Out of Africa*, Filmminute 2:15:05-2:15:33.

Der afrikanistisch konstruierte Bedienstete lächelt erfreut und schweigt. Er reibt sich, indem er den Raum verlässt, seine „nackten" Hände, als hätten diese lange Zeit in „Ketten" gelegen. Die *weiße* Frau hat ihn – symbolisch – von der *weißen* Kolonialherrschaft befreit.[89]

Diesem Bild sind zwei weitere Aussagen immanent: zum einen Karens berechtigt erscheinende Kapitulation in ihrem langen, zähen Kampf um die „Zivilisierung" Afrikas, zum anderen die Bestätigung, dass Schwarze sich nicht selbst befreien können oder wollen. Denn zu keinem Zeitpunkt hat die Filmfigur Jumas sich beklagt oder gar widerständiges Verhalten an den Tag gelegt. Passiv hat der Schwarze Mann sich den Zuständen hingegeben und sich der *weißen* Kolonialistin untergeordnet. Die Handschuhe hat er sich nicht selbst ausgezogen und sie schon gar nicht der *weißen* Protagonistin als Zeichen der Herausforderung zum Duell vor die Füße geworfen. Vielmehr hat sie in einem Akt des Gutmenschentums und

---

[86] *Out of Africa*, Filmminute 0:23:55-0:24:15.
[87] *Out of Africa*, Filmminute 0:28:45-0:28:51.
[88] *Out of Africa*, Filmminute 1:47:30-1:48:21.
[89] *Out of Africa*, Filmminute 2:15:04-2:15:32.

*weißer* Selbstreflektion die Entscheidung getroffen, das „hilflose" Wesen „frei zu lassen".[90]

Auf diese Weise kontrolliert die *weiße* Protagonistin die Handlung als Subjekt und trifft aus einer inneren Entwicklung heraus Entscheidungen, während Juma, in Passivität verharrend, von Anfang bis Ende als ausgeliefertes Objekt inszeniert bleibt. Dementsprechend beschreibt der Journalist Stefan Klein die in Kenia nach der Oscar-Verleihung aufkommende Kritik an dem Film wie folgt:

> Daß die Afrikaner als charakterlose Wesen dargestellt und kein einziger von ihnen in dem mehr als zweistündigen Filmepos als Figur, als Persönlichkeit entwickelt wurde – das ist ein Vorwurf, der an die Kritik anknüpft, die schon das Buch der Blixen auf sich gezogen hatte.[91]

In allen vier analysierten okzidentalen Blockbustern wird, wie von Klein für den Film *Out of Africa* indirekt bemängelt, die inszenierte Schwarze Entwicklungsblockade dadurch essentialisiert, dass sich die Schwarzen Filmfiguren, so sehr sich die *weißen* Europäer_innen in all ihrem Gutmenschentum auch bemühen, nicht zu „zivilisierten" Subjekten entwickeln. Obwohl die *weißen* Protagonist_innen den „wilden Schwarzen" beste Bedingungen für ihre „*Weißwerdung*" bieten, verharren letztere in Passivität und Rückständigkeit.

### 3.6.2 Dehumanisierung

Die Entsubjektivierung Schwarzer Filmfiguren ist nicht nur Bestandteil einer inszenierten Schwarzen Rückständigkeit, sondern kann zusätzlich der Inszenierungsstrategie der Dehumanisierung zugerechnet werden, die zur Produktion kastrierter Schwarzer Filmfiguren herangezogen wird. Eine solche in die Filmtexte eingeschriebene Dehumanisierung besteht zum einen aus der Gleichsetzung von Schwarzen mit Tieren und wird zum anderen durch eine Verdinglichung afrikanistischer Filmfiguren hergestellt. Die im *weißen* Diskurs auf nicht-*weiße* Menschen bezogene Infragestellung der Tier-Mensch-Differenz wird in die von mir untersuchten Filmtexte sowohl implizit als auch explizit eingeschrieben. Implizit, indem ein Tier metaphorisch für Afrika oder afrikanische Menschen steht oder indem Schwarze Filmfiguren in die visuelle Nähe von Tieren gesetzt werden. Explizit, indem Schwarze Filmfiguren tiergleich inszeniert und behandelt werden.

Die visuelle Nähe Schwarzer Filmfiguren zu Tieren ist insbesondere in dem Film *Out of Africa* deutlich zu erkennen. Hier verschmelzen afrikanistisch inszenierte „Bedienstete" durch die Bildanordnung über lange Strecken mit den Körperteilen der den Treck ziehenden Ochsen.[92]

---

[90] Vgl. Unterkapitel *3.4.8 Konstruierte Held_innen weißer Kolonialkritik*.
[91] Klein 1986.
[92] Vgl. Unterkapitel *3.4.1 Weiß symbolisierter Emanzipationsprozess als Frau*.

Deduktives Analyseverfahren 373

*Out of Africa*, Filmminute 0:44:39-0:44:41 (links) und 0:48:35-0:48:38 (rechts).

Auch halten die Schwarzen Bediensteten immer wieder die Reitpferde[93] oder den Hund[94] *weißer* Filmfiguren. Auffällig ist, dass die Schwarzen Filmfiguren dabei farblich mit dem in ihre Nähe gesetzten Tier harmonieren.

*Out of Africa*, Filmminute 2:27:13-2:28:06 (links) und Filmminute 1:00:21-1:00:31 (rechts).

So trägt der afrikanistisch inszenierte „Bedienstete", der Karens grauen Hund hält, ein Jackett in der Farbe des Hundefells, und die Schwarzen Filmfiguren, die an einer anderen Filmstelle sowohl die Pferde kontrollieren als auch den dazu passenden Bildhintergrund formen, sind farblich in der Farbe der Pferde gehalten. Von den animalisierten Filmfiguren heben sich in diesen beiden Einstellungen nur die im Bildvordergrund angeordneten Filmfiguren ab. Sie sind entweder *weiß* konstruiert oder durch die *weiße* Protagonistin mit der vom Gutshausinneren symbolisierten „Zivilisation" bereits in Berührung gekommen. So sticht Farah (Screenshot auf dieser Seite unten rechts) als Karens engster „Hausbediensteter" durch seine weiße Kleidung aus der Masse der afrikanistisch konstruierten Filmfiguren hervor.

In Filmminute 0:41:55 befinden sich, während die Protagonistin mit dem *weißen* Captain kriegsstrategische Konversation betreibt, alle fünf Schwarzen Filmfiguren, die in dieser Subsequenz zu sehen gegeben werden, in der Bildkomposition

---

[93] *Out of Africa*, Filmminute 0:32:28-0:32:33, 0:38:53-0:39:03, 0:39:50-0:40:02, 0:41:56-0:42:37, 1:48:18-1:48:21.
[94] Z. B. *Out of Africa*, Filmminute 2:27:28-2:28:06.

näher an den Tieren als an den *weißen* Menschen. Während ein afrikanistisch inszenierter Mensch in einer Einstellung dieser Subsequenz eins wird mit dem Pferd des Captain, das er zu halten hat,[95] steht in einer anderen Einstellung eine der vier hier sichtbar werdenden Schwarzen Filmfiguren zwischen der eingezäunten Rinderherde weit hinter Karen, drei weitere halten ein Rind am Boden, das Karen untersuchen möchte.

*Out of Africa*, Filmminute 0:42:12-0:42:44.

Durch diese Zuordnung Schwarzer Filmfiguren zum Animalischen scheint der Film der Romanvorlage zu ähneln. Denn der kenianische Schriftsteller Ngugi wa Thiong'o empfindet das Verhalten der Gutsbesitzerin, das „1937 beim Erscheinen des Buchs noch als ‚Liebeserklärung' an die Eingeborenen gegolten hatte", eher als die „‚Liebe eines Menschen zu einem Pferd oder einem Schoßhündchen'. In der Tat", so Klein über den Roman, „benutzt Karen Blixen zur Charakterisierung der Schwarzen vor allem Tiervergleiche."[96]

Die Dehumanisierung Schwarzer Filmfiguren geht in dem Film *Out of Africa* sogar so weit, dass die Haustiere *weißer* Filmfiguren den afrikanistisch inszenierten „Dienstleister_innen" übergeordnet dargestellt werden. Als dafür einschlägiges Beispiel ist die Szene von Karens Ankunft am Bahnhof Nairobis anzuführen, in der Karen mit ihrem Hund eine von einer Schwarzen Filmfigur gezogene Rikscha besteigt.[97] Der Rassismus, der dieser visuellen Überordnung des Tieres über den Schwarzen Menschen immanent ist, bleibt im Filmtext unmarkiert und bestätigt so die im *weißen* Wissensarchiv bereits abgelagerten rassistischen Konstruktionen (siehe Screenshot nächste Seite, oben).

---

[95] Vgl. Screenshot in Unterkapitel *3.4.1 Weiß symbolisierter Emanzipationsprozess als Frau*.
[96] Klein 1986.
[97] *Out of Africa*, Filmminute 0:08:45-0:09:06.

Deduktives Analyseverfahren 375

*Out of Africa*, Filmminute 0:08:45-0:09:06.

Eine weitere Strategie, um afrikanistisch konstruierte Filmfiguren animalisch zu inszenieren, ist die Darstellung einer friedlichen Koexistenz von Schwarzen Filmfiguren und afrikanischen Tieren. So macht beispielsweise Carolas Subjektive den Blick von einer Anhöhe auf eine Ebene frei, in der sich eine Vielzahl Schwarzer Menschen mit einer freilaufenden Tierherde mischt.

*Die weiße Massai*, Filmminute 0:36:58-0:37:22.

Im Bildvordergrund waschen sich afrikanistisch inszenierte nackte Männer in einer den Tieren als Wasserstelle dienenden „Pfütze" hinter blätterlosen Sträuchern.[98] Die Männer erscheinen dadurch tiergleich naturverhaftet. Diese Verschmelzung des animalischen Raumes mit dem der afrikanistisch konstruierten Filmfiguren wird auditiv durch das im Vordergrund zu hörende Meckern von Ziegen verstärkt. Auch bei Carolas Ankunft in Lemalians Dorf werden Schwarze Filmfiguren immer wieder in die visuelle und auditive[99] Nähe zu Tieren gesetzt, wodurch die Grenzen

---

[98] *Die weiße Massai*, Filmminute 0:36:59-0:37:18.
[99] Ein Beispiel in *Die weiße Massai*, Filmminute 0:30:04: Hier ist eine subjektive Nahaufnahme einer sprechenden Schwarzen Filmfigur zu sehen, an der Carola vorübergeht. In die gesprochenen Worte, die unübersetzt bleiben, mischt sich auf der Tonebene das Meckern einer Ziege.

zwischen dem tierischen und dem menschlichen Raum verschwimmen. So bewegen sich die Massai inmitten freilaufender Ziegen und Kühe.

*Die weiße Massai*, Filmminute 0:29:26-0:31:32.

Ein kleiner Junge trägt eine kleine Ziege um seine Hüfte, als wäre sie Teil seines Körpers.[100] Dieses visuelle Neben- und Miteinander von Schwarzen Kinderfiguren und Tieren ist in diesem Film besonders auffällig und wird meist mittels einer Subjektiven der *weißen* Protagonistin präsentiert.[101] Dadurch gehen Dehumanisierung und Infantilisierung Schwarzer Filmfiguren Hand in Hand.[102]

Schwarze Filmfiguren werden jedoch nicht nur in die visuelle Nähe zu Tieren gesetzt, sondern auch selbst animalisch inszeniert. Insbesondere Lemalian erweckt immer wieder den Anschein, als sei er selbst ein Tier.[103] In einer Halbtotalen wird gezeigt, wie Lemalian einem bereits getöteten Herdentier den Hals aufschlitzt und, einem Raubtier gleich, seine Beute reißt.[104] Dadurch, dass er dieses (Opfer-)Ritual

---

[100] *Die weiße Massai*, Filmminute 0:29:27-0:30:02.
[101] *Die weiße Massai*, Filmminute 0:30:41-0:30:43: *weiß*-weibliche Subjektive: Afrikanistisch inszenierte Kinder stehen um die *weiße* Protagonistin herum, gemeinsam mit Kühen. Es entsteht die Illusion einer Herde von Kindern und Kühen. Das Dorf wird hier durch Tiere und Kinder repräsentiert: primitiv, naiv, kindlich, rückständig, unterentwickelt. Filmminute 0:32:26-0:32:42: Carola tritt ins Außen; z.T. Subjektiven, z.T. Totalen mit Carola: immer sind hauptsächlich Kinder zu sehen, die mit Tieren (z.T. sogar Tierkindern) in visuelle Nähe gesetzt werden oder gar mit Tieren physisch in Kontakt treten (spielend an ihnen ziehen, sie hüten). Filmminute 0:41:00-0:41:13: Pater Bernado scheucht Ziegen und halbnackte afrikanistisch inszenierte Kinder wie Tiere durch einen Schuss in die Luft von seinem Anbaugebiet. Den wegrennenden Kindern wirft er sogar noch einen Stein hinterher, als verscheuche er Vögel. Filmminute 1:58:12-1:58:24: kindliche Rinderhüter_innen auf freiem Feld vermitteln: „Afrika ist gleich Landschaft plus Tiere plus Kinder". Dies ist der letzte Eindruck von Afrika, den der Film *Die weiße Massai* vermittelt, denn in Filmminute 1:59:03-1:59:17 fährt der Bus, mit dem Carola flieht, durch die Rinderherde, die von den Kindern zuvor in einer näheren Einstellung gehütet wird. Jetzt werden Kinder und Herde in Totale gezeigt.
[102] Zur Infantilisierung siehe nächstes Unterkapitel (*3.6.3 Infantilisierung*).
[103] Allerdings weniger eines, das Opfer wird, sondern eher eines, das jederzeit zum Täter werden kann. Wie ein „Leittier eines Rudels" ist er offensichtlich imstande, eine Herde zusammenzuhalten. Immer wieder ist er als Ziegenhirte zu sehen, der in visuelle Nähe zu den Nutztieren in die Weite der menschenleeren afrikanistisch inszenierten Landschaft gesetzt wird. Gleichzeitig ist dieses „Leittier eines Rudels", das auf die Herde aufpasst, auch ein unberechenbares Raubtier.
[104] *Die weiße Massai*, Filmminute 0:32:55-0:33:53. Vgl. Screenshots in Unterkapitel *3.6.6 Mythos Schwarzer Gewalttätigkeit*.

gemeinsam mit drei anderen afrikanistisch konstruierten Kriegerfiguren ausübt, wird die Assoziation erweckt, dass er Teil eines tierischen „Rudels" sei.[105]

Diesem Beispiel entsprechend wird in allen vier von mir untersuchten Filmen eine Tierähnlichkeit der afrikanistisch inszenierten Filmfiguren auch dadurch erzeugt, dass die sehr häufig in Massen auftretenden Schwarzen Filmfiguren das Bild eines tierischen Rudels oder einer Herde evozieren. Rudel und Herde werden dabei unterschiedlich inszeniert. Während das Rudel sich durch Gewalt und Gefahr für die „Zivilisation" auszeichnet, ist die Herde Sinnbild von „Natur", die die „Zivilisation" sich zunutze macht. Um bei den Zuschauenden Assoziationen gefährlicher Rudeltiere wachzurufen, werden afrikanistisch konstruierte Filmfiguren so in Szene gesetzt, wie der Regisseur Sydney Pollack im Zusatzmaterial die in der afrikanischen „Wildnis" lebende Tierwelt beschreibt:

> The animals live in an almost prehistoric way as though civilisation hasn't affected them. Of course it has. But you begin to hear late at night the prowling that starts and the sort of dance that begins before all of the killing starts.[106]

Diesem Bild „wilder Tiere" entsprechend werden die in Massen auftretenden Schwarzen Filmfiguren wiederholt als dunkel, „wild" und gefährlich dargestellt – sei es, wenn Karen von dem hellen, vor *Weißsein* glänzenden Hochzeitsfest auf ihre neu erworbene Farm fährt, wo im Dunkeln spähende Schwarze in archaischer Kleidung und mit Speeren bewaffnet auf sie warten,[107] sei es, dass hunderte berittener Schwarzer Filmfiguren mit lautem Kriegsgebrüll Karens friedlichen Treck zu überfallen scheinen,[108] sei es, dass sich eine Gruppe „wild lebender Massai" in kriegerischer Manier bedrohlich dem unschuldig dahinziehenden Treck nähert.[109]

Das Rudelmotiv ist auch in dem Film *Eine Weiße unter Kannibalen (Fetisch)* zu finden.[110] Wie ein Wolfskind wird Maria in das „Rudel" afrikanistischer Filmfiguren aufgenommen und zusammen mit den anderen (Schwarzen) (Wolfs-)Kindern großgezogen.[111] Das Ergebnis von Marias Aufwachsen als „Wolfskind" ist eine

---

[105] Vgl. Screenshots in Unterkapitel *3.6.6 Mythos Schwarzer Gewalttätigkeit*.
[106] *Out of Africa*, Zusatzmaterial DVD 1: „Feature commentary with director Sydney Pollack", Filmminute 1:22:44-1:23:08.
[107] *Die weiße Massai*, Filmminute 0:16:35-0:18:05.
[108] *Die weiße Massai*, Filmminute 0:46:10-0:46:32 u. *3.4.1 Weiß symbolisierter Emanzipationsprozess als Frau*.
[109] *Die weiße Massai*, Filmminute 0:47:55-0:48:55 u. *3.4.1 Weiß symbolisierter Emanzipationsprozess als Frau*.
[110] Damit ähnelt die Erzählung der von Tarzan, welcher allerdings nicht bei Wölfen, sondern bei Affen aufgewachsen ist. Rolf Nohr schreibt über die Tarzan-Erzählung: „Im Kern der beständig wiederholten Narration um den ‚Herrn des Dschungels' steht das Motiv des *enfant sauvage*. Es ist die Geschichte des nach einem Schiffbruch der Eltern in der afrikanischen Wildnis geborenen jungen Lord Greystokes, der nach dem Tod der Eltern in einem Affenrudel aufwächst und die Hierarchiestufen des Rudels hinaufsteigt, um dann als Rudelführer erstmals wieder auf Menschen zu treffen. Im Angesicht seiner Artgenossen (und speziell der Expeditionsteilnehmerin Jane) erkennt er dann seine Herkunft und kehrt (als temporäres Experiment oder endgültig) in den Schoß der menschlichen und zivilisatorischen Gemeinschaft zurück." (Nohr 2009: 32).
[111] *Eine Weiße unter Kannibalen (Fetisch)*, ab Filmminute 0:21:53.

„verwilderte *weiße* Frau", die erst von (anderen) *weißen* Filmfiguren resozialisiert, wenn nicht gar rehumanisiert werden muss, bevor sie in die okzidentale Gesellschaft zurückkehren kann.

Die Gewalttätigkeit der mit wilden Tieren gleichgesetzten afrikanistisch konstruierten Filmfiguren kann, so behaupten alle vier Filmtexte, nur durch die Präsenz der „zivilisierten" *Weißen* kanalisiert und in die richtigen Bahnen gelenkt werden. Als „Bedienstete" auf Karens Plantage und in Karens Haushalt, als Barkeeper im Club der *weißen* Männer und als Teil des kolonialen Militärs wirken sie wie gezähmte Tiere, die allerdings weiterhin strenger Kontrolle und genauer Anweisungen bedürfen.[112] Diese Kontrolle, die den tierähnlichen „grausamen Wilden" vorgeblich zum tierähnlichen „edlen Wilden" werden lässt, übt nicht nur Karen in dem Film *Out of Africa* aus, sondern auch Fred Holm in dem Film *Eine Weiße unter Kannibalen (Fetisch)* als ein die Schwarzen Filmfiguren disziplinierender kolonialer Bezirksamtmann.

Die von *Weißen* unterjochten Schwarzen Filmfiguren erinnern eher an Haus- als an Wildtiere. Sie sind durch die Unterdrückung vom gefährlichen Rudel zur nutzbringenden Herde geworden.[113] Sollten sie sich jedoch einmal weigern, diesen Nutzen zu erbringen, so ziehen *Weiße* – nicht nur in Filmtexten – den Tiervergleich heran, um die von ihnen ausgebeuteten Menschen mit gewalttätigen Tierhalter_innenmethoden wieder zur Unterordnung zu zwingen. Der Regisseur des Films *Eine Weiße unter Kannibalen (Fetisch)*, Hans Schomburgk, beispielsweise rechtfertigt in seinen Memoiren die von ihm angesichts einer „Meuterei" seiner afrikanischen Träger mit der Nilpferdpeitsche ausgeübte Gewalt unter anderem durch die Gleichsetzung von Afrikaner_innen mit in Herden auftretenden Tieren. Er schreibt:

> Ich sprang ins Zelt, steckte die Brownings zu mir und ergriff meine Peitsche. Im nächsten Augenblick war ich zwischen den Leuten, und rechts und links sauste die Peitsche auf die nackten Körper. Und bald hatte ich sie zusammengetrieben wie eine Herde Schafe. Ich trieb sie zum Dorf. An dem engen Eingang stauten sie sich. Jetzt schienen sie wirklich wie eine Herde dummer Tiere, jeder drängte als erster hinein zu kommen. [...] Mit großen erschrockenen Augen wurde ich betrachtet.[114]

Eine solche Legitimierung *weißer* Gewalt durch die Gleichsetzung von Schwarzen Menschen mit Tieren ist auch in historischen Kolonialquellen nachzuweisen.

---

[112] *Ethnic Notions*, Filmminute 0:45:24: Schwarze wurden im *weißen* Diskurs als „Wilde" konstruiert und die Sklaverei als „Domestizierungsmittel" ausgegeben. Doch blieben auch die „domestizierten", versklavten Schwarzen in diesem *weißen* Mythos „Wilde", die ohne *weiße* Kontrolle umgehend zum Wildsein zurückkehren würden. Auch der domestizierte „edle Wilde", der der *weißen* Imagination entsprungen war, blieb daher immer ein „Wilder".
[113] Vgl. Unterkapitel *3.6.6 Mythos Schwarzer Gewalttätigkeit*.
[114] Schomburgk 1928: 124. Vgl. Waz 1997: 97.

Deduktives Analyseverfahren                                                                    379

Zimmerer zitiert bezüglich des von deutschen Kolonist_innen an den Herero
verübten Genozids eine Quelle aus dem amtlichen Material der „Kriegsgeschichtlichen Abteilung I des Großen Generalstabes" aus dem Jahre 1906/07:

> Keine Mühen, keine Entbehrungen wurden gescheut, um dem Feinde den letzten Rest seiner Widerstandskraft zu rauben; wie ein halb zu Tode gehetztes Wild war er von Wasserstelle zu Wasserstelle gescheucht, bis er schließlich willenlos ein Opfer der Natur seines eigenen Landes wurde. Die wasserlose Omaheke sollte vollenden, was die deutschen Waffen begonnen hatten: Die Vernichtung des Hererovolkes.[115]

In den Filmtexten wird diese Bestrafung von tiergleich dargestellten Schwarzen Filmfiguren, die sich *weißen* Filmfiguren widersetzen oder eigene Lebensvorstellungen haben, zugunsten des Verschweigens der Historie[116] nicht von *weißen* Filmfiguren vollzogen, sondern innerhalb der Narration zumeist vom Schicksal gesandt.[117]

In zwei Filmsequenzen des Films *Out of Africa* wird die Parallelisierung von Schwarzen Filmfiguren und Tieren sogar durch den Filmtext selbst als eurozentrische Haltung hervorgehoben, vorgeblich kritisiert und gleichzeitig reproduziert. Die erste Filmsequenz ist die, in der Karen mit dem Zug durch Afrika fährt und afrikanistisch konstruierte Filmfiguren, die auf der Ladefläche des Gepäcks „mitreisen", durch den Ausruf „Shoo! Shoo!" von ihren Porzellankisten zu vertreiben versucht. Denys greift in dieser Sequenz Karens „Shoo" fragend auf und tut dann, was man zu tun hat, wenn man die eurozentrische Haltung überwunden hat: er verscheucht die Schwarzen Filmfiguren nicht wie Tiere, sondern bittet sie in ihrer afrikanischen Sprache, sich von den Porzellankisten zu entfernen.[118]

Allerdings erinnert er sich in einer zweiten, sehr viel später stattfindenden Filmsequenz genau dann an Karens „Shoo", als er mit ihr auf Safari in die Situation kommt, von gefährlichen Büffeln umgeben zu sein.[119] Er fragt sie hier: „What's your word?... Shoo?... Shoo... Is that it? Shoo?". Dabei steigt er langsam aus dem Auto aus, dessen Motor versagt hat, schwingt seinen Hut und ruft laut „Shoo! Shoo!". Die Büffel rennen weg. Wieder einsteigend kommentiert er lächelnd: „That's a fine word you've got there, baroness." Er macht sich damit über die

---

[115] Zimmerer 2003b: 45. Vgl. Zimmerer 2003b: 52: „[Es war] Trotha mit der ‚Vernichtung' der Herero durchaus ernst [...]. Es handelte sich nicht nur um ein Brechen der militärischen Widerstandskraft, sondern um den Massenmord an Männern, Frauen und Kindern, Kriegern und Nicht-Kriegern, Alten und Jungen; einen Massenmord, den auch die militärischen Verantwortlichen in Berlin [...] als völlig normal empfanden und den keiner zu vertuschen suchte. Es ist der vorsätzliche Kampf auch gegen Frauen und Kinder, die intendierte physische ‚Vernichtung' eines ganzen Volkes, die ihn zum Völkermord und damit zum ersten Genozid der deutschen Geschichte werden ließ."
[116] Vgl. Unterkapitel *3.4.7 Weiße Geschichtsverfälschung*.
[117] Dazu genauer in Unterkapitel *3.7.4 Sadistische Abwertung Schwarzer Filmfiguren*.
[118] Vergleiche Unterkapitel *3.4.8 Konstruierte Held_innen weißer Kolonialkritik*.
[119] *Out of Africa*, Filmminute 01:18:38-01:19:25.

eurozentrische Haltung der *weißen* Protagonistin lustig, hat aber gleichzeitig dieselben Assoziationen wie sie: Von gefährlichen Tieren umzingelt zu sein, lässt ihn daran denken, dass Afrikaner_innen auf Karens Porzellankisten sitzen. Dazu passt, was Denys über die Massai sagt:

> Masai – we think we'll tame them, but we won't. If you put them in prison they die. Because they live now. They don't think about the future. They can't grasp the idea that they'll be let out one day. They think it's permanent. So they die…[120]

Denys spricht über die Massai, als spräche er über wilde Tiere, die nicht zu „zähmen" sind und die sterben, wenn man sie in „Käfige" steckt, weil sie nicht in der Lage sind, von der momentanen Situation zu abstrahieren. Sie haben nicht die rationale Fähigkeit in die Zukunft zu denken, sondern können nur im Jetzt leben. Diese implizite Parallelisierung der Massai zur Tierwelt verstärkt sich wenige Filmminuten später in einem weiteren Dialog zwischen Karen und Denys, in dem Denys ähnlich über Tiere wie zuvor über die afrikanistischen Filmfiguren spricht:

> Karen: "Do you really prefer them [the animals, J.D.] to people?"
> Denys: "Sometimes. They don't do anything half-heartedly. Everything is for the first time. Hunting, working, mating. It's only man that does it badly. It's only man that tires of going through it."[121]

Wenn Denys über Tiere spricht, die „jagen, arbeiten und sich paaren", so beschreibt er weniger ein tierisches als ein der „Primitivität" früher Gesellschaftsformen zugeordnetes menschliches Verhalten. Er nutzt den Begriff des Tieres, um über die von ihm vorgeblich so wertgeschätzten afrikanistischen Menschen zu sprechen. Die Ähnlichkeit dieser beiden Textstellen ist frappierend: Genau wie die Massai im Jetzt leben, erleben die Tiere alles, was sie tun, als wäre es das erste Mal. Nur der (*weiße*) Mensch ist anders: Er kann in Vergangenheit und Zukunft denken.

Bei dieser Parallelisierung von Afrikaner_innen mit Tieren nimmt das Affenmotiv eine zentrale Position ein. Die ins Bild gesetzte Verbindung von Schwarzen Menschen mit Affen habe ich bereits in der kurzen Analyse der *Hot-Vodoo-Song*-Filmsequenz aufgezeigt.[122] Auch Fanon beschreibt Schwarze Menschen in der *weißen* Vorstellungswelt als „missing link" zwischen dem Affentier und dem ausschließlich *weiß* gedachten Menschen.[123] Nagl zeigt auf, dass diese „missing link"-

---

[120] *Out of Africa*, Filmminute 1:20:20.
[121] *Out of Africa*, Filmminute 01:26:07–01:26:41.
[122] Vgl. *2.1 Verifizierungsversuche und Auslassungen feministischer Filmtheorie am Filmbeispiel Blonde Venus*.
[123] Fanon 2008: 13f.: „We have said that the black man was the missing link between the ape and man – the white man, of course. […] By appealing, therefore, to our humanity – to our feelings of dignity, love, and charity – it would be easy to prove and have acknowledged that the black man is equal to the white man. But that is not our purpose. What we are striving for is to liberate the black man from the arsenal of complexes that germinated in a colonial situation." (Dt. Übersetzung: Fanon 2015b: 15, Original: Fanon 2015a: 27f.)

Konstruktion auf die seit Ende des 17. Jahrhunderts entstehende „Vorstellung einer ‚great chain of being' zurückzuführen ist, in der alle [...] lebenden Organismen von Gott über die Engel bis zu den Menschen und Tieren hierarchisch gestaffelt" werden.[124] Um in dieser Kette den Übergang vom Tier zum Menschen zu erklären, wurden alsbald die von Europäer_innen als nicht-*weiß* konstruierten außereuropäischen Menschen als „fehlende Kettenglieder" eingesetzt.[125]

Dass es seit mindestens einem Jahrhundert ein großes okzidentales Interesse daran gibt, Schwarze Menschen visuell gemeinsam mit einem Affen zu (re-)präsentieren, bestätigt der Fall des Jungen Ota Benga, der 1904 realiter „für ein Pfund Salz und einen Beutel Kleider"[126] in Afrika „gekauft",[127] nach Amerika verschleppt und dort wie ein Tier im New Yorker Zoo ausgestellt wurde.

Ota Benga im Jahr 1906, Angaben zufolge im Bronx Zoo.

Ota Benga wurde häufig, in Tierhäute gekleidet,[128] mit Affen in einen Käfig gesperrt oder hielt diese auf dem Arm. Dieser Missbrauch, der Ota Benga schließlich in den Suizid trieb,[129] sollte die Nähe von Schwarzen Menschen zu Affen (auch wissenschaftlich) belegen.[130]

---

[124] Nagl 2009: 449.
[125] Nagl 2009: 449f.
[126] Iken 2012.
[127] „Kaufen" ist dem damaligen Diskurs entnommen, „entführt" wäre hier der richtigere Begriff.
[128] Edwards 2015: 3.
[129] Newkirk 2015, Iken 2012. Die Reaktion des Zoodirektors ist Anzeiger der tödlichen und menschenverachtenden Ideologie des Rassismus. Iken schreibt diesbezüglich: „Er sei überhaupt nicht überrascht davon, dass sein einstiger Publikumsmagnet Selbstmord begangen habe, schrieb Zoodirektor Hornaday in einem Zeitungsnachruf auf Ota Benga. ‚Offenbar', so Hornaday zynisch, ‚wollte der Pygmäe lieber sterben als für seinen Lebensunterhalt zu arbeiten.' Der Leichnam Ota Bengas liegt in einem unmarkierten Grab in Lynchburg."
[130] Edwards 2015: 3f.

Um die Affen-Metapher in Filmtexten zu erklären, zieht Tobias Nagl den diesem realen Fall ähnelnden Roman *Pithekonat, das Urmenschwesen* von Robert Fuchs-Liska heran, den er für filmwissenschaftliche Untersuchungen für gewinnbringend hält, „weil er koloniale Vorstellungskomplexe direkt in der protokinematografischen und kinematografischen Ausstellungskultur der Jahrhundertwende ansiedelt".[131] Der Roman spielt im Milieu der Völkerschauen und ethnologischen Museen.[132] Seine Hauptfigur, der junge Mediziner Dr. Schoebel, versucht die Darwin'sche Theorie zu verifizieren und ein „Mittelding zwischen Mensch und Affe"[133] zu erzeugen. Dazu „kauft"[134] er auf einer Tropenexpedition in einem kleinen kongolesischen Dorf einen ausgewachsenen Schimpansen und eine „junge [N.]"[135] namens ‚Ain-a-ainjgwe', um diese nach Europa mitzunehmen. Auch dieser Roman betont die Ähnlichkeit zwischen dem Affen und der Afrikanerin und ordnet Schwarze Menschen irgendwo zwischen Tier und Mensch ein. Der Autor schreibt über die afrikanistisch konstruierte Hauptfigur:

> Sie wurde zur Hüterin des Tieres bestellt, füttert und pflegt den Affen und sieht beinahe selbst aus wie eine Äffin. [...] Fast macht es den Eindruck als betrachte das Tier sie als ihm näherstehend denn den weißen Menschen. Es reicht mit seinen unglaublich starken Armen durch die Gitterstäbe seines Hauses und versucht die Dienerin zu kosen.[136]

Der *weiße* Mediziner erwirkt im Fortgang des Romans einen Geschlechtsakt zwischen dem afrikanistisch imaginierten Mädchen und dem Schimpansen.[137] Das junge Mädchen wird schwanger und gebärt später in Europa ein Kind, das sich „nur wenig über das Idiotische [zu] erheben"[138] scheint und „ganz wie ein Affenjunges"[139] aussieht. Wie sich später herausstellt, ist der Vater jedoch nicht der Affe, sondern ein afrikanistisch gezeichneter „Voodoo-Priester".[140]

Diese von *Weißen* behauptete Affenähnlichkeit afrikanischer Menschen und ihrer Nachkommen wird kinematografisch in regelmäßigen Abständen (re-)produziert. In dem Film *Eine Weiße unter Kannibalen (Fetisch)* beispielsweise wird diese Affenähnlichkeit ebenso wie in Fuchs-Liskas Roman dem afrikanistisch imaginierten „Fetischmann" zugeschrieben. Seine im Bild ausgestellte überstarke Körperbehaarung lässt ihn animalisch und insbesondere affenähnlich erschei-

---

[131] Nagl 2009: 450.
[132] Ebd.
[133] Fuchs-Liska 1915: 9.
[134] Auch an dieser Stelle wäre das Wort „entführen" richtiger, da Menschen nicht zu verkaufen sind.
[135] Nagl zitiert hier den Roman, ich gebe das N.-Wort aber nur in der abgekürzten Form weiter.
[136] Fuchs-Liska 1915: 9.
[137] Nagl 2009: 451.
[138] Fuchs-Liska 1915: 47.
[139] Nagl 2009: 451f.
[140] Nagl 2009: 453.

nen.¹⁴¹ Umso mehr erscheint es verständlich, dass die *weiße* Protagonistin Faida auf die Liebesbekundungen des „Fetischmanns" nicht eingeht.

Eine andere kinematografische Strategie, Afrikaner_innen in der Kette der Evolution nur knapp über Affen anzusiedeln, ist in dem Film *Out of Africa* zu finden, der Schwarze Menschen in einer Subsequenz mit Primaten in einen Bild- und Sinnzusammenhang stellt. Während die *weiße* Protagonistin auf einem Pferd sitzend die Arbeiten der das Feld mit Spitzhacken bearbeitenden, halbnackten Schwarzen Filmfiguren kontrolliert, laufen einige der sich unter der Feldarbeit beugenden Schwarzen Filmfiguren wilden Affen nach, die sie vom Feld zu verjagen versuchen.¹⁴²

Die in der *Hot-Vodoo-Song*-Filmsequenz des Films *Blonde Venus* vorzufindende und von mir weiter vorne bereits aufgezeigte Parallelisierung von afrikanistisch konstruierten Filmfiguren mit Affen¹⁴³ hat, da sich der von den Schwarzen Frauenfiguren an der Kette geführte Affe schließlich in eine *weiße* Frau verwandelt, jedoch noch einen weiteren Aspekt zu bieten: Der an einer Leine geführte Affe wird zu einer Metapher für die Beherrschung der afrikanistisch imaginierten Natur durch *weiße* Menschen. Dieser von *Weißen* beherrschten Natur ist auch der afrikanistisch konstruierte Mensch zugeordnet. Denn nach der Entpuppung der *weißen* Protagonistin wird deutlich, dass nicht die Schwarzen Frauenfiguren den Affen an der Kette führten, sondern die *weiße* Frau die afrikanistisch inszenierten Frauen mitsamt dem Affen. Die *Weißen* haben also nicht nur den Affen mittels der Kette auf die Schulter dressiert, sondern eben auch die Kontrolle über afrikanische Menschen gewonnen. Der Affe fungiert hier als pars pro toto – als ein kleiner Teil, der für das Ganze steht: für die afrikanistisch imaginierte „Natur", die als Gegenpol zur okzidentalen „Zivilisation" und „Kultur" konstruiert wird.

Auch diese Trope ist in den von mir analysierten Filmen wiederzufinden. Sie wird bedient, wenn Ilunga der *weißen* Protagonistin als Zeichen seiner Verbundenheit und Zuneigung einen angeleinten Affen überbringen lässt, der Sister Luke während ihrer Krankheit Gesellschaft leisten und sie in ihrer Genesung von der lebensbedrohlichen Tuberkulose unterstützen soll.¹⁴⁴ Die den Affen überbringende Ordensschwester sagt bei der Übergabe:

---

¹⁴¹ Diese Behaarung des "Fetischmanns" wird in dem Film *Eine Weiße unter Kannibalen (Fetisch)* besonders deutlich in Filmminute 0:39:10-0:39:12, 0:47:35-0:48:23, 0:48:40-0:49:24. Vgl. Dyer 1997b: 155: „Body hair is animalistic; hairlessness connotes striving above nature."
¹⁴² *Out of Africa*, Filmminute 0:20:48-0:20:52.
¹⁴³ Vgl. Unterkapitel *2.1 Verifizierungsversuche und Auslassungen feministischer Filmtheorie am Filmbeispiel Blonde Venus*.
¹⁴⁴ *The Nun's Story*, Filmminute 1:42:00-1:43:06. Auch in *Out of Africa* überreicht eine Schwarze Figur der *weißen* Protagonistin ein Tier als Genesungsbegleiter. Diese eigentlich wild lebende kleine Eule wird zu Karens Haustier. Auch diese Inszenierung parallelisiert die Schwarzen Filmfiguren mit wilden Tieren: Zum einen sind sie mit den wild lebenden Tieren vertraut, zum anderen lassen sie sich ähnlich wie diese von der *weißen* Protagonistin im *weißen* Raum ihres Gutshauses „zähmen".

His name is Felix. Mother Mathilda said you might have him. (...) Ilunga gave him to me. I'd rather he'd given me that fetish from around his neck.[145]

Dieses mit der Schwarzen Filmfigur Ilunga in Zusammenhang gesetzte Äffchen wird im Verlauf der Sequenz von einem der *weißen* Protagonisten genauer charakterisiert: Nachdem Dr. Fortunati seine Patientin aufgefordert hat, zur Unterstützung ihrer Genesung so viel Bier zu trinken, wie es ihr möglich ist, fügt er – wohlwissend, dass es sich für die *weiße* Frau nicht ziemt, so viel Alkohol zu konsumieren – auf das Äffchen weisend hinzu: „It's all right. There is nobody to see you here. Except him." In einer Großaufnahme ist das kleine süße Äffchen zu sehen, dann wieder Dr. Fortunatis Gesicht in Nahaufnahme. Er sagt: „And you know about monkeys". Dabei hält er sich zunächst die Ohren, dann die Augen und zum Schluss den Mund mit beiden Händen zu, was bedeutet: nichts hören, nichts sehen, nichts sagen. Sister Luke muss lachen.[146]

*The Nun's Story*, Filmminute 1:44:01-1:44:39.

Das, was Dr. Fortunati beim Anblick des kleinen Äffchens einfällt, wird subtil auf den afrikanistisch inszenierten Ilunga und zugleich auf alle anderen Schwarzen

---

[145] *The Nun's Story*, Filmminute 1:42:00-1:42:17.
[146] *The Nun's Story*, Filmminute 1:43:58-1:44:19.

Filmfiguren übertragen. Denn wie Grada Kilomba hervorhebt, funktioniert Rassismus über eine diskursive Assoziationskette, in der das letzte Glied zum Symbol des ersten wird. Kilomba schreibt:

> Racism is not biological, but discursive. It functions through a discursive regime, a chain of words and images that by association become equivalents: African – Africa – jungle – wild – primitive – inferior – animal – monkey. [...] This process in which the latter object, 'the monkey', becomes a symbol of the former, 'the African', allows censored discourses – racist discourses – to take place without necessarily being perceived as aggressive.[147]

Die angeführte Filmtextstelle kann demnach wie folgt interpretiert werden: Die mit dem Affen auf eine Entwicklungsstufe gestellten und mit ihm gemeinsam an die Kette der „Zähmung" gelegten afrikanistisch inszenierten Filmfiguren können nicht nur nicht sprechen,[148] sie sehen und hören auch nichts.

Durch diese Affenmetapher wird Afrikaner_innen im Rahmen der kinematografisch erzeugten Realitätsillusion erneut ein Mangel an kognitiven und intellektuellen Fähigkeiten zugeschrieben. Diese vom Filmtext behauptete geistige Unterlegenheit haben okzidentale Wissenschaftler_innen immer wieder durch wissenschaftliche Untersuchungen zu belegen versucht. „Exakte Forschungen an einer Reihe von hundert normalen Eingeborenen-Gehirnen", schreibt beispielsweise Dr. H.-L. Gordon, Arzt an einer psychiatrischen Klinik von Nairobi, „zeigen dem bloßen Auge das Fehlen von Teilen der Großhirnrinde, die bekanntlich durch Zellen des jüngsten Entwicklungsstadiums charakterisiert sind." Und er fügt hinzu: „Diese Inferiorität beträgt quantitativ 14,8 %." Alan Burns konstatiert nach seinen Forschungen, man könne „die Theorie für wissenschaftlich gesichert halten, der zufolge der schwarze Mensch dem *weißen* Menschen unterlegen oder von anderer Abstammung sei."[149] In seinem Gedicht *The Brainage* kommentiert Köpsell solche rassistischen „Forschungen" wie folgt:

> in vierundneunzig Ländern alle rassifiziert
> in Subkategorien, Sub-subkategorien,
> in Karos, Kästchen, Bestien und Barbaren
> in messbaren Verfahren,
> um Haut und Haar, Zahn und Nase,
> Krümmung der Zunge im Wind bei vierzig Grad,
> Wissenschaft,
> trockene Schmetterlinge,
>
> Es gibt nichts mehr zu entdecken und zu katalogisieren.
> Es gibt keine Nadeln mehr zu pieksen, durch trockenen Panzer

---

[147] Kilomba 2010: 75.
[148] Siehe Unterkapitel *3.6.4 Subalterne Sprachlosigkeit*.
[149] Fanon 2015b: 27.

seltener Insekten
Keine Abbildung A, kein Fundstück B keine komparative Methode C.[150]

Diese von Köpsell markierten und kritisierten rassistischen Diskurse, deren Aggressivität sich hinter der langen Assoziationskette versteckt, auf die Grada Kilomba hinweist, formen auch die von mir untersuchten Filmtexte. Denn sowohl das Experiment, das das *weiße* Liebespaar des Films *Eine Weiße unter Kannibalen (Fetisch)* an Affen durchführt, als auch jenes in *Out of Africa* weckt Assoziationen an die oben angeführten rassistischen „Forschungen". So wie Dr. Schoebel, Dr. Gordon, Alan Burns und andere Kolonialist_innen Afrikaner_innen immer wieder vermessen, in Zoos ausgestellt und zum Gegenstand ihrer rassifizierenden „Forschungen" gemacht haben, so experimentieren die *weißen* Protagonist_innen mit Affen.

In vorgeblich harmloser Manier erforschen Faida und Fred Holm, wie ein kleiner, an eine Leine gebundener, sie belustigender Affe immer wieder erfolglos eine Zigarette zu greifen versucht, die das *weiße* Paar wiederholend wegrollt.[151] Und Karen und Denys beobachten in freier Wildbahn, wie wilde Äffchen auf das Grammophon reagieren, welches Mozart-Musik abspielt.

*Out of Africa*, Filmminute 1:21:56-1:23:06.

Nachdem die Affen sich dem Grammophon genähert, die Nadel des Grammophons verschoben und damit die Musik zum Schweigen gebracht haben, sagt Denys zu Karen:

> Think of that. Never a man made sound, and then Mozart.[152]

Durch diese Worte werden zum einen die mit den Äffchen durch die von Kilomba beschriebene Assoziationskette gleichgesetzten Schwarzen Filmfiguren als „primitive", animalische, wilde und ungebildete Wesen charakterisiert, die noch nie mit „zivilisierten" Tonfolgen in Berührung gekommen sind. Zum anderen wird den vielen Schwarzen Filmfiguren, die in dem Film bis zu dieser Stelle zu sehen gewe-

---

[150] Köspell 2010: 9.
[151] *Eine Weiße unter Kannibalen (Fetisch)*, Filmminute 0:44:27-0:44:43.
[152] *Out of Africa*, Filmminute 01:21:55-01:23:03.

sen sind, explizit ein menschlicher Subjektstatus abgesprochen, da sie, folgt man der Aussage des *weißen* Protagonisten, keine „menschlichen Geräusche" produzieren. Die ersten von Menschen gemachten Geräusche, die die Affen wahrnehmen, sind laut Denys die, die die *weißen* Protagonist_innen selbst produzieren oder aus ihrer „Kultur" mitbringen. Dabei wird Mozart in Denys' Formulierung zusätzlich als Spitze der Evolution dem afrikanistisch imaginierten „Nichts" gegenübergestellt.

Ähnlich wie in der Grammophonsubsequenz verhält es sich, als Bror auf der gemeinsamen, nur von *weißen* Filmfiguren besuchten Hochzeitsfeier im afrikanistisch inszenierten Kenia zu Karen sagt:

> If you want any friends, Tanne, I'd make them here. There is no one else.[153]

Indem die Filmfigur Brors behauptet, es gebe hier, in ihrem neuen „Heimatland", keine anderen potentiellen Freund_innen als die Gäste dieser *weißen* Hochzeitsgesellschaft, negiert der Film per se den Subjektstatus der afrikanistisch inszenierten Filmfiguren. Denn dass diese körperlich existent sind, hatte man ja bei Karens Ankunft am Bahnhof bereits gesehen.

Diese Trope wiederholt sich, als Karen wenig später im Off-Text über ihre Einsamkeit redet, die sie während der Zeit zu erdulden hat, in der die Männer im Krieg sind.[154] In den Einstellungen, in denen Karen diese Worte spricht, ist sie auf ihrer Farm zu sehen, umgeben von afrikanistischen „Bediensteten", die zum Teil sogar mit ihr kommunizieren. Sie scheinen als menschliche Wesen für die *weiße* Protagonistin dennoch nicht existent zu sein, da über diesen Bildern auf der Tonspur das Wort „loneliness" widerhallt. Hinzu kommt, dass mit dem Wort „Männer" nur *weiße* Männer gemeint sind, ohne dass dies explizit erwähnt werden muss. Die Schwarzen Männer, die bei ihr auf der Farm bleiben, existieren als menschliche, männliche Wesen in der Wahrnehmung der *weißen* Protagonistin nicht. Und wenn sie von „wir" spricht, sind damit *weiße* Frauen gemeint. Eine explizite Abgrenzung zu den visuell kaum existenten Schwarzen Frauen erscheint überflüssig. Schwarze werden durch diese Negierung ihrer Subjektivität und Menschlichkeit dehumanisiert. Kelly schreibt zu der Entsubjektivierung Schwarzer Menschen:

> Da Schwarze von der *weißen*, unmarkierten Norm abweichen und das marginalisierte ‚Andere' bilden, wird ihre Subjektposition im Zuge sprachlicher Kolonialität ent_wahrgenommen, ebenso wie der Prozess ihrer Subjektwerdung, während ihre vermeintliche Objektposition nachhaltig markiert wird. Folglich genießen *weiße* Personen die Erfahrung, als ‚normale Menschen' zu gelten, während Schwarze als Abweichung von der Norm entmenschlicht werden.[155]

---

[153] *Out of Africa*, Filmminute 0:14:28-0:14:32.
[154] *Out of Africa*, Filmminute 0:39:02-0:09:43.
[155] Kelly 2016: 111.

Der von mir bis hierher dargelegten Animalisierung und Entsubjektivierung Schwarzer Filmfiguren fügt Ngugi wa Thiong'o noch einen weiteren Aspekt der Dehumanisierung Schwarzer Menschen in der *weißen* Vorstellungswelt hinzu. Er schreibt über Blixen in Bezug auf ihren Roman, der als Vorlage für den Film *Out of Africa* diente und dessen Geist sich offensichtlich im Film wiederfindet, Folgendes:

> [Blixens, J.D.] Kosmos ist hierarchisch aufgebaut mit Gott an der Spitze, gefolgt von der weißen Aristokratie, von normalen Weißen, Haustieren, wilden Tieren, die alle in direkter Verbindung mit Gott stehen. Afrikaner figurieren nirgends in diesem kosmischen Gemälde, es sei denn als Teil von Wald und Steinen, von denen sie sich nur unterscheiden, weil sie hie und da mehr Regungen zeigen als Tiere.[156]

Mit dieser Äußerung nennt Ngugi wa Thiong'o als ein weiteres zentrales Instrument der Dehumanisierung die Verdinglichung Schwarzer Menschen. Zu dieser Verdinglichung ist auch die den Schwarzen in der *weißen* Imagination als genuin eigen zugeschriebene Dienerschaft zu zählen. Die extremste Form dieser Trope der Dienerschaft ist in der Sklaverei wiederzufinden, in der der Schwarze Mensch vollends zum Besitztum und zur Ware degradiert wird, welche unter *Weißen* getauscht und gehandelt werden kann.[157]

Den Warencharakter, der einem Schwarzen Menschen in der (post-)kolonialen Gesellschaft zugeschrieben wird, vermittelt beispielsweise die Anfangssequenz des Films *Eine Weiße unter Kannibalen (Fetisch)* in deutlicher Form. Hier bietet der Kolonialamtmann Holm dem *weißen* Mädchen an, ihm einen Schwarzen Mann aus Afrika als Geschenk mitzubringen. Dieser Warenlogik entsprechend wurden realiter viele der afrikanischen Dienstboten in *weißen* Kolonialhaushalten Afrikas aus Kriegsgefangenenlagern rekrutiert, durch die den besiegten Kolonisierten jedes Recht auf Heimat und Freizügigkeit genommen worden war.[158]

In dem Film *Out of Africa* werden die dienenden Schwarzen Filmfiguren von *weißen* Filmfiguren sogar explizit mit Gegenständen verglichen. So, wenn die – vorgeblich kolonialkritische – Filmfigur Finch Hattons in dem weiter oben bereits zitierten „Silvesterdialog" die „Kikuyus" mit Gegenständen gleichsetzt: mit dem Porzellan, das Karen nach Afrika mitgebracht hat, und mit der Farm, die sie gekauft hat. Er sagt zu Karen: „My Kikuyu. My Limoges. My farm. It's an awful lot to own, isn't it?" Die Tatsache, dass die Kikuyus der *weißen* Protagonistin nicht „gehören", begründet Denys nur damit, dass Karen als „Gast auf Erden" weile und dass sie spätestens mit ihrem eigenen Tod allen Besitz abgeben müsse. Damit wird wiedergegeben, was sich tief ins kollektive Gedächtnis des Okzidents einge-

---

[156] Klessmann 1986.
[157] Kilomba 2010: 127; Mamozai 1989: 19.
[158] Walgenbach 2005a: 174. Vgl. Unterkapitel *3.4.7 Weiße Geschichtsverfälschung*.

graben hat – nämlich, dass Afrikaner_innen wie Gegenstände ge- und behandelt werden können. Grada Kilomba betont, dass hinter dieser Grausamkeit eine jahrhundertelange *weiße* Praxis der Sklaverei steht, innerhalb derer afrikanische Menschen zu Waren degradiert, gekauft, verkauft und ersetzt werden konnten:

> The Slave Trade has made Africa unique in its colonial history. While Slavery itself has existed since antiquity, and remains familiar in many different parts of the world, the Slave Trade was unique to African people in that for the first time in history, human beings became articles of trade; over centuries they could be bought, sold and replaced. Africa is the only continent whose population was traded: dismembered, enslaved, collectively segregated from society, and deprived of its rights, all for the profit of European economies.[159]

Die Filmfigur Kanuthias vereint, wie ich in Unterkapitel *3.4.8 Konstruierte Held_innen weißer Kolonialkritik* detailliert dargelegt habe, alle von mir angeführten Elemente der kinematografischen Inszenierungsstrategien zur Dehumanisierung Schwarzer Filmfiguren: Entsubjektivierung, visuelle Nähe zu Tieren, tiergleiche Behandlung und Verdinglichung. Subjektlos dient er, sprachlos und halbnackt, mit gesenktem Blick den sich verwirklichenden *weißen* Filmfiguren. Unbeweglich wie eine Säule steht er im Bildhintergrund, sein Wert wird an rassialisierenden Merkmalen seiner Physiognomie bemessen.

Eine ähnliche Bildsprache weist Strohschein in den Kolonialfotografien nach. Während *weiß* konstruierte Menschen häufig in Portraitaufnahmen als Soldaten, Kolonisator_innen, Lehrer_innen, Farmer_innen und Krankenschwestern zu sehen gegeben worden sind, die disziplinieren, bauen, bilden, retten, helfen und heilen, sind Schwarz konstruierte Menschen eher auf objektivierenden, anthropometrischen Fotografien von „Rasseforscher_innen" zu finden oder sie wurden mit einer ethnografischen Gestik aufgenommen, die an Tieraufnahmen erinnert und sowohl Fremdheit als auch Primitivität evoziert.[160] Auf diese Weise produziert der *weiße* (post_)koloniale Blick auf der einen Seite herrschaftliche *weiße* Subjekte und auf der anderen unmündige Schwarze Objekte, die zusammen mit dem als menschenleer inszenierten afrikanischen Kontinent unterworfen und kultiviert werden müssen.[161]

### 3.6.3 Infantilisierung

Grada Kilomba betont in ihrem Buch *Plantation Memories*, dass die Infantilisierung Schwarzer eine der möglichen Formen sei, das *weiße* Subjekt als „zivilisiert", „an-

---

[159] Kilomba 2010: 127.
[160] Strohschein 2007: 61. Vgl. Unterkapitel *3.6.1 Schwarz symbolisierte Entwicklungsblockade* und *3.6.2 Dehumanisierung*.
[161] Strohschein 2007: 62.

ständig" und „ehrbar" zu konstruieren und ihm zu erlauben, der eigenen Täter_innenschaft in der Geschichte eines brutalen Unterdrückungssystems zu entkommen.[162] So werden auch infantilisierte Schwarze Filmfiguren benutzt, um *weiße* Protagonist_innen in binärer Konstruktion als überlegene Erwachsene und natürliche Autoritäten in Szene zu setzen und afrikanistisch imaginierte Filmfiguren als von ihnen abhängig zu konstruieren. Mithilfe der vom kinematografischen Apparatus erzeugten Realitätsillusion werden dadurch im Rezeptionsprozess nicht nur Afrikaner_innen, sondern der gesamte afrikanische Kontinent als unmündig erklärt und auf diese Rolle festgeschrieben.

Schon der Regisseur Hans Schomburgk verglich das afrikanische Land Liberia mit einem Kind, dem von *weißen* Mächten geholfen werden muss. Er schrieb:

> Wie im menschlichen Leben die Anverwandten sich zusammentun, um einem schwachen Kind zu helfen, so hatten sich in der zivilisierten Welt vier Großmächte verbunden, um dem kleinen Liberia den Fortschritt auf dem Weg zur Kultur und Zivilisation zu erleichtern.[163]

Um eine solche Infantilisierung Schwarzer Menschen und des afrikanischen Kontinents im kinematografischen Kontext zu (re-)produzieren, werden unterschiedliche Inszenierungsstrategien angewandt. Zum einen ist die als afrikanistisch imaginierte Gesellschaft filmtextimmanent durch eine Überrepräsentation von Schwarzen Kinderfiguren gezeichnet, welche immer wieder auch als pars pro toto fungieren. Zum anderen dient die Darstellung Schwarzer und *weißer* Kinder sowohl quantitativ als auch qualitativ der Herstellung binärer Konstruktionen von „Zivilisation" versus „Wildnis". Zusätzlich werden afrikanistisch konstruierten Erwachsenen kindliche Eigenschaften zugeschrieben.

Die daraus resultierende Darstellung der *weißen* Protagonistin als Mutter Schwarz-kindlicher Filmfiguren ermächtigt die *weiß*-weibliche Filmfigur phallisch und führt zu einem Ich-Ideal, mit dem sich die Rezipierenden gerne zu identifizieren bereit sind.[164] Denn, so die psychoanalytische Theorie, „Besitz, Leistungsfähigkeit und Autonomie sind Privilegien der Mutter; das Kind fühlt, daß jede Rivalität mit ihr in Form eines analen, phallischen oder genitalen Erwerbs verboten ist."[165]

In dem Film *Out of Africa* wird Afrika vor allem dadurch mit Kindlichkeit gleichgesetzt, dass, der filmische Schwarze Raum von einer Vielzahl afrikanistisch

---

[162] Kilomba 2010: 44.
[163] Schomburgk 1928: 18.
[164] Vgl. Unterkapitel *3.4.2 Mythos weißen Gutmenschentums*.
[165] McDougall 1981: 275.

inszenierter Kinderfiguren bevölkert ist,[166] während die Darstellung *weißer* Räume in nur einer Sequenz *weiße* Kinderfiguren integriert.[167]

*Out of Africa*, Filmminute 0:41:41-0:41:55: Kinder bestaunen Karens Kuckucksuhr.

*Out of Africa*, Filmminute 0:10:59-0:14:40: Hochzeitsfest Karen und Bror.

Die große Präsenz afrikanistisch-kindlicher Filmfiguren wird durch häufige Nah- und Großaufnahmen betont, während die *weißen* Kinder hauptsächlich in Totalen und Supertotalen zu sehen sind und dadurch als unscheinbare Hintergrundfiguren aus der Aufmerksamkeit der Rezipierenden beinahe verschwinden. Während die „wohlerzogenen" *weißen* Kinder ihre durchgehend weiße Kleidung nur in seltenen Augenblicken schmutzig machen, laufen die afrikanistischen Kinder zum größten Teil halb nackt oder in braune und beige Tücher gewickelt durch das Bild.

Durch diese Inszenierung laden die Schwarzen Kinderfiguren nicht zur Identifikation ein. Denn wie schon Marlon Riggs in seinem Film *Ethnic Notions* hervor-

---

[166] *Out of Africa*, Filmminute 0:17:12-0:18:04: Karen kommt auf der Plantage an, eine Masse Schwarzer Filmfiguren empfängt sie, unter ihnen Kinder (Erwachsene und Kinder bilden fließenden Übergang); Filmminute 0:21:36-0:23:24: Karen im Dorf der „Kikuyu" (Kinder in Totalen und auch in Nahaufnahmen; kindlicher Kamante wird intensiv gezeigt); Filmminute 1:03:14-1:04:30: Karen kehrt nach Heilung auf die Plantage zurück, viele afrikanistische Filmfiguren empfangen sie liebevoll, darunter viele Kinder (u.a. in Nahaufnahmen gezeigt), alle Schwarzen Filmfiguren erscheinen hier kindlich, weil mit freundlichem, naivem Lächeln in Szene gesetzt; Filmminute 1:43:37-1:43:46: Kinder in Karens Schule (einige Nahaufnahmen); Filmminute 2:12:24-2:12:31: Kinder in Totale vor dem Haus, als Karen alle Möbel zum Verkauf hinausstellt; Filmminute 2:26:34-2:26:45: Babys auf den Rücken ihrer Mütter in Supertotale, als Karen zum Abschied noch einmal über „ihre Farm" schreitet; Filmminute 2:27:28-2:28:06: Kamante und Karen verabschieden sich (Kamante als (Waisen-)Kind inszeniert).

[167] *Out of Africa*, Filmminute 0:10:58-1:14:40 (Hochzeitsfestsequenz).

hebt, erzeugt diese dehumanisierte Opferdarstellung Schwarzer Kinder, die einst „Pickaninnies" genannt wurden, keinerlei Sympathie. Pat Turner fügt hinzu, dass es offensichtlich die *weiße* Gewohnheit gebe, Schwarze Kinder als tierähnlich zu imaginieren.[168] Diese Tierähnlichkeit werde hergestellt, indem Schwarze Kinder in Bäumen sitzend, immer dreckig und mit zersaustem Haar dargestellt würden.[169]

Auch in dem Film *The Nun's Story* wird Afrika zum einen durch die große Präsenz kindlich-Schwarzer Filmfiguren und zum anderen durch die konträre Inszenierung Schwarzer und *weißer* Kinderfiguren infantil inszeniert. Schon in der ersten Sequenz des Films wird Sister Lukes Reiseziel durch ein Schwarzes Kind symbolisiert, das auf einem eingerahmten Foto auf dem mütterlich inszenierten Schoß einer *weißen* Nonne zu sehen gegeben wird.[170] Ebenso schmücken Schwarze Kleinkinder und Babys die Leinwand im Fortlauf der Handlung. Insbesondere in der Sequenz, in der Sister Luke das Gelände des „native Hospitals" durchschreitet,[171] sind massenweise (Klein-)Kinder und Babys zu sehen.

*The Nun's Story*, Filmminute 1:11:40-1:11:43 (links) und 1:11:57-1:12:01 (rechts).

Sie bevölkern die Wiesen und staubigen Flächen um das Krankenhausgebäude herum, sie füllen die Neugeborenenstation, werden gewogen, gewaschen und auf das Töpfchen gesetzt (siehe Screenshots nächste Seite, oben).

---

[168] Siehe dazu Unterkapitel *3.6.2 Dehumanisierung*.
[169] *Ethnic Notions*, Filmminute 0:23:20: Black children are very often represented as victims not evoking sympathy but being shown as being not human (children presented like this were once called Pickaninnies). Pat Turner (University of Massachusetts, Boston): Black children are always represented dirty, their hair unkempt; there seems to be a need to imagine Black children as animal like.
[170] Vgl. Unterkapitel *3.3.3 Gabby: christlich dienende Bürgerstochter*.
[171] *The Nun's Story*, Filmminute 1:11:34-1:17:40.

# Deduktives Analyseverfahren

*The Nun's Story*, Filmminute 1:15:59-1:16:04 (links) und 1:16:08-1:16:15 (rechts).

Und vor allem: sie werden immer wieder in Nah- und Großaufnahmen gezeigt. Dass sowohl diese Infantilisierung Afrikas als auch der damit zusammenhängende Mythos Schwarzer Hilfsbedürftigkeit zur Schaulust der sich in den *weißen* Identifikationsfiguren spiegelnden Rezipierenden beizutragen versteht, macht insbesondere jener Journalist deutlich, der die Darstellung „nackter, zum Anbeißen schwarzer [N.]babys und der effektvoll eingebauten Inspektion einer Leprastation" in dem Film *The Nun's Story* als positiv hervorhebt.[172]

Ganz anders sieht es in den Subsequenzen aus, die auf dem Gelände des Krankenhauses für *Weiße* angesiedelt sind:

*The Nun's Story*, Filmminute 1:51:12-1:51:56 (links) und 1:51:51-1:51:56 (rechts).

Hier gibt es innerhalb der insgesamt 32 Filmminuten, die auf diesem Gelände spielen,[173] nur während insgesamt 24 Sekunden genau zwei *weiß*-kindliche Filmfigu-

---

[172] *Süddeutsche Zeitung* 1959.
[173] Die erste Sequenz im Krankenhaus für *Weiße* dauert von Filmminute 1:17:41 bis 1:25:08, die zweite hier spielende Sequenz dauert von Filmminute 1:26:18 bis 1:30:52, die dritte und längste dauert von Filmminute 1:35:05 bis 1:55:18.

ren zu sehen.[174] Sie toben und rennen jedoch nicht wie die in den Schwarzen Räumen zu sehen gegebenen afrikanistisch konstruierten Kinder unkontrolliert herum, sondern stellen zwei kindliche Messdiener dar, die in der Christmette diszipliniert in Reih und Glied laufen, dabei ihre Arme gesittet ineinander verschränken und im Chor mitsingen.

Wenn überhaupt einmal kindlich-*weiße* Filmfiguren in den Filmteilen erscheinen, die in Belgien spielen, dann sind auch diese Kinder ausgesprochen diszipliniert oder, anders gesagt: „gut erzogen". Sie beherrschen Höflichkeitsregeln und bewegen sich kontrolliert. Die unterschiedliche Charakterisierung von Schwarzen und *weißen* Kinderfiguren konstruiert auch in diesem Film den Kontrast von Schwarz-kindlich-verspielt versus *weiß*-erwachsen-diszipliniert.

Unterstützt wird dieser Kontrast dadurch, dass alle Szenen, die in *weißen* Räumen spielen, von *weißer* Disziplin und körperlicher Zurückhaltung, von Fleiß, Wissenschaft, Bescheidenheit, Gehorsamkeit, Sauberkeit und Kontrolle durchdrungen sind. In Schwarzen Räumen hingegen trommeln oder singen Schwarze Menschen. Sie paddeln auf dem Wasser, sitzen im Staub und lassen – Kindern gleich – die Zeit „nutzlos" verstreichen. Schon bei Sister Lukes Zugeinfahrt in den Kongo[175] werden viele Schwarze Kinder zu sehen gegeben, die neben dem einfahrenden Zug herrennen oder – gemeinsam mit den afrikanistisch konstruierten Erwachsenen – winken, singen, neugierig schauen und in freien Gewässern baden.

*The Nun's Story*, Filmminute 1:07:08-1:09:37.

Die sich ständig in physischer Bewegung befindenden Schwarzen Filmfiguren und deren in Szene gesetzte Naturverbundenheit werden dadurch generell mit Kindlichkeit gleichgesetzt.

---

[174] *The Nun's Story*, Filmminute 1:51:30-1:51:46: Totale; Filmminute 1:51:51-1:51:56 Nahaufnahme von den beiden *weiß*-kindlichen Köpfen zwischen mehreren Schwarzen Messdienern; Filmminute 1:52:23-1:52:26: die beiden in Halbtotaler im Hintergrund.
[175] *The Nun's Story*, Filmminute 1:06:40-1:09:35.

*Deduktives Analyseverfahren*                                                            395

Bereits Fanon konstatierte, dass Schwarze von *Weißen* als „eine jauchzende Kinderschar" imaginiert werden, die der Welt „sinnlose Wörter, Heiterkeiten zuruft". Sie werden konstruiert als „ins Spiel vertiefte Kinder, insofern das Spiel als Einführung ins Leben verstanden werden kann".[176] Ein diesen Assoziationen nahe kommendes Bild eröffnet sich auch auf dem Marktplatz, auf dem sich Sister Luke mit Emil aufhält:[177] Der Platz ist gefüllt mit Massen an Schwarzen Filmfiguren, von denen sich viele in Bewegung befinden – darunter unzählige Kinder. Trommeln und afrikanistischer Gesang untermalen die Sequenz und lassen das afrikanistisch imaginierte Leben pulsierend und frei, aber auch kindlich und verspielt erscheinen.

Der Film *Die weiße Massai* ordnet Kindlichkeit Schwarzen Räumen etwas differenzierter zu. Hier wird zwischen den städtischen Regionen und der unterlegen dargestellten ländlichen Region unterschieden. Solange sich die *weiße* Protagonistin in städtischen Regionen Kenias aufhält, sind kindliche Filmfiguren, wenn überhaupt vorhanden, dann nur im Hintergrund zu sehen. Organisch fügen sie sich in eine lebendige afrikanische Gesellschaft ein, ohne das Bild zu dominieren und die afrikanische Gesellschaft als kindlich zu charakterisieren.[178]

Alle im Film angelegten *weißen* Räume sind gänzlich frei von (*weiß*-)kindlichen Filmfiguren. Im städtisch-*weißen* Raum der Schweiz,[179] auf dem Grundstück der *weiß*-weiblichen Filmfigur Elisabeth[180] und im Inneren von Pater Bernados Haus[181] sind Kinder vollständig absent. Im „Garten" Pater Bernados werden afrikanistisch konstruierte Kinder allerdings als Eindringlinge inszeniert, die den vom *weißen* Mann „kultivierten" Acker verwüsten und von ihm deshalb mit Steinwürfen wie Tiere vertrieben werden. Im übertragenen Sinne ruinieren die kindlich-verspielten Afrikaner_innen den Europäer_innen ihre „Errungenschaften" und gefährden das Wachstum – in diesem Fall das Wachstum der Pflanzen, im übertragenen Sinne das Wachstum der kapitalistischen Wirtschaft und der als „modern" postulierten Gesellschaft. Die *weiße* Welt ist eine reine Erwachsenenwelt.

---

[176] Fanon 2015b: 24.
[177] *The Nun's Story*, Filmminute 1:25:09-1:26:17.
[178] Die einzige Ausnahme bildet eine Kindergruppe, die die *weiße* Protagonistin in Filmminute 0:18:05-0:18:55 zu der in Kenia lebenden *weiß*-weiblichen Filmfigur Elisabeth führt. Dies sind die ersten näheren Aufnahmen von Kindern. Sie werden, je näher sie an Elisabeths Hütte kommen, immer zahlreicher und erscheinen gleichzeitig zunehmend abhängig von der *weißen* Frau, an die sie sich heften. Am Ende bestätigt sich, dass sie für ihre Dienste bezahlt werden wollen. Sie sehen in der *weißen* Protagonistin eine finanzstarke Auftraggeberin, die ihnen aus ihrer Armut (kurzfristig) heraushelfen kann. Diese Kindergruppe könnte als die Hinführung in den ländlichen Raum interpretiert werden, der ebenfalls kindlich dargestellt wird.
[179] *Die weiße Massai*, Filmminute 1:01:14-1:03:22.
[180] *Die weiße Massai*, Filmminute 1:13:02-1:14:46 (Party von Elisabeth).
[181] *Die weiße Massai*, Filmminute 1:11:38-1:13:01 und 1:25:46-1:27:04.

Umso stärker fällt die Kinder-Präsenz in der Inszenierung von Lemalians Dorf ins Gewicht, die den Film durchzieht.[182] Eines der ersten Bilder bei Carolas Ankunft ist die Nahaufnahme eines Kleinkindes auf dem Arm seiner Mutter.[183]

*Die weiße Massai*, Filmminute 0:30:01-0:30:13.

Gleich darauf läuft in einer Totalen ein etwa siebenjähriges afrikanistisch konstruiertes Kind zu der soeben erst ankommenden, ihm völlig fremden Carola und klammert sich direkt an ihrem Arm fest, als sei es uneingeschränkt froh, dass diese *weiße* Frau gekommen ist.[184] Kein Fremdeln, keine Distanz, keine Schüchternheit, keine Angst halten das Kind davon ab, die *weiße* Heldin gleich – zumindest für eine kurze Weile – als eine mütterliche Figur anzunehmen. Sobald dieses Kind den Arm wieder losgelassen hat, findet sich ein anderes afrikanistisch konstruiertes Kind, das sofort Vertrauen zu der guten *weißen* Protagonistin schöpft.[185]

*Die weiße Massai*, Filmminute 0:36:57-0:37:37.

---

[182] *Die weiße Massai*, Filmminute 0:30:41- 0:30:43: Subjektive *weiße* Frau: Kinder stehen um sie herum, gemeinsam mit Kühen (Herde von Kindern und Kühen); Dorf durch Tiere und Kinder repräsentiert: primitiv, naiv, kindlich, rückständig, unter-entwickelt. Filmminute 0:32:26-0:32:42: Carola tritt ins Außen; z.T. Subjektiven, z.T. Totalen mit Carola: immer hauptsächlich Kinder zu sehen, die mit Tieren (z.T. sogar Tierkindern) in visuelle Nähe gesetzt werden oder gar mit Tieren physisch in Kontakt treten (spielend an ihnen ziehen, sie hüten).
[183] *Die weiße Massai*, Filmminute 0:30:03-0:30:05.
[184] *Die weiße Massai*, Filmminute 0:30:08.
[185] *Die weiße Massai*, Filmminute 0:30:50-0:32:26.

Mit diesem Kind an der Hand steht Carola später auf einer Anhöhe und schaut über eine Ebene, in der Lemalian gemeinsam mit anderen Schwarzen Filmfiguren Tierherden hütet und sich wäscht (Screenshots vorherige Seite, unten).[186]

Das Kind läuft, so scheint es, während Carolas Aufenthalt in Lemalians Dorf immer neben ihr her, sucht die Nähe der *weißen* Frau, an deren Seite es sich offensichtlich „mütterlich geborgen" fühlt. Auch auf Carolas nächtlichem Hochzeitsfest schläft es, den Kopf auf Carolas Schoß abgelegt, in der Obhut der „*weißen* Mutter".[187] Eine Entwicklung zu dieser Vertrauensbeziehung wird nicht gezeigt. Es scheint, als habe Carola dieses Vertrauen einfach deshalb verdient, weil sie eine *weiße* Frau ist.

Dieses Bild entspricht dem der fürsorglichen „kleinen weißen Mutter", das Meg Gehrts von sich im kolonialen Kontext und Schomburgk in seinen Kolonialfilmen immer wieder herzustellen bestrebt sind.[188] Auch stellt es ein Äquivalent zu der in Schomburgks Memoiren zu findenden Erzählung über eines seiner Erlebnisse mit einem afrikanischen Kind dar, über das er schreibt:

> Mittlerweile war ich [...] plötzlich Vater geworden. Ein kleiner nackter Schwarzer, etwa 8 Jahre alt, hatte mich als Vater adoptiert. [...] Er war immer um mich herum, nannte mich ‚Pa' und erklärte, daß er mir immer folgen würde, wohin ich auch ginge. Da er etwas Pidgin-Englisch sprach, war er mir sehr nützlich, und nachdem ich ihn mit einem weißen Tuch und einer roten Mütze beschenkt hatte, stolzierte er im Dorf herum und erklärte jedem, der es hören wollte oder nicht, daß er der Sohn des Weißen und daher naturgemäß auch ein Weißer sei, vor dem die Busch[n.] Respekt zu haben hätten.[189]

Auch Schomburgk betrachtet sich in dem Moment, in dem ein Schwarzes Kind seine Nähe sucht, sogleich als dessen Vater. Und ebenso wie die subtile Botschaft der Inszenierung von Carola als „*weißer* Mutter" macht er in seiner *weißen* Imagination sein *Weißsein* für das Begehren des Kindes verantwortlich.

Äquivalent dazu werden in dem Film *The Nun's Story* die *weißen* Filmfiguren auffallend häufig „Mutter" und „Vater" genannt. Nicht nur innerhalb der Ordenshierarchie wird die übergeordnete Nonne als Mutter angesprochen, sondern auch Schwarze Filmfiguren nennen Sister Luke „Mama Luke". „Mutter Mathilde" wird von den Trommeln der afrikanistisch konstruierten Filmfiguren sogar „Big Mama Mathilde" genannt,[190] und auch die männlich-*weißen* Missionare werden mit dem Elterntitel angesprochen. Sie heißen „Father Andre" und „Father Vermeu-

---

[186] *Die weiße Massai*, Filmminute 0:36:59-0:37:18. Vgl. Unterkapitel *3.6.2 Dehumanisierung*.
[187] *Die weiße Massai*, Filmminute 0:42:04-0:42:56 und 1:09:21-1:09:47.
[188] Nagl 2009: 246f.
[189] Schomburgk 1928: 56f.
[190] *The Nun's Story*, Filmminute 1:10:56.

len". Die Schwarzen Filmfiguren hingegen werden immer wieder als „boys" betitelt.[191]

Neben der bis hierher aufgezeigten kontrastierenden physiognomischen Inszenierung *weißer* Filmfiguren als Eltern und Schwarzer Filmfiguren als „Boys", Kinder und Babys sowie der metaphorischen Darstellung Europas als Kontinent entwickelter, gereifter „Kultur" und Afrikas als kindlicher, noch „unterentwickelter" Kontinent,[192] werden auch einzelne Schwarze Charaktere infantilisierend inszeniert. In dem Film *Die weiße Massai* wird der Schwarze Protagonist Lemalian immer wieder mit kindlichen Charakterzügen ausgestattet. So birgt die Szene, in der Lemalian versucht, Carolas neu gekauftes Auto zu fahren, viel Potential für eine Mutter-Kind- oder Lehrerin-Schüler-Beziehung.[193] Zu dieser in der *weißen* Imagination stattfindenden Infantilisierung Schwarzer Männer schreibt Stuart Hall:

> Die bewusste Einstellung von Weißen – dass ‚Schwarze keine richtigen Männer, sondern nur einfache Kinder sind' – kann dazu dienen, eine tiefere, beunruhigendere Fantasie zu tarnen und zuzudecken: dass ‚Schwarze in Wirklichkeit Super-Männer sind, sexuell besser ausgestattet als Weiße, und sexuell unersättlich'.[194]

Diese Verknüpfung von Infantilisierung und Hypersexualisierung des Schwarzen Mannes ist in der Filmfigur Lemalians sehr deutlich zu erkennen. So wird seiner Filmfigur einerseits die *weiße* Fantasie von der sexuellen Zügellosigkeit des Schwarzen Mannes eingeschrieben, andererseits ist Lemalian auch auf dem Gebiet der Sexualität als noch nicht „entwickelt" inszeniert. Denn er muss, so der Filmtext, von Carola erst noch „erzogen" und „geschult" werden, um den sexuellen Bedürfnissen der „emanzipierten" *weißen* Frau Genüge leisten zu können.[195]

Infantile Charakterzüge werden Lemalian auch zugeschrieben, wenn er in Filmminute 1:27:04-1:27:42 mit dem Geld spielt, das Carola eingenommen hat. Er baut Türme aus Münzen und legt Scheine hierhin und dorthin. Darin liegt kindliche Bewunderung des Geldes sowie ein fehlender Bezug zu „abstrahierten Zahlungsmitteln". Diesen fehlenden Bezug verdeutlicht eine spätere Subsequenz,[196] in der Carola Lemalian bittet, den Dorfbewohner_innen keinen Kredit mehr zu gewähren. Lemalian kann dieser Bitte nicht nachkommen, weil er lediglich in

---

[191] Beispielsweise *The Nun's Story*, Filmminute 1:24:09: Ein *weißer* Patient spricht über die „boys", die Sister Luke in seiner Textilfabrik „organisieren" soll. Filmminute 1:12:05 und 1:12:12: Schwarzmännliche Filmfiguren werden im Untertitel „boys" genannt.
[192] Vgl. Unterkapitel *3.6.1 Schwarz symbolisierte Entwicklungsblockade* und *3.4.1 Weiß symbolisierter Emanzipationsprozess als Frau*.
[193] Detaillierte Ausführungen zu dieser Subsequenz in Kapitel *3.7.4 Sadistischen Abwertung Schwarzer Filmfiguren*.
[194] Hall 2004b: 150.
[195] Dazu genauer Unterkapitel *3.6.5 De- und Hypersexualisierung*.
[196] *Die weiße Massai*, Filmminute 1:33:33-1:34:20.

# Deduktives Analyseverfahren

Nachbarschaften, Familie etc. denkt. Er ist nicht fähig, das abstrahierte Zahlungssystem, das menschliche Komponenten nicht kennt, zu verstehen. Ebenso ist seine permanente, unbegründete Eifersucht ein kindlicher Charakterzug.

Kindlichkeit wird auch anderen Mitgliedern von Lemalians afrikanistisch inszenierter Gemeinschaft zugeschrieben, wenn kindliche und erwachsene Gesichter in etwa gleich stark strahlen, als Carola die von ihr aus der Schweiz mitgebrachten Geschenke verteilt. Alle staunen und freuen sich über die aus europäischer Sicht „kleinen Gaben", die in dem Setting des Schwarz konstruierten Raumes sogleich Fortschritt symbolisieren.[197] Die kindlichen Filmfiguren sind zudem in diesem Bild sehr präsent.

Die Infantilisierung Schwarzer Erwachsener findet auch an vielen Stellen des Films *Out of Africa* statt. So wird zum Beispiel die von der *weißen* Protagonistin auf dem Kaminsims ihres Gutshauses installierte Kuckucksuhr nicht nur durch eine ganze Schar afrikanistisch inszenierter Kinderfiguren,[198] sondern auch durch Farahs (klein-)kindliche Mimik als eine ihnen allen völlig fremde „zivilisatorische Errungenschaft" bewertet.[199]

*Out of Africa*, Filmminute 0:23:55-0:24:15: Farah bestaunt Karens Kuckucksuhr.

Metaphorisch steht damit Europa erneut für die effektive Kontrolle und Nutzbarmachung von Zeit, während die Schwarzen Filmfiguren abermals mit Zeit- und Geschichtslosigkeit in Verbindung gebracht werden.[200] Hegemonie(selbst-)kritisch beschreibt Dr. Margrid Bircken ihre eigene Rezeption dieser Filmstelle wie folgt: „Die Kuckucksuhrszene ist bezeichnend: ich mußte da auch lachen, es war ein ‚weißes Lachen'."[201] Dr. Bircken hebt mit dieser Bemerkung ins Bewusstsein, dass *Weißsein* in dieser Subsequenz hegemonial inszeniert ist.

Auch der eigentlich jugendlichen Filmfigur Kamantes wird ein kleinkindhaftes Verhalten zugeschrieben. Schon in der ersten Begegnung wird er zweimal

---

[197] *Die weiße Massai*, Filmminute 1:04:56-1:05:48.
[198] Screenshot siehe Beginn dieses Unterkapitels.
[199] *Out of Africa*, Filmminute 0:23:55-0:24:15.
[200] Vgl. Nagl 2009: 277.
[201] Bircken 1987.

„boy" genannt und inszeniert, als befinde er sich noch in einer so kindlichen Entwicklungsstufe, dass er sich selbst weder artikulieren noch verstehen kann, wie ernst seine gesundheitliche Lage ist. Die als einfühlsam inszenierte *weiße* Protagonistin versucht in einem ersten Schritt, Kamante mit Argumenten zu überzeugen. Sie fordert ihn auf, nicht „feige" oder „dumm" zu sein. Da „das Kind" keine Reaktion zeigt – Kamante spricht kein Wort –, tut Karen, was eine „gute Mutter" zu tun hat: Zu seinem „Besten" befiehlt sie, ihn zur Behandlung zu bringen.

> Karen: "Your leg is very sick. You must come to the house for medicine. (Karen wendet sich offensichtlich zu Farah um.) Does he understand me?"
>
> Farah: "Yes, msabu."
>
> Karen: "If you don't come the other boys will say you are afraid. I myself will think only that you are foolish. (Nun zu den anderen „Kikuyus" gewandt, in Befehlston:) This boy must come to my house for treatment. See that he does."[202]

Noch deutlicher wird Kamantes Kindlichkeit in einem zweiten Dialog, in dem Karen ihn erneut zu überzeugen versucht, sein verwundetes Bein heilen zu lassen.

> Karen: "Your leg has got worse. You should go to hospital."
>
> Kamante: "This leg may be foolish. It may think not to go to hospital."
>
> Karen: "This leg will do as it pleases. But if you will take it to hospital, I will think that you are wise. And such a wise man as this I would want to work in my house... for wages."
>
> Kamante: "How much wages would come to such a wise man as that?"
>
> Karen (leicht fassungslos): "More wages than come from tending goats."
>
> Kamante: "I will speak to this leg."[203]

Auch dieser Dialog zwischen Karen und Kamante lässt Kamantes Denk- und Sprachniveau als das eines Kleinkindes erscheinen. Es ist ein bildhaftes Sprechen, in dem der Schwarze Teenager die eigenen Körperteile von dem eigenen Ich (noch) abspaltet und personifiziert; ein Sprechen, das von fehlender Abstraktionsfähigkeit zeugt. Gleichzeitig liegt die Definitionsmacht bei der *weißen* Protagonistin. Sie bestimmt, wer wann und warum „dumm" oder „weise" ist, und macht dabei binäre Gegensätze auf. „Dumm" ist das Bein, Körperlichkeit, Natur und implizit der Schwarze Junge, der sich weigert, schulmedizinische Hilfe anzunehmen; „weise" ist, wer ins Krankenhaus geht, Lohnarbeit in einem „zivilisierten" Haushalt verrichtet, sich für „Kultur" entscheidet und – selbstredend – das sprechende *weiß*-weibliche Subjekt selbst. Die Art, wie die *weiße* Protagonistin auf das Denk- und

---

[202] *Out of Africa*, Filmminute 0:22:50-0:23:44.
[203] *Out of Africa*, Filmminute 0:34:41-0:35:40; also gute 10 Filmminuten nach der ersten Begegnung.

Sprachniveau des Schwarzen Jugendlichen eingeht, erinnert daran, wie Fanon den alltäglichen Umgang von *Weißen* mit erwachsenen Schwarzen beschreibt:

> Un blanc s'adressant à un nègre se comporte exactement comme un adulte avec un gamin, et l'on s'en va minaudant, susurrant, gentillonnant, calinotant. Ce n'est pas un Blanc que nous avons observé, mais des centaines ; et nos observations n'ont pas porté sur telle ou telle catégorie, mais, nous prévalant d'une attitude essentiellement objective, nous avons voulu étudier ce fait chez les médecins, les agents de police, les entrepreneurs sur les chantiers.[204]

Dass der Schwarze Junge Kamante wissen will, wieviel Lohn er für seine Arbeit im Haushalt der *weißen* Protagonistin bekommen würde, wird durch die Bewertung seiner Frage mit einem missbilligenden Gesichtsausdruck der *weißen* Protagonistin als Anmaßung inszeniert. Diese Inszenierung Kamantes als Schwarzes Kind, das für seine niedrigen Dienste zuviel Gegenleistung verlangt und auf diese Weise als unersättlich erscheint, entspricht der kolonialen Perspektive (weiblich-)*weißer* Deutscher auf Schwarze „Bedienstete", die Katharina Walgenbach diskursanalytisch herausgearbeitet hat:

> In allen Artikeln über Dienstboten finden sich zahlreiche diffamierende Äußerungen über Schwarze Angestellte, welche die ‚Erziehung' von Kolonisierten legitimieren sollen. Ausgiebig werden negative Beispiele angeführt, die belegen sollen, dass kolonisierte Angestellte faul, unzuverlässig, undankbar, verschlagen und unhygienisch seien.[205]

Diese Perspektive, der die Überzeugung eines *weißen* „Erziehungsauftrags" immanent ist, wird durch den Filmtext keineswegs infrage gestellt, sondern erfährt – im Gegenteil – Bestätigung. Entsprechend der Einstellung *weißer* Deutscher zur Kolonialzeit müsste Kamante dankbar sein, überhaupt in den Dienst einer *weißen* Frau treten zu dürfen. Diesbezüglich schreibt Walgenbach:

> Clara Brockmann berichtet beispielsweise in *Kolonie und Heimat*, wie sie eine Hererofrau in ihren Dienst nahm. Diese sei zunächst ‚total unkultiviert' gewesen, kannte weder eine europäische Wohnung noch deutsche Kost und verstand die Sprache ihrer neuen Dienstherrin nicht. Brockmann versah ihre Angestellte mit ‚gesitteter Kleidung' und brachte ihr ‚mit grosser Geduld' die Tätigkeiten eines europäischen Haushalts bei.[206]

Kindliches Verhalten ist zudem aus Kamantes Stolz zu lesen, als er 30 Filmminuten später zur Begrüßung der aus Dänemark zurückgekehrten, genesenen *weißen*

---

[204] Engl. Übersetzung (Fanon 2008: 14): „A white man talking to a person of color behaves exactly like a grown-up with a kid, simpering, murmuring, fussing, and coddling. It's not just one white person we have observed, but hundreds; and our observations were not limited to one category; insisting on a fundamentally objective attitude, we studied such behavior in physicians, police officers, and foremen on work sites." (Dt. Übersetzung: Fanon 2015b: 28)
[205] Walgenbach 2005a: 173.
[206] Walgenbach 2005a: 174f.

Kolonialistin sagt: „I am cooking now, Memsa."[207] Zuvor entfernt er einen weißen Verband von seinem linken Unterschenkel und heischt um Anerkennung, indem er der staunenden Protagonistin sein geheiltes Bein zeigt. Er muss sich auf keinen Stock mehr stützen und trägt statt der Tuchbahn nun okzidentale Kleidung: einen Strohhut, einen beigen, kurzärmeligen und kurzbeinigen Safarianzug und braune, halbhohe Lederschuhe. Den sozialen Aufstieg hat er offensichtlich geschafft, weil er den Anweisungen der *weißen* Frau gefolgt ist.[208] Die Protagonistin staunt mütterlich belobigend und lächelt erfreut.[209] Dadurch wird der Schwarze junge Mann Kamante als von der *weißen* Protagonistin kindlich abhängig inszeniert. Kilomba beschreibt diesen Mechanismus einer durch Infantilisierung entstehenden Abhängigkeit wie folgt:

> The Black subject becomes the personification of the dependent – the boy, girl, child, or asexual servant – who cannot survive without the master.[210]

Dieses Bild des Nicht-Überleben-Könnens ohne die *weiße* (Kolonial-)Herrin vermittelt sich in unterschiedlichen Intensitätsgraden in allen von mir untersuchten okzidentalen Spielfilmen. Ein Beispiel, anhand dessen ich diesen Mechanismus aufzeigen möchte, ist die Abschiedsszene zwischen Karen und Kamante. Denn am Ende des Films steht Kamante – auch stellvertretend für alle anderen Schwarzen Filmfiguren – in Anbetracht der endgültigen Abreise seiner *weißen* „Arbeitgeberin" verloren und heimatlos vor dem halbverlassenen Farmhaus.[211] Zunächst erhebt er sich aus der Hocke und greift sein Stoffbündel, in dem er all sein Hab und Gut zusammenhält. Dann geht er auf Karen zu, um mit ihr gemeinsam die Farm zu verlassen. Er ist „europäisch" gekleidet, allerdings dunkel und ärmlich – einem Obdachlosen gleich. Karen schaut ihn mitleidig und zärtlich an.

> Karen: "You cannot come where I'm going."
> Kamante: "There is no cooking where you are going?"
> Karen: "You would not like it there. You must trust me about this."
> [Melancholische instrumentale Musik]

Die beiden schütteln sich die Hände, der Schwarze Junge schwingt sich sein Bündel über die Schulter und verlässt die Farm. Er schreitet in eine unbestimmte Zukunft, in die Obdachlosigkeit und in eine Art Vollwaisentum.

---

[207] *Out of Africa*, Filmminute 1:03:55-1:04:16.
[208] Siehe dazu das Unterkapitel *3.7.3 Fetischisierung Schwarzer Filmfiguren*.
[209] Vgl. Unterkapitel *3.4.2 Mythos weißen Gutmenschentums*.
[210] Kilomba 2010: 44.
[211] *Out of Africa*, Filmminute 2:27:27-2:28:04.

*Out of Africa*, Filmminute 2:27:28-2:28:06.

Nicht nur, dass der afrikanistisch konstruierte Junge ohne seine *weiße* „mütterliche Herrin" kein Zuhause mehr hat, er kann auch nicht hindenken und -gehen, wohin sie reist. Grada Kilomba schreibt:

> Within racism, Black bodies are constructed as improper bodies, as bodies that are *'out of place'* and therefore as bodies which cannot belong. *White* bodies, on the contrary, are constructed as proper; they are bodies *'in place'*, *'at home'*, bodies that always belong. They belong everywhere: in Europe, in Africa; North, South; East, West, at the centre as well as at the periphery.[212]

Diesen von Kilomba identifizierten rassistischen Repräsentationsstrategien entsprechend, die den Schwarzen Charakter räumlich beschränken, bleibt auch die Filmfigur Kamante „allein" und ohne Hoffnung auf dem „Schwarzen Kontinent" zurück. Dabei hinterlässt er ein Bild wie es Martha Mamozai schon aus dem 1921 erschienenen Buch Emilie Heinrichs „Die Frau des Auswanderers" kritisch zitiert. Heinrichs schrieb laut Mamozai:

> Dem Kinde gleich lebten sie dahin. Ist doch der [N.] am besten einem Kinde zu vergleichen, das nicht leben kann, ohne dass eine starke Hand es führt.[213]

Diese von *Weißen* als elterlich imaginierte, „starke Hand" wird in dem Film *Eine Weiße unter Kannibalen (Fetisch)* durch die Filmfigur Fred Holm verkörpert, der sich widerstandslos fügende afrikanistisch konstruierte Filmfiguren bei deren kolonialer Zwangsarbeit kontrolliert.

Als kindlich werden Schwarze Filmfiguren in diesem Film jedoch vor allem dann inszeniert, wenn die „Awemba" als Wächter vor ihren eigenen Hütten stehen. Während einer der Wächter Faidas sich von der *weißen* Protagonistin ganz einfach in ein kleines Spiel verwickeln lässt, lässt sich der andere von ihr in die Irre führen. Durch dieses naive Verhalten kann Faida Fred Holm aus dessen Gefangenschaft befreien. Darüber hinaus werden alle Schwarzen Filmfiguren, die die Gemeinschaft der „Awemba" verkörpern, in gewisser Weise auch deshalb als kindlich oder als „unterentwickelt" dargestellt, weil sie „naiv" an den „Fetisch

---

[212] Kilomba 2010: 30.
[213] Mamozai 1989: 19.

Faida" glauben, dem sie sich bis zu einem gewissen Grad unterwerfen. Dass auch sie ohne die *weiße* Frau nicht leben können, vermittelt die ihnen zugeschriebene Verzweiflungstat, das eigene Dorf wegen deren Flucht niederzubrennen.

Die in den vier Filmen zu findende Figurenkonstellation von *weißen* Eltern und afrikanistisch inszenierten Kindern könnte auch ein Hinweis auf den Ödipusmythos sein, welchen Manthia Diawara als eine häufig nachempfundene Erzählstruktur anführt.[214] Folgt man Diawaras Argument, so könnte die Infantilisierung Schwarzer Filmfiguren als elementarer Bestandteil einer sich an den Ödipusmythos anlehnenden Narration gelesen werden, in der *weiße* Filmfiguren zu Stellvertreter_innen des strafenden Vaters werden. Einer solchen Lesart bedient sich Diawara, wenn er äquivalent zu Mulveys Annahme, dass in kinematografischen Repräsentationsprozessen kastrierte (weibliche) Filmfiguren sadistisch bestraft werden, um die Schaulust (männlich-)phallisch positionierter Rezipierender zu erhalten, betont, dass kastrierte Schwarze Filmfiguren im Wettkampf mit phallischen Vaterfiguren immer als Verlierer inszeniert würden:

> Alongside the textual deracination or isolation of Blacks, the narrative pattern of Blacks playing by hegemonic rules and *losing* also denies the pleasure afforded by spectatorial identification. In terms of Oedipal analogy in the structure of such narrative patterns, the Black male subject always appears to lose in the competition for the symbolic position of the father or authority figure.[215]

In Diawaras Beobachtungen treten in okzidentalen Filmtexten vor allem *weiß*-männliche Filmfiguren als Instanz des strafenden Vaters in Erscheinung:

> The narrative [of the Film *The Birth of a Nation*] thus proposes Little Colonel as the representative of the symbolic White/Father who will restore the law of patriarchal order by castrating the rebellious Black, Gus.[216]

Diawara macht hier sichtbar, dass das Über-Ich in okzidentalen Repräsentationsprozessen *weiß* konzipiert ist, dass also Schwarze Filmfiguren nicht die Instanz des phallisch positionierten strafenden Vaters einnehmen, sondern den Trieb, das Es, symbolisieren. Allerdings macht er auch Schwarz-weibliche Filmfiguren ausfindig, die er als sich mit dem symbolischen *weißen* Vater Verbündende liest:

> The treatment of the two shaving scenes [in the Film *The Color Purple*] also illustrates the film's denigration of the Black male. Here Celie replaces Little Colonel as the punishing agent or the father figure, just as Nettie does in the scene of the

---

[214] Diawara 1993: 213. Diawara bezieht sich in diesem Zitat auf Griemas, A. J. (1966): *Sémantique Structurale*, Paris: Larousse, S. 213. Vgl. Unterkapitel *3.7.4 Sadistische Abwertung Schwarzer Filmfiguren*.
[215] Diawara 1993: 216.
[216] Diawara 1993: 214.

chase. [...] [This reading] attempts to ally Black women with the symbolic White father in the castration of Black man.[217]

Wie in Unterkapitel *3.7.4 Sadistische Abwertung Schwarzer Filmfiguren* dargelegt, kann diese Übertragung der strafenden Funktion auf Schwarze Filmfiguren auch als „Reinwaschung" *weißer* Filmfiguren gelesen werden, nach deren Gesetzen zwar gehandelt wird, die sich selbst aber „die Hände nicht schmutzig" machen.[218] Dadurch wird die Konstruktion eines zur Identifizierung einladenden *weißen* Ich-Ideals perfektioniert.

Das Besondere an den von mir analysierten Filmen ist, dass nicht der männliche, sondern der weibliche Ödipuskomplex im Zentrum der Narration steht.[219] So nimmt die *weiße* Protagonistin in diesen Filmtexten eine janusköpfige Position ein: Zum einen durchlebt sie selbst den (weiblichen) Ödipuskomplex in der (symbolischen) Position des heranwachsenden, zum Subjekt werdenden Kindes, bei dem afrikanistisch konstruierte Filmfiguren zu einer diesen Prozess bebildernden Kulisse werden, zum anderen übernimmt sie Schwarzen Filmfiguren gegenüber die elterliche Rolle.

Inwieweit diese elterliche Rolle eine eher mütterliche oder eher väterliche Rolle ist, wäre ein weiteres Untersuchungsfeld, das ich in dieser Arbeit nicht weiter bearbeiten möchte. Fraglich ist auch, inwiefern sich diese Rollen unterscheiden und ob die Mutter im weiblichen Ödipuskomplex ebenso als strafende Instanz fungiert wie der Vater im männlichen. Zur Beantwortung dieser Fragen bedürfte es aufgrund der sich permanent verändernden gesellschaftlichen Rollenzuweisungen, die die psychoanalytische Theorie zu immer neuen Ansätzen herausfordert, allzu ausgiebiger Forschungen. So schreibt beispielsweise Mertens 1996, Freud korrigierend, dass das Über-Ich von Frauen nicht weniger stark ausgebildet sei als das von Männern. Allerdings sei es

> strukturell und inhaltlich anders, weil die präödipalen Über-Ich-Vorläufer (aber auch die späteren Inhalte) zu einem großen Teil von der Mutter vermittelt werden und das Mädchen aufgrund der Geschlechtsgleichheit diese Ge- und Verbote anders verinnerlicht als der Junge.[220]

Diese dem weiblichen oder männlichen Über-Ich zugeordneten, von Mutter oder Vater vermittelten Inhalte werden sich heute, gut zwanzig Jahre später, erneut deutlicher Veränderungen unterzogen haben.

---

[217] Diawara 1993: 218.
[218] Als ein solches Beispiel dient der *weiße* Kapitän in dem Film *Eine Weiße unter Kannibalen (Fetisch)*, der den Fabrikanten Stüven von einem nicht-*weiß* konstruierten Matrosen umbringen lässt. Vgl. Kapitel *3.4.2 Mythos weißen Gutmenschentums*.
[219] Vgl. Unterkapitel *3.4.1 Weiß symbolisierter Emanzipationsprozess als Frau*.
[220] Mertens 1996: 26.

Unabhängig aber von der Frage nach der genauen Ausprägung des jeweiligen Rollenmusters, erscheint es naheliegend, dass die *weißen* Protagonistinnen in diesen ödipal gelesenen Narrationen nicht nur das im Ödipuskomplex sich entwickelnde ICH symbolisieren, sondern auch das für die afrikanistisch konstruierten Filmfiguren zuständige ÜBER-ICH, das Disziplin verkörpert und in dem sich die „verbietende Instanz inkarniert".[221] Dahingegen nehmen die Schwarzen Filmfiguren die Position ein, die die Anglistin Anne McClintock bezüglich der Verortung von Weiblichkeit in Lacans Theoriewelt aufzeigt. Sie schreibt:

> According to Lacan, women do not inhabit history proper. We bear a prepositional relation to history. We are *pre*-Oedipal and *pre*-Symbolic, permanently threatening the male Symbolic with our painted faces and unruly hair. [...] Just as, in imperial discourse, white men were the sole heirs to the grand narrative of historical progress, so in Lacanian discourse, men are the sole heirs to the Symbolic. While the discourse on degeneration invented imperial nature to underwrite racial, class and gender difference, Lacan invents the ineffable majesty of the 'phallic signifier' governing all social difference, a structural universal, unchanging and inevitable. Women in Lacan's schema are assigned the position of victim, cipher, empty set – disempowered, tongueless, unsexed.[222]

In allen vier okzidentalen Spielfilmen verharren die Schwarzen Filmfiguren in dem hier von McClintock angeführten *prä*-ödipalen, *vor*-symbolischen Zustand, während die *weißen* Protagonistinnen den (weiblichen) Ödipuskomplex erfolgreich durchschreiten und Eingang finden in die symbolische Ordnung des Okzidents.

### 3.6.4 Subalterne Sprachlosigkeit

„Der Besitz der Sprache bedeutet ungewöhnliche Macht", schreibt Frantz Fanon. „Ein Mensch, der die Sprache besitzt, besitzt auch die Welt, die diese Sprache ausdrückt und impliziert."[223] In seinem Artikel „Der koloniale Sehnsuchtsfilm. Vom lieben ‚Afrikaner' deutscher Filme in der NS-Zeit" führt Alain Patrice Nganang unter anderem die (Re-)Inszenierung Schwarzer Sprachlosigkeit als eine zur Kastration führende Inszenierungsstrategie an. Er schreibt:

> Ja, was sollen wir überhaupt mit kolonialen Bildern machen, in denen Afrikaner/innen nie richtig sprechen, in denen sie fast nie Namen haben, in denen sie nie die Held/innen der Geschichte ihres eigenen Kontinents sind, in denen sie sogar beim Wort ‚Afrikaner/innen' nicht in erster Linie gemeint sind?[224]

Auch in den von mir untersuchten okzidentalen Spielfilmen wird Schwarzen Charakteren das machtvolle Sprechen, dessen Entstehen Lacan im Spiegelstadium

---

[221] Laplanche/Pontalis 1973: 355.
[222] McClintock 1995: 193.
[223] Fanon 2015b: 16.
[224] Nganang 2006: 137.

Deduktives Analyseverfahren                                                                                          407

verortet,[225] auf verschiedene Weise verunmöglicht: zum einen durch eine quantitativ geringe Präsenz Schwarzer Sprechakte, zum anderen mittels der Zuschreibung einer reduzierten Sprachfähigkeit. Verstärkt wird dieses den Schwarzen auferlegte Schweigen durch Filmszenen, in denen *weiße* Filmfiguren sich über anwesende Schwarze Filmfiguren austauschen, ohne Letztere zu adressieren und ohne, dass sich die Schwarzen Filmfiguren dazu in irgendeiner Weise äußern oder verhalten. Exemplarisch möchte ich diese kinematografische (Re-)Produktion subalterner Sprachlosigkeit anhand des Films *Out of Africa* aufzeigen.

Wie schon Gayatri Spivak in ihrem bekannten Artikel „Can the subaltern speak?"[226] hervorhob, wird die subalterne Frau durch die hegemonialen Repräsentationstechniken an der Einnahme von Sprechpositionen gehindert.[227] So auch in dem Film *Out of Africa*. Die einzige Schwarze Frau, die in dem zweieinhalbstündigen Film überhaupt individualisiert dargestellt wird, ist Cole Berkeleys heimliche Geliebte namens Mariammo.[228] Sie ist in nur zwei Subsequenzen des Films zu sehen – insgesamt genau eine Minute lang.[229] Dabei allerdings spricht sie kein einziges Wort. Worauf es dem Regisseur Sydney Pollack bei der Besetzung dieser Rolle ankam, ist dem DVD-Zusatzmaterial zu entnehmen:

> One of the happy accidents that happened while I was [in Kenya, J.D.] is I ran into Iman, the very famous model who is married to David Bowie now. [...] She has an extraordinary bone structure which is, of course, what's made her such a popular model and she has extraordinary dignity [as do all the Somalis; *Pollack in Filmminute 1:45:19*]. She has that wonderful look [...] that is characteristic of the Somali look.[230]

Die Schwarze Frau dient hier als Objekt des männlich-imperialen Blicks, der erfundene *Rasse*merkmale in der Anatomie der Darstellerin wiederzufinden glaubt und diese dem Filmtext in die Machtachse *Rasse* einschreibt. Die Darstellerin musste, wie Pollack explizit hervorhebt, nicht sprechen können, sondern sollte vor allem würdevoll und gut aussehen:[231]

---

[225] von Braun 1989: 166f. Christina von Braun schreibt hier: „Lacan beschreibt die Entstehung der Sprachfähigkeit beim Kind als ‚Spiegelstadium': wenn das Kind sich zum ersten Mal im Spiegel erkennt, entsteht bei ihm das Bewußtsein seiner individuellen Existenz. Es empfindet sich als abgespalten von der Umwelt, von den anderen, mit denen er [sic] sich bisher ‚eins' glaubte."
[226] Spivak 1988.
[227] Spivak 1988: 287ff. Vgl. Rodríguez 2003: 26.
[228] Die Filmfigur Cole Berkeley nennt diesen Namen in Filmminute 1:42:58.
[229] *Out of Africa*, Filmminute 1:41:53-1:42:33 (als Dienende, Sorgende, Wartende im Hintergrund); Filmminute 1:45:28-1:45:38; Filmminute 1:45:54-1:46:03 (als Beerdigungsteilnehmerin hinter dem Zaun; die *weiße* Protagonistin grüßt sie, die Schwarze aber erscheint arrogant, stolz und zeigt keine Regung).
[230] *Out of Africa*, Zusatzmaterial DVD 1: „Feature commentary with director Sydney Pollack", Filmminute 1:41:47-1:42:39.
[231] Gutes Aussehen richtet sich hier auch nach einem *weißen* Schönheitsideal. Vgl. Unterkapitel *3.4.3 Weiße Weiblichkeit als globalisiertes Schönheitsideal* und *3.7.3 Fetischisierung Schwarzer Filmfiguren*.

She had not a single line of dialogue to say but she had this terrific dignity immediately.[232]

Außer Berkeleys Geliebter Mariammo werden nur Männer aus der Masse afrikanistischer Filmfiguren hervorgehoben. Der visuell und auditiv am meisten präsente ist Karens Hausdiener Farah Aden, der insgesamt 52 englische Sätze spricht. Ein Großteil dieser Sätze zeugt qualitativ von einer großen Loyalität und Dienstbereitschaft gegenüber *Weißen*. Entweder überbringt Farah der *weißen* Protagonistin Nachrichten des *weißen* Mannes und dient auf diese Weise als Kommunikationsmittel,[233] oder er erklärt der *weißen* Protagonistin Sachverhalte, die sie in ihrer neuen Heimat noch nicht durchdrungen hat.[234] Er ist auch derjenige, der zwischen den Sprachen eine Brücke schlägt, indem er immer wieder als Dolmetscher zwischen Karen und den „Kikuyu" tätig wird.[235] Zudem gibt er Befehle der *weißen* Machthaber_innen an entindividualisierte Schwarze Filmfiguren weiter.[236]

Auf diese Weise wird nicht nur Farahs Subjektlosigkeit, sondern auch seine Untertänigkeit deutlich hervorgehoben. Die drei Autoritäten, denen er sich fraglos untergibt, sind, wie die ihm in den Mund gelegten Worte deutlich machen, (der *weiße*) Gott, der „Häuptling" Kinanjui und die *weiße* Kolonialistin Karen von Blixen. So sagt Farah zweimal: „God is great, msabu",[237] einmal „God is happy, Msabu. He plays with us."[238] Fünfmal beginnt er seinen Satz mit „This chief [oder: he] says" und lässt die dann folgende Aussage der „Häuptlingsfigur" fast immer unkommentiert als Wahrheit stehen.[239] Dreimal bestätigt er Karen mit den Worten:

---

[232] *Out of Africa*, Zusatzmaterial DVD 1: „Feature commentary with director Sydney Pollack", Filmminute 1:45:19-1:45:36.
[233] *Out of Africa*, Filmminute 0:08:25-0:08:50:
Farah: "Msabu, I am Farah Aden. We can go now." Karen: "Where is Baron Blixen?" Farah: "He is at Muthaiga. Please come." Karen: "Where is Muthaiga?" Farah: "Muthaiga is a club, Msabu, where British go for drinking. Please."
und Filmminute 0:20:04-0:20:20:
Karen: "Where is Baron Blixen?" Farah: "He has gone to hunt, Msabu." Karen: "Did he say when he would be back?" Farah: "He says he can come before the rain." Karen: "Is it going to rain today?" Farah: "It can be many days before the rains, Msabu."
[234] Erneut Filmminute 0:08:25-0:08:50 und 0:20:04-0:20:20 und zusätzlich Filmminute 0:21:53-0:22:02: Farah: "Msabu, this chief has no British." Karen: "Well, tell him that I am Baroness Blixen." Farah: "This chief knows that."
[235] Z. B. Filmminute 0:22:02-0:22:50. So auch Filmminute 0:43:50: „Msabu, these Kikuyu want to be sick now."
[236] Filmminute 0:08:41-0:08:56: Farah gibt einem afrikanistisch konstruierten „Betreiber" einer handgezogenen Riksche Anweisungen, Karen und ihren Hund in den Muthaiga-Club zu bringen. Und Filmminute 0:19:56-0:20:04: afrikanistisch konstruierte Filmfiguren tragen Karens Gepäck ins Gutshaus.
[237] *Out of Africa*, Filmminute 0:45:45, 1:54:15.
[238] *Out of Africa*, Filmminute 0:51:46. Auch Juma scheint gottgläubig und schicksalsergeben zu sein. In Filmminute 2:06:34-2:06:42 sagt er: „I think that you had better get up, Memsab. I think that you had better get up, Memsab. I think that God is coming."
[239] *Out of Africa*, Filmminuten 0:22:41, 0:23:47, 1:09:07, 1:54:27, 1:55:04.

"Yes (Msabu)", niemals kommt ein "Nein" über seine Lippen. Der Schwarze Mann wird inszeniert, als sei ihm das untertänige, ehrerbietige Dienen angeboren. Schon Fanon schreibt:

> Le nègre doit, qu'il le veuille ou non, endosser la livrée que lui a faite le Blanc. Regardez les illustrés pour enfants, les nègres ont tous à la bouche le ‚Oui Missié' rituel. [240]

Manchmal jedoch gerät Farah dadurch, dass er "drei Götter" über sich hat, in Loyalitätskonflikte. Einmal betont er, um der Baroness Hoffnung zu machen, dass ihr Projekt einer Kaffeeplantage entgegen der Aussage des "Häuptlings" vielleicht doch Aussichten auf Erfolg haben könnte, dass der Häuptling zwar ein Häuptling sei, aber eben doch (nur) ein "Kikuyu".[241] Hier stellt er das Wissen der *weißen* "Zivilisation" über das des Oberhauptes der afrikanistisch inszenierten Gemeinschaft. Ein anderes Mal widerspricht er Karen, als diese die Anweisung Kinanjuis, dass die afrikanistisch konstruierten Kinder nur bis zu einer bestimmten Größe in die Schule gehen dürften,[242] übergehen will.[243] Hier beharrt Farah auf den Anweisungen des von ihm anerkannten afrikanistisch inszenierten Oberhauptes:

> No, this is a chief. You are not a chief. It is not good for tall people to know more than this chief. When these children are tall, then this chief can be dead.[244]

Damit stellt er die Autorität Kinanjuis über die von Karen. Die *weiße* "Kolonialherrin" gewährt ihm jedoch seine Widerworte. Er darf seine individuelle Sicht der Dinge kundtun. Diese besteht im gesamten Film allerdings nur aus vier eigenen Statements mit insgesamt ungefähr 15 Sätzen. In Filmminute 0:24:25-0:24:40 versucht er, Karen vom Stauen des Baches oder Flusses abzuhalten: "Msabu, this water must go home to Mombasa. [...] Msabu, this Water lives at Mombasa." Damit widerspricht er vehement ihren Ideen und wird dafür nicht bestraft – auch, wenn der Teich trotzdem angelegt und seine Aussage erst gegen Ende des Films als richtig bestätigt wird. Ein anderes Mal äußert er seine Meinung, als er die Situation, in der sie sich befinden, selbst bewertet: "Msabu's bleeding. She does not have this ox. This lion is hungry. He does not have this ox. This wagon is heavy. It doesn't have this ox. God is happy. He plays with us."[245] Hier widerspricht er

---

[240] Fanon 2015a: 31. Deutsche Übersetzung (Fanon 2015b: 31): "Ob er will oder nicht, der [N.] muss die Livrée anziehen, die der Weiße ihm geschneidert hat. Seht euch die Kinderbilderbücher an: Alle [N.] haben das rituelle ‚Qui, Missié' auf den Lippen."
[241] *Out of Africa*, Filmminute 0:23:47-0:23:53: "He [the chief] says, coffee must not grow this high. Never mind, Msabu. He is a chief, but he's a Kikuyu."
[242] *Out of Africa*, Filmminute 1:09:10: "This Chief says children higher than this must not learn to read."
[243] Sie sagt: "Tell him that all children must go to school."
[244] *Out of Africa*, Filmminute 1:08:57-1:09:30.
[245] *Out of Africa*, Filmminute 0:51:30-0:51:50.

nicht, darf aber sein Denken kundtun – ein Denken, das offensichtlich, so wird es dargestellt, sehr simpel gestrickt, religiös rückständig und fast abergläubisch ist. Zudem die oben bereits zitierte Stelle, an der Farah die *weiße* Frau darauf hinweist, dass der „Häuptling" in der Schulfrage recht habe.[246] Das vierte eigenständige Statement ist sein artikulierter Wunsch, den Kontakt zur *weißen* Frau trotz deren Abreise nicht zu verlieren: „How can it be now? With me and yourself?" „I do not speak of money." „You must make this fire very big so I can find it."[247] Nur zwei dieser Statements stellen die Machtposition der *weißen* Frau andeutungsweise infrage. Die anderen beiden dienen eher deren Unterstützung, Ermutigung und Bestätigung.

Farah ist auch die Filmfigur, durch deren Mund den englischsprachigen Rezipierenden kritische Gedanken des „Häuptlings" bezüglich der Kolonialmacht verständlich gemacht werden: „This chief says: ‚British can read and what good has it done them?'"[248] Der Filmkritiker Meinert hebt in der *Rhein-Zeitung* hervor, dass dieser Satz eine eher „fade Pointe" sei:

> Dem örtlichen „Chief" des Kikuyu-Dorfes Kinanjui wird in dem Buch ein ganzes Kapitel gewidmet: Er erscheint als würdevoller Häuptling, der sein Volk klug regiert – im Film agiert er als knurriger Alter, der sich vor allem gegen den Schulbesuch der Jungen wehrt und mit der eher faden Pointe auftritt: ‚Die Briten können schreiben, sehen Sie selbst, wie weit sie damit gekommen sind'.[249]

Dennoch gibt sich der Film dadurch, dass er sowohl das Oberhaupt der afrikanistisch imaginierten Gemeinschaft als auch Farah ungestraft herrschaftskritische Gedanken aussprechen lässt, einen Anstrich der Kolonial- und Okzidentalkritik.[250] Die Schwarzen Filmfiguren, so wird vorgegeben, dürfen ihren (kolonial-)kritischen Blick äußern ohne bestraft zu werden. Diese Kolonialkritik wird aber geschickt verniedlicht und fast ausgehebelt, weil den Schwarzen Gedanken ein primitiver Sprachaufbau zugrunde liegt. Insgesamt wirken die 52 englischen Sätze, die Farah Aden spricht, aufgrund der Redundanz der Worte, der Einfachheit des Satzbaus und der Bildhaftigkeit seiner Sprache kindlich, naiv und „primitiv".

Fanon fasst diese primitive Art und Weise des Sprechens Schwarzer Filmfiguren als eigene Sprache, die er „petit-nègre" nennt. Eine Schwarze Filmfigur „‚petit-nègre' sprechen zu lassen",[251] heißt für Fanon, den Schwarzen „an sein Bild fesseln, ihn mit Leim bestreichen, gefangen nehmen, ewiges Opfer einer Essenz,

---

[246] *Out of Africa*, Filmminute 1:08:57-1:09:30.
[247] *Out of Africa*, Filmminute 2:12:48-2:13:54.
[248] *Out of Africa*, Filmminute 1:55:05.
[249] Meinert 1986a.
[250] Vgl. Unterkapitel *3.4.8 Konstruierte Held_innen weißer Kolonialkritik*.
[251] Fanon 2015b: 31.

Deduktives Analyseverfahren 411

eines Erscheinens, an dem er nicht die Schuld trägt."[252] Fanon weist darauf hin, dass diese Inszenierungsstrategie, die dazu beitrage, die Schwarze Filmfigur darzustellen als habe sie „keine Kultur, keine Zivilisation, nicht jene ‚lange geschichtliche Vergangenheit'",[253] in vielen okzidentalen Filmen angewandt werde.[254] Diese Primitivität des Sprechens schreibt sich als infantiler Charakter in die Schwarze Filmfigur ein: So begrenzt wie Farahs Ausdrucksvermögen ist, so begrenzt erscheint sein Denken – und damit das Denken aller afrikanistisch konstruierten Filmfiguren, von denen Farah immerhin einer der „intelligentesten", weil redegewandtesten zu sein scheint.[255]

Diese Infantilisierung wird, wie bereits in Unterkapitel 3.6.3 dargelegt, auch durch Kamantes Sprachduktus erzielt, dessen Redebeiträge mit insgesamt elf englisch intonierten Sätzen quantitativ an zweiter Stelle stehen. Kamantes Redebeiträge dienen dazu, seine Schwarze Filmfigur zum einen als infantil, zum anderen als widerborstig und verschlagen zu inszenieren.[256] Ist Kamante bei der ersten Begegnung mit der *weißen* Protagonistin noch gänzlich stumm,[257] wird wenige Filmminuten später deutlich, dass er doch englisch sprechen und verstehen kann.[258] In dieser zweiten Begegnung liegt Kamantes Kindlichkeit zum einen in der Bildhaftigkeit seiner Ausdrucksweise, zum anderen in dem kindlichen Verhalten, seine Belohnung nicht in seiner eigenen Heilung zu erkennen, sondern durch gewiefte Verhandlungsversuche die ihm winkende Belohnung erhöhen zu wollen. Während des gesamten Dialogs bleibt Kamante der bildhaften und ihn infantilisierenden Sprache verhaftet, die in gewisser Weise „vor-bewusst" und ohne Abstraktionsvermögen ist.

Diesen sehr einfachen Sprach-, Denk- und Handlungsduktus hält Kamante noch aufrecht, als er schon längst in Karens Küche arbeitet. Als Karen Kamante anweist, ein Abendmahl für einen Gast zuzubereiten, zeugt der Inhalt von Kamantes kurzen, einfach gestrickten Antwort- bzw. Dialogsätzen erneut von einem fehlenden Abstraktionsvermögen auf Seiten des Schwarzen Bediensteten. Abergläubisch wie Kamante hier dargestellt wird, meint er, das Essen werde besser, wenn er während der Zubereitung an „Bwana Cole" denkt:[259]

---

[252] Ebd.
[253] Ebd.
[254] Ebd.
[255] Die Inszenierung macht vergessen, dass Englisch nicht Farahs Muttersprache ist und dass ihm im Englischen ein sehr begrenzter Wortschatz zur Verfügung steht. Statt seine englischen Sprachkenntnisse positiv zu bewerten, wertet der Filmtext Farahs English ab und setzt die Bruchstückhaftigkeit seines englischen Ausdrucksvermögens mit Farahs Denkvermögen gleich.
[256] Vgl. Unterkapitel *3.6.3 Infantilisierung*.
[257] *Out of Africa*, Filmminute 0:22:50-0:23:41.
[258] *Out of Africa*, Filmminute 0:34:59-0:35:38.
[259] Siehe dazu das Unterkapitel *3.6.1 Schwarz symbolisierte Entwicklungsblockade*.

> Kamante: "Who is coming, Msabu?"
> Karen: "Bwana Cole is coming."
> Kamante: "I will think on Bwana Cole."[260]

So werden einige wenige Schwarze Filmfiguren zwar zum Sprechen gebracht, gleichzeitig aber an einem machtvollen Sprechen gehindert. Diese Inszenierungsstrategie spiegelt das Bewusstsein des Regisseurs wider, der im DVD-Zusatzmaterial behauptet, dass es schwierig gewesen sei, unter somalischen Darstellern jemanden zu finden, der in der Lage gewesen wäre, den Text von Farahs Nebenrolle zu sprechen:

> I couldn't find an actor who spoke English well enough and who had any acting experience. And so I was, as I said, very lucky to find Malick who's just wonderful in the part.[261]

Es ist jedoch kaum vorstellbar, dass tatsächlich kein einziger Somali mit Schauspielerfahrung oder -talent zu finden war, der 52 derart simple und redundante englischsprachige Sätze lernen und zum Besten hätte geben können.

Ich führe die Tatsache, dass Schwarze Filmfiguren von *weißen* Filmemacher_innen hauptsächlich stumm oder in ihren Aussagen nichtig, kindlich und primitiv imaginiert und inszeniert werden, auf die von Grada Kilomba benannte Angst der *Weißen* vor dem Zuhören zurück, die der Verdrängung einer unangenehmen Wahrheit dienen soll.[262] Kilomba schreibt:

> [The silence, J.D.] of the Black subject prevents the *white* master from listening to those latent truths she/he wants 'to turn away', 'keep at a distance', at the margins, unnoticed and 'quiet'. [...] There is an apprehensive fear that if the colonial subject speaks, the colonizer will have to listen. She/he would be forced into an uncomfortable confrontation with 'Other' truths. Truths that have been denied, repressed and kept quiet, as secrets.[263]

Kamantes Sprechen wird genutzt, um die verdrängte Gewalttätigkeit der *weißen* Kolonialmacht, auf die Kilomba anspielt, zu legitimieren. Indem Kamantes Sprechakte ihn als verschlagen, trotzig und unzuverlässig charakterisieren, wird die Strenge der *weißen* Protagonistin legitimiert. So beispielsweise in der Sequenz des abendlichen Dinners mit Cole Berkeley.[264] Karen schaut auf ihren Teller, greift zur Gabel und will mit dem Essen beginnen, dann verfinstert sich ihr Gesicht, auf dem zuvor ein Lächeln gelegen hatte. Sie wendet sich zu dem an der Wand stehenden Schwarzen Bediensteten Juma: „Get Kamante", sagt sie ernst. Dann zu sich und in

---

[260] *Out of Africa*, Filmminute 1:37:48-1:39:05.
[261] *Out of Africa*, Zusatzmaterial DVD 1: „Feature commentary with director Sydney Pollack", Filmminute 1:43:08-1:43:35.
[262] Vgl. Unterkapitel *3.4.7 Weiße Geschichtsverfälschung*.
[263] Kilomba 2010: 21.
[264] *Out of Africa*, Filmminute 1:38:33.

## Deduktives Analyseverfahren

Gegenwart von Cole, sehr ernst, fast wütend: „He is out of hand entirely." Kamante kommt herein.

> Karen: "Does this look like a chicken?"
> Kamante (nach Blick auf ihren Teller): "Here is not a chicken, Memsa, here is a fish."
> Karen (zart und leise, aber bestimmt): "Go away."[265]

Auf diese Weise wird Kamante als widerständiger Schwarzer inszeniert, der den Befehlen der *weißen* Kolonialistin nicht folgt. Statt, wie angewiesen, Huhn hat er eigenmächtig Fisch zubereitet.[266] An dieser Stelle wird die „tiefe und unbewusste Ambivalenz" sichtbar, von der Hall im Zusammenhang mit dem Stereotyp des hingebungsvoll dienenden „Sklaven" spricht. Hall schreibt:

> Sind die ‚Sklaven' auch treu und kindlich, so sind sie zugleich unzuverlässig und unberechenbar – imstande, ‚unangenehm' zu werden und verräterische Komplotte zu schmieden, verschlossen, arglistig und mörderisch, sobald ihr Herr oder ihre Herrin sich umdreht; und auf unerklärliche Weise neigen sie dazu, bei der geringsten Gelegenheit in den Busch zu verschwinden. Die Weißen können sich nie sicher sein, ob dieser kindische Einfaltspinsel – ‚Sambo' – nicht hinter vorgehaltener Hand die weißen Manieren seines Herrn verspottet, selbst dann, wenn er sich bemüht, die weiße Kultiviertheit nachzuäffen.[267]

Dass die strenge Haltung der *weißen* Kolonialistin gegenüber ihrem Schwarzen Bediensteten sogar von diesem selbst gut geheißen wird, versucht Kamantes letzter Filmsatz zu vermitteln. Denn als Karen Afrika endgültig verlässt, möchte Kamante Karen unbedingt als Arbeitgeberin behalten und ist ihr in tiefer Loyalität verbunden: „There is no cooking where you are going?"[268] Dieser Satz dient der Inszenierung der *weißen* Frau als Gutmensch und der Legitimation ihrer kolonialrassistischen Anwesenheit. Auch etwa ein Siebtel aller von Farah Aden gesprochenen Sätze dient diesem Ziel. Es handelt sich dabei vor allem um die Filmsequenz, in der Farah fragt, wie er trotz der Rückreise der *weißen* „Kolonialherrin" nach Europa mit ihr in emotionalem Kontakt bleiben könne.[269]

Neben Farah Aden und Kamante gibt es lediglich zwei weitere Schwarze Filmfiguren, die sich in der Sprache der Kolonialmacht äußern. Es sind zwei Angestellte im Club der *weißen* Männer, die allerdings sehr viel weniger reden als

---

[265] *Out of Africa*, Filmminute 1:38:45-1:39:06.
[266] Siehe hierzu genauer *3.6.3 Infantilisierung*.
[267] Hall 2012: 160. Vgl. Unterkapitel *3.6.2 Dehumanisierung* der vorliegenden Forschungsarbeit: Sobald sich die *weiße* Protagonistin dem Feld den Rücken zudreht, verwildert es. Durch die visuelle Zuordnung dieser Sätze wird vermittelt, auch der afrikanistisch konstruierte Kanuthia würde „verwildern", sobald die *Weißen* ihm den Rücken zudrehen.
[268] *Out of Africa*, Filmminute 2:27:25-02:28:04. Vgl. Unterkapitel *3.6.3 Infantilisierung* (hier auch Screenshots).
[269] *Out of Africa*, Filmminute 2:12:50-2:13:55.

Farah und Kamante. Einer sagt lediglich: „Yes, Madam."[270] Ein anderer, der den Namen Rajiv trägt, sagt auf Befehl des *weißen* Mannes einen sich wiederholenden Satz auf: „Memsahibs must not be here. [...] Memsahibs must not be here".[271] Er wird damit zur Verlängerung des Willens des *weißen* Mannes.

Alle anderen Schwarzen Filmfiguren sprechen überhaupt kein Englisch. Bildlich als Einzelpersonen präsent ist noch die Filmfigur des „Häuptlings" der „Kikuyu" namens Kinanjui und Denys' Begleiter Kanuthia sowie Karens Koch Esa und der Hausangestellte Juma. Der „Häuptling" redet zwar – für eine Schwarze Filmfigur – relativ viel, allerdings nur in einer afrikanischen Sprache, die ein Großteil der hegemonial-okzidentalen Gesellschaft nicht versteht.[272] Sie wird in den Untertiteln nicht übersetzt und erscheint somit nichtig. Die fehlende Untertitelung zeigt die von Arndt hervorgehobene „abwertende Ignoranz gegenüber den Sprachen der Kolonisierten"[273] im *weißen* Diskurs an. Allerdings macht Farahs Dolmetscherrolle den Inhalt dessen, was die „Häuptlingsfigur" sagt, dann doch meist noch für okzidentale Rezipierende verständlich. Der Hausangestellte Juma spricht im gesamten Film etwa drei afrikanische Sätze, die weder untertitelt, noch innerhalb der Diegese übersetzt werden.[274] Kanuthia und Esa schweigen komplett.

Alle anderen Schwarzen Filmfiguren werden nicht nur sprachlich, sondern auch visuell und narrativ vollkommen entindividualisiert und entpersonalisiert dargestellt. Sie scheinen verbal kaum existent, sind als menschliche Individuen vollkommen irrelevant und dienen vornehmlich als Kulisse und Staffage. Sie artikulieren auf Weisung der *Weißen* afrikanische Sätze im Chor,[275] murmeln unverständliche Dinge in einem afrikanisch-sprachigen Durcheinander[276] oder singen ihnen zugeschriebene afrikanische Lieder.[277] Ihre Äußerungen sind häufig eher als tierähnlich denn als sprachlich einzustufen.

Um zu unterstreichen, dass Schwarze nicht für sich selbst sprechen können, bedienen sich die Filmemacher_innen zusätzlich der Inszenierung von *weißer* Für-

---

[270] *Out of Africa*, Filmminute 2:28:15.
[271] *Out of Africa*, Filmminute 0:10:16-0:10:26.
[272] *Out of Africa*, Filmminute 0:22:17-0:22:39, 1:08:58-1:09:08, 1:47:27-1:47:31, 1:54:19-1:54:28, 1:54:55-1:55:03.
[273] Arndt 2011b: 121.
[274] *Out of Africa*, Filmminute 0:17:58-00:17:59, Filmminute 1:03:37-1:03:43.
[275] *Out of Africa*, Filmminute 0:17:17-0:17:21: Die afrikanistisch inszenierten Bediensteten von Karens „Farm" sprechen auf Anweisung Brors einen afrikanischen Satz zur Begrüßung der Kolonialistin im Chor. Filmminute 1:43:35-1:44:35: Die Kinder der „Kikuyu" sprechen in der Schule chorisch die Buchstaben nach, die der *weiße* Lehrer ihnen beibringen will (erst im On, dann im Off).
[276] Z.B. *Out of Africa*, Filmminute 1:03:19-1:03:24: Zur Begrüßung nach Karens Rückkehr kommen alle afrikanistisch inszenierten Untergebenen herbeigelaufen. Und Filmminute 2:01:30-2:01:53: Damm bricht, die Schwarzen Filmfiguren versuchen, ihn zu halten. Auch Filmminute 2:06:52-2:07:50: Feuer vernichtet Ernte und Farm.
[277] *Out of Africa*, Filmminute 2:05:43-2:06:08 (afrikanistisch konstruierte Filmfiguren bei der Ernte).

*Deduktives Analyseverfahren*

sprache. So beispielsweise, wenn die *weiße* Protagonistin gegen Filmende zu Farah Aden sagt:

> You must have them [the Kikuyu, J.D.] ready to leave before the rains. It is good land, enough for all, but they must not fight about it… or be any trouble to the authorities, do you understand? Or they will lose it. You must make them understand that *I will not be here to speak for them.*"[278] [Hervorhebung durch mich, J.D.]

Nur, weil die *weiße* Protagonistin für die sprachunfähigen „Kikuyu" gesprochen hat, so die Aussage dieser Textstelle, haben die Schwarzen Filmfiguren die Chance auf ein Stückchen Land. Allerdings riskieren sie in der *weißen* Imagination, diese Chance durch die ihnen als genuin eigen zugeschriebene Aggression und den ihnen unterstellten fehlenden Unterordnungswillen wieder zu verlieren. Aus diesem Grund wird Farah von der *weißen* Frau beauftragt, die vermeintlich sprachlosen Schwarzen Filmfiguren zu einem friedlichen Verhalten anzuhalten. Diese Figurenkonstellation und -konstruktion berührt erneut das von Popal eingebrachte Gegensatzpaar „zivilisiert" und „wild". Denn Popal schreibt:

> ‚Wildnis' wiederum signifiziert in kolonialen Diskursen und Vorstellungen Stummsein, Nicht-sprechen-Können, Unterlegenheit und gleichzeitig Gefahr und Bedrohlichkeit. Die Kennzeichnung ‚wild' steht für Unmündigkeit, damit Wildnis der Autorität der Zivilisation unterstellt werden kann.[279]

Dass diese Repräsentation Schwarzer Menschen der historischen Realität nur insofern nahekommt, als dass Schwarze zwar sehr wohl gesprochen haben, dass aber ihre Stimmen systematisch disqualifiziert und als unbedeutend stigmatisiert worden seien, ist den Worten Grada Kilombas zu entnehmen. Sie schreibt:

> It is not that we have not been speaking, but rather our voices – through a system of racism – have been either systematically disqualified as invalid knowledge; or else represented by *whites* who, ironically, become the 'experts' on ourselves. Either way, we are caught in a violent colonial order […] – a violent hierarchy that defines *who can speak.*[280]

Kolonisierte Subalterne seien, so Kilomba, weder passive Opfer gewesen, noch willige Kompliz_innen der Unterdrückung.[281] Doch die *weiße* Filmindustrie trägt dazu bei, dass widerständige Schwarze Stimmen systematisch zum Schweigen gebracht oder als nichtig dargestellt werden. Diese subalterne Sprachlosigkeit bezwecke zum einen, so Kilomba, dass sich die Kolonisierten bedingungslos mit der Kolonialmacht identifizierten und kein unabhängiges Bewusstsein für ihre eigene Unterdrückung besäßen. Zum anderen bestätige ein schweigender Subalter-

---

[278] *Out of Africa*, Filmminute 2:12:28-2:12:39.
[279] Popal 2011.
[280] Kilomba 2010: 28.
[281] Kilomba 2010: 26.

ner die koloniale Behauptung, dass die gewaltsam Unterdrückten weniger menschlich und daher den *weißen* Kolonialist_innen unterzuordnen seien. Beide Denkfiguren schreiben Schwarzen eine Unfähigkeit des Sprechens und ein Fehlen von politisch widerständigem Handeln zu.[282]

Zusammenfassend kann mit der erweiterten Mulvey'schen Theorie konstatiert werden, dass der Schwarze Mensch, der in der okzidentalen Kultur „als Signifikant für das [*weiße*, J.D.] Andere" steht, „gefesselt [ist] von einer symbolischen Ordnung, in der [*weiße* Menschen, J.D.] ihre Phantasien und Obsessionen durch die Herrschaft der Sprache ausleben können, indem sie sie dem schweigenden Bild [des Schwarzen Menschen, J.D.] aufzwängen, [dem] die Stelle des Sinnträgers zugewiesen ist, nicht die des Sinnproduzenten."[283] Denn im gesamten zweieinhalbstündigen Film *Out of Africa* sprechen Schwarze Filmfiguren lediglich 66 englische, d.h. für die Mehrzahl der okzidentalen Rezipierenden verständliche Sätze. Davon nur sechs, die – in einem sehr gemäßigten Rahmen – den *weißen* Filmfiguren widersprechen. Ihr Widerspruch wird jedoch durch den Sprachduktus verniedlicht und damit als infantil abgewertet oder als „angeborenes" Frechsein inszeniert und dessen Ausmerzung damit legitimiert. Hauptsächlich aber artikulieren die afrikanistisch konstruierten Filmfiguren, was *weiße* Filmfiguren sie sagen hören wollen: Sie sprechen nach, geben Befehle weiter, dolmetschen oder überbringen Nachrichten. Die meisten der ihnen in den Mund geschriebenen Worte bilden ehrerbietende Sätze, die ihren Respekt vor und ihre Liebe zu der *weißen* Kolonialistin anzeigen. Sie haben kaum eigene Ideen und Inhalte und artikulieren nur selten Worte in der europäischen Sprache, in der der Spielfilm gedreht wurde. Ihre afrikanischen Äußerungen bleiben fast immer unübersetzt. Zudem wird die Inszenierung von *weißer* Fürsprache genutzt, um zu unterstreichen, dass die Schwarzen nicht für sich selbst sprechen können. Den Schwarzen Filmfiguren werden dadurch kognitive Fähigkeiten und ein Subjektstatus abgesprochen.

Ähnliche Tendenzen sind in den anderen drei okzidentalen Spielfilmen zu erkennen. Sie bebildern, was der Soziologe und Kulturphilosoph Michel de Certeau auf theoretischer Ebene beschrieben hat:

> ‚Heterologien' (Diskurse über das Andere) basieren auf einer Unterscheidung zwischen dem Wissen, das den Diskurs führt, und dem stummen Körper, der ihn nährt.[284]

Für den Film *Die weiße Massai* wurde die Sprachlosigkeit der Schwarzen Filmfiguren auszugsweise bereits anhand einer seiner Subsequenzen im Rahmen des Kapitels *3.5 Der phallische Blick: weißes Subjekt, Schwarzes Objekt* detailliert dargelegt. In dem

---

[282] Ebd.
[283] Mulvey 1994: 49.
[284] Certeau 1991: 14.

Film *The Nun's Story* gibt es zusätzlich das Phänomen, dass Schwarze Filmfiguren immer wieder mithilfe von Trommelrhythmen miteinander kommunizieren. Durch diese Inszenierung wird den afrikanistisch inszenierten Filmfiguren das Stereotyp musikalischer Sprachlosigkeit zugeschrieben, das an einer anderen Stelle durch die Kontrastierung des Trommelcodes mit der „modernen", „zivilisierten" Nachrichtenübermittlung via Zeitung noch deutlicher mit „Primitivität" gekoppelt wird.[285]

Die Charakterisierung Schwarzer Filmfiguren wird in *The Nun's Story* vor allem von *weißen* Filmfiguren vorgenommen – häufig in Anwesenheit der schweigend dargestellten Schwarzen Filmfiguren, über die gesprochen wird. Das Schweigen der Schwarzen Filmfiguren wird dadurch verstärkt und auf die Spitze getrieben. Beispiele hierfür sind in Filmminute 1:12:03-1:12:31 zu finden, als sich die beiden Nonnen über die am Tisch sitzenden Schwarzen Krankenpfleger unterhalten oder auch in der Subsequenz, die Sister Lukes Besuch in der Missionsstation für Lepra-Kranke zeigt. Die zu sehen gegebenen Lepra-Kranken leiden schweigend, während Father Vermeulen Sister Luke erzählt, was mit ihnen Schreckliches geschehen würde, wenn sie ihren eigenen Gemeinschaften überlassen blieben.[286]

Etwas anders ist das Rederecht in *Eine Weiße unter Kannibalen (Fetisch)* verteilt. Hier ist die quantitative Redezeit unter Schwarzen und *weißen* Filmfiguren weniger ungleich verteilt. Doch die Inhalte des von Schwarzen Filmfiguren Gesprochenen dienen ähnlich wie in den anderen drei Filmen vor allem der hegemonialen Inszenierung des *Weißseins*. Alle Sätze, die die Schwarzen Filmfiguren in diesem Film sprechen, drücken entweder ein mit rückständigem Aberglauben verbundenes Begehren nach *Weißsein* aus oder schreiben den Schwarzen Filmfiguren ein gewalttätiges Verhalten oder ehrerbietige Unterordnung unter *Weiße* zu.

Die vom *weißen* Diskurs zum Schweigen und Gehorchen gebrachten Schwarz konstruierten Körper sprechen in den Filmtexten nicht nur nicht, sie handeln auch nicht. Passiv lassen sie sich von den *weißen* Identifikationsfiguren dominieren. Dass eine solche Sprechposition einer Kastration gleichkommt, hebt die Filmkritikerin und Kunsthistorikerin Kaja Silverman in Bezug auf die weibliche Filmfigur hervor:

> Above all, I want to stress that although woman's castration is always anatomically naturalized within Hollywood films, what this castration in fact entails is her exclusion from symbolic power and privilege. That exclusion is articulated as a passive relation to classic cinema's scopic and auditory regimes – as an incapacity for looking, speaking, or listening authoritatively, on the one hand, and with what might be called a 'receptivity' to the male gaze and voice, on the other. [...]

---

[285] *The Nun's Story*, Filmminute 1:24:24. Eine ähnliche Situation ist die in dem Film *Out of Africa*, in der Karen und Denys über Kanuthia reden, während er schweigend hinter ihnen geht (vgl. Unterkapitel *3.6.2 Dehumanisierung*).

[286] *The Nun's Story*, Filmminute 1:32:39-1:34:14.

> Even when she speaks without apparent coercion, she is always spoken from the place of the sexual other.[287]

Übertragen auf die Machtachse *Rasse* bedeutet das, dass Schwarze Filmfiguren durch die ihnen auferlegte Sprachlosigkeit kastriert und zu einem dem *weißen* Subjekt gegenübergestellten rassifizierten „Anderen" gemacht werden.

### 3.6.5 De- und Hypersexualisierung

„Without reconstructing the sexuality of the Black character", schreibt die Historikerin Jacquie Jones, „it is impossible to enter into the more general discourse of identity."[288] Jones' Einschätzung zufolge wird der generelle Identitätsdiskurs durch die kinematografischen Sexualitäts-Konstruktionen Schwarzer Charaktere in okzidentalen Mainstream-Filmen stark beeinflusst. Diese Annahme bestätigend macht die Anmoderation des unter dem Titel „Schwarze Krieger für weiße Ladys. Käuflicher Sex in Kenia" gesendeten Beitrags des ZDF-Kulturmagazins „Aspekte" vom 18.07.2008 den Film *Die weiße Massai* für die rasante Entwicklung des kenianischen Sexmarktes verantwortlich. Der Beitrag selbst beginnt folgendermaßen:

> Schwarze Haut, muskulöse Körper: Die Faszination des ‚Wilden' lockt immer mehr Touristinnen nach Kenia. [...] Für eine gewisse Klientel von weißen Frauen sind die jungen Krieger der Samburu heiß begehrt. Ein regelrechter Heirats- und auch Sexmarkt ist entstanden.[289]

Dass der Film *Die weiße Massai* tatsächlich zu diesem weiblichen Sextourismus und damit zu der realiter stattfindenden Konsolidierung einer – offensichtlich nicht nur subjektiv empfundenen – Ermächtigung der *weißen* Frau auf Kosten des Schwarzen Mannes beizutragen versteht, macht die Analyse der filmtextimmanenten Konstruktion transrassialisierter Sexualität deutlich. Denn der Film bildet innerhalb des melodramatischen Genres zwar insofern eine Ausnahme, als dass er zu den wenigen (Mainstream-)Spielfilmen gehört, die eine Liebesbeziehung zwischen Schwarzen und *weißen* Filmfiguren ins Zentrum der Narration stellen.[290] Doch statt zu

---

[287] Silverman 1988: 31.
[288] Jones 1993: 247.
[289] Reportage „Schwarze Krieger für weiße Ladys. Käuflicher Sex in Kenia" im ZDF-Kulturmagazin *Aspekte* vom 18.07.2008 (siehe Anhang).
[290] Kaufmann 2007: 75. Die von Kaufmann hier getätigten Aussagen über die zeitgenössische Darstellung „gemischtrassiger Paare" ist jedoch insofern zu hinterfragen, als dass Kaufmann ein rassistisches Denken ausschließlich der „Elterngeneration" zuschiebt und damit den im Okzident auch heute noch strukturell verankerten Rassismus negiert. Ebenso fragwürdig erscheint Kaufmanns Behauptung, die von Rassismus geprägten Probleme der „gemischtrassigen" Beziehungen würden in den von ihr verhandelten Filmen nur deshalb nicht problematisiert, weil eine Liberalisierung des Denkens eine solche Problematisierung überflüssig gemacht hätte. Viel naheliegender ist es, zu vermuten, dass rassifizierte Machthierarchien nicht benannt werden, um *Weißsein* als unsichtbar wirkende Machtachse und Norm aufrecht zu erhalten.

# Deduktives Analyseverfahren

einer Emanzipation des Schwarzen Mannes auf der Machtachse *Rasse* trägt die Darstellung seiner Sexualität zur Bildung und Verfestigung *weiß*-weiblicher Hegemonialität bei. Innerhalb der auch in diesem Film noch als tabuisiert inszenierten transrassialisierten Liebesbeziehung[291] wird der Schwarze Mann nicht nur zum passiven, mit weiblichen Attributen versehenen Objekt des aktiven Blicks von Protagonistin und Filmrezipierenden,[292] sondern auch zu einer Filmfigur, die das über Jahrhunderte fortgetragene und im kolonial-okzidentalen Diskurs verankerte Stereotyp des gewalttätigen und übersexualisierten Schwarzen Mannes verkörpert, dem „ein ‚animalischer' Lusttrieb unterstellt" wird.[293]

Die viereinhalbminütige Sexszene,[294] die dieses Stereotyp in Szene setzt, beginnt mit einem ausgesprochen hellen Bild, in dem das Gesicht der *weißen* Abenteuerheldin in Großaufnahme dargestellt und ihr Subjektstatus gestärkt wird.

*Die weiße Massai*, Filmminute 0:22:57-0:23:15.

Carola wartet seit zehn Tagen sehnsüchtig auf „ihre Prinzessin" Lemalian. Ihr Kopf liegt voll ausgeleuchtet und von ihrem durchleuchteten blonden Haar umge-

---

[291] Auch in diesem Film wird die Beziehung des Schwarzen Protagonisten Lemalian zur *weißen* Frau dem gesellschaftlichen Tabu entsprechend von vornherein als eine verbotene Liebe dargestellt. Dass der Schwarze Mann die *weiße* Frau nicht ohne die Einwilligung des *weißen* Mannes begehren darf, vermittelt schon die zu Filmbeginn stattfindende Disko-Szene, in der Carolas plötzlich erscheinender *weißer* Freund Stefan den mit Carola tanzenden Lemalian strafend anblickt. Dieser Blick des *weißen* Mannes, der nicht seine Freundin, sondern den Schwarzen Mann ermahnt (Filmminute 0:09:38-0:10:10), beinhaltet zweierlei Botschaft. Zum einen wird die Frau durch Stefans Blick zur „Ware" – zu einem Tauschobjekt in der Beziehung zweier Männer –, zum anderen wird dem Schwarzen Mann das Recht abgesprochen, eine *weiße* Frau zu begehren. Die Tatsache, dass Stefan Carola wie einen ihm gehörenden Gegenstand aus der Disko zu ziehen versucht und Carola am Ende sogar mit Stefan mitgeht, um den Schwarzen Mann vor der Gewalt des *weißen* Mannes zu schützen, verstärkt die Botschaft *weiß*-männlicher Superiorität: Die *weiße* Frau gehört dem *weißen* Mann und dieser hat die Macht, das von ihm konstruierte Besitzrecht durchzusetzen.

[292] Vgl. Unterkapitel *3.5 Der phallische Blick: weißes Subjekt, Schwarzes Objekt*.

[293] Danielzik/Bendix 2011: 268. Sie schreiben zudem: „Diese Fantasie ist auch heute noch Teil *weißer* männlicher (und auch weiblicher) Identitätskonstitution, wie sich besonders deutlich am ‚Sextourismus' in ehemals kolonisierten Territorien zeigt. Die Konsequenzen der Sexualisierung und Animalisierung von Frauen und Männern aus dem globalen Süden bzw. all jener, die mit diesem assoziiert werden, sind gewaltsam, da sie eine Rechtfertigung für Vergewaltigung und sexuelle Ausbeutung durch *weiße* Männer und Frauen darstellen." Vgl. McClintock 1995: 21.

[294] *Die weiße Massai*, Filmminute 0:22:57-0:26:43.

ben auf verschiedenfarbigen Kissen, von denen einige mit einer Goldborte verziert sind. Aus dieser Helligkeit ihres *weißen*, gold- und lichtumrankten Geistes taucht sie im Sequenzverlauf sukzessive in die Dunkelheit ihres körperlichen Triebes ab.[295]

Schon in der zweiten Einstellung dieser Subsequenz tritt Carola, gelockt von einem am Ende der ersten Einstellung einsetzenden langen, leisen, leicht mystisch klingenden Ton, aus der Helligkeit des Hütteninneren in die Dunkelheit der afrikanischen Nacht. Dieser sie lockende mystische Ton symbolisiert zum einen die vorgebliche „Vodoo"-Kraft des afrikanistisch konstruierten Mannes und zum anderen die der *weißen* Frau zugeschriebene hohe Sensibilität, die die *weiße* Abenteuerheldin genau in dem Moment aus der Hütte schreiten lässt, als der ersehnte „Schwarze Krieger" aus der Dunkelheit endlich wieder auftaucht. Es scheint, als werde sie von einem siebten Sinn oder von ihrer übergroßen Liebe geleitet, die als rein, *weiß* und unschuldig inszeniert ist.

*Die weiße Massai*, Filmminute 0:23:16-0:23:23.

Wortlos stehen sich die beiden Filmfiguren nun gegenüber und blicken sich aus weiter Entfernung an. Sie sind durch zwei Zäune getrennt, die als Metapher für das gesellschaftliche Verbot der transrassialisierten Liebe gelesen werden können, das den beiden Liebenden das Zusammenkommen erschwert. Der Schwarze, schön geschmückte und halb nackte Mann fungiert auch hier wieder als verlockendes Objekt des sexuellen Begehrens der – immer noch gut ausgeleuchteten – *weißen* Frau.

Es folgen mehrere Einstellungen im Schuss-Gegenschuss-Verfahren, die die sich anblickenden Gesichter in Großaufnahmen zeigen und die von einer lieblichen non-diegetischen Musik unterlegt sind. Es wirkt, als würden sich die zwei Liebenden durch die „Musik ihrer Herzen" miteinander unterhalten.

---

[295] *Die weiße Massai*, Filmminute 0:22:49. „Prinzessin" nenne ich Lemalian hier in Anlehnung an Wulffs Ausführungen zum Genre des Abenteuerfilms (Wulff 2004: 14). „Prinzessin" passt im Kontext meiner Arbeit besser zur männlich-Schwarzen Filmfigur als die Bezeichnung „Prinz", da die weibliche Form des Wortes die Funktionen offenlegt, die der feminisierte afrikanistisch inszenierte Mann ausfüllt.

*Die weiße Massai*, Filmminute 0:23:23-0:23:39.

Die Rassialisierung der beiden Charaktere wird dadurch unterstrichen, dass die Streicher an einer Stelle, an der der sexuell begehrende Blick Lemalians zu sehen ist, für kurze Zeit durch afrikanistisch anmutende Zupf- und Trommeltöne abgelöst werden.[296] Der im Okzident mit „Primitivität" konnotierte afrikanistisch imaginierte (Trommel-)Rhythmus wird auf diese Weise wieder zu dem „heißen Vodoo", der ein „Tanz der Sünde" ist und die „Lust der [*weiß*-weiblichen] Sinne" weckt.[297] Die erneut einsetzenden Streicher hingegen gelten als „(weiter-)entwickelte" und „zivilisierte" Musikinstrumente. Sie vertonen das Liebesgefühl der *weißen* Frau und schreiben ihr damit subtil eine Hegemonialität zu.

Noch während die liebliche Streichmusik zu hören ist, geht Carola auf Lemalian zu und schreitet in die Dunkelheit des Schwarzen Raumes, der in dieser Subsequenz von einer aus sehr einfach gebauten Hütten bestehenden Siedlung symbolisiert wird. Fraglos folgt Carola dem sich schweigend in Bewegung setzenden Schwarzen Mann.

*Die weiße Massai*, Filmminute 0:23:39-0:23:53.

Spärliches Licht fällt, dem Mondschein gleich, von links in das total gehaltene Bild und wird, während die beiden Filmfiguren zeitweise im Halbdunkel verschwinden,

---

[296] *Die weiße Massai*, Filmminute 0:23:31-0:23:33.
[297] Vgl. zweite Strophe des *Hot-Vodoo-Songs* aus dem Film *Blonde Venus* und Unterkapitel *2.1 Verifizierungsversuche und Auslassungen feministischer Filmtheorie am Filmbeispiel Blonde Venus*.

vor allem von Carolas hellen Haaren und von dem roten Tuch reflektiert, das Lemalian um seine Hüfte geschwungen hat. Die Lichtsetzung stellt auf diese Weise die von Carolas Kopf symbolisierte *weiße* Intelligenz einer Schwarzen Triebhaftigkeit gegenüber, die den männlichen Genitalbereich in diesem Fall in der Farbe der Leidenschaft leuchten lässt (siehe Screenshot vorherige Seite unten).

Noch dunkler und unkontrollierbarer wird die Situation, als Lemalian Carola in ein Gebäude führt, das kaum beleuchtet ist. Genau wie Carola wissen die Rezipierenden nicht, wohin der Schwarze Mann die *weiße* Frau zu bringen gedenkt. Es ist ein Spiel mit der Angst vor dem Un(ge)wissen und der Dunkelheit. Ein Spiel auch mit dem seit Jahrhunderten überlieferten Mythos der Gefahr, die vorgeblich von einem als übersexualisiert und gewalttätig stereotypisierten Schwarzen Mann ausgeht, und die sich unter anderem in der „Angst vor der Vergewaltigung der *weißen* Frau"[298] ausdrückt.[299]

Diese vom Filmtext geschürte Befürchtung scheint sich zu bestätigen, als aus der Innenperspektive eines dunklen Zimmers heraus zu sehen ist, wie Lemalian von außen eine Tür öffnet und innen das Licht anknipst. Die liebliche Musik, die die Handlung der Subsequenz bis zu diesem Zeitpunkt begleitet hat, verstummt in dem Moment, in dem der Schwarze Mann den Lichtschalter betätigt und der *weißen* Frau „ein Licht aufgeht". Damit wird die Romantik, die der verklungenen Musik inne wohnte, als Projektion der *weißen* Frau auf den Schwarzen Mann entlarvt, die sich, sobald die „Träumende" in die Realität einer sich anbahnenden sexuellen Beziehung zu einem Schwarzen Mann eintaucht, als Illusion zu entpuppen scheint.

Denn dass diese Realität nichts mit der romantischen, lieblichen Musik gemein hat, die die Subsequenz einleitet, wird spätestens durch den kurz darauf dargestellten Sexualakt deutlich, der intertextuell betrachtet in Kontrast gesetzt wird zu der *weiß*-männlichen Sexualität wie sie in dem Film *Out of Africa* zu bestaunen ist. Während der *weiß*-männliche Protagonist Denys die *weiße* Frau in *Out of Africa* vor dem ersten sexuellen Kontakt zwanzig Filmminuten lang in verbale Wolken bettet und sie respektvoll in ihrem feministischen Geist zu unterstützen versteht,[300] kommt die sexuelle Annäherung des Schwarz-männlichen Protagonisten Lemalian an die vorgeblich emanzipierte *weiß*-weibliche Filmfigur Carola in dem Film *Die weiße Massai* einer Vergewaltigung nahe. Hier wird der von Gaines benannte „myth of the black man as archetypal rapist"[301] berührt.

---

[298] Dietrich 2005: 365f.
[299] Noch in meiner (westdeutschen) Schulzeit in den 1970er Jahren spielten wir – wie mir erst beim Schreiben dieses Textes wieder einfällt – in den Hofpausen regelmäßig und vollständig unhinterfragt das Spiel „Wer hat Angst vorm schwarzen Mann?". Keine Lehrperson hat uns jemals auf den potentiell rassistischen Inhalt dieses „Spiels" aufmerksam gemacht.
[300] Vgl. Unterkapitel *3.4.5 Weiße Sexualität*.
[301] Gaines 1988: 23.

Die Befürchtung, dass sich auch Lemalian als ein potentieller Schwarzer Triebtäter entpuppen könnte, der nichts anderes als die Befriedigung seines sexuellen Triebes im Sinn hat, erhärtet sich, als Lemalian zwei andere Schwarze Krieger, die in dem Raum bereits geschlafen zu haben scheinen, bittet, ihm das Zimmer für die sexuelle Begegnung mit der *weißen* Frau zu überlassen. Wie genau die drei afrikanistisch konstruierten „Krieger" dies untereinander aushandeln, bleibt der europäischen Rezipientin, die der hier gesprochenen afrikanischen Sprache nicht mächtig ist, ebenso unverständlich wie der *weiß*-weiblichen Protagonistin. Denn auf eine Untertitelung wurde an dieser Stelle verzichtet. Die Zuschauenden, die die Situation zusammen mit der Protagonistin erleben, bleiben, genau wie die *weiße* Filmfigur, emotional im Ungewissen. Zu sehen ist für sie lediglich, wie die zwei in dem Raum angetroffenen Schwarzen Männer schließlich den Raum verlassen, während Lemalian hinter ihnen die Tür schließt.

Dieses sprachliche Nicht-Verstehen und der nur spärlich beleuchtete fremde Raum mit den in die Narration noch nicht eingeführten und daher unbekannten Filmfiguren löst ein Befremden und eine Unsicherheit aus, die sich in dem nun in Großaufnahme gezeigten Gesicht der Protagonistin widerspiegelt.

*Die weiße Massai*, Filmminute 0:24:08-0:24:38.

Leicht befremdet schaut sie sich im Raum um und lächelt dann Lemalian etwas verunsichert an. Ihr Kopf und ihr Blick sind der Norm christlich-weiblicher Inszenierung gemäß leicht nach unten gerichtet.

In diese Großaufnahme des verunsicherten, *weiß*-weiblichen Gesichts fällt auf der Tonspur das Zufallen der von Lemalian zugeschobenen Zimmertür und Geräusche, die an das Schließen eines Schlüssels im Schloss erinnern. Diese Geräusche spielen in der Wahrnehmung der Rezipierenden mit der dem Schwarzen Mann vom *weißen* Diskurs zugeschriebenen Gefährlichkeit des „Kannibalen",[302] dem die nun „gefangen genommene" *weiße* Frau ausgeliefert zu sein scheint. Der mit dem Anknipsen des „Liebeszimmer"-Lichtes einhergehende Abbruch der

---

[302] Vgl. Unterkapitel *3.6.6 Mythos Schwarzer Gewalttätigkeit*.

lieblichen, non-diegetischen Musik und der Anblick der vergitterten Fenster unterstreichen diesen Eindruck aufkommender Gefahr und erhöhen die Spannung.

Im Gegensatz zu dem *weiß*-männlichen Protagonisten Denys aus dem Film *Out of Africa*, dessen Vorspiel zum Liebesakt in einen Kuss mündet, durch welchen weitere sexuelle Handlungen nur angedeutet und dann vornehm der individuellen Fantasie der Rezipierenden überlassen werden,[303] setzt die Inszenierung Lemalians nun in beinahe pornografischer Manier ein Stereotyp in Szene, welches die Schauspielerin Meg Gehrts schon 1930 in der okzidentalen Öffentlichkeit verbreitete:

> daß den [N.] die Feinheiten der Liebe absolut fremd sind; sie kennen weder den Kuß noch irgendeine Form von Zärtlichkeit [...] Dem primitiven Liebesleben des [N.] sind Himmel und Hölle der Leidenschaft verschlossen.[304]

So schreitet Lemalian, sobald er die Tür des Raums verschlossen hat, an der *weißen* Frau vorbei zu einem im Vordergrund stehenden Bett und beginnt, sich seiner Waffen zu entledigen, welche an dieser Stelle sowohl Lemalians sexuelle Potenz symbolisieren, als auch seine Bereitschaft zur Gewalttätigkeit. Als Carola sich – immer noch leicht verunsichert – auf ihn zubewegt, um das Liebesspiel zu eröffnen, geht Lemalian zwar kurz auf eine vorsichtige, zärtliche Umarmung ein, aber schon, als sie ihn auf den Mund küssen möchte, dreht er sie so um, dass sie mit dem Rücken zu ihm steht. Weder ihr Gesicht, noch ihr Intellekt scheinen für ihn eine Rolle zu spielen. Nach tagelangem Getrenntsein hält er es nicht für notwendig, irgendein Wort an sie zu richten. Es scheint, als beherrsche der Schwarze Protagonist weder die Kunst der Verführung noch hege er Respekt vor der in seiner Kultur vorgeblich nicht gleichberechtigten Frau.

In derselben Einstellung beginnt Lemalian zwar Carolas Nacken und Schulter zu küssen, und setzt diese Zärtlichkeit, die Carola zu genießen scheint, in der nächsten Einstellung sogar an anderen Körperteilen fort. Doch alsbald beginnt er abrupt, ihren Rock hochzuziehen und wirft sie mit einem heftigen Stoß auf das Bett. Carola will sich wieder aufrichten, doch Lemalian stößt sie zurück in die vorherige Position. Völlig geschlechtszentriert scheint sein einziges Ziel zu sein, die Frau zu penetrieren – und zwar tiergleich von hinten. Er nimmt sich, was er braucht, ohne darauf zu achten, was die Bedürfnisse der anderen Person sein könnten. Erst mit seinem Orgasmus lässt er sich schließlich befriedigt auf Carola niederfallen und rollt sich neben sie auf das Bett.

---

[303] *Out of Africa*, Filmminute 1:36:17-1:36:56.
[304] Gehrts-Schomburgk 1930: 9. Es ist nicht bekannt, dass Meg Gehrts, obwohl sie einige Zeit in Afrika verbracht hat, je selbst eine sexuelle Beziehung zu einem afrikanischen Menschen gelebt hat. Es ist also sehr fragwürdig, wie sie auf diese Behauptung kommt. Die Vermutung liegt nahe, dass sie einem stereotypen eurozentristisch-rassistischen Denken entspringt.

## Deduktives Analyseverfahren

*Die weiße Massai*, Filmminute 0:25:10-0:25:32.

Carola ist dabei nur als Ertragende zu sehen. Ihr Gesicht ist kaum wahrnehmbar. Die *weiß*-weibliche Protagonistin wird von dem Schwarzen Mann offensichtlich so sehr objektiviert, dass sie ihren Subjektstatus und ihre Individualität gänzlich verliert. Je tiefer sie in die Sexualität mit dem Schwarzen Mann eintaucht, desto weniger hell wird ihr Gesicht beleuchtet, bis es schließlich nur noch einer Schwarzen Silhouette gleicht, deren sie umrandende, blonde Haare zwar zunächst noch leuchten, am Ende aber auch noch ihren Lichtschein verlieren.

Die weiße Massai, Filmminute 0:25:32-0:26:20.

Wie schlimm und brutal der Sex mit der Schwarz-männlichen Filmfigur für die *weiße* Protagonistin gewesen ist, zeigen die dem Sexualakt folgenden Einstellungen. Nach dem vergewaltigungsähnlichen Geschlechtsverkehr liegt Carola zunächst scheinbar traumatisiert, starr blickend neben dem schlafend scheinenden Lemalian auf dem Bett, schleicht dann, langsam wieder zu sich kommend, zur Tür. Erst jetzt, nach zehn Tagen Trennung plus viereinhalb Filmminuten Sex, fallen erste Worte, die der Schwarz-männlichen Filmfigur an dieser Stelle in den Mund gelegt werden, um weiterhin mit der Angst der *weißen* Rezipierenden vor dem Schwarzen Vergewaltiger zu spielen.

Die Rezipierenden werden durch diese Inszenierung dazu eingeladen, sich zusammen mit der sich davonschleichenden Filmfigur zu erschrecken. Denn Lemalians plötzliches Sprechen lässt den „Fluchtversuch" der *weißen* Frau, die schon fast die Zimmertür erreicht hat, beinahe als gescheitert erscheinen. So zittern und bangen die Rezipierenden mit, als Carola schweigend, Lemalians Frage „Will you come back?" nicht beantwortend, dennoch die Klinke drückt. Bis zum Schluss bleibt die Spannung bestehen, ob sich die Tür öffnen lassen wird oder ob sie, wie die Tonebene zu Beginn der Sexszene erahnen ließ, tatsächlich verschlossen und die *weiße* Frau dem Schwarzen Mann hilflos ausgeliefert ist. Sobald die *weiße* Protagonistin dann tatsächlich aus dem Raum „entkommen" konnte, bricht sie, die Spannung und die erfahrene sexuelle Gewalt entladend, sofort in Tränen aus.[305]

*Die weiße Massai*, Filmminute 0:26:30-0:27:04.

In dieser Sequenz wird als Ahnung schon angelegt, was am Ende des Films bekräftigt wird: die *weiße* Imagination, dass der Schwarze Mann ein gefährlicher Gewalttäter ist, der das Leben der *weißen* Frau bedroht. Auch das in der okzidentalen Geschichte tradierte Bild der interrassialisierten Vergewaltigung, während derer der Schwarze Mann die Festung der „Zivilisation" durch die sexuelle Unterwerfung der *weißen* Frau stürmt, wird an dieser Stelle erneut genutzt.[306] Dass der Schwarze Mann diesmal noch nicht mit aller Gewalt zuschlägt, gehört zur Dramaturgie des Films, die die Spannung über einen möglichst langen Zeitraum aufrechterhält.

Wie Anette Dietrich hervorhebt, wird durch die konstruierte Übersexualisierung des Schwarzen Mannes nicht nur die sexuelle Gewalt vertuscht, die *weiße* Männer Schwarzen Frauen im Laufe der Kolonialgeschichte angetan haben, sondern es wird auch die Keuschheit, Reinheit und „Zivilisiertheit" der *weißen* Frau hergestellt.[307] Dass der Film *Die weiße Massai* die *weißen* Frauen des Okzidents im 21. Jahrhundert als Sextouristinnen trotz der auch in diesem Film angetriggerten Angst vor der Vergewaltigung durch einen Schwarzen Mann nach Kenia zu locken vermag, liegt vor allem an dieser subtil hergestellten *weiß*-weiblichen Superiorität, die dadurch verstärkt wird, dass die *weiße* Protagonistin nicht in der sexuellen Opferrolle verharrt, sondern die dem Schwarzen Mann zugeschriebene sexuelle Potenz im Fortgang der Geschichte zu lenken und zu ihren Gunsten zu nutzen versteht, indem sie ihn zu einem besseren Liebhaber „erzieht".

Diese Erziehung des afrikanistisch konstruierten, triebgesteuerten Mannes zu einem „zivilisierten Liebhaber" wird unter anderem durch das Filmzitat des Haar-

---

[305] *Die weiße Massai*, Filmminute 0:26:00. Vgl. Dittmann 2008: 85.
[306] Dyer 1997b: 26.
[307] Dietrich 2005: 365f.

# Deduktives Analyseverfahren

wasch-Rituals bebildert, mit dem der *weiße* Protagonist Denys in dem Film *Out of Africa* die *weiße* Protagonistin sinnlich zu verführen versteht.[308] Auch der Schwarze Protagonist Lemalian führt dieses Ritual in dem Film *Die weiße Massai* aus – allerdings auf Wunsch der *weißen* Protagonistin, nicht aus eigenem Antrieb.

*Die weiße Massai*, Filmminute 0:38:20-0:39:36.

Dieses Filmzitat legt die Vermutung nahe, dass die Sexualität des Schwarzen Protagonisten Lemalian aus dem Film *Die weiße Massai* bewusst mit der des *weißen* Protagonisten Denys aus dem Film *Out of Africa* in (eine kontrastierende) Beziehung gesetzt worden ist. Diese Vermutung wird durch die Tatsache erhärtet, dass das Waschritual in beiden Filmen Teil eines sexuellen Vorspiels ist. In dem Film *Die weiße Massai* schließt sich direkt an das Waschritual die Darstellung eines Sexualaktes an, in dem die *weiße* Protagonistin dem afrikanistisch konstruierten Mann beibringt, dass dem Geschlechtsakt ein Vorspiel vorausgehen sollte.[309]

Ganz der Konstruktion der Schwarzen Frau im Kontext der Entstehung der okzidentalen, auf Rassismus gründenden „Moderne" entsprechend,[310] wird Lemalian (zeitweise) zwar als abstoßend dargestellt, gleichzeitig jedoch seine ständige sexuelle Verfügbarkeit vorausgesetzt. Trotz der Lemalian angedichteten Neigung zu Gewalttätigkeit und „Primitivismus" wird er immer wieder als begehrenswertes Sexualobjekt inszeniert. Entgegen aller Schwarz-männlichen Filmfiguren der drei Filme aus dem 20. Jahrhundert wird der Schwarze Protagonist dieses Films, dessen Handlung nicht mehr in kolonialer, sondern in post_kolonialer Zeit spielt, implizit doch als ein der *weißen* Frau zur Verfügung stehender sexueller Diener inszeniert. Dieses zur Kolonialzeit noch undenkbare Bild des Schwarzen Mannes produziert schon eine der Anfangssequenzen des Films, in der die *weiße* Touristin Carola den Schwarzen Mann auf einer gemeinsamen Busfahrt in gezielt erotischer Absicht (heimlich) berührt und dabei gefühlsmäßig in ihre sexuelle Erregung abtaucht.[311]

---

[308] Vgl. Unterkapitel *3.4.5 Weiße Sexualität*.
[309] *Die weiße Massai*, Filmminute 0:39:36- 0:40:38.
[310] Vgl. Dietrich 2005: 365.
[311] *Die weiße Massai*, Filmminute 0:06:35-0:06:53.

Der als sexuell attraktives Objekt inszenierte Schwarze Mann[312] tut derweil, was die *weiße* Frau möchte. Er bleibt passiv, lässt sich von ihr berühren, anblicken und folgt ihrer Erwartung, den erotischen Blick zu erwidern.[313] Sexuelle Avancen macht nur sie. Auch nach der Busfahrt noch ist Carola die Aktive, während Lemalian weiterhin alles wohlwollend mit sich geschehen lässt. Er lässt sich einladen, vom Portier wegschicken, nimmt die *weiße* Frau auf deren Initiative mit in die Disko und lässt sie sich vom *weißen* Mann wieder entreißen, geht seines Weges, lässt sich von ihr in der Weite des afrikanistisch inszenierten Kontinents suchen und folgt ihrem Ruf, bis er sie real „nimmt" und fast vergewaltigt, sich dann aber auch bereitwillig ihrer „sexuellen Erziehung" unterzieht. Er ist ihr sexueller Diener, der sich lange als *weiß* und „zivilisiert" ausgeben kann, der sich am Ende des Films aber doch als Schwarz entpuppt: besessen von seinen sexuellen Trieben und von unberechenbarer Gewalttätigkeit.

Annette Dietrich führt die Existenz eines solchen Mythos darauf zurück, dass die europäische Moderne in einem wechselseitigen Prozess mit den Kolonien konstituiert worden sei. Da der Körper in diesem Prozess als „Knotenpunkt der Macht" und als „zentraler Bestandteil kolonialer Politiken und kolonisierender Praxen" gedient habe, sei dem Körper auch heute noch ein zentraler Stellenwert innerhalb der Produktion von vergeschlechtlichten und rassifizierten Identitäten zuzuweisen. So sei der *weiße* Körper durch den Ausschluss nicht-*weißer* Körper erschaffen worden, auf die der Mythos einer die „moderne Zivilisation" bedrohenden, ungezügelten Sexualität projiziert worden sei.[314]

Diese geistigen Fundamente der sogenannten „europäischen Moderne", durch die Männer, die als nicht-*weiß* konstruiert werden, mit einer gewalttätigen Übersexualisierung in Verbindung gebracht werden, begründeten nicht nur die deutsche Schwarze-Schmach-Kampagne und die in Amerika ausgeführten Lynchmorde an Schwarzen Männern,[315] sondern fanden ihren Niederschlag auch in der okzidentalen Filmgeschichte. Okzidentale Mainstream-Filme reproduzier(t)en in regelmäßigen Abständen das Bild eines zu primären Bindungen unfähigen Schwarzen Mannes, dessen subjektlose Sexualität im *weißen* Diskurs eher tierähnlich als menschlich imaginiert wird.[316] Bereits der US-amerikanische Film *Birth of a Nation* aus dem Jahre 1915 (R: D.W. Griffith) inszeniert einen Schwarzen Mann als sexu-

---

[312] Siehe dazu genauer Unterkapitel *3.7.3 Fetischisierung Schwarzer Filmfiguren*.

[313] Der ahnungslose *weiße* Mann bedankt sich nach der Busfahrt bei seinem Schwarzen Konkurrenten mit Handschlag und drückt ihm etwas später (Filmminute 0:07:47-0:07:52) noch einen Geldschein als Dank in die Hand (weil Lemalian ins Hotel nicht eingelassen wird).

[314] Dietrich 2005: 365f.

[315] Dazu auch Hall 2004b: 149. Fanon 2008: 36: The „Americans have replaced lynching by discrimination."

[316] Vgl. Jones 1993: 247.

*Deduktives Analyseverfahren*

ellen Triebtäter, der eine junge *weiße* Frau durch den dunklen Wald in den Tod treibt. Sie stirbt in den Armen ihres *weißen* Bruders.[317]

Diese im Film *Birth of a Nation* vorgenommene Repräsentation des Schwarzen Mannes[318] als gewalttätiger Barbar erklärt Marlon Riggs in seinem Essayfilm *Ethnic Notions* aus einer historischen Entwicklung heraus. Seiner Meinung nach wurden die Mythen Schwarz-männlicher Brutalität in den Vereinigten Staaten erst nach dem Befreiungskrieg wiederbelebt, um die durch den Ausgang des Krieges erfolgte Emanzipation der Schwarzen als tragischen Fehler darzustellen.[319] Durch das nun wieder aufkommende Stereotyp des Schwarzen Gewalttäters sollten Afroamerikaner_innen unter dem Vorwand, sie seien ein Angriff auf die Zivilisation, erneut kontrolliert und ihre Ermordung legitimiert werden können. In „ante bellum times" hingegen sei es wichtig gewesen, die Schwarzen als gefügig zu konstruieren („docile"). Denn in jener Zeit hätten Bilder rebellischer Schwarzer den Gedanken an Schwarze Freiheitsbestrebungen provozieren können. Solche Assoziationen hätten die Sklaverei und das bestehende System infrage gestellt.[320]

Ähnlich wie in dem Film *Birth of a Nation* wird der Schwarze Mann daher auch in dem 1985 uraufgeführten US-amerikanischen Film *The Color Purple* dargestellt.[321] Diawara weist auf die ähnlichen Inszenierungsstrategien hin, durch die aus der Schwarz-männlichen Filmfigur ein potentieller Vergewaltiger wird.[322] Beide Verfolgungsszenen fänden, so Diawara, in „the woods", außerhalb der Zivilisation, statt und in beiden Fällen jage ein großer, bedrohlicher Schwarzer Mann ein unschuldiges kleines Mädchen. Während der Schwarze Mann Gefahr und Brutalität symbolisiere, erweckten die Tätigkeiten der kleinen Mädchen die Sympathie der Zuschauenden.[323]

Auch in der von mir herangezogenen Sequenz aus dem Film *Die weiße Massai* befindet sich eine „unschuldige" *weiße* Frau zusammen mit einem Schwarzen, stattlich gewachsenen Mann außerhalb des durch den Zaun markierten Bereichs

---

[317] Vgl. Diawara 1993: 213.
[318] Dieser wird laut Riggs von einem *Weißen* in *Black Face* dargestellt.
[319] *Ethnic Notions*, Filmminute 0:19:53-0:20:50.
[320] *Ethnic Notions*, Filmminute 0:18:32.
[321] Der Film *Color Purple* basiert zwar auf dem gleichnamigen, rassismus- und sexismuskritischen Roman von Alice Walker, ist aber mit Steven Spielberg von einem *weißen* Regisseur realisiert worden, der scheinbar weder die Konstruktion von *Gender* noch die von *Race* herrschaftskritisch infrage stellte (vgl. Diawara 1993: 214).
[322] *Birth of a Nation*: Gus chases Little Sister; *The Color Purple*: Mister chases Nettie.
[323] Diawara 1993: 217f. Vgl. Diawara 1993: 217f.: „In *The Birth of a Nation*, evil and lust are attributed to the Black man and the Black woman alike, but in *The Color Purple* they are attributed to the Black male alone. Close-ups of Gus's nose and eyes appear to make him deformed, and telephoto lenses are used in *The Color Purple* to exaggerate Mister's features, as if to emphasise his inhumanity or bestial nature. Both films use parallel montage and fast rhythm to encourage the spectator to identify with the victims of the danger represented by Gus/Mister, and to desire lynching for Gus and punishment by death for Mister."

der „Zivilisation" in einer dunklen Umgebung. Zwar verfolgt der Schwarze Mann die *weiße* Frau hier nicht, doch scheint es, als habe sein teuflisch „heißer Vodoo, schwarz wie Schlamm" – ganz wie in dem Song der *Hot-Vodoo-Song*-Sequenz aus dem Film *Blonde Venus* – die *weiße* Protagonistin „zur Sklavin gemacht". Und so folgt sie, obwohl ihr „Verstand fliehen" möchte,[324] „einem Höhlenmenschen in seine Höhle".[325]

Während der Schwarz-männliche Protagonist in *Die weiße Massai* seine als übersexualisiert inszenierte Sexualität mit einer *weißen* Frau ausleben darf, werden Schwarze Männer in dem Film *Eine Weiße unter Kannibalen (Fetisch)* zwar mit Sexualität in Verbindung gebracht, als Sexualpartner der *weißen* Frau aber nicht zugelassen. So animiert eine als Geschenk mitgebrachte „afrikanische Puppe" den schenkenden *weißen* „Freund des Hauses" gleich in der ersten Filmsequenz zu sexuellen Assoziationen und bringt ihn auf die Idee, die Sexualität des herangewachsenen *weißen* Mädchens bei einem späteren Besuch durch das koloniale „Mitbringsel" eines Schwarzen Mannes zum Leben zu erwecken. Sexualität wird hier mit dem Schwarzen Mann gleichgesetzt und der „Zivilisation" antithetisch gegenübergestellt.[326]

Gleichzeitig wird diese Idee mit dem sofortigen Einspruch von Seiten des Vaters beantwortet, der der Meinung ist, dass für seine erwachsene Tochter ein *weißer* Mann notwendig sei.[327] Durch die diesen Worten immanente Behauptung, der Schwarze Mann sei kein adäquater Liebespartner für eine *weiße* Frau, etabliert die *weiße* Vaterfigur gleich zu Filmbeginn das Tabu der „Rassenmischung".[328]

Eine zweite Szene, durch die der Film *Eine Weiße unter Kannibalen (Fetisch)* dieses Tabu reproduziert, ist der unvollständigen 16mm-Archivkopie leider nicht mehr anhängig, in der Zensur- bzw. Zulassungskarte des Films aber bezeugt. In dieser Szene gesteht der „Fetischmann" der *weißen* Frau in einem Zwischentitel seine Liebe: „Weiße Lilie, erhöre mich, ich bin krank aus Liebe zu Dir!".[329] Bereits eine solche Anwandlung eines Schwarzen Mannes, einer *weißen* Frau seine Liebe zu gestehen, ist laut Fanon ein „Verstoß gegen die Prinzipien", der gemeinhin „mit Kastration bestraft" zu werden droht.[330]

---

[324] Siehe dazu ihr verunsichertes Gesicht kurz darauf.
[325] Alle Zitate dieses Absatzes entstammen dem *Hot-Vodoo-Song* aus dem Film *Blonde Venus*.
[326] Vgl. Dyer 1997b: 26.
[327] Vgl. Unterkapitel *3.3.4 Maria: unschuldige Jungfrau aus der kolonialaffinen Bourgeoisie*.
[328] Hierzu genauere Ausführungen in dem Kapitel *3.7.3 Fetischisierung Schwarzer Filmfiguren*.
[329] Es handelt sich um die dritte Schrifttafel in dem verschollenen Anfang des vierten Aktes. Siehe diesbezüglich das im Bundesarchiv/Filmarchiv in Berlin liegende Original der Zensur- bzw. Zulassungskarte der Film-Prüfstelle Berlin von dem Film *Eine Weisse unter Kannibalen (Fetisch)* aus dem Jahr 1921: Dort steht diese Schrifttafel unter: 4. Akt, 3. Schrifttafel. Der archivierten Filmkopie fehlt das Ende des dritten und der Beginn des vierten Aktes (vgl. Nagl 2009: 301, Fußnote 216).
[330] Fanon 2015b: 49.

Dass der Schwarze „Fetischmann", obwohl er in seiner Gemeinschaft eine Autoritätsperson darstellt, als Liebespartner für die *weiße* Frau tatsächlich indiskutabel ist, geht aus dem verschollenen Filmtextpart ebenfalls explizit hervor. Faida beantwortet den Annäherungsversuch des Schwarzen Mannes ablehnend: „Der Fetischmann ist krank, bringe ihn in seine Hütte."[331] Damit pathologisiert sie das Schwarz-männliche sexuelle Begehren. Der Schwarze Mann wird weggesperrt und auf diese Weise gesellschaftlich kastriert. Es ist, wie Tobias Nagl hervorhebt, angesichts „des Tabus der ‚Rassenmischung'" kaum verwunderlich, dass just in diesem Moment der *weiße* Protagonist Fred Holm als Gefangener der „Awemba" (wieder) in Faidas Leben tritt und zum Objekt ihres Begehrens wird.[332]

Gleichzeitig spielt der Film subtil immer wieder mit der *weißen* Fantasie einer sexuellen Verbindung vom „triebgesteuerten Schwarzen Mann" mit einer „unschuldigen, reinen *weißen* Frau": Die *weiße* Protagonistin ist schon als kleines Mädchen dem Schwarzen Manne hingegeben, in dessen Armen sie in „den dunklen Kontinent" und damit metaphorisch in ihre Sexualität eintaucht – und zwar am weiß besandeten, „jungfräulichen" Strand, an dem sie von einem „Wilden" aufgefunden wird und den die okzidentale Geschichts- und Mythenschreibung als Metapher der Eroberung nutzt.

Wie der weiße Strand den *weißen* Kolonisatoren, so ist das *weiße* Mädchen hier dem Schwarzen Mann zur Eroberung ausgeliefert. Auch die sich in dem Film permanent wiederholende Darstellung der erwachsenen *weißen* Protagonistin inmitten Schwarzer phallischer Krieger regt die sexuelle Fantasie der Rezipierenden an. Denn die das Bild an diesen Stellen zahlreich schmückenden Speere sind, wie schon Freud imaginierte, ein phallisches Symbol – in diesem Fall das der stereotypen Übersexualisierung des vorgeblich ungezähmten, triebhaften Schwarzen Mannes. Freud schrieb:

> Ein Zug, der jedem Kenner der psychoanalytischen Deutungstechnik auffallen muss, ist die Reitgerte, die ‚unendlich lang' wird. Gerte, Stock, Lanze und Ähnliches sind uns als phallische Symbole geläufig; wenn aber diese Gerte noch die auffallendste Eigenschaft des Phallus, die Ausdehnungsfähigkeit besitzt, so kann kaum ein Zweifel bestehen. Die Übertreibung des Phänomens durch die Verlängerung ins ‚Unendliche' scheint auf die infantile Überbesetzung zu deuten. Das In-die-Handnehmen der Gerte ist eine deutliche Anspielung auf die Masturbation, wobei natürlich nicht an die aktuellen Verhältnisse des Träumers, sondern an weit zurückliegende Kinderlust zu denken ist.[333]

---

[331] Vierte Schrifttafel in dem verschollenen Anfang des vierten Aktes. Vgl. Zensur- bzw. Zulassungskarte der Film-Prüfstelle Berlin aus dem Jahr 1921.
[332] Nagl 2009: 301.
[333] Freud 1999a: 385. Vgl. Kirsch 2012: erstes Zitat in „Kapitel 1", keine Seitenangaben vorhanden.

In dem Film *Out of Africa* hingegen sind die afrikanistischen Filmfiguren, die solche Waffen mit sich führen, weniger präsent.[334] Dies könnte ein erster Hinweis darauf sein, dass die Schwarzen Filmfiguren dieses Films sehr viel stärker entsexualisiert dargestellt werden als die des Films *Eine Weiße unter Kannibalen (Fetisch)*. Außer der kleinen Gruppe von „Massai-Kriegern" und der Horde berittener Schwarzer Filmfiguren,[335] die dem von Karen angeführten Treck in dem der Natur zugeordneten Raum begegnen,[336] sowie eines nur kurz auftretenden Statisten, der als ein noch nicht gänzlich unterworfener afrikanistischer Mann in „freier Wildbahn" einmal kurz durch das Bild läuft, ist lediglich Kanuthia mit einem langen Speer ausgestattet. Er ist der einzige, der mehrfach deutlich sichtbar mit Speer zu sehen gegeben wird.

*Out of Africa*, Filmmin. 0:33:31-0:33:38: Unbekannter Speerträger, Filmmin. 0:32:27-0:33:21: Kanuthia.

Dieser Speer wird aber, wie ich behaupten möchte, nicht der Sexualität der Schwarz-männlichen Filmfigur zugeordnet, sondern der des *weißen* Protagonisten.[337] Denn die gesamte (penisförmig inszenierte und sprachlose) Filmfigur Kanuthias symbolisiert das Alter Ego des *weißen* Protagonisten Denys, dessen „Natur-

---

[334] Denn die afrikanistisch inszenierte Gemeinschaft der „Kikuyu", die den Großteil der Handlung als Schwarze Filmfiguren zu sehen gegeben werden, ist gänzlich unbewaffnet inszeniert.
[335] *Out of Africa*, Filmminute 0:46:40: Die Schwarzen Filmfiguren, die Denys und Cole auf Pferden begleiten, haben Speere, die visuell allerdings nicht sehr präsent sind. Filmminute 0:48:30: Die „Massai", die dem Treck begegnen, tragen hingegen auffällig deutlich Speere mit sich.
[336] Vgl. Unterkapitel *3.4.1 Weiß symbolisierter Emanzipationsprozess als Frau*.
[337] Dass der afrikanistische Mann hier „wie ein Phallus" steht, um den symbolischen Phallus dem *weißen* Mann zuzuschreiben, kann auf der Machtachse *Rasse* als Parallelbewegung zu Vorgängen betrachtet werden, die zu Beginn des 20. Jahrhunderts auf der Machtachse Geschlecht vollzogen wurden. So schreibt Christina von Braun 1989: „Hatte die Frau bis Ende des letzten Jahrhunderts kaum ihren Fuß unbekleidet zeigen dürfen (um als Sexualwesen nicht erkenntlich zu sein), so beginnt um 1900 ein Prozeß, in dessen Verlauf die entkleidete Frau [...] ‚in die Sitten eingeht', wie die Franzosen sagen. Angezogen ist nur noch der Mann, während die Frau mit ihrem entblößten Körper für die ‚Befreiung' der Sexualität steht – und stehen tut sie: wie ein Phallus." (von Braun 1989: 183)

verbundenheit" und Sexualität auf diese Weise signifiziert wird.[338] Der dem Phallus *Weißsein* abträgliche (Sexual-)Trieb kann so dem *weißen* Mann zugleich zugeordnet und von ihm abgespalten werden.[339]

Dass Schwarze Filmfiguren häufig auch entsexualisiert dargestellt werden, hat Marlon Riggs in seinem Essayfilm *Ethnic Notions* am Beispiel der *Mammy* aufgezeigt. Die Schwarze *Mammy* sei, so Riggs, eine so konstante Figur in den Portraits der alten Südstaaten, dass es schwerfalle, sich einen Südstaaten-Haushalt ohne sie vorzustellen. Sie werde vor allem als Gegensatz zur *weißen* Lady inszeniert – als eine Figur also, die weder die Qualitäten, noch die Schönheit besitze, die ihr gesellschaftliche Anerkennung verleihen könnten. Vertrauensvoll diene sie im Haushalt der Sklavenhalter (masters household), niemals aber evoziere sie sexuelle Aufmerksamkeit.[340] Denn eine sexuell attraktiv dargestellte Schwarze Haushälterin könnte vom Hausherrn begehrt und so zu einer Bedrohung für die *weiße* Frau und das gesamte vorgeblich so glückliche Plantagensystem werden.[341]

Dieses Bild der entsexualisierten Schwarzen *Mammy*, die die Antithese zur *weißen* Lady bildet, ist nicht nur in dem Film *Blonde Venus*, sondern sehr deutlich

---

[338] Ergänzend zur vorherigen Fußnote vgl. von Braun 1989: 188: „Mit dieser Rolle, den Phallus zu ‚verkörpern', erklärt sich auch die zunehmende Verlagerung der Libido- und Kulturtheorie vom realen Sexualorgan des Mannes auf den symbolischen Phallus, die vor allem Lacan betont. [...] Mit der Abstraktion vom realen Geschlechtsorgan zum symbolischen Phallus vollzieht sich, wie in Umkehrung, die Materialisierung weiblicher Ich-losigkeit. Weibliche Sprachlosigkeit geht einher mit weiblicher Geschlechtslosigkeit. Der Untergang der Frau als Sexualwesen begleitet die Phallus-Werdung der Frau. Während das männliche Geschlechtsorgan zu einem Symbol wird – dem Phallus – verwandelt sich die Frau in dessen Verkörperung." Statt „Frau" kann hier parallelisierend „Schwarze Filmfigur" gelesen werden.

[339] Kanuthia steht bei mehreren Flirtsituationen zwischen Denys und Karen als „Ganzkörperphallus" mit Speer oder Lanze im Bildhintergrund. Es liegt daher nahe, die Filmfigur Kanuthia als Verkörperung der triebhaften Seite von Denys zu lesen, die er gezähmt hat wie seinen afrikanistisch konstruierten Begleiter. So z.B. in der Subsequenz, in der Denys Karen den Stift zu einem Zeitpunkt schenkt, als die Sexualität von Denys noch unter Kontrolle gehalten wird. Äquivalent kann die Einstellung gelesen werden, in der eine als „wild" konstruierte Schwarz-männliche Filmfigur mit Speer durch den Wald rennt, als Bror nach langer Abwesenheit auf die Plantage zurückkehrt (Filmminute 0:33:30-0:33:39). Dieses von der *weißen* Protagonistin ersehnte Wiedersehen verheißt ebenfalls das Ausleben von Sexualität, das von der Schwarzen Filmfigur symbolisiert wird. Vgl. Unterkapitel *3.4.5 Weiße Sexualität*.
Auch in dem Film *The Nun's Story* ist ein solcher speerförmiger Gegenstand nur in einer einzigen Einstellung in der Hand einer Schwarzen Filmfigur auszumachen. Dass auch diese die Subsequenz, in die sie hineinmontiert ist, mit einer sexuellen Bedeutungsebene versieht, lege ich in *3.7.3 Fetischisierung Schwarzer Filmfiguren* dar. Auch in dieser Subsequenz werden die *weißen* Hauptfiguren auf diese Weise mit Sexualität in Verbindung gebracht, ohne dabei „beschmutzt" zu werden. Sie bleiben „reine *weiße* Nonnen", die „unbefleckt empfangen".

[340] *Ethnic Notions*, Filmminute 0:14:10. Vgl. Kelly 2016: 153f.

[341] *Ethnic Notions*, Filmminute 0:14:51-0:15:40. Dass dieses Begehren der Schwarzen Haushälterin durch den *weißen* Hausherrn realiter jedoch häufig vorkam, belegen nach Riggs viele Tagebuchaufzeichnungen und Notizen der *weißen* Ehefrauen.

auch in dem Film *Eine Weiße unter Kannibalen (Fetisch)* wiederzufinden.[342] In beiden Filmen ist die Schwarze Haushälterin gegenüber ihren *weißen* „Arbeitgeber_innen" hundertprozentig loyal – in Letzterem sogar so loyal, dass sie bereit ist, für ihre *weiße* Herrin zur Mörderin zu werden. Dass die Schwarze Bedienstete in diesem Film gleichzeitig komplett außerhalb der Konkurrenz der beiden *weißen* Frauen um die Liebe des *weißen* Mannes steht, ist ebenso klar wie die Tatsache, dass die dicke Schwarze Haushälterin in *Blonde Venus* nur die sexuelle Attraktivität der *weißen* schlanken Protagonistin erhöht. Nicht ein einziges Mal werden diese beiden Schwarz-weiblichen von den *weiß*-männlichen Filmfiguren als Sexual- oder Liebespartnerin in Betracht gezogen. Auch senden sie keinerlei sexuelles Signal aus.[343]

Im kolonialen Setting des Films *Out of Africa* drückt sich die Loyalität der Schwarzen Haushälterin allerdings nicht in schwarz-weiblicher Asexualität aus, sondern in ihrer Bereitschaft zur sexuellen Dienerschaft. Ihr *weißer* „Arbeitgeber" Cole Berkeley geht durch diese Liaison als einzige Filmfigur in allen von mir untersuchten okzidentalen Spielfilmen aus dem 20. Jahrhundert in einem verschwindend kleinen Nebenstrang eine die „Rassenschranken" überschreitende Liebesbeziehung ein. Seine von dem amerikanischen Top-Modell Iman Abdulmajid[344] gespielte heimliche Geliebte ist die einzige Schwarze Filmfigur, die in dem Film *Out of Africa* überhaupt mit Sexualität in Verbindung gebracht wird. Sie trägt keinen Namen und ist sowohl bildlich, als auch narrativ nur sehr kurz präsent. Hauptsächlich wird sie als schweigend dienende, dem westlichen Schönheitsideal nahe kommende[345] Schwarz-weibliche Filmfigur inszeniert, die dem *weißen* Mann mit einem Tablett Getränke reicht, nicht aber als ein mit eigenem (sexuellen)

---

[342] Dyson beschreibt das Phänomen einer entsexualisierten Repräsentation Schwarzer Weiblichkeit für den Film *The Piano* ähnlich und doch in Nuancen anders: „While the eroticized image of Ada [*weiß*-weibliche Identifikationsfigur, J.D.] appears translucent, fragile and free from blemish, the Maori women are physically desexualized through their representation as lank-haired, toothless and devoid of the conventional markers of femininity." (Dyson 1995: 271)

[343] Die Schwarze Mammy wird im *weißen* Diskurs laut Riggs innerhalb ihrer eigenen, als Schwarz imaginierten Familie allerdings kontrastierend als Kontrolleuse dargestellt (Schwarzer Mann schwach, Schwarze Frau stark und kontrollierend). Damit wird das Bild von Schwarzer Weiblichkeit konträr zu dem *weißer* Weiblichkeit konstruiert. Die *weiße* Frau gilt als schön, zerbrechlich (fragil) und abhängig, die Schwarze Frau wird entgegengesetzt dargestellt: sexuell unattraktiv, stark, hässlich (*Ethnic Notions*; Filmminute 0:15:40-0:16:40).

[344] Iman Abdulmajid wurde 1955 in Mogadischu (als Tochter eines ehemaligen somalischen Botschafters und einer als Frauenärztin praktizierenden Mutter) geboren. Sie wuchs fünfsprachig auf und absolvierte nach der Flucht der Familie aus Somalia an der Universität von Nairobi (Kenia) ein Politikstudium. Dort lernte sie den amerikanischen Fotografen Peter Bear kennen, der den Grundstein für ihre Karriere als Top-Modell legte. Er bat sie darum, sie fotografieren zu dürfen. Sie willigte unter der Bedingung ein, dass er ihr dafür 8000 Dollar zahle, womit sie ihre Studiengebühren bezahlen wollte (Dehmer 2015). Ihren ersten Job als Model hatte sie 1976 bei der Zeitschrift Vogue. In Amerika angekommen, war Imam „erstaunt, ein ‚schwarzes Model' zu sein. ‚In Afrika war ich nicht schwarz,' sagt sie." (Dehmer 2015) 1992 heiratete sie David Bowie.

[345] Diese Nähe zum okzidentalen Schönheitsideal wird unter anderem durch ihre Gesichtszüge, ihr geglättetes Haar und ihre sehr schlanke Statur hervorgerufen.

## Deduktives Analyseverfahren

Begehren ausgestattetes Subjekt. Sie ist Objekt des sexuellen Begehrens des *weißen* Mannes und dient ihm offensichtlich nicht nur bei der häuslichen Reproduktionsarbeit, sondern auch im Bett.

Dass diese transrassialisierte Sexual- oder Liebesbeziehung zwischen dem *weißen* Kolonialisten und seiner Schwarzen Bediensteten überhaupt dargestellt wird, soll wohl dem rassismuskritischen Anstrich dienen, den sich der Film *Out of Africa* zu geben versucht.[346] Gleichzeitig nähert sich der Film dadurch der Geschichtsschreibung an, die sehr wohl hervorhebt, dass *weiße* Männer in den Kolonien nicht selten sexuelle Beziehungen zu Schwarzen Frauen lebten. Dies wird zum Beispiel von Walgenbach als einer der Gründe dafür angeführt, dass es okzidentale Programme gab, die den Nachzug von *weißen* Frauen in die Kolonien förderten.

Die Entsexualisierung, die Riggs als filmisches Stereotyp der Schwarzweiblichen Haushälterin für den Südstaatenkontext herausarbeitet, hebt Walgenbach als Historikerin in Bezug auf den kolonialen Kontext für die umgekehrte Geschlechterkonstellation hervor, die in den von mir ausgewählten Filmen eine weitaus größere Rolle spielt.[347] Walgenbach beschreibt das Verhältnis zwischen *weißen* Frauen und Schwarzen Männern zur Kolonialzeit als ein Setting, in dem die aus der okzidentalen Gesellschaft bekannten Geschlechtermuster in Frage gestellt wurden, weil *weiße* Frauen traditionelle Frauenarbeit nun an Männer delegieren konnten.[348] Dies bedeutete jedoch nicht eine einfache Umkehrung der Geschlechterverhältnisse, weil sich die Verfügbarkeit über männliche Subjekte in den kolonialen Beziehungen zwischen *weißer* „Herrin" und Schwarzem Bediensteten ausschließlich auf das Dienstverhältnis beschränkte und keine Verfügbarkeit im sexuellen Bereich implizierte.[349]

Die Analyse der Narration des Films *Out of Africa* zeigt, dass die *weiße* Protagonistin die Schwarz-männlichen Filmfiguren nicht ein einziges Mal als potentiell begehrenswerte Liebesobjekte wahrnimmt, obwohl diese die *weiße* Frau Tag und Nacht auf „deren Farm" und während ihrer Abenteuer bewirten, beschützen und umgeben. Auch wird diesen Schwarz-männlichen Filmfiguren den historischen

---

[346] Siehe genauer Unterkapitel *3.4.8 Konstruierte Held_innen weißer Kolonialkritik*.

[347] Während in den Spielfilmen *Blonde Venus* und *Eine Weiße unter Kannibalen (Fetisch)* nur weibliche, wenn zum Teil auch Schwarze (Haus-)Bedienstete zu sehen gegeben werden, nehmen diese Position in den Filmen *The Nun's Story* und in *Out of Africa* vor allem afrikanistisch inszenierte Männer ein. In *Die weisse Massai* treten häusliche Bedienstete überhaupt nicht in Erscheinung. Die einzigen Filmfiguren, die in die Nähe einer solchen Position kommen, sind sehr vereinzelt auftauchende Schwarz-männliche Türsteher bzw. Portiers.

[348] Diese Bewegung müsse, so Walgenbach, für Frauen mit proletarischem Hintergrund allerdings ungewöhnlicher gewesen sein als für Frauen, die, wie die Protagonistinnen aller vier Filme, aus Adel und Großbürgertum kamen, weil letzteren eine Befehlsgewalt über männliche Subjekte auch in ihren Herkunftsländern nicht gänzlich unbekannt gewesen sein dürfte. (Walgenbach 2005a: 182)

[349] Walgenbach 2005a: 182.

Überlieferungen entsprechend selbst keinerlei sexuelles Verlangen zugestanden, denn „umgekehrt sollten Schwarze Männer in den Kolonien [...] auch nicht über Weiße Frauen sexuell verfügen können", schreibt Katharina Walgenbach über die historischen Gegebenheiten.[350]

Die Szene, in der Karen durch Farah von den Dornen befreit wird, unterstreicht diese Entsexualisierung der Schwarz-männlichen Filmfiguren. Obwohl die *weiße* Frau sich dem Schwarzen Bediensteten hier lasziv und mit einem erotisch entblößten Nacken hingibt, zeigt Farah, dem der Sexualtrieb zu fehlen scheint, nicht das geringste erotische Verlangen.[351] Die sinnlich hingegebene *weiße* Frau erzeugt in ihm weder sexuelle Erregung, noch den Versuch, mögliche sexuelle Regungen zu vermeiden.[352] Diese Entsexualisierung kann genau wie die Infantilisierung Schwarz-männlicher Filmfiguren als „eine symbolische Kastration des schwarzen Mannes verstanden werden (d.h. ihn seiner Männlichkeit zu berauben)."[353]

Verstärkt wird die im Filmtext verankerte Entsexualisierung Farahs noch durch einen intertextuellen Vergleich mit dem Film *The Nun's Story*, in dem der (Film-)Raum erotisch knistert, als die *weiße* Nonne Sister Luke – sehr schamhaft und keineswegs lasziv hingegeben – der Aufforderung des *weißen* Arztes Dr. Fortunati nachkommen soll, ihre Schulter zu entblößen, damit er sie auf den Verdacht der Tuberkulose hin untersuchen kann.[354] Der *weiße* Arzt scheint für die *weiße* Frau ein potentieller Liebespartner mit einem hohen Maß an erotischem Empfinden zu sein – auch, wenn er diese Erotik in dieser Filmsequenz nicht auslebt, sondern sich solange wie möglich wegdreht, um der *weißen* Frau verständnisvoll ihre Intimsphäre zu lassen und um seinen eigenen Trieben, die er als *weißer* Mann offensichtlich unter Kontrolle halten kann, nicht zu erliegen. Sein – im gesamten Film nur angedeuteter und damit umso tiefliegender erscheinender – Eros kann sogar als einer der Gründe betrachtet werden, der der Nonne zu dem emanzipatorischen Schritt verhilft, die sie unterdrückenden Strukturen des Klosters zu verlassen. Dieser Einschätzung entsprechend ist in einem Zeitungsartikel folgendes zu lesen:

> Gegen Ende mischt Eros die Karten. Die hypersensible Frau, der vitale Arzt – dessen Beiname ‚Teufel' wohl den ‚Versucher' symbolisieren soll –: hier knistert

---

[350] Ebd.
[351] Siehe Unterkapitel *3.4.2 Mythos weißen Gutmenschentums*.
[352] Vgl. Unterkapitel *3.4.1 Weiß symbolisierter Emanzipationsprozess als Frau*.
[353] Hall 2004b: 149. Die Journalistin Uta van Steen deutet an, dass es sich in der Realität möglicherweise gänzlich anders verhalten habe. Van Steen behauptet, Karen „hätte sich die Syphilis natürlich auch bei Farah holen können". So zumindest stelle es Magery Piggeott dar, die zum damaligen Zeitpunkt seit 17 Jahren in Kenia wohnte und Führungen durch das Museum im Farmhaus machte, das für Karen eröffnet worden war. Piggeott werde, so die Autorin des Artikels, „ein wenig rosa im Gesicht, als sie den furchtbaren Verdacht äußert, Karen Blixen habe sich vielleicht nicht bei Bror, sondern bei ihrem Somalidiener angesteckt." (van Steen 1987)
[354] *The Nun's Story*, Filmminute 1:38:05-1:41:42.

Spannung. Hier ist der Film wieder Film. Äußerst behutsam, versteht sich, eher ein Hauch von Andeutung, als die leiseste Direktheit. Wieweit auch dieser Part mitwirkt an dem Entschluß der Nonne, bleibt dem ahnenden Betrachter zu bedenken überlassen.[355]

Dem Schwarzen Mann in der Dornenbusch-Szene des Films *Out of Africa* hingegen wird seine Sexualität per se oder aber zumindest in der Möglichkeit abgesprochen, erotische Zeichen zu deuten. Er wird hier ebenso wie im Rest des gut zweistündigen Films als ein Neutrum dargestellt, das eher Tier als Mensch, eher Besitz als Liebespartner ist. Diese Einschätzung bestätigend schreibt der Journalist Klein:

> So wenig menschliche Züge die Afrikaner in dem Buch haben [...], so gesichtslos werden sie von den kenianischen Kritikern auch in Sydney Pollacks 1985 gedrehtem Film gesehen. Da kommen sie nur in der Form der ‚gängigen Stereotypen' (*Weekly Review*) vor, als ‚romantisierte Houseboys und Diener, die ihre Existenz der Anwesenheit der Memsahib zu verdanken haben' (*Kenya Times*) – kurzum, als detailgenau herausgeputzte Kulisse für die Heiligsprechung der großen Liebe zwischen der Baronin [...] und dem Großwildjäger Denys Finch-Hatton.[356]

Nicht nur der Film *Out of Africa*, auch die kinematografische Version von *The Nun's Story* schreibt Erotik ausschließlich *weißen* Filmfiguren zu und spricht allen Schwarzen Filmfiguren eine als menschlich kategorisierte und einer Subjektposition zugeordnete Sexualität ab, die potentiell mit Liebe in Verbindung steht. Zwar schreibt der Filmtext *The Nun's Story* den Schwarzen Männern ein großes Interesse am Zeugen von Kindern zu, doch die Fortpflanzung der Kongolesen scheint hier eher der von Tieren zu ähneln. Die afrikanistisch-männlichen Filmfiguren legen in dem Film *The Nun's Story* keinerlei Wert auf das Innenleben einer Sexualpartnerin. Vielmehr scheinen sie irgendwelchen von Schlüsselreizen ausgelösten Trieben und einer produktzentrierten Reproduktionslogik zu folgen.

Bezogen auf Sister Luke liegt dieser Schlüsselreiz zunächst in dem gebärfähigen Alter der *weißen* Frau. Denn dies ist die Information, die die afrikanistisch inszenierten Filmfiguren an der Persönlichkeit der Protagonistin am meisten zu interessieren scheint, weil sie sie schon kurz nach deren Ankunft im Kongo über einen Trommelcode untereinander austauschen:

> Held-hands with Big Mama Mathilde on way to sisterhouse, therefore esteemed. Talks little, looks much. Young enough to bear children.[357]

Das Zeugen von Kindern hat für die afrikanistisch konstruierten Filmfiguren eine so hohe Priorität, dass die, obwohl sie schon länger in Kontakt zu den katholischen Ordensschwestern stehen, nicht begreifen wollen, dass die Nonnen ein

---

[355] Sabel 1960.
[356] Klein 1986. Vgl. Meinert 1986a.
[357] *The Nun's Story*, Filmminute 1:10:53.

Keuschheitsgelübte abgelegt haben und keine Kinder bekommen werden. Dieses Nicht-Begreifen-Wollen ist auch den Worten des afrikanistisch inszenierten Mannes Emil immanent, der nicht versteht, wo die Ehemänner der *weißen* Ordensschwestern sind. Und schon gar nicht kann er die von Mama Mathilde diesbezüglich erhaltene Antwort einordnen, alle Ordensschwestern seien die Frauen nur eines einzigen Mannes. Denn Vater Andre versuche doch gerade, so Emil, den Afrikanern beizubringen, dass die Vielweiberei moralisch nicht vertretbar sei.[358]

> Emil: "Mama Luke."
> Sister Luke: "Yes, Emil?"
> Emil: "Where are your husbands?"
> Sister Luke: "I don't understand, Emil."
> Emil: "Where are the husbands of the white mamas at the house?"
> Sister Luke: "Have you asked Mama Mathilde about this?"
> Emil: "Yes."
> Sister Luke: "What did she say?"
> Emil: "Something about you all being the wives of one man. But I know that can't be right. Father Andre says it's wrong to have more than one wife."
> Sister Luke: "Well, it's not easy to explain."
> Emil: "I can understand some of the others not having husbands. But not you."
> Sister Luke: "The fact is, Emil, I have one."
> Emil: "Well, I thought you would."
> Sister Luke: "But he's in heaven."
> Emil: "Oh, I'm sorry, Mama Luke. I'm very sorry."[359]

Sister Luke lächelt – indirekt über den vom Regisseur auf Kosten des Schwarzen Mannes gemachten Witz. Mit diesem in naive Worte gekleideten filmtextimmanenten Verweis auf die Polygamie wird zudem die den afrikanistisch inszenierten Filmfiguren zugeordnete Organisationsform von Liebes- und Sexualbeziehungen als minderwertig dargestellt. Denn die Polygamie wird im Okzident als eine weniger weit entwickelte und weniger „zivilisierte" Reproduktionsform betrachtet als die mit romantischen Idealen assoziierte und im Okzident als Norm etablierte heteronormative Zweierbeziehung. Den Schwarzen Filmfiguren wird auf diese Weise die Fähigkeit zu erotischer Romantik und damit auch zu subjektgestärkter Sexualität subtil abgesprochen.

Diese Konstruktion subjektloser Schwarzer Sexualität wird in allen von mir untersuchten okzidentalen Mainstream-Filmen vorgenommen – entweder durch eine vollständige Desexualisierung oder aber durch eine Hypersexualisierung der afrikanistisch inszenierten Filmfiguren. Zur Erklärung dieser auf den ersten Blick unlogisch, da ausgesprochen gegensätzlich erscheinenden Repräsentation Schwarzer Sexualität kann herangezogen werden, was Tobias Nagl im Kontext der Stereo-

---

[358] Für den Dialogtext siehe Unterkapitel *3.6.3 Infantilisierung*.
[359] *The Nun's Story*, Filmminute 1:25:26-1:26:10.

typenbildung beschreibt.³⁶⁰ Das Stereotyp kann ebenso wie der sexuelle Fetisch „*gleichzeitig* sich *widersprechende* Zuschreibungen enthalten. [...] So wie der männliche Fetischist nach Freud glaubt, die Frau besitze einen Penis *und* sei kastriert",³⁶¹ so wird mittels dieser janusköpfigen Repräsentationsstrategie glauben gemacht, der Schwarze Mann sei als subjektloses Wesen gänzlich entsexualisiert und gleichzeitig mit einer ursprünglichen, animalischen Triebhaftigkeit ausgestattet, die eine ihn liebende *weiße* Frau sowohl die „wahre Natur" der Sexualität erleben lasse als auch der Gefahr aussetze, mit der Gewalttätigkeit und romantischen Inkompetenz konfrontiert zu werden, die diesem imaginierten Trieb immanent ist. Dass diese von *Weißen* konstruierte cineastische Subjektlosigkeit Schwarzer Sexualität einen zentralen Stellenwert bei der Dehumanisierung Schwarzer Filmfiguren einnimmt, stellt Jacquie Jones heraus:

> The imaging of Black sexuality in mainstream film, particularly Black male heterosexuality continues to be the most denormalizing factor in the definition of the Black screen character. By sabotaging the ability to create or maintain primary ties to other individuals through intimate contact, the Black male character calls into question not only his ability to function as a legitimate, full – in other words, normal – member of film culture, but also cancels the ability to be perceived as capable of complete humanity.³⁶²

Dass der Schwarze Mann in dem Film *Die weiße Massai* nicht als asexuell, sondern als hypersexualisiert dargestellt wird, könnte – angelehnt an Riggs Behauptung, das aufkommende Bild des brutalen Barbaren sei der Emanzipation der Schwarzen nach dem Befreiungskrieg geschuldet – damit begründet werden, dass die Emanzipation auf den Machtachsen Geschlecht und *Rasse* im 21. Jahrhundert so weit fortgeschritten ist, dass sowohl die *weiße* Frau als auch der Schwarze Mann die (unausgesprochen) immer noch bestehenden Rassenschranken zu durchbrechen fähig sind. Aus diesem Grunde könnte das Bild einer mit Gewalttätigkeit verbundenen Schwarz-männlichen Hypersexualität genutzt werden, um die *weiße* Frau am Ort der von ihr imaginierten Verlockungen abzuholen und gleichzeitig dem Eindringen des Schwarzen Mannes in eine *weiße* Geliebte und damit in die *weiße* Gesellschaft vorzubeugen, indem die in die Narration regelmäßig eingewobene Gewalttätigkeit Lemalians der *weißen* Filmrezipientin als Warnung dient. Auf diese Weise wird die Narration des Films *Die weiße Massai* den inzwischen erfolgten Emanzipationsbewegungen der *weißen* Frau nur angepasst,³⁶³ um die gesellschaftlich konstruierte Unmöglichkeit einer transrassialisierten Liebe auch im 21. Jahrhundert kinematografisch noch einmal zu untermauern.

---

³⁶⁰ Vgl. Unterkapitel *2.3.1.1 Rassialisierende Stereotype.*
³⁶¹ Nagl 2009: 16f.
³⁶² Jones 1993: 247.
³⁶³ Siehe dazu Unterkapitel *3.4.5 Weiße Sexualität.*

Diese Warnung beeinträchtigt die *weiß*-weibliche Schaulust nur deshalb nicht, weil die Schwarz-männliche Filmfigur die zur Aufrechterhaltung der Schaulust notwendige Bestrafung für ihr – in der Gewalttätigkeit sichtbar werdendes – Kastriertsein selbst übernimmt.[364] Das desillusionierende Scheitern des *weiß*-weiblichen Experiments, die Unmöglichkeit einer gleichzeitig „wilden" und „zivilisierten" Sexualität zu leben, wird hier dem Schwarzen Mann angelastet.

Allen Filmen ist gemein, dass die *weiße* Protagonistin durch die Berührung mit dem afrikanistisch inszenierten Kontinent – im Rahmen der Narration oder auch im metaphorischen Sinne – in Kontakt mit ihrer eigenen, hegemonial konstruierten und subjektgefüllten Sexualität kommt. Alle Protagonistinnen – seien es die aus Deutschland und der Schweiz in den beiden deutschen Filmproduktionen oder die aus Belgien und Dänemark in den US-amerikanischen Spielfilmen – verwickeln sich auf dem afrikanistisch imaginierten Kontinent, ganz dem Genre des Melodrams entsprechend, in intensive Liebesgefühle, die mit sexuellen Fantasien oder gar Handlungen verknüpft sind.[365]

So verwundert es kaum, dass der zu Beginn dieses Kapitels angeführte Aspekte-Beitrag von Frauen aus aller Welt spricht, die sich trotz aller filmimmanenten „Warnungen" als Sextouristinnen nach Kenia aufmachen:

> ‚Es gibt viele Geldüberweisungen. Auf den Kontoauszügen kann man erkennen, dass die Gelder aus der ganzen Welt kommen', so der Bankangestellte. ‚Deutschland, Kanada, Schweiz ... Sie schicken Geld, damit sie hier junge Krieger treffen. Es werden zwischen 200.000 und 300.000 Schilling bezahlt.' Pro Treffen zahlen die Frauen damit umgerechnet 2000 bis 3000 Euro.[366]

Es sind Frauen aus dem gesamten Okzident, die sich in ihrer realiter gelebten Sexualität auf Kosten afrikanischer Männer zu ermächtigen versuchen. Sie kommen (fast genau) aus den Produktionsländern der von mir analysierten (Film-)Texte oder aus den Herkunftsländern ihrer *weiß*-weiblichen Heldinnen. Es ist anzunehmen, dass viele von ihnen hoffen, sowohl von der kinematografisch behaupteten „Potenz" eines afrikanischen Mannes profitieren als auch den als „wild" inszenierten Schwarzen Mann in seiner Sexualität erfolgreicher als Carola „erziehen", „zähmen" und „zivilisieren" zu können.

---

[364] Hierzu genauer das Unterkapitel *3.7.4 Sadistische Abwertung Schwarzer Filmfiguren*.
[365] Diese wird allerdings in drei der vier Filme mit *weiß*-männlichen Filmfiguren ausgelebt – sei es im Bett oder, wie bei *The Nun's Story* und vielleicht auch bei *Eine Weiße unter Kannibalen (Fetisch)*, auf einer Flirtebene.
[366] Reportage „Schwarze Krieger für weiße Ladys. Käuflicher Sex in Kenia" im ZDF-Kulturmagazin *Aspekte* vom 18.07.2008 (s. Anhang).

*Deduktives Analyseverfahren* 441

## 3.6.6 Mythos Schwarzer Gewalttätigkeit

Im ersten Halbjahr des Jahres 2015 häufte sich die Berichterstattung deutschsprachiger Medien über die Ermordung und Verstümmelung von Albinos in (Ost-) Afrika.[367] Gemeinsam ist diesen Berichten eine verstörende Liebe zum brutalen Detail. So schrieb beispielsweise der Spiegel:

> Ihre Ohren und Hände, gestößelt oder zu einem Sud ausgekocht, können angeblich Wunder bewirken. Füße und Genitalien werden gern als Talismane genommen, die Wohlstand, Heilung und sogar Wahlsiege versprechen. Seit Langem schon leben Albinos in Tansania gefährlich, weil ihre Körperteile Glück verheißen. Fast 80 Albinos sind in den vergangenen 15 Jahren hier ermordet worden, 34 wurden bei lebendigem Leib Gliedmaßen abgeschlagen. Nun beginnt eine noch kritischere Zeit für hellhäutige Tansanier, denn im Oktober wählt das Land einen neuen Präsidenten und ein neues Parlament. Schon bei früheren Urnengängen hatte es Berichte über magische Rituale gegeben, mit denen Kandidaten ihre Chancen verbessern wollten.[368]

Es erscheint, als wären nicht schon knappe 100 Jahre vergangen, seitdem der deutsche Spielfilm *Eine Weiße unter Kannibalen (Fetisch)* in die Kinos gekommen ist, der den Schwarzen Filmfiguren vor allem durch seinen Titel unterstellt, sie seien „Menschenfresser" und würden Menschen morden, um diese „rituell-kulturell" zu verzehren. Laut Mayers Grossem Taschenlexikon liegt das Hauptmotiv des Kannibalismus in der „Aneignung der Macht bzw. Kraft des Opfers durch dessen Verzehr".[369] Es wundert nicht, dass diese Macht und Kraft sowohl in dem 1921 produzierten deutschen Spielfilm Hans Schomburgks als auch in den die deutschsprachige Presse 100 Jahre später zierenden Berichten im *Weißsein* der Opfer zu finden ist. Denn dieses den Schwarzen zugeschriebene Begehren des *Weißseins* trägt entscheidend zur Konstruktion des Phallus *Weißsein* bei.

Eine solche Lesart kommt dem Ansatz der psychoanalytischen Theorie nahe, die den rassistisch kontextualisierten Ausdruck „kannibalisch" unmarkiert benutzt, um Objektbeziehungen und Fantasien zu bezeichnen, die mit einer oralen Aktivität in Verbindung stehen. Zu dem Wort „kannibalisch" schreiben der Theoretiker der Psychoanalyse Jean Laplanche und der Psychoanalytiker Jean-Bertrand Pontalis in ihrem *Vokabular der Psychoanalyse* Folgendes:

> Das Wort drückt auf bildhafte Weise die unterschiedlichen Dimensionen der oralen Einverleibung aus: Liebe, Destruktion, Aufbewahrung in seinem Innern und Aneignung der Qualitäten des Objekts. Mitunter spricht man von kannibali-

---

[367] Zick 2015; *Stern* 2015; Sandner 2015.
[368] *Der Spiegel* 2015.
[369] *Meyers Großes Taschenlexikon, Band 11*, 1987.

scher Stufe als Äquivalent der zweiten oralen Stufe nach Abraham (oral-sadistische Stufe).[370]

Dass die „Menschenfresserei", die zur Beschreibung dieser Stufe der psychosexuellen Entwicklung des (*weißen*) Subjekts herangezogen wird, ausschließlich nicht-*weißen* Menschen zugeordnet wird, betonen die Autoren des Artikels zwar, legen den Kosntruktionsprozess dieser Denkfigur aber nicht offen. Sie schreiben, dieser Begriff sei „in Anspielung auf den von bestimmten Völkern praktizierten Kannibalismus" in die Psychoanalyse eingeführt worden.[371] Damit naturalisieren sie die kannibalische Praxis, schreiben sie, ähnlich wie Freud, unhinterfragt „bestimmten Völkern", also dem Anderen, zu und spalten sie damit von der *weißen* Gesellschaft, dem Ich, ab.[372]

Noch deutlicher wird die der Kannibalismuskonstruktion inhärente *weiße* Einverleibungsfantasie in Freuds Text *Totem und Tabu* aus dem Jahr 1912-1913, in dem er den Begriff des Kannibalismus erstmalig verwendete. Hier behauptete Freud, dieser von den „Primitiven" ausgeübten Handlung sei die Überzeugung immanent, dass „indem man Teile vom Leib einer Person durch den Akt des Verzehrens in sich aufnimmt, man sich auch die Eigenschaften [aneignet], welche dieser Person angehört haben".[373] Darauf Bezug nehmend führen Laplanche und Pontalis weiter aus, das Wort „kannibalisch" betone in der psychoanalytischen Theorie folgende „Züge der oralen Objektbeziehung: Mischung der Libido und der Aggressivität, Einverleibung und Aneignung des Objekts und seiner Qualitäten".[374]

Diese „Qualitäten" liegen, wie ich behaupten möchte, vor allem im *Weißsein* des „einverleibten Objekts", da in der *weißen* Imagination insbesondere der *weiße* Mensch als Opfer von kannibalischen Handlungen nicht-*weiß* imaginierter Menschen konstruiert wird. Dieses *Weißsein* der von den imaginierten „primitiven Kannibalen" verzehrten Objekte ist gleichzusetzen mit der Stärke der phallischen Vaterfigur. Denn angelehnt an seine Konzeptionalisierung von Kannibalismus entwickelte Freud die Denkfiguren von „Vatermord" und „Totemmahlzeit". Er schreibt:

> Eines Tages taten sich die [...] Brüder zusammen, erschlugen und verzehrten den Vater und machten so der Vaterhorde ein Ende [...]. Nun setzten sie im Akte des Verzehrens die Identifizierung mit ihm durch, eigneten sich ein jeder ein Stück seiner Stärke an.[375]

---

[370] Laplanche/Pontalis 1973: 241.
[371] Ebd.
[372] Vgl. McClintock 1995: 182.
[373] Freud 1999d: 101.
[374] Laplanche/Pontalis 1973: 241.
[375] Freud 1999d: 171-172. Vgl. Laplanche/Pontalis 1973: 242.

Die von den Söhnen durch Verzehr angeeignete Stärke der phallischen Vaterfigur wird in den untersuchten okzidentalen Filmtexten den *weißen* Protagonist_innen zugeschrieben, welche die phallische Vaterfigur im ödipal strukturierten Narrativ symbolisieren.[376] Es ist diese phallische Stärke, die sich die afrikanistisch inszenierten Filmfiguren in der *weißen* Vorstellungswelt durch die Einverleibung des Phallus *Weißsein* sichern wollen.

So wird beispielsweise das *weiße* Mädchen des von mir untersuchten Stummfilms aus dem Jahr 1921 von den sie aufgreifenden „Kannibalen" zwar nicht ermordet, gebraten und gefressen, doch eignet sich der „Häuptling" die „Zauberkraft" von Marias *weißer* Haut durch das Ablecken seiner Hände und das Trinken der von Maria mitgeführten Flüssigkeit an. Daraufhin stellt er fest: „Der böse Geist ist aus mir heraus gefahren."[377] und „Die weiße Lilie wird dem Awemba Glück bringen, sie soll der Fetisch unseres Stammes sein!"[378] Auch hier verleibt sich eine Schwarze Filmfigur das *Weißsein* oral ein. Das zum Fetisch erhobene *weiße* Mädchen wird ein lebendiger Anbetungsgegenstand der afrikanistisch imaginierten Gemeinschaft und gelangt durch ihre *weiße* Haut in eine phallische Position, doch bleibt sie durch das Bild der Gefangenschaft einverleibter Besitz der afrikanistisch konstruierten Gesellschaft. Das Begehren, das ihr *Weißsein* bei den „Awemba" auslöst, wird intratextuell sowohl in den bewegten Bildern als auch in den eingeflochtenen Schrifttafeln explizit hervorgehoben.

Ob Verehrung einer gefangen gehaltenen *weißen* Frau als Fetisch oder Ermordung von afrikanischen Albinos, deren *weißer* Körper im afrikanischen „Aberglauben" angeblich Glück und Erfolg verspricht: Der den Afrikaner_innen von *Weißen* unterstellte Grund für das ihnen zugeschriebene gewalttätige Handeln gegen Menschen mit *weißer* Hautfarbe ist in beiden Fällen das Begehren des Phallus *Weißsein* oder, mit Fanon gesprochen, das Streben nach Laktifizierung. Schon Fanon schrieb: „Ein Weißer in den Kolonien hat sich noch niemals in irgendeiner Weise minderwertig gefühlt" und Mannoni zitierend fügt er hinzu: „Er wird zum Gott erklärt oder aufgefressen."[379] Immer wird behauptet, Schwarze würden glauben, durch *Weißsein* sei das Böse zu vertreiben.[380]

---

[376] Vgl. Unterkapitel *3.6.3 Infantilisierung*.
[377] *Eine Weiße unter Kannibalen (Fetisch)*, Filmminute 0:23:01-0:23:48.
[378] *Eine Weiße unter Kannibalen (Fetisch)*, Filmminute 0:23:39-0:23:47.
[379] Fanon 2015b: 79.
[380] Auch dies verdreht die Fakten historischer Begebenheiten. Denn *Weiße* haben Schwarzen „das Böse" erst gebracht. Vgl. Unterkapitel *3.4.7 Weiße Geschichtsverfälschung*.

Diesen Topos bedient auch der Film *The Nun's Story* in der einschlägigen Sequenz, die zeigt, wie eine Schwarz-männliche Nebenfigur eine *weiße* Nonne durch Stock- bzw. Asthiebe auf den Kopf brutal ermordet.[381]

*The Nun's Story*, Filmminute 1:47:29-1:49:25.

Auf die Frage der *weißen* Protagonistin nach dem Grund für diese Tat erklärt der Schwarze Krankenpfleger:

> A witch doctor told him that if he killed a white woman, he'd be rid of the ghost of his dead wife.[382]

Dass ihr *Weißsein* die Nonne zum Opfer afrikanistisch imaginierter Rituale mit dem Ziel der Vertreibung böser Geister macht, hebt das Begehren der Schwarzen Filmfiguren nach dem *weißen* Phallus hervor, der auch hier alles Böse zu vertreiben imstande zu sein scheint.

Zudem verdeutlicht diese Sequenz beispielhaft besonders gut, wie durch die Inszenierung von Schwarzen Filmfiguren als unempathische Gewalttäter_innen in allen vier von mir untersuchten okzidentalen Spielfilmen das Bild des *weißen*, friedvollen Gutmenschen entsteht. Während die *Weißen* den Schwarzen Filmfiguren helfen,[383] lassen afrikanistisch konstruierte Filmfiguren ihre Schwarzen Mitmenschen herzlos wie Tiere in der Natur verenden,[384] bestrafen ihresgleichen mit

---

[381] *The Nun's Story*, Filmminute 1:47:29-1:49:25. Vgl. Unterkapitel *3.4.2 Mythos weißen Gutmenschentums*.

[382] „I would give anything if I could convert him", sagt sie in der Subsequenz, die ihrem Sterben vorausgeht (*The Nun's Story*, Filmminute 1:47:20-1:47:27).

[383] Vgl. Unterkapitel *3.4.2 Mythos weißen Gutmenschentums*.

[384] Der *weiße* Missionar Father Vermeulen, der sein eigenes Leben für die Heilung afrikanistisch konstruierter Lepra-Kranker opfert, erklärt, dass an Lepra erkrankte Afrikaner_innen dem Tode ausgeliefert wären, wenn die *Weißen* sie in ihren afrikanistisch imaginierten Gemeinschaften beließen. Er erzählt über die Leprakranken in seiner Obhut: They're makeshift, but at least they're being cared for. If they were left in the forest with their tribes they'd be abandoned to die. (*The Nun's Story*, Filmminute 1:33:56-1:34:04) Die Schwarzen Filmfiguren würden sich im Gegensatz zu den *weißen* Filmfiguren um ihre an Lepra erkrankten Mitmenschen also ebenso wenig kümmern wie um Gebärende, die lebensgefährliche Geburtsprobleme haben.

dem Tode[385] oder töten gar gezielt die ihnen helfenden, vollkommen unschuldigen und herzensguten *Weißen*.[386]

Durch solche Inszenierungsstrategien wird die realiter von *Weißen* ausgeübte Gewalt,[387] die sich im kolonialen Alltag in unzähligen Gräueltaten bis hin zu Versklavung und Völkermord niederschlug, in einer Art Verdrehung von Wahrheit[388] den Opfern selbst zugeschrieben. Dadurch kann sowohl die *weiße* Gewalt aus dem okzidentalen Bewusstsein verdrängt als auch die vorgebliche Schwarze Gewalt zur scheinbar sinnvollen Begründung einer auch heute noch als notwendig postulierten „‚Zivilisierung' kolonialisierter Menschen und Gesellschaften durch *Weiße*" herangezogen werden.[389] Die *weiße* Imagination, dass Schwarze auf brutalste Weise mit *Weißen* umgehen, wenn sie ihnen in die Hände fallen, entstammt folgerichtig zum einen der Verdrängung der eigenen Brutalität, die nun einfach dem Anderen zugeschoben wird, zum anderen der eigenen Angst vor der berechtigten Gegengewalt von Schwarzen, die mit der Aggression der *weißen* Eroberer_innen konfrontiert worden sind.

---

[385] In dem Film *The Nun's Story* beispielsweise beschreibt Ilunga sehr genau, wie seine eigene, afrikanistisch imaginierte Gemeinschaft mit Mördern umgehen würde: „If such a death happened with us, we'd tie him and cut his body for fish bait." (The Nun's Story, Filmminute 1:50:12-1:50:16) Während die *weiße* Nonne dem Mörder verzeiht, würden ihn die Schwarzen Filmfiguren töten. Zudem gibt die afrikanistisch konstruierte Filmfigur hier an, Schwarze würden einen menschlichen Körper, wie aus einem „kannibalischen" Impuls heraus, zum oralen Verzehr freigeben – wenn er auch nicht von Schwarzen Menschen verspeist, sondern Tieren zum „Fraß" vorgesetzt wird. In dem Film *Eine Weiße unter Kannibalen (Fetisch)* ermorden die „Awemba" trotz vergeblicher Intervention der *weißen* Protagonistin die von ihnen gefangen genommenen und an Marterpfähle gefesselten Sklavenjäger_innen (Filmminute 0:28:50-0:29:34). Dadurch, dass die Marterpfähle um das Feuer herum angeordnet sind, welches die „Awemba" während ihres „Femegerichts" umtanzen, werden „kannibalische" Assoziationen wachgerufen. Die Nähe zum Feuer lässt befürchten, die an die Marterpfähle gefesselten Schwarzen Sklavenjäger könnten post mortem gebraten und verspeist werden.

[386] In dem Film *Eine Weiße unter Kannibalen (Fetisch)* versucht die Schwarze Bedienstete der Gouverneurstochter Vera die *weiße* Protagonistin durch den Biss einer Giftschlange umzubringen (Filmminute 0:44:45-0:45:30) und der Schwarze „Fetischmann" fesselt den *weißen* Protagonisten Fred Holm, um ihn mit den Worten „Dich lasse ich hier als Fraß für die Löwen und Hyänen, und jetzt hole ich mir unsern weißen Fetisch" in der als „Wildnis" inszenierten Landschaft liegen zu lassen und damit dessen Tod mit dem Hinweis darauf billigend in Kauf zu nehmen, dass er ihn – wenn auch nicht zum menschlichen, so doch zum tierischen – Verzehr freigebe (Filmminute 0:46:11-0:46:55). Der Schwarze „Fetischmann" ist es auch, der Holm zu erdrosseln versucht und davon nur abgehalten wird, weil die *weiße* Protagonistin ihren Geliebten gerade noch rechtzeitig aus den Fängen des „schwarzen Mannes" befreien kann, indem sie den „Fetischmann" mit dessen eigener Waffe erdolcht (Filmminute 0:49:08-0:49:25). Alle afrikanistisch inszenierten Mordenden wollen durch den Mord einen *weißen* Menschen, und damit den Phallus *Weißsein*, für sich und/oder ihr eigenes Umfeld gewinnen. Die Bedienstete den *weißen* Mann für ihre *weiße* Herrin, der „Fetischmann" die *weiße* Protagonistin für sich und seine Gemeinschaft.

[387] Gaines 1988: 26: „Historically, black men and women, although not equally endangered, have been simultaneously implicated in incidents of interracial brutality."

[388] Vgl. Unterkapitel *3.4.7 Weiße Geschichtsverfälschung*.

[389] Arndt 2011i.

Denn die *weiße* Denkfigur des „Kannibalismus" ist realiter eine im Dienste kolonialer Expansionsbestrebungen entstandene rassistische Denkfigur, die außereuropäischen Menschen eine gänzlich irrationale, animalische Form von Gewalttätigkeit zuschreibt, um deren Tötung und Unterwerfung zu legitimieren.[390] Die Wortschöpfung des „Kannibalismus" geht ebenso wie die Einteilung außereuropäischer Menschen in „edle" und „grausame Wilde" mit der im *weißen* Wissensarchiv als „Entdeckung" festgeschriebenen europäischen Eroberung Amerikas einher. Deren Initiator Christoph Kolumbus verzeichnete in seinem Logbuch am 23.11.1492, dass die Einwohner_innen der Insel Hispaniola, vor der er ankerte, in dauernder Angst vor den „Caniba" oder „Canima" lebten, den angeblich einäugigen, hundsgesichtigen Bewohner_innen der Nachbarinsel Bohio, denen Menschenfresserei nachgesagt wurde.

Diese von Kolumbus niedergeschriebene Erzählung griff die in der (europäischen) Ethnologie der Antike und des Mittelalters getätigte Vermutung auf, dass am Rand der bekannten Welt halbmenschliche und anthropophagische Völker lebten, und so fungierten die Kariben „zu Beginn der Eroberung Amerikas als Modell des Kannibalismus und ‚Objekt' der Namensgebung".[391] Das Wort „Kannibale" nistete sich in der Folge schnell in den europäischen Sprachgebrauch ein und ist in der deutschen Sprache erstmalig für das Jahr 1508 bezeugt. „Die Entmenschlichung kolonialisierter Gesellschaften", schreibt Susan Arndt, „erfährt im Topos der ‚Menschenfresserei' eine strategische Klimax und diente der Rechtfertigungsrhetorik europäischer Expansionen in besonderer Weise."[392]

Diese Rechtfertigungsrhetorik wird in die okzidentalen Mainstream-Filmtexte implizit und explizit übernommen – und zwar durch den Rekurs auf einen Bilddiskurs, der seinen Ursprung im Kontext der Entstehung des Wortes „Kannibalismus" hat. Als zentrale Bildquelle nennt der Filmwissenschaftler Peter W. Schulze die „Sammlung von Reisen in das westliche Indien", die der Verleger und Kupferstecher Theodor de Bry 1590 in Frankfurt begonnen und sein Sohn Dieterich de Bry fortgeführt hat.[393] Die Sammlung beinhaltet hunderte von Kupferstichen, auf denen die „Neue Welt" wiederholt in kannibalischen Allegorien dargestellt wird. Dieses Bildmaterial wurde laut Schulze immer wieder zur vermeintlich historischen Illustration der „Neuen Welt" aufgegriffen und mehrfach neu aufgelegt.[394] Seit Jahrhunderten werden diese okzidentalen Bilder von kannibalischen Bewohner_innen Südamerikas im *weißen* Wissensarchiv überliefert und bleiben somit bis zum heutigen Tag im kollektiven Gedächtnis wirksam. Dieses tradierte

---

[390] Schulze 2012: 249.
[391] Ebd.
[392] Arndt 2011i.
[393] Schulze 2012: 251f.
[394] Schulze 2012: 252.

*weiße* „Wissen" stärkt bei der Filmrezeption sowohl die Befürchtungen der Rezipierenden um das Wohl der *weißen* Identifikationsfiguren als auch die Spannung und die Schaulust. Denn dass diese Bilder sich auch in der okzidentalen Kinematografie niederschlagen, kann unter anderem anhand des Films *Eine Weiße unter Kannibalen (Fetisch)* belegt werden. Sowohl die Kostümierung der in diesem Film repräsentierten afrikanistisch konstruierten Filmfiguren als auch die szenografische Darstellung ihres Lebensraums erinnert erstaunlicherweise eher an die stereotypisierte Darstellung von *Native Americans* als an Bilder aus Afrika.

In den von Schulze angeführten und von *Weißen* angefertigten Kupferstichen wird die Gewalt des „Kannibalismus" insbesondere gegen männlich-*weiße* Eroberer gerichtet. So auch im dritten Buch des Bandes von Vater und Sohn de Bry, das unter anderem Hans Stadens Publikation *Warhaftige Historia* (1557) illustriert, die Stadens neuneinhalbmonatige Gefangenschaft im Jahr 1554 bei den „wilden, nackten, grimmigen Menschenfressern"[395] beschreibt. „Bereits auf dem Titelblatt [dieses Buches, J.D.]", schreibt Schulze „ist ein Holzschnitt mit einer Kannibalismus-Szene abgebildet. Neben einem Grill mit schmorenden menschlichen Körperteilen liegt eine ‚Indianerin' in einer Hängematte und nagt an einem Menschenbein."[396] Bezüglich der genderspezifischen Darstellung des kannibalischen Aktes zitiert Schulze Sabine Schülting:

> Kannibalismus wurde fast ausschließlich mit nackten ‚fremden Frauen' in Verbindung gebracht, deren Hunger nach Menschenfleisch sexuell konnotiert ist. Bei der ‚männermordende[n] Kannibalin', die nicht zuletzt für die drohende ‚Einverleibung der eignen Kultur' durch die fremde steht, handelt es sich um ein Konstrukt und ein Zeugnis der ‚Angst des europäischen Reisenden, seine christlich-abendländische Identität im Kulturkontakt zu verlieren'.[397]

Diesem identitätsgefährdenden Einverleibungsrisiko ist in dem dieser Arbeit zugrundeliegenden Filmkorpus weniger ein *weiß*-männlicher Held, sondern vielmehr die auf koloniale Abenteuerreise gehende *weiße* Frau ausgesetzt. Außer in dem Film *Die weiße Massai* setzt sich der sie bedrohende männliche „Kannibale" aus mehreren Nebenfiguren zusammen, die im Gegensatz zu den „gezähmten" „edlen Wilden" die „grausamen Wilden" darstellen.[398] Im Falle von *Die weiße Massai* trägt Lemalian diese binär konstruierten Seiten in seinem Charakter vereint. Sein Streben nach dem Phallus *Weißsein* wird sowohl in seinem Verlangen nach genitaler

---

[395] So bezeichnet er die Tupinambá.
[396] Schulze 2012: 254.
[397] Schulze 2012: 257.
[398] In dem Film *Out of Africa* bringen afrikanistisch inszenierte Filmfiguren niemanden um, sorgen aber immer wieder für die Wiederbelebung des tief verwurzelten okzidentalen Mythos Schwarzer Gewalttätigkeit, wenn sie mit lautem Kriegsgebrüll, „verdächtigen" Trommelrhythmen oder aus bedrohlicher Dunkelheit in der „Wildnis" erscheinen (z.B. Filmminute 0:16:35-0:18:05, 0:46:10-0:46:32 und 0:47:55-0:48:55).

Verschmelzung mit der *weißen* Protagonistin[399] als auch durch die von ihm ausgehende Gefahr ihrer oralen Einverleibung visualisiert.

Die größte Gewaltszene findet statt, wenn Lemalian, angetriggert durch einen auf dem Boden liegenden Ziegenfötus, auf dem Carola nachts ausrutscht (Nacht=Dunkelheit=Gefahr=Afrika), seine Frau in rasender Eifersucht beinahe totschlägt, weil er glaubt, dieser sei ein von Carola verlorener, mit einem anderen Mann gezeugter menschlicher Fötus.[400]

*Die weiße Massai*, Filmminute 1:50:13-1:51:39.

Diese rasende, als völlig irrational inszenierte Eifersucht des Schwarzen Mannes spielt mit dem Topos des Begehrens von *Weißsein*. Denn Lemalian agiert aus der Angst heraus, das *Weißsein* der ihn durch ihre Liebe erhöhenden *weißen* Frau[401] mit dem befürchteten Verlust seiner Ehefrau einzubüßen. Diese Verlustangst könnte er, genau wie die „Awemba", die ihren *weißen* Fetisch „tot oder lebendig" wiederhaben wollen, durch die Tötung der *weißen* Frau bewältigen, wenn er sich deren *Weißsein* post mortem oral einverleiben und so für immer behalten würde.

Diese kannibalische Einverleibungsassoziation entsteht durch die sich an die Gewaltdarstellung anschließende Großaufnahme, die zu sehen gibt, wie der Fötus, auf dem Carola ausgerutscht ist, von einer Wolfsschnauze gefressen wird.

*Die weiße Massai*, Filmminute 1:52:09-1:52:12.

Das Wolfsbild kann als Metapher für den afrikanistisch konstruierten „Kannibalen" Lemalian gelesen werden, der intratextuell immer wieder als tiernah dargestellt wird, indem er, dem Wolf gleich, rohes Fleisch verschlingt.[402]

---

[399] Vgl. Unterkapitel *3.6.5 De- und Hypersexualisierung*.
[400] *Die weiße Massai*, Filmminute 1:50:33-1:52:07.
[401] Vgl. Fanon 2015a: 61ff.
[402] Vgl. Unterkapitel *3.6.2 Dehumanisierung*.

Deduktives Analyseverfahren

*Die weiße Massai*, Filmminute 0:32:55-0:33:55.   *Die weiße Massai*, Filmminute 0:33:46-0:33:52.

So wie Lemalian einem von ihm erlegten Tier zu Beginn des Films die aufgeschlitzte Kehle ausschlürft und die Innereien des Rindes am folgenden Morgen Carola zum Frühstück anbietet,[403] könnte er seine von ihm eigenhändig ermordete *weiße* Frau auffressen, um sich ihren symbolischen Phallus *Weißsein* einzuverleiben.

Durch die dem Schwarzen Protagonisten in dieser Subsequenz zugeschriebene Brutalität steigert und wiederholt sich die bereits in der Szene des ersten Beischlafs angelegte Spannung, ob die *weiße* Frau dem – potentiell tödlichen – Gefängnis des „Schwarzen Mannes" entkommen kann.[404] Denn äquivalent zu der potentiell mit Schlüssel verschlossenen Zimmertür in der bereits beschriebenen Sexsequenz bleibt ab diesem Zeitpunkt für die letzten 13 Filmminuten offen, ob Carola die Flucht aus dem „dunklen Kontinent" gelingt und ob sie ihre Tochter vor deren gewalttätigem Vater retten kann. Das Pendant zum Schloss der Zimmertür ist in dieser Sequenz in der Unterschrift zu finden, die Lemalian geben muss, damit Sarai mit ihrer Mutter ausreisen darf. Nur wenn er unterschreibt, kann sich für die beiden die Tür nach Europa und in das als sicher inszenierte *weiße* Patriarchat öffnen. Dass der Schwarze Mann die *weiße* Frau aufgrund der Schuld, die er durch seine Gewalttätigkeit und im übertragenen Sinne aufgrund seiner kastrierten Gesellschaftsposition auf sich geladen hat, nicht halten kann, weiß er selbst. So sagt er, nachdem er Carola in den Bus hat steigen lassen, zum Abschied: „I know you'll never come back."[405]

Toni Morrison betont, dass kein Abenteuerroman frei sei von „der Macht des Schwarzen" – „zumal in einem Land [wie Amerika, J.D.], in dem es schon eine dort ansässige schwarze Bevölkerung gab, mit der die Phantasie spielen konnte, mittels derer sich historische, moralische, metaphysische und soziale Ängste

---

[403] *Die weiße Massai*, Filmminute 0:35:57-0:36:08: Lemalian „schenkt" Carola ein Tierbein und lächelt sie dabei mit beinahe kindlichem Stolz an. Carola nimmt das Bein lächelnd entgegen, kann ihren Ekel aber nicht verbergen. Sie schlägt zunächst eine Fliege zur Seite, dreht das Bein um dessen eigene Achse und schaut dabei angewidert auf das tierische Gliedmaß. Die Tonspur wird während des „Frühstücks" von Fliegensummen dominiert, das Verwesung anzeigt.
[404] Vgl. Unterkapitel *3.6.5 De- und Hypersexualisierung*.
[405] *Die weiße Massai*, Filmminute 1:57:30-1:57:33.

ausdrücken ließen". Denn laut Morrison projizieren die okzidentale Gesellschaft und deren Künstler_innen ihre „inneren Konflikte auf eine ‚leere Dunkelheit', auf zweckdienlich abhängige und gewaltsam zum Schweigen gebrachte schwarze Körper".[406]

Diese von Morrison hervorgehobene Dunkelheit, mittels derer angstbesetzte Situationen in Abenteuerromanen ausgemalt werden, lässt sich neben der den Schwarzen Filmfiguren zugeschriebenen Gewalt auch in der Dunkelheit einzelner Szenen in den vier von mir untersuchten Spielfilmen wiederfinden. Die Rezipierenden verlieren in der filmischen Dunkelheit den Figurenhalt, werden auf sich selbst und die von ihnen internalisierten Stereotype des gewalttätigen Schwarzen Mannes und des gefährlichen „dunklen Kontinents" zurückgeworfen, und finden erst wieder Orientierung, wenn die Symbole von *Weißsein* und „Zivilisation" erneut leuchten. Mittels dieser kinematografischen (Re-)Produktion des „Mythos vom bösen [N.]", der, wie schon Fanon feststellte, „zum Unbewussten der [europäischen, J.D.] Gemeinschaft" gehört,[407] entsteht das Bild des *weißen*, friedvollen Gutmenschen.

---

[406] Morrison 1994: 64f.
[407] Fanon 2015b: 79.

## 3.7 Strategien zur Verdrängung der Kastrationsangst beim Anblick kastrierter Filmfiguren

Laut Mulvey muss im Kino der von Freud beschriebenen Kastrationsangst entgegengewirkt werden. Nur so könne die Schaulust der Zuschauenden, die sich mit den phallisch positionierten Filmfiguren identifizieren, aufrechterhalten werden. Mulvey beschreibt diesbezüglich mögliche Strategien für den Umgang mit einer Filmfigur, die aufgrund ihrer geschlechtlichen Positionierung in der psychoanalytischen Theorie als kastriert gilt. Diese kann entweder visuell fetischisiert oder durch einen in die Narration eingewobenen Sadismus bestraft und erniedrigt werden.[1]

Mulveys Überlegungen zur kastrierten Filmfigur können auf die Inszenierung Schwarzer Filmfiguren übertragen werden. Bhabha zitierend, der sich auf die Freud'sche Psychoanalyse bezieht, setzt der Kulturwissenschaftler Henry Krips in der Einleitung zu seinem Buch *Fetish: an erotics of culture* das *Weißsein* ganz direkt mit dem Besitz des Phallus gleich.[2] Krips parallelisiert die Kastration der Frau mit der des Schwarzen Menschen:

> Fetishism is always a 'play' or vacillation between the archaic affirmation of wholeness/similarity – in Freud's terms: 'All men have penises'; in ours 'All men have the same skin/race/culture' – and the anxiety associated with lack and difference – again, for Freud 'Some men do not have penises'; for us 'Some do not have the same skin/race/culture'.[3]

Was aber bedeutet Fetischisierung im kinematografischen Kontext bezogen auf Filmfiguren, die auf der Machtachse *Rasse* als kastriert konstruiert sind? Erfolgt die Fetischisierung auch hier wie bei Mulvey auf einer rein visuellen Ebene oder wird sie vor allem narrativ umgesetzt?

In Mariam Popals Definition des Wortes „wild" sind, liest man das Wort „wild" als „Schwarzer Mensch",[4] die alltäglichen Strategien von *Weißen* im Umgang mit den von ihnen als Schwarz konstruierten Menschen zu finden:

> ‚W/wild' darf getötet werden oder auch gezähmt; ‚wild' wird als außerhalb der Ordnung dargestellt; der ‚Wildnis' (Ort)/der ‚Wildheit' (Zustand) dürfen sich *weiße* Menschen – unter Lebensgefahr, die sie nochmals heroisieren soll – bemächtigen. ‚Wildheit' symbolisiert Vogelfreiheit oder auch ‚Natur', sie kann eingenommen, ‚entdeckt', begehrt und verabscheut werden.[5]

Der von Popal beschriebene Umgang von *Weißen* mit „Wildheit" oder, übertragen, mit Schwarzen erinnert stark an Mulveys Strategien von Fetischisierung und

---

[1] Vgl. Unterkapitel *2.3 Mulvey phallisch weiß gelesen*.
[2] Vgl. dazu auch Unterkapitel *2.2 Weißsein als symbolischer Phallus* und *2.3 Mulvey phallisch weiß gelesen*.
[3] Krips 1999: 45.
[4] Dies ist zulässig und von Popal scheinbar auch so gemeint, da Schwarze durch *weiße* Definitionsmacht mit „Wildheit" gleichgesetzt werden.
[5] Popal 2011: 678.

Abwertung. So könnte die von Popal erwähnte „Zähmung" im Kino als Fetischisierung und die „Tötung" als sadistische Abwertung einer kastrierten Filmfigur inszeniert oder dekodiert werden.

Diawara entlarvt ähnliche, auf das Kino bezogene Strategien bereits 1986/88 und merkt an, dass Schwarze Charaktere in Hollywoodfilmen in erster Linie für eine *weiße* (Schau-)Lust konstruiert seien.[6] Als Inszenierungsstrategien zur Befriedigung dieser *weißen* Schaulust nennt Diawara die Möglichkeit, Schwarze Filmfiguren für *Weiße* weniger bedrohlich erscheinen zu lassen, indem entweder Schwarze Bräuche und Kultur durch einen Prozess von „deracination" und Isolation laktifiziert[7] oder Narrative konstruiert würden, in denen Schwarze im Regelwerk der *weißen* Gesellschaft mitspielen und verlieren.[8] Der Schwarze Charakter werde zu diesem Zweck einer Schwarzen Umgebung entrissen und in eine vornehmlich *weiße* Welt versetzt, wo er das kinematografische Bild eines kriminalisierten Schwarzen Mannes aufrufe.[9] Die erste Variante, die Diawara anführt, ist mit einer Fetischisierung gleichzusetzen, die zweite mit der Bestrafung durch sadistische Abwertung.

In diesem Zusammenhang muss auch die Frage behandelt werden, ob Mulveys Theorieansatz nicht dahingehend erweitert werden sollte, dass auch die Fetischisierung der weiblichen Filmfigur zusätzlich narrativ betrachtet werden muss. Ist beispielsweise der männliche Habitus, den die *weißen* Protagonistinnen übernehmen,[10] nicht eine Fetischisierung in dem Sinne, dass die weiblichen Filmfiguren in der Machtachse von Geschlecht eine phallische Position einnehmen? Erscheinen sie dadurch nicht auch „penisgleich", oder: „penisförmig" in einem abstrahierten Sinne?

Bevor ich tiefergehend in meine Ausführungen zu Sadismus und Fetischisierung einsteige, möchte ich an dieser Stelle meine Verwendung des Begriffs „Fetisch" näher erläutern. Denn der Begriff „Fetisch" wird in dieser Arbeit in zweifacher Hinsicht benutzt: zum einen im Sinne einer dem Schwarzen Anderen zugeschriebenen und als rückständig dargestellten spirituellen Praxis, zum anderen im Rahmen der psychoanalytischen Theorie als „Penis- bzw. Phallusersatz". Diese beiden Fetisch-Begriffe sind jedoch miteinander verwoben, da sich der psychoana-

---

[6] Diawara 1993: 215.
[7] Diawaras Wortwahl „White domestication" ist an dieser Stelle in Anlehnung an die Fanon'sche Wortwahl mit „Laktifizierung" sehr frei übersetzt.
[8] Diawara 1993: 215: „...the dominant cinema situates Black characters primarily for the pleasure of White spectators (male or female). To illustrate this point, one may note how Black male characters in contemporary Hollywood films are made less threatening to Whites either by White domestication of Black customs and culture – a process of deracination and isolation – or by stories in which Blacks are depicted playing by the rules of White society and losing."
[9] Diawara 1993: 215.
[10] Vgl. Unterkapitel *3.4.1 Weiß symbolisierter Emanzipationsprozess als Frau.*

Deduktives Analyseverfahren 453

lytische Fetischbegriff an den Begriff des Fetischs anlehnt, der dem als primitiv konstruierten „Anderen" zugeordnet wurde. So schreibt Freud:

> Der Ersatz für das Sexualobjekt ist ein im allgemeinen für sexuelle Zwecke sehr wenig geeigneter Körperteil (Fuß, Haar) oder ein unbelebtes Objekt, welches in nachweisbarer Relation mit der Sexualperson, am besten mit der Sexualität derselben, steht. (Stücke der Kleidung, weiße Wäsche.) Dieser Ersatz wird nicht mit Unrecht mit dem Fetisch verglichen, in dem der Wilde seinen Gott verkörpert sieht.[11]

Wie Isabell Lorey in ihrem Aufsatz *Der weiße Körper als feministischer Fetisch* betont, sind diesem Freud'schen Konzept der Fetischbildung rassistische Implikationen immanent. Lorey hebt hervor, dass Freud seine Fetischtheorie mit diesen Formulierungen unkritisch in den historischen Kontext des Kolonialismus eingebettet habe. Denn durch eine solche Formulierung ordne er „dem nicht-aufgeklärten Anderen per se einen Fetisch zu"[12] und reproduziere so innerhalb seiner psychoanalytischen Theorie eine Denkbewegung der Abspaltung, durch die die eigene *weiße* Gesellschaft als „zivilisiert", überlegen und rational gesetzt werden könne. So sei Freuds Konzept der Psychoanalyse von Anbeginn an nicht von den sexistischen und kolonialrassistischen Diskursen zu trennen, die die psychoanalytische Theorie selbst mitproduziere.[13] Lorey weist auch auf die Gefahr hin, diese Denkstrukturen zu wiederholen, wenn der weibliche Körper im *weißen* Feminismus die Funktion des Fetischs übernimmt. Auch die Psychologin Martina Tißberger bezeichnet den Fetischbegriff als „eine Brücke, die Freud und Afrika verbindet".[14] Sie weist zugunsten einer dekonstruktiven Lesart der Psychoanalyse darauf hin, dass im Fetisch „Rasse, Geschlecht, Sexualität und Klasse" konvergieren.[15]

Der Begriff Feitiço stand im portugiesischen Mittelalter zunächst für Zauberei und Magie, dann für die weibliche, als mystisch wahrgenommene Sexualität, die vom Klerus als illegitim gebrandmarkt wurde.[16] Im 15. Jahrhundert nutzten die Portugiesen den Begriff Feitiço im Zuge ihrer imperialen Expansionen zur Benennung westafrikanischer Ritualobjekte. Während der Begriff des Fetischismus für den im 18. Jahrhundert lebenden französischen Philosophen Charles de Brosses eine synonyme Bezeichnung für „primitive" Religionen gewesen ist,[17] weist Dylan Evans darauf hin, dass der Terminus „Fetisch" im 18. Jahrhundert im Kontext der Erforschung „primitiver Religionen" gebräuchlich wurde und in diesem Zusam-

---

[11] Freud 1999b: 52. Interessant ist, dass schon Freud der als Fetischobjekt geeigneten Wäsche die Farbe Weiß zuschreibt.
[12] Lorey 2006: 65.
[13] Ebd.
[14] Tißberger 2013: 347.
[15] Tißberger 2013: 348.
[16] McClintock 1995: 185, Tißberger 2013: 347.
[17] McClintock 1995: 181, Tißberger 2013: 348.

menhang einen unbelebten Anbetungsgegenstand bezeichne.[18] Auch Hegel war von dem „afrikanischen Fetisch" fasziniert und versuchte, mit dessen Hilfe die rassistische Behauptung zu belegen, dass das „natürliche Bewusstsein des Afrikaners" nicht in die Reflexion eintreten könne.[19] Dass dieses koloniale Erbe ins 19. Jahrhundert weitergetragen wurde, stellt der Historiker und Kulturwissenschaftler Jan Dunzendorfer heraus:

> Der Fetisch war im 19. Jahrhundert das Objekt schlechthin, mit dem sich Europa abgrenzen konnte: zuerst nach außen gegen die kolonisierten Gesellschaften, indem Vorstellungen von bizarren Religionspraktiken und primitivem Wunderglauben europäischer Rationalität gegenübergestellt wurden; dann, nach dem gleichen Muster, auch nach innen gegen vermeintliche sexuelle Devianz und möglichen kapitalistischen Aberglauben.[20]

Freud bezog sich in der Ausarbeitung seines Fetischbegriffs zunächst auf den Psychiater Friedrich Krafft-Ebing. Dieser hatte den Fetischismus in den 1890er Jahren als erster zur Bezeichnung eines sexuellen Verhaltens herangezogen, bei dem die sexuelle Erregung von einem spezifischen, meist unbelebten Gegenstand ausgehe, den Krafft-Ebing als Fetisch bezeichnete. Als Beispiele für einen solchen Gegenstand führte er einen Schuh oder Teile der Unterwäsche an.[21]

Freud, der sich auf Krafft-Ebings Definition des Fetischismus als sexueller Perversion stützte,[22] untersuchte, worin die Ursache dieser sexuellen Perversion liegen könne. Er kam zu dem Schluss, dass der Fetischismus eine Folge des kindlichen Erschreckens vor der Kastration der Frau sei – so nannte er den Mangel des Penis bei der Mutter, der vom Kind zunächst verleugnet werde. Laut Freud nimmt der spätere Fetischist einen Gegenstand seiner Wahl als symbolischen Ersatz für den fehlenden Penis der Mutter.[23] Der Fetischismus sei, so Freud, daher ein permanentes Schwanken zwischen archaischer Ganzheit und Gleichheit („alle Menschen haben einen Penis") und der Angst, die mit Mangel und Differenz assoziiert ist („einige Menschen haben keinen Penis").[24] Das Hauptcharakteristikum des Fetischismus ist für Freud daher die Verleugnung der Kastration.

Da der Fetischismus immer die Bedeutung eines strategischen Instruments in sich trage, mit dem Europa seine imperialen Ausgriffe zu rechtfertigen versucht habe, fordert Dunzendorfer einen ausgesprochen sensiblen Umgang mit der Anwendung dieser Begrifflichkeiten. Während er der Meinung ist, „Fetisch" und „Fetischismus" sollten im Kontext von Ethnologie und Religionswissenschaften

---

[18] Evans 2002: 99.
[19] Tißberger 2013: 348f., vgl. Piesche 2005b: 33.
[20] Dunzendorfer 2011: 637.
[21] Evans 2002: 99f.
[22] Dunzendorfer 2011: 673.
[23] Evans 2002: 100.
[24] Krips 1999: 45, Pagel 1991: 87f.

# Deduktives Analyseverfahren

grundsätzlich keine Verwendung finden, ermahnt er die in den Bereichen von Psychologie und Ökonomie Tätigen zu einem besonders bewussten und vorsichtigen Umgang mit diesen Begriffen.[25]

Ich habe mich trotz und wegen Dunzendorfers Mahnung dazu entschlossen, den Begriff „Fetisch" ebenso wie den Begriff „Phallus" für die von mir durchzuführende rassismussensible Filmanalyse zu verwenden – gerade, um herauszustellen, dass beide Begriffe neu, nämlich intersektional gedacht werden müssen, um Rassismus zu entlarven, sichtbar zu machen und zum Verschwinden zu bringen. Damit gehe ich mit Tißberger d'accord, die schreibt:

> Wir müssen Rasse selbst loswerden, und das bedeutet [...], dass wir unseren Subjekt-Begriff und damit unser Selbst-Verständnis dekolonisieren müssen. Das Subjekt der Moderne ist konstitutiv auf Rasse angewiesen und jede Politik, Ökonomie, Bildung, Psychologie, Pädagogik etc. wird letztendlich von *Subjekten* geschrieben. Das Unbewusste spielt in diesem Dekolonisationsprozess eine entscheidende Rolle. [...] [Paul Gilroys] „Against Race' bedeutet deshalb, gegen Übertragungen von Whiteness zu arbeiten, also Whiteness als permanente Übertragung und Gegenübertragung zu beenden.[26]

Mit dem intersektional definierten Phallus- und Fetischbegriff biete ich eine praktikable Lösungsmöglichkeit im Sinne Bhabhas an, der 1989 schrieb:

> My illustration attempts to display the importance of the 'hybrid' moment of political change. Here the transformational value of change lies in the re-articulation, or translation, of elements that are *neither the One* (unitary working class) *nor the Other* (the politics of gender) *but something else besides* which contests the terms and territories of both. This does not necessarily involve the formation of a new synthesis, but a negotiation between them *in medias res*, in the profound experience or knowledge of the displaced, diversionary, differentiated boundaries in which the limits and limitations of social power are encountered in an agonistic relation.[27]

Durch die Intersektionalität verlieren die Begriffe ihre Einseitigkeit und Eindeutigkeit.[28] In ihrer Hybridität müssen sie immer wieder neu, ambivalent und in unterschiedlichsten Kontexten gedacht, verstanden und dekonstruiert werden.

---

[25] Dunzendorfer 2011: 637.
[26] Tißberger 2013: 357f.
[27] Bhabha 1989: 120.
[28] Dazu Binder/Hess 2011: 47.

### 3.7.1 Fetischisierung der *weißen* Protagonistin

Laut Mulvey geht es bei der Fetischisierung einer (*weiß-*)weiblichen Filmfigur vor allem darum, den Penismangel der Frau zugunsten der Aufrechterhaltung männlicher Schaulust zu kaschieren. Aus diesem Grund tritt die Fetischisierung in Mulveys Theorie nur auf der visuellen Ebene auf: Die Offenlegung des „Geheimnisses der Frau", ihrer Penislosigkeit, werde umgangen, indem entweder nur Einzelteile des weiblichen Körpers gezeigt würden, so dass das Genital aus der Repräsentation ausgespart bleibe, oder indem die weibliche Filmfigur als „Ganzkörperpenis" inszeniert werde und dadurch ihr „Mangel" verdeckt sei.

Während Mulvey den Fetischbegriff ausschließlich mit dem Penismangel verknüpft,[29] betont Lacan in seiner ersten Einführung in das Thema des Fetischismus im Jahr 1956, dass

> die Äquivalenz zwischen dem Fetisch und dem mütterlichen Phallus nur in Bezug zu linguistischen Transformationen verstanden werden kann und nicht in Bezug zu ‚verschwommenen Analogien im visuellen Bereich' wie beispielsweise dem Vergleich von Pelz und Schamhaar.[30]

Die Fetischisierung könnte nach Lacans Fetisch- und Phallusverständnis daher auch auf der narrativen Ebene anzusiedeln sein. Denn in der Machtachse von Geschlecht ist ein weibliches Wesen nach Lacan nur deshalb kastriert, weil mit dem Besitz des Penis privilegierte soziale Positionierungen einhergehen. Das Phallussymbol, das in der Machtachse von Geschlecht durch den Penis repräsentiert wird, steht also für mit Macht verknüpfte Privilegien, die dem (*weißen*) Mann eigen sind. Eine weibliche Filmfigur könnte demnach auch fetischisiert werden, indem sie durch die Narration männlich inszeniert wird. Denn dadurch kann ihr „Penismangel" – oder genauer: „Phallusmangel" auf der Machtachse von Geschlecht – kaschiert werden.

Die „emanzipierte" Darstellung der *weißen* Frau könnte also gleich in zweierlei Hinsicht zur Steigerung *weißer* Schaulust beitragen: zum einen, indem die Identifikationsmöglichkeit mit dem *weiß*-weiblichen Ich-Ideal erhöht wird,[31] und zum anderen, indem die Kastration auf der Machtachse Geschlecht verschleiert wird.

Der Anschein, die (*weiße*) Frau sei dem (*weißen*) Mann ähnlich oder ihm gleichgestellt, kann durch unterschiedliche Inszenierungsstrategien erweckt werden. Eine Strategie liegt darin, der weiblichen Filmfigur einen männlichen Habitus zuzuschreiben sowie ihr Handlungen zuzuordnen, die gemeinhin Männern vorenthalten sind. Eine andere Strategie ist es, die *weiße* Frau durch Fremdcharakterisierung

---

[29] Vgl. Unterkapitel *2.2 Weißsein als symbolischer Phallus.*
[30] Evans 2002: 100.
[31] Vgl. Unterkapitel *3.4.1 Weiß symoblisierter Emanzipationsprozess als Frau.*

in eine der *weiß*-männlichen Positionierung nahe kommende Gesellschaftsposition zu hieven.

Eine Möglichkeit, die *weiße* Protagonistin *weiß*-männlich erscheinen zu lassen, liegt darin, sie mit Wissenschaft, Ratio, Kultur gleich- und ihr Natur entgegenzusetzen. Dies ermöglicht, wie ich behaupten möchte, insbesondere das afrikanistisch imaginierte Setting. Denn in der okzidentalen Kultur wird Weiblichkeit mit Natur gleichgesetzt, Männlichkeit mit Kultur. Im afrikanistisch imaginierten Filmsetting wird die *weiße* Frau von diesem „Fluch" erlöst, indem sie der afrikanistisch inszenierten Natur, mit der alle Schwarzen Filmfiguren mehr oder weniger stark verschmolzen zu sein scheinen, entgegengesetzt wird. Die *weiße* Protagonistin symbolisiert nun die „Kultur", während Schwarze Filmfiguren „Natur" verkörpern.

Eine solche Entgegensetzung möchte ich anhand des Films *The Nun's Story* aufzeigen, in dem Schwarz-männlichen Filmfiguren immer wieder eine weibliche Genderrolle eingeschrieben wird. Ein Beispiel für eine solche Inszenierung ist in der Subsequenz zu finden, in der Ilunga in einem weißen Kittel zu sehen ist und sich, ein Tablett tragend, vor den beiden *weißen* Nonnen verbeugt, die sich ihm durch einen langen Krankenhausflur genähert haben.[32]

*The Nun's Story*, Filmminute 1:17:51-1:18:13.

Die *weißen* Frauen stoppen auf seiner Höhe, damit die führende Nonne über das Leben des Schwarzen Mannes verfügen kann. Sie sagt: „Ilunga will be your deputy here in hospital." Ähnlich wie Fred Holm der kleinen Maria zu Beginn des Films *Eine Weiße unter Kannibalen (Fetisch)* einen Schwarzen Mann zu schenken verspricht, „schenkt" hier eine *weiße* Frau einer anderen einen Schwarzen Mann als Bediensteten, der sich daraufhin ehrerbietend verbeugt. Er ist ihnen im Zuhören und Dienen gänzlich zugewandt und spricht selbst nicht, außer, dass er grüßt. Er bleibt stehen, bis die Nonnen weitergehen, schaut ihnen zunächst ergeben hinterher und

---

[32] *The Nun's* Story, Filmminute 1:18:07. Vgl. auch Lemalians weiblich assoziierte Kostümierung, die ich in Unterkapitel *3.5.1.3 Blickachse weiße Frau – Schwarzer Mann* ausführlich dargelegt habe.

setzt erst dann seinen Gang fort. Sein Verhalten erinnert an die Geschlechterrolle, die unter *Weißen* die Frau dem Manne gegenüber einzunehmen hat.

Gleichzeitig wird Sister Luke mit Kultur gleichgesetzt, indem ihre Liebe zu Medizin und Wissenschaft sowie ihre große Kompetenz in diesem Bereich kontinuierliche Betonung finden. Immer wieder wird sie in visuelle Nähe zum Mikroskop gesetzt,[33] das hier als Symbol für die „Errungenschaften der Zivilisation" steht und zugleich der *weißen* Protagonistin als Phallusersatz dient. Denn statt des begehrten Phallus erhält sie von ihrem Vater ein „Kind" in Form des Mikroskops. Er ist es, der seine Tochter ermächtigt, den wissenschaftlichen Weg in den Kongo zu finden. Es ist seine phallische Macht, die ein Stück weit auf die *weiße* Protagonistin übergeht.

Indem also *weiß*-männliche Filmfiguren die *weißen* Protagonistinnen aktiv in kulturelle Bereiche hieven, die eigentlich Männern vorbehaltenen sind, fungieren sie als Figuren, die die *weiße* Frau fetischisieren. Durch die von ihnen vorgenommene Fremdcharakterisierung der *weißen* Protagonistin erscheint die *weiße* Frau dem *weißen* Manne ähnlich, so dass ihr Phallusmangel auf der Machtachse Geschlecht kaschiert wird. Dieser Funktion dient auch die Filmfigur Doktor Fortunatis. Denn Sister Luke wird außer von ihrem Vater von dem ihr vorgesetzten *weißen* Arzt im Kongo bestärkt. Er rettet ihr durch seine kompetente und liebevolle Fürsorge im Kampf gegen die Tuberkulose das Leben und ermutigt sie unaufhörlich, ihren Weg als Krankenschwester zu gehen und sich von der patriarchalen, autoritären Macht des Ordens in ihren Talenten nicht beschneiden zu lassen. Durch ihn erfährt die *weiße* Protagonistin die Anerkennung, die die *weiße* Frau im *weißen* Patriarchat vom *weißen* Manne braucht, um eine hegemoniale gesellschaftliche Position einnehmen zu können.

Durch Dr. Fortunati, der die *weiße* Frau immer wieder in ihrer Expertise, ihrer Leistungskraft und ihrem großen medizinischen Talent bestätigt, wird die *weiße* Protagonistin in positivster Weise fremdcharakterisiert. Dr. Fortunati stellt Sister Luke immer wieder als starke Frau dar.[34] Er beschreibt sie als eine kompetente wissenschaftliche Assistentin und Krankenschwester, die, obwohl sie in großer Bescheidenheit alles versucht, um in die passive Frauenrolle zu gehen, Gehorsam zu üben und all ihre Erinnerungen gemäß der Ordensleitlinie zu eliminieren,

---

[33] Z.B. *The Nun's Story*, Filmminute 1:37:03: Großaufnahme von Sister Lukes Gesicht mit Mikroskop davor. Durch dieses Bild wird die *weiße* Frau mit Technik konnotiert (so auch, wenn Arzt wieder und wieder betont, dass sie technisch am Mikroskop, wissenschaftlich und medizinisch ausgesprochen talentiert ist). Eine andere Filmstelle, die die *weiße* Protagonistin mit dem Mikroskop in Verbindung setzt, ist in Filmminute 1:44:30 zu finden: Dr. Fortunati findet das Mikroskop unter ihrem Bett, als sie in Quarantäne liegt. Wissenschaft erscheint so als ihre große Liebe: sie hat das Mikroskop unter ihrem Bett statt den Mann im Bett.

[34] Z.B. *The Nun's Story*, Filmminute 1:39:50. Hier sagt Dr. Fortunati: „You can stand the gold treatment. It's rough on the kidney but you're strong. I'll take the responsibility."

immer ihr eigenes Denken, Handeln und ihren eigenen Willen behalten wird. Die *weiße* Arztfigur sagt:

> I'm gonna tell you something about yourself, Sister. I've never worked with any other kind of nurse except nuns since I began, and you're not in the mould, Sister. You never will be. You're a worldly nun. Ideal for the public, ideal for the patients. But you see things your own way. You stick to your own ideas. You'll never be the kind of nun that your convent expects you to be.[35]

Durch diese Inszenierung schreiben Rezipierende der *weiß*-männlichen Filmfigur Dr. Fortunati auch dann Recht zu, wenn er Sister Luke für ausgesprochen klug, gebildet, talentiert und weise hält. Dies bescheinigt er ihr, indem er sie ein „Genie des Mikroskops" nennt,[36] ihre Fehlerfreiheit hervorhebt[37] und betont, dass sie diejenige war, die Bein und Leben des Geistlichen durch eine von ihr allein ausgeführte Notoperation gerettet hat.

*The Nun's Story*, Filmminute 1:28:57-1:29:37.

Dabei macht er sich gleichzeitig über die den Nonnen auferlegte Bescheidenheit lustig, durch die Sister Luke seiner Meinung nach in ihrem „guten Handeln" beschränkt wird:

> Dr. Fortunati: "I'd like to save you from the sin of pride, Sister, but I'm afraid I can't. (...) You've saved the father and his leg." [sie lächeln sich an]
>
> Sister Luke: "Mother Mathilde and Sister Aurelie assisted me."

---

[35] *The Nun's Story*, Filmminute 1:40:25-1:40:53.
[36] *The Nun's Story*, Filmminute 1:41:20-1:41:33.
[37] *The Nun's Story*, Filmminute 1:39:50-1:39:57. Hier sagt Dr. Fortunati zu Sister Luke, als diese bei sich selbst Tuberkulose diagnostiziert hat: „You are never wrong but let's hope this time you are."

Dr. Fortunati: "Yes! And all the other nuns praying for you back in the motherhouse. I know. But you were the one who did it."[38]

Die Fetischisierung der *weißen* Frau wird in dieser Filmsubsequenz zusätzlich durch den Kontrast zu einer Schwarzen Filmfigur produziert. Denn während dieses kurzen Dialogs ist die mittig im Bild platzierte Sister Luke ebenso wie der *weiße* Arzt hell erleuchtet, wohingegen der im Bild sichtbare afrikanistisch konstruierte Mann durchgängig schweigend und nur am Rand der Kadrierung als Silhouette zu sehen gegeben wird (Screenshot vorherige Seite). Sein Beitrag zur Rettung und Genesung des Patienten findet keine Erwähnung. Erst, als die *weiße* Frau den Raum verlassen hat, tritt die Schwarz-männliche Filmfigur in die Bildmitte und übernimmt auf der untersten Stufe der Krankenhaushierarchie die Pflege des Beins, welches die kompetente *weiße* Frau zuvor gerettet hat.

Die Fetischisierung von Sister Luke durch die Fremdcharakterisierung sowohl *weißer* als auch Schwarzer Filmfiguren wird auch noch nach ihrer Abreise fortgesetzt. So sagt die Nonnen-Oberin zu Sister Luke in Belgien:

> So many fine letters from colonial families and missionary fathers about your good work. You were liked and respected by everyone out there, including your native boys, I see.[39]

Mit diesem Filmzitat wird bereits angedeutet, dass auch Schwarze Filmfiguren eingesetzt werden, um die *weiße* Protagonistin durch die ihr entgegengebrachte Verehrung einem (*weißen*) Manne ähnlich werden zu lassen. Mit jubelnder Begeisterung winken sie dem in den Bahnhof einfahrenden Zug zu, der die *weiße* Protagonistin zu ihnen bringt. Sie heißen sie mit einem Orchester willkommen und stimmen, lange bevor Sister Luke den afrikanistisch inszenierten Filmfiguren irgendetwas „Gutes" hat tun können,[40] in einem großen Trommelkonzert ein durch die „Wildnis" hallendes Loblied auf die *weiße* Nonne an, durch welches ihr ihr guter Ruf vorauseilt. Schwarze Filmfiguren beschenken sie, als sie, an Tuberkulose erkrankt, in Quarantäne liegt und sich ihrer Heilung hingibt, mit Lebensmitteln,[41] stellen ihr den eigens gezähmten Affen als Genesungsbegleiter zur Verfügung[42] und schmücken ihren Waggon überschwänglich mit Blumen, als sie den Kongo wieder verlassen und nach Europa zurückkehren muss.[43]

---

[38] *The Nun's Story*, Filmminute 1:29:00-1:29:35.
[39] *The Nun's Story*, Filmminute 1:58:20-1:58:30.
[40] *The Nun's Story*, Filmminute 1:06:52.
[41] *The Nun's Story*, Filmminute 1:44:41-1:44:47 und 1:45:37-1:45:43.
[42] Vgl. Unterkapitel *3.6.2 Dehumanisierung*.
[43] *The Nun's Story*, Filmminute 1:55:57-1:57:22.

*The Nun's Story*, Filmminute 1:55:57-1:57:22.

Die Schwarzen Filmfiguren werden auf diese Weise benutzt, um die Präsenz der (erleuchteten) *weißen* Frau auf dem afrikanistisch inszenierten Kontinent gut zu heißen und die *weiß*-weibliche Filmfigur phallisch zu positionieren. Es ist eine Fremdcharakterisierung der *weißen* Protagonistin durch Schwarze Filmfiguren, die – entgegen den realen Vorkommnissen – keineswegs als Schwarze unter *Weißen* leiden müssen, sondern ausschließlich von deren Dasein zu profitieren scheinen. Schwarze Filmfiguren bestätigen in vielen Situationen lächelnd und bewundernd, was die *Weißen* tun. Innerhalb der durch die kinematografische Projektion erzeugten Realitätsillusion „bezeugen" sie, dass *Weiße* von Afrikaner_innen keinesfalls unerwünscht, sondern im Gegenteil geradezu ersehnt sind.

Wird die *weiße* Protagonistin von Schwarzen Filmfiguren ebenso verehrt wie der *weiße* Mann, so ist sie ihm in ihrer Macht scheinbar sehr nahe. Und wird sie zusätzlich von *weiß*-männlichen Filmfiguren als (annähernd) gleichberechtigt anerkannt, verschwimmt ihr Bild noch mehr mit dem des *weißen* Mannes.[44]

Fraglich ist, inwieweit die Verehrung der *weiß*-weiblichen Filmfiguren aufgrund ihres *Weißseins* zusätzlich zur Fetischisierung im Sinne des religiösen Aspekts auch als Fetischisierung im Sinne Laura Mulveys interpretiert werden kann. Am deutlichsten wird diese Form der Fetischisierung in dem Film *Eine Weiße unter Kannibalen (Fetisch)*, in dem sich Schwarz konstruierte Filmfiguren beim Anblick der von ihnen angebeteten „weißen Lilie Faida" langgestreckt auf den staubigen Lehmboden ihres Dorfes werfen. Klatschend liegen erwachsene afrikanistisch konstruierte Filmfiguren ergeben im Dreck, um der *weißen* Protagonistin zu huldi-

---

[44] Dafür gibt auch der *weiße* Pater Bernardo aus dem Film *Die weiße Massai* in dem Moment ein gutes Beispiel ab, in dem er die *weiße* Protagonistin Carola zu einer Flasche Wein in seine Hütte einlädt und ihr sagt: „Diesen [Wein, J.D.] habe ich mir aufbewahrt. Für einen besonderen Tag. (...) Ich habe mich in Ihnen getäuscht. Die Weißen, die sonst hier auftauchen, sind entweder Touristen oder Abenteurer. Da bleiben keine Spuren im Gras. Es sieht so aus, als hätten Sie sich entschieden. Respekt!" (Filmminute 1:25:47-1:26:30) Damit maskiert er sie als einen (auf der Machtachse Geschlecht scheinbar phallisch positionierten) Partner auf Augenhöhe und erhebt sie sogar noch über den männlichen Abenteurer.

gen, die von ihnen, wie der Alternativtitel des Films bereits preiszugeben versucht, zum „Fetisch" ihrer Gemeinschaft erhoben wurde.

„Eine ähnliche Fetischisierung von Faidas weißer Haut", schreibt Tobias Nagl, „findet sich wenig später bei der Gefangennahme Fred Holms. [Der Schwarze „Häuptling", J.D.] Mamba sagt dabei zu ihr ‚Er ist von der selben Farbe wie Du' und streicht dann mit seiner schwarzen Hand über ihre nackte weiße Haut."[45] Die *weiße* Protagonistin als gottgleiche Anbetungsfigur betrachtend, brennen die „Awemba" am Ende des Films wegen des Verlusts der *weißen* Frau ihr eigenes Dorf – und mit ihren Hütten auch ihre eigene Identität – nieder, weil sie ohne die sie laktifizierende Protagonistin nicht leben zu können glauben – und das, obwohl diese den „Fetischmann" der Gemeinschaft erdolcht hat. Nagl schreibt dazu:

> Die Anbetung des weißen Fetischs in EINE WEIßE UNTER KANNIBALEN hat eine mehrfach normierende Funktion, die sowohl rassisch wie kulturell und geschlechtlich kodiert ist. Die Präsenz Marias/Faidas fungiert zum einen als narrativer und visueller Verstärker für die Markierung rassischer Differenz. Wie das Schwarzsein der schwarzen Komparsen erscheint das Weißsein der weißen Frau in den Worten James Sneads als eine Art ‚visuelles Kapital'.[46]

Diese „Fetischisierung" der *weißen* Frau aufgrund ihres *Weißseins,* das ihr laut Nagl als „visuelles Kapital" dient, erfüllt gleich mehrere Funktionen. Zum einen degradiert die auf diese Weise fetischisierte weibliche Filmfigur, wie es Freuds Worten bereits immanent ist, die Schwarzen Filmfiguren zu primitiven Heid_innen, die der „Zivilisation" entgegen stehen,[47] zum anderen wird die *weiße* Protagonistin als Fetisch zugunsten der sich mit ihr identifizierenden Rezipierenden zu einer phallisch positionierten Instanz, in der „der Wilde seinen Gott verkörpert sieht".[48] Da das *Weißsein* ihrer Haut, durch die sie zum Fetisch im religiösen Sinne wird, die phallische Positionierung auf der Machtachse *Rasse* symbolisiert, kann diese Form von Fetischisierung meines Erachtens nicht als Fetischisierung im Mulvey'schen Sinne betrachtet werden, sondern ist als phallische Positionierung auf der Machtachse *Rasse* zu verstehen. Die Grenzen zwischen phallischer Positionierung auf der Machtachse *Rasse* und Fetischisierung auf der Machtache Geschlecht sind jedoch fließend.

### 3.7.2 Sadistische Abwertung der *weißen* Protagonistin

Während Denys in dem Film *Out of Africa* vor allem als Fetischisierer der *weißen* Protagonistin fungiert, stellt Karens Ehemann Bror diejenige Filmfigur dar, die für

---

[45] Nagl 2009: 301.
[46] Nagl 2009: 300.
[47] Vgl. Unterkapitel *2.2 Weißsein als symbolischer Phallus.*
[48] Freud 1999b: 52.

die in der Mulvey'schen Theorie angeführte Strategie der sadistischen Bestrafung der *weißen* Frau zuständig ist. Diese Bestrafung ist nach der Mulvey'schen Theorie zur Aufrechterhaltung der männlichen Schaulust notwendig. Denn der Sadismus schafft immer wieder ein Gegengewicht zu dem Trauma der Erkenntnis, dass die weibliche Filmfigur trotz allem kastriert ist; eine Erkenntnis, die die eigene Kastrationsangst wachruft. Durch Brors Präsenz wird der Sadismus in die Filmhandlung eingeflochten, der die *weiße* Protagonistin, genau wie von Mulvey beschrieben, in einen „Kampf über Willen und Stärke, mit Sieg und Niederlage, in einer linearen Zeit, die Anfang und Ende hat",[49] verwickelt.

Dieser Kampf beginnt spätestens mit der von Bror eigenmächtig getroffenen Entscheidung, statt einer Milchfarm eine Kaffeeplantage aufzubauen. Die negativen Konsequenzen dieser Entscheidung, die sowohl einem Omnipotenzgefühl des *weißen* Mannes entspringt als auch seinem Unwillen, sich verbindlich auf Karen und die gemeinsame Farm einzulassen,[50] bestimmen die gesamte Filmhandlung. Karens Afrikaaufenthalt wird dadurch zu einem permanenten Existenzkampf, der im finanziellen Ruin endet. Bror bringt Karen durch sein respektloses Verhalten jedoch nicht nur immer wieder in finanzielle[51] und emotionale Krisen, sondern auch in Lebensgefahr. Nachdem er sie aufgrund seiner außerehelichen sexuellen Aktivitäten mit Syphilis infiziert hat, beträgt ihre Überlebenschance nur 50 Prozent. Und obwohl sie die Krankheit aufgrund ihrer eigenen Stärke überwindet, geht sie daraus kastriert hervor: die weibliche Macht der Gebärfähigkeit ist ihr genommen.

Denys hingegen unterstützt die Abenteuerheldin in diesem Kampf. Ebenso wie der im Kongo lebende *weiße* Arzt Sister Luke das Leben rettet, rettet Denys die *weiße* Protagonistin Karen vor der Löwin, der Karen wegen ihrer Vernachlässigung durch Bror in freier Wildbahn ausgeliefert gegenüber steht.[52] Er schenkt ihr als Anerkennung für die von ihr erzählte Geschichte den goldenen Stift, mittels dessen er ihr symbolisch Stimme und Platz in der (patriarchalen) Gesellschaft und Geschichtsschreibung verleiht.[53] Und auf ihrem abenteuerlichen Weg durch die „Wildnis", den sie antritt, um Bror an der Front mit notwendigen Gütern zu versorgen, rüstet Denys sie mit einem Kompass aus, der ihr den Weg durch ihr Leben weisen und sie wohlbehalten am Ziel ankommen lassen soll.

---

[49] Mulvey 1994: 59.
[50] *Out of Africa*, Filmminute 0:19:00-0:19:04: Bror: „I didn't come to Africa to sit with silly cows." Dass Bror grundsätzlich nicht bereit ist, sich am Aufbau der Farm zu beteiligen, betont er in Filmminute 0:53:23-0:53:31.
[51] Nicht nur die Fehlentscheidung der Kaffeeplantage, sondern auch die Scheidung, die er erbittet, sobald er woanders mehr Vorteile erhält, fordern Karen finanziell heraus.
[52] *Out of Africa*, Filmminute 0:26:00.
[53] *Out of Africa*, Filmminute 0:33:00. Vgl. *Unterkapitel 3.4.1 Weiß symbolisierter Emanzipationsprozess als Frau*.

Dass die auf der Machtachse Geschlecht kastrierte *weiße* Protagonistin den „Kampf um Sieg und Niederlage" ebenso verliert wie Diawara es generalisierend für – auf der Machtachse *Rasse* kastrierte – Schwarze Filmfiguren beschreibt,[54] wird unter anderem dadurch deutlich, dass Bror ihr am Ende die Nachricht vom Unfalltod ihres Geliebten Denys überbringt, der die *weiße* Protagonistin unterstützt und auf diese Weise fetischisiert. Denn diese Handlung ist, wie es die *weiße* Protagonistin intradiegetisch indirekt selbst ausdrückt, als (finale) Siegesgeste ihres ehemaligen Ehemannes zu lesen:

> Karen: "Why did they send you?"
> Bror: "I thought I should."
> Karen: "My god, you're brave."[55]

Damit aber die zur Abwehr von Kastrationsängsten eingesetzte sadistische Abwertung der *weißen* Protagonistin funktioniert, muss Bror trotz seiner „Schandtaten" und Gewaltakte als potentielle Identifikationsfigur bestehen bleiben. Dass dies gelingt, bestätigt eine Vielzahl von Zeitungsartikeln. So stellt Hans-Dieter Seidel fest, dass dieser Mann, der „seine Frau finanziell wie gesundheitlich [...] an den Rand des Ruins" bringe, dennoch „wunderbarerweise, nie ganz unsere Sympathie" verliere.[56] Und Felicitas Knöfler schreibt in der *Tribüne*, Klaus Maria Brandauer meistere seinen schwierigen Part des Barons Blixen „bravourös":

> Da sind ungemein viele Zwischentöne, die bei aller Schwäche der Figur Sympathie erheischen und resignierendes Verstehen. Allein dieses Lächeln zwischen Mephisto und Lausbub...[57]

Hartmut Wilmes meint, Bror sei ein „notorischer Schürzenjäger, der den Genuß mehr liebt als die Arbeit auf der Kaffeeplantage, der seine Frau mit Syphilis ansteckt und dem Klaus Maria Brandauer trotz aller Zwielichtigkeit auch sympathische Züge" verleihe.[58]

Während in dem Film *Out of Africa* Fetischisierung und Abwertung der *weißen* Protagonistin auf die beiden *weiß*-männlichen Filmfiguren Denys und Bror aufgeteilt sind, vereinen sich diese Funktionen im Film *Die weiße Massai* im Schwarzen Protagonisten. Lemalian repräsentiert die beiden Seiten der Stereotype des „edlen Wilden", der Carola fetischisiert, indem er sie anerkennend begehrt und ihr ein Kind als Phallusersatz schenkt, und des „gemeingefährlichen Kannibalen", mit dem sie schließlich sowohl um den Besitz genau dieses Phallusersatzes[59] als auch

---

[54] Diawara 1993: 216.
[55] *Out of Africa*, Filmminute 2:21:50-2:22:10.
[56] Seidel 1986.
[57] Knöfler 1987.
[58] Wilmes 1986. Vgl. *Neue Zürcher Zeitung* 1986.
[59] *Die weiße Massai*, Filmminute 1:49:27-1:49:36.

# Deduktives Analyseverfahren

um ihr Leben ringt. Während Karen den „Kampf um Sieg und Niederlage" gegen den *weißen* Mann verliert, gewinnt Carola ihn gegen den Schwarzen. Der Preis dafür ist, dass sie in den Machtbereich des *weißen* Mannes zurückkehren muss. Doch dadurch wird das *weiße* Patriarchat den Rezipierenden als das kleinere Übel verkauft.

In dem Film *The Nun's Story* ist es die Figur des Teufels, die Sister Luke durch einen in die Narration eingeflochtenen Sadismus zum Ringen um Sieg und Niederlage herausfordert. Dieser Teufel tritt in Form unterschiedlicher Filmelemente auf. Neben dem afrikanistisch inszenierten Land Kongo, das der *weißen* Protagonistin nicht nur zu einer phallischen Gesellschaftsposition verhilft, sondern ihr auch die lebensgefährliche Krankheit Tuberkulose bringt und für den brutalen Mord an ihrer Ordensschwester durch den teuflisch dargestellten afrikanistisch imaginierten Mörder steht,[60] ist der Orden das dominierende Filmelement, das die *weiße* Frau sadistisch bestraft und dadurch die Schaulust des *weißen* Mannes gemäß der Mulvey'schen Theorie aufrecht erhält. Während der im Herzen der *weißen* Protagonistin lebende Gott und alle im Film auftretenden Ärzte die *weiße* Frau stärken und damit fetischisieren, wertet der sich in der Institution des Ordens versteckende Gegenspieler Gottes sie ab. So findet das im Sadismus wiederzufindende Ringen um „Sieg und Niederlage"[61] vor allem zwischen der „guten" Sister Luke und dem Orden statt, in dem durch ein zu starres Festhalten an Regeln und Prinzipien häufig das „Gute" zugrunde geht.

Als ein einschlägiges Beispiel für die sadistische Energie innerhalb der Ordensstruktur ist anzuführen, dass Sister Luke, um Demut zu üben, zugunsten einer weniger talentierten Konkurrentin eine Prüfung freiwillig nicht bestehen soll. Und das, obwohl sich mit dem positiven Ausgang dieser Prüfung für Sister Luke das Tor zur Erfüllung ihres sehnlichsten Wunsches öffnen würde.[62] Für ihren „Ungehorsam", diesem – intratextuell später als falsch bewerteten[63] – Vorschlag nicht

---

[60] Vgl. Unterkapitel *3.6.6 Mythos Schwarzer Gewalttätigkeit*.
[61] Mulvey 1994: 59.
[62] Der dazugehörige Dialog beginnt in Filmminute 0:49:22 und lautet wie folgt:
NONNE in Leitungsposition zu Sister Luke über die Konkurrentin: "This could easily mean that she could not return to the Congo. [...] You ask what you might do? Would you, Sister Luke, be able to fail your examination to show humility?" (Lukes entsetztes Gesicht ist hier in Großaufnahme zu sehen und aufspielende dramatische Musik, die das Innere der Nonne beleuchtet.)
LUKE: "My Mother, I would be willing if the motherhouse knows and approves."
LEITERIN: "Then it would be a ‚humility with hooks', as we say. A humility that takes something back for the sacrifice. In this case the satisfaction is knowing that the motherhouse knows."
LUKE: "Courage needs witnesses."
LEITERIN: "Yes, real humility, on the other hand, passes unperceived between god and the soul. You have heard our phrase 'Doing good and disappear.'"
[63] *The Nun's Story*, Filmminute 1:02:54-1:03:21.

gefolgt zu sein,[64] wird Sister Luke vom Orden statt in den Kongo in das *Mental Sanatorium* geschickt,[65] das Hölle und Fegefeuer symbolisiert. Hier muss sie nicht nur stunden- und tagelang geistig verwirrte schreiende Frauen betreuen, die in einem vor Hitze dampfenden Raum in heißen Bädern malträtiert werden, sondern auch noch mit einer Eingesperrten, die sich als der Erzengel Gabriel ausgibt und die Verkörperung des Teufels zu sein scheint, um ihr Leben ringen.[66]

*The Nun's Story*, Filmminute 0:55:58-0:57:38 (links: Höllenmetapher) und 1:00:33-1:02:30 (rechts: Kampf mit der Patientin „Erzengel Gabriel").

Wohl weil Sister Luke am Ende des Films den Kampf um Sieg und Niederlage gewinnt, sich von der sie strafenden Instanz des Ordens befreit und ihren eigenen Weg geht,[67] scheint sie für den *weiß*-männlichen Geschmack noch nicht genug bestraft zu sein. Denn der Sieg der Protagonistin hat in dem Regisseur Alfred Hitchcock das große Bedürfnis geweckt, die auf die Schauspielerin übergegangene Potenz der *weiß*-weiblichen Filmfigur durch die Besetzung Audrey Hepburns in einem seiner eigenen Filme zu beschneiden. Die Filmjournalist_innen Andrea Thain und Norbert Stresau schreiben diesbezüglich:

---

[64] *The Nun's Story*, Filmminute 0:51:00: Die Prüfung beginnt, Sister Luke ringt während der Prüfung mit sich, entscheidet sich letztendlich aber doch, die Aufgabe richtig zu beantworten und besteht.

[65] *The Nun's Story*, Filmminute 0:53:09-0:53:45: Verkündung der Prüfungsergebnisse. Alle Prüflinge haben bestanden, aber nur die Konkurrentin von Sister Luke darf in den Kongo (zurück-)reisen. Sister Luke hingegen muss in Europa bleiben „to join the nursing staff of our mental sanatorium near Brussels." Und das, obwohl die Nonne, die die Ergebnisse verkündet, ihr sagt: „You passed fourth in a class of 80."

[66] Die Klinik für psychisch Kranke (mental sanatorium near Brussels) stellt eine harte Prüfung ihrer Kraft und ihrer Verbindung zu Gott dar. In Filmminute 0:55:20 begegnet sie erstmalig dem „Archangel Gabriel", in Filmminute 0:56:20 sieht sie, wie Frauen vier bis acht Stunden in einem heißem Bad gehalten werden (Fegefeuer gleich). Dafür, dass sie die Anweisungen der ihr Vorgesetzten nicht befolgt, und die Tür zu „Archangel Gabriel" ganz allein öffnet, bezahlt sie fast mit ihrem Leben (1:00:37-1:01:37). Diese Klinik für psychisch Kranke und „Archangel Gabriel" erscheinen wie der Antagonist zu Gott: der Teufel.

[67] Vgl. Wulff 2004: 21.

Alfred Hitchcock hatte ihr ein Skript mit dem Titel *No Bails for the Judge* zukommen lassen. [...] ‚Als sie das las', erzählte Herbert Coleman, ‚war alles vorbei – praktisch von der Minute an, war Hitchs Film Vergangenheit.' Das endgültige Drehbuch enthielt eine Szene, in der sie in den Hyde Park verschleppt und vergewaltigt wird. [...] ‚Hitch hatte die Szene später eingefügt. Zuvor hatte er *The Nun's Story* gesehen. Plötzlich war er von dem Gedanken besessen, das Image der Nonne Hepburn zu beschmutzen, sie zu erniedrigen.'[68]

Doch nicht nur die *weißen* Protagonistinnen werden in den Filmtexten sadistisch erniedrigt. Auch (*weiß-*)männliche Filmfiguren, die die Protagonistinnen ermächtigen, werden intradiegetisch bestraft. So müssen die Väter von Sister Luke und Maria ihren Dienst an der *weißen* Frau mit dem eigenen Leben bezahlen. Denys stürzt aus dem gleichen Grund mit dem Flugzeug ab. Nach seinem Tod fallen endgültig fast alle phallischen Attribute von der *weißen* Protagonistin ab. Kastriert kehrt sie, Denys' Kompass bezeichnenderweise bei ihrem afrikanistisch inszenierten Untergebenen lassend,[69] nach Dänemark zurück. Der Unterstützung durch den *weißen* Mann beraubt, zieht sie sich aus dem Leben in ihr dänisches Kämmerlein zurück, um das Erlebte aufzuschreiben. Denn im Handgepäck hat sie noch den goldenen Stift, mit dem der *weiße* Mann ihr metaphorisch zu der Macht verholfen hat, ihre *weiß*-weiblich-bürgerliche Perspektive in das okzidentale Wissensarchiv einfließen zu lassen.

### 3.7.3 Fetischisierung Schwarzer Filmfiguren

Geht es laut Mulvey bei der Fetischisierung einer (*weiß-*)weiblichen Filmfigur vor allem darum, den mit weniger privilegierten sozialen Positionierungen verknüpften Penismangel der Frau zu kaschieren, so müsste das Ziel der Fetischisierung einer Schwarzen Filmfigur sein, zur Aufrechterhaltung der Schaulust einer mittels *Weißsein* privilegierten Zuschauer_innenschaft den Mangel an *Weißsein* zu verbergen, der innerhalb der Logik der *weißen* Dominanzgesellschaft von Schwarz konstruierten Menschen symbolisiert wird.

Fanons Buchtitel *Schwarze Haut, weiße Masken* weist darauf hin, dass eine der möglichen Strategien für Schwarze im Streben nach gesellschaftlicher Anerkennung darin liegt, sich als *weiß* zu maskieren. Er schreibt:

> Tout peuple colonisé – c'est-à-dire tout peuple au sein duquel a pris naissance un complexe d'infériorité, du fait de la mise au tombeau de l'originalité culturelle locale – se situe vis-à-vis du langage de la nation civilisatrice, c'est-à-dire de la culture métropolitaine. Le colonisé se sera d'autant plus échappé de sa brousse

---

[68] Thain/Stresau 1993: 133f.
[69] *Out of Africa*, Filmminute 2:29:41-2:29:55.

qu'il aura fait siennes les valeurs culturelles de la métropole. Il sera d'autant plus blanc qu'il aura rejeté sa noirceur, sa brousse.[70]

Aus einer ähnlichen Perspektive interpretiert Jane Gaines den Spielfilm *Mahagony*. In Anlehnung an und Abgrenzung von der Mulvey'schen Theorie analysiert sie, auf welche Weise das Bild der Schwarzen Protagonistin Tracy als Fetisch entworfen wird. Gaines führt als die von der Filmproduktion gewählten „Laktifizierungsmittel" glatte Langhaar-Perücken und helle Schminkfarben an, die in Zusammenarbeit mit einer die dunkle Haut überstrahlenden Lichtsetzung das Schwarzsein kaschieren sollen. Auf diese Weise erscheine die Darstellerin Diana Ross als eine hochtechnisierte ägyptische Königin – als „blaue Nymphe". Mehr noch: „She becomes suddenly ‚white'."[71] Auch kaukasische Gesichtszüge führt Gaines als Möglichkeit der Fetischisierung einer Schwarz-weiblichen Filmfigur an und weist in dem Filmtext Diawaras Beobachtung nach, dass Schwarze Filmfiguren durch eine Entwurzelung aus Schwarzer Umgebung und Kultur „*geweißt*" werden:[72] „Losing her black community identity, Tracy becomes Mahagony".[73]

All dies geschehe, wie Gaines explizit schreibt, um Kastrationsängste zu lindern, indem männlichen Zuschauern eine reiche Palette an Blicken offenbart werde, die ihrer (Schau-)Lust förderlich seien.[74] So sei die Schwarze Protagonistin, genau wie von Mulvey beschrieben, durchgehend als Objekt des Blicks inszeniert, der *weiße* Fotograf als Subjekt des Blicks. Diese Inszenierung werde von der Narration unterstützt, die um den Akt des Fotografierens und den damit verbundenen Voyeurismus herum organisiert sei.[75] Das Bild des Schwarz-weiblichen Modells lasse, wie von Mulvey behauptet, die Handlung gefrieren und setze den Körper der Frau dem aktiven Blick des Mannes aus:

> With its long fashion photography montage sequences temporarily interrupting the narrative, *Mahogany* invites a reading based on the alternation between narrative and woman-as-spectacle as theorised by Laura Mulvey in 'Visual Pleasure

---

[70] Fanon 2015a: 16f. Übersetzung (Fanon 2008: 2f.): „All colonized people – in other words, people in whom an inferiority complex has taken root, whose local cultural originality has been committed to the grave – position themselves in relation to the civilizing language: i.e., the metropolitan culture. The more the colonized has assimilated the cultural values of the metropolis, the more he will have escaped the bush. The more he rejects his blackness and the bush, the whiter he will become."
[71] Gaines 1988: 18.
[72] Vgl. Unterkapitel *3.7 Strategien zur Verdrängung der Kastrationsangst beim Anblick kastrierter Filmfiguren*.
[73] Gaines 1988: 19.
[74] Ebd.
[75] Gaines 1988: 12f.: „The Diana Ross star-vehicle Mahagony (directed by Berry Gordy, 1975) immediately suggests a psychoanalytic approach because the narrative is organised around the connections between voyeurism and photographic acts, and because it exemplifies the classical cinema which has been so fully theorised in Lacanian terms."

*Deduktives Analyseverfahren* 469

and Narrative Cinema'. To allure of pure spectacle these sequences add the fascination of masquerade and transformation.[76]

Gaines selbst führt an, dass es sehr viele Pfade gebe, die die Aufmerksamkeit der Rezipierenden in dem von ihr analysierten Film auf die Unterdrückung der Frau durch den Mann lenkten: der Fotograf, der sein Modell ausbeutet, der Verrückte, der eine Frau vergewaltigt, der Voyeur, der einen Mord begeht.[77] Mulveys Theorie reiche aber nicht aus, so Gaines, um die rassialisierten Differenzen herauszuarbeiten.[78] So sei die feministische Diskursanalyse beispielsweise nicht in der Lage, mit dem umzugehen, was es historisch bedeute, als Nicht-Mensch bezeichnet zu werden und sich als Schwarze Frau, deren Körper per Gesetz über lange Zeit nicht ihr eigener war, gegen eine Behandlung zu wehren, die auf dieser Bestimmung basiere.[79]

Gaines beschwert sich zwar zu Recht, dass die Ideologie, den Mann der Frau überzuordnen, im Zentrum der feministischen Kritik stehe, und dadurch mittels dieser Kritik schwer nachzuweisen sei, dass es in dem von ihr zur Analysegrundlage gemachten Film auch ein *Weißer* sei, der sich einer Schwarzen gegenüber sadistisch verhalte.[80] Doch der Nachweis der auf *Rasse* bezogenen aktiv-passiv-Verteilungen ist für Gaines vor allem deshalb so schwierig zu führen, weil *Mahagony* die von Mulvey hervorgehobene Aktiv-Passiv-Dynamik zwischen den Filmfiguren nicht nur entsprechend der bestehenden rassialisierten Gesellschaftshierarchien, sondern auch genderkonform in Szene setzt.

Anders verhält es sich bei meinem Analysekorpus, da die von mir gewählten Spielfilme Geschlecht und *Rasse* kontrapunktisch inszenieren: *Weiße* Weiblichkeit wird in den Subjektstatus gehoben, Schwarze Männlichkeit in die Position des Objekts gedrängt. Dadurch kann die durch eine spezifizierte Phalluslesart erweiterte Anwendung der Mulvey'schen Theorie zur Dekodierung rassistischer Zeichen verhelfen, wenn man, statt in den Kategorien „männlich" und „weiblich", in den Kategorien „phallisch" und „kastriert" denkt.

In der auf Fanons Äußerung aufbauenden Annahme, dass die glitzernden Tops, die die afrikanistisch konstruierten Hintergrundfiguren in der *Hot-Vodoo-Song*-Filmsequenz tragen, eine Strategie der Fetischisierung darstellen,[81] möchte ich untersuchen, wie die anderen vier von mir ausgewählten okzidentalen Spielfilme von der Möglichkeit Gebrauch machen, zugunsten der Aufrechterhaltung *weißer*

---

[76] Gaines 1988: 17f.
[77] Ebd.
[78] Gaines 1988: 12f.
[79] Gaines 1988: 26.
[80] Gaines 1988: 19.
[81] Vgl. Unterkapitel *2.1 Verifizierungsversuche und Auslassungen feministischer Filmtheorie am Filmbeispiel Blonde Venus*.

Schaulust den Mangel an *Weißsein* von Schwarzen Filmfiguren zu verbergen. Dafür möchte ich mich zunächst auf den Film *Die weiße Massai* stützen, da dies der einzige von den vier okzidentalen Filmen ist, der eine Schwarze Hauptfigur aufweist. In den drei anderen Filmen sind Schwarze Filmfiguren nur als „Hintergrundfiguren", Nebenfiguren und „flache Charaktere" vorhanden, die lediglich punktuell und marginal aus der kollektiven Darstellung der Schwarzen Filmfiguren hervorgehoben werden. Dabei werde ich, weil die Schwarze Hauptfigur ein Mann ist, die Fetischisierung Schwarz-männlicher Filmfiguren in den Fokus nehmen. Später gehe ich auch auf Strategien zur Fetischisierung Schwarz-weiblicher Filmfiguren ein, obwohl diese in den von mir untersuchten Filmen eine nur marginale Rolle spielen.

In dem Film *Die weiße Massai* könnte eine Art von fetischisierender Inszenierung darin liegen, dass die Schwarz-männliche Hauptfigur Lemalian „selbst in einen Fetisch umgewandelt" wird.[82] Denn die Sexualität des Schwarzen Mannes wird in diesem Film ambivalent, ja gegensätzlich inszeniert. So ist in der den Schwarzen Mann kastrierenden Darstellung seiner vorgeblich animalischen sexuellen Primitivität[83] gleichzeitig eine Komponente der Fetischisierung der Schwarz-männlichen Filmfigur zu finden. Neben der der Schwarz-männlichen Hauptfigur Lemalian zugeschriebenen Gewalttätigkeit des eigenen, als triebhaft inszenierten Sexualverhaltens, das den Schwarzen Mann abwertet und damit den Sadismus einleitet, der seine Filmfigur am Ende des Films komplett herabwürdigt und durch den er sich schlussendlich durch Selbstbestrafung eigenhändig vernichtet,[84] dient die Zuschreibung sexueller Potenz an anderen Stellen des Films der von Mulvey beschriebenen Fetischisierung der als kastriert geltenden Filmfigur, die in diesem Fall einen Schwarz konstruierten Mann zu einem von der *weißen* Frau begehrten Sexualobjekt werden lässt. Dazu schreibt Jacquie Jones:

> [In] White-directed mainstream film, the sexuality of the Black male character can be seen as the struggle for power-over, as the only means of gaining recognition and prestige.[85]

In dem Film *Die weiße Massai* wird die Schwarz-männliche Hauptfigur Lemalian daher „selbst in einen Fetisch umgewandelt".[86] Denn die gesamte Erscheinung Lemalians bedient das Stereotyp des dem Schwarzen Mann zugeschriebenen überstarken Sexualtriebs, in dessen Zentrum sein angeblich „übergroßer Penis" steht – bis hin zu dem Phänomen, dass Lemalian, obwohl – oder auch gerade weil – er

---

[82] Mulvey 1994: 58.
[83] Vgl. Unterkapitel *3.6.5 De- und Hypersexualisierung.*
[84] Vgl. Unterkapitel *3.7.4 Sadistische Abwertung Schwarzer Filmfiguren.*
[85] Jones 1993: 255.
[86] Mulvey 1994: 58.

Deduktives Analyseverfahren 471

feminisiert inszeniert wird,[87] selbst in Form eines „Ganzkörper-Penis" in Erscheinung tritt: [88] Seine großenteils sichtbare nackte Haut glänzt samtig, seine (Halb-)Nacktheit stellt den schwarz-männlichen Körper aus, sexualisiert ihn und lässt ihn verheißungsvoll taktil erscheinen.[89] Seine glatt am Kopf anliegenden Haare und der das Gesicht umrandende Schmuck formen den Kopf eichelförmig. Fast immer hält Lemalian eine einem langen Stock ähnliche Waffe in der Hand, die das erigierte männliche Geschlechtsteil zu symbolisieren vermag. Die gesamte Erscheinung des Schwarzen Protagonisten verspricht der *weißen* Frau auf diese Weise die dem Schwarzen Mann stereotyp zugeschriebene triebstarke Sexualität, die in der *weißen* Imagination von dessen „übergroßem Penis" dominiert wird.

Auch von den anderen Filmfiguren wird Lemalian, so scheint es, hauptsächlich in der Funktion seines Geschlechtsteils wahrgenommen. So sieht Carolas *weißer* Liebespartner Stefan Lemalians sexuelle Potenz in der zwölften Filmminute als einzig vorstellbaren Grund dafür, dass Carola sich für den Schwarzen Mann entscheidet. Er sagt ihr ins Gesicht: „Dir geht es doch nur ums Ficken!"[90] Offensichtlich schließt Stefan den Schwarzen Mann als gleichberechtigten Liebes- und Lebenspartner für seine *weiße* Freundin von vornherein aus.

Auch für Carola scheinen, da sie sich nach eigenen Angaben auf den ersten Blick in Lemalian verliebt hat, nicht Lemalians innere Werte die entscheidende Rolle zu spielen. Ihr Verlangen entspringt vielmehr der Attraktivität seines sexualisiert inszenierten Äußeren, das von der *weißen* Frau nicht unabhängig von diesen im kollektiven (Un-)Bewussten wurzelnden Stereotypen wahrgenommen werden kann. Schon Frantz Fanon zitiert eine Passage aus der Schrift *Martinique* von Michel Cournot, in der unter anderem der Penis des Schwarzen Mannes als ein das Geschlechtsteil der *weißen* Ehefrau (besser) ausfüllendes Schwert beschrieben wird. Fanon sieht in dieser Textstelle seine These bestätigt, dass der Schwarze Mann auch in der literarischen Repräsentation als Ganzkörper-Penis in Erscheinung tritt. Dabei stellt Fanon sich die Frage, welche Auswirkungen eine solche Repräsentation in der Wahrnehmung einer jungen Frau wohl habe, und er kommt zu dem Schluss, dass die weibliche Gefühlskonsequenz, sei sie Horror, sei sie Begehren, auf jeden Fall nicht Gleichgültigkeit sei.

---

[87] Vgl. Kapitel *3.5 Der phallische Blick: weißes Subjekt, Schwarzes Objekt*. Zur (Halb-)Nacktheit von Lemalian siehe Hall 1997: 286: „As a generic code established across fine art traditions in Western art history, the conventional subject of the nude is the (white) female body."
[88] Vgl. Koch 1980: 25f.
[89] Vgl. Hall 1997: 287: „The glossy, shining, fetishized surface of black skin thus serves and services a white male desire to look and to enjoy the fantasy of mastery precisely through the scopic intensity that the pictures solicit." Während Gilman den Schwarzen Mann nur in einem homosexuellen Kontext als Objekt des *weißen* Blicks betrachtet, tu ich dies auch in heterosexueller Hinsicht.
[90] *Die weiße Massai*, Filmminute 0:11:23-0:11:57.

Quand on lit ce passage une dizaine de fois et qu'on se laisse aller, c'est-à-dire quand on s'abandonne au mouvement des images, on n'aperçoit plus le nègre, mais un membre : le nègre est éclipsé. Il est fait membre. Il *est* pénis. On imagine facilement ce que de pareilles descriptions peuvent provoquer chez une jeune Lyonnaise. De l'horreur ? Du désir ? En tous cas, pas de l'indifférence.[91]

Mit dem Bild des Schwarzen Mannes als „monströser Penis", das sich so dauerhaft im (Un-)Bewussten der okzidentalen Gesellschaft und in der medialen (Mainstream-)Repräsentation hält, hat sich auch die feministische Filmtheoretikerin Mary Ann Doane auseinandergesetzt. Meiner Analyse entsprechend geht Doane davon aus, dass sowohl die *weiße* Frau als auch der Schwarze Mann, psychoanalytisch betrachtet, die Kastrationsdrohung verkörpert. Allerdings behauptet Doane, dass, während die Bedrohung der Frau in physischer Ermangelung liege (der Penislosigkeit), die Bedrohung durch den Schwarzen Mann in seiner Überpräsenz, seinem „monströsen Penis" und in der „Hypervisualität der Hautfarbe" zu finden sei.[92]

Im Gegensatz zu Doane und der sich an ihre Aussage anschließende Filmwissenschaftlerin Renate Lippert bin ich jedoch der Meinung, dass die schwarzmännliche Bedrohung nicht in der „Überpräsenz seines ‚monströsen Penis'" liegt, sondern vielmehr im Fehlen des symbolischen Phallus *Whiteness*. Während die von Doane angeführte „Hypervisualität [seiner] Hautfarbe" meiner Meinung nach Kennzeichen seiner symbolischen Kastration ist, soll der „monströse Penis", den man ihm als Fetisch verleiht, lediglich die Verdrängung der beim Anblick des kastrierten Objekts aufkommenden Kastrationsängste ermöglichen.[93] Denn wie schon Lacan selbst herleitet, kann der – biologisch gedachte – Penis (oder in Lacans Terminologie: der reale Phallus) zu einem Fetisch werden, der den Mangel an einem symbolischen Phallus ersetzt.

So betonte Lacan in seiner ersten Einführung in das Thema des Fetischismus im Jahr 1956, dass der Fetisch nicht ein Ersatz für den Penis sei, sondern vielmehr ein symbolischer Ersatz für den der Mutter mangelnden Phallus.[94] 1958 ging er sogar so weit zu behaupten, dass der – biologisch gedachte – Penis für heterosexuell orientierte Frauen „den Wert eines Fetisch" (Zitat Lacan) annehmen könne. Damit modifizierte Lacan Freuds Behauptung, der Fetisch sei ein Ersatz für den realen Penis, dahingehend, dass er den Penis bzw. den realen Phallus selbst zum Fetisch ernannte, welcher den der Frau mangelnden symbolischen Phallus ersetzen

---

[91] Fanon 2015a: 165. Übersetzung (Fanon 2008: 147): „When we read this passage a dozen times and we let ourselves be carried away by the movement of its images, no longer do we see the black man; we see a penis: the black man has been occulted. He has been turned into a penis. He *is* a penis. We can easily imagine what such descriptions can arouse in a young woman from Lyon. Horror? Desire? Not indifference, in any case."
[92] Lippert 2002b: 127.
[93] Mulvey 1994: 58.
[94] Evans 2002: 100.

# Deduktives Analyseverfahren

könne.[95] Innerhalb der Mulvey'schen Definition von Fetischisierung einer Filmfigur macht Lemalians (penisgleiche) Schönheit den Schwarzen Mann daher zu einem „perfekten Produkt",[96] so dass er „eher ein Gefühl der Bestätigung als der Gefahr vermittelt"[97] und auf diese Weise die die Schaulust trübenden Kastrationsängste vertreibt.

Allerdings gibt Fanon zu Bedenken, dass der Schwarze Mann als Symbol des Penis sehr wohl auch eine Gefahr für den *weißen* Mann darstelle, die zu aggressiven „Rachezügen" führe. Fanon schreibt:

> Toujours sur le plan génital, le Blanc qui déteste le Noir n'obéit-il pas à un sentiment d'impuissance ou d'infériorité sexuelle ? L'idéal étant une virilité absolue, n'y aurait-il pas un phénomène de diminution par rapport au Noir, ce dernier perçu comme symbole pénien ? Le lynchage du nègre, ne serait-ce pas une vengeance sexuelle ? Nous savons tout ce que les sévices, les tortures, les coups comportent de sexuel. Qu'on relise quelques pages du marquis de Sade et l'on s'en convaincra aisément. La supériorité du nègre est-elle réelle ? Tout le monde *sait* que non. Mais l'important n'est pas là. La pensée prélogique du phobique a décodé qu'il en était ainsi.[98]

Das Bild des Schwarzen Mannes als „monströser Penis" könnte also, wenn auch nicht die Schaulust der *weißen* Frau, so doch die des *weißen* Mannes einschränken. Insbesondere der Film *Die weiße Massai* macht deutlich, dass die *weiße* Filmindustrie eine (triebhafte) „Sexualität einerseits auf Nicht-Weiße projiziert und so Ängste der Überflutung durch deren unkontrollierte Triebhaftigkeit befördert, andererseits aber gerade durch dieses Ideal heterosexuelle Männer in eine ständige Identitätskrise hinsichtlich ihrer (gesellschaftlich geforderten) Virilität stürzt".[99] Diese Identitätskrise muss durch eine mittels Sadismus erfolgende Abwertung der Schwarzmännlichen Filmfigur behoben werden.[100]

Eine leicht andere Seite der Fetischisierung der Schwarzen Filmfigur durch Lemalians Beischlaf mit der *weißen* Protagonistin beschreibt wiederum Fanon. Indem ein Schwarzer Mann mit einer *weißen* Frau schläft, wird er, um in Fanons

---

[95] Evans 2002: 101.
[96] Mulvey 1994: 59.
[97] Mulvey 1994: 58.
[98] Fanon 2015a: 155f. Englische Übersetzung (Fanon 2008: 137): „Still on the genital level, isn't the white man who hates Blacks prompted by a feeling of impotence or sexual inferiority? Since virility is taken to be the absolute ideal, doesn't he have a feeling of inadequacy in relation to the black man, who is viewed as a penis symbol? Isn't lynching the black man a sexual revenge? We know how sexualized torture, abuse, and ill-treatment can be. You only have to read a few pages of the marquis de Sade to be convinced. Is the black man's sexual superiority real? Everyone knows it isn't. But that is beside the point. The prelogical thought of the phobic has decided it is."
[99] Nagl 2009: 247.
[100] Siehe dazu genauer das Unterkapitel *3.7.4 Sadistische Abwertung Schwarzer Filmfiguren*.

Wortwahl zu bleiben, laktifiziert. Indem sie ihn liebt, zeigt sie, dass er ihrer *weißen* Liebe wert ist. Dadurch wird der Schwarze Mann ebenfalls *weiß*.

> De la partie la plus noire de mon âme, à travers la zone hachurée me monte ce désir d'être tout à coup blanc.
> Je ne veux pas être reconnu comme *Noir*, mais comme *Blanc*.
> Or – et c'est là une reconnaissance que Hegel n'a pas décrite – qui peut le faire, sinon la Blanche ? En m'aimant, elle me prouve que je suis digne d'un amour blanc. On m'aime comme un Blanc.
> Je suis un Blanc.
> Son amour m'ouvre l'illustre couloir qui mène à la prégnance totale...
> J'épouse la culture blanche, la beauté blanche, la blancheur blanche.
> Dans ces seins blancs que mes mains ubiquitaires caressent, c'est la civilisation et la dignité blanches que je fais miennes.[101]

Eine weitere Form der Fetischisierung der Schwarz-männlichen Filmfigur in dem Film *Die weiße Massai* könnte in der Zuordnung immaterieller Fetischobjekte liegen. Denn Lemalian werden Eigenschaften zugeschrieben, die in okzidentaler Repräsentationspraxis gemeinhin dem *weißen* Subjekt vorbehalten sind. Ihre plötzliche und ungewohnte Präsenz als Teil der Schwarz-männlichen Filmfigur macht die Rezipierenden zeitweise vergessen, dass Lemalian den Phallus *Whiteness* nicht besitzt. Diese Eigenschaften liegen z. B. in Lemalians „Talent", sich in *weißen* Räumen adäquat, d.h. diesen angepasst, zu bewegen und in seiner Fähigkeit, englisch zu sprechen – wenn auch nur bruchstückhaft. Denn Fanon beispielsweise ist der Meinung, dass ein Antillaner sich „desto mehr dem wahren Menschen" annähere, „je besser er sich die französische Sprache" aneigne.[102] Die Sprache der Kolonisator_innen zu sprechen, kaschiert also, übersetzt in die erweitert gelesene Mulvey'sche Theorie, das der Schwarzen Filmfigur fehlende phallische *Weißsein*.

Auch dadurch, dass Lemalian weder eine Autofähre,[103] noch eine Großstadt schreckt, wird sein „Mangel an *Weißsein*" kaschiert. „Der Schwarze, der die Metropole kennt," schreibt Fanon, „ist ein Halbgott."[104] Und durch die Tatsache, dass Lemalian ein verzweifeltes *weißes* Tourist_innenpaar zunächst vor Diebstahl

---

[101] Fanon 2015a: 61. Übersetzung (Fanon 2008: 45): „Out of the blackest part of my soul, through the zone of hachures, surges up this desire to be suddenly *white*.
I want to be recognized not as *Black*, but as *White*. But – and this is the form of recognition that Hegel never described – who better than the white woman to bring this about? By loving me, she proves to me that I am worthy of a white love. I am loved like a white man.
I am a white man.
Her love opens the illustrious path that leads to total fulfillment...
I espouse white culture, white beauty, white whiteness.
Between these white breasts that my wandering hands fondle, white civilization and worthiness become mine."
[102] Fanon 2015b: 16.
[103] Vgl. Kapitel *3.5 Der phallische Blick: weißes Subjekt, Schwarzes Objekt*.
[104] Fanon 2015b: 17.

schützen und dann per öffentlichem Nahverkehr zum Hotel zurückbegleiten kann,[105] findet er Zugang zum *weißen* Raum und damit auch zur „(Tausch-)Ware *weiße* Frau", mit der er sich, wie ein post_modern-okzidentaler Gentleman, Coca Cola trinkend in einer Disko amüsiert.[106] Dazu beschreibt Fanon sehr treffend, Professor Westermann zitierend, die für Schwarze bestehenden Möglichkeiten, das in einem rassistischen System strukturell produzierte Minderwertigkeitsgefühl zu überwinden:

> La manière employée pour cela [...] est souvent naïve : Porter des vêtements européens ou des guenilles à la dernière mode, adopter les choses dont l'Européen fait usage, ses formes extérieures de civilité, fleurir le langage indigène d'expressions européennes, user de phrases ampoulées en parlant ou en écrivant dans une langue européenne, tout cela est mis en oeuvre pour tenter de parvenir à un sentiment d'égalité avec l'Européen et son mode d'existence.[107]

Die von Westermann angeführte europäische Kleidung ist in dem Film *Die weiße Massai* allerdings ein Zeichen von Lemalians sadistischer Bestrafung und Kastration.[108] Denn in Lemalians Fall wird Spiritualität, Naturverbundenheit und die Kompetenz des „Schwarzen Kriegers" genutzt, um die Schwarze Filmfigur zu fetischisieren. Diese dem Schwarzen Mann (stereotyp) zugeschriebenen Eigenschaften verleihen ihm in bestimmten Filmsituationen Macht und kaschieren seine minderprivilegierte und häufig durch Machtlosigkeit gekennzeichnete Positionierung in einer globalisierten *weißen* Dominanzgesellschaft. Indem die afrikanistisch inszenierten Dealer beim Anblick des Schwarzen Mannes endlich von ihren verzweifelt fliehenden *weißen* Opfern ablassen, erscheint Lemalian beispielsweise mächtiger als die *weißen* Filmfiguren.

So wird die „traditionelle afrikanische" Kleidung, die Lemalian fast den ganzen Film über trägt, zu einem Zeichen von Potenz und führt sogar bis hin zur Laktifizierung. Denn der sein Gesicht umrahmende, eng anliegende weiße Kopfschmuck verleiht Lemalian eine Art Heiligenschein, mit dem er den *weißen* Menschen – einem Engel gleich – zu Hilfe eilt, wenn sie in Not sind. Durch diesen *weißen* Kopfschmuck wird Lemalian mit der christlichen Religion in Verbindung gebracht und damit die symbolische Kastration des Schwarzen Menschen vertuscht. Dermaßen lakifiziert bzw. fetischisiert wird Lemalian – logisch stringent –

---

[105] *Die weiße Massai*, Filmminute 0:06:08-0:07:19.
[106] *Die weiße Massai*, Filmminute 0:08:09-0:09:43.
[107] Fanon 2015a: 23. Übersetzung (Fanon 2015b: 22f.): „Und die Mittel, die sie zu diesem Zweck aufbieten, sind häufig sehr naiv: ‚Europäische Kleider oder irgendwelche Fetzen nach der letzten Mode tragen; die Dinge übernehmen, von denen der Europäer Gebrauch macht, seine Umgangsformen; die einheimische Sprache mit europäischen Ausdrücken schmücken; beim Sprechen oder Schreiben in einer europäischen Sprache schwülstige Sätze verwenden. All dies wird aufgeboten, um ein Gefühl der Gleichheit mit dem Europäer und seiner Existenzweise zu haben."
[108] Vgl. dazu Unterkapitel *3.7.4 Sadistische Abwertung Schwarzer Filmfiguren*.

schließlich gar ein stolzer, geradliniger Blick auf die *weiße* Protagonistin gewährt,[109] der ihn in symbolische Nähe zum *weißen* Mann versetzt – insbesondere in den Momenten, in denen dieser Blick als Subjektive dargestellt wird,[110] deren Objekt die nackte *weiße* Frau ist.[111]

In den anderen drei Filmen wird der „Mangel an *Weißsein*" der Schwarzen (Neben-)Figuren vor allem dadurch kaschiert, dass sie gemäß Diawaras Beobachtung[112] ihres Schwarzen Umfeldes beraubt werden und in einer *weißen* Welt isoliert sind. Sie sollen durch diese Inszenierung, in der sie sich an *weiße* Herrschaft, *weiße* Umgangsweisen und *weiße* Riten anpassen, den *Weißen* weniger gefährlich erscheinen. Sie werden als liebevoll Dienende in weißer Kleidung[113] gewissermaßen laktifiziert, indem sie sich gegen die „Zivilisation" nicht sperren, von den *Weißen* zu lernen bereit sind und die *Weißen* anerkennen. Aus diesem Grund gibt es in dem Film *Out of Africa* auch „afrikanische Häuptlinge mit Regenschirm als Statussymbol".[114]

Die Fetischisierung weiblich-Schwarzer Filmfiguren kann an den von mir ausgewählten Filmbeispielen weniger gut belegt und untersucht werden. Denn eine individualisierte weiblich-Schwarze Filmfigur ist in den vier okzidentalen Spielfilmen kaum zu finden. Es gibt nur die Schwarze Dienerin der Gouverneurstochter in dem Film *Eine Weiße unter Kannibalen (Fetisch)* und die Geliebte von Cole Berkeley in dem Film *Out of Africa*. Bei beiden handelt es sich um nur sehr kurz in Erscheinung tretende Nebenfiguren. Was die Geliebte Cole Berkeleys angeht, so bedient Pollack, um diese zu laktifizieren, durch die Rollenbesetzung vor allem ein Schönheitsideal, das dem *weiß*-weiblichen Schönheitsideal nahe zu kommen scheint. Nicht umsonst wählt er ein erfolgreiches afro-amerikanisches Foto-Modell, das in der okzidentalen Welt be- und anerkannt ist. Die Darstellerin besitzt als europid markierte Gesichtszüge und entspricht dem Schlankheitsideal der westlichen Welt. Ihre Haare sind geglättet. Dass diese Glättung der Haare zu einer Anerkennung durch *Weiße* beitrage, da natürlich gewachsenes afrikanisches Haar mehr noch als Hautfarbe als Marker von „Primitivität", Unterlegenheit und einem Mangel an

---

[109] Vgl. Kapitel *3.5 Der phallische Blick: weißes Subjekt, Schwarzes Objekt*.
[110] *Die weiße Massai*, Filmminute 0:38:19-0:38:59: In dieser Filmzeit sind vier Subjektiven von Lemalian zu sehen, die Carola in einem Erdloch badend zeigen.
[111] Die Fortführung dieser Subsequenz sorgt dafür, dass die Inszenierung des Blicks eine reine Fetischisierung bleibt. Denn bald schon wird der machtvoll blickende Lemalian zu Carolas Diener, der ihr die Haare mit weiß schäumendem Shampoo wäscht (vgl. Unterkapitel *3.6.5 De- und Hypersexualisierung*).
[112] Vgl. Unterkapitel *3.7 Strategien zur Verdrängung der Kastrationsangst beim Anblick kastrierter Filmfiguren*.
[113] In dem Film *The Nun's Story* sind die Krankenpfleger (wie alle Krankenpfleger) weiß gekleidet. Alle schwarzen Untergebenen, die in dem Film *Out of Africa* in Karens Haus arbeiten, tragen weiß – bis hin zu weißen Handschuhen. Sogar die versklavten Filmfiguren in *Eine Weiße unter Kannibalen (Fetisch)* tragen zeitweise weiße Hemden, die kurzen Kleidern ähneln.
[114] Blum 1986a.

„Zivilisation" diene, betont Grada Kilomba, indem sie eine Interviewpartnerin folgendermaßen zitiert:

> [Alicia says:] ‚Even Black top models like Naomi Campbell, she has to straighten her hair, you never saw how her real hair looks like.' [...]
>
> Historically, Black people's unique hair was devalued as the most visible stigma of Blackness and used to justify the subordination of Africans. More than skin color, hair became the most potent mark of servitude during the enslavement period. Once Africans were enslaved, skin color was tolerated by white masters, but not hair, which became a symbol of 'primitivity', disorder, inferiority and uncivilization. African hair was then classified as 'bad hair'. At the same time, Black people were pressured to relax 'bad hair' with appropriate chemicals, developed by European industries. These were forms of controlling and erasing the so-called 'repulsive signes' of Blackness.[115]

In ähnlicher Weise wie afrikanisches Haar in okzidentalen Gesellschaften als Zeichen von Unterlegenheit gilt, trägt eine schmale Nase zu *weißer* Hegemonialität bei. So wurde Marlene Dietrichs Nasenform in Sternbergs Filmen durch einen Längsstrich auf der Nasenmitte schmaler geschminkt als sie realiter war.[116] Die Tatsache, dass auch eine *weiße* Darstellerin kinematografisch „*geweißt*" wird, um auf der Machtachse *Rasse* phallisch positioniert zu erscheinen, weist in aller Deutlichkeit auf den Konstruktionscharakter der Kategorie *Rasse* hin.

Durch die Öffnung von Mulveys Theorie für verschiedene Machtachsen kann auch Mulveys Beobachtung, dass das Bild kastrierter und fetischisierter Filmfiguren die Handlung innerhalb einer Musicaleinlage retardiere,[117] auf Schwarze Charaktere übertragen werden. Beispielsweise kommt die Handlung bei dem für den Abenteuerfilm so typischen „Tanz der Eingeborenen"[118] gemeinhin zum Erliegen. So werden bei der nächtlichen Hochzeitssequenz des Films *Die weiße Massai* die Schwarzen Filmfiguren zum Bild(-Spektakel) für den sich mit dem Rezipierendenblick vereinenden *weiß*-weiblichen Figurenblick. Wie Mulvey betont, wird dabei häufig der dreidimensionale Raum zerstört, den die phallische Identifikationsfigur für sich beansprucht.[119] Mulvey schreibt:

> Auf ähnliche Weise integrieren konventionelle Nahaufnahmen von Beinen (Dietrich, z.B.) oder eines Gesichts (Garbo) Erotizismus in der Geschichte. Ein Teil eines fragmentierten Körpers zerstört den Renaissance-Raum, die Illusion der Tiefe, die die Erzählung fördert, sie erzeugt Flächigkeit, gibt der Leinwand eher

---

[115] Kilomba 2010: 73.
[116] *Der Spiegel* 1977. Karasek 2000.
[117] Mulvey 1994: 55.
[118] Vgl. Unterkapitel *3.2 Genre-spezifizierende Analyse des Narrativs*.
[119] Zu Mulveys Ausführungen zum dreidimensionalen Raum vgl. Unterkapitel *3.2 Genre-spezifizierende Analyse des Narrativs*.

die Qualität eines Ausschnittes oder Bildes, als daß sie zur Glaubwürdigkeit des Geschehens beitrüge.[120]

In der von mir angeführten Sequenz wird die Tiefe des Schwarzen Raumes sowohl durch die Nahaufnahmen der tanzenden afrikanistisch imaginierten Beine und Arme als auch durch die nächtliche Dunkelheit zerstört.

### 3.7.4 Sadistische Abwertung Schwarzer Filmfiguren

In diesem Unterkapitel ist herauszufinden, inwieweit die von mir ausgewählten okzidentalen Filmtexte von der Möglichkeit Gebrauch machen, Schwarze Filmfiguren dem Sadismus auszuliefern, den Laura Mulvey bei der Untersuchung von Mainstream-Filmtexten als eine zweite Umgangsmöglichkeit mit einer im Bild präsenten Kastration ausmacht.

Wie schon unter 3.7.1 erklärt, ist ein solcher Sadismus gemäß der Mulvey'schen Theorie der Narration immanent und wertet die symbolisch kastrierte Filmfigur ab, um zu verhindern, dass die Schaulust hegemonial positionierter Rezipient_innen durch das Lüften des „Geheimnisses" einer kastrierten Figur geschmälert wird.[121] Nagl hebt hervor, dass das Geheimnis „Schwarzer Haut" von dem des sexuellen Fetischs divergiere. Er schreibt:

> Anders als der sexuelle Fetisch, argumentiert Bhabha, stellt der ‚Fetisch' schwarzer Haut im kolonialen Diskurs [...] kein ‚Geheimnis' dar, sondern ist über die Maßen sichtbar: ‚Skin, as the key signifier of cultural difference, is the most visible of fetishes, recognized as 'common Knowledge' in a range of cultural, political and historical discourses, and plays a public part in the racial drama that is enacted every day in colonial societies.' Diese Sichtbarkeit des rassischen Anderen liefert zwar einerseits einen Identifikationspunkt des westlichen Selbst, wird aber nach Bhabha zugleich zum Problem beim Versuch, den Diskurs zu stabilisieren und zu schließen. Denn das rassische Stereotyp stellt den Anderen als vollkommen erkennbar dar, zugleich aber auch als vollkommen different.[122]

Ohne eine Antwort auf die hier aufgeworfene Frage geben zu können, ob sich ein bewusstes Kaschieren der fehlenden phallischen Positionierung auf den verschiedenen Machtachsen tatsächlich unterschiedlich leicht bewerkstelligen lässt, möchte ich behaupten, dass in dem Film *Die weiße Massai* der mit der Narration verknüpfte Sadismus darin zu finden ist, dass die Schwarz-männliche Hauptfigur des Films in der zweiten Filmhälfte sukzessive aller ihrer – ihr in der ersten Filmhälfte zugeschriebenen[123] – materiellen und immateriellen Fetischobjekte beraubt wird. Vor

---

[120] Mulvey 1994: 56.
[121] Mulvey 1994: 58f.
[122] Nagl 2009: 16f.
[123] Vgl. Kapitel *3.7.3 Fetischisierung Schwarzer Filmfiguren*.

allem die der Schwarz-männlichen Filmfigur zu Beginn zugeordneten „*weißen*" Talente und Eigenschaften, die gemeinhin (filmhistorisch und intertextuell betrachtet) *weißen* Filmfiguren vorbehalten sind, werden Lemalian im Laufe der Filmhandlung wieder genommen, indem er zunehmend in Situationen versetzt wird, deren „zivilisierten", „modernen" Anforderungen er nicht mehr standhalten kann.

Dieser Prozess der Veränderung der Schwarz-männlichen Hauptfigur, der durch die Reibung mit der von der *weißen* Protagonistin an den Schwarzen Mann herangetragenen okzidentalen „Kultur" stattfindet, beginnt spätestens in der 54. Filmminute mit dem erstmaligen Auftreten einer als gänzlich irrational dargestellten Schwarz-männlichen Eifersucht.[124] Die Tatsache, dass Lemalian eifersüchtig auf einen Bankangestellten wird, den Carola beim Abheben einer Geldsumme am Schalter freundlich anlächelt, soll offensichtlich deutlich machen, dass dem Schwarzen Mann die Abstraktionsfähigkeit fehlt, die dem als „modern" kategorisierten kapitalistischen Wirtschaftssystem inhärent ist.

Diese beim Publikum evozierte Einschätzung eines nicht „Moderne"-kompatiblen Wesens[125] wird im Fortgang der Filmhandlung bestätigt und verstärkt. Der von Mulvey als Sadismus beschriebene Kampf über „Willen und Stärke", „Sieg und Niederlage" wird zwischen der *weißen*, „modernen" Frau und dem Schwarzen, „primitiven" Mann ausgetragen, wobei Letzterer immer wieder unterliegt. So treibt Carolas freundliche Kontaktaufnahme mit den Kund_innen ihres eigenen Ladens Lemalian zunehmend in die ihm zugeschriebene Eifersucht,[126] die schließlich in animalischer Raserei endet: Der Schwarze Mann verliert die Kontrolle über sich selbst und würde, griffen nicht andere Männer in das Geschehen ein, seine Frau töten.[127] Dass die geistige Potenz des Schwarzen Mannes – anders als zu Filmbeginn vermutet – schließlich doch nicht ausreicht, um das System von Geldwirtschaft und Gewinnmaximierung zu verstehen, soll offensichtlich auch durch Lemalians Eifer veranschaulicht werden, Carolas Waren an die Mitglieder seiner Schwarzen Gemeinschaft zu verschenken statt sie zu verkaufen.

Das Scheitern des Schwarzen Mannes an der „Zivilisation" wird auch durch die Inszenierung von Lemalians anscheinend erster Autofahrt hervorgehoben, die die *weiße* Protagonistin ihm ermöglicht hat.[128] Unwissend, wie ein Auto zu bedienen ist, und unwillig, die Ratschläge Carolas als gewinnbringende Hinweise einer erfahrenen Autofahrerin anzuerkennen, verschuldet der Schwarz-männliche Prota-

---

[124] *Die weiße Massai*, Filmminute 0:53:41–0:54:09.
[125] Vgl. Unterkapitel *3.6.1 Schwarz symbolisierte Entwicklungsblockade*.
[126] *Die weiße Massai*, Filmminute 1:46:36–1:47:38 und 1:48:43–1:49:36.
[127] *Die weiße Massai*, Filmminute 1:49:59–1:52:12. Vgl. Unterkapitel *3.6.6 Mythos Schwarzer Gewalttätigkeit*.
[128] *Die weiße Massai*, Filmminute 0:55:47–0:59:18.

gonist schließlich einen Zusammenprall mit einem – recht isoliert in einer kargen Landschaft stehenden – Baum. Das Schimpfen der *weißen* Protagonistin erscheint mehr als berechtigt: „Verdammt noch mal! Du hättest uns umbringen können!"

Dennoch vergibt die *weiße* Frau dem Schwarzen Mann, der als Reaktion auf den Tadel wie ein beleidigtes kleines Kind aus dem Auto aussteigt und bockig davonschreiten will. Sie handelt wie eine liebevolle, großzügige Mutter, fängt ihn wieder ein und lädt ihn zur gemeinsamen Weiterfahrt ein.[129] Passend zu der hier beschriebenen Figurendynamik zwischen *weißer* Protagonistin und Schwarz-männlicher Hauptfigur schreibt Laura Mulvey:

> Die Zuschreibung von Schuld (die sofort mit Kastration assoziiert wird) verschafft Lust, sichert die Kontrolle und unterwirft die schuldige Person durch Bestrafung oder Vergebung. Dieser sadistische Aspekt [der Zuschreibung von Schuld mit anschließender Vergebung oder Bestrafung] paßt gut mit dem narrativen Element zusammen.[130]

Die Schuld, die Lemalian bei seinem Scheitern im Umgang mit der „Zivilisation" auf sich lädt und die seine Filmfigur sofort mit Kastration in Zusammenhang bringt bzw. die Kastration seiner Filmfigur sichtbar werden lässt, nimmt im Laufe der Handlung parallel zu seinem Alkoholkonsum sukzessive zu. Der Schwarze Mann, der immer wieder mit Bierflasche in der Hand dargestellt wird, verliert durch den Kontakt mit dem im Okzident gemeinhin als harmlos eingestuften Genussmittel die Kontrolle über sich selbst.

Unter Alkoholeinfluss wird er gewalttätig gegen die *weiße* Frau[131] und unterliegt einem Verwahrlosungsprozess: Er sitzt Alkohol trinkend und Kaugummi kauend nachts allein in Carolas Laden und spielt mit dem Geld in der Kasse[132] oder er verbringt seine Zeit faulenzend und trinkend mit seinen männlichen Freunden, während die hochschwangere Carola die von den Männern geleerten, auf dem Boden der Lehmhütte liegenden Bierflaschen einsammelt und die anfallende Reproduktionsarbeit erledigt.[133] Als Carola nach der Geburt ihrer Tochter in das Dorf der Massai zurückkehrt, wird sie mit einem verwahrlost wirkenden Ladenlokal konfrontiert. All ihre Waren wurden von Lemalian verschenkt, und im Moment ihres Eintreffens ist er soeben dabei, einem dubiosen Mini-Chief Schutzgeld zu zahlen. Carolas Ladenkasse ist leer.[134] Durch die Schuld, die Lemalian auf

---

[129] Vgl. Unterkapitel *3.6.3 Infantilisierung*.
[130] Mulvey 1994: 58f.
[131] *Die weiße Massai*, Filmminute 1:29:25-1:31:27: mit Bierflasche in der Hand betritt Lemalian Carolas Laden und bedroht sie in einem irrationalen, wohl vom Alkohol beeinflussten Eifersuchtswahn körperlich.
[132] *Die weiße Massai*, Filmminute 1:27:04-1:27:43.
[133] *Die weiße Massai*, Filmminute 1:28:10-1:28:25.
[134] *Die weiße Massai*, Filmminute 1:39:48-1:40:42.

sich lädt, ist die ihm fortwährend vergebende Carola im Besitz der Kontrolle über den Schwarzen Mann.

Nach der Mulvey'schen Logik bedarf es der Bestrafung des Schwarzen Protagonisten, weil die auf der Machtachse *Rasse* phallisch positionierten Rezipierenden durch die sukzessive Ent-Fetischisierung der Schwarzen Filmfigur Lemalian die von Mulvey benannte „Retraumatisierung" durchleben, die beim Lüften des Geheimnisses entsteht. Während die ersten drei Viertel des Filmtexts die Rezipierenden noch glauben machen, der Schwarze Mann sei „zivilisationsfähig" und damit phallisch positioniert, wird im letzten Viertel die Realitätsillusion erzeugt, der Phallus *Weißsein* fehle ihm „von Natur aus". Dadurch wird die symbolische Kastration des Schwarzen Protagonisten entschleiert und zugleich naturalisiert und mystifiziert.[135]

Die in die Narration eingewobene Bestrafung Lemalians muss zur Befriedigung unbewusster Wünsche *weißer* Rezipierender auch deshalb erfolgen, weil Lemalian als potenter Liebhaber einer *weißen* Frau zu sehen gewesen ist. Auf eine solche Notwendigkeit deuten sowohl Diawaras als auch Fanons Beobachtungen hin. Fanon schreibt:

> Historiquement, nous savons que le nègre coupable d'avoir couché avec une Blanche est castré.[136]

Dem Tabu transrassialisierter Heterosexualität entsprechend, welches der Sicherung *weißer* Superiorität dienen soll, muss Lemalian also auch bestraft werden, weil er sich durch den Beischlaf mit der *weißen* Frau zu erhöhen versucht hat.[137] Diawara fasst dieses *weiße* Begehren etwas allgemeingültiger:

> Hollywood requires that the Black character must be punished after he has behaved like a hero.[138]

Die Bestrafung, welcher die symbolisch kastrierte Schwarz-männliche Filmfigur wegen der Entschleierung ihres Phallusmangels ausgesetzt wird, um *weiße* Schaulust aufrecht zu erhalten, übernimmt Lemalian selbst. In 28 Filmeinstellungen[139] entledigt er sich der letzten ihm noch verbliebenen Fetischobjekte und macht die Kastration des Schwarzen Mannes auf diese Weise endgültig für alle sichtbar: In innerer und äußerer Raserei legt er seinen Schmuck ab und die Waffen nieder und verliert dadurch die Macht des „Schwarzen Kriegers".

---

[135] Vgl. Unterkapitel *2.3.1.2 Koloniale Mystifizierungs- und Mythifizierungsstrategien*.
[136] Fanon 2015a: 69. Deutsche Übersetzung in Fanon 2015b: 62: „Historisch wissen wir, dass der [N.], der das Verbrechen begangen hat, mit einer weißen Frau zu schlafen, kastriert wird."
[137] Vgl. Unterkapitel *3.7.3 Fetischisierung Schwarzer Filmfiguren*.
[138] Diawara 1993: 216.
[139] *Die weiße Massai*, Filmminute 1:52:13-1:53:13: Der schnelle Schnitt bebildert Lemalians inneres Rasen.

*Die weiße Massai*, Filmminute 1:52:14-1:52:17.

In acht Detailaufnahmen schneidet er sich selbst die – als sexueller Schlüsselreiz fungierende – Haarpracht ab und verabschiedet sich im metaphorischen Sinne von dem Super-Fetisch der ihm zugeschriebenen übermäßigen sexuellen Potenz.

*Die weiße Massai*, Filmminute 1:52:18-1:52:33.

Seine zuvor samtig glänzende nackte Haut wird von der europäischen Kleidung verdeckt, in die er sich unter (symbolischem) Identitätsverlust hineinzwängt. Mit der Entfernung des eng anliegenden *weißen* Kopfschmuckes verliert er sowohl den christlich-*weißen* Heiligenschein als auch die „Eichelform" seines Kopfes.

*Die weiße Massai*, Filmminute 1:52:33-1:52:49.

So demaskiert zeigt er sich der *weißen* Frau, die, wie ihr Blick verrät, von der nun auch für sie sichtbar werdenden Kastration des Schwarzen Mannes entsetzt ist. Lemalian ist nicht nur seiner sexuellen Potenz beraubt, sondern auch seiner Würde und seiner Kultur. Durch diese von ihm eigenhändig vorgenommene Demaskierung macht er seine Kastration selbst sichtbar und schlägt sich die ihm von den *weißen* Filmfiguren vorgeblich großzügig geöffnete Tür zum *weißen* Raum selbst vor der Nase zu. *Weiße* Identifikationsfiguren müssen sich so die Hände gar nicht erst schmutzig machen. Vielmehr werden sie von jeglicher Schuld befreit, die laut Mulvey kastrierend wirken würde, und damit in ihrem phallischen Status bestätigt.

Dass Lemalian mit der in den oben beschriebenen Einstellungen inszenierten Demaskierung alle phallische Macht, Ganzheit und Identität verloren hat, wird verdeutlicht, wenn man liest, wie Schomburgk in seinen Memoiren einen sehr ähnlichen Prozess, der allerdings keine Selbst-, sondern eine Fremdkastration ist, in rassistischer Art und Weise beschreibt:

> Ich kannte euch noch, ihr Mashukulumbwe am Kafuefluß (Nordwest-Rhodesia) im Schmucke eurer hohen Haarfrisuren. Gänzlich unbekleidet kamt ihr daher, tapfere Krieger, aber gegen die Hinterlader der Europäer waret auch ihr machtlos. Eure Haartracht meterhoch. Die Haare eurer Frauen flochtet ihr ein. Nachts beim Schlaf mußtet ihr die Spitze des meterhohen Kopfschmuckes an einem Querstab der Hüttenwand hochbinden. Sie waren euer ganzer Stolz und mußten fallen. Die Kultur verlangte es. Mit einer meterhohen Haarfrisur lassen sich keine Lasten tragen; doch tragen mußtet ihr, so gebot es das Gesetz eurer weißen Herren. Es war gut für Euch, denn ihr wilden Krieger wurdet fleißige Arbeiter und Ackerbauer. Doch es ist auch wieder schade. Ein Mashukulumbwi, der von der Arbeit in einer Mine in Hosen, mit einem zerbeulten Hut zurückkehrt, ist wirklich kein schöner Anblick.[140]

Der Kulturanthropologe Renato Rosaldo nennt diese für den „Kolonialismus charakteristische doppelte Bewegung aus Sehnsucht und Zerstörung" „imperialist nostalgia".[141] Diese „imperialistische Nostalgie" lässt sich auch während der Dreharbeiten zu *Out of Africa* noch 1985/86 in der Bedingungsrealität thematisch wiederfinden. Denn die Filmemacher_innen hatten laut Zeitungsmeldungen Schwierigkeiten, Massai-Darsteller mit der Haarpracht zu finden, die diese zu der Zeit, in der der Film spielt, gemeinhin aufgewiesen hatten. Damals „trugen die Krieger des Stammes noch langes, geflochtenes Haar, das mit Ocker gefärbt und mit Kuhdung zu einer Mähne gestaltet wurde, welche die einschüchternde Wirkung der ganzen Imponierhaltung eindrucksvoll unterstich".[142] Eine Frisur also, die der männlich-Schwarzen Erscheinung Macht verlieh.

---

[140] Schomburgk 1928: 9.
[141] Rosaldo 1989: 69.
[142] Meroth 1986.

Diese Macht wurde auch 1985/86 offensichtlich noch zu mindern versucht, da, wie Peter Meroth berichtet, „im Rahmen eines Modernisierungsprogramms [...] die kenianische Regierung den Massai-Männern neuerdings Kurzhaarschnitt" vorschreibe. So habe „erst in einem weltabgeschiedenen Dorf [...] ein filmgerechter Krieger aufgetrieben werden" können. Die „Suche nach einem Massai, der im Film als mystische Gestalt bei Denys' Begräbnis auftaucht", habe sich deshalb noch komplizierter gestaltet als die „Antiquitätenjagd".[143] Diese von Meroth benutzten Formulierungen, sind – trotz Meroths rassismuskritischer Haltung – grenzwertig. Dennoch verweisen sie auf den rassistischen Umgang der Filmemacher_innen mit ihren afrikanischen Darsteller_innen, welche offensichtlich eher als „Requisiten", denn als Menschen betrachtet und ausschließlich zur Erhöhung der *weißen* Filmfiguren instrumentalisiert wurden.

Während Lemalian als Ganzkörperphallus entblättert und ihm so seine zuvor schillernde sexuelle Potenz genommen wird, wird die von Diawara beschriebene Schwarz-männliche Filmfigur in dem Film *The Color Purple* durch einen Tritt in die Genitalien kastriert:

> The pairing of these two 'chase' sequences suggests another reading of the rhetoric of punishment. When Nettie hits Mister in the genitals her action can be seen as castrating, signifying the removal of the penis from an undeserving man [...].[144]

Zur Bestrafung der Schwarz-männlichen Filmfigur passend verlinkt Diawara den von ihm beleuchteten Erzählstrang des Films *Birth of a Nation* mit der Figurenkonstellation des Ödipuskonfliktes. Er setzt den *weißen* Bruder (Little Colonel) der ermordeten *weißen* Frau (Little Sister) mit der Vaterfigur des Ödipuskomplexes gleich, die den Schwarzen Sohn (Gus) durch Lynchen zu bestrafen trachtet, weil dieser illegitimerweise des Vaters (*weiße*) Frau begehrt hat. Diawara schreibt:

> It is Little Colonel who persuades the other Whites to form a Klan to terrorise and discipline the Blacks who threaten to destroy the social and symbolic order of the South. Thus Gus's desire for Little Sister is a transgression: the narrative of miscegenation links isomorphically with the Oedipal narrative of incestuous desire, an assault on the symbolic order of the Father which merits the most serious punishment – lynching.[145]

Diawara betont, dass diese narrative Anlage dazu führe, dass die Filmrezipierenden sich eingeladen fühlten, die tödliche Bestrafung des Lynchens herbeizusehnen, die – wie die in den Filmtext montierte Schrifttafel verkündet – zur Disziplinierung des „schwarzen Mannes" beitragen solle. Um diese vom Filmtext nahegelegte Sehnsucht zu verneinen und der Filmfigur Little Colonels die Autorität der ödipa-

---

[143] Ebd. Vgl. Unterkapitel *3.4.6 Mythos (weiblich-)weißer Wahrheit*.
[144] Diawara 1993: 218.
[145] Diawara 1993: 214.

len Vaterfigur zu verweigern, bedürfe es einer widerständigen Zuschauer_innenperspektive.[146] Durch solche kinematografischen Inszenierungsstrategien wurde die realiter ausgeübte Praxis des Lynchens gerechtfertigt und angeheizt.[147]

Die Bilder der oben beschriebenen Subsequenz des Films *Die weiße Massai* zeigen zwar keinen gelynchten, aber einen zerfransten, symbolisch komplett kastrierten Schwarzen Mann. Die Darstellung von Lemalian in Konfrontation mit Pater Bernado und Carola lässt zudem die Assoziation aufkommen, die in purem Weiß erstrahlende Carola und der hinzugeeilte Gottesdiener Pater Bernardo hätten es als „Heilige Familie" mit dem Teufel zu tun, der in Form des vor Irrsinn nicht mehr zu zügelnden Schwarzen Mannes auf die Erde gekommen sei.

*Die weiße Massai*, Filmminute 1:52:49-1:53:05.

Diese Assoziation wird von Fanons Beobachtung gestützt, dass Teufel und Sünde in der europäischen Gesellschaft durch den Schwarzen Mann symbolisiert werden:

> *En Europe, le Mal est représenté par le Noir.* […] *Le bourreau c'est l'homme noir, Satan est noir, on parle de ténèbres, quand on est sale on est noir – que cela*

---

[146] Ebd.
[147] Riggs Film *Ethnic Notions* zeigt, die Brutalität dieser Auswirkungen präsentierend, etwa eine Minute lang Bilder von gelynchten Schwarzen Männern (*Ethnic Notions*, Filmminute 0:19:53-0:20:50). Auch der Regisseur Raoul Peck gibt in seinem Film *I am not your Negro* Bilder gelynchter Schwarzer zu sehen und verbindet diese mit der Darstellung der bis heute andauernden tödlichen Gefahr, von *Weißen* ermordet zu werden, der Schwarze im US-amerikanischen Alltag ausgesetzt sind. Der US-amerikanische Film *Within our gates* von Oscar Micheaux aus den späten zehner Jahren des letzten Jahrhunderts zeigt anhand *weißer* Lynchmobs, dass die Gewalt, die afrikanischen Menschen – auch durch Mainstream-Filmtexte – zugeschrieben wird, historisch vor allem *Weißen* zuzuordnen ist. Die von Ida B. Wells gesammelten erschütternden Berichte bestätigen, das *weiße* Lynchmobs Schwarze Menschen in den USA enthauptet und Teile von deren Körpern als Trophäen mitgenommen haben. Sie erfanden obszöne Foltermethoden und verbrannten ihre Schwarzen Opfer, nachdem sie sie gehängt hatten. Selbst Frauen und Kinder beteiligten sich aktiv an diesen grausamen Geschehnissen. Micheauxs kühnste Inszenierung ist, wie Jane Gaines hervorhebt, dass er uns diese *weißen* Frauen und Kinder, die ihre Opfer mit Stöcken und Pistolen malträtierten, auch in dem von ihm inszenierten *weißen* Lynchmob zeigt. Damit wird die Beschuldigung des „Primitivismus" an die *weiße* Kultur des amerikanischen Südens zurückgegeben. (Gaines 1993: 54f.; Gaines bezieht sich hier auf Ida B. Wells-Barnett: „Southern Horrors: Lynch Law in all its Phases" (1892), in: *On Lynchings*, Arno Press, New York 1969.)

s'applique à la salute physique ou à la salute morale. On serait surpris, si on prenait la peine de les réunir, du très grand nombre d'expressions qui font du Noir le péché. [148]

Der als irrational und teuflisch inszenierte Wahnsinn der Schwarz-männlichen Filmfigur Lemalian kommt unter der heruntergerissenen Maske der Fetischisierung zum Vorschein. Carola kann plötzlich erkennen, dass der von ihr geliebte Schwarze Mann den symbolischen Phallus *Weißsein* nicht besitzt, nie besessen hat und niemals besitzen wird. Diese Erkenntnis ist der Auslöser für den *weiß*-weiblichen Entschluss, den Schwarzen Mann zu verlassen und in das *weiße* Patriarchat zurückzukehren, welches, wie der Filmtext vermittelt, die für die *weiße* Frau weniger beeinträchtigende Gesellschaftsform zu sein scheint.

Die sich mit der *weiß*-weiblichen Hauptfigur identifizierenden Rezipierenden werden durch diese Inszenierungsstrategie an das *weiße* Patriarchat zurückgebunden. Denn das *weiße* Unbewusste entschlüsselt bei der Rezeption dieses Films das dem Schwarzen Mann zugeschriebene „Geheimnis" erneut: Er ist und bleibt in seiner „Primitivität", „Naturverbundenheit" und „Irrationalität" symbolisch kastriert und muss „naturgegebenermaßen" am Durchschreiten des Ödipuskomplexes scheitern, weil er seine Triebe nicht in ausreichendem Maße kontrollieren und sublimieren kann, um sich in die symbolische Ordnung einzureihen, die die *weiße* Mutter (Gottes Carola) als dem *weißen* Vater (Pater Bernardo) zugehörig definiert.

Die sich mit der *weiß*-männlichen Figur identifizierenden Rezipierenden können erleichtert aufatmen. Denn der Akt des Haare-Abschneidens ist durch die in Großaufnahme vorgenommene Visualisierung der zerstörerischen Schere ein deutliches Sinnbild für die Kastration des Schwarzen Mannes in Bezug auf die Entfernung des realen Phallus. Durch diese scheidet die Figur des afrikanistisch inszenierten Mannes als Konkurrent auf dem sexuellen Gebiet aus.[149] Die durch den Sadismus erfolgende metaphorische Entfernung von Lemalians Sexualorgan und all seiner fetischisierenden Elemente erlöst die sich mit dem *weiß*-männlichen Zuschauer identifizierenden Rezipierenden von der Angst, im sexuellen Bereich unterlegen zu sein.

Dieser Angst vor einer potentiellen sexuellen Impotenz des *weißen* Mannes wirkt auch die Bestrafung einer Schwarzen Hauptfigur in dem Film *Mahagony* entgegen. Jane Gaines zeigt auf, dass der Film die Bestrafung der Schwarzen

---

[148] Fanon 2015a: 183. Engl. Übersetzung (Fanon 2008: 165f.): „*In Europe, evil is symbolized by the black man.* [...] The perpetrator is the black man; Satan is black; one talks of darkness; when you are filthy you are dirty – and this goes for physical dirt as well as moral dirt. If you took the trouble to note them, you would be surprised at the number of expressions that equate the black man with sin."

[149] Siehe Unterkapitel *3.7.3 Fetischisierung Schwarzer Filmfiguren*.

Protagonistin als direkte Konsequenz der männlich-*weißen* Impotenz inszeniere.[150] Dies geschehe, indem, so Gaines, der *weiße* Fotograf, nachdem er im Bett mit Tracy versagt habe, sein Modell eine Schnellstraßenauffahrt hinuntertreibe. Diese Bestrafung werde mit der Begründung in die Narration eingewoben, dass der Fotograf in seiner Professionalität die Ausdrucksfähigkeit seines Fotomodells ausreizen wolle.

Auch in diesem Film ist also die Bestrafung der – diesmal sogar auf zwei Machtachsen – kastrierten Filmfigur, wie von Mulvey ausgeführt, in die Narration eingeflochten. Bestraft wird die Schwarze Frau, obwohl es so scheint, eigentlich nicht wegen eines Vergehens, sondern einfach, weil sie sowohl weiblich, als auch Schwarz ist und dadurch die Kastrationsangst der sich mit der *weiß*-männlichen Hauptfigur identifizierenden Filmrezipierenden wachruft. Den Sadismus als Strategie gegen die Kastrationsangst stellt Gaines dabei in den Kontext der „camera-as-deadly-weapon metaphor":[151]

> Camera zoom and freeze-frame effects translate directly into aggression, as in the sequence in which Sean pushes Tracy into a fountain and her dripping image solidifies into an Italian Revlon advertisement. Finally, the motif of stopping-the-action-as-aggression is equated with the supreme violation: attempted murder.[152]

In dem Film *Out of Africa* werden Schwarze für ihren Kastrationsstatus bestraft, indem ihnen ihr Land genommen wird. Ähnlich wie in dem Film *Die weiße Massai* behält die *weiße* Protagonistin (und mit ihr – im Rahmen der vom Filmtext erzeugten Realitätsillusion – die *weiße* Frau im Allgemeinen) eine reine Weste, da sie den Schwarzen gegen den Landverlust zu helfen versucht hat. Ein anderer Sadismus, der in die Narration eingewoben wird, ist die Erkrankung oder der Tod Schwarzer Filmfiguren.

Aber auch, wer sich mit Schwarzen einlässt, stirbt oder erkrankt zumindest an Syphilis, Tuberkulose und Malaria. Alle *weißen* Filmfiguren, die mit Schwarzen „gemeinsame Sache" machen, werden in den Filmtexten einer Bestrafung unterzogen. So ist der Tod beispielsweise in den Filmen *Out of Africa* und *The Nun's Story* die sadistische Bestrafung für eine *weiße* Filmfigur, die Schwarze Filmfiguren als vorgeblich gleichberechtigt angenommen und mit ihnen gelebt hat. In dem Film *Out of Africa* stirbt Cole Berkeley, der das große Tabu einer transrassialisierten Liebesbeziehung gebrochen hat, bezeichnenderweise an „Black Water Fever". In dem Film *The Nun's Story* ist die tödliche Lepra-Erkrankung Father Vermeulens eine solche sadistische Bestrafung. Denn Mother Mathilde erzählt Sister Luke, als die beiden *weiß* gekleideten Nonnen sich in einem primitiv gebauten Holzboot, das

---

[150] Gaines 1988: 18.
[151] Gaines 1988: 18.
[152] Ebd.

einem ausgehöhlten Baumstamm gleicht, von afrikanistisch-männlichen Filmfiguren in das Lepra-Gebiet paddeln lassen, folgendes:

> Father Vermeulen was one of the first missionaries in the Congo. He lived all alone in the bush. One day he disappeared. They thought he was dead. But years later they found him living with the natives. As penance for his sins, he asked to be allowed to devote the rest of his life to the lepers.[153]

Diese Hingabe seines Lebens an die Schwarzen Kranken reicht jedoch offensichtlich als Strafe nicht aus. Er muss sich auch noch selbst mit der tödlichen Krankheit infizieren.

Auffällig ist, dass die *weißen* Protagonist_innen im Laufe der Filmgeschichte immer weniger deutlich als phallische Instanzen inszeniert werden, die afrikanistisch konstruierte und sich mit ihnen „verbündende" *weiße* Filmfiguren bestrafen. Während die *weiße* Protagonistin Maria in dem 1921 produzierten Stummfilm den Schwarzen „Fetischmann" noch eigenhändig ermordet, wird der in dem Film *The Nun's Story* aus dem Jahre 1959 zu sehen gegebene Mord an einer *weißen* Nonne, die sich aktiv um die religiöse „Bekehrung" afrikanistisch konstruierter Filmfiguren bemüht, von einer Schwarzen Filmfigur durchgeführt.

Schwarze Filmfiguren werden sowohl in diesem als auch in dem Film *Out of Africa* aus dem Jahre 1985 nur auf einer sehr subtilen und zugleich abstrahierten Erzählebene bestraft – sei es dadurch, dass sie an Lepra erkranken, sei es durch den „Verlust" der *weißen* Protagonistin Karen, durch den sie ihr Land verlassen müssen und als „Waisenkinder"[154] zurückbleiben. Für diese Bestrafungen macht der Filmtext nicht mehr die *weiße* Protagonistin verantwortlich, die sich in beiden Filmen mit aller Kraft gegen diese Entwicklung eingesetzt hat, sondern es handelt sich um eine von „Gott" oder dem Schicksal gesandte Bestrafung.

Als strafende Filmfiguren treten *weiße* Filmfiguren dennoch weiterhin dann in Erscheinung, wenn es darum geht, die *weiße* Protagonistin – sowohl für ihr Bemühen, afrikanistisch imaginierte Filmfiguren zu ermächtigen, als auch aufgrund ihrer kastrierten Position auf der Machtachse Geschlecht – sadistisch zu erniedrigen. So wird Sister Luke in dem Film *The Nun's Story* aus dem Jahre 1959 von den ihr übergeordneten *weißen* Nonnenfiguren durch verschiedene Handlungsanweisungen immer wieder am Ausleben ihres Traumes gehindert. Und Karen ist kontinuierlich der sadistischen Energie der *weiß*-männlichen Filmfigur Bror ausgeliefert.

In den Filmen *Out of Africa* und *Eine Weiße unter Kannibalen (Fetisch)* tritt zusätzlich das *weiße* Kolonialsystem als Abstraktum, personifiziert durch einige *weiße* Nebenfiguren, als strafende Instanz in Erscheinung. Von jeglicher bestrafenden Funktion befreit dann der Film *Die weiße Massai* im Jahre 2005 sowohl die *weißen*

---

[153] *The Nun's Story*, Filmminute 1:32:02-1:32:24.
[154] Vgl. Unterkapitel *3.6.3 Infantilisierung.*

Filmfiguren als auch das *weiße*, okzidentale Gesellschaftssystem. Wie in diesem Unterkapitel ausführlich dargelegt, bestraft sich in diesem Film die Schwarze Filmfigur selbst.

Die Verschiebung der Ausführung der Strafe von den phallisch-*weißen* Filmfiguren hin zu den als „Handlanger" *weißer* Interessen fungierenden kastriert-Schwarzen Filmfiguren dient, wie bereits in Unterkapitel *3.6.3 Infantilisierung* angedeutet, der Perfektionierung der Ich-idealisierten *weißen* Identifikationsfiguren. Zwar werden die afrikanistisch inszenierten und die sich mit ihnen „verbündenden" *weißen* Filmfiguren nach den Gesetzen des *weißen* Systems bestraft, deren Stellvertreter_innen die *weißen* Protagonistinnen sind, doch machen sich die Protagonistinnen der Bestrafung nicht schuldig. Diese Entwicklung passt sich ebenso wie die Darstellung unkommentierter expliziter Rassismen und die – das Bewusstsein der Rezipierenden täuschende – Inszenierung der *weißen* Protagonist_innen als Kolonialkritiker_innen an den Stand der gesellschaftlichen Aufarbeitung von Kolonialismus und Rassismus zum jeweiligen Produktionszeitpunkt an.[155]

---

[155] Vgl. Unterkapitel *3.4.8 Konstruierte Held_innen weißer Kolonialkritik.*

# 4. Induktives Analyseverfahren: Darstellung *weißer* Weiblichkeit im Afrikanischen *Third Cinema* unter besonderer Berücksichtigung der Brechung phallisch-*weißer* Blickregime

Dass es auch Spielfilme gibt, die rassismuskritischen Rezipierenden die Identifikation mit einer Schwarzen Protagonistin ermöglichen, *weiße* Sehgewohnheiten irritieren und ein hegemoniekritisches Publikum zur Schaulust einladen ohne dafür einen widerständigen Blick einzufordern, möchte ich an einem Werk aus der herrschaftskritischen Kinobewegung *Third Cinema* darlegen: Ousmane Sembènes Film *La Noire de...* von 1966, der als erster abendfüllender Spielfilm der Sub-Sahara gilt.[1]

Sembène ist als „towering figure" des *Third Cinema* bekannt.[2] Das *Third Cinema* war in seinem frühesten Stadium eine militante Filmpraxis, die auf eine Verbindung kritischer Zuschauer_innenschaft mit aktivistischer Ästhetik abzielte,[3] um die Rezipierenden auf die gewalttätige Ausbeutung sogenannter Drittwelt-Länder durch Europäer_innen aufmerksam zu machen und neue Subjektivitäten entstehen zu lassen.[4] Neben dem Begriff der Dritten Welt[5] bildet das Kinosystem selbst den

---

[1] Mulvey 1996: 119.
[2] Gikandi 2009: vi.
[3] Gabriel 1989b: 60f.
[4] Bergermann/Heidenreich 2015a: 28f. Die drei initiierenden Manifeste des *Third Cinema* waren *Aesthetic of Hunger* von Rocha (1965), *For an Imperfect Cinema* (1969) von Espinosa und *Towards a Third Cinema* (1969) von Solanas und Getino. Alle drei riefen in den 1960er/70er Jahren zu einer dreikontinentalen politischen, ästhetischen, narrativen Revolution der Filmform auf (Shohat 2003: 55). Sie beschrieben das *Third Cinema* als ein Projekt, dessen Prinzipien sich in den Arbeiten von Filmemacher_innen aus der sogenannten „Dritten Welt" niederschlagen, die (fiktionale und dokumentarische) Geschichten aus Regionen Afrikas, Asiens und Lateinamerikas verfilmten, deren ökonomische und politische Machtverhältnisse durch das Zusammentreffen mit kolonialen und imperialen Kräften geformt worden waren. Heute zählen zum *Third Cinema* auch Werke von Filmemacher_innen aus der „Ersten" oder „Zweiten Welt", die dessen Prinzipien genügen und eine Perspektive aus der damaligen „Dritten Welt" unterstützen (z. B. „Battles of Algiers" des Italieners Gillo Pontecorvo).
[5] Der Begriff der Dritten Welt war aus der diskursiven Praxis des Westens hervorgegangen und von dem linksgerichteten indonesischen Präsidenten Sukarno 1955 auf der Bandung Konferenz von Nicht-Verbündeten Nationen (non-aligned Nations) popularisiert und im Rahmen eines solidarischen Aktionsprogramms als Ermächtigungsvokabel auf die Länder übertragen worden, die unter den großen imperialen Projekten Europas gelitten hatten. (Guneratne 2003: 7, Kalter 2011: 62ff.) Frantz Fanon würdigte die Bandung Konferenz als ein historisches Versprechen der Unterdrückten, sich gegenseitig zu helfen und den Kräften der Unterdrückung die Stirn zu bieten. (Fanon zitiert nach Gikandi 2009: vi) Auch er benutzte in seinen Schriften den Begriff der „Dritten Welt" als Ermächtigungsvokabel und Terminologie anti- und post_kolonialer Identität (Kalter 2011: 259), obwohl oder gerade weil dieser Begriff von dem französischen Demografen Alfred Sauvy 1952 in Paris ursprünglich erfunden worden war, um in hegemonialer Manier *über* ehemals kolonisierte Gesellschaften zu sprechen. (Kalter 2011: 8) Seiner Meinung nach lag das Schicksal aller Menschen, die sich nach Befreiung sehnten, in den Händen der Kolonisierten, die durch die „Kolonialrevolution" eine Weltrevolution einleiten würden. (Kalter 2011: 258)

zentralen Bezugspunkt des *Third Cinema*, dessen theoretische Grundlage laut Filmwissenschaftler Anthony Guneratne der einzige größere Zweig von Filmtheorie ist, der nicht innerhalb eines euro-amerikanischen Kontextes entstanden ist.[6]

Während die Bezeichnung des *First Cinema* in der Theorie des *Third Cinema* die dominante filmische Form einer kommerzialisierten Filmindustrie beschreibt, welche Bilder von Hollywood-Filmen, Konsum und bürgerlichen Werten liefert, und sich der Ausdruck *Second Cinema* auf ein europäisches Art-house-Kino bezieht, das ästhetische, nicht jedoch unbedingt politische Innovationen präsentiert, ist der Anspruch des *Third Cinema*, filmische Kodes zu unterwandern, revolutionäre Ideale einzubeziehen und die passive Rezeptionserfahrung des kommerziellen Kinos zu bekämpfen.[7] Denn Zuschauende des *First Cinema* werden, so die Initiator_innen des *Third Cinema*, von der Filmindustrie lediglich als passive Konsumobjekte betrachtet, die die präsentierte Geschichte unkritisch rezipieren dürften, nicht aber aufgefordert würden, eigene Perspektiven zu entwickeln. Sie seien als Konsument_innen von Ideologie erwünscht, nicht aber als Gestalter_innen derselben.[8]

Da das Ziel des *Third Cinema* die Befreiung aller – aufgrund von Geschlecht, Klasse, *Rasse*, Religion oder Ethnizität – Unterdrückten ist, kann es im Sinne der dieser Arbeit zugrunde gelegten Ideologiedefinition als eine ideologiekritische Filmpraxis bezeichnet werden, deren Verständnis von Macht ebenso intersektional konzipiert ist wie das des von mir spezifiziert gelesenen symbolischen Phallus nach Lacan. Darum bietet sich die Anwendung der erweitert gelesenen Mulvey'schen Theorie als aktualisierter Interpretationszugang für Filme des *Third Cinema* an.

So wie Henriette Gunkel, Dozentin für visuelle Kultur an der Goldsmiths University of London, afrofuturistische Musikvideos analysiert, um herauszufinden, „welche Rolle Medien für postkoloniale Projekte, Politiken und Denken spielen",[9] so ziehe ich das herrschafts- und ideologiekritische Kino des *Third Cinema* heran, um neue Impulse für eine an der post_kolonialen Theorie orientierte Lektüre von Filmtexten zu gewinnen und der Erschütterung meiner eurozentristisch geprägten Kognition Vorschub zu leisten. Auf diese Weise werden die Erkenntnismöglichkeiten bezüglich des Auffindens rassismussensibler Strategien für eine ideologiekritische Filmanalyse erweitert.

Anhand des Spielfilms *La Noire de...* werde ich untersuchen, mittels welcher Inszenierungsstrategien Ousmane Sembène als einer der berühmtesten Vertreter des *Third Cinema* es schafft, den Blick zu dekolonisieren und (weiblich-)*weißen* Rezipierenden ihre (post_)koloniale Täter_innenschaft vor Augen zu führen. Inwieweit wird der Film Fanons Forderung nach einer Korrektur des Blicks ge-

---

[6] Guneratne 2003: 7.
[7] Dodge 2007.
[8] Getino/Solanas 1969: 120.
[9] Gunkel 2015: 149.

recht, die Schwarze von dem Bild des übersexualisierten und naturverhafteten [N.] erlösen soll? Diesbezüglich schrieb Fanon 1952:

> Simplement, depuis de longs jours et de longues nuits, l'image du nègre-biologique-sexuel-sensuel-et-génital s'est imposée à vous, et vous n'avez pas su vous en dégager. L'oeil n'est pas seulement miroir, mais miroir redresseur. L'oeil doit nous permettre de corriger les erreurs culturelles.[10]

Eine solche visuelle Korrektur kultureller Fehler nimmt Sembène vor und kommt damit Mulveys Plädoyer für ein alternatives Kino zuvor, das die psychischen Zwangsvorstellungen der (*weißen*) Gesellschaft dekodieren soll. Mulvey schreibt:

> Das alternative Kino schafft Raum für ein sowohl im politischen wie im ästhetischen Sinne radikales Kino und greift den gängigen Kinofilm in seinen Fundamenten an. Dabei handelt es sich nicht um eine moralische Ablehnung, sondern um den Versuch, aufzudecken, daß die Form des traditionellen Films die psychischen Zwangsvorstellungen der Gesellschaft, die ihn hervorbrachte, festschreibt. Das alternative Kino muß diesen Vorstellungen widersprechen.[11]

Erstaunlich ist, dass Mulvey im Zusammenhang mit diesem von ihr anvisierten alternativen Kino, welches den Mainstream-Film in seinen Fundamenten angreifen soll, das *Third Cinema* in keinster Weise erwähnt. Denn dieses befand sich in der Zeit, in der Mulvey ihren Artikel schrieb, in der Hochphase seiner herrschaftskritischen Schaffenskraft.[12]

## 4.1 Inhalt und Struktur von *La noire de...*

Der von mir zum Analysegegenstand der induktiven Filmanalyse genommene Film *La Noire de...* erzählt die Geschichte der Senegalesin Diouana, die nach unermüdlichen Versuchen, sich Zutritt zum *weißen* Raum zu verschaffen, durch post_koloniale Ausbeutung in einem französischen Haushalt der 1960er Jahre zugrunde geht. Mit dieser Erzählung bedient der Film ebenso wie die von mir zuvor analysierten okzidentalen Spielfilme im Haupterzählstrang das Genre des Abenteuerfilms und in einem Nebenstrang das des Melodrams. Doch entgegengesetzt zu den von Europa nach Afrika reisenden *weißen* Protagonistinnen der okzidentalen Spielfilme reist Sembènes Schwarze Protagonistin von Afrika nach Europa. Anders als die *weißen* Protagonistinnen kehrt sie nicht als Heldin in ihre Heimat zurück, sondern stirbt im *weißen* Raum.

---

[10] Fanon 2015a: 195. Engl Übersetzung (Fanon 2008: 178): „Simply, for many long days and long nights, you have been subjected to the image of the biological-sexual-sensual-genital [n.], and you have no idea how to get free of it. The *eye* is not only a mirror, but a correcting mirror. The *eye* must enable us to correct cultural mistakes."
[11] Mulvey 1994: 50.
[12] Allerdings schreibt Mulvey 1996 über den Film *Xala* von Ousmane Sembène (Mulvey 1996: 118-136).

Sembène schärft mit *La Noire de...* nicht nur den widerständigen Blick, sondern irritiert auch einen dem okzidentalen Mainstream angepassten (womöglich vornehmlich *weißen* und speziell *weiß*-weiblichen) Blick. Dies tut er vor allem dadurch, dass er den – bis dato okzidental geprägten – Spielfilm von der hegemonialen Inszenierung *weißer* Charaktere befreit und die Rezipierenden zur Identifikation mit einer Schwarz-weiblichen Hauptfigur einlädt, die die Narration vorantreibt und deren Perspektive die Wahrnehmung des Publikums lenkt.

Um dieses Ziel zu erreichen, konstruiert Sembène unterschiedliche Erzählebenen: eine intradiegetische Ebene, die rassistische Stereotype reproduziert, und eine metadiegetische Ebene, die aus Off-Stimme und Rückblenden besteht und die die Stereotype, die auf der intradiegetischen Erzählebene installiert wurden, ad absurdum führt oder konterkariert. Eine dritte Erzählebene ist eine metaphorische, die vor allem durch die Inszenierung einer afrikanischen Maske entsteht.[13]

Die Intradiegese zeigt, wie sich Diouanas – in der ersten Filmsequenz scheinbar erreichter – Traum, Teil der *weißen* Gesellschaft zu sein, in ein reales Gefängnis der Ausbeutung verwandelt, das zum Grab der Schwarzen Protagonistin wird. Die in die Intradiegese eingebauten Rückblenden verleihen Diouana eine eigene Geschichte, verorten sie in Liebes- und Beziehungsgeflechten und beschreiben Diouanas wachsendes Begehren nach dem Phallus *Weißsein* vom Beginn ihrer Arbeitssuche in Dakar bis zu ihrer Ankunft im französischen Hafen, mit der der Film beginnt. Die Rückblenden erzählen die Handlung zum Filmbeginn hin, die Intradiegese führt die Erzählung – mit Filmbeginn einsetzend – fort. Der Filmbeginn ist der euphorische Höhepunkt der Narration.

## 4.2 Einführung der Schwarzen Protagonistin

Dadurch, dass Sembène die Schwarze Protagonistin zu Beginn des Films auf der intradiegetischen Erzählebene in die symbolische Nähe zu *weißer* Bürgerlichkeit setzt, wird den – durch *weiße* Sehgewohnheiten genormten – Zuschauenden die Identifikation mit der nach okzidentaler Wertvorstellung in mehrfacher Hinsicht symbolisch kastrierten Schwarzen Protagonistin und eine eigene Schaulust nicht direkt unmöglich gemacht. Sembène führt die Schwarze Frau auf drei Machtachsen fetischisiert in die Erzählung ein, indem er sie zum einen – Mulveys Theorie entsprechend – „penisförmig" inszeniert,[14] und sie zum anderen mit Attributen

---

[13] Mit dem Konzept von intra-, extra- und metadiegetischer Handlungsebene lehne ich mich an Gérard Genette an (Genette 1998: 201f.).

[14] Vgl. Niroumand 1997: 172f. Sie schreibt über Mulveys Theorie: Die sexualisierte weibliche „Präsenz wird nun dem männlichen Zuschauer im Kino voyeuristisch und fetischisiert dargeboten, und zwar in einer phallischen Form – also zum Beispiel wie [...] Marlene Dietrich in Zylinder und Frack –, um so die Kastrationsdrohung, die von ihr ausgeht, zu einer Bestätigung des männlichen Vergnügens am eigenen Geschlecht umzubiegen."

## Induktives Analyseverfahren

*weiß*-weiblicher Bürgerlichkeit ausstattet und in bildliche Nähe zu den Errungenschaften der gesellschaftlich als überlegen konstruierten „Zivilisation" setzt.

Durch ihre Ankunft mit einem riesigen, luxuriös anmutenden Passagierschiff und durch die Weiterfahrt mit einem von einem *weißen* Mann gelenkten Kraftfahrzeug wird die Schwarze Protagonistin gleich zu Filmbeginn in bildliche Nähe zu den Errungenschaften der technischen Entwicklung gesetzt, die Teil des westlichen Selbstverständnisses und kolonialer Kriegsführung ist.[15]

*La Noire de...*, Filmminute 0:00:04-0:02:44.

Mehr noch: Die Inszenierung der per Luxusdampfer auf dem europäischen Kontinent ankommenden Schwarzen Frau ist ein widerständiger und ideologiekritischer Akt. Denn dieses den Film eröffnende Bild verhält sich entgegengesetzt zu Jahrhunderte alten okzidentalen Repräsentationsgewohnheiten, die Schulze durch die Beschreibung eines Kupferstichs von Theodor Galle sehr detailliert darlegt. Dieser Kupferstich wurde nach einer Zeichnung von Jan van der Straet angefertigt, Anfang der 1590er Jahre in der Serie *Nova Reperta* gedruckt und seitdem immer wieder massenhaft vervielfältigt. Er zeigt die Ankunft Amerigo Vespuccis[16] in der sogenannten „Neuen Welt". Schulze beschreibt den Stich wie folgt:

> Auf dem allegorischen Stich ist die Landnahme der ‚Neuen Welt' dargestellt. Besonders bedeutsam ist die Repräsentation der beiden Figuren. Während Vespucci von einem Schiff kommt, bekleidet ist und mit Instrumenten ausgerüstet erscheint, erwacht die nackte Frau Amerika in der unbebauten, von Tieren bevölkerten Natur. Dabei verweist der weibliche Körper offenbar auch auf einen feminisierten Raum, den der europäische Eroberer in Besitz nimmt. Die geschlechtliche Semantisierung ist Teil einer Reihe von Dichotomien, die den beiden Figuren zugeordnet sind. Aufeinander treffen hier Männlichkeit und Weib-

---

[15] Vgl. Sow 2011d: 677.
[16] Nach dem Vornamen Amerigo Vespuccis wurde Amerika benannt. In der Geschichtsschreibung ist umstritten, ob Vespucci oder Kolumbus als erster Europäer das amerikanische Festland betreten hat (Vensky 2012).

lichkeit, Technik und Natur, Katholizismus und Heidentum, Geist und nackter Körper. Hinzu kommen Kultur und unterstellte Barbarei. Denn im Bildmittelgrund – klein, aber zentralperspektivisch fokussiert – sind Ureinwohner zu sehen, die menschliche Gliedmaße über dem Feuer braten. Vor diesem Hintergrund erlangt die Bemächtigung von weiblichem Körper und Landschaft durch den europäischen Mann ihre Rechtfertigung.[17]

Während die in Kapitel drei dieser Arbeit analysierten okzidentalen Spielfilme diese auf dem Kupferstich verwendete Symbolik mit der einzigen Ausnahme detailgenau reproduzieren, dass die Landnahme des afrikanistischen Kontinents statt durch *weiß*-männliche durch *weiß*-weibliche Filmfiguren erfolgt, welche allerdings mit Attributen von Männlichkeit ausgestattet und mit „Kultur" zu identifizieren sind, inszeniert Sembène eine Gegennarrative: die Landnahme Europas durch eine Schwarze Frau, die bekleidet ist, in einem Sinnzusammenhang mit „Kultur" steht und sich im Prozess befindet, von einem maskulinisierten Raum „Besitz" zu ergreifen, welcher von dem *weißen* Protagonisten repräsentiert wird, der das Automobil steuert. Die europäischen „Ureinwohner, die menschliche Gliedmaße über dem Feuer braten", sind allerdings zu Filmbeginn noch nicht im „Bildmittelgrund" zu erahnen. Ein solcher Sinnzusammenhang mit dem die Schwarze Frau empfangenden *weißen* Mann erschließt sich erst im Laufe der Narration.

Auf die Tatsache, dass diese Form der Inszenierung nicht nur ein widerständiger und ideologiekritischer, sondern auch ein politischer Akt ist, verweist Barthes, wenn er am Beispiel des Meeres die Naturalisierung aufzeigt, die der Mythos erzeugt:

> Man könnte mit Marx antworten, daß das natürlichste Objekt immer, so schwach, so verstreut sie auch sei, eine politische Spur enthält, die mehr oder weniger erinnerte Anwesenheit des menschlichen Aktes, der es hervorgebracht, zurechtgemacht, benutzt, unterworfen oder verworfen hat. Diese Spur kann von der Objektsprache, die die Dinge spricht, leicht bekundet werden, von der Metasprache, die von den Dingen spricht, dagegen weit weniger. Nun ist der Mythos immer Metasprache; die Entpolitisierung, die er bewirkt, vollzieht sich oft auf einer bereits durch eine allgemeine Metasprache ‚natürlich' gemachten, entpolitisierten Grundlage, durch eine Metasprache, die abgerichtet ist, die Dinge zu besingen, nicht aber sie zu bewegen: [...] was ist natürlicher als das Meer? Und was ist politischer als das von den Filmleuten des *Verlorenen Kontinents* besungene Meer?[18]

In drei der vier – in Kapitel drei – analysierten okzidentalen Spielfilme nimmt das Meer visuell und narrativ einen zentralen Stellenwert ein und verhilft der Darstellung nackter afrikanistisch inszenierter Körper inmitten von „Wildnis" und Tierwelt zu einer „Naturalisierung", die der Erzählung „objektive Wahrheit" zu-

---

[17] Schulze 2012: 248.
[18] Barthes 1970: 133.

# Induktives Analyseverfahren

schreibt.[19] Nur in *Out of Africa* wird das Meer nicht zu sehen gegeben. Wie stark das Motiv des Meeres durch die gewohnten Inszenierungsstrategien im okzidentalen Mainstream-Kino zum einen selbst entpolitisiert wird und zum anderen zur Entpolitisierung aller anderen inszenierten Mythen herangezogen wird, identifiziert und markiert Sembènes Gegennarrativ.

Denn in dem Film *La Noire de...* wird die Schwarze Protagonistin aus der Passivität erlöst, mit der die aus der *weißen* Imagination geborenen afrikanistisch imaginierten Filmfiguren jenseits des Meeres auf ihre Eroberung durch den *weißen* Mann warten. Stattdessen wird der Schwarzen Protagonistin durch den Vollzug der mit der Landnahme verbundenen Meeresüberfahrt Aktivität zugeschrieben. Ihre Haut ist dabei zum Großteil von leuchtend weißer Kleidung bedeckt, die das auf sie fallende Licht ebenso schillernd reflektiert wie die ihr zusätzlich zugewiesenen bürgerlichen Accessoires.

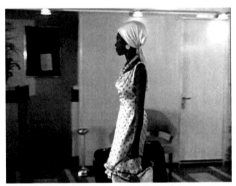 

*La Noire de...*, Filmminute 0:01:31-0:01:46.

Ihre weißen Ohrringe, die weiße Halskette und ihre weiße, vornehme Handtasche verbinden die schwarz-weibliche Filmfigur ähnlich deutlich mit der gehobenen okzidentalen Gesellschaftsschicht wie ihr Habitus. „Penisförmig" erscheint sie, weil sie lang gestreckt, mit wohlgeformten Beinen auf hohen Stöckelschuhen in die Handlung eintritt. Ein eng anliegendes weißes Kleid in Knielänge betont ihre hochgewachsene, schlanke Statur, die mit vornehm weiblichen Rundungen dem okzidentalen Schönheitsideal der 1960er Jahre entspricht. Die Haare der Protagonistin werden von einem weißen, samtig glänzenden Kopftuch bedeckt, welches den Schwarz-weiblichen Körper am oberen Ende (wie eine Eichel) abschließt.

Mit geradem Gang und gehobenem Blick schenkt sie dem Schiffsportier beim Verlassen des Schiffes ein mit vornehmem Schweigen und würdevollem Kopfnicken verbundenes freundliches Lächeln.[20] Während der Autofahrt legt sie ein der

---

[19] Vgl. Unterkapitel *3.4.6 Mythos (weiblich-)weißer Wahrheit*.
[20] Vgl. Koh/Ekotto 2009: 3: „These rituals are the acts of a white French bourgeois woman."

Oberschicht adäquates Konversationsverhalten an den Tag – auch, wenn sich hier bereits ein Statusunterschied zwischen dem *weißen* Mann und der Schwarzen Frau zu Ungunsten der Frau erkennen lässt: Er duzt sie, sie siezt ihn, er setzt Behauptungen in den Raum, die sie lediglich mit einem „Oui, monsieur" bestätigt.

Sembène lässt die Schwarz-weibliche Filmfigur durch eine solche Inszenierung eine fetischistische Idealisierung erfahren – allerdings nicht nur hinsichtlich ihrer Weiblichkeit, sondern auch in Bezug auf die Machtachsen *Rasse* und Klasse. Auf diese Weise wird den – auch (weiblich-)*weißen* – Filmrezipierenden in den ersten viereinhalb Filmminuten sowohl eine Identifikationsmöglichkeit mit der Schwarz-weiblichen Filmfigur offeriert als auch ihre Schaulust nicht durch Kastrationsängste beeinträchtigt.

Zusätzlich lässt die Kamera den Blick der Rezipierenden durch die häufige Einnahme der Schwarz-weiblichen Subjektive mit dem der Schwarzen Protagonistin verschmelzen.

*La Noire de...*, Filmminute 0:04:00-0:04:23. Links: Diouanas Subjektive, rechts: Diouana blickend.

Die ersten viereinhalb Filmminuten bestehen zu einem Drittel aus Kadrierungen, die Diouana in Großaufnahme als Schauende zeigen[21] oder ihre Subjektiven einfangen.[22] Der Hafen, die Autofahrt und das neue Zuhause werden aus Diouanas Blickwinkel dargestellt. Mit dieser Perspektive tauchen auch die *weißen* Filmrezipierenden in die filmische Diegese ein. Gemeinsam schauen Diouana und die *weiße* Zuschauerin am Phallus *Weißsein* empor, den die Schwarze Frau im Laufe der Filmhandlung zu erklimmen versucht.

---

[21] *La Noire de...*, Filmminute 0:01:39-0:01:44, 0:04:07-0:04:14.
[22] *La Noire de...*, Filmminute 0:01:52-0:02:13 (Subjektiven bei Ankunft im Hafen), 0:02:47-0:03:39 (Subjektive Autofahrt durch die französische Stadt), 0:04:14-0:04:20 (Subjektive auf Hochhaus).

## 4.3 Einführung der *weiß*-weiblichen Hauptfigur

Wie aber verändert sich der Identifikationsprozess der (weiblich-)*weißen* Filmrezipient_innen mit dem Eintritt der *weiß*-weiblichen Filmfigur in die Filmhandlung? Wechselt die Identifikation der *weißen* Filmrezipient_innen nun von der Schwarz-weiblichen zur *weiß*-weiblichen Filmfigur? Oder bleibt der (weiblich-)*weiße* Identifikationsprozess weiterhin ausschließlich mit der Schwarz-weiblichen Filmfigur verbunden? Meine These lautet, dass die (weiblich-)*weißen* Zuschauer_innen ab diesem Zeitpunkt dazu eingeladen werden, sich oszillierend sowohl mit der *weißen*, als auch mit der Schwarzen Frau zu identifizieren. Mit der Schwarzen, weil Kameraführung, Tonspur und Narration die Identifikation in diese Richtung lenken, mit der *weißen*, weil sie den *weißen* und insbesondere den *weiß*-weiblichen Rezipient_innen als Spiegelbild dient – allerdings als eines, das ihnen nur zu Filmbeginn ein Ich-Ideal zurückwirft.

Die erste für die Filmrezipierenden wahrnehmbare Begegnung zwischen der *weißen* und der Schwarzen Frau findet scheinbar noch auf gleicher Augenhöhe statt und bietet den (weiblich-)*weißen* Rezipient_innen die Möglichkeit einer ungebrochen positiven Identifizierung mit ihrem *weißen* Spiegelbild. Die *weiß*-weibliche Filmfigur erscheint erstmalig nach viereinhalb Filmminuten.

*La Noire de...*, Filmminute 0:04:23-0:05:08.

Sie heißt die Schwarze wie einen Gast freundschaftlich willkommen: sie hoffe, dass es Diouana bei ihr gefallen werde. Dann zeigt sie Diouana ihr Zimmer mit dessen überwältigend schönem Ausblick auf die französische Mittelmeerküste. Die hier eingebaute, lang andauernde Subjektive, die über die Dächer des städtischen *weißen* Raumes schwenkt, ist die Subjektive beider Frauen.[23]

Während die *weiße* Frau ein einfaches, eher dunkel gemustertes Kleid trägt und damit aus dem Bild nicht besonders stark hervorsticht, erleuchtet die Schwar-

---

[23] Filmminute 0:05:06-0:05:07 (Beide als Blickende) und 0:04:58-0:05:06 (Subjektive beider).

ze Frau in ihrer strahlend weißen, vornehm okzidentalen Kleidung.[24] Letztere belohnt den freundlichen Empfang mit einem zufriedenen Lächeln. Die beiden Frauen stehen in dieser Filmsubsequenz abwechselnd einmal im Bildvorder-, einmal im Bildhintergrund, und bewegen sich zum Teil Schulter an Schulter durch die farblich vornehmlich weiß gestalteten Räumlichkeiten. Während die *weiße* Frau sprachlich dominiert, wird die Schwarze deutlicher als Blickende inszeniert.[25] Ihr wird eine zusätzliche Subjektive zugeordnet.[26] Die beiden sich im *weißen* Raum befindlichen Frauen wirken auf diese Art weitestgehend gleichberechtigt, auch wenn die *weiße* Frau als Impulsgeberin fungiert.

Diese Subsequenz vermittelt ein durchweg positives Bild von der *weiß*-weiblichen Filmfigur, die nicht nur alle Anforderungen eines okzidental konstruierten Schönheitsklischees erfüllt, sondern auch das durch okzidentale Filmtexte tradierte Stereotyp des *weiß*-weiblichen „Gutmenschen" bedient.[27] Ihre Inszenierung trägt zu dem Bild eines schillernden *weißen* Systems bei, dessen glänzenden Zustand die gesamte erste Filmsequenz[28] beschreibt: ein Bild, in dem *Weißsein* durchgängig positiv konnotiert ist und das die *weißen* Filmrezipierenden zum Einstieg in die Erzählung einlädt. Die *weißen* Filmfiguren und die französische Umgebung vermitteln Eleganz, Freundlichkeit, Reichtum; die Musik, die die Subsequenz der Autofahrt unterlegt, unterstützt ein fröhliches, leichtes Lebensgefühl. Das Innere der Schwarz-weiblichen Filmfigur und die Situation, in die sie eintaucht, erscheinen beschwingt und frei von Problemen. Es dürfte den Filmrezipierenden daher nicht schwer fallen, sich mit der *weiß*-weiblichen Filmfigur zu identifizieren.

## 4.4 Dekonstruktion (weiblich-)*weißer* Hegemonialität

Ab der 6. Filmminute wird *Weißsein* jedoch Schritt für Schritt dekonstruiert.[29] Um die negativen Implikationen des *weißen* Systems zu entblättern und Hegemonie-(Selbst-)Kritik zu provozieren, greift Sembène rassistische Stereotype und Tropen okzidentaler Filme auf, reproduziert sie und führt sie sukzessive ad absurdum oder verkehrt sie in ihr Gegenteil. Dazu installiert er zunächst eine intradiegetische Handlungsebene, die ab der zweiten Filmsequenz allen rassistischen Stereotypen

---

[24] Allerdings ist ihr Gesicht nur schlecht wahrnehmbar, da die Belichtung auf das Weiß der Szene abgestimmt ist. Wie in Dyers okzidentalen Filmbeispielen verschwimmt das Gesicht der Schwarzen Protagonistin so zu einer dunklen Fläche. Dies ist aber die einzige Stelle des Films, an der das stattfindet.
[25] *La Noire de...*, Filmminute 0:04:31-0:04:33 und 0:04:50-0:04:53: Diouana als Blickende, die sich in der Wohnung ihrer *weißen* „GastgeberInnen" umschaut.
[26] *La Noire de...*, Filmminute 0:04:34-0:04:36: Subjektive auf Maske an Wand.
[27] Vgl. Unterkapitel *3.4.2 Mythos weißen Gutmenschentums* und *3.4.3 Weiße Weiblichkeit als globalisiertes Schönheitsideal*.
[28] Die erste Filmsequenz dauert bis Filmminute 0:05:14.
[29] Genau beginnt es in Filmminute 0:05:14.

des okzidentalen Mainstream-Kinos (zunächst) zu entsprechen scheint und auf der fast alle Sequenzen im *weißen* Raum spielen, nur eine im Schwarzen.[30]

Dieser Intradiegese setzt Sembène Räume und Filmelemente entgegen, die die Schwarze Frau aus dem Objektstatus erlösen. Er nutzt vor allem die omnipräsente Schwarz-weibliche Off-Stimme, aber auch eine in die Rückblenden eingebettete kraftvolle Darstellung des Schwarzen Raumes und die widerständige Autorität – auch anderer – Schwarzer Filmfiguren, um die Schwarze Frau in einen Subjektstatus zu versetzen, die den *weißen* Filmfiguren in den Mund gelegten „expliziten Rassismen" zu markieren und bekannte okzidentale Filmtropen sukzessive zu dekonstruieren. Sembène errichtet auf diese Art gleichzeitig eine Metaebene, durch welche er den Schwarzen Filmfiguren all das zuschreibt, was ihnen durch okzidental produzierte Stereotype abgesprochen wird.

Dabei lässt er die Schwarze Protagonistin ihren dekonstruierenden – inneren und äußeren, physischen und psychischen – Blick nur sehr behutsam auf die *weiße* Gesellschaft richten und entblättert deren Gewalttätigkeit und Übergriffigkeit sukzessive immer nur soweit, wie es die Schmerzgrenze der sich mit dem *weißen* System identifizierenden Filmrezipient_innen gerade noch zuzulassen scheint, ohne dass sich Letztere innerlich gezwungen fühlen, aus der Erzählung auszusteigen. Denn zu schnelle Dekonstruktionsbewegungen des Films könnten Abwehr, Verleugnung und Verdrängung bei den *weißen* und möglicherweise speziell bei *weiß*-weiblichen Zuschauenden auslösen.

### 4.4.1 Metadiegetische Rückeroberung des von der *weißen* Frau annektierten Schwarz-weiblichen Blicks

In der oben beschriebenen ersten Filmsequenz, die der intradiegetischen Erzählebene zuzurechnen ist, hat der Film mit dem Höhepunkt der Handlung begonnen: Diouana hat ihr Ziel erreicht. Endlich, so scheint es, erfüllt sich mit dem errungenen Zutritt zum *weißen* Raum ein lang gehegter Traum. Doch schon ab der zweiten Filmsequenz ist auf der intradiegetischen Ebene eine Schwarze Bedienstete zu sehen, die im *weißen* Raum handelt, wie das okzidentale Kino sie kennt: Sie putzt, kauft ein, kocht, bedient, lässt sich von *Weißen* anfassen, küssen, beschimpfen und zeigt dabei den *weißen* Filmfiguren gegenüber so gut wie keine Regung. Während der gesamten zweiten Filmsequenz spricht Diouana kein einziges Wort im On.[31] Damit einhergehend erscheint die *weiß*-weibliche Filmfigur schon bei der zweiten Begegnung der beiden Protagonistinnen nicht mehr als freundliche Gastgeberin, sondern als strenge Arbeitgeberin, die der Schwarzen Protagonistin eine Schürze

---

[30] *La Noire de...*, Filmminute 0:51:02-0:55:32 (danach folgt noch der Abspann).
[31] Vgl. Unterkapitel *3.6.4 Subalterne Sprachlosigkeit*.

umbindet und sie damit symbolisch als eine ihr Untergebene markiert.³² Dabei nutzt sie ihre Definitionsmacht als Mitglied der *weißen* Mehrheitsgesellschaft zur Selbstermächtigung.

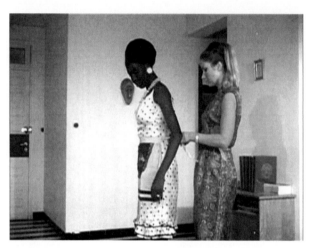

*La Noire de...*, Filmminute 0:07:10-0:08:08.

Mit dem Akt des Schürze-Umbindens „verliert" die Schwarz-weibliche Filmfigur nicht nur an Würde und Aufrichtung, sondern auch ihren aktiven Blick. Wird Diouana zu Beginn der zweiten Filmsequenz noch als Blickende dargestellt, die beim Putzen des Badezimmerspiegels ihr eigenes Spiegelbild anschaut,³³ hält die Schwarze Frau nach dem Umbinden der Schürze – okzidentalen Filmtropen und dem Diktat Jahrhunderte langer kolonialer Gewaltherrschaft entsprechend – den Blick gesenkt.³⁴ Der Blick scheint von der Schwarzen Frau auf die *weiße* Frau übergegangen zu sein und wird ab diesem Moment – ebenso wie im *First Cinema* – zum Handwerkszeug *weiß*-weiblicher Machtausübung.³⁵ Mit der Eroberung des Blicks geht das Entstehen eines Befehlstons einher: „Tourne-toi! Nous avons du monde à déjeuner. Prépare-nous un bon riz en maffais!"³⁶

---

³² *La Noire de...*, Filmminute 0:07:19.
³³ *La Noire de...*, Filmminute 0:05:31-00:05:41.
³⁴ Vgl. Unterkapitel *2.3 Mulvey phallisch weiß gelesen, 3.5 Der phallische Blick: weißes Subjekt, Schwarzes Objekt*.
³⁵ Die *(weißen)* Filmrezipierenden können sich so teilweise wieder in gewohnten Rezeptionsmustern bewegen. Vgl. Unterkapitel *3.5 Der phallische Blick: weißes Subjekt, Schwarzes Objekt*.
³⁶ *La Noire de...*, Filmminute 0:07:52. Diese Kombination von *weiß*-weiblicher Blickherrschaft und Befehlston durchzieht den gesamten Film. Weitere Beispiele: *La Noire de...*, Filmminute 0:09:53, 0:11:07-0:11:17, 0:22:13-0:22:20, 0:27:46-0:28:09, 0:32:11-0:22:30, 0:33:37-0:33:55, 0:35:39-0:36:00, 0:46:30-0:46:54.

Induktives Analyseverfahren

*La Noire de...*, Filmminute 0:05:33-0:05:43 (links: aktiver Spiegelblick) und 0:11:08-0:11:19 (rechts: Objekt der aktiv blickenden *weißen* Frau).

Ab diesem Zeitpunkt bedient die Schwarze Frau ihre *weißen* ArbeitgeberInnen und deren Gäste nur noch mit niedergeschlagenen Augen. Sie wird vom blickenden Subjekt zum angeblickten Objekt und wirkt als sei sie selbst inexistent.

*La Noire de...*, Filmminute 0:10:37-0:10:53.

Sogar, als sie von dem *weißen* Gast mit den Worten „Vouz permettez, Mademoiselle? Je n'ai jamais embrassé une negresse!" gegriffen und geküsst wird,[37] schaut sie diesen nicht an, sondern richtet ihren Blick in weite Ferne. Es erscheint, als würde sie dekompensieren, um den sexuellen Gewaltakt überstehen zu können. Statt sich aktiv zu wehren, führt sie ihre dienenden Handlungen auf der intradiegetischen Filmebene fort, als sei nichts geschehen.

---

[37] *La Noire de...*, Filmminute 0:10:42-0:10:50. Das N.-Wort zitiere ich an dieser Stelle vollständig, um zu zeigen, wie Sembène es genutzt und dekonstruiert bzw. entlarvt hat.

Doch auf der Ebene der Metadiegese, die aus der Schwarz-weiblichen Off-Stimme und Rückblenden besteht, werden die Handlungen der *weißen* Filmfiguren als Gewaltakte markiert und die Schwarze Frau wieder in einen Subjektstatus versetzt. Während Diouana auf der intradiegetischen Erzählebene, Diawaras Beschreibungen okzidentaler Mainstream-Spielfilme entsprechend, der Schwarzen Gemeinschaft immer weiter entrissen, innerhalb der *weißen* Welt isoliert und auf diese Weise ihre symbolische Kastration immer deutlicher sichtbar gemacht wird, kreieren die Rückblenden sie als mutige Abenteurerin, die weiß, was sie will: der Armut und männlichen Dominanz ihres Schwarzen Raumes entkommen.[38] Wie die *weißen* Abenteurerinnen der analysierten okzidentalen Filme ist sie zum Zweck ihrer Emanzipation bereit, ihr Glück auf einem anderen Kontinent zu suchen.

Zugleich dient diese erste Rückblende der Schwarzen Protagonistin als emotionale Ausflucht aus der oben beschriebenen beklemmenden Situation, der rassistischen und sexistischen Gewalt der beiden *weißen* heterosexuellen Paare ausgesetzt zu sein. Denn mit dieser Rückblende, in der Diouana sich für die Arbeitssuche in von *Weißen* bewohnte Stadtteile Dakars begibt, entschwindet Diouana aus dem *weißen* Raum der Intradiegese in ihre Erinnerungs- und Gedankenwelt, in der sie sich als mächtig imaginieren kann. Ihre Schwarz-weibliche Subjektivität entsteht unter anderem durch den der Schwarzen Protagonistin hier wieder zugeteilten aktiven Blick. Nachdem Diouana sieben Filmminuten lang nur in der Enge der französischen Wohnung gezeigt worden ist – ab dem Moment, in dem ihr die Schürze umgebunden wird, ohne eigenen, aktiven Blick[39] –, lassen die Stadtansichten Dakars Diouanas Blick wieder auferstehen. Die Kamera fängt, so scheint es, ihre Eindrücke ein – auch, wenn nicht alle Einstellungen technisch gesehen ihre Subjektiven sind. Diouana wird häufig als Blickende und Suchende gezeigt.

*La Noire de...*, Filmminute 0:18:34–0:18:54.

---

[38] *La Noire de...*, Filmminute 0:11:20–0:20:12.
[39] *La Noire de...*, ab Filmminute 0:07:35.

Besonders präsent ist die Großaufnahme von Diouana als blickendes Subjekt, als sie im Garten ihrer neuen ArbeitgeberInnen den Wasserstrahl des Rasensprengers bewundert. Hier sind 18 Sekunden lang Einstellungen von Diouana als Blickende mit ihren Subjektiven von dem lichtdurchfluteten Wasserstrahl ineinander geschnitten, der den *weißen* Raum mit positiven Assoziationen verknüpft.[40]

Ebenso wie die *weißen* Abenteuerheldinnen der okzidentalen Spielfilme wird Diouana trotz ihrer Aktivität und Abenteuerlust in dieser ersten Rückblende als dem Manne untergeordnet inszeniert: Während die Schwarze Frau zunächst keinen Zugang zum *weißen* Raum zu haben scheint, bewegt sich der Schwarze Mann, der um sie wirbt, leichten Fußes in selbigem. Während sie bei der ersten Begegnung der beiden unsicher in das Foyer eines Hochhauses tritt, schiebt er sie beschwingt mit den Worten: « Permettez, Mademoiselle ? »[41] beiseite, geht an ihr vorbei und hält ihr dann die Tür des Fahrstuhls auf, so als ermögliche er ihr symbolisch den Zugang zum *weißen* Raum.

Auch die Tatsache, dass er die ihm fremde Frau physisch berührt und sie so positioniert, dass er sich selbst Durchgang verschafft, verweist auf seinen höheren gesellschaftlichen Status, der sowohl in seiner Geschlechts- als auch in seiner Schichtzugehörigkeit wurzelt. Denn Habitus und okzidental-bürgerliche Kleidung platzieren die Schwarz-männliche Filmfigur auf der Machtachse Klasse phallisch. Der Schwarze Mann trägt, ähnlich wie der *weiße* Arbeitgeber Diouanas, ein weißes Hemd zu einer dunklen Buntfaltenhose, seine Schuhe glänzen, Armbanduhr und Aktentasche aus Leder ergänzen seine vornehme Erscheinung. So wird der Schwarze Mann zu einer im okzidentalen System geachteten Autorität, deren später thematisierter Widerstandsgeist von den Filmrezipierenden ernst genommen und als berechtigt erlebt werden kann. Mit ihm gemeinsam fährt die Schwarze Frau hinauf zu den Wohnungen der *Weißen*, den Phallus *Weißsein* erklimmend. Gleichzeitig kritisiert sie die durch Blickkonstellationen und Redezeitvergabe markierte Geschlechterhierarchie, die die Frau dem Manne unterordnet:

> Il m'avait abordée. Il ne faisait que me regarder. Moi, je pensais à autre chose. Trouver du travail. La rue était vide. Juste passaient deux femmes. Elles étaient belles. Et je les regardais. Mais lui, il ne faisait que parler. Il m'a parlé de la place des bonnes où peut-être je pourrais trouver du travail. Arrivée sur la place il me quitta. Je promis de le revoir.[42]

---

[40] *La Noire de...*, Filmminute 0:18:33-0:18:51.
[41] *La Noire de...*, Filmminute 0:12:57.
[42] *La Noire de...*, Filmminute 0:14:02. Deutsche Übersetzung: „Er hat sich mir genähert. Er schaute mich ununterbrochen an. Ich dachte derweil an etwas anderes. Arbeit finden. Die Straße war leer. Zwei Frauen kamen vorbei. Sie waren schön. Und ich schaute sie an. Er hingegen redete ohne Pause. Er erzählte mir von dem Platz der Dienstmädchen, wo ich vielleicht Arbeit finden könnte. Als wir auf dem Platz angekommen waren, verließ er mich. Ich versprach, ihn wiederzusehen."

Diouanas verbale Beschreibung wird durch die visuelle Ebene bestätigt, die das Schauen des Mannes betont in Nahaufnahme zeigt.[43]

*La Noire de...*, Filmminute 0:14:03-0:14:13.

Diouana entzieht sich der Dominanz des Mannes, indem sie seinem Blick ausweicht und sich auf die Arbeitssuche fokussiert. Zudem wird ihr Objekt-Dasein durch die Definitionsmacht ausgehebelt, die Diouana erhält, indem nur ihre Situationsbeschreibung zu hören ist und sie sich selbst zum blickenden Subjekt erhebt.

*La Noire de...*, Filmminute 0:14:13-0:14:28.

Während sie neben dem Mann hergeht, blickt sie zwei andere Schwarze Frauen an, bezeichnet sie als schön und schaut ihnen nach.[44] Damit erhält die Schwarze Protagonistin Definitionsmacht. Durch die Setzung von Schwarzer Weiblichkeit als Schönheitsideal vollzieht sie eine farbliche Neubewertung: Black is beautiful. Diese Umkehrung der christlich-okzidentalen Farbsymbolik[45] wiederholt, was nur wenige Filmsekunden zuvor durch die Inszenierung eines Schwarzen Abgeordne-

---

[43] *La Noire de...*, Filmminute 0:14:09-0:14:11.
[44] *La Noire de...*, Filmminute 0:14:15-0:14:20 (siehe Screenshots vorherige Seite, unten).
[45] Vgl. Unterkapitel *3.4.2 Mythos weißen Gutmenschentums*.

ten der „Assemblée Nationale" evoziert wurde, der die Zukunft positiv bewertet und dabei sagt: « Pour moi, l'avenir est noir. »[46]

## 4.4.2 Talking back

Der Film kritisiert nicht nur, wie durch Diouanas oben zitierte Off-Stimme markiert, die Redezeitvergabe auf der Machtachse Geschlecht, sondern auch auf der Machtachse *Rasse*. Während Diouana auf der intradiegetischen Erzählebene zum Schweigen verdammt und damit ihrer Subjektivität beraubt ist, verleiht Sembène ihr durch das alles durchrankende Schwarz-weibliche Voice-Over eine Stimme, die mit bell hooks als ein heilsamer Akt des Widerstands gegen (post_)koloniale Unterdrückung verstanden werden kann. hooks schreibt:

> Für Unterdrückte, Kolonisierte und Ausgebeutete, für die, die neben einander stehen und kämpfen, ist die Bewegung vom Schweigen hinein in die Rede eine Geste mutiger Aufsässigkeit. Sie ist eine Geste, die heilt, die neues Leben schafft und neues Wachstum ermöglicht. Dieser Akt des Sprechens, des talking back [des Widerrede Leistens], ist nicht nur eine Geste der leeren Worte. Er ist Ausdruck unserer Bewegung vom Objekt zu Subjekt – die befreite Stimme.[47]

Der Sprechakt verwandelt die zum Stummsein verdammte Schwarze Frau in ein Subjekt. Die Kulturtheoretikerin Belinda Kazeem und die Kommunikationswissenschaftlerin Johanna Schaffer betonen jedoch, dass es hooks nicht nur um den Akt des Sprechens an sich gehe, sondern vor allem um die Sprechperspektive:

> hooks argumentiert entschieden für einen ‚radikalen Standpunkt' (hooks 1990c: 145) und eine ‚Politik der Verortung' (ebd.). Diese sind an einer ‚gegenhegemonialen kulturellen Praxis' (ebd.) orientiert und definieren Räume, von denen aus ein ‚Prozess der Re-Vision' (hooks 1990b: 145) vorgenommen werden kann.[48]

So ist auch Diouanas Off-Stimme an einem Ort gegenhegemonialer Re-Visionen angesiedelt. Denn Diouana distanziert sich durch die metadiegetische Off-Stimme ab der zweiten Filmsequenz immer wieder von der ihr intradiegetisch und visuell zugeschriebenen dienenden Position, die sie – okzidentalen Filmtropen entsprechend – bereits kurz nach ihrer Ankunft in der *weißen* französischen Gesellschaft einnimmt. Mit Hilfe der Off-Stimme legt Sembène die differenzierten, sensiblen Gedanken- und Gefühlsvorgänge im Inneren der Schwarzen Hauptfigur offen, die mit genauen Analysen des *weißen* Gesellschaftssystems einhergehen. Damit wird

---

[46] *La Noire de...*, Filmminute 0:12:23. Dass die Zukunft für diesen Abgeordneten „Schwarz" ist, verknüpft die Farbe Schwarz mit positiven Konnotationen. Für die beiden ihn begleitetenden Schwarzen Abgeordneten ist eine „Schwarze Zukunft" zugleich eine ferne Utopie. Sie kommentieren diese Aussage mit den Worten „Du übertreibst." und „Das ist ja lachhaft!". Ihre Kommentare erscheinen allerdings nicht in den Untertiteln (*La Noire de...*, Filmminute 0:12:26-0:12:27).
[47] hooks 1989: 9. Übersetzt von Kazeem/Schaffer 2012: 181f.
[48] Kazeem/Schaffer 2012: 182.

das auf der intradiegetischen Handlungsebene installierte Bild einer ewig schweigenden, alles ertragenden, das *weiße* System bestätigenden Bediensteten konterkariert, das dem von *Weißen* produzierten und aufrechterhaltenen Stereotyp des sprachlosen, instinktgesteuerten, tierähnlichen Schwarzen Menschen entspricht, der von *Weißen* wie ein Haustier gehalten und dressiert werden darf. Ein Stereotyp, das im okzidentalen Kino durch Bilder und Narration immer wieder mehr oder weniger subtil vermittelt, selten aber explizit benannt wird.[49]

Sembène legt diese diskriminierenden und Hegemonie produzierenden okzidentalen Überzeugungen den *weißen* Filmfiguren in der dritten intradiegetischen Filmsequenz explizit in den Mund, holt das Subtile der gewohnten okzidentalen Filmstrukturen ins Bewusstsein und entblößt auch damit *weiße* Gewalttätigkeit:[50]

> Während Diouana die beiden *weißen*, in Sesseln sitzenden Paare höflich bedient, fragt der weibliche Gast die *weiße* Gastgeberin: « Elle ne parle pas français ? »
> *Weiße* Arbeitgeberin: « Non. »
> *Weißer* Arbeitgeber: « Mais elle le comprend. »
> Männlicher Gast: « Par l'instinct alors ? »
> Arbeitgeberin: « Si on veut. »
> Weiblicher Gast: « Comme un animal alors. En tout cas, elle fait très bien la cuisine. »
> Niemand widerspricht.

Neben der Tatsache, dass die *weißen* Filmfiguren in der grammatikalischen Form der dritten Person über Diouana reden, als sei diese nicht anwesend,[51] nehmen sie sie als ein Nicht-Ich ohne Innenleben wahr,[52] das weder Beruf noch Geschichte hat und dessen Existenzberechtigung einzig und allein in der Dienstbotinnenposition liegt. Dieser Positionierung entsprechend formuliert die Schwarze Protagonistin im Laufe der ca. 42 Filmminuten, die im *weißen* Raum spielen, insgesamt nur neun Sätze im On, von denen sieben lediglich aus ein bis zwei Worten bestehen, die die an Diouana gerichteten Fragen ihrer *weißen* Arbeitgeber_innen bejahend oder verneinend beantworten. Diouana sagt zweimal „Oui, monsieur", zweimal „Oui, Madame", einmal „Non, Madame", einmal „Oui" und einmal „Non".

Die Schwarze Protagonistin gelangt dadurch auf der intradiegetischen Handlungsebene ab der zweiten Filmsequenz nicht nur durch den Verlust ihres Blicks, sondern auch verbal aus dem Subjektstatus, in dem sie sich in der ersten Filmsequenz noch befand, in den Objektstatus.[53] Nur zwei Sätze komplexeren Inhalts

---

[49] Vgl. Unterkapitel *3.6.2 Dehumanisierung*.
[50] *La Noire de…*, Filmminute 0:21:13.
[51] Vgl. Unterkapitel *3.6.2. Dehumanisierung*.
[52] Vgl. Morrison 1994: 65: „in jener Konstruktion von schwarzer Hautfarbe und Sklaverei ließ sich nicht nur das Nicht-frei-Sein finden, sondern auch, in der dramatischen Polarität, die durch die Hautfarbe entsteht, die Projektion des Nichtichs."
[53] Vgl. Unterkapitel *3.6.4 Subalterne Sprachlosigkeit*.

setzt sie ihren *weißen* Arbeitgeber_innen gegen Ende des Films entgegen. Sie lauten: „C'est à moi! C'est à moi!" und sind der Höhepunkt ihres verbalisierten Widerstandes gegen die (post_)koloniale Gewalt, die sie als Bedienstete in dem französischen Haushalt erfährt.[54] Sie gehen einher mit Diouanas Wiederaneignung ihres Schwarz-weiblichen Blicks auf der intradiegetischen Ebene.

Die sich mit der *weiß*-weiblichen Filmfigur potentiell identifizierenden (weiblich-)*weißen* Filmrezipierenden werden durch das Aussprechen der – womöglich auch von ihnen selbst verinnerlichten – rassistisch-stereotypen Denkfigur in einem ersten Schritt wachgerüttelt und gelangen in einem zweiten Schritt durch die von Sembène errichtete Metaebene der Erzählung in eine (selbst-)kritische Distanz dazu. Diese Distanzierung entsteht in der ersten Filmhälfte vor allem durch Fragen der Off-Stimme, die die Irritation der Schwarzen Protagonistin über ihre eigene gesellschaftliche Positionierung zum Ausdruck bringen, die von der *weißen* Mehrheitsgesellschaft unhinterfragten Normen ins Verrückte verschieben[55] und die Gewalttätigkeit *weißer* Normierung sichtbar machen. All diese Fragen stellen den Beginn eines Bewusstwerdungsprozesses der subalternen Filmfigur bezüglich der Mechanismen des *weißen* Systems und (post_)kolonialer *weißer* Gewalt dar, an dem die (weiblich-)*weißen* Filmrezipierenden teilhaben.

Denn die von Diouana aufgeworfenen, an sich selbst gerichteten Fragen sind zeitgleich an das Publikum adressiert. Auf diese Weise wird den Rezipierenden – ganz dem Ideal der herrschaftskritischen Filmpraxis des *Third Cinema* entsprechend – ein passives Eintauchen in die Erzählung verunmöglicht. Das *weiße* Publikum, das sich durch Voice Over und Narration auch mit der Schwarzen Protagonistin identifiziert, ist gezwungen, sich aktiv an deren Bewusstwerdungsprozess zu beteiligen und die eigene Position kritisch zu beleuchten. Die Zuschauenden werden zur Hegemonie-(Selbst-)Kritik angehalten. Nicht Afrika ist der „dunkle Kontinent", sondern das *weiße* System Frankreichs ein „schwarzes Loch"?[56] Die Negativbesetzung metaphorischer Dunkelheit wird zum Teil zwar beibehalten,[57] die gewohnte Zuordnung des Negativen jedoch in Frage gestellt. Erst etwa zur Hälfte der Filmzeit formuliert Diouana keine Fragen mehr, sondern definiert durch Aussagesätze, was (post_)koloniale Wahrheit ist:

---

[54] *La Noire de...*, Filmminute 0:46:26.
[55] Die *weißen* Filmfiguren nennen Diouana dahingegen genau in dem Moment verrückt bzw. krank, in dem sie sich wehrt (*La Noire de...*, Filmminute 0:45:36-0:45:39). Damit wird der *weiße* Diskurs ad absurdum geführt.
[56] *La Noire de...*, Filmminute 0:25:42.
[57] Vgl. Kastner 2012: 88: „Die negative Konnotationen [sic!] des Schwarzseins – vom Schatten über die dunkle Nacht bis zu Satan symbolisiere „schwarz" etwas Negatives – ist nach Fanon dem europäischen ‚kollektiven Unbewussten' eingeschrieben."

Donc c'est pour [m'enfermer, J.D.] que [Madame, J.D.] s'est toujours montrée gentille avec moi à Dakar, me donnait des vieilles robes, ses vieilles combinaisons, ses vieilles chaussures.[58]

Während Diouana diese Worte spricht, entledigt sie sich der „abgetragenen" okzidentalen Kleidung, mittels derer ihre *weiße* Arbeitgeberin sie gelockt und gefangen genommen hat – so als wolle sie sich von ihren Fesseln befreien.

 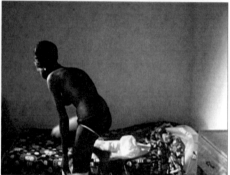

*La Noire de...*, Filmminute 0:25:50-0:27:19.

Sie steht schließlich halbnackt, nur noch in Unterhose und mit dem Rücken zum Publikum gewandt, vor ihrem Bett. Die Halbnacktheit der Schwarz-weiblichen Filmfigur wird in der Verbindung mit der Off-Stimme im Butler'schen Sinne mit neuer Bedeutung besetzt.[59] Werden Schwarze Filmfiguren in okzidentalen Mainstream-Filmen halbnackt inszeniert, um sie als „primitiv", naturverbunden und rückständig erscheinen zu lassen und der sogenannten „Kultur" und „Zivilisation" entgegenzustellen,[60] nutzt Sembène die Halbnacktheit als ein Zeichen der Befreiung von (post_)kolonialer Unterdrückung. Während die Filmrezipient_innen an dieser Stelle erstmalig erfahren, woher die Kleidung kommt, die die Schwarze Frau seit Beginn der Handlung getragen hat, unterstellt die Schwarz-weibliche Filmfigur der *weißen* hier erstmalig ein taktisches Vorgehen in betrügerischer Absicht und entlarvt alle vorherigen Versprechungen und Geschenke der *weißen* Frau als Köder für die Schwarze Frau. Dadurch wird die sie fetischisierende okzidentale Kleidung plötzlich zum Zeichen von Kolonisierung und Unterdrückung.

Gleichzeitig schickt die Halbnacktheit die Schwarze Frau in den Objektstatus zurück, der sie zum passiven Bild für den aktiven Blick des Mannes werden lässt und ihre Kastration auch noch auf der Machtachse Geschlecht entschleiert. Diese

---

[58] *La Noire de...*, Filmminute 0:26:10. Deutsche Übersetzung: „Madame war in Dakar nur so freundlich zu mir, weil sie mich einsperren wollte. Nur deshalb hat sie mir ihre alten Kleider, ihre alte Unterwäsche und ihre alten Schuhe geschenkt."
[59] Vgl. Butler 2006.
[60] Vgl. Unterkapitel *3.6.1 Schwarz symbolisierte Entwicklungsblockade*.

Induktives Analyseverfahren

Entschleierung zieht in der Mulvey'schen Logik die Notwendigkeit einer sadistischen Abwertung der nicht mehr fetischisierten Filmfigur nach sich.

### 4.4.3 Sadismus: Neubewertung von phallischer und kastrierter Positionierung auf der Machtachse *Rasse*

So kommt auch die zweite von Mulvey angeführte Strategie okzidentaler Mainstream-Filme zum Tragen, um phallisch positionierte Zuschauer_innen vor dem Verlust ihrer Schaulust beim Anblick einer kastrierten Filmfigur zu bewahren: der Sadismus. Auf der intradiegetischen Erzählebene inszeniert der Film einen sadistischen Umgang mit der auf den Machtachsen Geschlecht, Klasse und *Rasse* (symbolisch) kastrierten Filmfigur. Dieser Sadismus ist in der permanenten Bestrafung der Schwarzen Protagonistin durch die *weiße* Frau zu finden, durch die die Schwarze Frau sich sukzessive aller phallischen Attribute entledigt und am Ende den Freitod wählt. Gemäß der okzidentalen Logik erweckt die intradiegetische Erzählebene den Eindruck, als gehe die Subalterne aufgrund des fehlenden Phallus *Weißsein* unter. Dieser Eindruck spiegelt sich auch in der Zeitungsnotiz wider, die nach Diouanas Selbstmord erscheint:

> Gomis Diouana, une jeune négresse de Dakar, a mis fin à ses jours dimanche vers 13 h., en se tranchant la gorge dans la salle de bains de sa patronne. Lorsque des coloniaux rentrant en France s'étaient attachés les services de la jeune Gomis Diouana, qui avait vu le jour à Boutoupa, au Sénégal, ils n'avaient certes pas pensé que leur bonne aurait le mal du pays au point de se trancher la gorge un jour de cafard. Parlant peu le français et, de ce fait, évidemment...[61]

Die *weiße* Presse führt den Selbstmord Diouanas auf ein der Schwarzen Frau eigenes, unnormal starkes Heimweh zurück, das sie, einem Kind gleich, an den Tag gelegt habe.[62] Das von der *weißen* Presse gezogene Fazit ist klar: Obwohl die *Weißen* ihr die Chance gegeben haben, am *weißen* System teilzuhaben, kastriert sie sich am Ende – in der Wahrnehmung des *weißen* Systems ohne Zutun der *Weißen* – selbst.[63]

Auf der Ebene der Meta-Diegese macht Sembène jedoch klar, dass der Grund des Suizids in der Gewaltausübung der *weißen* Arbeitgeber_innen liegt. Denn es ist der weiße Faden der Unterdrückung, der schließlich zum

---

[61] *La Noire de...*, Filmminute 0:49:33-0:49:46. Deutsche Übersetzung von mir, J.D.: „Gomis Diouana, eine junge N. aus Dakar, hat ihrem Leben am Sonntag gegen 13 Uhr ein Ende gesetzt, indem sie sich im Badezimmer ihrer Arbeitgeber_innen die Kehle durchschnitt. Als sich die Kolonialisten, die nach Frankreich zurückkehrten, der Dienste der jungen Gomis Diouana bedienten, die in Boutoupa, Senegal, geboren worden war, hatten sie sicher nicht damit gerechnet, dass ihr Hausmädchen so großes Heimweh haben würde, dass sie sich, als sie trauriger Stimmung war, die Kehle durchschnitt. Schlecht französisch sprechend..."
[62] Hier wird die Trope der Naivität und Kindlichkeit afrikanistisch inszenierter Charaktere reproduziert (vgl. Unterkapitel *3.6.3 Infantilisierung*).
[63] So wird auch der Schwarze Protagonist Lemalian in dem Film *Die weiße Massai* inszeniert.

(Selbst-)Mord an der Schwarzen Protagonistin führt. In dieser Logik zerstört die Schwarze Protagonistin mit dem Ablegen aller im Okzident als phallisch bewerteten Attribute und der Ablehnung aller *weißen* Werte den Phallus *Weißsein* – oder nimmt ihm zumindest seinen Glanz.

*La Noire de...*, Filmminute 0:48:57-0:49:20.

Dass die vornehme, farblich vorwiegend weiß gehaltene und ausgesprochen minimalistisch eingerichtete, leblos wirkende Wohnung das Gefängnis und am Ende auch das Grab der Senegalesin ist, dreht die farbliche Zuordnung von Negativbewertungen um. Denn Gefangenschaft und Tod sind hier nicht dunkel und schwarz dargestellt, sondern hell und weiß. Durch eine damit einhergehende Neubesetzung afrikanischer Symbole, die in okzidentalen Filmtexten gemeinhin als Signifikanten der Kastration gehandelt werden, ermächtigt Sembène die Schwarz-weibliche Filmfigur und dreht die Zuschreibung von Kastration und phallischer Positionierung um.

Entgegengesetzt zu Lemalian, der sich am Ende des okzidentalen Blockbusters *Die weiße Massai* seines stolzen afrikanischen Äußeren entledigt, legt Diouana nach und nach die okzidentale Kleidung ab, die sie zu Filmbeginn trug, wickelt sich in afrikanische Tücher, verweigert der Perücke mit glattem Haar den Sitz auf ihrem Kopf. Sie stärkt damit symbolisch ihre eigene Identität und emanzipiert sich von *weißer* Diskriminierung. Ihr bewusstes Ablegen phallischer Attribute symbolisiert die Kastration des *weißen* Systems und ist eine Befreiung der Schwarzen Frau von *weißer* Gewalt und Gefangenschaft, keine Bestrafung. Sembène verunmöglicht den (weiblich-)*weißen* Filmrezipierenden auf diese Weise eine unhinterfragte „positive Identifikation mit dem filmischen Signifikanten als Spiegel eines idealen Selbst [...], wie sie für weiße Zuschauer eine Konstante der Kinoerfahrung darstellt."[64]

---

[64] Nagl 2009: 557.

Dieser Dekonstruktion *weißer* Werte entsprechend erscheint der Freitod der Schwarzen Frau als einzige Möglichkeit, sich der rassistischen Gewalt und der kapitalistischen Verwertungskette zu entziehen. Die dadurch aufgeworfene Frage, ob es in den rassistischen Strukturen einer zunehmend globalisierten Welt eine lebensbejahende Handlungsalternative für Diouana gegeben hätte, lässt der Filmtext offen und regt die Rezipierenden an, die Antwort selbst zu finden. Zugleich wird mittels des (Selbst-)Mordes das stete Streben der Schwarzen Frau nach Laktifizierung und damit, Mulveys Theorieansatz entsprechend, die auf der Machtachse Geschlecht kastrierte Filmfigur bestraft. Denn Sembène ordnet dieses – in seiner Darstellung unüberdachte – Streben nach Laktifizierung nicht der Schwarzmännlichen, sondern der Schwarz-weiblichen Hauptfigur zu. Dadurch wird der Schwarzen Protagonistin eine Schuld zugeschrieben, für die sie bestraft werden muss. Es ist die Schuld, die Fehlbildung des Phallus *Weißsein* nicht erkannt zu haben.

Gleichzeitig bezieht der Filmtext eine Gegenposition, indem er entgegen der von Mulvey hervorgehobenen okzidentalen Kino-Konvention die im okzidentalen Gesellschaftssystem als phallisch markierte Filmfigur bestraft: den *weißen* Mann. Und mit ihm die in das *weiße* System integrierte *weiße* Frau. Auf ihnen liegt für immer der Totenmasken-Blick der Schwarzen Frau und – im übertragenen Sinne – aller Opfer von Kolonialismus und *weißer* Gewaltherrschaft.

*La Noire de...*, Filmminute 0:54:53-0:55:28.

So zumindest könnte die letzte Filmsubsequenz gedeutet werden: Der kleine afrikanische Junge hält sich, während er den *weißen* Protagonisten durch das senegalesische Armenviertel verfolgt, die Maske vor sein Gesicht, die Diouana auf ihrer Reise bis in den Tod begleitet hat und die ihre in *weißer* Gewaltherrschaft liegende Todesursache bezeugen kann.[65] Durch diese Maske schaut der Junge, der die

---

[65] *La Noire de...*, Filmminute 0:54:08-0:55:39.

afrikanische Zukunft symbolisiert, auf den im weißen Auto davonfahrenden *weißen* Mann, dessen Geld zur „Wiedergutmachung" keine der Schwarzen Filmfiguren mehr annehmen wollte, weil dem *weißen* System von nun an jegliche Anerkennung verweigert wird.

### 4.4.4 (Weiblich-)Schwarzer Widerstand

Mit dem der Schwarzen Protagonistin zugeschriebenen Streben nach Laktifizierung greift Sembène eine Trope aus okzidentalen Filmen auf, mit deren Hilfe Schwarze Filmfiguren immer wieder als Legitimator_innen rassistischer Ideenwelten des *weißen* (Post_)Kolonialsystems herangezogen werden.[66] Die Filmfigur Diouanas wird von Sembène zunächst genutzt, um den *weißen* Filmrezipierenden diese von ihnen gewünschte Trope wiederholend vorzuführen und damit die Schaulust erzeugenden Erwartungen von Zuschauenden zu erfüllen, die sich im *weißen* System fest verankert fühlen. Denn in den Rückblenden begehrt die Schwarze Frau das *weiße* System uneingeschränkt. Mittels dieser Bestätigung des *weißen* Systems durch die Schwarze Protagonistin wird den *weißen* Filmrezipierenden bei jeder Rückblende eine narzisstische Spiegelung ermöglicht, die (weiblich-)*weiße* Schaulust auch an den Stellen noch erzeugen kann, an denen intradiegetisch die Dekonstruktion *weiß*-weiblichen Gutmenschentums und die – nach okzidentaler Logik – kleidungsmäßige Kastration der Schwarzen Protagonistin schon weit vorangetrieben sind.[67] Diese Identifikationsmöglichkeit hilft, den Ausstieg derjenigen Zuschauenden aus der Erzählung zu vermeiden, die sich mit dem *weißen* System ungebrochen identifizieren.

Auf diesen Rückblenden aufbauend nutzt Sembène die Schwarz-weibliche Filmfigur innerhalb der Intradiegese, um in gegenläufiger Bewegung das kapitalistische, *weiße* Herrschaftssystem zu kritisieren, welches die Schwarze Frau auf mindestens zwei Machtachsen zur Ware degradiert. Im Zusammenspiel mit Diouanas omnipräsenter Off-Stimme ermöglichen die Rückblenden den Filmrezipierenden einen Einblick in die innere Entwicklung der Schwarz-weiblichen Filmfigur von einer das *weiße* System stützenden, den Phallusanteil *Weißsein* begehrenden Persönlichkeit hin zu einer Widerstandskämpferin im Mikrokosmos sozialer Beziehungen.

Diouanas Widerstand keimt parallel zur sukzessiven Dekonstruktion *weiß*-weiblichen Gutmenschentums auf. Das Widerstandspotenzial ist bereits in Diouanas Bewusstwerdungsprozess angelegt, der die erste Hälfte der Filmzeit prägt, und

---

[66] Vgl. Unterkapitel *2.1 Verifizierungsversuche und Auslassungen feministischer Filmtheorie am Filmbeispiel Blonde Venus*.
[67] Diouanas wachsendes Begehren nach Laktifizierung findet während der Rückblende-Sequenzen Ausdruck in ihrer Kleidung: Während die Schwarze Protagonistin auf der intradiegetischen Ebene immer mehr an fetischisierender Kleidung verliert, gewinnt sie auf der metadiegetischen Ebene der Rückblenden im Laufe der Handlung zunehmend an okzidentaler Kleidung.

# Induktives Analyseverfahren 515

baut sich damit auch schon im Bewusstsein der sich mit der Schwarzen Protagonistin identifizierenden – auch *weißen* – Filmrezipierenden auf. Doch erst als Reaktion auf den ersten physischen Übergriff, dem sie durch die in ihr Zimmer eindringende, sie beschimpfende *weiße* Frau ausgesetzt ist,[68] beginnt die Schwarze Protagonistin, sich gegen die immer offensichtlicher werdende *weiß*-weibliche Gewalt zu wehren. Ab diesem Zeitpunkt trägt sie – intradiegetisch erstmalig – nicht mehr die Perücke mit glattem, zu einer Hochfrisur gestecktem Haar, sondern zeigt sich nur noch mit dem ihr gewachsenen Haar. Erstmalig folgt sie den Anweisungen der *weißen* Frau nicht: statt wie gefordert die von ihr verschlossene Badezimmertür zu öffnen, bleibt sie vor dem Spiegel stehen – sich selbst fokussierend.

Ein zweites Mal legt Diouana ein offenes, wenn auch immer noch eher passiv widerständiges Verhalten gegenüber den *weißen* Filmfiguren an den Tag, als die *weiße* Frau es nach ihren Schimpftiraden gegenüber Diouana nicht lassen kann, ihr auch noch das Tragen der Stöckelschuhe zu verbieten und sie auf die Position als Dienstmädchen festzuschreiben:

> Diouana, enlève tes chaussures. N'oublie pas que tu es une bonne. Et maintenant les enfants sont là, alors finis de rigoler ![69]

Schweigend zieht Diouana ihre Stöckelschuhe aus und lässt sie inmitten des Wohnzimmers liegen. Aus der Totalen springt die Kamera in eine Halbnahe, in der vor allem der Fußboden und Diouanas nackte Füße zu sehen sind, die in die Küche zum Frühstückstisch laufen.[70] Dadurch wird zweierlei Aussage in den Filmtext implementiert: Zum einen nimmt die *weiße* Frau der Schwarzen durch das Verbot der Stöckelschuhe ein weiteres sie fetischisierendes Accessoire und vollzieht damit eine Bestrafung der Schwarzen Filmfigur,[71] zum anderen sind die zu sehenden barfuß laufenden Füße ebenso wie die Halbnacktheit und die offen getragenen Haare ein Zeichen von Diouanas Widerstand und Schwarzer Selbstermächtigung. Im Butler'schen Sinne handelt es sich erneut um eine Aneignung und Neubewertung rassistisch besetzter Signifikanten.

Nachdem Diouana von ihrer *weißen* Arbeitgeberin dann erstmalig geschlagen worden ist,[72] boykottiert sie die Arbeit und geht in den offen aggressiven Widerstand. Dabei erhebt sie sich durch Aktivität selbst zum Subjekt. Mit den auf der intradiegetischen Erzählebene gesprochenen Worten « C'est à moi ! C'est à moi ! »

---

[68] *La Noire de...*, Filmminute 0:27:40-0:28:13.
[69] *La Noire de...*, Filmminute 0:33:44-0:33:50. Übersetzung: „Diouana, zieh Deine Schuhe aus! Vergiss nicht, dass Du ein Dienstmädchen bist. Und jetzt sind die Kinder da. Also hör auf, Späße zu machen!"
[70] *La Noire de...*, Filmminute 0:34:01-0:34:07.
[71] Vgl. Unterkapitel *4.4.3 Sadismus: Neubewertung von phallischer und kastrierter Positionierung auf der Machtachse Rasse*.
[72] *La Noire de...*, Filmminute 0:45:07.

kämpft sie mit der *weiß*-weiblichen Hauptfigur physisch um den Besitz der Maske und damit symbolisch um Macht. Erstmalig adressiert sie zwei eigenständige, die eigene Identität betonende Sätze an *weiße* Filmfiguren.[73] Gleichzeitig erobert sie sich ihren Blick ein Stück weit zurück, indem sie ihn auf die *weißen* Filmfiguren richtet.[74] 33 Filmsekunden später wirft sie dem *weißen* ArbeitgeberInnen-Paar das Geld und die Schürze intradiegetisch schweigend, metadiegetisch begleitet von einem klärenden Off-Text zurück auf den Tisch[75] und bestätigt sich selbst gegenüber noch einmal ihre Wahrnehmung: « Elle voulait me garder ici comme une esclave. »[76] Dann flechtet sie sich afrikanische Zöpfchen wie sie sie zu Beginn der Handlung im Schwarzen Raum getragen hat. Schließlich vollzieht sie den letzten Akt ihres Widerstands, der allerdings zugleich selbstzerstörerisch ist: Sie geht ins Bad und bringt sich um.[77] Damit entzieht sie sich zwar der Verwertungskette der *Weißen*, bezahlt aber auch mit ihrem eigenen Leben.

Die Filmfigur Diouanas übernimmt die Funktion, das *weiße* System durch ihre Kritik und ihren wachsenden Widerstand zu de-legitimieren, zu de-stabilisieren, zu kritisieren, und den (weiblich-)*weißen* Blick zu de-kolonisieren. Sembène verkehrt damit die in okzidentalen Spielfilmen übliche Trope Schwarzer Filmfiguren, die das *weiße* System stützen und rassistische Ideenwelten bestätigen, in ihr Gegenteil.

Um diese De-Legitimation des *weißen* Systems zu untermauern, baut Sembène ein offizielles Gedenken an Afrikaner_innen in den Filmtext ein, die von *Weißen* ermordet wurden.

*La Noire de…*, Filmminute 0:41:09-0:41:32.

---

[73] *La Noire de…*, Filmminute 0:46:26.
[74] *La Noire de…*, Filmminute 0:46:20-0:46:55: Diouanas blickendes Gesicht wird einmal kurz im Ringen um die Maske gezeigt, dann ihr Blick als Subjektiven auf die *weißen* Filmfiguren dargestellt. Diouana wird dabei von der *weiß*-weiblichen Filmfigur als undankbar beschimpft.
[75] *La Noire de…*, Filmminute 0:47:40. Off-Text: „J'étais pas venue en France pour le tablier et l'argent!" (Engl. Untertitelung: „I did not come here for the apron or the money.")
[76] *La Noire de…*, Filmminute 0:48:50.
[77] *La Noire de…*, Filmminute 0:48:56.

Induktives Analyseverfahren 517

Er greift dabei wahrscheinlich auf dokumentarische Filmaufnahmen zurück.[78] Auf diese Weise stellt er die in okzidentalen Mainstream-Spielfilmen inszenierte Omnipotenz *weißer* Wahrheit infrage[79] und setzt ihr eine durch Authentizitätsbeweise legitimierte Geschichtsdarstellung aus einer kolonialkritischen Schwarzen Perspektive entgegen.

Die Authentizität der Filmhandlung wird zudem von Sembènes Aussage unterstrichen, die von ihm verfilmte Geschichte basiere auf einer wahren Begebenheit. Er habe, so Sembène, den Vorfall auf der Seite „fait divers"[80] einer Zeitung gefunden und entschieden, sie in die Form eines Schwarz-Weiß-Films zu bringen.[81]

### 4.4.5 Konterkarierte Gefühlswelten

Die weiter oben bereits erwähnte unbequeme, weil hegemonie(selbst)kritische Rezeptionspositionierung des sich mit *Weißsein* identifizierenden Publikums wird zusätzlich durch die sparsame Inszenierung von Gefühlen verstärkt, die ganz dem Ideal der herrschaftskritischen Filmpraxis des *Third Cinema* entsprechend ein passives Eintauchen der Rezipierenden in die Erzählung verhindert.

Gefühlsäußerungen zeigt Diouana den *weißen* Filmfiguren gegenüber so gut wie nie. Fast immer wirkt sie in deren Gegenwart – einem der okzidentalen Stereotype Schwarzer Gefühlsabsenz entsprechend – gefasst, pragmatisch und emotionslos.[82] Anscheinend unberührt – zumindest in der Wahrnehmung der *weißen* Filmcharaktere – erfüllt sie in der ersten Filmhälfte ohne Widerstand, was die *Weißen* von ihr verlangen.[83] Auf diese Weise führt Sembène den Rezipierenden vor Augen, wie ein Großteil der *Weißen* Schwarze wahrnehmen. Diese *weiße* Wahrnehmung führt er dadurch ad absurdum, dass er der Schwarzen Filmfigur visuell sichtbare Gefühle vor allem in Momenten zuschreibt, in denen sie allein ist oder sich zumindest außerhalb der Reichweite von *weißen* Filmfiguren befindet. Dies geschieht einmal im Schwarzen Raum in Anwesenheit anderer Schwarzer Filmfiguren und dreimal im *weißen* Raum in Situationen, in denen Diouana allein ist. Nur ein einziges Mal zeigt die Schwarze Protagonistin ihre Gefühle in Anwesenheit *weißer* Filmfiguren.

---

[78] *La Noire de...*, Filmminute 0:41:24-0:41:29. Dass es sich um Dokumentaraufnahmen handelt, nehme ich lediglich an. Quellen, die dies belegen, kenne ich nicht.
[79] Vgl. Unterkapitel *3.4.6 Mythos (weiblich-)weißer Wahrheit*.
[80] Übersetzung auf deutsch: Verschiedenes.
[81] Koh/Ekotto 2009: 4.
[82] Vgl. Unterkapitel *3.4.4 Weiße Gefühlswelten*. Hier wird aufgezeigt, dass es auch bezogen auf okzidental konstruierte Schwarze Gefühlswelten ambivalente Stereotype gibt. Zum einen werden Schwarzen ausschließlich negative Gefühle zugeschrieben wie z. B. Aggression/Wut. Zum anderen werden Schwarzen, die *Weißen* (be)dienen müssen, Gefühle gemeinhin gänzlich abgesprochen.
[83] Nur einmal, gegen Ende des Films, in Filmminute 0:45:47-0:46:22, sinkt sie, kurz nachdem sie von der *weiß*-weiblichen Filmfigur geschlagen wurde, weinend in sich zusammen, während ihr *weißer* Arbeitgeber ihre stille Verzweiflung mit Geld wettzumachen versucht.

In der ersten Filmhälfte handelt es sich um Gefühle, die gesellschaftlich positiv konnotiert sind.[84] Diese positiv konnotierten Gefühle unterstützen auf einer affektiven Ebene die Schaulust der sich mit dem *weißen* Raum identifizierenden Rezipierenden. Denn die Schwarze Filmfigur bestätigt hier erneut – den Gewohnheiten des okzidentalen Mainstream-Kinos entsprechend – das *weiße* System. In der zweiten Filmhälfte werden die Rezipierenden visuell mit negativ konnotierten Gefühlen wie Angst, Trauer und Verzweiflung konfrontiert. Mit dem Auftreten von Angstschweiß in Diouanas Gesicht in Minute 0:29:56 und ihrem Tränenfluss in Großaufnahme in Minute 0:36:50 wird ihr Opferstatus im *weißen* System auch auf der Gefühlsebene für die Rezipierenden erlebbar. Erst in Filmminute 0:46:00, zwei Filmminuten vor ihrem Tod, kann Diouana ihre verzweifelten Gefühlsregungen auch den *weißen* Charakteren gegenüber nicht mehr verborgen halten.

Doch die *weißen* Filmcharaktere können mit Diouanas Emotionsbekundungen offensichtlich nicht umgehen. Sie können Diouanas Gefühlsäußerungen weder lesen noch in Beziehung zu ihrem eigenen Verhalten setzen und sind statt mit Emotionen ausschließlich mit Materiellem beschäftigt. Sembène entlarvt auf diese Weise die Trope Schwarzer Gefühlsabsenz als Vorverurteilung afrikanischer Menschen und schreibt die Unfähigkeit des Fühlens den *Weißen* zu. Sie sind isoliert lebende, gefühlskalte Aggressor_innen. Die fünf Filmstellen, an denen Gefühle visuell sichtbar Besitz von der *weiß*-weiblichen Filmfigur ergreifen, drücken allesamt Wut und Aggression aus. Die sich mit der *weiß*-weiblichen Filmfigur identifizierende und am Schwarz-weiblichen Bewusstwerdungsprozess beteiligte *weiße* Filmrezipientin sieht bei dem Blick in den kinematografischen Spiegel im Laufe der Filmhandlung immer deutlicher in den weit geöffneten Rachen eines weiblichen, von Aggressionen getriebenen *weißen* Monsters. Die Entblätterung *weißer* Gewalt gegenüber der Schwarzen Bediensteten, auf deren Kosten sich die *weiße* Frau von ihrer eigenen Dienstbotinnenposition innerhalb des *weißen* Patriarchats zu emanzipieren versucht, durchzieht den Film wie ein weißes Wollknäuel, das sich nach und nach entrollt. Diese gekonnte sukzessive Entblätterung der *weißen* Gewalt kommentiert der *weiße* Filmemacher Rudolf Thome in seiner deutschsprachigen Kritik zu dem Film wie folgt:

> Der Ingenieur ist ein Waschlappen, der immer nur ausdruckslos herumsitzt, Zeitung liest und nur ein- oder zweimal ein Wort sagt. Seine Frau, ein blonder, häßlicher Hausdrachen, schikaniert ihren Mann fast genauso wie ihr Dienstmädchen. Mit Rassismus hat ihre Verhaltensweise also nichts zu tun. Diesen Vorwurf jedoch könnte man Ousmane Sembène machen, der es den Weißen mit diesem farblosen, monströsen Ehepaar vielleicht heimzahlen will.[85]

---

[84] *La Noire de...*, Filmminute 0:16:50 und 0:18:32.
[85] Thome 1979.

Offensichtlich waren die kinematografischen Dekonstruktionsbewegungen bezüglich des Machtsymbols *Weißsein* für Thome trotz aller Feinfühligkeit der von Sembène gewählten Inszenierungsstrategie zu rasant, als dass ein Abwehrmechanismus bei Thome hätte verhindert werden können. Thome zieht alle Argumente heran, um sich der Einsicht zu verschließen, dass es sich bei der Verhaltensweise der *weiß*-weiblichen Filmfigur und ihres *weißen* Ehemannes um Rassismus handelt. Er weigert sich, sich in der *weiß*-weiblichen Filmfigur zu spiegeln und flieht vor der Einsicht in seine eigene *weiße* Täterschaft in die Spiegelung im *weißen* Protagonisten, den er als Opfer liest. Auch hier versperrt er sich einer herrschaftskritischen Lesart: Den Sexismus, den Sembènes Filmtext anprangert, ignoriert Thome, indem er den Charakter der *weiß*-weiblichen Filmfigur pathologisiert und individualisiert. Reflexartig distanziert er sich sowohl von Sexismus als auch von dem ihm möglicherweise eigenen Rassismus, den er abwehrt, indem er selbigen irrationalerweise Sembène unterstellt. Es erscheint, als sei es Thome unerträglich, *weiße* Menschen nicht wie von okzidentalen Filmtexten gewohnt als Gutmenschen repräsentiert zu sehen.

Denn die Fassade *weiß*-weiblichen Gutmenschentums wird in der Narration des Films *La Noire de...* nur so lange aufrechterhalten, wie sich Diouana widerspruchslos den *weiß*-weiblichen Macht- und Kontrollbedürfnissen unterordnet. Sobald Diouana ihren eigenen (Grund-)Bedürfnissen in einem jedem Menschen zustehenden Maße folgt, entgleisen der *weißen* Frau die Charakter- und Gesichtszüge. Sie kann ihren Hass, ihre Abwertung, ihr Kontroll- und Machtbedürfnis nicht länger hinter der *weißen* Gutmenschenmaske versteckt halten. Der *weiße* Protagonist bleibt dabei zwar sachlich emotionslos und wirkt freundlicher und gerechter als die *weiße* Frau. Doch kann diese entspanntere Haltung als fehlende Notwendigkeit gelesen werden, für sein Recht zu kämpfen, da er, anders als die im Patriarchat verortete *weiße* Frau, alle Privilegien inne hat. Die *weiß*-weibliche Filmfigur übernimmt – wie in okzidentalen Filmtexten auch – als Erfüllungsgehilfin des *weißen* Mannes und zur eigenen Ermächtigung die Kontrolle und Überwachung der vom *weißen* (post_)kolonialen Patriarchat durch Rassifizierungsprozesse Ausgebeuteten.

Auf der Metaebene verkehrt Sembène durch diese Inszenierung von Gefühlen die gewohnte Emotionszuschreibung in ihr Gegenteil. Während die *weißen* Hauptfiguren gewalttätig und gefühlskalt sind,[86] lädt die Schwarz-weibliche Protagonistin die Rezipierenden durch die Offenlegung ihrer weichen und verletzlichen Gefühle und durch ihre Gefühlsverbundenheit zur Identifikation ein. Ihr Gefühlsleben wird durch ihre Off-Stimme und den Musikeinsatz unterstützt, der fast durchgehend die Gefühlslage der Schwarzen Protagonistin vertont.

---

[86] Vgl. Unterkapitel *3.6.6 Mythos Schwarzer Gewalttätigkeit*.

## 4.4.6 Subjektgestärkte Schwarze Sexualität

Anders als in den okzidentalen Filmen wird der sexuelle Akt Schwarzer Filmfiguren in diesem Film nicht explizit gezeigt. Der Liebesakt wird vor seinem Beginn von einer Überblendung überlagert und so der Fantasie der Zuschauenden überlassen. Statt aus einem körperlichen Vorgang besteht die Sexualität der beiden Protagonist_innen – ähnlich wie die der *weißen* Filmfiguren in den untersuchten okzidentalen Filmen – vor allem aus einem Sprechakt.[87]

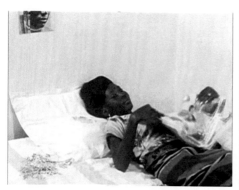 

*La Noire de...*, Filmminute 0:43:16-0:44:01.

Zudem dient die Liebessequenz einer (widerstands-)politischen Auseinandersetzung: Während die Protagonistin im Bett liegend eine französische Modezeitschrift durchblättert und sich nach Frankreich und dem Phallus *Weißsein* sehnt, distanziert sich ihr Liebhaber von ihr und ihren Idealen, steht aus dem Bett auf und stellt sich an seinen Wandteppich, auf dem der kongolesische Widerstandskämpfer und spätere Präsident Patrice Lumumba abgebildet ist.[88]

Auf diese Weise werden die Schwarzen Filmfiguren als Individuen mit divergierenden Weltanschauungen, politischen Positionen und Interessen dargestellt.[89] Der Mann hat sich dem Widerstand gegen den Kolonialismus verschrieben, die Frau ist dem – sie ins Verderben stürzenden – Streben nach Laktifizierung verfallen. Damit wird Weiblichkeit auch in diesem Film männlicher Abstraktionsfähigkeit untergeordnet. Doch Schwarze Sexualität wird nicht wie in okzidentalen Blockbustern mit animalischem Trieb und irrationaler Gewalttätigkeit in Verbindung gebracht, sondern ebenso wie *weiße* Sexualität in okzidentalen Mainstream-Spielfilmen durch Innerlichkeit, geistige Aktivität und Erotik aufgeladen.

---

[87] Vgl. Unterkapitel *3.4.5 Weiße Sexualität*.
[88] *La Noire de...*, Filmminute 0:43:01-0:44:01.
[89] *La Noire de...*, Filmminute 0:43:16-0:44:01.

## 4.5 Metaphorische Erzählebene

Die Maske, deren Großaufnahme die Erzählung auf der metadiegetischen Ebene eröffnet[90] und auf der intradiegetischen beendet,[91] formt – neben der intra- und der metadiegetischen Ebene – eine dritte Erzählebene: die metaphorische. Auf dieser Ebene kann der Film als Geschichte des Kolonialisierungsprozesses Afrikas gelesen werden, die gleichzeitig die Machthierarchien und Ausbeutungsmechanismen der post_kolonialen Zeit aufzeigt. Dabei fungiert die Maske als ein Symbol (phallischer) Macht. Wer im Besitz der Maske ist, ist auch im Besitz von Macht.

So befindet sich die Maske zunächst im Schwarz-männlichen Raum. Erst als die Schwarze Protagonistin Zutritt zum *weißen* Raum erhält, hat sie die Macht, dem Jungen die Maske abzukaufen. Durch ihren Zutritt zum *weißen* Raum ermächtigt, richtet sie nun einen scheinbar hegemonialen Blick durch die sich vor das Gesicht gehaltene Maske auf das Schwarze Armenviertel, aus dem sie kommt. Hier erinnert die Maske an den Titel von Fanons Buch „Peau noire, Masques blancs": Indem sich die Schwarze Frau *weiß* maskiert, hofft sie, Teil des *weißen* Systems zu werden und der rassistischen Diskriminierung zu entkommen.

In dem Moment aber, in dem Diouana die Maske an die *weißen* ArbeitgeberInnen abgibt, gibt sie auch die Macht über sich selbst ab. Stellvertretend für den afrikanischen Kontinent hat sie ihre eigene Identität gegen phallisch-*weiße* Attribute eingetauscht. Mit der Übergabe der Maske beginnt die Unterdrückung der Schwarzen Frau durch *weiße* Macht- und Gewaltausübung. Die Maske hängt derweil, abgeschnitten von allem Lebensfluss, an der Wand der *weißen* Wohnung und erinnert so zum einen an koloniale Beutekunst und wird zum anderen zum Symbol von Eroberung und Kastration afrikanischer Lebenskraft.

Dennoch dient die Maske Diouana in ihrer Isolation auch als Gesprächspartnerin und metaphorischer Spiegel.[92] Zugleich ist sie Symbol einer höheren Instanz, die die *weißen* Gewalttaten bezeugt und verurteilt.[93] So kann die Maske auch als ein Signifikant für die Macht der „zweiten Sicht" gelesen werden, die von Du Bois im Kontext seiner Schleier-Metapher als solche benannt wurde und die mit der „Beobachtung zweiter Ordnung", einer „Beobachtung der Beobachtung", gleichzusetzen ist. Diese „Beobachtung zweiter Ordnung", die jedem Betrachten von Bildern immanent ist, macht „den ‚blinden Fleck' sichtbar, also das, was in der gewählten Beobachter_innenperspektive ent_wahrgenommen wird".[94] Folgerichtig wird der strafende Blick der Maske auf die *Weißen* gerichtet, nachdem Diouana die

---

[90] *La Noire de...*, Filmminute 0:11:21.
[91] *La Noire de...*, Filmminute 0:55:26.
[92] *La Noire de...*, Filmminute 0:25:09-0:25:30.
[93] Goertz 2007: 68: „Noch heute gibt es Fälle, in denen die modernen Gerichte nicht entscheiden können; dann ruft man die Maske auf, um ihre Ratschläge und Urteile zu hören."
[94] Kelly 2016: 121, Bezug nehmend auf Schade/Wenk 2011: 76ff.

Maske und mit ihr den eigenen Blick, ihre Subjektivität und Aktivität zurückerobert hat.

Durch die Maske lässt Sembène afrikanischer Identität eine neue Bedeutung zukommen: Afrikanische Identität wird der kastrierenden Zuschreibungen entledigt und stattdessen phallisch besetzt. Dadurch werden die Rezipierenden zur Identifikation mit afrikanischen Werten und Lebenswelten eingeladen und Bhabhas Verständnis von möglichst effektiver Rebellion umgesetzt:

> Forms of popular rebellion and mobilisation are often most subversive and transgressive when they are created through the identification with oppositional *cultural* practices.[95]

Dem Filmschluss ist ein Aufruf an die Afrikaner_innen immanent, sich vom *weißen* System unabhängig zu machen. Gleichzeitig wird den sich mit der Schwarzen Protagonistin identifizierenden Schwarzen Rezipientinnen vermittelt, dass eine Einordnung in das Schwarze Patriarchat das kleinere Übel darstellt. Denn die vor dem Phallusanteil Männlichkeit fliehende Protagonistin Diouana wird im *weißen* Patriarchat von dem Phallusanteil *Weißsein* vereinnahmt, unterdrückt und ermordet. Damit ruft die Gegennarrative weibliche Rezipierende ebenso zur Integration in das Schwarze Patriarchat auf wie die okzidentalen Filme zur Integration in das *weiße*.[96]

---

[95] Bhabha 1989: 112.
[96] Vgl. *3.7.2 Sadistische Abwertung der weißen Protagonistin, 3.7.4 Sadistische Abwertung Schwarzer Filmfiguren.*

> Die Filmanalyse [...] hört nie auf nachzuahmen, zu evozieren, zu beschreiben; sie kann nur aus einer Art grundsätzlicher Verzweiflung heraus immer wieder versuchen, in wilde Konkurrenz mit dem Gegenstand zu treten, den zu verstehen sie sich bemüht. Indem sie ihn wieder und wieder zu fassen sucht, wird sie schließlich zum Ort einer fortwährenden Enteignung. Deshalb erscheinen die Filmanalysen, sobald sie etwas präziser sind, auch wenn sie aus den angeführten Gründen seltsam partiell bleiben, im Verhältnis zu dem, was sie abdecken, immer so lang – ganz abgesehen davon, daß die Analyse bekanntlich immer gewissermaßen unabschließbar ist. Deshalb sind solche Analysen so schwierig, genauer: so undankbar zu lesen, deshalb sind sie so redundant und kompliziert; ich würde keineswegs sagen unnötigerweise, doch gezwungenermaßen, als Preis für ihre eigentümliche Perversion.
>
> *Raymond Bellour* [1]

# 5. Schlussbetrachtungen

„Wer auf [die Masse] wirken will", schreibt Freud, „bedarf keiner logischen Abmessung seiner Argumente, er muß in den kräftigsten Bildern malen, übertreiben und immer das gleiche wiederholen."[2] Die von mir vorgenommene diachrone Analyse okzidentaler Spielfilme bestätigt, dass die okzidentale Spielfilmindustrie sich dieser von Freud beschriebenen Strategien zur Beeinflussung der Masse bedient. In dem durchgeführten diachronen Vergleich wird deutlich, dass das okzidentale Mainstream-Kino rassistische Stereotype und Mythen im Laufe der Filmgeschichte fortwährend (re-)produziert, das Bewusstsein der Rezipierenden via Filmtext verfälscht und die Ideologie des Rassismus[3] auf diese Weise immer wieder in das individuelle und kollektive (Un-)Bewusste einschreibt.

Während die Regisseur_innen und Produzent_innen der frühen Spielfilme zu diesen Motiven noch mit eindeutig rassistischen Äußerungen stehen und unverblümt in kolonialen Kontexten agieren,[4] verpflichten sich die Filmemacher_innen der späteren Werke einer „liberalen" Denktradition. Dieser „liberale Konsens" ist jedoch, wie Stuart Hall betont, der „Dreh- und Angelpunkt" dessen, was den „aktiven und organisierten Rassismus aufrechterhält".[5] Halls Behauptung entsprechend bleiben die rassistischen Inszenierungsstrategien in den neueren Spielfilmen auf einer tiefen Ebene in ähnlicher Weise bestehen wie sie schon in dem

---

[1] Bellour 1999a: 16.
[2] Freud 1999e: 83. Vgl. Abraham 1971: 429.
[3] Vgl. Unterkapitel *1.1 Herleitung des ideologiekritischen Forschungsansatzes*.
[4] Vgl. beispielsweise Unterkapitel *3.1.2 Bedingungsrealitäten*.
[5] Hall 2012: 169. Vgl. Unterkapitel *3.4.8 Konstruierte Held_innen weißer Kolonialkritik*.

Stummfilm aus dem Jahre 1921 nachzuweisen sind – auch wenn die Deutlichkeit, mit der Rassismus in den Produktionskontext und Filmtext eingewoben wird, sich verändert. Dieses Analysefazit wird durch Halls Beschreibung der „modernen" Bilder, die von Schwarzen in der okzidentalen Medienlandschaft zu sehen gegeben werden, verstärkt. Hall schreibt:

> Diese neueren, aufpolierten und modernisierten Bilder scheinen die alte Welt von ‚Sambo' hinter sich gelassen zu haben. Ja, viele von ihnen sind Brennpunkt versteckter, verbotener, genüsslicher aber tabuisierter Bewunderung. Viele besitzen aktivere und tatkräftigere Eigenschaften – z.B. einige der schwarzen Athleten und natürlich die Entertainer. Aber die Konnotationen und Echos, die sie auslösen, hallen von sehr weit her wider. Sie formen nach wie vor das Bild der Weißen von den Schwarzen.[6]

Halls Beobachtungen entsprechend, werden die rassistischen Motive auch in den von mir untersuchten Spielfilmen im Laufe der Zeit subtiler und zeugen von einer zunehmenden Unsichtbarkeit – einer Zunahme von Unsichtbarkeit wie sie Dyer auch für die Repräsentation der *weißen Rasse* konstatiert. So weisen die neueren Filmtexte zwar weniger (textimmanent) unwidersprochenen expliziten Rassismus auf, aber der implizite Rassismus, der im Laufe der okzidentalen Filmgeschichte mittels einer zunehmenden Vortäuschung von Kolonialkritik immer unsichtbarer wird,[7] kennzeichnet auch den Mainstream-Spielfilm aus dem 21. Jahrhundert. Dieser implizite Rassismus ist es, der das von Hall beschriebene Widerhallen rassistischer Konnotationen besonders laut werden lässt und zur Stärkung phallischen *Weißseins* auf der Machtachse *Rasse* beiträgt.

Dass die Filme ausschließlich die *weiße* Psyche visualisieren und eins zu eins die auch zur psychoanalytischen Theorie geformte *weiße* Imagination in ein kinematografisches Zeichensystem umwandeln, wird vor allem an den Stellen deutlich, an denen ich aufzeige, wie die Filmtexte genau das in Szene setzen, was die Psychoanalyse theoretisiert, die ebenso wie das Kino in einer (Hoch-)Phase von Rassismus und Kolonialismus entstanden ist. Zu diesen Filmtextstellen gehören beispielsweise die kinematografische Darstellung des „Kannibalismus",[8] der auch von der Psychoanalyse zur Beschreibung einer Entwicklungsstufe herangezogen wurde, die Darstellung des (weiblichen) Ödipuskomplexes, den die Protagonistinnen durchschreiten und die Inszenierungsstrategie, dass *weiße* Filmfiguren die strafenden phallischen Vaterfiguren des Ödipuskomplexes symbolisieren, während Schwarzen Filmfiguren die kindliche Rolle des Unterworfenen, Bestraften, zu Disziplinierenden zugeschrieben wird.[9] Diese kinematografische Darstellung der

---

[6] Hall 2012: 162.
[7] Vgl. Unterkapitel *3.4.8 Konstruierte Held_innen weißer Kolonialkritik*.
[8] Vgl. Unterkapitel *3.6.6 Mythos Schwarzer Gewalttätigkeit*.
[9] Vgl. Unterkapitel *3.7.4 Sadistische Abwertung Schwarzer Filmfiguren* und *3.6.3 Infantilisierung*.

Schlussbetrachtungen 525

*weißen* Psyche sorgt dafür, dass, wie aus den Ausführungen in Kapitel 3.1.1 zur Wirkungsrealität der okzidentalen Filme zu schlussfolgern ist, sich *weiße* Rezipierende mit diesen Filmtexten besonders gut identifizieren können.[10]

Zusätzlich werden die zur Identifikation einladenden *weißen* Hauptfiguren durch die Nähe der Filmtexte zur christlichen Ikonografie und mittels der von *Weißen* wie Götter verehrten *weißen* Filmstars zu nicht zu übertreffenden Ich-Idealen geformt.[11] Die sich mit ihnen identifizierenden Rezipierenden spiegeln sich in *weißen* Imaginationen, die das *weiße* Subjekt nicht loslassen kann, ohne dabei sein Selbst(bild) und seine Subjektkonstruktion zu zerstören. Die Filme werden auf diese Weise zu einem Anbetungsgegenstand der *weißen*, auf Rassismus gründenden Gesellschaft und verkörpern in der kulturellen Praxis des Okzidents den von *Weißen* angebeteten (rituellen) Fetisch.

## 5.1 Anwendungsergebnisse des erweitert gelesenen Mulvey'schen Theorieansatzes

Die von mir in Kapitel 2 erarbeitete erweiterte Lesart der Mulvey'schen Theorie und ihre analytische Anwendung ist für die Erarbeitung rassismussensibler Filmanalyse-Strategien vor allem insofern als gewinnbringend einzustufen, als dass sie zu einer Systematisierung bereits bestehender rassismuskritischer Analyseansätze post_kolonialer (Medien-)Theorien beitragen kann.[12] Sie schärft den Blick sowohl für die Konstruktion eines zur Identifikation einladenden *weißen* Ich-Ideals, als auch für cineastische Blickregime, die Rassismus (re-)produzieren, und für rassialisierende Fetischisierungs- und sadistische Strafmaßnahmen, die in den Filmtext eingewoben sind.

Mehr noch: Liest man den Mulvey'schen Artikel *Visual Pleasure and Narrative Cinema* losgelöst von Mulveys alleinigem Fokus auf die Machtachse Geschlecht und mit der neutralisierten Schablone „phallisch versus kastriert", so kann Mulveys Ansatz innerhalb einer ideologiekritischen Filmanalyse möglicherweise sogar auf alle Machtachsen fruchtbar angewendet werden. Voraussetzung für eine solche Lesart ist, dass der (symbolische) Phallus als ein intersektionales Machtsymbol verstanden wird, welches sich nicht auf das männliche Genital beschränken lässt.[13]

Die von Mulvey für die Machtachse Geschlecht aufgestellte Behauptung, dass der Besitz des Phallus notwendige Voraussetzung für das Erleben von Schaulust sei, konnte in meiner Arbeit auf die den symbolischen Phallus mitformende

---

[10] Vgl. Unterkapitel *3.1.1 Wirkungsrealitäten*.
[11] Vgl. Unterkapitel *3.4.2 Mythos weißen Gutmenschentums*.
[12] Siehe dazu genauer Unterkapitel *2.3.1 Grammtik rassifizierter Repräsentation* mit dessen Unterkapiteln *2.3.1.1 Rassialisierende Stereotype*, *2.3.1.2 Koloniale Mystifizierungs- und Mythifizierungsstrategien*, *2.3.1.3 Blickregime aus post_kolonialer Perspektive*.
[13] Vgl. Unterkapitel *2.2 Weißsein als symbolischer Phallus* und *2.3 Mulvey phallisch weiß gelesen*.

Machtachse *Rasse* ausgeweitet werden. Denn wie in Unterkapitel *1.1.2.2* und *2.2* dargelegt, kann *Weißsein* aus seiner Geschichte heraus als ein Machtsymbol innerhalb der abendländischen Moderne betrachtet und damit als symbolischer Phallus wirksam werden.[14] Im Rahmen der Lacan'schen und Mulvey'schen Theorie ist es somit möglich, *Weißsein* als eine Ausformung des symbolischen Phallus zu betrachten, der denjenigen Filmrezipient_innen Schaulust verschafft, die sich mit den phallisch-*weißen* Identifikationsfiguren eines Films ungebrochen zu identifizieren imstande sind.

Zur Überprüfung dieser theoretischen Herleitung hat sich die Untersuchung der Inszenierung *weiß*-weiblicher Hauptfiguren in okzidentalen Filmtexten als sinnvoll erwiesen. Denn nur so konnte ausgeschlossen werden, dass den Hauptfiguren die zur Identifikation einladende phallische Macht vor allem durch die Machtachse Geschlecht verliehen wird. So sind es in allen vier von mir untersuchten okzidentalen Spielfilmen phallisch konstruierte weibliche Filmfiguren, die – angelehnt an Mulveys Beschreibung der als Subjekt konstruierten, von Mulvey rein männlich gedachten Filmfigur – mit der Macht des Erzählens ausgestattet sind, die die Handlung vorantreiben und Ereignisse initiieren.[15]

Und in allen vier Filmen setzt sich der Phallus der *weißen* Protagonistinnen aus mehreren Machtachsen zusammen.[16] Dass die fehlende phallische Positionierung auf der Machtachse Geschlecht durch eine androgyne Inszenierung verschleiert wird, die als Fetischisierung der *weißen* Protagonistinnen verstanden werden kann, lässt sich schon aufgrund der Tatsache vermuten, dass alle vier Filme in ihrer narrativen Struktur einen geschlechterübergreifenden Normen-Spagat vollbringen. Indem sie sowohl dem standardisierten Genre des Melodrams als auch dem des Abenteuerfilms entsprechen,[17] vereinen sie ein von (wahrscheinlich hauptsächlich heterosexuellen) Frauen besonders begehrtes Genre mit einem von Männern als Favorit benanntes Genre.[18] Sie bedienen auf diese Weise nicht nur normierte Sehgewohnheiten des Hollywood-Kinos, sondern auch eine narrative Struktur, die gemäß empirischer Untersuchungen sowohl Männer als auch Frauen tendenziell zum Erleben von Schaulust einlädt.

Zu der androgynen Inszenierung passt nicht nur, dass die vier von mir ausgewählten Filme in Bezug auf den Abenteuerfilm insofern Ausnahmen bilden, als

---

[14] Unterkapitel *1.1.2 Kritische Weißseinsforschung* inklusive dessen Unterkapiteln, *2.2 Weißsein als symbolischer Phallus*, *2.2.2 Phalluskonstruktion mit Kritischer Weißseinsforschung*.
[15] Vgl. Unterkapitel *2.3 Mulvey phallisch weiß gelesen*.
[16] Vgl. Kapitel *3.3 Intersektionale Konstruktion des weiblichen Phallus zu Filmbeginn* und dessen Unterkapitel.
[17] Vgl. Unterkapitel *3.2 Genre-spezifizierende Analyse des Narrativs*.
[18] Kaufmann 2007: 45. In den von Kaufmann angeführten empirischen Untersuchungen werden die Kategorien männlich und weiblich nicht entlang von Kategorien wie sexueller Orientierung oder Rassifizierungsprozessen weiter differenziert.

dass die Heldenfigur jeweils weiblich ist,[19] sondern auch, dass die *weißen* Protagonistinnen in den untersuchten Filmen immer wieder sowohl mit männlichen als auch mit weiblichen Bibelfiguren zu assoziieren sind – seien es Jesus oder Maria, Moses oder Eva.[20] Ebenso weist die Kleidung der beiden Protagonistinnen aus den Filmen *Out of Africa* und *Die weiße Massai* auf eine androgyne Inszenierung der weiblichen Identifikationsfiguren hin.[21]

Diese als Fetischisierungsstrategie zu bezeichnende Zuschreibung männlicher Charaktereigenschaften und Attribute erfolgt ebenso wie die Stärkung des den *weiß*-weiblichen Identifikationsfiguren verliehenen Phallusanteils *Weißsein* zu großen Teilen durch die afrikanistische Inszenierung Schwarzer Filmfiguren. Dementsprechend beschreibt Walgenbach die filmische Bezugsrealität wie folgt:

> Die Erweiterung eigener Handlungsmöglichkeiten sollte allerdings nicht mit Emanzipation verwechselt werden. Vielmehr wird hier dafür plädiert, sie als Ergebnis eines Machtzuwachses zu interpretieren. Dieser Machtzuwachs basierte hauptsächlich auf soziale und ethnische [sic] Privilegien, welche den Kolonistinnen allerdings wieder als Weiße *Frauen* zuerkannt wurden.[22]

Nur vor dem Hintergrund einer afrikanistisch konstruierten Kulisse gelangen die *weißen* Protagonistinnen zu männlich konnotierter, *weißer* Macht und in die Position, sich von der den Frauen gesellschaftlich auferlegten Passivität zu befreien. Afrikanistisch konstruierte Filmfiguren ordnen sich dabei der *weißen* Frau wie selbstverständlich unter.[23]

So sind in allen vier Filmen die einzelnen von Mulvey angeführten Elemente der Inszenierung von phallischen und kastrierten Filmfiguren mehr oder weniger deutlich auch in Bezug auf phallisch-*weiße* und kastriert-Schwarze Filmfiguren zu erkennen. Die von Mulvey aufgezeigte hierarchisch organisierte Dichotomie der im narrativen Hollywoodfilm üblichen Geschlechterkonstruktionen kann auf die binäre Darstellung von Schwarzen und *weißen* Filmfiguren übertragen werden. Die damit einhergehende Aktiv-passiv-, Subjekt-Objekt-Aufteilung zwischen *weißen* und Schwarzen Filmfiguren verstärkt die okzidentale Filmindustrie durch intertextuelle Bezugnahmen.

Denn was einige Filme eher subtil in sich tragen oder gar nicht thematisieren, zeigen andere Filme deutlich an. Während beispielsweise die Filme *Eine Weiße unter Kannibalen (Fetisch)* und *The Nun's Story* das Thema Sexualität weitestgehend aussparen oder im Höchstfall in Form erotisch angereicherter Blicke und Worte

---

[19] Vgl. Unterkapitel *3.2 Genre-spezifizierende Analyse des Narrativs*.
[20] Vgl. insbesondere Unterkapitel *3.4.2 Mythos weißen Gutmenschentums*.
[21] Vgl. Unterkapitel *3.4.1 Weiß symbolisierter Emanzipationsprozess als Frau, 3.5.1.3 Blickachse weiße Frau – Schwarzer Mann* und *3.5.1.6 Analysefazit*.
[22] Walgenbach 2005a: 183.
[23] Vgl. Unterkapitel *3.4.1 Weiß symbolisierter Emanzipationsprozess als Frau*.

andeuten,[24] malt der Film *Out of Africa* ein Bild hochgradig „zivilisierter" *weißer* Sexualität,[25] welches durch die Zuschreibung von triebhafter und gewalttätiger Schwarzer Sexualität in dem Film *Die weiße Massai* kontrastierend verstärkt wird.[26] Die auf den ersten Blick „liberal" erscheinende, weil für ein okzidentales Melodram noch immer ungewöhnliche Inszenierung, dass der für das Melodram charakteristische UNÜBERWINDBARE GRABEN, der von den Liebenden zu überwinden versucht wird, in dem Film *Die weiße Massai* aus dem Tabu transrassialisierter Sexualität besteht,[27] wird demnach genutzt, um implizite Rassismen auf einer intertextuellen Ebene sowohl zu installieren als auch bestmöglich zu verschleiern. Diesen „liberalen Anstrich" kann sich der Film auch deshalb geben, weil eine sexuell konnotierte Liebe zwischen Schwarz und *weiß* in den drei früheren Filmen gänzlich tabuisiert oder negiert wird.

Durch diese kontrastierende Inszenierung von phallisch-*weiß* versus kastriert-Schwarz entsteht das zur Identifikation einladende *weiße* und eben auch *weiß*-weibliche Ich-Ideal, welches die *weißen* Protagonist_innen verkörpern.[28] Es kann davon ausgegangen werden, dass die Schaulust nicht nur (wie von Mulvey behauptet) der Spiegelung in dem Ich-Ideal des kinematografisch nachempfundenen Lacan'schen Spiegelmoments entspringt, welches die phallische Hauptfigur verkörpert und mit dem sich die Rezipierenden identifizieren. Vielmehr ist das Entstehen der Schaulust auch dem nochmaligen Durchleben des Ödipuskomplexes zuzuschreiben, an dessen Ende gemäß Freud im Falle einer erfolgreichen Bewältigung die Ausbildung eines Über-Ichs steht, dessen versagender und handlungseinschränkender Aspekt in die Nähe des Ich-Ideals führt, welches Freud als eine Partialstruktur beschreibt, die „die Funktion eines Vorbilds und eines Richters hat".[29] Denn in allen vier Filmen erzwingt der – auch symbolische – Tod eines oder sogar beider Elternteile zum Teil bereits vor Beginn der Filmhandlung eine Ablösung der *weißen* Protagonistin von ihren Primärobjekten.

Die *weißen* Protagonistinnen verkörpern auf diese Weise in allen Filmen sowohl das dem Ich-Ideal ähnliche Über-Ich, das den afrikanistischen Filmfiguren gegenüber die Verbotsfunktion übernimmt, als auch das nach dem bewältigten Ödipuskomplex durch ein strenges Über-Ich aufgebaute Ich-Ideal, das die „omnipotenten und grandiosen Selbstrepräsentanzen der kindlichen Erfahrungswelt" als Ergebnis des durchlebten Bewältigungsprozesses des Ödipuskomplexes darstellt.

---

[24] Nagl 2009: 247: „[Meg Gehrts] selbst erscheint entsexualisiert, und doch löst sie ‚feurige' Instinkte aus."
[25] Vgl. Unterkapitel *3.4.5 Weiße Sexualität*.
[26] Vgl. Unterkapitel *3.6.5 De- und Hypersexualisierung*.
[27] Kaufmann 2007: 63f., 75-78. Vgl. Unterkapitel *3.2 Genre-spezifizierende Analyse des Narrativs* und *3.2.1 Die weiße Massai*.
[28] Vgl. Kapitel *3.4 Die phallisch-weiß inszenierte weibliche Identifikationsfigur*.
[29] Mertens 1981: 119.

Schlussbetrachtungen

Das Durchleben des Ödipuskomplexes wird in diesen okzidentalen Mainstream-Spielfilmen ebenso wie in der Psychoanalyse rassifizierend in Szene gesetzt.

So tauchen alle vier *weiß*-weiblichen Filmfiguren in den Geschichten in ihr als „primitiv" konstruiertes, von dem afrikanistisch imaginierten Kontinent und den hierin verorteten afrikanistisch konstruierten Filmfiguren symbolisiertes und in der Wassermetapher wiederzufindendes weibliches Unbewusstes ab, dessen sexuellen Anteil Freud als „Rätsel der Weiblichkeit" und „dunklen Kontinent" bezeichnete und welches in den Filmen durch afrikanistisch inszenierte Räume und Figuren symbolisiert wird. Als ein den afrikanistisch inszenierten Filmfiguren gegenübergestelltes hegemoniales Konstrukt unternehmen die *weißen* Protagonistinnen den Versuch, selbst „Phallus" zu sein, um dem Begehren der Mutter gerecht zu werden. Doch wie von Freud und Lacan vorausgesagt, scheitern alle vier am Ende an diesem Versuch und verstehen, dass der *weiße* Mann den „Phallus" inne hat. So reintegrieren sie sich schlussendlich in die symbolische Ordnung des okzidentalen Patriarchats, in der sie jetzt, nach erfolgreich durchlebtem Abenteuer – global betrachtet – selbst eine phallische Position einnehmen.[30]

Die sich mit diesen *weißen* Protagonistinnen lustvoll identifizierenden Rezipierenden folgen den *weiß*-weiblichen Filmfiguren auf diese Reise. Während der Reise erleben sie durch die Identifizierung mit der Protagonistin eine Schaulust. Denn die sich von der kastriert geltenden Mutter abwendende Protagonistin wendet sich zugleich von ihrer eigenen symbolischen Kastration ab. In der Zuwendung zum phallischen Vater und in dessen Überwindung gelangt die zur Identifikation einladende Protagonistin in eine Machtposition. Wenn die sich identifizierenden Rezipierenden das Kino verlassen, ist nicht nur ihre Schau- und Reiselust, sondern auch ihr Eroberungsfeuer und Machtstreben befriedigt. Der Filmwissenschaftler Thomas Morsch schreibt:

> Auf dem beschleunigten Parcours länder- und kulturübergreifender Erzählungen wird der Zuschauer in einer Weise durch die Welt katapultiert, deren libidinöser Kern in dem ‚Verfügenkönnen über die Räume' zu suchen ist, die hier virtuell erobert werden. Diese Filme zelebrieren einen Triumph über den Raum, in dem die Tatsache, den Zuschauer an einen anderen Ort geführt zu haben, bedeutsamer ist als die Physiognomie und Materialität, als die Bedeutung oder die Qualität des Ortes selbst.[31]

Dieses kinematografisch erzeugte Triumphgefühl wird auf den von mir untersuchten cineastischen Reisen auch dadurch produziert, dass Afrika als ein für die *weißen*

---

[30] Allerdings haben nur drei von Ihnen die phallischen Elternfiguren so sehr verinnerlicht und damit die phallische Position so sehr selbst eingenommen, dass sie am Ende der Erzählung ohne Mann bzw. Vaterersatz weiterschreiten können. Maria/Faida bleibt in Begleitung einer *weiß*-männlichen Filmfigur, die als Liebhaber, väterlicher Freund oder als ihr Psychoanalytiker gelesen werden kann.
[31] Morsch 2012: 296.

Filmfiguren weitestgehend autoritätsfreier Raum inszeniert wird. Indem sich die *weißen* Protagonist_innen keinen afrikanischen Autoritäten unterordnen müssen, erfährt nicht nur das Ich, sondern auch das Es im Identifikationsprozess eine (Wieder-)Belebung. Denn die sich mit den *weißen* Protagonist_innen identifizierenden Rezipierenden können sowohl ihren Omnipotenzfantasien freien Lauf lassen als auch ihren Trieb, das Es, ausleben, dem die Filme durch die sexuell konnotierte Konstruktion des afrikanistischen Raumes eine Spielwiese bieten. So symbolisieren die Schwarzen Filmfiguren das von den *weißen* Identifikationsfiguren abgespaltene Es. Das Es wird, wie Laplanche und Pontalis hervorheben, von Freud

> als ‚das große Reservoir' der Libido verstanden und, allgemeiner, der Triebenergie. Die vom Ich verwendete Energie wird von diesem gemeinsamen Fond entliehen, besonders als ‚desexualisierte und sublimierte' Energie.[32]

Dieses Es, d.h. der „animalische, wilde, triebhafte" Anteil des Menschen, wird in der Filmhandlung den afrikanistisch konstruierten Filmfiguren zugeschrieben. Sie symbolisieren den Fond der Triebenergie, der noch nicht sublimiert wurde und somit noch nicht im Ich aufgegangen ist. Sie sind es, die mit Speeren bewaffnet das kinematografische Bild zieren und unter anderem auf diese Weise zum Freud'schen Symbol des realen Phallus und sexueller Triebenergie werden. So schreibt auch Waz zu dem von Schomburgk gedrehten Film *Mensch und Tier im Urwald*:

> Die Kritik reagierte auf die ethnografischen Szenen enthusiastisch, aber verständnislos. Vor lauter ‚phallischen und erotischen Symbolen' im ‚dichtesten Paradies des Urwaldes' verlor ein Rezensent gar vollends den Blick für das, worum es hier geht: Aus einem Beschneidungsritual machte er eine Feier zur ‚Defloration der Mädchen' (Film-Kurier, 5.11.1924).[33]

Dadurch, dass das Es von den Schwarzen Filmfiguren symbolisiert und somit von der *weißen* Identifikationsfigur abgespalten, weil dem Anderen zugeschrieben wird, können sich die mit der *weißen* Protagonistin identifizierenden Rezipierenden ihrem Trieb hingeben ohne ihren Subjektstatus einzubüßen.

Dass den Schwarzen Filmfiguren in okzidentalen Filmtexten die Anteile des *weißen* Subjekts zugeschrieben werden, die den Phallus *Weißsein* schrumpfen lassen, ist zusätzlich eindrücklich an der Übertragung aller (historisch belegten) negativen Handlungs- und Charakteranteile *weißer* Menschen auf Schwarze Filmfiguren zu erkennen.[34] Damit wird das Bewusstsein der Rezipierenden auf einer sehr subtilen Ebene getäuscht und die Ideologie des Rassismus sowohl verschleiert als auch in dem getäuschten Bewusstsein verankert. Auf diese Weise wird nicht nur die

---

[32] Laplanche/Pontalis 1973: 148.
[33] Waz 1997: 101.
[34] Vgl. Unterkapitel *3.4.7 Weiße Geschichtsverfälschung*.

Aufarbeitung der von *Weißen* verübten Gräueltaten in der okzidentalen Dominanzkultur verhindert, sondern jedes Gefühl dafür, dass diese Aufarbeitung durch *Weiße* überhaupt notwendig sein könnte, von vornherein im Keim erstickt.

Die Behauptung, dass es sich bei der jeweils erzählten Geschichte um „objektive Wahrheit" handele,[35] lindert auf Seiten der sich mit der *weißen* Protagonistin identifizierenden *weißen* Filmrezipierenden die Angst vor dem potenziellen Verlust ihrer *weißen* Eigenschaften. Denn der symbolische Phallus *Weißsein* wird durch den Verweis auf die „Realität" gewissermaßen essenzialisiert. Insgesamt trägt die von den Filmtexten evozierte Realitätsillusion durch die mit ihr einhergehende „Naturalisierung" rassistischer Konstruktionen zur Verfestigung des Mythos *weißer* Superiorität in entscheidendem Maße bei.[36]

Hinzu kommt, dass die Filmindustrie den von mir untersuchten Mainstream-Spielfilmen zum Teil einen herrschaftskritischen Anstrich verleiht, der die Filmtexte „liberal" und emanzipatorisch bis hin zu kolonial- und rassismuskritisch erscheinen lässt. Dieser Eindruck entsteht, indem sich die *weißen* Identifikationsfiguren im Laufe der Narration immer wieder – mehr oder weniger entschieden – herrschenden Normen entgegenstellen. In drei der vier Filme gehen sie sogar gegen explizite Rassismen an.[37] Gleichzeitig aber werden in allen vier Filmen sowohl auf der Bildebene als auch durch subtile Formen des gesprochenen Texts diskriminierende Darstellungen Schwarzer Filmfiguren (re-)produziert[38] und Schwarze Menschen durch diesen impliziten Rassismus wiederholend als unzivilisiert, emotionslos, entindividualisiert, „primitiv", hilflos bemüht und dumm dargestellt,[39] an einigen Stellen sogar als gewalttätig.[40] Durch eine solche Darstellung der *weißen* Identifikationsfigur als Herrschaftskritikerin, die gegen explizite Rassismen angeht, wird verschleiert, dass dieselbe *weiße* Identifikationsfigur zur Formung der in den Filmtext eingearbeiteten impliziten Rassismen genutzt wird.

Durch all diese Inszenierungsstrategien dürften die sich mit der *weißen* Protagonistin identifizierenden *weiß*-weiblichen Rezipierenden am Ende der kinematografischen Reise mehr als zufrieden sein mit ihrer Verortung im okzidentalen Patriarchat. Sie haben ihre Reiselust und ihr Eroberungsfeuer befriedigt und sind überzeugt, in Europa am richtigen Ort zu leben, zu dem sie gemeinsam mit der jeweiligen Protagonistin zurückkehren und an dem sie sich durch ihre – kinematografisch durchlebte – Abenteuerreise im subjektiven Empfinden eine erhöhte Position erarbeitet haben. Um auch den *weiß*-männlichen Zuschauer zufrieden zu

---

[35] Vgl. Unterkapitel *3.4.6 Mythos (weiblich-)weißer Wahrheit*.
[36] Vgl. Barthes 1970: 131f. und Unterkapitel *2.3.1.2 Koloniale Mystifizierungs- und Mythifizierungsstrategien*.
[37] Vgl. Unterkapitel *3.4.8 Konstruierte Held_innen weißer Kolonialkritik*.
[38] Vgl. ebd.
[39] Vgl. Kapitel *3.6 Die Schwarze Filmfigur als von Weißen konstruiertes Symbol des Kastrationskomplexes*.
[40] Vgl. Unterkapitel *3.6.6 Mythos Schwarzer Gewalttätigkeit*.

stellen und seiner potentiell aufkommenden Kastrationsangst zu begegnen, werden die *weißen* Protagonistinnen in allen vier Filmtexten den *weißen* Protagonisten untergeordnet inszeniert. Denn dass die *weiße* Protagonistin, wenn auch nicht dem jeweiligen Vater, so doch dem *weißen* Manne untergeordnet bleibt, wird in allen vier Filmtexten deutlich. Wirkliche „Handlungsfreiheit" und Macht erfahren sie nur während vollständiger Absenz männlich-*weißer* Hauptfiguren.

Dass diese Hierarchisierungen innerhalb der Figurenkonstellation sich auch in den installierten Blickregimen niederschlagen, habe ich exemplarisch an einer Sequenz des Films *Die weiße Massai* aufgezeigt:[41] Indem eine *weiß*-weibliche Identifikationsfigur ihren kontrollierenden, subjektgestärkten Blick auf eine fetischisierte und/oder abgewertete Schwarze Filmfigur richtet, wird weibliches *Weißsein* hegemonial inszeniert. Den (*weißen*) Filmrezipierenden wird dadurch ein zur Identifikation einladender Schaulust erzeugender (symbolischer) Phallus offeriert, den die *weiße* Protagonistin verkörpert.

Zu dem von *weißen* Filmfiguren repräsentierten Ich-Ideal trägt auch die mit dem Begriff der Entwicklung zusammenhängende Repräsentation des Über-Ichs durch die *weißen* Protagonist_innen bei. Denn nur durch die in der Bewältigung des Ödipuskomplexes stattfindende Triebsublimation entsteht laut Freud Entwicklung, Fortschritt und Kultur. Menschen mit Über-Ich sind laut Psychoanalyse entwickelt, Menschen ohne Über-Ich nicht. Diesem psychoanalytischen Modell entsprechend durchlaufen ausschließlich *weiße* Filmfiguren eine (positive) Figurenentwicklung. Die *weißen* Hauptfiguren werden zu runden, sich entwickelnden Charakteren (round characters[42]), die Schwarzen Filmfiguren bleiben grob geschnitzte, flache und einfältige Charaktere (flat characters[43]) oder entwickeln sich, wie im Falle Lemalians, gar zurück. Während sich *weiße* Charaktere entfalten, verharren die afrikanistisch konstruierten Filmfiguren in Schwarzer (Stereo-)Typisierung. Schwarze Filmfiguren dienen so ausschließlich der Entwicklung der Geschichte der *weißen* „Abenteurer_innen" und der Konflikte zwischen den *weißen* Protagonist_innen, nicht aber der Aufarbeitung der Kolonialzeit unter Einbezug afrikanischer oder herrschaftskritischer Perspektiven.

Der von Mulvey thematisierten Kastrationsangst phallisch positionierter Filmrezipierender, die durch den Anblick kastrierter Filmfiguren ausgelöst werden kann, wird in allen vier Filmen auf vier Ebenen gleichzeitig begegnet. Beide von Mulvey angeführten Abwehrstrategien von Fetischisierung und sadistischer Abwertung der kastrierten Filmfigur werden sowohl in Bezug auf die *weiße* Protagonistin als auch in Bezug auf Schwarze Filmfiguren umgesetzt.[44]

---

[41] Vgl. Kapitel *3.5 Der phallische Blick: weißes Subjekt, Schwarzes Objekt* inklusive dessen Unterkapiteln.
[42] Faulstich 2008: 101.
[43] Ebd.
[44] Vgl. Kapitel *3.7 Strategien zur Verdrängung der Kastrationsangst beim Anblick kastrierter Filmfiguren.*

Die durch die Phallusanteile *Weißsein* und Bürgerlichkeit ermächtigte, auf der Machtachse Geschlecht jedoch weiterhin kastrierte *weiße* Frau wird, wie weiter oben bereits dargelegt, auf der Machtachse Geschlecht dadurch fetischisiert, dass ihr männliche Charaktereigenschaften zugeschrieben werden. Dieses Forschungsergebnis erweitert die Mulvey'sche Theorie, indem es die weibliche Fetischisierung nicht nur in einer penisförmigen Inszenierung erkennt, sondern zusätzlich in der inhaltlichen Zuschreibung männlicher Attribute. Trotz dieser Form von Fetischisierung werden jedoch alle vier *weißen* Protagonistinnen, wie oben bereits genauer dargelegt, immer wieder als dem *weißen*, bürgerlichen Mann unterlegen inszeniert.

Aus dieser Machtkonstellation zwischen männlich-*weißen* und weiblich-*weißen* Filmfiguren ergibt sich die Tatsache, dass die *weißen* Protagonist_innen intradiegetisch nur von den männlich-*weißen* Protagonisten bestraft werden (können). Diese Bestrafung ist notwendig, um die Schaulust derjenigen Rezipierenden aufrechtzuerhalten, die sich durch den Anblick einer kastriert-weiblichen Filmfigur bedroht fühlen.[45] Um die Bestrafung legitim erscheinen zu lassen, werden die strafenden *weißen* Protagonisten, selbst wenn sie die *weißen* Heldinnen immer wieder in ihrer Potenz beschneiden, als Sympathieträger inszeniert. So bleibt selbst Bror, der die zur Identifikation einladende *weiße* Protagonistin Karen wiederholend sadistisch erniedrigt, eine sympathische Filmfigur.[46] Durch eine solche Inszenierung als Sympathieträger sprechen die *weiß*-männlichen Filmfiguren weiterhin eine Einladung zur Identifikation aus. Dabei besitzen sie nicht nur die Macht, die *weiße* Protagonistin sadistisch abzuwerten, sondern auch die Macht, sie zu erhöhen.

Strafe erfahren – neben der *weißen* Protagonistin[47] – vor allem die Schwarzen Filmfiguren, die in der Narration die Position des Kindes einnehmen.[48] In den vier Filmen sind es vor allem männliche Schwarz-kastrierte Filmfiguren, deren bedrohliche Ausstrahlung gebändigt werden muss, da weiblich-Schwarze Filmfiguren in personalisierter oder individualisierter Form kaum vorkommen. Dies geschieht vor allem, indem die Schwarz(-männlichen) Filmfiguren, falls sie sich „zähmen" lassen, *weiße* Sitten annehmen und dadurch fetischisiert dargestellt sind, oder indem sie, verweigern sie dies, durch Ermordung oder sonstige Gewaltanwendung aufgrund einer ihnen zugeschriebenen Schuld sadistisch bestraft werden. Diese Bestrafung erfolgt vor allem durch *weiße* und auch *weiß*-weibliche Filmfiguren, die die väterlich-strafenden Instanzen des Ödipuskomplexes verkörpern.

Allerdings wird der Sadismus, dem die Schwarz-männliche Hauptfigur des Films *Die weiße Massai* ausgesetzt wird, in geschickter Weise dem Schwarzen Mann selbst zugeschrieben, der sich seiner letzten Fetischobjekte vorgeblich aus eigenem

---

[45] Vgl. Unterkapitel *3.7.2 Sadistische Abwertung der weißen Protagonistin*.
[46] Vgl. ebd.
[47] Vgl. ebd.
[48] Vgl. Unterkapitel *3.6.3 Infantilisierung*.

Antrieb sukzessive entledigt: In innerem und äußerem Wahn wirft er die letzten ihm verbliebenen (im-)materiellen Fetischobjekte von sich. Dadurch demaskiert er sich selbst und macht seine Kastration sichtbar ohne dass es *weißer*, sadistischer Täter_innenschaft bedarf.[49]

Die Bewegung der zunächst stattfindenden Fetischisierung der Schwarzen Hauptfigur hin zu einer sadistisch inszenierten Rücknahme aller ihr zunächst zugeschriebenen okzidentalen Fetischobjekte vermittelt den Eindruck, dass alle *weißen* Filmfiguren und die sich mit ihnen identifizierenden Rezipierenden dem Schwarzen Mann von vornherein emotional offen und in „liberaler Denktradition" gegenüber getreten seien. Dieses ihm in vorgeblich antirassistischer Manier entgegengebrachte Vertrauen enttäuscht der Schwarze Mann in dieser Konstruktion selbst und ohne Zutun der weiterhin unschuldig wirkenden *weißen* Filmfiguren.

Der Film *Die weiße Massai* holt die *weiße* Feministin durch diese Kombination von Fetischisierung und sadistischer Abwertung der Schwarz-männlichen Hauptfigur ab, wo sie steht: Die Emanzipationsbestrebungen der *weißen* Frau zur Jahrtausendwende verstehend und ihre Fluchtbewegung aufgreifend, führt er die *weiße* Heldin zunächst aus dem Gefängnis des *weißen* Patriarchats hinaus und bestätigt die *weiße* Frau – innerhalb des klassischen, gemeinhin männlichen Protagonisten vorbehaltenen Filmgenres „Abenteuerfilm" – in ihrem Mut, ihrer Kraft und in ihrer Aktivität. Geduldig begleitet das Narrativ die *weiße* Protagonistin bei ihren Versuchen, in der Welt des Schwarzen Patriarchats Fuß zu fassen und nimmt sie liebevoll wieder ins *weiße* Patriarchat auf, als sie reumütig zurückkehrt, nachdem sie trotz all ihrer Liebe und Gutmütigkeit an der zunehmend kastriert inszenierten Schwarz-männlichen Filmfigur gescheitert ist.

Die *weiße* Filmrezipientin hat, sollte sie sich mit Carola identifiziert haben können, beinahe am eigenen Leibe erfahren, dass das *weiße* Patriarchat und die Subordination unter den *weißen* Mann das kleinere Übel darstellt. Auch der *weiß*-männliche Zuschauer kann den Kinosaal zufrieden und angstfrei verlassen. Denn indem der Schwarze Mann seine Kastration öffentlich gemacht hat, überlässt er die Vormachtstellung dem *weißen*. Das okzidentale Märchen vom „übergroßen Schwarzen Penis" kann beruhigt in die Märchenwelt zurückgeschickt werden.

Durch die Fetischisierung der Schwarz-männlichen Hauptfigur wird nicht nur die Schaulust der *weißen* Rezipierenden aufrechterhalten, sondern Letzteren zunächst auch eine partielle Identifikationsmöglichkeit geboten, die dann durch sadistische Strukturen in eine Ablehnung der Schwarzen Filmfigur umgewandelt wird, weil sich der Schwarze Mann im Filmtext schuldig gemacht hat. Rassistische Vor-Urteile, Mythen und Stereotype werden so noch einmal bestätigt.

---

[49] Vgl. Unterkapitel *3.7.4 Sadistische Abwertung Schwarzer Filmfiguren*.

Schlussbetrachtungen

Dass die so inszenierte *weiße* Heldinnenfigur jedoch nicht alle Zuschauenden gleichermaßen zur Identifikation einlädt, erscheint naheliegend. Laut Mulvey identifizieren sich Filmrezipierende jeweils mit „ihrem Stellvertreter auf der Leinwand".[50] Im Zusammenhang mit dem Mulvey'schen Phallusverständnis bedeutet das, dass es sich um eine geschlechtsspezifische Identifikation mit der gleichgeschlechtlichen Filmfigur handelt. Obwohl diese These inzwischen vielfach hinterfragt und von einigen Filmtheoretiker_innen ad absurdum geführt worden ist, spricht die Rezeptionsstatistik des Films *Die weiße Massai* dafür, dass sich bei der Rezeption dieses Films tatsächlich mehr Frauen als Männer mit der weiblichen Hauptfigur identifiziert haben.[51] Auch die in Unterkapitel 3.1.1 dargelegte Wirkungsrealität des Films *Out of Africa* deutet auf eine vom Film evozierte Schaulust hin, die weibliche Rezipierende eher erfasst hat als männliche.[52]

Bei einer Übertragung dieser Mulvey'schen Feststellung auf die von mir angewandte kritische Analysekategorie *Weißsein* könnte die Identifikation mit dem eigenen „Stellvertreter" zusätzlich bedeuten, dass vornehmlich *weiße* Filmrezipierende eingeladen werden, sich mit den *weißen* Filmfiguren zu identifizieren.[53] Wie ich aber in Unterkapitel 2.3.2 bereits dargelegt habe, gibt es für Schwarze Rezipient_innen – im Falle einer Internalisierung der am eigenen Leibe erfahrenen Abwertung – auch die Möglichkeit, den normierten *weißen* Blick zu übernehmen[54] und sich folglich mit den *weißen* Aggressor_innen zu identifizieren.

Ob dies bei der Rezeption der in dieser Forschungsarbeit untersuchten Spielfilme stattfindet und inwieweit sich die Identifikation des Schwarzen Mannes von der der Schwarzen Frau unterscheidet, kann an dieser Stelle – unter anderem aufgrund fehlender Statistiken – genauso wenig geklärt werden wie die Frage, ob *weiße* Männer sich in der Filmfigur der *weißen* Protagonistin spiegeln können und inwiefern sie dabei zu dem ersehnten Wiedererleben des frühkindlichen Omnipotenzgefühls gelangen. Für die von mir zu bearbeitende Fragestellung ist vor allem die Feststellung wichtig, dass die *weißen* Protagonistinnen sehr gute Identifikationsfiguren für die *weiß*-weibliche Filmrezipierende abgeben, die sich mit ihrer „Stellvertreterin auf der Leinwand" möglicherweise deshalb so gut identifizieren kann, weil sie sich in ihrem weiblichen *Weißsein* ungebrochen spiegeln darf.

In der Einleitung wurde die Frage aufgeworfen, warum diese Filme, die von kolonialrevisionistischen, rassistischen oder zumindest rassismusunsensiblen Regis-

---

[50] Mulvey 1994: 57. Fraglich bleibt, mit welcher Filmfigur sich Menschen identifizieren, die sich nicht in die gesellschaftlich verordnete Zweigeschlechtlichkeit einordnen (lassen) wollen oder können.
[51] Vgl. Unterkapitel *1.2 Struktur und Analysekorpus* und *3.1.1 Wirkungsrealitäten*.
[52] Vgl. Unterkapitel *3.1.1 Wirkungsrealitäten*.
[53] Diese Annahme wird in Unterkapitel *3.1.1 Wirkungsrealitäten* für den Film *Out of Africa* zum Teil bestätigt.
[54] Vgl. Unterkapitel *2.3.2 Individuelle Rezeptionsposition, Identifikation und Schaulust*.

seur_innen gedreht wurden, genau zu diesen Zeitpunkten entstanden. Nach eingehender Untersuchung der vier Filmtexte und ihrer Wirkungs-, Bedingungs- und Bezugsrealität scheint es, als sei zu jeder Zeit der richtige Zeitpunkt, um der Intention gerecht zu werden, die Machtachse *Rasse* gesellschaftlich zu verfestigen. Es ist sogar notwendig, wie Hall und Snead und viele andere rassismussensible Theoretiker_innen hervorheben, diese Inhalte in regelmäßigen Abständen zu reproduzieren, um die Wirkmacht von *Weißsein* aufrecht zu erhalten.[55] Diese Notwendigkeit kann auch durch die psychoanalytische Theorie belegt werden. Denn, so der Neurologe, Psychiater und Psychoanalytiker Abraham, die „Wiederholung des gleichen, zumal in formelhaftem Ausdruck [...] bahnt sich offenbar in besonderer Weise den Weg ins Unbewußte."[56]

Es ist daher zu vermuten, dass hinter den gewählten, weit auseinander liegenden Produktionszeitpunkten der vier untersuchten Filme ein chronischer Bedarf an der Reproduktion rassistischer Konstruktionen, d.h. an der von Wiederholungen abhängigen Aufrechterhaltung rassistischer Stereotype[57] und Mythen[58] besteht. Diese müssen die auf Rassisierung basierenden Hierarchien innerhalb der okzidentalen Gesellschaft zu deren Aufrechterhaltung auf möglichst subtile Art und Weise wiederholend legitimieren. Den gesellschaftlichen Machthaber_innen scheint es bei diesen Filmen insbesondere an der Einbindung der „emanzipierten" *weißen* Frau in das oben beschriebene (post-)koloniale Staatsprojekt gelegen zu sein, die sich durch die Spiegelung in phallischen Filmfiguren zwar privilegiert fühlt, am Ende der Kontrolle des *weißen* Patriarchats und der Subordination unter den *weißen* Mann aber nicht entkommt.[59] Denn obwohl die zur Identifikation einladenden Protagonistinnen in einer sie fetischisierenden Manier[60] aufgrund der hegemonialen Inszenierung ihres *Weißseins* zu den Helden werden, die gemeinhin als *weiß*-männliche Filmfiguren das Genre des Abenteuerfilms bevölkern,[61] bleiben sie letztendlich alle dem *weißen* Mann untergeordnet.[62] Die Filmtexte passen sich dabei ebenso wie die psychoanalytische Theorie an den Bewusstseinsstand der Gesellschaft und den Grad der geleisteten Aufarbeitung von diskriminierenden Strukturen an.

Allerdings kann der diachrone Vergleich nicht in allen Analysebereichen eine lineare Entwicklung nachweisen. So beispielsweise im thematischen Bereich der Sprachlosigkeit: Hier wird afrikanistisch konstruierten Filmfiguren in Relation zur Gesamtzeit der Filmhandlung in dem frühesten Film meiner Untersuchungsreihe

---

[55] Vgl. Unterkapitel *2.3.1.1 Rassialisierende Stereotype*.
[56] Abraham 1971: 429.
[57] Vgl. Unterkapitel *2.3.1.1 Rassialisierende Stereotype*.
[58] Vgl. Unterkapitel *2.3.1.2 Koloniale Mystifizierungs- und Mythifizierungsstrategien*.
[59] Vgl. Unterkapitel *3.5.1.1 Blickachse weiße Frau – weißer Mann* und *3.5.1.6 Analysefazit*.
[60] Vgl. Unterkapitel *3.7.1 Fetischisierung der weißen Protagonistin*.
[61] Vgl. Kapitel *3.2 Genre-spezifizierende Analyse des Narrativs*.
[62] Vgl. Ende des Unterkapitels *3.4.1 Weiß symbolisierter Emanzipationsprozess als Frau*.

Schlussbetrachtungen 537

quantitativ sehr viel mehr „Redezeit"[63] eingeräumt als in dem Film *Out of Africa*. Qualitativ unterscheiden sich die Filme diesbezüglich jedoch nur in der Hinsicht, dass die den Schwarzen Filmfiguren in den Mund gelegten Worte in *Eine Weiße unter Kannibalen (Fetisch)* eher dazu dienen, das Schwarze Begehren nach dem Phallus *Weißsein* und eine Schwarze Gewalttätigkeit zu konstruieren, während sie in dem Film *Out of Africa* eher dazu genutzt werden, die *weißen* Filmfiguren in ihrem Handeln zu bestätigen und den Schwarzen Filmfiguren eine „genuine" Bereitschaft zur Unterordnung und Untertänigkeit zuzuschreiben. Auch wird, indem den Schwarzen Filmfiguren „Sprechakte" zugeschriebenen werden, mittels derer ihnen ein (leicht) kritischer Blick auf die *weiße* Gesellschaft „gewährt" wird, an der das Bewusstsein der Rezipierenden täuschenden Filmoberfläche von *Out of Africa* Kolonialkritik vorgetäuscht, die die tiefer liegenden impliziten Rassismen verschleiert. Daher ist es nicht immer möglich, die Entwicklungen einzelner Inszenierungsstrategien in den vier Filmen als chronologisch zu erkennen.

Mithilfe der erweiterten Mulvey'schen Analyseschablone konnte deutlich gemacht werden, dass die okzidentale Spielfilmindustrie die Inszenierung hegemonialen *Weißseins* zur Produktion *weißer* Schaulust nutzt. Das Kino eignet sich bewiesenermaßen hervorragend, um jene starken Bilder zu produzieren, von denen Freud spricht (Beginn Kapitel fünf). Durch andere Institutionen des ideologischen Staatsapparats Kultur werden die rassialisierenden Mainstream-Spielfilme als Fetischobjekte der *weißen* Kultur verfestigt. In Zeitungsartikeln wird ihnen immer wieder die Repräsentation von „Wahrheit", „Wirklichkeit" und „Realität" bescheinigt – und diese damit regelmäßig heraufbeschworen.

Die erweitert gelesene Mulvey'sche Theorie bietet, indem sie phallisch versus kastriert setzt, die Möglichkeit, ideologie- und herrschaftskritische Filmanalysen auf allen Machtachsen durchzuführen sowie herauszufinden, welche Machtachsen zur Entstehung der den Identifikationsfiguren verliehenen Phalli genau beitragen. Im Analyseteil dieser Arbeit lag der Fokus allerdings hauptsächlich auf der Machtachse *Rasse*. Sehr wohl hätten die anderen Machtachsen deutlicher einbezogen werden können, doch war es Ziel der Forschung, rassismussensible Strategien zu erarbeiten, so dass der zu erkennende Schwerpunkt in der Analyse berechtigterweise gewählt wurde. Für ideologiekritische Analysen im Allgemeinen wären die anderen Machtachsen stärker einzubeziehen.[64] Das Problem der Balance unter den

---

[63] Anführungsstriche, da die wörtliche Rede im Stummfilm per Schrifttafel im Filmtext erscheint.
[64] Vgl. Binder/Hess 2011: 52: „Die Prozeduren wie Effekte der Wissensproduktion sind unvorhersehbar – Forschung insofern immer ein ‚messy business': sei es im Hinblick auf den Verlauf des Forschungsprozesses, sei es in Bezug auf die Aneignung durch unterschiedliche Auditorien. Auch eine intersektionale Perspektivierung kann insofern nur bedeuten, dass wir möglichst sensibel möglichst viele Kategorisierungen im Spiel behalten – und dies nicht zuletzt mit Blick auf die politischen Kontexte, in die wir mit unseren Forschungen intervenieren wollen."

Machtachsen bleibt in der von mir durchgeführten Analyse also bestehen, kann aber durch den von mir erarbeiten Analyseansatz behoben werden, wenn die Machtachsen in besserer Balance untersucht werden.

Die von mir in dieser Forschungsarbeit entwickelte ideologie- und herrschaftskritische Analyseschablone bleibt allerdings in Dichotomien gefangen. Denn Mulveys Theoriegebäude gründet auf binären Denkmustern, die vor Jahrzehnten bereits von anderen Theoretiker_innen kritisiert wurden, die Mulveys Weiblichkeitskonstruktion z.B. in Bezug auf die damit verbundene Heteronormativität in Frage stellten.[65] So lässt auch der von mir für die Analyse okzidentaler Filmtexte entwickelte Ansatz die Analysierenden durch die Gegenüberstellung von kastriert versus phallisch weiterhin in dichotomen Gegensatzpaaren denken. Hinzu kommt, wie in Unterkapitel 2.4 dargelegt, dass die Analyse binär strukturierter (Film-)Texte das Sprengen binären Denkens kaum möglich macht – lediglich das Aufzeigen dieser binären Diskriminierungsstrukturen kann geleistet werden.[66] Es erscheint kaum zu umgehen, dass durch die Beschreibung dieser (Film-)Texte binäres Denken zugleich (re-)produziert wird.

Mulveys erweitert gelesener Theorieansatz eignet sich, um Stereotype, Mythen und Konzepte aufzuzeigen, nicht aber, um sie zu zerstören und schon gar nicht, um ein neues Denken zu entwickeln. Auch für das Vorhaben, eine Schaulust zu ergründen, die dem Lockruf von *Weißsein* nicht zu folgen bereit ist, bietet sich das erweiterte Mulvey'sche Theoriekonzept nicht an. Denn die Psychoanalyse beschreibt die Subjektwerdung eines ausschließlich *weißen* Subjekts in der okzidentalen, auf Rassismus gründenden Gesellschaft, welche die Über-Ich-Anforderungen definiert. Aus diesem Grunde müsste, um die Schaulust von nicht-*weiß* konstruierten Subjekten mithilfe des erweitert gelesenen Mulvey'schen Modells zu theoretisieren, zunächst ein neues Konzept von Über-Ich entwickelt werden.

Eine andere, sicherlich effektivere Möglichkeit besteht darin, das Mulvey'sche Modell mitsamt seiner psychoanalytisch fundierten Analyseansätze zu verlassen und die Schaulust von Menschen, die sich nicht ungebrochen mit *Weißsein* identifizieren können oder wollen, anhand von Gegen- und Post-Narrativen sowie aus empirischen Rezeptionsforschungen in Kombination mit einem rein post_kolonial beeinflussten Theorieraum zu ergründen. Diesbezüglich hat sich der Einbezug des Afrikanischen *Third Cinema* in meine Forschungsarbeit als ausgesprochen nützlich erwiesen – auch, wenn dabei das Problem bestehen bleibt, dass diese Filmtexte von *weißen* Europäer_innen vornehmlich aus einer eurozentrischen Perspektive gelesen werden, da sie die in den Film eingebauten Zeichen aus einem afrikani-

---

[65] Vgl. Unterkapitel *2.1 Verifizierungsversuche und Auslassungen feministischer Filmtheorie am Filmbeispiel Blonde Venus* und *1.1.1 Feministische Filmtheorie*.
[66] Vgl. Unterkapitel *2.4 Strukturelle Herausforderungen bei der Analyse binärer Repräsentationssysteme*.

schen Gesellschaftskontext nur bis zu einem gewissen Grade dechiffrieren können. Doch das erweitert gelesene Mulvey'sche Modell kann genutzt werden, um Irritationen zu identifizieren, die der Filmtext im Zusammenprall mit *weißen* bzw. okzidentalen Sehgewohnheiten hervorruft.

So lässt sich mithilfe der von mir entwickelten Analyseschablone bezogen auf den Film *La Noire de...* sagen, dass Sembène dem *weißen* Publikum durch die von mir aufgezeigten Veränderungen der textuell provozierten Identifikationsprozesse koloniale Kontinuitäten in der post_kolonialen Weltordnung aufzeigt und durch veränderte ästhetische Formen sowie durch die Inszenierung von Gegennarrativen auf das verdrehte Erinnerungs- und Geschichtsverständnis europäischer Gesellschaften Einfluss nimmt. Durch die Einladung zu einer oszillierenden Identifizierung werden die (weiblich-)*weißen* Filmrezipierenden behutsam an Hegemonie-(selbst)kritik herangeführt. „Komisch"[67] erscheinen die *Weißen* vor allem dadurch, dass die in okzidentalen Filmen überlieferten rassistischen Stereotype im Filmtext präsent bleiben, dass aber die innere Stimme Diouanas und ihr Blick auf das, was sie sieht, den *weißen* Überlegenheitshabitus in Frage stellen, ja: konterkarieren.

Konträr zu den Konventionen des okzidentalen Mainstream-Kinos legt Sembène die Differenz zwischen *weißer* Selbstwahrnehmung und (post_)kolonialer Realität offen und stellt sie zur Debatte. Durch die Visualisierung der alltäglichen *weißen* Gewalt, den wachsenden Widerstand der Schwarzen Protagonistin und durch die Gleichgültigkeit, mit der die *Weißen* auf den an Diouana begangenen (Selbst-)Mord reagieren, wird das *weiße* System de-legitimiert, de-stabilisiert und der kinematografische Blick de-kolonisiert. Sembène verkehrt damit die in okzidentalen Spielfilmen übliche Trope Schwarzer Filmfiguren, die das *weiße* System stützen und rassistische Ideenwelten bestätigen, in ihr Gegenteil. In *La Noire de...* passiert, was Kelly sich wünscht: Der Film rückt

> das Schwarze Objekt in die Position des Schwarzen Subjekts ‚vor' und das *weiße* Hypersubjekt in die Position des *weißen* Subjekts ‚zurück', sodass Afrokultur sich als [europäische, J.D.] (Teil-)Identität erweisen und kontingenzfähig werden kann.[68]

---

[67] Dyer 1997b: 10: „whiteness needs to be made strange".
[68] Kelly 2016: 176. Ich habe in diesem Zitat „deutsche" durch „europäische" (Teil-)Identität ersetzt.

## 5.2 Analysematrix mit Leitfragen für eine rassismussensible Filmanalyse

Die von mir erarbeitete Analyseschablone, die auf der Mulvey'schen Theorie basiert und durch eine erweiterte Phallusdefinition von der engen Bindung an die Geschlechterdifferenz gelöst wurde, kann, wie unter 5.1 bereits erwähnt, womöglich auf die dekonstruktive Analyse aller kinematografisch errichteten Machtachsen angewendet werden. Im Folgenden werde ich mich jedoch auf die Erarbeitung einer Analysematrix mit Leitfragen beschränken, die sich speziell auf eine rassismussensible Filmanalyse bezieht.

Auf die Konstruktion dieser Analysematrix wirkt sich aus, dass der Film, wie von Schaaf betont, ein Konstrukt aus vier Zeichensystemen ist: dem des Bildinhaltes, dem der Bildbewegung und Bildfolge, dem der Sprache und dem der Musik. Während das Zeichensystem von Bildbewegung und Bildfolge das eigentlich filmspezifische Zeichensystem ist, das als der filmische Code bezeichnet wird, nimmt der Stummfilm eine besondere Stellung im auditiven Zeichensystem ein. Die Vertonung ist nur beim Tonfilm an die Filmkopie gekoppelt. Die Filmanalyse wird also dadurch erschwert, dass die Bedeutung der filmischen Einheiten nur durch die Analyse der Verbindung aller verschiedenen Zeichensysteme erkannt werden kann. Denn nur durch ihr Zusammenspiel kommt es zu der ausgedrückten Bedeutung.[69]

Schaafs Einteilung in bedeutungsbildende Filmelemente werde ich, zum Teil zusammenfassend, zum Teil ergänzend, bei der Erstellung der Analysematrix folgen und vier unterschiedliche Filmebenen betrachten: das dramaturgische System als Narration, das fotografische System als Bildebene, das sprachliche und musikalische System zusammengefasst in der Tonebene und zusätzlich eine Meta- bzw. Reflexionsebene.[70] Die von Bellour in Rückgriff auf Metz angeführte Ausdrucksmaterie der schriftlichen Angabe[71] fasse ich unter die Filmebene der Narration.

---

[69] Schaaf 1980: 40. Auf Seite 49: „erst in ihrem Zusammentreffen entsteht die Bedeutung der kleinsten bedeutungstragenden filmischen Einheit".
[70] Schaaf 1980: 49.
[71] Bellour 1999a: 13: „Christian Metz (1973) hat gezeigt, wie sich fünf Ausdrucksmaterien im Film verbinden, sobald er zu sprechen beginnt: der phonetische Laut, die schriftlichen Angaben, der musikalische Ton, die Geräusche, das photographische, bewegte Bild."

# Schlussbetrachtungen

| Filmebenen/ Filmelemente | Phallisch-weiße Identifikationsfigur(en) | Schwarz-kastriert inszenierte Neben- und Hauptfigur(en) | Fragestellungen für eine rassismussensible Filmanalyse |
|---|---|---|---|
| **I. Narration** | | | |
| Subjektstatus | Individualisierte Held_innenfigur: <br><br>- entdeckt, erobert, besiedelt ein vorgeblich menschenleeres Stück Land<br>- handelt aktiv und bestimmt dadurch den Fortgang der Geschichte<br>- lenkt die Fantasie der Rezipierenden<br>- ihr Phallus setzt sich aus mehreren Machtachsen zusammen (Überlegenheit durch *Weißsein* wird verstärkt durch Hegemonialität auf der Machtachse Klasse, religiöser und sexueller Orientierung, körperlicher Befähigung etc.)<br>- ausgestattet mit Beruf und eigener Geschichte<br>- mobil; flexibel in der Auswahl des Aufenthaltsortes | Dehumanisierte Filmfigur, entpersonalisiert und tierähnlich inszeniert <br><br>- tritt entweder gar nicht, häufig kaum sichtbar oder vornehmlich als Hintergrundfigur in rudel- oder herdenähnlichen Konstellationen in Erscheinung<br>- Mangel an Subjektivität und individuell menschlicher Identität<br>- dient lediglich der Entwicklung der Geschichte der *weißen* Filmfiguren; zumeist als passives Objekt oder gefährlicher Aggressor<br>- geschichtslos, ohne Beruf<br>- immobil; gefangen in der Enge einer bestimmten geographischen Region | - Aus wessen Perspektive wird die Geschichte erzählt?<br>- Welche Filmfigur steht im Zentrum?<br>- Auf welche Weise lenkt sie die Fantasie des Publikums, auf welche Weise übernimmt sie die Aktivität des Handelns und treibt die Handlung somit voran?<br>- Sind es ihrer eventuell mehrere? Welche? Wer ist Handlungsträger?<br>- Um wen rankt sich die Geschichte/Erzählung (Anfang bis Ende)?<br>- Welche Filmfigur wird als Held_in im Sinne einer heldenhaften Abenteuerfigur inszeniert? Welche entdeckt, erobert und durchlebt mutig ein Abenteuer? Ist diese Figur mit *Weißsein* konnotiert?<br>- Aus welchen Machtachsen setzt sich der Phallus dieser (die Rezipierenden lenkenden) Held_innenfigur zusammen?<br>- Durch welche rassialisierenden Inszenierungsstrategien entsteht ein zur Identifikation einladendes Ich-Ideal?<br>- Welche Filmfiguren dienen der hegemonialen Inszenierung der Identifikationsfigur auf welche Weise? |

| Filmebenen/ Filmelemente | Phallisch-*weiße* Identifikationsfigur(en) | Schwarz-kastriert inszenierte Neben- und Hauptfigur(en) | Fragestellungen für eine rassismussensible Filmanalyse |
|---|---|---|---|
| Entwicklungs-fähigkeit | **entwicklungsfähig:**<br><br>**a) auf Ebene der Figurenentwicklung (round character):**<br>- durchschreitet Entwicklung/Emanzipationsprozesse<br>- symbolisch: erfolgreiche Bewältigung des (weiblichen) Ödipuskomplexes mit dem Ergebnis der Subjektwerdung<br>- ist zugleich als „entwickelter", erwachsener Charakter inszeniert, der Schwarze Filmfiguren belehrt, heilt und (auch auf der symbolischen Ebene des Ödipuskomplexes) als strafende Instanz auftritt<br><br>**b) als Teil einer als „entwickelt" geltenden Gesellschaft:**<br>- ist sauber, hygienisch, (seelisch) rein<br>- wird mit „Kultur" und „Zivilisation" in Sinnzusammenhang gebracht<br>- ist (mehr oder weniger stark) mit der christlichen Religion verbunden; subtile (Re-)Inszenierung biblischer Held_innenmythen (Moses, Jesus, Eva, Maria) | **entwicklungsblockiert, rückständig:**<br><br>**a) auf der Ebene der Figurenentwicklung (flat character):**<br>- keine Figurenentwicklung<br>- infantiler, hilfsbedürftiger Charakter (als Kind oder kindlich inszeniert), wird von *weißen* Filmfiguren geschult, „erzogen" und geheilt<br>- verkörpert auf symbolischer Ebene im Rahmen des Ödipuskomplexes das bestrafte Kind, das den Prozess der Subjektwerdung nicht erfolgreich durchschreitet<br><br>**b) als Teil einer „unterentwickelt" und rückständig dargestellten Gemeinschaft:**<br>- wird als schmutzig, unhygienisch, (seelisch) unrein dargestellt<br>- mit „Natur" und „Primitivität" verbunden<br>- okkulten Ritualen/Aberglauben verhaftet oder mit abwertender Darstellung der islamischen Religion in Zusammenhang gesetzt | - Welche Filmfiguren sind „round", also sich entwickelnde, dynamisch konstruierte Charaktere, welche „flat", also statisch konstruierte Charaktere?<br>- Welche Filmfiguren werden als individualisierte, aktiv handelnde Subjekte mit „Kultur", „Zivilisation" und gesellschaftlichem, „Fortschritt" in Verbindung gebracht, welche mit „Natur", „Rückständigkeit" und „Primitivität"?<br>- Wer wird hilfsbedürftig dargestellt?<br>- Ist die symbolische Ebene des weiblichen und/oder männlichen Ödipuskomplexes in den Filmtext eingewoben? Falls ja: Welche Filmfiguren durchschreiten diesen erfolgreich? Wer übernimmt die Rolle der strafenden Instanz, wer die des bestraften Kindes, das am Prozess der Subjektwerdung scheitert?<br>- Welcher Filmfigur wird welche religiöse Ausrichtung auf welche Weise zugeschrieben?<br>- Gibt es auffällige Häufungen in Bezug auf Rassialisierungen? |

# Schlussbetrachtungen

| Filmebenen/ Filmelemente | Phallisch-weiße Identifikationsfigur(en) | Schwarz-kastriert inszenierte Neben- und Hauptfigur(en) | Fragestellungen für eine rassismussensible Filmanalyse |
|---|---|---|---|
| Handlungsmotive | **Dem „Guten" verpflichtet:**<br>- handelt ausschließlich, um der Welt und anderen Menschen Gutes zu tun („Gutmensch")<br>- will afrikanistisch konstruierte Filmfiguren vorgeblich von Krankheit, Dummheit, Rückständigkeit und Primitivität erlösen | **Dem „Bösen" verhaftet:**<br>- will, wenn sie überhaupt einen Willen besitzt, von vornherein nur Böses (Stereotyp des „Kannibalen")<br>- ausschließlich auf eigenen Vorteil aus<br>- die „bösen" Handlungsmotive können nur durch starke Kontrolle von *weißen* Filmfiguren zum Guten gewendet werden<br>- ist nur „gut", wenn sie sich *Weißen* unterordnet | - Welche Filmfiguren handeln aus guten Motiven, welche aus Arglist oder „kannibalischer" Gier?<br>- Welche Handlungskonsequenzen welcher Filmfiguren werden durch diese Inszenierung als legitim dargestellt?<br>- Auch hier ist auf Subjekt- oder Objekt-Positionierungen zu achten. |
| Gefühle | **gefühlsbegabt:**<br>- besitzt eine facettenreiche Gefühlswelt, die auf der körperlichen Ebene sowohl expressiv als auch feinsinnig dargestellt wird<br>- drückt vor allem positiv konnotierte Gefühle aus oder Gefühle, die mit Opferposition verbunden sind<br>- Gefühlsimpulse häufig durch afrikanistisches Setting ausgelöst | **gefühllos:**<br>- Absenz von Gefühlen oder Gefühle werden nur holzschnittartig gezeichnet<br>- fast ausschließlich negativ konnotierte Gefühle wie (rational völlig unbegründete) Wut und Aggression<br>- Gefühle wie Freude und Mitleid nur, um *weiße* Filmfiguren zu bestätigen und *weiß*-weibliche Filmfiguren zu fetischisieren | - Welche Filmfiguren zeigen Gefühle?<br>- Welche Filmfiguren sind von positiven Gefühlen bewohnt, welche von negativ konnotierten?<br>- Durch wen oder was werden die jeweiligen Gefühle ausgelöst?<br>- Was sollen die Gefühlsdarstellungen bewirken? Welche Filmfigur wird durch welche Gefühlsdarstellung ermächtigt?<br>- Wie beeinflussen die Machtachsen *Rasse*, Klasse und Geschlecht die Inszenierung von Gefühlen? |

| Filmebenen/ Filmelemente | Phallisch-*weiße* Identifikationsfigur(en) | Schwarz-kastriert inszenierte Neben- und Hauptfigur(en) | Fragestellungen für eine rassismussensible Filmanalyse |
|---|---|---|---|
| Sexualität | **Subjektgestärkte Sexualität:**<br><br>- entweder geht Sexualität gänzlich in Triebsublimation auf und wird zugunsten der großartigen Eigenschaften der Figuren in den Hintergrund gedrängt und gar nicht dargestellt<br><br>- oder sie wird als „zivilisierte", mit Gefühlen verbundene Sexualität inszeniert<br><br>- in allen Fällen aber sind die *weißen* Identifikationsfiguren mit einem Sinn für Erotik ausgestattet<br><br>- ihre erotischen und sexuellen Empfindungen sind mit Intellekt verknüpft<br><br>- häufig abstrahiert oder metaphorisch dargestellte Sexualität, die nicht selten auch mit biblischer Schöpfungsgeschichte und der „unbefleckten Empfängnis" der Mutter Gottes in Verbindung gesetzt wird | **Subjektlose, animalische Sexualität:**<br><br>- gänzlich asexuell<br><br>- oder Objekt des Begehrens einer *weißen* Filmfigur mit möglicherweise inkludierter „sexueller Dienerschaft"<br><br>- oder triebgesteuerte, animalische, subjektlose und mit Gewalttätigkeit verbundene Sexualität, die wenig abstrahiert dargestellt wird<br><br>- erotisches Empfinden so gut wie nie vorhanden; kann erotische Signale nicht als solche deuten<br><br>- zusammen mit der afrikanistisch imaginierten Landschaft bildet sie das „erotische Traumland" für die *weißen* Identifikationsfiguren und symbolisch den „dunklen Kontinent" *weiß*-weiblicher Sexualität<br><br>- mit Speer oder Lanze ausgestattet als sexualisiertes Alter-Ego der *weißen* Identifikationsfigur fungierend, von welcher der (sexuelle) Trieb abgespalten wird, um deren Phallusanteil *Weißsein* nicht schrumpfen zu lassen | - Welche Filmfiguren werden als Subjekte des sexuellen Begehrens gezeichnet, welche als (Lust-)Objekte?<br><br>- Durch welche Form von Sexualität zeichnen sich aktiv begehrende Filmfiguren aus? Ist es eine „zivilisierte", mit Triebsublimation verbundene Form der Sexualität oder eine der „Primitivität" zugeordnete, triebgesteuerte und mit Gewaltbereitschaft verbundene Form von Sexualität?<br><br>- Wie abstrahiert oder metaphorisch wird die jeweilige Sexualität dargestellt?<br><br>- Welchen Filmfiguren wird Erotik und Sexualität gänzlich abgesprochen? Welche werden als asexuell dargestellt?<br><br>- Wie geht der Filmtext mit dem gesellschaftlichen Tabu transrassialisierter Liebe und Sexualität um?<br><br>- Verstärkt sich die Charakterisierung rassialisiert dargestellter Sexualität durch intertextuelle Vergleiche? |

Schlussbetrachtungen 545

| Filmebenen/ Filmelemente | Phallisch-*weiße* Identifikationsfigur(en) | Schwarz-kastriert inszenierte Neben- und Hauptfigur(en) | Fragestellungen für eine rassismussensible Filmanalyse |
|---|---|---|---|
| **II. Bildebene** | | | |
| Blickregime | **Subjekt des Blicks:**<br>- aktiv blickend<br>- mit vielen Subjektiven ausgestattet (Kameraposition ist die Subjektive der Filmfigur)<br>- lenkt den Blick der Rezipierenden<br>- kann allerdings – je nach sozialem Status und Geschlecht – auf anderen Machtachsen auch zum Objekt des aktiven Blicks werden | **Objekt des Blicks:**<br>- passiver Status als angeblicktes Objekt: Filmfigur von Kamera als Objekt des Blickes eingefangen<br>- als nicht blickend dargestellt<br>- wenig bis keine Subjektiven | - Welche Filmfigur wird wann und wie oft blickend dargestellt, welche wann und wie oft als angeblicktes Objekt?<br>- Kamera: wessen Blick als Subjektive?<br>- Inwieweit werden Blickregime entlang rassialisierter Stereotype inszeniert?<br>- Wird Publikum durch Inszenierung des Blicks zur Identifikation mit *weißen* oder mit Schwarzen Filmfiguren eingeladen?<br>- Wird eine *weiß*-weibliche Identifikationsfigur dadurch ermächtigt, dass eine afrikanistisch konstruierte Filmfigur zum Objekt ihres Blicks wird? |
| Physiognomie und Kleidung/Kostüm | **Äußerlich dem globalisierten okzidentalen Schönheitsideal entsprechend *weiß* konstruiert:**<br>- helle Haut, glattes Haar (in verschiedenen Farbtönen), schmale Nase, verschiedene Augenfarben, schlank, ebenmäßiges Gesicht<br>- häufig weiß gekleidet oder/und mit weißen Accessoires versehen wie z.B. weiße Haarschleife, weiße Halsketten, Ohrringe etc.<br>- zeitgenössische „okzidentale" Kleidung | **Nicht-*weiß* konstruiert:**<br>- häufig dem seit Jahrhunderten reproduzierten Bild des stereotypisierten „Kannibalen" nachgeahmt (trotz Verortung in Afrika in frühen Filmen Ähnlichkeit mit Darstellung von „Indianer_innen", d.h. stereotyp konstruierten *Native Americans*)<br>- „primitiv" und nach afrikanistisch imaginierter „Tradition" gekleidet<br>- oft in ähnlicher Farbe gekleidet wie Haut oder Fell der Tiere, in deren visuelle Nähe Schwarze Filmfiguren gesetzt sind | - Welche Filmfiguren entsprechen dem christlich beeinflussten, globalisierten Schönheitsideal?<br>- Durch welche Inszenierungsstrategien wird dieses *weiße* Schönheitsideal verstärkt?<br>- Inwiefern unterstützt das jeweilige Kostüm die angestrebte Hegemonialität von *Weißsein* und die behauptete Inferiorität von Schwarzsein? |

| Filmebenen/ Filmelemente | Phallisch-*weiße* Identifikationsfigur(en) | Schwarz-kastriert inszenierte Neben- und Hauptfigur(en) | Fragestellungen für eine rassismussensible Filmanalyse |
|---|---|---|---|
| Habitus und Gestus | **Christl. Symbolik nachempfunden:**<br>- *weiße* Protagonistinnen nehmen häufig Körperhaltung und Mimik der Jungfrau Maria ein, im Falle weiblicher Emanzipation auch männliche Heldenpositionen biblischer Mythen oder von okzidentalen Eroberern und Abenteurern<br>- subtile Nachahmung christlicher Gemälde und Statuen | **„Kannibalen"-Stereotyp bedienend:**<br>- z.B.: trommelnd und (halb-)nackt mit Speeren um ein Feuer tanzend<br>- im Falle des „gezähmten Wilden": in Habitus und Gestus zurückgenommen, ganz auf das Dienen ausgerichtet<br>- häufig tierähnliche Verhaltensweisen<br>- subtile Nachahmung von Kupferstichen und Zeichnungen aus spätem Mittelalter, die Menschen eroberter und kolonisierter Länder als „Kannibalen" darstellen | - Welchen Filmfiguren empfinden in Habitus und Gestus das Bild der Jungfrau Maria oder anderer biblischer Figuren nach?<br>- Welche sind Sinnbild des mutigen Abenteurers?<br>- Welche verkörpern eher das seit Jahrhunderten überlieferte Bild eines „Kannibalen"?<br>- Welche werden als subjektlos Dienende dargestellt? |
| Lichtsetzung | **Gut ausgeleuchtet und das Bild dominierend:**<br>- wird von „Nordlicht" beschienen und so mit (dem Heiligen) Geist, „Aufklärung" und Göttlichkeit in Verbindung gebracht<br>- häufig von hinten beleuchtet, um Figur mit einer Art Heiligenschein auszustatten<br>- Beleuchtung meist auf die *weiße* Filmfigur abgestimmt, wenn *weiße* und Schwarze in einer Kadrierung zu sehen sind<br>- *Weiße* Filmfiguren und Europa werden häufig bei Tageslicht und hell beleuchtet zu sehen gegeben und erscheinen so im Lichte von „Aufklärung", „Zivilisation" und „Fortschritt". | **häufig unterbelichtet und schwer erkennbar:**<br>- häufig in Dunkelheit inszeniert: verschmilzt so mit Umgebung; als Subjekt weniger deutlich sichtbar<br>- Afrikanistisch imaginierte Menschen und Landschaften werden häufig bei Dunkelheit dargestellt, damit diese als gefährlich erscheinen.<br>- wenn mit einer *weißen* Filmfigur in einer Kadrierung, häufig weniger gut ausgeleuchtet und dadurch unscheinbar | - Welchen Filmfiguren wird durch die Lichtsetzung ein „Heiligenschein" verliehen?<br>- Welche erscheinen durch das „Nordlicht" göttlich erleuchtet?<br>- Welche Filmfiguren sind gut sichtbar und dominieren das Bild, welche verschwinden in Dunkelheit und sind dadurch unscheinbar?<br>- Wird das Bild so ausgeleuchtet, dass verschiedene Hauttönungen in einer Kadrierung gleich gut belichtet sind? |

# Schlussbetrachtungen

| Filmebenen/ Filmelemente | Phallisch-*weiße* Identifikationsfigur(en) | Schwarz-kastriert inszenierte Neben- und Hauptfigur(en) | Fragestellungen für eine rassismussensible Filmanalyse |
|---|---|---|---|
| Kameraposition | - häufiger untersichtig aufgenommen, so dass sie in Held_innenposition erscheinen | - nicht selten aufsichtig aufgenommen und daher als unterlegen wahrzunehmen | - In welche Position befördert die Kameraposition die Filmfiguren? |
| Bildkomposition | - zumeist im Zentrum des Bildes und im Bildvordergrund angeordnet<br>- in visuelle Nähe zu christlichen Symbolen und „zivilisatorischen Errungenschaften" gesetzt | - häufig im Bildhintergrund oder am Bildrand positioniert<br>- immer wieder in visuelle Nähe zu Tieren und Natur gesetzt | - Welche Filmfiguren werden in visuelle Nähe von Symbolen der „Kultur" gesetzt, welche in die Nähe von „Natur"?<br>- In welcher Position befinden sich welche Filmfiguren innerhalb der Bildkomposition? |
| Landschaften | - „zivilisierte" Herkunftsländer der Protagonist_innen als weiße Schneelandschaften oder/und bebautes Land mit Infrastruktur inszeniert | - kolonisierte Landschaften, in denen die Protagonist_innen Abenteuer durchleben, als menschenleer inszeniert<br>- auffällig häufig auch in Dunkelheit dargestellt oder als schwer bewohnbare Umgebung (z.B. „Urwald" oder wasserkarge, baumlose Weite), mit der die Schwarzen Filmfiguren verschmelzen<br>- Die Inszenierung der afrikanistisch konstruierten Landschaft bebildert die Gefühls- und Stimmungslagen der *weißen* Identifikationsfigur. | - Welche Farbsymbolik bedienen die Landschaftsaufnahmen?<br>- Wessen Stimmungslagen charakterisieren sie?<br>- Welche Filmfiguren bedienen sich der afrikanistisch inszenierten Landschaft, welche sind mit ihr verwachsen?<br>- Welche Rolle nimmt die Landschaft der europäischen Herkunftsländer der *weißen* Identifikationsfiguren ein? |

| Filmebenen/ Filmelemente | Phallisch-weiße Identifikationsfigur(en) | Schwarz-kastriert inszenierte Neben- und Hauptfigur(en) | Fragestellungen für eine rassismussensible Filmanalyse |
|---|---|---|---|
| **III. Tonebene** | | | |
| Sprache | **Sprachgewaltig:**<br>- quantitativ hohes Sprachaufkommen, viel Redezeit<br>- elaborierte Sprache<br>- qualitativ hochwertiger Inhalt, der der Filmfigur unter anderem Definitionsmacht verleiht | **Sprachlos:**<br>- wenig Redezeit, ohne relevante Inhalte<br>- häufig nur gehorsame Reaktion auf Aussagen und Aufforderungen von *Weißen* (viele Fragesätze und einfache, reaktive, bestätigende Antwortsätze)<br>- kurze, einfach gebaute Sätze<br>- geringes Sprach- und rudimentäres Ausdrucksvermögen (Pidgin-English) | - Wer redet wieviel?<br>- Welche Satzarten verwendet welche Figur (Fragesatz, Ausrufesatz, Antwortsatz, Befehlssatz)?<br>- Wie relevant und eigenständig sind die Inhalte des Gesprochenen?<br>- In wessen Rede liegt Definitions- und Deutungsmacht? |
| Musik | **Vertonung facettenreicher Gefühlslage**<br>- abendländische Geigen- und Klaviertöne sowie Orchesterstücke, um die *weiße* Gefühlslage zu vertonen<br>- Rhythmen und Gesänge des afrikanistisch imaginierten Kontinents, um<br>a) Freiheit und Lebendigkeit zu beschreiben, die die Identifikationsfigur in dem für sie autoritätsfreien Schwarzen Raum erlebt<br>b) Gefahr zu vermitteln, der sie im afrikanistischen Setting ausgesetzt ist<br>- zeitweise auch Absenz von Musik, wenn negative oder bedrohliche Gefühle von der Identifikationsfigur Besitz ergreifen | **Wird durch Musik zumeist mit Gefahr verknüpft**<br>- wenn ihr Bild mit Musik unterlegt ist, dann zumeist entweder zur Verstärkung der von dieser Figur ausgehenden Gefahr oder zur Bebilderung der Stimmungslage der *weißen* Identifikationsfigur beim Anblick der Schwarzen Filmfigur | - Wessen Gefühlslagen vertont die Musik?<br>- Welche Filmfigur wird musikalisch mit welchen Qualitäten unterlegt? (Gefahr, Freude etc.; positive oder negative Gefühle erzeugend?)<br>- Welche Musikinstrumente kommen wann zum Einsatz? Werden bestimmte Instrumente bestimmten Filmfiguren zugeordnet? Was symbolisieren diese? |
| O-Töne/ Geräusche | - ihre Handlungen meist gut hörbar | - ihre Handlungen vornehmlich hörbar, wenn Geräusche Gefahr verheißen | - Welche/Wessen Geräusche sind wahrnehmbar? Warum? |

# Schlussbetrachtungen 549

| Filmebenen/ Filmelemente | Phallisch-*weiße* Identifikationsfigur(en) | Schwarz-kastriert inszenierte Neben- und Hauptfigur(en) | Fragestellungen für eine rassismussensible Filmanalyse |
|---|---|---|---|
| **IV: Metaebene** | | | |
| Wahrheitskonstruktion | - Inhaber_in von Definitionsmacht und Deutungshoheit<br>- Erzeuger_in von Wahrheit<br>- häufig als Kolonialkritiker_in dargestellt, um implizite (filmtextimmanente) Rassismen zu verschleiern und die Kolonialgeschichte zu verdrehen<br>- intratextuell bescheinigen schriftliche Angaben dem dargestellten Schicksal der *weißen* Filmfigur Richtigkeit und Realitätsnähe<br>- intertextuelle Wahrheitsbescheinigungen durch andere Medienerzeugnisse (Printmedien, TV-Beiträge)<br>- die Inszenierung (weiblich-)*weißer* Ich-Ideale passt sich sowohl bezüglich der dargestellten Kolonial- und Rassismuskritik als auch bezüglich der Inszenierung von Sexualität und weiblicher Emanzipationsbestrebungen an die Normen der okzidentalen Gesellschaft zur Produktionszeit am Produktionsort an | - bebildert die zugunsten der Aufrechterhaltung des Phallusanteils *Weißsein* verdrehte (Post-)Kolonialgeschichte bestätigend als Hintergrund- und Nebenfigur | - Welchen Filmfiguren wird ein Aufblick auf Gesellschaftsentwicklung und Historie gestattet?<br>- Welche Filmfiguren erhalten wodurch Deutungshoheit und Definitionsmacht?<br>- Welchen Filmfiguren wird aus welchen Gründen eine kritische Geisteshaltung zugeschrieben?<br>- Welche impliziten Rassismen sollen durch die Darstellung der *weißen* Identifikationsfiguren als Herrschaftskritiker_innen verschleiert werden?<br>- Welche intra- und intertextuellen Aussagen bescheinigen der erzählten Geschichte, die von der Ideologie des Rassismus geprägt ist, zusätzlich Richtigkeit und verstärken damit die kinematografisch erzeugte Realitätsillusion?<br>- Welche Normen gelten für ein (weiblich-)*weißes* Ich-Ideal zum Produktionszeitpunkt am Produktionsort?<br>- Inwieweit wird die Hegemonialität von *Weißsein* mittels einer kontrastierenden Darstellung afrikanistisch inszenierter oder klassemäßig unterlegener Nebenfiguren produziert? |

| Filmebenen/ Filmelemente | Phallisch-*weiße* Identifikationsfigur(en) | Schwarz-kastriert inszenierte Neben- und Hauptfigur(en) | Fragestellungen für eine rassismussensible Filmanalyse |
|---|---|---|---|
| Farbsymbolik | - Weiß gleich gut | - Schwarz gleich böse | - Nutzen die Filme eine rassialisierende Farbsymbolik, die Schwarze Filmfiguren, den afrikanistisch konstruierten Raum und Dunkelheit mit Boshaftigkeit und Gefährlichkeit gleichsetzen oder drehen sie die den Okzident prägende Farbsymbolik (wie der Film von Sembène) um, indem die Farbe Weiß zum Beispiel als kalt, gewaltvoll, übergriffig, ausbeutend, unterdrückend erscheint und mit dem Tod gleichgesetzt wird? |

# Schlussbetrachtungen

## Tabelle 2

**Problem:** Laut Mulvey lösen kastrierte Filmfiguren bei einem phallisch konstruierten Zielpublikum Kastrationsängste aus. Welche Inszenierungsstrategien werden von der okzidentalen Spielfilmindustrie genutzt, um die Kastrationsängste zu mildern oder ihr Aufkommen gar ganz zu verhindern?

| Inszenierungsstrategien gegen mögl. Kastrationsängste | *Weiße* Identifikationsfigur(en) | Schwarz-kastriert inszenierte Neben- und Hauptfigur(en) | Fragestellungen für eine rassismussensible Filmanalyse |
|---|---|---|---|
| Fetischisierung | - bei weiblichen Filmfiguren: penisförmige Inszenierung oder Darstellung nur einzelner Körperteile oder Ausstattung mit männlich konnotierten Eigenschaften, Habitus und Gestus<br>- Bestätigung durch phallisch (männlich)-*weiße* Filmfiguren<br>- Huldigung durch kastrierte, hier zumeist Schwarze Filmfiguren | - unterhält eine Liebes- und Sexualbeziehung zu einer *weißen* Filmfigur<br>- kann sich im *weißen* Raum adäquat bewegen<br>- spricht die Sprache(n) der Kolonialmacht/mächte<br>- übernimmt *weiße* Riten und Gewohnheiten<br>- lässt sich von *Weißen* „zähmen"<br>- männlich-Schwarze Filmfiguren werden als „monströser Penis", d. h. Ganzkörperphallus, inszeniert<br>- weiblich-Schwarze Filmfiguren entsprechen weitestgehend dem okzidentalen Schönheitsideal (z. B. geglättete Haare, europide Gesichtszüge, schlanke Statur) | - Welche Filmfiguren werden wie fetischisiert? Auf welche Weise wird der Mangel an *Weißsein* von kastriert-Schwarzen Filmfiguren verdeckt/fetischisiert? Auf welche Weise wird das Fehlen des symbolischen Phallus auf der Machtachse Geschlecht bei *weiß*-weiblichen Identifikationsfiguren verdeckt?<br>- Wird der „Mangel" *weiß*-weiblicher Identifikationsfiguren mittels der Anerkennung durch *weiß*-männliche Filmfiguren verdeckt?<br>- Bestätigen afrikanistisch inszenierte Filmfiguren die *weißen* Hauptfiguren durch ihr Handeln oder gehen sie (wie in dem Film *La Noire de...*) in eine nachvollziehbare, weil rational begründete und motivierte Gegenwehr? |

| Inszenierungsstrategien gegen mögl. Kastrationsängste | Weiße Identifikationsfigur(en) | Schwarz-kastriert inszenierte Neben- und Hauptfigur(en) | Fragestellungen für eine rassismussensible Filmanalyse |
|---|---|---|---|
| Abwertung durch Schuldzuschreibung und sadistische Bestrafung | **Schuld:**<br>- sie überschätzen sich<br>- sie unterstützen illegitimerweise kastriert-Schwarze Filmfiguren<br>- sie widersetzen sich patriarchalen Normen<br><br>**Strafe:**<br>- bei weiblichen Filmfiguren: Tod ihrer Liebhaber oder Väter, finanzieller Ruin<br>- bei männlich- und weiblich-*weißen* Filmfiguren, die kastrierte Filmfiguren unterstützen: Leiden an – auch potentiell tödlichen – Krankheiten (Syphilis, Tuberkulose, Schwarzfieber, Malaria, Schwächeanfall), Ermordung durch Schwarze Filmfiguren | **Schuld:**<br>- übt unbegründet irrationale Gewalt aus<br>- will *Weiße* ihrer Macht berauben<br>- kann nicht adäquat mit *weißen* Sitten umgehen<br>- unterdrückt Frauen<br>- lässt sich von *Weißen* nicht „zähmen" und bleibt gefährlich „wild" (behält Stolz und Integrität)<br><br>**Strafe:**<br>- ihnen wird ihr Land genommen, sie bleiben allein in rückständiger Landschaft und Gesellschaft zurück (ohne die vorgeblich fürsorglichen *Weißen*)<br>- sie werden ermordet oder sterben<br>- sie verlieren das mächtige Äußere des Schwarzen Kriegers und ihre sexuelle Potenz (Beispiel: ihre Haare, die als Schlüsselreiz fungieren, werden abgeschnitten) | - Welchen Filmfiguren wird Schuld zugeschrieben, die eine sadistische Bestrafung legitimiert?<br>- Welche Filmfiguren werden durch wen sadistisch bestraft?<br>- Gibt es auf der symbolischen Ebene Parallelen zur strafenden Instanz innerhalb des Ödipuskomplexes? |

Schlussbetrachtungen                                                                 553

## 5.3 Ausblick

Die in Unterkapitel 5.2 dargestellte Analysematrix, die in Zukunft als Leitfragen-Sammlung für eine rassismussensible Filmanalyse zur Verfügung steht, möge dazu einladen, durch weitere trans- und interdisziplinäre Forschungen erweitert zu werden. Gewinnbringend wäre eine Ergänzung insbesondere in Bezug auf die Frage, inwieweit der Phallus der Identifikationsfiguren auch in solchen Spielfilmen mithilfe einer hegemonialen Inszenierung von *Weißsein* konstruiert wird, die ganz ohne Schwarze Charaktere auskommen und den *weißen* Raum ohne Zuhilfenahme Schwarzer Filmfiguren konstruieren. Auch die Überlegung, in welchem Maße schon die Schaulust von okzidental sozialisierten Kindern durch den Phallusanteil *Weißsein* evoziert wird, wäre eine lohnenswerte Studie.

In beiderlei Hinsicht böte sich die Untersuchung der auf Astrid Lindgrens Romanen und Drehbüchern basierenden TV-Serie *Pippi Langstrumpf* an. Denn obwohl in dieser 21-teiligen Kinderfilm-Serie aus den 1960/70er Jahren keine einzige Schwarze Filmfigur auftaucht, baut die Narration offenbar auf ähnlich rassifizierenden Erzähl- und Inszenierungsstrategien auf wie die vier von mir untersuchten Erwachsenen-Spielfilme. Auch die Fragestellung, ob rassistische Strukturen in den unterschiedlichen Pippi-Langstrumpf-Verfilmungen der letzten Jahrzehnte unterschiedlich stark zum Tragen kommen, könnte in diesem Kontext interessant sein.

Hinzu kommt, dass empirische Studien durchgeführt werden sollten, um die auf theoretischer Ebene erarbeiteten Erkenntnisse zu Schaulust- und Identifikationsprozessen anhand praxisbezogener Befunde zu überprüfen. Die zentrale Fragestellung wäre in diesem Kontext, ob für die Rezipierenden eine Schaulust spendende Spiegelung in den Identifikationsfiguren vor allem dann möglich wird, wenn möglichst viele Machtachsen mit der gesellschaftlichen Positionierung der rezipierenden Person übereinstimmen oder ob dazu womöglich schon die Übereinstimmung auf lediglich einer Machtachse ausreicht. Oder bedarf es zum Erleben von Schaulust gar keinerlei Übereinstimmung in den Machtachsen von Filmfigur und rezipierender Person, sondern lediglich der Bereitschaft, sich mit der phallisch positionierten Person zu identifizieren – einem Traumprozess ähnlich? Durch solche empirischen Studien könnte herausgefunden werden, inwieweit sich auch männlich-*weiße* und Schwarze Filmrezipient_innen mit den *weißen* Protagonistinnen identifizieren können oder ob sie, wenn überhaupt, dann nur durch die Identifikation mit anderen Haupt- und Nebenfiguren Schaulust zu erleben imstande sind.

Martina Thiele betont, dass sowohl die allgemeine als auch die medienspezifische Stereotypenforschung ein inter- und transdisziplinäres Projekt sein müsse. Für solche Forschungsprojekte, die auf der Pluralität theoretischer Ansätze und Methoden basierten, bedürfe es allerdings der Beteiligung mehrerer Personen und

Institutionen, da Forschungsarbeiten „einzelner Personen, also vor allem Qualifikationsarbeiten bis hin zur Habilitation, den hohen Ansprüchen transdisziplinärer Forschung [...] kaum genügen" könnten. Dabei allerdings liege die Schwierigkeit darin, dass sich in einem solchen Verbund die „Forschungspraxis als äußerst mühsam und zeitraubend" erweise und „die Beteiligten nicht selten überfordert" seien.[72] Trotz dieser Problematik erscheint es mir wünschenswert, dass die inter- und transdisziplinäre Forschungspraxis, an der Wissenschaftler_innen aus den unterschiedlichsten Fachgebieten beteiligt sind, auch in Bezug auf die Erweiterung der in 5.2 dargestellten Tabelle durchgeführt wird.

Von allergrößter Wichtigkeit ist dabei, dass Gegennarrative des *Third Cinema* und Post_Narrative afrofuturistischer Filme als Forschungsgrundlage einbezogen werden und herrschaftskritische Schwarze Wissenschaftler_innen – sowohl aus der okzidentalen Diaspora als auch aus den Ländern, die der europäischen Kolonialbewegung zum Opfer fielen – die Federführung dieses Forschungsprojektes übernehmen. Nur auf diese Weise können meines Erachtens die theoretischen Grundlagen und die daraus resultierenden Erkenntnisse für eine rassismussensible Filmanalyse um ganz neue Perspektiven erweitert werden. Gewinnbringend wäre in diesem Zusammenhang auch die Erarbeitung einer gänzlich neuen Ich-Ideal-Definition, die in die psychoanalytische Theorie korrigierend eingebaut oder ihr als Alternative entgegengestellt werden könnte und sollte.

---

[72] Thiele 2015: 394.

# Literaturliste

## Texte mit Verfasser_innenangabe

Abraham, Karl (1971): *Psychoanalytische Studien II*. Reutlingen: Fischer Verlag.

Aikins, Joshua Kwesi (2005): „Wer mit Feuer spielt... Aneignung und Widerstand – Schwarze Musik/Kulturen in Deutschlands *weißem* Mainstream". In: Eggers, Maureen Maisha/Kilomba, Grada/Piesche, Peggy/Arndt, Susan: *Mythen, Masken, Subjekte. Kritische Weißseinsforschung in Deutschland*. Münster: Unrast Verlag, S. 283-300.

Althen, Michael (2008): „Ich hatte eine Farm in Afrika. Wie schwierig es ist, eine Geschichte gut zu erzählen: Die große Kunst des Sydney Pollack". *Frankfurter Allgemeine Zeitung* (28.5.2008).

Althusser, Louis (2016): *Ideologie und ideologische Staatsapparate, 1. Halbband*. Hamburg: VSA.

Arndt, Susan (2004): „Stamm". In: Arndt, Susan/Hornscheidt, Antje (2004): *Afrika und die deutsche Sprache. Ein kritisches Nachschlagewerk*. Münster: Unrast-Verlag.

Arndt, Susan (2005a): „Weißsein. Die verkannte Strukturkategorie Europas und Deutschlands". In: Eggers, Maureen Maisha/Kilomba, Grada/Piesche, Peggy/Arndt, Susan: *Mythen, Masken, Subjekte. Kritische Weißseinsforschung in Deutschland*. Münster: Unrast Verlag, S. 24-28.

Arndt, Susan (2005b): „Mythen des *weißen* Subjekts". In: Eggers, Maureen Maisha/Kilomba, Grada/Piesche, Peggy/Arndt, Susan: *Mythen, Masken, Subjekte. Kritische Weißseinsforschung in Deutschland*. Münster: Unrast Verlag, S. 340-362.

Arndt, Susan (2011a): „Rassismus". In: Arndt, Susan/Ofuatey-Alazard, Nadja (Hrsg.): *Wie Rassismus aus Wörtern spricht. (K)Erben des Kolonialismus im Wissensarchiv deutsche Sprache*. Münster: Unrast Verlag, S. 37-43.

Arndt, Susan (2011b): „Sprache, Kolonialismus und rassistische Wissensformation". In: Arndt, Susan/Ofuatey-Alazard, Nadja (Hrsg.): *Wie Rassismus aus Wörtern spricht. (K)Erben des Kolonialismus im Wissensarchiv deutsche Sprache*. Münster: Unrast Verlag, S. 121-125.

Arndt, Susan (2011c): „Racial Turn". In: Arndt, Susan/Ofuatey-Alazard, Nadja (Hrsg.): *Wie Rassismus aus Wörtern spricht. (K)Erben des Kolonialismus im Wissensarchiv deutsche Sprache*. Münster: Unrast Verlag, S. 185-189.

Arndt, Susan (2011d): „Hautfarbe". In: Arndt, Susan/Ofuatey-Alazard, Nadja (Hrsg.): *Wie Rassismus aus Wörtern spricht. (K)Erben des Kolonialismus im Wissensarchiv deutsche Sprache.* Münster: Unrast Verlag, S. 332-342.

Arndt, Susan (2011e): „,Barbar_in'/,barbarisch'". In: Arndt, Susan/Ofuatey-Alazard, Nadja (Hrsg.): *Wie Rassismus aus Wörtern spricht. (K)Erben des Kolonialismus im Wissensarchiv deutsche Sprache.* Münster: Unrast Verlag, S. 619-623.

Arndt, Susan (2011f): „Rasse". In: Arndt, Susan/Ofuatey-Alazard, Nadja (Hrsg.): *Wie Rassismus aus Wörtern spricht. (K)Erben des Kolonialismus im Wissensarchiv deutsche Sprache.* Münster: Unrast Verlag, S. 660-661.

Arndt, Susan (2011g): „blauäugig". In: Arndt, Susan/Ofuatey-Alazard, Nadja (Hrsg.): *Wie Rassismus aus Wörtern spricht. (K)Erben des Kolonialismus im Wissensarchiv deutsche Sprache.* Münster: Unrast Verlag, S. 682.

Arndt, Susan (2011h): „blaues Blut". In: Arndt, Susan/Ofuatey-Alazard, Nadja (Hrsg.): *Wie Rassismus aus Wörtern spricht. (K)Erben des Kolonialismus im Wissensarchiv deutsche Sprache.* Münster: Unrast Verlag, S. 682.

Arndt, Susan (2011i): „Kannibalismus". In: Arndt, Susan/Ofuatey-Alazard, Nadja (Hrsg.): *Wie Rassismus aus Wörtern spricht. (K)Erben des Kolonialismus im Wissensarchiv deutsche Sprache.* Münster: Unrast Verlag, S. 691f.

Arndt, Susan/Ofuatey-Alazard, Nadja (2011): „Zum Geleit". In: Dies. (Hrsg.): *Wie Rassismus aus Wörtern spricht. (K)Erben des Kolonialismus im Wissensarchiv deutsche Sprache.* Münster: Unrast Verlag, S. 11-17.

Arndt, Susan/Piesche, Peggy (2011): „Weißsein. Die Notwendigkeit kritischer Weißseinsforschung". In: Arndt, Susan/Ofuatey-Alazard, Nadja (Hrsg.): *Wie Rassismus aus Wörtern spricht. (K)Erben des Kolonialismus im Wissensarchiv deutsche Sprache.* Münster: Unrast Verlag, S. 192-193.

Auerbach, Erich (1960): „Philologie der Weltliteratur". In: Curtius, Ernst Robert (Hrsg.): *Gesammelte Aufsätze zur Romanischen Philologie.* Bern/München: Francke.

Bade, Klaus J. (2000): *Europa in Bewegung. Migration vom späten 18. Jahrhundert bis zur Gegenwart.* München: Beck.

Badouin, Uwe (1986): „Atemberaubende Landschaften in stimmungsvollen Bildern. ,Jenseits von Afrika' bestätigte Erwartungen". *Oberhessische Presse* (15.3.1986).

Baer, Martin (2006): „Von Heinz Rühmann bis zum Traumschiff. Bilder von Afrika im deutschen Film". In: Arndt, Susan (Hrsg.): *AfrikaBilder. Studien zu Rassismus in Deutschland. Studienausgabe.* Münster: Unrast-Verlag, S. 151-161.

Barthes, Roland (1970): *Mythen des Alltags*. Frankfurt a.M.: edition suhrkamp.

Barthes, Roland (1984): „La mort de l'auteur". In: Ders.: *Le bruissement de la langue*. Paris: Éditions du Seuil, S. 61-67.

Bartsch, W.: „Geschichte einer Nonne. Der Film mit Audrey Hepburn nach Kathryn Hulmes Roman". *Frankfurter Rundschau* (Frankfurt am Main, 05.11.1959).

Beier, Lars-Olav/Witte, Doris (1986): „Jenseits von Afrika. Romanze in Moll". *Die Glocke* (13.04.1986).

Beigel, Yvonne (2006): „Auswertung der TOP 50-Filmtitel des Jahres 2005 nach soziodemografischen sowie kino- u. filmspezifischen Informationen auf Basis des GfK Panels". Webseite. *FFA-Filmförderungsanstalt*. http://www.ffa.de/downloads/publikationen/top_50_filme_2005.pdf. Zugriff am 25.11.2012. Siehe Anhang.

Beil, Benjamin/Kühnel, Jürgen/Neuhaus, Christian (2012): *Studienhandbuch Filmanalyse: Ästhetik und Dramaturgie des Spielfilms*, Stuttgart: utb.

Bellour, Raymond (1999a): „Der unauffindbare Text". In: *montage/av* 8 (1) 1999 [1975], S. 8-17.

Bellour, Raymond (1999b): „Die Analyse in Flammen (Ist die Filmanalyse am Ende?)". In: *montage/av* 8 (1), 1999 [1975], S. 18-23.

Berg, Robert von (1986): „Vom Film zum Buch". *Süddeutsche Zeitung* (München, 13.03.1986).

Bergermann, Ulrike (2012): „Postkoloniale Medienwissenschaft. Mobilität und Alterität von Ab/Bildung". In: Reuter, Julia/Karentzos, Alexandra (Hrsg.): *Schlüsselwerke der Postcolonial Studies*. Heidelberg: Springer VS, S. 267-281.

Bergermann, Ulrike/Heidenreich, Nanna (Hrsg.) (2015a): *total: Universalismus und Partikularismus in post_kolonialer Medientheorie*. Bielefeld: transcript Verlag.

Bergermann, Ulrike/Heidenreich, Nanna (2015b): „Embedded Wissenschaft. Universalität und Partikularität in post_kolonialer Medientheorie". In: Dies. (Hrsg.): *total: Universalismus und Partikularismus in post_kolonialer Medientheorie*. Bielefeld: transcript Verlag, S. 9-44.

Bhabha, Homi K. (1989): „The Commitment to Theory". In: Pines, Jim/Willemen, Paul: *Questions of Third Cinema*. London: British Film Institute, S. 111-132.

Bhabha, Homi K. (1994): *The location of Culture*. London & New York: Routledge.

Bhabha, Homi K. (2002): *Über Kulturelle Hybridität*. Wien/Berlin: Turia + Kant.

Binder, Beate/Hess, Sabine (2011): „Intersektionalität aus der Perspektive der europäischen Ethnologie". In: Hess, Sabine/Langreiter, Nikola/Timm, Elisabeth (Hrsg.): *Intersektionalität Revisited. Empirische, theoretische und methodische Erkundungen.* Bielefeld: transcript Verlag, S. 15-52.

Bircken, Margrid (1987): „Bitterer Geschmack". Leserinbrief zu ‚Jenseits von Afrika' im ‚Sonntag' 39/1987". *Sonntag* (Ost-Berlin). Leider war dieser im Archiv der Filmuniversität Babelsberg Konrad Wolf archivierte Leserinbrief nicht mit einem Datum versehen. Daher: siehe Anhang.

Birungi, Patricia (2007): *Rassismus in Medien.* Frankfurt am Main: Peter Lang.

Bittermann, Walter (1959): „Die stolze Nonne. Anmerkungen zu einem erstaunlichen Hollywoodfilm". *Rheinischer Merkur* (Köln, 20.11.1959).

Blum, Doris (1986a): „Einmal Baronin auf einer Plantage sein. Sydney Pollacks für elf Oscars nominierter Film ‚Jenseits von Afrika', nach Karen Blixens Erinnerungen". *Die Welt* (West-Berlin, 10.3.1986).

Blum, Doris (1986b): „Keine Chance für Spielbergs Lieblingsfarbe Lila. ‚Jenseits von Afrika': Überraschungen und ein scharfer Affront – zum 58. Mal wurden in Hollywood die ‚Oscars' verliehen". In: *Die Welt* (West-Berlin, 25.3.1986).

Brauerhoch, Annette (1997): „Stray Dogs. Zu Birgit Heins BABY I WILL MAKE YOU SWEAT". In: *Frauen und Film,* Heft 60, Oktober 1997, S. 164-171.

Braun, Christina von (1990): *Nichtich: Logik – Lüge – Libido.* Frankfurt a. M.: Verlag Neue Kritik.

Braun, Christina von (1994): „Ceci n'est pas une femme. Betrachten, Begehren, Berühren – von der Macht des Blicks". In: *Lettre* 25, S. 80-84.

Broeck, Sabine (2012): „Dekoloniale Entbindung. Walter Mignolos Kritik an der Matrix der Kolonialität". In: Reuter, Julia/Karentzos, Alexandra (Hrsg.): *Schlüsselwerke der Postcolonial Studies.* Wiesbaden: Springer VS, S. 165-175.

Butler, Bethonie/Izadi, Elahe (2016): „Tim Burton explains why his movies are full of white people". In: The Washington Post, 29.9.2016. Webseite. *The Washington Post.* https://www.washingtonpost.com/news/arts-and-entertainment/wp/2016/09/29/tim-burton/. Zugriff am 10.10.2016.

Butler, Judith (1997): *Körper von Gewicht.* Frankfurt am Main: Suhrkamp Verlag.

Butler, Judith (2006): *Haß spricht – zur Politik des Performativen.* Suhrkamp Verlag.

Casanova, Pascal (1999): *La république mondiale des lettres.* Paris: Éditions du Seuil.

Castro Varela, Maria Do Mar/Dhawan, Nikita (2005): *Postkoloniale Theorie. Eine kritische Einführung.* Bielefeld: transcript Verlag.

Certeau, Michel de (1991): *Das Schreiben der Geschichte*. Frankfurt am Main/New York/Paris: Campus Verlag.

Césaire, Aimé (1955): *Discours sur le colonialisme*. Paris: Editions Présence Africaine.

Chakrabarty, Dipesh (1992): „Postcoloniality and the Artifice of History: Who speaks for ‚Indian' Pasts?". In: *Representations*, Heft 37, Sepcial Issue: Imperial Fantasies and Postcolonial Histories, 1-26.

Chakrabarty, Dipesh (2000): *Provincialising Europe*. Princeton/Oxford: Princeton University Press.

Chasseguet-Smirgel, Janine (1981): „Freud widersprechende psychoanalytische Ansichten über die weibliche Sexualität". In: Dies. (Hrsg.): *Psychoanalyse der weiblichen Sexualität*. Frankfurt a.M.: Suhrkamp Verlag, S. 46-67.

Chow, Rey (2015): „Ideo-Grafien. Ethnische Stereotype und stereotyper Logozentrismus". In: Bergermann, Ulrike/Heidenreich, Nanna (Hrsg.): *total. Universalismus und Partikularismus in post_kolonialer Medientheorie*. Bielefeld: transcript Verlag, S. 71-90.

Citron, Michelle/Lesage, Julia/Mayne, Judith/Rich, B. Ruby/Taylor, Anna Marie (1999): „Women and Film. A discussion of feminist Aesthetics (1978)". In: Thornham, Sue (Hrsg.): *Feminist Film Theory. A Reader*. Washington Square/ New York: New York University Press.

Conrad, Sebastian (2013): „Geschichtskolumne: Kritik am Westen in der globalisierten Welt". In: *Merkur*, Heft 775, S. 1135-1141.

Damrosch, David (2003): *What is World Literature?* Princeton/Oxford: Princeton University Press.

Dandridge, Rita (1986): „The Little Book (and Film) that Started the Big War". In: *Black Film Review*, Vol. 2/ No. 2.

Danielzik, Chandra-Milena/Bendix, Daniel (2011): „entdecken/Entdeckung/ Entdecker_in/ Entdeckungsreise". In: Arndt, Susan/Ofuatey-Alazard, Nadja (Hrsg.): *Wie Rassismus aus Wörtern spricht. (K)Erben des Kolonialismus im Wissensarchiv deutsche Sprache*. Münster: Unrast Verlag, S. 264-268.

Dehmer, Dagmar (2015): „Das erste afrikanische Supermodel wird 60. Iman Abdulmajid hat in der Mode Maßstäbe gesetzt". *Der Tagesspiegel* (25.7.2015). Webseite. http://www.tagesspiegel.de/weltspiegel/das-erste-afrikanische-supermodel-wird-60-iman-abdulmajid-hat-in-der-mode-massstaebe-gesetzt/12103366.html. Zugriff am 25.04.2017.

De Lauretis, Teresa (1987): *Technologies of Gender. Essays on Theory, Film, Fiction*. Bloomington/Indianapolis: Indiana University Press.

Deleuze, Gilles (1989): *Das Zeit-Bild. Kino 2*. Frankfurt am Main: Suhrkamp.

Deleuze, Gilles (1990): *Das Bewegungsbild. Kino 1*. Frankfurt am Main: Suhrkamp.

Diawara, Manthia (1988): „Black Spectatorship: Problems of Identification and Resistance". In: *Screen* Vol. 29 No. 4 (Winter 1988), S. 66-76.

Diawara, Manthia (1993): „Black Spectatorship: Problems of Identification and Resistance". In: Ders. (Hrsg.): *Black American Cinema: Aesthetics and Spectatorship*. London: Routledge, S. 211-220.

Dietrich, Anette (2005): „Konstruktionen *weißer* weiblicher Körper im Kontext des deutschen Kolonialismus". In: Eggers, Maureen Maisha/Kilomba, Grada/Piesche, Peggy/Arndt, Susan: *Mythen, Masken, Subjekte. Kritische Weißseinsforschung in Deutschland*. Münster: Unrast Verlag, S. 363-376.

Dietrich, Anette (2007): *Weiße Weiblichkeiten. Konstruktionen von „Rasse" und Geschlecht im deutschen Kolonialismus*. Bielefeld: transcript Verlag.

Dietze, Gaby (2005): „Postcolonial Theory". In: Braun, Christina v./Stephan, Inge (Hrsg.): *Gender@Wissen. Ein Handbuch der Gender-Theorien*. Köln: Böhlau Verlag, S. 304-324.

Dietze, Gabriele (2006): „*Critical Whiteness Theory* und kritischer Okzidentalismus. Zwei Figuren hegemonialer Selbstreflexion". In: Tißberger, Martina/Dietze, Gabriele/Hrzán, Daniela/Husmann-Kastein, Jana (Hrsg.): *Weiß – Weißsein – Whiteness. Kritische Studien zu Gender und Rassismus*. Frankfurt a.M.: Peter Lang Verlag, S. 219-247.

Dittmann, Julia (2008): *Whiteness als Phallus der Weißen Filmrezipientin in dem Film „Die weiße Massai"*. Freie wissenschaftliche Arbeit zur Erlangung des akademischen Grades „Magistra Artium (M.A.)" im Teilstudiengang Filmwissenschaften des Fachbereichs Philosophie und Geisteswissenschaften der Freien Universität Berlin. Unveröffentlicht.

Doane, Mary Ann (1991): *Femmes Fatales. Feminism, Film Theory, Psychoanalysis*. New York: Routledge.

Doane, Mary Ann (1994): „Film und Maskerade: Zur Theorie des weiblichen Zuschauers". In: Weissberg, Liliane: *Weiblichkeit als Maskerade*. Frankfurt a.M.: Fischer Taschenbuch Verlag, S. 66-89.

Dodge, Kim (2007): „What is Third Cinema?". Webseite. *third (world) cinema*. http://thirdcinema.blueskylimit.com/thirdcinema.html. Zugriff: 27.02.2017.

Dunzendorfer, Jan (2011): „Fetisch/Fetischismus". In: Arndt, Susan/Ofuatey-Alazard, Nadja (Hrsg.): *Wie Rassismus aus Wörtern spricht. (K)Erben des Kolonialismus im Wissensarchiv deutsche Sprache*. Münster: Unrast-Verlag, S. 634-638.

Dyer, Richard (1988): „White". In: *Screen* Vol. 29 No. 4, S. 44-64.

Dyer, Richard (1997a): „...und es werde Licht!". In: Gutberlet, Marie-Hélène/ Metzler, Hans-Peter (Hrsg.): *Afrikanisches Kino*. Bad Honnef: Horlemann, S. 16-28.

Dyer, Richard (1997b): *White*. London: Routledge.

Dyson, Lynda (1995): „The return of the repressed? Whiteness, femininity and colonialism in *The Piano*." In: *Screen*, Herbst 1995, S. 267-276.

Edwards, Stassa (2015): „Talking with Pamela Newkirk About Ota Benga, the Man Kept in the Bronx Zoo". *Pictorial* (08.11.2015). Webseite. http://pictorial.jezebel.com/talking-to-pamela-newkirk-about-ota-benga-the-man-kept-1720491037. Zugriff am 31.01.2016.

Effler, Erich (1921): „Eine Weiße unter Kannibalen". *Der Deutsche Film in Wort und Bild* (11.11.1921), S. 15.

Eggers, Maureen Maisha (2005): „Rassifizierte Machtdifferenz als Deutungsperspektive in der kritischen Weißseinsforschung in Deutschland". In: Eggers, Maureen Maisha/Kilomba, Grada/ Piesche, Peggy/Arndt, Susan (Hrsg.): *Mythen, Masken und Subjekte. Kritische Weißseinsforschung in Deutschland*. Münster: Unrast-Verlag, S. 56-72.

Eggers, Maureen Maisha/Kilomba, Grada/ Piesche, Peggy/Arndt, Susan (2005): „Konzeptionelle Überlegungen", In: Dies. (Hrsg.): *Mythen, Masken und Subjekte. Kritische Weißseinsforschung in Deutschland*. Münster: Unrast-Verlag, S. 11-13.

Elsässer, Thomas/Hagener, Malte (2011): *Filmtheorie zur Einführung*. Hamburg: Junius Verlag.

El-Tayeb, Fatima (2004): „Black Atlantic in Berlin?: Queering Popular Culture, Afrikanische Diaspora und das Schwarze Europa". In: Haus der Kulturen der Welt (Hrsg.): *Der Black Atlantic*. Berlin, S. 400-413.

Erichsen, Casper W. (2003): „Zwangsarbeit im Konzentrationslager auf der Haifischinsel". In: Zimmerer, Jürgen/Zeller, Joachim (Hrsg.): *Völkermord in Deutsch-Südwestafrika. Der Kolonialkrieg (1904-1908) in Namibia und seine Folgen*. Berlin: Christoph Links Verlag, S. 80-85.

Ette, Ottmar (2001): *Literatur in Bewegung*. Weilerswist: Velbrück.

Ette, Ottmar (2004): *ÜberLebenswissen. Die Aufgabe der Philologie*. Berlin: Kadmos Kulturverlag.

Ette, Ottmar (2012): *TransArea*. Berlin: de Gruyter.

Evans, Dylan (2002): *Wörterbuch der Lacan'schen Psychoanalyse*. Wien: Turia + Kant.

Evaristo, Bernardine (2008): *Blonde Roots*. London: Penguin Books.

Fanon, Frantz (2008): *Black Skin, White Masks*. New York: Grove Press.

Fanon, Frantz (2015a): *Peau noire, masques blancs*. Paris: Édition du Seuil (Erstauflage 1952).

Fanon, Frantz (2015b): *Schwarze Haut, weiße Masken*. Wien: Turia + Kant.

Faulstich, Werner (1995): *Die Filminterpretation*. Göttingen: Vandenhoeck & Ruprecht.

Faulstich, Werner (2008): *Grundkurs Filmanalyse*. Paderborn: Wilhelm Fink Verlag.

Figge, Maja (2015): *Deutschsein (wieder) herstellen. Weißsein und Männlichkeit im bundesdeutschen Kino der fünfziger Jahre*. Bielefeld: transcript Verlag.

Formanek, Nina/Gerstmann, Katja (2011): *Inszenierte Grenzen. Klonen, Geschlecht und Begehren in Science Fiction Filmen – soziologische Filmanalysen*. Masterarbeit an der Universität Wien.

Foucault, Michel (1969): „Qu'est-ce qu'un auteur?". In: *Bulletin de la société française de philosophie* LXII(3), S. 73-104.

Frankenberg, Ruth (1997): „Introduction. Local Whitenesses, Localizing Whiteness." In: Dies. (Hrsg.): *Displacing Whiteness. Essays in Social and Cultural Criticism*. London: Routledge, S. 1-33.

Fredrickson, George M. (2011): *Rassismus*. Stuttgart: Reclam.

Freud, Sigmund (1999a): „Die Traumdeutung". In: Ders.: *Gesammelte Werke, Band II/III: Die Traumdeutung/Über den Traum*. Frankfurt a. M.: Fischer Taschenbuch Verlag, S. 1-642.

Freud, Sigmund (1999b): „Drei Abhandlungen zur Sexualtheorie". In: Ders.: *Gesammelte Werke, Band V: Werke aus den Jahren 1904-1905*. Frankfurt a. M.: Fischer Taschenbuch Verlag, S. 27-144.

Freud, Sigmund (1999c): „Über infantile Sexualtheorien (1908)". In: Ders.: *Gesammelte Werke, Band VII: Werke aus den Jahren 1906-1909*. Frankfurt a. M.: Fischer Taschenbuch Verlag, S. 171-188.

Freud, Sigmund (1999d): „Totem und Tabu". In: Ders.: *Gesammelte Werke, Band IX*. Frankfurt a. M.: Fischer Taschenbuch Verlag.

Freud, Sigmund (1999e): „Massenpsychologie und Ich-Analyse". In: Ders.: *Gesammelte Werke, Band XIII*. Frankfurt a. M.: Fischer Taschenbuch Verlag, S. 71-87.

Freud, Sigmund (1999f): „Die infantile Genitalorganisation (1923)". In: Ders.: *Gesammelte Werke, Band XIII*. Frankfurt am Main: Fischer Taschenbuch Verlag, S. 291-298.

Freud, Sigmund (1999g): „Einige psychische Folgen des anatomischen Geschlechtsunterschieds (1925)". In: Ders.: *Gesammelte Werke, Band XIV: Werke aus den Jahren 1925-1931*. Frankfurt a.M.: Fischer Taschenbuch Verlag, S. 17-30.

Friedländer, Saul (2000): *Das Dritte Reich und die Juden. Die Jahre der Verfolgung 1933-1939*. München: dtv.

Fründt, Bodo (1986a): „Träume – und was sie kosten. Sidney Pollacks gefühlvolle Filmerzählung ‚Jenseits von Afrika'". *Süddeutsche Zeitung* (13.3.1986).

Fründt, Bodo (1986b): „Selbstsüchtig für ein anderes Kino kämpfen. Gespräch mit dem amerikanischen Filmregisseur Sidney Pollack". *Süddeutsche Zeitung* (15.03.1986).

Fuchs-Liska, Robert (1915): *Pithekonat, das Urmenschwesen*. Leipzig: Xenien.

Fuhrmann, Wolfgang (2002): „‚Nashornjagd in Deutsch-Ostafrika' – Die frühe Kolonialfilmindustrie". In: Heyden, Ulrich van der/Zeller, Joachim: *Kolonialmetropole Berlin*. Berlin: Berlin-Edition, S. 184-187.

Gabriel, Teshome H. (1989a): „Towards a critical theory of Third World films". In: Pines, Jim/Willemen, Paul: *Questions of Third Cinema*. London: British Film Institute, S. 30-52.

Gabriel, Teshome H. (1989b): „Third Cinema as Guardian of Popular Memory: Towards a Third Aesthetics". In: Pines, Jim/Willemen, Paul: *Questions of Third Cinema*. London: British Film Institute, S. 53-64.

Gadjigo, Samba (o.J.). Webseite. *Samba Gadjigo, Professor am Mount Holyoke College, Massachusetts*. http://www.mtholyoke.edu/people/samba-gadjigo. Zugriff am 10.11.2015.

Gaines, Jane (1988): „White privilege and looking relations: race and gender in feminist film theory". In: *Screen* Vol. 29 No. 4, S. 12-27.

Gaines, Jane (1993): „Fire and Desire: Race, Melodrama, and Oscar Micheaux". In: Diawara, Manthia: *Black American Cinema: Aesthetics and Spectatorship*. London: Routledge, S. 49-70.

Geck, Philip/Rühling, Anton (2008): „Vorläufer des Holocaust? Die Debatte um die (Dis-)Kontinuität von Kolonialismus und Nationalsozialismus". In: *iz3w* (informationszentrum 3. welt), Ausgabe 308, Sept/Okt 2008, S. 40-43.

Gehler, Fred (1987): „Jenseits von Afrika. Amerikanischer Film von Sidney Pollack nach Büchern von Isak Dinesen alias Tania Blixen". *Sonntag* 39/1987 (Ost-Berlin, 27.09.1987).

Gehrts-Schomburgk, Meg (1930): „[N.]-typen des schwarzen Erdteils (Einleitung)". In: Schaeffner, Emil (Hrsg.): *[N.]-typen des schwarzen Erdteils.* Zürich & Leipzig: Orell Füssli, S. 4-10.

Geier, Manfred (2003): *Orientierung Linguistik: Was sie kann, was sie will.* Reinbek bei Hamburg: Rowohlt Taschenbuch Verlag.

Genette, Gérard (1998): *Die Erzählung.* München: Fink Verlag.

Getino, Octavio/Solanas Fernando (1969): „Towards a Third Cinema". In: *Tricontinental* 14/Oktober 1969, S. 107-132.

Gewald, Jan-Bart (2003): „Kolonisierung, Völkermord und Wiederkehr. Die Herero von Namibia 1890-1923". In: Zimmerer, Jürgen/Zeller, Joachim (Hrsg.): *Völkermord in Deutsch-Südwestafrika. Der Kolonialkrieg (1904-1908) in Namibia und seine Folgen.* Berlin: Christoph Links Verlag, S. 105-120.

Gikandi, Simon (2009): „Rethinking Third Cinema: A Preface". In: Ekotto, Frieda/Koh, Adeline (Hrsg.): *Rethinking Third Cinema. The Role of Anti-colonial Media and Aesthetics in Postmodernity.* Berlin: LIT Verlag, S. i-vi.

Gilman, Sander (1985): *Difference and Pathology. Stereotypes of Sexuality, Race and Madness.* Ithaca and London: Cornell University Press.

Glissant, Édouard (1996): *Introduction à une poétique du divers.* Paris: Éditions Gallimard.

Glissant, Édouard (2005): *Kultur und Identität. Ansätze zu einer Poetik der Vielfalt.* Heidelberg: Wunderhorn.

Glombitza, Birgit (2005): „Ausnahmezustände des Gefühls". In: *Badische Zeitung* (15.09.2005).

Goertz, Ortwin (2007): „Masken, Figuren und Fetische Afrikas". In: *forum der unesco-projekt-schulen.* (Heft 1-2, 2007: Afrika – der vergessene Kontinent. Ergebnisse der 41. Jahrestagung der unesco-projekt-schulen). Bonn: Deutsche UNESCO-Kommission, S. 67-69.

Gottgetreu, Sabine (1992): *Der bewegliche Blick. Zum Paradigmawechsel in der feministischen Filmtheorie.* Franfurt a. M./Bern/New York/Paris: Peter Lang.

Gray, Doris H. (1985): „Wenn Hollywood in Kenia dreht. 25 Millionen Dollar für ‚Out of Africa' – das Leben der Schriftstellerin Tanja Blixen". *Deutsches Allgemeines Sonntagsblatt* (14.07.1985).

Grosz, Elisabeth (1990): *Jacques Lacan: A feminist introduction.* London/New York: Routledge.

Gründer, Horst (2004): *Geschichte der deutschen Kolonien.* Paderborn: Schöningh UTB.

Guillaumin, Collette (1995): *Racism, Sexism, Power and Ideology*. London: Routledge.

Guillaumin, Colette (2016): „Zur Bedeutung des Begriffs ‚Rasse'". In: Kimmich, Dorothee/Lavorano, Stephanie/Bergmann, Franziska (Hrsg.): *Was ist Rassismus? Kritische Texte*. Stuttgart: Reclam, S. 87-101.

Guneratne, Anthony R. (2003): „Introduction". In: Guneratne, Anthony R./ Wimal, Dissanayake: *Rethinking Third Cinema*. New York/London: Routledge, S. 1-28.

Gunkel, Henriette (2015): „,We've been to the moon and back.' Das afrofuturistische Partikulare im universalisierten Imaginären". In: Bergermann, Ulrike/Heidenreich, Nanna (Hrsg.): *total. Universalismus und Partikularismus in post_kolonialer Medientheorie*. Bielefeld: transcript Verlag, S. 149-162.

Ha, Kien Nghi (2004): *Ethnizität und Migration reloaded*. Berlin: wvb.

Ha, Kien Nghi (2005): *Hype um Hybridität*. Bielefeld: transcript.

Hall, Stuart (1997): „The spectacle of the ‚Other'". In: Ders. (Hrsg.): *Representation. Cultural Representations and Signifying Practices*. London: Sage Publications, S. 225-290.

Hall, Stuart (2004a): „Bedeutung, Repräsentation, Ideologie. Althusser und die poststrukturalistischen Debatten". In: Hall, Stuart: *Ideologie, Identität, Repräsentation. Ausgewählte Schriften 4*. Hamburg: Argument Verlag, S. 34-65.

Hall, Stuart (2004b): „Das Spektakel des Anderen". In: Hall, Stuart: *Ideologie, Identität, Repräsentation. Ausgewählte Schriften 4*. Hamburg: Argument Verlag, S. 108-166.

Hall, Stuart (2012): „Die Konstruktion von ‚Rasse' in den Medien". In: Hall, Stuart: *Ideologie, Kultur, Rassismus. Ausgewählte Schriften 1*. Hamburg: Argument Verlag, S. 150-171.

Hall, Stuart (2016): „Rassismus als ideologischer Diskurs". In: Kimmich, Dorothee/Lavorano, Stephanie/Bergmann, Franziska (Hrsg.): *Was ist Rassismus? Kritische Texte*. Stuttgart: Reclam, S. 172-187.

Hanck, Frauke (1986): „Die Würde im Verlust. tz-Gespräch mit dem Filmregisseur Sydney Pollack zu ‚Jenseits von Afrika'". *tz München* (12.3.1986).

Hanisch, Michael (1987): „Ein Welterfolg – zwiespältig". *Filmspiegel* (Ost-Berlin, 22/87, S. 14).

Harris, Kenneth Marc (1992): *The Film Fetish*. Frankfurt a.M./Paris/Wien: Peter Lang.

Hartmann, Britta (2004): „African Queen". In: Traber, Bodo/Wulff, Hans J.: *Filmgenres. Abenteuerfilm*. Stuttgart: Reclam, S. 229-234.

Hartmann, P. W. (o.J.): „Dornbusch, brennender". Webseite. *Das grosse Kunstlexikon von P. W. Hartmann*. http://www.beyars.com/kunstlexikon/lexikon_2186.html. Zugriff am 17.06.2016.

Hediger, Vinzenz (2009): „Töten und Abbilden. Zum medialen Dispositiv der Safari." In: Möhring, Maren/Perinelli, Massimo/Stieglitz, Olaf: *Tiere im Film. Eine Menschheitsgeschichte der Moderne*. Köln/Weimar/Wien: Böhlau Verlag, S. 81-95.

Hein, Helmut (1986): „Jenseits von Afrika. ‚Oscar'-Preisträger wird zum Kassenfüller". *Die Woche* (Regensburg, 3.4.1986).

Heyden, Ulrich van der (2002a): „Das brandenburgische Kolonialabenteuer unter dem Großen Kurfürsten". In: Ders./Zeller, Joachim: *Kolonialmetropole Berlin*. Berlin: Berlin-Edition, S. 15-18.

Heyden, Ulrich van der (2002b): „Die Berliner Missionsgesellschaft". In: Ders./Zeller, Joachim: *Kolonialmetropole Berlin*. Berlin: Berlin-Edition, S. 63-66.

Hickethier, Knut (1991): „Film- und Fernsehanalyse in der Theaterwissenschaft". In: Korte, Helmut (Hrsg.): *Filmanalyse interdisziplinär: Beiträge zu einem Symposium an der Hochschule für bildende Künste Braunschweig*. Göttingen: Vandenhoeck und Ruprecht, S. 41-63.

Hickethier, Knut (2007): *Film- und Fernsehanalyse*. Stuttgart/Weimar: Metzler Verlag.

Hillebrecht, Werner (2003): „Die Nama und der Krieg im Süden". In: Zimmerer, Jürgen/Zeller, Joachim (Hrsg.): *Völkermord in Deutsch-Südwestafrika. Der Kolonialkrieg (1904-1908) in Namibia und seine Folgen*. Berlin: Christoph Links Verlag, S. 121-133.

Hochscherf, Tobias (2012): „Nationalsozialistische Filmpolitik". In: *Lexikon der Filmbegriffe*. Webseite. Christian-Albrechts-Universität zu Kiel. http://filmlexikon.uni-kiel.de/index.php?action=lexikon&tag=det&id=7686. Zugriff am 03.04.2017.

Hochmuth, Arno (1987): „Ursachen. Zu ‚Jenseits von Afrika' im ‚Sonntag' 39/1987". *Sonntag* (Ost-Berlin, 29.11.1987).

Hook, Derek (2005): "A Critical Psychology of the Postcolonial". In: *Theory & Psychology* 2005/15. SAGE Publications, S. 475-503.

hooks, bell (1989): *Talking Back. Thinking Feminist. Thinking Black*. Boston: South End Press.

hooks, bell (1992): *Black looks: Race and Representation*. New York: Routledge.

hooks, bell (1994): *Black looks. Popkultur – Medien – Rassismus*. Berlin: Orlanda Frauenverlag.

Hübner, Paul (1959): „Die weltliche Ordensfrau. Zu dem Film ‚Geschichte einer Nonne'". *Rheinische Post* (10.11.1959).

Hühn, Melanie/Lerp, Dörte/Petzold, Knut/Stock, Miriam (Hrsg.) (2000): *Transkulturalität, Transnationalität, Transstaatlichkeit, Translokalität. Theoretische und empirische Begriffsbestimmungen*. Berlin: Literatur Verlag.

Iken, Katja (2012): „‚Ist das ein Mensch?' Afrikaner als Zoo-Attraktion". *Spiegel Online* (12.12.2012). http://www.spiegel.de/einestages/ota-benga-der-pygmaee-im-zoo-a-947824.html. Zugriff am 31.01.2016.

Jäger, Siegfried (2015): *Diskursanalyse. Eine Einführung*. Münster: Unrast (Erstveröffentlichung 1993).

Jagst, Sabine (1987): „Oscargekürt: Jenseits von Afrika". *Sächsisches Tageblatt* (14.09.1987).

Jameson, Fredric (1981): *The Political Unconcious*. Ithaca/New York: Cornell University Press.

Jones, Jacquie (1993): „The Construction of Black Sexuality". In: Diawara, Manthia: *Black American Cinema: Aesthetics and Spectatorship*. London: Routledge, S. 247-256.

Jung, Carl Gustav (1957): *Bewußtes und Unbewußtes. Beiträge zur Psychologie*. Fankfurt a. M. und Hamburg: Fischer Bücherei.

Junker, Carsten/Roth, Julia (2010): *Weiß sehen. Dekoloniale Blickwechsel mit Zora Neale Hurston und Toni Morrison*. Sulzbach/Taunus: Ulrike Helmer Verlag.

Kächler, Ernst Rudolf (1986): „Nach Hollywood der Karriere wegen. Pollack und Brandauer über sich und ‚Out of Africa'". *Gießener Anzeiger* (25.2.1986).

Kalter, Christoph (2011): *Die Entdeckung der Dritten Welt. Dekolonisierung und neue radikale Linke in Frankreich*. Frankfurt/New York: Campus Verlag.

Kamber, Peter (1991): „Im Taktschritt in die ‚Neue Zeit'. Ein Schweizer Filmkonzern im Dritten Reich". *Basler Magazin* (04.05.1991), S. 15. Webseite. http://www.peterkamber.ch/files/baz/040591.pdf. Zugriff am 02.02.2016.

Kaplan, E. Ann (1997): *Looking for the Other. Feminism, Film and the Imperial Gaze*. New York/London: Routledge.

Kaplan, E. Ann (2008): „A History of Gender Theory in Cinema Studies". In: Gabbard, Krin/Luhr, William (Hrsg.): *Screening Genders*. The State University: Rutgers, S. 15-28.

Karasek, Hellmuth (2000): „Der ungeliebte Engel". *Der Spiegel* 25/2000 (19.06.). Webseite. http://www.spiegel.de/spiegel/print/d-16694734.html. Zugriff am 04.04.2017.

Kastner, Jens (2012): „Klassifizierende Blicke, manichäische Welt". In: Reuter, Julia/Karentzos, Alexandra (Hrsg.): *Schlüsselwerke der Postcolonial Studies*. Wiesbaden: VS Verlag für Sozialwissenschaften, S. 85-95.

Kaufmann, Anette (2007): *Der Liebesfilm. Spielregeln eines Filmgenres*. Konstanz: UVK Verlagsgesellschaft.

Kazeem, Belinda/Schaffer, Johanna (2012): „Talking back. Bell hooks und Schwarze feministische Ermächtigung". In: Reuter, Julia/Karentzos, Alexandra (Hrsg.): *Schlüsselwerke der Postcolonial Studies*. Wiesbaden: VS Verlag für Sozialwissenschaften, S. 177-188.

Kelly, Natasha A. (2016): *Afrokultur. „der raum zwischen gestern und morgen"*. Münster: Unrast-Verlag.

Kerner, Ina (2012): *Postkoloniale Theorien zur Einführung*. Hamburg: Junius Verlag.

Kiedaisch, Petra (Hrsg.) (1995): *Lyrik nach Auschwitz? Adorno und die Dichter*. Stuttgart: Reclam.

Kilb, Andreas (2005): „Afrikanische Spiele. Kolonialware: Hermine Huntgeburths Film ‚Die weiße Massai'". *Frankfurter Allgemeine Zeitung* (15.09.2005).

Kilomba, Grada (2010): *Plantation Memories. Episodes of Everyday Racism*. Münster: Unrast Verlag.

Kilzer, Annette (1999): „Jenseits von Afrika. Großes Melodram vor großartigen Landschaften". *tip* 2/99 (Berlin).

Kirsch, Suzy (2012): *Phallus Collage*. Wien: Verlagsgesellschaft m.b.H.

Klein, Stefan (1986): „Proteste gegen eine Liebeserklärung. In Kenia schwankt die Reaktion auf Sydney Pollacks Film ‚Out of Africa' zwischen Stolz und Empörung". *Süddeutsche Zeitung* (03.04.1986).

Klessmann, Eckart (1986): „Priesterin des Rassismus? Tania Blixens Buch ‚Out of Africa' und Sydney Pollacks Film". *Frankfurter Allgemeine Zeitung* (3.5.1986).

Klippel, Heike (2002): „Feministische Filmtheorie". In: Felix, Jürgen (Hrsg.): *Moderne Film Theorie*. Mainz: Bender Verlag, S. 168-185.

Knoben, Martina (2005): „Frauen gelten nichts. ‚Die weiße Massai' – Corinne Hofmanns Bestseller im Kino". *Süddeutsche Zeitung* (16.09.2005).

Knöfler, Felicitas (1987): „Die Farben eines Kontinents. Ab heute im Kino: Sidney Pollacks ‚Jenseits von Afrika', ein Publikumsmagnet aus den USA." *Tribüne* (Ost-Berlin, 04.09.1987).

Knorr, Wolfram (1986): „Alles, was man sieht, atmet Grösse und Freiheit. Der Oscar-Film ‚Out of Africa' – und was Hollywood aus dem bizarren Leben der grossen Schriftstellerin Tania Blixen machte". *Die Weltwoche* (Zürich, 10.04.1986), S. 41.

Koch, Gertrud (1977): „Was ist und wozu brauchen wir eine feministische Filmkritik?". In: *Frauen und Film*, Heft 11, S. 3-8.

Koch, Gertrud (1980): „Warum Frauen ins Männerkino gehen". In: Nabakowski, Gislind/Sander, Helke/Gorsen, Peter (Hrsg.): *Frauen in der Kunst*. Frankfurt am Main: Suhrkamp Verlag, S. 15-29.

Koch, Gertrud (1989): „Wahrnehmung im Prozeß der Verdinglichung". In: Dies.: *„Was ich erbeute, sind Bilder". Zum Diskurs der Geschlechter im Film*. Basel/Frankfurt a.M.: Stroemfeld/Roter Stern, S. 137-145.

Koch, Manfred (2002): *Weimaraner Weltbewohner. Zur Genese von Goethes Begriff ‚Weltliteratur'*. Tübingen: Niemeyer.

Koebner, Thomas (2007): „Einleitung". In: Ders./Felix, Jürgen (Hrsg.): *Filmgenres. Melodram und Liebeskomödie*. Stuttgart/Dietzingen: Reclam, S. 9-18.

Koh, Adeline/Ekotto, Frieda (2009): „Introduction". In: Ekotto, Frieda/Koh, Adeline (Hrsg.): Rethinking Third Cinema. The Role of Anti-colonial Media and Aesthetics in Postmodernity. Berlin: LIT Verlag, S. 1-10.

Koll, Horst Peter (2005): „Die weiße Massai". *film-dienst* 19/2005, S. 25f.

Köpsell, Philipp Khabo (2010): „The Brainage. Rassismus, Wissen(schaft), Universität – Zur Eröffnung". In: *Die Akte James Knopf, Afrodeutsche Wort- und Streitkunst*. Münster: Unrast-Verlag, S. 8-12.

Korte, Helmut (1999): *Einführung in die Systematische Filmanalyse*. Berlin: Erich Schmidt Verlag.

Kossek, Brigitte (2012): „Begehren, Fantasie, Fetisch: Postkoloniale Theorie und die Psychoanalyse (Sigmund Freud und Jacques Lacan)". In: Reuter, Julia/Karentzos, Alexandra (Hrsg.): *Schlüsselwerke der Postcolonial Studies*. Wiesbaden: Springer Verlag für Sozialwissenschaften, 2012, S. 51-67.

Kötter, Andreas (2000): „Nina Hoss. Mädchentraum(a) überwunden". Webseite. *Spiegel Online*. http://www.spiegel.de/kultur/gesellschaft/nina-hoss-maedchentraum-a-ueberwunden-a-60291.html. Zugriff am 24.11.2015.

Koydl, Wolfgang (2011): „Staubige Gräueltaten". *Süddeutsche Zeitung* (08.04.2011). Webseite. http://www.sueddeutsche.de/politik/britische-kolonialverbrechen-staubige-graeueltaten-1.1082881. Zugriff am 02.04.2017.

Kranz, H. B. (1959): „Audrey Hepburn eine rührende Nonne". *Die Tat* (Zürich, 5.7.1959).

Kreimeier, Klaus (1997): „Mechanik, Waffen und Haudegen überall. Expeditionsfilme: das bewaffnete Auge des Ethnografen". In: Bock, Michael/Jacobsen, Wolfgang (Hrsg.): *Triviale Tropen. Exotische Reise- und Abenteuerfilme aus Deutschland 1919-1939*. München: edition text + kritik, S. 47-61.

Krips, Henry (1999): *Fetish: an erotics of culture*. Cornell University Press.

Krützen, Michaela (2007): *Väter, Engel, Kannibalen. Figuren des Hollywoodkinos*. Frankfurt a. M.: Fischer Taschenbuch Verlag.

Kühn, Heike (2005): „Gehen Sie in den Zoo. Der Film ‚Die weiße Massai'". *Frankfurter Rundschau* (15.09.2005).

Kundrus, Birthe (2003): „Von Windhoek nach Nürnberg? Koloniale „Mischehenverbote" und die nationalsozialistische Rassengesetzgebung". In: Dies. (Hrsg.): *Phantasiereiche. Zur Kulturgeschichte des deutschen Kolonialismus*. Frankfurt/New York: Campus Verlag, S. 110-113.

Lacan, Jacques (1987a): „Das Freudsche Unbewußte und das unsere". In: Haas, Norbert/Metzger, Hans-Joachim (Hrsg.): *Jacques Lacan, Das Seminar XI: Die vier Grundbegriffe der Psychoanalyse (1964)*. Weinheim/Berlin: Quadriga, S. 23-34.

Lacan, Jacques (1987b): „Der Partialtrieb und seine Kreisbahn". In: Haas, Norbert/Metzger, Hans-Joachim (Hrsg.): *Jacques Lacan, Das Seminar XI: Die vier Grundbegriffe der Psychoanalyse (1964)*. Weinheim/Berlin: Quadriga, S. 182-195.

Lacan, Jacques (1990): „Einführung in die Kommentare zu den technischen Schriften von Freud". In: *Lacan, Jacques: Freuds technische Schriften. Das Seminar. Buch I*. Weinheim/Berlin: Quadriga, S. 13-27.

Lacan, Jacques (1991a): „Die Bedeutung des Phallus". In: Haas, Norbert/Metzger, Hans-Joachim (Hrsg.): *Jacques Lacan, Schriften, Band II*. Weinheim/Berlin: Quadriga, S. 119-132.

Lacan, Jacques (1991b): „Eine lettre d'âmour". In: Haas, Norbert/Metzger, Hans-Joachim (Hrsg.): *Das Seminar von Jacques Lacan. Buch XX (1972-1973)*. Weinheim/Berlin: Quadriga Verlag, S. 85-96.

Lacan, Jacques (2003a): „Die drei Formen des Objektmangels". In: Miller, Jacques-Alain/Gondek, Hans-Dieter: *Das Seminar von Jacques Lacan. Buch IV. Die Objektbeziehung (1956-1957)*. Wien: Turia + Kant, S. 27-44.

Lacan, Jacques (2003b): „Über den Ödipuskomplex". In: Miller, Jacques-Alain/Gondek, Hans-Dieter: *Das Seminar von Jacques Lacan. Buch IV. Die Objektbeziehung (1956-1957)*. Wien: Turia + Kant, S. 235-253.

Laplanche, Jean/Pontalis, Jean-Bertrand (1973): *Das Vokabular der Psychoanalyse*. Frankfurt am Main: Suhrkamp Verlag.

Lauré al-Samarai, Nicola (2011): „Schwarze Deutsche". In: Arndt, Susan/Ofuatey-Alazard, Nadja (Hrsg.): *Wie Rassismus aus Wörtern spricht. (K)Erben des Kolonialismus im Wissensarchiv deutsche Sprache*. Münster: Unrast Verlag, S. 611-613.

Linnerz, Heinz (1960): „Demut in Großaufnahme?". *Echo der Zeit* (Recklinghausen, 07.02.1960).

Lippert, Renate (1994): „'You make me feel like a natural woman'. Konstruktion ‚weißer' Weiblichkeit in *Vom Winde verweht*". In: *Frauen und Film*, Heft 54/55, April 1994, S. 95-111.

Lippert, Renate (2002a): „‚Ist der Blick männlich?' Psychoanalyse und feministische Filmtheorie". In: Dies.: *Vom Winde verweht. Film und Psychoanalyse*. Frankfurt a.M.: Stroemfeld/Nexus, S. 19-29.

Lippert, Renate (2002b): *Vom Winde verweht. Film und Psychoanalyse*. Frankfurt a.M.: Stroemfeld/Nexus.

Lippert, Renate (2006): „Was ist feministische Filmtheorie heute und brauchen wir sie immer noch? Eine Rezension der Zeitschrift SIGNS zu Film und Feminismus". In: *Frauen und Film*, Heft 65, S. 221-235.

Lippmann, Walter (1964): *Die öffentliche Meinung*. München: Rütten + Loening Verlag.

Löchel, Rolf (2008): „Reflexionen und Reflexe. ‚Gender als interdependente Kategorie' bietet neue Perspektiven auf Intersektionalität, Diversität und Heterogenität". In: *literaturkritik.de*, Nr. 2, Februar 2008, Kultur- und Medienwissenschaft. Webseite. http://www.literaturkritik.de/public/rezension.php?rez_id=11565&ausgabe=200802. Zugriff am 03.11.2016.

Lohmeier, Manfred (2013): „Vom Wort zum Bild. Zur Entwicklung des senegalesischen Autors Ousmane Sembène als Filmregisseur". In: Rosenstein, Johannes (Hrsg.): *FILM-KONZEPTE. Ousmane Sembène*. München: edition text + kritik, S. 10-27.

Lorey, Isabell (2006): „Der weiße Körper als feministischer Fetisch". In: Tißberger, Martina/Dietze, Gabriele/Hrzán, Daniela/Husmann-Kastein, Jana (Hrsg.): *Weiß – Weißsein – Whiteness*, S. 61-83.

Mahlke, Elisabeth (1959): „Geschichte einer Nonne. Gehorsam." *Der Tagesspiegel* (West-Berlin, 12.11.1959).

Mamozai, Martha (1989): *Schwarze Frau, weiße Herrin*. Reinbek bei Hamburg: Rowohlt Taschenbuch Verlag.

Mamozai, Martha (1990): *Komplizinnen*. Reinbek bei Hamburg: Rowohlt Taschenbuch Verlag.

Marx, Karl (1962): „Das Kapital. Erstes Buch". In: *Marx-Engels-Werke, Band 23*. Ost-Berlin: Dietz Verlag.

Marx, Karl/Engels, Friedrich (1978): „Die deutsche Ideologie" (Erstveröffentlichung 1845-46). In: *Marx-Engels-Werke, Band 3*. Ost-Berlin: Dietz Verlag, S. 9-530.

Maurer, Elke Regina (2010): *Fremdes im Blick, am Ort des Eigenen. Eine Rezeptionsanalyse von „Die weiße Massai"*. Freiburg: Centaurus Verlag.

McClintock, Anne (1995): *Imperial Leather. Race, Gender and Sexuality in the colonial Contest*. New York/London: Routledge.

McDougall, Joyce (1981): „Über die weibliche Homosexualität". In: Chasseguet-Smirgel, Janine (Hrsg.): *Psychoanalyse der weiblichen Sexualität*. Frankfurt a.M.: Suhrkamp Verlag, S. 233-292.

Mecheril, Paul (2011): „Andere Deutsche (gibt es nicht)". In: Arndt, Susan/Ofuatey-Alazard, Nadja (Hrsg.): *Wie Rassismus aus Wörtern spricht. (K)Erben des Kolonialismus im Wissensarchiv deutsche Sprache*. Münster: Unrast Verlag, S. 579-582.

Meinert, Peer (1986a): „Sind Schwarze nur die Tölpel? Aus Kenia tönt scharfe Kritik an Pollacks Film ‚Jenseits von Afrika'". Rhein-Zeitung (02.04.1986).

Meinert, Peer (1986b): „Zorn auf ‚Jenseits von Afrika'. ‚Oscar'-Film gilt in Kenia als Beispiel für Rassismus". *Westfälische Rundschau* (Dortmund, 01.04.1986)

Memmi, Albert (2016): „Mythisches Porträt des Kolonisierten". In: Kimmich, Dorothee/Lavorano, Stephanie/Bergermann, Franziska (Hrsg.): *Was ist Rassismus? Kritische Texte*. Stuttgart: Reclam, S. 152–162.

Meroth, Peter (1986): „Statt hungriger Blicke nur noch satte Farben. In Kenia wächst die Empörung über den mit sieben Oscars ausgezeichneten Film ‚Jenseits von Afrika'". *Stuttgarter Zeitung* (05.04.1986).

Merschmann, Helmut/Dirkopf, Frank (2011): „Apparatus". In: *Lexikon der Filmbegriffe*. Webseite. Christian-Albrechts-Universität zu Kiel. http://filmlexikon.uni-kiel.de/index.php?action=lexikon&tag=det&id=1109. Zugr.: 15.11.2016.

Mertens, Wolfgang (1981): *Psychoanalyse*. Stuttgart/Berlin/Köln/Mainz: Verlag W. Kohlhammer.

Mertens, Wolfgang (1994): *Entwicklung der Psychosexualität und der Geschlechtsidentität. Band 1: Geburt bis 4. Lebensjahr*. Stuttgart/Berlin/Köln: Kohlhammer.

Mertens, Wolfgang (1996): *Entwicklung der Psychosexualität und der Geschlechtsidentität. Band 2: Kindheit und Adoleszenz*. Stuttgart/Berlin/Köln: Kohlhammer.

Metelmann, Jörg (2012): „Skinema". In: Ritzer, Ivo/Stiglegger, Marcus (Hrsg.): *Global Bodies. Mediale Repräsentationen des Körpers*. Berlin: Bertz + Fischer Verlag, S. 30-41.

Mikos, Lothar (1994): *Fernsehen im Erleben der Zuschauer. Vom lustvollen Umgang mit einem populären Medium*. Berlin/München.

Mohanty, Chandra Talpade: *Feminism Without Borders. Decolonizing Theory, Practicing Solidarity*. Durham & London: Duke University Press, 2006.

Morrison, Toni (1993): *Playing in the Dark. Whiteness and the Literary Imagination*. New York: Vintage Books.

Morrison, Toni (1994): *Im Dunkeln spielen. Weiße Kultur und literarische Imagination. Essays*. Hamburg: Rowohlt Taschenbuch Verlag.

Morsch, Thomas (2012): „In Transit. Globalisierte Körper, Netzwerke und Nicht-Orte bei Olivier Assayas". In: Ritzer, Ivo/Stiglegger, Marcus (Hrsg.): *Global Bodies. Mediale Repräsentationen des Körpers*. Berlin: Bertz + Fischer Verlag, S. 296-309.

Mulvey, Laura (1975): „Visual Pleasure and Narrative Cinema". In: *Screen* 16 (1975), S. 6-18.

Mulvey, Laura (1994): „Visuelle Lust und narratives Kino". In: Weissberg, Liliane: *Weiblichkeit als Maskerade*. Frankfurt a.M.: Fischer Taschenbuch Verlag, S. 48-65.

Mulvey, Laura (1996): *fetishism and curiosity*. London/Indiana: British Film Institute and Indiana University Press.

Mulvey, Laura (2004): „Ein Blick aus der Gegenwart in die Vergangenheit: Eine Re-Vision der feministischen Filmtheorie der 1970er Jahre". In: Bernold, Monika/Braidt, Andrea B./Preschl, Claudia (Hrsg.): *Screenwise. Film, Fernsehen, Feminismus*. Marburg: Schüren Verlag, S. 17-27.

Nagl, Tobias (2009): *Die unheimliche Maschine. Rasse und Repräsentation im Weimarer Kino*. München: edition text + kritik.

Newkirk, Pamela (2015): „The man who was caged in a zoo". *The Guardian* (03.06.15). Webseite. http://www.theguardian.com/world/2015/jun/03/the-man-who-was-caged-in-a-zoo. Zugriff am 31.01.2016.

Nganang, Alain Patrice (2006): „Der koloniale Sehnsuchtsfilm. Vom lieben ‚Afrikaner' deutscher Filme in der NS-Zeit". In: Arndt, Susan (Hrsg.): *AfrikaBilder. Studien zu Rassismus in Deutschland. Studienausgabe*. Münster: Unrast-Verlag, S. 137-150.

Ngugi wa Thiong'o (2011): „Lehren der Sklaverei. Das Vermächtnis des Versklavungshandels in der modernen Gesellschaft". In: Arndt, Susan/Ofuatey-Alazard, Nadja (Hrsg.): *Wie Rassismus aus Wörtern spricht. (K)Erben des Kolonialismus im Wissensarchiv deutsche Sprache*. Münster: Unrast Verlag, S. 100-102.

Niroumand, Mariam (1997): „Exotik und Erotik. Über Frauen in der Fremde". In: Bock, Michael/Jacobsen, Wolfgang (Hrsg.): *Triviale Tropen. Exotische Reise- und Abenteuerfilme aus Deutschland 1919-1939*. München: edition text + kritik, S. 167-175.

Nkrumah, Kwame (2006): *Class Struggle in Africa*. London: Panaf Books.

Nohr, Rolf F. (2009): Tarzans Gesicht und die ‚letzte Differenz'. In: Möhring, Maren/Perinelli, Massimo/Stieglitz, Olaf: *Tiere im Film. Eine Menschheitsgeschichte der Moderne*. Köln/Weimar/Wien: Böhlau Verlag, S. 29-45.

Ofuatey-Alazard, Nadja (2011a): „Die europäische Versklavung afrikanischer Menschen". In: Arndt, Susan/Ofuatey-Alazard, Nadja (Hrsg.): *Wie Rassismus aus Wörtern spricht. (K)Erben des Kolonialismus im Wissensarchiv deutsche Sprache*. Münster: Unrast Verlag, S. 103-113.

Ofuatey-Alazard, Nadja (2011b): „Koloniale Kontinuitäten in Deutschland". In: Arndt, Susan/Ofuatey-Alazard, Nadja (Hrsg.): *Wie Rassismus aus Wörtern spricht. (K)Erben des Kolonialismus im Wissensarchiv deutsche Sprache*. Münster: Unrast Verlag, S. 136-153.

Olimsky, Fritz (1921): „Eine Weiße unter Kannibalen". *Berliner-Börsenzeitung* (6.11.1921).

Ortmeyer, Benjamin (1996): *Schulzeit unterm Hitlerbild*. Frankfurt a. M.: Fischer Taschenbuch Verlag.

Oßwald, Dieter (1986): „‚Hollywood wäre ein verrückter Kinostoff'. Ein Gespräch mit dem Regisseur Sydney Pollack über seinen Film ‚Jenseits von Afrika'". *Stuttgarter Nachrichten* (12.03.1986).

Pagel, Gerda (1991): *Jacques Lacan zur Einführung*. Hamburg: Junius Verlag.

Pajaczkowska, Claire/Young, Lola (1999): „Racism, representation, psychoanalysis". In: Donald, James/Rattansi, Ali (Hrsg.): ‚*Race', Culture and Difference*. London: Sage, S. 198-219.

Pertsch (1959): *Protokoll der Filmbegutachtungskommission für Jugend und Schule* (West-Berlin, 24.11.1959).

Piesche, Peggy (2004): „Irgendwo ist immer Afrika... Blackface in DEFA-Filmen". Webseite. *Bundeszentrale für politische Bildung*. http://www.bpb.de/gesellschaft/migration/afrikanische-diaspora/59339/blackface-in-defa-filmen?p=all. Zugriff am 25.10.2016.

Piesche, Peggy (2005a): „Das Ding mit dem Subjekt, oder: Wem gehört die Kritische Weißseinsforschung?" In: Eggers/Kilomba/Piesche/Arndt: *Mythen, Masken, Subjekte. Kritische Weißseinsforschung in Deutschland*. Münster: Unrast Verlag, S. 14-17.

Piesche, Peggy (2005b): Der „Fortschritt" der Aufklärung – Kants „Race" und die Zentrierung des *weißen* Subjekts. In: Eggers/Kilomba/Piesche/Arndt (Hrsg.): *Mythen, Masken und Subjekte. Kritische Weißseinsforschung in Deutschland*. Münster: Unrast Verlag, S. 30-39.

Popal, Mariam (2011): „‚zivilisiert und wild'". In: Arndt, Susan/Ofuatey-Alazard, Nadja (Hrsg.): *Wie Rassismus aus Wörtern spricht. (K)Erben des Kolonialismus im Wissensarchiv deutsche Sprache. Ein kritisches Nachschlagewerk*. Unrast Verlag: Münster, S. 678.

Preschl, Claudia (1995): „Geschlechterverhältnisse im Blickfeld von Liebe und Begehren. Ein Beitrag zum Kino". In: Angerer, Marie-Luise (Hrsg.): *The Body of gender: Körper. Geschlechter. Identitäten*. Wien: Passagen Verlag, S. 131-148.

Randeria, Shalini (1999): „Geteilte Geschichte und verwobene Moderne". In: Rüsen, Jörn/Leitgeb, Hanna/Jegelka, Norbert (Hrsg.).: *Zukunftsentwürfe. Ideen für eine Kultur der Veränderung*. Frankfurt: Campus Verlag, S. 87-96.

Räthzel, Nora (2004): „Rassismustheorien: Geschlechterverhältnisse und Feminismus". In: Becker, Ruth/Kortendiek, Beate (Hrsg.): *Handbuch Frauen- und Geschlechterforschung. Theorie, Methoden, Empirie*. Wiesbaden: VS Verlag für Sozialwissenschaften, S. 248-256.

Regel, Helmut (1997): „Der Schwarze und sein ‚Bwana'. Das Afrika-Bild im deutschen Film". In: Bock, Michael/Jacobsen, Wolfgang (Hrsg.): *Triviale Tropen. Exotische Reise- und Abenteuerfilme aus Deutschland 1919-1939*. München: edition text + kritik, S. 62-71.

Rehahn, Rosemarie (1987): „Epos einer großen Liebe". *Wochenpost* (Ost-Berlin, 18.09.1987).

Reiser, Niki (2009): „Biographie". Webseite. *Niki Reiser.* http://www.nikireiser.de/site/biography.html. Zugriff am 13.11.2015.

Rhode-Dachser, Christa (1991): *Expedition in den dunklen Kontinent: Weiblichkeit im Diskurs der Psychoanalyse.* Berlin/Heidelberg: Springer-Verlag.

Riecke, Christiane (1998): *Feministische Filmtheorie in der Bundesrepublik Deutschland.* Frankfurt a.M.: Peter Lang – Europäischer Verlag der Wissenschaften.

Ritzer, Ivo (2015): „Ulrike Bergermann, Nanna Heidenreich (Hrsg.): total: Universalismus und Partikularismus in post_kolonialer Medientheorie". Rezension in: *MEDIENwissenschaft* 03/2015, S. 360-362.

Rodríguez, Encarnción Gutiérrez (2003): „Repräsentation, Subalternität und postkoloniale Kritik". In: Steyerl, Hito/ Rodríguez, Encarnción Gutiérrez (Hrsg.): *Spricht die Subalterne deutsch? Migration und postkoloniale Kritik.* Münster: Unrast-Verlag, S. 17-37.

Rodríguez, Encarnción Gutiérrez (2004): „Postkolonialismus: Subjektivität, Rassismus und Geschlecht". In: Becker, Ruth/Kortendiek, Beate (Hrsg.): *Handbuch Frauen- und Geschlechterforschung. Theorie, Methoden, Empirie.* Wiesbaden: VS Verlag für Sozialwissenschaften, S. 239-247.

Rodríguez, Encarnción Gutiérrez (2011): „Intersektionalität oder: Wie nicht über Rassismus sprechen?". In: Hess, Sabine/Langreiter, Nikola/Timm, Elisabeth (Hrsg.): *Intersektionalität Revisited. Empirische, theoretische und methodische Erkundungen.* Bielefeld: transcript Verlag, S. 77-100.

Röggla, Katharina (2012): *Critical Whiteness Studies.* Wien: mandelbaum kritik & utopie.

Rommelspacher, Birgit (1998): *Dominanzkultur. Texte zu Fremdheit und Macht.* Berlin: Orlanda Frauenverlag.

Rosaldo, Renato (1989): *Culture and Truth. The Remaking of Social Analysis.* Boston: Beacon Press.

Rose, Gillian (2001): *Visual Methodologies. An Introduction to the Interpretation of Visual Materials.* London/Thousand Oaks/New Delhi: Sage Publications.

Sabel, Karl (1960): „Geschichte einer Nonne". *Westdeutsche Allgemeine* (12.03.1960).

Said, Edward W. (1993): *Culture and Imperialism.* London: Vintage.

Sandner, Philipp (2015): „Bedroht und abgeschoben: Albinos in Afrika". Webseite. *Deutsche Welle* (13.6.2015). http://www.dw.com/de/bedroht-und-abgschoben-albinos-in-ostafrika/a-18511803. Zugriff am 04.08.2015.

Sannwald, Daniela (2005): „Halbe Steppe. Traum vom starken Mann: die Bestsellerverfilmung ‚Die weiße Massai' mit Nina Hoss". *Der Tagesspiegel* (15.09.2005).

Schaaf, Michael (1980): „Theorie und Praxis der Filmanalyse". In: Silbermann, Alfons/Schaaf, Michael/Adam, Gerhard: *Filmanalyse. Grundlagen – Methoden – Didaktik*. München: Oldenbourg Verlag, S. 35-140.

Schade, Sigrid/Wenk, Silke (2011): *Studien zur visuellen Kultur. Einführung in ein transdisziplinäres Forschungsfeld*. Bielefeld: transcript Verlag.

Schaffer, Johanna (2008): *Ambivalenzen der Sichtbarkeit*. Bielefeld: transcript Verlag.

Schlüpmann, Heide (2011): „Mittlerin, Spielerin, Entdeckerin. Miriam Hansen (28.04.1949-05.02.2011)". In: *Frauen und Film*, Heft 66, S. 181-184.

Schmitt-Hollstein, Dorothea (2008): „Ein persönlicher Nachruf auf Gerd Albrecht". Webseite. *INTERFILM: Internationale kirchliche Filmorganisation*. http://www.gep.de/interfilm/deutsch/interfilm3852_58272.htm. Zugriff am 10.10.2014.

Schneider, Florian (2004): „Viva Maria!" In: Traber, Bodo/Wulff, Hans J.: *Filmgenres. Abenteuerfilm*. Stuttgart: Reclam, S. 315-318.

Schober, Siegfried (1986): „Eine schöne Lüge. ‚Jenseits von Afrika': Sydney Pollacks neuer Film". *Die Zeit* (13.04.1986).

Schomburgk, Hans (1928): *Bwakukama. Fahrten und Forschungen mit Büchse und Film im unbekannten Afrika*. Berlin: Deutsch-Literarisches Institut.

Schomburgk, Hans (1938): *Mein Afrika. Erlebtes und Erlauschtes aus dem Innern Afrikas*. Leizig: Deutsche Buchwerkstätten.

Schulze, Peter W. (2012): „Der Körper der Kannibalin als postkoloniales Palimpsest. Zum Bilddiskurs in COMO ERA GOSTOSO O MEU FRANCÊS". In: Ritzer, Ivo/Stiglegger, Marcus (Hrsg.): *Global Bodies. Mediale Repräsentationen des Körpers*. Berlin: Bertz + Fischer Verlag, S. 247-261.

Seidel, Hans-Dieter (1986): „Gefühlssturm der üppigen Schauwerte. ‚Jenseits von Afrika': Sydney Pollacks Film beschwört alte Erzähltugenden Hollywoods". *Frankfurter Allgemeine Zeitung* (Frankfurt a.M., 13.03.1986).

Seitz, Cornelia (1991): „Das Gesinde: Schwarze Arbeit im weißen Haushalt". In: Gronemeyer, Reimer (Hrsg.): *Der faule Neger. Vom weißen Kreuzzug gegen den schwarzen Müßiggang*. Reinbek bei Hamburg: Rowohlt Taschenbuch Verlag, S. 149-179.

Seshadri-Crooks, Kalpana (2000): *Desiring Whiteness: A Lacanian analysis of race*. London: Routledge.

Shohat, Ella (2003): „Post-Third-Worldist culture. Gender, nation, and the cinema". In: Guneratne, Anthony R./Dissanayake, Wimal: *Rethinking Third Cinema*. New York/London: Routledge, S. 51-78.

Silverman, Kaja (1988): *The Acoustic Mirror: The Female Voice in Psychoanalysis and Cinema*. Bloomington and Indianapolis: Indiana University Press.

Snead, James (1994): *White Screens/Black Images. Hollywood from the Dark Side*. New York & London: Routledge.

Sontag, Susan (1980): *Über Fotografie*. Frankfurt a. M.: Fischer Verlag.

Sow, Noah (2011a): „Rassismus". In: Arndt, Susan/Ofuatey-Alazard, Nadja (Hrsg.): *Wie Rassismus aus Wörtern spricht. (K)Erben des Kolonialismus im Wissensarchiv deutsche Sprache. Ein kritisches Nachschlagewerk*. Münster: Unrast Verlag, S. 37.

Sow, Noah (2011b): „Ist deutscher Rassismus Geschichte?" In: Arndt, Susan/Ofuatey-Alazard, Nadja (Hrsg.): *Wie Rassismus aus Wörtern spricht. (K)Erben des Kolonialismus im Wissensarchiv deutsche Sprache. Ein kritisches Nachschlagewerk*. Münster: Unrast Verlag, S. 126-135.

Sow, Noah (2011c): „weiß". In: Arndt, Susan/Ofuatey-Alazard, Nadja (Hrsg.): Wie Rassismus aus Wörtern spricht. *(K)Erben des Kolonialismus im Wissensarchiv deutsche Sprache. Ein kritisches Nachschlagewerk*. Münster: Unrast Verlag, S. 190f.

Sow, Noah (2011d): „zivilisiert". In: Arndt, Susan/Ofuatey-Alazard, Nadja (Hrsg.): *(K)erben des Kolonialismus im Wissensarchiv deutsche Sprache. Ein kritisches Nachschlagewerk*. Münster: Unrast Verlag, S. 677.

Sow, Noah (2017): „Diaspora Dynamics: Shaping the Future of Literature (Keynote ALA-Conference Bayreuth)". In: Arndt, Susan/Ofuatey-Alazard, Nadja/Porter, Abioseh (Hrsg.): *Future Africa and Beyond. Visions in Transition. Special Issue of Journal of the African Literature Association 11.1* (peer-reviewed). London/New York: Routledge.

Speitkamp, Winfried (2005): *Deutsche Kolonialgeschichte*. Stuttgart: Reclam.

Speitkamp, Winfried (2013): „Kolonialdenkmäler". In: Zimmerer, Jürgen (Hrsg.): *Kein Platz an der Sonne. Erinnerungsorte der deutschen Kolonialgeschichte*. Frankfurt/New York: Campus Verlag, S. 409-423.

Spivak, Gayatri Chakravorty (1988): „Can the Subaltern Speak?" In: Nelson, Cary/Grossberg, Lawrence (Hrsg.): *Marxism and the Interpretation of Culture*. Urbana/Chicago: University of Illinois Press, S. 271-313.

Spivak, Gayatri Chakravorty (2003): *Death of a Discipline*. New York, Columbia Univ. Press.

Stam, Robert/Burgoyne, Robert/Flitterman-Lewis, Sandy (1992): *New Vocabularies in Film Semiotics: Structuralism, Post-Structuralism and Beyond*. London und New York: Routledge.

Steen, Uta van (1987): „Es war einmal in Afrika. Der Kult um die Schriftstellerin Karen Blixen ist unsterblich". Die Zeit (05.06.1987), S. 59f.

Steyerl, Hito (2003): „Postkolonialismus und Biopolitik. Probleme der Übertragung postkolonialer Ansätze in den deutschen Kontext". In: Dies./Rodríguez, Encarnción Gutiérrez (Hrsg.): *Spricht die Subalterne deutsch? Migration und postkoloniale Kritik*. Münster: Unrast-Verlag, S. 38-55.

Stindt, Karl (1960): „Geschichte einer Nonne. Kritische Notizen zu einem vielgelobten Film". *Kirche und Leben* (Recklinghausen, 31.01.1960).

Stoecker, Holger (2013): „Knochen im Depot: Namibische Schädel in anthropologischen Sammlungen aus der Kolonialzeit". In: Zimmerer, Jürgen (Hrsg.): *Kein Platz an der Sonne. Erinnerungsorte der deutschen Kolonialgeschichte*. Frankfurt/New York: Campus Verlag, S. 442-457.

Straßner, Erich (1987): *Ideologie – SPRACHE – Politik. Grundfragen ihres Zusammenhangs*. Tübingen: Niemeyer Verlag.

Strohschein, Juliane (2007): *weiße wahr-nehmungen: der koloniale blick, weißsein und fotografie*. Magisterarbeit an der Humboldt-Universität zu Berlin, Philosophische Fakultät III, Institut für Kultur- und Kunstwissenschaften.

Studlar, Gaylyn (1985): „Schaulust und masochistische Ästhetik". In: *Frauen und Film*, Heft 39, S. 15-39.

Thain, Andrea/Stresau, Norbert (1993): *Audrey Hepburn. Aristokratin der Leinwand – Fair Lady des Films. Biographie*. München: Wilhelm Heyne Verlag.

Thiele, Martina (2015): *Medien und Stereotype. Konturen eines Forschungsfeldes*. Bielefeld: transcript Verlag.

Thome, Rudolf (1979): „Afrika im Film: ‚La Noire de...'". *Der Tagesspiegel* (West-Berlin, 28.06.1979).

Thornham, Sue (Hrsg.) (1999): *Feminist Film Theory. A Reader*. Washington Square/ New York: New York University Press.

Tischleder, Bärbel (2001): *body trouble. Entkörperlichung, Whiteness und das amerikanische Gegenwartskino*. Frankfurt am Main und Basel: Stroemfeld/Nexus.

Tißberger, Martina (2013): *Dark Continents und das UnBehagen in der weißen Kultur. Rassismus, Gender und Psychoanalyse aus einer Critical-Whiteness-Perspektive*. Münster: Unrast Verlag.

Tobing Rony, Fatimah (1996): *The Third Eye. Race, Cinema, and Ethnographic Spectacle*. Durham & London: Duke.

Trowe, W.D. (1986): „Filmischer Entwicklungsroman. Filmkritik: ‚Jenseits von Afrika'". *ZU – unsere Zeit – Sozialistische Volkszeitung* (Essen, 21.3.1986).

Trüper, Ursula (2002): „Carl Gotthilf Büttner – Missionar, Kolonialpolitiker und Sprachforscher". In: Heyden, Ulrich van der/Zeller, Joachim: *Kolonialmetropole Berlin*. Berlin: Berlin-Edition, S. 122-124.

Uthmann, v. Jörg (1986): „Jenseits von Afrika". *Frankfurter Allgemeine Zeitung* (16.01.1986).

Uwe, Bernd (1959): „Geschichte einer Nonne". *Spandauer Volksblatt* (West-Berlin, 20.12.1959).

Vensky, Hellmuth (2012): „Wie ein gelernter Buchhalter Amerika entdeckte". *Die Zeit Online* (22.02.2012). Webseite. http://www.zeit.de/wissen/geschichte/2012-02/amerigo-vespucci-entdecker-amerika. Zugriff am 31.03.2017.

Vielhaber, Anna Sarah (2012): *Der populäre deutsche Film 1930-1970*. Norderstedt: Books on Demand.

Voss, Christiane (2006): „Filmerfahrung und Illusionsbildung. Der Zuschauer als Leihkörper des Kinos". In: Koch, Gertrud/Voss, Christiane (Hrsg.): *...kraft der Illusion*. München: Wilhelm Fink Verlag, S. 71-86.

Wachendorfer, Ursula (2005): „Weiße halten *weiße* Räume *weiß*". In: Eggers, Maureen Maisha/Kilomba, Grada/Piesche, Peggy/Arndt, Susan (Hrsg.): *Mythen, Masken und Subjekte. Kritische Weißseinsforschung in Deutschland*. Münster: Unrast-Verlag, S. 530-539.

Wachendorfer, Ursula (2006): „Weiß-Sein in Deutschland. Zur Unsichtbarkeit einer herrschenden Normalität". In: Arndt, Susan (Hrsg.): *Afrika Bilder. Studien zu Rassismus in Deutschland*. Münster: Unrast-Verlag, S. 57-66.

Walgenbach, Katharina (1998): „‚Whiteness' und Weiblichkeit. Zur Konstruktion des ‚Weißseins'". Webseite. http://www.halluzinogene.org/texte/Whiteness_Walgenbach_a222.pdf. Zugriff am 27.08.12. Auch erschienen in: *alaska*, Nr. 222, Oktober 1998, S. 39-42.

Walgenbach, Katharina (2005a): „*Die Weiße Frau als Trägerin deutscher Kultur*". Koloniale Diskurse über Geschlecht, „Rasse" und Klasse im Kaiserreich. Frankfurt a. M.: Campus Verlag.

Walgenbach, Katharina (2005b): „‚Weißsein' und ‚Deutschsein'". In: Eggers, Maureen Maisha/Kilomba, Grada/Piesche, Peggy/Arndt, Susan (Hrsg.): *Mythen, Masken und Subjekte. Kritische Weißseinsforschung in Deutschland*. Münster: Unrast-Verlag, S. 377-393.

Waz, Gerlinde (1997): „Auf der Suche nach dem letzten Paradies. Der Afrikaforscher und Regisseur Hans Schomburgk". In: Bock, Michael/Jacobsen, Wolfgang (Hrsg.): *Triviale Tropen. Exotische Reise- und Abenteuerfilme aus Deutschland 1919-1939*. München: edition text + kritik, S. 95-110.

Weber, Annette (2005): „Wen die Wildnis ruft. Ziegen, Dornen, Blutsuppe: Hermine Huntgeburth hat ‚Die weiße Massai' verfilmt". In: *taz Berlin* (15.09.2005).

Wheatley, David (1980): *The March*. UK 1980.

Widmer, Peter (1997): *Subversion des Begehrens. Eine Einführung in Jacques Lacans Werk*. Wien: Turia + Kant.

Wildenthal, Lora (2001): „Colonial Nursing as the first Realm of Colonialist Women's Activism, 1885-1907". In: Dies.: *German Women for Empire, 1884-1945*. Duke University Press, S. 13-53.

Wilmes, Hartmut (1986): „Vom Wind der Savanne verweht". *Rheinischer Merkur. Christ und Welt* (29.03.1986).

Windelboth, Horst (1959): „Geschichte einer Nonne. Premiere im Gloria-Palast". *Berliner Morgenpost* (West-Berlin, 12.11.1959).

Wollrad, Eske (2005): *Weißsein im Widerspruch. Feministische Perspektiven auf Rassismus, Kultur und Religion*. Königstein/Taunus: Ulrike Helmer Verlag.

Wulff, Hans Jürgen (2004): „Einleitung. Grenzgängertum: Elemente und Dimensionen des Abenteuerfilms". In: Traber, Bodo/Wulff, Hans J.: *Filmgenres. Abenteuerfilm*. Stuttgart: Reclam, S. 9-30.

Zabus, Chantal (1991): *The African Palimpsest: Indigenization of Language in the West African Europhone Novel*. Amsterdam, Atlanta.

Zeller, Joachim (2003): „‚Ombepera i koza – Die Kälte tötet mich'. Zur Geschichte des Konzentrationslagers in Swakopmund (1904-1908)". In: Zimmerer, Jürgen/Zeller, Joachim (Hrsg.): *Völkermord in Deutsch-Südwestafrika. Der Kolonialkrieg (1904-1908) in Namibia und seine Folgen*. Berlin: Christoph Links Verlag, S. 64-79.

Zenk, Christian (1992): „,Out of Africa' machte sie berühmt. Vor 30 Jahren starb Karen (Tania) Blixen". *Volksstimme* (Magdeburg, 7.9.1992).

Zick, Tobias (2015): „Tödlicher Aberglaube. Jagd auf Albinos". Webseite. *Süddeutsche Zeitung* (13.03.2015). http://sueddeutsche.de/panorama/2.220/jagd-auf-albinos-in-afrika-toedlicher-aberglaube-1.2391951. Zugriff am 23.06.2015.

Zimmerer, Jürgen (2003a): „Der koloniale Musterstaat? Rassentrennung, Arbeitszwang und totale Kontrolle in Deutsch-Südwestafrika". In: Zimmerer, Jürgen/Zeller, Joachim (Hrsg.): *Völkermord in Deutsch-Südwestafrika. Der Kolonialkrieg (1904-1908) in Namibia und seine Folgen.* Berlin: Christoph Links Verlag, S. 26-41.

Zimmerer, Jürgen (2003b): „Krieg, KZ und Völkermord in Südwestafrika. Der erste deutsche Genozid". In: Zimmerer, Jürgen/Zeller, Joachim (Hrsg.): *Völkermord in Deutsch-Südwestafrika. Der Kolonialkrieg (1904-1908) in Namibia und seine Folgen.* Berlin: Christoph Links Verlag, S. 45-63.

Zimmerer, Jürgen (2011): *Von Windhuk nach Ausschwitz? Beiträge zum Verhältnis von Kolonialismus und Holocaust.* Berlin/Münster: LIT Verlag.

Zimmerer, Jürgen (2013): „Kolonialismus und kollektive Identität: Erinnerungsorte der deutschen Kolonialgeschichte". In: Ders. (Hrsg.): *Kein Platz an der Sonne. Erinnerungsorte der deutschen Kolonialgeschichte.* Frankfurt/New York: Campus Verlag, S. 9-37.

Zwirtes, Klaus (1959): „Die stolze Nonne". *Rheinischer Merkur* (Köln, 04.12.1959).

## Texte ohne Verfasser_innenangabe

*Aachener Volkszeitung* (1986) „Richtig schönes Kino. Sydney Pollacks ‚Out of Africa' auf der Berlinale" (24.02.1986).

*ADEFRA – Schwarze Frauen in Deutschland* (o.J.). Webseite. http://www.adefra.com. Zugriff am 19.10.2016.

*AfricAvenir* (2015): „Deutschland Premiere: ‚Sembène!' von Samba Gadjigo". Webseite. http://www.africavenir.org/de/veranstaltung-details/cal/event/detail/2015/10/29/german_premiere_sembene_by_samba_gadjigo-1/view-list%7Cpage_id-1.html. Zugriff am 01.03.2017.

*Berliner Volks-Zeitung* (1921): „Eine Weiße unter Kannibalen" (05.11.1921).

*berlin-postkolonial* (o.J.). Webseite. http://www.berlin-postkolonial.de. Zugriff am 19.10.2016.

*BZ* (1958): „Audrey Hepburns große Rolle: Geschichte einer Nonne" (Berlin, 05.04.1958).

*BZ* (1959): „Audrey Hepburn spielt als Nonne ihre Traum-Rolle!" (Berlin, 17.10.1959).

*B.Z. am Mittag* (1921): „Eine Weiße unter Kannibalen" (03.11.1921).

*Der braune Mob* (o.J.). Webseite. http://www.derbraunemob.de. Zugriff am 19.10.2016.

*Der Film* 45/1921 (1921): „Eine Weiße unter Kannibalen", S. 49f.

*Der Kinematograph* (1921): „Eine Weiße unter Kannibalen" (13.11.1921).

*Der Kurier* (1959): „Geschichte einer Nonne. Gloria-Palast" (West-Berlin, 10.11.1959).

*Der Kurier/Der Tag* (1965): „Geschichte einer Nonne". (West-Berlin, 18.06.1965).

*Der Spiegel* (1977): „Denn das war ihre Welt". Der Spiegel 47/1977 (14.11.1977). Webseite. http://www.spiegel.de/spiegel/print/d-40764108.html. Zugriff am 4.4.1917.

*Der Spiegel* (1986): „Aufwendig geschönt und verflacht. Tania Blixens ‚Out of Africa' wurde mit Hollywood-Stars verfilmt" (10.03.1986, S. 226-230).

*Der Spiegel* 24/2015 (2015), S. 91: „Magie zur Wahl".

*Der Tagesspiegel* (1986): „Kenias Staatschef kritisiert ‚Jenseits von Afrika'" (West-Berlin, 03.04.1986).

*Deutsche Lichtspiel-Zeitung* 46/1921 (1921): „Eine Weiße unter Kannibalen".

*Deutsche Zeitung* (1921): „Eine Weiße unter Kannibalen" (06.11.1921).

*Die Bibel oder Die ganze heilige Schrift des Alten und Neuen Testaments*. Revidierte Fassung der deutschen Übersetzung von Martin Luther (1912). PDF von http://www.gasl.org/refbib/Bibel_Luther_1912.pdf. Zugriff am 24.02.2017.

*Die Welt* (1959): „Geschichte einer Nonne. Gloria-Palast" (West-Berlin, 12.11.1959).

*Die Welt* (1986): „Afrika lockt und Hanseaten weinen" (03.04.1986).

*Fernsehwoche* (1976): „Im Kloster haben sie's geübt. Montag: Geschichte einer Nonne" (17.04.1976).

FFA Filmförderungsanstalt (Hrsg.) (o.J./a): „Filmhitliste 2005 (international)". http://www.ffa.de/content/filmhit_druckversion.phtml?druck=1&jahr=2005&page=filmhitlisten&titelsuche=&typ=14. Zugriff am 25.11.2008. Siehe Anhang.

FFA Filmförderungsanstalt (Hrsg.) (o.J./b): „Filmhitliste 2005 (deutsch)". Webseite. http://www.ffa.de/content/filmhit_druckversion.phtml?druck=1 &jahr=2005&page=filmhitlisten&titelsuche=&typ=15. Zugriff: 25.11.2008. Siehe Anhang.

FFA (o.J./c). Webseite. http://www.ffa.de. Zugriff am 4.4.2017.

FFF Bayern. (o.J./a): „Bayerischer Bankenfonds". Webseite. http://www.fff-bayern.de/index.php?id=101. Zugriff am 02.04.2017.

FFF Bayern (o.J./b): „FilmFernsehFonds Bayern". Webseite. http://www.fff-bayern.de/fff-bayern/ueber-uns/. Zugriff am 02.04.2017.

FFHH (o.J.). Webseite. http://ffhh.lbhh.de. Zugriff am 24.11.2008.

FFHSH (o.J.). Webseite. http://www.ffhsh.de/de/ueber_die_filmfoerderung/. Zugriff am 4.4.2017.

*Film-Kurier* (1921): „Eine Weiße unter Kannibalen" (3.11.1921).

*Filmportal.de* (o.J./a): „Terra Film AG (Berlin)". Webseite. http://www.filmportal.de/institution/terra-film-ag-berlin_e6870c5c1b24477bab455c5cf2cdca0b. Zugriff am 03.04.2017.

*Filmportal.de* (o.J./b): „Terra-Filmkunst GmbH (Berlin)". Webseite. http://www.filmportal.de/institution/terra-filmkunst-gmbh-berlin_ca16e48ebf474f2f916711a226cc33e6. Zugriff am 03.04.2017.

*Film und Presse* 41-42/1921 (1921): „Eine Weiße unter Kannibalen", S. 434.

*Frankfurter Allgemeine* (1959): „Geschichte einer Nonne. Ein Film von Fred Zinnemann". (Frankfurt am Main, Ausgabe D, 05.11.1959).

*Frankfurter Allgemeine Zeitung* (1986): „Kenianische Kritik an Film nach Verleihung des Oscars" (Frankfurt a.M., 26.03.1986).

*Freunde Historischer Wertpapiere* (o.J.): „Terra Film Aktiengesellschaft, Aktie eintausend Mark vom 14.01.1922". Webseite. http://www.fhw-online.de/de/FHW-Auktion-99/?AID=82413&AKTIE=Terra+Film+AG. Zugriff am 22.04.2017.

*Hamburger Abendblatt* (1959): „Die ‚Besten'" (28.12.1959).

*Initiative Schwarzer Deutscher* (o.J.). Webseite. http://isdonline.de. Zugriff am 19.10.2016

*Kino.de* (o.J.): „Prof. Dr. Günter Rohrbach. Leben und Werk". Webseite. http://www.kino.de/star/prof.-dr.-guenter-rohrbach/. Zugriff: 25.03.2017.

*Lübecker Nachrichten* (1986): „Leinwandhit mit Liebe, Landschaft und Langeweile. ‚Jenseits von Afrika' ist an der Trave ein Kassenschlager" (06.04.1986).

*Mannheimer Morgen* (1960): „Geschichte einer Nonne" (30.01.1960).

*Meyers Großes Taschenlexikon, Band 11: J-Klas* (1987): „Kannibalismus". Mannheim/Wien/Zürich: B.I. Taschenbuchverlag, S. 187.

*Neue Zürcher Zeitung* (1986): „Eine Liebe in Afrika. ‚Out of Africa' – Sydney Pollack und Tania Blixen" (13.3.1986).

*Nordwest Zeitung Online* (2015): „‚Birth of a Nation' oder wie der Film erwachsen wurde" (3.2.2015). Webseite. https://www.nwzonline.de/kultur/birth-of-a-nation-oder-wie-der-film-erwachsen-wurde_a_23,0,1451694752.html. Zugriff am 28.7.2018.

*Prisma* (o.J.): „Nina Hoss". Webseite. https://www.prisma.de/stars/Nina-Hoss, 70682. Zugriff am 24.11.2015.

*Saarbrücker Zeitung* (1985): „Drei Weltstars in Afrika. Meryl Streep, Robert Redford und Klaus Maria Brandauer in ‚Out of Africa'" (05.12.1985).

*Sächsische Zeitung* (1996): „Autobiographie in opulenten Bildern. Kino Ost zeigt ‚Jenseits von Afrika'" (Dresden, 11.01.1996).

*Spandauer Volksblatt* (1967): „Afrikaforscher Schomburgk (†)" (West-Berlin, 28.7.67).

*Stern.* (2015): „Die brutale Menschenjagd in Tansania". Webseite. http://www.stern.de/panorama/wissen/mensch/jagd-auf-albinos-in-tansania-kostet-jungen-das-leben-5943812.html (19.2.2015). Zugriff am 23.06.2015.

*Süddeutsche Zeitung* (1959): „Geschichte einer Nonne" (16.11.1959).

*Telegraf* (1959): „Audrey Hepburn mit und ohne Schleier" (West-Berlin, 12.11.59).

*The Guardian* (2005): „Ousmane Sembène. Ousmane Sembène, the Senegalese-born ‚father of African cinema', talked to Bonnie Greer about film-making in Africa [...]" (05.06.2005).

*Thüringer Tagesblatt* (1987): „Weniger wäre mehr gewesen. In Sydney Pollacks opulentem Epos ‚Jenseits von Afrika'" (29.09.1987).

*Volksblatt* (1986): „In Kenia trifft ‚Jenseits von Afrika' auf Desinteresse und Ablehnung" (West-Berlin, 31.03.1986).

*Volksstimme* (1986): „Die ‚noblen Wilden'" (Wien, 29.03.1986).

*Westdeutsche Allgemeine* (1965): „Geschichte einer Nonne" (Essen, 20.02.1965).

*Zukunft Kino Marketing GmbH* (Hrsg.) (2007): „Die beliebtesten Frauen-Filme der vergangenen fünf Jahre". Hamburg. PDF-Download. http://www.z-pr.de/images/downloads/kino/070806_frauenfilme_proz_pm.pdf. Zugriff am 25.11.2008. Siehe Anhang.

*7-Uhr-Blatt* (1959): „In die Stille eines Klosters" (Berlin, 15.11.1959).

## Film(text)e

*Blonde Venus*, USA 1932, R: Josef von Sternberg. Spielfilm, 93 min.

*Die weiße Massai*, D 2005, R: Hermine Huntgeburth. Spielfilm, 128 min.

*Eine Weiße unter Kannibalen (Fetisch)*, D 1921, R: Hans Schomburgk. Stummfilm/Spielfilm, 54 min., DVD-Abtastung im Bundesfilmarchiv Berlin.

*Ende einer Vorstellung*, BRD 1987, R: Annelie Runge. TV-Dokumentarfilm, 84 min.

*Ethnic Notions*, USA 1986, R: Marlon Riggs (California Newsreel presents; produced by Marlon Riggs in association with KOED), 57 min.

*I am not your Negro*, USA/Frankreich/Belgien/Schweiz 2017, R: Raoul Peck. Kino-Dokumentarfilm, 93 min.

*La Noire de...*, Senegal/FR 1966, R: Ousmane Sembène. Spielfilm, 55 min.

*Le malentendu colonial*, D/Fr/Kamerun 2004, R: Jean-Marie Téno. Dokumentarfilm, 78 min.

*Out of Africa (Jenseits von Afrika)*, USA 1985, R: Sydney Pollack. Spielfilm, 161 min. Deutsche DVD-Ausgabe, Universal Pictures, Oscar-Edition mit Zusatzmaterial, 2009.

*Out of Africa*, Zusatzmaterial DVD 1: „Feature commentary with director Sydney Pollack". In: *Out of Africa (Jenseits von Afrika)*, USA 1985, R: Sydney Pollack. Spielfilm, 161 min. Deutsche DVD-Ausgabe, Universal Pictures, Oscar-Edition mit Zusatzmaterial, 2009.

*Out of Africa*, Zusatzmaterial DVD 2: „Song of Africa". In: *Out of Africa (Jenseits von Afrika)*, USA 1985, R: Sydney Pollack. Spielfilm, 161 min. Deutsche DVD-Ausgabe, Universal Pictures, Oscar-Edition mit Zusatzmaterial, 2009.

*Pippi Langstrumpf*, D/SWE 1969, R: Olle Hellbom. 21-teilige TV-Serie, 1971 deutsche Erstausstrahlung der ersten 13 Folgen.

„Schwarze Krieger für weiße Ladys. Käuflicher Sex in Kenia", Reportage-Beitrag im ZDF-Kulturmagazin *Aspekte* vom 18.07.2008 (Erstausstrahlung). R: Frank Feustle.

*Sembène!*, USA 2015, R: Samba Gadjigo. Dokumentarfilm, 89 min.

*The Nun's Story*, USA 1959, R: Fred Zinnemann. Spielfilm, 149 min.

*The Piano*, Australien/Neuseeland/Frankreich 1993, R: Jane Campion. Spielfilm, 121 min.

# Anhang

## Flyer der Bundesregierung, August 2008

## Weltkarte „gegen den Strich"

Die Idee für die Weltkarte „gegen den Strich" geht auf Prof. Astrid Albrecht-Heide (2004) zurück. Die Grafik wurde von Juliane Strohschein entsprechend bearbeitet.

*Strohschein 2007, Abbildungsverzeichnis, S. V*

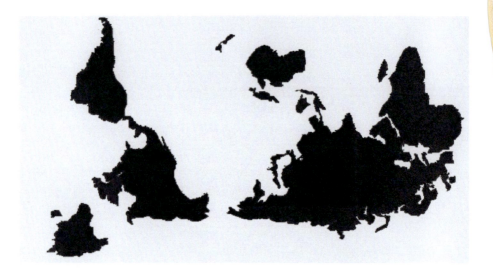

# FFA-Filmhitliste 2005 (deutsche Filme)

## Filmhitliste 2005 (deutsch)

**Filmhitliste: Jahresliste (deutsch) 2005**

| RANG | FILMTITEL / ART | LAND | START | VERLEIHER | BESUCHER LDF. JAHR | BESUCHER SEIT START |
|---|---|---|---|---|---|---|
| 1 | DIE WEISSE MASSAI (Drama) | D | 15.09.2005 | Constantin Film Verleih GmbH | 2.156.934 | 2.156.934 |
| 2 | DIE WILDEN KERLE 2 (Kinderfilm) | D | 17.02.2005 | Buena Vista Intern. (Germany) GmbH | 1.579.812 | 1.579.812 |
| 3 | BARFUSS (Drama/Komödie) | D | 31.03.2005 | Buena Vista Intern. (Germany) GmbH | 1.506.534 | 1.506.534 |
| 4 | DER KLEINE EISBÄR 2 - DIE GEHEIMNISVOLLE INSEL (Zeichentrickfilm) | D | 29.09.2005 | Warner Bros. Pictures Germany | 1.323.721 | 1.323.721 |
| 5 | SIEGFRIED (Komödie) | D | 28.07.2005 | Constantin Film Verleih GmbH | 1.321.443 | 1.321.443 |
| 6 | FELIX - EIN HASE AUF WELTREISE (Trickfilm/Kinderfilm) | D | 03.02.2005 | United International Pictures GmbH | 1.212.082 | 1.212.082 |
| 7 | SOPHIE SCHOLL - DIE LETZTEN TAGE (Drama) | D | 24.02.2005 | X-Verleih AG | 1.096.026 | 1.096.026 |
| 8 | ES IST EIN ELCH ENTSPRUNGEN (Komödie) | D | 03.11.2005 | Buena Vista Intern. (Germany) GmbH | 1.095.482 | 1.095.482 |
| 9 | IN 80 TAGEN UM DIE WELT (Abenteuer-Komödie) | D GB IRL | 23.12.2004 | Buena Vista Intern. (Germany) GmbH | 1.038.631 | 1.290.652 |
| 10 | ALLES AUF ZUCKER! (Komödie) | D | 06.01.2005 | X-Verleih AG | 1.038.631 | 1.038.631 |
| 11 | NVA (Komödie) | D | 29.09.2005 | Delphi Filmverleih GmbH | 792.297 | 792.297 |
| 12 | VOM SUCHEN UND FINDEN DER LIEBE (Drama/Komödie) | D | 27.01.2005 | Constantin Film Verleih GmbH | 590.792 | 590.792 |
| 13 | NAPOLA - ELITE FÜR DEN FÜHRER (Drama) | D | 13.01.2005 | Constantin Film Verleih GmbH | 475.986 | 475.986 |
| 14 | DIE FETTEN JAHRE SIND VORBEI (Drama) | A D | 25.11.2004 | Delphi Filmverleih GmbH | 458.673 | 873.935 |
| 15 | ERKAN & STEFAN - DER TOD KOMMT KRASS! (Komödie) | D | 19.05.2005 | Falcom Media Group AG | 365.902 | 365.902 |
| 16 | RHYTHM IS IT! (Dokumentarfilm) | D | 16.09.2004 | Piffl Medien GmbH | 312.550 | 620.688 |
| 17 | 7 ZWERGE - MÄNNER ALLEIN IM WALD (Komödie) | D | 28.10.2004 | United International Pictures GmbH | 287.042 | 6.773.582 |
| 18 | DIE HÖHLE DES GELBEN HUNDES (Dokumentarfilm) | D | 28.07.2005 | X-Verleih AG | 229.213 | 229.213 |
| 19 | DER FISCHER UND SEINE FRAU (Drama) | D | 27.10.2005 | Constantin Film Verleih GmbH | 224.792 | 224.792 |
| 20 | KEBAB CONNECTION (Komödie) | D | 21.04.2005 | Timebandits films GmbH | 193.889 | 193.889 |
| 21 | DON'T COME KNOCKING (Drama) | D F | 25.08.2005 | Reverse Angle International GmbH | 187.931 | 187.931 |
| 22 | MERRY CHRISTMAS (Drama) | B D F GB RO | 24.11.2005 | Senator Film Verleih | 150.485 | 150.485 |
| 23 | ANTIKÖRPER (Psycho-Thriller) | D | 07.07.2005 | Kinowelt GmbH | 143.126 | 143.126 |
| 24 | GRENZVERKEHR (Komödie) | D | 18.08.2005 | Movienet Filmverleih GmbH | 139.594 | 139.594 |
| 25 | DER UNTERGANG (Drama) | D | 16.09.2004 | Constantin Film Verleih GmbH | 120.113 | 4.621.483 |
| 26 | CREEP (Horrorfilm) | D GB | 10.03.2005 | X-Verleih AG | 117.779 | 117.779 |

*FFA: Filmhitliste 2005 (deutsch), S. 1*

# FFA-Filmhitliste 2005 (internationale Filme)

„FFA - Filmhitliste Druck" wird geladen
27.08.2008 09:45 Uhr

Filmförderungsanstalt   German Federal Film Board

### Filmhitliste 2005 (international)

**Filmhitliste: Jahresliste (international) 2005**

| RANG | FILMTITEL / ART | LAND | START | VERLEIHER | BESUCHER LDF. JAHR | BESUCHER SEIT START |
|---|---|---|---|---|---|---|
| 1 | HARRY POTTER UND DER FEUERKELCH (Fantasy) | USA | 17.11.2005 | Warner Bros. Pictures Germany | 7.312.059 | 7.312.059 |
| 2 | MADAGASCAR (Animation/Kinderfilm) | USA | 14.07.2005 | United International Pictures GmbH | 6.686.992 | 6.686.992 |
| 3 | STAR WARS: EPISODE III - DIE RACHE DER SITH (Science-Fiction) | USA | 19.05.2005 | Twentieth Century Fox | 5.609.645 | 5.609.645 |
| 4 | HITCH - DER DATE-DOKTOR (Komödie) | USA | 03.03.2005 | Sony Pictures Releasing GmbH | 4.334.077 | 4.334.077 |
| 5 | MR. & MRS. SMITH (Action) | USA | 21.07.2005 | Kinowelt GmbH | 3.566.570 | 3.566.570 |
| 6 | MEINE FRAU, IHRE SCHWIEGERELTERN UND ICH (Komödie) | USA | 17.02.2005 | United International Pictures GmbH | 3.139.471 | 3.139.471 |
| 7 | DIE CHRONIKEN VON NARNIA - DER KÖNIG VON NARNIA (Fantasy) | USA | 08.12.2005 | Buena Vista Intern. (Germany) GmbH | 2.722.661 | 2.722.661 |
| 8 | KRIEG DER WELTEN (Science-Fiction) | USA | 29.06.2005 | United International Pictures GmbH | 2.715.259 | 2.715.259 |
| 9 | DIE WEISSE MASSAI (Drama) | D | 15.09.2005 | Constantin Film Verleih GmbH | 2.156.934 | 2.156.934 |
| 10 | KÖNIGREICH DER HIMMEL - KINGDOM OF HEAVEN (Historienfilm) | USA | 05.05.2005 | Twentieth Century Fox | 1.950.354 | 1.950.354 |
| 11 | FLIGHTPLAN - OHNE JEDE SPUR (Actionthriller) | USA | 20.10.2005 | Buena Vista Intern. (Germany) GmbH | 1.938.458 | 1.938.458 |
| 12 | KING KONG (Abenteuer/Fantasy) | NZ USA | 14.12.2005 | United International Pictures GmbH | 1.790.386 | 1.790.386 |
| 13 | ROBOTS (Animationsfilm) | USA | 17.03.2005 | Twentieth Century Fox | 1.687.806 | 1.687.806 |
| 14 | DIE WILDEN KERLE 2 (Kinderfilm) | D | 17.02.2005 | Buena Vista Intern. (Germany) GmbH | 1.579.812 | 1.579.812 |
| 15 | BARFUSS (Drama/Komödie) | D | 31.03.2005 | Buena Vista Intern. (Germany) GmbH | 1.506.534 | 1.506.534 |

http://ffa.de/content/filmhit_druckversion.phtml?page=filmhitlisten&language=&st=0&typ=14&jahr=2005&submit2=GO&titelsuche=&druck=1

*FFA: Filmhitliste 2005 (international), S. 1*

Anhang

# Beliebteste Frauen-Filme 2002-2006

## Die Berechnung basiert auf FFA-Besucher_innenzahlen.

**Die beliebtesten Frauen-Filme der vergangenen fünf Jahre**

| Film | Platz | Jahr | Besucher Gesamt | Prozent Frauen |
|---|---|---|---|---|
| Mona Lisas Lächeln | 1 | 2004 | 1.800.000 | 71 |
| Der Teufel trägt Prada | 2 | 2006 | 2.900.000 | 70 |
| Die weisse Massai | 3 | 2005 | 2.100.000 | 70 |
| Ein Chef zum Verlieben | 4 | 2003 | 2.400.000 | 68 |
| Bibi Blockberg | 5 | 2002 | 2.100.000 | 66 |
| Bridget Jones - Am Rande des Wahnsinns | 6 | 2004 | 1.800.000 | 66 |
| Die wilden Kerle | 7 | 2006 | 2.100.000 | 64 |
| Was das Herz begehrt | 8 | 2004 | 3.000.000 | 62 |
| 40 Tage und 40 Nächte | 9 | 2002 | 2.500.000 | 62 |
| Große Haie - Kleine Fische | 10 | 2004 | 1.900.000 | 61 |
| Die Reise der Pinguine | 11 | 2005 | 1.300.000 | 61 |
| About a Boy | 12 | 2002 | 2.200.000 | 60 |
| Bärenbruder | 13 | 2004 | 3.400.000 | 59 |
| My big fat greek wedding | 14 | 2003 | 2.000.000 | 59 |
| Barfuss | 15 | 2005 | 1.500.000 | 59 |
| Scary Movie 4 | 16 | 2006 | 1.300.000 | 59 |
| Harry Potter und die Kammer des Schreckens | 17 | 2002/2003 | 9.690.000 | 57 |
| Harry Potter und der Gefangene von Askaban | 18 | 2004 | 6.600.000 | 57 |
| Walk the Line | 19 | 2006 | 1.600.000 | 57 |
| Brokeback Mountain | 20 | 2006 | 1.400.000 | 57 |

Die Berechnung beruht auf der FFA-Auswertung der TOP 50- Filmtitel des Jahres 2006 nach soziodemografischen sowie kino- u. filmspezifischen Informationen sowie auf FFA-Auswertungen aus den Vorjahren.

*Zukunft Kino Marketing GmbH (Hg): Rebellion der Maschinen und Mona Lisas Lächeln! Die Kampagne „Kino. Dafür werden Filme gemacht." ermittelt die beliebtesten Frauen- und Männerfilme, Hamburg 2007*

## Filmbesucher_innen 2005 nach Geschlecht

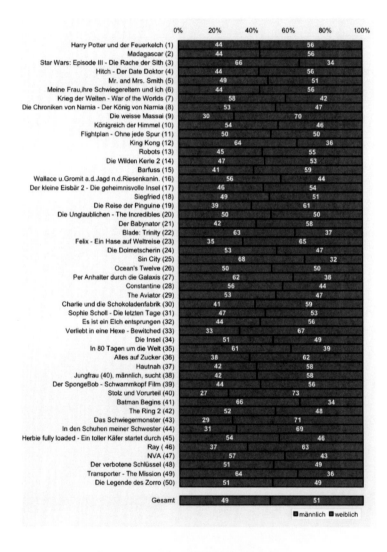

(Beigel/FFA 2006, S. 5)

# Filmbesucher_innen 2005 nach Alter

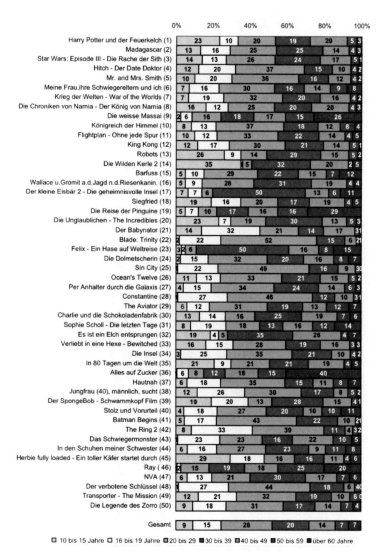

(Beigel/FFA 2006, S. 4)

# TV-Beitrag „Schwarze Krieger für weiße Ladys"
Erstausstrahlung: ZDF-Magazin *aspekte*, 18.07.2008

**18.07.2008**
http://aspekte.zdf.de/ZDFde/inhalt/21/0,1872,7265973,00.html

aspekte

## Schwarze Krieger für weiße Ladys

### Käuflicher Sex in Kenia

Schwarze Haut, muskulöse Körper: Die Faszination des "Wilden" lockt immer mehr Touristinnen nach Kenia. "Die kommen hierher wegen der Sonne, um sich zu entspannen - und wegen Sex", sagt Mireille Lesoipa, Geschäftsfrau aus Maralal. Für eine gewisse Klientel von weißen Frauen sind die jungen Krieger der Samburu heiß begehrt. Ein regelrechter Heirats- und auch Sexmarkt ist entstanden.

Frank Feustle

Samburu-Krieger

In Maralal im Norden Kenias ist die Heimat des Volksstammes der Samburu. Und dort lebt auch die 52-jährige Belgierin Mireille Lesoipa - genannt Laila. Sie hat selbst einen knapp zwanzig Jahre jüngeren Krieger geheiratet. Ihr Geld verdient Laila angeblich nur mit einem kleinen Internetcafé. Allerdings: Die Satelliten-Anlage kostet im Aufbau und Unterhalt viel Geld. Die Einnahmen der wenigen zahlungskräftigen Besucher dürften dafür kaum ausreichen.

### Viel Geld für junge Schwarze

Lailas wahre Geldquellen will ein Angestellter der örtlichen Bank genauer kennen. Er verwaltet ihre Konten und behauptet: In Lailas Internetcafé werden junge Samburu-Krieger an weiße Sex-Kundinnen vermittelt. Und Lailas Funktion sei durchaus mehr als nur die der bescheidenen Cafebesitzerin. Der Bankangestellte, der anonym bleiben möchte, erklärt: "Weil die Krieger kein Bankkonto haben und mittellos sind, wird Geld auf Lailas Konto nach Kenia überwiesen. Sie organisiert dann alles und zahlt den Kriegern ihre Reise zum Treffen mit den weißen Frauen. Die Krieger können nicht mit dem Computer umgehen, aber sie zeigt ihnen alles."

F. Feustle

Die Samburu leben in Armut.

Laila hat eine Menge Bilder von Samburu-Kriegern - was sie damit wirklich macht, verrät sie nicht. Denn indem sie Fotos ins Netz stellt, vermittelt sie offenbar Krieger an weiße Frauen. Sind die Krieger minderjährig, ist das auch in Kenia illegal. Auf Chat-Portalen loggt sich die Interessentin - beispielsweise in Deutschland - ein, erstellt ein Profil, klickt Samburu an und bekommt Antwort, wenn was "im Angebot" ist. "Es gibt viele Geldüberweisungen. Auf den Kontoauszügen kann man erkennen, dass die Gelder aus der ganzen Welt kommen", so der Bankangestellte. "Deutschland, Kanada, Schweiz ... Sie schicken Geld, damit sie hier junge Krieger treffen. Es werden zwischen 200.000 und 300.000 Schilling bezahlt." Pro Treffen zahlen die Frauen damit umgerechnet 2000 bis 3000 Euro.

# Anhang

**Sex unter Drogeneinfluss**

"Wenn sie einen unschuldigen, jungfräulichen Krieger haben wollen, ist hier der beste Platz. Sie können Krieger im Alter von 17 oder 16 haben", erklärt der Bankangestellte weiter. Sex mit Minderjährigen wird in Kenia mit bis zu 14 Jahren Haft bestraft. Doch auch wenn das eigentliche Geschäft geheim bleiben muss - über die Bedürfnisse der Touristinnen und den Markt in Maralal redet Laila erstaunlich offen: "Die meisten weißen Frauen sind älter als 60 Jahre und sie bekommen keinen Sex mehr in Europa. Die Krieger sind arm, und die Frauen bezahlen sie einfach für den Sex. Aber stellen Sie sich vor, Sie sind ein 20-jähriger Mann und haben eine 70-Jährige vor sich. Macht diese Frau Sie irgendwie an? Die Krieger nehmen deshalb Drogen aus dem Busch und trinken, damit sie vergessen, wen sie da vor sich liegen haben."

F. Feustle
"Die Krieger sind arm, und die Frauen bezahlen sie für den Sex."

Auch die Holländerin Miriam ist nach Maralal gezogen. Sie hat dort ein Haus gekauft und zwei Kinder aus der Familie ihres Krieger-Freundes aufgenommen. "Ich bin sehr zufrieden mit Laila", sagt Miriam. "Sie ist hier schon sehr lange, hat viel Erfahrung mit den Leuten und mich gut beraten." Laila hat in Maralal sogar eine Art Einkaufszentrum mit Hotel und Bar aufgebaut. Betrunkene Krieger und Prostituierte sind die Stammgäste.

**Spielart auf dem globalen Sexmarkt**

Sie lebt inzwischen getrennt von ihrem Ehemann James, weil er eine zweite Frau heiratete. Samburu-Männer sind traditionell polygam. James zeigt bereits einer neuen Krieger-Generation, wie sie sich auf dem Sex- und Heiratsmarkt an die Frau bringen können. "Vierhundert Samburus sind inzwischen in Deutschland verheiratet. Mein Bruder lebt in Stuttgart. Auch er ist mit einer Deutschen verheiratet", erzählt er. Einige Frauen erfüllen sich mit Samburu-Kriegern aus Kenia ihre Sehnsucht nach Exotik und Liebe. Eine ganz eigene Spielart auf dem globalen Sexmarkt.

Anmoderation des Beitrags bei der o.g. Erstausstrahlung:

> (Weibliche Moderatorin:) „Liebe Zuschauerinnen, finden Sie nicht auch, dass Frauen Männern nicht alles nachmachen müssen? Im Gegenteil. Ich finde, es gibt so vieles, was wir den Männern komplett überlassen sollten. Den Wehrdienst zum Beispiel. Oder, noch überflüssiger, den Sextourismus. Doch, liebe Zuschauer, auch diese Männerdomäne wankt. Was Thailand für die sexhungrigen Herren der Schöpfung, ist Kenia für die reife Frau. Seit dem Erfolg der *Weißen Massai* wurde Maralal im Norden von Kenia zum Pilgerort für die sogenannten *Sugar Mamas*. Sie, die *weißen* Frauen im Pensionsalter, können sich dort mit knackigen Schwarzen Kriegern noch mal begehrenswert wähnen, während die jungen Lover vom Liebeslohn ihre Familien ernähren. Ausgesucht werden die Samburu-Krieger vorher im Internet. Und wie dieser neue Markt funktioniert, das hat unser Afrikareporter Frank Feustle herausgefunden."

## Leserinbrief zu *Out of Africa*

**POST**

zu »Jenseits von Afrika«
im »Sonntag« 39/1987

### ÜBERSCHWANG

Fred Gehler fand genau die Worte, die mir fehlten, um meine Gefühle und meine Wertung für diesen Film auszudrücken.
Schon oft hat er mit seinen Kritiken Widerspruch erzeugt, das wird auch diesmal nicht anders ein. Dennoch, er sollte sich keinesfalls entmutigen lassen und von seiner Meinung abgehen.
Außerdem bin ich wirklich der Meinung, daß in nicht wenigen Presseorganen dieser Film überschwenglich »in den Himmel gehoben« wurde. Schön, daß der »Sonntag« einen sachlich-kritischen Standpunkt äußerte.

*Sabine Beneke, Berlin-Mitte*

### BITTERER GESCHMACK

Ich hätte mich gern überzeugen lassen vom unsentimentalen Afrika-Bild Tania Blixens, auf das Fred Gehler in seiner Filmkritik verwies. Aber jene Bücher, in denen man das nachlesen könnte, waren in der Bibliothek leider nicht zu haben. So schlug der Versuch fehl, das im Film vorgeführte Afrika-Bild zu relativieren. Ich muß mich also an den Film halten, wie gewiß die vielen anderen Zuschauer auch. Was dort zu sehen ist, kann wohl nicht einfach mit der Empfehlung pariert werden, es als Märchen zu empfinden.
Der »bittere Geschmack« – von dem Fred Gehler andeutungsweise spricht – hat sich mir aufgedrängt, und ich wüßte nicht, was es sinnvolleres gäbe, sich gerade mit diesem Widerspruch auseinanderzusetzen, der in unseren Kinos zu beobachten ist: Wie ist es möglich, daß über die vielen Informationen, die wir haben – über Kolonialismus und Neokolonialismus, über die riesigen ökonomischen und sozialen Probleme dieses Kontinents, über die aktuelle Apartheid in Südafrika – ein Topf gestülpt werden kann und dann der rührseligen Story zweieinhalb Stunden mit sichtlicher Anteilnahme zugesehen wird? Wo sind die Ansatzpunkte für seine Wirkungsweise hier bei uns?
Um es vorweg zu sagen: Der Film verherrlicht nicht vordergründig Kolonialistenmentalität, deshalb kann er hier überhaupt zur Debatte stehen. Was für Haltungen werden vorgeführt? Da ist die energische, selbstbewußte Karen Blixen, die aus »eigener Kraft« eine Kaffeeplantage aufbaut. Aber: Ehe sie den großen Schnitt machen kann, brennt »alles« nieder. Da ist Finch-Hatton, Großwildjäger und Sehnsuchtsidol ungebundenen Lebens, aber er stürzt ab, ehe die eigenen Rechtfertigungsversuche für seine Safari-Millionen-Touristik-Existenz brüchig werden können. Hattons Freund, der mit einer Afrikanerin lebt, muß an einer Krankheit sterben.
Übrig bleiben die anderen, der Baron, das Kreditinstitut, die wechselnden Gouverneure, die Herren des »Clubs«. Über alle die zeigt der Film nichts. Nichts erfahre ich über die eigentlichen Bewohner. Die Kuckucksuhrszene ist bezeichnend: Ich mußte da auch lachen, es war ein »weißes Lachen«.
Afrika ist für diese Weißen überhaupt nicht merkwürdig, es gibt höchstens kurzzeitig ein Gefühl der Bedrohung und der Fremdheit. Beispielsweise, wenn die Krieger-Gruppe der Massai an dem Wagengespann der Blixen vorbeirennt oder wenn die Wildbahn des Löwen gekreuzt wird. Aber: Der Löwe tut nichts, wenn er gefressen hat! Wenn man aber angegriffen werden sollte – wie in der Probesafariszene –, dann zielt man auf der Bestie Lebensnerv und streckt sie nieder.
Der Kolonialismus beginnt »jenseits von Afrika«.

*Dr. Margrid Bircken, Potsdam*

Leserinbrief von Dr. Margrid Bircken in einer Ausgabe vom *Sonntag*, deren Datum im Archiv der Filmuniversität Babelsberg Konrad Wolf nicht aufgeführt ist. Vermutlich handelt es sich um die Folge-Ausgabe von *Sonntag* 39/1987.